게임 엔진 아키텍처 3/e

게임 엔진 아키텍처 3/e

박상희 옮김　제이슨 그레고리 지음

i!i
에이콘

에이콘출판의 기틀을 마련하신 故 정완재 선생님 (1935-2004)

트리나^{Trina}, 에반^{Evan}, 퀸 그레고리^{Quinn Gregory}에게 바칩니다.

우리의 영웅인 조이스 오스터허스^{Joyce Osterhus},

케네스 그레고리^{Kenneth Gregory},

에리카 그레고리^{Erica Gregory}를 생각하며.

| 옮긴이 소개 |

박상희(parksanghee2529@gmail.com)

서울대학교 컴퓨터 공학과를 졸업한 후 게임 클라이언트 프로그래머(2003년~현재)로 일하고 있다. 아스가르드(넥슨), 리니지2(엔씨소프트), 오버히트(넷게임즈, 현 넥슨게임즈) 등 알려진 프로젝트에 참여했으며, 그 외 몇몇 알려지지 못한 프로젝트에서도 일했다. 현재 출시 준비 중인 PC/콘솔 게임을 만드는 중이다.

게임 엔진 아키텍처가 최초로 번역돼 나온 지 벌써 10년입니다. 그동안 여러 가지 일이 있었고 세상이 크게 변했습니다. 콘솔 세대가 두 번 바뀌었고 사람 말을 할 줄 아는 AI가 등장했습니다. 3판을 번역하며 초판의 내용을 돌아봤는데 세월을 타 촌스럽게 느껴지는 부분도 다소 있었지만(예를 들면 플레이스테이션 3을 최신이라고 하는 등) 대부분은 지금 그대로 적용할 수 있는 것들이라 놀랐습니다. 분명 많은 것이 변했는데 왜 그럴까요? 핵심 개념은 크게 변하지 않은 채 응용법이 더 발전하고 복잡해졌기 때문이 아닌가 합니다. 10년 전의 저는 10년차 게임 프로그래머였는데 20년차인 지금과 비교해 볼 때 하는 일에 있어 괄목할 만한 변화는 없는 것과 비슷한 맥락입니다. 게임 개발을 위해 배울 지식과 익혀야 할 기술은 많고 꾸준히 나옵니다. 그러나 상당수는 책에 담으면 너무 빨리 구닥다리가 돼 버리는 것들입니다. 게임 엔진 아키텍처는 이해해야 할 핵심 개념과 바로 쓸 수 있는 지식의 경계를 잘 타고 있기에 세월의 영향을 크게 받지 않은 것 같습니다.

3판은 많은 내용이 추가됐습니다. 병행 프로그래밍과 오디오 두 장이 완전히 새로 들어갔습니다. 병행 프로그래밍은 어렵고 까다로운 주제이지만 따로 공부하기 쉽지 않기 때문에 이 책의 내용 정도면 훌륭한 입문 자료가 될 것 같습니다. 오디오는 평소에 접하기 힘든 내용이라 호기심을 자극하는 경험이 될 수 있을 것입니다. 경우에 따라서는 지루한 시간이 될 수도 있겠지만 사람에 따라 다르겠죠. 번역하는 입장에서는 매우 힘들었습니다만 다 이해하지 않아도 한 번쯤 보시면 재미있습니다. 그 외 기존 부분에서 시대에 맞게 갱신한 내용들도 많습니다.

초판 번역 후 너무 힘들었던 기억 덕에 다시는 번역을 하지 않으려 했는데 10년은 많은 것을 잊게 해주는 시간인 듯합니다. 번역을 제의받았을 때 거절하지 못했습니다. 그러나 다음 판이 나오게 된다면 아마 AI가 번역하지 않을까요?

초판도 두꺼웠는데 3판은 훨씬 더 두꺼워졌습니다. 훌륭한 선생님의 강의를 더 많이 배울 수 있어서 다행입니다. 이 책을 통해 훌륭한 게임이 더 많이 나올 수 있길 바랍니다.

2023년 5월 **박상희**

| 지은이 소개 |

제이슨 그레고리^{Jason Gregory}

1994년부터 소프트웨어 엔지니어로 일했고, 1999년부터는 게임 개발 소프트웨어 엔지니어로 근무했다. 샌디에이고에 있는 미드웨이 홈 엔터테인먼트^{Midway Home Entertainment}에서 처음 게임 프로그래밍을 시작했으며, 하이드로 선더 2(아케이드)의 툴, 엔진 기술, 게임 플레이 코드를 작업했다. 프리키 플라이어^{Freaky Flyer}와 크랭크 더 위즐^{Crank the Weasel}의 플레이스테이션 2/엑스박스용 애니메이션 시스템을 만들기도 했다. 2003년에는 일렉트로닉 아츠 로스앤젤레스^{Electronic Arts Los Angeles}로 옮겨 '메달 오브 아너: 퍼시픽 어설트' 프로젝트에서 엔진과 게임플레이 기술을 담당했고, '메달 오브 아너: 에어본' 프로젝트에서는 리드 엔지니어로 근무했다. 현재 너티 독^{Naughty Dog}에서 리드 프로그래머로 근무하며, 자신의 팀과 함께 여러 가지 흥미로운 플레이스테이션 5 게임을 만들고 있다. 또한 라스트 오브 어스 파트 2^{The Last of US Part II}(플레이스테이션 4), 언차티드: 엘도라도의 보물^{Uncharted: Drake's Fortune}, 언차티드 2: 황금도와 사라진 함대^{Uncharted 2: Among Thieves}, 언차티드 3: 황금사막의 아틀란티스^{Uncharted 3: Drake's Deception}, 라스트 오브 어스^{The Last of Us}, 언차티드 4: 해적왕과 최후의 보물^{Uncharted4: A Thief's End}, 언차티드 잃어버린 유산^{Uncharted: The Lost Legacy}의 엔진과 게임 플레이 소프트웨어도 만들었다. 남가주대학교^{University of Southern California}에서 게임 기술에 관한 강의를 개발하고 가르치기도 했다.

| 차 례 |

1부 ─ 기초

1장 소개 23

2장 도구 91

3장 게임을 위한 소프트웨어 엔지니어링 기초 127

3부 — 그래픽, 모션, 사운드

4부 — 게임플레이

5부 — 결론

게임 엔진 아키텍처를 향한 여정을 시작한 여러분을 환영한다. 이 책에서 이루고자 하는 목표는 상용 게임 엔진을 이루는 모든 구성 요소를 두루 살펴보는 것이다. 게임 프로그래밍은 굉장히 방대한 주제이므로 살펴봐야 할 것이 한두 가지가 아니다. 그렇지만 이 책을 읽고 나면 책에 나오는 각각의 엔지니어링 분야에 대해 이론뿐 아니라 통례까지 확실하게 이해할 수 있을거라고 생각한다. 다 읽고 나면 여러분은 앞으로 접하게 될, 흥미로우면서 동시에 일평생 공부해야 할 여정의 또 다른 출발점에 서게 될 것이다. 세상에는 게임에 쓰이는 온갖 기술들에 대한 정보가 가득하며, 이 책의 역할은 기반을 다지는 동시에 더 깊은 공부를 위한 발판이 되는 것이다.

이 책에서 주로 다룰 내용은 게임 엔진 기술과 구조(아키텍처)다. 즉, 상용 게임 엔진을 이루는 여러 하부 시스템의 바탕이 되는 이론뿐 아니라 그것들을 구현하는 데 필요한 자료 구조, 알고리듬, 소프트웨어 인터페이스를 이야기하면서 이것들이 게임 엔진 안에서 하나로 동작하는지 볼 것이다. 게임 엔진과 게임의 경계는 다소 불분명하다. 이 책에서는 주로 게임 엔진 자체에 집중할 텐데, 여기에는 여러 가지 로우레벨 기반 시스템 및 렌더링 엔진, 충돌 시스템, 물리시뮬레이션, 캐릭터 애니메이션 등이 포함되며, 마지막으로 내가 개인적으로 게임플레이 기반 계층이라 부르는 부분에 대한 심층적 논의도 포함된다. 이 계층은 게임의 객체 모델과 월드 에디터, 이벤트 시스템, 스크립트 시스템을 아우른다. 뿐만 아니라 게임플레이 프로그래밍의 여러 측면에 대해서도 간단히 다룰 텐데, 여기에는 플레이어 메카닉, 카메라, AI 등이 포함된다. 하지만 어쩔 수 없이 이런 분야에 대해서는 게임플레이 시스템과 게임 엔진 사이의 인터페이스에 관련된 부분만으로 한정한다.

이 책을 쓴 것은 중급 게임 프로그래밍에 관한 두세 학기 분량의 대학 교재가 필요했기 때문이다. 또한 아마추어 소프트웨어 엔지니어를 비롯해 취미로 게임을 공부하거나 혼자서 게임프로그래밍을 배우는 사람, 그리고 이미 게임 업계에서 일하는 사람이 읽어도 유용한 내용이 많다. 아직 배울 것이 많은 엔지니어는 이 책을 통해 게임에 쓰이는 수학, 엔진 구조, 게임 기법 등을 분명히 이해할 수 있게 될 것이다. 또한 특정 분야에 깊은 경력을 쌓은 엔지니어도 이 책을 통해 큰 그림을 더 잘 이해하게 될 수도 있다.

이 책을 가장 잘 이해하기 위해서는 기본 객체지향 프로그래밍 개념에 대해 실용적인 지식을 갖추고 적어도 약간의 C++ 프로그래밍 경험이 있어야 한다. 게임 업계는 폭넓은 프로그래밍 언어를 사용하는 편이지만 경쟁력 있는 3D 게임 엔진들은 여전히 C++로 구현하는 경우가 많다. 그렇기 때문에 게임 프로그래밍을 진지하게 배우는 사람이라면 C++을 사용할 줄 알아야 한다. 3장에서 기본적인 객체지향 프로그래밍에 대해 되짚어 볼 기회가 있을 것이고, 책을 읽어 가면서 몇 가지 C++ 트릭을 알게 되겠지만 C++를 제대로 공부하기 위해서는 참고 문헌의 [46], [36], [37]을 읽어 보는 것이 최선이다. C++에 대한 기억이 가물거린다면 책을 읽어 가면서 위의 책들이나 그와 비슷한 책을 읽어 기억을 되살리기를 권장한다. C++를 전혀 써보지 않은 독자라면 이 책을 본격적으로 시작하기 전에 [46]의 앞부분을 조금 읽어 보거나 온라인 C++ 튜토리얼이라도 몇 번 살펴보기 바란다.

컴퓨터 프로그래밍을 배우는 가장 좋은 방법은 직접 코드를 짜 보는 것이다. 이 책을 읽어 가면서 흥미가 생기는 주제를 골라 그에 대한 프로젝트를 직접 진행해 보기 바란다. 캐릭터 애니메이션에 흥미가 있는 독자라면 당장 오거OGRE를 설치해 스킨 애니메이션 데모를 살펴보자. 그런 후 오거를 사용해 이 책에서 설명한 애니메이션 블렌딩 기법을 몇 가지 구현해 보는 것도 좋다. 다음 단계로 조이패드를 조작해 애니메이션하는 캐릭터를 이리저리 돌아다니게 만드는 기능을 구현할 수도 있다. 일단 간단하더라도 제대로 돌아가는 것을 구현하고 나면 그 위에 다른 것을 얹어 확장하면 된다. 이것저것 해본 후에 다른 게임 기법으로 옮겨 앞의 과정을 또 반복하면 된다. 프로젝트의 주제는 딱히 중요하지 않다. 핵심은 그냥 읽고 넘어가지 말고 직접 게임 프로그래밍을 해보는 것이다.

게임 기술은 활발히 살아 움직이는 분야이므로 책 한 권으로 모든 것을 담기에는 턱없이 부족하다. 따라서 이 책 원서의 웹사이트 http://gameenginebook.com에 별도의 정보나 오탈자 등의 정오표, 업데이트, 샘플 코드, 프로젝트 아이디어를 간간히 올려놓을 예정이다. 저자의 트위터는 @jqgregory다.

3판에서 추가된 부분

오늘날의 게임 콘솔, 모바일 기기, 개인용 컴퓨터의 핵심인 컴퓨터 하드웨어는 병렬성^{parallelism}을 중요하게 활용한다. 이 기기들의 CPU와 GPU의 깊은 안쪽에서는 여러 개의 기능 단위^{funtional unit}가 동시에 작동하며, 분할 정복^{divide-and-conquer} 기법을 통해 고성능 연산을 수행한다. 병렬 하드웨어가 기존의 단일 스레드 프로그램을 빨리 돌릴 수 있게 해주지만, 오늘날의 연산 플랫폼에서 이미 널리 쓰이는 하드웨어 병렬성의 이점을 활용하려면 프로그래머가 병행 소프트웨어를 제대로 짜야 한다.

게임 엔진 아키텍처의 이전 판본에서는 게임 디자인의 관점에서만 병렬성과 병행성을 살짝 언급했었다. 주제에 걸맞은 심도 깊은 취급을 하지 못한 것이다. 3판에서는 병행성과 병렬성에 관한 완전히 새로운 장을 추가함으로써 비로소 제대로 다루게 됐다. 또한 8장과 16장은 보강을 통해 병행 프로그래밍 기법들이 게임 엔진 하부 시스템과 게임 객체 모델 업데이트에 어떻게 적용되는지, 그리고 어떻게 범용 목적 잡^{job} 시스템이 게임 엔진 내 병행성의 잠재력을 이끌어 낼 수 있는지를 알아볼 것이다.

이미 말했지만 좋은 게임 프로그래머라면 C++(그리고 기타 업계에서 자주 쓰이는 여러 언어들)에 대한 단단한 실무 지식을 지녀야 한다. 프로그래머의 고차원 언어에 대한 지식은 기반이 되는 소프트웨어와 하드웨어에 대한 이해에 바탕을 둬야 한다고 생각한다. 따라서 3장을 확장해 컴퓨터 하드웨어의 기본 지식, 어셈블리 언어, 그리고 운영체제 커널에 대해 다뤘다.

게임 엔진 아키텍처 3판에서는 이전 판본에서 다뤘던 여러 주제를 보강했다. 로컬 및 전역 컴파일러 최적화에 대한 내용이 추가됐다. 좀 더 폭넓은 C++ 언어 표준들이 추가됐다. 메모리 캐싱과 캐시 일관성에 관한 내용은 확장했다. 애니메이션에 관한 장은 말끔히 다듬었다. 그리고 2판에서와 마찬가지로 저자와 여러 열성적인 독자들에 의해 발견된 오탈자를 수정했다. 고마운 마음을 여기서 표하고 싶다. 여러분이 발견한 모든 실수가 고쳐졌길 희망한다(당연하겠지만 아마 새로운 실수들이 추가됐을 것이고, 여러분이 도와준다면 4판에서 고칠 수 있으리라 희망한다).

전에도 말했지만 게임 엔진 프로그래밍은 상상하기 힘들 정도로 넓고 깊다. 책 한 권에서 전부 다룰 수 없다. 따라서 이 책의 목적은 여러분의 주의를 환기시키고 더 깊은 지식을 찾아 떠날 수 있는 발판이 되는 것이다. 이 책이 흥미롭고 다채로운 게임 엔진 아키텍처의 세계를 탐험할 때 도움이 되기를 희망한다.

감사의 글

완전히 무에서 책을 쓸 수는 없는 노릇이며, 이 책도 예외가 아니다. 가족들과 친구들, 그리고 게임 업계 동료들의 도움 없이는 이 책을 쓸 수 없었을 것이다. 또한 이 프로젝트가 결실을 맺을 수 있게 도와준 다른 모든 분들께도 마찬가지로 감사드리고 싶다.

새삼 이야기할 필요도 없이 이런 프로젝트에 가장 직접적으로 영향을 받는 것은 가족들일 것이다. 그렇기 때문에 내 아내 트리나^{Trina}에게 특별히 감사하고 싶다. 내가 키보드를 열심히 두드리고 있는 동안 트리나는 우리 두 아들 에반(이제 15살이다)과 퀸(12살)을 돌봐 줬으며, 낮이나 밤이나, 때로는 예정했던 일들을 포기하면서도 나를 비롯한 가족의 뒤치다꺼리를 하고(때로는 인정하기 싫을 정도로 많이) 내가 가장 필요한 순간에 내 곁에서 따뜻한 격려의 말을 아끼지 않고 해줬다.

그리고 편집자인 매트 와이팅^{Matt Whiting}과 제프 랜더^{Jeff Lander}에게도 감사의 말을 전한다. 이들의 통찰력 있으면서 시의적절한 피드백은 언제나 정확했고, 게임 업계에서의 광범위한 경험을 통해 책의 내용들이 노력할 수 있는 범위 내에서 정확하고 시대에 뒤떨어지지 않는다는 확신을 가질 수 있게 도와줬다. 매트와 제프와 함께한 작업은 즐겁기도 했고, 이런 완숙한 전문가들과 함께 이 프로젝트를 진행할 수 있어 영광이었다. 특히 제프에게는 나와 앨리스 피터즈^{Alice Peters}를 맨 처음에 소개해 줘서 이 프로젝트를 시작할 수 있도록 해준 점에 대해 특별히 감사를 표한다.

또한 매트 와이팅에게는 3판에 추가된 병행성 관련 내용들에 값진 피드백을 준 점에서 다시 한번 고마움을 표하고 싶다.

너티 독^{Naughty Dog}의 여러 동료도 피드백을 주고 책의 구조나 내용을 정하는 데 도움을 줌으로써 책을 완성하는 데 기여했다. 렌더링에 관한 부분에 대해 조언을 주고 여러 가지를 가르쳐 준 마르셀 로빈^{Marshall Robin}과 카를로스 콘잘레즈-오호아^{Carlos Gonzalez-Ochoa}, 그리고 실제로 이 부분에 대해 글을 쓸 때 훌륭하고 안목 있는 피드백을 준 폴 크리스티안 엥스타^{Pål-Kristian Engstad}에게 감사를 표한다. 크리스티앙 그릴링^{Christian Gyrling}에게는 애니메이션과 새로운 병렬성 및 병행성 챕터^{chapter}를 포함한 여러 부분에 도움을 준 데 감사를 표한다. 오디오 챕터의 바탕이 된 기반 정보들을 제공해 주고 내가 필요할 때 언제나 이야기를 나눌 수 있는 호의를 베푼 너티 독^{Naughty Dog}의 장인급 시니어 오디오 프로그래머 조너선 래니어^{Jonathan Lanier}에게도 감사하다고 말하고 싶다. 조너선은 내 초안에 대해 정확한 지점을 지적해 줬고 매우 귀중한 피드백을 줬다. 너티 독 프로그래밍 팀에 가장 최근에 합류한 카림 오마르^{Kareem Omar}는 새로운 병행성 챕터에 지혜와 값진 피드백을 줬기 때문에 감사를 표한다. 너티 독 엔지니어링 팀 전체에도 이 책에서 자주 인용한 훌륭한 게임 엔진 시스템을 만들어 준 것에 감사를 표하지 않을 수 없다.

13.1절에서 볼 수 있는 물리가 게임에 미치는 영향과 관련된 기본 자료를 제공해 준 일렉트로닉 아츠^{Electronic Arts}의 키스 쉐퍼^{Keith Schaeffer}에게도 특별히 감사드린다. 크리스토프 발레스트라 ^{Christophe Balestra}(내가 너티 독에 근무한 첫 10년간 공동 경영자였다), 폴 킷^{Paul Keet}(내가 일렉트로닉 아츠에 근무할 동안 메달 오브 아너 시리즈의 리드 엔지니어였다), 스티브 랭크^{Steve Ranck}(미드웨이 샌 디에고 ^{Midway San Diego}에서 개발한 하이드로 선더^{Hydro Thunder}의 리드 엔지니어)에게도 여러 해에 걸친 지도와 조언에 감사드린다. 이 분들은 이 책에 직접적인 기여가 없다 하더라도 엔지니어로서 현재의 나를 있게 해 준 분들이다. 그들의 영향은 이 책의 곳곳에 닿지 않는 곳이 없다고 해도 과언이 아니다.

이 책은 남가주대학교의 정보 기술 프로그램^{Information Technology Program}의 도움으로 내가 지금까지 3년 동안 맡아 온 강의인 'ITP-485: Programming Game Engines'에 대한 노트들에서 시작했다. 이 당시 ITP를 맡고 있던 앤소니 보퀴즈^{Anthony Borquez} 박사께 나를 고용해 ITP-482 강좌의 커리큘럼을 만들 수 있게 한데 대해 고마움을 전한다. 또한 현재 ITP를 맡고 있는 아사히 소니^{Ashish Soni}께는 ITP-485가 계속 발전할 수 있게 지원해 주고 격려해 준 데 감사드린다.

아내와 아이들을 제외한 나머지 가족들과 친구들에게도 고마움을 표하고 싶은데, 그들의 끊임없는 격려에 대한 감사이기도 하고, 또한 내가 일하고 있는 동안 아내와 두 아이들과 잘 놀아 줬기 때문이기도 하다. 가족 트레이시 리^{Tracy Lee}와 더그 프로빈스^{Doug Provins}, 매트 글렌 ^{Matt Glenn}, 그리고 멋진 친구들 킴^{Kim}과 드류 클라크^{Drew Clark} 부부, 셰릴린^{Sherilyn}과 짐 크리처^{Jim Kritzer} 부부, 앤^{Anne}과 미셸 쉐러^{Michael Scherer} 부부, 킴^{Kim}과 마이크 워너^{Mike Warner} 부부에게도 감사하단 말을 하고 싶다. 우리 아버지 케네스 그레고리^{Kenneth Gregory}는 내가 10대일 때 주식 투자에 관한 책을 쓰신 적이 있는데, 이것이 계기가 되어 나도 책을 써야겠다는 마음을 먹을 수 있었다. 뿐만 아니라 훨씬 더 많은 것을 내게 주신 점 감사드린다. 어머니 에리카 그레고리^{Erica Gregory}께도 감사드리는데, 어머니는 이 프로젝트를 시작하도록 격려해 주셨을 뿐 아니라 어릴 적 내 단단한 머릿속에 글쓰기를 주입하시느라 수많은 시간을 함께 보내셨다. 내 글 쓰는 기술은 모두 어머니께 배운 것이다(뿐만 아니라 직업 윤리도 그렇고…… 약간 엇나간 내 유머 감각도 다 어머니 덕이다).

앨리스 피터스^{Alice Peters}와 케빈 잭슨-미드^{Kevin Jackson-Mead}를 포함한 A K 피터스^{A K Peters} 스태프 모두에게도 이 책의 첫 번째 판을 출판하는 데 엄청난 도움을 준 것에 감사를 표한다. A K 피터스는 이후 테일러 앤드 프랜시스^{Taylor & Francis} 그룹의 기초 과학 및 기술 출판 부서인 CRC Press에 흡수됐다. 앨리스 피터스와 클라우스 피터스^{Klaus Peters}가 앞으로 하는 일에 번영이 함께하길 기원한다. 테일러 앤드 프랜시스의 릭 아담스^{Rick Adams}, 제니퍼 아링거^{Jennifer Ahringer}, 제시카 베가^{Jessica Vega}, 신시아 클리베카^{Cynthia Klivecka} 등은 『게임 엔진 아키텍처』 2판과 3판을 출판하는 동안 꾸준하게 지원과 도움을 줬다. 조너선 페널^{Jonathan Pennell}은 2판의 표지를, 스캇 샘블린은 3판의 표지를 제작해 줬으며, 브라이언 해거(http://www.bionic3d.com)는 고맙게도 자신의 스페이스 X 멀린 로켓 엔진의 3D 모델을 3판 표지로 쓸 수 있게 허락해 줬다.

기쁘게도 1판과 2판 게임 엔진 아키텍처가 일본어, 중국어, 한국어로 번역됐거나 진행 중이라는 소식을 전한다. 남코 반다이 게임즈^{Namco Bandai Games}의 가즈히사 미나토^{Kazuhisa Minato}와 그의 팀에 일본어로 번역하는 고된 일을 훌륭히 해 준데 대해 감사하고 싶다(1판과 2판 모두). 또한 소프트뱅크 크리에이티브^{Softbank Creative}의 여러분께도 일본어판을 출판해 준 데 감사를 표한다. 밀로 잎^{Milo Yip}은 중국어 번역 프로젝트를 헌신적으로 이끌어 준 것에 깊은 감사를 표한다. 중국어 판본을 출판한 전자공업출판사^{Publishing House of the Electronics Industry}와 각각 한국어 1판, 2판을 출판한 에이콘출판사, 홍릉과학출판사에도 감사를 표한다.

여러 독자가 소중한 시간을 내어 피드백을 주셨고, 1판과 2판의 오류에 대해 지적해 주셨는데 이에 대해 깊은 감사를 표한다. 헌신적인 공헌을 해 준 밀로 잎, 조 콘리^{Joe Conley}, 재커리 터너^{Zachary Turner}에게 특별히 감사를 전하고 싶다. 세 명 모두 여러 장에 걸친 문서와 오타 제보, 그리고 매우 값지고 지혜로운 제안을 해줬다. 내가 할 수 있는 한 모든 피드백을 3판에 담을 수 있도록 노력했다(부디 계속 도움을 주셨으면 좋겠다).

2018년 4월 **제이슨 그레고리**

기초

생애 첫 게임 콘솔을 손에 쥔 것은 1979년이었는데(정말로 훌륭한 마텔의 인텔리비전이었다), '게임 엔진game engine'이라는 말이 있지도 않던 시절이었다. 대다수 어른은 비디오 게임이나 아케이드 게임을 장난감으로밖에 생각하지 않았고, 게임을 움직이던 소프트웨어는 한 가지 게임과 하드웨어에 매우 종속적이었다. 하지만 오늘날의 게임은 할리우드에 맞먹는 규모와 인기를 누리는 천문학적 가치를 지닌 주요 산업이다. 그리고 현재 광범위하게 사용되는 3D 게임 엔진(퀘이크 엔진, 언리얼 엔진 5, 소스 엔진 등)은 게임 개발에 필요한 모든 기능을 제공하는 범용적인 개발 도구이며, 이런 엔진들을 통해 싱상 가능한 온갖 게임을 만들 수 있다.

게임 엔진마다 구조와 구현에 차이가 있지만, 상용 엔진과 자체 개발 엔진 모두 대략적인 패턴이 형성됐다. 거의 모든 게임 엔진의 핵심에는 렌더링, 물리(충돌), 애니메이션, 오디오, 게임 객체 모델, 인공지능 시스템 등 일부 핵심 구성 요소들이 자리한다는 공통점이 있으며, 각 구성 요소들의 구현에서도 점차 어느 정도 표준적인 디자인 패턴들이 대두되는 추세다.

시중에는 3D 그래픽 등 게임 엔진의 특정 구성 요소를 자세히 다루는 책들이 무척 많다. 게임 개발에 관한 중요한 팁과 트릭을 모아 놓은 책도 많다. 하지만 아무리 찾아도 오늘날의 게임 엔진을 이루는 다양한 구성 요소들에 대해 전체적인 시각을 얻을 수 있는 책은 없었다. 그래서 복잡하고 광범위한 게임 엔진 구조를 알기 쉽게 소개하고자 이 책을 쓰게 됐다.

이 책은 다음과 같은 내용을 다룬다.

- 경쟁력 있는 게임 엔진의 구조(아키텍처)
- 실제 게임 개발 팀의 조직 구조와 일하는 방법
- 대부분의 게임 엔진에서 반복적이고 지속적으로 사용하는 구성 요소와 디자인 패턴
- 주요 하부 시스템들이 갖춰야 할 요건
- 게임의 종류나 장르에 영향을 받지 않는 구성 요소와 특정 게임이나 장르에 맞게 설계돼야만 하는 구성 요소의 구분
- 게임 엔진과 게임의 구분

이와 더불어 현재 인기 있는 상용 게임 엔진인 퀘이크^{Quake}, 언리얼^{Unreal} 등과 하복^{Havok} 물리 라이브러리, 오거^{OGRE} 렌더링 엔진, 애니메이션 및 기하 형상 관리 툴킷인 래드 게임 툴스$^{Rad\ Game\ Tools}$의 Granny 3D 등의 미들웨어가 어떻게 동작하는지도 살펴본다. 또한 글쓴이가 운 좋게 경험해 볼 수 있었던 자체 개발 엔진 몇 가지도 볼 예정인데, 그중에는 언차티드^{Uncharted}와 라스트 오브 어스$^{The\ Last\ of\ Us}$ 시리즈를 개발했던 너티 독의 엔진도 포함된다.

본격적으로 시작하기에 앞서 게임 엔진과 관련된 대규모 소프트웨어 개발 기술과 도구에 대해 다음과 같은 점을 살펴본다.

- 논리적 소프트웨어 구조와 물리적 소프트웨어 구조의 차이점
- 설정 관리$^{configuration\ management}$, 버전 관리, 빌드 시스템
- 널리 사용되는 C, C++ 개발 도구인 마이크로소프트 비주얼 스튜디오에 관한 팁

이 책을 제대로 이해하려면 게임 개발에 가장 많이 쓰이는 C++를 잘 알아야 하고 소프트웨어 엔지니어링의 기본 개념에 대해서도 이해하고 있어야 한다. 마찬가지로 선형대수, 3차원 벡터와 행렬 연산, 삼각함수 등의 기초 정도는 알고 있어야 한다(하지만 핵심 개념은 5장에서 다시 다룬다). 이외에 실시간 프로그래밍과 이벤트 처리 프로그래밍 등에 관한 경험이 있다면 매우 좋다. 그렇지만 이런 주제들은 앞으로 모두 개괄적으로 다룰 것이기 때문에 너무 겁낼 필요는 없으며, 더 자세히 공부하길 원하는 독자들이 찾아볼 만한 곳도 소개할 것이다.

1.1 게임 팀 구성

게임 엔진을 본격적으로 살펴보기 전에 게임 팀이 어떻게 구성돼 있는지 살펴보자. 보통 게임 스튜디오는 크게 엔지니어, 아티스트, 기획자, 프로듀서, 기타 관리 지원(마케팅, 법률, 기술지원, 인사 관리 등) 등 다섯 가지 부서로 이뤄진다. 각 부서는 더 세세한 하위 부서로 나뉘기도 한다. 차례로 살펴보자.

1.1.1 엔지니어

엔지니어는 게임을 만드는 데 쓰이는 소프트웨어와 제작 도구(툴^{tool})를 디자인하고 구현한다. 엔진과 게임을 개발하는 런타임 프로그래머와 다른 개발 팀들이 효율적으로 일하는 데 필요한 오프라인 도구들을 만드는 툴 프로그래머로 구분할 수 있다. 런타임 프로그래머든 툴 프로그래머든 엔지니어는 각기 전문 분야가 있다. 엔진의 한 부분(렌더링, AI, 오디오, 물리 등)에서 경력을 쌓는 엔지니어도 있고, 게임플레이 구현과 스크립트 구현에 집중하는 엔지니어도 있다. 시스템적인 구현에만 전념하고 게임 구현에는 크게 관여하지 않는 엔지니어도 있다. 또 어떤 엔지니어는 제너럴리스트^{generalist}로, 개발 중 발생할 수 있는 온갖 상황에 대처할 수 있는 다재다능함이 주특기다.

고참 엔지니어는 때때로 테크니컬 리더 역할을 맡아야 한다. 리드 엔지니어는 프로그램을 디자인하고 코드를 작성하는 일은 계속하지만, 이외에 일정을 관리하거나 중요한 기술적인 문제를 결정하는 데 참여한다. 때로는 인력 관리를 담당하기도 한다.

테크니컬 디렉터$^{TD,\ Technical\ Director}$를 두는 회사도 있다. 테크니컬 디렉터는 1개 이상의 프로젝트를 맡아 기술적인 난제에 미리 대비하고, 업계의 변화와 신기술 적용 등을 책임진다. 엔지니어 계열에서 최고의 직책은 최고기술경영자$^{CTO,\ Chief\ Technical\ Officer}$인데, 테크니컬 디렉터의 역할을 전 스튜디오 차원에서 수행하며 회사 경영에 핵심적인 역할을 한다.

1.1.2 아티스트

게임 업계에는 '콘텐츠가 왕'이란 말이 있다. 아티스트는 게임의 모든 시각/청각 콘텐츠를 만드는 사람인데, 아티스트의 역량에 게임의 성패가 달려 있다고 해도 과언이 아니다. 아티스트는 매우 다양한 직군으로 구분된다.

- **콘셉트 아티스트**^{concept artist} 게임의 완성된 비전을 팀 전체에 그림으로 제시한다. 보통 프로젝트가 처음 시작될 때부터 참여하며, 전 개발 기간에 걸쳐 게임의 시각적인 측면을 결정한다. 완성된 게임 스크린샷이 콘셉트 아트를 빼다박았다 해도 놀랄 일은 아니다.
- **3D 모델러**^{3D modeler} 게임 월드에 있는 모든 3차원 기하 형상^{geometry}을 만든다. 보통 전경^{foreground} 모델러와 배경^{background} 모델러로 나뉘는데, 전자는 캐릭터, 물체, 무기 등의 물건을 만들고 후자는 지형, 빌딩 등의 세계를 만든다.
- **텍스처 아티스트**^{texture artist} 3D 모델에 입혀질 2D 이미지(텍스처)를 만든다. 텍스처는 3D 모델에 세밀한 정보를 제공하고 사실처럼 보이게 한다.
- **광원 아티스트**^{lighting artist} 동적 광원이나 정적 광원 등 게임 월드의 모든 빛을 만든다. 빛의 색, 강도(명도), 방향 등을 조정해 예술적 효과와 감정적인 효과를 준다.
- **애니메이터**^{animator} 캐릭터와 물체에 움직임을 부여한다. 애니메이션이나 CG에서 배우가 하는 역할과 매우 유사한 일을 한다. 하지만 게임 엔진의 기술적 토대 위에서 작업하기 위한 전문화된 기술을 갖추고 있어야 한다.
- **모션 캡처 배우**^{motion capture actor} 애니메이터가 다듬어 게임 엔진에 사용할 대강의 움직임 데이터를 만든다.
- **사운드 디자이너**^{sound designer} 엔지니어와 긴밀히 협업해 효과음과 음악을 만든다.
- **성우**^{voice actor} 캐릭터의 음성을 만든다.
- 이외에 작곡가를 둬 주제 음악이나 배경 음악을 만들게 하는 경우도 많다.

엔지니어와 마찬가지로 고참 아티스트는 팀 리더의 역할을 맡는 경우가 많다. 어떤 팀은 한 명 이상의 아트 디렉터를 두기도 하는데, 이들은 전체 게임의 시각적인 측면을 관리하고 모든 팀 구성원들의 작업이 일관성을 띠게 점검한다.

1.1.3 기획자

기획자(게임 디자이너)는 사용자가 게임에서 얻을 수 있는 경험, 즉 게임플레이를 설계한다. 구분에 따라 담당하는 세부 사항이 다르다. 어떤 기획자는 넓은 관점에서 일하는데, 게임의 줄거리나 게임의 진행, 궁극적인 게임의 목적 등을 설계한다. 보통 고참 기획자가 이런 역할을 한다. 다른 기획자들은 게임 월드의 지형이나 레벨을 다루며, 배경 배치, 적 출현 위치와 시점 결정, 아이템 배치, 퍼즐 설계 등을 맡는다. 이외에 고도로 기술적인 작업을 하며 엔지니어와 긴밀하게 협업하거나 코드(보통 하이레벨 스크립트 언어)를 작성하는 기획자도 있다. 그리고 엔지니어였지만 좀 더 게임플레이에 적극적인 역할을 맡고 싶어 기획자가 된 경우도 종종 볼 수 있다.

어떤 팀은 작가를 고용하기도 한다. 작가의 역할은 고참 기획자와 함께 게임 스토리를 진행하는 일부터 대사를 쓰는 일까지 다양하다.

다른 직군과 마찬가지로 고참 기획자는 관리자 역할을 맡기도 한다. 대부분 게임 팀은 전반적인 게임 설계를 관장하고 일정 관리, 기획 작업의 일관성을 책임지는 게임 디렉터를 둔다. 때때로 고참 기획자가 프로듀서가 되기도 한다.

1.1.4 프로듀서

프로듀서가 맡는 역할은 스튜디오마다 다르다. 어떤 회사에서는 프로듀서가 일정 관리와 인력 관리를 맡는다. 그렇지 않은 경우에는 상급 기획 업무를 맡는 경우도 있다. 어떤 곳에서는 개발 팀과 다른 부서, 즉 회계, 법률, 마케팅 등 간의 매개자 역할을 맡기기도 한다. 작은 스튜디오는 프로듀서가 없는 경우도 있다. 너티 독^{Naughty Dog} 스튜디오 같은 경우 2명의 공동 대표를 포함한 모든 구성원이 게임 개발에 직접 참여하며, 팀 관리나 게임 외적인 부분들은 고참 구성원들이 나눠 맡는다.

1.1.5 지원 부서

게임 생산에 직접적으로 참여하는 사람들을 지원하는 부서(스태프)의 역할은 매우 중요하다. 스튜디오의 경영 관리 팀이나 마케팅 팀(또는 외부 마케팅 그룹과 연결지어 주는 팀), 관리 부서, IT 기술 지원 부서(개발에 필요한 하드웨어와 소프트웨어를 구매하고 관리해 주는 부서) 등이 이에 해당한다.

1.1.6 퍼블리셔

게임을 판매, 제조, 배포하는 일을 개발 스튜디오가 직접 하는 경우는 별로 없고 대부분 퍼블리셔^{publisher}를 통한다. 퍼블리셔는 보통 일렉트로닉 아츠^{Electronic Arts}나 THQ, 유비소프트^{Ubisoft}, 소니^{Sony}, 닌텐도^{Nintendo}처럼 큰 회사인 경우가 많다. 대부분 개발 스튜디오는 특정 퍼블리셔와 독점적인 관계를 맺지는 않는다. 유리한 조건을 맺을 수 있는 퍼블리셔와 그때그때

계약하는 편이다. 하지만 특정 퍼블리셔하고만 독점적으로 거래하기도 하는데, 보통 장기 계약을 맺었거나 해당 퍼블리셔에 속한 자회사인 경우다. 실 사례를 보면 THQ의 게임 스튜디오들은 독립적으로 관리되지만 THQ 소유이며, 궁극적 결정권은 THQ에 있다. 일렉트로닉 아츠는 여기서 더 나가 좀 더 직접적으로 개발 스튜디오를 관리하는 편이다. 퍼스트파티 개발사 first-party developer란 소니, 닌텐도, 마이크로소프트 등의 게임 콘솔 개발사에 직접 소속돼 해당 콘솔용 게임만을 만드는 개발사다. 예를 들면 너티 독은 소니의 퍼스트파티 개발사로, 소니의 콘솔에서만 돌아가는 게임을 만든다.

1.2 게임이란?

누구든 게임이 뭔지 직관적으로는 알고 있다. 일반적으로 '게임game'이라는 용어는 체스나 모노폴리(보드 게임), 포커, 블랙 잭, 룰렛, 슬롯머신뿐만 아니라 군사 훈련에서의 전쟁 게임, 컴퓨터 게임 그리고 다양한 아이들 놀이까지 포함하는 넓은 개념이다. 학술적인 용어인 '게임 이론 game theory'은 명확히 정의된 규칙 아래에서 다양한 에이전트들이 최선의 이익을 얻으려고 전략적, 전술적 행동을 하는 것을 의미한다. 컴퓨터를 바탕으로 한 엔터테인먼트 측면에서의 게임은 3차원 가상 월드 안에 플레이어가 조정하는 인간, 동물, 탈것 등이 돌아다니는 장면을 연상케 한다(팩맨, 동키 콩 같은 고전 2차원 게임을 떠올리는 사람도 있을 수 있겠다). 라프 코스터Raph Koster는 저서 『라프 코스터의 재미이론A Theory of Fun for Game Design』(길벗, 2017)에서 '게임'을 다음과 같이 정의하고 있다[30]. '게임이란 사용자에게 점진적으로 난이도가 증가하는 도전 과제를 제시하고, 사용자가 궁극적으로 그 과정을 학습하고 숙달하는 상호적인 경험을 제공하는 행위다.' 코스터의 결론은 우리가 '재미'라고 부르는 것의 핵심에는 학습과 숙달이라는 행위가 있다는 것이다. 마치 그 패턴을 알아챔으로써 농담을 '이해'하게 되는 순간 농담이 재미있어지는 것에 비유할 수 있겠다.

이 책에서는 한정된 사용자들(1명에서 대략 16명 정도)로 이뤄진 2차원 또는 3차원 가상 세계를 지칭하는 게임의 개념에만 집중하기로 한다. 이 책에서 다룰 주제들은 인터넷 플래시 게임이나 테트리스 등의 퍼즐 게임, MMORPG 등에도 대부분 적용될 수 있지만, 이 책의 주된 관심사는 1인칭 시점 슈팅 게임(FPS), 3인칭 시점 액션(플랫폼) 게임, 레이싱 게임, 파이팅 게임 등을 만드는 게임 엔진이다.

1.2.1 덜 엄격한 실시간 시뮬레이션으로서의 게임

대부분 2차원 또는 3차원 게임은 컴퓨터 과학적인 용어로 '덜 엄격한 실시간 상호적 행위자 기반 컴퓨터 시뮬레이션soft real-time interactive agent-based computer simulations'이라고 부를 수 있다. 이 말이 무슨 뜻인지 나눠 살펴보자.

대다수의 비디오 게임은 컴퓨터가 다룰 수 있게 실세상을 수학적으로 모델화한다. 실세상(또는 상상 속의 세계)의 모든 측면을 다루는 것은 불가능하기 때문에 모델화할 때는 근사화와 단순화가 필요하다. 이 점에서 게임은 실세상(또는 상상 속 세상)의 시뮬레이션이라고 부를 수 있다. 근사화와 단순화는 게임 개발자의 가장 강력한 도구이며, 잘 사용하면 실세상의 세세함을 잃지 않으면서도 큰 재미를 주는 게임을 만들 수 있다.

행위자 기반의 시뮬레이션이란 각각 서로 다른 '행위자'들 간의 상호작용을 말한다. 탈것, 캐릭터, 물체 등을 행위자라고 생각하면 대부분 3차원 컴퓨터 게임에 썩 잘 들어맞는다. 이런 면을 봤을 때 많은 게임이 객체지향적인 프로그래밍 언어, 또는 넓은 의미의 객체 기반 언어로 만들어진다는 사실이 전혀 새삼스럽지 않다.

모든 비디오 게임은 시간적인temporal 시뮬레이션이다. 이 말은 게임의 가상 세계는 고정된 것이 아니라 시간이 지나거나 이야기가 진행됨에 따라 동적으로 변한다는 의미다. 또 게임은 예측 불가능한 사용자의 동작에 대비돼 있어야 한다. 따라서 상호적interactive이며 시간적 시뮬레이션이다. 마지막으로 게임은 이야기를 보여 주며 사용자의 조작에 실시간으로 반응한다. 따라서 상호적인 실시간 시뮬레이션이라 할 수 있다. 컴퓨터 체스나 턴제 전략TBS, Turn-Based Strategy 게임은 예외라고 생각할 수도 있지만, 이런 게임들조차도 어느 정도의 상호적 사용자 인터페이스를 제공한다. 따라서 이 책에서는 모든 비디오 게임이 어느 정도의 실시간적 제약을 갖고 있다고 가정한다.

모든 실시간 기반 시스템은 시간 제약deadline이라는 핵심 개념을 품고 있다. 대표적인 예로 화면의 물체가 움직이는 것처럼 보이게 하려면 화면을 초당 최소 24번은 업데이트해야 한다는 점을 들 수 있다(대부분의 게임은 초당 30 내지 60번 화면을 그리는데, 이것은 NTSC 모니터의 재생 빈도의 배수이기 때문이다). 이외에도 게임에는 수많은 시간 제약이 있다. 물리 엔진이 안정적으로 동작하고자 초당 최소 120번 업데이트해야 한다거나, 인공지능이 캐릭터가 덜떨어져 보이지 않으려면 최소한 초당 한 번씩은 '생각'해야 하는 것들을 예로 들 수 있다. 이외에 오디오 시스템이 소리가 끊어지는 것을 방지하고자 1/60초당 한 번씩 오디오 버퍼를 채워야 하는 경우도 생각해 볼 수 있다.

덜 엄격한 실시간 시스템이란 시간 제약을 지키지 못해도 치명적인 결과가 발생하지 않는다는 뜻이다. 따라서 모든 게임은 덜 엄격한 실시간 시스템이라고 할 수 있다. 정해진 시간에 한 프레임을 그리지 못하더라도 사용자가 피해를 입을 것은 없다. 대비되는 개념인 엄격한[hard] 실시간 시스템에서는 시간 제약 준수를 실패했을 경우 사용자의 치명적인 부상이나 죽음을 야기할 수 있다. 헬리콥터의 항공 제어 시스템이나 원자력 발전소의 안전 시스템 같은 경우를 예로 들 수 있다.

수학적 모델은 분석적[analytic] 모델과 수치적[numerical] 모델로 나뉜다. 분석적(닫힌 형태)의 수학적 모델의 예로는 중력에 의해 가속하며 떨어지는 물체의 속도를 들 수 있다. 다음 식을 살펴보자.

$$y(t) = \frac{1}{2}gt^2 + v_0 t + y_0 \tag{1.1}$$

분석적 모델은 변수의 값만 있으면 언제든 결과를 계산할 수 있는 모델이다. 앞의 함수처럼 v_0, y_0, g 등의 상수 값이 정해지면 모든 t에 대한 값이 계산된다. 찾아낼 수만 있으면 분석적 모델은 굉장히 편리하다. 그렇지만 수학적인 문제 중에는 이와 같은 닫힌 형태의 해법이 없는 것들이 많다. 또한 비디오 게임과 같이 사용자의 입력을 예측할 수 없는 경우 전체 게임을 분석적 모델로 나타낸다는 것은 불가능하다.

중력 가속에 의해 낙하하는 물체가 다음과 같이 수치적[numerical]으로 표현되는 경우를 보자.

$$y(t + \Delta t) = F(y(t), \dot{y}(t), \ddot{y}(t), \dots) \tag{1.2}$$

풀어 말하자면 어떤 미래 시각$(t + \Delta t)$에서 물체의 높이는 현재 시각 t에서의 높이 함수와 그 함수의 1차 도함수 및 2차 도함수로 나타낸다는 말이다. 수치적 시뮬레이션은 보통 반복적 계산을 통해 각 이산[discreet] 시간[1] 단계의 시스템 상태를 찾게 구현한다. 컴퓨터 게임이 바로 이 방식으로 동작한다. 게임의 '메인 루프'가 반복하는 단계마다 인공지능, 게임 로직, 물리 등의 게임 시스템들은 스스로 다음 이산 시간 단계에서의 자기 상태를 갱신한다. 이 결과가 최종적으로 현재의 화면이나 소리, 조이스틱의 진동 등으로 표현된다.

---

1   이산 시간이란 연속된 시간에 대비되는 개념으로 이해하면 된다. – 옮긴이

1.3 게임 엔진이란?

'게임 엔진'이라는 말은 1990년대에 폭발적인 인기를 끌었던 이드 소프트웨어^{id Software}의 '둠 Doom' 등의 1인칭 시점 슈터^{FPS, First-Person Shooter} 게임에서 유래했다. 둠은 핵심적인 소프트웨어 (3D 그래픽 엔진, 충돌 검출 시스템, 오디오 등)와 사용자가 보는 게임 관련 요소들(그래픽 자원, 게임 월드, 게임플레이 규칙 등)이 뚜렷하게 구분되도록 설계됐다. 최소한의 '엔진' 변경만으로 그래픽, 게임 월드, 무기, 캐릭터, 탈것, 게임의 규칙까지 다른 완전히 새로운 게임을 만들 수 있다는 점이 알려지면서 분리를 통한 이점이 분명해졌다. 이 일은 또 '모드^{mod} 커뮤니티'의 탄생을 알리는 시발점이 됐다. '모드 커뮤니티'란 원 게임 개발사가 무료로 배포하는 도구를 이용해 기존 게임을 고쳐 새 게임을 만드는 개인이나 작은 규모의 스튜디오를 의미한다. 1990년 말에 이르러서는 퀘이크 III 아레나^{Quake III Arena}와 언리얼^{Unreal}처럼 처음부터 재사용이나 '모드 제작'을 염두에 두고 설계된 게임이 등장했다. '퀘이크 C' 같은 스크립트 언어를 사용하면 이런 엔진을 이용해 누구든 구미에 맞는 게임을 만들 수 있게 됐고 엔진을 상용화하는 일이 괜찮은 부수입을 벌어들이는 사업이 됐다. 오늘날에는 게임을 만들 때 게임 엔진을 사서 개발을 시작하는 경우가 흔하다. 엔진을 사는 경우에도 상당한 소프트웨어 개발 비용을 들여야 하지만, 처음부터 핵심 엔진 요소들을 개발하는 경우보다는 훨씬 경제적이다.

어디까지가 게임 엔진이고 어디서부터 게임인지 꼬집어 말하기는 쉽지 않다. 경계가 분명한 경우도 있지만, 또 어떤 경우에는 아예 구분이 불가능한 경우도 있기 때문이다. 예를 들어 어떤 게임은 '오크^{orc}'를 그릴 때 렌더링 엔진 안에 '오크'를 그리는 방법이 있는 경우가 있다. 반대로 렌더링 엔진은 범용적인 머티리얼^{material}이나 셰이딩^{shading} 기능만 제공하고, 그릴 물체의 '오크'적인 특성은 전적으로 데이터로만 정의하는 게임도 있다. 어떤 부분이 엔진이고 어떤 부분이 게임인지는 게임을 디자인하는 동안 수시로 변할 수 있기 때문에 두 부분을 칼로 자르듯 명확하게 구분하는 것은 불가능할지도 모른다.

어떤 게임 소프트웨어가 게임 엔진인지 아닌지를 구분할 때는 그 소프트웨어가 데이터 주도 ^{data-driven}적으로 설계됐는지를 보는 것이 일반적이다. 게임 규칙이나 어떤 게임 객체를 그리는 부분이 하드 코딩돼 있다면 그 소프트웨어를 다른 게임을 만드는 데 사용하기는 매우 어렵고, 심지어 불가능할 수도 있다. 따라서 '게임 엔진'이라는 용어는 핵심적인 변화 없이도 다른 게임을 만들 수 있는 확장 가능한 소프트웨어를 가리키는 데만 쓰는 게 옳다.

이런 식으로 항상 분명하게 구분 가능한 것은 아니다. 모든 게임 엔진의 재사용성을 그래프로 나타냈을 때 유명 게임 엔진(또는 게임)이 어디에 위치하는지를 그림 1.1에 표시해 봤다.

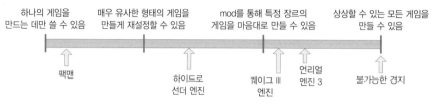

그림 1.1 게임 엔진의 재사용성에 대한 도식

애플 퀵타임Apple QuickTime이나 마이크로소프트 미디어 플레이어Microsoft Windows Media Player가 거의 모든 미디어 매체를 재생할 수 있는 것처럼 게임 엔진도 상상할 수 있는 모든 게임을 만들 수 있는 범용적인 소프트웨어라고 생각하는 사람도 있을 수 있다. 하지만 아직 이런 경지에 도달한 게임 엔진은 없다(아마 영영 나오지 않을지도 모른다). 대부분 게임 엔진은 특정 게임과 플랫폼에 맞게 만들어지고 최적화된다. 여러 플랫폼에서 사용 가능한 범용성이 뛰어난 엔진이라 하더라도 특정 장르(FPS, 레이싱 등)의 게임을 만드는 데만 적합하다. 일반적으로 게임 엔진이나 미들웨어의 범용성이 커질수록 특정 플랫폼이나 게임에 대한 최적화는 떨어진다고 하겠다.

이런 현상은 효율적 소프트웨어 디자인에서 피할 수 없는 균형과 선택trade-off에 따른 결과인데, 균형과 선택은 언제나 소프트웨어가 사용되는 방식과 환경에 바탕을 둘 수밖에 없다. 예를 들면 실내 환경을 전문적으로 처리하게 설계된 렌더링 엔진은 넓은 실외 환경을 다루는 데는 별로 효율적이지 않을 가능성이 크다. 실내용 엔진은 벽 뒤에 있거나 다른 물체에 가려 그릴 필요가 없는 것들을 구분하고자 BSPBinary Space Partitioning 트리나 포털 시스템 등을 이용한다. 반면 실외용 엔진은 물체의 차폐occlusion 문제에 깊이 신경 쓰기보다는 적극적으로 LODLevel Of Detail를 사용할 가능성이 크다. 카메라에서 먼 곳에 있는 물체는 최소한 성기게 그리고, 가까이 있는 물체는 조밀하고 자세하게 그리려 할 것이다.

중앙 처리 장치CPU, Central Processing Unit와 그래픽 카드graphic card의 성능이 나날이 향상되고 좀 더 효율적인 알고리듬과 자료 구조가 개발됨에 따라 서로 다른 장르를 위한 그래픽 엔진들 간 차이가 줄어들고 있는 것은 사실이다. FPS 게임 엔진으로 실시간 전략 게임을 만드는 것도 가능해졌다. 하지만 범용성과 최적화 간의 균형과 선택은 여전히 중요한 문제다. 특정 요구 사항과 제약 조건에 맞춰 세밀하게 설계되고 조정할수록 게임이 더 좋아지는 것은 분명하다.

1.4 장르별 게임 엔진

보통 게임 엔진은 특정한 장르의 게임을 위해 만들어진다. 2인용 복싱 게임을 만들기 위한 엔진은 다중 멀티플레이어 온라인^{MMO, Massively Multiplayer Online} 게임이나 FPS, RTS^{Real-Time Strategy} 게임을 만드는 엔진과 확연한 차이가 있다. 그럼에도 공통된 요소가 많은 것이 사실이다. 키보드, 마우스, 조이스틱 등 사용자 입력을 처리하는 부분이나 3D 메시를 그리는 부분, 헤드업 디스플레이^{HUD, Heads-Up Display}, 텍스트 렌더링, 오디오 등은 어느 장르를 불문하고 3D 게임이라면 갖춰야 할 요소들이다. 1인칭 시점 슈팅 게임을 위해 만들어진 언리얼 엔진이 전혀 다른 장르의 게임을 만드는 데 성공적으로 사용된 것은 이런 측면을 부각시켜 주는 좋은 예다. 언리얼 엔진을 써서 만든 게임에는 엄청난 성공을 거둔 에픽 게임즈^{Epic Games}의 3인칭 시점 슈터 '기어즈 오브 워^{Gears of War}', 락스테디 스튜디오^{Rocksteady Studio}의 히트 액션 어드벤처 게임 '배트맨: 아캄^{Batman: Arkham}' 시리즈, 반다이 남코 스튜디오^{Bandai Namco Studio}의 '철권 7^{Tekken 7}', 바이오웨어^{BioWare}의 롤플레잉 3인칭 슈터 '매스 이펙트^{Mass Effect}' 시리즈 등이 있다.

이제 대표적인 게임 장르와 각 장르에 필요한 기술을 알아보자.

1.4.1 1인칭 시점 슈터

1인칭 시점 슈터^{FPS, First-Person Shooters}는 퀘이크, 언리얼 토너먼트^{Unreal Tournament}, 하프 라이프^{Half-Life}, 배틀필드^{Battlefield}, 데스티니^{Destiny}, 타이탄폴^{Titanfall}, 오버워치^{Overwatch} 등의 게임에 의해 확립됐다(그림 1.2 참조). 이런 게임들은 주로 좁은 복도로 이뤄진 세계를 걷는 속도로 돌아다니는 형태였다. 그렇지만 현대 FPS는 넓은 실외 환경이나 한정된 공간을 가리지 않고 온갖 다양한 가상 세계를 배경으로 한다. 또 걸어서 이동하는 방법 외에도 기차나 자동차, 호버크래프트, 보트, 비행기 등의 탈것을 사용하기도 한다. 좀 더 자세히 알고 싶으면 다음 링크를 찾아가 보자.

http://en.wikipedia.org/wiki/First-person_shooter

1인칭 시점을 사용하는 게임은 보통 기술적으로 가장 만들기 힘든 게임 중 하나다(3인칭 시점 슈터나 액션, 플랫포머, MMO만이 여기에 견줄 만하다). 이것은 사용자를 설득력 있고 굉장히 사실적인 환경에 몰입시켜야 하는 1인칭 시점 게임의 특성에서 기인한다. 1인칭 시점 게임에서 특히 많은 기술적인 혁신이 일어나는 것은 이 때문이다.

그림 1.2 블리자드 엔터테인먼트(Blizzard Entertainment)의 오버워치(Overwatch)(엑스박스 원(Xbox One), 플레이스테이션 4(PlayStation 4), 윈도우(Windows))

FPS는 다음과 같은 기술을 중요시한다.

- 광활한 3D 가상 세계의 효율적인 렌더링
- 즉각적인 카메라 조작과 조준
- 매우 사실적인 캐릭터의 팔과 무기 애니메이션
- 다양한 종류의 소형화기 구현
- 캐릭터 움직임과 충돌 구현(어떤 때는 캐릭터가 '떠다니는' 것 같은 느낌을 주기도 한다)
- 매우 사실적인 NPC^Non-Player Character 애니메이션(플레이어의 적이나 동료 등)과 인공지능
- 작은 규모의 멀티플레이 지원(보통 64인 이하), '데스 매치^death match'라 불리는 플레이어 간 결투 기능

FPS에 쓰이는 렌더링 기술은 거의 예외 없이 게임플레이의 배경에 최적화되고 조정된다. 예를 들어 던전 등 실내가 배경일 때는 BSP 트리나 포털 등을 적극적으로 활용하고, 실외가 배경인 경우에는 차폐 선별^occlusion culling 등의 렌더링 최적화 기법을 쓰거나 오프라인에서 미리 시야를 계산하는(수동 또는 자동으로) 기법을 사용한다.

물론 플레이어를 가상 세계에 몰입시키려면 최적화된 고성능 그래픽 기술 외에도 여러 가지가 필요하다. 캐릭터 애니메이션, 사운드와 음악, 물리, 컷 신 등 다양한 부분이 모두 최고여야 한다. FPS가 다양한 분야에서 가장 뛰어난 기술을 필요로 하는 것은 이 때문이다.

1.4.2 플랫포머와 다른 3인칭 시점 게임

'플랫포머platformer'란 여러 발판platform 사이를 뛰어다니는 일이 주된 게임플레이인 3인칭 시점 게임을 뜻한다. 2D 시절 이런 종류의 대표적인 게임으로 '스페이스 패닉Space Panic', '동키 콩Donkey Kong', '피트폴!Pitfall!', '슈퍼마리오Super Mario Brothers' 등이 있다. 3D 세대가 되면서 '슈퍼마리오 64', '크래시 밴디 쿳Crash Bandicoot', '레이맨 2Rayman 2', '소닉 더 헤지혹Sonic the Hedgehog', '잭 앤드 댁스터Jak and Daxter 시리즈(그림 1.3)', '라쳇 앤드 클랭크Ratchet & Clank', '슈퍼 마리오 갤럭시Super Mario Galaxy' 등이 등장했다. 좀 더 자세한 내용은 다음 링크를 참조하자.

http://en.wikipedia.org/wiki/Platformer

그림 1.3 너티 독의 잭 II(Jak II)(잭, 댁스터, 잭 앤드 댁스터, 잭 II C 2003, 2013/TM SIE. 너티 독 개발, 플레이스테이션 2)

기술적 측면에서 봤을 때 플랫포머는 '저스트 코즈 2$^{Just Cause 2}$'나 '기어즈 오브 워'(그림 1.4), 언차티드 등 3인칭 시점 슈터 게임이나 3인칭 액션 어드벤처 게임과 한데 묶어 생각할 수 있다.

그림 1.4 기어즈 오브 워 4(더 코울리션(The Coalition) 개발, 엑스박스 원)

3인칭 시점 슈터 게임은 FPS와 유사한 점이 굉장히 많기는 하지만 메인 캐릭터의 능력이나 이동 방식에 더 강조를 두고 있다는 점에서 차이가 있다. FPS가 팔과 무기만 제대로 그리면 되는 것과 달리 3인칭 슈터는 메인 캐릭터의 전신을 매우 사실적으로 보여 줘야 한다. FPS가 온라인 기능을 지원하기 때문에 어쨌든 캐릭터의 전신을 그려야 한다고 반문할 수도 있다. 하지만 FPS에서 게이머의 캐릭터는 같은 게임의 NPC 등에 비해 사실감이 떨어진다. 물론 3인칭 시점 슈터의 캐릭터와는 더욱 차이가 난다.

플랫포머에서 메인 캐릭터는 만화 주인공 같은 형태를 띠거나 딱히 사실적이지 않은 경우가 많다. 그렇지만 3인칭 시점 슈터에서는 보통 메인 캐릭터가 매우 사실적인 모습이다. 두 장르 모두 캐릭터 애니메이션이나 액션이 매우 다양하다는 점은 동일하다.

플랫포머에서 가장 중요한 기술은 다음과 같다.

- 움직이는 발판, 사다리, 밧줄, 창살 등의 흥미로운 이동 방식
- 퍼즐이 가득한 배경
- 메인 캐릭터를 따라 다니며 주로 사용자의 조이스틱이나 마우스로 회전이 가능한 3인칭

시점 카메라(PC에도 인기 있는 플랫포머가 많기는 하지만 플랫포머는 거의 대부분 콘솔 게임이다)

- 시야를 보장하고자 시점이 절대 배경이나 물체에 가리거나 뚫고 들어가지 않게 하는 카메라 충돌 시스템

1.4.3 격투 게임

격투 게임은 보통 플레이어 2명이 링같이 제한된 장소에서 각자 사람 형태의 캐릭터를 조정해 서로를 공격하는 게임이다. 이런 게임의 전형적인 예는 '소울 칼리버^{Soul Calibur}'나 '철권(그림 1.5)' 등이다. 다음 링크에서 추가적인 내용을 읽어 볼 수 있다.

http://en.wikipedia.org/wiki/Fighting_game

그림 1.5 남코의 철권 3(플레이스테이션)

격투 게임은 일반적으로 다음과 같은 기술에 초점을 둔다.

- 풍부한 격투 애니메이션
- 정확한 타격 감지
- 버튼과 조이스틱으로 이뤄진 복잡한 입력을 처리할 수 있는 시스템
- 군중과 대체로 정적인 배경

배경이 매우 제한적이고 카메라는 거의 고정된 경우가 많기 때문에 격투 게임은 월드 분할이나 차폐 선별 등에 그리 신경 쓰지 않는다. 마찬가지로 캐릭터 위치에 맞게 입체적으로 변하는 고급 오디오 시스템 같은 것도 필요 없다.

최신 격투 게임인 EA의 '파이트 나이트 라운드 4^{Fight Night Round 4}'와 네더렐름 스튜디오 ^{NetherRealm Studio}의 '인저스티스 2^{Injustice 2}(그림 1.6)'는 다음과 같은 기술로 업계의 기술 수준을 한 층 끌어 올렸다.

- 표면하 산란^{subsurface scattering}과 땀 효과를 구현한 스킨 셰이더를 포함한 뛰어난 캐릭터 그래픽
- 매우 사실적인 캐릭터 애니메이션
- 물리 기반 의복과 머리카락 시뮬레이션
- 포토-리얼리스틱 조명과 입자^{particle} 효과

그림 1.6 네더렐름 스튜디오가 개발한 인저스티스 2(플레이스테이션 4, 엑스박스 원, 안드로이드, iOS, 마이크로소프트 윈도우)

격투 게임 중에도 제한적인 투기장이 아니라 광활한 야외가 배경인 '헤븐리 소드^{Heavenly Sword}(닌자 시어리^{Ninja Theory} 개발)'나 '포 아너^{For Honor}(유비소프트 몬트리얼^{Ubisoft Montreal} 개발)' 같은 게임도 있다. 사실 이런 게임은 '브롤러^{brawler}'라는 다른 장르로 구분해야 한다는 말도 있다. 어쨌거나 이 같은 게임은 기술적으로는 차라리 FPS나 실시간 전략 게임에 가깝다고 볼 수 있다.

1.4.4 레이싱 게임

레이싱 게임^{racing game}에서 주로 하는 것은 자동차를 비롯한 탈것을 몰고 길을 달리는 일이다. 같은 레이싱 게임이라도 다양한 하위 장르로 구분된다. 시뮬레이션을 강조하는 레이싱 게임('sims')은 극히 사실적인 드라이빙 경험을 주는 것이 목적이다(예, '그란 투리스모^{Gran Turismo}'). 이와 달리 아케이드 레이싱 게임은 사실적인 느낌보다는 어쨌든 재미를 주는 데 목적을 둔다(예, '샌 프랜시스코 러시^{San Francisco Rush}', '크루징 USA^{Cruis'n USA}', '하이드로 선더^{Hydro Thunder}'). 최근 잔뜩 꾸민 차들을 타고 거리를 누비는 레이싱 장르도 등장했다('니드 포 스피드^{Need for Speed}', '주스드^{Juiced}'). 카트 레이싱은 만화나 다른 인기 있는 게임의 캐릭터들이 우스꽝스런 탈것을 조종하는 장르다(예, '마리오 카트^{Mario Kart}', '잭 X^{Jak X}', '프리키 플라이어스^{Freaky Flyers}'). 레이싱 게임이라고 해서 항상 기록 경쟁만 있는 것은 아니다. 어떤 카트 게임에서는 플레이어끼리 서로 공격하고 아이템을 모으거나 여러 가지 모험(시간 제한적일 수도 있고 아닐 수도 있는)을 즐길 수도 있다. 이 장르에 대해 좀 더 알고 싶으면 다음 링크를 보면 된다.

http://en.wikipedia.org/wiki/Racing_game

초창기 FPS가 그랬던 것처럼 레이싱 게임은 대부분 직선적이다. 하지만 이동 속도는 FPS와 비교할 수 없이 빠르다. 그렇기 때문에 굉장히 긴 트랙이나 원형 트랙을 배경으로 하는 경우가 많고, 때로는 곳곳에 숨겨진 길이나 지름길을 배치하기도 한다. 레이싱 게임의 그래픽은 탈것, 트랙, 가까운 배경에 거의 모든 관심을 기울인다. 대표적 예로, 유명 레이싱 게임 시리즈 그란 투리스모^{Gran Turismo}의 최신작 그란 투리스모 스포츠의 스크린샷이 그림 1.7에 나와 있다(폴리포니 디지털^{Polyphony Digital} 개발, 소니 인터랙티브 엔터테인먼트 유통). 그러나 카트 레이서류는 차를 조종하는 캐릭터의 렌더링과 애니메이션 품질에도 상당한 공을 들인다.

그림 1.7 그란 투리스모 스포츠. 폴리포니 디지털 개발(플레이스테이션 4)

다음은 레이싱 게임의 대표적 기술 특성들이다.

- 먼 곳의 배경을 그리기 위해 다양한 눈속임들(나무나 언덕, 산 등을 빌보드로 그리는 등)을 사용한다.[2]
- 트랙을 단순한 2차원적인 구획sector들로 나눠 처리하는 경우가 많은데, 이런 자료 구조는 렌더링 최적화나 시야 결정을 비롯해 AI, 길 찾기 등 다양한 기술적 문제를 해결하는 데 쓰인다.
- 카메라는 3차원 시점으로 탈것의 뒤를 쫓아가거나 운전석 안에 위치해 1차원 시점을 제공한다.
- 터널 등 좁은 트랙을 달릴 때 카메라가 배경과 부딪히거나 뚫지 않게 각별한 노력을 들인다.

---

2 빌보드란 평면 그림으로 실제 물체를 흉내내는 것을 뜻한다. 아이들 연극에 쓰이는 종이로 된 나무 같은 것을 생각하면 된다. – 옮긴이

1.4.5 전략 게임

전략 게임strategy game의 기원은 '듄 2Dune II(1992)'라고 할 수 있다. '워크래프트Warcraft', '커맨드 앤드 컨커Command & Conquer', '에이지 오브 엠파이어Age of Empires', '스타크래프트Starcraft' 등이 전략 게임에 속한다. 주목적은 넓은 필드를 배경으로 각자가 가진 전투 유닛들을 전략적으로 조종해 상대방을 제압하는 데 있다. 보통 카메라는 비스듬하게 위에서 내려다보는 형태다. 좀 더 자세한 사항은 다음 링크를 참조하기 바란다.

https://en.wikipedia.org/wiki/Strategy_video_game

전략 게임에서는 먼 곳을 보기 위해 카메라의 각도를 마음대로 바꿀 수 없게 하는 것이 보통이다. 이런 특이점 때문에 전략 게임 렌더링 엔진에는 여러 가지 최적화의 여지가 있다.

초창기 게임들은 그리드(또는 셀) 기반으로 게임 월드를 만들었고 렌더링을 단순화하려고 직교투영orthographic projection을 사용하기도 했다. 그 예로 그림 1.8에는 고전이 된 '에이지 오브 엠파이어'가 나와 있다.

그림 1.8 앙상블 스튜디오(Ensemble Studio)의 에이지 오브 엠파이어(윈도우)

현대식 전략 게임은 원근 투영perspective projection과 진짜 3D 월드를 사용하기도 하지만, 유닛과 빌딩의 정렬을 위해 여전히 그리드 기반 시스템을 사용하는 경우도 있다. 그림 1.9는 인기 시리즈 '토탈 워: 워해머 2Total War: Warhammer 2'다.

그림 1.9 토탈 워: 워해머 2. 크리에이티브 어셈블리(Creative Assembly)(윈도우)

이외에 전략 게임에서 즐겨 사용하는 기술들은 다음과 같다.

- 유닛들은 상대적으로 디테일이 낮아서 한 번에 많은 수의 유닛이 화면에 나와도 문제없게 한다.
- 게임을 디자인하고 플레이하는 배경이 되는 지형은 높이 필드^{height field}를 통해 구현하는 경우가 많다.
- 병력을 조종하는 기능과 새로운 건물을 지을 수 있는 기능이 있다.
- 유저 입력은 마우스 클릭이나 드래그^{drag}를 받고 메뉴와 툴바를 통해 명령, 장비, 유닛 타입, 빌딩 타입 등을 표시한다.

1.4.6 대규모 멀티플레이어 온라인 게임

대표적 대규모 멀티플레이어 온라인 게임^{MMOG, Massively Multiplayer Online Games}에는 '에버퀘스트^{EverQuest}', '월드 오브 워크래프트^{World of Warcraft}', '스타워즈 갤럭시^{Star Wars Galaxies}' 등이 있다. 이 장르를 설명하는 핵심은 동시에 수천에서 수만 명의 게이머들이 넓으면서 지속적인 가상 세계에서 게임을 한다는 것이다. 지속적인 가상 세계란 가상 세계의 상태가 일반적인 게임보다 길게 유지된다는 뜻이다. 이 점을 제외하고는 다른 소규모 멀티플레이어 게임과 특별히 다른 점은 없다. 좀 더 세분하면 MMO 롤 플레잉 게임^{MMORPG, MMO role-playing game}, MMO 실시간 전략 게임^{MMORTS}, MMO 1인칭 시점 슈터MMOFPS 등으로 구분할 수 있다. 상세한 정보는 다음 링크를 참조하자.

http://en.wikipedia.org/wiki/MMOG

그림 1.10은 폭발적인 인기를 끌었던 MMORPG '월드 오브 워크래프트'의 게임 화면이다.

그림 1.10 블리자드(Blizzard)의 월드 오브 워크래프트(윈도우, MacOS)

MMO 게임의 핵심에는 막강한 성능을 가진 게임 서버들이 있다. 게임 서버는 게임 월드의 상태를 책임지고 유지하며, 게임 로그인과 로그아웃을 담당하고, 게이머 간 문자 또는 음성^{VoIP, Voice-over-IP} 대화를 매개한다. MMO 게임은 게이머들에게 정기적인 계정비를 받고 서비스를 하는 것이 일반적이고, 때로는 게임 안에서나 또는 게임 밖에서 소규모 부가 판매 서비스를 제공하기도 한다. 이와 같은 요금과 소규모 거래가 게임 개발사의 주된 수입원이기 때문에 게임 서버의 핵심적인 역할이 과금에 있다고 해도 과언은 아니다.[3]

---

3 게임 서버와 과금 서버를 분리하는 것이 일반적이다. – 옮긴이

그래픽 측면에서 봤을 때 MMO 게임은 여타의 게임들보다는 다소 떨어진다고 볼 수 있는데, 이는 엄청나게 큰 게임 월드와 한꺼번에 처리해야 할 게이머 수 때문이라고 할 수 있다.

그림 1.11은 번지Bungie의 최신 FPS 게임인 '데스티니 2Destiny 2'다. 이 게임은 MMO 장르의 특징을 일부 품고 있기 때문에 MMOFPS라고 부르기도 한다. 하지만 번지는 '공유 세계shared world'라는 용어를 선호하는데, 왜냐하면 한 서버 안의 모든 플레이어들끼리 서로 보고 교류가 가능했던 기존 MMO와 달리 데스티니는 '한시적인 매치메이킹match-making'을 제공하기 때문이다. 이 시스템에서는 서버가 짝지어 준 플레이어들끼리만 서로 교류할 수 있다. 데스티니 2에서는 이 같은 매치메이킹을 크게 다듬었다. 다른 MMO와 차별되는 또 한 가지는 데스티니의 그래픽 품질은 여타 1인칭 또는 3인칭 슈터와 거의 대등할 정도로 뛰어나다는 것이다.

한 가지 이야기해야 할 점은 게임 '플레이어 언노운의 배틀그라운드PUBG, Player Unknown's Battlegrounds'에 의해 '배틀로얄battle royale'이라는 하부 장르가 크게 유행하고 있다는 것이다. 이 장르는 멀티플레이어 슈터와 대규모 다중사용자 온라인 게임의 경계를 상당히 모호하게 만들었는데, 보통 100명 이상의 플레이어들끼리 서로 온라인에서 맞붙게 해 '마지막으로 살아남은 자'가 승리하는 형태를 제공한다.

그림 1.11 번지의 데스티니2(엑스박스 원, 플레이스테이션 4, PC)

1.4.7 플레이어 제작 콘텐츠

소셜 미디어가 인기를 얻어 가면서 게임은 점점 더 협력적인 형태로 바뀌고 있다. 요즘의 게임 디자인 추세는 플레이어 제작 콘텐츠$^{player-authored\ content}$ 수용이다. 예를 들면 미디어 몰큘$^{Media\ Molecule}$의 '리틀빅플래닛^{LittleBigPlanet}', '리틀빅플래닛 2'(그림 1.12), '리틀빅플래닛 3'는 일단 퍼즐 플랫포머$^{puzzle\ platformer}$라고 할 수 있지만, 가장 주목할 만하고 특징적인 기능은 플레이어들이 자신의 게임 월드를 제작하고 공개/공유할 수 있는 것이다. 미디어 몰큘의 이런 장르 최신 게임은 플레이스테이션 4의 '드림즈^{Dreams}'다(그림 1.13).

그림 1.12 미디어 몰큘의 리틀빅플래닛 2. 2014 소니 인터랙티브 엔터테인먼트(플레이스테이션 3)

그림 1.13 미디어 몰큘의 드림즈. 2017 소니 컴퓨터 유럽(플레이스테이션 4)

아마 요즘 가장 유명한 플레이어 제작 콘텐츠 장르 게임을 하나 꼽으라면 '마인크래프트 Minecraft'(그림 1.14)일 것이다. 이 게임의 가장 빛나는 특징은 그 단순성이다. 마인크래프트의 게임 월드를 구성하는 것은 단순한 정육면체 복셀voxel 형태인 블록이고 이것들은 낮은 해상도의 텍스처로 여러 재질을 나타낸다. 각 블록은 한 가지로만 되어 있기도 하고 그 안에 횃불, 모루, 표지판, 펜스, 유리판 같은 것들이 들어 있기도 한다. 게임 월드에는 한 명 이상의 플레이어 캐릭디와 닭, 돼지 등의 동물들 그리고 다양한 군중, 즉 마을 주민 같은 우호적인 캐릭터도 있고 좀비zombie, 몰래 다가와 폭발하는 크리퍼creeper(플레이어가 받을 수 있는 경고는 잠깐의 심지가 타는 소리뿐이다) 등의 적대적인 캐릭터도 있다.

그림 1.14 마르쿠스 노치 페르손(Markus 'Notch' Persson)의 마인크래프트/모장(Mojang) AB(윈도우, MacOS, 엑스박스 360, 플레이스테이션 3, 플레이스테이션 비타, iOS)

마인크래프트에서 플레이어는 랜덤화한 게임월드를 생성하고 생성된 지형을 파 들어가면서 터널과 동굴을 만든다. 또한 자신만의 구조물을 만들 수도 있는데, 단순한 지형과 식생부터 광활하고 복잡한 빌딩이나 기계도 만들 수 있다. 마인크래프트의 천재성은 레드스톤redstone에서 빛을 발한다. 레드스톤은 '연결하는' 역할을 하는 물질로 플레이어가 피스톤, 호퍼hopper, 탄광카트 등 게임의 여러 동적인 요소를 제어하는 회로를 만들게 해 준다. 그렇기 때문에 플레이어는 상상할 수 있는 거의 모든 것을 만들어 낼 수 있고, 서버를 호스팅함으로써 친구들과 월드를 공유하고 초대해 함께 플레이할 수 있다.

1.4.8 가상, 증강, 혼합 현실

가상^{virtual}, 증강^{augmented}, 혼합^{mixed} 현실은 흥미로운 신기술이며, 컴퓨터가 만들어 내거나 컴퓨터로 생성한 시각 효과로 강화^{augement}한 3D 월드에 청자를 몰입시키는 것이 목적이다. 이 기술들은 게임 외에도 다양한 활용이 가능하지만 게임에서도 여러 가능성을 갖게 됐다.

1.4.8.1 가상 현실

가상 현실^{VR, Virtual Reality}이란 몰입적 멀티미디어 또는 컴퓨터 시뮬레이션 현실로, 실제 존재하는 현실의 장소나 가상의 세계에 사용자의 존재를 시뮬레이션하는 것이다. 컴퓨터 생성 VR^{CG VR, Computer-Generated VR}은 이것의 하위 분류로, 컴퓨터 그래픽으로만 가상 세계를 만들어 낸다. 사용자는 헤드셋(예를 들면 HTC 바이브^{HTC Vive}, 오큘러스 리프트^{Oculus Rift}, 소니 플레이스테이션 VR, 삼성 기어 VR, 구글 데이드림 뷰^{Google Daydream View} 등)을 장착해서 가상 환경을 보게 된다. 헤드셋은 내용을 직접 사용자의 눈에 보여 준다. 시스템은 현실 세계에서 헤드셋의 움직임을 추적함으로써 가상 카메라와 헤드셋을 장착하고 있는 사람의 움직임을 완벽히 일치시킨다. 사용자는 보통 손에 모종의 장비를 쥐고, 시스템은 이것을 통해 각 손의 움직임을 추적한다. 이를 통해 사용자는 가상 월드의 물체와 상호작용을 할 수 있다. 물체를 밀거나 줍거나 던지는 등의 행동을 할 수 있다.

1.4.8.2 증강 및 혼합 현실

증강 현실^{AR, Augmented Reality}과 혼합 현실^{MR, Mixed Reality}은 명확히 구분하기 힘든 경우가 많고 혼용해 사용하는 경우도 흔하다. 사용자에게 컴퓨터 그래픽으로 보강한 현실 세계를 제공한다는 공통점이 있다. 둘 다 스마트폰, 태블릿, 안경 형태의 전용 기기에 실시간 또는 고정된 이미지를 보여 주면서 동시에 컴퓨터 그래픽을 그 위에 입힌다. 실시간 AR/MR 시스템은 장치의 가속도계를 통해 실제 장치의 움직임과 가상 카메라의 움직임을 맞춘다. 이렇게 함으로써 장치를 통해 실제 세상을 들여다보고 있는 것과 같은 환상을 심어 주며 덧입혀진 컴퓨터 그래픽은 보다 강한 실재성을 갖는다.

두 기술을 구분하는 방법 중 하나는 이렇다. '증강 현실'은 실제 세상의 라이브 화면, 또는 직/간접적 화면을 보여 주고 컴퓨터 그래픽을 그 위에 얹는 것이지만 고정되지는 않는다. 반면 '혼합 현실'은 컴퓨터 이미지로 된 물체가 실제 월드에 고정되고 그 안에 존재하는 것처럼 보여 준다. 그러나 모든 사람이 이 구분에 동의하는 것은 아니다.

다음은 AR 기술이 실제 사용되는 예다.

- 미 육군은 병사들이 전술 상황을 더 잘 이해할 수 있게 '전술 증강 현실^{TAR, Tactical Augmented Reality}'을 제공한다. 병사가 보는 현실 화면 위에 미니맵, 목표 마커 등이 포함된 비디오 게임 형태의 헤드업 디스플레이^{HUD}가 보인다(https://www.youtube.com/watch?v=x8p19j8C6VI).
- 2015년 디즈니에서는 종이 위의 2D 캐릭터에 색칠을 하면 3D 버전 카툰 캐릭터에 그대로 보이는 AR 기술을 선보였다(https://www.youtube.com/watch?v=x8p19j8C6VI).
- 펩시는 런던의 통근자들에게 AR을 이용해 재미있는 장난을 쳤다. 닫힌 공간인 버스 정류장 안에 앉아 있는 사람들에게 AR로 생성된 여러 장면(거리를 활보하는 호랑이, 운석의 충돌, 외계 괴물이 촉수로 지나가는 사람을 낚아채는 장면 등)을 선보였다.

그리고 다음은 MR의 몇가지 예다.

- 안드로이드 8.1부터 픽셀 1, 픽셀 2의 카메라 앱은 AR 스티커를 지원하는데, 움직이는 3D 물체나 캐릭터를 비디오와 사진에 넣을 수 있는 재미난 기능이다.
- 마이크로소프트의 홀로렌즈^{HoloLens}는 MR의 또 다른 예다. 월드에 고정된 그래픽을 라이브 비디오 이미지 위에 입힐 수 있는데, 교육 목적이나 훈련, 엔지니어링, 건강 관리, 엔터테인먼트 등에 광범위하게 쓰일 수 있다.

1.4.8.3 VR/AR/MR 게임

게임업계는 VR과 AR/MR을 어떻게 적용할지 실험 중이다. 종래의 3D 게임을 VR로 '이식'한 경우도 있었는데, 꽤 흥미롭긴 했지만 그다지 혁신적이지는 않았다. 그러나 VR, AR/MR 없이는 불가능한 게임 경험을 제공할 새로운 게임 장르가 형성되고 있는 중인 것 같다.

아울케미 랩스^{Owlchemy Labs}의 잡 시뮬레이터^{Job Simulator}를 보면 로봇이 운영하는 일자리 박람회에 플레이어를 떨어뜨려 놓고 실제 직업에서 할 만한 여러 가지 일을 우스꽝스럽게 따라하도록 시키는데, 이것은 VR 플랫폼이 아니면 도저히 할 수 없는 일이다. 아울케미 랩스의 다음 작품 베케이션 시뮬레이터^{Vacation Simulator}는 마찬가지로 가벼운 유머와 아트 스타일을 가져왔는데, 잡 시뮬레이터의 로봇들이 플레이어에게 휴식을 취하라며 여러 가지 일을 시킨다. 그림 1.15는 또 다른 혁신적인(동시에 약간 기괴한?) 게임을 보여 주는데 '릭 앤드 모티Rick & Morty', '더 스탠리 패러블The Stanley Parable'의 제작자가 만든 HTC 바이브용 게임 '어카운팅Accounting'이다.

그림 1.15 스퀀치텐도(Squanchtendo)와 크로우스 크로우스 크로우스(Crows Crows Crows)의 어카운팅(HTC 바이브)

1.4.8.4 VR 게임 엔진

VR 게임 엔진은 기존의 1인칭 슈터 엔진과 기술적으로 유사하고 유니티Unity나 언리얼Unreal같이 FPS 제작용 엔진들이 VR을 자체적으로 지원하기도 한다. 그러나 VR 게임은 FPS 게임과 중요한 차이가 있다.

- **스테레오스코픽 렌더링**stereoscopic rendering   VR 게임은 각 눈마다 한 번씩 두 번 렌더해야 한다. 따라서 그려야 할 그래픽 기본 단위primitive들이 두 배가 되지만 두 눈의 거리가 매우 가깝기 때문에 시야 선별culling 등의 그래픽 파이프라인은 프레임당 한 번만 하면 된다. 따라서 VR 게임 렌더링은 한 게임을 화면 분할해 그리는 것만큼 비싸지는 않지만 각 프레임마다 2개의 (조금) 다른 가상 카메라에서 보는 것을 그려야 하는 점은 변하지 않는다.

- **매우 높은 프레임 레이트**^{frame rate} 연구에 따르면 90FPS^{Frames Per Second}보다 낮은 VR 게임은 어지러움, 메스꺼움을 비롯한 여러 부작용을 낳는다. 이 말은 한 프레임에 두 번씩 장면을 그려야 하는 것도 모자라 최소한 90FPS 이상으로 이것을 해야 한다는 뜻이다. 이런 이유로 VR 게임은 보통 CPU와 그래픽 처리 유닛^{GPU, Graphics Processing Unit} 사양이 높다.
- **움직임 문제** FPS 게임에서는 패드나 WASD 키만 갖고도 플레이어가 게임 월드를 돌아다닐 수 있다. VR 게임에서의 움직임은 게이머가 물리적으로 움직임으로써 일어나는데, 안전하게 몸을 움직일 수 있는 범위는 매우 작은 편이다(작은 화장실 또는 옷장 정도). 날아서 이동하는 것도 멀미를 일으키기 쉽기 때문에 플레이어/카메라가 먼 거리를 이동할 때는 선택한 지점으로 순간 이동시키는 것이 보통이다. VR 사용자가 이동할 때 제자리에서 걸을 수 있도록 하는 여러 장비가 개발되기도 했다.

물론 기존 게임에서 불가능했던 새로운 사용자 상호작용을 가능하게 하는 VR의 장점은 이런 제약 사항들을 상쇄하고도 남는다. 다음은 그 예다.

- 사용자가 실제로 손을 뻗어 만지고 집고 던지면 가상 세계에서도 똑같은 일이 일어난다.
- 가상 월드의 공격을 피하려고 플레이어는 실제로 몸을 움직인다.
- 새로운 사용자 인터페이스를 적용할 수 있다. 플레이어의 가상의 손에 부착되어 떠 있는 메뉴, 또는 게임 크레딧^{credit}을 가상 세계의 칠판에 적어 놓는 등의 경우를 생각할 수 있다.
- 플레이어는 가상 VR 고글을 집어서 머리에 쓸 수 있는데 따라서 '중첩된' VR 세계에 진입할 수 있다. 영화 '인셉션^{Inception}'의 VR 버전이라 할 수 있다.

1.4.8.5 위치 기반 게임

포켓몬 고^{Pokémon Go} 등의 게임은 실제 세상 이미지에 컴퓨터 그래픽을 입히지도 않고 완전히 몰입할 만한 가상 월드를 보여 주지도 않는다. 그러나 사용자가 보는 포켓몬 고의 월드는 360도 비디오와 마찬가지로 사용자의 폰과 태블릿의 움직임에 반응한다. 또한 게임은 플레이어의 현실에서의 위치를 알고 있기 때문에 주변의 공원이나 몰^{mall}, 레스토랑에 있는 포켓몬을 찾으러 가도록 유도한다. 이런 게임을 AR/MR이라고 부를 수 없지만 VR이라고 할 수도 없다. 아마도 위치 기반 게임^{location-based entertainment}이라고 부르는 것이 더 합당하겠지만, 일부는 이런 게임도 AR이라고 부르기도 한다.

1.4.9 기타 장르

이 책에서는 깊이 다루지는 않지만 아직 언급하지 않은 다양한 장르가 있다. 몇 가지 예를 들어 보면 다음과 같다.

- 스포츠 게임(축구, 야구 골프 등)
- 롤 플레잉 게임[RPG]
- '파퓰러스[Populous]'나 '블랙 앤드 화이트[Black & White]' 같은 신[God] 게임.
- '심시티[SimCity]' 등의 건설 시뮬레이션과 '심즈[The Sims]' 등의 소셜 시뮬레이션 게임
- 테트리스[Tetris] 등의 퍼즐 게임
- 고전 게임을 컴퓨터 게임화한 게임(체스, 카드 게임 등)
- 웹 게임(EA의 pogo.com에서 제공되는 게임 등)

이 외에도 여러 게임이 있다.

지금껏 게임 장르마다 기술적인 요구 사항이 각기 다르다는 것을 배웠다. 그렇기 때문에 각 장르의 게임 엔진은 형태가 서로 다르다. 그럼에도 여전히 공통적인 부분이 굉장히 많은데, 특히 동일한 하드웨어 플랫폼인 경우는 더하다. 최적화 때문에 어쩔 수 없이 달라야 했던 부분들은 좀 더 강력한 하드웨어가 등장함에 따라 점점 그 구분이 희미해지고 있다. 그렇기 때문에 장르가 달라도 게임 엔진에서 점점 많은 부분을 재사용할 기회가 커지고 있으며, 이것은 하드웨어 플랫폼이 달라도 마찬가지다.

1.5 현존하는 게임 엔진

1.5.1 퀘이크 계열 엔진

FPS의 효시는 보통 '캐슬 울펜슈타인[Wolfenstein] 3D'(1992)라고 본다. 텍사스의 이드 소프트웨어가 만든 PC 게임인 '울펜슈타인'은 게임 업계를 전혀 새로운 장르에 눈 돌리게 한 기폭제가 됐다. 이드 소프트웨어는 이후 '둠', '퀘이크', '퀘이크 2', '퀘이크 3'를 만들었다. 여기에 사용된 엔진들은 구조가 매우 비슷하기 때문에 앞으로 퀘이크 계열 엔진이라고 부르기로 한다. 퀘이크에서 사용된 기술들은 다른 게임이나 심지어 다른 게임 엔진을 만드는 데 활용됐다. 구체적

인 예로 '메달 오브 아너^{Medal of Honor}' PC판의 족보를 따져 보면 대강 다음과 같다.

- 퀘이크 3(이드 소프트웨어)
- 신^{Sin}(리추얼^{Ritual})
- F.A.K.K. 2(리추얼)
- 메달 오브 아너: 얼라이드 어설트^{Medal of Honor: Allied Assault}(2015 & 드림웍스 인터랙티브 Dreamworks Interactive)
- 메달 오브 아너: 퍼시픽 어설트^{Medal of Honor: Pacific Assault}(일렉트로닉 아츠, 로스앤젤레스)

'퀘이크' 기술을 바탕으로 만든 다른 여러 게임들도 따져 보면 비슷하게 얽혀 있는 경우가 많다. '하프 라이프^{Half Life}' 시리즈를 만드는 데 사용된 밸브^{Valve} 사의 소스 엔진도 먼 근원은 역시 '퀘이크'에 있다고 할 수 있다.

'퀘이크'와 '퀘이크 2'의 소스코드는 공개돼 있고, 처음 나왔던 퀘이크 엔진은 지금 보면 좀 낡은 데다 C 언어로 짜여 있긴 하지만 구조적으로 상당히 완성도 있고 깔끔하게 만들어졌다. 따라서 상업적으로 경쟁력 있는 실제 게임 엔진이 어떻게 만들어져 있는지 알고자 할 때 더할 나위 없이 좋은 예가 된다. '퀘이크'와 '퀘이크 2'의 모든 소스코드는 다음 사이트에서 다운로드할 수 있다.

https://github.com/id-Software/Quake-2.

소스코드를 다운로드한 후 마이크로소프트 비주얼 스튜디오를 이용해 빌드해 보고 실제 게임 자원을 갖고 실행해 보거나 디버거로 돌려 볼 수 있기 때문에 공부하는 데 매우 큰 도움이 된다. 직접 중단점^{break point}을 설정해 게임을 실행하고 코드를 따라가 보면서 게임 엔진이 정말 어떻게 동작하는지 배울 수 있다. 이런 식으로 소스코드를 다운로드해 코드를 분석해 보는 방법을 강력히 추천한다.

1.5.2 언리얼 엔진

에픽 게임즈^{Epic Games}는 전설적 FPS 게임 '언리얼^{Unreal}'로 1998년 화려하게 데뷔했다. 그 후 줄곧 '언리얼'은 FPS에서 '퀘이크' 시리즈의 막강한 라이벌로 군림했다. 언리얼 엔진 2^{UE 2}는 2004년에 발매된 '언리얼 토너먼트 2004'를 만드는 데 쓰였고, 그 후 수많은 '모드'와 연구 프로젝트, 상용 게임 개발에도 사용됐다.

언리얼 엔진 4^{UE4}는 가장 최근의 엔진(2023년 현재 언리얼 5.1.1이 출시됐다)이고 최고의 도구들과 업계에서 가장 풍부한 기능들을 제공한다. 편리하면서 강력한 그래픽 유저 인터페이스^{GUI,} $^{Graphical\ User\ Interface}$를 통해 셰이더를 작성하고, 블루프린트^{Blueprint}(예전에는 키즈멧^{Kismet}이라 불림)라는 GUI를 통해 게임 로직을 프로그래밍할 수 있다.

언리얼 엔진의 강점은 다양한 기능과 일관되고 사용하기 쉬운 도구들이다. 언리얼 엔진도 완벽하지는 않기 때문에 대부분의 개발자는 특정 하드웨어 플랫폼에서의 게임 최적화를 위해 여러 방식으로 엔진을 수정한다. 그러나 언리얼 엔진은 굉장히 강력한 프로토타입 제작 도구이자 상용 게임 개발 플랫폼이며, 생각할 수 있는 모든 3D 1인칭 또는 3인칭 게임을 제작할 수 있다(물론 다른 장르도 가능하다). UE4로 개발된 여러 장르의 멋진 게임이 있는데, 테킬라 웍스$^{Tequila\ Works}$의 '라임^{Rime}', 래디에이션 블루$^{Radiation\ Blue}$의 '제네시스: 알파 원$^{Genesis:\ Alpha\ One}$', 헤이즈라이트 스튜디오$^{Hazelight\ Studio}$의 '어 웨이 아웃$^{A\ Way\ Out}$', 마이크로소프트 스튜디오의 '크랙다운 3$^{Crackdown\ 3}$' 등이 있다.

'언리얼 디벨로퍼 네트워크$^{UDN,\ Unreal\ Developer\ Network}$'는 언리얼 엔진에 관한 문서와 정보를 제공한다(http://udn.epicgames.com/Main/WebHome.html). 언리얼 2 문서 중 일부는 공개돼 있고 '언리얼 토너먼트 2004'를 구입한 사람이면 누구나 '모드^{mod}'를 만들 수 있다. 하지만 언리얼 2의 대부분 문서와 모든 언리얼 3 문서는 게임 엔진을 구매한 사람만 열람할 수 있다. 언리얼 엔진을 구매하는 비용은 매우 비싸기 때문에 개인이나 소규모 개발사에서 구입하기에는 무리가 있어 UDN을 이용할 수는 없다. 다행인 것은 언리얼 엔진에 관해 다루고 있는 웹사이트가 여럿 있다는 점이다. 인기 있는 웹사이트 하나를 들자면 'http://www.beyondunreal.com'를 꼽을 수 있다.

다행스럽게도 약간의 월 구독료와 출시 시 게임 수익 분배를 통해 언리얼 엔진 4의 소스코드 등 모든 것을 사용할 수 있다. 이 점 때문에 작은 독립 게임 스튜디오에게는 UE4가 매력적인 선택이다.

1.5.3 하프라이프 소스 엔진

소스 엔진은 폭발적 히트를 기록한 하프라이프2$^{Half-Life\ 2}$와 후속작 하프라이프 2: 에피소드 원

HL2: Episode One, 하프라이프 2: 에피소드 투HL2: Episode Two, 팀 포트리스 2Team Fortress 2, 포털(이 모두 '오렌지 박스Orange Box'라는 타이틀로 묶어 출시됐다)을 개발하는 데 쓰였다. 소스 엔진은 언리얼 엔진 3에 견줄 정도로 그래픽 성능과 개발 제작 도구들이 뛰어나다.

1.5.4 다이스의 프로스트바이트

프로스트바이트Frostbite 엔신은 2006년 배틀빌드 배드 컴퍼니Battlefield Bad Company를 만들고자 다이스DICE에서 만들었다. 그 후 프로스트바이트 엔진은 일렉트로닉 아츠EA 내에서 가장 많이 사용한 엔진이 됐다. 매스 이펙트Mass Effect, 배틀필드Battlefield, 니드 포 스피드Need for Speed, 드래곤 에이지Dragon Age, 스타워즈 배틀프론트 IIStar Wars Battlefront II 등 EA의 핵심 프랜차이즈에 사용됐다. 프로스트바이트 엔진의 강점은 FrostEd라는 강력한 통합 자원 제작 도구와 강력한 툴 파이프라인인 백엔드 서비스Backend Service 그리고 강력한 런타임 게임 엔진이다. 내부 엔진이기 때문에 EA의 개발자만 사용할 수 있다.

1.5.5 락스타 어드밴스드 게임 엔진

락스타 어드밴스드 게임 엔진RAGE, Rockstar Advanced Game Engine은 미치도록 인기 있는 그랜드 테프트 오토 VGrand Theft Auto V를 구동하는 엔진이다. 락스타 게임즈의 샌디에이고 스튜디오의 부서인 RAGE 테크놀로지 그룹에서 개발했으며 락스타 게임즈의 내부 스튜디오들이 플레이스테이션 4 엑스박스 원, 플레이스테이션 3, 엑스박스 360, 위Wii, 윈도우, 맥Mac OS용 게임을 개발하는 데 쓰였다. 내부 엔진이며 이 엔진으로 개발된 다른 게임으로는 그랜드 테프트 오토 IV, 레드 데드 리뎀션Red Dead Redemption, 맥스 페인 3Max Payne 3가 있다.

1.5.6 크라이엔진

크라이텍Crytek이 크라이엔진CRYENGINE이라는 고성능 게임 엔진을 개발했을 때 이것은 엔비디아NVIDIA의 기술 데모tech demo였다. 기술 잠재력을 인정받은 후 크라이텍은 이 데모를 온전한 게임으로 만들었고, 그 결과가 파 크라이Far Cry다. 그 뒤로 여러 게임이 크라이엔진으로 만들어졌는데, 크라이시스Crysis, 코드네임 킹덤즈Codename Kingdoms, 라이즈: 선 오브 롬Ryse: Son of Rome, 에브리원즈 곤 투 더 랩처Everyone's Gone to the Rapture 등이 있다. 크라이텍의 최신 제품인 크라이

엔진 V까지 진화했다. 막강한 자원 제작 도구들과 풍부한 기능의 고성능 리얼타임 그래픽을 지원하는 런타임 엔진을 제공한다. 크라이엔진을 사용하면 엑스박스 원, 엑스박스 360, 플레이스테이션 4 플레이 스테이션 3, 위 U^(Wii U), 리눅스^(Linux), iOS, 안드로이드^(Android) 등의 다양한 플랫폼의 게임을 만들 수 있다.

1.5.7 소니의 파이어엔진

소니는 플레이스테이션 3에서 게임 개발을 좀 더 용이하게 만들고자 게임 디벨로퍼스 콘퍼런스^(GDC, Game Developer's Conference) 2008에서 파이어엔진^(PhyreEngine)을 발표했다. 2013년에 파이어엔진은 강력하고 온전한 기능을 지닌 게임 엔진이 됐으며 고급 조명 기술과 지연 렌더링^(deferred rendering) 등의 다양하고 중요한 기능들을 지원하고 있다. 여러 스튜디오에서 90개 이상의 출시된 게임을 개발하는 데 쓰였으며, 댓게임컴퍼니^(thatgamecompany)의 히트 게임 '플로우^(flOw)', '플라워^(Flower)', '저니^(Journey)', 콜드우드 인터랙티브^(Coldwood Interactive)의 '언래블^(Unravel)' 등이 그 예다. 파이어엔진은 소니의 플레이스테이션 4, 플레이스테이션 3, 플레이스테이션 2, 플레이스테이션 비타와 PSP를 지원한다. 파이어엔진을 통해 개발자는 PS3의 셀^(Cell) 아키텍처를 통한 강력한 병렬 처리 능력과 PS4의 향상된 연산 능력을 활용할 수 있으며, 효율적인 월드 에디터와 기타 유용한 개발 도구들을 사용할 수 있다. 플레이스테이션 SDK의 일부로 소니 개발 라이선스를 가진 개발자라면 무료로 쓸 수 있다.

1.5.8 마이크로소프트의 XNA 게임 스튜디오

마이크로소프트의 XNA 게임 스튜디오^(XNA Game Studio)는 사용하기 쉽고 접근성이 높은 게임 개발 플랫폼이며, C#과 공통 언어 런타임^(CLR, Common Language Runtime)을 기반으로 한다. 마치 유튜브가 비디오 제작과 공유에서 차지하는 위상처럼 플레이어들이 직접 게임을 만들고 온라인 게임 커뮤니티에 공유하는 것을 장려하는 것이 목적이었다.

다행인지 불행인지 마이크로소프트는 2014년에 XNA를 공식적으로 취소했다. 그렇지만 모노게임^(MonoGame)이라는 XNA의 오픈소스 구현을 통해 여전히 XNA 게임을 iOS, 안드로이드, 맥 OS X, 리눅스, 윈도우 8 메트로 등으로 이식할 수 있다.

1.5.9 유니티

유니티^{Unity}는 고성능 크로스플랫폼 게임 개발 환경이자 다양한 플랫폼을 지원하는 런타임 엔진이다. 유니티를 사용해 개발자들은 모바일 플랫폼(애플 iOS, 구글 안드로이드 등), **콘솔**(마이크로소프트 엑스박스 360, 엑스박스 원, 소니 플레이스테이션 3, 플레이스테이션 4, 닌텐도 위, 위 U 등), **휴대용 게임기**(플레이스테이션 비타, 닌텐도 스위치 등), **데스크톱 컴퓨터**(마이크로소프트 윈도우, 애플 맥킨토시, 리눅스 능), TV 박스(안드로이드 TV, tvOS 등), 가상 현실^{VR} 시스템(오큘러스 리프트, 스팀 VR, 기어r VR등) 등에서 게임을 구동할 수 있다.

유니티의 주 디자인 목표는 개발 편의성 추구와 크로스플랫폼 게임 개발이다. 따라서 유니티에는 쓰기 편한 통합 에디터 환경이 갖춰져 있으며, 그 안에서 게임을 구성하는 자원^{asset}과 구성물^{entity}을 만들고 이것들을 에디터에서 즉시 확인하거나 목표 하드웨어에 직접 올려서 확인할 수 있다. 또한 유니티는 각 플랫폼에서의 게임 분석 및 최적화 도구, 포괄적인 자원 다듬기 파이프라인을 지원하며 플랫폼마다 세세하게 성능과 품질의 균형을 맞출 수 있는 기능을 제공한다. 유니티는 자바스크립트, C#, Boo를 통한 스크립팅과 함께 애니메이션 리타기팅^{retargeting}(한 캐릭터를 위해 제작한 애니메이션을 완전히 다른 캐릭터에서 재생할 수 있는 기능)을 포함한 강력한 애니메이션 시스템을 지원한다. 또한 네트워크 멀티플레이어 게임도 만들 수 있다.

유니티를 통해 매우 다양한 게임이 출시됐는데, N-퓨전/에이도스 몬트리올^{N-Fusion/Eidos Montreal}의 '데이어스 엑스: 더 폴^{Deus Ex: The Fall}', 팀 체리^{Team Cherry}의 '할로우 나이트^{Hollow Knight}', 스튜디오MDHR^{StudioMDHR}의 레트로스타일 게임 '컵헤드^{Cuphead}' 등이 있다. 웨비 상^{Webby Award}을 수상한 단편 영화 '애덤^{Adam}'은 유니티를 사용해 실시간으로 렌더링됐다.

1.5.10 기타 상용 엔진

지금껏 이야기한 엔진들 외에도 다른 상용 엔진들이 아직 많이 있다. 개인이 게임 엔진을 구입하는 것은 현실적으로 힘들다 하더라도 게임 엔진에 관한 온라인 문서나 위키가 많이 있기 때문에 게임 엔진이 동작하는 방식뿐 아니라 일반적인 게임 프로그래밍에 대해 공부하기 좋은 소재가 될 수 있다. 예를 들어 테라톤 소프트웨어^{Terathon Software}의 톰스톤^{Tombstone} 엔진(http://tombstoneengine.com/), 아이디어 패브릭 PLC^{Idea Fabrik PLC}의 리드웍스^{LeadWerks} 엔진(https://www.leadwerks.com/)과 히어로엔진^{HeroEngine}(http://www.heroengine.com/) 등이 있다.

1.5.11 비공개 자체 개발 엔진

대부분 게임 개발사는 상용으로 공개하지 않더라도 자체적으로 개발한 엔진을 보유하고 있다. EA는 웨스트우드 스튜디오가 개발한 세이지^{SAGE} 엔진으로 수많은 RTS 게임을 만들었다. 너티독의 '크래시 밴디쿳^{Crash Bandicoot}'과 '잭 앤 덱스터^{Jak and Daxter}' 시리즈는 플레이스테이션, 플레이스테이션 2에 맞춰 제작한 자체 개발 엔진으로 만들었다. '언차티드' 시리즈를 위해서 너티독은 플레이스테이션 3용으로 완전히 새로운 엔진을 만들었다. 이 엔진은 결과적으로 플레이스테이션 3, 플레이스테이션 4용 '라스트 오브 어스^{The Last of Us}' 시리즈를 개발하는 데 쓰였으며, 최신작인 '언차티드 4: 해적왕^{Uncharted 4: A Thief's End}'과 '언차티드: 잃어버린 유산^{Uncharted: The Lost Legacy}'을 만드는 데도 쓰였다. 주목할 점은 퀘이크, 소스, 언리얼 엔진 4, 크라이엔진 등의 성공적인 상용 엔진은 모두 자체 개발 엔진으로 시작했다는 것이다.

1.5.12 오픈소스 엔진

오픈소스 엔진은 아마추어나 전문 게임 개발자들이 만들어 무료로 배포하는 엔진이다. 오픈소스의 가장 큰 특징은 소스코드가 완전히 공개돼 있고 누구나 코드를 만드는 데 기여할 수 있는 비교적 개방된 개발 방법을 사용한다는 점이다. 오픈소스 엔진은 아무 조건 없이 배포되기도 하지만 보통 Gnu 퍼블릭 라이선스^{GPL, Gnu Public License} 또는 하위 Gnu 퍼블릭 라이선스^{LGPL, Lesser Gnu Public License}에 따라 배포된다. GPL은 오픈소스를 사용한 코드 역시 공개한다면 아무 조건 없이 사용할 수 있다는 뜻이고, LGPL은 상용으로도 사용할 수 있음을 뜻한다. 이외에도 오픈소스에는 여러 가지 다른 라이선스가 존재한다.

웹에는 상상할 수 없을 정도로 많은 오픈소스 엔진이 있다. 개중에는 꽤 훌륭한 것도 있고 그저 그렇거나 아예 형편없는 것들도 있다. 다음 사이트(https://en.wikipedia.org/wiki/List_of_game_engines)를 보면 얼마나 많은 엔진이 있는지 알 수 있다. 아마 다음 사이트(https://www.worldofleveldesign.com/categories/level_design_tutorials/recommended-game-engines.php)가 보기 더 쉬울 것이다. 두 사이트 모두 오픈소스와 상용 엔진 모두 포함한다.

오픈소스 엔진 중 오거^{OGRE} 3D 엔진은 구조가 잘 짜여 있으면서 배우기 쉽고 쓰기 쉬운 3D 렌더링 엔진이다. 오거는 고급 라이팅 기법, 그림자, 뼈대 캐릭터 애니메이션, 헤드업 디스플레이^{HUD}용 2D 오버레이, 그래픽 유저 인터페이스^{GUI}, 후처리^{post-processing} 등 3D 렌더링 엔진이 갖춰야 할 요건들을 모두 갖추고 있는 것을 장점으로 내세운다. 개발자가 인정했듯이 오거는 완전한 게임 엔진은 아니지만 모든 게임 엔진에서 필수적으로 사용되는 요소들을 두루 갖추고 있다.

다른 유명한 오픈소스 엔진들을 간략히 살펴보면 다음과 같다.

- 판다3D^{Panda3D}는 파이썬을 기반으로 한 스크립트 엔진이다. 3D 게임 프로토타입을 쉽고 빠르게 만들 목적으로 만들어졌다.
- 야케^{Yake}는 오거를 기반으로 만든 완전한 기능을 갖춘 비교적 최신 게임 엔진이다.
- 크리스탈 스페이스^{Crystal Space}는 확장 가능한 모듈 구조의 게임 엔진이다.
- 토크^{Torque}와 일리히트^{Irrlicht}는 유명하고 많이 사용되는 게임 엔진이다.
- 엄밀히 말해 오픈소스는 아니지만 럼버야드^{Lumberyard} 엔진은 개발자에게 소스코드를 공개하고 있다. 아마존^{Amazon}에서 개발한 무료 크로스 플랫폼 엔진으로 크라이엔진의 구조를 기반으로 한다.

1.5.13 비프로그래머를 위한 2D 게임 엔진

애플 아이폰/아이패드나 구글 안드로이드 등의 플랫폼에서 구동하는 캐주얼 웹 게임 및 모바일 게임이 폭발적으로 증가하면서 최근에 2차원 게임의 인기가 하늘 높은 줄 모르고 치솟았다. 몇몇 게임/멀티미디어 제작 도구들이 인기를 끌었는데, 이것들을 통해 작은 게임 스튜디오나 독립 개발자들이 이런 플랫폼을 위한 2D 게임을 만들 수 있게 됐다. 이 도구들은 사용 편의성에 주안점을 두고 있으며, 코딩이 아니라 그래픽 유저 인터페이스^{GUI}를 통해 게임을 만들 수 있다. 다음 유튜브 영상을 보면 감을 잡을 수 있을 것이다.

https://www.youtube.com/watch?v=3Zq1yo0lxOU.

- **멀티미디어 퓨전**^{Multimedia Fusion 2}(http://www.clickteam.com/website/world)는 2D 게임/멀티미디어 제작 툴킷으로 클릭팀^{Clickteam}이 개발했다. 퓨전은 업계 전문가들이 게임, 스크린 세이버, 기타 멀티미디어 프로그램을 만드는 데 쓰였다. 퓨전과 보다 단순한 게임 팩토리(The Games Factory 2)는 플래닛브라보^{PlanetBravo}(http://www.planetbravo.com) 등에서 아이들에게 게임 개발과 프로그래밍/논리 개념을 가르치는 데 쓰였다. 퓨전은 iOS,

안드로이드, 플래시, 자바 등을 지원한다.

- **게임 샐러드 크리에이터**^{Game Salad Createor}(http://gamesalad.com/creator)는 또 다른 그래픽 기반 게임/멀티미디어 제작 도구이며 비프로그래머를 대상으로 제작됐다. 여러 면에서 퓨전과 비슷하다.
- **스크래치**^{Scratch}(http://scratch.mit.edu)는 인터랙티브 데모와 간단한 게임을 만들 수 있는 제작 도구이자 그래픽 프로그래밍 언어다. 학생들이 조건문, 반복문, 이벤트 기반 프로그래밍 등의 개념을 배우기에 아주 좋다. 스크래치는 2003년에 라이프롱 킨더가르텐 ^{Lifelong Kindergarten} 그룹에서 MIT 미디어 랩^{MIT Media Lab}의 미첼 레스닉^{Mitchel Resnick} 주도로 만들어졌다.

1.6 런타임 게임 아키텍처

게임 엔진은 크게 제작 도구(툴)와 런타임 구성 요소로 나뉜다. 먼저 런타임 구성 요소를 살펴보고 제작 도구에 관해 살펴보기로 한다.

그림 1.16은 3D 게임 엔진을 이루는 모든 런타임 구성 요소를 담고 있다. 한눈에 봐도 엄청나게 많다. 제작 도구들에 관해서는 일절 제외하고도 이 정도다. 게임 엔진은 그 자체로 거대한 소프트웨어 시스템이라 할 수 있다.

여타 소프트웨어 시스템과 마찬가지로 게임 엔진도 계층적으로 구성된다. 상위 계층은 하위 계층에 의존하지만 그 반대는 아니다. 하위 계층이 상위 계층에 의존할 때 '순환 의존^{circular dependency}'이라고 한다. 선형 의존은 시스템 간 불필요한 결합을 생기게 하고 테스트를 어렵게 만들며 재사용을 저해하기 때문에 어떤 소프트웨어라도 피해야 한다. 특히 게임 엔진처럼 규모가 큰 소프트웨어에서는 더욱 그렇다.

그림 1.16에 나온 여러 구성 요소에 관해 간단히 살펴보자. 이 책의 나머지 부분에서 각 구성 요소에 대해 자세히 알아보고, 전체 시스템 안에서 어떻게 동작하는지 알아볼 것이다.

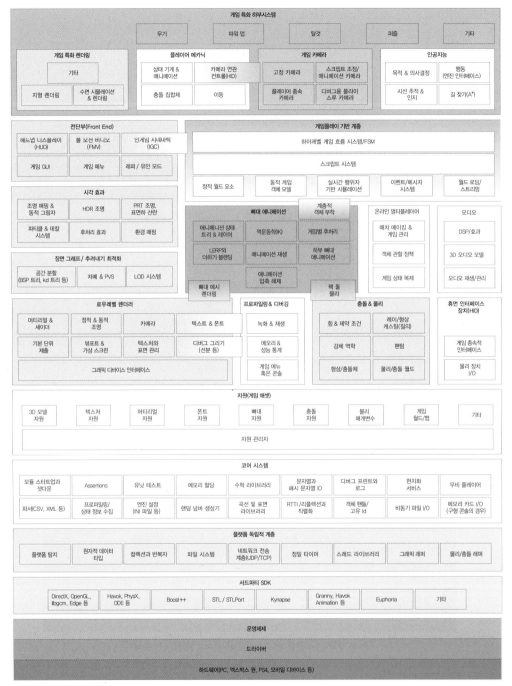

그림 1.16 런타임 게임 엔진 아키텍처

60

1.6.1 목표 하드웨어

목표 하드웨어 계층은 게임이 동작할 컴퓨터나 콘솔 시스템을 뜻한다. 여기에는 마이크로소프트 윈도우, 리눅스, 맥 OS 등의 PC, 애플 아이폰/아이패드, 안드로이드 폰/태블릿, 소니 플레이스테이션 비타와 아마존 킨들 파이어(그 외 다수) 등의 모바일 플랫폼, 엑스박스, 엑스박스 360, 엑스박스 원, 소니의 플레이스테이션, 플레이스테이션 2, 플레이스테이션 3, 플레이스테이션 4, 닌텐도의 DS, 게임큐브, 위^{Wii}, 위 U, 스위치 등의 게임 콘솔이 있다. 이 책의 내용은 거의 하드웨어 플랫폼과 무관하지만 특정 PC나 콘솔 게임 디자인에서 고려해야 할 점들을 간략하게 다루기도 한다.

1.6.2 디바이스 드라이버

디바이스 드라이버는 운영체제$^{OS, Operation System}$나 하드웨어 제조사에서 제공하는 로우레벨$^{low-level}$ 구성 요소다. 하드웨어를 관리하고 운영체제나 다른 상위 계층 소프트웨어에서 불필요한 하드웨어 요인들을 신경 쓰지 않게 하는 역할을 한다.

1.6.3 운영체제

PC는 운영체제^{OS} 없이는 동작할 수 없다. 운영체제는 게임과 같은 애플리케이션들을 조율하는 일을 한다. 마이크로소프트 윈도우는 여러 애플리케이션 간 하드웨어 자원을 분배할 때 '선점형$^{pre-emptive}$ 멀티태스킹'으로 알려진 시간 기반 기법을 사용한다. 마이크로소프트 윈도우 등의 운영체제는 동시에 여러 프로그램이 하드웨어를 공유할 수 있도록 시간 분할$^{time-slicing}$ 방식을 사용하는데 이것을 선점형$^{pre-emptive}$ 멀티태스킹이라고 한다.

이와는 대조적으로 초창기의 콘솔에서 운영체제는 게임 실행 프로그램에 같이 컴파일되는 단순한 라이브러리 계층에 불과했다. 이런 시스템에서는 게임이 실행되면 하드웨어를 완전 독점한다. 그러나 최신 콘솔 시스템의 등장으로 이것도 옛말이 됐다. 엑스박스 360, 플레이스테이션 3, 엑스박스 원, 플레이스테이션 4의 운영체제는 게임 실행을 정지시키거나 특정 자원을 다시 가져갈 수 있는데, 이렇게 함으로써 온라인 메시지를 보여 주기도 하고 게임을 정지시킨 후 PS4의 'XMB' 인터페이스나 엑스박스 원의 대시보드 같은 것을 보여 주기도 한다. PS4, 엑스박스 원의 운영체제는 항상 백그라운드 작업을 실행하며, 여러분이 게임을 플레이하는 중이라도 플레이를 녹화하고(PS4의 공유 버튼을 눌러 선택한 경우) 게임, 패치, DLC를 다운로드하기 때문에 따로 기다릴 필요가 없다. 이런 면에서 좋든 싫든 PC와 콘솔 간 개발 환경 차이는 줄어들고 있다고 할 수 있다.

1.6.4 서드파티 SDK와 미들웨어

대부분 게임 엔진은 다양한 서브파티third-party 소프트웨어 개발 도구SDK, Software Development Kit와 미들웨어middleware를 적극 이용한다. SDK가 제공하는 함수 또는 클래스 형태의 인터페이스를 애플리케이션 프로그래밍 인터페이스API, Application Programming Interface라고 한다. 몇 가지 예를 들어 살펴보자.

그림 1.17 서드파티 SDK 계층

1.6.4.1 자료 구조와 알고리듬

여타 소프트웨어와 마찬가지로 게임 엔진도 여러 가지 자료 구조와 알고리듬을 많이 사용한다. 다음은 이런 기능을 제공하는 외부 라이브러리를 몇 가지 들어 본 것이다.

- **부스트**Boost 부스트는 뛰어난 자료 구조 및 알고리듬 라이브러리이며 C++ 라이브러리와 그 전신인 표준 템플릿 라이브러리STL, Standard Template Library의 디자인 스타일과 유사하다(부스트 온라인 문서는 컴퓨터 과학에 대한 전반적인 공부를 할 수 있는 좋은 자료다).
- **폴리**Folly 폴리는 페이스북에서 쓰는 라이브러리이며, 표준 C++ 라이브러리와 부스트에 여러 가지 유용한 기능을 더함으로써 확장하는 것을 목표로 하며, 이 과정에서 코드 퍼포먼스 향상을 주안점으로 삼는다.
- **로키**Loki 매우 강력한 제네릭 프로그래밍 템플릿 라이브러리generic programming template library이며, 아주 복잡하다.

C++ 표준 라이브러리와 STL
C++ 표준 라이브러리는 부스트 등의 서드파티 라이브러리에서 볼 수 있는 많은 기능을 지원한다. C++ 표준 라이브러리의 일부는 제네릭 컨테이너 클래스generic container class인 std::vector, std::list 등을 구현하며, 표준 템플릿 라이브러리STL라고 부르는데, 따져 보면 이 이름은 약

간 잘못됐다. 원래 STL은 C++ 언어가 표준화되기도 전에 알렉산더 스테파노프^{Alexander Stepanov}와 데이빗 무세르^{David Musser}가 만든 것이었다. 이 라이브러리의 기능 중 상당 부분은 C++ 표준 라이브러리에 흡수됐다. 이 책에서 STL이라고 할 때는 원래의 STL이 아니라 제네릭 컨테이너 클래스를 제공하는 C++ 표준 라이브러리의 하위 분류를 일컫는 것이다.

1.6.4.2 그래픽스

게임 렌더링 엔진은 다음과 같은 하드웨어 인터페이스 라이브러리 위에 동작한다.

- **글라이드**^{Glide} 예전에 인기 있었던 그래픽 카드 부두^{Voodoo}용 3D 그래픽 SDK로, 다이렉트 X 8부터 보편화된 하드웨어 트랜스폼 & 라이팅^{hardware T&L}이 나오기 이전 세대의 SDK다.
- **오픈GL**^{OpenGL} 널리 쓰이고 여러 플랫폼에서 쓸 수 있는 3D 그래픽 SDK다.
- **다이렉트X**^{DirectX} 마이크로소프트가 만든 3D 그래픽 SDK로, 오픈GL과 양대 산맥을 이루고 있다.
- **libgcm** 소니에서 만든 플레이스테이션 3의 RSX 그래픽 하드웨어용 SDK로, 오픈GL보다 성능을 개량할 목적으로 만들어졌다.
- **에지**^{Edge} 너티 독과 소니가 만든 플레이스테이션 3용 고성능 렌더링, 애니메이션 엔진이다. 여러 퍼스트파티 또는 외부 개발사에서 사용하고 있다.
- **벌컨**^{Vulkan} 크로노스^{Khronos} 그룹이 만든 로우레벨 라이브러리로, 프로그래머가 렌더링 배치와 GPGPU 컴퓨트 잡^{job}을 커맨드 리스트^{command list}로 직접 GPU에 전달할 수 있으며, 메모리 등 CPU와 GPU가 공유하는 자원들을 정밀하게 제어할 수 있는 기능을 제공한다(GPGPU 프로그래밍에 관해서는 4.11절을 참조하기 바란다).

1.6.4.3 충돌과 물리

충돌^{collision} 감지와 강체 역학(게임에서는 보통 그냥 '물리^{physics}'라고 부른다) 기능을 제공하는 SDK는 다음과 같다.

- **하복**^{Havok} 인기 있는 고성능 물리, 충돌 엔진
- **PhysX** 엔비디아에서 만든 역시 인기 있는 고성능 물리, 충돌 엔진
- **ODE**^{Open Dynamics Engine} 널리 알려진 오픈소스 물리, 충돌 패키지

1.6.4.4 캐릭터 애니메이션

수많은 상용 캐릭터 애니메이션 패키지가 있는데, 다음은 그 일부다.

- **그래니**^{Granny} 래드 게임^{RAD Game}에서 만든 인기 있는 SDK다. 마야^{Maya}와 맥스^{MAX}를 비롯한 주요 3D 모델링 및 애니메이션 제작 도구를 위한 모델, 애니메이션 내보내기 도구를 지원하며, 내보낸 모델 및 애니메이션 데이터를 읽고 처리하는 런타임 라이브러리, 강력한 런타임 애니메이션 시스템을 제공한다. 내 사견으로는 상용 SDK와 비공개 SDK를 통틀어 가장 잘 설계되고 논리적인 애니메이션 API라고 말하고 싶다. 특히 시간에 대한 개념이 잘 정립돼 있다.

- **하복 애니메이션**^{Havok Animation} 캐릭터를 점점 사실에 가깝게 만들어 감에 따라 물리와 애니메이션 간 구분이 점점 모호해지고 있다. 하복 애니메이션은 물리 SDK를 통해 성공을 거둔 하복에서 물리를 보완하려고 만든 SDK다. 물리와 애니메이션 간의 구분을 줄이는 데 큰 역할을 한다.

- **오르비스애님**^{OrbisAnim} PS4용 고성능 애니메이션 엔진이자 효율적인 렌더링용 지오메트리 처리^{geometry-processing} 엔진이다. SN Systems와 ICE, 너티 독, 소니 인터랙티브 엔터테인먼트의 툴스 앤드 테크놀로지 그룹^{Tools and Technology Group}, 소니의 어드밴스드 테크놀로지 그룹^{Advanced Technology Group}이 공동 개발했다.

1.6.4.5 생체 역학적 캐릭터 모델

- **엔도르핀과 유포리아**^{Endorphin and Euphoria} 인체의 움직임을 첨단 생체 역학적 모델로 분석해 캐릭터의 애니메이션을 만들어내는 패키지다.

앞서 말했듯 캐릭터 애니메이션과 물리 사이의 경계가 점점 모호해지고 있다. 맥스와 마야 같은 도구로 애니메이션을 만든 다음 런타임에 물리를 이용해 보강하는 방식을 많이 쓰는데, 대표적으로 하복 애니메이션이 있다. 하지만 최근 '내추럴 모션^{Natural Motion}'이라는 회사가 내놓은 제품들은 게임과 여타 디지털 미디어에서 캐릭터 애니메이션을 취급하는 방식을 근본적으로 바꾸려고 시도한다.

그 첫 번째 제품인 엔도르핀은 마야 플러그인으로, 캐릭터를 생체 역학적으로 시뮬레이션한 결과를 마치 사람이 직접 만든 애니메이션처럼 내보낼 수 있는 툴이다. 무게 중심, 무게 분포,

중력과 다른 힘의 작용하에 실제 사람이 균형을 잡고 움직이는 방식 등에 대한 생체 역학적 연구를 바탕으로 한다.

두 번째 제품인 유포리아는 엔도르핀의 실시간 버전으로 예측 불가능한 힘의 작용하에서도 물리적으로나 생체 역학적으로 정확한 캐릭터 움직임을 만들어 내는 것을 목표로 한다.

1.6.5 플랫폼 독립적 계층

대부분 게임 엔진은 적어도 1개 이상의 하드웨어 플랫폼에서 동작해야 한다. 일렉트로닉 아츠나 액티비전/블리자드 같은 회사는 언제나 여러 플랫폼을 지원하게 게임을 만드는데, 이것은 최대한 넓은 시장을 확보하려는 시도다. 솔직히 말하자면 최소한 2개 정도의 하드웨어 플랫폼을 지원하지 않는 회사는 너티 독이나 인섬니악^{Insomniac} 같은 퍼스트파티 개발사 정도밖에 없다. 따라서 거의 대부분의 게임 엔진은 그림 1.18 같은 플랫폼 독립적 계층을 둔다. 이 계층은 하드웨어, 드라이버, 운영체제, 기타 서드파티 소프트웨어 위에서 동작하는데, 플랫폼에 상관없이 게임 프로그래머가 제어할 수 있는 함수들로 특정한 인터페이스 함수들을 감싸^{wrap} 엔진이 하부 플랫폼의 세부적인 내용까지 몰라도 동작할 수 있게 한다.

게임 엔진이 플랫폼에 독립적인 계층을 둬 함수들을 '감싸는' 데는 두 가지 큰 이유가 있다. 첫째, 일부 응용 프로그래밍 인터페이스^{API}는 플랫폼마다 상당히 다르다. 운영체제의 API는 말할 것도 없고 오래된 '표준' 라이브러리(C 표준 라이브러리 등)들도 그렇다. 이것들을 감싸면 나머지 엔진 코드들은 플랫폼에 상관없이 일관된 API를 가질 수 있다. 둘째, 온전한 크로스 플랫폼 라이브러리(예를 들면 하복)를 쓴다 하더라도 미래에 생길 수 있는 변화에 대비할 필요가 있다. 충돌/물리 라이브러리를 다른 것으로 교체할 가능성도 없지는 않을 것이다.

그림 1.18 플랫폼 독립적 계층

1.6.6 코어 시스템

게임 엔진을 비롯해 규모가 큰 모든 C++ 소프트웨어는 적재적소에 쓸 수 있는 소프트웨어 유틸리티들이 필요하다. 이 책에서는 이런 것들을 '코어 시스템$^{core\ system}$'이라고 부르기로 하자.

그림 1.19에 코어 시스템에서 흔히 볼 수 있는 몇 가지를 나열했다.

코어 시스템								
모듈 스타트업과 셧다운	어서션	유닛 테스트	메모리 할당	수학 라이브러리	문자열과 해시 문자열 ID	디버그 프린트와 로그	현지화 서비스	무비 플레이어
파서(CSV, XML 등)	프로파일링/ 상태 정보 수집	엔진 설정 (INI 파일 등)	랜덤 넘버 생성기	곡선 및 표면 라이브러리	RTTI/리플렉션과 직렬화	객체 핸들/ 고유 id	비동기 파일 I/O	메모리 카드 I/O (구형 콘솔의 경우)

그림 1.19 코어 엔진 시스템

- **어서션**[assertion 4] 논리적인 프로그램 에러를 검출하고 프로그래머가 코드를 작성할 때 전제 조건으로 삼았던 조건들이 어긋나지 않았는지 점검하는 코드다. 최종 버전에서는 보통 제거된다(3.2.3.3절 참조).
- **메모리 관리**[memory management] 사실상 모든 게임 엔진은 메모리 할당과 해제의 효율성, 메모리 단편화 방지를 위해 전용 메모리 시스템을 구현한다(6.2.1절 참조).
- **수학 라이브러리**[math library] 게임 엔진은 태생적으로 수리 연산을 중시한다. 그래서 보통 한두 개 정도 수학 라이브러리를 포함하고 있다. 수학 라이브러리는 벡터, 행렬, 사원수[quaternion], 삼각함수뿐만 아니라 선, 빛, 구, 절두체[frustum] 같은 기하 연산, 스플라인[spiline] 곡선, 수치 적분, 방정식 계산 등 게임 프로그래머가 사용하는 모든 연산을 제공한다.
- **독자적 자료 구조와 알고리듬** STL 같은 외부 패키지에 전적으로 의존하지 않는 이상 기본적인 자료 구조(연결 리스트, 동적 배열, 이진 트리, 해시 맵 등)와 알고리듬(검색, 정렬 등)을 처리하기 위한 도구가 필요하다. 대상 플랫폼에서 효율적인 메모리 사용과 최적의 성능을 내기 위해 이런 도구는 직접 작성하는 것이 일반적이다.

코어 시스템에 대한 자세한 내용은 2부에서 다룬다.

1.6.7 자원 관리자

자원 관리자[resource manager]는 게임 엔진의 모든 자원과 여타 엔진 데이터에 접근하는 데 일관된 인터페이스를 제공하며, 형태는 다르더라도 모든 게임 엔진에는 자원 관리자가 있다. 어떤 엔진은 매우 집중되고 일관성 있는 방식을 사용한다. 언리얼의 패키지[package]와 오거의 ResourceManager 클래스가 이런 형태다. 반면 어떤 엔진은 이보다 산발적인 방식을 사용하는

---

4 '표명하다, 강하게 주장하다'라는 단어에서 나온 말이지만 미안하게도 적당한 우리말은 아직 찾지 못한 듯하다. - 옮긴이

데, 프로그래머가 직접 파일이나 디스크에서 원하는 자원을 가져와야 하는 경우가 많다. 퀘이크의 PAK 파일이 그 예다. 그림 1.20은 일반적인 자원 관리자 계층이다.

그림 1.20 자원 관리자

1.6.8 렌더링 엔진

렌더링 엔진rendering engine은 게임 엔진에서 제일 복잡하고 광범위한 부분 중 하나다. 렌더링 엔진의 설계 방식은 굉장히 다양하다. 표준적 설계 방식이 있는 것은 아니지만, 앞으로 살펴볼 내용처럼 대부분의 렌더링 엔진은 3D 그래픽 하드웨어의 특성에서 기인한 몇 가지 근본적인 디자인 철학을 공유한다.

널리 사용되면서 효율적인 렌더링 엔진 디자인 방식으로는 다음과 같은 계층적인 구조를 들 수 있다.

1.6.8.1 로우레벨 렌더러

그림 1.21에서 볼 수 있듯이 렌더링 엔진에서 가장 기초적인 부분이다. 기하학적 기본 단위geometric primitive를 가능한 한 빠르게 그리면서 다양한 방식을 지원하는 데 중점을 두며, 화면의 가시성 등 좀 더 추상적인 문제에는 관여하지 않는다. 그림 1.24처럼 여러 하위 요소로 분류할 수 있다.

그림 1.21 로우레벨 렌더링 엔진

그래픽 디바이스 인터페이스

다이렉트X나 오픈GL 또는 벌컨 같은 그래픽 SDK를 사용할 때 그래픽 하드웨어를 찾아내고 초기화한 후 렌더 표면(후면 버퍼, 스텐실 버퍼 등)을 설정하는 것과 같은 간단한 일을 하는 데도 상당히 긴 코드를 짜야 한다. 엔진마다 서로 다르게 부르긴 하지만 이런 역할을 담당하는 부분을 이 책에서는 그래픽 디바이스 인터페이스graphics device Interface라고 부르기로 한다.

PC용 게임 엔진을 만들 때는 렌더러를 윈도우의 메시지 루프와 어떻게 해서든 연결해야 한다. 대개 '메시지 펌프'를 써서 윈도우 메시지가 도착하면 처리를 하고 나머지 시간에는 가능한 한 빨리 렌더러의 루프를 돌리는 방법을 쓴다. 이 방법의 단점은 키보드 메시지를 처리하는 루프와 스크린을 업데이트하는 렌더러의 루프 사이에 의존성이 생긴다는 점이다. 간단하지는 않지만 의존성을 줄일 수 있는 방법이 없지는 않다. 이에 대해서는 나중에 자세히 살펴보자.

기타 렌더러 구성 요소

로우레벨 렌더러low-level renderer의 나머지 부분들은 메시mesh, 선 리스트, 점 리스트, 입자, 지형 조각, 문자 열 등 상위 계층에서 전달하는 기하학적 기본 단위geometric primitive(렌더 패킷이라고도 한다)를 처리하고 가능한 한 빨리 그리기 위해 협업해야 한다.

로우레벨 렌더러는 뷰포트viewport에 대한 추상 개념을 제공하는데, 카메라 월드 행렬과 3D 투영 매개 변수(필드 오브 뷰, 근 평면near plane, 원 평면far plane 등) 등의 개념을 함께 지원한다. 또 '머티리얼 시스템'과 '동적 조명dynamic lighting 시스템'을 통해 그래픽 하드웨어와 셰이더의 상태를 관리한다. 상위 계층에서 로우레벨 렌더러에 전달되는 각 기하학적 기본 단위는 1개의 머티리얼과 결합되고 여러 개의 동적 조명에 영향을 받는다. 머티리얼이란 한 기하학적 기본 단위를 그리는 데 쓰이는 텍스처와 활성화된 디바이스 설정, 사용할 정점 셰이더와 픽셀 셰이더 등의 상태를 나타내는 정보다. 조명은 기본 단위를 그릴 때 어떤 조명 계산 방식을 사용할지 나타낸다. 조명과 셰이딩은 매우 복잡한 주제이므로 컴퓨터 그래픽에 관해 더 심도 있게 다룬 다음 책들을 참조하자([16], [49], [2]).

1.6.8.2 장면 그래프와 추려내기 최적화

로우레벨 렌더러는 전달된 기하학적 단위들이 실제 보이든 그렇지 않든 상관하지 않고 무조건 그린다(후면 추려내기culling와 카메라 절두체를 이용한 추려내기는 예외). 시야 결정visibility determination

을 통해 보이는 부분과 그렇지 않은 부분을 가려내 그릴 기하학적 기본 단위 수를 줄이는 일은 보통 더 상위 계층에서 담당한다. 이 계층은 그림 1.22에서 볼 수 있다.

그림 1.22 추려내기 최적화에 쓰이는 일반적인 장면 그래프/공간 분할 계층

게임 월드가 굉장히 작다면 단순한 절두체 추려내기$^{frustum cull}$(카메라가 볼 수 없는 물체를 그리지 않는 방식) 정도로 충분하다. 하지만 큰 게임 월드에서는 좀 더 고급 '공간 분할$^{spatial subdivision}$' 방식을 사용하는데, 이것은 게임 객체들 중에 '보일 가능성이 있는 집합$^{PVS, Potentially Visible Set}$'을 빨리 찾아내 렌더링 성능을 향상시키기 위해서다. 공간 분할은 다양한 형태가 있는데, 이진 공간 분할^{BSP} 트리, 옥트리^{octree}, kd 트리, 구형 계층$^{sphere hierarchy}$ 등이 있다. 공간 분할을 장면 그래 프$^{scene graph}$라고 부르기도 하지만, 엄밀히 따지면 후자는 일종의 자료 구조이고 전자를 포함하는 개념은 아니다. 이외에 포털^{portal}이나 차폐를 이용한 추려내기 등도 이 계층에서 사용된다.

로우레벨 렌더러는 사용된 공간 분할 방식이나 장면 그래프 종류에 전혀 영향을 받지 않는 것이 가장 이상적이다. 이 경우 같은 기본 단위^{primitive} 인터페이스를 사용하면서도 '보일 가능성이 있는 집합^{PVS}'을 판단하는 시스템은 각 개발 팀이 원하는 것을 사용할 수 있는 이점이 있다. 이 방식이 실제로 구현된 좋은 예로 오거 엔진(http://www.ogre3d.org)을 들 수 있다. 오거는 플러그 앤드 플레이$^{plug-and-play}$ 방식 장면 그래프 시스템을 사용한다. 프로그래머는 완성된 여러 장면 그래프 디자인 중 마음에 드는 것을 선택해 사용하거나 직접 장면 그래프를 구현해 사용할 수 있다.

1.6.8.3 시각 효과

오늘날 게임 엔진은 그림 1.23과 같이 여러 가지 시각 효과를 사용하는데, 그 예에는 다음과 같은 것들이 있다.

- 파티클 시스템(연기, 불, 물이 튀는 현상 등)
- 데칼 시스템(총알 자국, 발자국 등)
- 조명 매핑^{mapping}과 환경 매핑

- 동적 그림자
- 풀 스크린 후처리 효과(전체 화면이 그려진 후에 효과가 적용됨)

그림 1.23 시각 효과

풀 스크린 후처리 효과의 예를 들어보면 다음과 같다.

- HDR^{High Dynamic Range} 조명과 블룸^{bloom}
- 풀 스크린 안티에일리어싱^{FSAA, Full-Screen AntiAliasing}
- 색 교정^{color correction}과 색 옮김^{color shift} 효과. 블리치 바이패스^{bleach bypass}, 채도^{saturation} 효과, 채도 감소^{de-saturation} 효과 등

일반적으로 '이펙트 시스템^{effect system}'을 따로 둬 입자, 데칼, 그 외의 시각 효과를 전담하는 경우가 많다. 이 중에서 입자와 데칼은 렌더링 엔진 안의 구분된 시스템으로 분리돼 직접 로우레벨 렌더러에 입력을 주는 경우가 많고, 이와 대조적으로 조명 매핑, 환경 매핑, 그림자는 렌더링 엔진 안에서 처리된다. 풀 스크린 후처리 효과는 렌더러에 포함해 구현할 수도 있고, 아니면 렌더러의 결과물을 갖고 따로 동작을 하는 별개의 시스템으로 만들 수도 있다.

1.6.8.4 전단부

대부분의 게임은 3D 그래픽 외에 그 위에 덧씌워지는 2D 그래픽을 사용한다. 몇 가지 예를 들어 보면 다음과 같다.

- 게임의 헤드업 디스플레이^{HUD}
- 게임 메뉴, 콘솔, 기타 개발 툴(최종 배포되는 클라이언트에는 포함되지 않을 수도 있음)
- 캐릭터의 인벤토리 등 게임을 하는 데 필요한 그래픽 유저 인터페이스^{GUI}

그림 1.24에 이 계층이 나와 있다. 이와 같은 2D 화면은 텍스처를 입힌 사각형(또는 삼각형 2개)을 직교 투영해 그리기도 하고, 아니면 진짜 3D 빌보드에 그린 후 항상 카메라를 향하게 구현하기도 한다.

그림 1.24 전단부 그래픽

이 계층에 풀 모션 비디오$^{\text{FMV, Full-Motion Video}}$ 시스템도 포함시켰는데, FMV는 미리 녹화된 풀 스크린 비디오를 재생하는 역할을 한다(비디오를 녹화할 때는 게임 엔진을 사용할 수도 있고 다른 패키지를 이용할 수도 있다).

마찬가지로 인게임 시네마틱$^{\text{IGC, In-Game Cinematics}}$ 시스템도 이 계층과 관련이 있다. 이 시스템은 영화적 장면들을 순차적으로 재생해 주는 역할을 하는데 완전히 3D로 재생된다는 점에서 FMV와는 다르다. 한 예를 들어 보면 캐릭터들이 중요한 대화를 나누는 장면을 이런 식으로 연출할 수 있다. IGC에는 플레이어가 조종하는 캐릭터가 포함될 수도 있고 그렇지 않을 수도 있다. 플레이어가 전혀 조작을 할 수 없는 완전히 독립적인 방식으로 재생하기도 하고, 아니면 게임에 매우 정교하게 통합돼서 플레이어가 전혀 눈치채지 못하게 하는 식으로 만들 수도 있다. 너티 독의 '언차티드 4' 같은 게임에서는 미리 녹화한 영상에서 탈피해 모든 시네마틱 장면을 실시간 IGC로 처리한다.

1.6.9 프로파일링과 디버깅 툴

실시간 시스템인 특성 때문에 게임은 최적화를 위해 프로파일링^{profiling}을 해야 하는 경우가 종종 있다. 또 대부분의 경우 메모리가 부족하기 때문에 메모리 분석 툴도 함께 사용해야 한다. 프로파일링과 디버깅 계층은 그림 1.25에서 볼 수 있는 것 외에도 디버그 정보 그리기, 게임 메뉴 또는 콘솔, 게임플레이 기록 및 정확한 재현을 위한 시스템 등을 모두 포괄하는 계층이다.

그림 1.25 프로파일링과 디버깅 툴

시중에는 훌륭한 범용 디버깅 툴들이 있는데, 그중 일부를 꼽아 보면 다음과 같다.

- 인텔의 VTune
- IBM의 Quantify와 Purify(PurifyPlus 세트에 포함)
- 파라소프트^{Parasoft}의 Insure++
- 줄리안 시워드^{Julian Seward}와 밸그린드^{Valgrind} 개발 팀의 밸그린드

하지만 대부분의 게임 엔진은 자체적으로 프로파일링과 디버깅 툴을 구현한다. 여기에 포함될 만한 것들을 일부 꼽아 보면 다음과 같다.

- 코드를 수동으로 인스트루먼테이션^{instrumentation}하는 시스템(소모된 시간을 정확히 측정하는 데 필요)
- 게임 화면에서 실시간으로 프로파일링 수치를 보여 주는 기능
- 성능 값을 텍스트 파일이나 엑셀 스프레드시트 파일로 뽑아내는 기능
- 게임 엔진과 각 하부 시스템이 사용 중인 메모리의 양을 측정하는 기능
- 메모리 사용량, 최고 사용량, 메모리 누수 통계 등을 게임이 종료될 때나 게임플레이 중 파일로 뽑아낼 수 있는 기능
- 디버그 메시지를 코드 어느 곳에서나 출력할 수 있고 필요한 항목마다 켜고 끄는 기능을 가진 툴. 또한 어느 정도로 자세하게 출력할 지 조정할 수 있는 툴
- 게임플레이를 녹화하고 재현하는 기능(구현하기는 힘든 편이지만 버그를 고치는 데 더할 나위 없이 좋은 기능)

플레이스테이션 4는 강력한 코어 덤프 기능을 지원해 프로그래머가 크래시^{crash}를 분석하는 데 큰 도움을 준다. 플레이스테이션 4는 공유 버튼을 통해 플레이어가 자신의 플레이를 공유할 수 있게 하는데, 항상 마지막 15초의 게임플레이를 녹화한다. 이 기능 덕에 PS4의 코어 덤프 기능은 크래시 상황의 완전한 콜 스택 외에도 크래시 순간의 스크린샷, 그리고 크래시 전에 무슨 일이 알 수 있는 15초의 비디오가 함께 제공된다. 크래시가 발생하면 코어 덤프는 게임 개발자의 서버에 자동으로 업로드되는데, 게임이 출시된 후에도 동일하다. 이 기능은 크래시 분석과 수정 업무에 혁신을 가져왔다.

1.6.10 충돌과 물리

충돌 체크는 모든 게임에서 중요하다. 제대로 된 충돌 체크 없이는 게임 월드에서 어떤 일도 제대로 해내기 힘들다. 이보다 한발 더 나가 매우 사실적이거나 사실에 근사한 역학 시뮬레이션을 구현하는 게임도 있다. 보통 '물리 시스템physics system'이라고 말하기는 하지만 정확히는 '강체rigid body 역학'이 더 맞는 말이다. 우리가 관심이 있는 것은 대부분의 경우 강체의 움직임(운동학) 그리고 그 움직임을 일으키는 힘과 회전력(역학)이기 때문이다. 이 계층은 그림 1.26에서 볼 수 있다.

그림 1.26 충돌과 물리 시스템

보통 충돌과 물리는 밀접한 연관이 있다. 충돌이 감지됐을 경우 대부분 물리 로직이나 제약 만족constraint satisfaction 로직의 일부로 처리하는 것이 보통이기 때문이다. 오늘날에는 직접 충돌 및 물리 엔진을 만드는 개발사는 거의 없고 대개 외부 SDK를 사용한다.

- **하복**Havok은 업계에 가장 널리 사용되는 물리 엔진이다. 풍부한 기능을 갖고 있는 데다 다양한 플랫폼을 지원한다.
- **엔비디아의 PhysX** 또한 유명한 충돌 및 물리 엔진이다. 언리얼 엔진에 통합돼 있고, 개별 제품으로 PC용은 무료로 사용할 수 있다. 원래는 에이지아Ageia 사의 물리 가속 하드웨어용 인터페이스로 개발됐었는데, 지금은 엔비디아에서 소유하고 배포한다. 오늘날에는 엔비디아의 최신 GPU에서 동작하게 계속 수정되고 있다.

오픈소스 물리/충돌 엔진도 있는데, 가장 잘 알려진 엔진은 ODEOpen Dynamic Engine다. 상세한 정보는 다음 사이트(http://www.ode.org)에서 찾을 수 있다. I-Collide, V-Collide, RAPID는 또 다른 비상용 엔진인데, 셋 모두 노스 캐롤라이나 대학UNC, University of North Carolina에서 개발됐다. 자세한 정보는 다음 링크들을 참조하자.

http://gamma.cs.unc.edu/I-COLLIDE/

http://gamma.cs.unc.edu/V-COLLIDE/

1.6.11 애니메이션

생명체나 그 유사한 형태로 움직이는 물체(사람, 동물, 만화 캐릭터, 로봇)가 나오는 게임이라면 반드시 애니메이션 시스템이 있어야 한다. 다음은 게임에서 사용하는 가장 기본적인 다섯 가지 애니메이션 방식이다.

- 스프라이트^{sprite}/텍스처^{texture} 애니메이션
- 강체 계층$^{rigid\ body\ hierarchy}$ 애니메이션
- 뼈대^{skeletal} 애니메이션
- 정점^{vertex} 애니메이션
- 모프 타깃$^{morph\ target}$

뼈대 애니메이션은 애니메이터가 비교적 단순한 본^{bone}을 움직여 복잡한 3D 캐릭터 메시를 움직이는 방식이다. 모프 타깃이나 정점 애니메이션을 사용하는 엔진도 있지만 뼈대 애니메이션이야말로 오늘날 가장 널리 쓰이는 애니메이션 방식이라 할 수 있다. 그렇기 때문에 가장 중점적으로 살펴볼 주제다. 일반적인 뼈대 애니메이션 시스템은 그림 1.27과 같은 모습을 한다.

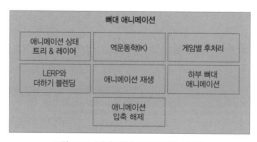

그림 1.27 뼈대 애니메이션 하부 시스템

그림 1.16을 자세히 보면 뼈대 메시 렌더링이 렌더러와 애니메이션 시스템 사이에 걸쳐 있는 것을 볼 수 있다. 이 두 부분은 매우 긴밀하게 동작하지만 인터페이스는 매우 분명하게 정의돼 있다. 애니메이션 시스템이 캐릭터의 모든 관절을 특정 포즈로 위치시키면 각 관절의 위치는

행렬의 집합으로 렌더링 엔진에 전해진다. 그다음 렌더러는 각 정점에 대해 행렬(또는 행렬들)에 의한 변환을 거쳐 최종적인 정점 위치를 계산한다. 이 과정은 '스키닝skinning'이라 부른다.

'랙 돌rag doll'을 사용하는 경우 애니메이션과 물리 시스템 간에서 비슷한 정도의 밀접한 관계를 볼 수 있다. '랙 돌'이란 축 늘어진(보통은 시체 같은) 캐릭터인데, 물리 시스템에 의해 움직인다. 물리 시스템은 '랙 돌'의 신체 부분들을 서로 연결된 강체 시스템으로 취급해 위치와 방향을 결정한다. 그런 후 애니메이션 시스템이 렌더링 엔진에서 캐릭터를 그릴 때 필요한 행렬들을 계산한다.

1.6.12 휴먼 인터페이스 장치

모든 게임에는 사용자 입력을 받는 휴먼 인터페이스 장치HID, Human Interface Device가 있는데, 다음과 같은 것들이 있다.

- 키보드와 마우스
- 조이패드
- 기타 특수한 컨트롤러들(운전대, 낚싯대, 댄싱 패드, 위모트WiiMote 등)

어떤 때는 플레이어에게 출력을 보내는 경우도 있기 때문에 이 부분을 플레이어 I/O라고도 부르기도 한다. 포스 피드백, 패드 진동, 위모트의 소리 같은 경우가 그 예다. 일반적인 HID 계층은 그림 1.28과 같다.

그림 1.28 플레이어 입력/출력 시스템. 휴먼 인터페이스 장치(HID) 계층

HID 계층을 설계하는 데 있어 플랫폼마다 다른 하드웨어 정보를 상위 게임 컨트롤에서 분리시키는 것이 주요 고려 사항인 경우도 있다. 이때 HID는 하드웨어로부터 오는 신호 데이터를 게임 규칙에 맞게 해석하고 변형한다. 조이패드 스틱이 너무 민감하게 반응하지 않게 데드 존

을 두거나 버튼 눌림 입력을 다시 원래대로 돌리기, 버튼 다운과 업 감지하기, 가속도계에서 오는 입력을 해석하기(플레이스테이션 3의 듀얼쇼크 컨트롤러) 등을 생각하면 된다. 보통은 플레이어가 게임의 키 조작을 구미에 맞게 다시 설정할 수 있는 기능도 제공한다. 그 외 코드(여러 버튼이 한꺼번에 눌리는 것), 연타(짧은 시간 내에 여러 버튼이 순서대로 눌리는 것), 제스처(버튼, 스틱, 가속도계가 연속으로 입력되는 것)를 감지하는 시스템을 구현하는 경우도 있다.

1.6.13 오디오

게임 엔진에서 오디오의 중요성은 그래픽에 뒤지지 않는다. 하지만 유감스럽게도 오디오는 렌더링, 물리, 애니메이션, AI, 게임플레이 등 다른 부분들에 비해 덜 주목받는다. 실상 프로그래머들도 작업할 때 스피커를 끄고 작업하는 경우가 부지기수다(스피커나 헤드폰이 아예 없는 프로그래머도 본 적이 있다). 그렇지만 좋은 오디오 엔진 없는 게임이 훌륭한 게임이 될 수는 없다. 그림 1.29는 오디오 시스템의 구조다.

그림 1.29 오디오 하부 시스템

오디오 엔진의 정교함은 게임 엔진에 따라 많이 다르다. 퀘이크 엔진의 오디오 시스템은 무척 단순해서 개발자들은 원하는 기능을 보강하려고 추가로 작업하거나 아예 자체적으로 오디오 엔진을 만들어 교체해 버리는 경우가 많다. 언리얼 엔진 4는 어느 정도 괜찮은 오디오 렌더링 엔진([45]에서 자세히 다룬다)을 갖추고 있긴 하지만 기능이 제약적이다. 게임용 고급 기능들을 쓰려면 이것을 보강하거나 고쳐야 할 수도 있다. 다이렉트X 플랫폼(PC, 엑스박스 360, 엑스박스 원)용으로는 마이크로소프트가 제공하는 훌륭한 런타임 오디오 엔진인 XAudio2가 있다. 일렉트로닉 아츠가 개발한 비공개 고급 오디오 엔진이 있는데, 이름이 SoundR!OT다. 소니 인터랙티브 엔터테인먼트[SIE]가 너티 독 등 퍼스트파티 개발사들과 개발한 고성능 3D 오디오 엔진인 스크림[Scream]이 있다. 이 엔진은 너티 독의 '언차티드4, 라스트 오브 어스: 리마스터' 등의 여러 가지 PS3, PS4 게임을 개발하는 데 쓰였다. 그렇지만 이렇게 완성된 오디오 엔진들을 사용해 게임을 개발하더라도 최종 게임에 들어갈 높은 품질의 오디오를 완성하려면 많은 개발 비용과 끊임없는 노력이 필요하다.

1.6.14 온라인 멀티플레이어와 네트워킹

여러 플레이어가 같은 가상 공간 안에서 게임을 즐기게 지원하는 게임들이 많다. 멀티플레이어 게임을 대강 분류해 보면 다음과 같다.

- **단일 스크린 멀티플레이어** 2개 이상의 휴먼 인터페이스 장치(조이패드나 키보드, 마우스 등)가 1대의 게임기 또는 PC에 연결돼 있다. 게이머들은 같은 공간에 있지만 카메라는 단 1대뿐이라 모두 같은 화면을 본다. 스매시 브러더스Smash Brothers, 레고 스타워즈Lego Star Wars, 건틀 렛Gauntlet 등이 그 예다.
- **분할 화면 멀티플레이어** 여러 개의 휴먼 인터페이스가 1대의 게임기에 연결되고 여러 플레이어가 동시에 게임을 즐기지만 화면이 여러 부분으로 분할되고 각 게이머는 자신의 시점으로 본다.
- **네트워크 멀티플레이어** 여러 대의 컴퓨터나 게임기가 네트워크를 통해 연결돼 있는데, 각 기계는 1명의 플레이어가 사용한다.
- **대규모 멀티플레이어 온라인 게임**MMOG, Massively Multiplayer Online Game 수천, 수만 명의 게이머가 동시에 광대하고 지속적인 온라인 가상 세계에서 게임을 즐긴다. 가상 세계는 여러 대의 서버가 구현한다.

멀티플레이어 네트워킹 계층은 그림 1.30에서 볼 수 있다.

그림 1.30 온라인 멀티플레이어 하부 시스템

멀티플레이어 게임은 대부분 측면에서 싱글플레이어 게임과 같다. 하지만 멀티플레이어 기능을 지원하는 것은 게임 엔진을 디자인하는 데 매우 중요한 영향을 미친다. 게임 월드 객체 모델, 렌더러, 휴먼 인터페이스 장치 시스템, 플레이어 컨트롤 시스템, 애니메이션 시스템 등이 모두 영향받는다. 따라서 이미 완성된 싱글플레이어 게임을 멀티플레이어용으로 바꾸는 일은 어려운 일이다. 성공적인 사례가 적은 것은 아니지만, 가능하다면 개발을 시작할 때부터 멀티플레이 기능을 미리 고려하는 편이 좋다.

흥미롭게도 완성된 멀티플레이어 게임을 싱글플레이어 게임으로 바꾸는 것은 의외로 간단하다. 실제로 멀티플레이어의 특수한 형태로서 플레이어가 1명밖에 없는 구조로 싱글플레이를 구현하는 게임도 많다. 퀘이크 엔진의 유명한 '서버 위에 클라이언트가 얹혀 있는client-on-top-of-server' 구조에서는 싱글플레이를 할 때 1대의 PC에서 프로그램 하나가 동시에 클라이언트와 서버 역할을 맡는다.

1.6.15 게임플레이 기반 시스템

게임플레이gameplay라는 용어는 게임 내에서 하는 행동, 게임 세계의 규칙, 플레이어 캐릭터PC, Player Character의 능력(플레이어 메카닉이라고 부른다), 여타 캐릭터와 물체들의 능력, 플레이어의 목표 및 목적 등을 아우르는 말이다. 게임플레이를 개발할 때는 엔진의 다른 부분을 구현하는 데 사용된 프로그래밍 언어를 그대로 사용하는 경우도 있고, 아니면 좀 더 추상적인 스크립트 언어를 사용하기도 한다. 때로는 두 가지 방식 모두를 사용할 때도 있다. 지금까지 살펴봤던 게임 엔진의 로우레벨 계층들과 게임플레이 사이에 매개하는 계층을 두는 경우가 대부분인데, 딱히 널리 합의된 이름이 없기 때문에 앞으로 게임플레이 기반gameplay foundation 계층이라고 부르기로 하자. 그림 1.31에서 볼 수 있듯이 이 계층은 다양한 게임이 구현될 수 있는 토대가 되는 여러 가지 중요한 기능을 제공한다.

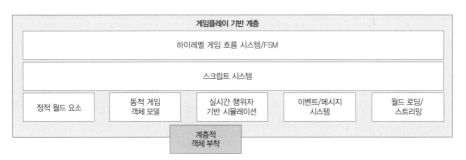

그림 1.31 게임플레이 기반 계층 시스템

1.6.15.1 게임 월드와 객체 모델

게임플레이 기반 계층은 게임 월드라는 개념을 선보이는데, 이 안에는 여러 가지 가변적인 요소와 그렇지 않은 요소들이 포함돼 있다. 게임 월드에 속하는 여러 구성물들은 대개 객체지향적인 방법으로 모델화하고, 이를 위해 객체지향적 프로그래밍 언어를 사용하는 것이 보통이다(항상 그런 것은 아니다). 이 책에서는 게임을 이루는 객체 타입들이 모여 이룬 집합을 '게임 객체 모델game object model'이라고 부르기로 한다. 게임 객체 모델의 역할은 게임 월드에 존재하는 다양한 형태의 객체들을 실시간으로 시뮬레이션하는 것이다.

게임 객체의 예를 들어 보면 다음과 같다.

- 정적인 배경: 빌딩, 길, 지형(보통 특별 취급한다) 등
- 동적인 단단한 물체들: 바위, 음료수 캔, 의자 등
- 플레이어 캐릭터PC
- NPCNon-Player Character
- 무기
- 발사체projectile
- 탈것vehicle
- 빛(런타임에 실시간 조명에 사용되기도 하고 오프라인에서 정적 조명 계산에만 사용되기도 한다)
- 카메라

이외에도 여러 가지가 있다.

게임 객체 모델은 소프트웨어 객체 모델과 밀접한 관계가 있는데, 때로는 이 모델이 전 게임 엔진에 영향을 미치는 경우도 있다. 소프트웨어 객체 모델이라는 용어는 객체지향적 소프트웨어를 개발하는 데 쓰이는 개발 언어의 기능, 정책, 규칙 같은 것을 뜻한다. 게임 엔진에서 소프트웨어 객체 모델은 다음과 같은 문제들과 관련 있다.

- 엔진 디자인이 객체지향적인가?
- 어떤 개발 언어를 사용할 것인가? C, C++, 자바, OCaml?
- 클래스 구조는 어떤 형태를 띨 것인가? 거대한 1개의 수직적인 구조인가 아니면 서로 연관성이 적은 느슨한 수평적 구조인가?

- 템플릿과 정책 기반$^{policy\text{-}based}$ 디자인을 사용할 것인가 아니면 전통적인 다형성을 사용할 것인가?
- 객체에 접근할 때는 어떤 방식을 사용할 것인가? 포인터, 스마트 포인터, 핸들 중 어느 것을 사용할 것인가?
- 서로 다른 객체를 어떻게 고유하게 분별할 것인가? 물리적 주소, 이름을 사용할 것인가 아니면 GUID를 사용할 것인가?
- 객체의 수명은 어떻게 관리할 것인가?
- 시간이 흐름에 따라 각 객체의 상태는 어떻게 시뮬레이션할 것인가?

소프트웨어 객체 모델과 게임 객체 모델에 대해서는 16.2절에서 더 자세히 살펴본다.

1.6.15.2 이벤트 시스템

게임 안의 객체들은 서로 소통해야 하는데, 그 방식은 무척 다양하다. 단순하게는 메시지를 보내는 쪽에서 받는 쪽 객체의 멤버 함수를 직접 부르는 것도 한 방법이다. 그래픽 유저 인터페이스^{GUI}에서 쓰이는 이벤트 기반 방식도 흔히 쓰이는 객체 간 통신 방법이다. 이벤트 기반 방식에서는 보내는 쪽이 정보를 실은 작은 구조체(이벤트 또는 메시지)를 만든다. 이벤트를 전달할 때는 받는 쪽의 '이벤트 핸들러$^{event\ handler}$' 함수를 호출한다. 이벤트를 큐^{queue}에 보관하고 나중에 처리하게 구현할 수도 있다.

1.6.15.3 스크립트 시스템

많은 게임 엔진에서 스크립트 언어를 사용하는데, 이것은 게임 규칙과 콘텐츠를 쉽고 빠르게 개발하기 위해서다. 스크립트 언어를 사용하지 않으면 게임 규칙이나 자료 구조가 조금이라도 변하면 실행 파일을 다시 컴파일하고 링크해야 한다. 하지만 스크립트 언어를 사용하면 이런 경우 스크립트를 고치고 다시 불러오는 것으로 끝난다. 게임 실행 중에 스크립트를 다시 불러오는 기능을 지원하는 엔진도 있다. 그렇지 않은 엔진은 보통 스크립트를 다시 불러오려면 게임을 종료해야 한다. 어느 경우라도 스크립트 언어를 사용하는 편이 컴파일하고 링크하는 것보다는 시간을 절약할 수 있다.

1.6.15.4 인공지능 기반 시스템

얼마 전까지만 해도 인공지능[AI, Artificial Intelligence]은 게임 엔진의 일부라기보다는 그보다 상위의 게임 규칙에 포함되는 특수한 부분이라 여겼다. 하지만 점점 인공지능 시스템에도 공통적인 패턴이 등장하기 시작했고 서서히 게임 엔진에 통합되는 추세다.

그 예로, 카이노곤[Kynogon]이라는 회사가 개발한 미들웨어 SDK인 키냅스[Kynapse]가 있는데, 상용 게임 수준의 AI에서 사용하는 대부분의 로우레벨 기술을 지원한다. 이 기술은 오토데스크[Autodesk]가 인수해 게임웨어 내비게이션[Gameware Navigation]이라는 완전히 새로운 AI 미들웨어로 재편됐으며, 키냅스를 만든 엔지니어들이 그대로 참여했다. 이 SDK는 로우레벨 AI 개발 도구들을 지원하는데, 내비 메시[nav mesh] 생성, 길 찾기, 정적/동적 장애물 회피, 플레이 공간의 취약점 구분(예를 들면 암습이 들어올 수 있는 열린 창문 등), 그리고 AI와 애니메이션 간의 잘 정의된 인터페이스 등이 제공된다.

1.6.16 게임 특화 하부 시스템

게임플레이 기반 계층과 여타 로우레벨 엔진 요소들이 갖춰지면 비로소 게임플레이 프로그래머와 디자이너가 게임 자체의 기능들을 구현할 수 있다. 게임플레이 시스템은 수가 많고 종류가 다양할 뿐만 아니라 어떤 게임을 개발하느냐에 따라 특화된 모습을 보인다. 그림 1.32처럼 플레이어 메카닉, 카메라 시스템, NPC 인공지능, 무기 시스템, 탈것 등을 포함하는데, 꼭 여기에 국한되지는 않는다. 게임 엔진과 게임을 구분할 만한 곳이 있다면 이곳과 게임플레이 기반 계층 사이에 있다고 볼 수 있다. 하지만 현실적으로 구분이 쉽지만은 않다. 게임에 특화된 내용이 어떻게든 게임플레이 기반 계층이나 더 나아가 게임 엔진의 핵심 부위까지 영향을 미치는 일이 흔하기 때문이다.

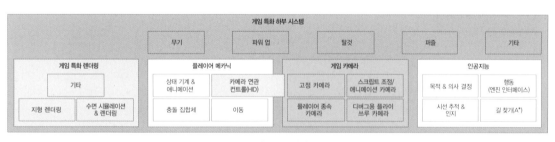

그림 1.32 게임 특화 하부 시스템

1.7 도구와 자원 파이프라인

게임 엔진이 돌아가려면 막대한 양의 데이터가 필요한데, 여기에는 게임 자원, 설정 파일, 스크립트 따위가 있다. 그림 1.33에는 게임 엔진에 흔히 쓰이는 자원들이 나와 있다. 원본 자원을 만드는 툴^{tool}부터 게임 엔진까지 데이터 흐름을 두꺼운 화살표로 표기하고 서로 참조하는 자원은 가는 화살표로 표기했다.

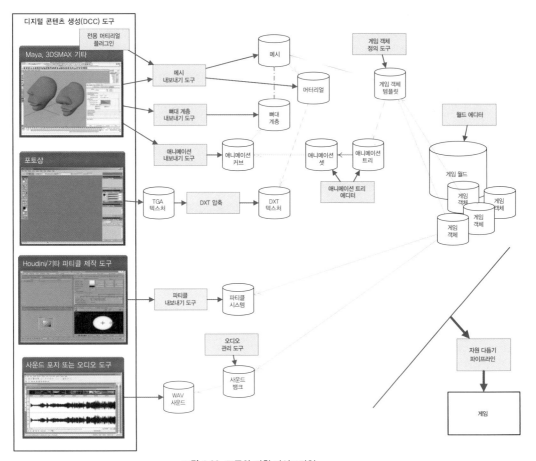

그림 1.33 도구와 자원 파이프라인

1.7.1 디지털 콘텐츠 생성 도구

게임은 본질적으로 멀티미디어 프로그램이다. 3D 메시부터 텍스처 비트맵, 애니메이션 데이터, 오디오 파일까지 다양한 자원이 게임 엔진에 사용된다. 모든 자원은 아티스트가 만들어 내고 다듬어야 하는데, 이런 작업을 하는 데 사용하는 툴을 디지털 콘텐츠 생성^{DCC, Digital Content Creation} 프로그램이라고 한다.

예외인 경우도 있지만 대개 DCC는 특화된 자원을 만드는 데 중점을 둔다. 오토데스크^{Autodesk} 마야^{Maya}와 3ds 맥스^{Max}는 3D 메시와 애니메이션 데이터를 만드는 데 가장 널리 쓰이는 툴이고, 포토샵류의 프로그램들은 비트맵(텍스처) 데이터를 생성하고 만지는 툴이다. 사운드 포지^{SoundForge}는 오디오 클립을 만드는 데 인기 있는 툴이다. 하지만 범용적인 상용 툴로는 만들 수 없는 데이터도 있다. 대표적 예로 게임 월드 제작을 들 수 있는데, 대부분 게임 엔진은 자체적 게임 월드 제작 툴을 사용한다. 흔치 않기는 하지만 게임 월드 제작에 범용적인 툴을 사용하는 엔진도 있기는 하다. 실제로 나는 맥스나 마야를 게임 월드 제작 툴로 사용하는 경우도 본 적 있다(특화된 플러그 인을 사용하는 경우도 있고 아닌 경우도 있었다). 게임 개발자들의 경험담을 들어 보면 단순한 비트맵 에디터로 지형의 높이 필드를 제작했다거나 텍스트 파일을 손으로 쳐가며 게임 월드를 만들었다는 이야기는 흔하다. 중요한 것은 작업을 해내는 것이지 툴이 멋들어질 필요는 없다. 하지만 제 시간에 좋은 게임을 만들기 위해 툴은 사용하기 쉬울수록 좋으며, 반드시 안정적으로 동작해야 한다.

1.7.2 자원 다듬기 파이프라인

DCC에서 만든 데이터를 바로 게임 엔진에서 사용할 수는 없다. 여기에는 두 가지 중요한 이유가 있다.

1. DCC의 자원 메모리 모델은 게임 엔진에서 쓰기엔 필요 이상으로 복잡하다. 예를 들어 마야는 장면 노드 간 방향성 있는 비순환 그래프^{DAG, Directed Acyclic Graph}와 노드 간 연관 정보까지 함께 저장한다. 또 파일 변경 사항을 모두 저장한다. 더 나아가 장면에 들어 있는 모든 물체의 위치, 방향, 스케일을 3D 변환의 계층으로 저장하는데, 각 변환은 이동, 회전, 크기 변환, 뒤틀림 등으로 구성된다. 하지만 보통 게임 엔진에서는 이 중에서 극히 일부분의 정보만 있으면 된다.

2. DCC 프로그램의 데이터 파일 형식은 읽어 들이는 데 시간이 너무 많이 걸리고 저작권이 걸린 경우도 있다.

이런 이유로 DCC로 만든 데이터를 게임에 사용하려면 좀 더 접근성이 뛰어난 표준 포맷이나 아니면 다른 형태로 내보내야^{export} 한다.

데이터를 내보냈더라도 게임 엔진에서 쓰기 위해선 좀 더 가공해야 한다. 더구나 여러 플랫폼을 지원하는 게임이라면 각 플랫폼에 맞게 가공해야 한다. 예를 들면 3D 메시를 XML, JSON 또는 단순한 바이너리 형태의 중간 데이터로 내보내는 경우를 생각해 보자. 이 경우 같은 머티리얼을 쓰는 메시끼리 모으거나 아니면 메시가 너무 큰 경우 잘게 쪼개는 등의 가공을 할 수도 있다. 또한 각 플랫폼에 적합한 형태로 정렬해 묶는 과정을 추가로 거치게 만들 수도 있다.

DCC부터 게임 엔진까지 데이터 흐름을 '자원 다듬기 파이프라인^{ACP, Asset Conditioning Pipeline}'이라고 부르기도 한다. 게임 엔진이라면 어떤 형태가 됐든 자원 다듬기 파이프 라인이 있다.

1.7.2.1 3D 모델/메시 데이터

게임에서 보이는 기하 형태의 대부분은 삼각형 메시로 만들어진다. 일부 오래된 게임 중에는 볼륨 형태의 기하 형태인 브러시^{brush}를 사용하기도 한다. 여기서는 두 가지 타입의 기하 형태에 대해 간단히 이야기하고 넘어간다. 3D 기하 형태를 표현하고 렌더링하는 기법에 대한 자세한 논의는 11장에서 다룬다.

3D 모델(메시)

메시란 삼각형과 정점으로 이뤄진 복잡한 형상이다. 렌더링용 기하 형상을 사각형 또는 다른 복잡한 형상으로 구성하는 경우도 있기는 하다. 그러나 래스터화된^{rasterized} 삼각형 처리에만 최적화된 오늘날의 그래픽 카드를 위해서는 결국 렌더링할 때 삼각형으로 바꿔야 한다.

메시에는 통상적으로 1개 이상의 머티리얼을 적용해 시각적 표면 특성(색, 반사도, 거친 정도, 디퓨즈 텍스처 등)을 정의한다. 이 책에서 '메시'라고 하면 하나의 렌더링할 수 있는 형상을 가리키는 것이고, '모델'이라는 용어를 통해 여러 개의 메시와 그 외 애니메이션 데이터, 게임의 메타데이터^{metadata} 등을 포함하는 복합적인 물체를 가리킨다.

메시를 만드는 데는 맥스나 마야, 소프트이미지^{SoftImage} 같은 3D 모델링 프로그램을 쓰는 것이 보통이다. 비교적 근래에 나온 ZBrush는 굉장히 직관적인 방식으로 엄청나게 정교한 메시를 만든 후 이 메시의 해상도를 낮추고down convert 노말 맵normal map을 써서 정교함을 보강하는 방식을 사용한다.

마야나 맥스 같은 DCC 툴에서 데이터를 뽑아내 엔진에서 사용할 수 있는 형태로 디스크에 저장하는 내보내기 도구export tool는 필수적인 존재다. DCC 툴에서 보통 여러 가지 형태로 내보낼 수 있기는 하지만 게임에 바로 사용하기에는 적합하지 않다(COLLADA 정도는 예외랄 수 있겠다). 그렇기 때문에 게임 팀마다 자신들만의 파일 포맷과 내보내기 도구를 제작한다.

브러시 기하 형상

브러시 기하 형상brush geometry은 평면 여러 개로 이뤄진 볼록 입체 다각형convex hull의 모음이다. 보통 게임 에디터로 바로 만들고 작업할 수 있다. 그릴 수 있는 기하 형태를 만드는 방식치고는 구식이긴 하지만 여전히 많이 쓰인다.

장점은 다음과 같다.

- 빠르고 만들기 쉽다.
- 게임 디자이너가 쉽게 사용할 수 있다. 프로토타입을 만들고자 사용되는 경우도 있다.
- 충돌 볼륨 역할을 할 수도 있다.

단점은 다음과 같다.

- 단순하다.
- 복잡하게 만들기 힘들다.
- 관절이 있거나 활동하는 물체를 표현하기 힘들다.

1.7.2.2 뼈대 애니메이션 데이터

스켈레탈 메시skeletal mesh는 애니메이션을 하기 위해서 뼈대skeletal 구조에 연결되는 특수한 형태의 메시다. '스킨skin'이라고도 부르기도 하는데, 메시가 보이지 않는 뼈대를 감싼 피부(스킨) 같은 역할을 하기 때문에 붙여진 이름이다. 스켈레탈 메시의 각 정점에는 뼈대의 어느 관절joint들에 연결되는지를 나타내는 정보가 담겨 있다. 이와 함께 각 뼈대의 영향을 얼마만큼 받는지를 나타내는 가중치도 함께 갖는 것이 일반적이다.

스켈레탈 메시를 그리기 위해서는 세 가지 데이터가 필요하다.

1. 메시
2. 뼈대^{skeletal} 구조(관절 이름과 부모–자식 관계 그리고 뼈대를 생성할 때의 기본 포즈)
3. 뼈대가 어떻게 움직이는지를 나타내는 애니메이션

DCC에서 내보낼 때 메시와 뼈대는 보통 같은 파일로 함께 나온다. 하지만 여러 개의 메시가 같은 뼈대를 사용한다면 뼈대 정보를 분리해 다른 파일로 뽑아내는 게 좋다. 이와 달리 애니메이션은 각각 따로 뽑는 경우가 많은데, 이렇게 하면 필요한 애니메이션만 메모리에 불러올 수 있는 장점이 있다. 그렇지만 여러 애니메이션을 묶어 한 파일로 뽑거나 더 나가 메시와 뼈대, 애니메이션을 한 데 모은 큰 파일을 사용하는 엔진도 있다.

뼈대 애니메이션의 원본은 4×3 행렬의 모음인데, 보통 100여 개가 넘는 관절들을 초당 30번 이상 표현해야 하기 때문에 용량이 엄청나다. 그래서 애니메이션 데이터는 대부분 압축해서 저장한다. 어떻게 압축할지는 엔진마다 다르고, 어떤 경우에는 압축 방식에 저작권이 있는 경우도 있다. 게임에서 사용하는 애니메이션 데이터에 표준은 딱히 없다고 할 수 있다.

1.7.2.3 오디오 데이터

오디오 클립은 보통 사운드 포지^{Sound Forge} 등의 오디오 제작 도구로부터 가져오는데, 그 형식이나 데이터 샘플링 주기가 각양각색이다. 오디오 파일은 모노, 스테레오, 5.1, 7.1 또는 기타 멀티채널 형식일 수 있다. 웨이브 파일(.wav)가 흔하지만 기타 형식들, 예를 들면 플레이스테이션의 ADPCM(.vag) 등도 흔히 쓰인다. 오디오 클립들은 뱅크^{bank}로 묶어서 쓰는 경우가 흔한데, 관리나 로딩, 스트리밍 등의 편의성 때문이다.

1.7.2.4 파티클 시스템 데이터

오늘날의 게임 엔진에서는 복잡한 파티클^{particle} 효과가 쓰인다. 이것들은 시각 효과를 전문으로 하는 아티스트에 의해 제작된다. 후디니^{Houdini} 같은 서드파티 도구를 사용하면 영화 수준의 효과를 만들 수 있다. 그렇지만 대부분의 게임은 후디니로 제작 가능한 최고의 효과를 렌더링할 만한 성능을 갖추지 못한다. 그렇기 때문에 엔진이 지원하는 기능들만을 제작할 수 있는 전용 파티클 효과 편집 도구를 따로 만드는 경우가 많다. 전용 도구를 사용하면 효과가 게임에서 어떻게 보일지 아티스트가 정확하게 알 수 있다는 부가적인 장점이 있다.

1.7.3 월드 에디터

게임 엔진의 모든 것이 한데 모이는 곳이 게임 월드다. 내가 알기로는 상용 게임 월드 에디터 (게임 월드에서 마야나 맥스에 해당하는)는 존재하지 않는다. 그러나 많은 상용 게임 엔진이 훌륭한 월드 에디터를 지원한다.

- 퀘이크 기술을 기반으로 한 대부분의 게임 엔진들은 Radiant 게임 에디터의 변종들을 사용한다.
- 하프라이프 2 소스 엔진은 Hammer라는 월드 에디터를 제공한다.
- 언리얼 에디터[UnrealEd]는 언리얼 엔진의 월드 에디터다. 엔진이 사용하기 위한 온갖 자원 관리 도구 역할도 겸한다.
- 크라이엔진의 월드 에디터는 Sandbox다.

좋은 월드 에디터를 만들기는 어렵지만, 게임 엔진에서 이루 말할 수 없이 중요한 부분이다.

1.7.4 자원 데이터베이스

게임 엔진이 처리해야 하는 자원의 종류는 매우 많은데, 렌더링용 기하 형상에서부터 머티리얼, 텍스처, 애니메이션 데이터, 오디오까지 다양하다. 이 자원들은 마야, 포토샵, 사운드 포지 등의 도구를 통해 아티스트가 만들어 낸 비가공 데이터[raw data]의 형태로 우선 존재한다. 그러나 그에 더해 수많은 메타데이터도 함께 포함한다. 예를 들어 마야에서 애니메이션 클립을 하나 제작한 경우 메타데이터는 자원 다듬기 파이프라인과 최종적으로 게임 엔진에 다음과 같은 정보를 제공한다.

- 런타임에 애니메이션을 식별할 수 있는 고유 ID
- 소스 마야(.ma 또는 .mb) 파일의 이름과 디렉터리 경로
- 프레임 범위–애니메이션이 시작되고 끝나는 프레임
- 애니메이션이 반복[loop]하는지 아닌지
- 애니메이터가 지정한 압축 기법과 압축 레벨(일부 자원은 별다른 품질 저하 없이도 높은 압축률을 보이지만 어떤 것은 압축을 거의 하지 않거나 아예 하지 않아야 제대로 보인다)

게임 엔진은 게임의 자원에 연계된 모든 메타데이터를 관리하기 위한 일종의 데이터베이스가 필요하다. 이것은 진짜 관계형 데이터베이스, MySQL 또는 오라클을 사용해 구현할 수도 있고, 아니면 그냥 텍스트 파일들을 Subversion, Perforce, Git 같은 버전 컨트롤 시스템을 통해 관리하는 식으로 구현할 수도 있다. 이 책에서는 이 같은 메타데이터를 자원 데이터베이스resource database라고 부르기로 한다.

자원 데이터베이스의 구현이 어떻게 됐든 데이터를 제작하고 편집하기 위해서는 사용자 인터페이스가 있어야 한다. 너티 독에서는 Builder라는 C#으로 제작한 GUI 프로그램을 사용했다. Builder를 포함한 다른 자원 데이터베이스의 사용자 인터페이스를 알아보려면 7.2.1.3절을 참조하기 바란다.

1.7.5 툴 구조에 대한 접근 방식

게임 엔진에서 툴이 자리하는 위치는 다양하다. 그림 1.34에서 보는 것처럼 독자적 소프트웨어인 경우도 있고, 그림 1.35처럼 엔진과 일정한 하위 계층을 공유하기도 한다. 어떤 경우는 툴이 아예 게임 안에 포함되는 경우도 있다. 실제로 퀘이크나 언리얼 엔진으로 만든 게임은 콘솔 커맨드 실행기를 내장하는데, '모드' 제작자들은 이를 통해 디버깅 커맨드를 게임 실행 중에도 사용할 수 있다.

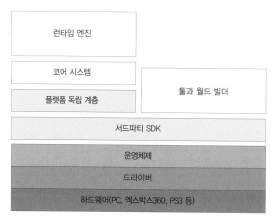

그림 1.34 독자적 툴 구조

그림 1.35 툴과 게임이 프레임워크를 공유하는 구조

특이하면서도 흥미로운 사례로 언리얼 엔진의 경우를 살펴보자. 언리얼 엔진의 월드 에디터면서 자원 관리자인 언리얼 에디터^{UnrealEd}는 게임 엔진에 완전히 통합된 형태다. 에디터를 실행하려면 게임 실행 파일에 커맨드 옵션으로 'editor'를 추가해 실행하면 된다.[5] 그림 1.36에서 볼 수 있듯이 굉장히 독특한 구조다. 이 구조의 장점은 툴이 게임 엔진의 자료 구조에 접근하는 데 제약이 없고 툴과 게임 엔진이 같은 자료 구조를 서로 다른 형태로 갖고 있을 필요가 없다는 점이다. 또 게임이 이미 돌고 있기 때문에 에디터에서 게임을 실행할 때 빠르다는 부가적인 장점도 있다. 게임 실행 중에 에디터 작업하기^{in-game editing}도 에디터가 게임의 일부라면 구현하기 한결 수월하다. 하지만 장점만 있는 것은 아니라서 게임 엔진에 문제가 생긴 경우 에디터도 같이 사용할 수 없어 작업이 중지되는 경우도 생길 수 있다. 결론적으로 엔진과 자원 생성 툴이 너무 밀접하게 연결돼 있으면 생산성을 떨어트린다고도 할 수 있다.

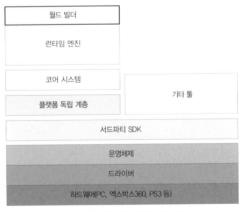

그림 1.36 언리얼 엔진의 툴 구조

---

5 요즘은 에디터용 실행 파일이 따로 있다. – 옮긴이

1.7.5.1 웹 기반 사용자 인터페이스

특정 게임 개발 도구에서는 웹 기반web-based 사용자 인터페이스가 빠르게 보편화되는 추세다. 너티 독에서는 여러 종류의 웹 기반 UI를 썼었다. 너티 독의 현지화localization 도구는 현지화 데이터베이스에 접근하는 전단부font-end 역할을 한다. 태스커Tasker라는 도구는 너티 독의 모든 인원이 사용하는 웹 기반 인터페이스로, 개발 중에 만들어지는 작업task의 생성, 관리, 스케줄 조정 및 이와 관련한 커뮤니케이션, 협업을 할 수 있게 해주는 도구다. 커넥터Connector라는 웹 기반 인터페이스를 통해서는 게임 엔진이 런타임에 뽑아내는 여러 가지 디버깅 정보에 접근할 수 있다. 게임은 엔진 시스템(애니메이션, 렌더링, AI, 사운드 등)마다 연결돼 있는 여러 가지 채널(각기 이름을 가진)로 디버그 텍스트를 보낸다. 이런 데이터 스트림은 가벼운 레디스Redis 데이터베이스로 수집한다. 브라우저 기반 커넥터를 통해 편리하게 이런 정보를 보고 걸러낼 수 있다.

웹 기반 UI는 독립형stand-alone GUI 프로그램에 비해 몇 가지 장점이 있다. 먼저 웹 앱app은 자바, C# 또는 C++로 개발하는 독립형 앱보다 개발과 유지 보수가 쉽고 빠르다.

웹 앱은 따로 설치할 필요가 없고 호환되는 웹 브라우저만 있으면 된다. 웹 기반 인터페이스를 업데이트할 때도 유저가 설치할 필요가 없다. 유저는 페이지를 새로고침하거나 브라우저를 재시작하기만 하면 업데이트를 적용할 수 있다. 또한 웹 인터페이스를 쓰게 되면 클라이언트-서버 구조로 툴을 만들어야 한다. 이렇게 하면 보다 많은 사용자에게 도구를 배포할 수 있게 된다. 예를 들면 너티 독의 현지화 도구는 세계 곳곳에서 번역 서비스를 제공하는 외주 현지화 파트너들이 직접 접근할 수 있다. 두말할 나위 없이 독립형 도구들도 여전히 쓰임새가 있는데, 특히 3D 시각화 등의 전문화된 GUI가 필요한 경우를 예로 들 수 있다. 하지만 편집 가능한 형식과 테이블형 데이터 정도만 필요한 경우에는 웹 기반 도구가 가장 적합할 수 있다.

도구   2장

게임 엔진 아키텍처를 탐험하는 흥미진진한 여정을 떠나기 전에 어떤 준비가 필요한지 점검해 보는 시간을 가져보자. 다음 2개의 장에서는 앞으로 필요한 소프트웨어 엔지니어링 이론과 실제를 살펴본다. 2장에서는 전문 게임 개발자들이 널리 사용하는 툴을 살펴보고, 3장에서는 객체지향 프로그래밍 언어를 비롯해 디자인 패턴, 대규모 C++ 프로그래밍에 대한 핵심 개념을 짚어 본다.

게임 개발은 소프트웨어 엔지니어링 중에서도 까다로우면서도 범위가 넓기 때문에 본격적으로 파고들기 전에 충분히 대비해야 한다. 2장이나 3장에서 다루는 내용을 이미 잘 알고 있는 독자도 있을 것이다. 하지만 그냥 넘기지 말기를 바란다. 유용한 복습이 될 수도 있고, 새로운 것 몇 가지를 익힐 기회가 될 수도 있기 때문이다.

2.1 버전 컨트롤

공유 파일들을 갖고 여러 사용자가 함께 작업할 수 있게 도와주는 도구를 버전 컨트롤version control 시스템이라고 한다. 각 파일이 어떻게 바뀌었는지를 기록하기 때문에 변경 사항을 파악할 수 있고, 필요할 경우에는 예전 내용으로 되돌리는 것도 가능하다. 또 여러 사용자가 동시에 파일을(심지어 같은 파일일지라도) 수정하는 것도 가능하며, 이 경우 서로의 작업을 망치지 않게 도와준다. 버전 컨트롤이란 이름은 이 시스템이 파일들의 버전을 기록하기 때문에 붙인 이름이다. 프로그래머가 소스코드를 관리하는 데 주로 쓰이기 때문에 소스 컨트롤이라고 불리기도 하지만, 꼭 소스코드 파일만 관리하는 데 쓰이지는 않는다. 버전 컨트롤이 텍스트 파일을 관리하는 데 제일 효과적이긴 하지만(그 이유는 곧 알 수 있다), 현업에서는 텍스트 파일로 된 소스코드 외에도 텍스처, 3D 메시, 애니메이션, 오디오 같은 바이너리 파일을 관리할 때도 소스코드와 동일한 버전 컨트롤 시스템을 사용한다.

2.1.1 버전 컨트롤을 쓰는 이유

버전 컨트롤은 여러 명의 엔지니어가 같이 일할 때 반드시 필요한 툴이다. 버전 컨트롤의 역할은 다음과 같다.

- 모든 엔지니어가 공유하는 소스코드의 중심 저장소repository 역할
- 모든 소스코드의 변경 사항을 기록
- 특정 상태나 시점의 소스코드에 태그를 달고 필요할 때 복원하는 기능
- 버전 브랜치 기능(데모나 패치 등을 만들고자 메인 개발 버전에서 분리된 버전)

심지어 혼자서 개발할 때도 소스 컨트롤을 유용하게 쓸 수 있다. 여러 유저를 위한 기능을 제외하더라도 변경 사항 기록이라든지 태그 기능, 브랜치 기능, 버그 추적 같은 기능은 여전히 쓸모가 많다.

2.1.2 널리 쓰이는 버전 컨트롤 시스템

게임을 개발하다 보면 자주 접하게 되는 소스 컨트롤들을 몇 가지 살펴보자.

- **SCCS와 RCS** SCCS$^{Source Code Control System}$와 RCS$^{Revision Control System}$는 가장 오래된 버전 컨트롤 시스템이다. 둘 다 커맨드라인 기반이고, 주로 유닉스 환경에서 쓰인다.
- **CVS** CVS$^{Concurrent Version System}$는 전문가가 쓰기에 손색이 없는 툴이며, 커맨드 라인 기반이다. 원래는 RCS를 바탕으로 만들었지만 지금은 완전히 독립됐다. 유닉스 환경에서 주로 쓰이지만 마이크로소프트 윈도우 같은 다른 플랫폼에서도 쓸 수 있다. 오픈소스이

고 GPL 라이선스다. CVSNT(다른 이름은 WinCVS)는 CVS를 바탕으로 만든 윈도우용 버전 컨트롤이다.

- **서브버전**^{Subversion} 오픈소스이고 CVS를 개량해서 대체할 목적으로 만들어졌다. 공짜이기 때문에 학생이나 개인이 진행하는 프로젝트나 작은 스튜디오에서 쓰기에 알맞다.

- **Git** 리눅스 커널 같은 다수의 유명한 프로젝트에 사용된 오픈소스 버전 컨트롤이다. Git의 개발 방식에서는 프로그래머가 파일을 수정한 후 먼저 이것을 브랜치에 올린다. 그런 후 프로그래머는 변경 사항을 다른 코드 브랜치 어디에나 쉽고 빠르게 적용할 수 있는데, Git에서 변경 사항을 추적해 새로운 기본 리비전^{base revision}에 적용할 수 있기 때문이다(이 과정을 rebasing이라고 부른다). 이런 특성 때문에 특히 여러 코드 브랜치를 다루는 데 특히 효과적이다. Git은 분산형 버전 컨트롤 시스템이다. 프로그래머들은 평상시에는 혼자서만 작업을 하다가 손쉽게 공용 코드베이스에 작업을 합칠 수 있다. 서버 구축에 신경쓰지 않아도 되기 때문에 1인 소프트웨어 프로젝트에서 사용하기 굉장히 쉽다. 좀 더 자세히 알고 싶으면 홈페이지(http://git-scm.com/)를 찾아가 보자.

- **퍼포스**^{Perforce} 전문가용 소스 컨트롤 시스템이고, 텍스트 기반 커맨드 인터페이스와 GUI 인터페이스를 둘 다 지원한다. 퍼포스가 특히 유명한 이유는 변경 리스트^{change list} 기능 때문이다. 변경 리스트는 어떤 작업을 하는 데 함께 수정된 파일들의 논리적 단위를 뜻한다. 주 저장소에 체크리스트를 저장할 때는 원자적 방식으로 저장되는데, 즉 체크리스트의 모든 파일이 저장되거나 아니면 전부 저장되지 않는다. 너티 독과 일렉트로닉 아츠 등 여러 개발사에서 퍼포스를 사용한다.

- **NxN 에일리언브레인**^{NxN Alienbrain} 게임 개발에 특화된 버전 컨트롤 시스템으로, 다양하면서 강력한 기능을 제공한다. 강점으로는 소스코드와 바이너리 파일들을 함께 저장할 수 있는 대용량 데이터 베이스를 지원하고, 프로그래머를 비롯한 아티스트, 기획자 등 직군에 맞게 인터페이스를 바꿀 수 있다는 점이다.

- **클리어케이스**^{ClearCase} 전문가용 버전 컨트롤이며 대규모 소프트웨어 프로젝트에 특화됐다. 강력한 성능 외에 윈도우 탐색기를 확장한 것 같은 독특한 인터페이스를 제공한다. 가격이 비싸기 때문에 게임 개발에 사용되는 경우는 많지 않다.

- **마이크로소프트 비주얼 소스세이프**^{Visual SourceSafe} 마이크로소프트에서 개발한 간단한 소스 컨트롤 시스템으로, 일부 게임 개발에 성공적으로 사용된 예가 있다.

2.1.3 서브버전과 TortoiseSVN

많은 버전 컨트롤 프로그램 중에 특히 서브버전^{Subversion}을 골라 소개하는 데는 몇 가지 이유가 있다. 무엇보다도 공짜라는 점이 제일 크다. 또 필요한 기능을 고루 갖추고 있으면서도 안정적으로 동작한다. 중앙 저장소를 설정하기도 간편하고 곧 살펴볼 것처럼 굳이 이런 수고를 할 것도 없이 공짜로 쓸 수 있는 중앙 저장소도 많다. 윈도우용으로 TortoiseSVN처럼 쓸 만한 클라이언트가 많고 맥용도 마찬가지다. 대규모 상용 프로젝트에 쓰기에는 다소 손색이 있을지는 몰라도 개인적인 프로젝트나 교육용 목적으로는 안성맞춤이라 할 수 있다(전문적 용도로 쓸 요량이면 퍼포스나 Git을 추천한다). 이제 윈도우 PC 플랫폼에서 서브버전을 어떻게 설정하고 사용하는지 살펴보자. 그러는 동안에 버전 컨트롤 시스템의 핵심적인 개념들도 짚어 보자.

다른 버전 컨트롤들이 그렇듯 서브버전도 클라이언트-서버 구조다. 서버는 중앙 관리소 역할을 맡고 클라이언트는 서버에 접속해 여러 가지 작업을 요청한다. 최신 버전을 받아오기를 비롯해 작업한 내용을 다시 저장하기, 태그 달기, 브랜치하기 등을 할 수 있다. 여기서는 서버에 대해 자세히 다루지 않고 이미 서버가 있다고 가정한 상태로 어떻게 클라이언트를 설정하고 사용하는지에 초점을 맞추기로 한다. 서버를 설정하는 방법은 참고 문헌 [43]의 6장을 참조하면 되지만 공짜로 쓸 수 있는 서버가 많기 때문에 굳이 그렇게까지 할 필요는 없을 것이다. 예를 들면 HelixTeamHub는 다음 사이트(http://info.perforce.com/try-perforce-helix-teamhub-free.html)에서 서브버전 코드 호스팅을 지원하는데, 사용자 5명 이하인 프로젝트에 최대 1GB 저장 공간을 무료로 쓸 수 있다. Beanstalk도 괜찮은 호스팅 서비스지만 약간의 월 사용료를 내야 한다.

2.1.4 코드 저장소 설정

제일 쉽게 서브버전을 시작하려면 HelixTeamHub 등의 SVN 호스팅 서비스를 찾아가 서브버전 저장소를 구성하는 것이다. 계정을 만들기만 하면 시작한 셈이다. 대부분의 호스팅 링크들은 쉽게 따라할 수 있는 가이드를 제공한다.

저장소를 만든 후에는 통상적으로 호스팅 서비스의 웹사이트에서 관리할 수 있다. 사용자 추가/제거, 제어 옵션 변경과 다양한 고급 기능들을 사용할 수 있다. 그렇지만 지금 당장 중요한 일은 서브버전 클라이언트를 설치하고 저장소를 써 보는 것이다.

2.1.5 TortoiseSVN 설치

TortoiseSVN은 인기 있는 서브버전 클라이언트다. 마이크로소프트 윈도우의 탐색기를 확장한 UI를 구현하는데, 마우스를 오른쪽 클릭하면 나오는 메뉴를 비롯해 파일과 폴더 상태를 한눈에 알 수 있는 오버레이 아이콘^{overlay icon}을 잘 이용한다.

TortoiseSVN을 받으려면 다음 사이트(https://tortoisesvn.net/downloads.html)를 방문해 최신 버전을 다운로드하면 된다. 다운로드한 .msi 파일을 더블클릭^{double-click}하고 설치 마법사를 따라 하면 된다.

TortoiseSVN를 설치한 후에는 탐색기의 아무 폴더에서나 마우스 오른쪽 클릭을 하면 TortoiseSVN 메뉴가 보인다. 이미 있는 저장소(HelixTeamHub에 만든 것과 같은)에 접속하려면 일단 빈 폴더를 하나 만들고 오른쪽 클릭한 후 'SVN Checkout…'을 선택한다. 그림 2.1과 같은 메뉴가 나타나면 'URL of repository' 난에 저장소 주소를 넣는다. HelixTeamHub를 사용한다면 이 주소는 'https://helixteamhub.cloud/mr3/projects/myprojectname/repositories/subversion/myrepository'가 된다. 여기서 myprojectname은 프로젝트를 처음 만들 때 지정한 프로젝트 이름이고 myrepository는 SVN 코드 저장소 이름이다.

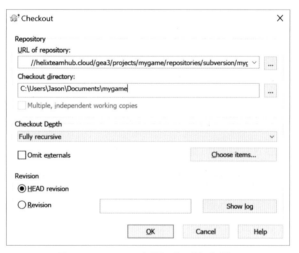

그림 2.1 TortoiseSVN의 최초 체크아웃 다이얼로그

이제 그림 2.2와 같은 대화상자가 보일 것이다. 계정과 비밀번호를 넣는다. 'Save authentication'을 체크하면 다음에 또다시 로그인하지 않아도 된다. 다만 개인용 컴퓨터에서만 이 설정을 사

용하고 여럿이 쓰는 컴퓨터에는 사용하지 않도록 주의해야 한다.

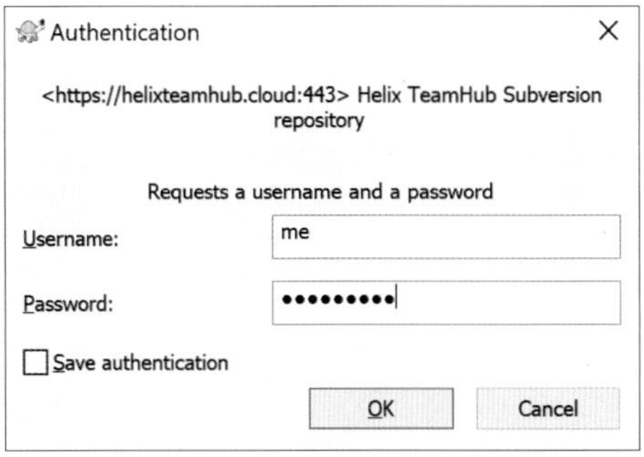

그림 2.2 TortoiseSVN 유저 인증 다이얼로그

로그인에 성공했다면 이제 TortoiseSVN이 저장소의 내용을 전부 로컬 하드 디스크에 다운로드한다('체크아웃'). 저장소를 막 생성하고 체크아웃했다면 당연히 아무것도 다운로드할 게 없다. 폴더는 여전히 비어 있다. 하지만 차이점은 이제 HelixTeamHub의 서브버전 저장소에 연결돼 있다는 점이다. F5를 눌러 탐색기를 다시 로드해 보면 폴더에 녹색과 흰색의 작은 아이콘이 보일 것이다. 이 아이콘은 이 폴더가 TortoiseSVN를 통해 서브버전 저장소에 연결돼 있고 폴더의 내용이 최신이라는 뜻이다.

2.1.6 파일 버전, 업데이트, 커밋

여러 프로그래머가 동일한 소스코드들을 갖고 작업할 때는 중앙 저장소 또는 '마스터' 소스코드 버전을 서버에 둬야 하고, 이 점이 서브버전 같은 소스 컨트롤을 쓰는 가장 큰 이유라는 것을 앞서 살펴봤다. 서버는 그림 2.3과 같이 매 파일이 바뀐 내용을 기록한다. 이 기능은 여러 프로그래머가 대규모 소프트웨어를 개발할 때 필수적이다. 예를 들어 어떤 사람이 실수로 잘못된 코드를 체크인check-in해서 '빌드가 깨진'[1] 경우 이 기능만 있으면 쉽게 변경된 내용을 되돌릴 수 있다(또 정히 원한다면 기록을 살펴봐서 범인을 색출할 수도 있다). 또 과거의 특정한 시간에 소스코드가 어떤 상태였는지 쉽게 재현할 수 있다. 이렇게 하면 이전 버전의 소프트웨어에도 추가로 작업을 하거나 패치를 만들 수 있다.

일을 할 때는 프로그래머마다 자기 로컬 머신에 소스코드를 다운로드해야 한다. TortoiseSVN

---

1   프로젝트를 컴파일하거나 링크하지 못하게 되는 것 – 옮긴이

에서 맨 처음 소스코드를 가져오려면 위에서 설명한 대로 '체크아웃'하면 된다. 다른 프로그래머가 작업한 내용을 반영하고자 주기적으로 소스코드를 업데이트해야 하는데, 이렇게 하려면 오른쪽 클릭한 후 'SVN Update'를 선택하면 된다.

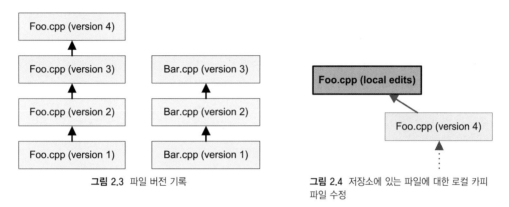

그림 2.3 파일 버전 기록

그림 2.4 저장소에 있는 파일에 대한 로컬 카피 파일 수정

일단 다운로드한 파일은 다른 프로그래머에 전혀 영향을 주지 않고 작업할 수 있다(그림 2.4). 작업을 마치고 다른 사람과 공유할 준비가 됐다면 변경된 내용을 '커밋commit' 해야 한다. 커밋은 폴더를 오른쪽 클릭한 후 'SVN Commit…'을 선택하면 된다. 그림 2.5 같은 대화상자가 나와서 정말로 커밋할지 물어본다.

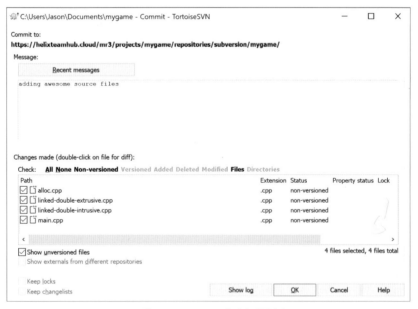

그림 2.5 TortoiseSVN의 커밋 대화상자

커밋을 하는 동안 서브버전은 로컬에 있는 코드와 저장소에 있는 최신 버전의 코드를 비교한다(diff, 그냥 '디프'한다고 부른다). 'diff'라는 말은 원래 다른 점^{difference}이라는 말에서 나왔는데, 보통 서로 다른 버전의 파일을 각 라인별로 비교하는 것을 뜻한다. 그림 2.5의 대화상자에서 파일을 더블클릭하면 지금 커밋하려는 파일과 저장소의 최신 파일을 비교할 수 있다(그러니까 작업을 해서 변한 내용). 이렇게 바뀐 파일들은 커밋이 되면 저장소의 최신 버전이 되고 파일 버전 기록이 업데이트된다. 변한 것이 없는 파일들(저장소의 최신 버전과 동일한 파일들)은 알아서 커밋하지 않는다. 그림 2.6에 커밋이 어떻게 일어나는지 나와 있다.

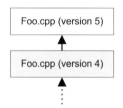

그림 2.6 로컬에서 고친 파일을 저장소에 커밋하기

새로운 파일을 만들었다면 그 파일은 커밋 대화상자에 'non-versioned$^{버전이\ 없음}$'라고 표시된다. 저장소에 저장하고 싶으면 파일 옆의 체크 박스를 체크한다. 지워 버린 파일은 'missing$^{찾을\ 수\ 없음}$'이라고 표시된다. 체크 박스를 체크해 놓으면 저장소에서도 지워진다. 커밋할 때 메모를 남길 수도 있다. 이렇게 적어 놓은 내용은 저장소에 기록되고 다른 사람이 왜 내가 파일을 커밋했는지를 알 수 있는 정보가 된다.

2.1.7 다중 체크아웃, 브랜치, 합치기

어떤 버전 컨트롤 시스템에서는 '독점적 체크아웃'만 지원한다. 이 말은 파일을 수정하려면 먼저 체크아웃을 해서 그 파일을 잠근 후에야 작업 수 있다는 뜻이다. 이렇게 체크아웃된 파일은 다운로드한 사람은 수정할 수 있지만, 다른 사람은 그 파일을 체크아웃할 수 없다. 체크아웃하지 않은 파일은 로컬 머신에서 전부 읽기 전용 상태다. 작업을 마치면 체크인하는데, 이것은 잠금을 해제하고 변경 사항을 저장소에 저장해 다른 사람과 공유한다는 뜻이다. 독점적 체크아웃은 같은 파일을 동시에 여러 사람이 수정할 수 없는 시스템이다.

반면 서브버전이나 CVS, 퍼포스 같은 괜찮은 버전 컨트롤 시스템은 '다중 체크아웃' 기능을 지원한다. 다른 사람이 작업 중인 파일을 동시에 수정할 수 있다는 말이다. 먼저 체크인한 사람의 파일이 저장소의 최신 버전이 되고, 나중에 체크인하는 사람은 자신의 파일과 저장소의 최신 버전 간에 합치기를 해야 한다.

동시에 2개 이상 변경 사항이 생겼기 때문에 최종 버전을 결정하려면 반드시 소스 컨트롤이 '합치기^{merge}'를 해야 한다. 합치기는 보통 별 문제가 없는 경우가 많고 변경 사항 간에 충돌이 생기더라도 소스 컨트롤이 자동으로 해결할 수 있는 경우도 있다. 예를 들어 어떤 사람이 함수 f( )의 내용을 고치고 다른 사람이 함수 g( )의 내용을 고쳤다면 서로 다른 장소에서 변경이 발생했기 때문에 자동으로 합치는 데 전혀 문제가 없다. 반면 두 사람이 동시에 같은 위치에 작업을 했다면 나중에 커밋하는 프로그래머는 3자$^{three-way}$ 합치기를 해야 한다(그림 2.7).

3자 합치기를 하려면 소스 컨트롤은 로컬 머신에 다운로드한 모든 파일이 어떤 버전인지를 정확히 알고 있어야 한다. 합치기를 할 때는 이 정보를 통해 공통된 베이스 버전을(그림 2.7의 version 4) 판별한다.

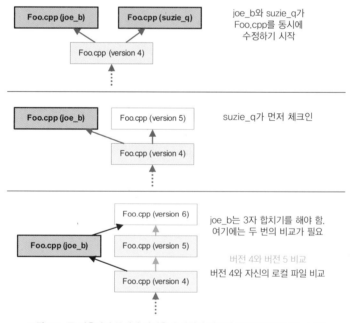

그림 2.7 두 사용자가 동시에 파일을 수정했기 때문에 3자 합치기를 하는 과정

서브버전은 다중 체크아웃을 지원하기 때문에 독점적 체크아웃을 할 필요가 전혀 없다. 로컬 머신의 모든 파일을 그냥 수정하기만 하면 된다. 내 사견으로는 바로 이 점이 서브버전을 대규

모 프로젝트에 사용하기 어려운 주된 이유다. 어떤 파일을 수정했는지 파악하려면 전체 폴더를 뒤져야 하는데, 이 일은 시간이 오래 걸릴 수밖에 없다. 그래서 어떤 파일을 수정했는지 정확히 파악하는 퍼포스 같은 버전 컨트롤 시스템이 코드 수가 많은 프로젝트에 더 적합하다. 하지만 작은 프로젝트인 경우 서브버전 방식도 전혀 문제없다.

폴더에 오른쪽 클릭을 해서 'SVN Commit…'을 선택했을 때 다른 사람이 작업한 내용과 '합치기^{merge}'하라는 알림이 나올 때도 있지만, 로컬 머신의 파일을 다운로드한 후 다른 사람이 그 파일을 수정하지 않았다면 아무것도 하지 않아도 커밋이 마무리된다. 이런 점은 편리하기도 하지만 어떤 때는 위험할 수 있다. 혹시나 원하지 않은 파일이 커밋되지 않는지 항상 신중하게 점검해야 한다. TortoiseSVN이 커밋할 파일을 보여 주는 창에서 'OK' 버튼을 누르기 전에 각 파일을 더블클릭해 어떤 점이 바뀌었는지 살펴보는 습관을 들이자.

2.1.8 파일 지우기

저장소에서 파일이 지워졌더라도 영영 사라진 건 아니다. 저장소에 있기는 하지만 최신 버전이 '지워진' 상태로 표시된 파일이기 때문에 로컬 머신에 다운로드하지 않을 뿐이다 그 파일이 있던 폴더로 가서 TortoiseSVN의 'Show log' 메뉴를 고르면 지워진 파일을 볼 수 있다.

지워진 파일을 다시 저장소에서 복구하려면 지워지기 직전의 버전을 받은 후 그냥 다시 커밋하면 된다. 이렇게 하는 것은 지워진 상태인 최신 버전을 지워지기 직전 버전으로 교체하는 것이지만, 사실상 지워진 파일을 복구하는 것과 똑같다.

2.2 컴파일러, 링커, IDE

프로그래밍 언어에는 컴파일 언어와 해석 언어 두 종류가 있는데, C++ 같은 컴파일 언어를 갖고 실행 프로그램을 만들려면 '컴파일러^{compiler}'와 '링커^{linker}'가 필요하다. 무수히 많은 C++ 컴파일러와 링커가 있지만 윈도우 플랫폼에서 가장 널리 쓰이는 것은 마이크로소프트 비주얼 스튜디오^{Visual Studio}다. 모든 기능을 갖춘 프로페셔널 및 엔터프라이즈 에디션은 마이크로소프트 홈페이지에서 구입할 수 있고, 보다 간결한 비주얼 스튜디오 커뮤니티 에디션(이전에는 비주얼 스튜디오 익스프레스로 알려짐)은 다음 사이트(https://visualstudio.microsoft.com/ko/vs/

community/)에서 무료로 받을 수 있다. 비주얼 스튜디오에 관한 문서와 표준 C/C++ 라이브러리에 대한 정보를 마이크로소프트 기술 문서에서 볼 수 있다(https://docs.microsoft.com/ko-kr/documentation/).

이 책에서는 주로 윈도우 플랫폼을 다루기 때문에 비주얼 스튜디오에 관해서는 어느 정도 자세히 살펴볼 필요가 있다. 앞으로 살펴볼 내용들은 LLVM/Clang, gcc/gdb, Intel C/C++ 컴파일러 등 다른 컴파일러, 링커, 디버거에도 유효한 것들이기 때문에 비주얼 스튜디오를 쓸 마음이 전혀 없는 독자도 자세히 읽어 보길 권한다. 컴파일러, 링커, 디버거에 대한 여러 가지 쓸 만한 지식을 얻게 될 것이다.

2.2.1 소스 파일, 헤더 파일, 번역 단위

C++로 작성한 프로그램을 담고 있는 파일을 소스 파일이라고 한다. .c, .cc, .cxx, .cpp 등의 파일 확장자로 돼 있고, 프로그램 소스 대부분은 이런 파일에 담긴다. 소스 파일은 기술적인 용어로 '번역 단위translation unit'라고 부르기도 하는데, 이것은 컴파일러가 한 번에 기계어 코드로 바꾸는 단위이기 때문에 붙은 이름이다.

헤더 파일은 특수한 형태의 소스 파일로, 타입 선언, 함수 프로토타입 같은 정보를 번역 단위 간에 공유하는 데 쓰인다. 컴파일러는 헤더 파일이 존재하는지 모른다. C++ 전처리기preprocessor가 컴파일에 앞서 모든 #include 구문을 헤더 파일의 내용으로 교체해 넣기 때문이다. 별것 아닌 것처럼 보이지만 이 점은 꼭 염두에 둬야 할 중요한 사실이다. 헤더 파일은 프로그래머가 보기엔 독립된 파일처럼 보이지만, 전처리기 덕분에 컴파일러는 번역 단위만 다루면 된다.

2.2.2 라이브러리, 실행 파일, 동적 링크 라이브러리

번역 단위 1개가 컴파일된 결과물인 기계어는 목적object 파일에 저장된다(윈도우에서는 .obj 파일이고 유닉스 계열에서는 .o 파일). 목적 파일 안의 기계어는 다음과 같은 특성이 있다.

- **재배치 가능** 코드가 위치할 메모리 주소가 아직 결정되지 않은 상태다.
- **링크되지 않음** 번역 단위 안에 들어 있지 않은 외부 참조 함수나 전역 데이터가 아직 확정되지 않았다.

목적 파일 여러 개를 묶은 것이 '라이브러리'다. 라이브러리는 zip 파일이나 tar 파일과 비슷한 단순한 파일 모음으로, 다수의 목적 파일을 포함한다. 라이브러리는 여러 개의 목적 파일을 다루기 쉽게 묶어 놓은 파일에 불과하다.

목적 파일과 라이브러리는 링커를 거쳐 실행 파일로 변환되는데, 이 과정을 '링크한다'고 말한다. 컴파일러에서 정하지 않고 남겨 뒀던 메모리 주소 값이나 외부 참조를 확정한resolved 상태의 기계어가 실행 파일이며, 운영체제에서 로드하고 실행할 수 있다. 링커는 다음과 같은 역할을 한다.

- 모든 기계어 명령어의 최종 상대 주소를 계산한다. 프로그램이 실행될 때 메모리에 올라갈 모양이 된다.
- 각 번역 단위(목적 파일)에서 확정하지 못했던 외부 함수와 전역 데이터의 값을 확정한다.

여기서 짚고 넘어가야 할 점은 실행 파일의 기계어 코드는 여전히 '재배치 가능하다relocatable'는 점이다. 이 말은 모든 기계어와 데이터를 가리키는 메모리 주소는 절대적으로 고정된 주소가 아니라 기준 값에 더해질 상대적인 값이라는 뜻이다. 절대 메모리 주소는 실행 파일이 실행되기 직전에 메모리에 로드될 때 결정된다.

동적 링크 라이브러리DLL, Dynamic Link Library는 라이브러리의 한 종류인데, 보통 쓰이는 정적인 라이브러리와 실행 파일의 중간 형태를 띤다. DLL은 실행 파일에서 호출할 수 있는 함수를 담고 있다는 점에서는 라이브러리와 같고, 운영체제가 따로 로드한다는 점은 실행 파일과 같다. 또 C++ 실행 파일의 main( )과 비슷한 형태의 시작과 끝을 처리하는 코드가 있다는 점도 실행 파일과 유사하다.

실행 파일이 DLL을 사용하려면 '부분적으로 링크된partially linked' 기계어 코드가 있어야 한다. 링크를 거치면 대부분의 함수와 데이터에 대한 메모리 주소가 결정되지만 DLL 안에 포함된 함수에 대한 참조는 결정되지 않는다(그래서 부분적으로 링크됐다고 한다). 나중에 실행 파일을 실행할 때 운영체제에서 참조가 결정되지 않은 함수들을 찾아 필요한 DLL을 메모리에 로드한 후 참조 값을 갱신한다. 동적 링크 라이브러리는 실행 파일과 상관없이 DLL만 교체할 수 있다는 점에서 매우 유용하다.

2.2.3 프로젝트와 솔루션

지금까지 라이브러리와 실행 파일, DLL의 차이에 대해 살펴봤다. 이제 이것들을 어떻게 만드는지 살펴보자. 비주얼 스튜디오에서 '프로젝트'란 소스 파일 모음으로 컴파일해서 라이브러리나 실행 파일, DLL을 만드는 일을 일을 한다. VS 2013 이후의 모든 비주얼 스튜디오의 프로젝트파일은 .vcxproj 확장자를 가진다. 이 파일들은 XML 형태이므로 사람이 읽고 이해할 수 있으며 필요하면 고칠 수도 있다.

비주얼 스튜디오 2003(버전 7)부터는 솔루션(.sln) 개념을 도입했는데, 이것은 여러 개의 프로젝트를 관리하고자 도입된 개념이다. 솔루션은 서로 의존적이거나 아니면 독립적인 프로젝트의 모음으로, 여러 개의 라이브러리와 실행 파일, DLL을 만든다. 비주얼 스튜디오에서 '솔루션 탐색기'는 그림 2.8처럼 주화면 오른쪽이나 왼쪽에서 찾을 수 있다.

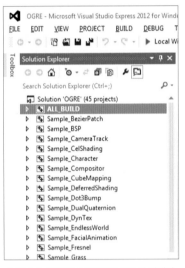

그림 2.8 비주얼 스튜디오의 솔루션 탐색기

솔루션 탐색기는 트리 모양을 하고 있다. 솔루션이 제일 위에 위치하고 각 프로젝트는 그에 딸린 가지 형태를 띤다. 소스 파일과 헤더 파일은 프로젝트에 달려 있다. 프로젝트에는 폴더를 만들 수 있는데, 개수나 몇 단계로 중첩해 만들지는 제한이 없다. 프로젝트의 폴더는 순전히 관리용으로만 쓰이고, 실제 파일이 디스크에 위치하는 폴더와는 전혀 상관이 없다. 그렇기는 해도 실제 디스크의 폴더 구조를 프로젝트에 그대로 쓰는 것이 일반적이다.

2.2.4 빌드 설정

C/C++ 전처리기, 컴파일러, 링커는 다양한 옵션을 통해 동작을 세부 조정할 수 있다. 이런 옵션들은 보통 컴파일러를 실행할 때 커맨드라인 인자로 지정한다. 다음은 실제 마이크로소프트 컴파일러를 이용해 번역 단위 1개를 빌드하는 예다.

```
C:\> cl /c foo.cpp /Fo foo.obj /Wall /Od /Zi
```

이 명령은 컴파일은 하고 링크는 하지 않는데(/c), 소스 파일은 foo.cpp이며 결과물인 목적 파일의 이름은 foo.obj로 하고(/Fo foo.obj), 모든 경고 메시지를 보여 주고(/Wall), 모든 최적화 시도는 사용하지 말 것이며(/Od), 마지막으로 디버깅 정보를 생성하라(/Zi)고 컴파일러와 링커에게 지시한다. LLVM/Clang에 비슷한 동작을 수행하는 커맨드라인은 다음과 같다.

```
> clang --std=c++14 foo.cpp -o foo.o --Wall -O0 -g
```

오늘날 컴파일러는 정말 많은 옵션을 지정할 수 있기 때문에 매번 코드를 빌드할 때마다 옵션을 지정하면 생산성이 떨어질 뿐만 아니라 실수하기 쉽다. 그래서 사용하는 것이 '빌드 설정'이다. 빌드 설정은 각 프로젝트에 쓸 전처리기, 컴파일러, 링커의 모든 옵션을 모아 놓은 것이다. 빌드 설정은 몇 개나 만들 수 있고 원하는 대로 이름 붙일 수도 있으며, 매번 다르게 옵션을 지정할 수 있다. 프로젝트 안의 모든 번역 단위(소스 파일)에 같은 설정이 적용되는 게 기본인데, 원한다면 번역 단위별로 설정을 다르게 할 수도 있다(가능하면 개별적인 설정을 사용하지 말라고 조언하고 싶다. 어떤 .cpp 파일이 다른 설정을 갖고 있는지 알기가 쉽지 않기 때문이다).

비주얼 스튜디오에서 새로운 프로젝트/솔루션을 만들면 기본적으로 'Debug'와 'Release' 2개의 빌드 설정을 가진다. 릴리스 릴리스 버전은 최종 출시되는 버전이고, 디버그 버전은 개발하는 데 쓰인다. 디버그 버전은 릴리스 버전에 비해 느리게 동작하지만 개발하고 디버깅하는 데 없어서는 안 될 중요한 정보를 제공한다.

전문적인 소프트웨어 개발자들은 2개 이상의 빌드 설정을 사용하는 경우가 보통이다. 왜 그런지 이해하려면 로컬(컴파일 시) 최적화와 글로벌(링크 시) 최적화에 대해 얘기해야 한다. 이에 대해서는 2.2.4.2절에서 다룰 것이다. 지금은 그냥 헷갈리는 '릴리스 빌드'라는 용어는 버리고 '디버그 빌드'(로컬 및 글로벌 최적화를 쓰지 않음)와 '디버그 아닌 빌드'(로컬 또는 글로벌 최적화가 켜짐)라는 용어를 쓰기로 하자.

2.2.4.1 기본적인 빌드 설정

게임 엔진 프로젝트를 진행하면서 가장 흔히 사용할 만한 설정들을 살펴보자.

전처리기 설정

C++ 전처리기는 #include 구문으로 지정된 파일을 소스코드에 포함시키고 매크로(#define 구문으로 정의)를 실제 코드로 바꾸는 역할을 한다. 오늘날 C++ 전처리기에서 지원하는 기능 중 매우 쓸 만한 것은 커맨드라인 옵션으로 매크로를 정의하는 기능이다. 이 말은 곧 빌드 설정으로 매크로를 정의할 수 있다는 말이다. 이렇게 정의된 매크로는 소스코드에 #define 구문으로 정의된 매크로와 전혀 차이가 없다. 대부분의 컴파일러에서 이 기능은 -D나 /D 옵션으로 지정하는데, 그 개수는 제한이 없다.

이 기능을 이용하면 소스코드를 고치지 않으면서도 다양한 빌드 설정을 코드에 사용할 수 있다.

흔히 볼 수 있는 _DEBUG 심볼은 디버그 빌드에서 정의되는 것인데, 디버그 아닌 빌드에서는 NDEBUG가 대신 정의된다. 소스코드에서는 이 플래그들을 보고서 디버그 빌드인지 아닌지를 알 수 있다. 이것을 조건부 컴파일^{conditional compile}이라고 한다. 다음 예를 보자.

```
void f()
{
#ifdef _DEBUG
  printf("Calling function f()\n");
#endif
  // ...
}
```

컴파일하는 환경이나 대상이 되는 플랫폼 정보를 바탕으로 컴파일러가 임의로 매크로를 정의하는 경우도 있다. 예를 들어 대부분의 C/C++ 컴파일러는 C++로 작성된 소스를 컴파일할 때는 __cplusplus를 정의한다. 이 점을 이용하면 C로 컴파일할 때와 C++로 컴파일할 때 서로 다르게 동작하는 코드를 작성할 수도 있다.

이런 매크로를 이용해 컴파일러가 자기 자신을 알리기도 한다. 마이크로소프트 컴파일러는 _MS_VER이라는 매크로를 정의하고 GNU 컴파일러(gcc)는 __GNUC__라는 매크로를 정의하는데, 다른 컴파일러도 마찬가지다. 소스코드가 컴파일될 대상 플랫폼도 비슷한 방식을 써서 알린다. 32비트 윈도우 환경용으로 컴파일될 때 _WIN32가 항상 정의돼 있는 것이 한 예다. 이런 기능들을 이용하면 컴파일러 종류와 대상 플랫폼을 알 수 있기 때문에 여러 플랫폼에서 동작할 수 있는 코드를 만들 수 있다.

컴파일러 옵션

컴파일러 옵션 중에 제일 흔히 쓰이는 것이 목적 파일에 디버그 정보를 포함할지를 지정하는 옵션이다. 디버그 정보가 있으면 디버거로 소스코드를 따라 가거나 변수의 값을 보여 주는 기능을 사용할 수 있다. 디버그 정보를 포함하면 실행 파일 크기는 커지고 해커가 역엔지니어링reverse engineering해서 프로그램 구조를 파악하는 단초가 되기 때문에 항상 최종 버전에는 디버그 정보를 뺀다. 하지만 개발 중에는 반드시 디버그 정보가 필요하기 때문에 이 옵션을 켜야 한다.

또 다른 옵션은 인라인 함수를 펼칠expand 것인지 아닌지를 정할 수 있다. 펼침을 끄면 인라인 함수는 여느 함수와 마찬가지로 메모리 한 곳에 존재하는 함수가 된다. 이렇게 하면 디버거로 코드를 따라가기 훨씬 수월한 이점이 있지만, 인라인 함수의 본래 목적인 실행 속도 향상은 기대할 수 없다.

인라인 함수 펼침은 '최적화'와 관련된 여러 옵션 중 하나다. 얼마나 적극적으로 최적화를 시도할지와 어떤 최적화 방법을 사용할지는 컴파일러 옵션으로 조정할 수 있다. 최적화를 하면 대개 소스코드 실행 순서가 바뀌고 변수가 사라지거나 위치가 바뀌기도 하며 CPU 레지스터가 한 함수 안에서도 여러 번 다른 용도로 사용되는 등의 변화가 일어난다. 그래서 최적화된 코드는 코드가 정말 어떻게 실행되고 있는지 디버거로 파악하기가 무척 힘들다. 이런 이유로 디버그 빌드에서는 모든 최적화를 사용하지 않는다. 이렇게 하면 코드는 정말로 작성된 그대로 실행하게 되고 디버거를 사용하기 편리해진다.

링커 설정

컴파일러와 마찬가지로 링커도 여러 가지 옵션을 할 수 있다. 실행 파일이나 DLL 중 어떤 것을 만들지를 비롯해 어떤 외부 라이브러리를 링크할지, 또 어느 경로에서 라이브러리를 찾을지 등을 지정할 수 있다. 보통 디버그 빌드에서는 디버그용 라이브러리를 링크하고, 디버그가 아닌 빌드에서는 최적화된 라이브러리를 사용한다.

다른 링커 옵션으로는 스택 크기, 실행 파일이 메모리에 올라갈 기본 주소base address 지정, 대상 하드웨어 지정(하드웨어별 최적화), 글로벌(링크 시) 최적화를 수행할지 여부 등 무수히 많은 것들이 있는데, 여기서 더 자세히 다루지는 않겠다.

2.2.4.2 로컬 또는 글로벌 최적화

컴파일러 최적화란 컴파일러가 기계어를 만들어 내면서 자동으로 최적화를 하는 것이다. 요즘 흔히 쓰이는 C/C++ 컴파일러들은 전부 이런 최적화를 한다. 마이크로소프트 비주얼 스튜디오, gcc, LLVM/Clang, Intel C/C++ 컴파일러들이 이에 해당한다.

이 최적화는 다음과 같은 기본적인 두 가지 형태로 수행된다.

* 로컬 최적화
* 글로벌 최적화

그러나 다른 유형의 최적화도 존재한다(예, 핍홀peep-hole 최적화는 플랫폼 또는 CPU 특성에 따른 최적화를 뜻한다).

로컬 최적화는 기본 블록basic block이라는 작은 코드 범위에서만 수행된다. 간단히 말하면 기본 블록은 분기branch가 없는 연속된 어셈블리 명령어들이다. 로컬 최적화는 다음과 같은 것들을 포함한다.

* **수리 연산 단순화**
* **연산자 강도 경감**strength reduction(예, x/2를 x >> 1로 변경하는 것. 시프트 연산자가 정수 나눗셈 연산자보다 '강도가 낮기' 때문에 덜 비싸다)
* **코드 인라인화**inlining
* **상수 폴딩**folding(컴파일 시에 표현식이 상수인 것을 발견하면 이것을 계산 결과로 치환한다)
* **상수 전파**propagation(변수의 값이 상수라고 판단되는 경우 해당 변수가 나올 때마다 상수 값으로 치환한다)
* **루프 펼치기**loop unrolling(예를 들어 항상 네 번 반복하는 반복문loop이 있을 때 조건 분기를 피하고자 이것을 같은 코드 네 벌로 치환하는 것)
* **죽은 코드 제거**dead code elimination(효과가 없는 코드를 제거하는 것. 예를 들면 x = 5; 바로 뒤에 x = y + 1이 오는 경우, 앞의 대입문은 필요 없다)
* **명령어 재배열**(CPU 파이프라인 정체stall를 최소화하고자)

글로벌 최적화는 기본 블록의 범위를 벗어난 최적화다. 전체 프로그램의 제어 흐름 그래프를 고려해야 한다. 이 최적화의 예로 들 수 있는 것이 공통 하부 표현식 제거common sub-expression elimination다. 글로벌 최적화는 번역 단위translation unit를 넘나들어야 제 효과를 내기 때문에 컴파일러보다는 링커가 수행한다. 이같이 링커가 수행하는 최적화를 링커 타임 최적화LTO, Linker-Time Optimization라고 부른다.

LLVM/Clang 등의 현대화된 컴파일러는 프로파일-가이디드 최적화PGO, Profile-Guided Optimization를 지원한다. 이름에서 알 수 있듯이 이 최적화는 프로그램이 실행되는 동안 수집한 정보를 통해 퍼포먼스에 가장 중요한 코드 경로를 반복적으로 찾아 최적화한다. PGO와 LTO는 매우 괜찮은 성능 향상을 가져오지만 그에 따른 비용도 있다. LTO는 실행 파일을 링크하는 시간을 크게 증가시킨다. PGO는 반복이 핵심이기 때문에 최적화에 필요한 정보를 수집하려면 프로그램을 실행해 봐야 한다(QA 팀이나 자동화 테스트에 의해).

대부분의 컴파일러에서는 옵션을 통해 얼마나 공격적으로 최적화를 할지 지정할 수 있다. 최적화를 아예 꺼버릴 수도 있고(디버깅 빌드처럼 성능보다 디버깅 효율이 더 중요한 경우에는 유용하다), 정해진 범위까지 최적화 '단계level'를 지정할 수도 있다. gcc, Clang, 비주얼 C++은 -O0(최적화를 하지 않는 상태)부터 -O3(모든 최적화를 켠 상태)까지 지정할 수 있다. 커맨드라인을 통해 개별 최적화를 켜거나 끄는 것도 가능하다.

2.2.4.3 흔히 사용하는 빌드 설정

게임 프로젝트는 보통 두 가지 이상 빌드 설정을 사용한다. 흔히 사용하는 설정을 살펴보면 다음과 같다.

- **디버그 빌드**debug build 디버그 빌드는 모든 최적화를 끄고, 인라인 함수 펼침은 꺼져 있으며, 디버그 정보를 최대한 갖고 있는 매우 느린 버전이다. 새로운 코드를 테스트하거나 개발 중 발생하는 대부분의 문제를 고칠 때 사용한다.
- **개발 빌드**development build 개발 빌드(데브dev 빌드라고도 한다)는 빠른 버전으로, 대부분(또는 모든) 최적화가 적용되지만 여전히 디버그 정보와 어서션assertion은 켜져 있다(어서션에 관해선 3.3.3.3절을 참조하자). 이 빌드는 최종 제품에 비견될 정도로 빠르면서도 디버그 가능하다는 장점이 있다.

- **출시 빌드**ship build 출시 빌드는 게임이 고객에게 전달될 마지막 형태를 만드는 빌드다. '최종 빌드'나 '디스크 빌드'라고도 한다. 릴리즈 빌드와 달리 모든 디버그 정보가 제거되고 어서션은 전부 또는 극히 일부만 남기며, 글로벌 최적화(LTO와 PGO)를 포함해 가능한 한 많은 최적화가 적용된다. 디버그하기는 골치 아프지만 가장 빠르고 가벼운 빌드다.

혼합 빌드

혼합 빌드hybrid build란 일부분의 번역 단위만 디버그 버전으로 빌드하고 나머지는 개발로 빌드하는 것을 의미한다. 이렇게 함으로써 관심 있는 코드를 디버깅하는 동안 나머지 부분은 속도 저하 없이 실행된다.

make처럼 텍스트 기반으로 된 빌드 시스템에서는 개별 번역 단위별로 디버그로 빌드할지 개발로 빌드할지 정할 수 있기 때문에 혼합 빌드를 설정하기가 수월하다. 간단히 요약하자면 make 설정에 $HYBRID_SOURCES 같은 이름을 지닌 변수를 만들고 여기에 디버그로 빌드할 번역 단위(.cpp)들을 적어 넣는다. 모든 번역 단위를 디버그와 개발로 동시에 빌드하게 설정하고 목적 파일(.o, .obj)은 디버그와 개발을 별도의 폴더에 넣게 지정한다. 링크 설정에서는 $HYBRID_SOURCES에 적힌 파일들은 디버그 버전 목적 파일을 가져오고, 나머지는 개발 버전을 가져오게한다. 설정만 제대로 했으면 나머지는 make가 알아서 처리한다.

아쉽게도 비주얼 스튜디오에서 이렇게 하기는 쉽지 않다. 개별 번역 단위로 설정하는 것이 아니라 프로젝트 단위로 빌드 설정을 사용하기 때문이다. 문제는 디버그로 빌드할 목록을 지정하는 것이 쉽지 않다는 데 있다. 그렇긴 해도 소스코드가 여러 라이브러리로 나뉘어 있다면(즉 서로 다른 프로젝트로 나뉘어 있다면) '혼합 설정'을 만들어 솔루션 설정에서 어떤 프로젝트를 디버그로 빌드하고 어떤 프로젝트를 개발로 빌드할지 지정할 수 있다. 개별 번역 단위로 제어할 때보다 불편하기는 하지만 소스코드가 잘 나뉘어 있다면 충분히 사용할 만한 방법이다.

빌드 설정과 테스트 용이성

빌드 설정을 여러 개 사용할수록 테스트하기는 어려워진다. 빌드 설정 간에 차이가 미미할지라도 한 빌드에서는 치명적인 버그가 발생하는데 다른 빌드에서는 발생하지 않을 가능성이 충분히 있다. 따라서 모든 빌드 설정은 동일하게 엄정히 테스트해야 한다. 디버그 빌드는 개발

용도와 다른 빌드에서 발견된 문제를 고치는 데 사용하기 때문에 공식적으로 테스트하지 않는 경우가 많다. 하지만 개발 버전만 테스트해 봐서 버그가 없다고 최종적인 제품 빌드에서 버그가 없으리라는 법은 없다. 원칙적으로 알파와 베타 테스트 기간 동안 개발 빌드와 제품 빌드는 똑같이 테스트 팀에서 검증해야 한다. 그래야 제품 빌드에 아무도 몰랐던 버그가 숨어 있는 것을 막을 수 있다. 테스트만 놓고 봤을 때 빌드 설정을 최소한으로 하는 것이 유리하다. 그래서 어떤 개발사는 이예 제품 빌드를 두지 않는 경우도 있다. 이 경우 개발 버전을 충분히 테스트한 후 그대로 출시한다.

2.2.4.4 프로젝트 설정

솔루션 탐색기에서 프로젝트나 솔루션을 오른쪽 클릭한 후 속성을 고르면 속성 페이지 대화상자가 나타난다. 왼쪽에 트리 형태로 설정할 수 있는 분류가 보인다. 이 중에서 다음과 같은 네 가지를 가장 많이 사용한다.

- 구성 속성/일반
- 구성 속성/디버깅
- 구성 속성/C++
- 구성 속성/링커

구성 드롭다운 콤보 박스

속성 페이지 왼쪽 위에 보면 '구성^{Configuration}'이라고 이름 붙은 드롭다운 박스를 볼 수 있다. 이 드롭다운 콤보 박스는 어느 빌드 설정인지를 나타내고, 현재 보이는 속성 페이지의 여러 값은 이 빌드 설정에만 적용된다. 디버그 빌드 설정을 바꿨다고 해서 빌드 속성까지 바뀌는 것은 아니다.

콤보 박스를 클릭해 보면 빌드 설정을 고를 수 있는데, 모든 설정같이 여러 개의 빌드 설정을 한꺼번에 고를 수 있는 메뉴도 있다. 프로젝트 설정을 고칠 때는 모든 설정을 선택해 고치는 편이 낫다. 이렇게 하면 각 설정을 하나하나 고쳐야 하는 번거로움을 피할 수 있고 실수할 위험을 없앨 수 있다. 하지만 디버그와 개발 빌드는 서로 다르게 설정해야 한다. 예를 들어 인라인 펼치기와 코드 최적화 같은 설정은 디버그와 개발 빌드가 당연히 달라야 한다.

일반 속성 페이지

그림 2.9에서 일반 속성 페이지^{General property page}를 볼 수 있는데 제일 유용하게 쓰일 만한 것들은 다음과 같다.

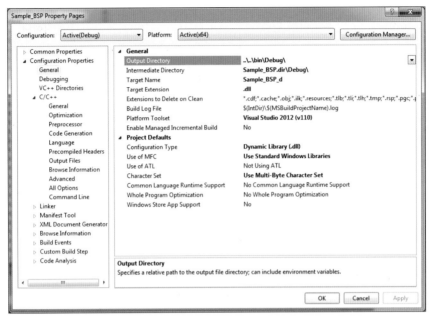

그림 2.9 비주얼 스튜디오 프로젝트 속성 페이지(그중에서 일반 페이지)

- **출력 디렉터리**^{output directory} 실행 파일이나 라이브러리, DLL 등 프로젝트가 최종적으로 만들어 낼 결과물이 어디에 저장될지 나타낸다.

- **중간 디렉터리**^{intermediate directory} 목적 파일(.obj)이 어디에 저장될지 지정한다. 목적 파일은 빌드 중에만 필요하고 최종 결과물에는 포함되지 않기 때문에 출력 디렉터리와 다르게 설정하는 게 일반적이다.

한 가지 주의 깊게 살펴볼 점은 비주얼 스튜디오에서는 속성 페이지에서 사용할 수 있는 매크로를 지원한다는 점이다. 여기서 매크로란 이름과 값을 가진 변수인데 이 이름을 통해 속성 설정 페이지 내에서 값을 참조할 수 있다.

매크로는 괄호로 이름을 둘러싸고 $ 기호를 앞에 붙여 사용한다(예, $(ConfigurationName)). 흔히 사용되는 매크로는 다음과 같다.

- $(TargetFileName) 프로젝트의 결과물(실행 파일, 라이브러리, DLL) 이름
- $(TargetPath) 최종 결과물까지 포함한 출력 디렉터리 경로
- $(ConfigurationName) 빌드 설정 이름. 'Debug', 'Release' 등
- $(OutDir) 출력 디렉터리 경로
- $(IntDir) 중간 디렉터리 경로
- $(VCInstallDir) 비주얼 스튜디오 표준 C 리이브리리가 설치된 경로

매크로를 사용했을 때 가장 큰 이점은 나중에 값이 바뀌더라도 손으로 일일이 고칠 필요 없이 매크로 값만 변경하면 매크로가 사용된 곳은 알아서 변경된 값이 적용된다는 점이다. 또 $(ConfigurationName) 같이 빌드 설정에 따라 값이 바뀌는 매크로를 잘 이용하면 모든 빌드 설정에 동일한 값을 사용할 수도 있다.[2]

사용 가능한 모든 매크로 목록을 보려면 일반 속성 페이지에서 출력 디렉터리나 중간 디렉터리를 선택하고, 오른쪽의 작은 화살표를 클릭한 후 편집을 고르고 매크로를 선택하면 된다.

디버깅 속성 페이지

이곳에서 디버깅할 실행 파일의 이름과 위치를 지정할 수 있다. 실행할 때 커맨드라인 명령어를 지정할 수도 있다. 디버깅 속성 페이지에 관해서는 잠시 후 좀 더 자세히 살펴보자.

C/C++ 속성 페이지

소스가 컴파일돼 목적 파일(.obj)이 되는 과정에 관한 여러 설정을 할 수 있다. 여기서 값을 바꾸더라도 목적 파일이 링크되는 과정에는 전혀 영향을 미치지 않는다.

이 페이지 안에 어떤 값들을 설정할 수 있는지 살펴보면 여러 가지를 배울 수 있기 때문에 꼼꼼히 살펴보기를 권한다. 가장 널리 쓰이는 것들은 다음과 같다.

- **일반/추가 포함 디렉터리** #include 구문으로 헤더 파일을 사용할 때 어떤 디렉터리에서 찾을지를 지정한다. 디렉터리를 지정할 때 항상 상대 경로와 $(OutDir)이나 $(IntDir) 같은 매크로를 사용하는 편이 좋다. 이렇게 하면 소스코드를 통째로 다른 위치로 옮기더라도 문제가 생기지 않는다.

---

2   출력 디렉터리에 $(ConfigurationName)을 이용하면 빌드 설정별로 따로 결과물을 관리할 수 있다. - 옮긴이

- **일반/디버그 정보 형식** 디버그 정보를 생성할지를 지정한다. 보통 디버그와 릴리스 빌드는 개발 중에 문제 해결을 위해 디버그 정보를 생성하고, 최종 빌드에서는 해킹을 방지하고자 생성하지 않는다.
- **전처리기/전처리기 정의** 컴파일할 때 정의할 C/C++ 전처리기 매크로를 지정한다. 개수는 제한이 없으며, 자세한 내용은 2.2.4.1절을 참조하자.

링커 속성 페이지

여기서는 목적 파일들이 어떻게 실행 파일이나 DLL로 링크될지를 지정한다. 마찬가지로 한번 살펴보면 도움이 된다. 흔히 쓰이는 것은 다음과 같다.

- **일반/출력 파일** 결과물의 이름과 결과물이 위치할 곳을 지정한다.
- **일반/추가 라이브러리 디렉터리** C/C++의 추가 포함 디렉터리와 비슷하게 라이브러리와 목적 파일을 찾아볼 경로를 지정한다.
- **입력/추가 종속성 결과물**에 링크시킬 외부 라이브러리를 지정한다. 예를 들어 오거^{OGRE} 엔진을 사용한 프로그램은 오거 라이브러리를 여기에서 적는다.

한 가지 유념할 점은 비주얼 스튜디오에서 실행 파일에 링크될 라이브러리를 정하는 곳은 여기뿐만이 아니라는 점이다. 소스코드에서 #pragma 구문을 이용해 라이브러리를 지정할 수도 있다. 그렇기 때문에 추가 라이브러리 디렉터리에서 보이는 것들이 실제로 링크되는 모든 라이브러리를 나타내지는 않는다(왜 '추가' 종속성이라고 하는지 알 것이다). 이미 아는 독자도 있겠지만 다이렉트X를 쓰는 프로그램들이라고 모든 다이렉트X 라이브러리들을 일일이 '추가 종속성'에 넣지 않는 것도 이 때문이다.

2.2.5 코드 디버깅

코드를 디버깅하는 기술은 프로그래머가 익혀야 할 여러 기술 중에서도 매우 중요하다. 이제 유용한 디버깅 팁 몇 가지와 기술들을 살펴보자. 일부는 모든 디버거에 공통적으로 해당하는 개념이고, 어떤 개념들은 비주얼 스튜디오에만 해당하는 것도 있다. 하지만 다른 디버거들도 비주얼 스튜디오에 상응하는 기능을 지원하는 경우가 많기 때문에 비주얼 스튜디오를 사용하지 않더라도 앞으로 나올 내용을 알아두면 도움이 될 것이다.

2.2.5.1 시작 프로젝트

비주얼 스튜디오에서 솔루션은 여러 개의 프로젝트를 포함할 수 있다. 어떤 프로젝트는 실행 파일을 만들고 어떤 것은 라이브러리나 DLL을 만든다. 한 솔루션에서 실행 파일을 만드는 프로젝트가 2개 이상인 경우도 있다. 비주얼 스튜디오에는 '시작 프로젝트'라는 개념이 있다. 이것은 디버거가 '현재' 디버깅할 프로젝트가 된다. 보통은 1개의 시작 프로젝트를 설정하고 프로그래머는 1개의 프로젝트에 디비깅을 수행한다. 그러나 프로젝드 여러 개를 동시에 디버깅하는 것도 가능하긴 하다. 자세한 내용은 다음 사이트(http://msdn.microsoft.com/en-us/library/0s590bew(v=vs.100).aspx)를 살펴보기 바란다.

시작 프로젝트는 솔루션 탐색기에서 굵은 글씨로 강조된다. F5 키를 누르면 (시작 프로젝트가 실행 파일을 만드는 경우) 시작 프로젝트의 .exe를 실행한다(따져 보면 F5를 눌렀을 때의 동작은 디버깅 속성 페이지의 커맨드에 적힌 것을 그대로 하는 것뿐이다. 따라서 단순히 프로젝트의 실행 파일을 수행하는 것보다 많은 일을 할 수 있다).

2.2.5.2 중단점

중단점breakpoint은 코드를 디버깅할 때 가장 많이 쓰는 도구다. 중단점은 지정한 소스코드의 줄을 실행하기 직전에 프로그램 실행을 잠시 멈추라고 지시하는 것으로 이렇게 하면 프로그램에서 어떤 일이 진행 중인지 살펴볼 수 있다.

비주얼 스튜디오에서 원하는 소스코드에 커서를 위치하고 F9 키를 누르면 중단점을 켜고 끌 수 있다. 프로그램이 실행되고 중단점을 설정한 소스코드가 막 실행될 참이면 디버거가 프로그램을 멈춘다. 이것을 흔히 중단점에 '도달'했다고 한다. 옆에 보이는 작은 노란 화살표는 현재 CPU의 프로그램 카운터PC, Program Counter[3]가 가리키는 점을 나타낸다. 그림 2.10을 보면 된다.

---

3   프로그램의 실행 위치를 나타내는 값 – 옮긴이

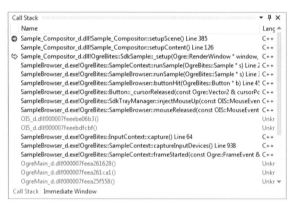

```
for Windows Desktop
1   TOOLS   TEST   WINDOW   HELP
Debug  ▾  x64          ▾         ⏸ ■ ⟳ →⟲ ⟲ ⟳ ⅋; ☷ ⊞ ⟲ ⟳ ▮ 걸 궝 걸 ▾
end ▾  Thread: [3796] Main Thread      ▾  ▼ ⟋ ⟨⟩  Stack Frame: Sample_Compositor::setupScene    ▾
SampleContext.h      SdkSample.h      CelShading.h      Compositor.h ⊞ ✕   Compositor.cpp      CelShadin
→ Sample_Compositor                                            ▾ ⚙ setupScene(void)
          mSceneMgr->setShadowTechnique(Ogre::SHADOWTYPE_TEXTURE_MODULATIVE);
          mSceneMgr->setShadowFarDistance(1000);

          Ogre::MovableObject::setDefaultVisibilityFlags(0x00000001);

          // Set ambient light
   ⊕  |   mSceneMgr->setAmbientLight(Ogre::ColourValue(0.3, 0.3, 0.2));

          Ogre::Light* l = mSceneMgr->createLight("Light2");
          Ogre::Vector3 dir(-1,-1,0);
          dir.normalise();
          l->setType(Ogre::Light::LT_DIRECTIONAL);
          l->setDirection(dir);
          l->setDiffuseColour(1, 1, 0.8);
          l->setSpecularColour(1, 1, 1);
```

그림 2.10 비주얼 스튜디오에서 중단점 설정하기

2.2.5.3 코드 따라가며 디버깅

중단점에 도달하면 F10 키를 눌러 한 단계씩 코드를 따라갈 수 있다. 노란 화살표가 현재 실행되는 소스코드의 위치(프로그램 카운터)를 나타낸다. F11 키를 누르면 함수 안으로 들어가고(소스코드는 해당 함수의 코드로 바뀌고 화살표는 함수의 제일 처음에 위치한다), F10 키를 누르면 함수를 지나간다(디버거는 함수를 정상적인 속도로 빠르게 실행한 후 바로 뒤에서 실행을 중단한다).

2.2.5.4 콜 스택

그림 2.11에 콜 스택call stack이 나와 있는데, 콜 스택이란 프로그램 실행 중 어느 한 시점에 호출된 함수의 더미(스택)를 의미한다. 콜 스택을 보려면 메인 메뉴의 디버그 메뉴로 가서 'Windows'를 선택하고 'Call Stack'을 고르면 된다.

```
Call Stack                                                    ▾ ⊞ ✕
   Name                                                    Lang ▴
 ⊙ Sample_Compositor_d.dll!Sample_Compositor::setupScene() Line 385    C++
   Sample_Compositor_d.dll!Sample_Compositor::setupContent() Line 126  C++
 ⟳ Sample_Compositor_d.dll!OgreBites::SdkSample::_setup(Ogre::RenderWindow * window,  C++
   SampleBrowser_d.exe!OgreBites::SampleContext::runSample(OgreBites::Sample * s) Line 2  C++
   SampleBrowser_d.exe!OgreBites::SampleBrowser::runSample(OgreBites::Sample * s) Line 1  C++
   SampleBrowser_d.exe!OgreBites::SampleBrowser::buttonHit(OgreBites::Button * b) Line 4! C++
   SampleBrowser_d.exe!OgreBites::Button::_cursorReleased(const Ogre::Vector2 & cursorPc  C++
   SampleBrowser_d.exe!OgreBites::SdkTrayManager::injectMouseUp(const OIS::MouseEven      C++
   SampleBrowser_d.exe!OgreBites::SampleBrowser::mouseReleased(const OIS::MouseEvent      C++
   OIS_d.dll!000007feeebe06b3()                                        Unkr
   OIS_d.dll!000007feeebdfcbf()                                        Unkr
   SampleBrowser_d.exe!OgreBites::InputContext::capture() Line 64      C++
   SampleBrowser_d.exe!OgreBites::SampleContext::captureInputDevices() Line 938  C++
   SampleBrowser_d.exe!OgreBites::SampleContext::frameStarted(const Ogre::FrameEvent &    C++
   OgreMain_d.dll!000007feea261628()                                   Unkr
   OgreMain_d.dll!000007feea261ca1()                                   Unkr
   OgreMain_d.dll!000007feea25f558()                                   Unkr ▾
Call Stack  Immediate Window
```

그림 2.11 콜 스택 윈도우

중단점에 도달하거나 프로그램을 정지시킨 후[4] 콜 스택 윈도우에 표시되는 목록을 더블클릭하면 콜 스택을 탐색할 수 있다. 이렇게 하면 main( ) 함수부터 지금 실행되는 코드까지 어떤 단계로 함수들이 호출됐는지 굉장히 편리하게 살펴볼 수 있다. 달리 말하면 버그가 발생한 곳에서 시작해 콜 스택 너머로 진짜 버그의 원인을 만들어 낸 함수를 추적해 들어갈 수 있다.

2.2.5.5 조사식 창

콜 스택을 이리저리 탐색해 가다 보면 프로그램의 여러 변수 값을 보고 싶을 것이다. 조사식 창watch window은 바로 이런 용도로 쓰인다. Debug, Windows…, Watch 메뉴를 순서대로 고른 후 Watch 1에서 Watch 4 중에 아무거나 고르면 된다(4개까지 조사식 창을 동시에 사용할 수 있다). 일단 조사식 창이 뜨면 여기에 직접 변수 이름을 넣거나 아니면 소스코드에서 드래그해서 붙일 수 있다.

그림 2.12에서 볼 수 있듯이 단순한 타입의 변수들은 이름 뒤에 값이 바로 보이고 복잡한 타입의 변수들은 여러 단계로 확장 가능한 트리 형태로 보인다. 상속받은 클래스의 경우 트리에서 부모 클래스가 항상 제일 처음에 보이는데, 해당 클래스의 멤버뿐 아니라 부모 클래스의 멤버도 살펴볼 수 있다.

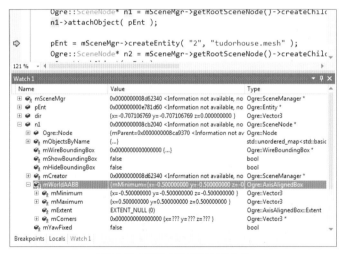

그림 2.12 비주얼 스튜디오의 조사식 창

---

4   Debug 메뉴의 'Break All'을 선택 – 옮긴이

조사식 창에는 변수뿐 아니라 C/C++ 표현식도 사용할 수 있는데 올바른 표현식이면 비주얼 스튜디오가 그 값을 계산해 보여 준다. 예를 들어 '5+3'을 넣으면 '8'이 찍힌다. 또 C/C++의 캐스트 문법도 사용할 수 있다. (float)myIntegerVariable * 0.5f을 넣으면 myIntegerVariable의 값이 반분돼 부동소수 값으로 찍힌다.

한 발짝 더 나가 프로그램의 함수도 조사식 창에서 사용할 수 있다. 비주얼 스튜디오는 조사식 창에 적힌 표현식들을 자동으로 계산하기 때문에 조사식 창에 함수를 사용하면 매번 중단점에 도달할 때나 코드를 따라갈 때마다 함수가 호출된다. 이 점은 잘 이용하면 매번 변수 값을 해석하는 수고를 덜 수 있다. 예를 들어 게임 엔진에 사원수^{quaternion}를 회전 각도로 바꿔 주는 quatToAngleDeg( )라는 함수가 있다고 하자. 이 함수를 조사식 창에서 사용하면 사원수로 표현된 변수 값을 쉽게 회전 각도로 해석해 살펴볼 수 있다.

마지막으로 그림 2.13처럼 조사식 창에서 다음에 나열한 다양한 접미사들을 사용하면 다른 형식으로 데이터를 볼 수 있다.

- 접미사 ',d': 값을 10진수로 나타내게 한다.
- 접미사 ',x': 값을 16진수로 나타내게 한다.
- 접미사 ',n'(n은 양의 정수): 값을 원소가 n개인 배열로 취급하게 한다. 예를 들어 다음과 같이 적는 경우

my_array,[my_array_count]

my_array 배열의 원소들을 my_array_count개 보여 준다.

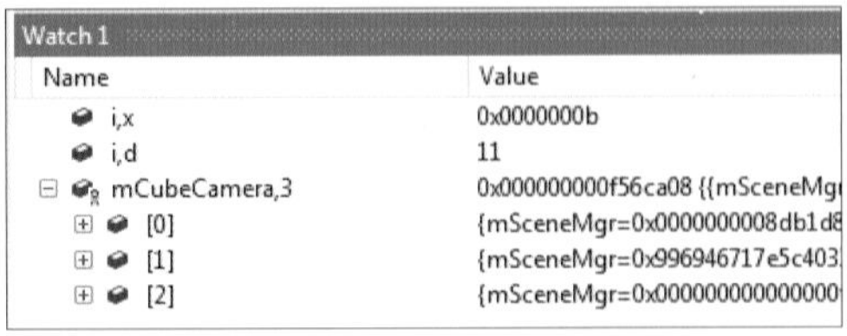

그림 2.13 비주얼 스튜디오 조사식 창에서 콤마 접미사를 사용할 수 있다.

매우 큰 데이터를 조사식 창에서 펼칠 때는 조심해야 한다. 자칫하면 디버거가 너무 느려져 거의 멈춰 버리는 경우도 있기 때문이다.

2.2.5.6 데이터 중단점

일반적인 중단점은 CPU의 프로그램 카운터가 특정한 기계어나 소스코드 위치에 이르게 되면 도달한다. 이와 다른 원리로 동작하는 대단히 유용한 중단점이 있는데, 이것은 어떤 메모리 주소에 값이 써질 때(즉 값이 변경됐을 때)를 감지한다. 이 중단점은 데이터의 변경을 의미하기 때문에 '데이터 중단점^{data breakpoint}'이라고 부르기도 하고 하드웨어^{CPU}의 특수한 기능, 즉 미리 지정한 메모리 주소에 값이 써질 때 인터럽트를 발생하는 기능으로 구현되기 때문에 '하드웨어 중단점^{hardware breakpoint}'이라고도 부른다.

데이터 중단점을 사용하는 방법을 구체적으로 알아보자. 어떤 객체의 멤버 변수(`m_angle`)가 있는데, 항상 0이 아닌 값이어야 한다고 가정하자. 그런데 이상하게도 값이 `0.0f`으로 바뀌는 버그를 추적 중이다. 도대체 어떤 함수가 이 변수의 값을 쓰는지 알아낼 길이 없어 곤란한 상황이다. 그런데 이 변수의 주소 값은 알 수 있다(조사식 창에 '&object.m_angle'을 치면 주소 값이 나온다). 이 버그를 해결하려면 `object.m_angle`의 주소에 데이터 중단점을 걸고 프로그램을 시작하기만 하면 된다. 값이 변경되는 순간 디버거가 프로그램을 멈춘다. 그런 다음 콜 스택을 보고 원인이 되는 곳을 찾으면 된다.

비주얼 스튜디오에서 데이터 중단점을 설정하려면 다음 단계를 따라 하면 된다.

- 메인 메뉴에서 'Debug'를 선택하고 'Windows Breakpoints'를 선택한다(그림 2.14).

그림 2.14 비주얼 스튜디오의 중단점 창

- 왼쪽 위에 있는 'New'를 선택하면 드롭다운 메뉴가 나타나는데 'New Data Breakpoint'를 선택한다.
- 메모리 주소를 직접 넣거나 아니면 '&' 연산자로 '&myVariable'처럼 주소를 써 넣는다(그림 2.15).

118

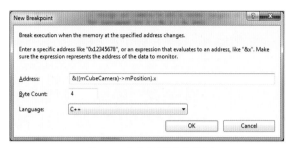

그림 2.15 데이터 중단점 설정하기

2.2.5.7 중단점 조건

'Breakpoint' 창을 살펴보면 중단점에 조건을 설정하거나 히트^{hit} 카운트를 지정할 수도 있다. 이런 기능들은 보통 중단점뿐만 아니라 데이터 중단점에도 마찬가지로 사용할 수 있다.

중단점 조건은 중단점이 도달할 때마다 설정된 C/C++ 구문을 검사한다. 구문이 참이라면 프로그램 실행을 멈춰 여느 중단점처럼 디버깅할 수 있다. 구문이 거짓이라면 아무 일 없었던 것처럼 프로그램이 진행된다. 중단점 조건을 유용하게 쓸 수 있는 때는 특정한 인스턴스의 객체의 함수가 불렸는지 알아낼 때다. 예를 들어 게임에 20대의 탱크가 있는데, 어느 특정한 탱크의 차례가 왔을 때만 디버깅하고 싶다고 하자. 이 탱크 인스턴스의 메모리 주소가 0x12345678이라고 할 경우 중단점 조건으로 '(uintptr_t)this == 0x12345678'처럼 지정하면 이 인스턴스의 함수가 불릴 때만 중단점에 도달한다.

중단점에 히트 카운트를 설정하면 디버거는 매번 중단점에 도달할 때마다 이 수를 1씩 감소시키고 0이 됐을 때만 프로그램을 멈춘다. 히트 카운트는 특히 루프 안에서 유용하다. 376번째 루프 순환에서 일어나는 일에만 관심이 있을 때(배열의 376번째 값 등) 무작정 중단점을 설정하고 F5 키를 375번 두드리는 것보다는 히트 카운트를 사용해 비주얼 스튜디오가 알아서 제 위치로 데려다 주기를 기다리는 것이 훨씬 편하다.

다만 중단점 조건은 매번 중단점에 도달할 때마다 조건문을 검사하기 때문에 디버거와 프로그램 실행을 느려지게 할 가능성이 있으므로 주의해서 사용해야 한다.

2.2.5.8 최적화된 빌드 디버깅

앞서 최적화된 빌드는 컴파일러가 여러 가지 기법으로 코드를 변경하기 때문에 디버깅하기가 까다롭다고 말했다. 개발자라면 디버깅 빌드에서만 디버깅하고 싶어 하지만 상황이 허락하지 않을 때도 종종 있다. 어떤 버그는 발생 빈도가 너무 낮아 다른 사람의 컴퓨터에서 릴리스 빌드를 디버깅할 기회조차 감지덕지인 경우가 있다. 또 어떤 버그는 릴리스 빌드에서는 잘 보이지만 디버그 빌드로 테스트하면 전혀 재현이 안 되기도 한다. 개발자들이 두려워하는 '릴리스에서만 생기는 버그'는 변수를 초기화하지 않아 생기는 경우가 많다. 디버그 버전에서는 변수나 할당한 메모리가 0으로 초기화되는 경우가 많지만 릴리스 버전에서는 그렇지 않기 때문이다. 실수로 릴리스 빌드에서 코드가 생략된다거나(assert 구문 안에 중요한 코드가 들어간다든가 하는 경우), 디버그와 릴리스 빌드 간에 자료 구조의 크기나 패킹packing 등이 다를 때, 인라인 함수나 컴파일러 최적화 때문에 생기는 버그, 드물기는 하지만 컴파일러 최적화 자체의 버그 등이 릴리스 빌드에서만 생기는 버그의 또 다른 예다.

원치 않더라도 릴리스 빌드로 디버깅하는 기술은 꼭 익혀야 한다. 최적화된 코드를 디버깅하는 어려움을 최소화하려면 자주 해보고 기회가 날 때마다 관련 기술을 익혀야 한다. 몇 가지 도움이 될 만한 것들은 다음과 같다.

- **디버거의 디스어셈블리를 읽을 줄 아는 능력 키우기** 릴리스 빌드에서는 실행 중인 코드가 어디인지 파악하기 힘들다. 컴파일러의 코드 재배치instruction reordering 때문에 소스코드를 통해 살펴볼 때는 프로그램 카운터가 널뛰듯 이리저리 왔다갔다 한다. 하지만 디스어셈블리(어셈블리 코드)를 통해 보면 순서대로 프로그램이 실행되는 것을 볼 수 있다. C/C++ 개발자라면 어느 정도는 자신이 일하는 CPU의 아키텍처와 어셈블리 언어를 알고 있어야 한다. 그러면 디버거를 완전히 사용할 수 없는 상황에서도 크게 당황하지 않을 수 있다.
- **레지스터를 해석해 변수 값이나 메모리 주소를 알아내기** 릴리스 빌드에서는 변수의 값이나 객체의 내용을 디버거로 제대로 볼 수 없는 경우가 종종 있다. 그렇더라도 프로그램 카운터가 너무 멀리까지 진행되지 않은 이상, 주소나 값이 레지스터에 남아 있을 가능성이 높다. 변수가 처음 레지스터에 로드되는 어셈블리 코드까지 찾아갔다면 그 레지스터를 살펴 변수 값이나 주소를 알아낼 수 있는 경우가 많다. 레지스터 창을 사용하거나 조사식 창에 레지스터 이름을 넣으면 레지스터의 내용을 알 수 있다.
- **주소만 갖고 변수나 객체의 내용을 알아내기** 변수나 객체의 주소를 알고 있다면 조사식 창에서 그 주소를 적당한 타입으로 캐스팅하기만 하면 그 안의 내용을 볼 수 있다. 예를 들

어 Foo 클래스의 한 인스턴스가 메모리 주소 0x1378A0C0에 있는 것을 알고 있다면 조사식 창에 (Foo*)0x1378A0C0라고 넣기만 하면 디버거가 알아서 그 주소를 Foo의 포인터처럼 해석해 보여 준다.

- **정적 변수와 전역 변수를 활용하기** 최적화된 빌드라도 보통 정적 변수와 전역 변수 정도는 디버거로 살펴볼 수 있다. 알고 싶은 변수나 객체의 주소를 도저히 모르겠다면 직접이든 아니면 간접적이든 그 변수를 포함하고 있을 만한 정적 변수와 전역 변수를 찾아보자. 예를 들어 물리 시스템 안의 어떤 객체의 주소를 알고 싶을 때 그 객체가 전역 변수인 PhysicsWorld의 멤버인 것을 안다면 다 찾은 것이나 다름없다.

- **코드를 고치기** 릴리스 빌드에서만 생기는 버그를 손쉽게 재현 가능한 상황이라면 문제를 해결하고자 코드를 고치는 방법을 고려해 보자. 진행 상황을 파악할 수 있게 메시지를 출력하는 코드를 넣거나 살펴보기 힘든 변수나 객체를 쉽게 찾고자 전역 변수를 추가하기, 문제 상황을 파악할 수 있는 코드 넣기, 특정 클래스 인스턴스를 구분할 수 있는 코드 넣기 등의 방법이 있다.

2.3 프로파일링 툴

게임은 고성능 실시간 프로그램이다. 그렇기 때문에 게임 엔진 프로그래머는 항상 조금이라도 실행 속도를 높이려고 궁리한다.

다소 비과학적이긴 하지만 업계에 널리 알려진 '파레토의 법칙Pareto principle'이라는 것이 있다 (http://en.wikipedia.org/wiki/Pareto_principle). 전체 효과의 80%는 겨우 20%를 차지하는 부분에 좌우된다고 말하기 때문에 80/20 규칙이라고도 불린다. 컴퓨터 과학에선 이 법칙이 버그 수정(전체 버그의 80%는 20%의 코드를 수정함으로써 고칠 수 있다)과 소프트웨어 최적화에 적용되는데, 소프트웨어 실행 시간의 80%(또는 그 이상)가 겨우 20%(또는 그 이하)의 코드를 실행하는 데 걸린다는 것이 경험적으로 알려져 있다. 즉 코드의 20%를 최적화하면 잠재적으로 80%의 실행 시간을 최적화하는 것과 같다.

그러면 최적화해야 할 20% 코드는 어떻게 찾을 수 있을까? 바로 이런 일을 하는 데 사용되는 것이 프로파일러다. 프로파일러는 코드가 실행되는 시간을 측정하고 각 함수별로 실행하는 데 걸린 시간을 알려 준다. 그러면 이 정보를 이용해 가장 실행 시간을 많이 차지하는 함수부터 최적화하면 된다.

일부 프로파일러는 함수가 몇 번이나 불렸는지도 알려 준다. 이 정보 또한 중요한 의미를 지닌다. 함수가 시간을 많이 잡아먹는 두 가지 이유 중 첫째는 그 함수 자체가 실행하는 데 시간이 오래 걸리는 경우이고, 둘째는 자주 불리기 때문이다. 예를 들어 게임 월드의 최적화된 길찾기에 사용되는 A* 알고리듬은 프레임당 몇 번 불릴까 말까 하지만 한 번 실행하는 데 오랜 시간이 걸린다. 반면, 벡터의 내적을 구하는 함수는 실행 시간은 얼마 걸리지 않지만 한 프레임에서 수천, 수만 번 불릴 수 있기 때문에 잘못하면 게임을 느려지게 만들 수도 있다.

적절한 프로파일러를 사용하면 이보다 더 많은 정보를 얻을 수 있다. 어떤 프로파일러는 콜 그래프를 제공하는데, 콜 그래프로는 함수에 대해 '어떤 함수들이 이 함수를 호출했는지(부모 함수)'와 '이 함수가 어떤 함수들을 호출했는지(자식 함수)'를 알 수 있다. 더 나아가 함수의 실행 시간 중 각 자식 함수를 부르는 데 소모된 비율이나 이 함수가 전체 실행 시간에서 차지하는 비율 또한 알 수 있다.

프로파일러는 크게 두 가지 부류로 나눌 수 있다.

1. **통계 방식 프로파일러** 이런 형태의 프로파일러는 대상 프로그램 실행에 영향을 주지 않게 만들어졌는데, 따라서 프로파일링하지 않을 때와 실행 속도가 별 차이 없다. CPU의 프로그램 카운터를 주기적으로 샘플링해서 어떤 함수가 실행 중인지 알아내는 원리로 동작한다. 각 함수 안에서 수집된 샘플 숫자의 합이 대강 전체 실행 시간에서 그 함수를 실행하는 데 걸린 시간에 대한 비율에 근사한다. 대표적인 예가 인텔의 VTune으로 인텔 펜티엄 프로세서와 마이크로소프트 윈도우 환경을 지원한다. 최근에는 리눅스도 지원하기 시작했다(http://software.intel.com/en-us/intel-vtune-amplifier-xe).

2. **인스트루먼트 방식의 프로파일러** 이 방식의 프로파일러는 가장 정확하고 폭넓은 정보를 제공하는데, 대신 대상 프로그램의 실행 속도는 무척 느려진다. 대상 프로그램을 미리 가공해서 함수마다 시작과 끝을 나타내는 임의의 코드를 삽입한다. 이렇게 삽입된 코드는 프로파일링 라이브러리를 매번 호출하고 그 안에서는 프로그램의 현재 콜 스택을 비롯한 상세한 정보를 기록한다. 어떤 부모 함수에서 호출됐는지, 그 부모 함수는 몇 번이나 이 함수를 호출했는지 등이 모두 기록된다. 심지어 코드의 매 라인이 얼마만큼 시간

이 걸려 실행했는지 기록할 수도 있다. 수집된 결과는 엄청나게 정확하지만, 프로파일링을 하는 동안 게임은 정상적인 기능을 할 수 없을 정도로 느려진다. 대표적인 예로 IBM의 래셔널 퓨리파이 플러스Rational Purify Plus 툴킷에 포함된 래셔널 퀀티파이Rational Quantify를 들 수 있다(http://www.ibm.com/developerworks/rational/library/957.html).

마이크로소프트가 발표한 LOPLow-Overhead Profiler라는 프로파일러는 이 두 종류의 혼합 형태로, 기본적인 작동 원리는 통계적 프로파일러와 유사해서 CPU의 상태를 주기적으로 샘플링하는 방식을 쓴다. 따라서 프로그램 실행 속도에 크게 지장을 주지 않는다. 하지만 매 샘플에서 콜 스택을 분석해 각 함수의 부모 함수들을 알 수 있기 때문에 함수가 어떤 부모 함수에서 얼마나 자주 불렸는지 등 일반적인 통계적 프로파일러에서는 알 수 없는 정보를 알 수 있다.

플레이스테이션 4에서는 SN Systems의 Razor CPU가 PS4의 CPU에서 소프트웨어를 최적화하는 도구다. 통계 방식과 인스트루먼트 방식 모두 지원한다(https://www.snsystems.com/tech-blog/2014/02/14/function-level-profiling/). PS4의 GPU에는 Razor GPU가 있으며 셰이더와 컴퓨터 잡job에 대한 디버깅 기능을 제공한다.

2.3.1 프로파일러

세상에는 수많은 프로파일러가 있는데 다음 사이트(http://en.wikipedia.org/wiki/List_of_performance_analysis)에서 그 목록을 확인할 수 있다.

2.4 메모리 누수와 오염 감지

C/C++ 프로그래머를 괴롭히는 또 다른 문제는 메모리 누수leak와 메모리 오염corruption이다. 메모리 누수는 할당된 메모리가 제때 해제되지 않는 것인데, 사용 가능한 메모리를 점점 고갈시켜 결국은 치명적인 메모리 부족out of memory까지 초래할 수 있다. 메모리 오염이란 엉뚱한 메모리 주소를 변경해 원래 있던 정보를 날려 버리고 정작 변경됐어야 할 메모리 위치의 값은 고쳐지지 않는 것을 말한다. 이런 메모리 문제가 발생하는 근본적인 원인은 C/C++ 언어 중 '포인터pointer'라 불리는 기능 때문이다.

포인터는 막강한 힘을 갖고 있다. 적절히 사용한다면 굉장히 유용하지만 자칫하면 큰 재앙을 초래한다. 포인터가 이미 해제된 메모리 주소를 가리키거나, 아니면 어쩌다 0이 아닌 정수나 부동소수 값을 갖게 되면 메모리 오염을 일으킬 위험이 생긴다. 그 포인터를 이용해 참조한 메모리는 어디를 가리킬지 알 수 없기 때문이다. 마찬가지로 포인터를 써서 할당된 메모리를 다룰 때 더 이상 필요 없어진 메모리를 해제하는 것을 잊기 쉽다. 이 경우 메모리 누수가 생긴다.

포인터와 관련된 메모리 문제를 피하는 방법 중 하나는 좋은 코딩 습관을 들이는 것이다. 또한 메모리 오염이나 메모리 누수가 발생하지 않는 좋은 코드를 짜는 것도 분명 가능하다. 그렇지만 메모리 누수와 오염 가능성을 감지할 수 있는 도구를 갖추는 것도 나쁘지 않다. 다행히 이런 툴은 쉽게 찾을 수 있다.

내가 선호하는 툴은 IBM의 래셔널 퓨리파이인데, 퓨리파이 플러스 툴킷에 포함돼 판매된다. 퓨리파이는 실행하기 전에 코드를 가공해 모든 메모리 참조, 할당, 해제를 감지한다. 퓨리파이에서 프로그램을 돌려 보면 코드를 실행하면서 실시간으로 얻는 정보를 볼 수 있는데, 당장 발생한 문제뿐 아니라 잠재적인 문제도 함께 알려 준다. 그리고 프로그램 실행이 끝나면 상세한 메모리 누수 정보를 얻을 수 있다. 각 경우에 문제를 일으킨 소스코드를 알려 주기 때문에 잘못을 추적하거나 고치기가 매우 쉽다. 좀 더 자세한 정보는 홈페이지(http://www-306.ibm.com/software/awdtools/purify)를 참조하자.

그 외에는 파라소프트^{Parasoft}의 Insure++와 밸그린드^{Valgrind} 개발자들의 밸그린드가 유명하다. 둘 다 메모리 디버깅과 프로파일링 기능을 제공한다.

2.5 기타 툴

프로그래머가 사용하는 툴들은 앞서 이야기한 것들 외에도 다양하다. 여기서 자세히 다룰 수는 없지만 다음에 나오는 목록을 참조하면 필요할 때 올바른 툴을 찾을 수 있다.

- **비교 툴** 비교 툴은 흔히 '디프 툴^{diff tool}'이라고도 불리는데, 텍스트 파일 2개를 비교해 어떤 부분이 다른지를 알려 준다(http://en.wikipedia.org/wiki/Diff). 보통 달라진 줄 단위로 알려 주지만, 어떤 비교 툴은 달라진 줄에서 어떤 글자가 바뀌었는지까지 표시해 주

는 경우도 있다. 버전 컨트롤 시스템에는 대개 비교 툴이 딸려 오는데, 어떤 프로그래머는 자기가 선호하는 비교 툴로 교체해 쓰기도 한다. 인기 있는 비교 툴로는 이그잼디프 ExamDiff(http://www.prestosoft.com/edp_examdiff.asp)나 아락시스머지AraxisMerge(http://www.araxis.com), 윈디프WinDiff(윈도우 옵션 팩이나 기타 웹사이트), GNU 디프 툴 패키지(http://www.gnu.org/software/diffutils/diffutils.html) 등이 있다.

- **3자 합치기 툴**   동시에 두 사람이 같은 파일에 작업을 할 경우 합치기를 두 번 해야 한다. 이렇게 서로 다른 두 가지 작업 내용을 최종적으로 합치는 툴을 3자 합치기 툴이라고 한다. 여기서 3자란 원래 파일과 두 사람이 작업한 파일 2개를 포함해 세 종류의 파일이 연관돼 있다는 데서 유래했다. 다음 사이트(http://en.wikipedia.org/wiki/3-way_merge#Three-way_merge)를 보면 양자 및 3자 합치기에 대해 자세히 알 수 있다. 대개 합치기 툴은 비교 툴과 같이 배포된다. 가장 많이 사용하는 합치기 툴은 아락시스머지(http://www.araxis.com)와 윈머지(http://winmerge.org)가 있다. 퍼포스의 경우 훌륭한 3자 합치기 툴을 내장한다(http://www.perforce.com/perforce/products/merge.html).

- **헥스 에디터**Hex editors   헥스 에디터란 바이너리 파일을 살펴보고 고칠 수 있는 툴이다. 데이터를 16진 정수hex 형태로 보여 주는 데서 이름이 유래했다. 쓸 만한 헥스 에디터라면 1바이트부터 16바이트까지 끊어서 각각 정수나 부동소수(16비트 또는 32비트), 아스키 문자로 보여 주는 기능이 있다. 헥스 에디터가 유용하게 사용되는 경우는 바이너리 형태의 파일의 문제점을 파악하거나 전혀 모르는 형태의 바이너리 파일을 역엔지니어링할 때다. 두 경우 모두 게임 업계에서 그리 드물지 않게 일어나는 일이다. 알려진 헥스 에디터만 해도 헤아릴 수 없이 많기 때문에 일일이 열거하기도 불가능하다. 나는 Expert Commercial Software(http://www.expertcomsoft.com/index.html)[5]의 HexEdit을 즐겨 사용했는데, 각자 자신의 마음에 드는 툴을 골라 사용하면 된다.

게임 프로그래밍을 하다 보면 지금까지 이야기한 툴들 외에 여러 가지 유용한 툴을 접하게 될 것이다. 하지만 게임 프로그래머가 가장 자주 사용하는 툴들은 대부분 다룬 것 같다.

---

5   현재는 없어진 회사다. – 옮긴이

게임을 위한 소프트웨어 엔지니어링 기초

3장

3장에서는 게임 프로그래머를 업으로 삼는 사람이라면 누구나 알고 있어야 하는 기본 지식에 대해 이야기한다. 수에 대한 기초와 표현법에 대해 살펴보고 널리 쓰이는 컴퓨터 및 CPU의 구성 요소와 구조, 기계어와 어셈블리 언어, C++ 프로그래밍 언어에 대해서 알아본다. 객체지향 프로그래밍OOP, Object-Oriented Programming의 몇몇 핵심 개념을 되돌아보고 모든 소프트웨어 엔지니어링(특히 게임)에 필수적인 고급 주제에 대해 깊이 이야기할 것이다. 2장도 그랬지만 3장의 내용들을 이미 알고 있는 독자도 있을 것이다. 그러나 최소한 한번은 훑어보길 권한다. 본격적인 게임 엔진 탐구에 앞서 모두가 기본적인 개념들을 숙지하는 것이 중요하기 때문이다.

3.1 C++ 개념과 올바른 사용법

C++은 게임 업계에서 가장 널리 쓰이는 프로그래밍 언어라고 할 수 있기 때문에 이 책에서는 주로 C++에 집중할 것이다. 그렇지만 여기에 나오는 대부분의 개념들은 모든 객체지향 프로그래밍 언어에 똑같이 적용되는 것들이다. C++ 외에도 다양한 언어가 게임을 만드는 데 사용된다. C 등의 명령형 언어, C#이나 자바Java 같은 객체지향 언어, 파이썬Python, 루아Lua, 펄Perl 등의 스크립트 언어, 리스프Lisp, 스킴Scheme, F# 등 함수형 언어 등 그 수는 무궁무진하다. 프로그래머라면 최소한 2개의 고급high-level 프로그래밍 언어를 학습하고(많을수록 좋다), 일정 수

준의 어셈블리 언어 프로그래밍(3.4.7.3절 참조)을 익혀 놓는 것이 좋다. 새로운 프로그래밍 언어를 배울 때마다 시야가 넓어지고 프로그래밍에 대해 더 깊고 전문적으로 사고하게 된다. 이제부터 객체지향 프로그래밍 개념 전반에 대해 알아보고 특히 C++에 주의를 집중하자.

3.1.1 객체지향 프로그래밍에 대한 간략한 개념

이 책의 내용 중 상당 부분은 객체지향 디자인 원칙을 잘 알고 있어야 이해할 수 있다. 공부한 지 오래돼 기억이 가물가물한 독자는 다음에 나오는 내용들을 통해 쉽게 기억을 되새길 수 있을 것이다. 그런데 3장에서 이야기하는 내용이 도무지 감이 잡히지 않는 독자는 더 진행하기 전에 객체지향 프로그래밍(예를 들면 [7])과 특히 C++([46]이나 [36])에 관한 책 한두 권을 읽어 보길 권한다.

3.1.1.1 클래스와 객체

'클래스^{class}'란 여러 개의 값(데이터)과 그에 대한 행위(코드)들의 모음인 포괄적 개념이다. 클래스는 각 인스턴스(객체)가 어떻게 만들어져야 하는지에 대한 명시이기도 하다. 쉽게 설명하자면 강아지 스누피는 '개' 클래스의 한 인스턴스라고 생각하면 된다. 그렇기 때문에 클래스와 인스턴스는 일대다 관계다.

3.1.1.2 캡슐화

객체가 정해진 인터페이스만 공개하고 객체 내부의 상태와 상세한 구현 사항을 숨기는 것을 '캡슐화^{encapsulation}'라고 한다. 클래스를 사용하는 프로그래머의 입장에서는 정해진 인터페이스만 잘 이해하면 그 클래스 안에서 구현을 어떻게 하든 신경쓰지 않아도 되기 때문에 일하기 수월하다. 또 클래스를 만드는 프로그래머의 입장에서는 클래스의 인스턴스가 항상 논리적으로 일관된 상태를 유지하게 보장할 수 있다.

3.1.1.3 상속

어떤 클래스가 이미 존재하는 클래스를 확장하는 것을 상속한다고 말한다. 새 클래스는 상속받는 데이터와 인터페이스를 고칠 수 있고 기존 클래스의 동작 방법을 바꿀 수도 있다. Child라는 클래스가 Parent 클래스를 확장할 때 Child가 Parent를 상속한다고 하거나 Child가

Parent로부터 파생됐다고 말한다. 이 경우 Parent 클래스는 부모 클래스 또는 슈퍼 클래스라고 부르고, Child는 파생 클래스derived class 또는 서브 클래스subclass라고 한다. 상속은 클래스 사이에 트리 형태의 계층을 이루게 한다.

상속은 두 클래스 사이에 'is-a' 관계를 만든다. 예를 들면 원은 일종의 도형이다. 그래서 그래픽 프로그램을 만든다면 원(Circle) 클래스를 도형(Shape)에서 상속받는 것이 이치에 맞다.

클래스 간의 계층 구조를 그림으로 표현할 때 통합 모델링 언어UML, Unified Modeling Language를 사용한다. UML에서 클래스는 사각형으로 표현하고 속이 빈 삼각형을 머리로 하는 화살표로 상속을 표현한다. 화살표는 파생 클래스로부터 부모 클래스로 이어진다. 그림 3.1은 간단한 클래스 상속을 UML 정적 클래스 다이어그램으로 표현해 본 것이다.

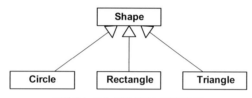

그림 3.1 UML 정적 클래스 다이어그램

다중 상속

어떤 프로그래밍 언어는 다중 상속을 지원한다. 다중 상속은 한 클래스가 부모 클래스를 여러 개 가질 수 있음을 뜻한다. 이론적으로만 봤을 때는 무척 고상해 보이지만, 실제로는 코드를 혼란스럽게 하고 구현을 힘들게 하기 일쑤다(http://en.wikipedia.org/wiki/Multiple_inheritance). 그 이유는 간단한 트리 형태로도 표현될 수 있는 클래스 구조가 다중 상속 때문에 복잡한 그래프가 될 수 있기 때문이다. 클래스가 그래프 구조가 되면 트리 형태에서는 없는 문제를 일으킬 수 있다. 대표적 예로 '죽음의 다이아몬드(http://en.wikipedia.org/wiki/Diamond_problem)'라 불리는 문제가 있다. 이 문제는 상속받은 클래스가 부모의 부모 클래스를 결국 2개 갖게 되는 현상이다(그림 3.2). C++에서는 가상 상속을 통해 이 문제를 피할 수 있다. 다중 상속은 형변환(캐스팅)을 복잡하게 만드는데, 어느 부모 클래스로 형변환하느냐에 따라 주소가 달라질 수 있기 때문이다. 이는 객체 안에 여러 개의 가상 함수 테이블vtable이 있기 때문에 발생한다.

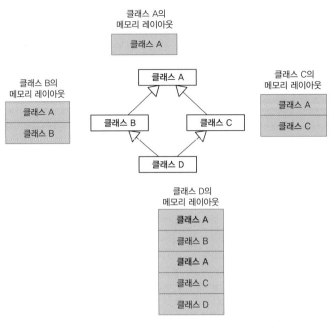

그림 3.2 다중 상속에서 나타날 수 있는 '죽음의 다이아몬드'

따라서 많은 C++ 프로그래머가 다중 상속을 아예 사용하지 않거나 제한적인 경우에만 사용한다. 단일 상속만을 기본으로 하는 구조를 유지하되 간단하고 부모를 갖지 않는 클래스만 여기에 추가해 다중 상속을 사용하는 것이 정석이다. 이런 클래스를 믹스인^{mix-in} 클래스라고 부르는데, 믹스인 클래스는 임의의 클래스 계층에 들어가 새로운 기능을 제공하는 클래스다. 그림 3.3은 가상의 클래스 구조와 믹스인 클래스의 예다.

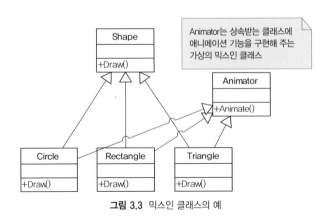

그림 3.3 믹스인 클래스의 예

3.1.1.4 다형성

다형성^{polymorphism}이란 프로그래밍 언어에서 서로 다른 타입의 객체들을 하나의 공통 인터페이스로 다룰 수 있는 기능이다. 공통 인터페이스를 사용하는 코드의 관점에서는 실제로는 서로 다른 객체들을 마치 동일한 형태인 것처럼 취급할 수 있다.

여러 모양을 한 도형들을 화면에 그리는 2D 페인팅 프로그램을 생각해 보자. 다른 모양의 도형을 그릴 때 쉽게 떠올릴 수 있는 방법은 switch 구문을 사용하는 것이다.

```
void drawShapes(std::list<Shape*> shapes)
{
  std::list<Shape*>::iterator pShape = shapes.begin();
  std::list<Shape*>::iterator pEnd = shapes.end();

  for ( ; pShape != pEnd; ++pShape)
  {
    switch (pShape->mType)
    {
    case CIRCLE:
      // 원 형태를 그린다.
      break;

    case RECTANGLE:
      // 사각형 형태를 그린다.
      break;

    case TRIANGLE:
      // 삼각형 형태를 그린다.
      break;

    //...
    }
  }
}
```

이 방식의 문제점은 drawShapes() 함수가 모든 도형을 어떻게 그려야 하는지 알고 있어야 한다는 점이다. 도형의 수가 적은 경우는 별문제 없을 수도 있지만, 코드가 커지고 복잡해질수록 새로운 도형을 추가하기 힘들어진다. 새로운 도형을 추가할 때마다 어떤 곳에 도형에 대한 정보를 집어넣어야 할지 알아야 하고(바로 위에 나온 switch 구문이 대표적 예다), 찾은 곳 모두에 새로운 case를 넣어야 한다.

이 문제를 해결하는 방법은 객체들의 구체적인 정보를 나머지 코드로부터 분리하는 것이다. 먼저 원하는 도형 타입마다 클래스를 정의한다. 이 클래스들은 모두 Shape 클래스를 상속받는다. Draw( )라는 이름으로 가상^{virtual} 함수를 만든다(가상 함수는 C++ 언어가 다형성을 구현하는 주된 기능이다). 그리고 각 클래스는 이 함수를 각기 원하는 방식으로 구현한다. 이제 그리는 함수에서는 어떤 도형인지 알 필요 없이 각 도형의 Draw( ) 함수를 차례로 부르기만 하면 된다.

```cpp
struct Shape
{
  virtual void Draw( ) = 0; // 순수 가상 함수
  virtual ~Shape( ) { } // 상속받은 클래스들의 파괴자가 모두 가상 함수여야 한다.
};

struct Circle : public Shape
{
  virtual void Draw( )
  {
    // 원 형태를 그린다.
  }
};

struct Rectangle : public Shape
{
  virtual void Draw( )
  {
    // 사각형 형태를 그린다.
  }
};

struct Triangle : public Shape
{
  virtual void Draw( )
  {
    // 삼각형 형태를 그린다.
  }
```

```
};

void drawShapes(std::list<Shape*> shapes)
{
  std::list<Shape*>::iterator pShape = shapes.begin();
  std::list<Shape*>::iterator pEnd = shapes.end();

  for ( ; pShape != pEnd; ++pShape)
  {
    pShape->Draw(); // 가상 함수 호출
  }
}
```

3.1.1.5 합성과 집합

합성composition이란 서로 영향을 주고받는 여러 객체를 이용해 복잡한 일을 해결하는 것을 의미한다. 합성은 클래스 간에 'has-a' 관계나 'uses-a' 관계를 형성한다(엄밀히 말하면 'has-a' 관계를 합성이라고 하고 'uses-a' 관계는 집합aggregation이라고 한다). 예를 들어 우주선은 엔진을 '포함'하고 있고the spaceship has an engine, 그 엔진은 연료통을 '포함'하고 있다the engine has a fuel tank. 합성과 집합을 이용하면 각 클래스는 좀 더 단순해지고 특화된 형태를 띠는 경향이 있다. 경험이 부족한 프로그래머일수록 상속을 과하게 사용하면서 합성과 집합 활용에 소홀한 경우가 많다.[1]

게임의 그래픽 유저 인터페이스GUI를 디자인한다고 생각해 보자. GUI의 사각형 형태를 띠는 요소를 나타내는 Window라는 클래스가 있고 이와 별개로 Rectangle 클래스는 수학적인 의미의 사각형을 나타낸다고 가정하다. 경험이 없는 프로그래머는 Window 클래스가 Rectangle 클래스를 상속받는 형태로 디자인하려 할지도 모른다(is-a 관계). 하지만 Window 클래스가 다른 곳에 있는 Rectangle 인스턴스를 참조하거나 멤버로 포함하게 설계한다면 더 유연하고 캡슐화에도 유리하다(has-a 관계와 uses-a 관계). 후자의 방식이 각 클래스를 간결하고 특화된 형태로 유지하는 데 유리할 뿐만 아니라 테스트, 디버깅, 재사용성 측면에서도 더 낫다.

---

1   has-a와 uses-a는 소리나는 대로 '해즈-어', '유지즈-어'라고 읽으면 된다. is-a도 마찬가지로 '이즈-어'라고 읽는다. – 옮긴이

3.1.1.6 디자인 패턴

같은 문제가 반복해서 계속 발생하고 그 문제를 해결하는 데 많은 프로그래머가 굉장히 유사한 방법을 사용한다면 이것을 '디자인 패턴'이 나타났다고 한다. 여러 책에서 객체지향 프로그래밍에 관한 디자인 패턴을 인지하고 해석했는데, 이 중 가장 유명한 것이 '갱 오브 포$^{Gang of}$ ^{Four}'의 책이다[19].

여기서 흔히 사용되는 디자인 패턴을 몇 가지 살펴보자.

- **싱글턴**^{singleton} 어떤 클래스의 객체가 오직 하나(싱글턴 인스턴스)만 있게 보장하고 그에 대한 포인터를 제공하는 패턴이다.
- **반복자**^{iterator} 어떤 집합의 세부적인 구현을 몰라도 집합의 각 요소에 접근하는 효율적인 방법을 제공한다. 반복자는 집합의 세부 구현을 알고 있지만 사용하는 사람은 몰라도 된다.
- **추상화 팩토리**$^{abstract\ factory}$ 서로 연관되거나 의존적인 클래스들의 계열을 만들 때 구현 클래스를 지정하지 않아도 되는 인터페이스를 제공한다.

게임 업계에도 나름의 디자인 패턴이 있는데 렌더링에서 충돌, 애니메이션, 오디오까지 다양한 부분의 문제에 대한 해법이 있다. 어떻게 보면 이 책도 현대의 3D 게임 엔진 디자인에 대한 고차원적인 디자인 패턴을 설명한다고 할 수 있다.

관리인과 RAII

매우 쓸모 있는 디자인 패턴의 예로 '리소스 획득과 초기화 동시에 하기'$^{RAII,\ Resource\ Acquisition\ Is}$ ^{Initialization}' 패턴을 간단히 살펴보자. 이 패턴은 리소스(파일, 동적 할당 메모리, 뮤텍스 락 등)의 획득^{acquisition}과 반환^{release}이 각각 클래스의 생성자, 파괴자에 묶이는 것을 말한다. 이렇게 하면 프로그래머가 자원 반환을 실수로 잊는 일을 방지할 수 있다. 클래스의 로컬 인스턴스를 만들면 자원을 획득하고, 범위를 벗어나면 자연스레 반환하게 된다. 너티 독은 이런 클래스를 관리인^{janinor}이라고 불렀다. 대신 정리를 해주기 때문이다.

예를 들어 메모리 할당이 반드시 특정 할당자^{allocator}를 거쳐야 하는 경우 이 할당자를 전역 할당자 스택에 넣은 후, 다 끝나면 잊지 말고 이것을 스택에서 **빼야** 한다. 할당자 관리인을 사용하면 좀 더 편리하면서 실수를 방지할 수 있다. 이 클래스는 매우 단순한데, 생성자에서 할당자를 스택에 넣고 파괴자에서 뺀다.

```
class AllocJanitor
{
public:
  explicit AllocJanitor(mem::Context context)
  {
    mem::PushAllocator(context);
  }
  ~AllocJanitor()
  {
    mem::PopAllocator();
  }
};
```

사용법은 간단하다. 로컬 인스턴스를 만들기만 하면 된다. 이 인스턴스가 범위를 벗어나면 할당자는 자동으로 빠지게 된다.

```
void f()
{
  // 다른 일...

  // 임시 버퍼를 단일 프레임(single-frame) 할당자에서 생성
  {
    AllocJanitor janitor(mem::Context::kSingleFrame);

    U8* pByteBuffer = new U8[SIZE];
    float* pFloatBuffer = new float[SIZE];

    // 버퍼를 사용...

    // (NOTE: 단일 프레임 할당자에서 메모리를
    // 가져왔기 때문에 해제할 필요가 없음)
  } // 관리인이 범위를 벗어나면 할당자를 빼낸다

  // 다른 일...
}
```

이렇게 쓸모 있는 RAII 패턴에 대해 더 알고 싶으면 다음 사이트(https://en.cppreference.com/w/cpp/language/raii)를 방문해 보자.

3.1.2 C++ 표준화

1979년에 처음 탄생한 후 C++은 항상 변화해 왔다. 창시자인 비야네 스트로스트룹^{Bjarne} Stroustrup은 처음에 이것을 '클래스를 가진 C^{C with Classes}'라고 불렀지만 1983년에 'C++'로 이름을 바꿨다. 국제표준화기구(ISO, www.iso.org)에 의해 1998년 처음으로 표준화 작업이 완료됐으며, 이것을 C++98이라고 한다. 그 후로 ISO는 주기적으로 C++에 대한 표준화를 갱신해 왔으며, C++을 더 강력하고 사용하기 쉬우면서 보다 명료하게 만드는 것이 목표다. 이런 작업은 언어의 문맥과 규칙 다듬기, 새로운 강력한 기능을 추가하기, 문제가 있었거나 인기 없는 기능들을 도태 또는 제거하기 등을 통해 이뤄졌다.

가장 최신 C++ 표준은 C++17[2]이며, 2017년 7월 31에 공표됐다. 이 책이 출간된 시점에는 다음 버전인 C++2a가 개발 중이다. 다양한 C++ 버전에 대한 요약이 시간 순서로 다음에 나와 있다.

- C++98은 최초의 C++ 표준이며 1998년 ISO에 의해 만들어졌다.
- C++03은 2003년에 나왔으며, C++98에서 나타난 다양한 문제를 수정하고자 만들어졌다.
- C++11(개발 기간 동안 거의 C++0x로 불림)은 2011년 8년 12일 ISO에 의해 승인됐다. C++11은 다음과 같은 강력한 새 기능을 추가한다.
  - 타입 안전성을 갖춘 nullptr. C에서 물려받았지만 오류를 일으키기 쉬운 NULL 매크로를 대체한다.
  - 타입 인터페이스용 키워드 auto와 decltype.
  - 함수 매개 변수의 dcecltype에 따라 함수 리턴 타입을 정의할 수 있게 하는 '후위 리턴타입^{trailing return type}' 문법
  - 가상 함수^{virtual function} 정의와 오버라이드 시 보다 명확한 표현을 가능하게 하는 override, final 키워드
  - 디폴트(기본) 함수 및 삭제 함수(프로그래머가 명시적으로 컴파일러가 생성한 기본 구현을 사용하도록 요청하거나 또는 명시적으로 기본 구현을 삭제할 것을 요청 가능)
  - 위임 생성자^{delegating constructor} — 생성자에서 같은 클래스의 다른 생성자를 호출할 수 있다.

---

2 이제 C++ 표준은 2~3년마다 업데이트된다. 현재는 C++20이 최신이다. – 옮긴이

- 엄격한 타입의 열거형^{enumeration}

○ 엄격한 타입의 열거형^{enumeration}

○ 컴파일 시 수식을 계산해 상수를 정의하는 constexpr 키워드

○ 기존에 POD 초기화에 괄호를 사용하던 문법을 확장해 POD가 아닌 타입 초기화에 도 적용할 수 있는 균일 초기화^{uniform initialization} 문법

○ 람다^{lambda} 함수와 변수 캡처(클로저^{closure}) 지원

○ 임시 객체 처리를 더 효율적으로 할 수 있는 rvalue 레퍼런스(참조)와 이동 의미론^{move semantics} 도입

○ 컴파일러마다 다르던 속성 지정자(예, __attribute__((...)), __declspec() 등)를 대체 하는 표준화된 속성 지정자

C++11은 또한 개선되고 확장된 표준 라이브러리를 도입했는데, 스레드 작업(병행 프로그래밍) 과 개선된 스마트 포인터 기능, 확장된 제네릭^{generic} 알고리듬 등을 포함한다.

- C++14는 2014년 8월 18일에 ISO에 의해 승인됐고 같은 해 12월 15일에 발표됐다. C++11에 더해 다음과 같은 개선 사항이 발표됐다.

  ○ 리턴 타입 추론. 함수의 리턴 타입을 자동 추론할 때 함수 뒤에 decltype 표현을 써야 했던 C++11과 달리 단순한 auto 키워드로 이것을 가능하게 한다.

  ○ 제네릭 람다. 입력 매개 변수에 auto 키워드를 사용함으로써 람다를 템플릿 함수처럼 쓸 수 있다.

  ○ 람다에서 '캡처'된 변수를 초기화할 수 있는 기능

  ○ 이진 리터럴을 위한 접두사 0b(예, 0b10110110)

  ○ 가독성 향상을 위한 숫자 구분 기호(예, 1000000 대신 1'000'000으로 적을 수 있다)

  ○ 변수 템플릿을 통해 변수를 선언할 때 템플릿 문법을 사용할 수 있다.

  ○ constexpr 문법을 보다 완화해 상수 표현식에서 if, switch를 사용 가능하게 했다.

- C++17은 2017년 7월 31에 발표됐다. C++14를 여러 면에서 확장하고 개선하는데, 다음은 그중 일부다.

  ○ 낡고 위험한 기능들을 삭제. 삼중자^{trigraph}, register 키워드, 이미 퇴출된 auto_ptr 스마트포인터

  ○ 복사 생략^{copy elision}을 보장함으로써 불필요한 객체 복사를 생략

- 예외^{exception} 명세를 타입 시스템의 일부로 편입함. 즉 `void f() noexcept(true);`와 `void f() noexcept(false);`는 이제 다른 타입이다.
- 두 가지 새로운 리터럴을 추가: UTF-8 캐릭터 리터럴(예, `u8'x'`), 16진수 밑수^{base}와 10진수 지수를 사용하는 부동소수 리터럴(예, `0xC.68p+2`)
- 구조적 바인딩$^{structured\ binding}$ 도입. 데이터 집합이 개별 변수 변수들로 '풀어질' 수 있게 해준다(예, `auto [a, b] = func_that_returns_a_pair();`). 함수가 튜플을 통해 여러 개의 값을 리턴할 수 있는 파이썬과 매우 유사한 문법이다.
- 몇몇 유용한 표준 속성을 추가. 예를 들어 `[[fallthrough]]`는 switch 문에서 `break` 문을 인위적으로 생략했음을 명확히 함으로써 혹시 발생할 수 있는 경고를 방지한다.

3.1.2.1 더 읽을거리

C++11, C++14, C++17을 잘 다루고 있는 온라인 페이지나 책들이 많기 때문에 여기서 더 이야기하지는 않겠다. 다음은 유용한 참고 자료들이다.

- https://en.cppreference.com/w/cpp는 훌륭한 C++ 레퍼런스 매뉴얼이며 'since C++11'이나 'until C++17' 등의 별도 표기를 통해 기능이 추가된 시점과 제거된 시점을 각각 표시해 준다.
- https://isocpp.org/std를 방문하면 ISO의 표준화 작업에 대해 살펴볼 수 있다.
- 다음 사이트들은 C++의 주요 신규 기능들을 잘 요약하고 있다.
  - https://www.codeproject.com/Articles/570638/Ten-Cplusplus-Features-Every-Cplusplus-Developer
  - https://blog.smartbear.com/development/the-biggest-changesin-c11-and-why-you-should-care
- http://thbecker.net/articles/auto_and_decltype/section_01.html에는 auto와 decltype에 대한 자세한 내용이 나와 있다.
- https://www.drdobbs.com/cpp/the-c14-standard-what-you-need-to-know/240169034
- https://isocpp.org/files/papers/p0636r0.html에는 C++17이 C++14와 어떻게 다른지 완전한 목록이 나와 있다.

3.1.2.2 언어의 어떤 기능을 쓸 것인가?

C++에 추가된 멋진 기능들을 봤을 때 당연히 이 모든 것을 엔진이나 게임에 쓰고 싶을 것이다. 그러나 기능이 있다고 해서 그것을 당장 써야만 하는 것은 아니다.

너티 독에서는 언어의 새 기능을 도입할 때 보수적으로 접근했다. 스튜디오의 코딩 표준의 일환으로 런타임 코드에 쓸 수 있는 C++ 언어 기능을 목록화했으며, 이보다 좀 더 자유롭게 활용할 수 있는 오프라인 도구 코드를 위한 목록도 있었다. 이렇게 신중하게 접근한 이유가 있는데, 다음 절에서 설명해 보겠다.

완전한 기능 지원 부족

'최신' 기능들이 컴파일러에서 제대로 지원되지 않을 수도 있다. 예를 들어 소니 플레이스테이션 4에서 쓰이는 LLVM/Clang 컴파일러는 버전 3.3에서 C++11 표준 전체를 지원하기 시작했으며 3.4 이후부터 C++14 전체를 지원한다. 그렇지만 C++17에 대한 지원은 Clang 버전 3.5부터 4.0까지 흩어져 있으며 C++2a에 대한 지원은 아직 전혀 없다. 또한 Clang은 기본적으로 C++98 모드에서 코드를 컴파일한다. 최신 표준은 확장 개념으로서 지원하지만 모든 기능을 사용하려면 특정 커맨드라인 인자를 컴파일러에 넘겨야 한다. 자세한 내용은 다음 사이트(https://clang.llvm.org/cxx_status.html)를 참고하자.

표준 간 전환 비용

코드베이스를 한 표준에서 다른 표준으로 전환하려면 비용이 든다. 그렇기 때문에 게임 스튜디오는 사용할 최신 C++ 표준을 결정한 후 어느 정도의 기간 동안 이 결정을 유지해야 한다(예를 들면 프로젝트 1개를 진행할 동안). 너티 독은 C++11 표준을 채택한지 얼마 되지 않았는데, 코드 브랜치에 실제 사용하도록 허용한 것은 라스트 오브 어스 파트 II가 개발 중이던 때였다. '언차티드 4'와 '언차티드: 잃어버린 유산'의 코드는 C++98 표준으로 짰으며, C++11 도입으로 얻을 수 있는 사소한 게인보다 비용과 위험이 더 크다고 판단했다.

위험 그리고 게인

C++의 모든 기능이 똑같이 좋은 것만은 아니다. `nullptr` 같은 것은 이견이 없을 정도로 좋다. 그러나 어떤 것들은 좋은 점과 함께 부정적인 측면도 갖고 있다. 그리고 개중에는 런타임 엔진 코드에 쓰지 못할 만한 것들도 있다.

장단점을 함께 갖는 기능의 예로 C++에서 새로 도입된 auto 키워드를 들 수 있다. auto는 변수와 함수에 관해 코드 작성을 쉽게 하는 이점을 분명히 갖고 있다. 그러나 너티 독의 프로그래머들은 auto를 과용하면 코드가 난잡해지는 것을 경험했다. 극단적인 예로, 다른 사람이 짠 .cpp 파일에서 모든 변수, 함수 매개 변수, 리턴 값이 auto로 선언된 것을 읽어야 할 때를 상상해 보자. 이것은 마치 타입이 없는 언어인 파이썬이나 리스프의 코드를 읽는 것과 같을 것이다. C++ 등 엄격한 타입을 지향하는 언어의 장점 중 하나는 프로그래미가 모든 변수의 타입을 쉽게 인지할 수 있다는 것이다. 따라서 너티 독은 단순한 규칙을 적용했다. auto를 사용할 수 있는 상황은 반복자^{iterator}를 선언할 경우 다른 대안이 없는 경우(예를 들면 템플릿 정의 내), 그리고 auto를 사용함으로써 코드의 명료성, 가독성, 유지 보수성이 크게 증가하는 경우로 한정하도록 했다. 이 상황이 아닌 경우는 명시적인 타입을 선언하도록 했다.

게임 등 상용 프로그램에서 사용하기 적절하지 않은 기능의 예로는 템플릿 메타프로그래밍 ^{metaprogramming}을 들 수 있다. 안드레이 알렉산드레스쿠$^{Andrei\ Alexandrescu}$의 로키^{Loki} 라이브러리[3]는 템플릿 메타프로그래밍을 매우 적극적으로 활용해 여러 가지 흥미롭고 굉장한 일들을 해낸다. 그러나 그 결과 코드는 가독성이 떨어지고, 경우에 따라 이식성이 없으며, 프로그래머가 이해하는 데 굉장히 큰 노력을 요한다. 이는 비록 자신이 익숙하지 않은 코드일지라도 모든 프로그래머가 빠르게 디버깅에 참가할 수 있어야 한다는 너티 독 프로그래밍 리더들의 믿음과 상충하는 것이다. 따라서 너티 독에서는 런타임 엔진 코드에 템플릿 메타프로그래밍을 금지했고, 게인이 비용을 상회하는 것으로 판단한 경우에만 예외를 뒀다.

'손에 망치를 쥐고 있으면 모든 것이 못으로 보인다'는 속담을 명심해야 한다. 언어의 기능이 있다고 해서(또는 새로운 것이라고 해서) 써보고 싶은 유혹을 참아야 한다. 신중하고 조심스런 접근만이 안정적이면서 이해하기 쉽고, 추론하기 쉽고, 디버깅하기 쉬우면서 유지 보수하기 용이한 코드베이스를 형성할 수 있다.

3.1.3 코딩 규칙: 필요한 이유와 적용 정도

코딩 규칙에 관해 이야기하다 보면 종종 열띤 논쟁이 돼 버리는 경우가 많다. 여기서 여러분과 그런 논쟁을 벌이는 것은 전혀 원치 않으며, 적어도 최소한의 코딩 규칙이라도 사용하면 좋다는 것만 말하고 싶다. 코딩 규칙이 필요한 이유는 크게 두 가지다.

1. 특정 규칙을 준수하면 코드를 읽고 이해하기 쉬워지며 유지 비용도 적게 든다.
2. 어떤 코딩 규칙들은 프로그래머가 터무니없는 실수를 하지 않게 도와준다. 예를 들면 간단하고 테스트가 용이하며 실수 가능성이 적은 프로그래밍 언어의 기능만 사용하도록 권장하는 코딩 규칙이 있을 수 있다. C++는 과용할 기능들이 넘쳐나는 복잡한 언어이기 때문에 이런 코딩 규칙은 C++를 사용할 때 특히 유용하다.

글쓴이의 의견에 코딩 규칙을 정할 때 가장 중요한 것들은 다음과 같다.

- **인터페이스를 제일 중시할 것** 인터페이스(.h 파일)는 간결하고 단순하며 최소한의 것만 포함해야 한다. 또 이해하기 쉬워야 되고 주석을 잘 달아야 한다.

- **이름을 잘 지을 것** 잘 지은 이름은 코드를 이해하는 데 도움을 주고 혼란을 방지한다. 클래스나 함수, 변수의 목적에 맞는 가장 직관적인 이름을 지어라. 좋은 이름을 생각해 내는 데 시간을 들여라. 프로그래머가 이름의 의미를 알아내기 위해 다른 곳을 찾아봐야 하는 것은 피하라. C++ 등의 고급high-level 언어는 사람이 이해하도록 설계됐다는 점을 항상 명심하라(수긍하지 못하겠거든 왜 어셈블리어로 모든 코딩을 하지 않는지 자문해 보라).

- **전역 네임스페이스를 깔끔하게 유지할 것** C++의 네임스페이스namespace와 이름에 붙이는 접두사 등을 사용해 다른 라이브러리의 이름과 충돌하지 않게 해야 한다(하지만 네임스페이스를 과용하거나 너무 여러 겹으로 사용하는 것은 경계하라). #define 문을 이용해 이름을 정의하는 데는 주의가 필요하다. C++ 전처리기는 단순히 텍스트를 바꿔칠 뿐이라서 C/C++의 범위scope나 네임스페이스를 깡그리 무시하기 때문이다.

- **널리 알려진 C++ 사용법을 따를 것** 스캇 마이어스Scott Meyers의 이펙티브 C++ 시리즈[36, 37], 이펙티브 STL[38]과 존 라코즈John Lakos의 대규모 C++ 소프트웨어 디자인[31]을 읽어 보고 잘 따른다면 곤경을 피할 수 있다.

- **코딩 규칙은 일관돼야 할 것** 코드를 처음부터 짠다면 어떤 종류의 코딩 규칙이든 원하는 대로 써도 된다. 단, 그렇게 정한 규칙은 일관되게 적용돼야 한다. 그리고 이미 만들어진 코드를 고쳐야 한다면 그 코드에 사용된 코딩 규칙을 철저히 따라야 한다.

- **오류를 스스로 드러내는 코드를 작성할 것** 조엘 스폴스키Joel Spolsky가 쓴 글 중에 코딩 규칙에 관한 훌륭한 것이 있는데, http://www.joelonsoftware.com/articles/Wrong.html에서 찾을 수 있다. 조엘은 '깨끗한' 코드란 피상적인 수준에서 깔끔하고 정돈돼 보

이는 코드가 아니라 흔히 저지를 수 있는 프로그래밍 오류를 쉽게 볼 수 있도록 해주는 코드라고 말한다. 조엘은 언제나 재미있으면서 도움이 되는 글을 쓰기로 유명한데, 이 글도 꼭 읽어 보라고 추천하고 싶다.

3.2 에러 감지와 처리

게임 엔진에서 에러를 감지하고 처리하는 방법에는 여러 가지가 있다. 이 방법들 사이의 차이점을 알고 장점과 단점을 파악하며, 언제 어떤 방법을 써야 할지를 아는 것이 중요하다.

3.2.1 에러의 종류

모든 소프트웨어 프로젝트에는 크게 두 가지 에러가 있다. 사용자 에러user error와 프로그래머 에러programmer error다. 사용자 에러란 프로그램을 사용하는 사용자가 뭔가를 잘못해서 발생하는 것으로, 입력 값을 잘못 넣었다거나 있지도 않은 파일을 열려고 한다든지 하는 경우를 뜻한다. 프로그래머 에러는 프로그램의 잘못된 버그 때문에 발생한다. 사용자가 어떤 동작을 함으로써 프로그래머 에러가 발생하기도 하지만, 핵심은 프로그래머가 실수하지 않았다면 충분히 피할 수 있었을 것이라는 점이다. 그리고 사용자들은 프로그램이 이런 상황을 문제없이 처리할 수 있기를 기대한다.

물론 사용자란 개념은 상황에 따라 바뀔 수 있다. 게임 개발 과정에서 사용자 에러는 크게 두 가지로 분류한다. 게임을 플레이하는 사람이 발생시키는 에러와 개발 과정에서 게임을 만드는 사람이 발생시키는 에러다. 버그를 처리할 때는 어떤 종류의 사용자가 영향을 받는지 기록하고 그에 맞게 대처하는 것이 중요하다.

사실 이외에 세 번째 사용자가 있는데, 이들은 여러분의 팀에 속한 다른 프로그래머들이다(하복이나 오픈GL 같은 미들웨어를 개발하는 사람이라면 세 번째 사용자는 해당 라이브러리를 사용하는 전 세계의 프로그래머가 되겠다). 여기서 사용자 에러와 프로그래머 에러에 대한 구분이 모호해진다. 프로그래머 A가 함수 f( )를 만들고 프로그래머 B가 이 함수를 호출한다고 가정하자. B가 f( )를 호출할 때 잘못된 인자(예를 들면 널 포인터나 배열의 범위를 벗어난 인덱스 등)를 사용했다면 A가 봤을 때는 사용자 에러이고 B가 봤을 때는 프로그래머 에러가 될 수 있다(물론 A가 잘못된 인자를 충분히 예측해서 문제없이 처리했어야 하기 때문에 A의 입장에서 봐도 프로그래머 에러라고 말할 수도 있다). 결론은 사용자 에러와 프로그래머 에러의 구분은 어떤 상황이냐에 따라 달라질 수 있고, 자로 잰 듯 명확하게 결론을 낼 수 있는 것은 아니라는 점이다.

3.2.2 에러 처리

에러를 처리할 때 필요한 요건은 두 종류의 에러 간에 크게 다르다. 사용자 에러의 경우 가능한 한 부드럽게 처리하는 게 최선이다. 적절한 메시지를 보여 주고 사용자는 하던 일을 계속하게 하고, 게임의 경우는 계속 플레이할 수 있게 해줘야 한다. 반면 프로그래머 에러는 이런 식으로 어물쩍 넘어가서는 안 된다. 대부분의 경우 프로그램 실행을 강제로 멈추고 로우레벨 정보를 자세히 제공하는 것이 프로그래머가 빨리 문제를 파악하고 해결하는 데 도움이 된다. 최선은 제품이 시중에 나오기 전에 모든 프로그래머 에러를 해결하는 것이다.

3.2.2.1 플레이어 에러 처리

'사용자'가 여러분의 게임을 플레이하고 있는 사람일 경우 에러는 게임의 내용에 걸맞게 처리되는 게 자연스럽다. 예를 들어 플레이어가 총알이 바닥났는데도 무기를 재장전하려고 한다면 게임에서 강제로 튕겨 내기보다는 적당한 음향이나 애니메이션을 보여 줘서 상황을 인지하게 하는 것이 맞다.

3.2.2.2 개발자 에러 처리

'사용자'가 아티스트나 애니메이터, 게임 디자이너 등 게임을 만드는 다른 사람일 경우 잘못된 게임 자원으로 인해 에러가 발생할 수 있다. 애니메이터가 엉뚱한 뼈대(스켈레톤)를 연결하려 한다든지 텍스처 크기가 잘못된 경우, 오디오 파일이 지원하지 않는 샘플 레이트$^{sample\ rate}$로 녹음된 경우 등이 이런 예다. 이런 '개발자' 에러의 경우에 대해서는 크게 다른 두 가지 의견이 대립한다.

한편에서는 잘못된 게임 자원을 가능하면 빨리 발견해 고치는 것을 중요하게 여긴다. 게임은 글자 그대로 수천 개의 자원으로 이뤄지기 때문에 문제가 있는 게임 자원이 어쩌다 뒤섞여 자칫하면 그냥 그대로 최종 출시판에 들어갈 수도 있다. 이 생각을 극단적으로 밀어붙이자면 단 한 가지라도 잘못된 게임 자원을 발견하면 게임이 실행되지 않게 하는 것이다. 이러면 문제가 된 자원을 만든 사람을 강하게 압박해 빨리 조치를 취하게 할 수 있다.

다른 편에서는 게임 개발이란 혼란스럽고 상호적인 과정이기 때문에 처음부터 완벽한 자원을 만들기는 힘들다고 생각한다. 이 관점에서는 게임 엔진이 상상할 수 있는 어떤 문제에 대해서도 굳건히 동작해야 하며, 따라서 완전히 잘못된 자원이 있더라도 작동은 해야 한다. 하지만 이 또한 지나치게 현실과 동떨어져 있는 생각인 것이 개발 과정이 안정화되고 제품이 출시되면 결국 쓸모없어질 에러 검출 및 처리 코드 때문에 게임 엔진이 비대해질 수도 있기 때문이다. 그리고 최종 출시될 게임에 잘못된 자원이 섞여 있을 확률도 너무 높아진다.

내 생각으로 최선의 방법은 이 두 가지 극단 사이에 적절한 균형을 찾는 것이다. 개발자 에러가 발생했을 때 에러가 발생했음을 분명히 알려 주되 작업을 계속할 수 있게 하는 방법을 선호한다. 단 한 명이 실수해 잘못된 자원을 추가했다고 팀 전체가 작업을 멈춰야 한다면 너무 비효율적이다. 게임 스튜디오에서 일하는 비싼 인력들 여러 명이 작업을 못하게 되면 비용은 작업 못하게 된 사람 수만큼 곱절이 된다. 물론 이런 식의 에러 처리는 실용적이어야 하는데, 너무 구현하기 힘들다거나 코드를 비효율적으로 만들어서는 안 된다.

구체적인 예로 어떤 메시가 로딩이 안 되는 에러가 있다고 치자. 내가 생각하기로는 이 경우 메시가 원래 자리해야 할 게임 월드에 큰 빨간 박스를 그리고 그 위에 글자로 '메시 XXX가 로딩에 실패했음'이라고 적어 주는 게 최선이다. 이 방법은 자칫하면 놓치기 쉬운 에러 로그보다 낫다. 그리고 문제가 있는 메시를 고칠 때까지 아무도 작업할 수 없게 그냥 게임을 강제 종료시켜 버리는 것보다는 비교할 수 없이 우월한 방법이다. 물론 어처구니없을 정도로 심각한 문제인 경우에는 그냥 에러 메시지를 보여 주고 강제 종료시키는 것도 괜찮다. 모든 상황에 다 맞는 최적의 해법은 없으며, 상황에 따라 어떤 에러 처리 방법을 쓸지 판단하는 감도 경험이 쌓이면 향상될 것이다.

3.2.2.3 프로그래머 에러 처리

프로그래머 에러(버그)를 감지하고 처리하는 제일 좋은 방법은 에러 감지 코드를 직접 소스코드 곳곳에 넣고 여기에 걸릴 경우 프로그램을 멈춰 버리는 것이다. 이런 방법을 어서션^{assertion} 시스템이라고 한다. 이에 관해선 3.2.3.3절에서 자세히 살펴본다. 앞서 살펴봤듯이 어떤 프로그래머에게 사용자 에러인 것이 다른 쪽에서는 프로그래머 버그가 된다. 그래서 모든 프로그래머 에러를 다루는 데 어서션을 사용할 수는 없다. 어서션과 좀 더 자연스러운 에러 처리 간에 적절한 위치를 찾는 기술을 터득하는 데는 시간이 걸린다.

3.2.3 에러 감지와 에러 처리 구현

지금껏 이론적인 차원에서 에러 처리에 관해 살펴봤다. 이제 프로그래머 입장에서 에러 감지와 처리를 구현해야 할 때 어떤 방법들이 있는지 알아보자.

3.2.3.1 에러 리턴 코드

널리 쓰이는 에러 처리 기법 중 맨 처음 에러를 감지한 함수에서 특정한 에러 코드를 리턴하게하는 방법이 있다. 참/거짓(bool) 값으로 성공과 실패를 나타낼 수도 있고, 아니면 정상적으로리턴할 수 있는 값의 범위를 벗어난 '불가능한 값'을 리턴할 수도 있다. 예를 들어 양의 값인 정수나 부동소수를 리턴해야 하는 함수에서 에러인 경우 음의 값을 리턴하게 한다든지 하는 식으로 말이다. 참/거짓이나 '불가능한 값'을 리턴하는 것보다 더 좋은 방법은 함수가 어떤 열거형 값^{enumerated value} 중 하나를 리턴해 성공, 실패를 나타내게 설계하는 것이다. 이 방법은 정상적인 함수의 결과물에서 에러 코드를 분리하는 장점도 있고 문제의 정확한 원인을 알려 줄 수 있다(예. enum Error{ kSuccess, kAssetNotFound, kInvalidRange, ... }).

해당 함수를 호출한 함수에서 리턴되는 에러 코드를 보고 적절히 대응해야 한다. 즉시 에러를처리하거나 문제를 우회해서 실행을 계속할 수도 있고, 아니면 자신을 호출한 함수에 에러 코드를 그냥 전달할 수도 있다.

3.2.3.2 예외 처리

리턴 코드를 이용한 방식은 에러의 상태를 전달하고 상응하는 대응을 하는 데 있어 단순하면서도 믿을 만한 방식이다. 하지만 단점도 있다. 제일 큰 문제점은 에러를 처음 감지한 함수가그 에러를 처리할 수 있는 함수와 전혀 연관이 없을 수도 있다는 점이다. 최악의 상황을 가정해 보면 콜 스택 위에 40개의 함수가 쌓여 있는데, 제일 밑바닥의 함수가 에러를 감지했고 그에러는 제일 상단의 게임 루프 또는 main() 함수에서만 다룰 수 있다고 생각해 보자. 이 상황에서는 40개의 함수 전부 에러 코드를 상위 함수에 전달해 최상단의 에러 처리 함수까지 도달하게 만들어야 한다.

이런 난관을 해결하는 방법 중 하나가 예외^{exception}를 던지는 방식이다. 예외 처리^{exception handling}는 C++가 지원하는 강력한 기능이다. 예외를 이용하면 에러가 발생했을 때 이 에러를 어떤 함수가 처리할지 전혀 신경 쓰지 않고도 에러를 전달할 수 있다. 예외가 던져지면[3] 예외 객체라는 자료 구조에 연관 있는 정보들을 넣는다. 예외 객체는 프로그래머가 정의할 수 있다. 그런 다음 콜 스택을 자동으로 펼쳐[4] try-catch 블록에 도달할 때까지 계속된다. try-catch 블록을 찾았을 경우 예외 객체를 처리할 수 있는 catch 블록을 찾는다. 맞는 블록을 찾았다면 그 catch 블록 안의 코드가 실행된다. 스택이 펼쳐지면서 자동 변수들의 파괴자는 자동으로 호출된나.

에러 감지와 에러 처리를 이렇게 깔끔하게 분리할 수 있는 점은 무척 매력적이며, 일부 소프트웨어 프로젝트에 더할 나위 없이 좋은 선택일 수 있다. 하지만 예외 처리는 프로그램 성능을 저해한다. try-catch 블록을 포함하는 모든 함수의 스택 프레임에는 스택 펼치기$^{stack\ unwinding}$를 위한 별도의 정보를 추가해야 한다. 또한 프로그램의 단 한 부분(함수나 라이브러리 등)에서만 예외 처리를 사용해도 전체 프로그램이 예외 처리를 사용하게 설정해야 한다. 예외를 던졌을 때 콜 스택에 어떤 함수가 올지 컴파일러가 예측할 수 없기 때문이다.

예외 처리를 사용하는 라이브러리(또는 라이브러리들)를 사용하면서도 전체 게임 코드는 예외 처리를 사용하지 않으려면 이것들을 격리시키면 된다. 구체적으로는 해당 라이브러리 API 호출을 새로운 함수로 감싸고, 이 함수들이 구현된 번역 단위$^{translation\ unit}$에는 예외 처리를 활성화한다. 이 함수들은 발생할 수 있는 모든 예외에 대해 try/catch 블록으로 감싸 처리하고 그 결과를 에러 코드로 리턴하게 작성한다. 이제 이렇게 구현된 라이브러리를 게임 코드와 링크하면 게임 코드는 예외 처리를 꺼도 된다.

사실 프로그램 부하 문제보다 더 중요한 논점은 예외^{exception}가 어떻게 보면 goto 문과 별반 다를 것이 없다는 점이다. 마이크로소프트 및 포그 크릭 소프트웨어[5]의 조엘 스폴스키에 따르면 소스코드에서 식별이 어렵다는 점에서 예외가 사실상 goto보다 더 나쁘다고 한다. 예외를 던지지도 않고, 처리하지도 않는 함수일지라도 콜 스택에서 이런 함수들 사이에 끼게 된다면 스택 펼치기 과정에 관여할 수 있다. 이에 더해 스택 펼치기 과정 또한 완벽하지 않다. 프로그래머가 예외가 던져질 모든 상황을 고려하고 그에 맞게 처리하지 않는 한 소프트웨어가 비정상적인 상태에 빠질 가능성이 있다. 이 때문에 안정적인 소프트웨어를 짜는 일이 어려워진다. 예

---

3   예외는 던진다(throw exception)고 표현한다. - 옮긴이

4   stack unwinding을 모르는 독자라면 필히 따로 찾아보기 바란다. - 옮긴이

5   지금의 글리치(Glitch) - 옮긴이

외가 던져질 가능성이 존재하는 한, 코드 베이스의 거의 모든 함수는 다른 함수를 호출할 때 별안간 자신의 로컬 객체들이 전부 파괴되는 일이 벌어져도 문제가 없을 정도의 안정성을 갖춰야 한다.

예외 처리의 또 다른 문제는 그 비용이다. 이론적으로는 현대적 예외 처리 프레임워크는 에러가 발생하지 않는 한 런타임에 부하가 생기지 않아야 하지만, 실제로 꼭 그렇지는 않다. 한 예로, 예외 발생 시 스택 펼치기를 위해 컴파일러가 함수에 추가하는 코드는 코드 크기를 증가시킨다. 이로 인해 I-캐시 성능이 떨어질 수 있고, 다른 상황이었으면 컴파일러에 의해 인라인 처리됐을 함수가 인라인 처리되지 않을 수도 있다.

게임 엔진에서 전체적으로 예외 처리를 끄는 것에 유력한 논거가 있는 것은 분명하다. 너티독, 일렉트로닉 아츠, 미드웨이^{Midway}에서 내가 일했던 거의 모든 프로젝트는 이 정책을 택했다. 마이크 액튼^{Mike Acton}은 인섬니악 게임즈^{Insomniac Games}의 엔진 디렉터로서 여러 번에 걸쳐 런타임 게임 코드에 예외 처리를 쓰지 말 것을 강조했다. JPL과 NASA 역시 임무에 핵심적인 임베디드 소프트웨어에서 예외 처리를 사용하지 않는데, 그 이유는 아마 게임에서와 비슷할 것으로 추측된다. 그럼에도 각자의 상황은 다를 수 있다. 일하는 데 꼭 한 가지 최적의 도구와 방법만 있는 것은 아니다. 신중하게 사용한다면 예외를 통해 더 짜기 쉽고 일하기 쉬운 코드를 만들 수도 있다. 단지 주의가 필요할 뿐이다.

인터넷에는 관련된 많은 글이 있다. 다음은 예외에 대한 긍정적인 측면과 부정적 측면을 모두 다룬 좋은 글이다.

- http://www.joelonsoftware.com/items/2003/10/13.html
- http://www.nedbatchelder.com/text/exceptions-vs-status.html
- http://www.joelonsoftware.com/items/2003/10/15.html

예외와 RAII

'리소스 획득과 초기화 동시에 하기' 패턴(RAII, 3.1.1.6절 참조)과 예외 처리를 함께 사용하는 경우가 자주 있다. 생성자에서 원하는 자원 획득을 시도하고, 실패할 경우 예외를 던진다. 이것은 객체 생성 후에 상태를 들여다봐야 하는 코드를 없애고자 쓰인다. 생성자가 예외를 던지지 않았다면 자원 획득에 성공했음을 안다.

그러나 RAII 패턴을 예외 처리 없이도 쓸 수 있다. 그냥 자원 객체를 새로 만든 후 상태를 검사하도록 코드 규칙을 강화하면 된다. 이렇게 해도 RAII의 모든 이점은 챙길 수 있다(예외를 어서션으로 대체해 자원 획득에 실패했음을 알릴 수도 있다).

3.2.3.3 어서션

어서션assertion[6]이란 어떤 표현을 검사하는 코드다. 표현이 참이면 아무 일도 일어나지 않는다. 반면 거짓인 경우 프로그램 실행이 중단되고 메시지가 출력되며, 디버거에 연결할 수 있으면 디버거가 실행된다.

어서션은 프로그래머가 가정한 조건을 점검하는 역할을 한다. 버그가 접근하면 터지는 지뢰와 같다. 코드를 처음 짤 때는 그 코드가 제대로 동작하는지 보증하는 역할을 한다. 그리고 맨 처음에 가정하고 코드를 짰던 조건들이 코드가 변해 감에 따라 그대로 유지되게 하는 역할도 한다. 예를 들어 프로그래머가 원래는 아무 문제없던 코드를 고쳤는데 그 코드의 논리적 기반이 되는 어떤 전제를 실수로 침범했다면 어서션 지뢰에 걸리게 된다. 이러면 프로그래머는 즉시 문제를 알게 되고 쓸데없이 헤매지 않고 바로 문제를 해결할 수 있다. 어서션이 없는 경우 버그는 잘 드러나지 않게 되고 나중에 발견되는 경향이 있는데, 이렇게 되면 추적하기도 힘들고 시간도 많이 걸린다. 어서션을 사용하면 버그는 발생하는 순간 스스로를 만천하에 알리게 되는데, 이때가 문제를 고치기에 가장 좋은 때다. 코드를 만지던 프로그래머가 아직 코드를 생생히 기억하고 있는 순간이기 때문이다. 프로그래머 필독서인 스티브 맥콰이어Steve Mcquire의 『Writing Solid Code』(Torch Lake Press, 2013)[35]를 보면 어서션에 대한 심도 있는 논의를 읽을 수 있다.

어서션의 비용은 개발 단계에서는 별 문제가 되지 않지만, 필요한 경우 성능을 짜 내기 위해 출시 직전에 어서션을 제거하는 것도 한 방법이다. 이런 이유로 보통 어서션은 디버그 버전이 아닌 경우 이것을 제거할 수 있게 구현한다. C에서는 표준 라이브러리 헤더 파일 <assert.h>를 통해 assert( ) 매크로를 제공한다.

표준 라이브러리의 assert( ) 정의는 디버그 빌드(DEBUG 전처리기 심볼이 정의된 빌드)에서는 유효하고 디버그 빌드가 아닌 경우(NDEBUG 전처리기 심볼이 정의된 빌드)에서는 제거된다. 게임 엔진

---

6   다시 한번 적절한 우리말이 정착되지 않은 상황에 대해 유감을 표한다. – 옮긴이

의 경우 어서션을 유지하는 빌드 설정과 제거하는 빌드 설정을 좀 더 세세하게 제어해야 할 것이다. 예를 들면 디버그와 개발 빌드 외에 다른 빌드 설정을 사용할 수도 있다. 글로벌 최적화를 켠 출시^{shipping} 빌드를 둘 수도 있고, 어떤 경우는 프로파일-가이디드 최적화(2.2.4절 참조)를 위한 PGO 빌드가 있을 수도 있다. 또한 어서션도 취향에 따라 여러 가지를 둘 수 있을 것이다. 출시 버전에서도 살아 있을 필요가 있는 것, 또는 출시 빌드가 아닌 경우 제거되는 것도 가능하다. 그렇기 때문에 C/C++ 전처리기를 사용해 자신만의 ASSERT( ) 매크로를 구현하는 법을 알아보자.

어서션 구현

어서션을 구현하는 #define 매크로는 보통 1) if/else 조건 구문, 2) 조건이 거짓인 경우 호출될 함수, 3) 프로그램 실행을 중단하고 디버거가 연결돼 있다면 디버거를 불러낼 어셈블리 코드로 이뤄진다. 통상적인 구현은 다음처럼 한다.

```
#if ASSERTIONS_ENABLED

// 디버거를 호출할 인라인 어셈블리 함수를 정의한다.
// 구현은 각 CPU마다 다를 수 있다.
#define debugBreak() asm { int 3 }

// 표현을 검사하고 거짓이면 에러 처리한다.
#define ASSERT(expr) \
  if (expr) { } \
  else \
  { \
    reportAssertionFailure(#expr, \
        __FILE__, \__LINE__); \
    debugBreak(); \
  }

#else

#define ASSERT(expr)    // 코드가 없어진다.

#endif
```

이 매크로 정의가 어떻게 동작하는지 알아보기 위해 단계별로 살펴보자.

- 맨 바깥의 #if/#else/#endif는 코드에서 assertion을 완전히 제거할 수 있게 한다. ASSERTIONS_ENABLED가 0이 아닌 경우 ASSERT( ) 매크로는 원래의 모습을 띠고, 프로그램 내의 모든 어서션 체크는 정상적으로 동작한다. 하지만 이 값이 0인 경우 ASSERT(expr)은 빈 구문이 되기 때문에 코드 안의 모든 체크는 사실상 없어진다.
- debugBreak( )는 프로그램 실행을 멈추고 디버거가 연결된 경우 디버거에 실행을 넘기는 어셈블리 코드를 부른다. CPU마다 다르긴 하지만 보통 어셈블리 명령어 1개로 구현한다.
- ASSERT( ) 매크로는 보통 생각하는 것과 달리 else까지 딸린 if 문으로 구현된다. 이는 ASSERT( ) 매크로가 다른 if/else 문 안에서도 제약 없이 사용될 수 있게 하기 위해서다.

다음은 ASSERT( )가 else 없이 if로만 정의됐을 때 일어날 수 있는 상황이다.

```
// 경고: 이렇게 하면 안 됩니다!
#define ASSERT(expr) if (!(expr)) debugBreak()

void f()
{
  if (a < 5)
    ASSERT(a >= 0);
  else
    doSomething(a);
}
```

이 코드는 다음처럼 잘못된 코드가 된다.

```
void f()
{
  if (a < 5)
    if (!(a >= 0))
      debugBreak();
    else  // 잘못된 if에 연결된다!
      doSomething(a);
}
```

- ASSERT( ) 매크로의 else 구문은 두 가지 일을 한다. 프로그래머에게 뭐가 잘못됐는지를 알려 주는 메시지를 출력하고, 그다음 디버거로 실행을 넘긴다. 메시지를 출력하는 함수

의 첫 번째 인자로 #expr을 사용한 것을 눈여겨보기 바란다. 전처리기 연산자 #은 expr 표현을 문자열로 바꿔 실패 메시지로 출력될 수 있게 한다.

- __FILE__과 __LINE__ 매크로의 사용도 재미있는 점이다. 컴파일러가 정의하는 이 매크로들은 .cpp 파일의 이름과 해당 매크로가 있는 줄의 위치를 담는다. 메시지를 뿌려 주는 함수에 이 값을 넘김으로써 문제가 발생한 정확한 위치를 출력할 수 있게 된다.

코드에 어서션을 적극 사용하는 것은 좋은 일이다. 하지만 어서션이 성능에 어떤 영향을 미치는지 잘 알고 있어야 한다. 여기서 두 가지 어서션의 사용을 고려해 볼 수 있다. 보통의 ASSERT( )는 모든 빌드에 들어가는데, 디버그 빌드가 아니더라도 에러를 쉽게 찾아내는 데 쓰인다. 그리고 또 다른 SLOW_ASSERT( )는 디버그 빌드에서만 활성화된다. 후자는 릴리스 빌드에서 검사하기에는 성능에 영향을 미칠 수 있는 곳에 사용한다. SLOW_ASSERT( )는 테스터들이 매일 사용하는 빌드에서 제외되기 때문에 활용도가 떨어지지만, 적어도 프로그래머가 디버깅할 때는 유용하다.

그리고 어서션을 잘 사용하는 것 또한 매우 중요하다. 프로그램 안의 버그를 찾아내는 데만 써야 하고 절대 '사용자' 에러를 찾는 데 써서는 안 된다. 또 어서션이 실패할 경우 항상 프로그램 실행을 멈춰야 한다. 테스터나 디자이너 등 엔지니어가 아닌 사람이 어서션을 그냥 넘어갈수 있게 하는 것은 잘못이다(양치기 소년 우화와 같다. 어서션을 그냥 넘길 수 있으면 더 이상 별 가치가 없게 되고 결국은 쓸모가 없어진다). 다른 말로 하면 어서션은 치명적인 에러를 잡는 데만 써야한다. 그냥 OK 버튼을 누르고 지나쳐도 될 만한 것이라면 다른 방식으로 사용자에게 문제가발생했음을 알리는 편이 낫다(스크린에 메시지를 보여 주든가 아니면 눈에 잘 띄는 시각적인 요소를 보여 주는 등).

컴파일 시의 어서션

지금까지 알아본 내용에 따르면 어서션의 한 가지 취약점은 조건 점검이 런타임에만 이뤄진다는 것이다. 프로그램을 실행하고 해당 코드가 실제로 실행돼야 어서션의 조건을 체크할 수 있다.

때로는 어서션에서 점검하려는 조건에 대한 정보를 컴파일할 때부터 완전히 알 수 있는 경우가 있다. 한 가지 예로, 크기가 꼭 128바이트여야 하는 구조체를 정의한다고 하자. 만약 다른 프로그래머(아니면 미래의 자신)가 구조체의 크기를 변경할 경우 컴파일러가 에러 메시지를 보이기를 원한다고 하자. 즉 다음과 같은 코드를 짜고 싶다.

```
struct NeedsToBe128Bytes
{
  U32 m_a;
  F32 m_b;
  // etc.
};

// 안됐지만 못쓰는 코드...
ASSERT(sizeof(NeedsToBe128Bytes) == 128);
```

ASSERT( )(또는 assert( )) 매크로는 런타임에 실행해야 되는 데다 실행 코드를 함수 정의 부분 바깥의 .cpp 전역 범위에다 둘 수도 없다. 이 문제를 해결하려면 컴파일 시에 동작하는 어서션, 또는 정적 어서션^{static assertion}이 필요하다.

C++11부터는 표준 라이브러리에 static_assert( )라는 매크로가 들어갔다. 그러므로 위의 코드를 다음과 같이 다시 짤 수 있다.

```
struct NeedsToBe128Bytes
{
  U32 m_a;
  F32 m_b;
  // etc.
};

static_assert(sizeof(NeedsToBe128Bytes) == 128, "wrong size");
```

C++11을 쓰고 있지 않다면 직접 STATIC_ASSERT( ) 매크로를 짜면 된다. 구현법은 여러 가지가 있지만 핵심은 똑같다. 이 매크로는 다음 조건을 만족하는 선언을 코드에 심는다. (a) 파일 범위^{scope}에 적법하게 위치할 수 있어야 하고, (b) 원하는 조건을 런타임이 아니라 컴파일 시 검사할 수 있어야 하며, (c) 조건이 거짓인 경우에만 컴파일 에러를 내야 한다. 경우에 따라서는 STATIC_ASSERT( )에 특정 컴파일러 종속 구현이 들어가기도 하지만 다음 코드는 어느 정도 이식성을 갖췄다고 할 만하다.

```
#define _ASSERT_GLUE(a, b) a ## b
#define ASSERT_GLUE(a, b) _ASSERT_GLUE(a, b)
```

```
#define STATIC_ASSERT(expr) \
  enum \
  { \
    ASSERT_GLUE(g_assert_fail_, __LINE__) \
      = 1 / (int)(!!(expr)) \
  }

STATIC_ASSERT(sizeof(int) == 4);    // 성공
STATIC_ASSERT(sizeof(float) == 1); // 실패
```

원리는 1개의 열거자enumerator를 갖는 이름 없는 열거형 타입을 정의하는 것이다. 열거자의 이름은 접두사 g_assert_fail과 고유 접미사(이 경우 매크로가 호출되는 라인 넘버)를 접합('glue') 해 번역 단위 내에서 고유하게 정의된다. 열거자의 값은 1 / (!!(expr))이 된다. 2개의 부정 연산자(!!)를 통해 expr이 불리언Boolean 값이 되도록 보장한다.[7] 이 값을 int로 형변환하게 되면 값이 true냐 false냐에 따라 각각 1, 0이 된다. 조건이 참이었다면 열거자는 1/1, 즉 항상 1이 된다. 하지만 조건이 거짓인 경우 열거자에 1/0을 넣게 되는데 이것은 항상 컴파일 에러를 낸다.

위의 STATIC_ASSERT() 매크로가 실패하는 경우 비주얼 스튜디오 2015는 컴파일 시 다음과 같은 메시지를 낸다.

```
1>test.cpp(48): error C2131: 식이 상수로 계산되지 않았습니다.
1> test.cpp(48): note: 정의되지 않은 연산자를 사용했습니다.
```

다음은 템플릿 특수화를 통해 STATIC_ASSERT()를 정의하는 또 다른 방식이다. 이 예에서는 C++11 이상을 사용하는지 먼저 점검한다. 만약 그렇다면 최대의 이식성을 위해 표준 라이브 러리의 static_assert()를 사용한다. 그렇지 않으면 직접 구현한 코드를 사용한다.

```
#ifdef __cplusplus
  #if __cplusplus >= 201103L
    #define STATIC_ASSERT(expr) \
      static_assert(expr, \
                    "static assert failed:" \
                    #expr)
```

---

7   !!(v)는 어떤 값을 불리언으로 변환하는 트릭이다. – 옮긴이

```
    #else
      // 템플릿을 선언하고 참(true)인 경우에
      // 해당하는 정의만 추가한다(특수화).
      template<bool> class TStaticAssert;
      template<> class TStaticAssert<true> {};

      #define STATIC_ASSERT(expr) \
        enum \
        { \
          ASSERT_GLUE(g_assert_fail_, __LINE__) \
            = sizeof(TStaticAssert<!!(expr)>) \
        }
    #endif
  #endif
```

템플릿 특수화를 사용해 구현한 이 코드가 먼저 구현한 0으로 나누는 코드보다는 더 나은데,
왜냐하면 비주얼 스튜디오에서의 에러 메시지가 근소하나마 보기가 좋기 때문이다.

```
1>test.cpp(48): error C2027: 정의되지 않은 형식 'TStaticAssert<false>'을 사용했습니다.
1>test.cpp(48): note: 'TStaticAssert<false>'의 선언을 참조하세요.
```

컴파일러마다 에러를 내는 형태가 다양하기 때문에 아마 각기 상황이 다를 수 있다. 컴파일 시
어서션을 구현하는 데 다음 사이트(http://www.pixelbeat.org/programming/gcc/static_assert.
html)를 참고하면 도움이 될 것이다.

3.3 데이터, 코드, 메모리 레이아웃

3.3.1 수 표현

일반적인 소프트웨어 개발뿐 아니라 게임 엔진 개발에는 숫자가 핵심이다. 소프트웨어 엔지니
어라면 누구나 컴퓨터에서 숫자가 어떻게 표현되고 저장되는지 알고 있어야 한다. 이 절에서
는 앞으로 필요한 기본 지식을 살펴본다.

3.3.1.1 수의 기초

사람들이 숫자를 생각할 때는 십진법이 가장 자연스럽다. 십진법은 0에서 9까지 10개의 수가 사용되고, 오른쪽에서 왼쪽으로 가면서 10의 n제곱이 곱해지는데, n은 0부터 하나씩 증가한다. 예를 들어 7,803이라는 숫자는 '7803 = $(7 \times 10^3) + (8 \times 10^2) + (0 \times 10^1) + (3 \times 10^0)$ = 7000 + 800 + 0 + 3'으로 나타낼 수 있다.

컴퓨터 공학에서는 정수나 실수 같은 수학적인 단위가 컴퓨터의 메모리에 저장돼야 한다. 그리고 모두 잘 알다시피 컴퓨터는 숫자를 이진 형식으로 저장한다. 이 말은 0과 1만 사용한다는 뜻이다. 이진법이라 불리는 이유는 오른쪽부터 왼쪽으로 갈수록 1씩 증가하는 2의 제곱이 곱해지기 때문이다. 이진수라는 것을 표현하려고 '0b'를 앞에 붙여 사용하기도 한다. 예를 들어 보면 이진수 0b1101은 10진수로는 13인데, 이것은 '0b1101 = $(1 \times 2^3) + (1 \times 2^2) + (0 \times 2^1) + (1 \times 2^0)$ = 8 + 4 + 0 + 1 = 13'으로 계산할 수 있다.

또 컴퓨터 분야에서 자주 사용되는 표현법은 16진수 또는 16진법이다. 16진법은 0에서 9까지 숫자 10개와 A부터 F까지 문자 6개를 사용한다. A부터 F는 차례로 10진 수 10부터 15까지를 의미한다. C/C++ 언어에서 16진수는 '0x'를 앞에 붙여 나타낸다. 16진수가 자주 쓰이는 이유는 컴퓨터가 데이터를 저장할 때는 1바이트(8비트) 단위로 저장하는데, 16진수 하나가 정확히 4비트를 표현할 수 있기 때문이다. 달리 말하면 16진수 2개로 1바이트를 표현할 수 있다. 예를 들어 보자. '0xFF = 0b11111111 = 255'인데 255는 1바이트에서 표현할 수 있는 가장 큰 수다. 16진수는 오른쪽에서 왼쪽으로 갈수록 1씩 더해지는 16의 제곱이 곱해진다. '0xB052 = $(11 \times 16^3) + (0 \times 16^2) + (5 \times 16^1) + (2 \times 16^0)$ = $(11 \times 4096) + (0 \times 256) + (5 \times 16) + (2 \times 1)$ = 45,138'.

3.3.1.2 부호 있는 정수와 부호 없는 정수

컴퓨터 공학에서는 부호 있는 정수와 없는 정수를 모두 사용한다. 엄밀히 말하면 '부호 없는 정수unsigned integer'란 표현은 말이 안 된다. 수학에서 자연수는 0(또는 1)에서 양의 무한대를 뜻하는 말이고, 정수는 양과 음의 무한대를 모두 나타내는 말이기 때문이다. 하지만 이 책에선 괴상하건 말건 컴퓨터 공학에서 쓰는 대로 '부호 있는signed 정수'와 '부호 없는unsigned 정수'란 표현을 사용하기로 한다.

오늘날의 컴퓨터와 게임 콘솔은 32비트 또는 64비트로 표현되는 정수를 다루는 데 가장 능숙하다(8비트 또는 16비트 정수도 많이 사용하기는 한다). 부호 없는 32비트 정수를 나타낼 때는 그냥 값을 이진수로 표현하기만 하면 된다. 그 범위는 0x00000000(0)부터 0xFFFFFFFF(4,294,967,295)까지가 된다.

하지만 부호 있는 32비트 정수를 나타내려면 양의 값과 음의 값을 구분할 방법이 있어야 한다. 가장 쉬운 방법은 제일 높은 비트가 부호만 나타내게 사용하는 방법이다. 부호 비트가 0이면 양의 값이고, 1이면 음의 값으로 해석한다. 이 방법은 수를 표현하는 범위가 31비트밖에 안 되기 때문에 32비트에 비해 범위가 절반으로 줄어든다(하지만 0을 비롯한 모든 범위의 수가 각각 양수와 음수 표현이 존재한다).

대부분의 마이크로프로세서는 이보다는 조금 효율적인 방식으로 음의 정수를 표현하는데, 이 방법은 '2의 보수'라고 한다. 방금 설명한 부호 비트를 이용하는 방식과는 달리 2의 보수 표현에서 0은 단 한 가지로 표현된다(부호 비트 방식에서는 양의 부호 0과 음의 부호 0이 2개 존재한다). 32비트 2의 보수 표현에서는 0xFFFFFFFF이 −1을 나타내고 음수는 여기서부터 하나씩 감소하며 나타낸다. 최상위 비트$^{most significant bit}$가 1인 수는 음수다. 따라서 0x00000000(0)부터 0x7FFFFFFF(2,147,483,647)까지 양의 정수이고, 0x80000000(−2,147,483,648)부터 0xFFFFFFFF(−1)까지 음의 정수다.

3.3.1.3 고정소수점 표현법

소수를 표현하려면 정수와는 다른 방법을 써야 한다. 컴퓨터 공학에서는 일찍이 고정소수점$^{fixed-point}$이라는 방법을 썼었다. 이 방법에서는 정수부를 표현할 비트와 소수부를 표현할 비트의 수를 임의로 고정한다. 왼쪽에서 오른쪽으로 갈수록(최상위 비트에서 최하위 비트로 갈수록) 정수부는 감소하는 2의 제곱을 나타내고(…, 16, 8, 5, 2, 1), 소수부는 감소하는 2의 제곱의 역수를 나타낸다(1/2, 1/4, 1/8, 1/16,…). 예를 들어 −173.25를 32비트 고정소수점으로 나타내 보자. 1비트는 부호 비트로 두고 16비트는 정수, 나머지 15비트는 소수를 표현하기로 하자. 부호 비트를 결정한 후 정수부와 소수부 각각에 해당하는 이진수를 쓰면 된다(음수 = 0b1, 173 = 0b0000000010101101, 0.25 = 1/4 = 0b010000000000000). 이렇게 구한 값을 32비트로 합치면 된다. 최종 결과는 0x8056A000이다. 그림 3.4에서 이를 보여 준다.

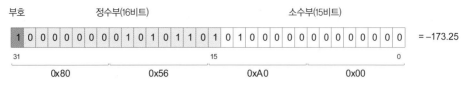

그림 3.4 16비트 정수부와 15비트 소수부로 표현한 고정소수점 표현법

고정소수점 표현법의 단점은 표현할 정수부의 범위와 소수부의 정확도를 둘 다 제한한다는 점이다. 위에서 예를 든 32비트 고정소수점 표현법(16비트 정수부와 15비트 소수부, 1비트 부호)에서는 +−65,532까지만 표현할 수 있는데, 그다지 큰 수라고 볼 수는 없다. 이 문제를 해결하고자 부동소수점 표현법을 사용한다.

3.3.1.4 부동소수점 표현법

부동소수점 표현법[floating-point notation]에서 소수점은 고정이 아니라 임의의 위치에 올 수 있으며, 지수를 이용해 나타낸다. 부동소수는 정수와 소수를 합친 수[8]인 가수[mantissa]와 가수 안에서 어디에 소수점이 위치할지를 나타내는 지수 그리고 부호 비트 세 부분으로 이뤄진다. 이를 표현하는 방법은 무수히 많지만 가장 널리 사용되는 표준은 IEEE−754다. IEEE−754는 가장 높은 비트를 부호 비트로 사용하고 그다음 8비트를 지수로, 나머지 23비트를 가수로 사용할 것을 명시한다.

부호 비트 s와 지수 e, 가수 m으로 어떤 값 v를 나타내면 다음과 같다.

$$v = s \times 2^{(e - 127)} \times (1 + m)$$

부호 비트는 +1 아니면 −1이다. 지수 e는 127을 기준으로 한 값이고 음의 값도 쉽게 표현할 수 있다. 가수는 실제로 표현되지는 않지만 가상의 1로 시작되며 나머지는 순서대로 2의 제곱의 역수를 나타낸다. 따라서 가수로 표현한 소수 값이 m일 때 실제 값은 $1 + m$이다.

그림 3.5 IEEE−754 32비트 부동소수점 형식

---

8 12,345면 12345 − 옮긴이

예를 들어 그림 3.5는 0.15625를 나타낸다. s는 0이니까 양수이고, e = 0b01111100 = 124, m = 0b0100⋯ = $0 \times 2^{-1} + 1 \times 2^{-2}$ = 1/4이다. 따라서 다음과 같다.

$$
\begin{aligned}
v &= s \times 2^{(e-127)} \times (1+m) \\
&= (+1) \times 2^{(124-127)} \times \left(1 + \tfrac{1}{4}\right) \\
&= 2^{-3} \times \tfrac{5}{4} \\
&= \tfrac{1}{8} \times \tfrac{5}{4} \\
&= 0.125 \times 1.25 = 0.15625
\end{aligned}
$$

절댓값과 정확도 간의 균형

부동소수의 정확도는 절댓값이 작을수록 높아진다. 한정된 비트로 표현된 가수를 정수부와 소수부가 나눠 써야 하기 때문이다. 절댓값이 큰 수를 표현하려고 정수부에 많은 비트를 사용해 버리면 소수부를 표현하기 위한 비트는 줄어든다. 물리학에서는 이 개념을 '유효 자릿수'라고 부른다(http://en.wikipedia.org/wiki/Significant_digits).

절댓값과 정확도 간의 균형을 이해하기 위해 부동소수점 표현법으로 나타낼 수 있는 가장 큰 수인 FLT_MAX $\approx 3.403 \times 10^{38}$을 살펴보자. 32비트 IEEE 형식에서 이 값은 0x7F7FFFFF이다. 나눠서 살펴보면 다음과 같다.

- 23비트로 표현할 수 있는 가장 큰 가수는 0x00FFFFFF, 24의 연속된 이진수 1이다. 이것은 23비트의 가수와 제일 앞에 암묵적으로 붙는 1을 합친 값이다.
- 지수 255는 IEEE-754에서 숫자가 아닌 값[NaN, Not-a-Number]이나 무한대를 나타내는 특수한 용도로 사용되고 정상적인 숫자에는 쓰지 않는다. 따라서 8비트의 지수에서 가장 큰 값은 254인데, 중심 값 127을 빼고 나면 127이 실제 지수 값이다.

따라서 FLT_MAX는 0x00FFFFFF $\times 2^{127}$ = 0xFFFFFF0000000000000000000000000이다. 다른 식으로 표현하자면 24개의 연속된 이진수 1을 127비트만큼 시프트한 값이다. 127 − 23 = 104개의 이진수 0(또는 104/4 = 26개의 16진수 0)을 가수의 가장 낮은 비트 뒤에 달고 있다. 이 연속된 0들은 32비트 부동소수점에서 어디에도 표현되지 않는다. 이 숫자들은 지수 때문에 생긴다. 작은 수(작다는 것은 26개보다 작은 개수의 16진수로 표현할 수 있는 값을 뜻한다)를 FLT_MAX에서 뺀다면 결과는 여전히 FLT_MAX다. 뺀 26개의 16진수는 원래 어디에도 존재하지 않기 때문이다.

크기가 1보다 많이 작은 경우 이와는 정반대가 된다. 이때는 지수가 값이 큰 음수이고, 절댓값은 오른쪽으로 시프트된다. 정밀한 값을 표현하려고 크기를 희생하는 것이다. 요약하자면 부동소수점 표현에서는 정해진 유효 숫자(유효 비트)가 있고 지수를 이용해 유효 숫자를 시프트해 크게 만들거나 작게 만든다.

준정규값

또 한 가지 유의해야 할 점은 0과 부동소수점으로 표현할 수 있는 0이 아닌 가장 작은 수 사이에는 지금껏 설명했듯이 분명한 간격이 있다는 점이다. 부동소수점에서 0이 아닌 가장 작은 절댓값은 FLT_MIN $= 2^{-126} \approx 1.175 \times 10^{-38}$인데, 이진수로는 0x00800000이다(지수가 0x01, 즉 127을 빼고 나면 -126이고, 가수는 암묵적으로 제일 앞에 붙는 1을 제외하고 전부 0이다). 이 수보다 적법하게 작은 다음 수는 0이기 때문에 -FLT_MIN과 +FLT_MIN 사이에는 분명한 간극이 있다. 이 사실을 통해 실수를 부동소수로 표현할 때 양자화^{quantization}가 일어난다는 점을 다시 한번 상기할 수 있다(C++ 표준 라이브러리는 FLT_MIN을 다소 거추장스러운 std::numeric_limits<float>::min( )으로 나타내는데 이 책에서는 그냥 간단하게 FLT_MIN으로 하겠다).

0 주변의 값들은 준정규값$^{subnormal\ values}$(denormalized values라고도 한다)이라는 확장 개념을 도입해 더 자세히 표현할 수 있다. 이 확장법에서는 지수(-127을 더하기 전 원래 값)가 0인 부동소수를 준정규값으로 해석한다. 지수는 0이 아니라 1인 것으로 간주하고 가수 앞에 항상 1이 오는 것으로 취급하던 것을 0이 오는 것으로 간주한다. 이렇게 함으로써 -FLT_MIN과 +FLT_MIN 사이에는 일정한 간격으로 값들(준정규값)이 채위지게 된다. 0에 가장 가까운 float 준정규값은 FLT_TRUE_MIN이라는 상수로 표현한다.

준정규값을 사용하면 0 주변 값을 훨씬 정밀하게 처리할 수 있다. 예를 들면 a와 b가 FLT_MIN과 매우 가까운 경우에도 다음 두 구문을 동일하게 처리할 수 있다.

```
if (a == b) {...}
if (a - b == 0.f) {...}
```

준정규값이 없으면 a != b인 경우에도 a - b는 0이 될 것이다.

머신 엡실론

각 부동소수점 표현에는 머신 엡실론$^{machine\ epsilon}$이라는 개념이 있는데 $1 + \varepsilon \neq 1$의 식을 충족하는 가장 작은 수를 의미한다. 23비트 정확도(가수)를 지닌 IEEE-754 부동소수점에서 머신 엡실론은 2^{-23}고 대략 1.192×10^{-7} 정도다. 머신 엡실론에서 가장 높은 유효 숫자가 1.0의 유효 숫자 내에 겨우 걸치기 때문에 머신 엡실론보다 작은 값을 1.0에 더해 봐야 아무런 효과가 없다. 즉 가수가 23비트밖에 되지 않기 때문에 머신 엡실론보다 작은 수는 더해도 잘려 나가 버린다.

ULP

2개의 부동소수가 있는데, 가수의 가장 낮은 유효 숫자의 값을 제외하고는 모두 같다고 하자. 이때 두 값은 1 ULP^{Units in the Last Place}의 차가 있다고 말한다. 1 ULP의 실제 값은 지수에 따라 달라진다. 예를 들면 부동소수 1.f의 지수는 0(−127을 더한 결과 값)이고 가수는 모든 비트가 0이다(암묵적으로 앞에 붙는 1을 제외하고). 이 지수의 경우 1 ULP는 머신 엡실론(2^{-23})과 같다. 만약 지수를 1로 하면 값은 2.0f이고 1 ULP는 머신 엡실론의 2배가 된다. 지수가 2인 경우 값은 4.0f, 1 ULP는 머신 엡실론의 4배가 된다. 일반적으로 부동소수의 지수값(−127을 더한 값)이 x인 경우 1 ULP $= 2^x \cdot \varepsilon$이다.

ULP를 이해하면 부동소수의 정확도는 지수와 관계 있으며 부동소수 연산에 내재하는 오류의 오차를 수치화하는 데 도움이 된다. 또한 알려진 값보다 바로 다음 큰 표현 가능한 부동소수를 찾거나, 반대로 그 수보다 바로 다음 작은 표현 가능한 부동소수를 찾는 데도 유용하다. 이 것은 다시 부등호 '이상^{greater-than-or-equal-to}' 연산을 '초과^{greater-than}' 연산으로 바꾸는 데 쓸 수 있다. 수학적으로 $a \geq b$는 $a + 1$ ULP $> b$와 동일하다. 너티 독에서는 이 작은 '트릭'을 통해 캐릭터 대화 시스템의 일부 로직을 단순화할 수 있었다. 이 시스템에서는 비교 연산만을 갖고 캐릭터가 말해야 할 대사를 선택한다. 조합 가능한 모든 비교 연산자를 지원하는 대신, 초과 ^{greater-than}와 미만^{less-than} 연산만을 지원하며, 이상^{greater-than-or-equal-to}이나 이하^{less-than-or-equal-to} 가 필요할 때는 비교하는 수에 1 ULP를 더하거나 빼서 처리했다.

부동소수 정밀성이 소프트웨어에 미치는 영향

한정된 정확도나 머신 엡실론은 게임 소프트웨어에서 중요한 문제다. 한 예로 게임의 절대 시간을 초로 담고 있는 부동소수 변수가 있다고 생각해 보자. 게임이 얼마나 오래 진행돼야 이 값이 너무 커져서 1/30초를 더해도 아무 효과가 없을까? 답은 대략 12.14일 또는 2^{20}초다. 보통 게임은 이렇게 오래 진행되지 않으니까 게임 시간을 초로 저장할 때 32비트 부동소수 변수를 사용해도 대개는 큰 지장 없을 것이다. 하지만 부동소수의 한계를 명확히 알고 잠재적인 문제를 인지하거나 그런 문제를 피할 수 있게 대비하는 것은 매우 중요하다.

IEEE 부동소수점 비트 트릭

참고 문헌 [9]의 2.1절을 보면 부동소수점을 정말 빨리 계산할 수 있는 몇 가지 트릭을 볼 수 있다.

3.3.2 기본적인 데이터 타입

C/C++는 기본적으로 여러 가지 데이터 타입을 지원한다. C/C++ 표준에서 이런 타입의 상대적인 크기나 부호에 관해 가이드라인을 제공하기는 하지만, 대상 하드웨어에 최적 성능을 내고자 컴파일러가 어느 정도 변화를 줄 수도 있다.

- char   보통 8비트이고 ASCII나 UTF-8 부호(5.4.4.1절 참조)를 전부 담을 수 있을 정도의 크기다. 부호를 가질 수도 있고 아닌 경우도 있다.
- int, short, long int는 대상 플랫폼에서 제일 효율적으로 처리할 수 있는 크기의 부호 있는 정수 타입이다. 펜티엄 계열 PC에서는 32비트를 쓴다. short는 int보다는 작은 수를 담고 보통 16비트를 쓴다. long은 int와 같거나 더 클 수도 있는데, 32비트 아니면 64비트다.
- float   오늘날 대부분 컴파일러에서 32비트 IEEE-754 부동소수를 사용한다.
- double   2배 정밀도^{double precision}(64 비트) IEEE-754 부동소수다.
- bool   참 또는 거짓을 나타내는 값. bool의 크기는 컴파일러나 하드웨어 아키텍처마다 다르다. 1비트로 구현하지는 않으며 8비트를 사용하는 컴파일러도 있고 32비트를 전부 쓰는 컴파일러도 있다.

이식 가능한 크기 타입

표준 C/C++ 기본 데이터 타입은 기본적으로 이식 가능하도록 설계됐기 때문에 세세하게 신경쓸 필요는 없다. 하지만 게임 소프트웨어를 포함한 여러 소프트웨어 엔지니어링에서 특정 변수가 정확히 몇 비트로 이뤄졌는지를 알아야만 할 때가 있다.

C++11이 나오기 전에는 프로그래머는 컴파일러가 제공하는 이식성 없는 크기의 타입을 쓸 수밖에 없었다. 예를 들면 비주얼 스튜디오 C/C++ 컴파일러는 명확한 비트 수의 변수를 선

언하는 데 쓰도록 __int8, __int16, __int32, __int64과 같은 확장 키워드를 지원한다. 다른 대부분의 컴파일러도 자신만의 '특정 크기' 데이터 타입을 갖고 있으며, 대동소이한 의미론 semantic을 제공한다.

이렇게 컴파일러마다 차이가 있다 보니 거의 모든 게임 엔진은 이식성을 위해 직접 자신의 크기 타입을 정의한다. 너티 독의 예를 들어 보면 다음과 같은 타입을 사용했다.

- **F32** 32비트 IEEE-754 부동소수점 변수
- **U8, I8, U16, U32, I32, U64, I64** 각각 부호가 있고 없는 8, 16, 32, 64비트 정수
- **U32F, I32F** 부호가 있고 없는 '빠른' 32비트 값. 최소 32비트 크기의 값이지만 대상 CPU에서의 성능을 위해 더 클 수 있다.

\<cstdint\>

C++11 표준 라이브러리는 표준화된 크기의 정수 타입들을 도입한다. 이것들은 \<cstdint\> 헤더에 선언돼 있으며, 부호를 가진 std::int8_t, std::int16_t, std::int32_t, std::int64_t를 비롯해 부호 없는 타입인 std::uint8_t, std::uint16_t, std::uint32_t, std::uint64_t가 있다. '빠른' 타입(너티 독이 사용했던 I32F와 U32F 타입과 비슷한)들도 들어 있다. 이것들을 통해 프로그래머들은 이식성을 위해 컴파일러 전용 타입들을 감싸서 사용해야 하던 괴로움에서 해방될 수 있다. 이 크기 타입들의 완전한 목록은 다음 사이트(https://en.cppreference.com/w/cpp/types/integer)에 나와 있다.

오거 엔진의 기본 데이터 타입

오거OGRE에는 자체적으로 정의한 데이터 타입이 꽤 있다. Ogre::uint8, Ogre::uint16, Ogre::uint32는 기본적인 부호 없는 정수 타입이다.

Ogre::Real은 부동소수다. 보통 float와 같이 32비트인데, 전처리기 매크로인 **OGRE_DOUBLE_PRECISION**을 1로 정의하면 엔진 전체에서 64비트(double 타입)가 되게 바꿀 수도 있다. 이 기능은 게임 엔진에서 특별히 double 형태를 필요로 하지 않는 한 자주 쓰이지는 않는다. GPU는 항상 계산을 32비트 또는 16비트 float로 하고 CPU/FPU 역시 float 타입을 계산하는 게 빠르다. 또 SIMD 연산자는 32비트 float를 4개 합친 128비트 레지스터를 이용한다. 따라서 대부분 게임에서 2배 정밀도까지 쓰지는 않는다.

`Ogre::uchar`, `Ogre::ushort`, `Ogre::uint`, `Ogre::ulong`은 C/C++의 `unsigned char`, `unsigned short`, `unsigned int`, `unsigned long`과 완전히 똑같기 때문에 특별할 것이 없다.

`Ogre::Radian`과 `Ogre::Degree`는 좀 재미있는 타입들이다. 둘 다 `Ogre::Real`을 감싼 형태의 타입인데, 주된 역할은 하드 코딩으로 정의한 각도 상수의 의미를 분명하게 밝히고[9] 서로 다른 각도 단위 간에 자동적인 변환을 지원하는 것이다. 이와 더불어 어떤 각도 단위를 기본으로 사용할지 `Ogre::Angle`로 나타낸다. 프로그램이 실행할 때 프로그래머가 기본 단위를 지정할 수 있다.

오거 엔진이 다른 게임 엔진들처럼 특정한 크기를 지닌 내장 데이터 타입을 정의하지 않는 점은 약간 특이하다고 할 수 있다. 예를 들면 오거에는 8, 16, 62비트 정수 타입이 없다. 오거 엔진을 사용해 게임을 만든다면 언젠가는 직접 이런 타입들을 만들어 써야 할 것이다.

3.3.2.1 멀티바이트 데이터와 엔디언

8비트, 그러니까 1바이트보다 큰 값들을 멀티바이트 값^{multi-byte quantity}이라고 한다. 16비트 이상의 정수나 부동소수를 사용하는 소프트웨어에서는 흔히 볼 수 있다. 예를 들면 정수 값 $4660 = 0x1234$는 0x12와 0x34 두 바이트로 이뤄진다. 여기서 0x12가 최상위 바이트^{MSB, Most Significant Byte}라고 부르고, 0x34는 최하위 바이트^{LSB, Least Significant Byte}라고 한다. 0xABCD1234 같이 32 비트 값의 경우 MSB는 0xAB이고, LSB는 0x34가 된다. 이 개념은 64비트 정수나 32비트 또는 64비트 부동소수에도 마찬가지로 적용된다.

멀티바이트 정수가 메모리에 저장되는 방법은 두 가지가 있는데, 어느 방법을 사용하는지는 각 마이크로프로세서마다 다를 수 있다(그림 3.6 참조).

- **리틀 엔디언**^{little-endian}   LSB가 MSB보다 낮은 메모리 주소에 저장되는 방법이다. 0xABCD1234는 메모리에 낮은 바이트 순서에 따라 0x34, 0x12, 0xCD, 0xAB로 저장된다.
- **빅 엔디언**^{big-endian}   MSB가 LSB보다 낮은 메모리 주소에 저장되는 방법이다. 0xABCD1234는 메모리에 낮은 바이트 순서에 따라 0xAB, 0xCD, 0x12, 0x34로 저장된다.

---

9   앞의 두 타입으로 값을 정의하면 라디언 값인지 일반 각도 값인지 명확하기 때문이다. – 옮긴이

```
U32 value = 0xABCD1234;
U8* pBytes = (U8*)&value;
```

빅 엔디언			리틀 엔디언		
pBytes + 0x0		0xAB	pBytes + 0x0		0x34
pBytes + 0x1		0xCD	pBytes + 0x1		0x12
pBytes + 0x2		0x12	pBytes + 0x2		0xCD
pBytes + 0x3		0x34	pBytes + 0x3		0xAB

그림 3.6 0xABCD1234을 빅 엔디언과 리틀 엔디언으로 각각 표현한 그림

프로그래머가 엔디언까지 신경써야 하는 경우는 드물다. 하지만 게임 프로그래머라면 엔디언 때문에 상당히 골치 아플 수도 있다. 개발할 때는 리틀 엔디언인 인텔 펜티엄 프로세서가 설치된 PC나 리눅스를 사용했는데 게임은 빅 엔디언인 파워PC 계열의 프로세서(리틀 엔디언과 빅 엔디언 모두 쓸 수 있지만 기본은 빅 엔디언)를 장착한 콘솔(Wii, 엑스박스 360, 플레이스테이션 3 모두)에서 돌아가는 경우가 많기 때문이다. 그렇다면 게임 엔진에서 사용하는 데이터 파일을 인텔 프로세서가 장착된 PC에서 만들어 파워PC 프로세서가 장착된 기계에서 불러들이는 경우를 생각해 보자. 여러분이 저장한 데이터는 전부 리틀 엔디언 형식이 될 것이다. 그런데 읽어 들이는 게임 엔진에서는 빅 엔디언인 것으로 생각하고 있다. 그럼 어떤 일이 일어날까? 저장한 0xABCD1234는 0x3412CDAB로 읽힌다.

이 문제를 해결하는 방법은 적어도 두 가지가 있다.

1. 모든 데이터 파일을 텍스트 형태로 저장하고 멀티바이트 숫자는 한 숫자가 한 바이트가 되게 십진수 형태로 저장한다. 디스크 용량 관점에서는 비효율적이지만 적어도 제대로 돌아가기는 한다.
2. 툴에서 디스크에 저장하기 직전에 엔디언을 바꾸게 하는 방법이다. 이는 툴을 실행하는 PC가 게임을 돌릴 콘솔과 엔디언이 달라도 무조건 콘솔의 엔디언을 따르게 하는 방법이다.

정수의 엔디언 바꾸기

정수의 엔디언을 바꾸는 일은 개념적으로 그리 힘들지 않다. MSB에서 시작해서 LSB와 값을

바꾼다. 가운데 도달할 때까지 이 일을 반복하면 된다. 예를 들어 0xA7891023은 이런 식으로 하면 0x231089A7이 된다.

까다로운 점은 어느 바이트를 바꿔야 하느냐는 것이다. C 구조체나 C++ 클래스의 내용을 파일에 저장한다고 생각해 보자. 엔디언 바꾸기를 제대로 하려면 구조체 안에서 각 데이터 멤버의 위치와 크기를 정확히 알고 있어야 하고 크기에 따라 각 멤버를 적절히 바꿔야 한다. 다음 구조체를 예로 살펴보자.

```
struct Example
{
    U32   m_a;
    U16   m_b;
    U32   m_c;
};
```

이 경우 다음과 같은 방법으로 파일에 쓸 수 있다.

```
void writeExampleStruct(Example& ex, Stream& stream)
{
    stream.writeU32(swapU32(ex.m_a));
    stream.writeU16(swapU16(ex.m_b));
    stream.writeU32(swapU32(ex.m_c));
}
```

엔디언을 바꾸는 함수는 다음처럼 구현한다.

```
inline U16 swapU16(U16 value)
{
    return ((value & 0x00FF) << 8)
        | ((value & 0xFF00) >> 8);
}

inline U32 swapU32(U32 value)
{
    return ((value & 0x000000FF) << 24)
        | ((value & 0x0000FF00) << 8)
        | ((value & 0x00FF0000) >> 8)
```

```
        | ((value & 0xFF000000) >> 24);
    }
```

Example 구조체 전체를 단순히 바이트의 배열로 놓고 무작정 한 번에 바꾸면 안 된다. 어느 멤버를 바꾸는지와 그 멤버가 몇 바이트인지를 정확히 알고 각각 멤버를 변환해야 한다.

어떤 컴파일러는 엔디언을 바꾸는 매크로를 자체적으로 지원해서 손으로 코드를 짤 필요가 없다. 예를 들어 gcc는 _buildin_bswapXX( ) 계열 매크로를 제공하는데 각각 16, 32, 64비트 엔디언을 바꿀 수 있다.

부동소수의 엔디언 바꾸기

앞서 살펴봤듯이 IEEE-754 부동소수는 가수, 지수, 부호 비트에 관해 각 몇 비트를 사용할지 분명한 구조를 띠고 있다. 하지만 엔디언 바꾸기를 할 때는 그냥 정수인 것처럼 생각하고 바꾸면 되는데, 컴퓨터 입장에서는 어차피 바이트에 지나지 않기 때문이다. 부동소수의 비트 패턴을 reinterpret_cast를 통해 std::int32_t로 형변환하고, 엔디언 바꾸는 연산을 한 다음 다시 reinterpret_cast로 float으로 변경한다.

C++ reinterpret_cast를 통해 부동소수를 정수로 바꾸려면 부동소수에 대한 포인터에 reinterpret_cast를 하고, 이것을 정수 타입의 포인터로 해석dereference하면 된다. 이것을 타입 퍼닝type punning이라고 한다. 타입 퍼닝은 엄격한 에일리어싱strict aliasing을 사용할 경우 최적화 버그를 유발할 수도 있다(https://www.cocoawithlove.com/2008/04/using-pointers-to-recast-in-c-is-bad.html). 다른 손쉬운 방법은 다음처럼 유니언union을 쓰는 것이다.

```
    union U32F32
    {
        U32    m_asU32;
        F32    m_asF32;
    };

    inline F32 swapF32(F32 value)
    {
        U32F32 u;
        u.m_asF32 = value;

        // 정수로 바꿔서 엔디언을 변경한다.
```

```
    u.m_asU32 = swapU32(u.m_asU32);

    return u.m_asF32;
}
```

3.3.3 킬로바이트 vs 키비바이트

아마도 메모리 용량을 나타낼 때 국제단위계[SI, International System of Units]의 미터법 단위인 킬로바이트[kB, kilobyte]나 메가바이트[MB, megabyte]를 써 왔을 것이다. 그러나 2의 지수 단위로 측정하는 메모리 크기를 이처럼 표현하는 것은 정확하지 않다. 프로그래머가 '킬로바이트'라고 할 경우 대개 1024바이트를 뜻한다. 그렇지만 SI 단위로 '킬로'는 10^3 또는 1000이라고 정의하지 1024가 아니다.

이 같은 모호성을 해결하고자 국제전기기술위원회[IEC, International Electrotechnical Commission]는 1998년에 컴퓨터 과학에서 사용하기 위한 새로운 SI 형태의 접두사를 공표했다. 이 접두사들은 10의 지수가 아닌 2의 지수를 바탕으로 정의됐으므로 컴퓨터 엔지니어가 2의 지수형 값을 정확하고 손쉽게 표현할 수 있다. 새로운 시스템에서는 킬로바이트(1000바이트)가 아닌 키비바이트[KiB, kibibyte](1024바이트)를 쓴다. 메가바이트(1,000,000바이트) 대신 메비바이트[MiB, mebibyte]($1024 \times 1024 = 1,048,576$바이트)다. 표 3.1에 SI와 IEC 시스템에서 가장 흔히 쓰이는 단위의 크기, 접두사, 이름들이 나와 있다. 이 책에서는 일관되게 IEC 단위를 사용하기로 한다.

표 3.1 미터법(SI) 단위와 IEC 단위의 바이트 용량 표기에 대한 비교

Metric (SI)			IEC		
Value	Unit	Name	Value	Unit	Name
1000	kB	kilobyte	1024	KiB	kibibyte
1000^2	MB	megabyte	1024^2	MiB	mebibyte
1000^3	GB	gigabyte	1024^3	GiB	gibibyte
1000^4	TB	terabyte	1024^4	TiB	tebibyte
1000^5	PB	petabyte	1024^5	PiB	pebibyte
1000^6	EB	exabyte	1024^6	EiB	exbibyte
1000^7	ZB	zettabyte	1024^7	ZiB	zebibyte
1000^8	YB	yottabyte	1024^8	YiB	yobibyte

3.3.4 선언, 정의, 연결성

3.3.4.1 번역 단위 다시 살펴보기

앞서 2장에서 살펴봤듯이 C/C++ 프로그램은 여러 번역 단위로 이뤄진다. 컴파일러가 .cpp 파일 1개를 번역하면 그 결과물로 목적 파일(.o 또는 .obj) 1개가 생긴다. .cpp 파일은 컴파일러가 번역할 때 다루는 제일 작은 단위이기 때문에 번역 단위라고 불린다. 목적 파일에는 .cpp 파일에서 정의된 모든 함수를 번역한 기계어뿐만 아니라 그 파일 안의 모든 전역 변수와 정적 변수를 담고 있다. 이외에도 다른 .cpp 파일에서 정의된 함수를 가리키는 '미확정 참조 unresolved references'를 담고 있기도 하다.

컴파일러는 한 번에 1개의 번역 단위만 처리하기 때문에 외부의 전역 변수나 함수를 처리할 때면 그림 3.7처럼 이런 외부 참조들이 있을 것이라고 가정하고 진행할 수밖에 없다. 이렇게 나온 목적 파일들을 모두 모아서 완성된 실행 파일로 만드는 것은 링커의 몫이다. 이 과정에서 링커는 모든 목적 파일을 읽어 들여 미확정 상태인 외부 참조가 진짜 어떤 것인지 알아내려고 시도한다. 이 과정이 성공하면 모든 함수와 전역 변수, 정적 변수, 번역 단위 간 참조가 전부 포함된 실행 파일이 만들어진다. 그림 3.8에서 이렇게 만들어진 결과를 볼 수 있다.

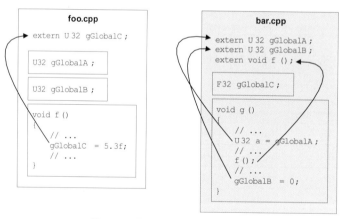

그림 3.7 두 번역 단위 안의 미확정 외부 참조

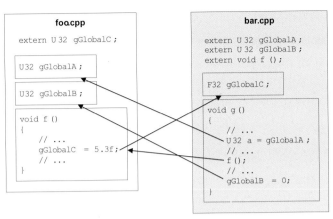

그림 3.8 성공적인 링크 후 확정된 외부 참조

링커의 주된 역할은 외부 참조를 해결하는 일인데, 이와 관련해 링커가 낼 수 있는 에러는 두 가지밖에 없다.

1. extern으로 선언된 외부 참조를 찾아낼 수 없는 경우로, 이때는 '미확정 심볼^{unresolved symbol}' 에러가 발생한다.

2. 이름이 같은 변수나 함수를 2개 이상 발견한 경우로, 이때는 '중복 정의된 심볼^{multiply defined symbol}' 에러가 발생한다.

이 두 경우는 그림 3.9에서 볼 수 있다.

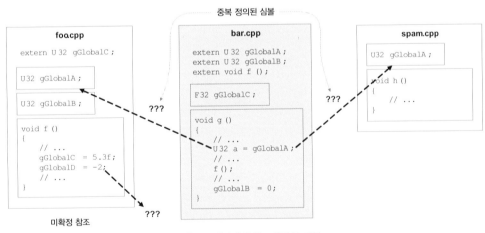

그림 3.9 가장 흔한 링크 에러 두 가지

3.3.4.2 선언과 정의의 차이

C/C++에서는 변수나 함수를 사용하기 전에 반드시 '선언declaration'하고 '정의definition'해야 한다. 선언과 정의 간 차이는 중요하다.

- **선언** 데이터 객체나 함수의 형태를 나타낸다. 컴파일러에 '이름'과 데이터 타입 또는 함수의 서명(리턴 타입과 인자 타입)을 알려 준다.
- **정의** 프로그램 안에 고유한 저장 공간을 나타낸다. 이 저장 공간 안에는 변수, 구조체 및 클래스의 인스턴스, 함수의 기계어 등이 들어갈 수 있다.

요약해 말하자면 선언은 어떤 개념에 대한 언급reference이고, 정의는 그 개념의 본체라고 할 수 있다. 따라서 정의는 언제나 선언이지만 그 역은 항상 참인 것은 아니다. C/C++에서 정의가 아닌 순수한 선언이 존재한다.

함수 서명 바로 뒤에 중괄호로 둘러싸인 함수 본체를 작성할 때 함수가 정의된다.

foo.cpp

```cpp
// 함수 max( )의 정의
int max(int a, int b)
{
  return (a > b) ? a : b;
}

// 함수 min( )의 정의
int min(int a, int b)
{
  return (a <= b) ? a : b;
}
```

정의가 아닌 선언으로 함수를 표현하면 다른 번역 단위에서 참조하거나 같은 번역 단위에서 나중에 사용할 수 있다. 함수 서명 후에 세미콜론을 붙이면 선언이 되는데, 이때 extern 키워드를 앞에 붙일 수도 있다.

foo.h

```cpp
extern int max(int a, int b);  // 함수 선언
int min(int a, int b);         // 마찬가지로 선언이다.
                               // 'extern'은 붙이지 않았지만 있는 것으로 가정한다.
```

변수나 구조체(클래스)의 인스턴스를 정의할 때는 데이터의 타입 바로 뒤에 이름을 쓰면 되고 배열을 선언하는 경우는 대괄호를 붙인다.

foo.cpp

```
// 전부 변수 정의다.
U32 gGlobalInteger = 5;
F32 gGlobalFloatArray[16];
MyClass gGlobalInstance;
```

다른 번역 단위에서 정의된 전역 변수를 사용할 때는 현재 번역 단위에서 extern 키워드를 앞에 붙여 선언하면 된다.

foo.h

```
// 전부 정의가 아닌 선언이다.
extern U32 gGlobalInteger;
extern F32 gGlobalFloatArray[16];
extern MyClass gGlobalInstance;
```

선언과 정의의 중복

C/C++에서는 똑같은 데이터나 객체, 함수에 대한 선언을 여러 번 할 수 있지만, 정의는 한 번밖에 할 수 없다. 한 번역 단위 안에서 같은 정의가 여러 번 나오면 컴파일러가 에러를 낸다. 하지만 똑같은 정의가 서로 다른 번역 단위에 있다면 한 번에 한 번역 단위만 처리하는 컴파일러는 문제를 알아채지 못한다. 이 경우는 링거가 외부 참조를 치리하는 과정에서 '중복 정의된 심볼' 에러를 낸다.

헤더 파일에 정의하기와 인라인 함수

정의를 헤더 파일에 두는 것은 보통 좋은 생각이 아니다. 왜 그런지는 명확하다. 정의를 포함한 헤더를 여러 .cpp 파일에서 #include 구문으로 불러들이면 '중복 정의된 심볼' 에러가 발생하기 때문이다.

하지만 인라인 함수의 정의는 예외인데, 이때는 함수의 코드가 호출된 곳에 직접 복사되기 때문이다. 사실 두 군데 이상의 번역 단위에서 같은 인라인 함수를 사용하려면 인라인 함수의 정의는 반드시 헤더 파일에 있어야 한다. .h 파일에 함수 선언을 inline으로 하고 함수 구현을

.cpp 파일에 둬도 안 된다. 컴파일러가 인라인 함수를 처리하려면 컴파일러가 함수 구현을 볼 수 있어야 한다. 예를 들어 다음과 같다.

foo.h

```
// 이 함수는 올바른 인라인 함수다.
inline int max(int a, int b)
{
  return (a > b) ? a : b;
}

// 이 함수는 인라인 함수가 될 수 없는데
// 컴파일러가 함수 구현을 볼 수 없기 때문이다.
inline int min(int a, int b);
```

foo.cpp

```
// min( ) 함수의 구현은 컴파일러에게 '감춰진' 거나 다름없기 때문에
// 이 함수는 foo.cpp 안에서만 인라인으로 처리될 수 있다.
int min(int a, int b)
{
  return (a <= b) ? a : b;
}
```

인라인 키워드는 컴파일러에게는 참조해야 할 힌트일 뿐이다. 컴파일러는 각 인라인 함수에 대해 함수 크기와 인라인화했을 때 얻을 수 있는 효율성 등을 감안해 분석한 후 정말 인라인으로 처리할지 결정한다. 프로그래머가 컴파일러에게 인라인 함수를 만들라고 강제할 수 있는 __forceinline 같은 키워드를 지원하는 컴파일러도 있다.

템플릿과 헤더 파일

템플릿 클래스와 함수의 정의는 그것을 사용하는 모든 번역 단위에서 컴파일러에 보여야 한다. 따라서 2개 이상의 번역 단위에서 템플릿을 쓰려면 템플릿이 헤더 파일에 있어야 한다 (인라인 함수 정의와 마찬가지다). 따라서 템플릿의 선언과 정의는 떼려야 뗄 수 없다. 템플릿 함수와 클래스의 선언만 헤더에 넣고 정의를 .cpp 파일에 '감출' 수는 없는데, 왜냐하면 헤더를 포함하는 다른 .cpp에서는 이 정의를 볼 수 없기 때문이다.

3.3.4.3 연결성

C/C++의 모든 정의마다 연결성이라는 속성이 있다. '외부 연결성external linkage'인 정의는 정의가 위치한 번역 단위 외의 다른 번역 단위에서도 볼 수 있고 사용할 수 있다. '내부 연결성internal linkage'인 정의는 정의가 위치한 번역 단위에서만 볼 수 있기 때문에 그 번역 단위에서만 쓸 수 있다. 연결성이라고 부르는 것은 이 값이 링커가 어떤 정의를 서로 다른 번역 단위 간에 연결해 사용할지를 지시하기 때문이다. 어떻게 보면 연결성은 C++ 클래스의 `public:`, `private:` 키워드와 대응하는 개념이라고 생각할 수도 있다.

기본적으로 모든 정의는 외부 연결성이다. `static` 키워드는 정의를 내부 연결성으로 바꿀 때 사용한다. 여러 .cpp마다 똑같은 정의가 있더라도 `static`이 붙어 있으면 링커는 이것들을 서로 다른 존재로 인식하고(마치 다른 이름인 것처럼) '중복 정의된 심볼' 에러를 내지 않는다. 다음은 그 예다.

foo.cpp

```
// 이 변수는 다른 cpp 파일에서 쓸 수 있다.
(외부 연결성)
U32 gExternalVariable;

// 이 변수는 foo.cpp 안에서만 쓸 수 있다.
(내부 연결성)
static U32 gInternalVariable;

// 이 함수는 다른 cpp 파일에서도 호출할 수 있다.
(외부 연결성)
void externalFunction()
{
  // ...
}

// 이 함수는 foo.cpp 안에서만 호출할 수 있다.
(내부 연결성)
static void internalFunction()
{
  // ...
}
```

```
// 이렇게 선언하면 foo.cpp 안의 변수에 접근할 수 있다.
extern U32 gExternalVariable;

// 여기의 'gInternalVariable'은 foo.cpp에서 정의한 것과는 다른 변수다.
// - 에러 아님. 그냥 이름을 gInternalVariableForBarCpp라고 지은 것과 똑같다.
static U32 gInternalVariable;

// 이 함수는 foo.cpp에 있는 것과는 다른 함수다.
// - 에러 아님. 이름을 internalFunctionForBarCpp()로 지은 것과 똑같다.
static void internalFunction()
{
  // ...
}

// 에러 - 중복 정의된 심볼!
void externalFunction()
{
  // ...
}
```

엄밀히 말하면 선언은 실행 파일에 저장 공간을 만들지 않기 때문에 연결성이라는 개념이 없다. 저장된 것이 없는데 링커가 이것을 다른 번역 단위 간에 참조할지 말지를 이야기하는 것은 의미가 없다. 선언은 다른 곳에 있는 무언가를 가리키는 참조일 뿐이다. 그렇지만 선언이 내부 연결성인 것처럼 생각하는 것이 편리할 때가 있다. 선언은 그 선언이 있는 번역 단위에서만 적용되기 때문이다. 이런 식으로 연결성에 대한 개념을 조금 느슨하게 적용하면 선언은 항상 내부 연결성이라고 할 수 있다. 어떤 선언이 여러 .cpp 파일에서 사용될 일은 없다고 생각해도 된다(선언을 헤더 파일에 넣었으면 여러 .cpp 파일에서 그 선언을 볼 수 있는 것은 맞지만, 각 .cpp 파일에서 선언의 복사본을 각각 갖는 것에 불과하다. 각 복사본은 각 번역 단위 안에서만 쓰이는 내부 연결성이다).

이 점이 왜 인라인 함수를 헤더에서 정의해도 되는지에 대한 진짜 이유다. 인라인 함수는 기본적으로 내부 연결성이다(마치 static으로 선언된 것처럼). 여러 인라인 함수를 정의한 헤더가 여러 .cpp 파일에 #include로 포함된다면 각 번역 단위는 그 인라인 함수의 구현을 복사한 것을 갖는 셈이다. 따라서 '중복 정의된 심볼' 에러가 발생하지 않는다. 링커는 각 복사본을 서로 다른 것으로 간주한다.

3.3.5 C/C++ 프로그램의 메모리 구조

C나 C++로 짠 프로그램은 메모리에 다양한 형태의 데이터 저장소를 둔다. 어떻게 저장 공간이 마련되고 다양한 타입의 변수가 동작하는지 알려면 C/C++ 프로그램의 메모리 구조를 알아야 한다.

3.3.5.1 실행 파일 이미지

C/C++ 프로그램은 링커가 실행 파일을 만들면서 완성된다. 여러 게임 콘솔 등에서 사용하는 유닉스 계열 운영체제에서는 '실행 파일 및 링크 형식ELF, Executable and Linking Format'이라는 널리 알려진 실행 파일 형식을 사용한다. 따라서 실행 파일 확장자가 .elf다. 윈도우 환경에서도 실행 파일 형식은 ELF와 비슷하고 확장자는 .exe다. 어떤 형식이든 실행 파일은 그 자신이 실행될 때 메모리에 올라갈 이미지image의 일부분을 반드시 포함한다. 일부분이라고 말한 것은 프로그램을 실행하면서 실행 파일 이미지 외에도 별도의 메모리를 할당하는 경우가 일반적이기 때문이다.

실행 파일 이미지는 세그먼트segment 또는 섹션section이라 불리는 연속적인 구획으로 나뉜다. 운영체제마다 세부적인 방식은 조금씩 다르고 같은 운영체제라도 실행 파일에 따라 서로 미세하게 다를 수 있다. 하지만 실행 파일 이미지는 최소한 다음의 네 가지 세그먼트로 구성된다.

1. **텍스트 세그먼트** 코드 세그먼트라고도 불린다. 프로그램에서 정의한 모든 함수의 기계어를 담고 있다.

2. **데이터 세그먼트** 모든 초기 값을 가진 전역 및 정적 변수가 자리한다. 이 형태대로 프로그램이 실행될 때 메모리에 배치되고 값들은 지정한 대로 초기화돼 있다. 따라서 실행 파일이 메모리에 로드될 때 전역 변수와 정적 변수는 바로 사용할 수 있다.

3. **BSS 세그먼트** BSS는 'Block Started by Symbol'를 나타내는데, 지금은 거의 사용되지 않는 용어다. 여기에는 초기화되지 않은 모든 전역 변수와 정적 변수가 자리한다. C/C++에서는 달리 지정하지 않으면 정적, 전역 변수는 0으로 초기화된다. 몇 개가 될지 모르는 0의 값들을 무작정 들고 있기보다는 링커는 얼마나 많은 바이트의 0이 있는지만 기록한다. 운영체제는 실행 파일이 메모리에 로드돼 시작점(main() 함수나 WinMain() 함수)이 불리기 직전에 이 값을 보고 공간을 할당하고 0으로 채운다.

4. **읽기 전용**[read only] **데이터 세그먼트**   rodata 세그먼트라고 불리기도 하는데, 여기에는 읽기 전용[constant]인 전역 데이터가 자리한다. 부동소수인 상수(const float kPi=3.141592f;)나 const 키워드로 정의된 전역 인스턴스(const Foo gReadOnlyFoo;) 등이 여기에 해당한다. 이와 달리 정수 타입인 상수(const int kMaxMonsters=255;)는 매니페스트 상수[manifest constant]처럼 취급돼 사용되는 기계어 코드 위치에 직접 삽입되는 경우가 대부분이다. 이런 상수들은 테스트 세그먼트의 공간을 차지하고 읽기 전용 데이터 세그먼트에는 존재하지 않는다.

전역 변수는 함수나 클래스 선언 범위 밖에서 정의돼 파일 범위[file scope]를 갖는 변수들인데, 초기화됐느냐 아니냐에 따라 데이터 세그먼트나 BSS 세그먼트에 자리한다. 다음과 같은 전역 변수는 초기화됐기 때문에 데이터 세그먼트에 위치한다.

▨▨▨▨ **foo.cpp** ▨▨▨

```
F32 gInitializedGlobal = -2.0f;
```

그리고 다음의 전역 변수는 BSS 세그먼트에 위치하고 프로그래머가 초기 값을 지정하지 않았기 때문에 규칙에 따라 운영체제가 초기화한다.

▨▨▨▨ **foo.cpp** ▨▨▨

```
F32 gUninitializedGlobal;
```

앞서 **static** 키워드를 이용하면 전역 변수나 함수 정의를 내부 연결성으로 만들 수 있다고 살펴봤다. 이것은 다른 번역 단위에 그 존재를 감추는 효과가 있다. 이외에도 **static** 키워드는 함수 안에서 전역 변수를 선언하는 데도 쓸 수 있다. 함수의 정적 변수는 선언된 함수 안에서만 유효하다(이 변수의 이름은 그 함수 안에서만 보인다). 이런 변수는 해당 함수가 처음 호출될 때 초기화된다(다른 정적 변수들이 main( ) 함수가 불리기 전에 초기화되는 것과는 대비된다). 하지만 메모리 구조 관점에서 함수 정적 변수는 다른 파일 범위인 전역/정적 변수와 완전히 같다. 초기화됐느냐 아니냐에 따라 데이터 세그먼트나 BSS 세그먼트에 위치한다.

```
void readHitchhikersGuide(U32 book)
{
  static U32 sBooksInTheTrilogy = 5;  // 데이터 세그먼트
```

```
  static U32 sBooksRead;              // BSS 세그먼트
   // ...
}
```

3.3.5.2 프로그램 스택

실행 파일이 메모리에 로드될 때 운영체제는 프로그램 스택program stack이라는 메모리 공간을 마련한다. 함수가 불릴 때마다 스택 메모리 안의 연속된 공간이 스택 위로 마련되며, 이것을 스택에 푸시push한다고 말한다. 그리고 이런 메모리 블록을 스택 프레임stack frame이라고 한다. 함수 a( )가 다른 함수 b( )를 부르면 a( )의 스택 프레임 위에 새로 b( )의 스택 프레임이 푸시된다. b( )가 리턴하면 이 스택 프레임은 제거pop되고 b( )를 부른 직후의 위치에서 a( )는 계속 실행된다.

스택 프레임에는 세 가지 종류의 데이터가 저장된다.

1. **리턴 주소**   해당 함수를 호출한 곳(호출한 함수)의 주소인데, 이 함수가 리턴한 후 다음 실행될 프로그램 위치다.

2. **CPU 레지스터**   함수가 호출되기 이전의 레지스터 값들을 스택에 저장함으로써 함수는 이전의 상태를 훼손할 염려 없이 레지스터를 자유롭게 사용할 수 있다. 함수가 리턴할 때 레지스터 값을 원래로 돌려놓아 프로그램 실행이 정상적으로 재개될 수 있게 한다. 함수가 리턴 값이 있다면 특정한 레지스터에 저장해 호출한 곳에서 이용할 수 있게 하고 나머지 레지스터들은 전부 원래 값으로 원상 복귀된다.

3. **지역 변수**   호출된 함수의 지역 변수들은 스택에 자리한다. 이런 변수들은 자동 변수automatic variable라고 한다. 이렇게 함으로써 각 함수는 고유한 지역 변수를 갖게 되고 이는 함수가 재귀적recursive으로 호출된다 해도 마찬가지다(실제로 어떤 변수들은 스택 프레임 대신 CPU 레지스터에 자리하는 경우도 있지만 이런 변수도 스택 프레임에 있는 변수와 똑같이 동작한다).

스택 프레임을 푸시push하거나 팝pop하는 일은 보통 스택 포인터라는 CPU 레지스터 값을 조정하는 방식으로 구현한다. 그림 3.10에서는 다음과 같이 함수가 실행되는 동안 스택 프레임이 어떻게 변하는지 보여 준다.

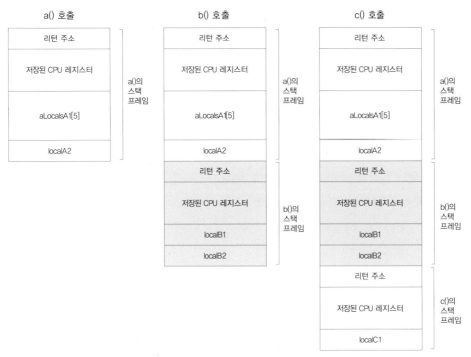

그림 3.10 스택 프레임

```
void c( )
{
  U32 localC1;
  // ...
}

F32 b( )
{
  F32 localB1;
  I32 localB2;

  // ...

  c( );   // 함수 c( ) 호출

  // ...

  return localB1;
```

```
}

void a( )
{
  U32 aLocalsA1[5];

  // ...

  F32 localA2 = b( );

  // ...
}
```

자동 변수를 가진 함수가 리턴할 때 그 함수의 스택 프레임은 그냥 버려지기 때문에 자동 변수들은 더 이상 존재하지 않는 것처럼 생각해야 한다. 엄밀히 말하면 이 변수들이 차지했던 메모리 공간은 여전히 버려진 스택에 있긴 하지만, 그 메모리 공간은 다른 함수가 호출되면서 다시 덮어 쓰일 가능성이 높다. 흔히 하는 실수 중에 다음과 같이 지역 변수의 주소를 리턴하는 경우가 있다.

```
U32* getMeaningOfLife( )
{
  U32 anInteger = 42;
  return &anInteger;
}
```

혹시라도 리턴된 포인터를 다른 함수가 호출되기 전에 재빨리 사용했다면 별 문제 없을 수도 있다. 하지만 대개 이런 코드는 강제 종료되는 경우가 많고 버그 잡기도 어렵다.

3.3.5.3 동적 할당 힙

지금껏 프로그램의 데이터가 전역 변수나 정적 변수, 지역 변수로 저장될 수 있다는 사실을 살펴봤다. 전역 변수와 정적 변수는 실행 파일 이미지의 데이터 세그먼트나 BSS 세그먼트 안에 자리한다. 지역 변수는 프로그램의 스택에 자리한다. 이런 저장 공간들은 '정적static'으로 정의되는데, 저장 공간(메모리)의 크기와 구조를 프로그램이 컴파일되고 실행될 때 이미 알 수 있다는 말이다. 그렇지만 프로그램이 메모리를 얼마나 사용할지는 컴파일할 때 알 수 없는 경우도 많다. 프로그램은 추가로 더 필요한 메모리를 '동적dynamic'으로 마련(할당)해야 한다.

동적 할당을 하기 위해서 운영체제는 프로세스마다 일련의 메모리 블록을 갖고 있는데, 이 블록의 메모리는 프로그램이 실행하면서 malloc( )(혹은 윈도우의 경우 HeapAlloc( )같은 OS 전용 함수)으로 할당받을 수 있고 다 쓴 후에는 다시 쓸 수 있게 free( )(혹은 HeapFree( ) 등의 OS 전용 함수)를 불러 되돌려 줄 수 있다. 이런 메모리를 힙heap 메모리라고 부른다. 동적으로 할당한 메모리는 '힙에 있다'고 말하기도 한다.

C++에서는 new와 delete 연산자가 각각 힙에서 메모리를 할당하고 해제하는 데 쓰인다. 하지만 주의해야 할 것은 여러 클래스에서 각자 원하는 방식으로 메모리를 할당/해제하기 위해 이 연산자들을 오버로딩해 사용할 수 있는 데다 심지어 전역 연산자인 new와 delete를 오버로딩할 수도 있다는 점이다. 그러므로 new 연산자가 항상 힙에서 메모리를 할당한다고 생각하면 안 된다.

동적 메모리 할당에 관해서는 7장에서 좀 더 자세히 알아본다. 좀 더 알고 싶은 독자는 다음 사이트(http://en.wikipedia.org/wiki/Dynamic_memory_allocation)를 참조하자.

3.3.6 멤버 변수

C의 구조체struct나 C++의 클래스class는 변수들을 묶어서 논리적인 단위로 다룰 때 쓰인다. 한 가지 명심해야 할 점은 클래스나 구조체의 선언만으로는 어떠한 저장 공간도 할당하지 않는다는 점이다. 선언은 단순히 데이터가 어떻게 놓일지를 써놓은 것일 뿐이다. 구조체나 클래스의 인스턴스를 나중에 찍어내기 위한 빵틀이라고 생각하면 된다. 예를 들어보자.

```
struct Foo // 구조체 선언
{
  U32  mUnsignedValue;
  F32  mFloatValue;
  bool mBooleanValue;
};
```

일단 구조체와 클래스가 선언되고 나면 마치 기본 데이터 타입처럼 저장 공간을 할당(혹은 정의)할 수 있다. 예를 들어 다음과 같이 쓸 수 있다.

- 프로그램 스택에 자동 변수로 사용

```
void someFunction()
{
  Foo localFoo;
  // ...
}
```

- 전역 변수나 파일 범위의 정적 변수 또는 함수 정적 변수로 사용

```
Foo gFoo;
static Foo sFoo;

void someFunction()
{
  static Foo sLocalFoo;
  // ...
}
```

- 힙에 동적으로 할당해 사용. 이 경우 할당받은 메모리의 주소를 들고 있는 포인터(레퍼런스) 변수 역시 다른 내장 데이터 타입처럼 자동 또는 전역, 정적이 될 수 있고, 아니면 동적으로 할당받을 수도 있다.

```
Foo* gpFoo = NULL; // Foo 클래스의 전역 포인터

void someFunction()
{
  // Foo 인스턴스를 힙에서 할당 gpFoo = new Foo;

  // ...

  // 또 다른 Foo를 할당 받아 그 주소를 지역 변수인 포인터에 저장
  Foo* pAnotherFoo = new Foo;

  // ...

  // Foo의 포인터를 저장하기 위한 포인터를 힙에서 할당
  Foo** ppFoo = new Foo*;
  (*ppFoo) = pAnotherFoo;
}
```

3.3.6.1 클래스 정적 멤버

앞서 살펴봤듯이 static 키워드는 쓰이는 상황에 따라 여러 의미를 나타낼 수 있다.

- 파일 범위에서 사용하면 변수가 다른 .cpp에서 보이지 않고 사용되지 못하게 하고 오직 그 .cpp에서만 보이게 한다.
- 함수 범위에서 사용하면 변수가 전역 변수이고 자동 변수가 아니지만 그 함수 안에서 만 보이게 한다.
- 구조체와 클래스 선언에서 사용하면 변수가 보통 멤버 변수가 아니라 전역 변수처럼 동 작한다는 뜻이다.

클래스(구조체도 마찬가지) 선언에서 쓰인 static 키워드는 변수의 보이는 범위(파일 범위에서 쓰일 때처럼)를 지정하지는 않는다. 대신 일반적인 멤버 변수처럼 각 인스턴스마다 존재할지 아니면 클래스에만 존재해서 전역 변수처럼 쓰일지를 지정한다. 보이는 범위는 정적 변수도 public, protected, private 키워드를 통해 결정된다. 클래스 정적 변수는 자동으로 클래스 의 네임스페이스에 포함되기 때문에 클래스 밖에서 지칭할 때는 항상 클래스 이름을 함께 사 용해야 한다(예, Foo::sVarName).

전역 변수에 extern 키워드를 사용할 때와 마찬가지로 클래스 정적 변수를 선언한다고 해서 메모리를 할당하는 것은 아니다. 클래스 정적 변수를 위한 메모리는 반드시 .cpp 파일에 정의 돼야 한다. 예를 들어 보자.

<hr>

foo.h

```
class Foo
{
public:
  static F32 sClassStatic;     // 메모리를 할당하지 않는다!
};
```

foo.cpp

```
F32 Foo::sClassStatic = -1.0f; // 메모리를 할당하고 초기화한다.
```

3.3.7 메모리상의 객체 구조

클래스나 구조체가 어떤 모양으로 메모리를 차지하고 있는지 그려 볼 수 있으면 여러모로 도움이 될 때가 있다. 보통 그다지 어렵지 않은데, 네모난 박스를 그린 후 선을 그어 각 데이터 멤버를 구분하면 된다. Foo 구조체를 다이어그램으로 그려 보면 그림 3.11과 같다.

```
struct Foo
{
  U32     mUnsignedValue;
  F32     mFloatValue;
  I32     mSignedValue;
};
```

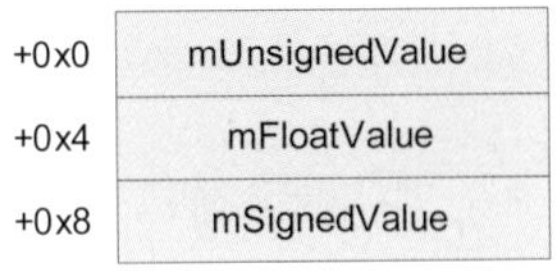

그림 3.11 단순한 구조체의 메모리 구조

각 데이터 멤버의 크기는 매우 중요하기 때문에 다이어그램에서 꼭 포함돼야 한다. 몇 비트 데이터인지에 비례해 너비를 표현한다면 간단하다. 예를 들어 32비트 정수는 8비트 정수에 비해 4배 정도 넓으면 된다(그림 3.12).

```
struct Bar
{
  U32     mUnsignedValue;
  F32     mFloatValue;
  bool    mBooleanValue;   // 다이어그램에서는 이 멤버를 8비트로 가정했다.
};
```

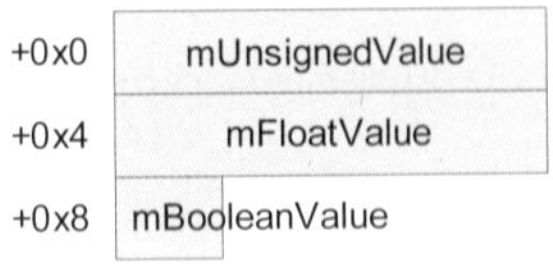

그림 3.12 멤버의 너비로 크기를 표현한 메모리 구조

3.3.7.1 메모리 정렬과 패킹

구조체와 클래스의 메모리 구조를 자세히 들여다보면 작은 데이터 멤버가 더 큰 멤버 사이에 흩뿌려져 있으면 어떻게 될지 의문이 들 것이다. 다음 예를 살펴보자.

```
struct InefficientPacking
{
    U32    mU1;  // 32비트
    F32    mF2;  // 32비트
    U8     mB3;  // 8비트
    I32    mI4;  // 32비트
    bool   mB5;  // 8비트
    char*  mP6;  // 32비트
};
```

될 수 있는 한 데이터 멤버들을 구겨서 메모리를 제일 적게 차지하게 컴파일러가 알아서 처리해 줄까? 대개는 그렇지 않다. 컴파일러는 그림 3.13처럼 빈 공간을 그냥 내버려두는 경우가 많다(전처리기 명령어인 #pragma pack 등이나 커맨드라인 옵션으로 공간을 남기지 말라고 지시할 수도 있기는 하지만 기본적으로 그림 3.13처럼 공간을 배치한다).

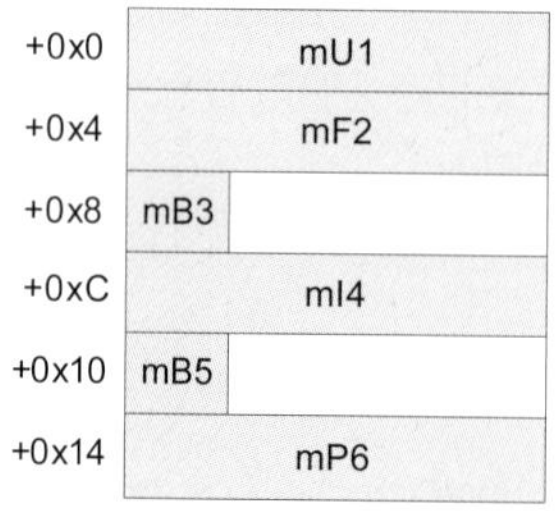

그림 3.13 데이터 멤버들의 크기가 뒤섞여 있어 비효율적으로 패킹(packing)된 구조체

왜 이렇게 비효율적인 '빈 공간'을 두는 걸까? 모든 데이터 타입에는 메모리 정렬alignment이라는 속성이 있고, CPU가 메모리를 효율적으로 읽고 쓰려면 이 속성을 지켜야 하기 때문이다. 어떤 데이터 객체의 메모리 정렬이란 그 객체의 메모리 주소가 객체 크기의 배수가 되는가를 나타낸다(객체의 크기는 보통 2의 제곱이다).

- 1바이트 정렬 객체는 어떤 메모리 주소에도 올 수 있다.

184

- 2바이트 정렬 객체는 짝수인 주소에만 올 수 있다(예, 주소의 제일 낮은 숫자가 0x0, 0x2, 0x4, 0x8, 0xA, 0xC, 0xE로 끝나야 한다).

- 4바이트 정렬 객체는 4의 배수가 되는 주소에만 올 수 있다(예, 주소의 제일 낮은 숫자가 0x0, 0x4, 0x8, 0xC로 끝나야 한다).

- 16바이트 정렬 객체는 16의 배수가 되는 주소에만 올 수 있다(예, 주소의 제일 낮은 숫자가 0x0이어야 한다).

메모리 정렬이 중요한 이유는 요즘 나오는 CPU 상당수가 메모리 정렬이 제대로 지켜진 데이터 블록만 읽고 쓸 수 있기 때문이다. 예를 들어 어떤 프로그램이 32비트(4바이트) 정수를 메모리 주소 0x6A341174에서 읽어 오도록 요청한 경우 메모리 주소가 4바이트 정렬돼 있기 때문에 메모리 컨트롤러가 읽어 오는 데 아무 문제가 없다(주소의 가장 낮은 숫자가 0x4). 그런데 똑같이 32비트 정수를 불러올 때 메모리 주소가 0x6A341173이었다면 메모리 컨트롤러는 이 일을 하기 위해 0x6A341170 블록과 0x6A341174 블록 2개의 4바이트 블록을 읽어 들여야 한다. 이런 후 두 32비트 정수의 일부분을 마스크^{mask}하고 시프트해서 마지막으로 목적지 CPU 레지스터에 논리적 OR 연산으로 써 넣는다. 이 과정은 그림 3.14에 나와 있다.

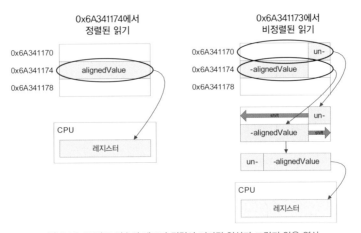

그림 3.14 32비트 정수의 메모리 정렬이 지켜진 연산과 그렇지 않은 연산

어떤 마이크로프로세서는 이렇게까지 해주지도 않는다. 메모리 정렬이 맞지 않는 데이터를 읽거나 쓰려고 하면 그냥 쓰레기 값을 가져온다. 아니면 프로그램을 그냥 강제 종료시켜 버린다(플레이스테이션 2가 메모리 정렬을 엄격히 제한하는 대표적인 예다).

각 데이터 타입에는 고유한 데이터 정렬 조건이 있다. 일반적으로 보면 각 데이터 타입을 바이트로 환산한 크기와 똑같은 정렬 값을 가진다. 예를 들면 32비트 값은 대개 4바이트 정렬 조건이고, 16비트 값은 2바이트 정렬 조건이며, 8비트 값은 메모리 어느 곳에나 올 수 있다. SIMD 벡터 연산을 지원하는 CPU에서는 SIMD 레지스터가 4개의 32비트 부동소수를 담는데 이는 128비트, 즉 16바이트다. 그렇다면 당연히 부동소수 4개의 SIMD 벡터는 16바이트 정렬 조건이다.

이제 나시 거슬러 올라가 그림 3.13의 struct InefficientPacking을 살펴보자. 클래스나 구조체 안에서 이와 같이 8비트 bool 타입이 32비트 정수나 부동소수 사이에 흩어져 있으면 컴파일러는 정렬을 지키려고 패딩padding10을 사용한다. 데이터 구조를 선언할 때 미리 메모리 정렬과 패킹을 염두에 두는 것은 좋은 습관이다. struct InefficientPacking의 데이터 멤버를 재배치하는 것만으로 그림 3.15에 보이는 것처럼 쓸모없는 패딩을 없앨 수 있다.

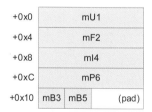

그림 3.15 작은 멤버들을 한데 몰아넣음으로써 메모리 효율이 향상됐다.

```
struct MoreEfficientPacking
{
    U32    mU1;  // 32비트(4바이트 정렬)
    F32    mF2;  // 32비트(4바이트 정렬)
    I32    mI4;  // 32비트(4바이트 정렬)
    char*  mP6;  // 32비트(4바이트 정렬)
    U8     mB3;  // 8비트(1바이트 정렬)
    bool   mB5;  // 8비트(1바이트 정렬)
};
```

그림 3.15를 보면 구조체의 크기가 예상한 것처럼 18바이트가 아니라 마지막에 2바이트가 더해져 20바이트인 것을 알 수 있다. 이것은 이 구조체를 배열로 쓸 경우에도 메모리 정렬을 보장하려고 컴파일러가 일부러 패딩을 붙여 넣었기 때문이다. 배열인 경우 맨 처음 요소는 당연

---

10 덧대는 것 – 옮긴이

히 정렬 조건을 충족하게 되고 그 뒤에 오는 요소들은 마지막에 붙은 패딩으로 인해 정렬 조건을 충족할 수 있게 된다.

구조체 전체를 놓고 봤을 때는 멤버의 정렬 조건 중 가장 큰 것이 그 구조체의 정렬 조건이된다. 위의 예에서는 가장 큰 정렬 조건은 4바이트이기 때문에 이 구조체는 4바이트 정렬 조건을 지켜야 한다. 나는 구조체를 만들 때 마지막에 직접 패딩 넣기를 선호하는데 이렇게 하면 낭비되는 공간을 명시적으로 나타내면서 눈에 직접 보이게 할 수 있기 때문이다. 그 방법은 다음과 같다.

```
struct BestPacking
{
  U32    mU1;     // 32비트(4바이트 정렬)
  F32    mF2;     // 32비트(4바이트 정렬)
  I32    mI4;     // 32비트(4바이트 정렬)
  char*  mP6;     // 32비트(4바이트 정렬)
  U8     mB3;     // 8비트(1바이트 정렬)
  bool   mB5;     // 8비트(1바이트 정렬)
  U8     _pad[2]; // 명시적으로 넣은 패딩
};
```

3.3.7.2 C++ 클래스의 메모리 구조

메모리 구조 관점에서 보면 C++ 클래스는 상속과 가상 함수 때문에 C 구조체와는 좀 다르다.

클래스 B가 클래스 A를 상속받으면 메모리에서는 A의 멤버들 바로 뒤에 B의 멤버들이 자리한다(그림 3.16). 상속받는 클래스들의 멤버는 베이스 클래스의 멤버 뒤에 위치하게 되고, 각 클래스 사이에는 메모리 정렬 조건 때문에 패딩이 들어갈 수도 있다(다중 상속은 이런 면에서 좀 골치 아픈데, 상속받은 클래스의 메모리에 같은 베이스 클래스가 여러 번 나온다든가 하는 문제가 있다. 게임 프로그래머들은 보통 다중 상속을 잘 쓰지 않기 때문에 여기서 자세히 다루지는 않겠다).

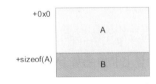

그림 3.16 상속했을 때 클래스의 메모리 구조

클래스나 베이스 클래스에 가상 함수$^{virtual\ function}$가 있는 경우 4바이트(혹은 대상 플랫폼이 64비트인 경우 8바이트)가 클래스 구조에 추가되고, 대개 클래스의 제일 앞에 위치한다. 이 4 혹은 8바이트는 가상 함수 테이블 포인터 또는 vpointer라 불리는데, 이는 여기에 가상 함수 테이블 또는 vtable이라고 불리는 자료 구조를 가리키는 포인터가 있기 때문이다. 매 클래스의 vtable은 이 클래스가 선언하거나 상속하는 모든 가상 함수를 가리키는 포인터를 갖고 있다. 모든 구체 클래스$^{concrete\ class11}$는 자신의 가상 함수 테이블이 있고, 이 클래스 인스턴스의 vpointer는 이 가상 테이블을 가리킨다.

가상 함수 테이블은 구체 클래스의 타입이 어떤 것인지 정확히 몰라도 코드를 짤 수 있는 단초가 되기 때문에 다형성(폴리모피즘)의 핵심 개념이다. 또다시 Shape를 베이스 클래스로 하는 Circle, Rectangle, Triangle 등을 살펴보자. Shape는 가상 함수 Draw( )를 정의한다고 가정하자. Shape를 상속받는 클래스들은 Draw( ) 함수를 오버라이드해서 각자 다르게 구현한다. 즉 Circle::Draw( ), Rectangle::Draw( ), Triangle::Draw( ) 같은 식으로 구현한다. 이 클래스들의 가상 함수 테이블은 모두 Draw( )를 가리키는 항목이 있지만, 구체 클래스$^{concrete\ class}$가 어떤 것이냐에 따라 서로 다르게 구현된 함수를 가리킨다. Circle의 vtable은 Circle::Draw( )를 가리키고 Rectangle:의 vtable은 Rectanble::Draw( )를 가리키며, 또 Triangle의 vtable은 Triangle::Draw( )를 가리킨다. Shape 포인터(Shape* pShape)가 있다면 코드는 vtable 포인터를 갖고 Draw( )라는 함수에 대한 항목을 찾아 호출하면 끝이다. pShape가 Circle의 인스턴스였다면 Circle::Draw( )가 불릴 것이고, pShape가 Rectangle일 경우에는 Rectanble::Draw( )가 불리고, Triangle인 경우에는 Triangle::Draw( )가 불린다.

다음 코드를 통해 이 개념을 자세히 살펴보자. 베이스 클래스인 Shape에는 SetId( )와 Draw( )라는 2개의 가상 함수가 있는데, Draw( )는 순수 가상 함수다(순수 가상 함수란 베이스 클래스는 이 함수를 구현하지 않는다는 뜻이다). Circle 클래스는 Shape를 상속받고 center와 radius 등의 데이터 멤버와 이것들을 다루는 함수를 추가한다. 그리고 Darw( ) 함수를 오버라이드한다. 이 과정이 그림 3.17에 나와 있다.

---

11 pure virtual class에 대비되는 개념으로 인스턴스를 정의해 사용할 수 있는 클래스 – 옮긴이

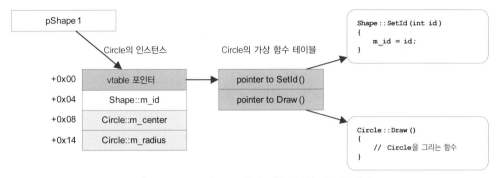

```
Shape::SetId(int id)
{
    m_id = id;
}
```

```
Circle::Draw()
{
    // Circle을 그리는 함수
}
```

pShape1

Circle의 인스턴스

Circle의 가상 함수 테이블

+0x00   vtable 포인터

+0x04   Shape::m_id

+0x08   Circle::m_center

+0x14   Circle::m_radius

pointer to SetId()

pointer to Draw()

그림 3.17 pShape1은 Circle 클래스 인스턴스를 가리키고 있다.

Triangle 클래스는 마찬가지로 Shape를 상속받는다. 정점 3개를 저장하게 Vector3 타입 배열을 추가하고, 각 정점의 값을 읽고 쓰는 멤버 함수도 추가했다. 마찬가지로 Draw() 함수를 오버라이드하고 여기에 더해 SetId() 함수까지 오버라이드했다. Triangle 클래스의 메모리 구조는 그림 3.18에 나와 있다.

```
class Shape
{
public:
    virtual void SetId(int id) { m_id = id; }
    int          GetId() const { return m_id; }

    virtual void Draw() = 0;    // 순수 가상 함수. 기본 구현이 없다.

private:
    int     m_id;
};

class Circle : public Shape
{
public:
    void    SetCenter(const Vector3& c) { m_center=c; }
    Vector3 GetCenter() const { return m_center; }

    void    SetRadius(float r) { m_radius = r; }
    float   GetRadius() const { return m_radius; }
```

```cpp
    virtual  void Draw( )
    {
       // 원을 그리는 코드
    }

private:
   Vector3  m_center;
   float    m_radius;
};

class Triangle : public Shape
{
public:
   void    SetVertex(int i, const Vector3& v);
   Vector3 GetVertex(int i) const { return m_vtx[i]; }

   virtual void Draw( )
   {
      // 삼각형을 그리는 코드
   }

   virtual void SetId(int id)
   {
      // 베이스 클래스의 구현 호출
      Shape::SetId(id);

      // Triangle 클래스에 필요한 추가 작업을 수행
   }

private:
   Vector3 m_vtx[3];
};

// ---------------------------

void main(int, char**)
{
   Shape* pShape1 = new Circle;
   Shape* pShape2 = new Triangle;
```

```
    pShape1->Draw( );
    pShape2->Draw( );

    // ...
}
```

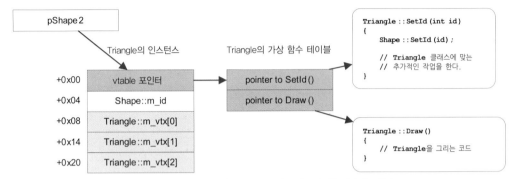

그림 3.18 pShape2가 Triangle 클래스 인스턴스를 가리키고 있다.

3.4 컴퓨터 하드웨어 기초

C++, C# 또는 파이썬 같은 고수준 언어로 프로그래밍을 하면 효율적으로 소프트웨어를 만들 수 있다. 그러나 언어가 고수준일수록 코드가 구동되는 하드웨어의 세부 사항으로부터 멀어지게 된다. 정말 실력 있는 프로그래머가 되려면 대상 하드웨어의 구조를 알아야 한다. 이런 지식은 코드 최적화에 도움이 된다. 또한 병행 프로그래밍에도 필수적이다. 오늘날 컴퓨터 하드웨어에서 갈수록 증가하는 병렬성을 최대한 이용하려면 병행성에 대해서 이해하고 있어야 한다.

3.4.1 비교적 단순한 구세대 컴퓨터를 통해 배우기

이제 나올 내용은 특정 프로세서가 아닌 단순한 범용 CPU의 디자인이다. 그렇지만 원한다면 실존하는 CPU에 대한 내용을 찾아봐서 우리가 진행할 이론적인 논의를 더 잘 이해할 수도 있을 것이다. 내 경우 청소년 시절에 애플 II 컴퓨터와 코모도어 64^{Commodore 64}에서 프로그래밍하면서 컴퓨터의 동작 원리를 배웠다. 두 기종 다 6502(모스 테크놀로지^{MOS Technology Inc.} 디자인 및 제조)라는 단순한 CPU를 갖고 있었다. 또한 인텔의 모든 x86 계열 CPU의 조상 격인 8086(그리고 그 형제인 8088)에 대해 찾아보고 일하는 동안 많은 지식을 얻게 됐다. 이런 프로세서들은 구조가 단순하기 때문에 학습하는 데 매우 적합하다. 6502는 특히 더 그런데, 이보다 더 단순한 CPU를 다뤄 본 적이 없는 것 같다. 일단 6502와 8086의 원리를 이해하면 최신 CPU에 대해 이해하기 훨씬 쉬울 것이다.

다음은 6502와 8086의 구조와 프로그래밍에 대한 좋은 자료들이다.

- 개리 B. 리틀^{Gary B. Little}의 『Inside the Apple IIe』[33]의 1, 2장은 6502 어셈블리 언어 프로그래밍에 대한 훌륭한 개요를 담고 있다. 이 책은 온라인으로도 접할 수 있다(https://mirrors.apple2.org.za/Apple%20II%20Documentation%20Project/Books/).
- http://flint.cs.yale.edu/cs421/papers/x86-asm/asm.html. 이 페이지에는 x86 명령어 집합 아키텍처에 대한 포괄적인 내용이 잘 나와 있다.
- 마이클 애브라시^{Michael Abrash}의 『Graphics Programming Black Book』[1] 또한 꼭 살펴봐야 할 책인데, 8086 어셈블리 프로그래밍에 대한 쓸 만한 내용이 많이 있는 데다 게임 산업 초창기에 쓰였던 진짜 멋진 소프트웨어 최적화와 그래픽 프로그래밍 팁들을 볼 수 있다.

3.4.2 컴퓨터의 구조

컴퓨터 구조를 가장 단순하게 생각하면 중앙 처리 장치^{CPU, Central Processing Unit}와 여러 열^{bank}의 메모리가 마더보드^{motherboard}에 있고, 이 둘이 하나 이상의 버스^{bus}를 통해 연결되며, I/O 포트 또는 확장 슬롯을 통해 외부 주변 장치와 연결되는 것이다. 1945년 수학자이자 물리학자인 존 폰 노이만^{John von Neumann}과 그의 동료들이 전설적인 에니악^{ENIAC} 프로젝트에서 이 기본 구조를 사용했기 때문에 폰 노이만 구조^{von Neumann architecture}라고 부른다. 그림 3.19에 나와 있는 것이 단순화한 직렬^{serial} 컴퓨터의 구조다.

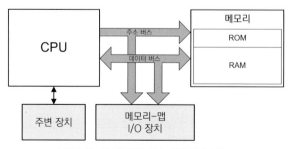

그림 3.19 단순한 직렬 폰 노이만 컴퓨터 구조

3.4.3 CPU

컴퓨터의 '뇌'라고 할 수 있는 CPU는 다음과 같은 구성 요소로 나뉜다.

- **수리/논리 장치**^{ALU, Arithmetic/Logic Unit}는 정수 수리 연산과 비트 시프팅^{shifting}을 처리한다.
- **부동소수 장치**^{FPU, Floating-Point Unit}는 부동소수 수리 연산을 처리한다(통상적으로 IEEE 754 부동소수 표준 표현법을 사용한다).
- 오늘날 대부분의 CPU는 **벡터 처리 장치**^{VPU, Vector Processing Unit}를 갖는데, 부동소수 또는 정수 연산을 한 번에 여럿 처리할 수 있다.
- **메모리 컨트롤러**^{MC, Memory Controller} 또는 **메모리 관리 장치**^{MMU, Memory Management Unit}는 칩 내부 또는 외부의 메모리 장치와의 인터페이스를 처리한다.
- 여러 열의 **레지스터**^{register}는 연산을 비롯한 여러 동작에서 임시 저장소 역할을 한다.
- **제어 장치**^{CU, Control Unit}는 기계어 명령어들을 해석하고 이것을 칩 내의 다른 구성 요소로 보내는 역할과 이들 사이의 데이터를 흐름을 관리하는 역할을 한다.

이 모든 구성 요소를 구동하는 것은 클럭^{clock}이라고 부르는 주기적인 방형파^{square wave}다. 클럭의 진동수에 따라 명령어를 처리하거나 계산을 하는 등의 CPU의 동작이 얼마나 빨리 수행되는지 결정된다. 직렬 CPU의 전형적인 구성이 그림 3.20에 나와 있다.

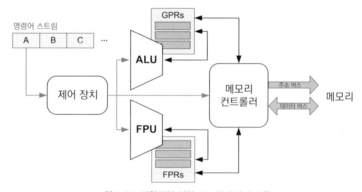

그림 3.20 전형적인 직렬 CPU의 구성 요소들

3.4.3.1 ALU

ALU^{Arithmetic and Logic Unit}는 단항 또는 이항 수리 연산을 수행하는데, 부정^{negation}, 덧셈, 뺄셈, 곱셈, 나눗셈뿐 아니라 AND, OR, 배타적 OR(줄여서 XOR 또는 EOR) 등의 논리 연산, 비트 연

산인 보수 연산^{complement}과 비트 시프팅^{bit shifting} 등을 처리한다. 일부 CPU는 ALU를 물리적으로 수리 장치^{AU, Arithmetic Unit}와 논리 장치^{LU, Logic Unit}로 나누기도 한다.

보통 ALU는 정수 연산만 처리한다. 부동소수 계산은 매우 다른 형태의 회로가 필요하기 때문에 물리적으로 분리된 부동소수 장치^{FPU, Floating Point Unit}에서 처리하는 것이 일반적이다. 초기 CPU인 인텔 8088/8086은 칩 내에 FPU를 내장하지 않았다. 부동소수 연산을 지원해야 할 필요가 있으면 인텔 8087 같은 별도의 FPU 코프로세서^{co-processor}가 보조로 쓰였다. 이후 CPU 디자인에서는 FPU가 칩 안에 내장됐다.

3.4.3.2 VPU

벡터 처리 장치^{VPU, Vector Processing Unit}는 어찌 보면 ALU/FPU가 섞인 것처럼 동작하는데, 정수와 부동소수 연산을 둘 다 처리할 수 있다. VPU가 다른 점은 스칼라 값을 입력으로 받는 것이 아니라 벡터^{vector}(보통 2~16개의 부동소수 또는 최대 64개의 정수로 구성된다)를 입력받아 수리 연산을 할 수 있다는 점이다. 벡터 처리는 SIMD^{Single Instruction Multiple Data}라고도 불리는데, 하나의 수리 연산자(예, 곱셈)가 여러 짝의 입력에 동시에 수행되기 때문이다. 4.10절을 보면 더 자세한 내용이 나와 있다.

오늘날의 CPU는 FPU라는 것을 갖고 있지는 않다. 대신 모든 부동소수 계산, 심지어 스칼라 부동소수 값조차 VPU에서 처리한다. FPU를 제거함으로써 얻는 트랜지스터 비용은 보다 큰 캐시 용량, 보다 복잡한 비순차 실행 로직 등을 구현하는 데 쓰일 수 있다. 4.10.6절에서 볼 내용이지만, float 변수에 수행되는 수리 연산은 컴파일러 최적화를 통해 VPU를 사용하는 벡터화 코드로 변경되는 것이 보통이다.

3.4.3.3 레지스터

ALU나 FPU는 성능을 극대화하고자 레지스터^{register}라 불리는 특수 고성능 메모리에 있는 데이터만 처리한다. 레지스터는 보통 주메모리와는 물리적으로 분리돼 있으며, 칩 안에 내장돼 레지스터를 사용하는 구성 요소들과 가까운 곳에 위치한다. 보통 빠르고 비싼 멀티-포트^{multi-port} 정적 RAM 또는 SRAM으로 구현한다(메모리 기술에 대한 내용은 3.4.5절에 더 다룬다). CPU 내의 레지스터 열^{bank}을 레지스터 파일^{register file}이라고 한다.

레지스터는 주메모리의 일부가 아니기 때문에[12] 보통 주소 대신 이름을 갖는다. R0, R1, R2 같이 단순한 이름인 경우도 있지만 초창기 CPU들은 문자 또는 짧은 줄임말 등을 사용하기도 했다. 예를 들면 인텔 8088/8086은 4개의 16비트 범용 레지스터$^{GPR, General-Purpose Register}$를 갖는데 이름이 각각 AX, BX, CX, DX다. 모스 테크놀로지의 6502는 모든 수리 연산을 축적기 ^{accumulator13}(A)라는 레지스터에서 수행했고, 2개의 보조 레지스터 X, Y를 다른 연산(배열 인덱스) 등에 사용했다.

CPU의 레지스터 중 일부는 계산에 범용적으로 사용된다. 따라서 이것들을 범용 레지스터^{GPR}라고 부른다. 모든 CPU는 몇 가지 특수 목적 레지스터$^{SPR, Special-Purpose Register}$을 가진다. 다음이 그 일부다.

- **명령어 포인터**$^{IP, Instruction Pointer}$
- **스택 포인터**$^{SP, Stack Pointer}$
- **베이스 포인터**$^{BP, Base Pointer}$
- **상태 레지스터**$^{status register}$

명령어 포인터

명령어 포인터^{IP}는 기계어 프로그램 내에서 현재 실행 중인 명령어의 주소를 담는다(기계어에 관해서는 3.4.7.2절에서 더 다룬다).

스택 포인터

프로그램의 콜 스택$^{call stack}$을 통해 함수 호출과 로컬 변수 메모리 할당이 어떻게 구현되는지 3.3.5.2절에서 살펴봤다. 스택 포인터^{SP}는 프로그램의 콜 스택의 꼭대기^{top} 위치(주소)를 가리킨다. 스택은 메모리 주소로 봤을 때 양방향으로 커질 수 있지만, 지금은 아래 방향으로 커진다고 하자. 어떤 데이터를 스택에 밀어넣는다고 할 때 스택 포인터 값에서 이 데이터 크기만큼을 빼고, 새 SP가 가리키는 주소에 데이터를 쓰면 된다. 마찬가지로 데이터를 스택에서 제거할 경우 SP가 가리키는 주소에서 데이터를 읽은 후 데이터 크기를 SP에 더하면 된다.

---

12 초기 컴퓨터들은 정말 주메모리를 통해 레지스터를 구현했었다. IBM 7030 Stretch(IBM이 만든 최초의 트랜지스터 기반 슈퍼컴퓨터)의 32비트 레지스터는 주메모리의 첫 32개 주소에 겹쳐졌다. 초기 ALU 디자인에서는 입력 중 하나는 레지스터에서, 다른 하나는 RAM에서 가져왔다. 이 디자인이 사용됐던 것은 당시 CPU 성능에 비해 RAM 접근 지연이 상대적으로 그리 느리지 않았기 때문이다.

13 축적기(accumulator)라는 용어가 나온 이유는 초기 ALU가 한 번에 한 비트씩 처리했고, 결과를 마스킹과 시프팅을 통해 레지스터에 축적(accumulate)했기 때문이다.

베이스 포인터

베이스 포인터[BP]는 콜 스택 내에서 현재 함수의 스택 프레임의 베이스 주소[base address]를 담는다. 함수의 로컬 변수들은 함수의 스택 프레임 내에 할당된다(예외적으로 최적화를 위해 함수가 실행되는 동안 일부를 레지스터에 할당할 수도 있다). 스택에 할당된 변수들은 베이스 포인터로부터 고유한 차이값[offset]을 갖는 메모리에 위치한다. 이런 변수들에 접근할 때는 그냥 BP 값으로부터 고유한 차이값을 빼기만 하면 된다(스택은 아래로 커진다고 가정한다).

상태 레지스터

상태 레지스터[status register], 상태 코드 레지스터[status code register] 또는 플래그 레지스터[flags register] 등 다양한 이름으로 불리는 특수 레지스터는 최근의 ALU 연산 결과를 나타내는 비트들을 담는다. 예를 들면 뺄셈 결과가 0인 경우 상태 레지스터의 제로[zero] 비트(보통 이름이 'Z'다)가 1이 되고 그렇지 않은 경우 0이 된다. 마찬가지로 덧셈 연산 결과 오버플로[overflow]가 발생하면, 즉 멀티-워드[multi-word] 덧셈에서 이진 1을 다음 워드로 자리올림[carry]해야 하는 경우 carry 비트(보통 'C')가 켜지고 그렇지 않은 경우 0이 된다.[14]

상태 레지스터의 플래그들은 조건 분기를 통해 프로그램 흐름을 제어하는 데도 사용되고 후속 계산에서 사용되기도 한다(예를 들면 멀티워드 덧셈에서 캐리 비트를 다음 워드에 전달하는 경우).

레지스터 형식

여기서 짚고 넘어가야 할 점은 FPU와 VPU는 ALU의 범용 정수 레지스터가 아니라 자신만의 레지스터들을 사용한다는 것이다. 한 가지 이유는 속도 때문이다. 레지스터와 이것을 사용하는 계산 장치가 가까울수록 접근하는 시간이 줄어든다. 또 다른 이유는 통상적으로 FPU와 VPU의 레지스터는 ALU의 범용 레지스터[GPR]보다 크기가 크기 때문이다.

예를 들면 32비트 CPU는 32비트 크기의 GPR을 갖지만 FPU는 64비트 2배 정밀도[double precision] 부동소수, 또는 80비트 '확장' 2배 정밀도 값을 계산할 수도 있기 때문에 레지스터도 각각 64비트 또는 80비트여야 한다. 마찬가지로 VPU는 입력을 벡터로 받기 때문에 레지스터도 통상적인 GPR보다 훨씬 커야 한다. 인텔의 SSE2[Streaming SIMD Extensions] 벡터 프로세서는 설정에 따라 4개의 단정밀도(32비트) 부동소수를 담은 벡터, 또는 2개의 2배 정밀도(64비트) 값을 담은 벡터를 처리할 수 있다. 따라서 SSE2 벡터 레지스터는 각각 128비트 크기다.

---

14   일반적으로 상태 레지스터에 오버플로와 캐리 비트가 따로 있고 다른 개념이다. - 옮긴이

ALU와 FPU가 물리적으로 분리됐기 때문에 과거 FPU가 흔히 쓰이던 시절에는 int와 float 사이의 변환이 느렸었다. 2의 보수 정수 표현과 IEEE 754 부동소수 표현 간에 비트 패턴이 다른 데다 범용 정수 레지스터와 FPU의 레지스터 사이에 물리적인 복사가 일어나야 했기 때문이다. 그러나 오늘날의 CPU는 FPU를 아예 갖고 있지 않다. 모든 부동소수 연산은 보통 벡터 처리 장치에서 수행한다. VPU는 정수와 부동소수를 모두 연산할 수 있고 정수 GPR에서 벡터 레지스터 사이에 복사가 일어난다 하더라도 두 값을 변환하는 데 그다지 느리지 않다. 그렇다 하더라도 여전히 int와 float를 최대한 피하는 것이 좋은데, 아무리 비용이 싸다 하더라도 아예 쓰지 않느니만 못하기 때문이다.

3.4.3.4 제어 장치

CPU가 컴퓨터의 뇌라면 제어 장치^{CU}는 CPU의 뇌라 할 수 있다. CU의 역할은 CPU 내의 데이터 흐름을 관리하고 다른 모든 CPU 구성 요소들 간의 동작을 지휘하는 것이다.

CU는 기계어 명령어 스트림을 읽어 각 명령어를 명령코드^{opcode}와 피연산자^{operand}로 해석하고, 명령코드에 맞게 ALU, FPU, VPU, 레지스터, 메모리 컨트롤러 등에 작업을 요청하고 데이터를 보낸다. 파이프라인 구조와 슈퍼스칼라^{superscalar} CPU에서는 CU의 역할이 확장되며, 분기 예측 및 비순차 실행을 위한 스케줄링을 처리하는 복잡한 회로를 포함하게 된다. CU의 동작에 대해서는 3.4.7절에서 좀 더 자세히 다룬다.

3.4.4 클럭

모든 디지털 전자 회로는 근본적으로 상태 기계$^{state\ machine}$다. 상태를 바꾸려면 디지털 신호에 의해 회로를 구동해야 한다. 이 같은 신호는 예를 들어 전압을 0볼트에서 3.3볼트 또는 그 반대로 변경해서 만들 수 있다.

CPU의 상태 변경은 보통 시스템 클럭$^{system\ clock}$이라 부르는 주기적 방형파$^{square\ wave}$를 통해 구동된다. 이 신호의 상승 및 하강 시점을 클럭 사이클^{cycle}이라 부르며, CPU는 사이클마다 최소한 하나의 기본 연산을 처리한다. CPU의 관점에서 시간은 양자화된^{quantized} 것이라 할 수 있다.[15]

---

15 아날로그 회로에서 시간이 연속적으로 처리되는 것과 대조된다. 구형 신호 생성기는 −5볼트에서 5볼트까지 부드럽게 이어지는 진정한 사인파를 만들 수 있다.

CPU가 연산을 수행하는 속도는 시스템 클럭의 진동수에 달려 있다. 초창기의 CPU들, 1970년대에 개발된 모스 테크놀로지의 6502와 인텔 8086/8088 CPU들은 1~2MHz(초당 100만 사이클) 사이에서 동작하는 클럭을 탑재했다. 인텔 코어 i7 등의 오늘날 CPU들은 보통 2~4GHz(초당 10억 사이클) 범위의 클럭으로 동작한다.

여기서 반드시 한 클럭에 1개의 CPU 명령어를 처리할 수 있는 것은 아니라는 점을 알아야 한다. 모든 명령어가 똑같지 않기 때문이다(어떤 것은 매우 단순하고 어떤 것들은 복잡하다). 일부 명령어는 내부에서 여러 개의 단순한 마이크로연산(μ-ops)의 조합으로 이뤄지며, 따라서 여러 사이클에 걸쳐 처리된다.

또한 과거의 CPU들이 일부 명령어를 단일 클럭 사이클에서 처리할 수 있었던 반면, 오늘날의 파이프라인 구조 CPU들은 가장 단순한 명령어도 여러 개의 단계stage로 나눈다. 파이프라인 CPU의 각 단계는 한 클럭 사이클을 차지하며, 따라서 N-단계 파이프라인 구조의 CPU는 최소한 N 클럭 사이클만큼 명령어 지연instruction latency이 발생한다. 단순한 파이프라인 CPU는 한 클럭 사이클당 평균적으로 명령어 하나를 처리할 수 있는데, 왜냐하면 클럭마다 새로운 명령어가 파이프라인으로 투입되기 때문이다. 하지만 명령어 하나가 파이프라인을 지나는 것을 따라가 보면 시작부터 끝까지 N 사이클이 걸리는 것을 볼 수 있을 것이다. 파이프라인 구조 CPU에 대해서는 4.2절에서 더 많이 다룰 것이다.

3.4.4.1 클럭 속도 vs 처리 성능

컴퓨터 또는 CPU의 '처리 성능processing power'을 측정하는 방법은 여러 가지다. 한 가지 자주 쓰이는 기준은 처리량throughput(주어진 시간 동안 처리할 수 있는 동작의 수)이다. 처리량의 단위는 초당 100만 연산MIPS, Millions of Instructions Per Second 또는 초당 부동소수점 연산FLOPS, FLoating-point Operations Per Second이다.

명령어 또는 부동소수 연산이 한 사이클에 하나씩 처리되는 것이 아니고 명령어마다 걸리는 시간도 다르기 때문에 MIPS, FLOPS는 평균 수치일 뿐이다. 따라서 CPU 클럭 진동수만 보고 처리량을 MIP나 FLOPS로 바로 알 수는 없다. 예를 들어 직렬 CPU가 3GHz로 동작하고 부동소수 곱 연산 하나가 6사이클을 소모하는 경우 이론적으로 0.5 GFLOPS를 낼 수 있다. 그러나 파이프라인 구조, 슈퍼 스칼라 디자인, 벡터 처리, 멀티코어 CPU, 기타 병렬성 요인들 때문에 클럭 속도와 처리 성능 간에 명확한 관계를 이야기하기 어렵다. 그렇기 때문에 CPU나 컴퓨터의 진정한 처리 성능을 알려면 측정하는 수밖에 없다(표준화된 벤치마크를 돌리는 것이 보통이다).

3.4.5 메모리

컴퓨터의 메모리는 여러 줄^{bank}로 놓여 있는 우체국의 편지함과 비슷하다. 각 박스 또는 '셀^{cell}'은 하나의 데이터 바이트(8비트)[16]를 담는다. 각 1바이트짜리 메모리 셀은 주소^{address}를 통해 구분된다. 주소는 0부터 N−1까지의 단순한 숫자이며 N은 주소를 가질 수 있는 메모리의 최대 바이트 크기다.

메모리는 다음과 같은 두 종류가 있다.

- 읽기 전용 메모리^{ROM, Read-Only Memory,}
- 읽기/쓰기 메모리, 역사적인 이유로[17] 랜덤 액세스 메모리^{RAM, Random Access Memory}라고 불린다.

ROM은 전원이 꺼져도 데이터가 지워지지 않는다. 어떤 ROM은 한 번만 기록할 수 있다. 전기적 지우기 가능 ROM^{EEPROM, Electronically Erasable Programmable ROM}이라는 다른 종류의 ROM은 계속 지우고 쓸 수 있다(플래시 드라이브가 EEPROM의 일종이다).

RAM은 정적 RAM^{SRAM, Static RAM}과 동적 RAM^{DRAM, Dynamic RAM}으로 더 구분할 수 있다. 둘 다 전원이 공급되는 동안만 데이터를 저장하는 것은 같다. 그러나 SRAM과 달리 DRAM은 주기적으로 내용을 갱신해 줘야 데이터가 지워지지 않는다(갱신이란 읽고 다시 쓰는 것을 말한다). 이 것은 DRAM 메모리 셀이 MOS 커패시터^{capacitor}로 만들어졌기 때문인데, 이것은 점진적으로 축적된 전하를 잃어버리고, 읽기 동작을 하면 데이터가 파괴된다.

RAM은 그 외의 디자인 특성에 따라 구분하기도 하는데, 다음은 그중 일부다.

---

16 초창기 컴퓨터들은 8비트보다 큰 '워드^{word}' 단위로 메모리를 접근했었다. 예를 들어 IBM 701(1952년 생산)는 32비트 워드 단위로 메모리를 접근했고, PDP-1(1959년)는 최대 4096개의 18비트 메모리 워드에 접근할 수 있었다. 8비트 바이트가 널리 퍼진 것은 1972년 Intel 8088부터다. 영문 대문자 및 소문자를 나타내는 데 7개의 비트가 쓰인다. 이것을 8비트로 확장함으로써 여러 특수 문자를 나타낼 수 있다.

17 초기의 메모리 기술에서는 쓰여진 순서대로만 읽을 수 있었다. 랜덤 액세스 메모리라는 이름이 붙은 이유는 RAM 기술이 발전하면서 임의(즉 순서에 상관없이) 데이터를 접근할 수 있게 됐기 때문이다.

- 멀티포트^{multi-port}인지 여부, 즉 동시에 여러 개의 CPU의 구성 요소가 접근할 수 있는지 여부로 구분한다.
- 클럭(SDRAM)에 동기화로 동작하는지 또는 비동기화로 동작하는지로 구분한다.
- 이중 데이터 레이트^{DDR, Double Data Rate} 액세스, 즉 클럭의 상승 상태 변화와 하강 상태 변화에서 모두 RAM을 읽고 쓸 수 있는지 여부로 구분한다.

3.4.6 버스

CPU와 메모리 사이에 데이터가 전달되는 연결을 버스^{bus}라고 한다. 버스는 라인^{line}이라는 평행한 디지털 '선^{wire}'의 묶음을 의미하며, 각 라인은 한 비트를 전송한다. 라인이 전압 신호[18]를 전달하면 바이너리 1을 나타내고, 라인에 전압이 없는 경우(0볼트) 바이너리 0을 나타낸다. 평행한 n개의 단일 비트 라인은 n 비트 수를 전송할 수 있다(즉 $0 \sim 2^n - 1$ 범위의 수).

컴퓨터에는 보통 두 가지 종류, 즉 주소 버스^{address bus}와 데이터 버스^{data bus}가 있다. CPU가 메모리에서 레지스터로 데이터를 로드할 때는 주소 버스를 통해 메모리 컨트롤러에 해당 주소를 보낸다. 이에 응답해 메모리 버스는 해당하는 메모리 셀에 있는 데이터를 데이터 버스를 통해 보내고, CPU가 이것을 볼 수 있게 된다. 마찬가지로 CPU가 메모리에 데이터를 쓸 때는 주소를 주소 버스로, 데이터의 비트 패턴을 데이터 버스에 보낸다. 메모리 컨트롤러는 이것을 받아 주어진 주소에 해당하는 메모리 셀에 데이터를 기록한다. 여기서 알아야 할 점은 주소 버스와 메모리 버스가 물리적으로 분리돼 구현되는 경우도 있고, 어떤 경우에는 물리적으로는 동일하지만 메모리 접근 사이클 단계에 따라 주소 버스와 데이터 버스 역할을 번갈아가며 처리하는 경우도 있다는 것이다.

3.4.6.1 버스의 크기

비트 단위로 따지는 주소 버스의 크기에 따라 CPU가 접근할 수 있는 주소의 범위(즉 머신에서 주소를 부여할 수 있는 메모리의 크기)가 결정된다. 예를 들어 16비트 주소 버스를 사용하는 컴퓨터는 최대 64KiB 메모리를 사용할 수 있는데, 주소 범위는 0x0000~0xFFFF다. 32비트 주소 버스를 사용하는 컴퓨터는 4GiB 메모리를 사용할 수 있고, 주소 범위는

---

18 초기의 트랜지스터-트랜지스터 로직(TTL, Transistor–Transistor Logic)은 5볼트 전압을 공급받기 때문에 5볼트 신호가 바이너리 1을 나타냈다. 오늘날의 디지털 전자 장비는 대부분 CMOS(Complementary Metal Oxide Semiconductor) 로직을 사용하는데, 보통 1.2~3.3볼트의 낮은 전압에서 동작한다.

0x00000000~0xFFFFFFFF다. 그리고 64비트 주소 버스를 사용하는 컴퓨터는 16EiB(엑스비바이트)의 메모리를 사용할 수 있다. 이것은 무려 $2^{64} = 16 \times 1024^6 \approx 1.8 \times 10^{19}$ 바이트에 해당한다.

데이터 버스의 크기는 한 번에 CPU 레지스터와 메모리를 오갈 수 있는 데이터 크기를 의미한다(보통 데이터 버스 크기와 CPU 범용 레지스터 크기가 같지만 항상 그런 건 아니다). 데이터 버스가 8비트라면 한 번에 1바이트를 옮길 수 있다는 뜻이다(16비트 값을 메모리에서 읽으려면 높고 낮은 바이트에 각각 한 번씩 총 두 번의 메모리 사이클이 필요하다. 이와 대조적으로 데이터 버스가 64비트라면 메모리 동작 한 번으로 64비트 레지스터에서 메모리로, 또는 반대로 값을 전송할 수 있다).

데이터 버스 크기보다 적은 데이터를 접근하는 것도 가능하지만 보통 데이터 버스 크기에 맞는 데이터를 접근하는 것보다 비효율적이다. 예를 들어 64비트 머신에서 16비트를 읽는 경우 여전히 64비트를 전부 메모리에서 읽어야 한다. 원하는 16비트 필드는 마스크^{mask}, 그리고 경우에 따라 시프트^{shift}를 거쳐 레지스터에 들어간다. 바로 이런 이유 때문에 C 언어는 int 타입의 크기를 특정 비트 수로 제한하지 않는다. 코드 이식성을 높이고자 의도적으로 목표 머신의 '자연스런' 워드 크기에 맞도록 설계됐다(하지만 역설적이게도 int를 암묵적인 특정 크기로 가정하는 경우가 있기 때문에 오히려 코드 이식성을 저해하는 결과가 됐다).

3.4.6.2 워드

'워드^{word}'라는 용어는 보통 여러 바이트 값을 나타내는 데 쓰인다. 하지만 워드가 몇 바이트로 이뤄지는지에 대한 전체적인 합의는 없다. 어느 정도 문맥을 따져야 한다.

때로 '워드'는 최소한의 멀티-바이트 값, 즉 16비트 또는 2바이트를 나타낸다. 이 문맥에서는 더블 워드란 32비트(4바이트)이고, 쿼드 워드는 64비트(8바이트)다. 이 문맥은 Windows API에서 '워드'를 사용하는 방식이다.

그러나 어떤 경우 '워드'는 특정 머신의 '자연스런(본질적인)' 데이터 크기를 나타내는 데 쓰인다. 예를 들어 32비트 레지스터와 32비트 데이터 버스를 가진 머신은 32비트(4바이트) 값을 처리하는 것이 가장 자연스러운데, 프로그래머나 하드웨어 만드는 사람들은 때로 이런 머신의 워드 크기가 32비트라고 말하기도 한다. 명심할 점은 데이터 크기를 나타낼 때 '워드'를 사용하는 경우를 접한다면 문맥을 염두에 둘 필요가 있다는 것이다.

3.4.6.3 n-비트 컴퓨터

'n-비트 컴퓨터'라는 용어를 들어 봤을 것이다. 보통은 n-비트 데이터버스와 레지스터를 가진 머신을 뜻한다. 그렇지만 어떤 경우 주소 버스가 n-비트인 컴퓨터를 가리키기 때문에 용어가 다소 불분명하다. 또한 CPU에 따라 데이터 버스와 레지스터 크기가 일치하지 않는 경우도 있다. 예를 들면 8088은 16비트 레지스터와 16비트 주소 버스를 갖고 있었지만 데이터 버스는 고작 8비트였기 때문이다. 따라서 내부적으로는 16비트 머신처럼 동작하지만 8비트 데이터 버스 때문에 메모리 접근 관점에서는 8비트처럼 동작했다. 여기서도 n-비트 머신이라는 말을 할 때 문맥을 잘 파악해야 한다.

3.4.7 기계어와 어셈블리어

CPU가 봤을 때 '프로그램'이라는 것은 비교적 단순한 명령어^{instruction}의 순차적인 흐름(스트림)에 불과하다. 각 명령어는 제어 장치^{CU}, 궁극적으로는 메모리 컨트롤러, ALU, FPU, VPU 등 CPU의 다른 구성 요소들에게 동작을 수행하라고 지시한다. 명령어는 컴퓨터나 CPU 안에서 데이터를 옮기기도 하고, 데이터를 특정한 방식으로 변경하기도 한다(즉 수리 연산이나 논리 연산을 데이터에 수행하는 등의 행위). 보통 프로그램의 명령어들은 순차적으로 실행되지만 몇몇 명령어는 명령어 스트림의 다른 위치로 '점프'함으로써 순차적 실행 흐름을 변경한다.

3.4.7.1 명령어 집합 아키텍처

CPU 디자인은 제조사마다 매우 다르다. 특정 CPU가 지원하는 모든 명령어 집합^{instruction set}을 포함해 주소 모드나 메모리 내 명령어 형식 등 CPU 디자인 정보 등을 통틀어 CPU의 명령어 집합 아키텍처^{ISA, Instruction Set Architecture}라고 한다. 이것을 프로그래밍 언어의 애플리케이션 바이너리 인터페이스^{ABI, Application Binary Interface}와 헷갈리면 안 된다. ABI는 콜링 컨벤션^{calling convention} 등 고수준 프로토콜을 정의한 것이다. 구체적인 CPU의 ISA를 여기서 다루지는 않겠지만 다음과 같은 명령어 타입은 거의 모든 ISA에서 공통으로 지원한다.

- **이동**^{move}   레지스터 간, 또는 레지스터와 메모리 간의 데이터 이동을 처리한다. 일부 ISA는 'move' 명령을 분리해 '로드^{load}'와 '스토어^{store}' 명령으로 나누기도 한다.
- **수리 연산**^{arithmetic operation}   사칙연산 외에 단항 부정, 역수 연산, 제곱근 등의 동작도 포함할 수 있다.

- **비트와이즈 연산**bitwise operation   AND, OR, 배타적 OR(XOR 또는 EOR이라고 부르기도 한다) 그리고 비트와이즈 보수 연산 등

- **시프트**shift**/회전**rotate   이 명령어들은 데이터 워드 내의 비트를 좌우로 옮기는 일을 하거나(상태 레지스터의 캐리 비트를 건드릴 수도, 그렇지 않을 수도 있다), 회전(워드의 끝에서 떨어져 나가는 비트가 다시 돌아서 다른 쪽에 붙는 것)한다.

- **비교**comparison   두 값을 비교해 초과, 미만 또는 동등함을 판단한다. 대부분의 CPU에서 비교 연산을 구현하는 법은, 먼저 ALU에서 두 값을 빼고 이로 인해 레지스터에 특정 비트 값이 어떻게 되는지 살펴보는 것인데, 계산 결과는 그냥 버린다.

- **점프**jump**와 분기**branch   명령어 포인터instruction pointer를 다른 값으로 대체함으로써 프로그램의 흐름을 변경한다. 무조건적으로 실행할 수도 있고(이 경우 '점프'라고 한다), 상태 레지스터의 여러 플래그를 보고 실행하기도 한다(이 경우는 '분기'라고 한다). 예를 들어 '0인 경우 분기branch if zero' 명령어는 상태 레지스터의 'Z'비트가 0이 아닌 경우에만 IP의 값을 변경한다.

- **푸시**push**와 팝**pop   대부분의 CPU는 레지스터의 내용을 스택의 상단에 밀어넣는(푸시) 기능과 스택 최상단의 내용을 레지스터로 옮기는(팝) 기능을 제공한다.

- **함수 호출**function call**과 리턴**return   일부 ISA는 명시적으로 함수(프로시저procedure 또는 서브루틴subroutine으로도 부른다) 호출과 리턴 명령어를 지원한다. 그러나 푸시, 팝, 점프 명령어 조합을 통해 함수 호출 및 리턴을 지원하는 경우도 있다.

- **인터럽트**interrupt   '인터럽트' 명령어는 CPU 내의 특수한 디지털 신호를 유발해 인터럽트 서비스 루틴interrupt service routine이라는 미리 설치된 함수로 임시 점프하게 만든다(인터럽트 서비스 루틴은 실행 중인 프로그램과는 별개인 경우가 대부분이다). 인터럽트는 운영체제나 사용자 프로그램에 특정 이벤트, 예를 들면 주변 장치에서 입력이 들어오는 것을 알려 주는 역할을 한다. 또한 '인터럽트'는 사용자 프로그램이 운영체제의 커널 루틴을 '호출'하고자 사용하기도 한다. 자세한 내용은 4.4.2절을 참조하기 바란다.

- **기타 명령어 타입**   대부분의 ISA에는 위 분류에 해당하지 않는 다양한 명령어 타입이 있다. 예를 들어 'no-op' 명령어(보통 NOP라고 부른다)는 잠깐의 지연을 발생시키는 것 외에 아무 작용도 없다. NOP 명령어는 메모리를 차지하고, 어떤 ISA는 이것을 이용해 메모리 내에서 명령어들을 적절하게 배열하는 데 사용하기도 한다.

모든 명령어 타입을 여기서 다룰 수는 없지만 궁금한 독자는 인텔 x86 등의 실제 프로세서의 ISA 문서를 직접 찾아볼 수 있다. x86 문서는 다음 사이트(http://intel.ly/2woVFQ8)에서 찾아 볼 수 있다.

3.4.7.2 기계어

컴퓨터가 이해할 수 있는 것은 숫자뿐이다. 따라서 프로그램의 명령어 스트림의 명령어들은 숫자로 인코딩돼야 한다. 프로그램이 이같이 인코딩돼 있을 때 이것을 기계어^{ML, Machine Language}로 쓰여 있다고 한다. 당연히 기계어는 한 가지만 있는 것이 아니고 각 CPU/ISA마다 다양한 기계어가 존재한다.

모든 기계어 명령은 다음과 같은 세 기본적인 부분으로 구성된다.

- **명령코드**^{opcode}는 CPU에 어떤 동작을 수행할지(덧셈, 뺄셈, 이동, 점프 등) 알려 준다.
- 0개 이상의 **피연산자**^{operand}는 명령어의 입력이나 출력을 지정한다.
- **옵션 필드**는 명령어의 주소 모드^{address mode}나 기타 플래그를 지정한다.

피연산자는 여러 종류가 있다. 어떤 명령어는 레지스터 이름(숫자 id로 인코딩된)을 받는다. 어떤 것은 숫자 리터럴^{literal}을 받는다(예, '값 5를 레지스터 R2에 로드', '주소 0x0102ED5C로 점프'). CPU가 명령어의 피연산자를 해석하고 사용하는 방식을 그 명령어의 주소 지정 방식^{address mode}이고 한다. 주소 지정 방식은 3.4.7.4절에서 자세히 다룬다.

기계어의 명령코드^{opcode}와 피연산자(만약 있다면)는 명령어 워드^{instruction word}라 불리는 연속된 비트 배열로 구성된다. 가상의 CPU가 명령어를 인코딩하는 방식이 그림 3.21에 나와 있는데, 첫째 바이트에 명령코드와 주소 지정 방식 및 여러 가지 옵션 플래그가 오고, 바로 이어서 피연산자를 위한 바이트가 따라 온다. ISA마다 명령어 워드의 크기(즉 각 명령어가 차지하는 비트 수)가 다르다. 일부 ISA에서는 모든 명령어가 같은 비트 수를 차지한다. 축소 명령어 집합 컴퓨터^{RISC, Reduced Instruction Set Computer}의 경우 보통 이렇다. 다른 ISA에서는 명령어마다 다른 크기의 명령어 워드를 사용할 수 있다. 보통 복잡 명령어 집합 컴퓨터^{CISC, Complex Instruction Set Computer}의 경우 이에 해당한다.

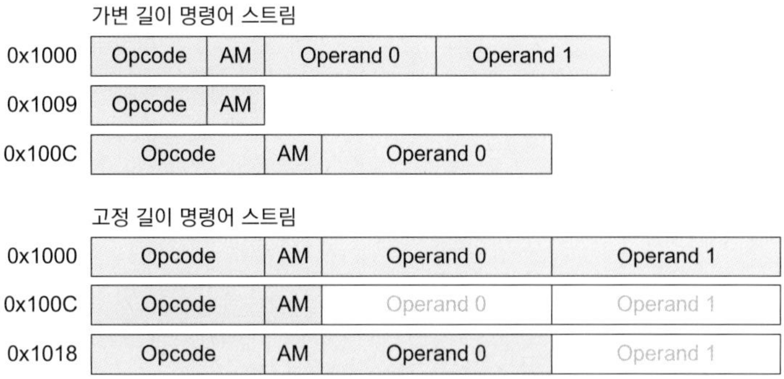

그림 3.21 명령어를 인코딩하는 가상의 두 방식. 위: 가변 길이 인코딩 방식에서는 명령어마다 다른 크기의 메모리를 차지할 수 있다. 아래: 고정길이 인코딩 방식은 모든 명령어가 같은 바이트를 차지한다.

명령어 워드는 일부 마이크로컨트롤러의 경우 4비트까지 작아질 수 있지만 수 바이트를 차지하기도 한다. 보통 32 또는 64비트의 배수인 경우가 많은데, CPU 레지스터나 데이터 버스 크기와 일치하기 때문이다. VLIW^{Very Long Instruction Word} CPU의 경우 여러 명령어를 매우 긴 명령어 워드 1개에 넣어서 병렬로 실행할 수 있게 한다. 따라서 VLIW ISA에서는 명령어가 수백 바이트까지 커질 수 있다.

인텔 x86 ISA가 실제로 명령어를 어떻게 인코딩하는지 알고 싶은 독자는 다음 사이트(http://aturing.umcs.maine.edu/~meadow/courses/cos335/Asm07-MachineLanguage.pdf)를 참조하기 바란다.

3.4.7.3 어셈블리 언어

기계어로 직접 프로그래밍하는 것은 매우 번거롭고 실수하기 쉽다. 프로그래머를 덜 비참하게 만들고자 단순 문자열 기반의 기계어 버전이 개발됐고, 이것을 어셈블리 언어^{assembly language}라고 한다. 어셈블리 언어에서는 기계어 명령어를 opcode보다 기억하기 쉬운 줄임말 또는 연상어를 통해 구분한다. 피연산자도 더 쉽게 지정할 수 있다. 레지스터를 이름으로 지칭하고(예, R0 또는 EAX), 메모리 주소를 16진수^{hex}로 지정할 수 있으며, 주소에 고수준 언어의 전역 변수처럼 이름을 부여할 수도 있다. 어셈블리 프로그램의 특정 위치에 사람이 읽을 수 있는 레이블을 붙일 수도 있으며, 점프/분기 명령은 메모리 주소 대신 이 레이블을 참조한다.

어셈블리 언어 프로그램은 차례로 나열된 명령어로 이뤄지는데, 텍스트 파일에는 1줄^{line}당 1개의 명령어가 들어가고, 각 명령어는 명령 및 (필요한 경우) 피연산자로 구성된다. 어셈블러

^{assembler}라는 도구가 프로그램 소스 파일을 읽어 CPU가 이해할 수 있는 기계어로 변경하는 역할을 한다. 예를 들어 다음과 같은 C 코드가 있다고 하자.

```
if (a > b)
  return a + b;
else
  return 0;
```

이것을 어셈블리 언어로 구현한다면 다음과 같은 모양일 것이다.

```
        ; if (a > b)
    cmp    eax, ebx   ; 값을 비교
    jle    ReturnZero ; 비교 결과가 이하이면 점프

        ; return a + b;
    add    eax, ebx   ; 덧셈을 하고 결과를  EAX에 저장
    ret               ; (리턴값은 EAX)
ReturnZero:
        ; else return 0;
    xor    eax, eax   ; EAX를 0으로
    ret               ; (리턴값은 EAX)
```

이 코드를 분석해 보자. cmp 명령어는 레지스터 EAX와 EBX를 비교한다(각각 C 코드의 a, b 변수 값을 담는다고 가정). 그다음 jle 명령어는 EAX가 EBX보다 같거나 작은 경우(이하인 경우)에만 ReturnZero로 분기한다. 그렇지 않으면 프로그램은 그대로 진행된다.

EAX 레지스터가 EBX보다 크다면(a > b), 그다음 add 명령어가 실행되며, 이것은 a + b를 계산한 후 결과를 EAX에 저장한다. 여기서 EAX가 리턴 값의 역할을 한다고 가정한다. ret 명령어를 실행하면 함수를 호출한 곳으로 제어권이 리턴^{return}한다.

EAX가 EBX보다 같거나 작다면(a <= b), 분기가 일어나고 ReturnZero 직후부터 프로그램이 실행된다. 여기서 작은 트릭을 사용해 XOR을 통해 EAX를 0으로 만든다. 그런 후 ret 명령어를 통해 0을 리턴한다.

인텔 어셈블리 언어에 대한 자세한 내용은 다음 사이트(http://www.cs.virginia.edu/~evans/cs216/guides/x86.html)를 참조하기 바란다.

3.4.7.4 주소 지정 방식

'이동^{move}'처럼 단순한 명령어(레지스터와 메모리 간에 데이터를 이동하는 명령)도 여러 종류가 있다. 레지스터 간의 이동인가? 아니면 리터럴 값 5를 레지스터에 로드하는 것인가? 또는 메모리로부터 레지스터에 값을 불러오는 것인가? 레지스터의 값을 메모리에 쓰는 것인가? 이 모든 차이들을 주소 지정 방식^{addressing mode}이라 부른다. 모든 주소 지정 방식을 여기서 다룰 수는 없지만, 다음 목록을 보고 나면 실제 CPU에서 볼 수 있는 여러 주소 지정 방식들에 대해 감을 잡을 수 있을 것이다.

- **레지스터^{register} 주소 지정** 이 방식은 레지스터 간에 값을 옮길 수 있다. 명령어의 피연산자는 연산에 관여하는 레지스터를 지정한다.
- **즉시^{immediate} 주소 지정** 이 방식은 리터럴 또는 '상수' 값을 레지스터에 로드한다. 피연산자는 목표 레지스터와 로드할 상수 값이다.
- **직접^{direct} 주소 지정** 이 방식은 메모리로부터, 또는 메모리로 데이터를 이동한다. 피연산자는 이동 방향(메모리로부터 오는지, 아니면 가는지)와 메모리 주소다.
- **레지스터^{register} 간접^{indirect} 주소 지정** 이 방식에서는 목표 메모리 주소를 리터럴이 아니라 레지스터에서 가져온다. C/C++ 등의 언어에서 포인터 역참조^{dereference}가 이렇게 구현된다. 포인터의 값(주소)를 레지스터에 로드하고, 레지스터 간접 '이동' 명령어를 통해 포인터를 역참조해서 주소가 가리키는 값을 레지스터에 로드하든가 아니면 레지스터의 값을 주소에 저장한다.
- **상대^{relative} 주소 지정** 이 방식에서 목표 메모리 주소는 피연산자로 지정되며, 지정된 레지스터의 값을 목표 메모리 주소에 대한 오프셋으로 삼는다. 이 방식으로 C/C++의 배열에 대한 인덱스 접근을 구현한다.
- **기타 주소 지정 방식** 이외에도 다양한 변종과 조합이 가능한데, 어떤 것은 거의 모든 CPU에서 공통으로 사용되지만 일부는 특정 CPU에서만 쓰인다.

3.4.7.5 어셈블리 언어에 대해 더 읽을거리

앞서 살펴본 내용은 어셈블리 언어의 매우 작은 단면일 뿐이다. 읽기 쉬운 x86 어셈블리 프로그래밍은 다음 사이트(http://flint.cs.yale.edu/cs421/papers/x86-asm/asm.html)를 참조하기 바란다. 호출 컨벤션과 ABI에 대한 더 자세한 내용은 다음 사이트(https://en.wikibooks.org/wiki/X86_Disassembly/Functions_and_Stack_Frames)를 참조하라.

3.5 메모리 구조

단순한 폰 노이만 컴퓨터 구조에서 메모리는 균일한 하나의 블록이며, CPU에서 접근성은 모두 동일하다. 그러나 실제 메모리 구조가 이론처럼 단순한 경우는 거의 없다. 한 가지 예로, CPU의 레지스터도 일종의 메모리지만 ROM이나 RAM처럼 주소로 접근하지 않고 어셈블리 언어의 이름을 통해서 접근한다. 또한 '일반적인' 메모리도 보통 다른 특징과 용도를 지닌 구분된 블록으로 나뉜다. 이렇게 나누는 이유는 여러 가지가 있지만 비용 절감이나 시스템의 성능 최적화 등의 이유가 있다. 3.5절에서는 오늘날의 컴퓨터와 콘솔에서 자주 사용되는 메모리 구조에 대해 알아보고, 왜 그런 구조로 설계됐는지 살펴볼 것이다.

3.5.1 메모리 매핑

n-비트 주소 버스를 통해 CPU는 이론적으로 2^n바이트의 주소 공간$^{address\ space}$을 사용할 수 있다. 메모리 장치(ROM 또는 RAM)는 항상 연속된 메모리 셀인 것으로 여긴다. 따라서 컴퓨터의 주소 공간은 보통 연속된 구간이 여럿 모인 것으로 구성된다. 이 구간 중 일부는 ROM 모듈을 위한 공간으로 쓰이고, 나머지는 RAM 모듈을 위한 공간으로 쓰인다. 예를 들어 애플 II에서는 16비트 주소 공간 중 0xC100~0xFFFF는 ROM 칩(컴퓨터의 펌웨어를 탑재)을 위해 할당되고, 0x0000~0xBFFF는 RAM을 위해 할당된다. 물리적 메모리 장치가 컴퓨터의 특정 주소 공간의 일부로 배정되면, 이 주소 공간이 메모리 장치에 매핑^{mapping}됐다고 이야기한다.

당연한 말이지만 이론적으로 사용할 수 있는 메모리 용량이 전부 설치된 머신은 드물다. 64비트 주소 버스는 16EiB 크기의 메모리를 사용할 수 있지만 진짜 이 공간을 모두 사용할 가능성은 거의 없을 것이다(160TiB를 갖고 있는 HP의 프로토타입 슈퍼 컴퓨터인 '더 머신$^{The\ Machine}$'조차도 여기에 비하면 새발의 피다). 따라서 컴퓨터의 주소 공간이 사용되지 않는 것은 늘 있는 일이다.

3.5.1.1 메모리 맵 I/O

주소 공간이 항상 메모리 장치에만 매핑돼야 하는 것은 아니다. 특정 주소를 다른 주변 장치, 예를 들면 조이패드나 네트워크 인터페이스 카드^{NIC, Network Interface Card}에 매핑할 수 있다. 이 방식을 사용하면 CPU는 이 메모리 주소가 마치 통상적인 RAM인 것처럼 읽고 씀으로써 I/O 동작을 수행할 수 있는데, 따라서 이 것을 메모리 맵 I/O^{memory-mapped I/O}라고 부른다. 실제로 속을 들여다보면 특수한 회로가 있어서 CPU가 비메모리 장치에 매핑된 주소 범위를 읽고 쓰는 것을 감지할 수 있고, 이것을 해당 장비에 대한 I/O 요청으로 변환한다. 애플 II의 구현 예를 살펴보면 0xC000~0xC0FF 사이의 주소를 I/O 장치에 매핑했었는데, 이 주소를 읽고 쓰는 것을 통해 프로그램이 RAM의 뱅크 전환^{bank switching} 조정, 마더보드의 게임 컨트롤러 소켓의 전압 제어를 비롯한 여러 가지 I/O 동작 수행할 수 있었다.

이와 달리 CPU가 비메모리 장치와 통신할 때 포트^{port}라 불리는 특수 레지스터를 사용하기도 한다. CPU가 포트 레지스터에 값을 쓰거나 읽으면 하드웨어가 이것을 해당 머신에 대한 I/O 동작으로 변경한다. 이 방식을 포트-맵 I/O^{port-mapped I/O}라고 부른다. 아두이노^{Arduino} 계열의 마이크로컨트롤러의 경우 포트 I/O를 통해 칩의 특정 핀에 대한 디지털 입/출력을 프로그램이 직접 제어할 수 있다.

3.5.1.2 비디오 램

래스터^{raster} 기반 디스플레이 장치는 보통 직접 연결된 물리 메모리 주소를 읽어 스크린 픽셀의 밝기와 색을 알아낸다. 마찬가지로 초기의 문자 기반 디스플레이는 메모리 블록에서 ASCII 코드를 읽어와 스크린에 표시될 캐릭터 자체^{glyph}를 판단했다. 비디오 컨트롤러가 사용할 수 있게 할당된 메모리 주소 범위를 비디오 램^{VRAM, Video RAM}이라고 부른다.

초기의 컴퓨터인 애플 II나 구형 IBM PC의 경우 비디오 램은 메인보드의 메모리 칩을 사용했으며, VRAM의 메모리 주소는 여타 메모리와 똑같이 CPU가 읽거나 쓸 수 있었다. 이것은 플레이스테이션 4나 엑스박스 원 등의 경우에도 똑같은데, CPU와 GPU가 하나의 큰 단일 메모리 블록을 공유해 사용했다.

개인용 컴퓨터에서는 보통 GPU가 별도의 보드에 들어 있고, 메인보드의 확장 슬롯에 꽂힌다. 비디오 램은 GPU가 가능한 한 빨리 접근할 수 있도록 비디오 카드에 위치하는 것이 보통이다.

PCI, AGP 또는 PCI Express(PCIe) 등의 버스 프로토콜을 사용해 '메인 메모리'와 VRAM 간에 데이터를 이동한다(확장 슬롯의 버스를 통한다). RAM과 VRAM의 물리적인 분리는 중요한 성능 병목 요인이며, 렌더링 엔진과 그래픽 API(오픈GL이나 다이렉트X 11 등)가 이렇게 복잡한 주요 이유다.

3.5.1.3 케이스 스터디: 애플 II 메모리 맵

메모리 맵에 대한 개념을 이해하고자 간단한 실사용 예를 살펴보자. 애플 II는 16비트 주소 버스를 갖고 있었고, 이것은 주소 공간이 겨우 64KiB밖에 안 된다는 것을 뜻한다. 이 주소를 다음과 같이 ROM, RAM, 메모리 맵 I/O 장치, 비디오 RAM 영역으로 나눈다.

```
0xC100 - 0xFFFF ROM(펌웨어)
0xC000 - 0xC0FF 메모리 맵I/O
0x6000 - 0xBFFF 범용 RAM
0x4000 - 0x5FFF High-res video RAM (page 2)
0x2000 - 0x3FFF High-res video RAM (page 1)
0x0C00 - 0x1FFF 범용 RAM
0x0800 - 0x0BFF Text/lo-res video RAM (page 2)
0x0400 - 0x07FF Text/lo-res video RAM (page 1)
0x0200 - 0x03FF 범용 그리고 특수용도 RAM
0x0100 - 0x01FF 프로그램 스택
0x0000 - 0x00FF Zero page(주로 DOS 영역으로 사용)
```

유의할 점은 애플 II의 메모리 맵은 메인보드의 메모리 칩에 직접 매핑된다는 것이다. 오늘날의 운영체제에서는 프로그램이 물리 주소 대신에 가상 주소virtual address를 사용한다. 가상 메모리virtual memory에 대해서는 3.5.2절에서 살펴본다.

3.5.2 가상 메모리

요즘의 CPU와 운영체제는 가상 메모리 시스템이라는 기능을 지원한다. 이 시스템에서는 프로그램이 사용하는 메모리 주소가 하드웨어 메모리 칩에 바로 연관되지 않는다. 대신 프로그램이 주소에서 읽거나 쓸 때, 이 주소를 CPU가 룩업테이블look-up table을 통해 다시 매핑(사상)한다(이 테이블은 운영체제가 관리한다). 이같이 다시 매핑된 이 주소는 실제 메모리 셀을 가리키는 경우도 있다(두 주소를 나타내는 값은 매우 다를 것이다). 아니면 디스크의 데이터 블록을 가리킬 수도 있다. 어쩌면 물리 저장 공간에 전혀 매핑되지 않았을 수도 있을 것이다. 가상 메모리 시스템에서 프로그램이 사용하는 주소를 가상 주소라고 하고, 메모리 컨트롤러가 실제 RAM이나 ROM의 물리 주소를 접근하기 위해 주소 버스에 보내는 비트 패턴을 물리 주소$^{physical\ address}$라고 한다.

가상 메모리는 매우 유용한 개념이다. 이것을 통해 프로그램은 컴퓨터에 설치된 메모리보다 더 많은 용량을 사용할 수 있는데, RAM이 넘치면 디스크에 데이터를 저장할 수 있기 때문이다. 가상 메모리는 또한 운영체제의 안정성과 보안을 향상시키는 데 기여한다. 왜냐하면 각 프로그램마다 고유한 형태로 메모리를 인지하므로 다른 프로그램, 또는 운영체제가 사용 중인 메모리 블록을 침범할 우려가 없기 때문이다. 운영체제가 프로그램의 가상메모리 공간을 관리하는 방법에 대해서는 4.4.5절에서 더 자세히 다룰 것이다.

3.5.2.1 가상 메모리 페이지

가상 메모리의 매핑에 대해 이해하려면 사용 가능한(주소를 부여할 수 있는) 전체 메모리 공간(즉 주소 버스가 n비트라면 2^n개의 바이트 크기 셀들)이 페이지^{page}라는 균일하고 연속된 크기의 덩어리로 나뉜다고 생각해야 한다. 페이지 크기는 OS마다 다르지만 언제나 2의 제곱값이다(보통 4KiB 아니면 8KiB다). 페이지 크기가 4KiB라면 32비트 주소공간은 1,048,576개의 페이지로 나뉠 것이고 표 3.2와 같이 0x0부터 0xFFFFF 사이의 번호를 붙일 수 있다.

표 3.2 32비트 주소 공간을 4KiB 페이지로 분할한 모습

시작 주소	끝 주소	페이지 번호
0x00000000	0x00000FFF	Page 0x0
0x00001000	0x00001FFF	Page 0x1
0x00002000	0x00002FFF	Page 0x2
...		
0x7FFF2000	0x7FFF2FFF	Page 0x7FFF2
0x7FFF3000	0x7FFF3FFF	Page 0x7FFF3
...		
0xFFFFE000	0xFFFFEFFF	Page 0xFFFFE
0xFFFFF000	0xFFFFFFFF	Page 0xFFFFF

가상 주소와 물리 주소 간의 매핑은 언제나 페이지 단위에서 일어난다. 가상 주소와 물리 주소 간의 매핑 예가 그림 3.22에 나와 있다.

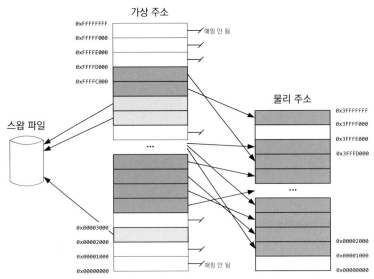

그림 3.22 가상 메모리 공간은 주소들은 페이지 크기로 나뉘어 물리 메모리에 매핑되거나, 디스크의 스왑 파일에 매핑되거나, 아니면 매핑되지 않은 채로 남아 있다.

3.5.2.2 가상 주소에서 물리 주소로 변환하기

CPU가 메모리 읽기/쓰기를 감지하면 주소를 다음과 같이 페이지 번호page index와 페이지 내의 오프셋offset(바이트 단위), 두 부분으로 나눈다. 페이지 크기가 4KiB라면 오프셋은 주소의 하위 12비트이고 페이지 번호는 상위 20비트를 오른쪽으로 12비트 시프트shift한 것이 된다. 예를 들어 가상 주소가 0x1A7C6310라면 오프셋이 0x310이고 페이지 번호가 0x1A7C6이다.

가상 주소를 물리 주소로 연결해 주는 페이지 테이블이 있고, CPU의 메모리 관리 장치MMU, Memory Management Unit는 페이지 번호를 갖고 이 테이블을 검색한다(페이지 테이블은 RAM에 있고 운영체제가 관리한다). 찾으려는 페이지가 물리 메모리 페이지에 이미 매핑된 상태라면 가상 페이지 주소를 해당 물리 페이지 주소로 변환하고, 이것을 왼쪽으로 시프트한 후 원래의 페이지 오프셋과 OR 연산으로 합친다. 그러면 깔끔하게 물리 주소가 완성된다! 앞선 예를 계속 이어서, 가상 페이지 0x1A7C6가 물리 페이지 0x73BB9에 매핑된다고 하면 완성된 물리 페이지는 0x73BB9310가 된다. 이 값이 실제로 주소 버스로 전달될 주소다. 그림 3.23에 MMU의 동작이 그려져 있다.

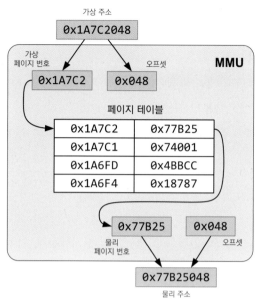

그림 3.23 MMU는 메모리 읽기 동작을 가로채 가상 주소를 가상 페이지 번호와 오프셋으로 나눈다. 페이지 테이블을 통해 가상 페이지 번호를 물리 페이지 번호로 변경하고, 물리 페이지 번호와 오프셋을 합쳐 물리 주소를 만든다. 끝으로 완성된 물리 주소를 통해 명령어 실행을 계속한다.

만약 페이지 테이블에서 해당 페이지가 실제 물리 RAM과 매핑돼 있지 않다고 나온다면(아예 처음부터 할당된 적이 없을 수도 있고, 할당 후에 디스크 파일로 스왑swap됐을 수도 있다), MMU는 인터럽트를 발생시키고, 운영체제에 메모리 요청이 완료될 수 없음을 알린다. 이것을 페이지 폴트 page fault라고 한다(4.4.2절에서 인터럽트를 다룬다).

3.5.2.3 페이지 폴트 처리

할당되지 않은 페이지에 대한 접근으로 인해 페이지 폴트가 발생하면 OS는 프로그램을 강제 종료시키고crash, 코어 덤프를 생성한다. 디스크에 스왑된 페이지에 대한 접근인 경우, OS는 현재 실행 중인 프로그램을 잠시 정지시키고 스왑 파일의 페이지를 RAM으로 올린 후, 아무 일 없던 것처럼 가상 주소를 물리 주소로 변환한다. 그런 후 정지시켰던 프로그램을 다시 구동한다. 프로그램의 관점에서 보면 이 작업은 겉으로 드러나지 않는다. 프로그램은 메모리에 원래 있던 페이지인지 아니면 디스크에서 가져온 것인지 알지 못한다.

보통 페이지를 디스크에 스왑하는 경우는 메모리 사용량이 높고 물리 페이지가 부족할 때다. OS는 가장 덜 사용된 페이지를 스왑함으로써 프로그램이 메모리와 디스크 페이지 사이를 왔다갔다하는 것을 최대한 방지한다.

3.5.2.4 변환 색인 버퍼

페이지 크기는 전체 주소 공간에 비해 작기 때문에(보통 4KiB 내지 8KiB), 페이지 테이블은 매우 커질 수 있다. 프로그램에서 메모리 접근이 발생할 때마다 물리 주소를 찾으려고 모든 테이블을 검색한다면 시간이 많이 걸릴 것이다.

속도를 향상시키려고 캐시 기법이 쓰이는데, 이것은 프로그램이 완전히 임의의 주소를 왔다갔다하며 읽고 쓰기보다는 상대적으로 적은 수의 페이지를 계속 재사용할 것이라는 가정에 바탕을 둔다. 변환 색인 버퍼TLB, Translation Lookaside Buffer라는 테이블이 CPU의 MMU 안에 존재하고, 그 안에는 최근의 가상 주소–물리 주소 매핑 결과가 저장된다. 이 버퍼는 MMU 바로 옆에 있기 때문에 접근 속도가 매우 빠르다.

TLB는 범용 메모리 캐시 계층과 상당히 유사한 동작을 하지만 페이지 테이블에 관한 정보만 취급한다는 점이 다르다. 캐시 계층에 대해서는 3.5.4절을 참조하기 바란다.

3.5.2.5 가상 메모리에 대해 더 읽을거리

다음 사이트(https://gabrieletolomei.wordpress.com/miscellanea/operating-systems/virtual-memory-paging-and-swapping)는 가상 메모리 구현 세부 사항에 대한 좋은 참고 자료다.

울리히 드레퍼Ulrich Drepper의 논문 'What Every Programmer Should Know About Memory' 또한 모든 프로그래머가 읽어 봐야 할 좋은 자료다(https://www.akkadia.org/drepper/CPUmemory.pdf).

3.5.3 지연 감소를 위한 메모리 구조

메모리 장치에 있는 데이터를 접근하는 속도는 매우 중요하다. 메모리 접근 지연memory access latency이라는 말을 자주 사용하는데, 이것은 CPU가 메모리의 데이터에 대한 요청을 보내는 순간부터 실제 데이터가 CPU에 도달하는 동안의 시간을 의미한다. 메모리 접근 지연은 주로 세 가지 요인에 영향을 받는다.

1. 개별 메모리 셀을 구현한 기술

2. 메모리에서 지원하는 읽기/쓰기 포트 수

3. 메모리 셀과 CPU 코어 간의 물리적 거리

접근 지연은 보통 정적 램^{static RAM}이 동적 램^{dynamic RAM}보다 훨씬 낮다. SRAM의 지연이 낮은 것은 DRAM보다 메모리 크기당 더 많은 트랜지스터를 사용하는 복잡한 디자인에서 기인한다. 따라서 SRAM은 DRAM보다 단위 크기당 제조 비용이 높고 다이^{die19}에서 차지하는 면적이 크다.

제일 단순한 메모리 셀은 단일 포트^{port}를 갖는데, 한 번에 하나의 읽기 또는 쓰기 동작만 할 수 있다는 뜻이다. 다중 포트^{multi-port} RAM은 동시에 여러 읽기/쓰기 동작을 할 수 있는데, 그렇기 때문에 여러 코어 또는 코어의 여러 구성 요소에서 동시에 메모리 뱅크에 접근할 때 발생할 수 있는 지연을 줄여 준다. 당연한 말이지만, 다중 포트 RAM이 단일 포트 RAM보다 많은 트랜지스터를 사용하고, 따라서 더 비싸고 다이에서 차지하는 면적도 더 넓다.

CPU와 메모리 뱅크 사이의 물리적 거리도 접근 지연에 영향을 미친다. 왜냐하면 전자 신호의 속도가 유한하기 때문이다. 이론적으로 전자 신호는 전자기 파동으로 이뤄지기 때문에 빛의 속도에 가깝게 움직인다.[20] 메모리 접근 신호가 시스템을 통과하면서 만나게 되는 다양한 스위치 회로와 로직 회로도 추가적인 지연을 야기한다. 그렇기 때문에 메모리 셀이 CPU 코어와 가까울수록 지연이 낮아진다.

3.5.3.1 메모리 갭

초창기 컴퓨터에서는 메모리 접근 지연과 명령어 실행 지연이 거의 비슷했다. 예를 들면 인텔 8086에서 레지스터 기반 명령어는 2~4사이클 안에 실행될 수 있었고 메인 메모리 접근은 대강 4사이클이 걸렸다. 그렇지만 과거 몇십 년 동안 CPU의 순수 클럭 속도와 실질 명령어 실행량이 메모리 접근 속도보다 훨씬 빠른 속도로 향상됐다. 오늘날에는 메인 메모리 접근 지연이 단일 명령 실행에 대한 지연보다 비교할 수 없을 정도로 느리다. 인텔 코어 i7에서 레지스터 기반 명령어는 여전히 1~10사이클 안에 완료되지만 메인 메모리 접근은 500사이클이 걸린다. 이같이 CPU 속도와 메모리 접근 지연 사이의 점점 커지는 불균형을 메모리 갭^{memory gap}이라

19　집적 회로에서 다이(die)는 반도체 물질의 자그마한 사각형 조각을 말한다. – 옮긴이

20　전자 신호가 매질(구리나 광섬유 등)을 통과하는 속도는 진공 상태에서 빛의 속도보다 느리다. 각 매질은 고유한 속도 계수를 갖는데, 이것은 진공에서의 빛의 속도에 비해 적게는 50% 이하에서 99%까지의 범위다.

고 부르기도 한다. 그림 3.24는 나날이 증가하는 메모리 갭의 모습을 보여 준다.

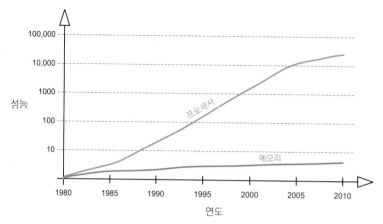

그림 3.24 CPU 성능과 메모리 성능 차이를 나타내는 메모리 갭은 나날이 커지고 있다([23] 'Computer Architecture: A Quantitative Approach – John L. Hennessey and David A. Patterson'에서 발췌 및 요약).

높은 메모리 접근 지연을 우회하려고 프로그래머와 하드웨어 디자이너는 함께 여러 가지 기법들을 개발했다. 이 기법들은 대개 다음의 방법들을 조합하는 것이다.

1. 작으면서 보다 빠른 메모리 뱅크를 CPU 코어 가까이 둬 평균 메모리 지연을 줄이는 방법. 자주 접근하는 데이터를 더 빠르게 접근할 수 있다.
2. 메모리 작업이 수행되는 동안 CPU가 다른 작업을 하게 해서 메모리 지연을 숨기는 방법.
3. 프로그램 데이터를 가능한 효율적으로 배열해 메모리에 대한 접근을 최소화하는 방법.

3.5.3절에서는 평균적으로 지연을 줄이는 메모리 구조에 대해 자세히 알아볼 것이다. 다른 두 기법(지연을 감추고 데이터 배열을 통해 메모리 접근을 최소화하는 기법)은 4장에서 병렬 하드웨어 디자인 및 병행 프로그래밍 기법을 다룰 때 다시 살펴볼 것이다.

3.5.3.2 레지스터 파일

CPU의 레지스터 파일register file은 접근 지연을 최소화하기 위한 메모리 구조 디자인 중 가장 극단적인 예에 해당할 것이다.[21] 레지스터는 보통 다중포트 정적 RAM^SRAM으로 구현되며, 통상적으로 읽기와 쓰기를 위한 구분된 포트를 가져 이 동작들이 병렬로 수행될 수 있다. 또한 레

---

21 레지스터 파일은 CPU의 레지스터 배열을 뜻한다. - 옮긴이

지스터 파일은 이것을 사용하는 ALU 회로에 매우 가까이 위치하는 것이 보통이다. 이에 더해 레지스터는 ALU가 거의 직접 접근하는데, 주메모리에 대한 접근이 가상 주소 변경, 메모리 캐시 계층과 캐시 일관성 프로토콜(3.5.4절 참조), 주소 버스 및 데이터 버스, 경우에 따라 크로스바 스위치crossbar switch를 거쳐야 하는 것과 대조된다. 이것을 이해하고 나면 레지스터 메모리의 비용이 범용 메모리에 비해 왜 비싼지 알 수 있다. 이런 가격이 합리적인 이유는 첫째, 레지스터는 언제나 가장 자주 사용하는 메모리이며, 둘째, 일반 RAM에 비해 레지스터의 크기는 매우 작기 때문이다.

3.5.4 메모리 캐시 계층

오늘날 컴퓨터와 게임 콘솔에서 메모리 접근 지연으로 발생하는 막대한 성능 저하를 해소하기 위한 주요 수단이 메모리 캐시 계층memory cache hierarchy이다. 캐시 계층에서는 레벨 1(L1) 캐시라는 작지만 빠른 RAM 뱅크가 CPU 코어 바로 가까이에 위치한다(같은 다이에 들어간다). L1 캐시의 접근 속도는 CPU의 레지스터 파일에 비견될 만큼 빠른데, CPU 코어 바로 옆에 있기 때문이다. 더 크지만 다소 느린 레벨 2(L2) 캐시가 코어에서 좀 더 멀리 떨어져 위치한다(칩 안에 들어가는 경우가 많으며 멀티코어 CPU의 경우 여러 코어가 공유하는 경우가 많다). 구현에 따라 더 크지만 멀리 떨어진 L3 또는 L4 캐시를 두기도 한다. 이 캐시들을 잘 조합해 최근 사용한 데이터의 복사본을 자동으로 유지함으로써 크지만 매우 느린 주메모리(메인보드에 위치하는 메인 RAM)에 대한 접근을 최소화한다.

캐시 시스템이 메모리 접근 성능을 향상시키는 원리는 프로그램이 가장 최근에 접근한 데이터에 대한 복사본을 캐시에 간직하는 것이다. CPU가 요청한 데이터가 캐시에 이미 있는 경우 매우 빠르게(수십 사이클 내에) CPU에 제공할 수 있다. 이것을 캐시 히트cache hit라고 한다. 그러나 요청한 데이터가 캐시에 없는 경우 주메모리에서 가져와야 한다. 이것을 캐시 미스cache miss라고 한다. 주메모리에서 데이터를 가져오는 경우 수백 사이클이 걸리기 때문에 캐시 미스로 인한 성능 저하는 매우 크다.

3.5.4.1 캐시 라인

메모리 캐시는 소프트웨어의 메모리 접근 패턴이 두 가지 참조 지역성locality of reference을 보인다는 점을 활용한다.

1. **공간적 지역성** 프로그램이 메모리 주소 N을 접근하는 경우 $N+1$, $N+2$ 등의 근처 주소도 접근할 가능성이 높다. 배열의 데이터를 순서대로 접근하는 것은 공간적 지역성이 높은 메모리 접근 패턴이다.

2. **시간적 지역성** 프로그램이 메모리 주소 N을 접근하게 되면 가까운 시간 내에 같은 주소를 접근할 가능성이 높다. 변수나 자료 구조의 데이터를 읽고 계산을 수행한 후 결과를 같은 변수 또는 자료 구조에 다시 쓰는 행위는 시간적 지역성이 높은 메모리 접근 패턴이다.

메모리 캐시 시스템이 데이터를 캐시로 옮길 경우 참조 지역성을 활용하고자 개별 데이터가 아니라 캐시 라인^{cache line}이라는 연속적 블록을 옮긴다.

예를 들어 프로그램이 클래스 또는 구조체의 멤버를 접근하는 경우가 있다고 하자. 첫 번째 멤버를 읽을 때 메모리 컨트롤러가 주메모리를 통해 데이터를 가져오는 데 수백 사이클이 걸릴 것이다. 하지만 캐시 컨트롤러는 그 멤버 하나만 읽어 오지 않는다(더 크고 연속된 블록을 RAM에서 캐시로 읽는다). 이를 통해 다른 멤버를 읽을 때는 캐시 히트를 통해 훨씬 빨리 읽을 수 있을 것이다.

3.5.4.2 캐시 라인과 주메모리 주소 매핑

캐시의 메모리 주소와 주메모리의 메모리 주소 간에는 단순한 일대다^{one-to-many} 관계가 성립한다. 캐시의 주소 공간이 주메모리의 주소 공간으로 반복적으로 매핑된다고 생각할 수 있는데 주메모리의 주소 0부터 시작해 모든 주메모리의 주소가 캐시에 의해 커버될 때까지 반복한다.

예를 들어 캐시 크기가 32KiB이고 캐시 라인이 128바이트라고 하자. 따라서 캐시는 256개의 캐시 라인($256 \times 128 = 32{,}768\mathrm{B} = 32\mathrm{KiB}$)을 갖는다. 또한 주메모리는 256MiB라고 하자. 따라서 주메모리는 캐시에 비해 8192배 크다($(256 \times 1024)/32 = 8192$). 즉 캐시의 주소 공간이 모든 물리 메모리 위치를 커버하려면 8192번만큼 반복적으로 주메모리 주소 공간에 겹쳐져야 한다는 뜻이다. 달리 표현하면 캐시의 라인 1개는 같은 크기의 주메모리 공간 8192개에 매핑된다.

주메모리의 주소가 주어졌을 때 캐시 안에서의 주소를 찾으려면 이것을 캐시 크기로 모듈로^{modulo} 연산하면 된다. 따라서 32KiB 캐시와 256MiB의 주메모리에 대해 캐시 주소

0x0000~0x7FFF(총 32KiB이다)는 주메모리 주소 0x0000~0x7FFF로 매핑된다. 하지만 이 캐시 주소는 주메모리 주소 0x8000~0xFFFF, 0x10000~0x17FFF, 0x18000~0x1FFFF 등을 포함해 마지막 RAM 블록인 주소 0xFFF8000~0xFFFFFFFF까지 반복적으로 매핑된다. 그림 3.25에 주메모리와 캐시 메모리 간의 매핑이 나와 있다.

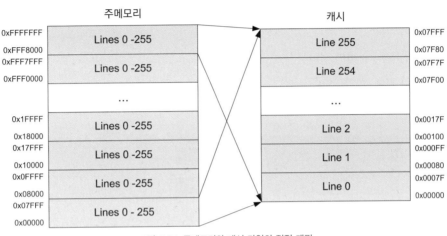

그림 3.25 주메모리와 캐시 라인의 직접 매핑

3.5.4.3 캐시 주소 부여

CPU가 메모리에서 한 바이트를 읽을 때 어떤 일이 일어나는지 살펴보자. 읽고자 하는 주메모리의 주소를 먼저 캐시 안에서의 주소로 변경한다. 캐시 컨트롤러는 해당 바이트를 포함하는 캐시 라인이 캐시에 올라와 있는지 짐작한다. 만약 있으면 캐시 히트이고 주메모리 대신에 캐시에서 데이터를 읽는다. 만약 없다면 캐시 미스이므로 주메모리에서 캐시 라인 크기만큼 데이터를 읽어 캐시에 올린다. 근처 주소를 읽을 때 이후에는 빠르게 처리될 것이다.

캐시가 인지하는 메모리 주소는 캐시 라인 크기의 정수 배로 정렬^{align}돼야만 한다(3.3.7.1절에 메모리 정렬에 대한 내용이 있다). 달리 말하면 캐시를 접근할 때는 바이트 단위가 아닌 라인 단위로 접근해야 한다. 따라서 바이트 주소를 캐시 라인 번호로 변경해야 한다.

캐시의 전체 크기가 2^M 바이트이고 이것은 2^n 크기의 라인으로 구성된다고 하자. 주메모리 주소 중 가장 낮은$^{least-significant}$ n 비트는 해당 캐시 라인 안에서의 오프셋이 된다. 주소에서 이 n 비트를 떼어내고 나면 바이트 단위에서 캐시 라인 단위로 변경된다(즉 주소를 캐시 라인 크기인 2^n으로 나눈다). 마지막으로 이것을 두 부분으로 나눈다. 가장 낮은 $(M - n)$ 비트는 캐시 라인 번호가 되고 나머지 비트는 해당 캐시 라인이 주메모리의 어느 블록에서 왔는지를 나타낸다(이 블록은 캐시 크기다). 이 블록의 번호를 태그tag라고 한다.

캐시 미스가 발생하면 캐시 컨트롤러는 캐시라인 크기의 데이터를 주메모리에서 캐시의 해당하는 라인으로 읽는다. 캐시는 매 라인과 태그에 대한 작은 테이블을 갖는다. 이렇게 해서 각 캐시 라인이 주메모리의 어느 블록에서 왔는지 알 수 있다. 이것은 캐시 주소와 주메모리의 주소 간에는 일대다 관계가 성립하기 때문에 필요한 일이다. 그림 3.26에는 태그와 캐시 라인이 어떤 관계가 있는지 나와 있다.

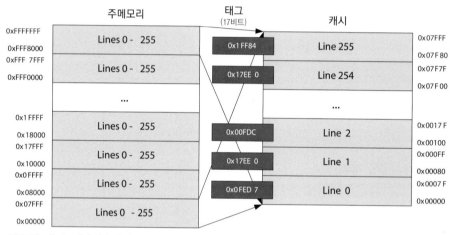

그림 3.26 태그는 캐시 내의 각 라인과 연관되며 해당 라인이 주메모리의 어떤 블록(캐시 크기)에서 왔는지를 나타낸다.

주메모리에서 한 바이트를 읽는 이전 예로 다시 돌아가면 완전한 동작 흐름은 다음과 같다. CPU가 읽기 동작을 시작한다. 주메모리 주소를 오프셋, 라인 번호, 태그로 변경한다. 라인 번호로 캐시의 태그를 찾아서 주소의 태그와 비교한다. 태그가 일치하면 캐시 히트다. 이 경우 라인 번호를 통해 캐시로부터 라인 크기만큼의 데이터를 가져온 후 오프셋을 통해 해당 라인에서 원하는 위치를 알아낸다. 태그가 일치하지 않으면 캐시 미스다. 이 경우는 주메모리에서 라인 크기만큼 데이터를 캐시로 가져오고 캐시의 태그 테이블에 태그 정보를 갱신한다. 이후에 근처 주소(같은 캐시 라인 안에 들어 있는 주소)를 읽을 때는 캐시 히트로 인해 훨씬 빠르게 접근할 수 있다.

3.5.4.4 집합 연관 및 교체 정책

앞서 설명한 것과 같이 단순하게 캐시 라인과 주메모리 주소를 매핑하는 방식을 직접 매핑 방식direct-mapped 캐시라고 한다. 이 방식에서는 주메모리의 주소는 오직 1개의 캐시 라인에 매핑된다. 지금껏 예를 들었던 32KiB 캐시와 128바이트 라인의 경우 주메모리 주소 0x203은 캐시 라인 4에 매핑된다(0x203은 515이고 ⌊515/128⌋ = 4이기 때문이다). 그러나 캐시 라인 4에 매핑되는 (캐시 라인 크기의) 주메모리 블록은 모두 8192개가 존재한다. 구체적으로 따지면 캐시 라인 4에 연결되는 주소는 0x200부터 0x27F, 0x8200에서 0x827F, 0x10200에서 0x1027F를 비롯한 8189개의 다른 (캐시 라인 크기) 주소 범위들이다.

캐시 미스가 발생하면 CPU는 해당 캐시 라인을 주메모리에서 캐시로 불러와야 한다. 캐시에 별다른 데이터가 없는 경우 데이터를 복사하기만 하면 끝이다. 그러나 캐시가 이미 다른 데이터를 갖고 있는 경우(다른 주메모리 블록의 데이터) 이것을 덮어써야 한다. 이것을 캐시 라인을 내보낸다(evict)고 한다.[22]

직접 매핑 방식 캐시의 문제는 불합리한 상황을 초래할 수 있다는 것이다. 예를 들어 완전히 연관 없는 주메모리 블록 2개가 번갈아가며 서로의 캐시 라인을 내보내는 상황이 생길 수 있다. 만약에 주메모리 주소가 2개 이상의 캐시 라인에 매핑될 수 있다면 보다 나은 성능을 낼 수 있다. 2중 집합 연관set associative 캐시에서는 주메모리 주소는 2개의 캐시 라인에 매핑된다. 그림 3.27에 이것이 나와 있다. 당연히 4중 집합 연관 캐시가 이보다 낫고, 8중 또는 16중 캐시가 4중보다 낫다.

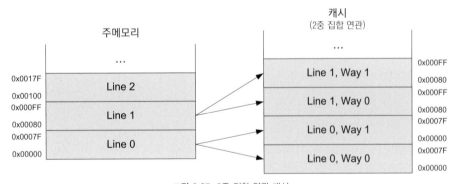

그림 3.27 2중 집합 연관 캐시

---

22 그냥 삭제한다고 해도 된다. - 옮긴이

하나 이상의 연관이 있을 경우 캐시 컨트롤러는 딜레마가 생긴다. 캐시 미스가 발생할 경우 캐시 라인 중 어느 것을 내보내고 어느 것을 그대로 둘 것인가? 이것을 해결하는 방식은 CPU마다 다르며, 이것을 CPU의 교체 정책replacement policy이라고 한다. 자주 쓰인 방식 중 하나는 가장 최근에 사용하지 않은 것NMRU, Not Most-Recently Used을 내보내는 것이다. 이 방식에서는 가장 최근에 쓰였던 것이 어떤 것인지 기록하고, 언제나 가장 최근의 것이 아닌 라인을 내 보낸다. 다른 방식은 가장 먼저 들어온 것이 나가는 방식FIFO, First In First Out(이것은 직접 매핑 캐시가 사용할 수 있는 유일한 방식이다)을 비롯해 가장 오래전에 쓰인 것이 나가는 방식LRU, Least-Recently Used이다. 그리고 일종의 랜덤 방식 등이 있다. 교체 정책에 대해서는 다음 사이트(https://ece752.ece.wisc.edu/lect11-cache-replacement.pdf)를 참조하기 바란다.

3.5.4.5 멀티레벨 캐시

적중률hit rate이란 프로그램이 얼마의 비율로 캐시 히트(적중)를 달성하는지를 나타내는 값이다. 적중률이 높을 수록 프로그램의 성능이 높아진다(다른 요인들이 동일하다면). 캐시 지연과 적중률은 서로 상충하는 관계에 있다. 캐시가 커질 수록 적중률은 높아진다. 그러나 큰 캐시는 CPU 바로 옆에 위치할 수 없기 때문에 작은 것들보다 느린 경향이 있다.

게임 콘솔들은 대부분 최소 2 레벨 캐시를 사용한다. CPU는 먼저 데이터를 레벨 1(L1) 캐시에서 찾으려 한다. 이 캐시는 작지만 매우 낮은 접근 지연 성능을 가진다. 데이터가 여기 없으면 용량이 더 크지만 지연도 더 큰 레벨 2(L2) 캐시에서 다시 찾는다. L2 캐시에도 데이터가 없을 때만 매우 느린 주메모리 접근을 시도한다. 주메모리의 지연이 CPU 클럭에 비해 너무나 높기 때문에 어떤 PC는 레벨 3(L3), 레벨 4(L4) 캐시까지 두는 경우가 있다.

3.5.4.6 명령어 캐시와 데이터 캐시

게임 엔진을 위한 고성능 코드 또는 다른 성능이 매우 중요한 코드를 짤 경우 명심해야 할 점은 데이터와 코드 모두 캐시를 한다는 것이다. 명령어 캐시instruction cache(I 캐시, 보통 I$라고 쓴다)는 실행하기 전의 기계어 코드를 미리 로드하는 캐시이고, 데이터 캐시(D 캐시 또는 D$)는 이런 기계어 코드가 읽기/쓰기를 하는 속도를 향상시키기 위한 캐시다. 레벨 1(L1) 캐시에서는 두 캐시가 항상 물리적으로 분리돼 있는데, 명령어와 데이터가 서로 캐시를 차지하려고 다투는 상황을 발생시키지 않기 위해서다. 따라서 코드 최적화를 할 때 D 캐시와 I 캐시 성능을 모두 고려해야 한다(나중에 살펴보겠지만 한 가지를 최적화하면 다른 것에도 긍정적인 영향을 끼친다). 더 높은 레벨 캐시(L2, L3, L4)는 코드와 데이터를 구분하지 않는 것이 보통인데, 크기가 커서 코드와 데이터가 서로 캐시를 내보내는 문제가 덜하기 때문이다.

3.5.4.7 쓰기 정책

지금까지는 CPU가 데이터를 램에 쓸 때 어떤 일이 일어나는지를 이야기하지 않았다. 캐시 컨트롤러가 쓰기를 처리하는 방식을 쓰기 정책$^{write\ policy}$이라고 한다. 제일 단순한 것은 라이트 스루$^{write-through}$ 캐시다. 이 방식에서는 캐시에 쓰면 즉시 주메모리에 내용이 반영된다. 또 다른 라이트 백$^{write-back}$(또는 카피 백$^{copy-back}$) 방식의 디자인에서는 데이터를 우선 캐시에 쓰지만 특정 상황에서만 주메모리로 캐시 라인을 복사한다. 이 상황은 새로운 캐시 라인을 읽으려고 쓰기를 한 캐시 라인을 내보내야 한다거나 프로그램이 명시적으로 이것을 요청했을 때다.

3.5.4.8 캐시 일관성: MESI, MOESI, MESIF

CPU 코어 여러 개가 하나의 메모리를 공유하면 상황은 더 복잡해진다. 보통 코어마다 L1를 따로 갖지만 L2 캐시나 주메모리는 여러 코어가 공유한다. 그림 3.28에는 2레벨 캐시 계층에서 2개의 CPU 코어가 주메모리와 L2 캐시를 공유하는 구조가 나와 있다.

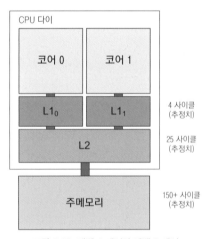

그림 3.28 레벨 1 캐시와 레벨 2 캐시

코어가 여러 개인 상황에서는 캐시 일관성^{cache coherency}이 중요하다. 이것은 코어들이 가진 캐시와 주메모리의 내용이 일치하는 것을 뜻한다. 일관성은 모든 순간마다 데이터가 일치하는 것을 보장하는 것은 아니다. 실행 중인 프로그램이 캐시의 내용이 일치하지 않다는 사실을 인지하지 못하기만 하면 된다.

가장 많이 쓰이는 캐시 일관성 프로토콜은 MESI^{Modified, Exclusive, Shared, Invalid}, MOESI^{Modified, Owned, Exclusive, Shared, Invalid}, MESIF^{Modified, Exclusive, Shared, Invalid and Forward}나. MESI 프로토콜에 관해서는 4.9.4.2절에서 멀티코어 구조를 다룰 때 자세히 이야기할 것이다.

3.5.4.9 캐시 미스 피하기

어느 순간에는 반드시 주메모리를 접근해야 하기 때문에 캐시 미스를 완전히 피할 수는 없다. 메모리 캐시 계층을 고려한 상황에서 고성능 소프트웨어를 짜는 비법은 RAM의 데이터를 적절히 배열하고 알고리듬을 잘 설계해 캐시 미스를 최소화하는 것이다.

D 캐시 미스를 줄이는 최선의 방법은 최대한 작으면서 연속된 블록으로 데이터를 구성한 후 이것을 순차적으로 접근하는 것이다. 데이터가 연속적이면(즉 메모리의 이곳저곳을 뛰어다니지 않는다면) 한 번의 캐시 미스가 최대한 많은 데이터를 캐시로 불러들일 것이다. 데이터 크기가 작다면 단일 캐시 라인에 들어갈 가능성이 높을 것이다(최소한 적은 수의 캐시 라인만 차지할 것이다). 그리고 데이터 접근이 순차적이라면 캐시를 내보내고 다시 읽어 들이는 과정을 여러 번 반복하지 않을 것이다.

I 캐시 미스를 피하는 일도 기본 원칙은 D 캐시 미스의 경우와 같다. 하지만 세부 사항은 다르게 접근해야 한다. 제일 쉬운 일은 고성능 작업을 하는 루프의 코드 크기를 가능한 한 작게 하고 가장 안쪽 루프에서 함수 호출을 피하는 것이다. 만약 어쩔 수 없이 함수를 호출한다면 함수의 코드도 가능한 한 작게 해야 한다. 이렇게 하면 함수까지 포함한 전체 루프 코드가 루프를 처리하는 동안 계속 I 캐시에 남을 것이다.

인라인 함수를 신중하게 사용해야 한다. 작은 함수를 인라인으로 만드는 것은 성능 향상에 큰 도움이 될 수 있다. 그러나 인라인을 너무 많이 하면 코드 크기가 늘어나게 되고 성능에 핵심적인 코드가 캐시에 들어가지 않을 수 있다.

3.5.5 불균일 메모리 접근

멀티프로세서 게임 콘솔 또는 PC를 디자인할 때 시스템 아키텍트는 두 가지 기본적인 메모리 구조 사이에서 선택해야 한다. 바로 균일 메모리 접근^{UMA, Uniform Memory Access}과 불균일 메모리 접근^{NUMA, NonUniform Memory Access}이다.

UMA 디자인에서는 컴퓨터에 큰 뱅크 하나로 이뤄진 주메모리가 있고 이것을 모든 CPU 코어가 접근 가능하다. 각 코어가 바라보는 물리 주소 공간은 동일하고 주메모리의 모든 공간에 똑같이 읽고 쓸 수 있다. UMA 구조에서는 캐시 계층을 통해 메모리 접근 지연을 해결하는 경우가 보통이다.

UMA 구조의 문제점은 코어들 간에 주메모리 또는 공유 캐시에 대한 경쟁이 발생한다는 것이다. 예를 들면 PS4가 가진 8개의 코어는 2개의 클러스터로 나뉜다. 각 코어는 자신만의 L1 캐시를 갖지만 각 클러스터는 하나의 L2 캐시를 공유하며, 모든 코어는 주메모리를 공유한다. 따라서 코어들끼리 L2 캐시 또는 주메모리를 차지하기 위해 경쟁한다.

코어 간 경쟁을 해결하기 위한 방법 중 하나가 NUMA 디자인이다. NUMA 시스템에서는 각 코어에 로컬 스토어^{local store}라는 비교적 작지만 빠른 전용 RAM을 배정한다. L1 캐시와 마찬가지로 로컬 스토어는 코어와 같은 다이에 위치하는 것이 일반적이며 해당 코어만 접근할 수 있다. 그러나 L1 캐시와 달리 로컬 스토어에 대한 접근은 명시적이다. 로컬 스토어는 코어의 주소 공간에 매핑될 수도 있는데, 이 경우 주메모리와는 다른 주소 범위를 가진다. 반대로 코어가 로컬 스토어의 물리 주소만 접근할 수 있고, 직접 메모리 접근 컨트롤러^{DMAC, Direct Memory Access Controller}를 통해 로컬 스토어와 주메모리 사이에 데이터를 옮기는 방식도 있다.

3.5.5.1 PS3의 SPU 로컬 스토어

플레이스테이션 3은 NUMA 구조의 전형적인 예다. PS3은 메인 CPU인 PPU^{Power Processing Unit}를 1개 가지며, SPU^{Synergistic Processing Unit}라는 코프로세서 8개[23] 그리고 엔비디아 RSX GPU를 가진다. PPU는 256MiB 크기의 주메모리에 배타적으로 접근하며(L1 및 L2 캐시 포함), GPU는 256MiB의 비디오 램^{VRAM}에 배타적으로 접근한다. 각 SPU는 자신만의 256KiB 로컬 스토어를 갖는다.

---

23 게임이 사용할 수 있는 SPU는 6개뿐이다. 1개는 운영체제 용으로 할당돼 있고, 1개는 제조 공정상 결함으로 인해 사용할 수 없다.

주메모리, 비디오 램, SPU의 로컬 스토어는 완전히 독립된 물리 주소 공간을 갖는다. 즉 PPU는 VRAM이나 SPU의 로컬 스토어를 직접 접근할 수 없으며, 또한 각 SPU도 주메모리나 비디오 램 그리고 다른 SPU의 로컬 스토어에 직접 접근할 수 없고 자신의 로컬 스토어만 접근 가능하다. PS3의 메모리 구조가 그림 3.29에 나와 있다.

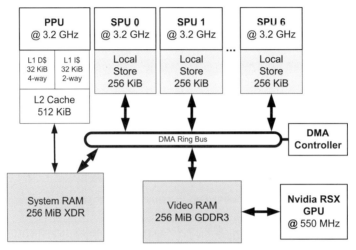

그림 3.29 PS3의 셀 브로드밴드 구조의 단순화한 모습

3.5.5.2 PS2 스크래치패드

더 멀리 플레이스테이션 2까지 거슬러 가보면 시스템 성능 향상을 시도한 메모리 구조에 대해 더 배울 수 있다. 이모션 엔진[EE, Emotion Engine]이라는 이름이 붙은 PS2의 메인 CPU는 스크래치패드[SPR, Scratchpad]라는 특수 메모리 16KiB를 탑재하며, 이외에 16KiB의 L1 명령어 캐시(I-캐시) 그리고 8KiB L1 데이터 캐시(D-캐시)를 갖고 있다. 이외에도 PS2에는 각각의 L1 I-캐시와 D-캐시를 가진 2개의 벡터 코프로세서(VU0, VU1)가 있었고, 4MiB의 비디오 램에 연결된 그래픽 합성기[GS, Graphic Synthesizer]라는 GPU를 갖고 있었다. PS2의 메모리 구조가 그림 3.30에 나와 있다.

스크래치패드는 CPU 다이에 위치해 있었고, 따라서 L1 캐와 동일하게 낮은 접근 지연 성능을 지녔다. 그러나 L1 캐시와는 달리 스크래치패드는 매핑된 메모리이기 때문에 프로그래머가 볼 때 일반적인 주메모리 주소 범위 내에 포함됐다. 스크래치패드는 캐시를 거치지 않는데, 즉 스크래치 패드에 읽거나 쓰기 동작을 하면 EE의 L1 캐시를 건너뛴다.

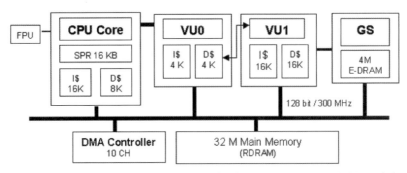

그림 3.30 PS2의 메모리 구조에 대한 개요. 16KiB 스크래치패드(SPR) 및 2개의 L1 캐시를 가진 메인 CPU(EE), 2개의 벡터 장치(VU0, VU1), 4MiB의 비디오 램 뱅크와 이것에 연결된 그래픽 합성기(GS), 32MiB 주메모리 뱅크, DMA 컨트롤러, 시스템 버스 등이 나와 있다.

스크래치패드의 주요 장점은 낮은 접근 지연이 아니라 CPU가 시스템 버스를 통하지 않고 스크래치패드 메모리를 접근할 수 있다는 점이었다. 따라서 시스템의 주소 및 데이터 버스가 다른 작업을 하고 있는 동안에도 스크래치패드에 읽거나 쓸 수 있다. 예를 들면 게임에서 일련의 DMA 요청을 통해 주메모리에서 두 벡터 처리 장치^{VU, Vector processing Unit}에 데이터를 옮긴다고 하자. 이런 요청을 DMAC가 바쁘게 처리하는 동안, 그리고 VU들이 열심히 계산하는 동안(두 경우 모두 시스템 버스를 활발하게 사용한다) EE는 이들과 전혀 상관없이 스크래치패드에 있는 데이터에 대한 연산을 수행할 수 있다. 스크래치패드에 데이터를 넣거나 빼는 것은 통상적인 메모리 이동 명령어(또는 C/C++의 memcpy( ))를 통해 이뤄지지만 DMA 요청을 통할 수도 있다. PS2의 스크래치패드는 프로그래머가 게임 엔진의 데이터 처리 성능을 극대화할 수 있는 방법과 성능을 제공한다고 할 수 있다.

병렬성과
병행 프로그래밍

4장

컴퓨터의 계산 능력은 통상 초당 백만 연산[MIPS, Mmillions of Instructions Per Second]과 초당 부동소수 연산[FLOPS, FLoating-point Operations Per Second]으로 측정하는데, 이 성능은 지난 40년간 굉장히 급격하게, 그리고 꾸준하게 증가해 왔다. 1970대 후반의 인텔 8087 부동소수 코프로세서[coprocessor]의 성능은 겨우 50 kFLOPS(5×10^4 FLOPS) 정도밖에 안 됐고, 비슷한 시기의 큰 냉장고만한 Cray-1 슈퍼컴퓨터는 약 160 MFLOPS(1.6×10^8 FLOPS) 정도를 처리할 수 있었다. 그에 비해 플레이스테이션 4나 엑스박스 원 같은 요즘 게임 콘솔에 장착된 CPU는 대략 100 GFLOPS(10^{11} FLOPS) 정도를 처리할 수 있는데, 제일 빠른 슈퍼컴퓨터인 중국의 Sunway TaihuLight의 경우 LINPACK 벤치마크 점수 93 PFLOPS(페타-플롭스, 9.3×10^{16}이라는 어마어마한 성능이다)를 자랑한다. 개인용 컴퓨터의 경우 1,000만 배 향상이고 슈퍼컴퓨터는 1억 배나 향상된 것이다.

이런 급격한 향상에는 여러 요인이 있다. 초기에는 진공관 튜브에서 고체 트랜지스터로의 전환을 통해 하드웨어의 소형화를 이룰 수 있었다. 새로운 트랜지스터, 새로운 디지털 로직, 새로운 기판 재료, 새로운 제조 공정이 개발됨에 따라 칩에 집적할 수 있는 트랜지스터의 수는 급격하게 증가했다. 이런 향상은 소비 전력 향상과 CPU 클럭 속도 증가를 낳았다. 그리고 1990년대를 기점으로 컴퓨터 하드웨어 제조사들은 점점 더 병렬성[parallelism]을 통한 계산 성능 향상에 주목하기 시작했다.

병렬 컴퓨팅 하드웨어에서 정확성과 효율성을 동시에 보장하는 소프트웨어를 만들기란 이전의 직렬serial 컴퓨터 환경보다 훨씬 어렵다. 이는 하드웨어에 대한 깊은 지식을 요구한다. 뿐만 아니라 요즘의 멀티코어 CPU 플랫폼을 제대로 사용하려면 병행 프로그래밍concurrent programming이라는 소프트웨어 디자인 기법을 사용해야 한다. 병행 소프트웨어 시스템에서는 여러 제어 흐름flow of control이 합쳐져 공통의 문제를 해결한다. 이 같은 해결 제어 흐름은 세심하게 조율해야 한다. 직렬 프로그램에서 잘 사용하던 기법들을 병행 프로그래밍에 적용하는 순간 깨지는 일도 허다하다. 따라서 오늘날의 프로그래머들(게임을 포함한 모든 산업에 종사하는)은 병렬 컴퓨팅 하드웨어에 대한 기반 지식을 단단히 갖추고 병행 프로그래밍 기법들에 대해 능통해야 한다.

4.1 병행성과 병렬성에 대한 정의

4.1.1 병행성

병행 소프트웨어는 한 문제를 해결하는 데 여러 개의 제어 흐름을 활용한다. 이와 같은 제어 흐름은 한 프로세서 내의 여러 스레드thread를 사용해 구현하거나 한 컴퓨터, 또는 여러 컴퓨터에 탑재된 많은 프로세서로 구현할 수도 있다. 한 프로세서 내의 여러 제어 흐름을 구현하는 데 파이버fiber나 코루틴coroutine이라는 기법을 사용할 수도 있다.

병행 프로그래밍과 순차적sequential 프로그램을 가르는 주요한 요소는 공유 데이터에 대한 읽기/쓰기다. 그림 4.1에서 보듯이 완전히 독립적인 데이터에 동작하는 2개 이상의 제어 흐름은 병행이라고 하기는 힘들다. 이것은 그냥 '동시에 연산하는' 것일 뿐이다.

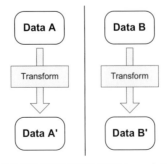

그림 4.1 2개의 독립적 데이터에 대한 제어 흐름은 데이터 경쟁(data race) 상태 문제가 없으므로 병행이 아니다.

병행 프로그래밍의 가장 중요한 문제는 공유 데이터에 대해 일관되고 올바른 결과를 보장할
수 있도록 여러 개의 읽기나 쓰기를 조율하는 일이다(또는 둘 다). 이 문제의 중심에는 특수한
형태의 경쟁 상태^{race condition}인 데이터 경쟁^{data race}이 있는데, 이것은 2개 이상의 제어 흐름이
공유 데이터를 두고 먼저 읽고, 수정하고, 쓰기 위해 '다투는' 상황을 뜻한다. 병행성^{concurrency}
문제의 핵심은 바로 데이터 경쟁을 찾아내고 제거하는 것이라 할 수 있다. 그림 4.2에 병행성
에 대한 예가 나와 있다.

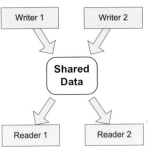

그림 4.2 2개의 제어 흐름이 하나의 공유 데이터 파일을 읽거나 쓰고 있으므로 병행성에 대한 예라 할 수 있다.

4.1.2 병렬성

컴퓨터 공학에서 병렬성^{parallelism}이란 2개 이상의 다른 하드웨어가 동시에 동작하는 모든 상황
을 뜻한다. 다시 말하면 병렬 컴퓨터 하드웨어는 한 번에 여러 개의 작업 수행할 수 있다. 반대
로 직렬^{serial} 컴퓨터 하드웨어는 한 번에 하나의 작업만 수행할 수 있다.

1989년 이전에는 일반 소비자용 컴퓨터는 예외 없이 직렬 하드웨어였다. 애플 II와 코모도어
64 PC에 탑재됐던 모스 테크놀로지의 6502 CPU 그리고 초기 IBM PC와 복제품의 핵심 요소
였던 인텔^{Intel} 8086, 80286, 80386 CPU들이 그 예다.

이에 비해 요즘에는 병렬 컴퓨터가 아주 흔하다. 인텔의 Core™ i7이나 AMD Ryzen™ 7과 같
은 멀티코어 CPU가 대표적이다. 하지만 병렬성은 아주 다양한 단위에서 응용할 수 있다. 예를
들면 한 CPU 안에 여러 ALU를 탑재해 병렬로 계산을 수행할 수 있다. 반대쪽 극단으로는 여
러 컴퓨터의 군집^{cluster}을 조화롭게 운용해 문제를 해결하는 것도 하드웨어 병렬성의 한 예다.

4.1.2.1 묵시적 병렬성과 명시적 병렬성

컴퓨터 하드웨어 디자인에 존재하는 다양한 형태의 병렬성을 구분 짓는 방법으로 각 디자인의 목적을 고려할 수 있다. 달리 말하면 병렬성이 해결하는 문제는 어떤 것인가를 따지는 것이다. 이와 같은 방식으로 접근할 때 병렬성은 다음과 같은 2개의 범주로 나눌 수 있다.

- 묵시적 병렬성implicit parallelism
- 명시적 병렬성explicit parallelism

묵시적 병렬성이란 단 하나의 명령어 스트림을 효율적으로 처리하기 위해 1개의 CPU 안에 존재하는 병렬 하드웨어 구성 요소를 활용하는 것을 가리킨다. 이를 명령어 레벨 병렬성ILP, Instruction Level Parallelism이라고 부르는데, 비록 CPU가 하나의 명령어 스트림(1개의 스레드)만 처리하지만 각 명령어는 어느 정도의 하드웨어 병렬성을 갖고 실행되기 때문이다. 묵시적 병렬성의 예로 다음과 같은 것들이 있다.

- 파이프라인pipeline
- 슈퍼스칼라 아키텍처superscalar architecture
- VLIW 아키텍처

묵시적 병렬성은 4.2절에서 좀 더 이야기할 것이다. GPU 또한 묵시적 병렬성을 매우 폭넓게 사용한다. GPU의 디자인과 프로그래밍에 관해서는 4.11절에서 자세히 살펴본다.

명시적 병렬성은 동시에 둘 이상의 명령어 스트림을 처리하고자 CPU, 컴퓨터 또는 컴퓨터 시스템에 탑재된 여러 개의 중복된 하드웨어 요소를 사용하는 것을 뜻한다. 다시 말하면 직렬 컴퓨터 환경에서 가능했던 것보다 더 효율적으로 병행concurrent 소프트웨어를 처리하고자 특수한 병렬 하드웨어의 디자인을 사용한다는 것을 뜻한다. 명시적 병렬성의 제일 흔한 예는 다음과 같다.

- 하이퍼스레드 CPU
- 멀티코어 CPU
- 멀티프로세서 컴퓨터
- 컴퓨터 군집(클러스터)

- 그리드 컴퓨팅^{grid computing}
- 클라우드 컴퓨팅^{cloud computing}

이것들은 4.3절에서 보다 자세히 살펴본다.

4.1.3 작업 병렬성과 데이터 병렬성

병렬성을 이해하는 또 다른 방법은 병렬적으로 처리하는 일의 종류에 따라 다음과 같이 2개의 범주로 나누는 것이다.

- **작업 병렬성**^{task parallelism}   이질적인 명령어들이 병렬적으로 여럿 실행될 때 이를 작업 병렬성이라 부른다. 한 코어에서 애니메이션 계산을 하는 동안 다른 코어에서 충돌 체크를 하는 것이 작업 병렬성의 예다.
- **데이터 병렬성**^{data parallelism}   하나의 동작이 여러 데이터에 병렬적으로 수행되는 것을 데이터 병렬성이라 부른다. 1,000개의 스키닝 행렬을 4개 코어에 각 250개씩 계산하는 것을 생각하면 된다.

병행 프로그램은 정도는 달라도 두 가지 형태의 병렬성을 모두 사용한다.

4.1.4 플린 분류

컴퓨팅 하드웨어의 병렬성을 구분하는 또 다른 방법은 플린 분류^{Flynn's Taxonomy}다. 스탠퍼드 대학^{Stanford University}의 마이클 J. 플린^{Michael J. Flynn}이 1996년에 제안한 이 방식은 병렬성을 2차원 공간으로 분할한다. 한 축에는 병렬로 수행되는 제어 흐름의 수가 위치하는데, 이것은 한 시점에 병렬로 수행되는 명령어의 개수를 뜻한다. 다른 축에는 프로그램의 각 명령어가 처리하는 서로 다른 데이터 스트림의 수를 놓는다. 이제 공간은 다음과 같이 사분변으로 분할된다.

- **단일 명령어 단일 데이터**^{SISD, Single Instruction, Single Data}：하나의 명령어 스트림이 하나의 데이터 스트림을 처리한다.
- **다중 명령어 다중 데이터**^{MIMD, Multiple Instruction, Multiple Data}：여러 개의 명령어 스트림이 여러 개의 개별적 데이터 스트림을 처리한다.
- **단일 명령어 다중 데이터**^{SIMD, Single Instruction, Multiple Data}：하나의 명령어 스트림이 여러 개의

데이터 스트림을 처리한다(즉 동일한 일련의 동작을 동시에 다수의 독립된 데이터 스트림에 적용하는 것).

- **다중 명령어 단일 데이터**^{MISD, Multiple Instruction, Single Data} : 여러 명령어 스트림이 모두 한 데이터 스트림을 처리한다(MISD를 게임에서 쓰는 경우는 드물기는 하지만 한 가지 활용법은 데이터를 중복 처리를 함으로써 동작 실패에 대비하는 경우를 들 수 있다).

4.1.4.1 단일 데이터와 다중 데이터

여기서 짚고 넘어가야 할 중요한 점이 있는데, '데이터 스트림'이란 단지 숫자의 배열이 아니라는 것이다. 대부분의 산술 연산자는 이항^{binary} 연산자다(2개의 입력을 받아 1개의 값을 낸다). 이항 연산자에 대해서 '단일 데이터'란 1개의 입력 짝과 1개의 결과 값을 의미한다. 이제 2개의 이항 산술 연산자, 곱 연산($a \times b$)과 나누기 연산(c/d)가 각 플린 분류에서 어떻게 처리될 수 있는지 알아보자.

- SISD 구조에서는 하나의 ALU가 곱 연산을 먼저 수행하고 나누기 연산을 수행한다(그림 4.3 참조).

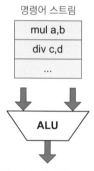

그림 4.3 SISD. ALU 1개가 곱 연산을 수행하고 그다음 나누기 연산을 수행한다.

- MIMD 구조에서는 2개의 ALU가 2개의 독립적인 명령어 스트림을 병렬적으로 처리한다(그림 4.4 참조).
- 1개의 ALU가 시간 분할 방식으로 독립적인 두 명령어 스트림을 처리하는 것도 MIMD로 분류할 수 있다(그림 4.5 참조).

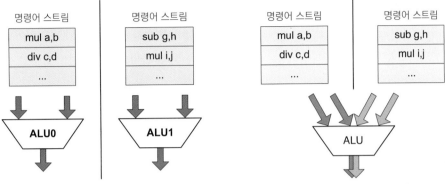

그림 4.4 MIMD. 두 ALU가 병렬적으로 명령어를 처리한다.

그림 4.5 시간 분할된 MIMD. 하나의 ALU가 두 명령어 스트림을 처리하는 구조이며, 둘 사이를 번갈아가며 처리하는 경우가 많다.

- SIMD 구조에서는 벡터 처리 유닛(VPU)으로 알려진 1개의 '와이드 ALU'가 곱 연산을 먼저 하고 다음에 나누기 연산을 수행하는데, 단 각 명령어는 한 쌍의 4원소 벡터를 입력으로 받아 1개의 4원소 벡터를 출력한다(그림 4.6 참조).

- MISD 구조에서는 2개의 ALU가 동일한 명령어 스트림(곱 연산 후 나누기 연산)을 처리하는 데 이론적으로는 완벽히 동일한 결과를 낸다. 이 구조는 그림 4.7에 나와 있는 것과 같이 중복 처리를 통해 오류를 줄이는 데 유용하다. 하나의 ALU가 실패하면 다른 ALU로 즉시 전환할 수 있는 '핫 스페어hot spare'로서 역할을 한다.

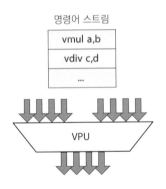

그림 4.6 SIMD. 단일 벡터 처리 유닛이 곱 연산 후 나누기 연산을 수행하지만 한쌍의 4원소 벡터를 입력으로 받아 하나의 4원소 벡터를 출력한다.

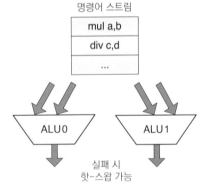

그림 4.7 MISD. 2개의 ALU가 한 명령어 스트림을 처리하는 데(곱 연산 후 나누기 연산) 이론적으로 동일한 결과를 낸다.

4.1.4.2 GPU 병렬성: SIMT

최근에는 GPU의 디자인을 감안하고자 플린 분류에 제5의 범주가 추가됐다. 단일 명령어 다중 스레드$^{SIMT, Single Instruction Multiple Thread}$는 SIMD와 MIMD의 혼합이라 할 수 있는데 주로 GPU 디자인을 기반으로 활용된다. 이 디자인은 SIMD의 처리 기법(단일 명령어를 동시에 여러 데이터 스트림에 적용)을 멀티스레딩(둘 이상의 명령어 스트림이 시간 분할을 통해 프로세서를 공유함)과 혼합한다.

'SIMT'라는 용어는 엔비디아에서 만들어진 것이지만 다양한 제조사의 GPU 디자인을 이야기할 때 사용될 수 있다. 매니코어^{manycore}라는 용어를 사용하기도 하는데 이것 또한 SIMT를 가리키는 말이다(예를 들면 가벼운 구조의 SIMD 코어를 여럿 장착한 GPU 디자인). 4.11절에서 GPU에 사용된 SIMT 디자인을 좀 더 자세히 살펴본다.

4.1.5 병행성과 병렬성의 직교적 성질

여기서 병행 소프트웨어에 병렬 하드웨어가 필수가 아니라는 점과, 병렬 하드웨어의 목적이 병행 소프트웨어를 구동하는 데 한정되는 것이 아니라는 점을 분명히 하고 싶다. 예를 들어 병행 다중 스레드 프로그램을 선점형^{preemptive} 멀티태스킹(4.4.4 참조)을 통해 단일^{single}, 직렬^{serial} CPU 코어에서 실행할 수도 있다. 마찬가지로 명령어 레벨 병렬성은 단일 스레드 성능 향상을 위해 쓰일 수도 있기 때문에 병행 소프트웨어와 순차적 소프트웨어 모두의 성능 향상을 이룰 수 있다. 따라서 서로 밀접한 관계가 있기는 하지만 병행성과 병렬성은 별개의 개념이다.

한 데이터 객체에 대해 여러 개의 읽기 동작과 쓰기 동작(또는 둘 중 하나)을 수행하는 구조가 있다면 병행 시스템이다. 병행성은 선점형 멀티태스킹(직렬 또는 병렬 하드웨어에 대해)을 통해 구현할 수도 있고 진짜 병렬성(각 스레드가 별도의 코어에서 돌아가는)을 통해 구현할 수도 있다. 4장에서 배우는 기법들은 양쪽 모두에 적용할 수 있다.

4.1.6 4장의 로드맵

이후의 절에서는 먼저 묵시적 병렬성에 대해 살펴보고 이것을 통해 소프트웨어를 최적화할 수 있는 방법을 알아본다. 그다음에는 가장 흔히 쓰이는 명시적 병렬성의 형태를 알아본다. 그런 후 명시적 병렬성 컴퓨팅 플랫폼을 활용하는 다양한 병행 프로그래밍 기법을 살펴본다. 마지막으로 SIMD 벡터 프로세싱을 살펴보고 이것이 어떻게 GPU 디자인과 범용 GPU 프로그래밍 GPGPU 기법에 적용되는지 살펴보는 것으로 마무리짓도록 한다.

4.2 묵시적 병렬성

4.1.2.1절에서 살펴봤듯이 묵시적 병렬성이란 단일 스레드의 실행 속도를 향상시키려고 병렬 컴퓨팅 하드웨어를 사용하는 것이다. CPU 제조사들은 1980년대 후반부터 일반 소비자용 제품에 묵시적 병렬성을 적용하기 시작했는데, 이것은 CPU의 디자인을 크게 바꾸지 않으면서 새로운 CPU에서 기존의 코드를 빠르게 돌리기 위한 것이다.

CPU의 단일 스레드 성능을 향상시키는 데 병렬성을 활용하는 방법은 여럿 있다. 가장 흔히 보이는 것은 파이프라인 CPU 아키텍처, 슈퍼스칼라 디자인, VLIW 아키텍처 등이다. 먼저 파이프라인 CPU의 동작 원리를 살펴보고 다른 두 가지 묵시적 하드웨어 변종에 대해 알아보겠다.

4.2.1 파이프라인 방식

1개의 기계어 명령어가 CPU에서 실행되려면 몇 가지 구분되는 단계^{stage}를 거쳐야 한다. CPU 디자인마다 차이는 있다. 작은 단위로 구분된 단계를 굉장히 많이 갖는 디자인도 있고, 소수의 큰 단위 단계를 갖는 디자인도 있다. 그렇기는 해도 모든 CPU는 다음과 같은 기본적인 단계를 구현한다.

- **인출**^{fetch} 실행할 명령어를 명령어 포인터 레지스터(IP)가 가리키는 메모리 주소에서 읽는다.
- **해석**^{decode} 워드로 된 명령어를 오피코드^{opcode}, 어드레싱 모드$^{addressing\ mode}$, 별도의 피연산자로 분해한다.
- **실행**^{execute} 오피코드를 바탕으로 알맞은 CPU 내부 기능 단위$^{functional\ unit}$를 선택한다 (ALU, FPU, 메모리 컨트롤러 등). 명령어를 피연산자와 함께 선택한 기능 단위로 보내 처리하도록 한다. 해당 기능 단위는 동작을 수행한다.
- **메모리 접근**$^{memory\ access}$ 메모리를 읽거나 쓰는 명령어인 경우 메모리 컨트롤러에서 적합한 동작을 수행한다.

- **레지스터 기록**^{register write-back} 명령어를 실행하는 기능 단위(ALU, FPU 등)에서 목적 레지스터에 결과를 기록한다.

그림 4.8은 'A'와 'B' 2개의 명령어가 직렬 CPU의 다섯 실행 단계 단계를 거치는 모습을 보여준다. 그림을 보면 금방 알 수 있듯이 빈 곳이 상당히 많다. 어떤 단계가 명령어를 처리하는 동안, 다른 단계들은 모두 기회를 갖지 못해 놀고 있다.

클럭 주기	인출	해석	실행	메모리	기록
0	A				
1		A			
2			A		
3				A	
4					A
5	B				
6		B			

그림 4.8 파이프라인 구조가 아닌 CPU에서는 명령어 단계들이 대부분 하는 일 없이 놀게 된다.

그림 4.9에 나와 있는 것과 같이 각 명령어 실행 단계들은 CPU의 다른 하드웨어에서 처리된다. 인출 단계는 제어 장치^{CU}와 메모리 컨트롤러에서 담당한다. 그런 후 CU의 여러 회로가 해석 단계를 처리한다. ALU, FPU 또는 VPU가 대부분의 실행 단계를 처리한다. 메모리 단계는 메모리 컨트롤러에서 처리한다. 마지막으로 기록 단계는 주로 레지스터와 연관 있다. 이런 CPU 내의 분업이 CPU 효율 증가의 핵심이다. 모든 단계의 하드웨어를 쉼 없이 굴릴 방법만 있으면 된다.

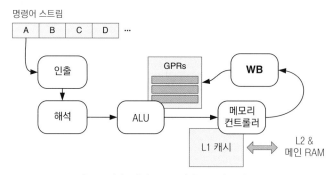

그림 4.9 파이프라인 구조 스칼라 CPU의 구성 요소들

이에 대한 해법이 파이프라이닝pipelining이다. 각 명령어가 다섯 단계를 모두 수행할 때까지 기다렸다가 다음 명령어를 수행하지 않고 클럭 주기마다 새 명령어를 수행한다. 따라서 여러 명령어가 동시에 실행된다. 이 과정이 그림 4.10에 나와 있다.

클럭 주기	인출	해석	실행	메모리	기록
0	A				
1	B	A			
2	C	B	A		
3	D	C	B	A	
4	E	D	C	B	A
5	F	E	D	C	B
6	G	F	E	D	C

그림 4.10. 파이프라인 방식 CPU의 이상적인 명령어 흐름

파이프라이닝은 세탁물 처리에 비유할 수 있다. 처리해야 할 빨랫감이 많은 경우 한 빨랫감을 빨고 말린 후에 다음 빨래를 시작하는 것은 효율이 떨어진다. 세탁조가 일하는 동안 건조기는 놀 수밖에 없고 반대의 상황도 발생한다. 첫 번째 빨랫감이 건조기로 가자마자 두 번째 빨랫감을 세탁조로 보내서 두 기계를 항상 바쁘게 하는 것이 훨씬 효율적이다.

파이프라이닝은 병렬화의 일종으로 명령어 레벨 병렬화ILP라고 한다. 대부분의 상황에서 ILP는 프로그래머가 인지할 수 없게 디자인돼 있다. 이상적인 경우 클럭 속도가 동일한 경우 스칼라 CPU에서 질 돌아가는 프로그램은 파이프라인 CPU에서도 올바르게, 하지만 더 빠르게 돌아야 한다. 단, 두 CPU가 동일한 명령어 집합 아키텍처ISA를 지원한다는 단서가 붙는다면 말이다. 이론적으로 N개 단계 파이프라인 구조의 CPU는 직렬 CPU보다 N배 빠르게 동작할 수 있다. 그런데 4.2.4절에서 살펴보겠지만, 파이프라이닝의 효율은 항상 기대만큼 나오지 않는데, 이는 명령어 스트림의 명령어 간의 여러 가지 의존성이 존재하기 때문이다. 그렇기 때문에 고효율 코드를 짜고 싶은 프로그래머라면 ILP에 대해 몰라서는 안 된다. 개념을 받아들이고, 잘 이해하고 때로는 코드 또는 데이터 디자인을 변경해야 파이프라인 구조 CPU의 성능을 활용할 수 있다.

4.2.2 지연 시간과 처리량

파이프라인의 지연 시간^{latency}이란 한 명령어를 완전히 처리하는 데 걸리는 시간이다. 이는 모든 단계의 지연 시간의 합일 뿐이다. 지연 시간을 시간 변수 T로 표기할 경우 다음과 같은 식이 성립한다. N 단계의 파이프라인에 대해 다음 식이 성립한다.

$$T_{\text{pipeline}} = \sum_{i=0}^{N-1} T_i \tag{4.1}$$

파이프라인의 처리량^{throughput} 또는 대역폭^{bandwidth}은 단위 시간당 얼마만큼의 명령어를 처리할 수 있느냐로 나타낸다. 파이프라인의 처리량은 가장 느린 단계의 지연 시간에 의해 결정된다. 이는 사슬의 강도가 가장 약한 고리의 강도에 좌우되는 것에 비유할 수 있다. 처리량은 주기 f로 생각할 수 있는데, 단위는 초당 처리하는 명령어 수다. 다음과 같이 표기할 수 있다.

$$f = \frac{1}{\max(T_i)} \tag{4.2}$$

4.2.3 파이프라인 깊이

앞서 CPU의 각 단계는 각기 다른 지연 시간(T_i)를 가질 수 있으며 가장 지연 시간이 긴 단계에 의해 전체 프로세서의 처리량이 결정된다고 이야기했다. 클럭 주기마다 다른 모든 단계는 제일 느린 단계가 끝나기를 기다린다. 이상적으로 CPU의 모든 단계가 얼추 비슷한 지연 시간을 갖는 것이 제일 좋다.

이 목표를 달성하는 방법으로 파이프라인의 총 단계 수를 늘리는 수가 있다. 어떤 단계가 다른 단계에 비해 많이 느리다면 이 것을 2개 이상의 짧은 단계로 쪼개 모든 단계의 지연 시간을 비슷하게 맞추려 할 수 있다. 그렇지만 단계들을 마냥 잘게 쪼갤 수는 없는 노릇이다. 단계의 수가 많을수록 전체적인 명령어 지연 시간이 늘어날 것이다. 이는 파이프라인 정체^{stall} 비용을 증가시킨다(4.2.4 참조). 따라서 CPU 제조사들은 파이프라인 단계를 깊게 해 처리량을 늘리는 목표와 전체 명령어 지연 시간을 유지하는 목표 사이에서 균형을 맞추려 한다. 그 결과 실제 CPU 파이프라인 단계 수는 적게는 4~5 단계에서부터 많게는 30여 단계 정도다.

4.2.4 정체

때로 특정 클럭 주기에 CPU가 새 명령어 실행을 시작하지 못하는 문제가 있다. 이를 정체stall라 부른다. 이런 클럭 주기에서는 파이프라인의 첫 단계가 비게 된다. 다음 클럭 주기에서는 두 번째 단계가 비게 되고 이는 단계마다 거듭된다. 그렇기 때문에 정체를 비는 시간의 '거품'이라고 생각할 수 있는데, 클럭 주기마다 파이프라인의 한 단계씩 전파된다고 이해할 수 있다. 이런 거품을 지연 슬롯delay slot이라고 부르는 경우도 있다.

4.2.5 데이터 의존성

정체는 명령어 스트림에서 명령어 간의 의존성 때문에 발생한다.

```
mov ebx,5       ;; 값 5를 레지스터 EBX에 불러 옴
imul eax,10     ;; EAX에 들어 있는 값에 10을 곱함
                ;; ( 결과는 EAX에 저장됨 )
add eax,7       ;; 7을 EAX에 더함 ( 결과는 EAX에 저장됨 )
```

이상적인 상황에서는 mov, imul, add 명령어를 순차적인 세 클럭 주기에 시작해서 파이프라인을 최대한 비지 않게 돌리고 싶을 것이다. 하지만 이 경우를 보면 imul 명령어의 결과가 바로 다음의 add 명령어에서 사용되기 때문에 CPU는 imul이 파이프라인의 끝까지 나올 때까지 기다렸다가 add 명령어를 시작해야 한다. 파이프라인이 다섯 단계로 이뤄졌다면 네 단계가 버려지는 것이다(그림 4.11). 이 같은 명령어 간의 의존성을 데이터 의존성이라고 부른다.

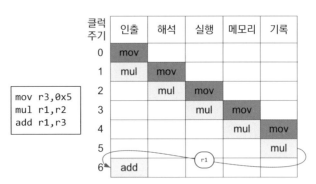

그림 4.11 데이터 의존성에 의해 파이프라인 정체가 발생한다.

정체를 초래할 수 있든 명령어 간 의존성은 세 가지가 있다.

- 데이터 의존성^{data dependency}
- 제어 의존성^{control dependency}(분기 의존성이라고도 한다)
- 구조적 의존성^{structural dependency}(자원 의존성이라고도 한다)

먼저 데이터 의존성을 회피할 수 있는 방법을 알아본 후 분기 의존성과 그 대책을 알아본다. 마지막으로 슈퍼스칼라 CPU 아키텍처에 대해 소개하고 이것이 어떻게 파이프라인 CPU의 구조적 의존성을 발생시킬 수 있는지 볼 것이다.

4.2.5.1 명령어 재배열

의존성이 있는 명령어가 파이프라인을 통과하기를 기다리는 동안 CPU에서 실행할 다른 명령어를 찾아야만 데이터 의존성의 피해를 줄일 수 있다. 이것을 위한 방법이 프로그램의 명령어를 재배열^{reorder}하는 것이다(동시에 프로그램의 행동을 변화하지 않게 보장해야 한다). 의존성이 있는 두 명령어가 있을 경우 가까이 있는 명령어 중 이들과 의존성이 없는 명령어를 찾아서 실행 순서를 당기거나 미루는 식으로 조정해 의존성 있는 명령어들 사이에서 실행될 수 있도록 하는 방법으로, '거품'을 의미 있는 일로 채우는 셈이다.

당연한 말이지만, 굉장히 모험을 좋아하고 어셈블리어를 능숙하게 다룰 줄 아는 프로그래머가 명령어 재배열을 직접 하는 일도 가능하다. 그렇지만 다행스럽게도 이런 경우는 별로 없다. 요즘의 컴파일러 최적화가 자동으로 해주는 명령어 재배열은 매우 효율적이라서 데이터 의존성의 피해를 줄이거나 아예 없앨 수 있다.

그러나 프로그래머로서 컴파일러가 코드 최적화를 해주기만 맹목적으로 기다려서는 안 된다. 높은 성능을 내야 하는 코드를 짤 경우 디스어셈블리^{disassembly}를 직접 확인해서 컴파일러가 일을 제대로 했는지 확인하는 편이 좋다. 반면 항상 80/20 규칙(2.3절)을 명심하면서 전체 성능에 가시적인 영향이 있을 만한 20%, 또는 그 이하의 코드를 최적화하는 데 시간을 써야 한다.

4.2.5.2 비순차적 명령어 실행

정체를 막으려고 기계어 명령들을 재배열하는 일은 컴파일러나 프로그래머의 전유물이 아니다. 오늘날의 상당수 CPU가 비순차적 명령어 실행^{out-of-order execution}이라는 기능을 지원하는데, 실행 중 명령어 간 데이터 의존성을 감지해 자동으로 이를 해결하는 기능이다.

이런 놀라운 일을 하려고 CPU는 명령어 스트림을 미리 훑어본 후 명령어들의 레지스터 사용 형태를 보고 의존성을 감지한다. 의존성을 찾아냈다면 '미리보기 간격$^{look-ahead window}$'을 검색해 현재 실행 중인 명령어들에 의존성이 없는 명령어를 찾는다. 만약 찾았다면 이 명령어를 실행해(순서에 벗어났으므로 비순차적이다) 파이프라인을 쉬지 않고 돌린다. 비순차적 실행을 이 책에서 더 살펴보기는 무리다. 지금은 프로그래머로서 우리(또는 컴파일러가)가 짠 순서대로 프로그램이 실행되지 않을 수도 있음을 유념하는 선에서 마무리하자.

컴파일러의 최적화 기법과 CPU의 비순차적 실행 로직은 명령어 재배열이 발생하더라도 프로그램 행동이 바뀌지 않게 각별히 주의한다. 하지만 4.9.3절에서 살펴볼 수 있듯이 컴파일러의 최적화와 비순차적 실행이 병행 프로그램(즉 여러 스레드가 데이터를 공유하는 프로그램)의 오류를 초래할 가능성은 존재한다. 이런 문제를 비롯한 몇 가지 이유 때문에 병행 프로그래밍에는 직렬 프로그래밍 때보다 더 세심한 주의가 필요하다.

4.2.6 분기 의존성

파이프라인 CPU가 조건 분기 명령어(예를 들면 if 문이나 for/while 루프에 붙은 조건문)를 만나면 어떻게 될까? 이 문제와 관련해 다음 C/C++ 코드를 살펴보자.

```
int SafeIntegerDivide(int a, int b, int defaultVal)
{
  return (b != 0) ? a / b : defaultVal;
}
```

이 함수의 디스어셈블리는 인텔 x86 CPU에서 대강 다음과 비슷할 것이다.

```
    ; 함수 시작 구문은 간결성을 위해 생략...

    ; 첫째로 리턴 레지스터에 디폴트 값을 채워 넣는다
    mov   eax,dword ptr [defaultVal]

    mov   esi,dword ptr [b] ; check (b != 0)
    cmp   esi,0
    jz    SkipDivision

    mov   eax, dword ptr[a] ; 나뉘는 수 (a)는 EDX:EAX에 들어감
```

```
        cdq                     ; ... 부호를 보존한 채 EDX 확장
        idiv esi                ; 몫이 EAX에 떨어짐

    SkipDivision:
        ; 함수 종료 구문은 간결성을 위해 생략...
        ret                     ; EAX가 리턴값
```

여기서 cmp(비교) 명령이와 jz^{jump if equal to zero} 명령이 사이의 의존성이 있다. CPU는 비교 결과를 알기 전에는 조건 분기 명령어를 실행할 수 없다. 이런 의존성을 분기 의존성이라고 한다(제어 의존성이라고도 한다). 그림 4.12에 분기 의존성의 예가 나와 있다.

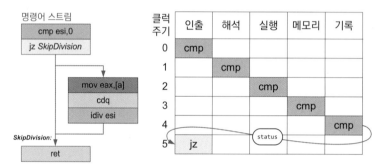

그림 4.12 비교 명령어와 조건 분기 명령어 간 의존성이 분기 의존성이다.

4.2.6.1 추측 실행

분기 의존성을 해결하려고 CPU가 쓰는 기법 중에 추측 실행^{speculative execution} 또는 분기 예측^{branch prediction}이란 것이 있다. 분기 명령어를 만나면 CPU는 어떤 분기가 실행될지 추측하려고 한다. 선택한 분기가 맞았기를 바라며 해당 분기의 명령어를 계속 실행한다. 당연한 말이지만 CPU는 의존성이 있는 명령어가 파이프라인을 끝마쳐야 추측이 맞았는지 알 수 있다. 추측이 틀린 것으로 판별된다면 CPU는 실행하지 말았어야 할 명령어들을 실행한 셈이 된다. 따라서 파이프라인을 완전히 비운 후 올바른 분기의 명령어를 처음부터 실행해야 한다. 이것을 분기 손실^{branch penalty}이라고 부른다.

CPU가 할 수 있는 제일 단순한 추측 방식은 분기가 일어나지 않는다고 가정하는 것이다. CPU는 순서대로 그저 명령어를 실행하기만 하고 추측이 실패했음이 명확해질 때만 새로운 명령어 위치로 점프한다. 이 방식은 CPU가 항상 캐시에 존재할 가능성이 매우 큰 명령어를 실행하므

로 I-캐시 효율적이라 할 수 있다.[1]

약간 더 고급 기법이 있는데, 이것은 후방 분기는 항상 실행되고 전방 분기는 절대 실행되지 않는다고 추측하는 방법이다. 후방 분기란 while/for 루프의 끝부분에 위치하는 분기이기 때문에 전방 분기보다 훨씬 많이 등장하는 편이다.

대부분의 고성능 CPU는 분기 예측branch prediction 하드웨어를 포함하는데, 이를 통해 앞서 말한 '정적' 추측의 효율을 크게 향상시킨다. 분기 예측 하드웨어는 여러 번의 루프 순회 중 발생한 분기 결과를 추적해 패턴을 발견하고 다음 순회에서 올바른 추측에 활용한다.

PS3 게임 프로그래머들은 항상 분기가 들어가는 코드에서 성능 때문에 애먹었는데, 그 이유는 셀 프로세서의 분기 예측 하드웨어가 정말로 엉망이었기 때문이다. 하지만 PS4와 엑스박스 원에 탑재된 AMD Jaguar CPU는 굉장히 진보된 분기 예측 하드웨어를 갖고 있기 때문에 PS4에 올릴 코드를 짜는 프로그래머는 다소나마 부담을 덜게 됐다.

4.2.6.2 프레디케이션

분기 의존성의 비용을 줄이는 또 다른 방법으로는 아예 분기를 회피하는 수가 있다. 앞서 나왔던 SafeIntegerDivede( ) 함수를 다시 예로 볼 텐데, 이번에는 정수가 아니라 부동소수를 다룰 수 있게 살짝 변형한다.

```
float SafeFloatDivide(float a, float b, float d)
{
    return (b != 0.0f) ? a / b : d;
}
```

이 간단한 함수는 조건 검사문 b != 0의 결과에 따라 두 가지 중 하나의 답을 계산한다. 조건 분기문을 보고 2개의 답 중 하나를 리턴하는 대신, 조건 검사 문이 다음과 같은 비트 마스크bit mask를 생성하도록 변경할 수 있다. 조건문이 거짓인 경우 모두 영(0x0U)의 값, 조건문이 참인 경우 모두 1(0xFFFFFFFFU)인 비트 마스크를 생성한다. 끝으로 이 마스크를 사용해 함수가 리턴할 최종 결과를 만들어 낸다.

---

1   I-캐시는 명령어 캐시(instruction cache)이며 데이터 캐시(data cache)와 대비되는 개념이다. - 옮긴이

다음의 의사코드는 프레디케이션^{predication}이 바탕을 두고 있는 개념을 설명한다. 이 코드는 현 상태로는 실행할 수 없다는 점을 명심하자. 특히 float를 unsigned int와 마스킹해서 float를 얻을 수는 없다(이렇게 하려면 unsigned int와 마스킹하기 전에 union을 사용해 float의 비트 패턴을 재해석할 수 있게 만들어야 한다).

```
int SafeFloatDivide_pred(float a, float b, float d)
{
    // Boolean (b != 0.0f)을 1U 또는 0U로 변경한다.
    const unsigned condition = (unsigned)(b != 0.0f);

    // 1U -> 0xFFFFFFFFU
    // 0U -> 0x00000000U
    const unsigned mask = 0U - condition;

    // 몫을 계산한다(b == 0.0f인 경우 QNaN이 된다).
    const float q = a / b;

    // 마스크의 값이 모두 1인 경우 몫을 선택하고,
    // 마스크의 값이 모두 0인 경우 기본 값 d를 선택
    // (주: 이 코드는 현 상태로 실행되지 않음
    // 마스킹을 위해서는 union으로 float를 unsigned int로 해석하게 해야 한다.)
    const float result = (q & mask) | (d & ~mask);
    return result;
}
```

좀 더 자세히 살펴보자.

- b != 0.0f의 결과는 bool 값이다. 이것을 unsigned int로 타입 변환한다. 변환 결과는 1U(true인 경우)이나 0U(false인 경우) 둘 중 하나다.
- 이 unsigned int를 0U에서 빼 비트 마스크로 변환한다. 0에서 0을 빼면 0이고, 0에서 1을 빼면 −1인데 32비트 unsigned int로는 0xFFFFFFFFU가 된다.
- 다음에는 나눗셈의 몫을 계산한다. 이 코드는 영 검사^{non-zero test} 결과에 상관없이 수행되며, 따라서 분기 의존성 이슈 자체를 회피하게 된다.

- 이제 2개의 답, 즉 몫 q와 기본 값 d가 준비됐다. 우리는 마스크를 적용해 둘 중 하나를 선택하고 싶다. 하지만 그러기 위해서는 부동소수인 q와 d의 비트 패턴을 unsigned int 인 것처럼 재해석해야 한다. C/C++에서 가장 범용적인 방식으로 이것을 할 수 있는 방법은 float와 unsigned, 2개의 32비트 멤버를 갖는 union을 사용하는 것이다.
- 마스크 적용 방식은 다음과 같다. 몫인 q와 마스크를 비트와이즈 AND 연산하는데, 그 결과는 마스크가 모두 1이면 q이고 마스크가 모두 0이면 0이다. 기본 값 d를 마스크의 보수와 비트와이즈 AND 연산하는데, 결과는 마스크가 모두 1이면 0, 마스크가 모두 0 이면 d가 된다. 마지막으로 이 두 값을 비트와이즈 OR 연산하게 되면 q 혹은 d 중 하나 를 고르게 되는 것이다.

이와 같이 마스크를 사용해 2개의 가능한 값을 선택하도록 하는 방법을 프레디케이션이라고 하는데, 양쪽 코드 경로(한쪽은 a / b를 리턴하고 한쪽은 d를 리턴)를 모두 실행한 후, 그중 하나를 테스트(a !=0) 결과에 따른 마스크를 사용해 판단predicated하는 것이다. 2개의 가능한 값 중 하나를 선택하는 것이기 때문에 선택select 연산이라고 부르기도 한다.[2]

분기 하나를 피하려고 이러한 수고를 들이는 것은 너무 과하다고 생각할 수도 있다. 근거 있는 추측이다(목표 하드웨어상에서 분기와 프레디케이션의 상대적인 비용에 따라 효용이 결정된다). 프레디케이션이 진짜 빛을 발하려면 CPU의 ISA에서 선택 연산을 수행하는 특수한 기계어를 지원해야 한다. 예를 들어 PowerPC의 ISA는 정수 선택 명령어 isel, 부동소수 선택 명령어 fsel, SIMD 벡터 선택 명령어 vecsel을 지원하기 때문에 이것들을 사용할 경우 PowerPC 기반 플랫폼(PS3 등)에서 확실한 성능 향상을 얻을 수 있다.

명심해야 할 점은 두 분기가 모두 안전하게 실행될 수 있을 때만 프레디케이션이 의미 있다는 점이다. 부동소수를 0으로 나누면 QNanQuiet Not-a-number이 나올 뿐이지만 정수를 0으로 나눌 경우 예외exception가 발생해 크래시가 발생한다(예외를 처리하지 않았다면). 바로 이 이유 때문에 프레디케이션을 적용하기 전에 예제를 부동소수용으로 고친 것이다.

---

2   predicate는 사전적 의미 외에 논리학, 문법, 이산수학 등 다양한 분야에서 고유한 의미로 사용하는 용어다. 여기서 사용하는 단어는 컴퓨터 아키텍처의 것으로, '분기의 양쪽 경로를 모두 실행한 후, 실제로 수행된 경로의 결과만 반영하는 방법'이다. 분기 예측과 구분한다. 위키피디아(Wikipedia)에서 'Predication(computer architecture)'을 찾아보자. - 옮긴이

4.2.7 슈퍼스칼라 CPU

4.2.1절에서 이야기했던 파이프라인 구조 CPU는 스칼라^{scalar} 프로세서라 불린다. 이 말은 한 클럭 주기당 최대 1개의 명령어를 실행할 수 있다는 뜻이다. 물론 한 순간 여러 명령어가 '실행 중'일 테지만 한 클럭 주기에 1개의 새 명령어만 파이프라인에 넣을 수 있다.

병렬성의 핵심은 동시에 여러 하드웨어 요소를 활용하는 데 있다. 그러므로 CPU의 처리량을 2배로 늘릴 목적으로(적어도 이론상이라도) 거의 대부분의 CPU 구성 요소를 2개씩 둬서 클럭 주기마다 2개의 명령어를 처리할 수 있게 하는 방법이 있다. 이것을 슈퍼스칼라^{superscalar3} 구조라고 한다.

슈퍼스칼라 CPU에는 각 파이프라인[4] 단계를 담당하는 회로가 2개(또는 그 이상) 탑재된다. CPU는 여전히 1개의 명령어 스트림으로부터 명령어를 가져오지만, 한 클럭 주기마다 IP에서 가리키는 명령어 1개만 실행하는 것이 아니라 다음 2개의 명령어를 실행한다. 그림 4.13은 2중 슈퍼스칼라 CPU 하드웨어 구성 요소를 보여 주며, 그림 4.14에서는 'A'부터 'N'까지 14개의 명령어들이 이 CPU의 2중 병렬 파이프라인을 따라 실행되는 모습을 보여 준다.

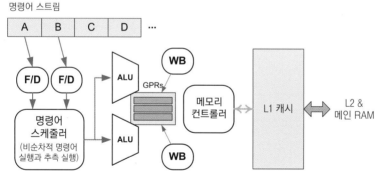

그림 4.13 파이프라인 구조의 슈퍼스칼라 CPU는 1개의 명령어 스케줄러에 연결된 여러 개의 실행 요소(ALU, FPU, VPU)를 가지며, 명령어 스케줄러는 통상적으로 비순차적 실행과 추측 실행을 지원한다.

---

3   영어 발음은 슈퍼스케일러가 맞지만 위키피디아 등에서 통상적으로 쓰이는 슈퍼스칼라를 사용한다. - 옮긴이

4   엄밀히 말해 파이프라인 구조와 슈퍼스칼라 디자인은 완전히 독립적인 병렬성 구현 방식이다. 파이프라인 구조의 CPU가 슈퍼스칼라 디자인일 필요가 없다. 마찬가지로 슈퍼스칼라 CPU는 파이프라인 구조를 가질 필요가 없으나, 대부분이 파이프라인 구조다.

클럭 주기	F_0	F_1	D_0	D_1	E_0	E_1	M_0	M_1	W_0	W_1
0	A	B								
1	C	D	A	B						
2	E	F	C	D	A	B				
3	G	H	E	F	C	D	A	B		
4	I	J	G	H	E	F	C	D	A	B
5	K	L	I	J	G	H	E	F	C	D
6	M	N	K	L	I	J	G	H	E	F

그림 4.14 파이프라인 구조 슈퍼스칼라 CPU에서 7 클럭 주기 동안 'A'부터 'N'까지 14개의 명령어가 실행되는 최적의 경우.

4.2.7.1 슈퍼스칼라 디자인의 복잡도

슈퍼스칼라 CPU를 구현하는 일은 한 기판에 똑같은 CPU 코어 2개를 복사&붙이기 하는 수준으로 단순하지는 않다. 슈퍼 스칼라 CPU의 개념을 2개의 병렬 명령어 파이프라인이라고 보는 것이 맞기는 하지만 두 파이프라인이 1개의 명령어 스트림에서 나뉜다는 문제가 있다. 그렇기 때문에 모종의 제어 로직이 병렬 파이프라인의 앞단에 있어야 한다. 비순차적 실행을 지원하는 CPU와 마찬가지로, 슈퍼스칼라 CPU의 제어 로직은 명령어 스트림을 미리 훑어보고 명령어 간 독립성을 판단한 후 이것들을 비순차적으로 실행해 효율을 증대시키려 한다.

데이터 의존성과 브랜치 의존성에 더해 슈퍼스칼라 CPU는 자원 의존성^{resource dependency}이라는 제3의 의존성에 취약한 면이 있다. 이 의존성은 둘 이상의 연속된 명령어들이 동일한 CPU 기능 유닛을 필요로 할 때 발생한다. 예를 들어 정수 ALU는 2개이지만 FPU는 하나뿐인 슈퍼스칼라 CPU를 생각해 보자. 이 프로세서는 클럭 주기마다 2개의 정수 산술 연산 명령어를 실행할 수 있다. 하지만 명령어 스트림에 2개의 부동소수 연산 명령어가 있는 경우 한 명령어가 이미 FPU를 사용하고 있을 것이기 때문에 두 번째 명령어는 같은 클럭 주기에 실행할 수 없다. 이런 이유 때문에 슈퍼스칼라 CPU에서 명령어 분배를 담당하는 제어 로직은 비순차적 실행을 지원하는 스칼라 CPU의 로직보다 더 복잡하다.

4.2.7.2 슈퍼스칼라와 RISC

2중 슈퍼스칼라 CPU는 비슷한 규모의 스칼라 CPU보다 2배의 칩 면적을 차지한다. 따라서 불필요한 트랜지스터를 줄이고자 거의 대부분의 슈퍼스칼라 CPU는 축소 명령어 집합 컴퓨터_{RISC, Reduced Instruction Set Computer} 프로세서다. RISC 프로세서의 ISA는 비교적 적은 명령어들을 지원하며 각 명령어는 매우 전문적인 목적을 수행한다. 더 복잡한 작업은 단순한 명령어들의 조합으로 이뤄진다. 반대로, 복잡 명령어 집합 컴퓨터^{CISC, Complex Instruction Set Computer}의 ISA는 보다 다양한 명령어들을 지원하며, 각 명령어는 복잡한 기능을 수행할 수 있다.

4.2.8 VLIW

4.2.7.1절에서 슈퍼스칼라 CPU의 명령어 분배 로직이 매우 복잡하다는 점을 살펴봤다. 이 로직은 CPU의 귀중한 칩 면적을 차지한다. 또한 비순차적 실행과 슈퍼스칼라 명령어 분배를 위해 명령어 의존성을 분석할 때 CPU가 미리 볼 수 있는 명령어 스트림의 범위는 그리 크지 않다. 이 점은 CPU의 동적 최적화의 효율성을 저해하는 제약 사항이다.

보다 단순하게 명령어 단위 병렬성을 구현하는 방법이 있는데, 이 방식은 한 CPU 칩 안에 다수의 계산 유닛(ALU, FPU, VPU)을 배치하기는 하지만, 이들 계산 유닛에 대한 명령어 분배는 프로그래머나 컴파일러에 전적으로 위임한다. 이렇게 하면 복잡한 명령어 분배 로직이 필요하지 않기 때문에 여기에 쓰였던 트랜지스터들을 더 많은 계산 유닛을 구현하거나 보다 큰 캐시를 구현하는 데 돌릴 수 있다. 부수적인 게인이라 할 수 있는 점은 프로그래머와 컴파일러가 하는 명령어 분배 최적화가 CPU가 하는 것에 비교할 수 없이 효율적이라는 점인데, 그 이유는 CPU보다 훨씬 넓은 범위의 문맥(보통 한 함수를 이루는 명령어들 전체)에서 명령어를 선택할 수 있기 때문이다.

프로그래머와 컴파일러가 각 클럭 주기마다 지정된 계산 유닛에 명령어를 분배하려고 명령어를 이루는 워드에 2개 이상의 '슬롯^{slot}'을 넣을 수 있게 확장되며, 각 슬롯은 칩에 배치된 특정 계산 유닛에 대응한다. 예를 들어 어떤 가상의 CPU가 2개의 정수 ALU와 2개의 FPU를 가진다면, 프로그래머나 컴파일러는 명령어 워드마다 최대 2개의 정수와 2개의 부동소수 연산을 배치할 수 있다. 이것을 VLIW 디자인이라고 한다. VLIW 구조는 그림 4.15에 나와 있다.

플레이스테이션 2를 보면 VLIW 구조의 실제 예를 볼 수 있다. PS2는 벡터 유닛^{vector unit}이라는 2개의 코프로세서(VU0와 VU1)를 탑재하며, 각 코프로세서는 클럭 주기마다 2개의 명령어를 분배할 수 있다. 각 명령어 워드는 low와 high라 불리는 2개의 슬롯으로 이뤄진다. 이 2개의 슬롯을 효율적으로 채워 넣도록 어셈블리 언어를 사용해 손코딩하는 일은 꽤나 어려운 일이지만 일반적인 '클럭당 명령어 하나'인 프로그램을 '클럭당 명령어 둘' 형식으로 변환하는 일을 도와줄 도구가 있었다.

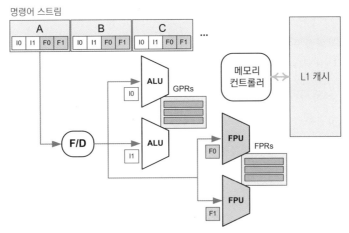

그림 4.15 2개의 정수 ALU와 부동소수 FPU를 가진 파이프라인 형태의 VLIW CPU 구조. 각 명령어 워드는 2개의 정수와 2개의 부동소수 연산으로 이뤄지며, 각기 해당하는 기능 유닛으로 분배된다. 슈퍼스칼라 CPU에서 보이는 복잡한 명령어 스케줄링 로직이 없는 점을 유의해서 살펴보자.

슈퍼스칼라와 VLIW는 서로 간에 상충되는 장단점이 있다. 슈퍼 스칼라에 쓰이는 복잡한 스케줄링, 비순차적 실행과 분기 예측 로직이 필요 없기 때문에 VLIW 프로세서는 훨씬 단순하며, 따라서 병렬성을 더 적극 활용할 수 있는 잠재력이 있다. 그렇지만 VLIW의 병렬성을 충분히 활용할 수 있도록 직렬 프로그램을 변경하는 일은 굉장히 힘들다. 프로그래머와 컴파일러의 일을 더 어렵게 만든다. 그렇긴 해도 이 같은 불리함을 극복하기 위한 노력에 진전이 있었는데 가변 길이 VLIW 디자인 같은 것이 그 예다. 궁금한 독자는 다음 사이트(http://researcher. watson.ibm.com/researcher/view_group_subpage.php?id=2834)를 방문해 보자.

4.3 명시적 병렬성

명시적 병렬성은 병행[concurrent] 소프트웨어를 더 효율적으로 구동할 수 있도록 고안된 것이다. 따라서 명시적 병렬성을 구현하는 하드웨어 디자인은 2개 이상의 명령어 스트림이 나란히 처리할 수 있도록 만들어진다. 몇 가지 흔히 보이는 명시적 병렬성의 형태를 살펴볼 텐데, 가장 작은 단위에 대한 하이퍼스레딩[hyperthreading]부터 가장 큰 단위에 대한 개념인 클라우드 컴퓨팅까지 단위 크기의 순으로 살펴본다.

4.3.1 하이퍼스레딩

4.2.5.2절에서 살펴봤듯이 파이프라인 CPU 중에는 파이프라인 정체를 줄이려고 비순차적 실행을 사용하는 경우가 있다. 통상적으로 파이프라인 CPU는 프로그램에서 지정된 대로 명령어를 실행한다. 그렇지만 때로는 현재 실행 중인 명령어에 대한 의존성 때문에 다음 명령어를 시작하지 못하는 경우가 생긴다. 이 상황이 되면 이론적으로 다른 명령어를 끼워 넣을 수 있는 지연 슬롯delay slot이 생긴다. CPU는 명령어 스트림을 미리 살펴보고 이와 같은 지연 슬롯에 실행할 명령어를 선택한다.

명령어 스트림이 1개밖에 없을 때는 지연 슬롯에 배치할 명령어를 고르는 데 있어 CPU의 선택 범위는 제한적이다. 그런데 CPU가 독립적인 명령어 스트림 2개에서 명령어를 고를 수 있다면? 이것이 하이퍼스레드HT, HyperThread CPU 코어의 개념이다.

기술적으로 말하자면 HT 코어는 2개의 레지스터 파일register file과 2개의 명령어 해석decode 유닛을 갖지만, 명령어 실행을 위한 1개의 '백엔드back end'와 1개의 공유 L1 캐시를 가진다. 공유 백엔드와 L1 캐시를 사용하기 때문에 HT 코어는 듀얼코어dual-core CPU보다 적은 트랜지스터를 사용하면서도 2개의 독립된 스레드를 실행할 수 있다. 당연히 하드웨어 요소를 공유하므로 비슷한 규모의 듀얼코어 CPU에 비해 명령어 실행량이 낮은데, 그 이유는 스레드들끼리 공유 자원을 놓고 경쟁하기 때문이다. 그림 4.16에 통상적인 하이퍼스레드 CPU 디자인의 핵심 요소가 나와 있다.

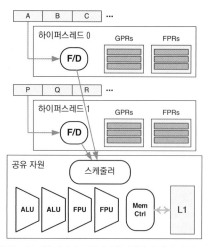

그림 4.16 하이퍼스레드 CPU는 2개의 프론트엔드(각각 명령어 인출/해석 유닛과 레지스터 파일로 이뤄짐)를 갖지만 1개의 백엔드(ALU, FPU, 메모리 컨트롤러, L1 캐시, 비순차적 실행 스케줄러)를 가진다. 스케줄러는 2개의 프론트엔드 스레드들로부터 공유된 백엔드로 명령어를 분배한다.

4.3.2 멀티코어 CPU

CPU 코어^{core}란 하나 이상의 명령어 스트림을 자체적으로 처리할 수 있는 유닛이라고 정의할 수 있다. 여지껏 살펴봤던 모든 CPU 디자인은 1개의 '코어'라고 할 수 있다. 1개의 CPU 다이 ^{die} 안에 여러 개의 코어가 탑재되면 이것을 멀티코어 CPU라 부른다.

코어의 디자인은 지금까지 본 것 중 어떤 것이라도 사용할 수 있다. 각 코어는 단순한 직렬 디자인일 수도 있고, 파이프라인 구조, 슈퍼스칼라 구조, VLIW 디자인, 또는 하이퍼스레드일 수도 있다. 그림 4.17에는 단순한 멀티코어 CPU 디자인의 예가 나와 있다.

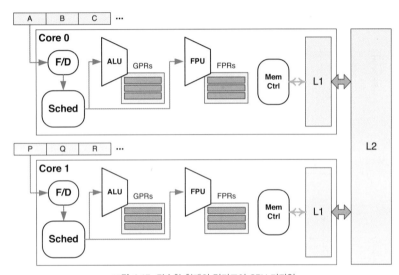

그림 4.17 단순한 형태의 멀티코어 CPU 디자인

플레이스테이션 4와 엑스박스 원에는 멀티코어 CPU가 탑재돼 있다. 둘 다 가속 처리 유닛^{APU,} ^{Accelerated Processing Unit} 하나를 탑재하며, 그 안에는 GPU, 메모리 컨트롤러, 비디오 코덱과 함께 1개의 다이에 통합된 2개의 쿼드코어^{quad-core} AMD Jaguar 모듈이 들어 있다(8개의 코어 중 7개는 게임 프로그램에서 사용 가능하다. 하지만 일곱 번째 코어의 대역폭 중 절반 가량은 OS를 위해 배정돼 있다). 엑스박스 원 엑스(X)는 마찬가지로 8코어 APU를 탑재하지만 이전 모델에서 쓰인 Jaguar 마이크로아키텍처가 아닌, AMD와 협업하에 개발된 독점 기술로 개발된 코어를 사용한다. 그림 4.18는 PS4 하드웨어 아키텍처의 다이어그램이며, 그림 4.19는 엑스박스 원 하드웨어 아키텍처의 다이어그램이다.

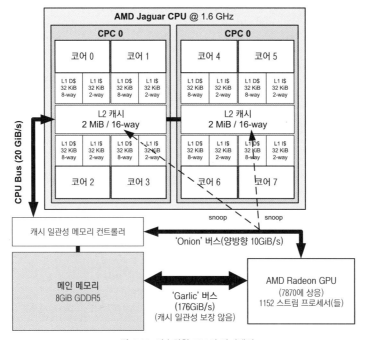

그림 4.18 단순화한 PS4의 아키텍처

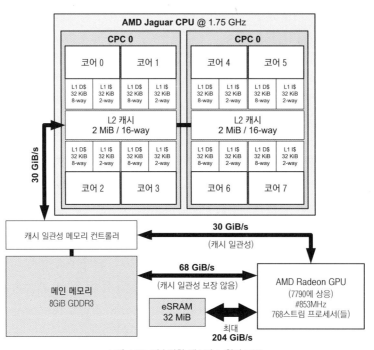

그림 4.19 단순화한 엑스박스 원의 구조

4.3.3 대칭 vs 비대칭 멀티프로세싱

병렬 컴퓨팅 플랫폼의 대칭성은 운영체제에서 머신의 CPU 코어들을 어떻게 대하는지에 달려 있다. 대칭 멀티프로세싱$^{SMP, Symmetric MultiProcessing}$에서는 머신의 CPU 코어들(하이퍼스레딩, 멀티코어 CPU, 다중 CPU의 어떠한 조합이든 상관없이)은 모두 동일한 디자인과 ISA를 가지며 운영체제는 이것들을 동일하게 취급한다. 어떤 스레드가 어느 코어에서 실행되는지 제약은 없다. 그러나 이런 시스템에서도 특정 스레드가 특정 코어에서 실행될 확률을 높이거나 또는 보장할 수 있게 선호도^{affinity}를 지정할 수도 있다.

플레이스테이션 4와 엑스박스 원이 SMP를 사용한 예다. 둘 다 8 코어를 탑재하며 이 중 7 코어를 프로그래머가 사용할 수 있고, 어떤 코어에서든 스레드를 실행할 수 있다.

비대칭 멀티프로세싱$^{AMP, Asymmetric MultiProcessing}$에서는 CPU 코어들이 동일할 필요가 없고 운영체제도 이것들을 다르게 취급한다. AMP에서는 보통 1개의 '마스터' 코어가 운영체제를 구동하고, 다른 것들은 '종속' 코어로서 마스터 코어에 의해 작업을 할당받는다.

플레이스테이션 3에 쓰인 셀 브로드밴드 엔진$^{CBE, Cell Broadband Engine}$이 AMP의 예다. 메인 CPU로 PowerPC ISA 기반의 'PPU$^{Power Processing Unit}$'가 있고, 'SPU$^{Synergystic Processing Unit}$'라 불리는 다른 8개의 코프로세서는 완전히 다른 ISA를 기반한다(3.5.5절을 보면 PS3의 하드웨어 구조에 대해 좀 더 알 수 있다).

4.3.4 분산 컴퓨팅

또 다른 병렬적 연산의 형태로 독립된 컴퓨터들을 협업시키는 방법이 있다. 이것을 가장 넓은 의미로 분산 컴퓨팅$^{distributed computing}$이라고 한다. 분산 컴퓨팅을 설계하는 방법으로는 다음과 같은 것들이 있다.

- 컴퓨터 클러스터
- 그리드 컴퓨팅
- 클라우드 컴퓨팅

이 책에서는 한 컴퓨터 내의 병렬성에 대해서만 다루고 있지만 위 용어들을 검색해 보면 분산 컴퓨팅에 대한 정보를 쉽게 찾을 수 있다.

4.4 운영체제 기초

병렬 컴퓨터 하드웨어에 대한 기초 지식을 쌓았으니 다음은 병행 프로그래밍을 가능하게 하는 운영체제 기능에 대해 알아보자.

4.4.1 커널

현대 운영체제는 여러 종류의 작업을 처리하며 그 단위성granularity도 크게 다르다. 키보드 및 마우스 이벤트 처리와 선점형 멀티태스킹preemptive multitasking을 위한 프로그램 스케줄링 등의 작업이 있는 반면, 반대쪽에는 프린터 큐에 대한 관리, 네트워크 스택 관리 같은 것들이 있다. 운영체제의 '핵심' 부분, 즉 모든 기본적이며 로우레벨 동작을 처리하는 부분을 커널kernel이라고 한다. 운영체제의 나머지와 모든 사용자 프로그램은 커널에서 제공하는 기능들 위에 올라간다. 이 구조가 그림 4.20에 나와 있다.

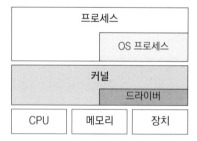

그림 4.20 커널과 장치 드라이버는 하드웨어 바로 상부에 위치하며 특수한 권한으로 실행된다. 다른 모든 운영체제 소프트웨어와 사용자 프로그램은 커널과 드라이버 단계 위에 구현되며, 어느 정도 제한된 사용자 모드로 구동된다.

4.4.1.1 커널 모드 vs 사용자 모드

커널과 장치 드라이버는 특수한 모드로 동작하는데 이것을 보호 모드protected mode, 특수 권한 모드privileged mode 또는 커널 모드kernel mode라 부른다. 그 외의 다른 프로그램들(커널을 제외한 운영체제의 다른 부분들을 포함)은 사용자 모드user mode로 동작한다. 이름에서 유추할 수 있듯이 특수 권한 모드로 구동하는 소프트웨어는 컴퓨터 하드웨어에 대한 완전한 접근 권한을 갖지만, 사용자 모드 소프트웨어들은 전체 시스템의 안정성을 보장하고자 다양한 제약을 받는다. 사용자 모드로 구동하는 소프트웨어는 로우레벨 서비스에 접근하려면 커널 호출kernel call, 즉 사용자 프로그램을 대신해 커널이 로우레벨 기능을 대신 수행해 달라고 요청하는 것을 통하는 수밖에 없다. 이렇게 함으로써 프로그램이 부주의하게 또는 악의적으로 시스템을 불안정하게 만들 수 없도록 보장한다.

실제 상황에서 운영체제는 여러 개의 보호 고리protection ring를 구현한다. 커널은 고리 0에서 구동되는데 이것은 가장 신뢰도가 높고 시스템의 모든 권한을 가진다. 장치 관리자는 고리 1에서 구동할 수 있으며, I/O 권한을 획득한 신뢰도 높은 프로그램은 고리 2에서, 그리고 나머지 '신뢰받지 못한untrusted' 사용자 프로그램은 고리 3에서 구동된다. 이것은 한 예일 뿐이고 고리의 개수나 하부 시스템을 어떤 고리에 할당할지도 CPU나 OS마다 다른 경우가 많다. 보호 고리에 대한 개념이 그림 4.21에 나와 있다.

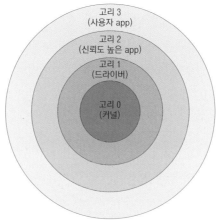

그림 4.21 4개의 고리를 가진 CPU 보호 고리의 한 예. 커널은 고리 0에서 구동되고 장치 드라이버는 고리 1, I/O 권한을 획득한 신뢰도 높은 프로그램은 고리 2, 그리고 나머지 모든 사용자 프로그램은 고리 3에서 구동된다.

4.4.1.2 커널 모드 특권

커널 모드(고리 0) 소프트웨어는 CPU의 ISA에 있는 모든 기계어 명령어를 접근할 수 있다. 이중에는 특권 명령어privileged instruction라 불리는 강력한 명령어 집합이 있다. 이것들을 통하면 통상적으로는 접근할 수 없는 레지스터의 값을 고치는 등의 작업을 할 수 있다(예를 들면 가상 메모리 매핑을 수정한다거나 특정 인터럽트를 켜거나 끄는 등의 동작). 또는 메모리 특정 영역을 접근한다든가 평상시에는 제한된 명령어를 수행한다든가 하는 일을 할 수도 있다. Intel x86 프로세서의 특권 명령어에는 wrmsr(특정 모델 한정 레지스터 쓰기)와 cli(인터럽트 초기화) 등이 있다. 커널 등의 '신뢰도 높은' 소프트웨어들에게만 이 같은 강력한 명령어들을 허용함으로써 시스템의 안정성과 보안을 향상시킨다.

이 같은 특권 명령어들을 통해 커널은 보안 강화 기능을 구현할 수 있다. 예를 들면 커널이 가상 메모리의 특정 페이지들을 잠가 사용자 프로그램이 고쳐 쓰지 못하게 하는 것을 생각하면 된다. 커널 소프트웨어와 커널의 모든 기록 데이터는 이 같은 보호 메모리 영역에 보관된다. 이렇게 함으로써 사용자 프로그램이 커널 내부를 휘젓고 다니다가 전체 시스템을 강제 종료시키는 불상사를 막을 수 있다.

4.4.2 인터럽트

인터럽트[interrupt]란 중요한 로우레벨 이벤트가 발생했음을 CPU에 알리는 신호인데, 키보드의 키가 눌리거나, 주변기기로부터의 신호 발생 또는 타이머가 종료된 것 등이 있다. 이런 이벤트가 발생하면 인터럽트 요청[IRQ, Interrupt ReQuest]이 생성된다. 운영체제가 이 이벤트에 응답해야 할 필요가 있다면 처리하고 있던 작업을 멈추고[interrup 5], 인터럽트 서비스 루틴[ISR, Interrupt Service Routine]이라 불리는 특수한 형태의 함수를 호출한다. ISR 함수는 이벤트에 대응해 모종의 동작을 수행(가능한 빠르게)한 후 인터럽트가 발생하기 직전에 처리하고 있던 프로그램을 다시 실행한다.

인터럽트는 하드웨어 인터럽트와 소프트웨어 인터럽트, 두 가지가 있다. 하드웨어 인터럽트 요청은 특정한 CPU 핀에 전류를 보냄으로써 발생시킨다. 하드웨어 인터럽트를 발생시킬 수 있는 것은 키보드나 마우스 등의 주변 장치일 수도 있고, 메인보드나 CPU 내의 타이머 회로일 수도 있다. 외부 장치에 의해 발생하기 때문에 하드웨어 인터럽트는 언제든, 심지어 CPU 명령을 실행하는 중간에도 발생할 수 있다. 그렇기 때문에 하드웨어 인터럽트가 물리적으로 발생하고 CPU가 처리할 수 있는 상태에 도달하기까지 매우 작은 지연이 발생할 수도 있다.

소프트웨어 인터럽트는 CPU 핀의 전류가 아니라 소프트웨어에 의해 발생한다. CPU 동작을 중단시키고 특정 서비스 루틴을 수행하게 한다는 점에서는 하드웨어 인터럽트와 기본적인 성질은 같다. 소프트웨어 인터럽트를 발생하기 위해서 '인터럽트' 기계어 명령을 직접 호출하는 방법이 있다. 아니면 CPU가 소프트웨어를 실행하면서 오류 상태를 발견하고 그에 대한 대응으로 발생하기도 한다. 이것들을 트랩[trap]또는 예외[exception]라고 부른다(후자를 프로그래밍 언어 수준의 예외 처리와 혼동하지 말아야 한다). 예를 들면 ALU에서 0으로 나눗셈[divide-by-zero] 연산을 처리하는 상황이 되면 소프트웨어 인터럽트를 발생시킨다. 운영체제는 통상적으로 이런 인터럽

---

5 계속되는 일을 중단시킨다는 뜻. - 옮긴이

트가 발생하면 프로그램을 종료시키고 코어 덤프^{core dump} 파일을 남긴다. 하지만 프로그램에 붙은 디버거가 인터럽트를 감지해 프로그램 내부를 살펴보도록 할 수도 있다.

4.4.3 커널 호출

사용자 소프트웨어가 특권이 필요한 작업들, 예를 들면 가상 메모리 시스템의 물리 메모리 페이지를 매핑 또는 해제하거나 네트워크 소켓을 직접 접근하는 등의 작업을 수행하려면 반드시 커널에 요청해야 한다. 커널은 사용자 프로그램을 대신에 이런 요청을 안전하게 처리한다. 이 같은 요청을 커널 호출^{kernel call}, 또는 시스템 호출^{system call}이라고 한다.

대부분의 시스템에서 커널 호출은 소프트웨어 인터럽트[6]를 통해 구현한다. 이 같은 구현에서는 사용자 프로그램이 입력 파라미터들을 특정한 장소(메모리나 레지스터)에 기록한 후 어떤 커널 작업을 요청하는지 나타내는 정수형 파라미터를 지정하고 '소프트웨어 인터럽트' 명령어를 호출한다. 이렇게 하면 CPU는 특권 모드에 진입하고, 해당 프로그램의 상태를 저장한 후 적합한 커널 인터럽트 서비스 루틴이 호출되도록 한다. 커널에서 별다른 문제가 없다고 판단한 경우 해당 요청을 처리하고(특권 모드에서) 제어권을 호출 프로그램(처리 상태를 복원시킨 후)에 넘긴다. 이같이 사용자 모드 프로그램에서 커널로의 전환은 문맥 전환^{context switching}의 한 예다. 문맥 전환에 관해서는 4.4.6.5절을 참조하자.

오늘날의 운영체제에서 사용자 프로그램이 소프트웨어 인터럽트나 시스템 호출 명령어를 직접 호출, 즉 인라인 어셈블리 코드를 사용하지는 않는다. 만약 그랬다면 지저분하고 오류 가능성도 커질 것이다. 대신 사용자 프로그램은 커널 API 함수를 호출하는데, 여기서 적절한 파라미터들을 설정하고 소프트웨어 인터럽트를 호출해 준다. 그렇기 때문에 사용자 프로그램의 입장에서는 시스템 호출도 여느 함수 호출과 완전히 똑같아 보인다.

4.4.4 선점형 멀티태스킹

가장 초기의 미니 컴퓨터와 개인용 컴퓨터들은 한 번에 한 프로그램을 구동했다. 이들은 본질적으로 직렬^{serial} 컴퓨터인데, 1개의 명령어 스트림만 읽을 수 있었고 이 명령어 스트림에서 한

---

6   일부 시스템에서는 call 명령어의 특수한 변종을 통해 커널을 호출했다. 예를 들면 MIPS 프로세서에서는 이런 명령어를 syscall이라 부른다.

번에 한 명령어만 실행했다. 그 시절의 DOS^{Disk Operating System}는 장치 드라이버와 크게 다르지 않았으며, 프로그램이 테이프, 플로피 드라이브, 하드디스크 드라이브와 교신하도록 도와주는 일을 했다. 컴퓨터 전부가 한 번에 한 프로그램을 돌리는 데 투입됐다. 그림 4.22에는 애플 II 컴퓨터에서 돌아가는 전체 화면 프로그램 몇 가지가 나와 있다.

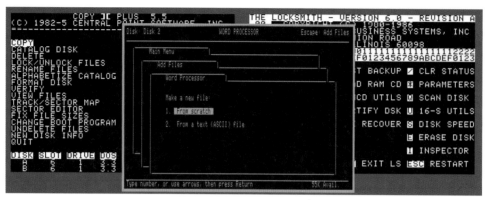

그림 4.22 애플 II 컴퓨터의 세 가지 전체 화면 프로그램. 애플 II의 프로그램들은 항상 전체 화면이었는데 왜냐하면 한 번에 한 프로그램밖에 구동하지 못했기 때문이다. 왼쪽으로부터: Copy II Plus, AppleWorks 워드프로세서, Locksmith.

운영체제와 컴퓨터 하드웨어가 발전해 가면서 직렬 컴퓨터에서 한 번에 2개 이상의 프로그램을 구동하는 것이 가능해졌다. 공유 메인프레임 컴퓨터 시스템에서는 멀티프로그래밍 ^{multiprogramming}이라는 기법을 통해 한 프로그램이 주변 기기 응답을 기다리는 동안 다른 프로그램을 구동하는 일이 가능하다. 고전 맥 OS와 구형 윈도우^{Windows}(Windows NT와 Windows 95 이전)는 협력적 멀티태스킹^{cooperative multitasking}이라는 기법을 썼는데, 이것은 한 번에 한 프로그램만 돌기는 하지만 프로그램들은 정기적으로 CPU를 양보해 다른 프로그램이 돌아갈 수 있게 하는 방식이다. 이렇게 함으로써 각 프로그램들은 주기적인 CPU 시간 조각을 갖게 되는 셈이다. 엄격한 의미로 이 기법은 시분할 다중화^{TDM, Time Division Multiplexing} 또는 동시 멀티스레딩 ^{TMT, Temporal MultiThreading}이라 불린다. 하지만 보통 타임-슬라이싱^{time-slicing}, 또는 시분할이라고 한다.

협력적 멀티태스킹은 중요한 문제가 한 가지 있다. 타임-슬라이싱이 제대로 작동하려면 시스템의 모든 프로그램의 협조가 필요하다. '문제적' 프로그램 하나가 제때 다른 프로그램에 양보하지 않고 CPU를 전부 독차지할 수도 있다. PDP-6 Monitor와 Multics 운영체제는 이 문제를 해결하려고 선점형 멀티태스킹preemptive multitasking이라는 기법을 도입했다. 후에 나온 유닉스UNIX 운영체제와 그 변종들, 그리고 맥 OS와 윈도우까지 모두 이 기법을 도입했다.

선점형 멀티태스킹에서 프로그램들이 타임-슬라이싱을 통해 CPU를 공유하는 점은 동일하다. 그러나 프로그램 스케줄링은 각 프로그램의 협력이 아니라 운영체제가 담당한다. 따라서 각 프로그램은 정기적이고 일관되며 믿을 수 있는 CPU의 타임-슬라이스time-slice를 획득한다. 한 프로그램이 CPU를 점유할 수 있는 타임-슬라이스를 프로그램의 퀀텀quantum이라고 한다. 선점형 멀티태스킹을 구현하려고 운영체제는 일정 시간마다 발생하는 하드웨어 인터럽트에 반응함으로써 다른 프로그램 간의 문맥 교환context switching을 일으킨다. 4.4.6.5절을 통해 문맥 교환에 대해 더 자세히 살펴본다.

선점형 멀티태스킹은 멀티코어 머신에서도 사용된다는 점을 짚고 넘어갈 필요가 있는데, 이는 스레드 수가 코어 수보다 많은 경우가 일반적이기 때문이다. 예를 들어 100개의 스레드가 있지만 코어는 4개뿐일 때 선점형 멀티태스킹을 통해 커널은 각 코어마다 25개의 스레드의 타임-슬라이스를 부여한다.

4.4.5 프로세스

프로세스란 운영체제가 실행 파일(윈도우의 .exe파일, 리눅스의 .elf 파일)에 담긴 프로그램의 실행 인스턴스를 관리하고자 사용하는 개념이다. 프로세스는 해당 프로그램이 실제로 구동되는 동안에만 존재한다. 프로그램 인스턴스가 종료히기나 강제 종료당하거나 크래시로 인해 종료될 때 OS는 인스턴스의 프로세스를 소멸시킨다. 한 시스템에 한 번에 여러 프로세스가 구동될 수 있다. 때로는 한 프로그램의 여러 인스턴스가 구동되기도 한다.

프로그래머는 운영체제가 제공하는 API를 통해 프로세스를 다룬다. 운영체제마다 세부 사항은 다르긴 한데 핵심 개념은 거의 똑같다. 어떤 한 운영체제의 프로세스 관련 API를 전부 살펴보기란 이 책의 범주를 벗어나는 것이지만, 개념을 살펴보기 위해 유닉스 계열 운영체제, 예를 들면 리눅스, BSD, 맥 OS의 API 스타일을 중점적으로 살펴보기로 한다. 그러나 윈도우나 게임 콘솔 운영체제가 유닉스 계열의 API와 크게 차이나는 부분이 있다면 그때마다 간단히 짚고 넘어갈 것이다.

4.4.5.1 프로세스의 구성

프로세스 내부는 다음과 같은 것들로 이뤄진다.

- 운영체제에서 프로세스를 고유하게 판별할 수 있는 **프로세스 식별자**[PID, Process ID]
- 어떤 사용자가 프로세스를 '소유'하는지, 어떤 사용자 그룹에 속하는지 등을 나타내는 여러 **권한들**
- **부모 프로세스**가 존재하는 경우 그에 대한 참조
- 프로세스가 물리 메모리를 인지하는지 방법인 **가상 메모리 공간**(4.4.5.2절 참조)
- 정의된 모든 **환경 변수**[environment variables]의 값
- 프로세스가 사용하는 **파일 핸들**들
- 프로세스의 **작업 디렉터리**[working directory]
- 시스템의 프로세스들 간에 **동기화** 및 **통신** 관리를 위한 자원들, 예를 들면 메시지 큐, 파이프, 세마포어 등
- 하나 이상의 **스레드**

스레드는 구동 중인 1개의 기계 언어 명령어 스트림의 인스턴스를 내포하는 개념이다. 기본적으로 한 프로세스에는 1개의 스레드가 있다. 그러나 4.4.6절에 자세히 나와 있는 것처럼 한 프로세스에서 2개 이상의 스레드를 생성할 수 있으며, 따라서 2개 이상의 명령어 스트림을 병행[concurrently]으로 실행할 수 있다. 커널은 시스템의 모든 스레드(현재 구동 중인 모든 프로세스에 들어있는)를 가용한 코어에서 실행할 수 있도록 조정한다. 코어 수보다 많은 스레드가 있을 경우 선점형 멀티태스킹을 통해 스레드 간에 타임-슬라이스를 배분한다.

여기서 분명히 짚고 가야 할 점은 운영체제에서 프로그램 실행의 가장 기본적인 단위는 프로세스가 아니라 스레드라는 점이다. 프로세스는 스레드가 실행될 수 있는 환경, 예를 들면 가상 메모리 맵이나 자신의 스레드들이 사용하고 공유할 자원을 제공할 뿐이다. 스레드가 코어에서 실행될 때가 되면 해당 스레드가 사용할 수 있도록 프로세스의 자원과 환경이 제공된다. 따라서 스레드가 코어에서 실행된다고 말할 때 엄밀히 한 프로세스의 문맥[context] 내에서 실행된다는 점을 기억해야 한다.

4.4.5.2 프로세스의 가상 메모리 맵

3.5.2절을 읽은 독자는 일반적으로 프로세스가 물리 메모리 주소를 직접 사용하는 일은 절대 없다는 것을 기억할 것이다.[7] 대신 프로세스는 가상 주소$^{virtual\ address}$를 통해 메모리에 접근하고, CPU와 운영체제는 협력을 통해 가상 주소를 물리 주소로 다시 매핑한다고 했다. 가상 주소와 물리 주소의 매핑은 페이지^{page}라는 일련의 연속된 주소 단위로 이뤄지며, 운영체제는 페이지 테이블을 통해 가상 페이지 번호를 물리 페이지 번호로 매핑한다는 것을 살펴봤다.

모든 프로세스는 자기만의 가상 페이지 테이블을 갖는다. 즉 모든 프로세스가 자신만의 고유한 모습으로 메모리를 인지한다. 이것은 운영체제가 안전하고 안정적인 실행 환경을 제공하는 주요한 방법 중 하나다. 두 프로세스는 서로의 메모리를 침범할 수 없는데, 한 프로세스가 가진 물리 메모리 페이지는 다른 프로세스의 주소 공간으로 매핑되지 않기 때문이다(명시적으로 설정된 공유 페이지인 경우는 예외다). 또한 커널이 소유한 페이지는 사용자 프로그램의 부주의나 악의에 의한 오염으로부터 보호받는데, 그 이유는 이런 페이지들은 커널 모드에서 동작하는 코드에서만 접근 가능한 커널 공간이라는 특수한 주소에 매핑되기 때문이다.

한 프로세스의 가상 페이지 테이블을 통해 해당 프로세스의 메모리 맵이 정의된다고 할 수 있다. 메모리 맵은 보통 다음과 같은 것들을 포함한다.

- 텍스트, 데이터, BSS 섹션 등 프로그램의 실행파일에서 읽어 온 데이터
- 프로그램이 사용하는 공유 라이브러리(DLL, PRX 등)에 대한 사상^{view}
- 각 스레드의 콜 스택
- 힙^{heap}이라 불리는 동적 메모리 할당을 위한 메모리 공간
- 다른 프로세스와 공유를 위한 메모리 페이지들(있을 수도 있고 없을 수도 있다)
- 프로세스에서는 접근할 수 없는 커널 공간 주소 범위(커널 호출이 실행 중일 때는 접근 가능)

텍스트, 데이터, BSS 섹션

프로그램이 처음 실행할 때 커널은 내부에서 프로세스를 생성한 후 고유한 PID를 부여한다. 그런 후 프로세스를 위한 가상 페이지 맵을 설정한다. 다시 말해 프로세스의 가상 주소 공간을 생성한다. 그다음 필요한 만큼 물리 페이지를 할당한 후 프로세스의 페이지 테이블에 추가함

---

7   사용자 프로그램은 언제나 가상 메모리 주소를 통해 작업하지만 커널은 물리 주소를 직접 다룰 수 있다.

으로써 가상 주소 공간에 매핑한다.

커널은 실행 파일(텍스트, 데이터, BSS 섹션들)을 읽은 후 가상 페이지를 할당하고 여기에 실행 파일의 내용을 불러들인다. 이렇게 함으로써 프로그램의 코드와 전역 데이터가 프로세스의 가상 주소 공간에 비로소 '보이게' 된다. 실행 파일의 기계어 코드는 재배치 가능^{relocatable}한데, 이 말은 코드의 주소가 절대 메모리 주소가 아니라 상대적인 오프셋으로 지정돼 있다는 뜻이다. 운영체제는 이 같은 상대 주소들을 찾아서 변경하는데, 즉 프로그램을 실행하기 전에 이것들을 진짜 (가상) 주소로 변환한다는 말이다(실행 파일의 형식에 대한 내용은 3.3.5.1절에서 더 다룬다).

콜 스택

모든 실행 중인 스레드는 콜 스택$^{call\ stack}$이 필요하다(3.3.5.2절 참조). 프로세스가 처음 구동할 때 커널은 1개의 기본 스레드를 생성한다. 커널은 스레드의 콜 스택용으로 물리 메모리 페이지를 할당한 후 이것을 프로세스의 가상 메모리 공간에 매핑해 스레드가 '볼' 수 있게 한다. 스택 포인터^{SP}와 베이스 포인터^{BP} 값들이 빈 스택의 바닥을 가리키도록 초기화된다. 마지막으로 프로그램의 시작 지점$^{entry\ point}$부터 스레드를 실행하도록 한다(C/C++에서 이것은 보통 main( )이며 윈도우 환경에서는 WinMain( )이다).

힙

프로세스는 C의 malloc( ), free( ), C++의 new, delete 등과 같은 방법으로 동적으로 메모리를 할당할 수 있다. 이 같은 메모리는 힙^{heap}이라 불리는 메모리 영역에서 나온다. 동적 메모리 요청이 오면 커널은 물리 메모리를 할당한다. 이 메모리 페이지들은 요청을 한 프로세스의 가상 주소 공간으로 매핑되고, 반대로 해제된 메모리는 매핑을 해제한 후 시스템에 반환된다.

공유 라이브러리

아주 작은 프로그램이 아닌 이상 외부 라이브러리를 사용한다. 라이브러리는 프로그램에 정적으로 링크할 수 있는데, 라이브러리의 코드가 실행 파일 안에 복사된다는 뜻이다. 이에 더해 대부분의 운영체제는 공유 라이브러리라는 개념을 지원한다. 이때는 프로그램이 라이브러리의 기계어 코드를 복사하는 것이 아니라 라이브러리의 API 함수들에 대한 참조만 가진다. 윈도우에서는 이런 공유 라이브러리를 동적 링크 라이브러리$^{DLL,\ Dynamic\ Link\ Library}$이라고 부른다. 플레이스테이션 4에서는 PRX라는 동적 링크 라이브러리와 유사한 기능을 지원한다(재미있게

도 PRX라는 이름이 플레이스테이션 3에서 유래했는데, PPU Relocatable Executable의 줄임말이다. 이 것은 PPU라 불리는 PS3의 메인 프로세서의 이름을 가리킨다).

공유 라이브러리가 동작하는 방식은 일반적으로 다음과 같다. 공유 라이브러리가 최초로 필요로 하는 프로세스에 의해 참조될 때 OS는 해당 라이브러리를 물리 메모리에 불러들이고 이 메모리를 프로세스의 가상 주소 공간에 매핑한다. 공유 라이브러리가 제공하는 함수와 전역 변수의 주소 값이 프로그램의 기계어 코드에 붙여져 마치 정적으로 링크된 것처럼 사용할 수 있게 된다.

공유 라이브러리의 진가는 이 라이브러리를 참조하는 두 번째 프로세스가 실행될 때 분명히 드러난다. 라이브러리의 코드와 전역 변수를 새로 불러오는 대신, 이미 메모리에 있는 페이지를 새 프로세스의 가상 주소 공간에 매핑한다. 이런 방식으로 메모리를 절약할 수 있고 첫 번째 프로세스 외에는 같은 라이브러리를 사용하는 모든 프로세스의 실행 속도를 빠르게 할 수 있다.

공유 라이브러리는 다른 이점도 있다. 예를 들면 공유 라이브러리는 업데이트할 수 있어서 버그 수정이 가능하며, 이론적으로 해당 라이브러리를 사용하는 모든 프로그램이 게인을 볼 수 있다(프로그램을 다시 링크한 후 사용자에게 배포할 필요가 없어진다). 이론은 그렇긴 한데 잘못된 공유 라이브러리 업데이트 때문에 라이브러리를 사용하는 여러 프로그램끼리 호환성 문제를 일으킬 수도 있다. 이 때문에 공유 라이브러리마다 동시에 여러 버전이 시스템에 누적되는 상황이 발생할 수 있다. 윈도우 개발자 사이에서는 'DLL 지옥'이라는 애칭으로 불린다. 이 상황을 해결하려고 윈도우는 매니페스트^{manifest} 시스템을 도입해 공유 라이브러리와 그것을 사용하는 프로그램들 사이에 호환성을 보장하도록 한다.

커널 페이지

대부분의 운영체제에서 프로세스의 주소 공간은 큰 2개의 연속된 메모리 블록, 즉 사용자 공간^{user space}과 커널 공간^{kernel space}으로 나뉜다. 예를 들어 32비트 윈도우에서 사용자 공간은 주소 0x0에서 0x7FFFFFFF까지(주소 공간의 낮은 2GiB)이고, 커널 공간은 주소 0x80000000 에서 0xFFFFFFFF(주소 공간의 높은 2GiB)이다. 64비트 윈도우에서는 사용자 공간은 0x0부터 0x7FF'FFFFFFFF까지 8TiB 범위이고 0xFFFF0800'00000000부터 0xFFFFFFFF'FFFFFFFF까지 거대한 248TiB 범위가 커널 공간으로 예약돼 있다(실제로 다 쓰이는 경우는 드물다).

사용자 공간은 각 프로세스마다 고유한 가상 페이지 테이블로 매핑된다. 하지만 커널 공간은 모든 프로세스가 공유하는 별도의 가상 페이지 테이블을 사용한다. 이것은 모든 프로세스가 커널의 내부 데이터를 일관되게 볼 수 있어야 하기 때문이다.

보통 사용자 프로세스는 커널의 페이지를 접근할 수 없다. 그런 시도를 한다면 페이지 폴트 page fault가 발생해 프로그램은 크래시된다. 그러나 사용자 프로세스가 시스템 호출을 할 경우 커널로 문맥 교환context switch이 발생한다(4.4.6.5절 참조). 이 상태가 되면 CPU가 특권 모드로 동작하기 때문에 커널이 커널 공간 주소를 접근할 수 있게 된다(현재 프로세스의 가상 페이지도 물론 접근 가능하다). 커널은 특권 모드에서 코드를 돌린 다음, 필요에 따라 내부 데이터 구조를 변경하고 CPU를 다시 사용자 모드로 전환한 후 제어권을 사용자 프로그램에 넘긴다. 윈도우 환경에서 사용자와 커널 공간 메모리 매핑이 동작하는 방식에 대해 더 알고 싶다면 다음 사이트 (https://docs.microsoft.com)를 방문해 'virtual address space'를 검색해 보자.

여기서 짚고 가야 할 재미있는(동시에 무시무시한) 점은, 최근에 발견된 '멜트다운Meltdown'과 '스펙터Spectre'가 CPU의 비순차 실행과 추측 실행 로직(차례대로)을 속여 평상시 사용자 모드 프로세스에서는 접근 불가능한 메모리 페이지에 있는 데이터를 접근한다는 것이다. 이 헛점들과 운영체제가 이것들로부터 어떻게 스스로를 보호하는지 알고 싶다면 다음 사이트(https://meltdownattack.com/)를 방문해 보자.

프로세스 메모리 맵의 예

그림 4.23에 32비트 윈도우에서 한 프로세스의 메모리 맵이 어떤 모양을 하고 있는지가 나와 있다. 프로세스의 가상 페이지는 전부 사용자 공간(주소 공간의 낮은 2GiB 영역)에 매핑된다. 실행 파일의 텍스트, 데이터, BSS 섹션들은 낮은 메모리 주소에 매핑되고 바로 따라서 힙이 보다 높은 주소 공간에 오며, 공유 메모리 페이지가 있는 경우 그다음에 위치한다. 콜 스택은 사용자 주소 공간의 높은 쪽 끝에서 매핑된다. 마지막으로 운영체제의 커널 페이지가 주소 공간의 높은 2GiB 영역에 매핑된다.

메모리 맵의 영역들이 실제로 어떤 주소에 올지는 정확히 예측할 수 없다. 한 이유는 프로그램이 크기가 각기 다르기 때문에 다른 주소 공간에 매핑된다는 것이다. 또한 주소 공간 배치 불규칙화ASLR, Address Space Layout Randomization라는 보안 기법 때문에 같은 실행 파일이라도 매번 메모리 주소 값이 바뀌는 것도 한 이유다.

0xFFFFFFFF

커널 공간

0x80000000

미사용

콜 스택 ↓

공유 메모리

힙 ↑

BSS

데이터

텍스트

미사용

0x00000000

그림 4.23 32비트 윈도우에서 한 프로세스의 메모리 맵의 예.

4.4.6 스레드

스레드는 실행 중인 1개의 기계어 명령어 스트림을 내포한다. 프로세스 내의 각 스레드는 다음과 같은 요소로 이뤄진다.

- **스레드 식별자**[TID, Thread ID]는 프로세스 내에서 고유한 값이며, 전체 운영체제 안에서는 고유한 경우도 있고 그렇지 않은 경우도 있다.
- 스레드의 **콜 스택**은 현재 실행 중인 함수의 스택 프레임을 포함하는 연속된 메모리 블록이다.
- 모든 특수 또는 범용 **레지스터**[8]의 값. 스레드의 명령어 스트림에서 현재 명령어를 가리키는 **명령어 포인터**[IP], 현재 함수 스택을 정의하는 **베이스 포인터**[BP]와 **스택 포인터**[SP] 등이 있다.
- **스레드 로컬 저장소**라 불리는 각 스레드마다 할당되는 범용 메모리.

---

8 엄밀히 따지면 스레드의 실행 문맥에는 사용자 모드에서 접근 가능한 레지스터만 포함된다. 특권 모드의 레지스터는 포함되지 않는다.

기본적으로 한 프로세스는 1개의 메인 스레드를 가지며 따라서 1개의 명령어 스트림을 실행한다. 이 스레드는 프로그램의 시작 지점(보통 main() 함수)부터 실행을 시작한다. 그러나 요즘의 모든 운영체제들은 한 프로세스의 문맥 안에서 둘 이상의 병행적으로 concurrent 명령어 스트림을 실행할 수 있다.

스레드를 운영체제의 가장 기본적인 실행 단위로 생각하면 된다. 스레드는 명령어 스트림을 실행하기 위한 최소한의 자원(콜 스택과 레지스터들)을 제공한다. 프로세스는 하나 또는 그 이상의 스레드가 실행할 때 필요한 환경을 제공할 뿐이다. 이 개념이 그림 4.24에 나와 있다.

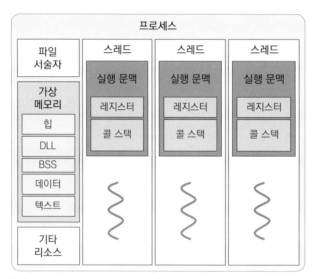

그림 4.24 프로세스는 하나 이상의 스레드를 실행하기 위한 자원들을 내포하는 개념이다. 스레드는 CPU 레지스터와 콜 스택을 포함하는 실행 문맥을 내포하는 개념이다.

4.4.6.1 스레드 라이브러리

다중 스레드를 지원하는 운영체제는 스레드를 생성하고 조작하기 위한 여러 가지 시스템 호출을 제공한다. 몇몇 운영체제와 무관한 스레드 라이브러리도 존재하는데, 그중 IEEE POSIX 1003.1c 표준 스레드 라이브러리pthread와 C11 및 C++11 표준 스레드 라이브러리가 가장 잘 알려져 있다. 소니 플레이스테이션 4 SDK는 sce로 시작하는 스레드 함수들을 제공하는데 POSIX 스레드 API에 상당히 가깝다.

스레드 API들은 세부 사항은 달라도 다음과 같은 기본 동작을 지원한다.

1. **생성** 새 스레드를 만드는 함수 또는 클래스 생성자

2. **종료** 호출하는 스레드를 끝내는 함수

3. **종료 요청** 한 스레드가 다른 스레드의 종료를 요청하는 함수

4. **휴면** 지정된 시간만큼 현재 스레드를 휴면상태로 전환하는 함수

5. **양보** 현재 스레드의 타임-슬라이스를 다른 스레드에 양보하는 함수

6. **결합** 현재 스레드를 휴면 상태로 전환하고 다른 스레드나 스레드 그룹이 종료되기까지 기다리는 함수

4.4.6.2 스레드 생성과 종료

실행 파일을 실행하면 운영체제가 스레드 하나를 가진 프로세스를 생성하는데, 이 스레드의 실행은 프로그램의 시작 지점^{entry point}에서 시작한다(C/C++의 경우 시작 지점은 특수 함수인 main( )이다). 이 '메인 스레드'는 필요할 경우 새 스레드를 생성할 수 있는데, `pthread_create( )`(POSIX 스레드)나 `CreateThread( )`(윈도우) 등의 운영체제가 지원하는 함수를 통하거나 `std::thread`(C++11) 등의 스레드 클래스 인스턴스를 생성하는 방법이 있다. 새 스레드는 생성 시 지정한 함수 주소를 시작 지점으로 삼아 실행을 시작한다.

일단 만들어지면 스레드는 종료때까지 존재한다. 한 스레드가 종료될 수 있는 방법은 여러 가지가 있다.

- 시작 지점 함수가 리턴함으로써 '자연스럽게' 종료된다(메인 스레드의 경우 좀 특별한데, main( ) 함수에서 리턴하면 스레드만 종료되는 것이 아니라 전체 프로세스가 종료된다).

- 시작 지점 함수에서 리턴하기 전에 `pthread_exit( )`와 같이 명시적으로 실행을 종료시키는 함수를 부른다.

- 다른 스레드에 의해 명시적으로 종료당한다. 이 경우 외부 스레드는 해당 스레드의 실행을 취소하도록 요청할 수 있으나 종료 대상인 스레드가 즉시 응답하지 않을 수도 있고 요청을 완전히 묵인할 수도 있다. 스레드 실행을 취소할 수 있는지 여부는 스레드를 만들 때 결정된다.

- 스레드가 포함된 프로세스가 종료되면서 강제로 종료당한다(프로세스 종료는 메인 스레드가 시작 지점 함수인 main( )에서 리턴하거나, 포함한 스레드 중 하나가 명시적으로 exit( ) 함수를 호출하거나 외부에서 강제로 프로세스를 종료하는 경우에 일어난다).

4.4.6.3 스레드 결합

어떤 스레드가 몇 개의 자식 스레드^{child thread}를 생성해 일을 시키고 그동안 다른 일을 처리한 후, 실행을 계속하기 전에 자식 스레드들이 완료되기를 기다리는 경우가 흔히 있다. 예를 들어 메인 스레드에서 1,000개의 계산을 해야 하는 상황이고 쿼드코어(4코어) 시스템에서 프로그램을 실행한다고 하자. 제일 효율적으로 문제를 해결하는 방법은 일감을 4등분하고 스레드 4개를 생성한 후 병렬로 일처리를 시키는 것이다. 계산을 전부 처리한 후, 메인 스레드에시 결과에 대해 체크섬[9]을 계산한다고 하자. 이 코드는 다음과 같은 형태일 것이다.

```cpp
ComputationResult g_aResult[1000];

void Compute(void* arg)
{
  uintptr_t startIndex = (uintptr_t)arg;
  uintptr_t endIndex = startIndex + 250;
  for (uintptr_t i = startIndex; i < endIndex; ++i)
  {
    g_aResult[i] = ComputeOneResult(...);
  }
}

void main()
{
  pthread_t tid[4];
  for (int i = 0; i < 4; ++i)
  {
    const uintptr_t startIndex = i * 250;
    pthread_create(&tid[i], nullptr,
                  Compute, (void*)startIndex);
  }

  // 다른 뭔가를 한다...

  // 계산이 끝나기를 기다린다.
  for (int i = 0; i < 4; ++i)
  {
```

---

9 특정한 알고리듬을 통해 유효성을 검증한다. - 옮긴이

270

```
    pthread_join(&tid[i], nullptr);
  }

  // 모든 스레드가 끝나서 체크섬을 계산할 수 있다.
  unsigned checksum = Sha1(g_aResult,
    1000*sizeof(ComputationResult));

  // ...
}
```

4.4.6.4 폴링, 블로킹, 양보

통상적으로 스레드는 종료 시까지 실행한다. 하지만 때로는 스레드 실행 중, 미래의 사건을 기다려야 할 때가 있다. 예를 들면 뭔가 시간이 많이 소요되는 작업이 끝나기를 기다려야 한다거나 특정 자원을 사용할 수 있을 때까지 스레드가 대기해야 할 수 있다. 이런 상황에서 세 가지 선택이 있다.

1. 스레드는 **폴링**polling한다.
2. 스레드는 **블로킹**을 한다.
3. 스레드는 폴링하는 동안 **양보**yield한다.

폴링

폴링이란 스레드가 짧은 루프를 반복을 계속하면서 특정 조건이 충족되기를 기다리는 것이다. 마치 자동차 여행에서 뒷좌석에 앉은 어린아이와 같다고 할 수 있는데, '도착했어? 도착했어?' 라고 끊임없이 묻는다. 다음 예를 보자.

```
// 조건이 참이 되기를 기다린다.
while (!CheckCondition())
{
  // 발을 동동 구른다.
}

// 조건이 충족됐기 때문에 계속 진행한다...
```

보면 알 수 있듯이 단순한 장점이 있지만 CPU 주기를 쓸데없이 잡아먹는 단점이 있다. 이것을 때로는 스핀 대기spin-wait나 바쁜-대기busy-wait라 부르기도 한다.

블로킹

스레드가 어떤 조건이 충족되기를 오래 기다려야 할 경우 바쁜—대기는 그렇게 좋은 선택이 아니다. 이상적으로 스레드를 수면 상태로 전환해 CPU 리소스를 허비하지 않게 하고, 커널에서 미래에 조건이 충족되면 다시 깨워 주면 최선이다. 이것을 스레드를 블로킹한다고 말한다.

스레드를 블로킹하려면 블로킹 함수^{blocking function}라는 특수한 운영체제 함수를 호출해야 한다. 블로킹 함수를 호출하는 시점에 조건이 이미 충족된 상태라면 함수는 실제로 블로킹을 하지 않는다(그냥 즉시 리턴한다). 조건이 충족되지 않는 경우 커널은 스레드를 수면 상태로 전환하고 스레드와 스레드가 기다리고 있는 조건을 테이블에 추가한다. 나중에 해당 조건이 충족되면 커널은 이 테이블을 통해 기다리고 있는 스레드들을 전부 깨운다.

블로킹할 수 있는 운영체제 함수들은 종류가 다양하다. 다음은 그중 일부다.

- **파일 열기** fopen( ) 등의 파일을 여는 함수들은 대부분 실제로 파일이 열릴 때까지(수백, 또는 수천 CPU 주기가 걸릴 수도 있다) 호출하는 스레드를 블로킹한다. 어떤 함수들, 리눅스의 open( ) 등은 비동기 파일 I/O 지원을 위해 논—블로킹 옵션^{O_NONBLOCK}을 제공하기도 한다.

- **명시적 수면 모드 전환** 호출 스레드를 지정된 시간동안 수면 상태에 들어가게 하는 함수들이 있다. usleep( )(Linux), Sleep( )(Windows), std::this_thread::sleep_until( )(C++11 표준 라이브러리), pthread_sleep( )(POSIX 스레드) 등이 있다.

- **다른 스레드와 결합**^{join} pthread_join( ) 등의 함수는 기다리는 스레드가 종료할 때까지 호출 스레드를 블로킹한다.

- **뮤텍스 락**^{mutex lock} **대기** pthread_mutex_wait( )과 같은 함수는 뮤텍스라 불리는 운영체제 객체를 통해 어떤 자원에 대한 독점적 락을 획득하려 한다(4.6절 참조). 락을 가진 스레드가 없을 경우 이 함수는 호출 함수에 락을 부여하고 즉시 리턴한다. 그렇지 않은 경우 락을 획득할 수 있을 때까지 호출 스레드를 수면 상태로 전환한다.

운영체제 호출 함수만 블로킹할 수 있는 것은 아니다. 사용자 함수라도 블로킹 운영체제 함수를 호출하는 경우 블로킹 함수로 간주한다. 이런 함수는 잘 문서화해서 사용하는 프로그래머가 블로킹할 수 있는 함수라는 것을 인지하도록 하는 것이 좋다.

양보

이 기법은 폴링과 블로킹 사이의 어딘가에 위치한다. 스레드가 루프를 통해 조건을 검사하지만 반복마다 pthread_yield( )(POSIX), Sleep(0)이나 SwitchToThread( )(Windows) 등의 함수를 통해 남은 타임-슬라이스를 포기한다.

다음 예를 살펴보자.

```
// 조건이 충족되기를 기다린다.
while (!CheckCondition())
{
  // 남은 타임-슬라이스를 양보한다.
  pthread_yield(nullptr);
}

// 조건이 충족됐기 때문에 계속 진행한다...
```

이 방법은 바쁜-대기 루프busy-wait loop보다는 적은 CPU 주기를 낭비하고 전원 소모 측면에서도 유리하다.

CPU를 양보하는 일에도 여전히 커널 호출이 필요하기 때문에 꽤 비싼 편이다. 어떤 CPU는 보다 저렴한 '멈춤pause' 명령어를 지원하기도 한다(SSE2 지원 Intel x86 ISA의 _mm_pause( )가 그 예다). 이런 명령어들은 바쁜-대기 루프의 전원 소비를 줄이고자 CPU의 명령어 파이프라인이 흘러가 비워질 때까지 기다렸다가 실행을 재개한다.

```
// 조건이 충족되기를 기다린다.
while (!CheckCondition())
{
  // Intel SSE2 전용
  // 전원 소비를 줄이고자 ~40 주기 동안 멈춘다.
  _mm_pause();
}

// 조건이 충족됐기 때문에 계속 진행한다...
```

멈춤 명령어를 바쁜-대기 루프에서 사용하는 방법과 사용하는 이유에 대해 더 알고 싶다면 다음 사이트를 방문해 보자.

https://software.intel.com/en-us/comment/1134767

http://software.intel.com/en-us/forums/topic/309231

4.4.6.5 문맥 교환

커널이 관리하는 모든 스레드는 다음 세 상태 중 하나다.[10]

- **실행 중인 상태** 스레드가 코어에서 실행 중이다.
- **실행 가능 상태** 스레드가 실행 가능한 상태지만 코어의 타임-슬라이스를 받기 위해 대기 중이다.
- **블로킹된 상태** 스레드가 수면 상태이며, 특정 조건이 충족되기를 기다리는 중이다.

문맥 교환$^{context\ switch}$은 커널이 스레드의 상태를 변경할 때 발생한다.

문맥 교환은 항상 CPU의 특권 모드에서 발생하며 다음 상황에 일어난다. 즉 선점형 멀티태스킹을 일으키는 하드웨어 인터럽트에 대응하거나(예를 들면 실행 중 상태와 실행 가능 상태 사이의 전환), 실행 중인 스레드가 명시적으로 블로킹 커널 호출을 했을 경우(예를 들어 실행 중 상태, 또는 실행 가능 상태에서 블로킹된 상태로의 전환), 특정 상태가 충족돼서 수면 상태인 스레드를 '깨울' 때(즉 블로킹된 상태에서 실행 가능 상태로의 전환) 문맥 교환이 일어난다. 커널 스레드의 상태 기계가 그림 4.25에 나와 있다.

스레드가 실행 중일 때는 실제로 CPU 코어를 사용하는 상태다. 코어의 레지스터는 이 스레드를 실행하기 위한 정보를 담고 있는데, 명령어 포인터^{IP}, 스택 포인터^{SP}, 베이스 포인터^{BP}, 여러 범용 레지스터^{GPR}의 내용 등이다. 또한 스레드는 콜 스택을 관리하며, 여기에는 지역 변수들과 현재 실행 중인 함수의 리턴 주소, 그리고 이 함수 호출까지 이르는 함수들의 전체 스택이 포함된다. 이것들이 모두 모여 스레드의 실행 문맥$^{execution\ context}$을 이룬다.

스레드가 실행 중 상태에서 실행 가능 상태 또는 블로킹된 상태로 전환할 때 CPU 레지스터의 내용들은 반드시 커널에서 마련한 특정 메모리에 저장된다. 나중에 실행 가능 스레드가 실행 중인 상태로 돌아올 때 커널은 스레드를 위해 저장된 레지스터 내용으로 CPU 레지스터를 복원한다.

---

10 특정 운영체제는 별도의 상태를 사용하기도 하지만 여기서는 딱히 다룰 필요가 없는 내용이다.

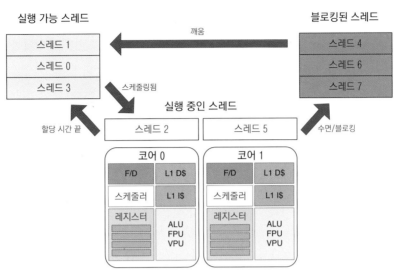

그림 4.25 스레드는 항상 다음 세 상태, 즉 실행 중, 실행 가능, 블로킹된 상태 중 하나다.

스레드의 콜 스택은 문맥 교환에서 저장하거나 복원할 필요가 없다. 왜냐하면 각 스레드의 콜 스택은 이미 프로세스의 가상 메모리 맵 안에 별도의 영역에 존재하기 때문이다. CPU 레지스터의 내용을 저장하고 복원하는 행위에는 스택과 베이스 포인터(SP와 BP)가 포함되기 때문에 '공짜'로 스레드의 콜 스택을 저장하고 복원하는 셈이 된다.

문맥 교환 시, 새로 실행될 스레드와 현재 실행 중인 스레드가 다른 프로세스에 속하는 경우 커널은 내려갈 프로세스의 가상 메모리 맵의 상태도 저장해야 하고 새로 들어올 프로세스의 가상 메모리 맵도 설정해야 한다. 3.5.2절에서 살펴봤듯이 가상 메모리 맵은 가상 페이지 테이블로 관리된다. 따라서 가상 메모리 맵을 저장하고 복원하는 일은 이 페이지 테이블에 대한 포인터(보통 특수한 CPU 특권 레지스터에 보관된다)를 저장하고 복원하는 일이 포함된다. TLB 또한 프로세스 간 문맥 교환이 발생할 때 항상 교체해야 한다(3.5.2.4 참조). 이런 부가적인 단계들 때문에 프로세스 간 문맥 교환은 한 프로세스 내의 스레드들끼리의 문맥 교환보다 무겁다.

4.4.6.6 스레드 우선순위와 선호도

대부분의 경우 사용 가능한 코어에 스레드를 배정하는 일은 커널이 알아서 한다. 하지만 스레드가 스케줄링되는 방식에 프로그래머가 영향을 줄 수 있는 방법에는 우선순위priority와 선호도affinity의 두 가지가 있다.

스레드의 우선순위는 다른 실행 가능한 스레드들에 대해 상대적으로 어떻게 스케줄링될지를 제어한다. 우선순위가 높은 스레드는 낮은 스레드보다 우선권을 가진다. 운영체제들은 각기 다른 우선순위 단계를 지원한다. 윈도우의 예를 보면 6개의 우선순위 클래스가 있고 각 클래스 내에 7개의 다른 우선순위 레벨이 존재한다. 이 두 값을 조합해 스레드 스케줄링에 쓰일 총 42개의 '기본 우선순위'를 정한다.

스레드 스케줄링의 규칙을 가장 단순하게 쓰면 다음과 같다. 우선순위가 높은 실행 가능 스레드가 존재하는 한 우선순위가 낮은 스레드는 스케줄링될 수 없다. 기본적인 논리는 다음과 같다. 시스템의 스레드 대부분은 특정한 우선순위를 갖고 생성되며 따라서 계산 자원을 균등하게 배분받을 것이다. 그러나 때로 우선순위 높은 스레드가 실행 가능 상태가 된다. 이 경우 이 스레드는 가능한 한 빨리 실행되고 최선의 경우 짧은 시간 동안만 실행한 후 종료돼, 우선순위 낮은 스레드들에 제어를 넘긴다.

이같이 우선순위만을 기반한 단순한 스케줄링 방식은 적은 수의 높은 우선순위 스레드만 계속 실행되면서 우선순위가 낮은 스레드가 돌지 못하는 상황을 초래할 수 있다. 이것을 기아 starvation 상태라 한다. 어떤 운영체제는 기아 상태의 문제를 완화하기 위해 스케줄링 로직에 예외 규칙을 도입해 기아 상태인 스레드에 최소한의 CPU 시간을 주려고 시도한다.

프로그래머가 스레드 스케줄링을 제어할 수 있는 또 다른 방법은 스레드의 선호도affinity다. 이 것은 커널에 특정 코어를 스레드에 묶거나 아니면 최소한 선호하도록 요청하는 것이다.

4.4.6.7 스레드 로컬 저장소

앞서 한 프로세스의 모든 스레드는 가상 메모리 공간을 포함한 프로세스의 자원을 공유한다고 했었다. 여기에 한 가지 예외가 있다. 각 스레드는 스레드 로컬 저장소TLS, Thread Local Storage라는 전용 메모리 공간을 가진다. 이 공간을 통해 스레드는 다른 프로세스와 공유해서는 안 되는 데이터를 저장할 수 있다. 예를 들면 스레드마다 전용 메모리 할당자allocator를 둘 수도 있다. TLS 메모리 블록은 스레드 실행 문맥의 일부라고 생각해도 된다.

실제 구현상으로 TLS 메모리 블록은 프로세스의 모든 스레드들이 볼 수 있다. 운영체제의 가상 메모리 페이지와 같이 보호되지는 않는다. 대신 운영체제는 각 스레드마다 자신만의 TLS 블록을 할당하며, 이것들은 프로세스의 가상 메모리 공간의 다른 주소에 매핑되고 스레드마다 자신의 전용 TLS 블록의 주소를 얻어오는 함수가 제공된다.

4.4.6.8 스레드 디버깅

요즘의 쓸 만한 디버거는 전부 다중 스레드 애플리케이션을 디버깅하는 도구를 지원한다. 마이크로소프트 비주얼 스튜디오에서는 스레드 창이 이런 기능의 중심을 담당한다. 디버거에 진입하면 애플리케이션의 모든 스레드가 창에 표시된다. 특정 스레드를 더블클릭하면 스레드의 실행 문맥execution context이 디버거에 활성화된다. 일단 실행 문맥을 활성화하면 콜 스택 창을 통해 스레드의 콜 스택을 탐색하거나 조사식Watch 창을 통해 함수의 로컬 변수를 볼 수 있다. 이 기능은 스레드가 실행 가능 상태나 블로킹된 상태일 때도 쓸 수 있다. 그림 4.26에 비주얼 스튜디오의 스레드 창이 나와 있다.

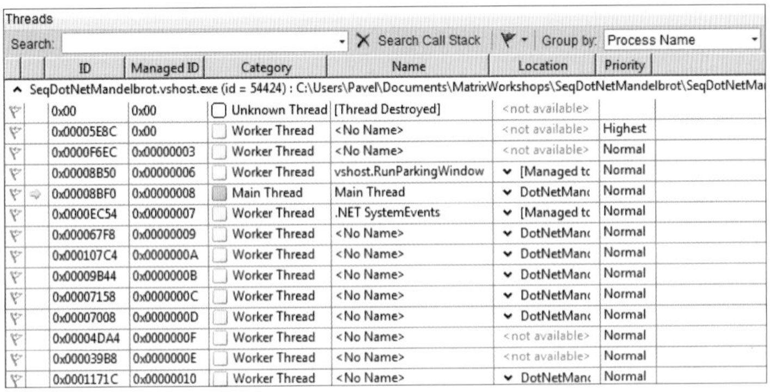

그림 4.26 비주얼 스튜디오의 스레드 창은 다중 스레드 프로그램을 디버깅하는 중요한 인터페이스다.

4.4.7 파이버

선점형 멀티태스킹에서 스레드 스케줄링은 커널이 자동으로 처리한다. 편리하긴 하지만 프로그래머가 직접 프로그램의 작업 스케줄링에 손을 대고 싶은 경우도 때로 있다. 예를 들어 게임 엔진에서 잡job 시스템(8.6.4절 참조)을 구현한다고 할 때, 잡을 실행하는 동안 선점형 스케줄링에 의해 CPU를 뺏길 걱정 없이 원하는 때에 명시적으로 CPU를 양보하기를 원할 수 있다. 다시 말해 선점형 멀티태스킹보다는 협력적인 방식을 원할 때가 있다.

일부 운영체제는 바로 그런 협력적 멀티태스킹 기능을 제공하는데 이것을 파이버fiber라고 부른다. 실행되는 1개의 명령어 스트림을 나타내는 개념이라는 뜻에서 파이버는 스레드와 여러 부분이 닮았다. 파이버에도 스레드와 마찬가지로 콜 스택과 레지스터 상태(실행 문맥)가 존재한다. 그러나 중요한 차이점은 커널이 파이버를 직접 스케줄링하지 않는다는 점이다. 대신 파이버는 스레드의 문맥 안에서 실행되면서 서로에 의해 협력적으로 스케줄링된다.

4.4.7절에서는 윈도우의 파이버만 특정해서 다룬다. 소니의 플레이스테이션 4 SDK 같은 다른 운영체제도 매우 유사한 API를 지원한다.

4.4.7.1 파이버 생성과 파괴

스레드 기반 프로세스를 어떻게 파이버 기반으로 변경할 수 있을까? 모든 프로세스는 최초로 실행할 때 1개의 스레드로 시작한다. 따라서 프로세스는 기본적으로 스레드 기반이다. 한 스레드가 ConvertThreadToFiber() 함수를 호출하면 이 스레드의 문맥 내에서 새 파이버가 만들어진다. 이렇게 하면 프로세스가 또 다른 파이버를 만들고 스케줄링할 수 있는 상태가 된다. 다른 파이버를 생성할 때는 CreateFiber() 함수를 호출하는데, 시작 지점이 될 함수 주소를 같이 넘긴다. 실행 중인 파이버는 SwitchToFiber() 함수를 통해 자신의 스레드 내에서 다른 파이버를 협력적으로 실행한다. 더 이상 필요하지 않은 파이버를 파괴할 때는 DeleteFiber()를 호출한다.

4.4.7.2 파이버 상태

파이버는 활성화 상태와 비활성화 상태 중 하나다. 활성화 상태의 파이버는 스레드에 할당되고 스레드 대신 실행된다. 파이버가 비활성 상태가 되면 어떤 스레드 리소스도 소모하지 않고 조용히 활성화되기를 기다리며 대기한다. 윈도우에서는 활성 상태 파이버를 해당 스레드의 '선택된selected' 파이버라고 부른다.

활성 상태의 파이버는 SwitchToFiber()를 통해 자신을 비활성화시키고 다른 파이버를 활성화시킨다. 이것이 파이버가 활성 상태와 비활성 상태를 전환하는 유일한 방법이다.

활성 파이버가 CPU 코어에서 실제로 실행되는지 여부는 파이버가 포함된 스레드의 상태에 달려 있다. 활성 파이버의 스레드가 실행 중인 상태인 경우 파이버의 명령어들이 코어에서 실행된다. 활성 파이버의 스레드가 실행대기 상태거나 블로킹된 상태인 경우 당연히 파이버의 명령어는 실행될 수 없는데, 스레드 자체가 스케줄링을 기다리거나 어떤 조건이 충족되기를 기다리며 대기하고 있기 때문이다.

여기서 짚고 가야 할 중요한 점은 파이버는 스레드와 같이 블로킹된 상태가 될 수는 없다는 것이다. 다시 말해 파이버는 특정 조건을 기다리며 수면 상태로 전환될 수 없다. 오직 파이버의 스레드만 수면 상태가 될 수 있다. 이런 제약이 있기 때문에 파이버가 특정 조건을 기다려야 할 경우 바쁜-대기를 통해 기다리거나 SwitchToFiber( )를 호출해 다른 파이버에 양보한다. 파이버 내에서 블로킹 OS 함수를 호출하는 것은 금기라 할 수 있다. 이렇게 하면 파이버를 감싸는 스레드가 수면 상태가 되기 때문에 이 파이버는 아무것도 할 수 없는 상태가 된다(다른 파이버를 협력적으로 스케줄링하는 일도 못하게 된다).

4.4.7.3 파이버 이동

파이버는 스레드 사이를 오갈 수 있는데, 여기에는 비활성 상태일 때라는 조건이 붙는다. 예를 들어 파이버 F가 스레드 A의 문맥에서 실행된다고 하자. 파이버 F는 SwitchToFiber(G)를 호출해서 이 스레드 내의 다른 파이버 G를 활성화한다. 이렇게 하면 파이버 F는 비활성화 상태가 된다(즉 어떤 스레드와도 연관성이 없는 상태다). 이제 다른 스레드 B가 파이버 H를 실행 중이라고 하자. 파이버 H가 SwitchToFiber(F)를 호출하는 경우 파이버 F는 스레드 A에서 스레드 B로 이동한 것이 된다.

4.4.7.4 파이버 디버깅

파이버는 운영체제에서 제공되는 기능이기 때문에 스레드와 마찬가지로 디버깅 도구나 프로파일링 도구를 통해 볼 수 있다. 예를 들어 SN Systems의 'Visual Studio debugger plugin for Clang'을 통해 PS4를 디버깅하는 경우 파이버는 스레드와 마찬가지로 스레드 창에 보이게 된다. 이 창에서 파이버를 더블클릭하면 조사식 창이나 콜 스택 창을 사용할 수 있고 스레드와 마찬가지로 콜 스택을 오갈 수 있다.

게임 엔진에 파이버를 적용할 생각이면 시간을 많이 투자하기 전에 대상 플랫폼에서 어떤 파이버 관련 디버깅을 할 수 있는지 조사해 보는 것이 좋다. 디버거나 대상 플랫폼의 파이버 디버깅에 적합한 도구를 제공하지 않는다면 관두는 편이 나을 수 있다.

4.4.7.5 파이버에 관해 더 읽을거리

윈도우의 파이버에 대해 더 알고 싶으면 이 사이트(https://msdn.microsoft.com/en-us/library/windows/desktop/ms682661(v=vs.85).aspx)를 방문해 보자.

4.4.8 사용자 레벨 스레드와 코루틴

스레드와 파이버는 커널이 제공하는 기능이라 다소 무거운 편에 속한다. 스레드와 파이버를
조작하는 함수들을 호출하면 커널 공간으로 문맥 교환이 일어난다는 뜻이기 때문에 결코 가
벼운 동작이라 할 수 없다. 하지만 스레드와 파이버를 대신할 수 있는 가벼운 대안들이 있다.
이것들은 프로그래머가 각자의 실행 문맥을 가지면서 비싼 커널 호출을 통하지 않고도 여러
독립적 제어 흐름을 코드로 짤 수 있게 한다. 이런 것들을 통틀어 사용자 레벨 스레드[user-level
thread]라고 한다.

사용자 레벨 스레드는 전적으로 사용자 공간 내에서 구현된다. 커널은 존재 자체를 모른다. 각
사용자 레벨 스레드는 통상적인 자료 구조를 통해 표현되는데, 스레드 식별자[id], 이름(사람이 알
아볼 수 있는 경우도 있음), 실행 문맥 정보(CPU 레지스터와 콜 스택 내용) 등이 담긴다. 사용자 레벨
스레드 라이브러리는 스레드 생성 및 파괴, 스레드 간 문맥 교환을 지원하는 API 함수를 제공
한다. 사용자 레벨 스레드는 운영체제가 지원하는 '진짜' 스레드 및 파이버의 문맥 내에서 동작
한다.

사용자 레벨 스레드 라이브러리를 구현하는 핵심은 문맥 교환을 어떻게 처리할지에 달려
있다. 따져 보면 문맥 교환은 결국 CPU 레지스터의 값들을 교체하는 것으로 귀결된다. 레지스
터에는 스레드 실행 문맥을 나타내는 데 필요한 모든 정보(명령어 포인터와 콜 스택 포함)가 들어
있는 셈이기 때문이다. 그렇기 때문에 약간의 어셈블리 언어 코드를 잘 짜면 문맥 교환을 구현
할 수 있다. 문맥 교환만 구현하면 나머지 사용자 레벨 스레드 코드의 역할은 데이터 관리가
전부다.

C와 C++은 사용자 레벨 스레드 지원이 미미하긴 하지만 플랫폼에 따라 몇 가지 해법이 존재
한다. POSIX는 경량 스레드 실행 문맥을 관리할 수 있는 함수들을 uncontext.h 헤더 파일을
통해 지원했지만(https://en.wikipedia.org/wiki/Setcontext) 이것들은 더 이상 사용이 권장되지
는 않는다. C++ Boost 라이브러리는 이식 가능한[portable] 사용자 레벨 라이브러리를 제공하고
있다. 이 라이브러리에 대한 문서는 다음 사이트(http://www.boost.org/)를 방문해 'context'를
검색해 보면 나온다.

4.4.8.1 코루틴

코루틴은 사용자 레벨 스레드의 특정 형태로 본질적으로 비동기 프로그램, 예를 들면 웹서버
(그리고 게임)을 짜는 데 매우 유용하다. 코루틴은 서브루틴 개념을 일반화한 것이다. 서브루
틴은 자신을 호출한 곳에 제어권을 넘김으로써 종료되지만, 코루틴은 여기에 더해 다른 코루
틴에 양보함으로써 종료할 수도 있다. 코루틴이 양보를 하더라도 실행 문맥은 메모리에 유지
된다. 다음에 코루틴이 호출되면(다른 코루틴에 의해 양보받을 때) 종료됐던 지점부터 실행이 계
속된다.

서브루틴의 호출은 계층적이다. 서브루틴 A는 B를 호출하고 이것은 다시 C를 호출하며, C는
B로 리턴하고, B는 다시 A로 리턴한다. 그러나 코루틴은 서로를 대칭적으로 호출한다. 코루틴
A는 코루틴 B에 양보하고 B는 다시 A에 양보하기를 무한히 반복할 수 있다. 이같이 반복적으
로 왔다갔다하는 호출 패턴이 무한히 깊은 콜 스택이 되지는 않는데, 왜냐하면 각 코루틴은 자
신의 실행 문맥(콜 스택과 레지스터 내용들)을 유지하기 때문이다. 따라서 코루틴 A가 B에 양보
하는 것은 함수 호출이라기보다 스레드 간 문맥 교환에 가깝다. 하지만 코루틴은 사용자 레벨
스레드로 구현되므로 이런 문맥 교환은 굉장히 효율적이다.

다음은 한 코루틴이 지속적으로 데이터를 생산하면 다른 코루틴이 지속적으로 소비하는 시스
템을 의사코드로 나타낸 예다.

```
Queue g_queue;

coroutine void Produce()
{
  while (true)
  {
    while (!g_queue.IsFull())
    {
      CreateItemAndAddToQueue(g_queue);
    }
    YieldToCoroutine(Consume);

    // 다음에 양보 받으면 이곳에서 시작한다...
  }
}
```

```
coroutine void Consume()
{
  while (true)
  {
    while (!g_queue.IsEmpty())
    {
      ConsumeItemFromQueue(g_queue);
    }
    YieldToCoroutine(Produce);

    // 다음에 양보 받으면 이곳에서 시작한다...
  }
}
```

코루틴은 Ruby, Lua나 구글[Google]의 Go 같은 고수준 언어에서 지원된다. C나 C++에서도 코루틴을 사용할 수 있다. C++ Boost 라이브러리는 안정적인 코루틴 구현을 지원하지만 거대한 코드 기반을 컴파일 하고 링크해야 하는 부담이 있다. 보다 가벼운 구현을 원하면 직접 구현해 볼 수도 있다. 말테 스카룹케[Malte Skarupke]는 이 일이 생각만큼 엄청나게 힘들지는 않을 수 있다는 점을 블로그(https://probablydance.com/2013/02/20/handmade-coroutines-for-windows/)에서 보여 준다.

4.4.8.2 커널 스레드 vs 사용자 스레드

'커널 스레드'란 용어는 매우 다른 두 가지 개념을 뜻하기 때문에 멀티스레딩에 대해 알아 갈수록 큰 혼란을 초래할 수 있다. 그렇기 때문에 그 실체를 분명히 알아보기로 한다. 두 가지 정의는 다음과 같다.

1. 리눅스에서 '커널 스레드'는 커널이 내부 용도로 만드는 특수한 형태의 스레드로, CPU가 특권 모드에 있을 때만 실행된다. 커널은 프로세스를 위한 스레드도 생성한다(pthread API나 C++11의 std::thread 등을 통해). 이런 스레드들은 프로세스의 문맥 내의 사용자 공간에서 돌아간다. 이런 정의에 따르면 특권 모드에서 돌아가는 스레드는 커널 스레드이고, 사용자 모드에서 돌아가는 스레드(단일 스레드 또는 다중 스레드 프로세스의 문맥 내에서)는 '사용자 스레드'가 된다.

2. '커널 스레드'는 커널이 알고 스케줄링하는 모든 스레드를 가리킬 수도 있다. 이 정의에서 커널 스레드는 커널 공간이나 사용자 공간 모두에서 실행될 수 있다. '사용자 스레드'라는 용어는 커널에 전혀 연관하지 않고 사용자 공간 프로그램에서만 실행되는 제어 흐름, 코루틴 등을 지칭하는데만 쓰인다.

두 번째 정의에 따르면 파이버는 '커널 스레드'인지 '사용자 스레드'인지 구분이 모호해진다. 일단 커널이 파이버의 존재를 인지하고 별도의 콜 스택을 유지해 준다. 그러나 다른 한편으로는 파이버의 스케줄링은 커널이 관여하지 않는다. 파이버는 다른 파이버나 스레드에서 `SwitchToFiber()` 등의 함수로 명시적인 제어권을 넘길 때만 실행된다.

4.4.9 프로세스와 스레드에 관해 더 읽을거리

지금까지 프로세스, 스레드, 파이버에 대해 살펴봤는데, 사실 이것들은 맛보기에 불과하다. 더 많은 정보를 얻고픈 독자는 다음 웹사이트를 방문해 보자.

- 스레드의 기초: https://www.cs.uic.edu/~jbell/CourseNotes/OperatingSystems/4_Threads.html
- pthread의 전체 API에 대한 문서: 'pthread documentation'을 검색
- 윈도우 스레드 API 문서: https://msdn.microsoft.com/에서 'Process and Thread Functions' 검색
- 스레드 스케줄링에 관한 정보: 니키타 이쉬코프[Nikita Ishkov]의 'A Complete Guide to Linux Process Scheduling' 검색
- Go의 코루틴(goroutine이라고도 알려져 있다) 구현에 관한 훌륭한 입문서: 롭 파이크[Rob Pike]의 프레젠테이션. https://www.youtube.com/watch?v=f6kdp27TYZs.

4.5 병행 프로그래밍 입문

세상에는 엄청나게 다양한 병렬적 컴퓨팅 하드웨어들이 존재하지만 프로그래머로서 어떻게 하면 이것들의 이점을 활용할 수 있을까? 대답은 병행 프로그래밍[concurrent programming]에 있다.

병행 소프트웨어에서 작업은 2개 이상의 반 독립적인 제어 흐름으로 나뉘어 처리된다. 4.1절에서 살펴봤듯이 어떤 시스템이 병행성을 가진다고 말하려면 공유 데이터에 대해 여러 읽기및 쓰기 동작이 연관돼 있어야 한다.

구글의 DE^{Distinguished Engineer}인 롭 파이크는 분산 시스템과 병행 시스템 및 프로그래밍 언어를전문으로 하는 엔지니어인데, 병행성을 '독립적으로 실행하는 연산의 조합^{composition}'이라고 정의한다. 이 정의는 병행 시스템의 여러 제어 흐름이 통상 반 독립적으로 동작하지만, 이들의계산은 데이터 공유와 다양한 동기화를 통해 조합된다는 개념을 강조한다.

병행성은 다양한 형태를 띤다. 다음은 그 예다.

- 리눅스와 윈도우 환경에서 파이프로 연결된 여러 커맨드, 예를 들면 `cat render.cpp | grep "light"`
- 단일 프로세스가 가상 메모리 공간을 공유하고 동일한 데이터에 대해 동작하는 여러 스레드로 이뤄져 있는 경우
- 한 장면을 렌더링하기 위해 GPU에서 동작하는 수천 개의 스레드로 이뤄진 스레드 그룹
- 여러 대의 PC와 게임 콘솔에서 동일한 게임 상태를 공유하는 멀티플레이어 비디오 게임

4.5.1 왜 병행 소프트웨어를 짜야 할까?

병행 프로그램을 짜는 이유는 여러 개의 반독립적인 제어 흐름을 통한 구현이 하나의 제어 흐름을 사용하는 디자인보다 문제를 표현하는 데 적합한 때가 있기 때문이다. 하지만 때로 순차적인 디자인이 더 자연스럽더라도 멀티코어 플랫폼을 최대한 활용하려고 병행적 디자인을 채택하기도 한다.

4.5.2 병행 프로그래밍 모델

병행 프로그램 내의 여러 스레드가 함께 일하기 위해서는 이것들끼리 공유하는 데이터가 있어야하고 행동을 동기화할 수 있어야 한다. 즉 스레드끼리 통신할 수 있어야 한다. 병행 스레드들이 통신하는 데는 기본적으로 두 가지 방식이 있다.

- **메시지 전달**message passing　이 모델에서는 병행 스레드들이 데이터를 공유하거나 행동을 동기화하기 위해 메시지를 주고받는다. 메시지 전달은 네트워크를 통하거나 프로세스 사이의 파이프를 통하거나, 주거나 받는 쪽에서 모두 접근 가능한 메모리에 있는 메시지 큐를 사용할 수도 있다. 이 모델은 한 컴퓨터 내에서 돌아가는 스레드 간의 통신에 사용될 수도 있고(한 프로세스 내에 있거나 프로세스가 다를 수도 있다), 물리적으로 구분된 컴퓨터에서 구동되는 프로세스의 스레드 간에도 사용될 수 있다(예. 여러 국가에 배치된 컴퓨터 군집 또는 그리드).

- **공유 메모리**shared memory　이 통신 모델은 2개 이상의 스레드가 동일한 물리 메모리 블록에 접근 권한을 갖고 해당 메모리 내의 모든 데이터 객체를 직접 접근한다. 공유 메모리에 대한 직접 접근은 모든 스레드가 한 컴퓨터 내에서 돌아가고 모든 CPU 코어가 접근 가능한 물리적 RAM 뱅크가 컴퓨터에 설치돼 있어야 한다. 동일한 프로세스의 스레드는 항상 가상 주소 공간을 공유하기 때문에 그냥 공유 메모리를 쓸 수 있다. 프로세스가 다른 스레드들은 특정 물리 메모리 페이지를 각자 프로세스의 가상 주소 공간에 매핑함으로써 메모리를 공유한다.

흥미롭게도 물리적으로 다른 컴퓨터들끼리 메모리를 공유하는 듯한 눈속임을 메시지 전달 시스템으로 구현할 수 있다. 이 기법은 분산 공유 메모리distributed shared memory라고 부른다. 반대로 메시지 전달 메커니즘도 공유 메모리 구조를 기반으로 구현할 수도 있는데, 이것은 메시지 큐를 공유 메모리 풀pool에 위치하도록 구현하면 된다.

두 방식은 각기 장단점이 있다. 물리적인 공유 메모리는 큰 데이터를 공유하는 데 가장 효과적인데, 그 이유는 데이터를 공유하기 위해 스레드들끼리 복사를 할 필요가 없기 때문이다. 반면 4.5.3절과 4.7절에서 볼 내용이긴 하지만, 어떤 형태가 됐든 자원(메모리건 다른 리소스건) 공유는 온갖 동기화 문제를 동반하는데, 이 문제들은 추론하기 힘들 뿐 아니라 프로그램 정확성을 보장하면서 제대로 처리하기가 매우 까다롭다. 메시지 전달 디자인은 이 문제들의 영향을 적게(하지만 완전히는 아니다) 받는 경향이 있다.

이 책에서는 공유 메모리를 통한 병행성에 중점을 둔다. 여기에는 두 가지 이유가 있다. 첫째, 이 방식이 게임 프로그래머로서 독자들이 가장 접하기 쉬운 병행성이다. 그 이유는 게임 엔진이 단일프로세스 다중 스레드 프로그램인 경우가 대부분이기 때문이다(네트워크 멀티플레이어 게임은 대표적인 예외라고 할 수 있는데, 메시지 전달 방식을 많이 사용한다). 둘째, 공유 메모리를 통한 병행성이 더 이해하기 어렵다. 일단 공유 메모리 환경에서의 병행성을 이해하면 메시지 전달 시스템은 더 쉽게 익힐 수 있다.

4.5.3 경쟁 상태

경쟁 상태[race condition]는 프로그램의 행동이 타이밍에 의존적인 상황 모두를 가리킨다. 다시 말해 경쟁 상태인 프로그램인 경우 여러 작업에 투입되는 시간이 변할 수 있고 그에 따라 시스템 내의 사건 순서가 변경됨으로써 프로그램의 행동이 바뀔 가능성이 있다.

4.5.3.1 치명적 경쟁

경쟁 상태는 아무 해가 없는 경우도 있다. 프로그램의 행동이 타이밍에 따라 약간 변하긴 하지만 별 해로운 부작용은 없을 수도 있다. 반대로 치명적 경쟁[critical race]은 경쟁 상태에 의해 프로그램의 행동이 올바르지 않게 될 가능성이 존재하는 것을 뜻한다.

치명적 경쟁에 의해 발생하는 버그들은 경험 없는 프로그래머 입장에서 '이상하게' 보이거나 '도저히 발생할 수 없는' 현상으로 보이기도 한다. 다음은 그 예다.

- 때때로 발생하거나 완전히 랜덤하게 발생하는 버그 또는 크래시
- 올바르지 않은 결과물
- 자료 구조가 오염됨
- 디버그 빌드로 실행하면 감쪽같이 사라지는 버그들
- 한동안 보이다가 며칠 동안은 사라지고, 갑자기 다시 나타나는 버그들(보통 E3 전날!)
- 문제 원인을 찾기 위해 로그를 넣은 후(즉 'printf( ) 디버깅') 없어지는 버그들

프로그래머들은 이런 이슈들을 하이젠버그[Heisenbug][11]라고 부른다.

---

11 격리 또는 검사를 시행하려 하면 금세 행동을 바꾸는 소프트웨어 버그를 가리키는 프로그래밍 용어로서 불확정성 원리를 주창한 '하이젠베르크(Heisenberg)'와 '버그(bug)'의 합성어다. - 옮긴이

4.5.3.2 데이터 경쟁

데이터 경쟁은 치명적 경쟁 상태의 일종으로 2개 이상의 제어 흐름이 공유 데이터를 읽고 쓰는 과정에서 서로 간섭하는 것을 뜻하며, 데이터 오염으로 이어진다. 데이터 경쟁은 병행 프로그래밍의 가장 중심에 있는 문제다. 병행 프로그램을 짜는 것은 언제나 데이터 경쟁을 없애는 행위로 귀결되며, 공유 데이터 접근을 세심하게 관리하거나 공유 데이터를 대체해 각자의 독립된 복제 데이터를 두는 식(따라서 병행성 문제를 순차 프로그램 문제로 치환)으로 처리한다.

데이터 경쟁을 이해하고자 다음의 간단한 C/C++ 코드를 보자.

```
int g_count = 0;

inline void IncrementCount()
{
  ++g_count;
}
```

이 코드를 Intel x86 CPU용으로 컴파일하고 디스어셈블리를 보면 다음과 비슷할 것이다.

```
mov    eax,[g_count]    ; g_count를 레지스터 EAX로 읽어 온다.
inc    eax              ; 값을 증가
mov    [g_count],eax    ; EAX 값을 g_count로 복사
```

이것은 RMW^{Read-Modify-Write} 동작의 예다.

이제 두 스레드 A, B가 동시에(병렬 또는 선점형 멀티스레딩에 의해) IncrementCount() 함수를 호출한다고 하자. 정상적인 경우 각 스레드가 함수를 한 번씩만 호출했다고 하면 g_count는 2가 될 것이라 기대한다. A가 g_count를 한 번 증가시키고 B도 한 번 증가시켰기 때문이다(순서는 상관없이). 이것이 표 4.1에 나와 있다.

이 스레드들이 단일 코어 시스템에서 선점형 멀티태스킹에 의해 돌아가는 경우에 어떤 일이 벌어질지 추측해 보자. 스레드 A가 먼저 돌고 첫 번째 mov 명령어 실행을 마친 순간 스레드 B로 문맥 교환이 일어났다고 하자. 스레드 A가 inc 명령을 실행하는 것이 아니라 스레드 B의 첫 번째 mov 명령어가 실행될 것이다. 약간의 시간이 지난 후 스레드 B의 시간이 소진되고 커널은 스레드 A로 다시 문맥 교환을 하는데, A는 이전 실행 지점 직후인 inc 명령어를 실행할

것이다. 표 4.2가 이 상태를 보여 준다. 짐작했겠지만, g_count의 최종 값은 우리가 기대하는 2가 아니게 된다.

표 4.1 2개의 스레드로 동작하는 병행 프로그램의 올바른 실행 예. 첫째 스레드 A가 공유 변수의 값을 읽고, 값을 증가시킨 후, 값을 다시 공유 변수에 저장한다. 그 후 스레드 B가 동일한 동작들을 수행한다. 공유 변수의 최종 값은 기대한 대로 2가 된다.

스레드 A		스레드 B		g_count 값
행동	EAX	행동	EAX	
	?		?	0
읽기	0		?	0
증가	1		?	0
쓰기	1		?	1
	1	읽기	1	1
	1	증가	2	1
	1	쓰기	2	2

표 4.2 데이터 경쟁의 예. 스레드 A는 공유 변수의 값을 읽었지만 스레드 B에 의해 문맥 교환된다. B는 (같은) 값을 읽는다. 두 스레드가 값을 증가시키고 공유 변수 값을 저장하고 나면 변수의 값은 올바른 2가 아니라 1이 된다.

스레드 A		스레드 B		g_count 값
행동	EAX	행동	EAX	
	?		?	0
읽기	0		?	0
	0	읽기	0	0
	0	증가	1	0
	0	쓰기	1	1
증가	1		1	1
쓰기	1		1	1

병렬 하드웨어에서 두 스레드를 실행할 경우에도 비슷한 버그가 발생할 수 있지만 그 이유는 약간 다르다. 단일 코어의 경우와 마찬가지로 운 좋게 끝날 수도 있다. 2개의 RMW 동작들이 전혀 겹치지 않아서 결과가 올바르게 나올 수 있다. 하지만 이것들이 겹쳐서 실행되는 경우, 하나씩 엇갈려 실행되거나 또는 완전히 같이 실행되면, 두 스레드 모두 동일한 g_count 값을 자신의 레지스터로 읽어오는 결과가 된다. 둘 다 값을 증가시킬 것이고, 둘 다 이것을 메모리에 다시 쓸 것이다. 한 스레드의 동작이 다른 스레드의 값을 엎어 써 버리는데, 둘 다 똑같은

값을 읽었기 때문에 단일 코어의 경우와 마찬가지로 g_count의 최종 값은 틀리게 된다. 세 가지 데이터 경쟁 시나리오(선점, 오프셋 겹침, 완벽한 동기화)가 그림 4.27에 나와 있다.

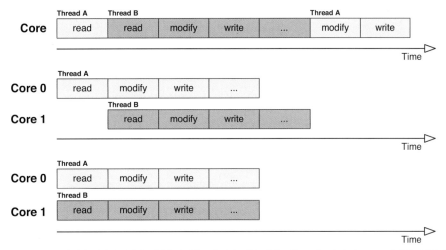

그림 4.27 RMW 동작에서 데이터 경쟁이 발생할 수 있는 세 가지 경우. 맨 위: 두 스레드가 단일 CPU 코어에서 경쟁한다. 중간: 두 스레드가 2개의 분리된 코어에서 겹쳐 실행되며 한 명령어씩 엇갈려 실행된다. 맨 아래: 두 스레드가 두 코어에서 완전히 동기화된 상태로 실행된다.

4.5.4 임계 동작과 원자성

한 동작이 다른 동작에 의해 끊길 수 있는 경우 데이터 경쟁 버그를 일으킬 가능성이 있다. 그렇더라도 이 경우 항상 버그가 생기는 것은 아니다. 예를 들어 한 스레드가 모종의 데이터에 대해 동작을 수행 중이더라도 이 데이터가 다른 스레드에는 '보이기 만'할 뿐인 경우 데이터 경쟁은 발생하지 않는다. 이런 동작의 경우 다른 동작에 의해 끊기더라도 아무런 문제가 없다.

마찬가지로 서로 다른 데이터에 대해 동작하는 명령어들끼리 동작을 끊는다 하더라도 서로 침범할 수 없기 때문에[12] 데이터 경쟁은 발생할 수 없다. 데이터 경쟁은 어떤 객체에 대해 수행하던 동작을 동일한 객체에 대해 다른 동작이 끊을 때 발생한다. 따라서 데이터 경쟁을 이야기할 때는 특정 공유 데이터 객체를 놓고 이야기해야만 의미가 있다.

특정 공유 객체를 읽거나 수정할 수 있는 모든 동작을 임계 동작[critical operation]이라고 부르기로 하자. 공유 객체가 데이터 경쟁 버그로부터 자유로우려면 해당 데이터에 대한 모든 임계 동작

---

12 엄밀히 말하자면 두 데이터가 다른 캐시 라인에 올라와 있을 때만 해당하는 말이다.

이 서로를 끊어서는 안 된다. 이와 같이 임계 동작이 끊길 수 없게 구현된 것을 원자 동작^{atomic} operation이라고 한다. 달리 말하면 이런 동작이 원자성^{atomicity}을 가졌다고 할 수도 있다.

4.5.4.1 호출과 응답

처음 프로그래밍을 배울 때 알고리듬의 각 단계에서 걸리는 시간은 알고리듬의 정확성에 영향이 없으며 오직 각 단계의 정확한 순서만 연관 있다고 배웠을 것이다. 이런 단순한 모델은 순차적(단일 스레드) 프로그램에서는 잘 들어맞는다. 그러나 여러 스레드가 공존하는 경우 각기 일정 시간이 소요되는 동작들 간에 순서를 정의할 수가 없다. 그림 4.28에 이 개념이 나와 있다.

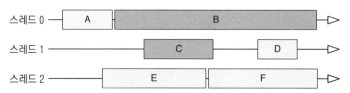

그림 4.28 알고리듬의 각 단계마다 일정한 시간이 소요되기 때문에 다중 스레드 프로그램에서 각 단계 간에 상대적 순서를 정의하기가 어렵다. 예를 들어 동작 B는 C보다 먼저 수행되는 것인가?

병행 시스템에서 순서^{order}라는 개념을 정의할 수 있는 유일한 방법은 논의를 오직 즉시 발생 사건^{instantaneous event}만으로 한정하는 것이다. 한 쌍의 즉시 발생 사건이 있을 경우 세 가지 경우, 즉 사건 A가 사건 B보다 먼저 발생하거나, A가 B보다 후에 발생하거나, 두 사건이 동시에 발생하는 경우(다수의 사건이 완벽히 동시에 발생하는 경우는 드물기는 하지만 모든 코어가 동기화된 클럭을 공유하는 시스템에서는 발생할 가능성이 있다)만 존재한다.

일정한 실행 시간이 걸리는 동작의 경우 2개의 즉시 발생 사건, 즉 호출^{invocation}(동작 수행이 시작되는 순간)과 응답^{response}(동작이 완료됐다고 생각되는 순간)으로 분해할 수 있다. 특정 공유 데이터 객체에 임계 동작을 수행하는 코드가 있을 경우 이것을 세 구역으로 나눌 수 있는데, 즉각 실행 호출과 응답 사이에 임계 동작이 끼어 있는 모양이 된다. 여기서 말하는 순서는 소스코드에서 적힌 사건의 순서를 의미하며, 이것을 프로그램 순서^{program order}라고 한다.

- **전위 구역**: 프로그램 순서상 임계 동작의 호출 전에 실행되는 모든 코드
- **임계 구역**: 임계 동작을 구성하는 코드
- **후위 구역**: 프로그램 순서상 임계 동작 호출 후 실행되는 모든 코드

이같이 코드를 세 구역으로 나누는 개념이 그림 4.29와 그림 4.30에 나와 있다.

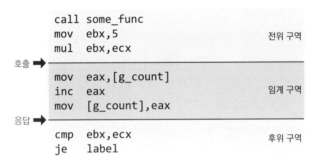

```
int size = CalculateSize();          전위 구역
Item item = ProduceItem(size);
─────────────────────────────────────
AddItemToQueue(&g_queue, item);      임계 구역
─────────────────────────────────────
FreeItem(item);                      후위 구역
printf("success!\n");
```
호출 ➡
응답 ➡

그림 4.29 임계 구역을 포함하는 모든 코드는 세 구역으로 분할할 수 있다. 임계 동작은 위에 호출, 아래에 응답에 의해 둘러싸인다.

```
call  some_func
mov   ebx,5                          전위 구역
mul   ebx,ecx
─────────────────────────────────────
mov   eax,[g_count]
inc   eax                            임계 구역
mov   [g_count],eax
─────────────────────────────────────
cmp   ebx,ecx                        후위 구역
je    label
```
호출 ➡
응답 ➡

그림 4.30 임계 동작이 호출과 응답에 의해 둘러싸인 다른 예. 이번에는 어셈블리 언어다.

4.5.4.2 원자성에 대한 정의

4.5.3.2절에서 살펴봤듯이 데이터 경쟁은 어떤 공유 객체에 대해 수행되는 임계 동작이, 같은 객체에 수행되는 다른 임계 동작에 의해 끊길(인터럽트) 때 일어난다. 이것은 다음과 같은 경우 발생한다.

단일 코어에서 한 스레드가 다른 스레드를 선점하거나, 다중코어에서 2개 이상의 임계 동작이 서로 겹칠 때, 호출과 응답이라는 관점에서 생각하면 인터럽트의 개념을 좀 더 명확하게 한정할 수 있다. 어떤 동작의 호출 및 응답이 다른 동작의 호출 및 응답 사이에 발생할 때 인터럽트가 발생한다고 할 수 있다. 하지만 앞서 봤듯이 모든 인터럽트가 데이터 경쟁 버그를 유발하지는 않는다. 특정 객체에 대한 임계 동작이 데이터 경쟁에 영향받는 경우는 같은 객체에 대한 다른 임계 동작에 의해 중단됐을 때뿐이다. 따라서 임계 동작에 대한 원자성을 다음과 같이 정의할 수 있다.

임계 동작의 호출과 응답이 같은 객체에 대한 다른 임계 동작에 의해 중단되지 않고 실행됐을 경우 이 동작은 원자적으로 실행됐다고 말할 수 있다.

여기서 강조할 점은 임계 동작이 비임계non-critical 동작이나 다른 데이터 객체에 대한 임계 동작에 의해 중단되는 것은 아무 상관없다는 점이다. 오직 같은 객체에 대한 2개의 임계 동작이 서로를 중단시킬 때(인터럽트)만 데이터 경쟁 버그가 발생한다. 그림 4.31에는 여러 가지 경우가 나와 있다. 한 경우는 임계 동작이 원자적으로 실행 완료하는 경우이고, 다른 세 가지는 그렇지 못한 경우다.

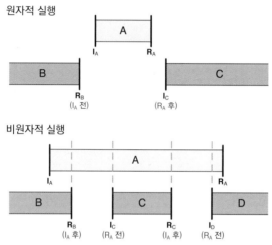

그림 4.31 위: 임계 동작 A는 원자적으로 실행됐다고 할 수 있는데, 같은 객체에 대한 다른 임계 동작의 호출/응답에 의해 중단되지 않았기 때문이다. 아래: 임계 동작 A가 원자적으로 실행되지 않는 세 가지 경우. 같은 객체에 대한 다른 임계 동작의 호출/응답에 의해 중단됐다.

시스템의 다른 모든 스레드가 봤을 때 임계 동작이 순간적으로 수행되는 것처럼 보이도록 할 수 있다면 이 임계 동작이 원자적으로 실행된다는 것을 보장할 수 있다. 달리 말하면 해당 동작의 호출과 응답이 동시에 발생하도록 만들거나, 임계 동작 자체가 실행 시간이 0인 것처럼 보여야만 한다. 이렇게 하면 임계 동작의 호출과 응답 사이에 다른 임계 동작의 호출 및 응답이 '끼어들' 여지가 없어진다.

4.5.4.3 원자적 동작 만들기

그런데 어떻게 하면 임계 동작을 원자적 동작으로 바꿀 수 있을까? 가장 쉽고 믿을 수 있는 방법은 뮤텍스라 불리는 특수 객체를 사용하는 것이다. 뮤텍스는 운영체제가 제공하는 객체로 자물쇠 역할을 하며 스레드가 잠그고 열 수 있다. 어떤 공유 데이터 객체에 대한 두 임계 동작이 있을 때 각 동작의 호출 지점에서 뮤텍스를 획득하고, 응답 지점에서 뮤텍스를 반납한다. 한 번에 한 스레드만 뮤텍스를 획득할 수 있게 운영체제에서 보장하기 때문에 한 동작의 호출/응답이 다른 동작의 호출/응답 사이에 발생하는 일은 절대 있을 수 없다. 병행 시스템에서 전체 사건의 순서를 놓고 볼 때 뮤텍스에 의해 방어되는 임계 동작은 순간적으로 수행되는 것처럼 보인다.

뮤텍스는 스레드 동기화 기본 도구^{thread synchronization primitive}라 불리는 운영체제의 병행 프로그램 지원 도구다. 4.6절에서 스레드 동기화 기본 도구에 대해 더 살펴보자.

4.5.4.4 직렬화로서의 원자성

한 무리의 스레드가 한 공유 데이터 객체에 대해 어떤 동작을 수행하는 상황을 생각해 보자. 원자성 개념이 없는 상태에서는 모든 동작이 동시에 발생할 수도 있고 또는 서로 겹쳐서 온갖 알 수 없는 모양으로 겹칠 수 있다. 이것이 그림 4.32에 나와 있다.

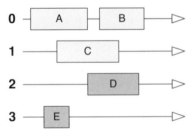

그림 4.32 원자성 개념 없이는 여러 스레드에서 수행되는 동작들이 예측할 수 없는 형태로 겹쳐 실행된다.

하지만 이 동작에 원자성을 부여할 경우 한 번에 한 스레드만 해당 동작을 수행한다는 것을 보장할 수 있다. 이것은 동작들을 직렬화^{serialize}하는 효과가 있다(서로 겹쳐서 어지럽던 동작들이 질서정연한 원자적 동작들의 순차적인 흐름으로 바뀌었다). 동작을 원자적으로 만드는 것은 동작들의 순서에는 전혀 영향을 주지 못한다. 다만 동작들인 모종의 순차적인 형대로 수행된다고 말할 수 있을 뿐이다. 이 개념이 그림 4.33에 나와 있다.

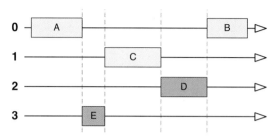

그림 4.33 임계 동작을 뮤텍스로 감싸면 동작들을 순차적으로 실행되게 강제할 수 있다.

4.5.4.5 데이터 주도 일관성 모델

병행 시스템 내에서 원자성의 개념과 동작의 직렬화는 데이터 주도 일관성 모델^{data-centric} 이라는 더 큰 주제의 일부다. 일관성 모델^{consistency model}이란 데이터 저장소(병행 시스템의 공유 데이터 객체, 분산 시스템의 데이터베이스 등)와 이 저장소를 공유하는 스레드 집합 간 의 계약이다. 이 개념은 데이터 저장소의 행동을 이해하는 데 도움을 준다. 스레드가 계약 규 칙을 어기지 않는다면 프로그래머는 데이터 저장소가 일관되고 예측 가능하도록 동작하며, 데 이터가 오염되지 않으리라 확신할 수 있다.

원자성을 보장하는 데이터 저장소는 선형화 가능^{linearizble}하다고 할 수 있다. 데이터 주도 일관 성에 관해 더 논의하는 것은 이 책의 범위를 벗어나는 일이지만 더 궁금한 독자는 인터넷에서 정보를 구할 수 있다. 다음은 시작하기 좋은 사이트들이다.

- 위키피디아에서 'consistency model', 'linearizability' 검색해 보기
- https://www.cse.buffalo.edu/~stevko/courses/cse486/spring13/lectures/26-consistency2.pdf
- http://www.cs.cmu.edu/~srini/15-446/S09/lectures/10-consistency.pdf

4.6 스레드 동기화 기본 도구

병행성 개념을 제공하는 운영체제는 스레드 동기화 기본 도구^{thread synchronization primitives}라 불리 는 일련의 도구들을 반드시 제공한다. 이 도구들은 병행 프로그래밍을 하는 프로그래머에게 다음과 같은 두 가지 서비스를 제공한다.

1. 임계 동작이 원자적^{atomic}으로 동작하게 함으로써 스레드 간의 자원 공유를 지원한다.
2. 2개 이상의 스레드들 간의 동작을 동기화^{synchronize}할 수 있는 기능. 이것은 다음 기능을 지원함으로써 가능하다.
   a. 스레드가 특정 자원을 기다리거나 다른 스레드(들)이 특정 동작을 완료하기를 기다리면서 수면 상태로 들어갈 수 있도록 지원
   b. 실행 상태인 스레드가 수면 상태의 다른 스레드(들)에 신호를 보내 깨울 수 있는 기능

여기서 짚고 넘어갈 점은 이 같은 스레드 동기화 기본 도구들이 안정적이고 사용하기 쉬운 편이지만 그 비용은 상당히 비싸다는 것이다. 그 이유는 이 도구들이 커널에 의해 지원되기 때문이다. 따라서 이것들을 처리하려면 커널 호출이 필요하며 보호 모드로의 문맥 전환이 필요하다. 이 같은 문맥 전환은 최대 1000클럭 주기가 들 때도 있다. 비용이 이렇게 높기 때문에 병행 프로그래밍을 하는 프로그래머 중에는 직접 원자성을 구현하고 동기화 도구를 만드는 경우도 있고, 아예 락-프리^{lock-free} 프로그래밍을 통해 효율성을 향상시키려고 하는 경우도 있다. 하지만 병행 프로그래밍을 하는 데 있어서 이 동기화 도구들을 잘 이해하는 것은 매우 중요하다.

4.6.1 뮤텍스

뮤텍스는 운영 체제의 객체로 임계 동작을 원자적으로 만들 수 있게 하는 도구다. 뮤텍스는 잠기지 않은^{unlocked} 상태와 잠긴^{locked} 상태, 두 가지 중 하나다. 두 상대는 각각 해제된^{released} 상태와 획득된^{acquired} 상태, 또는 신호^{signaled} 상태와 비신호^{nonsignaled} 상태 등으로 부를 수도 있다.

뮤텍스의 가장 중요한 특징은 한 번에 하나의 스레드만 뮤텍스를 잠글 수 있다는 것이다. 따라서 특정 공유 데이터 객체에 대한 임계 동작을 모두 뮤텍스로 감싼다면 이것들은 서로 원자적인 동작이 된다. 달리 말하면 상호 배타적^{mutually exclusive}이 된다. 뮤텍스의 이름은 여기서 온 것으로서 '상호 배제^{mutual exclusion}'의 줄임말이다.

뮤텍스는 일반적인 C++ 객체로 표현할 수도 있고 모종의 커널 객체에 대한 핸들로 표현할 수도 있다. 뮤텍스 관련 API는 대개 다음과 같은 함수들로 이뤄진다.

1. create( ) 또는 init( ). 뮤텍스를 생성하는 함수 호출 또는 클래스 생성자.

2. destroy( ). 뮤텍스를 파괴하는 함수 호출 또는 클래스 소멸자.

3. loc( ) 또는 acquire( ). 호출 스레드에서 뮤텍스를 잠그기 위해 호출하는 블로킹 함수로 뮤텍스가 다른 스레드에 의해 잠겨 있을 경우 호출 스레드를 수면 상태로 전환한다(4.4.6.4절 참조).

4. try_lock( ) 또는 try_acquire( ). 뮤텍스를 잠그려 시도하는 논블로킹 함수로, 뮤텍스를 획득할 수 없는 경우 바로 리턴한다.

5. unlock( ) 또는 release( ). 뮤텍스의 잠금을 해제하는 논블로킹 함수. 대부분의 운영체제에서는 뮤텍스를 잠갔던 스레드에서만 해제할 수 있다.

뮤텍스가 어떤 스레드에 의해 잠긴 경우 이것을 비신호 상태라고 한다. 해당 스레드가 뮤텍스의 잠김을 해제하면 뮤텍스는 신호 상태가 된다. 뮤텍스가 신호 상태가 되고 이 뮤텍스를 기다리며 수면 상태(블로킹 상태)에 있는 스레드가 하나 이상 있는 경우 커널은 기다리는 스레드 중 하나를 골라 깨운다. 어떤 운영체제에서는 뮤텍스 등의 커널 객체가 신호 상태로 전환되기를 명시적으로 기다릴 수도 있다. 윈도우에서는 WaitForSingleObject( )와 WaitForMultipleObjects( )가 이런 역할을 한다.

4.6.1.1 POSIX

뮤텍스의 동작 원리를 알아봤으니 다음에는 몇 가지 예를 살펴보자. POSIX 스레드 라이브러리는 커널 뮤텍스 객체를 C 스타일 함수 인터페이스로 제공한다. 다음은 4.5.3.2절에서 봤던 공유 카운터 코드를 원자적으로 고치는 방법이다.

```
#include <pthread.h>

int g_count = 0;
pthread_mutex_t g_mutex;

inline void IncrementCount( )
{
  pthread_mutex_lock(&g_mutex);
  ++g_count;
  pthread_mutex_unlock(&g_mutex);
}
```

명확성과 간결성을 위해 몇 가지 함수를 생략했는데, 통상적으로 뮤텍스를 사용할 스레드를 만들기 전에 뮤텍스를 초기화하는 pthread_mutex_init( ) 함수와 모든 스레드가 종료된 후 뮤텍스를 파괴하는 pthread_mutex_destroy( ) 등이다(주로 메인 스레드에서 수행한다).

4.6.1.2 C++ 표준 라이브러리

C++11부터 C++ 표준 라이브러리는 std::mutex 클래스를 통해 뮤텍스를 지원한다. 다음은 이것을 이용해 공유 카운터 코드를 원자적으로 만드는 예다.

```
#include <mutex>

int g_count = 0;
std::mutex g_mutex;

inline void IncrementCount( )
{
  g_mutex.lock( );
  ++g_count;
  g_mutex.unlock( );
}
```

std::mutex의 생성자와 소멸자가 뮤텍스의 초기화와 파괴를 처리해 주기 때문에 pthread_mutex_t보다 사용하기가 다소 간단하다.

4.6.1.3 윈도우

윈도우 환경에서는 모종의 커널 객체를 통해 뮤텍스를 나타내고 이것에 접근하는 데 핸들을 사용한다. 뮤텍스를 잠그는 것은 범용 함수인 WaitForSingleObject( )를 통해 뮤텍스가 신호 상태가 되기를 기다린다. 뮤텍스를 해제하는 것은 ReleaseMutex( )를 사용한다. 지금껏 봤던 간단한 예를 윈도우 뮤텍스를 통해 구현하면 다음과 같다(마찬가지로 뮤텍스 생성과 파괴에 관한 내용은 생략한다).

```
#include <windows.h>

int g_count = 0;
HANDLE g_hMutex;
```

```
inline void IncrementCount()
{
  if (WaitForSingleObject(g_hMutex, INFINITE)
    == WAIT_OBJECT_0)
  {
    ++g_count;
    ReleaseMutex(g_hMutex);
  }
  else
  {
    // 실패에 대한 처리 방법을 배우자...
  }
}
```

4.6.2 크리티컬 섹션

거의 대부분의 운영체제에서 뮤텍스는 프로세스 간에 공유가 된다. 그렇기 때문에 커널이 관리해야 하는 데이터다. 이 말은 곧 뮤텍스에 관련된 모든 동작은 커널 호출이 들어간다는 뜻이고 CPU 보호 모드로 문맥 전환이 일어나야 한다는 뜻이다. 그렇기 때문에 뮤텍스는 비용이 높은 편이며, 스레드들 간에 경쟁이 없는 상태에서도 그렇다.

일부 운영체제는 뮤텍스를 대신할 수 있는 다소 가벼운 대안을 제공하기도 한다. 예를 들면 마이크로소프트 윈도우는 크리티컬 섹션critical section13이라는 것을 제공한다. 용어와 API가 뮤텍스와는 조금 다르지만 윈도우 환경에서 크리티컬 섹션은 경량 버전 뮤텍스일 뿐이다.

크리티컬 섹션의 API는 다음과 같다.

1. InitializeCriticalSection(). 크리티컬 섹션 객체를 생성한다.
2. DeleteCriticalSection(). 초기화된 크리티컬 섹션 객체를 파괴한다.
3. EnterCriticalSection(). 블로킹 함수로 호출 스레드에서 크리티컬 섹션을 잠근다. 다른 스레드때문에 잠글 수 없는 경우 바쁜-대기busy wait 상태로 기다리거나 스레드를 수면 상태로 전환시킨다.

---

13 '임계 구역'이라고 번역할 수도 있지만 거의 대부분 '크리티컬 섹션'을 사용한다. – 옮긴이

4. `TryEnterCriticalSection()`. 논블로킹 함수로 크리티컬 섹션을 잠그려 시도하지만 실패할 경우 즉시 리턴한다.

5. `LeaveCriticalSection()`. 논블로킹 함수로 크리티컬 섹션 객체의 잠금을 해제한다.

다음은 윈도우의 크리티컬 섹션 API를 사용해 원자적 증가를 구현한 것이다.

```c
#include <windows.h>

int g_count = 0;
CRITICAL_SECTION g_critsec;

inline void IncrementCount()
{
  EnterCriticalSection(&g_critsec);
  ++g_count;
  LeaveCriticalSection(&g_critsec);
}
```

이전과 마찬가지로 몇 가지 세부적인 내용은 생략했다. 크리티컬 섹션의 초기화는 그것을 사용할 스레드를 생성하기 전에 메인 스레드에서 하는 것이 일반적이고 이 스레드들이 모두 종료된 후에 마찬가지로 메인 스레드에서 정리한다.

어떻게 구현하면 크리티컬 섹션을 효율적으로 구현할 수 있었을까? 다른 스레드가 이미 잠그고 있는 크리티컬 섹션을 잠그려고 할 경우 우선 비용이 저렴한 스핀 락$^{\text{spin lock}}$을 통해 크리티컬 섹션의 잠금이 해제될 때까지 기다린다. 스핀 락은 커널로 문맥 전환이 필요하지 않기 때문에 뮤텍스에 비해 몇 천 클럭 주기 정도 저렴하다. 너무 오랫동안 바쁜−대기$^{\text{busy wait}}$를 해야 하는 경우에만 뮤텍스처럼 스레드를 수면 상태로 전환한다. 이같이 크리티컬 섹션이 비교적 저렴한 이유는 뮤텍스와 달리 프로세스 간에 공유할 수 없기 때문이다. 스핀 락에 관해서는 4.9.7절에서 다시 심도 있게 다룬다.

다른 운영체제들도 '저렴한' 뮤텍스 변종들을 제공한다. 예를 들면 리눅스는 윈도우의 크리티컬 섹션과 비슷한 'futex'라는 것을 지원한다. 이 책에서 더 다룰 내용은 아니지만 궁금한 독자는 다음 사이트(https://www.akkadia.org/drepper/futex.pdf)를 방문해 futex에 대해 찾아 보기 바란다.

4.6.3 조건 변수들

병행 프로그래밍에서는 스레드들 간의 동작을 동기화하고자 스레드들끼리 신호를 보낼 필요가 있다. 대표적인 예가 4.4.8.1절에서 봤던 이른바 생산자–소비자 문제다. 이 문제는 2개의 스레드로 이뤄진다. 생산자 스레드는 특정 연산을 수행하거나 모종의 데이터를 생산하고, 이 데이터가 소비자 스레드의 입력이 된다. 당연히 소비자 스레드는 생산자 스레드가 데이터를 내놓을 때까지 데이터를 사용할 수 없다. 그렇기 때문에 생산사 스레느가 소비자 스레드에게 데이터가 준비됐음을 알릴 방법이 필요하다.

전역 불리언 변수를 통해 신호를 보내는 방법을 고려해 볼 수 있다. 다음 코드는 POSIX 스레드를 사용해 이 방법을 구현한 것이다(알아보기 쉽게 몇 가지 세부 내용은 생략했다).

```
Queue           g_queue;
pthread_mutex_t g_mutex;
bool            g_ready = false;

void* ProducerThread(void*)
{
  // 데이터를 계속 생성한다...
  while (true)
  {
    pthread_mutex_lock(&g_mutex);

    // 큐에 데이터를 쌓는다.
    ProduceDataInto(&g_queue);

    g_ready = true;
    pthread_mutex_unlock(&g_mutex);

    // 남은 시간 슬라이스를 양보해
    // 소비자 스레드가 돌아갈 기회를 준다.
    pthread_yield();
  }
  return nullptr;
}

void* ConsumerThread(void*)
```

```
{
    // 데이터를 계속 소비한다...
    while (true)
    {
        // 데이터가 준비되기를 기다린다.
        while (true)
        {
            // 값을 로컬 변수에 읽는다.
            // 뮤텍스를 잠그는 것을 잊지 않는다.
            pthread_mutex_lock(&g_mutex);
            const bool ready = g_ready;
            pthread_mutex_unlock(&g_mutex);

            if (ready)
                break;
        }

        // 데이터를 소비한다.
        pthread_mutex_lock(&g_mutex);
        ConsumeDataFrom(&g_queue);
        g_ready = false;
        pthread_mutex_unlock(&g_mutex);

        // 남은 타임-슬라이스를 양보해
        // 생산자 스레드가 돌아갈 수 있게 한다.
        pthread_yield();
    }
    return nullptr;
}
```

문제를 억지로 만들어 낸 것은 눈감아 주더라도 이 코드는 큰 문제가 하나 있다. 소비자 스레드가 g_ready를 폴링하면서 타이트 루프^{tight loop}를 돌고 있다. 4.4.6.4절에서 살펴봤듯이 이런 바쁜-대기는 귀중한 CPU 주기를 낭비하게 된다.

최적의 구현을 위해, 생산자가 일하는 동안 소비자 스레드를 블록(수면 상태로 진입)했다가 데이터가 준비됐을 때 깨울 수 있는 방법이 필요하다. 이것은 새로운 커널 객체인 조건 변수^{CV,} Condition Variable를 사용하면 가능하다.

조건 변수는 진짜로 상태를 저장하는 변수가 아니다. 사실은 대기 중인(수면 상태) 스레드의 큐로, 실행 중인 스레드가 원할 때 이것들을 깨울 수 있는 방법이 제공된다('대기 큐'라는 용어가 아마 더 적합할지 모르겠다). 수면 상태 진입과 깨우기는 프로그램이 제공하는 뮤텍스와 커널의 지원을 통해 원자적으로 수행된다.

조건 변수용 API는 보통 다음과 같은 모양이다.

1. create( ) 또는 init( ). 조건 변수를 생성하는 함수 또는 클래스 생성자

2. destroy( ). 조건 변수를 파괴하는 함수 또는 클래스 파괴자

3. wait( ). 호출하는 스레드를 수면 상태로 전환하는 블로킹 함수

4. notify( ). 조건 변수를 기다리며 수면 상태인 모든 스레드를 깨우는 논블로킹 함수

먼저 봤던 간단한 생산자—소비자 문제를 CV를 사용해 다시 구현해 보자.

```
Queue           g_queue;
pthread_mutex_t g_mutex;
bool            g_ready = false;
pthread_cond_t  g_cv;

void* ProducerThreadCV(void*)
{
  // 데이터를 계속 생산한다...
  while (true)
  {
    pthread_mutex_lock(&g_mutex);

    // 데이터를 큐에 쌓는다.
    ProduceDataInto(&g_queue);

    // 소비자 스레드에 알리고 깨운다.
    g_ready = true;
    pthread_cond_signal(&g_cv);
    pthread_mutex_unlock(&g_mutex);
  }
  return nullptr;
}
```

```
void* ConsumerThreadCV(void*)
{
  // 데이터를 계속 소비한다...
  while (true)
  {
    // 데이터가 준비되기를 기다린다.
    pthread_mutex_lock(&g_mutex);
    while (!g_ready)
    {
      // 알림을 받을 때까지 수면 상태에 들어간다...
      // 뮤텍스는 커널이 알아서 해제해 줄 것이다.
      pthread_cond_wait(&g_cv, &g_mutex);

      // 깨어난 후 이 스레드가 다시 뮤텍스를 갖고 있다는 것을
      // 커널이 보장한다.
    }

    // 데이터를 소비한다.
    ConsumeDataFrom(&g_queue);
    g_ready = false;
    pthread_mutex_unlock(&g_mutex);
  }
  return nullptr;
}
```

소비자 스레드는 pthread_cond_wait()를 호출함으로써 g_ready가 참이 될 때까지 수면 상태로 전환한다. 생산자는 한동안 데이터를 생산하기 위해 돌아간다. 데이터가 준비되면 생산자는 전역 변수 g_ready를 참으로 만들고 pthread_cond_signal()를 호출해 수면 중인 소비자 스레드를 깨운다. 소비자 스레드는 이제 데이터를 소비한다. 이 예에서는 소비자와 생산자가 서로 주고받으며 계속 돌아간다.

소비자 스레드가 g_ready를 체크하는 while 루프에 진입하기 전에 뮤텍스를 잠그는 것이 이상하다고 느꼈을 것이다. 조건 변수를 기다리는 동안 뮤텍스를 잠근 채 수면 상태로 진입하고 있다. 보통 이건 정말로 해서는 안 되는 짓이다. 뮤텍스를 잠근 상태로 스레드가 수면 상태로 가면 데드락(4.7.1절)에 걸릴 것이 거의 확실하다. 그런데 조건 변수를 사용할 때는 꼭 그렇지 않다. 왜냐하면 스레드가 안전하게 잠들면 커널이 알아서 뮤텍스 락을 해제해 주기 때문이다.

나중에 스레드가 깨어나게 되면 이 스레드가 다시 뮤텍스 락을 가질 수 있게 처리해 준다.

또 약간 이상한 점이 있었을 것이다. 소비자 스레드는 g_ready 값을 체크하는데 while 루프를 여전히 쓰고 있다. 이미 조건 변수를 통해 이 플래그가 참이 되기를 기다리고 있는데도 말이다. 이 루프가 필요한 이유는 때로 별 이유 없이 커널이 스레드를 깨울 때가 있기 때문이다. 따라서 pthread_cond_wait( )가 리턴하더라도 g_read의 값이 참이 아닐 수도 있는 것이다. 그렇기 때문에 루프를 통해 값이 정말로 참인지를 체그해야 한다.

4.6.4 세마포어

뮤텍스가 원자적 불리언 플래그와 같은 일을 한다면, 세마포어semaphore는 값이 0 밑으로 떨어지지 않는 원자적 카운터 같은 역할을 한다. 세마포어는 1개 이상의 스레드가 동시에 획득할 수 있는 특수한 형태의 뮤텍스라고 생각하면 된다.

제한된 자원들을 스레드 그룹이 공유하는 데 세마포어를 사용할 수 있다. HUD와 게임 메뉴를 그리기 위해 텍스트 및 2D 이미지를 오프라인 버퍼에다 렌더링하는 렌더링 시스템을 구현한다고 가정하자. 메모리 제약 때문에 이런 버퍼를 4개만 쓸 수 있다고도 가정하자. 세마포어를 통하면 절대 4개를 초과한 스레드가 이 버퍼에 렌더링하지 못하게 할 수 있다.

세마포어를 위한 API는 보통 다음과 같은 것들로 이뤄진다.

1. init( ). 세마포어 객체를 초기화하고 카운터 값을 정해진 초기 값으로 설정한다.
2. destroy( ). 세마포어 객체를 파괴한다.
3. take( ) 또는 wait( ). 세마포어가 내포하는 카운터 값이 0보다 큰 경우 값을 감소시키고 즉시 리턴한다. 카운터 값이 현재 0인 경우 이 함수는 세마포어의 카운터가 0보다 커질 때까지 블로킹 상태가 된다(스레드를 수면 상태로 전환).
4. give( ), post( ) 또는 signal( ). 세마포어가 내포하는 카운터의 값을 1 증가시킨다. 즉 다른 스레드가 take( )를 통해 세마포어를 획득할 '여유 공간'을 마련해 준다. 만약 give( )를 호출했을 때 어떤 스레드가 세마포어를 기다리며 수면 상태인 경우 이 스레드는 take( ) 또는 wait( ) 함수에서 깨어난다.[14]

---

14 세마포어에 관해 읽다 보면 어떤 사람들은 wait( ), signal( ) 함수 대신 p( ), v( )를 쓰는 경우를 발견할 수도 있다. 이는 이 동작들의 네덜란드 단어에서 온 것이다.

즉 최대 N개의 스레드가 접근할 수 있는 리소스 풀을 구현하려면 세마포어를 하나 만든 다음 카운터의 초기 값을 N으로 놓기만 하면 된다. 스레드는 리소스풀에 접근 권한을 얻고자 take( )를 호출하고 다 사용한 후에는 give( )를 통해 자원을 풀에 반환한다.

세마포어의 카운터가 0보다 큰 상태를 세마포어가 신호 상태라고 말하고 카운터가 0인 경우 비신호 상태라고 한다. 바로 이 이유 때문에 어떤 API에서는 세마포어를 획득하고 놓는 함수 이름이 wait( )와 signal( )이다. 스레드가 세마포어를 획득하고자 할 때 세마포어가 신호 상태가 아니라면 이 스레드는 신호 상태가 될 때까지 기다릴 것이다.

4.6.4.1 뮤텍스 vs 이진 세마포어

초기 값이 1인 세마포어를 이진 세마포어^{binary semaphore}라고 한다. 얼핏 이진 세마포어와 뮤텍스가 같은 것이 아닐까 하는 생각이 들 수도 있다. 그러나 이 두 가지 동기화 객체는 그다지 비슷하지 않으며 각기 다른 목적을 위해 쓰인다.

뮤텍스와 이진 세마포어의 가장 핵심적인 차이는 뮤텍스의 잠금 해제는 해당 뮤텍스를 잠근 스레드에서만 가능하다는 점이다. 반면 세마포어의 카운터는 증가시키는 스레드와 감소시키는 스레드가 다를 수 있다. 이것을 달리 해석하면 이진 세마포어는 '잠근' 스레드와 '잠금을 푼' 스레드가 다를 수 있다는 것이다. 이진 세마포어는 이것을 가져간 스레드 아니더라도 돌려줄 수 있다고 말할 수 있다.

이런 미묘한 차이 때문에 이 2개의 동기화 도구는 그 쓰임새가 크게 달라진다. 뮤텍스는 동작을 원자적으로 만들 때 쓰인다. 그러나 이진 세마포어는 보통 스레드 간에 신호를 보낼 때 쓰인다.

데이터가 준비되면 생산자가 소비자에게 통지하는 생산자–소비자 문제를 다시 한번 예로 들자. 이 같은 통지 방식은 2개의 이진 세마포어를 갖고 구현할 수 있는데, 생산자가 소비자를 깨우는 데 하나, 소비자가 생산자를 깨우는 데 하나가 쓰인다. 이 세마포어들은 두 스레드가 공유하는 버퍼의 원소 개수를 나타내는 것으로 이해할 수 있는데, 지금의 단순한 예제에서는 원소 개수가 1개뿐이다. 그래서 이것들을 각각 g_semUsed, g_semFree라고 부르기로 하자. 다음은 POSIX 세마포어를 갖고 코드로 구현한 것이다.

```
Queue g_queue;
sem_t g_semUsed; // 0으로 초기화
sem_t g_semFree; // 1로 초기화

void* ProducerThreadSem(void*)
{
  //계속 생산한다...
  while (true)
  {
    // 아이템을 하나 생산한다(로컬 데이터이므로
    // 비원자적으로 처리할 수 있다).
    Item item = ProduceItem();

    // 여유 숫자 카운터를 감소시킨다.
    // (여유 공간이 생길 때까지 기다린다.)
    sem_wait(&g_semFree);

    AddItemToQueue(&g_queue, item);

    // 사용 숫자 카운터를 증가시킨다.
    // (소비자에게 데이터가 있음을 알린다.)
    sem_post(&g_semUsed);
  }
  return nullptr;
}

void* ConsumerThreadSem(void*)
{
  // 계속 소비한다...
  while (true)
  {
    // 사용 숫자 카운터를 감소시킨다.
    // (데이터가 준비될 때까지 기다린다.)
    sem_wait(&g_semUsed);

    Item item = RemoveItemFromQueue(&g_queue);

    // 여유 숫자 카운터를 증가시킨다.
    // (생산자에게 여유 공간이 있음을 알린다.)
```

```
    sem_post(&g_semFree);

    // 아이템을 하나 소비한다(로컬 데이터이므로
    // 비원자적으로 처리할 수 있다).
    ConsumeItem(item);
  }
  return nullptr;
}
```

4.6.4.2 세마포어 구현

뮤텍스 하나, 조건 변수 하나, 정수 하나이면 세마포어를 구현할 수 있다. 이런 면에서 세마포어는 뮤텍스나 조건 변수보다 '고차원' 도구라 할 수 있다. 다음은 어떻게 구현할 수 있을지를 대강 보여 주는 예다.

```
class Semaphore
{
private:
  int m_count;
  pthread_mutex_t m_mutex;
  pthread_cond_t m_cv;

public:
  explicit Semaphore(int initialCount)
  {
    m_count = initialCount;
    pthread_mutex_init(&m_mutex, nullptr);
    pthread_cond_init(&m_cv, nullptr);
  }

  void Take()
  {
    pthread_mutex_lock(&m_mutex);
    // 카운터가 0인 동안은 스레드를
    // 계속 수면 상태로 둔다.
    while (m_count == 0)
      pthread_cond_wait(&m_cv, &m_mutex);
```

```
    --m_count;
    pthread_mutex_unlock(&m_mutex);
  }

  void Give()
  {
    pthread_mutex_lock(&m_mutex);
    ++m_count;
    // 증가시키기 전의 카운터가 0이었으면
    // 기다리는 스레드들을 깨운다.
    if (m_count == 1)
      pthread_cond_signal(&m_cv);
    pthread_mutex_unlock(&m_mutex);
  }

  // 흔히 쓰이는 함수 이름들에 대한 다른 이름들
  void Wait()   { Take(); }
  void Post()   { Give(); }
  void Signal() { Give(); }
  void Down()   { Take(); }
  void Up()     { Give(); }
  void P()      { Take(); } // 네덜란드어 "proberen" = "테스트"
  void V()      { Give(); } // 네덜란드어 "verhogen" = "증가"
};
```

4.6.5 윈도우 이벤트

윈도우는 조건 변수와 비슷하지만 쓰기는 훨씬 간단한 이벤트 객체event object라는 것을 지원한다. 이벤트 객체가 만들어지고 난 후 스레드는 WaitForSingleObject()를 호출해서 수면 상태로 갈 수 있고, 다른 스레드가 SetEvent()를 호출함으로써 깨울 수 있다. 지금껏 살펴본 생산자─소비자 문제를 이벤트 객체를 사용하면 다음과 같이 간단히 구현할 수 있다.

```
#include <windows.h>

Queue g_queue;
Handle g_hUsed; // false로 초기화(비신호 상태)
Handle g_hFree; // true로 초기화(신호 상태)
```

```
void* ProducerThreadEv(void*)
{
  // 계속 생산한다...
  while (true)
  {
    // 아이템을 하나 생산한다(로컬 데이터이므로
    // 비원자적으로 처리할 수 있다).
    Item item = ProduceItem();

    // 여유 공간이 생길 때까지 기다린다.
    WaitForSingleObject(&g_hFree);

    AddItemToQueue(&g_queue, item);

    // 생산자에게 여유 공간이 있음을 알린다.
    SetEvent(&g_hUsed);
  }
  return nullptr;
}


void* ConsumerThreadEv(void*)
{
  // 계속 생산한다...
  while (true)
  {
    // 데이터가 준비되기를 기다린다.
    WaitForSingleObject(&g_hUsed);

    Item item = RemoveItemFromQueue(&g_queue);

    // 생산자에게 여유 공간이 있음을 알린다.
    SetEvent(&g_hFree);

    // 아이템을 하나 소비한다(로컬 데이터이므로
    // 비원자적으로 처리할 수 있다).
    ConsumeItem(item);
  }
  return nullptr;
}
```

```
void MainThread()
{
    // 비신호 상태의 이벤트를 생성한다.
    g_hUsed = CreateEvent(nullptr, false,
                          false, nullptr);
    g_hFree = CreateEvent(nullptr, false,
                          true, nullptr);

    // 스레드들을 만든다.
    CreateThread(nullptr, 0x2000, ConsumerThreadEv,
              0, 0, nullptr);
    CreateThread(nullptr, 0x2000, ProducerThreadEv,
              0, 0, nullptr);

    // ...
}
```

4.7 락 기반 병행성의 문제점

4.5.3.2절을 통해서 병행 시스템에서 데이터 경쟁은 부정확한 프로그램의 동작을 일으킬 수 있다는 것을 알게 됐다. 그리고 이 문제를 해결하려면 공유 데이터 객체에 대한 동작을 원자적으로 만드는 것이라고도 배웠다. 원자적 동작을 구현하는 한 가지 방법은 이 동작들을 락[lock]으로 감싸는 것이며, 뮤텍스와 같은 운영체제가 지원하는 스레드 동기화 기본 도구를 사용하는 것이 일반적이다.

그렇지만 원자성은 병행성의 일부일 뿐이다. 병행 시스템에서 모든 공유 데이터 동작들을 정밀하게 락으로 감싼다 하더라도 문제가 발생할 수 있다. 이후의 절들에서 이런 문제들 중 제일 흔히 볼 수 있는 몇 가지를 살펴본다.

4.7.1 데드락

데드락[deadlock]은 시스템의 모든 스레드가 더 이상 진행하지 못하는 상황을 뜻한다. 데드락이 발생하면 모든 스레드가 어떤 리소스에 접근할 수 있기를 기다리며 블로킹 상태에 들어간다.

하지만 실행 가능 상태에 있는 스레드가 하나도 없기 때문에 리소스가 해제될 일이 없고, 따라서 전체 프로그램이 멈추게 된다.

데드락이 발생하려면 2개 이상의 스레드와 2개 이상의 리소스가 있어야 한다. 예를 들어 스레드 1이 리소스 A를 갖고 있으면서 리소스 B를 기다린다. 동시에 스레드 2는 리소스 B를 들고 있으면서 리소스 A를 기다린다. 다음 코드 조각에 이 상황이 나와 있다.

```
void Thread1()
{
  g_mutexA.lock(); // 리소스 A의 락을 잠근다.
  g_mutexB.lock(); // 리소스 B를 기다리며 수면 상태로 진입한다.
  // ...
}

void Thread2()
{
  g_mutexB.lock(); // 리소스 B의 락을 잠근다.
  g_mutexA.lock(); // 리소스 A를 기다리며 수면 상태로 진입한다.
  // ...
}
```

당연한 말이지만 더 많은 스레드와 리소스가 연관된 보다 복잡한 형태의 데드락도 물론 발생한다. 그렇더라도 데드락 상황을 정의하는 핵심은 스레드와 리소스들의 순환적^{circular} 의존성이다.

시스템의 데드락 발생 가능성을 분석하고자 그림 4.34와 같은 형태로 스레드, 리소스 그리고 이것들 간의 의존성을 그래프로 그린다. 그래프에서 사각형은 스레드, 원은 리소스(엄밀히 말해 리소스를 감싸는 뮤텍스 락)를 나타낸다. 실선 화살표로 리소스에 대한 락을 갖는 스레드를 연결한다. 점선 화살표로는 스레드와 스레드가 기다리는 리소스를 연결한다. 좀 더 단순한 형태를 위해 리소스 노드들을 전부 없애 버리고 스레드와 리소스를 연결하는 점선만 남겨도 된다. 이런 의존성 그래프가 순환 구조를 갖는다면 데드락이다.

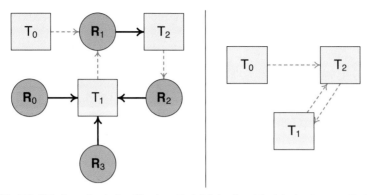

그림 4.34 왼쪽: 굵은 화살표는 스레드가 갖고 있는 리소스를 나타낸다. 가는 점선 화살표는 리소스를 사용하고자 대기 중인 스레드를 나타낸다. 오른쪽: 리소스를 제거하고 단순히 스레드 간의 의존성(가는 점선 화살표)만을 나타낼 수 있다. 이 같은 스레드 의존성 그래프에서 순환 구조는 데드락을 나타낸다.

사실 의존성 그래프의 순환 구조만 갖고 데드락이 발생하는 것은 아니다. 정확히 말해서 데드락이 발생하기 위한 네 가지 조건이 있으며 이것들을 코프먼 조건Coffman condition이라고 한다.

1. **상호 배제**mutual exclusion: 하나의 스레드가 뮤텍스 락을 통해 하나의 리소스에 배타적 접근권을 가질 수 있는 상황이 생긴다.
2. **점유와 대기**hold and wait: 스레드가 다른 락을 기다리며 수면 상태로 진입할 때 1개의 락을 가진 상태여야 한다.
3. **락에 대한 선점 불가**no lock preemption: 수면 상태의 스레드가 가진 락을 강제로 해제할 방법이 없다(커널이라 하더라도).
4. **순환 대기**circular wait: 스레드 의존성 그래프에서 순환 구조가 존재해야 한다.

데드락을 피하는 것은 항상 코프먼 조건 중에 하나 이상이 충족되지 못하게 하는 것으로 귀결된다. 규칙 1과 규칙 3을 회피하자면 정상적으로는 불가능하기 때문에 보통 조건 2와 조건 4를 피하는 쪽으로 정리된다.

점유와 대기는 락의 갯수를 줄여서 해결할 수 있다. 앞에서 본 간단한 예에서 리소스 A와 리소스 B를 1개의 락 L로 감싼다면 데드락이 발생하지 않는다. 스레드 1이 락을 획득해 두 리소스를 독점적으로 접근하고 그동안 스레드 2가 기다리거나, 또는 스레드 2가 락을 획득하고 스레드 1이 기다리는 상황만 일어난다.

순환 대기는 전체 시스템에서 락을 거는 순서를 통일하면 피할 수 있다. 우리의 간단한 두 스레드 문제에서 리소스 A의 락을 먼저 획득하고 리소스 B의 락을 획득하게 보장한다면 데드락은 생기지 않는다. 왜냐하면 한 스레드가 다른 리소스의 락을 획득하려면 리소스 A의 락을 먼저 획득해야만 하기 때문이다. 따라서 다른 경쟁 스레드들은 수면 상태에 들어가게 되기 때문에 리소스 B의 락은 언제나 성공한다.

4.7.2 라이브락

데드락 문제에 대한 또 다른 해법은 스레드가 수면 상태에 들어가지 않은 채 락 획득을 시도하는 것이다(pthread_mutex_tryloc() 같은 함수를 써서). 락을 획득할 수 없으면 정해진 짧은 시간 동안 수면 상태에 들어간 후 다시 락 획득을 시도한다.

데드락을 피하거나 해결하고자 스레드가 명확한 전략, 예를 들면 시간마다 반복 획득을 하는 등을 사용할 경우 새 문제가 생길 가능성이 있다. 스레드가 자신의 시간을 작업하는 데 쓰지 않고 락을 획득하는 데만 다 써버릴 수 있다. 이것을 라이브락livelock이라고 부른다.

라이브락의 간단한 예로써 앞서 봤던 두 스레드(1, 2)가 두 리소스(A, B)를 갖고 경쟁하는 경우를 다시 보자. 어떤 스레드가 락 획득에 실패하면 자신이 가진 모든 락을 해제하고 정해진 시간 간격만큼 기다린 후 다시 시도한다. 만약 두 스레드가 같은 시간 간격을 쓴 경우 문제는 해결되지 않고 영원히 반복되는 끔찍한 상황에 도달하게 된다. 우리의 스레드들은 쓸모 있는 일을 하는 것이 아니라 문제 상황을 해결하고자 영원한 노동을 한다. 라이브락은 체스의 스테일메이트stalemate에 비유할 수 있다.

라이브락은 비대칭적 데드락 해소 알고리듬을 사용하면 피할 수 있다. 예를 들어 특정 조건에 의해 선정된(무작위 또는 우선순위에 따라) 스레드만 데드락이 감지됐을 때 해소를 시도할 수 있게 정하면 된다.

4.7.3 기아 상태

기아 상태starvation는 하나 이상의 스레드가 CPU 시간을 전혀 배정받지 못하는 상황을 뜻한다. 이것은 우선순위가 높은 스레드(들)이 CPU에 대한 컨트롤을 놓지 않기 때문에 낮은 우선순위 스레드들이 실행될 수 없는 상황에서 발생할 수 있다. 라이브락은 기아 상태의 일종이라고 할 수 있는데, 여기서는 데드락 해소 알고리듬 때문에 모든 스레드가 '진짜' 일을 하지 못한다.

우선순위 때문에 생기는 기아 상태는 대개 높은 우선순위 스레드의 실행 시간을 제한하면 피할 수 있다. 다중 스레드 프로그램은 낮은 우선순위 스레드들이 모여 시스템의 CPU 자원을 공평하게 나눠 쓰는 것이 이상적이다. 특정 상황에서 높은 우선순위 스레드가 실행될 때면 가능한 빨리 일을 처리하고 종료시켜 다른 스레드들이 CPU 자원을 사용할 수 있게 한다.

4.7.4 우선순위 역전

뮤텍스 락은 우선순위 역전$^{priority\ inversion}$이라는 특수한 상황을 야기할 수 있다. 이 상황에서는 낮은 우선순위 스레드가 시스템에서 가장 높은 우선순위를 가진 것처럼 행동한다. 하나는 낮은 우선순위(L)이고 하나는 높은 우선순위(H)인 두 스레드가 있다고 하자. 스레드 L이 뮤텍스 락을 가져가고 그 후 H에 의해 선점당한다. 만약 H가 같은 락을 획득하려고 하는 경우 이미 L이 락을 가져갔기 때문에 H는 수면 상태에 들어가게 된다. 이 상황에서는 L이 H보다 우선순위가 낮지만 먼저 실행하게 된다(이것은 높은 우선순위 스레드가 실행 가능^{runnable} 상태인 경우 낮은 우선순위 스레드가 실행되어서는 안 된다는 원칙에 위배된다).

중간 우선순위 스레드 M이 이미 락을 가진 L을 선점하는 경우에도 우선순위 역전이 발생한다 (이 락은 H가 필요하다). 이 상황에서 M이 실행되는 동안 L은 락을 가진 채 수면 상태에 들어간다. H가 실행되지만 락을 가져올 수 없기 때문에 다시 수면 상태에 들어간다. 결과적으로 M과 H의 우선순위가 역전된다.

우선순위 역전은 사실 큰 문제가 아닐 수 있다. 예를 들어 낮은 우선순위의 스레드가 락을 즉시 돌려 놓는 경우 우선순위 역전이 일어나는 시간은 짧을 것이고 가시적인 현상이 없거나 매우 사소한 부작용만 일으킬 것이다. 그러나 극단적인 경우 우선순위 역전에 의해 데드락 또는 다른 시스템 실패가 발생할 수도 있다. 예를 들면 우선순위 역전 때문에 높은 우선순위 스레드가 크리티컬한 데드라인을 지키지 못할 수 있다.

우선순위 역전에 대한 해법은 다음과 같은 것들이 있다.

- 우선순위가 낮은 스레드와 높은 스레드가 동시에 가질 수 있는 락을 만들지 않는다(이것은 현실상 불가능한 경우가 많다).

- 뮤텍스 자체에 매우 높은 우선순위를 부여한다. 이 뮤텍스를 갖는 스레드는 임시로 뮤텍스의 우선순위와 동등하게 높아지며, 따라서 락을 갖는 동안 선점당하지 않는다.
- 임의적으로 우선순위를 증가시킨다. 락을 가진 스레드가 크리티컬 섹션에 있는 동안 임의로 우선순위 증가 혜택을 받는다. 이 방법은 윈도우 스케줄링 모델에 쓰인다.

4.7.5 식사하는 철학자들

널리 알려진 식사하는 철학자들dining philosophers 문제는 데드락, 라이브락, 기아 상태를 설명하기에 매우 적합하다. 이 문제는 원형 테이블에 둘러 앉은 5명의 철학자들과 그들 앞에 놓인 스파게티 접시에서 시작한다. 철학자들 사이에는 1개의 젓가락이 놓인다. 철학자들은 각기 생각(젓가락이 없어도 할 수 있다)과 식사(2개의 젓가락이 필요하다) 사이를 번갈아 하고 싶어한다. 철학자들이 데드락, 라이브락, 기아 상태를 겪지 않으면서 생각과 식사를 번갈아 할 수 있는 행동 패턴을 정의하는 것이 이 문제의 본질이다(당연한 말이지만 철학자들은 스레드를 나타내고 젓가락은 뮤텍스 락을 나타낸다).

이 문제에 대해서는 온라인에서 자세히 찾아볼 수 있기 때문에 이 책에서 길게 이야기하지는 않겠다. 그렇더라도 문제에 대해 가장 널리 알려진 해법들 몇 가지를 살펴보는 것은 도움이 되리라 생각한다.

- **전역적 순서** 만약 철학자가 항상 자신의 왼쪽 젓가락을 먼저 잡는다면(또는 오른쪽) 순환 의존이 생길 수 있다. 이에 대한 한 가지 해법은 각 젓가락에 고유한 전역 번호를 부여하는 것이다. 철학자가 식사를 하고싶으면 언제나 가장 낮은 숫자의 젓가락을 먼저 집는다. 이렇게 하면 순환 의존이 없어지고 따라서 데드락을 피할 수 있다.
- **중앙의 조정자** 이 방법은 중앙 조정자(또는 웨이터)가 철학자에게 젓가락을 2개(한 쌍)를 주든가 아니면 아예 주지 않는다. 철학자가 1개의 젓가락만을 갖는 상황 자체를 만들지 않기 때문에 점유와 대기hold and wait 문제를 피할 수 있고, 따라서 데드락이 발생하지 않는다.
- **찬드라-미즈라**Chandra-Misra 이 방식은 젓가락들을 더러운 상태와 깨끗한 상태로 표기하고 철학자들은 서로 젓가락을 요청하는 메시지를 주고받는다. 'chandy-misra'를 온라인에서 찾아보면 더 많은 것을 알 수 있다.

- **N−1 철학자들** *N*명의 철학자와 *N*개의 젓가락이 있는 테이블에서 정수형 세마포어를 통해 한 번에 최대 *N*−1명의 철학자만이 젓가락을 집을 수 있도록 할 수 있다. 이렇게 하면 데드락과 라이브락을 해결할 수 있는데, 왜냐하면 최악의 상황이라도 최소 한 명의 철학자는 성공적으로 2개의 젓가락을 가져갈 수 있기 때문이다. 그렇지만 추가로 '공정함' 개념을 도입하지 않는다면 1명의 철학자가 굶주릴(기아 상태) 수 있다.

4.8 병행성의 경험적 규칙

앞서 살펴본 식사하는 철학자 문제는 거의 모든 병행 프로그램 문제에 적용할 수 있는 일반적인 원칙들과 방법론을 시사한다. 몇 가지를 잠시 살펴보자.

4.8.1 전역 순서 규칙

병행 프로그램에서의 사건의 발생은 단일 스레드 프로그램과는 달리 프로그램 명령어 순서에 의해 결정되지 않는다. 만약 병행 시스템에서 순서를 강제해야 하는 경우 이 순서는 전역적으로globally 모든 스레드에 강제해야 한다.

바로 이 이유 때문에 이중 연결 리스트doubly linked list는 병행 자료 구조라고 할 수 없다. 이중 연결 리스트의 디자인은 리스트 내 임의의 위치에 대한 빠른($O(N)$) 삽입과 삭제를 지원하도록 설계된 것이다. 이 디자인의 기저에는 프로그램 순서가 데이터 순서와 동일하다는 가정이 깔려 있다. 즉 리스트에 특정 순서대로 동작을 수행할 경우 리스트는 그에 상응하는 순서로 된 원소들이 들어 있을 것이다. 예를 들어 {A, B, C}인 리스트가 있다고 하자. 그리고 다음 두 동작을 수행한다고 하자.

1. C 앞에 D를 삽입
2. C 앞에 E를 삽입

리스트는 {A, B, D, E, C}를 담고 있을 것이라고 예상할 것이다.

단일 스레드 프로그램인 경우 당연히 맞다. 하지만 다중 스레드 시스템에서는 더 이상 프로그램 순서가 데이터 순서를 좌우하지 않는다. 한 스레드가 C앞에 D를 삽입하는 동작을 하고, 다른 스레드가 C앞에 E를 넣는 동작을 하는 경우 경쟁 상태race condition가 발생하고 다음 결과 중한 가지가 된다.

- { A, B, D, E, C },
- { A, B, E, D, C }, 또는
- { A, B, 훼손된 데이터 }.

훼손된 리스트는 임계 구역을 통해 자료 구조에 대한 동작들을 잘 보호하지 못하면 발생한다. 예를 들어 D와 E 둘 다 '다음' 포인터로 C를 가리키게 될 수 있다.

전역 순서 규칙global ordering rule을 통해서만 이 문제를 해결할 수 있다. 먼저 리스트의 원소 순서가 왜 보장돼야 하는지 질문해야 하고 어쩌면 순서 자체가 필요 없을 수도 있지 않을까도 생각해 봐야 한다. 만약 순서가 전혀 중요하지 않다면 그냥 단일 연결 리스트singly linked list를 쓰고 항상 뒤에 원소를 붙여도 된다. 이 동작은 락을 사용하든 락-프리 방식을 사용하든 쉽게 구현할 수 있다. 만약 전역 순서가 반드시 필요하다면 우연한 프로그램 순서에 영향을 받지 않는 안정적이고 결정론적인deterministic 정렬 규칙을 찾아내야 한다. 예를 들어 알파벳 순서로 정렬하거나, 우선순위 등 다른 기준을 적용할 수 있다. 이런 질문들에 대한 대답에 따라 사용해야 할 자료 구조가 결정된다. 이중 연결 리스트를 병행적으로 사용하기란(즉 여러 스레드가 리스트를 읽고 고칠 수 있는 권한을 갖는 것) 네모난 말뚝을 둥근 구멍에 끼우는 일에 다름없다.

4.8.2 트랜잭션 기반 알고리듬

식사하는 철학자 문제에서 중앙의 조정자가 등장하는 해법이 있었는데, 중재자 또는 '웨이터'는 2개의 젓가락을 나눠 준다. 철학자는 필요로 하는 자원을 전부(젓가락 2개) 받거나 아니면 아예 받지 못한다. 이것을 트랜잭션transaction이라고 한다.

트랙잭션을 보다 엄밀히 정의하면 나눌 수 없는 자원 또는 동작(둘 다이거나)들의 묶음이라고 할 수 있다. 병행 시스템의 스레드는 모종의 중앙 조정자에게 트랜잭션 요청을 보낸다. 트랜잭션은 온전히 성공하거나 완전히 실패한다(다른 스레드의 트랜잭션을 처리하고 있는 중에 요청이 올 경우). 트랜잭션이 실패하면 스레드는 성공할 때까지 계속 트랜잭션 요청을 반복한다(반복하는 중간에 잠시 대기할 수도 있다).

트랜잭션 기반 알고리듬은 병행 시스템이나 분산 시스템에서 흔히 볼 수 있다. 4.9절에서 볼 내용이지만 트랜잭션 개념은 대부분의 락-프리 데이터 구조와 알고리듬의 기본 개념이다.

4.8.3 경쟁 줄이기

병행 시스템이 가장 효율적으로 돌아갈 때는 모든 스레드가 락을 기다릴 필요 없이 돌아갈 때다. 물론 이런 완벽한 상태는 절대 다다를 수 없긴 하지만 병행 시스템 프로그래머들은 스레드 간의 경쟁을 줄이는 노력은 한다.

예를 들어 어떤 스레드 그룹이 데이터를 생산한 후 중앙 저장소에 이것을 저장한다고 하자. 한 스레드가 저장소에 데이터를 넣을 때마다 이 스레드는 다른 모든 스레드와 공유 자원을 놓고 경쟁하는 셈이다. 때로는 모든 스레드가 각기 자신의 저장소를 갖는 단순한 해법도 가능하다. 스레드들은 이제 서로 상관하지 않고 경쟁하지 않으면서 데이터를 생산한다. 모든 스레드가 결과물을 다 생산한 후 중심 스레드가 이것들을 합친다.

식사하는 철학자 문제에 대해 이 같은 접근법을 사용하면 모든 철학자들에게 처음부터 젓가락을 한 쌍씩 주는 것이 된다. 이렇게 하면 병행성 자체를 문제에서 제거하는 셈이 된다(공유 자원이 없으면 병행성도 없다). 실재하는 병행 시스템에서 공유 자원을 모두 제거할 수는 없지만 락 경쟁을 최소화하고자 자원 공유를 최소화하는 방법을 찾아볼 수는 있다.

4.8.4 스레드 안정성

보통 어떤 클래스나 함수형 API가 다중 스레드 프로세스의 어느 스레드에서 불리더라도 안전한 경우 스레드 안정성thread safety을 갖췄다고 말할 수 있다. 어떤 함수에 대해 스레드 안정성을 획득하는 가장 흔한 방법은 함수의 제일 위에서 임계 구역에 진입하고, 작업을 수행한 후, 리턴하기 직전에 임계 구역을 빠져 나오는 것이다. 클래스의 모든 함수가 스레드 안정성을 갖춘 경우 이것을 모니터monitor라고 부르기도 한다 ('모니터'라는 용어는 보호 자원을 기다리는 동안 호출한 클라이언트를 수면 상태에 진입하도록 하고 조건 변수를 감시해 알려 주는 클래스를 가리키기도 한다).

클래스나 인터페이스가 스레드 안정성을 제공하면 편하기는 하다. 그렇지만 때로 불필요한 부담을 야기하기도 한다. 예를 들어 단일 스레드 또는 다중 스레드 중 한 스레드에서만 쓰이는 인터페이스인 경우 이런 부담을 질 필요가 전혀 없다.

스레드 안정성은 인터페이스 함수가 재진입^{reentrant} 가능해야 할 경우 문제가 된다. 예를 들어 어떤 클래스가 스레드 안정성을 갖춘 함수 A( ), B( )를 제공하는 경우 이 함수들끼리는 서로 호출할 수 없는데, 왜냐하면 두 함수가 각기 독립적으로 임계 구역에 들어가고 나가기 때문이다. 이 문제를 해결하려면 재진입 가능 락^{reentrant lock}을 구현하는 것이 한 방법이다(4.9.7.3절 참조). 또 다른 방법은 인터페이스의 실제 구현은 '불안정'한 함수에서 처리하고, 이것들을 '감싸는' 함수를 둬서 임계 구역 진입, '불안정'한 함수 호출, 그리고 마지막으로 임계 구역 진출하는 순서로 구현하는 것이다. 이렇게 하면 내부적으로는 '불안정'한 함수를 호출하지만 외부 인터페이스는 스레드 안정성을 보장할 수 있게 된다.

내 생각에 100% 스레드 안정성을 갖춘 클래스와 API를 만들어 병행 프로그래밍을 처리하려는 것은 별로 좋은 시도가 아니다. 불필요하게 무거운 인터페이스로 이어지기 쉽고, 또한 프로그래머가 병행 환경에서 프로그래밍하고 있다는 불편한 진실을 묵과하도록 부추기는 경향이 있기 때문이다. 대신 소프트웨어에 병행성이 존재한다는 것을 인정하고 기꺼이 품어야 하며, 병행성을 명확하게 처리할 수 있는 자료 구조와 알고리듬을 디자인하도록 노력해야 한다. 스레드 간 경쟁과 의존성을 줄이고 락을 최소한으로 사용하는 소프트웨어 시스템을 만드는 것이 목표가 돼야 한다. 완전한 락-프리 시스템을 구현하기는 정말 고되고 잘하기도 힘들다(4.9절 참조). 그러나 락을 과용해 '밀봉된' 인터페이스를 구현함으로써 프로그래머가 병행성에 대해 전혀 몰라도 되는 디자인을 구현하려는 부질없는 시도보다는 락-프리를 지향하는(즉 락 사용을 최소화) 방향이 훨씬 나은 전략이다.

4.9 락-프리 병행성

병행 시스템에서 경쟁 상태에 대한 해법으로 지금까지 살펴본 것들은 뮤텍스 락을 사용해 임계 동작을 원자적으로 만드는 것이 중심이었고, 여기에 바쁜-대기를 통해 야기되는 CPU 주기 낭비를 피하려고 조건 변수와 커널에서 지원하는 스레드 수면 상태를 활용하는 것이었다. 이런 이야기를 하는 중간에 더 효율적일 가능성이 있는 다른 방법에 대해서도 언급했었다. 이 방법은 락-프리 병행성이라고 한다.

통상적으로 알고 있는 것과는 달리 '락-프리'라고 해서 뮤텍스 락을 없앤다는 뜻은 아니다(이것이 접근 방법의 일부이긴 해도). 사실 '락-프리'란 스레드가 자원을 기다리는 동안 수면 상태로 진입하는 것을 막는 방법을 가리킨다. 다시 말하면 락-프리 프로그래밍에서는 절대로 스레드를 블록block하지 않는다. 그렇기 때문에 '블로킹-프리blocking-free'라고 불렀으면 차라리 더 알기 쉬웠을지도 모른다.

사실 락-프리 프로그래밍은 논-블로킹non-blocking 병행 프로그래밍 기법들 중 한 부분에 불과하다. 스레드가 블록되면 진행을 멈춘다. 이런 기법들은 전부 시스템 내의 스레드, 그리고 전체 시스템의 진행을 보장하는 것이 목표다. 이 기법들은 몇 가지로 분류할 수 있는데 이와 같은 보장의 정도가 강해지는 순서로 열거해 보면 다음과 같다.

- **블로킹** 블로킹 알고리듬은 스레드가 자원을 기다리면서 수면 상태로 전환할 수 있는 것을 뜻한다. 블로킹 알고리듬은 데드락, 라이브락, 기아 상태, 우선순위 역전 등의 문제에 취약하다.

- **무 차단**obstruction freedom 한 스레드를 제외한 시스템 전체의 스레드가 대기 상태가 되더라도 남은 한 스레드가 일정한 단계 안에 반드시 작업을 수행하도록 보장한다면 이 알고리듬은 무 차단 알고리듬이다. 실행을 계속하는 스레드는 단독 실행solo execution을 한다고 말하며, 그렇기 때문에 무 차단 알고리듬은 간혹 단독 종료solo-termination 알고리듬이라고도 부른다. 뮤텍스 락 또는 스핀락을 사용하는 알고리듬은 무차단 알고리듬이 될 수 없는데, 이것은 락을 들고 있는 스레드가 대기 상태가 된다면 단독 실행 스레드가 이 락을 기다리며 영구히 블로킹될 수 있기 때문이다.

- **무 잠금**lock freedom 무 잠금(락-프리)을 엄밀하게 정의하자면 프로그램이 무한히 긴 시간 동안 실행될 때 무한한 수의 동작이 완결된다는 뜻이다. 좀 더 직관적으로 말하자면 락-프리 알고리듬은 시스템 내의 스레드 몇 개는 항상 진행할 수 있다는 뜻이다. 즉 한 스레드가 갑자기 정지되더라도 다른 스레드들은 진행할 수 있다. 락을 잡은 스레드가 정지된다면 다른 스레드를 블로킹할 수 있기 때문에 이 알고리듬에서도 뮤텍스와 스핀 락을 사용할 수 없다. 락-프리 알고리듬은 보통 트랜잭션 기반이다. 트랜잭션 수행이 다른 스레드에 의해 중단되면 트랜잭션을 되돌리고(롤백) 성공할 때까지 다시 시도한다. 이 방식은 데드락을 피할 수는 있지만 기아 상태의 가능성은 있다. 즉 다른 스레드들의 트랜잭션이 항상 성공하는 동안 특정 스레드는 트랜잭션을 시도하고 실패하는 일을 무한히 반복할 수도 있다.

- **무 대기**[wait freedom] 무 대기 알고리듬은 무 잠금(락-프리) 알고리듬의 내용을 모두 보장하면서 기아 상태에 빠지지 않도록 보장한다. 즉, 모든 스레드가 진행할 수 있으며, 특정 스레드가 무한히 기아 상태에 빠지지 않는다.

블로킹을 하지 않는 모든 알고리듬을 광범위하게 가리키는데 '락-프리 프로그래밍'이라는 용어를 사용하는 경우가 있지만, 엄밀히 말해 무 차단, 무 잠금(락-프리), 무 대기 알고리듬 전체를 일컫는 올바른 용어는 '논-블로킹 알고리듬'이다.

논-블로킹 알고리듬은 매우 폭넓은 주제이고, 여전히 연구가 진행되는 중이다. 이것을 완전히 다루려면 다른 책 한 권을 써야 할 정도다. 우리는 데이터 경쟁 문제의 진짜 원인을 알아보는 데서 시작하기로 한다. 그 후 뮤텍스가 진짜 어떻게 구현되는지 살펴보고 직접 간결한 스핀 락을 구현해 본다. 마지막으로 간단한 락-프리 연결 리스트를 구현해 볼 것이다. 이렇게 하면 락-프리 데이터 구조와 알고리듬에 대해 간단히 맛을 보고 스스로 락-프리 기법을 탐구할 출발점이 될 수 있을 것이다.

4.9.1 데이터 경쟁의 원인

4.5.3.2절에서 데이터 경쟁이란 임계 동작이 동일한 데이터에 대한 다른 임계 동작에 의해 중단될 때 발생한다고 했었다. 하지만 이와 별개로 데이터 경쟁이 발생할 수 있는 요인이 두 가지 더 있는데, 우리가 직접 스핀 락을 만들거나 락-프리 알고리듬을 구현하려면 이 모두를 잘 알아야 한다. 데이터 경쟁 문제는 병행 프로그램에서 다음과 같은 경우 발생한다.

- 임계 동작이 다른 임계 동작에 의해 끊기는 경우
- 컴파일러나 CPU가 수행하는 명령어 재배열을 통한 최적화에 의해 발생하는 경우
- 특정 하드웨어의 메모리 정렬 문맥[memory ordering semantics]의 결과에 의해 발생하는 경우

이것들을 좀 더 세분화해 보자.

- 선점형 멀티태스킹에 의해서건 멀티코어 환경에서건 스레드는 항상 다른 스레드를 끊는다. 그러나 데이터 경쟁 문제는 동일한 공유 데이터에 대한 임계 동작이 서로 끊어질 때 발생한다.

- 컴파일러는 파이프라인 정체를 최소화하려고 명령어를 재배열하기도 한다. 마찬가지로 CPU의 비순차 실행 로직에 의해 프로그램 순서와 다른 순서로 명령어가 실행될 수 있다. 명령어 재배열은 단일 스레드 프로그램의 관측 가능한 행동을 변경하지 않는 것을 보장한다. 그러나 2개 이상의 스레드가 공유 데이터에 동작하는 방식을 변경할 수 있고, 따라서 병행 프로그램의 데이터 경쟁을 일으킬 수 있다.
- 컴퓨터의 메모리 컨트롤러는 매우 공격적인 최적화를 하며 이에 따라 특정 읽기 또는 쓰기 명령어의 실제 실행이 시스템의 다른 읽기/쓰기에 비해 상대적으로 지연될 수 있다. 컴파일러 최적화와 비순차 실행의 경우와 마찬가지로 메모리 컨트롤러 최적화는 단일 스레드 프로그램의 표면적인 행동을 변경하지 않는다. 하지만 이것은 병행 시스템에서 임계 동작의 읽기/쓰기 쌍의 순서를 변경할 가능성이 있고, 따라서 스레드가 데이터를 공유할 때 예측 불가능한 행동을 일으킬 수 있다. 이 책에서는 이런 형태의 병행성 버그를 메모리 정렬 버그^{memory ordering bug}라고 부른다.

임계 동작에서 데이터 경쟁이 발생하지 않도록 하려면, 다시 말해 원자성을 보장하려면 이 세 가지 상황이 발생하지 않도록 해야 한다.

4.9.2 원자성 구현

제일 처음으로 임계 동작을 원자적이도록(즉 인터럽트 불가능하도록) 하는 문제를 살펴보자. 앞에서 임계 동작을 뮤텍스 잠금/해제 쌍 안에 놓기만 하면 마법처럼 원자적 동작이 된다고 두리뭉실하게 넘어 갔었다. 그런데 뮤텍스는 진짜로 어떻게 동작하는 것일까?

4.9.2.1 인터럽트를 끔으로써 원자성 획득하기

다른 스레드가 현재 동작을 끊지 못하게 하고자(즉 인터럽트하지 못하게 하고자), 직전에 인터럽트를 끄고 일이 끝난 후 다시 켜는 것을 생각해 볼 수 있다. 이렇게 하면 원자적 동작을 수행하는 동안 커널이 다른 쓰레드로 문맥 전환하는 것을 막을 수 있을 것이다. 하지만 이 방법은 선점형 멀티태스킹을 사용하는 단일 코어 시스템에서만 가능한 방법이다.

인터럽트를 끄려면 특정 기계 언어의 명령어(예를 들면 인텔 x86 아키텍처의 cli 명령어. clear interrupt enable bit)를 수행해야 한다. 그렇지만 이런 명령어들은 명령어를 실행한 코어에만 영향을 준다. 다른 코어들은 아무 영향이 없고(인터럽트, 달리 말해 선점형 멀티태스킹이 켜진 상태), 이 코어의 스레드들은 여전히 우리의 동작을 끊을 수 있다. 그렇기 때문에 이 방식은 현실적으로 제한적이다.

4.9.2.2 원자적 명령어

'원자적'이라는 말은 어떤 동작을 쪼개고 쪼개서 더이상 나눌 수 없는 상태까지 도달함을 암시한다. 그렇다면 자연스럽게 질문할 수 있다. '원래' 원자적인 기계어 명령어도 존재할까? 즉 CPU에서 끊을 수 없도록(인터럽트할 수 없도록) 보장하는 명령어가 있을까?

이 질문에 대한 대답은 '그렇다'이지만 몇 가지 단서가 있다. 일단 절대 원자적으로 동작하지 않는 명령어가 있을 것이다. 어떤 CPU는 어셈블리 코드에서 명령어에 접두어를 붙임으로써 사실상 대부분의 명령어가 알아서 원자적으로 실행되게 강제하기도 한다(Intel x86 ISA의 lock 접두어가 그 예다).

이것은 병행 프로그래밍을 하는 프로그래머에게 좋은 소식이다. 사실 이 같은 원자적 명령어들이 있기 때문에 뮤텍스와 스핀 락 등의 원자성 도구를 만들 수 있는 것이고, 그럼으로써 더 큰 범주의 원자적 동작을 구현할 수 있게 된다.

CPU와 ISA마다 지원하는 원자적 명령어 집합이 다르고 그 규칙도 다르다. 그러나 원자적 명령어들은 다음과 같은 넓은 범위의 두 가지로 분류할 수 있다.

- 원자적 읽기와 쓰기 명령어
- 원자적 읽기-변경-쓰기^{RMW} 명령어

4.9.2.3 원자적 읽기-쓰기

대부분의 CPU에서 4바이트 정렬된 32비트 정수에 대한 읽기나 쓰기가 원자적일 것이라고 합리적으로 가정할 수 있다. 그렇긴 해도 매 CPU는 각기 다를 수 있기 때문에 특정 명령어에 대한 원자성을 따질 때는 언제나 ISA 문서를 참조하는 것이 매우 중요하다.

CPU에 따라 더 작거나 큰 단위, 예를 들어 1바이트 또는 64비트 정수에 대한 읽기와 쓰기에 원자성을 보장하는 경우도 있다(마찬가지로 메모리 정렬이 잘 돼 있다고 가정한다면). 이것은 대부분의 CPU에서 그 크기가 레지스터보다 작거나 일치하는 메모리 정렬된 정수에 대한 읽기, 쓰기를 1개의 메모리 접근 주기 내에 처리할 수 있기 때문이다. CPU가 이 명령을 수행할 때는 명시적인 클럭과 동기화하므로 메모리 사이클은 다른 코어도 끊을 수 없다. 따라서 읽기와 쓰기 명령어는 원자성을 띠는 셈이 된다.

메모리 정렬이 되지 않은 읽기와 쓰기는 통상적으로 이와 같은 원자성을 보장받지 못한다. 왜냐하면 메모리 정렬이 안 된 주소를 읽거나 쓰려면 CPU개 2개의 메모리 접근을 시도해야 하기 때문이다. 따라서 명령어 수행이 중난될 수 있으며 원자성을 보장할 수 없다(3.3.7.1절에 메모리 정렬에 대한 내용이 나온다).

4.9.2.4 원자적 읽기-변경-쓰기

원자적 읽기나 원자적 쓰기만으로는 일반적 의미의 원자적 동작을 구현하기에 부족하다. 뮤텍스와 같은 락을 구현하려면 메모리로부터 변수의 내용을 읽고, 그 값에 모종의 동작을 수행한 다음, 그 결과를 메모리에 다시 저장하는 동안 중단받지 않을(인터럽트되지 않을) 방법이 필요하다.

현대의 모든 CPU는 병행 프로그래밍을 위해 적어도 하나 이상의 원자적 읽기-변경-쓰기^{RMW} 명령을 지원한다. 이후의 절들에서 각기 장단점이 있는 몇 가지 다른 종류의 RMW 명령어들을 살펴본다. 전부 뮤텍스나 스핀 락을 구현하는 데 사용할 수 있다.

4.9.2.5 테스트-앤드-세트

가장 단순한 RMW 명령어는 테스트-앤드-세트$^{TAS,\ Test\text{-}And\text{-}Set}$라고 한다. TAS 명령어가 진짜로 값을 검사하고 변경하는 것은 아니다. 실제로는 원자적으로 불리언 변수를 1(true)로 변경한 다음 이전 값을 리턴한다(따라서 이 값을 테스트할 수 있다).

```
// TAS 명령어의 의사코드
bool TAS(bool* pLock)
{
  // 원자적으로 다음을 수행...
  const bool old = *pLock;
  *pLock = true;
  return old;
}
```

TAS 명령어를 통해 가장 단순한 형태의 락인 스핀 락을 구현할 수 있다. 다음은 이 방법에 대한 의사코드다. 이 예에서는 가상의 컴파일러 내장 함수인 _tas( )를 통해 TAS 기계어를 호출한다고 가정한다. CPU가 지원하는 경우 여러 컴파일러가 이 명령어를 다양한 형태로 지원한다. 예를 들면 비주얼 스튜디오에서 TAS 내장 함수의 이름은 _interlockedbittestandset( )이다.

```
void SpinLockTAS(bool* pLock)
{
  while (_tas(pLock) == true)
  {
    // 다른 곳에서 락을 들고 있다. -- 바쁜-대기(busy-wait)...
    PAUSE( );
  }

  // 여기에 이르렀다면 변수 *pLock에 성공적으로 true값을 저장했고
  // 이전에는 그 값이 false였다는 것을 안다. 이것은 아무도 락을 갖고
  // 있지 않음을 뜻한다. -- 끝
}
```

PAUSE( ) 매크로는 컴파일러 내장 명령어(Intel SSE2의 _mm_pause( ) 등)를 사용해 바쁜–대기 동안 전원 소모를 줄이려는 시도다. 4.4.6.4절에 보면 바쁜–대기 루프 내에서 상황이 허락하는 한 이 내장 명령을 사용하는 것이 왜 바람직한지가 나와 있다.

이 코드는 가상의 예에 불과하다는 것을 명심해야 한다. 적절한 메모리 펜스를 사용하지 않았기 때문에 100% 올바른 예가 아니다. 4.9.7절에서 스핀 락의 완전한 구현 예를 살펴볼 것이다.

4.9.2.6 교환

인텔 x86등의 ISA는 원자적 교환exchange 명령을 제공한다. 이 명령어는 2개의 레지스터 간 또는 레지스터와 메모리 위치 간의 내용을 교체한다. x86에서는 레지스터와 메모리의 값을 교환할 때 기본적으로 원자적으로 동작한다(이것은 명령어가 마치 lock 접두어를 붙인 것과 같이 행동한다는 뜻이다).

다음은 원자적 교환 명령을 통해 스핀 락을 구현하는 예다. 이 예에서는 비주얼 스튜디오의 내장 명령인 _InterlockedExchange( )를 사용해 인텔 x86의 xchg 명령어를 생성한다(다시 말하

지만 적절한 메모리 펜스가 없기 때문에 불완전한 코드이며 기대한 대로 동작하지 않을 수 있다. 4.9.7절에 완전한 구현이 나와 있다).

```
void SpinLockXCHG(bool* pLock)
{
  bool old = true;
  while (true)
  {
    // 8-bit 워드용 xchg 명령어를 생성
    _InterlockedExchange8(old, pLock);
    if (!old)
    {
      // false를 리턴했다면,
      // 락을 획득한 것이다.
      break;
    }
    PAUSE();
  }
}
```

마이크로소프트 비주얼 스튜디오에서 앞에 언더바()가 붙은 'interlocked' 함수들은 모두 컴파일러 내장 명령어다. 이것들은 해당하는 어셈블리 명령어를 코드에 직접 삽입한다. 윈도우 SDK에도 언더바가 붙지 않은 비슷한 이름의 함수들이 존재한다. 이 함수들은 대체적으로 내장 명령어로 구현되지만 커널 호출을 포함하기 때문에 훨씬 비싸다.

4.9.2.7 비교 및 교체

어떤 CPU는 비교 및 교체CAS, Compare And Swap 명령어를 제공한다. 이 명령어는 메모리 특정 위치에 존재하는 값을 검사한 후 프로그래머가 제공한 값과 이 메모리 값이 일치하는 경우에만 새 값으로 교체한다. 동작이 성공한 경우에는 true를 리턴하며, 이것은 곧 메모리 위치에 예측한 값이 들어 있었음을 의미한다. 메모리의 내용이 예측과 달라서 동작이 실패하면 false를 리턴한다.

CAS는 불리언보다 큰 값에 대해 동작할 수 있다. 최소한 32 또는 64비트 정수를 위한 함수가 제공되는 것이 보통이고, 보다 적은 워드를 지원하는 경우도 있다.

CAS 명령어의 동작은 다음 의사코드를 보면 알 수 있다.

```
// 비교 및 교체 명령어에 대한 의사코드
bool CAS(int* pValue, int expectedValue, int newValue)
{
  // 원자적으로 수행...
  if (*pValue == expectedValue)
  {
    *pValue = newValue;
    return true;
  }
  return false;
}
```

CAS를 통해 읽기–변경–쓰기 동작을 구현하려면 대략 다음과 같은 접근법을 따른다.

1. 변경하려는 변수의 이전 값을 읽는다.
2. 원하는 대로 이 값을 변경한다.
3. 결과를 다시 쓸 때는 일반적인 쓰기 대신 CAS 명령어를 사용한다.
4. CAS가 성공할 때까지 반복한다.

CAS 명령어를 통해 데이터 경쟁이 있는지 알 수 있는데, 읽기–변경–쓰기 동작 전의 값과 쓰는 시점의 메모리 값을 비교하면 된다. 데이터 경쟁이 없는 경우 CAS 명령은 단순한 쓰기 명령과 똑같다. 그러나 읽기와 쓰기 간에 메모리의 값이 변한 경우 다른 스레드가 선수를 쳤다는 것을 알게 된다. 이때는 별 수 없이 물러났다 다시 시도한다.

스핀 락을 비교 및 교체를 통해 구현하는 것은 다음과 같은데, 여기서도 마찬가지로 가상의 컴파일러 내장 명령인 _cas( )를 통해 CAS 명령어를 삽입한다고 하자(이 예도 메모리 펜스를 생략했기 때문에 모든 하드웨어에서 의도대로 동작하지는 않는다. 4.9.7절에 완전한 스핀 락 구현이 나와 있다).

```
void SpinLockCAS(int* pValue)
{
  const int kLockValue = -1; // 0xFFFFFFFF
  while (!_cas(pValue, 0, kLockValue))
  {
    // 다른 스레드에 의해 잠겨 있다. -- 다시 시도
```

```
      PAUSE();
    }
  }
```

그리고 다음은 원자적 증가 동작을 CAS로 구현한 것이다.

```
void AtomicIncrementCAS(int* pValue)
{
  while (true)
  {
    const int oldValue = *pValue; // 원자적 읽기
    const int newValue = oldValue + 1;
    if (_cas(pValue, oldValue, newValue))
    {
      break; // 성공!
    }
    PAUSE();
  }
}
```

인텔 x86 ISA에서는 CAS 명령어가 cmpxchg이며, 비주얼 스튜디오의 _InterlockedCompare
Exchange() 컴파일러 내장 명령을 통해 이 명령어를 생성할 수 있다.

4.9.2.8 ABA 문제

여기서 CAS 명령어가 한 가지 종류의 데이터 경쟁을 탐지할 수 없는 문제가 있음을 이야기
할 필요가 있다. 원자적 RMW 동작에서 읽기 수행 시 A라는 값을 읽었다고 하자. 이 상태에서
CAS 명령어를 실행하기 전에 다른 코어의 다른 스레드에 의해 선점당했다고 한다면 이 스레
드는 원자적으로 갱신하려는 메모리 주소의 내용을 두 번 갱신한다. 첫 번째는 B라는 값으로
갱신하고, 두 번째는 A라는 값으로 다시 갱신한다. 이제 CAS 명령어가 실행할 상황이 됐을 경
우, 읽었던 값 A와 다른 스레드가 덮어쓴 A간의 차이를 구분하지 못한다. 따라서 데이터 경쟁
이 발생하지 않았을 것이라고 잘못 판단할 것이다. 이것이 ABA 문제다.

4.9.2.9 로드 링크드/스토어 컨디셔널

어떤 CPU는 비교 및 교체 동작을 로드 링크드[LL, Load Linked] 명령어와 스토어 컨디셔널[SC, Store

^{Conditional} 명령어 2개로 나누기도 한다. 로드 링크드 명령어는 메모리 주소의 값을 원자적으로 읽어 오고, 동시에 특수한 CPU 레지스터인 링크 레지스터^{link register}에 해당 주소를 저장한다. 스토어 컨디셔널 명령어는 지정한 메모리 주소에 값을 쓰는데, 이때 주소가 링크 레지스터의 값과 일치할 때만 동작을 수행한다. 쓰기 동작이 성공하면 true를 리턴하고, 그렇지 않으면 false를 리턴한다.

메모리 버스를 통한 모든 쓰기 동작(스토어 컨디셔널 명령을 포함해서)은 링크 레지스터의 값을 0으로 초기화한다. 이것은 LL/SC 명령어 짝이 데이터 경쟁을 감지할 수 있다는 것을 의미하는데, 그 이유는 LL과 SC 사이에 어떠한 쓰기 동작이라도 발생할 경우 SC가 실패하기 때문이다.

LL/SC 명령어 짝은 일상적인 읽기와 CAS 명령어를 사용하는 것과 거의 똑같이 쓸 수 있다. 원자적 읽기-변경-쓰기를 구현하려면 다음과 같은 방법을 따른다.

1. 변수의 값을 LL 명령어를 통해 읽어 온다.
2. 원하는 대로 이 값을 변경한다.
3. 결과 값을 SC 명령어를 통해 쓴다.
4. SC가 성공할 때까지 반복한다.

다음은 LL/SC 명령어를 통해 원자적 증가를 구현한 것이다(가상의 컴파일러 내장 명령인 _ll()과 _sc()가 각각 LL, SC 명령어를 삽입한다고 생각하자).

```
void AtomicIncrementLLSC(int* pValue)
{
  while (true)
  {
    const int oldValue = _ll(*pValue);
    const int newValue = oldValue + 1;
    if (_sc(pValue, newValue))
    {
      break; // 성공!
    }
    PAUSE();
  }
}
```

어떠한 버스 쓰기 동작도 링크 레지스터를 초기화하므로 SC 동작은 툭하면 실패할 것이다. 그렇더라도 LL/SC로 구현한 원자적 RMW 구현의 정확성에는 전혀 영향을 미치지 않는다. 단지 바쁜–대기 루프가 반복을 몇 번 더 할 뿐이다.

4.9.2.10 CAS에 대한 LL/SC의 상대적 장점

LL/SC 명령어 짝에는 CAS 명령어에 비해 명확한 장점이 두 가지 있다.

첫째, SC 명령은 쓰기 명령이 한 번이라도 수행된 경우 실패하기 때문에 LL/SC는 ABA 문제가 없다.

둘째, LL/SC 짝은 CAS보다 파이프라인에 더 친화적이다. 제일 단순한 파이프라인은 인출^{fetch}, 해석^{decode}, 실행^{execute}, 메모리 접근$^{memory\ access}$, 레지스터 쓰기$^{register\ write-back}$의 다섯 단계로 이뤄진다. 그런데 CAS 명령은 두 번의 메모리 접근 주기, 즉 기대 값과 비교하고자 메모리 주소를 읽을 때와, 비교가 성공해서 값을 다시 쓸 때가 필요하다. 이 말은 CAS를 지원하려면 파이프라인에 거의 아무것도 하지 않는 메모리 접근 단계가 추가로 필요하다는 뜻이다. 반면 LL 과 SC 명령어는 각기 한 번의 메모리 접근 주기를 필요로 하기 때문에 메모리 접근이 한 번뿐인 파이프라인에 매우 잘 들어맞는다. 파이프라인 관점으로 봤을 때 CAS와 LL/SC를 비교한 내용이 그림 4.35에 나와 있다.

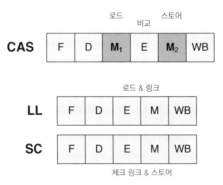

그림 4.35. 비교 및 교체(CAS) 명령어는 메모리를 읽은 후 비교를 수행하고, 조건에 따라 같은 위치에 값을 쓴다. 따라서 두 번의 메모리 접근 주기가 필요하므로 단순한 파이프라인 구조의 CPU 아키텍처에서 구현이 간단하지 않다. 이는 각기 한 번의 메모리 접근만 요하는 LL/SC 명령어 짝에 비해 불리한 점이다.

4.9.2.11 엄격한 비교 교환, 느슨한 비교 교환

C++11 표준 라이브러리는 이식 가능한 원자적 비교−교환compare-exchange 동작을 제공한다. 하드웨어에 따라 CAS 또는 LL/SC로 구현될 수도 있다. 스토어−컨디셔널 동작은 매우 빈번하게 실패하기 때문에 C++11은 엄격한strong 버전과 느슨한weak 버전 두 가지 비교−교환 연산을 제공한다. 엄격한 비교−교환은 빈번한 SC 실패를 프로그래머로부터 '감추고', 느슨한 비교−교환은 반대다. C++11의 엄격한 비교−교환, 느슨한 비교−교환의 설계 이유에 대해 궁금하다면 'Strong Compare and Exchange Lawrence Crowl'을 검색해 보기 바란다.

4.9.2.12 원자적 RMW 명령어들의 상대적 효용성

CAS와 LL/SC 명령에 비해 TAS 명령이 다중 스레드 간의 합치된 상태를 만드는 데 더 못하다는 점을 이야기할 필요가 있다. 여기서 말하는 합치된 상태란 스레드 간에 공유되는 변수의 값에 대한 합의를 이야기한다(비록 몇몇 스레드는 계속 실패한다 하더라도).

TAS 명령어는 불리언 값만 다루기 때문에 이른바 무−대기 합의 문제wait-free consensus problem를 두 스레드에 대해서만 해결할 수 있다. CAS는 32비트 값을 다루기 때문에 스레드 개수에 상관없이 이 문제를 해결할 수 있다.

무 대기 합의 문제는 이 책의 범위를 넘어서는 내용이다. 보통 장애 허용fault tolerant 시스템을 구축할 때나 흥미를 가질 주제다. 장애 허용 시스템 구축에 관심이 있다면 위키피디아에서 'consensus(computer sceience)'를 검색해 보면 합의 문제에 대한 정보를 찾을 수 있을 것이다.

4.9.3 장벽

데이터 경쟁 버그의 원인이 실행 중단(인터럽트)만 있는 것은 아니다. 4.2.5.1절에 나와 있는 것처럼 컴파일러와 CPU는 명령어 재배열instruction reordering 최적화를 수행하는 데 이것이 병행 프로그램에서 미묘한 버그를 만들 수 있다.

컴파일러 최적화와 비순차 실행out-of-order execution의 제일 규칙은 단일 스레드 환경에서 가시적인 동작 변화가 없어야 한다는 것이다. 그러나 컴파일러나 CPU의 제어 로직은 시스템에서 어떤 다른 스레드가 실행 중인지, 이것들이 무엇을 하는지에 대해서는 전혀 알지 못한다. 그렇기 때문에 이 규칙만으로는 명령어 재배열이 병행 프로그램에 버그를 만들지 않으리라는 보장을 할 수 없다.

운영체제의 스레드 동기화 기본 도구들(뮤텍스 등)은 명령어 재배열 최적화에 의해 발생할 수 있는 병행성 버그를 피하도록 세심하게 구현됐다. 그러나 뮤텍스의 실제 구현을 살펴보는 중이니까 우리 스스로 이 문제를 어떻게 회피할 수 있는지 알아보자.

4.9.3.1 명령어 재배열은 어떻게 병행성 버그를 유발하는가

명령어 재배열이 병행 소프트웨어에서 어떤 문제를 일으킬 수 있는지 살펴보고자 4.6.3절의 생산자−소비자 문제를 다시 한번 가져오자. 명령어 재배열이 유발하는 버그를 보려고 문제를 단순화하고 뮤텍스를 제거했다.

```
int32_t g_data = 0;
int32_t g_ready = 0;

void ProducerThread()
{
  // 데이터를 생산한다.
  g_data = 42;

  // 소비자에게 알린다.
  g_ready = 1;
}

void ConsumerThread()
{
  // 데이터가 준비되기를 기다린다.
  while (!g_ready)
    PAUSE();

  // 데이터를 소비한다.
  ASSERT(g_data == 42);
}
```

메모리 정렬된 32비트 정수에 대한 읽기와 쓰기가 원자적으로 동작하는 CPU에서 이 코드는 뮤텍스가 전혀 필요 없다. 그러나 컴파일러나 CPU의 비순차 실행 로직이 명령어 재배열을 수행하고, 그 결과 생산자 코드의 g_ready = 1;을 g_date = 42;보다 먼저 실행하게 되는 것은 충분히 가능하다. 마찬가지로 컴파일러가 소비자의 코드에서 g_data == 42;를 while 루프보다 먼저 실행하게 재배열하는 것도 이론적으로 충분히 가능하다. 그렇기 때문에 코드의 읽기와 쓰기가 모두 원자적으로 동작한다 하더라도 이 코드는 예측대로 동작하지 않을 가능성이 있다.

명령어 재배열은 어셈블리 언어 단위에서 이뤄지기 때문에 C/C++의 명령문를 재배열하는 것보다 훨씬 미묘할 수 있다. 예를 들어 다음 C/C++ 코드를 보자.

```
A = B + 1;
B = 0;
```

이 코드는 다음의 인텔 x86 어셈블리 코드가 된다.

```
mov   eax,[B]
add   eax,1
mov   [A],eax
mov   [B],0
```

컴파일러는 명령어 재배열을 통해 다음의 코드를 만들어 낼 수 있는데, 단일 스레드 환경에서는 가시적인 차이가 전혀 없다.

```
mov   eax,[B]
mov   [B],0    ;; A 보다 먼저 B를 쓴다!
add   eax,1
mov   [A],eax
```

다른 스레드가 B의 값이 0이 되기를 기다렸다가 A의 값을 읽으려 하고 있다면, 컴파일러 최적화가 된 코드는 제대로 동작하지 않을 것이다.

이 주제에 관해서 제프 프레싱^{Jeff Preshing}의 훌륭한 블로그 포스트(http://preshing.com/20120625/memory-ordering-at-compile-time/)를 참고하기 바란다(앞의 어셈블리 코드는 여기서 가져온 것이다). 제프의 병행 프로그래밍에 관한 포스트는 전부 훌륭하기 때문에 읽어 볼 것을 적극 추천한다.

4.9.3.2 C/C++의 volatile에 관해(그리고 왜 이것이 도움이 안 되는지에 관해)

컴파일러가 임계적인 읽기와 쓰기에 대해 재배열을 하는 것을 막을 수는 없을까? C/C++에서는 volatile이라는 타입 수식어가 해당 변수의 연속된 읽기/쓰기를 최적화하지 못하게 하는 지시하는 역할을 하는데, 그렇다면 이것을 쓰면 도움이 되지 않을까?

C/C++의 volatile 키워드의 진짜 목적은 메모리 맵 I/O와 시그널 핸들러의 동작을 보장하기 위한 것이다. 따라서 volatile로 표기된 변수의 내용이 레지스터에 캐시되지 않음을 보장할 뿐이다. 변수에 접근할 때마다 메모리에서 값을 직접 읽어 온다. 어떤 컴파일러는 volatile 변수의 읽기/쓰기 사이에 냉령어 재배열을 하지 않는다는 보장을 하기도 하지만 일부일 뿐이며, 또한 보장을 하는 경우에도 특정 CPU를 대상으로 하거나 특정한 커맨드라인 옵션이 지정될 경우만 해당한다. C/C++ 표준은 이러한 동작을 강제하고 있지 않기 때문에 이식 가능한 코드를 짤 때 이것에 의존할 수 없다. 이 주제에 대한 깊은 내용은 다음 사이트(https://msdn.microsoft.com/en-us/magazine/dn973015.aspx)를 참조한다.

더군다나 C/C++의 volatile 키워드는 CPU의 비순차 실행 로직에 의해 런타임에 재배열이 일어나는 데 전혀 영향을 줄 수 없다. 또한 캐시 일관성에 관련된 문제를 막을 수 없다(4.9.3절 참조). 따라서 최소한 C/C++ 코드에서 안정적인 병행 소프트웨어를 짜는 데 volatile은 별 도움이 되지 않는다.[15]

4.9.3.3 컴파일러 장벽

컴파일러가 임계 동작 범위 안의 읽기/쓰기를 재배열하지 못하게 하려면 그러지 말라고 직접 지시하면 된다. 컴파일러 장벽compiler barrier라 불리는 특수한 의사 명령어를 코드에 집어 넣어서 지시할 수 있다.

컴파일러마다 장벽을 치는 문법이 각기 다르다. GCC에서는 다음에 볼 인라인 어셈블리 문법을 넣어서 장벽을 친다. 마이크로소프트 비주얼 C++에서는 컴파일러 내장 명령인 _ReadWriteBarrier( )가 이 일을 한다.

```
int32_t g_data = 0;
int32_t g_ready = 0;

void ProducerThread( )
```

---

15 자바나 C# 등의 일부 언어에서는 volatile 키워드가 진짜 원자성을 보장하며, 병행 자료 구조나 알고리듬을 구현하는 데 쓰일 수 있다. 4.9.6절을 읽어 보자.

```
{
    // 데이터를 생산한다.
    g_data = 42;

    // 컴파일러에게: 이 장벽 너머로는
    // 명령어를 재배열하지 마세요!
    asm volatile("" ::: "memory")

    // 소비자에게 알린다.
    g_ready = 1;
}

void ConsumerThread()
{
    // 데이터가 준비되기를 기다린다.
    while (!g_ready)
        PAUSE();

    // 컴파일러에게: 이 장벽 너머로는
    // 명령어를 재배열하지 마세요!
    asm volatile("" ::: "memory")

    // 데이터를 소비한다.
    ASSERT(g_data == 42);
}
```

컴파일러가 명령어 재배열을 하지 못하게 하는 방법은 더 있다. 예를 들면 대부분의 함수 호출은 묵시적으로 컴파일러 장벽 역할을 한다. 컴파일러는 함수 호출에 어떤 파생 효과가 있는지 전혀 알지 못하기[16] 때문에 논리적인 판단이라 할 수 있다. 따라서 함수 호출 전후로 메모리 상태가 같은지 보장할 수 없기 때문에 함수 호출을 건너는 메모리 최적화를 할 수 없다. 일부 최적화 컴파일러는 인라인 함수의 경우 이 규칙을 적용하지 않기도 한다.

아쉽게도 컴파일러 장벽은 CPU의 비순차 실행 로직이 런타임에 명령어를 재배열하는 것을 막지 못한다. 일부 ISA는 바로 이런 용도의 특수한 명령어를 지원하기도 한다(예, PowerPC의

---

16 함수 호출이 묵시적 장벽 역할을 하려면 컴파일러가 함수 정의부를 '보지' 못해야 하는데, 함수가 다른 번역 단위에 있을 경우가 그 예다. 링커 타임 최적화(LTO)는 평상시라면 컴파일러가 보지 못하는 함수 정의부를 볼 수 있게 만들기 때문에 묵시적 장벽의 효과를 제거하게 되고, 따라서 병행성 버그를 만들어 낼 수 있다.

isync 명령어). 4.9.4.5절에서는 메모리 펜스^{memory fence}라 불리는 기계어 명령들을 살펴볼 텐데, 이것들은 컴파일러와 CPU 모두에 쓸 수 있는 명령어 재배열 장벽이며 더 중요하게는 메모리 재배열 버그를 방지할 수 있다. 즉 믿을 만한 뮤텍스, 또는 스핀 락이나 락-프리 알고리듬을 구현하려면 원자적 명령어와 펜스만 있으면 되는 것이다.

4.9.4 메모리 정렬 의미론

4.9.1절에서는 컴파일러와 CPU에 의한 기계어 재배열과 별개로, 병렬 시스템에는 읽기/쓰기 명령어가 사실상 재배열될 다른 가능성이 존재한다고 말했었다. 정확히 말하면 멀티레벨^{multilevel} 메모리 캐시가 탑재된 멀티코어 시스템의 경우, 읽기/쓰기 명령어의 실행 순서에 대해 여러 코어에서 서로 다른 판단을 내릴 수 있으며, 원래 의도한 순서대로 명령어를 실행한 경우에도 마찬가지다. 당연히 이 같은 불일치는 병행 소프트웨어에서 미묘한 버그를 유발할 수 있다.

이런 알기 힘들고 짜증나는 문제는 멀티레벨 캐시를 탑재한 멀티코어 머신에서만 발생한다. 단일 코어 CPU는 언제나 실행된 순서대로 읽기/쓰기 명령어의 결과를 '인지'한다. 2개 이상의 코어가 존재할 때만 불일치가 발생한다. 더군다나 CPU마다 메모리 정렬에 대한 행동이 다르기 때문에 똑같은 프로그램을 돌리더라도 불일치에 따른 결과가 시스템마다 다르다!

천만다행으로 완전히 희망이 없는 것은 아니다. 모든 CPU는 메모리 정렬 의미론^{memory ordering semantics}이라는 엄격한 규칙에 따라 동작한다. 이 규칙은 코어 사이에 읽기와 쓰기 명령어가 어떤 식으로 전달되는지에 대한 여러 가지 보장을 지원하며, 기본적인 보장으로 부족한 경우 프로그래머가 특정 정렬을 강제할 수 있는 도구를 제공한다.

기본적으로 약한 보장을 지원하는 CPU도 있는 반면 보다 강력한 보장을 통해 프로그래머가 관여해야 할 필요를 줄이는 CPU도 있다. 따라서 제일 약한 메모리 정렬 의미론을 지원하는 CPU에서 메모리 정렬 문제를 해결하는 방법을 배운다면 보다 강한 보장을 하는 CPU에 대해서는 걱정할 필요가 없을 것이다.

4.9.4.1 메모리 캐시 복습
메모리 정렬 문제가 어떻게 발생하는지 이해하려면 멀티레벨 캐시의 동작법에 대해 자세히 알 필요가 있다.

3.5.4절에서 살펴봤듯이 매우 느린 주메모리 접근 시간을 피하기 위해 자주 쓰이는 데이터를 캐시에 보관한다. 이 말은 곧 CPU가 데이터에 접근할 때 데이터가 캐시에 존재하는 동안에는 주메모리의 데이터가 아니라 항상 캐시의 복사본을 접근한다는 뜻이다.

실제로 이것이 어떻게 동작하는지 살펴보고자 다음의 간단한(또한 완전히 억지로 만든) 함수를 보자.

```cpp
constexpr int COUNT = 16;
alignas(64) float g_values[COUNT];
float g_sum = 0.0f;

void CalculateSum()
{
  g_sum = 0.0f;
  for (int i = 0; i < COUNT; ++i)
  {
    g_sum += g_values[i];
  }
}
```

첫 문장은 g_sum을 0으로 넣는다. g_sum의 내용이 L1 캐시에 없다고 가정하면 이 시점에 g_sum을 포함하는 캐시라인이 L1 캐시에 올라온다. 마찬가지로 루프의 첫 번째 순회가 시작하면 g_values 배열의 모든 원소들을 포함하는 캐시 라인이 L1에 올라온다(캐시 라인이 64바이트라고 생각할 경우 전부 한 라인에 들어갈 수 있는데, C++11의 alingas 지시사를 사용해 64바이트 정렬을 했기 때문이다). 이후 루프 순회에서는 주메모리가 아닌 L1 캐시에 있는 g_values의 복사본을 읽는다.

반복할 때마다 g_sum이 업데이트된다. 컴파일러 최적화를 통해 루프가 끝날 때까지 합을 레지스터에만 보관할 수도 있다. 그러나 컴파일러 최적화와 무관하게 함수 실행 중 어느 시점에는 g_sum의 값이 써지리라는 것을 확신할 수 있다. 그때가 되면 CPU는 마찬가지로 주메모리에 바로 쓰는 것이 아니라 L1 캐시에 있는 g_sum의 복사본에 쓸 것이다.

당연히 적당한 시점이 되면 g_sum의 '원본'을 업데이트해야 한다. 메모리 캐시 하드웨어는 L1의 캐시 라인을 주메모리에다 쓰는 라이트 백write-back 명령어를 시작함으로써 이 과정을 수행한다. 그러나 라이트 백이 즉시 수행되는 것은 아니다. 통상적으로 변경된 변수를 다시 읽을 때까지 보류된다.[17]

4.9.4.2 멀티코어 캐시 일관성 프로토콜

멀티코어 머신에서의 메모리 캐시 방법은 훨씬 복잡하다. 그림 4.36에는 간단한 듀얼코어 머신이 있는데, 각 코어는 전용 L1 캐시를 갖고 코어들 사이에 L2 캐시와 대용량 주메모리를 공유한다. 내용을 가능한 한 단순화하고자 L2 캐시는 무시하고 주메모리와 똑같다고 가정하자.

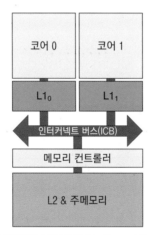

그림 4.36 코어마다 전용 L1 캐시가 있고 인터커넥트 버스(ICB, InterConnect Bus)를 통해 메모리 컨트롤러에 연결된 듀얼코어 머신. 메모리 컨트롤러는 MESI 등의 캐시 일관성 프로토콜을 구현함으로써 CPU의 캐시 일관성 도메인(cache coherency domain) 내에서 코어들이 일관된 메모리 정보를 접근하도록 구현한다.

4.9.3.3절에서 봤던 단순화한 생산자—소비자 코드가 이 듀얼코어 머신에서 실행된다고 하자. 생산자 스레드는 코어 1에서 실행되고 소비자 스레드는 코어 2에서 실행된다. 그리고 문제를 단순화하고자 두 코어 모두 명령어 재배열은 없다고 하자.

```
int32_t g_data = 0;
int32_t g_ready = 0;

void ProducerThread( ) // Core 1에서 실행
{
  g_data = 42;
```

---

17   일부 캐시 하드웨어는 라이트 스루(write-through)를 통해 주메모리에 바로 값을 쓸 수 있는 기능을 지원한다. 지금 다루고 있는 내용 안에서는 라이트 스루를 완전히 무시해도 상관없다.

```
    // 이 라인 전후로 명령어 재배열은 없다고 가정한다.
    g_ready = 1;
}

void ConsumerThread( ) // Core 2에서 실행
{
    while (!g_ready)
        PAUSE( );
    // 이 라인 전후로 명령어 재배열은 없다고 가정한다.
    ASSERT(g_data == 42);
}
```

이제 생산자(코어1)가 g_ready를 쓴다. 코어 1의 L1 캐시는 업데이트되지만 효율성을 위해 RAM에 당장 라이트 백을 하지는 않는다. 이 말은 곧 실제 쓰기가 발생한 후 어느 정도의 시간 동안 g_ready의 최신 값은 오직 코어 1의 L1 캐시에만 존재한다는 뜻이다.

생산자가 g_ready를 1로 쓴 다음 얼마 후 소비자(코어 2)가 g_ready를 읽으려고 한다고 하자. 코어 1과 마찬가지로 코어 2도 느린 RAM 대신 가능한 캐시에서 읽어 들이는 것을 선호한다. 현재 코어 2의 L1 캐시가 갖지 않은 g_ready의 복사본을 코어 1의 L1 캐시는 갖고 있다. 만약 코어 2가 코어 1에게 복사본을 직접 요청할 수 있다면 최선인데, RAM에서 읽어 오는 것보다 훨씬 효율적이다. 그리고 현재 상황의 경우 최신 값을 가져올 수 있다는 추가적인 장점도 있다.

이와 같이 코어들 간에 로컬 L1 캐시를 공유하는 통신 방법이 캐시 일관성 프로토콜cache coherency protocol이다. 대다수의 CPU는 MESI나 MOESI 프로토콜을 사용한다.

4.9.4.3 MESI 프로토콜

MESI^{Modified, Exclusive, Shared, Invalid} 프로토콜에서 각 캐시 라인은 다음 네 가지 중 한 가지 상태다.

- **수정**^{Modified} **상태**   캐시 라인이 수정(써 짐)된다.
- **독점**^{Exclusive} **상태**   캐시 라인에 해당하는 주메모리의 블록은 이 코어의 L1 캐시에만 존재하며 다른 코어는 복사본을 갖고 있지 않다.

- **공유**^{Shared} **상태**　캐시 라인에 대응하는 주메모리 블록은 2개 이상의 코어의 L1 캐시에 존재하며, 모든 코어들은 동일한 복사본을 가진다.
- **무효**^{Invalid} **상태**　캐시 라인의 데이터가 더 이상 유효하지 않다. 다음 읽기 시 다른 코어의 L1 캐시나 주메모리에서 내용을 가져와야 한다.

MOESI 프로토콜은 소유^{Owned} 상태 하나를 더 사용하는데, 이것은 코어들끼리 주메모리에 라이트 백하지 않고서도 수정된 데이터를 공유할 수 있는 상태다. 여기서는 논의의 간결성을 위해서 MESI만 다루도록 한다.

MESI 프로토콜에서 모든 코어의 L1 캐시는 인터커넥트 버스^{ICB, Interconnect Bus}라 불리는 특수한 버스를 통해 연결된다. L1 캐시들과 그 밖의 고차원 캐시들 그리고 주메모리는 합쳐서 캐시 일관성 도메인^{cache coherency domain}을 구성한다. MESI 프로토콜은 모든 코어가 이 도메인 내의 데이터를 일관되게 바라보도록 보장한다.

예제로 돌아가서 MESI 상태 기계가 어떻게 동작하는지 알아보자.

- 코어 1(생산자)가 어떤 이유로 현재의 g_ready 값을 읽으려 한다고 하자. 변수 값을 L1 캐시에 갖고 있는 코어가 없다고 할 때 변수가 있는 캐시 라인이 코어 1의 L1 캐시에 올라간다. 다른 코어들은 이 라인을 갖고 있지 않으므로 배타적^{Exclusive} 상태가 된다.
- 이제 코어 2(소비자)가 g_ready를 읽으려 한다. 읽기^{Read} 메시지가 ICB를 통해 전파된다. 코어 1이 이 캐시 라인을 갖고 있으므로 복사본을 회신한다. 이 시점에 캐시 라인은 공유^{Shared} 상태로 변경돼 두 코어가 동일한 복사본을 갖고 있다고 표기한다.
- 다음에 코어 1의 생산자가 g_ready에 1을 쓴다. 이 행위는 코어 1의 L1 캐시에 있는 값을 변경하게 되고, 캐시 라인을 수정^{Modifed} 상태로 변경한다. 무효화^{Invalidate} 메시지가 ICB를 통해 전파되고, 이에 따라 코어 2의 복사본은 무효^{Invalid} 상태로 변경된다. 이것은 코어 2의 g_ready 복사본이 최신이 아님을 나타낸다.
- 이후에 코어 2(소비자)가 g_ready를 읽으려 시도할 때 자신의 캐시 라인이 무효 상태인 것을 알게 된다. 따라서 읽기 ICB를 통해 Read 메시지를 전파하고 코어 1의 L1 캐시에서 새 값을 전달받는다. 이것은 두 코어의 캐시 라인을 다시 공유^{Shared} 상태로 변경한다. 또한 해당 라인을 주메모리로 라이트 백^{write back}하게 된다.

이 책에서 MESI 프로토콜을 심도 있게 다루기에는 내용이 너무 많긴 한데, 위 예를 통해 여러 코어에서 L1 캐시의 데이터를 어떻게 공유하면서 동시에 주메모리에 대한 접근을 최소화하는지 충분히 감을 잡을 수 있을 것이다.

4.9.4.4 MESI의 오동작

앞에 나온 MESI 프로토콜의 동작을 보면 멀티코어 머신에서 L1 캐시 간 데이터 공유 문제는 완전히 해결된 것처럼 보인다. 그렇다면 이전에 이야기했던 메모리 정렬memory ordering 문제는 왜 발생하는 걸까?

이 질문에 대한 대답은 '최적화'라는 한마디로 정리할 수 있다. 대부분의 하드웨어에서 지연 시간을 최소화하고자 MESI을 강도 높게 최적화한다. 이 말은 곧 ICB를 통해 받은 메시지를 즉시 처리하지 않는 경우가 있다는 뜻이다. 시간을 절약하려고 미루는 것이다. 컴파일러 최적화나 CPU의 비순차 실행 최적화와 마찬가지로 MESI 프로토콜의 최적화는 단일 스레드에서는 인지하지 못하도록 잘 구현돼 있다. 그러나 아마 이미 눈치챘겠지만, 병행 프로그램에는 전혀 해당 사항이 없다.

예를 들어 생산자(코어 1에서 실행)가 g_data에 42를 쓴 후 즉시 g_ready를 1로 변경한다고 하자. MESI 프로토콜의 최적화로 인해 특정 상황인 경우 g_ready의 새로운 값이 g_data의 새 값보다 캐시 일관성 도메인 내의 다른 코어에 먼저 알려질 수 있다. 예를 들어 코어 1이 g_ready의 캐시 라인은 L1 캐시에 갖고 있지만 g_data의 라인은 갖고 있지 않은 경우 이 문제가 발생할 수 있다. 이것은 소비자(코어 2)가 g_data의 값 42를 보기 전에 g_ready의 1을 먼저 볼 수 있는 가능성이 생긴다는 뜻이고, 곧 데이터 경쟁 문제다.

이 현상은 다음과 같이 정리할 수 있다.

> 캐시 일관성 프로토콜의 최적화는 2개의 읽기와 쓰기 동작이, 다른 코어의 관점에서 볼 때 실제로 수행된 순서와 반대로 보이게 만들 수 있다.

4.9.4.5 메모리 펜스

캐시 일관성 프로토콜 최적화 때문에 명령어 둘의 표면적 순서가 뒤바뀌는 경우, 첫째 명령어(프로그램 순서의)가 둘째 명령어를 지나쳤다고passed 이야기할 수 있다. 명령어가 다른 명령어를 지나치는 경우는 다음 네 가지가 있다.

1. 읽기가 읽기를 지나치는 경우
2. 읽기가 쓰기를 지나치는 경우
3. 쓰기가 쓰기를 지나치는 경우
4. 쓰기가 읽기를 지나치는 경우

읽기와 쓰기 명령어들이 서로를 지나치며 생기는 메모리 부작용을 막고자 현대의 CPU는 메모리 펜스 또는 메모리 장벽^{memory barrier}이라는 특수한 기계어 명령을 제공한다.

단순히 생각하면 CPU가 이 모든 경우를 막기 위한 명령어를 각각 제공할 수도 있을 것이다. 예를 들면 읽기 명령어들끼리 지나치는 것을 막아 주지만 다른 경우는 막지 않는 ReadRead 펜스는 같은 것이 있을 수 있다. 또한 단방향 펜스 명령어와 양방향 펜스 명령어가 있을 수도 있다. 단방향 펜스는 프로그램 순서로 자신보다 앞선 읽기나 쓰기 행동이 자신의 이후에 영향을 미치지 않게 하지만, 그 반대는 막지 않는다. 반면 양방향 펜스는 펜스 건너 양방향으로 메모리 효과가 '새 나가지 않게' 한다. 그렇다면 이론적으로는 CPU가 열두 가지 명령어들, 즉 앞서 이야기한 네 가지 타입에 대한 양방향, 순방향, 역방향 버전을 제공할 수 있을 것이다.

다행히도 실제로 12개의 펜스를 제공하는 경우는 흔치 않다. 대신 통상적으로 ISA는 이와 같은 이론적인 펜스들의 조합으로서 사용할 수 있는 몇몇 펜스 명령어를 제공한다.

가장 강력한 형태의 펜스는 풀 펜스^{full fence}라고 부른다. 풀 펜스는 프로그램 순서상 자신보다 앞선 읽기와 쓰기가 펜스 뒤에 실행된 효과가 나지 않도록 보장하며, 반대로 펜스 뒤에 오는 읽기와 쓰기가 펜스 앞에 실행된 것과 같은 효과가 나지 않도록 보장한다. 즉 풀 펜스는 읽기와 쓰기 모두 관여하는 양방향 장벽이다.

사실 풀 펜스는 하드웨어에서 구현하기 굉장히 비싼 명령어다. CPU 디자이너들은 프로그래머가 값싸게 할 수 있는 일을 비싸게 해야 하는 것을 싫어한다. 그렇기 때문에 대부분의 CPU는 풀 펜스보다 약하지만 덜 비싼 펜스 명령어를 지원한다.

모든 펜스 명령어는 두 가지 매우 유용한 부가 효과를 가진다.

1. 이것들은 컴파일러 장벽으로도 작용한다.

2. 이것들은 CPU의 비순차 실행 로직에 의해 펜스 건너로 명령어가 재배열되는 것을 방지한다.

이것은 곧 CPU 캐시 일관성 프로토콜로 인한 메모리 순서 문제를 방지하고자 펜스를 사용함으로써 명령어 재배열 또한 방지하는 부가 효과를 얻는다는 뜻이다. 따라서 원자적 명령어와 메모리펜스만 있으면 쓸 만한 뮤텍스와 스핀 락을 구현할 수 있으며, 다른 락-프리 알고리듬도 구현할 수 있다.

4.9.4.6 어콰이어 의미론과 릴리스 의미론

ISA의 펜스 명령어가 어떤 형태든 이것들의 효용을 이해하려면 이 명령어들이 제공하는 의미론semantics을 이해해야 한다. 즉 이 명령어들로 인해 시스템의 읽기/쓰기에 대해 어떠한 행동이 보장되는가를 이해해야 한다.

메모리 정렬에 대한 의미론은 읽기 또는 쓰기 명령어들의 특성이지 펜스 그 자체의 특성은 아니다. 펜스의 역할은 읽기/쓰기 명령어가 특정한 메모리 정렬 의미론을 갖도록 프로그래머가 구현할 수 있게 도구를 제공하는 것뿐이다. 우리가 살펴봐야 할 메모리 정렬 의미론은 세 가지밖에 없다.

- **릴리스 의미론**release semantics 공유 메모리에 대한 쓰기는 프로그램 순서상 그보다 선행하는 다른 읽기나 쓰기가 지나칠 수 없다. 이 의미론을 공유된 쓰기에 적용하면 이것을 쓰기-릴리스write-release라고 부른다. 이 의미론은 정방향으로만 동작한다. 쓰기 릴리스 이후에 오는 메모리 동작이 먼저 수행되는 효과를 막지는 않는다.
- **어콰이어 의미론**acquire semantics 공유 메모리에서 대한 읽기는 프로그램 순서상 그보다 나중에 오는 다른 읽기/쓰기가 지나칠 수 없다. 이 의미론을 공유된 읽기에 적용하면 이것을 읽기-어콰이어read-acquire라고 한다. 이 의미론은 역방향으로만 동작한다. 읽기 어콰이어보다 먼저 수행된 메모리 동작이 나중에 수행되는 효과를 막지는 않는다.
- **풀 펜스 의미론**full fence semantics 양방향 의미론이며, 코드의 펜스 명령어를 경계로 전후에 있는 모든 메모리 동작들이 프로그램 순서대로 효과를 발생하도록 강제한다. 펜스 앞에 있는 모든 읽기/쓰기는 펜스 이후에 발생한 것처럼 보일 수 없으며, 마찬가지로 프로그램 순서상 펜스 뒤에 있는 읽기/쓰기 동작이 펜스보다 앞서 실행된 것과 같은 효과를 낼 수 없다.

ISA가 지원하는 개별 펜스 명령어들은 위 세 가지 의미론 중 적어도 한 가지를 지원한다. 각 펜스 명령어가 이 같은 의미론을 지원하는 구체적인 방법은 CPU마다 다르며, 병행 프로그래밍을 하는 프로그래머로서 굳이 알 필요는 없다. 코드에서 쓰기-릴리스, 읽기-어콰이어, 풀펜스를 표현할 방법만 안다면 안정적인 스핀 락을 짜거나 락-프리 알고리듬을 구현할 수 있다.

4.9.4.7 어콰이어 의미론과 릴리스 의미론을 언제 사용할 것인가

쓰기-릴리스가 가장 흔히 쓰이는 경우는 생산자 시나리오다. 한 스레드가 2개의 연속된 쓰기(즉 g_data와 g_ready를 쓸 때)를 하고, 다른 모든 스레드들은 이 두 쓰기를 올바른 순서로 인지해야 한다. 이 순서를 강제하려면 두 번째 쓰기를 쓰기-릴리스로 만들면 된다. 이것을 구현하는 방법은 릴리스 의미론을 제공하는 펜스 명령어를 쓰기-릴리스 명령어 앞에 넣는 것이다. 실제 작동 원리는 코어에서 릴리스 의미론을 가진 펜스 명령어를 실행할 때면 이전에 실행된 캐시 일관성 도메인 내의 모든 쓰기가 메모리에 반영될 때까지 기다렸다가 두 번째 쓰기(쓰기-릴리스)를 실행하는 것이다.

읽기-어콰이어는 보통 소비자 시나리오에서 쓰인다. 한 스레드가 2개의 연속된 읽기를 하며 첫째가 둘째에 대한 조건이 되는 경우다(즉 g_data에 대한 읽기는 g_ready를 읽어 이것이 true인 경우에만 수행된다). 이 순서를 강제하려면 첫째 읽기를 읽기-어콰이어로 만들어야 한다. 구현 방법은 어콰이어 의미론을 지원하는 펜스 명령어를 읽기-어콰이어 명령어 뒤에 넣는 것이다. 실제 작동 원리는 코어가 어콰이어 의미론을 가진 펜스 명령어를 실행할 때면 캐시 일관성 도메인 내의 다른 모든 코어에서 수행한 쓰기가 메모리에 반영되기를 기다린 후 둘째 읽기를 실행하는 것이다. 이렇게 함으로써 두 번째 읽기가 읽기-어콰이어 이전에 실행된 것처럼 보이는 오류를 완벽히 방지할 수 있다.

다음은 우리의 생산자-소비자 예제 코드를 어디에 내놔도 부끄럽지 않은 락-프리로 구현한 것이며, 어콰이어와 릴리스 펜스를 통해 필요한 메모리 정렬 의미론을 적용했다.

```
int32_t g_data = 0;
int32_t g_ready = 0;

void ProducerThread( ) // Core 1에서 실행
```

```
{
  g_data = 42;

  // g_ready에 대한 쓰기를 쓰기-릴리스로 만든다.
  // 이것은 그 *앞*에 릴리스 펜스를 배치하는 것으로 구현한다.
  RELEASE_FENCE();

  g_ready = 1;
}

void ConsumerThread() // Core 2에서 실행
{
  // g_ready에 대한 읽기를 읽기-어콰이어로 만든다.
  // 이것은 그 *뒤*에 어콰이어 펜스를 배치하는 것으로 구현한다.
  while (!g_ready)
    PAUSE();
  ACQUIRE_FENCE();

  // 이제 g_data를 안전하게 읽을 수 있다...
  ASSERT(g_data == 42);
}
```

MESI 캐시 일관성 프로토콜하에서 정확히 왜 어콰이어, 릴리스 펜스가 필요한지에 대해서는 다음 사이트(http://www.swedishcoding.com/2017/11/10/multi-core-programming-and-cachecoherency/)에 매우 상세하게 잘 설명돼 있다.

4.9.4.8 CPU 메모리 모델의 종류

4.9.4절에서 이야기했듯이 특정 CPU는 다른 것들보다 강한 메모리 정렬 의미론을 제공한다. 강한 메모리 의미론을 지원하는 CPU에서의 읽기와 쓰기 명령어는 프로그래머의 지시가 없더라도 일정 정도 펜스처럼 동작한다. 예를 들어 DEC Alpha는 기본적으로 처참할 정도의 약한 의미론을 지원하기 때문에 거의 모든 경우에 세심한 펜스 설치가 필요하다. 다른 극단으로 인텔 x86 CPU는 기본적으로 꽤 강한 메모리 정렬 의미론을 지원한다. 약하고 강한 메모리 정렬에 대한 훌륭한 논의가 다음 사이트(http://preshing.com/20120930/weak-vs-strong-memory-models/)에 나와 있다.

4.9.4.9 실존하는 CPU에서의 펜스 명령어들

이제 메모리 정렬 의미론의 이론을 알아봤으니 실존하는 CPU들의 메모리 펜스 명령어들을 간단히 살펴보자.

인텔 x86 ISA는 세 가지 펜스 명령어를 구현한다. sfence는 릴리스 의미론을 제공하고, lfence는 어콰이어 의미론을 제공하고, mfence는 풀 펜스 역할을 한다. x86의 특정 명령어들은 앞에 lock을 붙여 원자적으로 동작하며 명령어 실행 전 메모리 펜스를 제공할 수도 있다. x86 ISA는 기본적으로 강한 정렬을 사용하는데, 기본적으로 약한 메모리 정렬을 지원하는 CPU보다 훨씬 적은 메모리 펜스가 필요하다. 그렇지만 꼭 펜스 명령어가 필요한 경우도 있다. 바르토시 밀레브스키[Bartosz Milewski]의 'Who ordered memory fences on an x86?'라는 글을 읽어 보면 어떤 경우인지를 알 수 있다(https://bit.ly/2HuXpfo).

PowerPC ISA는 상당히 약한 메모리 정렬을 사용하기 때문에 올바른 의미론을 보장하려면 명시적인 펜스 명령어가 필요한 것이 보통이다. PowerPC는 메모리에 대한 읽기/쓰기와 I/O 장치에 대한 읽기/쓰기를 구분하기 때문에 각각의 경우를 위한 별도의 펜스 명령어를 제공한다. 풀 펜스는 sync 명령어를 통해 지원되지만, '경량의' 펜스는 lwsync, I/O 동작을 위한 펜스는 eieio(ensure in-order execution of I/O), 그리고 순전히 재정렬 장벽 역할을 하지만 메모리 정렬 의미론은 제공하지 않는 isync 등도 있다. PowerPC의 펜스 명령어들은 다음 사이트 (https://www.ibm.com/developerworks/systems/articles/powerpc.html)에서 확인하면 된다.

ARM ISA는 명령어 재배열 장벽 역할만 하는 isb, 2개의 메모리 풀 펜스 명령어인 dmb와 dsb, 단방향 읽기-어콰이어 명령어인 ldar, 단방향 쓰기-릴리스 명령어 stlr을 지원한다. 흥미롭게도 이 ISA는 어콰이어와 릴리스 의미론을 별도의 펜스 명령어가 아닌 읽기와 쓰기 명령어 안에 내포한다. 더 알고 싶으면 다음 사이트(http://infocenter.arm.com/help/index.jsp?topic=/com.arm.doc.den0024a/CJAIAJFI.html)를 읽어 보자.

4.9.5 원자적 변수들

원자적 명령어와 메모리 펜스를 직접 사용하려면 번거롭고 실수할 가능성도 큰 데다, 두말할 나위 없이 이식성도 낮다. 다행스럽게도 C++11의 템플릿 타입 std::atomic<T>은 사실상 모든 데이터 타입을 원자적 변수[atomic variable]로 바꿔 준다(불리언 타입에 대해서는 특수화한

std::atomic_flag 클래스로 처리한다). 원자성에 더해 **std::atomic** 계열의 템플릿 구현은 기본적으로 변수에 '풀 펜스' 메모리 정렬 의미론을 부여한다(보다 약한 의미론도 원한다면 지정 가능하다). 이로써 데이터 경쟁 버그를 유발하는 세 가지 요인으로부터 자유롭게 락-프리 코드를 짤 수 있게 된다.

이것을 이용해 생산자-소비자 예는 다음과 같이 짤 수 있다.

```
std::atomic<float> g_data;
std::atomic_flag g_ready = false;

void ProducerThread()
{
  // 데이터를 생성한다.
  g_data = 42;

  // 소비자에게 알린다.
  g_ready = true;
}

void ConsumerThread()
{
  // 데이터가 준비되기를 기다린다.
  while (!g_ready)
    PAUSE();

  // 데이터를 소비한다.
  ASSERT(g_data == 42);
}
```

보다시피 이 코드는 4.5.3절에서 경쟁 상태를 이야기할 때 제일 처음에 짰던 문제 있는 코드와 거의 똑같다. 변수를 std::atomic으로 감싸는 단순한 동작을 통해 데이터 경쟁 버그에 취약했던 코드를 그렇지 않은 코드로 바꿨다.

당연하게도 std::atomic<T>와 std::atomic_flag의 실제 구현은 복잡하다. C++ 표준 라이브러리는 이식성이 보장돼야 하므로 대상 플랫폼에서 사용할 수 있는 원자적 기능과 장벽^{barrier}을 지원하는 기계어 명령어를 사용해 어떻게든 구현한다. 뿐만 아니라 std::atomic<T> 템플릿은 모든 데이터 타입을 감쌀 수 있지만 CPU는 당연히 가변 크기 데이터 객체를 처리할 수 있는 원자적 명령어를 지원하지 않는다. 따라서 `std::atomic<T>` 템플릿은 크기에 따라 특수화돼야 한다. 32비트, 또는 64비트 타입에 적용될 때는 락 없이 구현 가능하므로 원자적 기계어를 직접 사용해 구현한다. 그러나 보다 큰 타입을 위해 구현될 때는 뮤텍스 락을 사용해 올바른 원자적 행동을 보장해야 한다(원자적 변수에 `is_lock_free()` 함수를 호출하면 해당 플랫폼에서 락-프리로 구현됐는지를 알 수 있다).

4.9.5.1 C++ 메모리 정렬

기본적으로 C++ 원자적 변수들은 풀 메모리 장벽을 사용하기 때문에 모든 경우에 올바르게 작동한다. 그러나 보장 정도를 낮출 수도 있는데, 이것은 원자적 변수들을 다루는 함수들에 메모리 정렬 의미론(`std::memory_order` 타입의 부가적인 함수 인자)을 넘김으로써 달성할 수 있다. `std::memory_order`에 대한 문서들은 상당히 헷갈리므로 직접 핵심을 알아보도록 하자. 다음은 가능한 메모리 정렬 설정들에 대한 해석이다.

1. **느슨함**relaxed 이 설정으로 실행된 원자적 동작은 오직 원자성만 보장한다. 장벽이나 펜스는 사용되지 않는다.

2. **컨슘**consume 이 설정을 갖고 실행된 읽기 동작에 대해 같은 스레드의 다른 읽기/쓰기 동작이 이 읽기 동작보다 먼저 오도록 재정렬될 수 없다. 다시 말하면 이 의미론은 컴파일러 최적화와 비순차 실행에 의한 명령어 재배열을 막는 용도로만 쓰인다. 캐시 일관성 도메인 안에 특별한 메모리 정렬 의미론을 강제하지는 않는다. PowerPC의 isync 명령어와 같은 명령어 재배열 장벽으로 구현하는 것이 보통이다.

3. **릴리스**release 이 의미론으로 실행된 쓰기에 대해 동일 스레드의 다른 읽기/쓰기가 이 쓰기 동작보다 뒤에 오도록 재배열될 수 없으며, 동일한 주소를 읽는 다른 스레드들이 해당 쓰기 결과를 볼 수 있도록 보장한다. CPU의 캐시 일관성 도메인의 릴리스 펜스를 사용해 구현된다.

4. **어콰이어**acquire 이 의미론으로 실행된 읽기 동작은 컨슘 의미론을 보장하는 동시에 다른 스레드가 같은 주소에 쓸 경우 이 스레드에 결과가 보일 것을 보장한다. CPU의 캐시 일관성 도메인의 어콰이어 펜스를 통해 구현한다.

5. **어콰이어/릴리스**acquire/release 이 의미론은 기본 값이며 가장 안전하다. 풀 메모리 펜스이기 때문이다.

다만 메모리 정렬 지정자를 사용하더라도 모든 플랫폼에서 해당 의미론이 반드시 사용되는 것은 아니라는 것을 알아야 한다. 최소한의 의미론만을 보장해 줄 뿐이다. 하드웨어에 따라 보다 강한 의미론을 사용할 수 있다는 뜻이다. 예를 들면 인텔 x86에서는 느슨함 정도의 메모리 정렬이 불가능한데, 이것은 CPU의 기본 메모리 정렬 의미론이 상대적으로 더 강하기 때문이다. 인텔 CPU에서는 느슨함 지정자를 사용한 모든 읽기 동작은 어콰이어 의미론으로 동작하게 된다.

이런 메모리 정렬 지정자를 사용하려면 std::atomic의 오버로드된 할당 연산자와 형 변환 오퍼레이터 대신 store( ), load( )를 직접 사용해야 한다. 다음은 여지껏 봤던 생산자-소비자 문제이며, 이번에는 std::memory_order 지정자를 통해 릴리스와 어콰이어 장벽을 사용하도록 했다.

```
std::atomic<float> g_data;
std::atomic<bool> g_ready = false;

void ProducerThread( )
{
  // 데이터 생성
  g_data.store(42, std::memory_order_relaxed);

  // 소비자에게 알림
  g_ready.store(true, std::memory_order_release);
}

void ConsumerThread( )
{
  // 데이터가 준비되기를 기다린다.
  while (!g_ready.load(std::memory_order_acquire))
    PAUSE( );

  // 데이터를 소비한다.
  ASSERT(g_data.load(std::memory_order_relaxed) == 42);
}
```

이같이 '느슨한' 메모리 정렬 의미론을 사용할 때는 반드시 80/20 규칙을 명심해야 한다. 이런 의미론은 자칫하면 잘못될 수 있기 때문에 std::atomic의 기본 값이 아닌 메모리 정렬 지정자를 사용하고자 할 때는 성능 향상이 반드시 필요한 것을 (프로파일링을 통해) 증명할 수 있어야 한다. 그리고 명시적인 메모리 정렬 의미론을 지정함으로써 기대한 대로 효과가 있다는 것도 증명해야 한다.

C++11의 메모리 정렬 의미론에 대해 완벽히 다루자면 힘들기 때문에 마이클 치노웨스^{Michael} ^{Chynoweth}의 'Implementing Scalable Atomic Locks for Multi-Core Intel® EM64T and IA32 Architectures'를 찾아 읽어 보는 것이 도움이 될 것이다. 그리고 다음 포럼의 내용은 몇 몇 흥미로운 관점을 보여 주면서 이런 종류의 프로그래밍이 얼마나 복잡해질 수 있는지도 잘 보여 준다(https://groups.google.com/forum/#!topic/boost-developers-archive/Qlrat5ASrnM).

4.9.6 인터프리트 프로그래밍 언어에서의 병행성

지금껏 이야기한 병행성에 관한 내용들은 모두 C, C++와 같은 컴파일 언어나 어셈블리 언어 의 문맥 안에서 설명한 것이다. 이 언어들은 마지막에 CPU에서 직접 실행되는 기계어로 변환 된다. 그렇기 때문에 원자적 동작과 락을 구현하려면 원자적 동작과 캐시 일관적 메모리 장벽 을 제공하는 특수한 기계어 명령의 도움이 필요하며, 또한 커널(스레드를 적절히 수면 상태로 전환 했다 깨우는 역할)과 컴파일러(최적화 시행 시, 장벽 명령어들의 지시 사항을 충실히 따르는 역할)의 도 움도 필요하다.

자바나 C# 등의 인터프리트 언어^{interpreted language}에서는 사정이 좀 다르다. 이 언어들의 프로그 램은 가상 머신^{VM, Virtual Machine}의 문맥에서 실행된다. 자바는 자바 가상 머신^{JVM} 내에서 실행되 며, C# 프로그램은 공통 언어 런타임^{CLR, Common Language Runtime} 문맥 내에서 실행된다. 가상 머 신의 본질은 CPU의 소프트웨어적 흉내인데, 바이트코드 명령어들을 순서대로 읽어 실행한다. 또한 VM은 운영체제 커널과 같은 역할도 어느 정도 수행한다. 고유한 '스레드' 개념(바이트 코 드 명령어들로 이뤄진)을 지원하며, 이 스레드를 스케줄링하는 데 필요한 모든 일들 직접 처리 한다. VM은 완전히 소프트웨어로 구현한다. 따라서 자바나 C# 등의 인터프리트 언어는 C나 C++ 등의 컴파일 언어에 비해 하드웨어의 제약을 덜 받는 훨씬 강력한 병행성 동기화 기능을 제공할 수 있다.

이 사례의 실제 예로 volatile 타입 한정자를 들 수 있다. 4.6절에서 이미 C/C++의 volatile 변수는 원자적 변수가 아니라고 이야기했었다. 그러나 자바와 C#에서 volatile 타입 한정자 는 진짜 원자성을 보장한다. 이 언어들에서 volatile 변수에 대한 동작은 최적화 대상이 아니며, 다른 스레드에 의해 중단될 수 없다. 뿐만 아니라 자바와 C#에서 이 변수들에 대한 읽기 동작은 캐시가 아닌 주메모리에서 직접 읽어 들이는 동작이며, 마찬가지로 모든 쓰기는 캐시가 아닌 주메모리에 쓰이게 된다. 이런 보장을 제공할 수 있는 이유 중 하나는 가상 머신이 앱의 바이트코드 명령어들을 어떻게 실행할지에 대한 완전한 제어권을 행사한다는 것이다.

이 책에서 C#과 자바 등의 인터프리트 언어에서 어떻게 원자성과 스레드 동기화를 구현하는지를 자세히 논하는 것은 무리다. 하지만 이제 여러분은 가장 낮은 레벨에서의 동작하는 원자성의 원리에 대해 충분히 이해하고 있으므로 고차원 언어에서 비슷한 개념이 어떻게 구현하는지 이해하는 것은 식은 죽먹기다. 더 알고 싶은 독자는 다음 사이트에서 시작하면 된다.

- C#: https://docs.microsoft.com에서 'Parallel Processing and Concurrency in the .NET Framework'를 검색한다.
- 자바: https://docs.oracle.com/javase/tutorial/essential/concurrency/.

4.9.7 스핀 락

4.9.2.2절에서 원자적 기계어 명령들을 이야기할 때 이것들을 사용해 어떻게 스핀 락을 구현 가능한지 코드로 살펴봤었다. 하지만 명령어 재배열과 메모리 정렬 의미론 때문에 그 코드는 100% 정확히 동작하지는 못했다. 이제 현실에서 사용하기 부족함 없는 스핀 락 구현을 살펴보고 여기에서 파생한 쓸모 있는 변종들을 몇 가지 알아볼 때가 됐다.

4.9.7.1 기본 스핀 락

스핀 락은 std::atomic_flag를 갖고 구현할 수 있는데, C++ 클래스를 통해 구현하거나 함수형 API를 통해 구현해도 된다. 스핀 락을 획득하는 것은 TAS 명령어를 통해 원자적으로 플래그를 true로 쓰는 행위이며, TAS가 성공할 때까지 while 루프에서 반복해야 한다. 스핀 락을 해제하는 것은 원자적으로 플래그에 false를 쓰는 행위다.

스핀 락 획득에서 중요한 점은 TAS 명령을 통해 현재 상태 값을 읽어 올 때 읽기-어콰이어 메모리 정렬 의미론을 사용해야 한다는 것이다. 매우 드문 경우이긴 하지만, 다른 스레드가 임계 구역을 완전히 빠져나오지 않았는데도 락이 해제된 상태인 것처럼 관측되는 상황을 이 펜스를 통해 막을 수 있다. C++11에서는 test_and_set() 함수에 std::memory_order_acquire를 넘김으로써 이것을 구현할 수 있다. 어셈블리 언어로 구현할 때는 TAS 명령어 뒤에 어콰이어 펜스 명령어를 배치하면 된다.

마찬가지로 스핀 락 해제에서 중요한 점은 쓰기-릴리스 의미론을 통해 Unlock( )보다 뒤에 실행된 쓰기 동작이 다른 스레드에 의해 락의 해제보다 먼저 발생한 것처럼 관측되지 않게 해야 한다.

다음은 TAS 기반 스핀 락의 완전한 구현인데 정확하면서 최소의 메모리 정렬 의미론을 사용했다.

```cpp
class SpinLock
{
  std::atomic_flag m_atomic;

public:
  SpinLock( ) : m_atomic(false) { }

  bool TryAcquire( )
  {
    // 어콰이어 펜스를 사용해 이 스레드의 이후
    // 읽기 동작이 올바르게 작동하게 한다.
    bool alreadyLocked = m_atomic.test_and_set(
                       std::memory_order_acquire);

    return !alreadyLocked;
  }

  void Acquire( )
  {
    // 성공적으로 락을 획득할 때까지 계속 시도한다.
    while (!TryAcquire( ))
    {
      // Intel CPU에서의 전력 소모를 줄인다.
      // (스레드 경쟁이 심한 상황이 예상되고 CPU 정지를 지원하지 않는
      // 플랫폼에서는 대신 std::this_thread::yield( )를 써도 된다.)

      PAUSE( );
    }
```

```
        }

        void Release()
        {
            // 릴리스 의미론을 사용해 락을 해제 하기 전에
            // 모든 쓰기 동작이 메모리에 반영되기를 보장한다.
            m_atomic.clear(std::memory_order_release);
        }
    };
```

4.9.7.2 범위 락

뮤텍스나 스핀 락을 일일이 해제하려면 불편하기도 하고 실수하기도 쉬운데, 함수 내에 리턴 지점이 여러 개일 경우 특히 그렇다. C++에서는 범위 락^{scoped lock}이라는 간단한 감싼 클래스 ^{wrapper class}를 사용하면 특정한 범위를 벗어날 경우 락이 자동으로 해제되게 할 수 있다. 이것은 생성자에서 락을 획득하고, 파괴자에서 해제하기만 하면 된다.

```
    template<class LOCK>
    class ScopedLock
    {
        typedef LOCK lock_t;
        lock_t* m_pLock;

    public:
        explicit ScopedLock(lock_t& lock) : m_pLock(&lock)
        {
            m_pLock->Acquire();
        }

        ~ScopedLock()
        {
            m_pLock->Release();
        }
    };
```

이 범위 락 클래스는 특정 인터페이스(즉 Acquire()와 Release()를 구현하는 모든 락 클래스)를 구현하기만 하면 아무 스핀 락이나 뮤텍스와도 사용할 수 있다. 다음은 사용법이다.

```
SpinLock g_lock;

int ThreadSafeFunction()
{
  // 범위 락은 관리인 "janitor" 역할을 한다.
  // 우리 대신 관리해 주기 때문이다!
  ScopedLock<decltype(g_lock)> janitor(g_lock);

  // 뭔가 한다...

  if (SomethingWentWrong())
  {
    // 락은 여기서 해제된다.
    return -1;
  }

  // 일을 더 한다...

  // 락은 여기서 해제된다.
  return 0;
}
```

4.9.7.3 재진입 가능 락

기본 기능만 구현된 스핀 락은 자신이 이미 가진 락을 다시 획득하려 할 경우 스레드를 데드락에 빠뜨린다. 이 상황은 2개 이상의 스레스-안전한[thread-safe] 함수들이 한 스레드 내에서 서로를 다시 호출하는 경우 발생한다. 예를 들어 함수 2개가 있다고 하고 다음을 보자.

```
SpinLock g_lock;

void A()
{
  ScopedLock<decltype(g_lock)> janitor(g_lock);

  // 일을 한다...
}

void B()
{
```

```
    ScopedLock<decltype(g_lock)> janitor(g_lock);

    // 일을 한다...

    // 락을 가진 채 A( )를 호출한다.
    A( ); // 데드락!

    // 일을 한다.
}
```

이와 같은 재진입에 대한 제약을 완화하려면 스핀 락 클래스가 락을 가진 스레드 id를 기억하는 방법이 있다. 이렇게 하면 이미 락을 가진 스레드가 다시 락을 획득하려 하는 상황인지(이것은 허용한다), 아니면 한 스레드가 가진 락을 다른 스레드가 획득하려는 상황인지(이것은 기다리도록 한다)를 구분할 수 있게 된다. Acquire( )와 Release( ) 함수에 대한 호출이 짝이 맞도록 보장하기 위해 레퍼런스 카운트도 클래스에 추가할 필요가 있다. 다음은 동작하는 구현이며, 알맞은 메모리 펜스를 사용했다.

```
class ReentrantLock32
{
  std::atomic<std::size_t> m_atomic;
  std::int32_t m_refCount;

public:
  ReentrantLock32( ) : m_atomic(0), m_refCount(0) { }

  void Acquire( )
  {
    std::hash<std::thread::id> hasher;
    std::size_t tid = hasher(std::this_thread::get_id( ));

    // 이 스레드가 이미 락을 갖고 있지 않다면...
    if (m_atomic.load(std::memory_order_relaxed) != tid)
    {
      // ... 락을 획득할 때까지 계속 기다린다.
      std::size_t unlockValue = 0;
      while (!m_atomic.compare_exchange_weak(
             unlockValue,
             tid,
```

```
                std::memory_order_relaxed, // 펜스는 아래에 있음!
                std::memory_order_relaxed))
      {
        unlockValue = 0;
        PAUSE( );
      }
  }

  // 레퍼런스 카운트를 증가시켜
  // Acquire( )와 Release( ) 호출이 짝이 맞도록 한다.
  ++m_refCount;

  // 어콰이어 펜스를 사용해 이 스레드의 다음 읽기들이
  // 올바르게 동작하도록 한다.
  std::atomic_thread_fence(std::memory_order_acquire);
}

void Release( )
{
  // 릴리스 의미론을 사용해 이전의 쓰기들이 락을 해제하기 전에
  // 모두 메모리에 반영되도록 한다.
  std::atomic_thread_fence(std::memory_order_release);

  std::hash<std::thread::id> hasher;
  std::size_t tid = hasher(std::this_thread::get_id( ));
  std::size_t actual = m_atomic.load(std::memory_order_relaxed);
  assert(actual == tid);

  --m_refCount;
  if (m_refCount == 0)
  {
    // 락을 해제한다. 이미 갖고 있는 락이므로 안전하다.
    m_atomic.store(0, std::memory_order_relaxed);
  }
}

bool TryAcquire( )
{
  std::hash<std::thread::id> hasher;
```

```
std::size_t tid = hasher(std::this_thread::get_id( ));

bool acquired = false;

if (m_atomic.load(std::memory_order_relaxed) == tid)
{
  acquired = true;
}
else
{
  std::size_t unlockValue = 0;
  acquired = m_atomic.compare_exchange_strong(
              unlockValue,
              tid,
              std::memory_order_relaxed, // 펜스는 아래 있음!
              std::memory_order_relaxed);
}
if (acquired)
{
  ++m_refCount;
  std::atomic_thread_fence(
      std::memory_order_acquire);
}
return acquired;
}
};
```

4.9.7.4 복수 읽기-단일 쓰기 락

여러 스레드가 정해진 공유 데이터에 동시에 읽기/쓰기를 할 수 있는 경우 뮤텍스나 스핀 락을 통해 데이터 접근을 통제할 수 있다. 하지만 읽기는 동시에 여러 스레드가 할 수 있어야 한다. 공유 데이터에 변화가 생길 경우만 배타적 접근을 보장하면 된다. 여기서 필요한 락은 여러 읽는 이reader가 동시에 획득이 가능한 락이다. 쓰는 이writer가 락을 획득하려고 시도하는 경우 먼저 모든 읽는 이가 읽기 동작을 끝낼 때까지 기다린 후, 특수한 '배타적' 모드로 락을 획득하는데, 이 상태에서는 공유 데이터를 다 쓸 때까지 다른 읽는 이와 쓰는 이가 락을 획득할 수 없다. 이와 같은 락을 복수 읽기-단일 쓰기 락reders-writer lock이라고 한다(공유—배타 락shared-exclusive lock 또는 푸시 락push lock이라고도 한다).

복수 읽기–단일 쓰기 락의 구현은 재진입 가능 락을 구현하는 것과 비슷하다. 여기서는 스레드 id를 원자적 변수로 저장하는 대신, 읽기를 수행 중인 읽는 이의 수가 얼마나 되는지를 나타내는 참조 수$^{reference\ count}$를 기록한다. 읽는 이가 락을 획득하면 수가 증가하고 락을 해제하면 수가 감소한다.

그렇다면 쓰는 이를 위한 '배타적' 락은 어떻게 구현할 수 있을까? 간단하게 특정한(매우 큰) 숫자를 하나 정하고 이 값이면 쓰는 이가 락을 갖고 있다고 정하면 된다. 참조 수를 부호 없는 32비트 정수로 구현했다면 0xFFFFFFFFU를 사용하면 편리할 것이다. 더 간편한 방법은 가장 높은 비트를 예약하는 것인데, 0부터 0x7FFFFFFFU까지는 읽는 이가 사용하는 락이고, 예약된 0x80000000U는 쓰는 이를 위한 락으로 쓰는 것이다(다른 값들은 올바르지 않은 것으로 취급한다).

복수 읽기–단일 쓰기 락은 기아^{starvation} 문제를 겪을 수 있다. 쓰는 이가 락을 너무 오래 잡고 있으면 읽는 이들이 기아 상태가 되고, 반대로 읽는 이가 너무 많을 경우 쓰는 이가 기아 상태가 될 수 있다. 순차 락$^{sequential\ lock}$은 기아 상태를 해결하는 한 방법일 수 있다. 자세히 알고 싶으면 다음 사이트(https://en.wikipedia.org/wiki/Seqlock)를 방문해 보자. 다음 사이트(https://lwn.net/Articles/262464)를 방문해 보면 리눅스 커널에서 사용하는 재미있는 락에 관한 기법을 볼 수 있는데, 다수의 읽는 이와 다수의 쓰는 이를 동시에 지원하는 락이며, 읽기–복사–갱신$^{RCU,\ Read-Copy-Update}$이라 불린다.

복수 읽기–단일 쓰기 락의 구현은 여러분이 직접 해볼 수 있도록 남겨 두겠다. 해법을 비교해 보고 싶은 독자를 위해 이 책의 사이트(www.gameenginebook.com)에 완전한 구현을 올려 놨다.

4.9.7.5 락-필요 없음 어서션

아무리 구현을 짜내도 락은 비싸다. 뮤텍스는 경쟁이 없는 상황에서도 비싸다. 경쟁이 낮은 상황이라면 스핀 락이 비교적 가볍지만 여전히 비용은 공짜가 아니다.

때로는 프로그래머가 락이 필요 없는 상황을 경험적으로 알게 되는 경우가 종종 있다. 예를 들어 게임 엔진에서는 매 게임 루프의 반복이 정해진 단계에 따라 수행되는 것이 보통이다. 어떤 공유 자료 구조가 있다고 하자. 한 스레드가 프레임의 앞 부분에서 배타적으로 이 데이터를 접근하고, 프레임의 후반부에 다른 한 스레드가 같은 데이터를 접근한다고 하면 실제로 락이 필요 없다. 물론 이론적으로는 두 스레드가 겹쳐서 돌 수도 있을 것이고 그 상황이 되면 반드시 락이 필요하다. 그러나 실제 상황에서는 게임 루프의 구조상 절대로 겹치지 않는 것을 알 수 있는 경우가 있다.

이 같은 상황에서는 몇 가지 선택이 가능하다. 만일을 대비해 그냥 락을 넣어 놓을 수도 있을 것이다. 만약 누군가가 프레임 내의 순서를 바꾸거나 해서 두 스레드가 겹치게 되는 경우 이렇게 하면 아무 문제가 없을 것이다. 다른 선택은 겹칠 가능성은 그냥 무시하고 락을 전부 빼 버리는 것이다.

세 번째 선택도 있는데, 개인적으로는 이 방법이 더 낫다고 생각한다. 락이 필요하지 않다는 것을 어서트^{assert}를 통해 강제하는 것이다. 이렇게 하면 두 가지 장점이 있다. 첫째, 비용이 매우 싸다. 또한 어서트는 고객에게 나가는 코드에서는 아예 빠지게 할 수도 있다. 둘째, 스레드의 겹침에 대해 가정했던 조건이 옳지 않다면 자동으로 문제를 감지할 수 있다. 또는 나중에 리팩토링 때문에 조건 자체가 깨지는 것도 알 수 있다. 이런 어서트에 대해 따로 정해 놓은 이름은 없기 때문에 이 책에서는 락-필요 없음 어서트^{lock-not-needed assert}라고 부르기로 하자.

그러면 락이 필요하다는 것을 어떻게 감지할까? 한 가지 방법은 적절한 메모리 펜스를 갖추고 있는 원자적 불리언 변수를 뮤텍스처럼 사용하는 것이다. 실제로 뮤텍스 락을 획득하는 대신, 이 값이 false라는 것을 어서트로 검증한 후, 원자적으로 true로 만든다. 그리고 락을 해제하는 대신, 이 값이 true임을 어서트로 검증한 후 원자적으로 false로 만든다. 이 방법은 돌아가기는 하지만 경쟁 없는 스핀 락만큼 비싸다. 더 나은 방법을 찾아야 한다.

실제로 중요한 점은 공유 데이터에 대한 임계 동작이 겹치는지만 알면 충분하다는 것이다. 또한 100% 정확하게 감지할 필요도 없다. 대강 90% 정도만 돼도 충분할 것이다. 두 임계 동작이 진짜로 겹치는 상황이 발생해도 감지 안 되는 때가 있을 수도 있다. 그런데 여러분의 게임은 하루에도 몇 번씩, 매일 매일, 100명이 넘는 개발자와 10~20명으로 이뤄진 QA 팀원들에 의해 실행될 것이기 때문에 문제가 발생하면 누군가는 알아챌 수 있을 것이다.

따라서 원자적 불리언 변수 대신 그냥 volatile 불리언 변수를 쓰면 된다. 앞서 살펴본 대로 volatile 키워드는 병행성 경쟁 문제를 해소하는 데 별로 도움이 안 된다. 하지만 불리언 변수에 대한 읽기와 쓰기가 최적화로 사라지는 것은 막아 주는데, 이것만 있으면 된다. 적당한 수준의 감지율을 보여 줄 뿐 아니라 엄청나게 싸다.

```cpp
class UnnecessaryLock
{
  volatile bool m_locked;

public:
  void Acquire()
  {
    // 현재 락을 아무도 갖고 있지 않은 것을 체크
    assert(!m_locked);

    // 이제 락을 잠근다(따라서 다음에 임계 구역에 대한
    // 동작이 겹칠 경우 탐지할 수 있다).
    m_locked = true;
  }
  void Release()
  {
    // 락의 사용이 올바름을 검증한다(즉 Release() 호출이
    // Acquire() 후에 발생했음을 검증).
    assert(m_locked);

    // 락을 해제
    m_locked = false;
  }
};

#if ASSERTIONS_ENABLED
#define BEGIN_ASSERT_LOCK_NOT_NECESSARY(L) (L).Acquire()
#define END_ASSERT_LOCK_NOT_NECESSARY(L) (L).Release()
#else
#define BEGIN_ASSERT_LOCK_NOT_NECESSARY(L)
#define END_ASSERT_LOCK_NOT_NECESSARY(L)
#endif

// 사용 예...

UnnecessaryLock g_lock;
void EveryCriticalOperation()
{
  BEGIN_ASSERT_LOCK_NOT_NECESSARY(g_lock);
```

```
    printf("perform critical op...\n");

    END_ASSERT_LOCK_NOT_NECESSARY(g_lock);
}
```

이 락을 다음과 같이 관리인(3.1.1.6)안에 넣을 수도 있다.

```
class UnnecessaryLockJanitor
{
  UnnecessaryLock* m_pLock;
public:
  explicit
  UnnecessaryLockJanitor(UnnecessaryLock& lock)
    : m_pLock(&lock) { m_pLock->Acquire(); }
  ~UnnecessaryLockJanitor() { m_pLock->Release(); }
};

#if ASSERTIONS_ENABLED
#define ASSERT_LOCK_NOT_NECESSARY(J,L) \
  UnnecessaryLockJanitor J(L)
#else
#define ASSERT_LOCK_NOT_NECESSARY(J,L)
#endif

// 사용 예...

UnnecessaryLock g_lock;

void EveryCriticalOperation()
{
  ASSERT_LOCK_NOT_NECESSARY(janitor, g_lock);

  printf("perform critical op...\n");
}
```

너티 독에서는 이것을 사용해 프로그래머가 결코 겹치지 않을 것이라고 예측했던 임계 동작의 겹침 문제를 여러 개 찾아 냈다. 즉 이 작은 코드는 이미 효과가 검증됐다.

4.9.8 락-프리 트랜잭션

4장에서는 락-프리 프로그래밍에 대해 이야기하고 있어야 하는데 지금껏 스핀 락을 구현하는 것만 이야기하고 있어 의아할 수도 있을 것이다. 언뜻 이해하기 힘들지 모르겠지만, 스핀 락을 구현해 보는 것 자체가 락-프리 프로그래밍의 훌륭한 예다. 또한 그 과정에서 원자적 명령어들, 컴파일러 장벽, 메모리 펜스 등을 배우기도 했다. 따라서 유용한 연습이었다고 말할 수 있다. 그러나 락-프리 프로그래밍의 원칙들에 관해서는 직접 다루지는 않았다. 그러기 위해서는 스핀 락 외에 다른 예를 살펴보는 것이 도움이 될 것이다. 락-프리와 논블로킹 알고리듬은 매우 큰 주제다. 이 주제만으로 충분히 책 한권을 쓸 분량이기 때문에 여기서 심도 있게 이야기하지는 못한다. 그러나 실제 락-프리식 접근법이 어떻게 동작하는지 대강의 감은 잡을 수 있다.

락-프리 프로그래밍의 목적은 당연히 락을 피하는 것인데, 락은 스레드를 수면 상태로 만들거나 스핀 락 내의 바쁜-대기 상태에 빠지게 만들기 때문이다. 임계 동작을 락-프리 식으로 처리하기 위해서는 각 동작을 트랜잭션^{transaction}으로 생각해야 하는데, 각 트랜잭션은 전체가 성공하거나 전체가 실패한다.[18] 실패하는 경우 성공할 때까지 트랜잭션을 반복 시도한다.

복잡도에 상관없이, 일단 트랜잭션을 구현하려면 대부분의 일을 로컬로 처리해야 한다(즉 공유 데이터에 직접 작업을 하는 것이 아니라 현재 스레드만 볼 수 있는 데이터를 사용한다는 뜻이다). 모든 준비가 끝나고 트랜잭션을 커밋^{commit}할 준비가 되면 1개의 원자적 명령어(CAS나 LL/SC 등)를 실행한다. 이 원자적 명령어가 성공하면 우리의 트랜잭션을 전체에 성공적으로 '공표한' 것이 된다(공유 데이터에 항구적인 변화를 가한 것이다). 하지만 원자적 명령어가 실패할 경우 이것은 다른 스레드가 동시에 트랜잭션을 커밋하려 하고 있다는 것을 의미한다.

한 스레드가 자신의 트랜잭션을 커밋하지 못한 것은 다른 스레드가 커밋에 성공했다는 것을 의미하므로 이와 같은 실패 후-재시도 방법은 동작할 수밖에 없다. 그 결과 적어도 시스템의 한 스레드는 언제나 일을 처리하게 된다(우리 스레드는 아닐지라도). 이것이 락-프리의 정의다.

---

18 일부만 성공하고 일부만 실패하는 일은 없다는 뜻이다. - 옮긴이

4.9.9 락-프리 연결 리스트

락-프리 단일 연결 리스트lock-free singly-linked list를 통해 실제 예를 살펴보자. 지금 논의에서 필요한 것은 push_front( ) 동작 하나뿐이다.

트랜잭션을 준비하고자 새로운 Node를 하나 할당하고, 이것에 데이터를 채운다. 그리고 이것의 다음 포인터next pointer로 연결 리스트의 머리에 있는 노드를 가리키게 한다. 이제 트랜잭션을 커밋할 준비가 됐다.

커밋은 머리 포인터에 대해 compare_exchange_weak( )을 부르는 것인데, 머리 포인터는 Node에 대한 원자적 포인터 타입이다. 이 호출이 성공하면 새로운 노드를 연결 리스트의 머리에 삽입한 것이고 일은 끝났다. 그러나 실패할 경우 다시 시도해야 한다. 이 과정에는 새 노드의 다음 포인터next pointer를 최신 머리 노드에 대한 주소로 갱신하는 것이 들어간다(아마 다른 스레드가 리스트의 머리를 갱신했을 것이고, 이것 때문에 실패를 했을 것이다). 이 두 단계의 과정이 그림 4.37에 나와 있다.

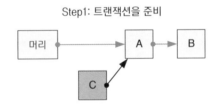

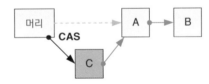

그림 4.37 단일 연결 리스트의 머리에 삽입하는 동작을 락-프리로 구현한 것이다. 위: 새로운 노드의 다음 포인터로 리스트의 현재 머리 위치를 가리키게 함으로써 트랜잭션을 준비한다. 아래: 원자적 CAS 동작으로 리스트의 머리 포인터를 새 노드로 교체함으로써 트랜잭션을 커밋한다. CAS가 실패할 경우 위로 돌아가 성공할 때까지 과정을 반복한다.

아래의 코드에서는 노드의 다음next 포인터를 명시적으로 다시 지정하는 부분이 보이지 않는다. 왜냐하면 compare_exchange_weak( )가 알아서 값을 바꿔 주기 때문이다. 다음은 코드 구현이다.

```cpp
template< class T >
class SList
{
  struct Node
  {
    T       m_data;
    Node*   m_pNext;
  };
  std::atomic< Node* > m_head { nullptr };

public:
  void push_front(T data)
  {
    // 로컬에서 트랜잭션을 준비한다.
    auto pNode = new Node();
    pNode->m_data = data;
    pNode->m_pNext = m_head;

    // 원자적으로 트랜잭션을 커밋한다
    // (성공할 때까지 반복한다).
    while (!m_head.compare_exchange_weak(
                 pNode->m_pNext, pNode))
    { }
  }
};
```

4.9.10 락-프리 프로그래밍에 대한 추가 자료들

병행성은 광대하면서 심도 깊은 주제이기 때문에 이 책에서 본 내용들은 그저 살짝 맛보기 수준에 불과하다. 항상 강조하지만, 이 책의 목적은 주의를 환기시키고 본격적인 배움의 길을 시작할 수 있게 도와주는 것이다.

- 락-프리 단일 연결 리스트의 완벽한 구현에 대한 내용은 허브 서터^{Herb Sutter}의 CppCon2014 대담에서 찾아볼 수 있다. 위의 예도 여기서 온 것이다. 이것은 유튜브^{YouTube}에 두 부분으로 올라와 있다.
  - https://www.youtube.com/watch?v=c1gO9aB9nbs.
  - https://www.youtube.com/watch?v=CmxkPChOcvw.

- 지오프 랭데일^{Geoff Langdale}의 CMU 강좌는 전체적인 그림을 파악할 수 있는 훌륭한 자료다.
  - https://www.cs.cmu.edu/~410-s05/lectures/L31_LockFree.pdf.
- 또한 병행 프로그래밍에 관한 사실상 모든 주제에 대해 명확하고 이해하기 쉬운 새미 알바흐라^{Samy Al Bahra}의 프레젠테이션도 찾아보자.
  - http://concurrencykit.org/presentations/lockfree_introduction/#/.
- 마이크 액턴^{Mike Acton}의 병행적 사고에 관한 이야기는 반드시 읽어 봐야 한다.
  - http://cellperformance.beyond3d.com/articles/public/concurrency_rabit_hole.pdf.
- 다음 2권의 온라인 도서는 병행 프로그래밍에 관한 훌륭한 자료다.
  - http://greenteapress.com/semaphores/LittleBookOfSemaphores.pdf
  - https://www.kernel.org/pub/linux/kernel/people/paulmck/perfbook/perfbook.2011.01.02a.pdf.
- 제프 프레싱^{Jeff Preshing}의 블로그에는 락-프리 프로그래밍과 원자적 동작, 장벽, 펜스 등에 관한 좋은 글들이 있다.
  - http://preshing.com/20120612/an-introduction-to-lock-free-programming.
- 리눅스의 메모리 장벽에 관해서 다음 사이트에 좋은 정보가 있다.
  - https://www.mjmwired.net/kernel/Documentation/memory-barriers.txt#305

4.10 SIMD/벡터 프로세싱

4.1.4절에서 SIMD^{Single Instruction Multiple Data}라는 형태의 병렬성에 대해 소개했었다. 이것은 현대의 마이크로프로세서의 기능으로, 1개의 기계어 명령을 통해 여러 데이터에 대해 산술 연산을 병렬로 수행하는 것을 뜻한다. 4.10절에서는 SIMD 기법에 대해 좀 더 자세히 알아보고, SIMD와 멀티스레딩이 결합해 현대 GPU의 근간이 되는 단일 명령어 다중 스레드^{SIMT}라는 새로운 형태의 병렬 기법을 형성하는 것에 대해 간단히 알아보면서 4장을 마무리할 것이다.

인텔은 1994년에 펜티엄 계열의 CPU에 처음으로 MMX[19] 명령어 집합을 도입했다. 이 명령어들은 8개의 8비트 정수, 4개의 16비트 정수, 2개의 32비트 정수를 특수한 64비트 MMX 레지스터에 모아 넣고 SIMD 연산을 수행했다. 이후 인텔은 펜티엄 III에서 처음 등장한 SSE^{Streaming SIMD Extension}의 여러 가지 개정 버전을 통해 이것을 보완했다.

SSE 명령어 집합은 정수나 IEEE 부동소수를 담을 수 있는 128비트 레지스터를 사용한다. SSE 모드 중 게임 엔진에서 세일 많이 사용하는 것은 32비트 부동소수 모음이다. 이 모드에서는 32비트 float 값 4개를 1개의 128 비트 레지스터에 모아 넣는다. 따라서 이 레지스터 2개의 합과 곱 연산은 4개의 float 한 쌍에 대한 병렬 연산인 셈이다. 인텔은 SSE 명령어 집합에 여러 가지 업그레이드를 발표했는데, SSE2, SSE3, SSSE3, SSE4가 있다. 2007년에는 AMD가 독자적인 변종을 XOP, FMA4, CVT16라는 이름으로 발표했다.

2011년, 인텔은 새로 더 큰 SIMD 레지스터와 그에 대응하는 명령어 집합을 발표했는데, 이것이 AVX^{Advanced Vector eXtension}다. AVX 레지스터는 256 비트인데 최대 8개의 32비트 부동소수 쌍에 대한 연산을 병렬로 처리할 수 있다. AVX2 명령어 집합은 AVX의 확장이다. 일부 인텔 CPU는 AVX-512를 지원하는데, 16개의 32비트 부동소수를 512비트 레지스터에서 모아 처리할 수 있는 AVX 확장이다.

그림 4.38 32비트 부동소수 모드에서 SSE 레지스터의 네 가지 구성 성분

4.10.1 SSE 명령어 집합과 레지스터

SSE 명령어 집합에는 다양한 명령어들이 들어 있는데, 각 명령어에는 SSE 레지스터에 들어 있는 데이터 크기에 맞게 쓸 수 있는 변종들이 있다. 이야기를 단순화하고자 그중 패킹된 32 비트 부동소수 데이터를 처리하는 일부 명령어들만 다룰 예정이다. 이 명령어들은 접미어로 ps가 붙는데, 이것은 패킹^{packing}을 나타내는 (p)와 각 원소가 단정밀도 부동소수 float(s)를 나타낸다. 그렇지만 지금 이야기할 모든 것들은 256비트 또는 512비트의 다른 AVX 모드

---

19 공식적으로 MMX는 별 의미 없는 인텔의 등록 상표일 뿐이다. 개발자들은 비공식적으로 이것을 '멀티미디어 확장(multimedia extension)' 또는 '행렬 수리 확장(matrix math extension)'이라고 여기기도 한다.

에도 똑같이 적용된다. AVX의 개요는 다음 사이트(https://software.intel.com/en-us/articles/introduction-to-intel-advanced-vector-extensions)를 참고하면 된다.

SSE 레지스터들은 XMMi로 표기하는데, 여기서 i는 0부터 15 사이의 정수다(예, XMM0, XMM1,...). 패킹된 32비트 부동소수 모드에서는 128비트 XMMi 레지스터 1개는 4개의 32비트 부동소수를 저장한다. AVX의 레지스터는 256비트 크기이며 YMMi로 명명한다. AVX-512에서는 512비트 크기이며 ZMMi로 부른다.

지금 4장에서 각 SSE 레지스터 안의 각 개별 부동소수들을 [x y z w]로 지칭할 텐데, 동차 좌표계의 벡터/행렬 연산의 이론을 설명할 때와 같다고 보면 된다(그림 4.38 참조). 사실 SSE 레지스터의 원소를 어떻게 부르는지는 별로 중요하지 않고 그 해석을 일관되게만 하면 된다. 가장 일반적인 방법은 SSE 벡터 r이 [r_0 r_1 r_2 r_3]으로 이뤄진다고 생각하는 것이다. 대부분의 SSE 문서는 이 컨벤션을 쓰지만 간혹 [w x y z] 컨벤션을 쓰는 경우도 있으므로 주의를 요한다.

4.10.1.1 __m128 데이터 타입

패킹된 부동소수 데이터에 SSE 명령어로 산술 연산을 하려면 데이터가 XMMi 레지스터에 올라가 있어야 한다. 패킹된 부동소수 데이터의 수명이 긴 경우 메모리에 저장돼 있을 수도 있지만 어쨌든 계산 전에는 반드시 주메모리에서 SSE 레지스터로 옮겨져야 하며, 그 결과를 다시 주메모리로 옮기는 과정이 필요하다.

SSE와 AVX 데이터를 취급하기 쉽도록 C와 C++ 컴파일러에서는 패킹된 float 배열을 나타낼 특수한 데이터 타입을 지원한다. __m128 타입은 SSE 내장 함수intrinsic용 패킹된 4개의 float 배열을 표현한다(마찬가지로 __m256 타입과 __m512 타입은 AVX 내장 함수용으로 각각 8개와 16개의 패킹된 배열을 나타낸다).

__m128 타입과 그 계열의 타입들은 전역 변수, 자동 변수, 함수 인자, 리턴 타입에서 쓰일 수 있으며, 클래스와 구조체의 멤버로도 쓰일 수 있다. __m128 타입의 자동 변수와 함수 인자는 컴파일러에서 보통 SSE 레지스터에 대한 직접 접근으로 처리한다. 그러나 __m128 타입이 전역 변수나 구조체/클래스 멤버인 경우 이것은 메모리의 16바이트 정렬된 float 배열로 취급된다(때로는 로컬 변수도 이렇게 취급되기도 한다). SSE 연산에서 메모리에 저장된 __m128 변수를 사용할 경우 컴파일러는 데이터를 메모리로부터 SSE 레지스터로 불러오는 명령어를 알아서 삽입

한 후 계산을 수행하며, 마찬가지로 연산이 끝난 다음 그 결과를 변수가 있는 메모리에 저장하는 명령어를 삽입한다. 따라서 __m128 타입과 AVX 타입을 사용할 때는 불필요한 메모리 접근이 발생하지 않는지 디스어셈블리를 확인해 보는 것이 좋다.

4.10.1.2 SSE 데이터의 메모리 정렬

XMMi 레지스터에 올라갈 데이터를 메모리에 갖고 있는 경우 이 데이터는 반드시 16바이트 (128비트)로 정렬돼 있어야 한다(마찬가지로 AVX의 256비트 YMMi 레지스터에 쓰일 데이터는 반드시 32바이트(256비트)로 정렬돼 있어야 하고, 512비트 ZMMi 레지스터용 데이터는 64바이트(512비트)로 정렬돼 있어야 한다).

전역 변수와 로컬 변수인 __m128 타입 데이터에 대해서는 컴파일러가 알아서 메모리 정렬을 맞춰 준다. struct와 class 멤버인 __m128 타입의 경우 적절한 패딩을 삽입해 객체의 시작점으로부터 올바르게 메모리 정렬이 되게 하며, 멤버들 중 가장 정렬 단위가 큰 것에 맞게 전체 구조체와 클래스가 메모리 정렬되도록 보장한다. 이 말은 곧 __m128을 1개라도 포함하는 구조체나 클래스를 전역 또는 로컬 변수로 선언하면 컴파일러가 알아서 16바이트 정렬되게 맞춰 둔다는 뜻이다.

그렇지만 이런 구조체와 클래스를 동적으로 할당한 경우 메모리 정렬을 직접 맞춰야 한다. 마찬가지로 SSE 명령어에 쓰일 float 배열은 적절한 메모리 정렬이 필요하다. C++11의 alignas 지시어를 사용하면 된다. 정렬된 메모리 할당에 관해서는 6.2.1.3절을 참조하자.

4.10.1.3 SSE 컴파일러 내장 명령어

SSE와 AVX 어셈블리 명령어를 직접 사용하는 것도 가능한데, 그러기 위해서는 컴파일러의 인라인 어셈블리 문법을 쓰면 된다. 하지만 다른 플랫폼으로 이식할 수 없을 뿐 아니라 여러모로 골치 아프다. 현대의 컴파일러는 이런 고통에서의 해방을 위해 내장 명령intrinsic이라는 것을 지원한다. C 함수와 문법과 동작은 비슷하지만 컴파일러가 나중에 인라인 어셈블리 코드로 바꿔 준다. 상당수의 내장 명령은 단 1개의 어셈블리 명령어로 치환되지만 개중에는 여러 개의 순차적 명령어로 변환되는 매크로macro인 것도 있다.

SSE와 AVX 내장 명령을 사용하려면 .cpp에 헤더를 포함시켜야 하는데, 비주얼 스튜디오는 #include <xmmintrin.h>, Clang이나 gcc에서는 <x86intrin.h>을 사용한다.

4.10.1.4 유용한 SSE 내장 명령들

SSE 내장 명령의 수는 많지만 이 책에서 다룰 주제에 맞게 먼저 5개만 이야기해 보자.

- **`__m128 _mm_set_ps(float w, float z, float y, float x)`**

  `__m128` 타입 변수를 주어진 4개의 부동소수로 초기화한다.

- **`__m128 _mm_load_ps(const float* pData)`**

  C언어 형식의 `float` 배열을 `__m128` 타입 변수로 로드한다. 입력으로 주어지는 배열은 16바이트 정렬돼 있어야 한다.

- **`void _mm_store_ps(float* pData, __m128 v)`**

  `__m128` 변수를 C 언어 형식의 `float` 배열로 저장한다. 배열은 16바이트 정렬돼 있어야 한다.

- **`__m128 _mm_add_ps(__m128 a, __m128 b)`**

  a와 b에 저장된 4개의 `float`들을 병렬로 더한 후 결과를 리턴한다.

- **`__m128 _mm_mul_ps(__m128 a, __m128 b)`**

  a와 b에 저장된 4개의 `float`들을 병렬로 곱한 후 결과를 리턴한다.

`_mm_set_ps( )`에서 인자들인 x, y, z, w의 순서가 역순인 것을 알아챈 독자도 있을 것이다. 아마도 인텔 CPU가 리틀 엔디언인 것에서 그 이유를 찾을 수 있을 것이다. 부동소수의 비트 패턴이 0x12345678일 때 낮은 메모리 주소부터 0x78, 0x56, 0x34, 0x12 순으로 메모리에 저장되듯이 실제 SSE 레지스터 내에 성분들이 저장되는 순서와 이것이 메모리에 저장될 때의 순서는 반대다. 즉 SSE 레지스터에 저장되는 각 부동소수의 4바이트가 리틀 엔디언인 것에 더해 각 성분들 자체도 리틀 엔디언 순서라는 말이다. 사실 이것들은 부르기 나름이다. SSE레지스터 내의 부동소수들 간에는 '가장 큰 단위'나 '가장 작은 단위' 등의 개념이 아예 없다. 그렇기 때문에 메모리상의 순서를 '올바른' 순서로 보고 `_mm_set_ps( )`의 순서를 '거꾸로'라고 봐도 되고, `_mm_set_ps( )`의 순서를 '올바른' 순서로 보고 메모리에 있는 벡터를 '거꾸로' 된 것이라고 봐도 된다. 여기서는 앞의 방법을 택하기로 하는데, 벡터의 내용물을 읽을 때 더 자연스럽기 때문이다. 동차 벡터 v가 (v_x, v_y, v_z, v_w)로 이뤄질 때 이것이 C/C++의 배열로 저장되면 `float v[] = { vx, vy, vz, vw }`가 되고, `_mm_set_ps( )`로 전달될 때는 w, z, y, x의 순으로 전달된다.

다음은 4개의 원소로 된 부동소수 벡터 둘을 로드하고 그 합을 출력하는 코드다.

```c
#include <xmmintrin.h>

void TestAddSSE()
{
  alignas(16) float A[4];
  alignas(16) float B[4] = { 2.0f, 4.0f, 6.0f, 8.0f };

  // a = (1, 2, 3, 4) 리터럴 값으로부터 초기화
  // b = (2, 4, 6, 8) 부동소수 배열로부터 로드
  // 초기화하는 두 가지 방법을 보여 주려고 다르게 했다.
  // (_mm_set_ps()의 순서는 반대임!)
  __m128 a = _mm_set_ps(4.0f, 3.0f, 2.0f, 1.0f);
  __m128 b = _mm_load_ps(&B[0]);

  // 벡터 합
  __m128 r = _mm_add_ps(a, b);

  // 출력을 위해 '__m128 a'를 부동소수 배열로 저장
  _mm_store_ps(&A[0], a);

  // 출력을 위해 결과를 부동소수 배열로 저장
  alignas(16) float R[4];
  _mm_store_ps(&R[0], r);

  // 결과를 관찰한다.
  printf("a = %.1f %.1f %.1f %.1f\n",
    A[0], A[1], A[2], A[3]);
  printf("b = %.1f %.1f %.1f %.1f\n",
    B[0], B[1], B[2], B[3]);
  printf("r = %.1f %.1f %.1f %.1f\n",
    R[0], R[1], R[2], R[3]);
}
```

4.10.1.5 AltiVec vector 타입

잠시 곁들여 이야기를 해보자면 GNU C/C++ 컴파일러인 gcc(PS3의 코드를 컴파일하는 데 쓰이기도 했다)는 PowerPC의 AltiVec 명령어 집합을 지원하는데, 이것은 인텔 프로세서의 SSE와

370

마찬가지로 SIMD 연산을 수행한다. 128비트 벡터 타입은 통상적인 C/C++ 타입처럼 선언할 수 있지만 vector 키워드가 앞에 붙어야 한다. 예를 들면 4개의 float 변수로 이뤄진 SIMD 변수는 vector float와 같이 선언한다. gcc는 소스코드에 리터럴 SIMD 값을 적을 수 있는 방법도 지원한다. 예를 들면 vector float 변수를 다음과 같이 초기화할 수도 있다.

```
vector float v = (vector float)(-1.0f, 2.0f, 0.5f, 1.0f);
```

비주얼 스튜디오에서 이렇게 하자면 약간 번거롭다.

```
// 컴파일러 내장 명령을 사용해 리터럴 값을 로드한다.
// (_mm_set_ps()의 인자 순서는 반대임을 명심!)
__m128 v = _mm_set_ps(1.0f, 0.5f, 2.0f, -1.0f);
```

AltiVec에 대해 더 자세히 알아보지는 않겠지만 SSE를 알고 나면 금방 이해할 수 있을 것이다.

4.10.2 SSE를 사용한 루프 벡터화

SIMD를 사용하면 특정한 연산의 속도를 4배 증가시킬 수도 있는데, 이것은 한 기계어 명령어를 통해 병렬로 4개의 부동소수 연산을 처리할 수 있기 때문이다. SSE 내장 명령을 통해 어떻게 이렇게 할 수 있는지를 살펴보자.

첫째, 2개의 float 배열을 서로 더한 후 결과를 별도의 배열에 저장하는 간단한 루프를 살펴본다.

```
void AddArrays_ref(int count,
                   float* results,
                   const float* dataA,
                   const float* dataB,
{
  for (int i = 0; i < count; ++i)
  {
    results[i] = dataA[i] + dataB[i];
  }
}
```

이 코드를 다음과 같이 SSE 내장 명령을 사용하면 속도를 비약적으로 향상시킬 수 있다.

```
void AddArrays_sse(int count,
                   float* results,
                   const float* dataA,
                   const float* dataB)
{
  // NOTE: 함수를 호출하는 쪽에서 세 배열이 모두 크기가 같고
  // 그 수가 4의 배수임을 보장해야 한다.

  assert(count % 4 == 0);
  for (int i = 0; i < count; i += 4)
  {
    __m128 a = _mm_load_ps(&dataA[i]);
    __m128 b = _mm_load_ps(&dataB[i]);
    __m128 r = _mm_add_ps(a, b);
    _mm_store_ps(&results[i], r);
  }
}
```

이 버전에서는 한 번에 4개씩 루프를 순환한다. 4개의 float 값을 SSE 레지스터에 로드하고 병렬로 더한 후, 계산 결과를 결과 배열에 4개씩 순서대로 저장한다. 이 과정을 루프에 대한 벡터화^{vectorize}라고 한다(이 예에서는 세 배열의 크기가 동일하고 4의 배수인 원소를 갖는다고 가정했다. 함수를 호출할 때 이 조건을 충족하고자 필요에 따라 1개, 2개 또는 3개의 패딩을 배열에 추가해야 한다).

벡터화는 상당한 속도 향상을 가져올 수 있다. 위의 코드는 실제로 4배까지 빠르지는 않은데, 4개씩 로드하고 결과를 저장하는 추가 부담이 있기 때문이다. 하지만 실제로 매우 큰 float 배열에 대해 이 함수들의 성능을 비교해 본 결과, 벡터화를 적용하지 않은 함수가 대략 3.8배 더 시간이 걸렸다.

4.10.3 내적 연산 벡터화

벡터화를 내적 연산같이 약간 더 재미있는 일에 써 보자. 4개 원소로 된 벡터 배열이 2개 있다고 할 때 각 쌍의 내적을 계산하고 결과를 다른 float 배열에 저장하는 것이 목적이다.

다음은 비교를 위해 SSE를 쓰지 않았을 때의 구현이다. 이 구현은 a[]와 b[] 안의 연속된 네 개의 float 값이 4원소 동차 벡터 하나인 것으로 간주한다.

```
void DotArrays_ref(int count,
                   float r[],
                   const float a[],
                   const float b[])
{
  for (int i = 0; i < count; ++i)
  {
    // 4개의 float 값을 1개의
    // 4원소 벡터로 취급한다.
    const int j = i * 4;

    r[i] = a[j+0]*b[j+0]   // ax*bx
         + a[j+1]*b[j+1]   // ay*by
         + a[j+2]*b[j+2]   // az*bz
         + a[j+3]*b[j+3];  // aw*bw
  }
}
```

4.10.3.1 첫 번째 시도(느린 구현)

다음은 같은 일을 SSE 내장 명령으로 구현한 첫 번째 시도다.

```
void DotArrays_sse_horizontal(int count,
                              float r[],
                              const float a[],
                              const float b[])
{
  for (int i = 0; i < count; ++i)
  {
    // 4개의 float 값을 1개의
    // 4원소 벡터로 취급한다.
    const int j = i * 4;

    __m128 va = _mm_load_ps(&a[j]); // ax,ay,az,aw
    __m128 vb = _mm_load_ps(&b[j]); // bx,by,bz,bw

    __m128 v0 = _mm_mul_ps(va, vb);

    // 레지스터의 값을 횡으로 더한다...
```

```
        __m128 v1 = _mm_hadd_ps(v0, v0);
        // (v0w+v0z, v0y+v0x, v0w+v0z, v0y+v0x)
        __m128 vr = _mm_hadd_ps(v1, v1);
        // (v0w+v0z+v0y+v0x, v0w+v0z+v0y+v0x,
        // v0w+v0z+v0y+v0x, v0w+v0z+v0y+v0x)

        _mm_store_ss(&r[i], vr); // vr.x을 가져와 float으로 저장
    }
}
```

이 구현에는 새 명령어, 즉 _mm_hadd_ps( )(수평 덧셈$^{horizontal\ add}$)가 추가됐다. 이 명령어는 1개의 레지스터에 대해 두 가지 덧셈을 수행한다. $s = x + y$, $t = z + w$. 2개의 덧셈 결과를 대상 레지스터에 (t, s, t, s)의 형태로 저장한다. 이 연산을 두 번 하면 최종 결과인 $d = x + y + z + z$를 구할 수 있다. 이것을 레지스터를 횡으로 더한다고 한다.

레지스터를 횡으로 더하는 일은 매우 느린 작업이라 자주 쓰기에는 부담스럽다. DotArrays_sse( )를 프로파일링해 보면 레퍼런스 구현보다 조금 더 느린 것을 알 수 있다. SSE를 사용한 것이 더 손해인 셈이다.[20]

4.10.3.2 더 나은 접근법

내적 계산에서 SIMD 병렬화의 이점을 최대한 끌어내는 핵심은 레지스터의 횡 합을 피하는 것이다. 이렇게 하자면 먼저 입력 벡터의 값들을 전치^{transpose}해야 한다. 이같이 전치된 순서로 벡터를 저장하면 float 연산 때와 동일한 방식으로 내적을 계산할 수 있다. x 원소들끼리 곱하고 그 결과를 y 원소 곱에 더하고, 그 결과를 다시 z 원소 곱에 더하고, 마지막으로 w 원소 곱에 그 결과를 더하면 된다. 다음은 이같이 구현한 코드다.

```
void DotArrays_sse(int count,
                   float r[],
                   const float a[],
                   const float b[])
{
    for (int i = 0; i < count; i += 4)
```

---

20 SSE4가 나오면서 내장 명령 _mm_dp_ps( )를 추가했는데(이에 대응하는 기계어인 dpps와 함께). 이것은 2개의 _mm_hadd_ps( )를 사용한 구현보다 다소 나은 성능을 보여 준다. 하지만 모든 횡으로 더하는 연산은 매우 느리기 때문에 가능한 한 피하는 것이 좋다.

```
  {
    __m128 vaX = _mm_load_ps(&a[(i+0)*4]); // a[0,4,8,12]
    __m128 vaY = _mm_load_ps(&a[(i+1)*4]); // a[1,5,9,13]
    __m128 vaZ = _mm_load_ps(&a[(i+2)*4]); // a[2,6,10,14]
    __m128 vaW = _mm_load_ps(&a[(i+3)*4]); // a[3,7,11,15]

    __m128 vbX = _mm_load_ps(&b[(i+0)*4]); // b[0,4,8,12]
    __m128 vbY = _mm_load_ps(&b[(i+1)*4]); // b[1,5,9,13]
    __m128 vbZ = _mm_load_ps(&b[(i+2)*4]); // b[2,6,10,14]
    __m128 vbW = _mm_load_ps(&b[(i+3)*4]); // b[3,7,11,15]

    __m128 result;
    result = _mm_mul_ps(vaX, vbX);
    result = _mm_add_ps(result, _mm_mul_ps(vaY, vbY));
    result = _mm_add_ps(result, _mm_mul_ps(vaZ, vbZ));
    result = _mm_add_ps(result, _mm_mul_ps(vaW, vbW));

    _mm_store_ps(&r[i], result);
  }
}
```

MADD 명령어

재미있는 사실은 곱셈 바로 뒤에 덧셈을 하는 연산은 굉장히 흔해서 전용 이름이 따로 있다는 점이다(바로 madd다). 일부 CPU는 단일 SIMD 명령어를 통해 madd 연산을 지원한다. 예를 들면 PowerPC AltiVec 내장 명령인 vec_madd( )가 있다. 따라서 AltiVec을 사용하면 DotArrays( ) 함수의 핵심부는 다음과 같이 간소하게 줄어 든다.

```
vector float result = vec_mul(vaX, vbX);
result = vec_madd(vaY, vbY, result));
result = vec_madd(vaZ, vbZ, result));
result = vec_madd(vaW, vbW, result));
```

4.10.3.3 한 번에 전치하기

위 예에서는 함수 호출하는 부분에서 이미 입력 데이터를 전치했다고 가정했다. 즉 a[ ] 배열은 { a_0, a_4, a_8, a_{12}, a_1, a_5, a_9, a_{13}, ⋯ }와 같은 순서로 원소들을 가지며, b[ ]도 마찬가지일 것이라고 가정한다. 레퍼런스 구현에서와 같은 형식인 입력을 처리하려면 함수 내에서 전치를 수행해야 한다. 다음은 그 방법이다.

```
void DotArrays_sse_transpose(int count,
                             float r[],
                             const float a[],
                             const float b[])
{
  for (int i = 0; i < count; i += 4)
  {
    __m128 vaX = _mm_load_ps(&a[(i+0)*4]); // a[0,1,2,3]
    __m128 vaY = _mm_load_ps(&a[(i+1)*4]); // a[4,5,6,7]
    __m128 vaZ = _mm_load_ps(&a[(i+2)*4]); // a[8,9,10,11]
    __m128 vaW = _mm_load_ps(&a[(i+3)*4]); // a[12,13,14,15]

    __m128 vbX = _mm_load_ps(&b[(i+0)*4]); // b[0,1,2,3]
    __m128 vbY = _mm_load_ps(&b[(i+1)*4]); // b[4,5,6,7]
    __m128 vbZ = _mm_load_ps(&b[(i+2)*4]); // b[8,9,10,11]
    __m128 vbW = _mm_load_ps(&b[(i+3)*4]); // b[12,13,14,15]

    _MM_TRANSPOSE4_PS(vaX, vaY, vaZ, vaW);
                                        // vaX = a[0,4,8,12]
                                        // vaY = a[1,5,9,13]
                                        // ...
    _MM_TRANSPOSE4_PS(vbX, vbY, vbZ, vbW);
                                        // vbX = b[0,4,8,12]
                                        // vbY = b[1,5,9,13]
                                        // ...

    __m128 result;
    result = _mm_mul_ps(vaX, vbX);
    result = _mm_add_ps(result, _mm_mul_ps(vaY, vbY));
    result = _mm_add_ps(result, _mm_mul_ps(vaZ, vbZ));
    result = _mm_add_ps(result, _mm_mul_ps(vaW, vbW));

    _mm_store_ps(&r[i], result);
  }
}
```

두 번의 _MM_TRANSPOSE( ) 호출은 다소 복잡한 매크로 호출인데, 이것은 셔플^{shuffle} 명령어를 통해 4개의 입력 레지스터의 원소들을 옮겨 주는 일을 한다. 다행이 셔플 명령어는 그다지 비싸지 않기 때문에 내적 연산과 동시에 한다고 해서 그다지 부담이 되지는 않는다. DotArrays( )의 세 가지 구현을 모두 프로파일링해 보면 마지막 버전(함수 안에서 연산과 동시에 전치를 하는)이 레퍼런스 구현보다 대략 3.5배 빠르다.

4.10.3.4 셔플과 전치

궁금한 독자를 위해 _MM_TRANSPOSE( ) 매크로가 어떤 모양일지를 공개한다.

```
#define _MM_TRANSPOSE4_PS(row0, row1, row2, row3)  \
{ __m128 tmp3, tmp2, tmp1, tmp0;                    \
                                                    \
  tmp0 = _mm_shuffle_ps((row0), (row1), 0x44);      \
  tmp2 = _mm_shuffle_ps((row0), (row1), 0xEE);      \
  tmp1 = _mm_shuffle_ps((row2), (row3), 0x44);      \
  tmp3 = _mm_shuffle_ps((row2), (row3), 0xEE);      \
                                                    \
  (row0) = _mm_shuffle_ps(tmp0, tmp1, 0x88);        \
  (row1) = _mm_shuffle_ps(tmp0, tmp1, 0xDD);        \
  (row2) = _mm_shuffle_ps(tmp2, tmp3, 0x88);        \
  (row3) = _mm_shuffle_ps(tmp2, tmp3, 0xDD); }
```

괴상한 16진수 숫자는 셔플 마스크^{shuffle mask}라 불리는 4원소 비트 필드다. 이것들은 _mm_shuffle( ) 내장 명령에 원소들을 어떻게 옮길 것인지를 지정하는 데 쓰인다. 잘 헷갈리기 쉬운 내용인데, 아마도 대부분의 문서에서 이것들을 호칭할 때 쓰는 이름 때문일 수도 있다. 사실은 굉장히 단순한 개념이다. 셔플 마스크는 4개의 정수로 이뤄지며, 각 정수는 SSE 레지스터의 한 원소를 나타낸다(따라서 0에서 3까지의 범위다).

```
#define SHUFMASK(p,q,r,s) \
            (p | (q<<2) | (r<<4) | (s<<6))
```

_mm_shuffle_ps( )에 2개의 SSE 레지스터 a, b와 셔플 마스크를 넣으면 a와 b의 지정된 원소들이 결과 레지스터 r에 다음과 같이 저장된다.

```
__m128 a = ...;
__m128 b = ...;
__m128 r = _mm_shuffle_ps(a, b,
                          SHUFMASK(p,q,r,s));
// r == ( a[p], a[q], b[r], b[s] )
```

4.10.4 SSE를 통한 벡터-행렬 곱

내적 연산을 하는 법을 배웠으니 이제는 4원소 벡터와 4×4 행렬 곱을 할 수 있다. 그냥 입력 벡터와 입력 행렬의 각 4행에 대해 내적 연산을 하면 된다.

먼저 4행을 4개의 SSE 벡터로 추상화하는 Mat44 클래스를 정의한다. union을 사용해 행렬의 각 멤버를 float 타입으로도 접근할 수 있게 한다(이렇게 할 수 있는 이유는 Mat44 클래스의 인스턴스는 SSE 레지스터에 직접 올라갈 일이 없이 메모리에만 존재하기 때문이다).

```
union Mat44
{
  float c[4][4]; // 원소들
  __m128 row[4]; // 행들
};
```

벡터와 행렬의 곱을 처리하는 함수는 다음과 같다.

```
__m128 MulVecMat_sse(const __m128& v, const Mat44& M)
{
  // 먼저 v를 전치한다.
  __m128 vX = _mm_shuffle_ps(v, v, 0x00); // (vx,vx,vx,vx)
  __m128 vY = _mm_shuffle_ps(v, v, 0x55); // (vy,vy,vy,vy)
  __m128 vZ = _mm_shuffle_ps(v, v, 0xAA); // (vz,vz,vz,vz)
  __m128 vW = _mm_shuffle_ps(v, v, 0xFF); // (vw,vw,vw,vw)

  __m128 r =        _mm_mul_ps(vX, M.row[0]);
  r = _mm_add_ps(r, _mm_mul_ps(vY, M.row[1]));
  r = _mm_add_ps(r, _mm_mul_ps(vZ, M.row[2]));
  r = _mm_add_ps(r, _mm_mul_ps(vW, M.row[3]));
  return r;
}
```

한 SSE 레지스터의 4성분에 동일하게 v의 성분 1개(v_x, v_y, v_z, v_w 중 하나)를 넣기 위해 셔플을 사용했다. 이것은 v를 전치하는 것으로, 이미 전치돼 있는 M의 행[row]과 내적을 계산하는 데 사용된다(기억해야 할 점은, 벡터-행렬 곱은 보통 입력 벡터와 행렬의 열[column]의 내적을 계산해야 한다는 것이다. 그런데 우리는 지금 v를 4개의 SSE 레지스터로 전치한 후 행렬의 행[row]와 내적을 계산한다).

4.10.5 SSE를 통한 행렬끼리의 곱

벡터와 행렬 곱을 구현했으니 다음에 4×4 행렬 2개의 곱을 SSE로 구현하는 일은 정말 간단하다. 다음은 그 구현이다.

```
void MulMatMat_sse(Mat44& R, const Mat44& A, const Mat44& B)
{
  R.row[0] = MulVecMat_sse(A.row[0], B);
  R.row[1] = MulVecMat_sse(A.row[1], B);
  R.row[2] = MulVecMat_sse(A.row[2], B);
  R.row[3] = MulVecMat_sse(A.row[3], B);
}
```

4.10.6 벡터화의 일반화

SSE 레지스터가 4개의 부동소수 값을 담을 수 있으니까 이것을 4원소인 동차 벡터 v의 성분을 나타내는 데 최적의 도구이며 SSE를 가장 잘 쓰는 일은 3D 벡터 연산이라고 생각할 수 있다. 하지만 SIMD 병렬성은 이보다 더 큰 가능성을 내포한다.

대부분의 '배치[batch]' 동작, 즉 하나의 연산이 커다란 데이터셋에 반복적으로 수행되는 동작은 SIMD 병렬성을 사용해 벡터화할 수 있다. 잘 생각해 보면 SIMD 레지스터의 각 성분들은 그 위에 임의의 동작을 수행할 수 있는 나란한 '레인[lane]'[21]과 같다. float 변수를 갖고 작업할 때는 레인이 하나지만, 128비트(4원소) SIMD 변수는 똑같은 일을 4개의 레인에 병렬로 수행할 수 있다. 다시 말하면 계산을 한 번에 4개씩 할 수 있다는 말이다. 256비트 AVX 레지스터는 8개의 레인이 있는 셈이고 한 번에 계산을 8번씩 할 수 있다. AVX-512는 16개의 레인에 한 번에 16번의 연산이 가능하다.

---

21 육상의 트랙, 또는 수영장의 레인 - 옮긴이

벡터화하는 코드를 짜는 제일 쉬운 방법은 일단 레인 하나에 해당하는 알고리듬(float 하나만 쓰는)을 먼저 짜는 것이다. 일단 이 구현이 동작한다면 한 번에 N개씩 처리하도록 바꾸면 되는데 N개의 레인을 갖는 SIMD 레지스터를 활용한다. 이미 이렇게 한번 해봤었다. 4.10.3절에서 맨 처음 한 번에 하나씩 내적을 구하는 루프를 구현한 후, 이것을 SSE를 사용해 한 번에 4개씩 내적을 구하도록 변경했다.

이렇게 벡터화를 할 경우 약간만 고치면 보다 큰 SIMD 하드웨어를 저절로 활용할 수도 있다는 보너스가 생긴다. SSE만 지원하는 하드웨어에서는 루프 한 번에 4개의 연산을 처리한다. AVX를 지원하는 하드웨어에서는 이것을 한 루프당 8개의 연산을 처리하게 바꿀 수 있다. 그리고 AVX-512 시스템에서는 한 번에 16개를 처리하게 할 수 있다.

재미있는 사실은 최적화 기능이 있는 컴파일러 대부분이 특정한 단일 레인 루프에 대해 자동으로 벡터화를 할 수 있다는 것이다. 사실은 앞서 나온 예제를 짤 때 단일 레인 루프를 벡터화하지 않게 컴파일러 설정을 하는 데 약간 애를 먹었다. 그래야만 SIMD 구현과 제대로 성능 비교를 할 수 있기 때문이다. 다시 한번 말하지만 코드를 최적화할 때는 항상 디스어셈블리를 참조하는 것이 좋다. 컴파일러가 알게 모르게 하는 일들을 발견할지도 모른다.

4.10.7 벡터 프레디케이션

잠깐 다른(억지로 만들어 낸) 예를 하나 더 보자. 이 예를 통해 일반적인 벡터화를 더 잘 이해하게 되겠지만, 또한 한 가지 유용한 테크닉을 배울 기회가 될 것이다. 바로 벡터 프레디케이션 vector prediction이다.

매우 큰 float 배열이 있고 이것의 제곱근을 구해야 한다고 하자. 처음에는 단일 레인용 코드를 짤 것이다.

```cpp
#include <cmath>

void SqrtArray_ref(float* __restrict__ r,
                   const float* __restrict__ a,
                   int count)
{
  for (unsigned i = 0; i < count; ++i)
  {
```

```
    if (a[i] >= 0.0f)
      r[i] = std::sqrt(a[i]);
    else
      r[i] = 0.0f;
  }
}
```

다음에 이것을 SSE를 사용하도록 변경해 한 번에 넷씩 계산하도록 바꾼다.

```
#include <xmmintrin.h>

void SqrtArray_sse_broken(float* __restrict__ r,
                          const float* __restrict__ a,
                          int count)
{
  assert(count % 4 == 0);
  __m128 vz = _mm_set1_ps(0.0f); // 모두 0으로 지정

  for (int i = 0; i < count; i += 4)
  {
    __m128 va = _mm_load_ps(a + i);

    __m128 vr;
    if (_mm_cmpge_ps(va, vz)) // ???
      vr = _mm_sqrt_ps(va);
    else
      vr = vz;

    _mm_store_ps(r + i, vr);
  }
}
```

별거 없어 보인다. 배열을 한 번에 4개의 float씩 돌고, 4개의 float 값을 SSE 레지스터에 로드하고, _mm_sqrt_ps( )를 사용해 4개의 제곱근 연산을 병렬로 수행한다.

그런데 여기에 작은 함정이 숨어 있다. 입력 값이 0 이상인지 검사해야 하는데, 그 이유는 음수의 제곱근은 허수이기 때문이다(따라서 결과는 QNaN이 된다). 내장 함수 _mm_cmpge_ps( )는 두 SSE 레지스터의 값을 성분별로 비교한 후 인자로 넘어간 벡터보다 크거나 같은지를 리턴

한다. 그런데 이 함수는 리턴 값이 bool이 아니다. 생각해 보면 당연하지 않은가? 네 쌍의 값들을 비교하므로 일부는 조건을 충족할 수도 있고 일부는 그렇지 않을 수 있기 때문이다. 따라서 _mm_cmpge_ps( )의 리턴 값을 간단히 if 문으로 비교할 수는 없다.[22]

그럼 기껏 구현한 벡터화 코드를 쓰지 못하는 걸까? 다행히 그렇지는 않다. _mm_cmpge_ps( ) 등의 모든 SSE 비교 명령어는 SSE 레지스터에 저장된 4원소 값을 리턴한다. 여기에는 4개의 부동소수 값이 들어가는 대신, 4개의 32비트 마스크로 된 결과가 저장된다. 각 마스크는 해당 원소가 테스트를 통과할 경우 모든 비트가 1(0xFFFFFFFFU)이고 반대로 통과하지 못하면 모든 비트가 0(0x0U)이 된다.

SSE 비교 명령어의 결과를 비트 마스크로 사용하면 두 가지 가능한 결과 중 하나를 선택할 수 있다. 우리의 예에서 입력 값이 테스트를 통과하면(즉 0보다 같거나 큰 경우) 그 값의 제곱근을 선택한다. 테스트에 실패하면(음수인 경우) 0을 선택한다. 이것을 프레디케이션predication이라고 부르는데, SIMD 벡터에 적용하기 때문에 벡터 프레디케이션이라고 부른다.

4.2.6.2절에서 이미 비트와이즈bitwise AND, OR, NOT 연산자를 갖고 부동소수에 대해 프레디케이션하는 법을 살펴봤다. 다음은 그 문제에서 일부를 가져온 것이다.

```
    // ...

    // 마스크의 값이 모두 1인 경우 몫을 선택하고,
    // 마스크의 값이 모두 0인 경우 기본 값 d를 선택
    // (주: 이 코드는 현 상태로 실행되지 않음 -
    // 마스킹을 위해서는 union으로 float를 unsigned int로 해석하게 해야 한다.)
    const float result = (q & mask) | (d & ~mask);
    return result;
}
```

지금 하려는 것도 이것과 크게 다르지 않은데, 비트와이즈 연산자를 SSE 버전으로 교체하기만 하면 된다.

---

22 또한 단일 레인 구현에 있는 if문은 컴파일러가 자동으로 벡터화를 하지 못하게 한다.

```
#include <xmmintrin.h>

void SqrtArray_sse(float* __restrict__ r,
                   const float* __restrict__ a,
                   int count)
{
  assert(count % 4 == 0);
 __m128 vz = _mm_set1_ps(0.0f);

  for (int i = 0; i < count; i += 4)
  {
    __m128 va = _mm_load_ps(a + i);

    // 몫을 구하지만 일부 레인, 또는 전체 레인에서
    // QNaN이 나올 수도 있다.
    __m128 vq = _mm_sqrt_ps(va);

    // 입력 값이 0이상인지 여부에 따라
    // vq와 vz 중에 선택한다.
    __m128 mask = _mm_cmpge_ps(va, zero);

    // (vq & mask) | (vz & ~mask)
    __m128 qmask = _mm_and_ps(mask, vq);
    __m128 znotmask = _mm_andnot_ps(mask, vz);
    __m128 vr = _mm_or_ps(qmask, znotmask);

    _mm_store_ps(r + i, vr);
  }
}
```

보통 이런 벡터 프레디케이션을 함수로 감싸는 것이 편리한데, 벡터 선택[vector select]이라고 불리는 게 보통이다. PowerPC의 AltiVec ISA는 이런 용도로 vec_sel( )이라는 내장 명령을 지원한다. 다음과 같은 원리로 동작한다.

```
// AltiVec의 vec_sel() 내장 명령의 동작 원리를
// 설명하는 의사코드
vector float vec_sel(vector float falseVec,
                     vector float trueVec,
```

```
                      vector bool mask)
{
  vector float r;
  for (each lane i)
  {
    if (mask[i] == 0)
      r[i] = falseVec[i];
    else
      r[i] = trueVec[i];
  }
  return r;
}
```

SSE2는 벡터 선택을 위한 명령어를 지원하지 않았지만 다행히 SSE4에서는 지원하게 됐다. ─_mm_blendv_ps().

벡터 선택 구현을 직접 하는 법을 살펴보자. 다음과 같이 코드를 짤 수 있다.

```
__m128 _mm_select_ps(const __m128 a,
                     const __m128 b,
                     const __m128 mask)
{
  // (b & mask) | (a & ~mask)
  __m128 bmask = _mm_and_ps(mask, b);
  __m128 anotmask = _mm_andnot_ps(mask, a);
  return _mm_or_ps(bmask, anotmask);
}
```

좀 더 과감한 독자라면 다음과 같이 XOR 연산으로 구현할 수도 있다.

```
__m128 _mm_select_ps(const __m128 a,
                     const __m128 b,
                     const __m128 mask)
{
  // (((a ^ b) & mask) ^ a)
  __m128 diff = _mm_xor_ps(a, b);
  return _mm_xor_ps(a, _mm_and_ps(mask, diff));
}
```

이 코드가 어떻게 동작할지 생각해 보자. 힌트 두 가지: XOR 연산자는 두 값의 비트와이즈 차이를 구한다. XOR 2개를 연속 적용하면 입력 값이 그대로 나온다((a ^ b) ^ b == a).

4.11 GPGPU 프로그래밍에 대한 소개

이전의 절에서 최적화 기능이 있는 대부분의 컴파일러는 다음 두 경우를 모두 만족하면 코드를 자동으로 벡터화할 수 있다고 언급했었다. 1) 컴파일 대상 CPU가 SIMD 벡터 처리 유닛을 갖고 있고, 2) 소스코드가 특정 조건을 만족하는 경우(예를 들면 복잡한 분기를 포함하지 않는 다든가). 이와 별개로 벡터화는 범용 GPU^{GPGPU, General-Purpose GPU} 프로그래밍의 중요한 핵심 개념 중 하나이기도 하다. 4.11절에서는 하드웨어 아키텍처 관점에서 GPU와 CPU의 차이에 대해 간단히 알아보고, GPU에서 큰 데이터를 병렬로 계산할 수 있는 컴퓨트 셰이더^{compute shader}를 구현하는 데 SIMD 병렬화와 벡터화가 어떻게 사용되는지 알아볼 것이다.

4.11.1 데이터 병렬 연산

GPU는 고도의 데이터 병렬화 관련 연산을 매우 빠르게 처리할 수 있게 디자인된 코프로세서다. 이것은 SIMD 병렬화(벡터화 ALU)와 MIMD 병렬화(선점형 멀티스레딩을 적용함으로써)를 결합해서 이뤄진다. 이 같은 SIMD/MIMD 복합 디자인을 설명하기 위해 NVIDIA는 단일 명령어 다중 스레드^{SIMT, Single Instruction Multiple Thread}라는 용어를 만들어 냈다. 그렇다고 엔비디아 GPU만 이 디자인을 쓰는 것은 아니다. GPU 구현은 제조사나 품목마다 크게 차이 나긴 하지만 모든 GPU는 SIMT 병렬화 개념을 응용해 디자인된다.

GPU는 매우 큰 데이터셋에 대해 데이터 병렬^{data-parallel} 연산을 전문적으로 처리하고자 디자인됐다. 연산 작업이 GPU에서 실행하기 적합한 형태가 되려면 데이터셋의 각 성분에 행해지는 연산들은 다른 성분의 계산 결과에 독립적이어야 한다. 즉 성분들의 실행 순서가 어떻게 되든 상관없어야 한다.

4.10.3절에서 소개했던 간단한 SIMD 벡터화는 훌륭한 데이터 병렬 연산의 예다. 이 예는 크기가 매우 커질 수 있는 한 쌍의 입력 벡터 배열을 받아서 두 벡터의 스칼라 내적 값을 출력 배열에 저장하는 것이었다.

```
void DotArrays_ref(int count,
                   float r[],
                   const float a[],
                   const float b[])
{
  for (int i = 0; i < count; ++i)
  {
    // 4개의 float 값을 1개의
    // 4원소 벡터로 취급한다.
    const int j = i * 4;

    r[i] = a[j+0]*b[j+0]   // ax*bx
         + a[j+1]*b[j+1]   // ay*by
         + a[j+2]*b[j+2]   // az*bz
         + a[j+3]*b[j+3];  // aw*bw
  }
}
```

루프에서 한 주기 동안 수행하는 연산은 다른 주기의 연산과는 독립적이다. 따라서 어떤 순서로 연산을 하건 상관없다는 뜻이다. 이 성질 때문에 SSE나 AVX 내장 명령으로 루프를 벡터화할 수 있는 것이다. 한 번에 하나씩 연산을 하는 대신 SIMD 병렬화를 통해 4개, 8개, 16개의 연산을 동시에 할 수 있고, 따라서 반복 횟수를 각각 1/4, 1/8, 1/16로 줄일 수 있다.

이제 SIMD 병렬화를 극단적으로 밀어붙여 보자. 레인lane이 1024개인 SIMD VPU가 있다면, 이 경우 총 반복 횟수를 1024로 나눌 수 있다. 그렇다면 입력 배열의 원소수가 1024보다 적다면 단 한 번에 전체 루프를 돌릴 수 있다!

이것이 GPU가 하는 일을 개략적으로 설명한 것이다. 그렇지만 실제로 1024레인 SIMD를 쓰는 건 아니다. 보통 GPU의 SIMD 유닛은 16레인이지만 한 번에 32 또는 64개의 원소를 배치batch 처리한다. 또한 GPU는 이 같은 SIMD 유닛을 많이 가진다. 그렇기 때문에 큰 일감을 이 SIMD 유닛들에 병렬로 넘길 수 있고, 따라서 말 그대로 수천 개의 데이터 성분들을 병렬로 처리할 수 있다.

데이터 병렬 연산은 애초에 픽셀 셰이더(단편fragment 셰이더라고도 한다)에서 수백만 개의 픽셀, 또는 정점 셰이더vertex shader에서 수십만~수백만 개의 3D 메시 정점을 프레임당 30~60FPS로 처리하고자 만들어진 것이다. 그런데 오늘날의 GPU는 이 계산 능력을 컴퓨트 셰이더[compute shader]를 통해 프로그래머가 활용할 수 있게 한다. 계산이 서로 독립적이기만 하다면, 큰 데이터셋에 대한 연산을 처리하는 데 GPU가 CPU보다 더 효율적일 가능성이 크다.

4.11.2 컴퓨트 커널

4.10.3절에서 봤듯이 `DotArrays_ref()` 같은 함수의 루프를 벡터화하려면 코드를 수정해야 했다. 벡터화된 함수는 SSE와 AVX 내장 명령을 사용하므로 스칼라 데이터 타입은 벡터 타입, (SSE의 `__m128`이나 AltiVec의 `vector float` 등)으로 교체해야 한다. 그리고 이 루프를 몇 개의 원소씩(4, 8, 16개) 한 번에 처리할지 하드 코딩해야 한다.

GPGPU 컴퓨트 셰이더를 짤 때는 다른 접근 방법을 취한다. 정해진 묶음 batch로 동작하게 하드 코딩하는 대신, 루프를 스칼라 데이터 타입의 '단일 레인[single-lane]'용으로 그대로 둔다. 그리고 루프를 커널[kernel]이라 불리는 별도의 함수로 분리한다. 다음은 커널이 어떤 모양일지를 보여 주는 예다.

```
void DotKernel(unsigned i,
               float r[],
               const float a[],
               const float b[])
{
    // 4개의 float 값을 1개의
    // 4원소 벡터로 취급한다.
    const unsigned j = i * 4;

    r[i] = a[j+0]*b[j+0] // ax*bx
         + a[j+1]*b[j+1] // ay*by
         + a[j+2]*b[j+2] // az*bz
         + a[j+3]*b[j+3]; // aw*bw
}

void DotArrays_gpgpu1(unsigned count,
                      float r[],
                      const float a[],
                      const float b[])
{
```

```
  for (unsigned i = 0; i < count; ++i)
  {
    DotKernel(i, r, a, b);
  }
}
```

DotKernel( ) 함수는 이제 컴퓨트 셰이더로 변환하기 적합한 형태가 됐다. 이 함수는 입력 데이터의 1개 원소만 처리하고 1개의 결과만을 출력한다. 이것은 픽셀/단편 셰이더가 1개의 입력 픽셀/단편의 색을 입력으로 받아 1개의 출력 색으로 변환하는 과정이나, 또는 정점 셰이더가 1개의 입력 정점을 받아 1개의 정점을 출력하는 것과 똑같다고 볼 수 있다. GPU가 데이터 셋의 원소 1개마다 커널 함수를 대신 호출해 주는 것이라고 생각하면 된다.

GPGPU 컴퓨트 커널은 보통 특수한 셰이딩 언어로 작성하는데, 이것은 GPU가 이해할 수 있는 기계어로 컴파일된다. 셰이딩 언어는 보통 C와 문법이 매우 유사하기 때문에 C와 C++ 루프를 GPU 컴퓨트 커널로 변경하기는 별로 어렵지 않다. 셰이딩 언어의 종류는 다이렉트X의 HLSL^{High-Level Shader Language}, 오픈GL의 GLSL, 엔비디아의 Cg와 CUDA C, 그리고 오픈CL이 있다.

셰이딩 언어에 따라 커널 코드를 별도의 소스 파일로 분리해야 하는 경우도 있다. 반면 오픈CL과 CUDA C는 C++ 언어를 확장한 것이기 때문에 보통의 C/C++에 문맥만 살짝 바꿔서 컴퓨트 커널 코드를 짤 수 있고 단순한 문법으로 GPU에서 실행할 수 있다.

먼저 나왔던 DotKernel( )을 CUDA C로 짠 실제 예를 살펴보자.

```
__global__ void DotKernel_CUDA(int count,
                               float* r,
                               const float* a,
                               const float* b)
{
  // CUDA는 모든 커널 호출마다 자동으로 "thread index"라는
  // 편리한 정보를 제공한다. -- 우리는 이것을
  // 루프 인덱스 i로 삼는다.
  size_t i = threadIdx.x;

  // 인덱스가 올바른지 검사한다.
  if (i < count)
```

```
    {
        // 4개의 float 값들을 1개의
        // 4원소 벡터로 취급한다.
        const unsigned j = i * 4;

        r[i] = a[j+0]*b[j+0]  // ax*bx
        + a[j+1]*b[j+1]        // ay*by
        + a[j+2]*b[j+2]        // az*bz
        + a[j+3]*b[j+3];       // aw*bw
    }
}
```

코드에서 루프 인덱스 i를 커널 함수 내의 threadIdx라는 변수에서 가져오는 것을 볼 수 있다. 스레드 인덱스는 컴파일러가 자동으로 제공하는 입력인데, C++ 클래스 멤버 함수에서 this 포인터가 자동으로 현재 클래스 인스턴스를 가리키는 것과 유사하다. 스레드 인덱스는 4.11.3 절에서 좀 더 이야기한다.

4.11.3 커널 코드 실행

컴퓨트 커널을 작성했으면 다음에 이것을 GPU에서 실행하는 방법을 알아보자. 셰이딩 언어마다 세부적 내용은 다르지만 핵심 개념은 모두 같다. 예를 들어 다음은 CUDA C에서 컴퓨트 커널을 돌리는 방식이다.

```
void DotArrays_gpgpu2(unsigned count,
                      float r[],
                      const float a[],
                      const float b[])
{
    // CPU와 GPU 양쪽에서 모두 접근 가능한
    // "관리되는managed" 버퍼를 할당한다.
    int *cr, *ca, *cb;
    cudaMallocManaged(&cr, count * sizeof(float));
    cudaMallocManaged(&ca, count * sizeof(float) * 4);
    cudaMallocManaged(&cb, count * sizeof(float) * 4);

    // 데이터를 GPU가 인지할 수 있는 메모리로 보낸다.
    memcpy(ca, a, count * sizeof(float) * 4);
```

```
    memcpy(cb, b, count * sizeof(float) * 4);

    // GPU에서 커널 코드를 실행
    DotKernel_CUDA <<<1, count>>> (cr, ca, cb, count);

    // GPU 연산이 끝나기를 기다린다.
    cudaDeviceSynchronize();

    // 결과를 리턴하고 정리한다.
    memcpy(r, cr, count * sizeof(float));
    cudaFree(cr);
    cudaFree(ca);
    cudaFree(cb);
}
```

CPU와 GPU 양쪽에서 접근 가능한 '관리되는managed' 버퍼를 할당하거나 입력 데이터를 여기로 복사하는 등의 준비 코드가 필요하다. CUDA전용 문법인 3개의 화살괄호 표기법(<<<G,N>>>)이 다음에 오고, 드라이버에 요청을 전달함으로써 컴퓨트 커널을 GPU에서 실행한다. cudaDeviceSynchronize()는 GPU가 일을 마칠 때까지 CPU가 대기하도록 만든다(pthread_join()이 다른 스레드의 일을 마칠 때까지 현재 스레드를 대기시키는 것과 같다). 마지막으로 GPU에서 접근 가능한 버퍼들을 해제한다.

<<<G,N>>> 표기법에 대해 좀 더 알아보자. 둘째 인자인 N은 입력 데이터의 차원dimension을 지정한다. 이것은 GPU가 수행해야할 루프 반복 횟수에 해당한다. 이를 통해 1차원, 2차원, 3차원 입력 배열을 처리할 수도 있다. 하지만 C/C++의 경우와 마찬가지로 다차원 배열은 인덱스 방식만 약간 다른 1차원 배열에 불과하다. 즉 C/C++에서 2차원 배열을 [row][column]과 같이 접근하는 것은 1차원 배열을 [row*numColumns + column]과 같이 접근하는 것과 똑같다. 다차원 GPU 버퍼도 마찬가지다.

첫째 인자인 G는 드라이버에게 몇 개의 스레드 그룹(엔비디아는 스레드 블록이라고 부른다)을 사용해 컴퓨트 커널을 실행할지 지시한다. 1개의 스레드 그룹만 사용하는 연산 작업은 GPU에서 1개의 컴퓨트 유닛compute unit에서만 실행될 수 있다. 컴퓨트 유닛은 GPU의 코어core라고 생각하면 된다. 즉 명령어 스트림을 실행할 수 있는 하나의 하드웨어 컴포넌트다. 이 값을 1보다 크게 하면 드라이버가 여러 개의 컴퓨트 유닛에 작업을 분배하도록 한다.

4.11.4 GPU 스레드와 스레드 그룹

G 인자를 통해 GPU 드라이브에 몇 개의 스레드 그룹으로 일감을 나눌지 지정한다. 당연히 스레드 그룹은 여러 개의 GPU 스레드로 이뤄진다. 그런데 GPU에서 '스레드'는 어떤 의미를 지닐까?

GPU 커널을 컴파일하면 GPU 기계어 명령들의 흐름으로 이뤄진 명령어 스트림이 되며, 이것은 C/C++ 함수가 컴파일을 거쳐 CPU 명령어 스트림으로 변환되는 것과 같다. 따라서 하나이상의 코어에서 실행 가능한 기계 명령어 스트림을 나타낸다는 점에서 GPU '스레드'는 CPU '스레드'와 동일하다. 그렇지만 스레드를 실행하는 방법은 GPU와 CPU는 차이가 있다. 따라서 GPU에서 '스레드'를 이야기할 때는 CPU와는 조금 다른 의미를 지닌다.

용어의 차이를 이해하고자 간단히 GPU 아키텍처를 살펴보자. 4.11.1절에서 이야기했듯이 GPU는 여러 개의 컴퓨트 유닛$^{CU, Compute Unit}$으로 이뤄져 있으며, 각 컴퓨트 유닛은 여러 개의 SIMD 유닛을 갖는다. 컴퓨트 유닛은 간소화한 CPU 코어라고 생각하면 된다. 명령어 인출^{fetch}/해석^{decode} 유닛, 모종의 메모리 캐시, 그리고 통상적인 '스칼라^{scalar}' ALU가 들어 있고 보통 4개의 SIMD 유닛이 가까이 위치해 있다. SIMD 유닛은 SIMD를 지원하는 CPU에 있는 벡터 연산 유닛$^{VPU, Vector Processing Unit}$과 거의 똑같은 역할을 한다. 이 구조가 그림 4.39에 나와있다.

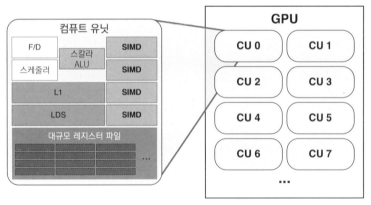

그림 4.39 통상적인 GPU는 여러 개의 컴퓨트 유닛(CU)으로 이뤄지며, 각 유닛은 간소화한 CPU 코어 역할을 한다. CU에는 명령어 인출/해석 유닛, L1 캐시, 경우에 따라 로컬 데이터 저장소(LDS), 스칼라 ALU, 그리고 벡터 처리를 위한 여러 개의 SIMD 유닛이 있다.

GPU마다 CU 안의 SIMD 유닛의 레인 수는 다르지만 여기서는 AMD Radeon™ GCN^{Graphics Core Next} 아키텍처의 16레인이라고 가정하자. CU는 비순차 실행 등의 추측을 하지 못한다. 그 냥 순서대로 명령어 스트림을 읽어 들여 하나씩 실행하며, SIMD 유닛을 통해 병렬로 16개의 데이터 원소에 각 명령을 적용한다.[23]

컴퓨트 커널을 CU에서 실행하기 위해 드라이버에서는 먼저 입력 데이터 버퍼를 64개의 원소 단위의 블록으로 나눈다. 이 같은 64개 블록마다 1개의 CU에서 컴퓨트 커널을 호출한다. 이 같은 호출을 웨이브프런트^{wavefront}(엔비디아에서는 워프^{warp}라고 부른다)라 한다. 웨이브프런트를 실행할 때 CU는 커널의 명령어를 하나씩 인출/해석한다. 각 명령어는 SIMD 유닛을 통해 16 개의 데이터 원소에 락−스텝^{lock-step} 기법으로 적용된다. SIMD 유닛은 4단계 파이프라인으로 구현되기 때문에 완료하는 데 4클럭 주기가 소요된다. 4주기마다 3주기를 놀리는 대신 CU는 같은 명령을 세 번 더 3개의 16 데이터 원소에 대해 실행한다. CU의 SIMD가 16레인이지만 웨이브프런트는 64개의 데이터원소인 이유가 바로 이 때문이다.

위와 같이 CU가 명령어 스트림을 실행하는 방식이 약간 독특하기 때문에 'GPU 스레드'라는 용어는 사실 1개의 SIMD 레인을 지칭하는 것이다. 따라서 컴퓨트 커널로 변경 하기 전의 벡터 화하지 않은 루프의 한 반복 주기를 GPU 스레드라고 생각하면 된다. 아니면 1개의 데이터 단 위를 입력받아 1개의 출력 값을 내는 커널 함수를 한 번 호출하는 것으로 생각해도 된다. GPU 가 GPU 스레드를 병렬로 여러 개 실행하는 것(예를 들면 한 웨이브프런트마다 커널을 한 번 실행하 지만 한 번에 처리하는 데이터는 64개인 점 등)은 구현 세부 사항일 뿐이다. 프로그래머가 각 GPU 의 벡터화에 대해 신경 쓰지 않아도 되기 때문에 컴퓨트 커널은 이식성^{portable}을 가질 수 있다 (그래픽 셰이더도 마찬가지).

4.11.4.1 SIMD에서 SIMT로

단일 명령 다중 스레드^{SIMT}라는 용어를 도입한 이유는 GPU가 단순한 SIMD 병렬성에 한정되 지 않는다는 점을 강조하기 위해서였다. 웨이브프런트 간에 일종의 선점형 멀티스레딩을 통해 시간 분할을 구현한다. 왜 이렇게 하는지 잠깐 알아보자.

SIMD 유닛이 웨이브프런트를 처리할 때 셰이더 프로그램의 각 명령어를 한 번에 64개의 데

---

23 GPU의 컴퓨트 유닛은 사실 스칼라 ALU를 갖고 있기 때문에 일부 명령어를 한 번에 1개의 값에 적용하는 '단일 레인' 방식으로 실 행할 수 있다.

이터 원소에 적용한다. 이것은 근본적으로 락-스텝 방식이다(논점을 단순화하고자 웨이브프런트가 16개의 하위 그룹으로 처리된다는 점은 무시하자). 하지만 어떤 명령어는 메모리 접근이 필요할 수 있고, 따라서 SIMD 유닛은 메모리 컨트롤러의 응답을 기다리는 동안 오랜 기간 대기해야 한다.

이 같은 큰 지연 공간을 채우고자 SIMD 유닛은 여러 개의 웨이브프런트(동일 셰이더 프로그램 또는 무관한 셰이더 프로그램에 속한) 간에 시간 분할을 적용한다. 어떤 웨이브프런트가 지연되면 SIMD 유닛은 다른 웨이브프런트로 문맥 전환을 해서 계속 작업을 이어 간다(물론 문맥 전환할 다른 웨이브프런트가 있다면). 그림 4.40에 이 방식이 나와 있다.

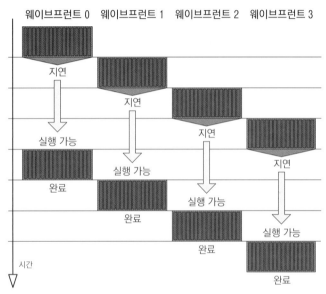

그림 4.40 웨이브프런트의 지연이 발생하면(예를 들어 메모리 접근 등) SIMD 유닛은 지연 공간을 채우고자 다른 웨이브프런트로 문맥 전환을 한다.

당연하게도 GPU의 SIMD 유닛은 문맥 전환을 매우 빈번하게 수행해야 한다. CPU에서 문맥 전환이 발생하는 경우 교체되는 스레드의 레지스터 값을 메모리에 보존하고, 교체하는 스레드의 레지스터를 메모리로부터 CPU 레지스터로 복사해 상태를 이어 실행할 수 있게 한다. 그렇지만 GPU에서는 문맥 전환할 때마다 각 웨이브프런트의 SIMD 레지스터를 저장하기에는 너무 시간이 많이 걸린다.

문맥 전환 시 레지스터를 저장하는 시간을 아끼고자 각 SIMD 유닛은 매우 큰 레지스터 파일 register file을 갖는다. 이 레지스터 파일의 물리적 레지스터의 수는 웨이브프런트가 논리적으로 사용할 수 있는 레지스터의 수보다 몇 배는 많다(통상적으로 10배 이상). 이것은 10개 정도의 웨이브프런트의 논리 레지스터를 물리적 레지스터에 저장할 수 있다는 말이다. 그러므로 웨이브프런트 간의 문맥 전환에서는 레지스터를 저장하거나 복원하는 일이 필요 없다는 뜻이 된다.

4.11.5 더 읽을거리

당연히 GPGPU 프로그래밍의 주제는 매우 방대하고 이 책에서 본 내용들은 그저 겉핥기에 지나지 않는다. 다음 온라인 튜토리얼과 자원을 통해 GPGPU와 그래픽스 셰이더 프로그래밍에 대해 더 많이 공부할 수 있을 것이다.

- cuda 프로그래밍 입문: https://developer.nvidia.com/how-to-cuda-c-cpp
- 오픈CL 학습: https://developer.nvidia.com/opencl
- HLSL 프로그래밍 안내와 참조 매뉴얼: https://msdn.microsoft.com/en-us/library/bb509561(v=VS.85).aspx
- 오픈GL 셰이딩 언어에 대한 입문: https://www.khronos.org/opengl/wiki/OpenGL_Shading_Language
- AMD Radeon™ GCN 아키텍처 백서: https://www.amd.com/Documents/GCN_Architecture_whitepaper.pdf

게임에 사용되는 3D 수학   5장

게임이란 컴퓨터와 같은 기계에서 수학적인 모델로 가상의 세계를 실시간 시뮬레이션하는 것이라고 할 수 있다. 따라서 게임에서 하는 모든 것에는 수학이 깃들어 있다. 게임 프로그래머는 삼각함수부터 선형 대수학, 통계학, 계산법까지 거의 모든 수학 분야를 다루지만, 그중 가장 흔히 접하는 것은 3D 벡터와 행렬에 관한 연산이다(3D 선형 대수학 등).

3D 벡터와 행렬도 책 일부분에서 모두 다루기에는 너무 범위가 넓고 심오하다. 대신 여기서는 게임 프로그래머가 흔히 알아야 하는 수학적 도구에 대해 전반적으로 살펴본다. 그 과정에서 이해하기 어려운 개념이나 공식을 기억하는 데 도움이 될 만한 팁이나 트릭도 몇 가지 알려 줄 것이다. 게임을 위한 3D 수학에 대해 더 자세히 공부하고 싶은 독자에게는 에릭 렝겔Eric Lengyel의 책[32]을 추천한다. 크리스터 에릭슨Christer Ericson의 책[14] 3장에 나오는 실시간 충돌 검출도 매우 좋은 교재다.

5.1 3D 문제를 2D로 풀기

5장에서 배울 수학적 계산들 중 상당수가 2D나 3D 구분 없이 똑같이 사용할 수 있다. 반가운 소식이 아닐 수 없는데, 3D 벡터 문제를 2D로, 그러니까 그림을 그려(3차원 그림을 종이에 그리기는 쉽지 않다) 풀 수도 있다는 이야기이기 때문이다. 아쉽게도 2D와 3D 간의 유사점은 항상 있는 건 아니다. 벡터 외적cross product 같은 연산은 3D에서만 존재하는 개념이고, 3차원을 고려해야만 말이 된다. 그럼에도 문제를 처음 접할 때 2D로 단순화시키려고 시도해도 손해 볼 것은 없다. 2D에서 해법을 알아냈다면 3D에서 그 문제가 어떻게 확장될 수 있는지 생각해 보라. 어떤 경우는 2D에서 구한 해법 이 3D에서도 그대로 적용돼서 손쉽게 문제를 푸는 것 같은 기분도 들 때가 있다. 그렇지 않은 경우에는 문제의 핵심이 본질적으로 2차원인 좌표계를 찾아낼 수 있을 것이다. 따라서 이 책에서는 2D인지 3D인지 별 상관없는 경우 2차원 다이어그램을 사용한다.

5.2 점과 벡터

오늘날 대부분 3D 게임은 가상 세계 안의 3차원 물체들로 이뤄진다. 게임 엔진은 이런 물체들의 위치와 방향, 스케일 등을 관리하고 게임 세계 안에서 애니메이션시키며, 스크린에 그려질 수 있게 스크린 좌표계로 변환하는 일을 한다. 게임에서 3D 물체는 거의 대부분 삼각형으로 만들고 각 삼각형의 꼭지점은 점으로 표현한다. 따라서 한 물체가 게임 엔진에서 어떻게 표현되는지 살펴보기 전에 점에 대해 살펴보고, 점과 매우 유사한 벡터vector에 대해서도 살펴보자.

5.2.1 점과 직교 좌표계

엄밀히 말할 때 점이란 n차원 공간에서의 어떤 위치다(게임에서 n은 보통 2나 3이다). 직교 좌표계Cartesian coordinate 시스템은 게임 프로그래밍에서 가장 널리 사용하는 좌표계다. 2개나 3개의 서로 직교하는(수직인) 축을 이용해 2D나 3D 공간에서 위치를 표시한다. 그러므로 어떤 점 P는 2개(P_x, P_y)나 3개의 실수(P_x, P_y, P_z)로 표현한다(그림 5.1 참조).

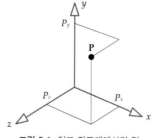

그림 5.1 직교 좌표계에서의 점

물론 좌표계에 직교 좌표계만 있는 것은 아니다. 이외에 흔히 쓰이는 좌표계로는 다음과 같은 것들이 있다.

- 원통 좌표계 수직인 '높이' 축 h와 h에 수직인 반지름 축 r, 그리고 수평 각도 세타$^{theta}(\theta)$로 이뤄진다. 원통 좌표계에서 한 점 P는 (P_h, P_r, P_θ)의 세 성분으로 표현된다. 그림 5.2를 보자.
- 구면 좌표계 수직 각도 파이$^{phi}(\varphi)$, 수평 각도 세타$^{theta}(\theta)$, 반지름 r로 구성된다. 따라서 구면 좌표계의 한 점은 $(P_r, P_\varphi, P_\theta)$로 나타낸다(그림 5.3 참조).

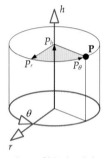

그림 5.2 원통 좌표계의 점

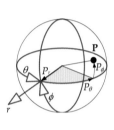

그림 5.3 구면 좌표계의 점

게임 프로그래밍에서 가장 널리 쓰는 좌표계가 직교 좌표계이긴 하지만, 당면한 문제를 제일 잘 나타낼 수 있는 좌표계를 골라 사용하는 것이 중요하다. 구체적인 예를 살펴보자. 미드웨이 홈 엔터테인먼트$^{Midway\ Home\ Entertainment}$의 게임 '족제비 크랭크$^{Crank\ the\ Weasel}$'에서 주인공 크랭크는 아르데코$^{art\text{-}deco}$ 장식이 가득한 도시를 돌아다니며 아이템을 수집한다. 나는 아이템을 집을 때 아이템들이 주인공의 몸 주위를 나선으로 회전하며 돌다가 점점 가까워지며 사라지길 원했다. 그래서 아이템들은 주인공의 현재 위치를 중심으로 하는 원통 좌표계를 이용해 나타냈다. 나선으로 회전하는 애니메이션을 구현할 때 회전 각도(θ)에 일정한 회전 속도를 주고 반지름 축(r) 방향으로는 안쪽으로 일정하게 감소하는 값을 줬으며, 마지막으로 아이템이 서서히 솟아올라 크랭크의 바지 주머니까지 올라가게 수직인 h축을 따라 증가하는 값을 주게 했다. 이렇게 단순한 애니메이션을 사용한 결과는 대성공이었는데, 직교 좌표계를 사용했다면 훨씬 어려웠을 것이다.

5.2.2 왼손 좌표계와 오른손 좌표계

삼차원 직교 좌표계에서 서로 직교하는 세 축을 표현하는 데는 두 가지 방법이 있다. 오른손[RH] 방식과 왼손[LH] 방식이다. z축을 오른손으로 감싸 쥔다고 상상해 보라. 엄지손 가락이 z축의 양의 방향이 되게 할 때 손가락들은 x축에서 y축 방향을 가리킨다. 이것이 오른손 좌표계다. 왼손 좌표계는 대신 왼손을 사용한 것만 다르고 나머지는 똑같다.

두 좌표계의 유일한 차이점은 한 축이 가리키는 방향이다. 예를 들어 y축이 위를 가리키고 x축은 오른쪽을 가리킬 때 z축이 가까이 다가오는 방향(책을 뚫고 나오는 방향)이면 오른손 좌표계이고, 멀어지는 방향(책 안쪽으로 들어가는 방향)이면 왼손 좌표계다. 왼손 좌표계와 오른손 좌표계는 그림 5.4에서 볼 수 있다.

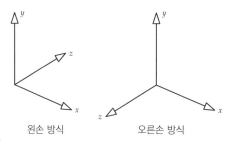

그림 5.4 직교 좌표계 중 왼손 좌표계와 오른손 좌표계

왼손 좌표계를 오른손 좌표계로 바꾸거나 반대로 바꾸는 것은 간단하다. 세 축 중 어느 한 축의 부호만 바꾸면 된다(나머지 2개는 그대로 두고). 기억할 점은 왼손 좌표계나 오른손 좌표계는 계산 규칙에 영향을 주지 않는다는 점이다. 바뀌는 것은 숫자를 어떻게 해석하느냐, 즉 3D 공간에 숫자가 어떻게 위치하는가에 대한 생각뿐이다. 시각적인 표현만 좌우할 뿐 수학적인 원리까지 영향을 미치는 건 아니다(사실 물리 시뮬레이션에서 쓰이는 벡터의 외적에는 상관이 있다. 외적은 벡터는 아니고 유사 벡터[pseudovector]라는 특이한 수학 개념이다. 유사 벡터에 대해서는 5.2.4.9절에서 더 자세히 살펴볼 것이다).

수의 표현과 시각적인 표현을 어떻게 연결하느냐는 전적으로 수학자이자 프로그래머인 우리에게 달렸다. y축이 위로 향하게 하고 z축을 앞으로 향하게 할 경우 x축을 왼쪽으로 하는 오른손 좌표계를 써도 되고 여기서 x축만 왼쪽으로 바꾼 왼손 좌표계를 써도 된다. 아니면 z축을 위쪽으로 정하거나 아니면 x축이 위로(또는 아래로) 향하게 고를 수도 있다. 중요한 것은 어느 것이든 정해서 일관되게 사용하는 것이다.

그렇긴 해도 프로그램에 따라 특히 유용하게 쓰이는 관습적인 표현이 있다. 대표적인 예로 3D 그래픽 프로그래머들이 많이 쓰는 왼손 좌표계를 들 수 있는데, y축은 위쪽, x축은 오른쪽, z축은 멀어지는 방향(카메라가 바라보는 방향)이다. 3D 그래픽을 2D 스크린에 그릴 때 증가하는 z축은 증가하는 깊이^{depth}(카메라에서 멀리 떨어진 정도)를 나타낸다. 앞으로 살펴볼 내용이지만 바로 이것이 깊이 차폐$^{depth\ occlusion}$에 쓰이는 z 버퍼의 원리다.

5.2.3 벡터

벡터는 n차원 공간에서 크기와 방향을 나타내는 값이다. 벡터는 방향이 있는 선으로 그리고 한 점(꼬리)에서 다른 한 점(머리)으로 이어진다. 반대되는 개념은 스칼라 값인데, 스칼라 값은 방향이 없고 크기만 있다. 통상적으로 스칼라 값은 이탤릭(v)으로 표시하고 벡터는 굵은 글자(v)로 표시한다.

3D 벡터는 점과 마찬가지로 3개의 스칼라 값(x, y, z)으로 나타낸다. 사실 점과 벡터 사이의 구분은 미묘하다. 엄밀히 말하면 벡터란 특정 점에 상대적인 차이(오프셋) 값일 뿐이다. 벡터는 3D 공간에서 어디든 위치할 수 있지만 크기와 방향이 같으면 같은 벡터다.

벡터는 점을 나타내는 데 쓰이기도 하는데, 이때 벡터의 꼬리는 좌표계의 원점에 와야 한다. 이런 벡터는 위치 벡터$^{position\ vector}$나 반지름 벡터$^{radius\ vector}$라 불린다. 지금 당장은 스칼라 값 3개를 점이나 벡터 양쪽 모두로 해석할 수 있으며, 이 경우 위치 벡터는 벡터 꼬리가 반드시 좌표계의 원점에 온다는 사실을 인지하고 있어야 한다. 이는 수학적으로 점과 벡터가 미묘하게 다르게 취급된다는 것을 뜻한다. 흔히 점은 절대적 속성이고, 벡터는 상대적인 속성이라고 말하기도 한다.

게임 프로그래머가 벡터라고 말할 때는 점(혹은 위치 벡터)일 수도 있고, 아니면 선형 대수에서 말하는 엄격한 의미의 벡터(순수하게 방향만을 나타내는 벡터)일 수도 있다. 대부분의 3D 수학 라이브러리에서도 이런 식으로 두 의미 모두 사용한다. 이 책에서는 두 의미를 꼭 구분해야 할 때 '방향 벡터'나 '방향'이라고 구체적으로 명시할 것이다. 점과 방향 벡터 사이의 차이점에 관해서는 항상 염두에 두고 있어야 한다(수학 라이브러리에서 혼용해 쓰고 있더라도). 5.3.6.1절에서 살펴볼 내용인데, 4×4 행렬 연산을 위해 점과 방향 동차 좌표$^{homogeneous\ coordinates}$로 바꿀 때

이 둘을 다르게 취급해야 한다. 그렇기 때문에 두 벡터를 혼용해 쓸 경우 코드의 버그로 이어질 수 있다.

5.2.3.1 직교 좌표계의 기저 벡터

서로 수직이면서 직교 좌표계의 각 축 방향인 세 단위 벡터(크기가 1인 벡터)를 정의하면 편리한 때가 많다. x축 방향 단위 벡터는 보통 i로 나타내고 y축 방향 단위 벡터는 j, z축 방향 단위 벡터는 k로 나타낸다. 이 i, j, k 세 단위 벡터를 기저 벡터^{basis vector}라고 부른다.

어떤 점이나 벡터라도 세 기저 벡터에 스칼라 값(실수)을 곱한 값의 합으로 표현할 수 있다. 예를 들어 살펴보자.

$$(5, 3, -2) = 5\mathbf{i} + 3\mathbf{j} - 2\mathbf{k}$$

5.2.4 벡터 연산

스칼라 값(실수)에 사용하는 대부분의 수리 연산을 벡터에도 쓸 수 있다. 그리고 벡터에만 쓸 수 있는 연산도 있다.

5.2.4.1 스칼라 값과의 곱

벡터 a에 스칼라 값 s를 곱한 결과는 벡터의 각 성분에 s를 곱한 것과 같다.

$$s\mathbf{a} = (sa_x, sa_y, sa_z)$$

그림 5.5에서 볼 수 있는 것처럼 벡터에 스칼라 값을 곱하면 벡터의 크기는 그만큼 커지지만(스케일) 방향은 변하지 않는다. -1을 곱하면 단순히 벡터의 방향만 뒤집어 놓는다(머리와 꼬리가 뒤바뀐다).

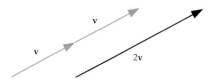

그림 5.5 벡터에 스칼라 값 2를 곱한 결과

축마다 서로 다른 스케일 값을 곱할 수도 있다. '불균등 스케일'은 스케일 값을 나타내는 벡터 s
와 곱해질 벡터 사이의 성분 간의 곱으로 표현하는데, 연산 기호 $\otimes$로 나타낸다. 엄밀한 수학
적 용어로 이런 특이한 두 벡터 간의 곱을 '아다마르 곱셈Hadamard product'이라고 한다. 게임 엔
진에서 이 곱셈을 사용하는 경우는 거의 없고 불균등한 스케일할 경우에만 가끔 사용한다.

$$\mathbf{s} \otimes \mathbf{a} = (s_x a_x, s_y a_y, s_z a_z) \tag{5.1}$$

5.3.7.3절에서 살펴보겠지만 스케일 벡터란 것은 3×3 스케일 행렬을 축약해 쓴 것에 지나지
않는다. 식 (5.1)은 다음과 같이 바꿔 쓸 수 있다.

$$\mathbf{aS} = \begin{bmatrix} a_x & a_y & a_z \end{bmatrix} \begin{bmatrix} s_x & 0 & 0 \\ 0 & s_y & 0 \\ 0 & 0 & s_z \end{bmatrix} = \begin{bmatrix} s_x a_x & s_y a_y & s_z a_z \end{bmatrix}$$

5.3절에서 행렬에 대해 더 자세히 살펴볼 것이다.

5.2.4.2 덧셈과 뺄셈

벡터 a와 벡터 b의 합은 각 벡터의 성분끼리 합한 벡터로 표현한다. 벡터 a의 머리에 벡터 b의
꼬리를 갖다 놓은 모양을 상상하면 된다. 따라서 두 벡터의 합은 a의 꼬리에서 b의 머리로 이
어지는 벡터다(그림 5.6 참조).

$$\mathbf{a} + \mathbf{b} = \left[(a_x + b_x), (a_y + b_y), (a_z + b_z) \right]$$

뺄셈 a − b는 a와 −b(b를 −1로 스케일한 것. 방향이 정반대로 바뀜)의 합과 같다. 이것은 a와 b의
각 성분 간의 차를 값으로 갖는 벡터다.

$$\mathbf{a} - \mathbf{b} = \left[(a_x - b_x), (a_y - b_y), (a_z - b_z) \right]$$

벡터의 덧셈과 뺄셈은 그림 5.6에서 볼 수 있다.

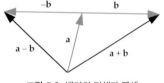

그림 5.6 벡터의 덧셈과 뺄셈

점과 방향 벡터의 덧셈/뺄셈

방향 벡터끼리는 아무 문제없이 더하고 뺄 수 있다. 하지만 엄밀히 따지면 점끼리는 그렇지 않다. 점에 방향 벡터를 더할 수 있고, 그 결과는 또 다른 점이 된다. 비슷한 식으로 한 점에서 다른 점을 빼면 방향 벡터가 된다.

다음은 이런 연산들을 요약한 것이다.

- 방향 + 방향 = 방향
- 방향 − 방향 = 방향
- 점 + 방향 = 점
- 점 − 점 = 방향
- 점 + 점 = 성립 안 됨(이런 짓 하지 말 것!)

5.2.4.3 크기

벡터의 크기란 2D나 3D 공간 안에서 그 벡터가 얼마나 긴지를 나타내는 스칼라 값이다. 크기는 벡터의 이름을 굵은 글자로 쓰고 양쪽에 수직 바를 세워 나타낸다. 그림 5.7에서 볼 수 있듯이 피타고라스의 정리를 이용하면 벡터의 크기를 계산할 수 있다.

$$|\mathbf{a}| = \sqrt{a_x^2 + a_y^2 + a_z^2}$$

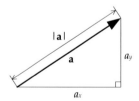

그림 5.7 벡터의 크기(편의를 위해 2D로 그렸다)

5.2.4.4 벡터 연산의 실제 사용

믿기 힘들겠지만 지금껏 배운 방법으로도 실제 게임 안의 모든 문제를 해결할 수 있다. 문제를 해결할 때는 알고 있는 데이터에 덧셈, 뺄셈, 스케일, 크기 등의 연산을 사용해 새로운 데이터를 만들어 낸다. 예를 들어 AI 캐릭터의 현재 위치가 P_1이고 벡터 v가 이 캐릭터의 현재 속도라고 가정하자. 다음 프레임에서 캐릭터의 위치를 계산할 때는 먼저 속도 벡터를 프레임 간의 시간 간격 Δt로 스케일한 후 현재 위치 P_1에 더하면 된다. 그림 5.8에 나와 있는 것처럼 결과는 $P_2 = P_1 + (\Delta t)\mathbf{v}$다(이것을 명시적인 오일러 적분$^{explicit\ euler\ integration}$이라고 부르는데, 따지자면 속도가 항상 일정할 때만 유효하다. 하지만 좋은 예이기 때문에 사용했다).

또 다른 예를 들어 구가 2개 있는데 서로 교차하는지 알고 싶다고 하자. 두 구의 중심 C_1과 C_2를 알고 있을 때 이 사이의 방향 벡터는 뺄셈으로 간단히 구할 수 있다. $d = C_2 - C_1$. 이 벡터의 크기 $d = |\mathbf{d}|$는 구의 중심들 간 거리를 뜻한다. 이 거리가 두 구의 반지름들을 합한 것보다 작으면 두 구는 교차하는 것이고, 그렇지 않은 경우 교차하지 않는 것이다. 그림 5.9를 보자.

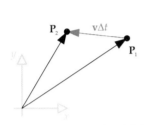

그림 5.8 캐릭터의 현재 위치와 속도가 주어지면 간단한 벡터 덧셈으로 다음 프레임에서의 캐릭터 위치를 계산할 수 있다.

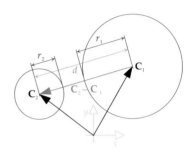

그림 5.9 구와 구의 교차 검사는 벡터 뺄셈, 벡터 크기, 부동소수 비교만으로 계산할 수 있다.

제곱근(루트) 연산은 대개의 경우 시간이 많이 걸리기 때문에 가능하면 크기의 제곱을 사용하는 것이 좋다.

$$|\mathbf{a}|^2 = (a_x^2 + a_y^2 + a_z^2)$$

크기의 제곱은 두 벡터의 크기 비교(벡터 a가 벡터 b보다 큰가?)나 벡터의 크기를 다른 (제곱이 된) 스칼라 값과 비교할 때 사용할 수 있다. 방금 살펴본 구와 구의 교차 검사에서 $d^2 = |\mathbf{d}|^2$을 구하고 반지름들의 합을 제곱한 값과 비교하는 것이 훨씬 효율적이다. 성능이 중요한 프로그램을 짤 때는 쓸데없이 제곱근 연산을 사용하지 않아야 한다.

5.2.4.5 정규화와 단위 벡터

단위 벡터$^{unit\ vector}$란 크기가 1인 벡터를 말한다. 이제 곧 살펴보겠지만 3D 수리 연산과 게임 프로그래밍에서 단위 벡터는 매우 중요하다.

어떤 벡터 v가 있고 그 크기가 $v = |\mathbf{v}|$일 때 이 벡터를 단위 벡터로 변경할 수 있다. 가리키는

방향은 v와 같지만 크기는 1인 벡터라는 뜻이다. 이는 벡터 v에 그 크기의 역수를 곱하면 간단히 계산된다. 이 과정을 정규화^{normalization}라고 한다.

$$\mathbf{u} = \frac{\mathbf{v}}{|\mathbf{v}|} = \frac{1}{v}\mathbf{v}$$

5.2.4.6 법선 벡터

어떤 평면에 수직인 벡터를 법선 벡터$^{normal\ vector}$라고 한다. 게임이나 컴퓨터 그래픽에서 법선 벡터는 매우 유용하게 사용된다. 한 점과 법선 벡터만 있으면 평면을 정의할 수 있다. 3D 그래픽에서는 어떤 면과 그 면에 비치는 빛의 상대적인 각도를 계산하는 데 법선 벡터를 자주 사용한다.

법선 벡터는 보통 크기가 1인 경우가 많지만 반드시 그래야 할 필요는 없다. 정규화^{normalization}와 법선 벡터$^{normal\ vector}$는 영어 명칭이 비슷하지만 혼동하지 말아야 한다.

정규화된 벡터는 크기가 1인 모든 벡터를 뜻하고, 법선 벡터는 어떤 표면에 수직인 벡터로 크기는 상관없다.

5.2.4.7 벡터 내적과 투영

스칼라 값과 달리 벡터를 곱하는 방법은 여러 가지가 있다. 게임 프로그래밍에서는 다음의 두 곱셈을 주로 사용한다.

- **벡터 내적**$^{dot\ product}$(스칼라 곱이라고도 한다)
- **벡터 외적**$^{cross\ product}$(벡터 곱이라고도 한다)

두 벡터의 내적은 그 결과가 스칼라 값이다. 즉 각 벡터의 성분끼리 곱한 후 더한 값이다.

$$\mathbf{a} \cdot \mathbf{b} = a_x b_x + a_y b_y + a_z b_z = d \quad \text{(스칼라 값)}$$

또한 내적은 두 벡터의 크기를 곱한 결과에 두 벡터가 이루는 각도의 코사인 값을 곱한 것으로 표현하기도 한다.

$$\mathbf{a} \cdot \mathbf{b} = |\mathbf{a}|\,|\mathbf{b}|\cos\theta$$

내적은 교환 법칙(곱하는 순서가 바뀌어도 결과가 동일)과 분배 법칙이 성립한다.

$$\mathbf{a} \cdot \mathbf{b} = \mathbf{b} \cdot \mathbf{a};$$
$$\mathbf{a} \cdot (\mathbf{b} + \mathbf{c}) = \mathbf{a} \cdot \mathbf{b} + \mathbf{a} \cdot \mathbf{c}$$

내적과 스칼라 값 곱셈은 다음과 같은 성질을 갖고 있다.

$$s\mathbf{a} \cdot \mathbf{b} = \mathbf{a} \cdot s\mathbf{b} = s(\mathbf{a} \cdot \mathbf{b})$$

벡터 투영

벡터 u가 단위 벡터일 때(|u|=1) 어떤 벡터 a와 u의 내적(a · u)은 a를 u 방향의 무한히 긴 선에 투영한 크기가 된다(그림 5.10). 이 개념은 2D나 3D 모두 동일하게 적용되고 3차원의 다양한 문제를 풀 때 매우 유용하게 쓰인다.

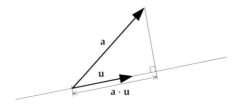

그림 5.10 내적을 이용한 벡터의 투영

내적으로 크기 구하기

벡터를 자기 자신과 내적하면 그 크기를 제곱한 값이 나온다. 여기에 제곱근을 하면 쉽게 크기를 구할 수 있다.

$$|\mathbf{a}|^2 = \mathbf{a} \cdot \mathbf{a};$$
$$|\mathbf{a}| = \sqrt{\mathbf{a} \cdot \mathbf{a}}$$

이것은 코사인 0의 값이 1이기 때문으로 |a||a| = |a|²가 된다.

내적으로 알아낼 수 있는 것

내적을 이용하면 두 벡터가 평행한지, 수직인지를 알 수 있고, 또 두 벡터가 가리키는 방향이 비슷한지, 반대인지를 알 수 있다. 게임 프로그래밍에서는 임의의 두 벡터에 대해 그림 5.11에서 볼 수 있는 것과 같은 테스트를 하는 경우가 많다.

- **평행이면서 같은 방향인 벡터** (a · b) = |a||b| = ab(두 벡터가 이루는 각이 0도이며 두 벡터 모두 단위 벡터인 경우 내적 값이 1이다)

- **평행이지만 방향이 정반대인 벡터** $(a \cdot b) = -ab$(두 벡터가 이루는 각은 정확히 180도이며 두 벡터 모두 단위 벡터인 경우 내적 값은 −1이다)

- **수직인 벡터** $(a \cdot b) = 0$(두 벡터가 이루는 각이 90도다)

- **같은 방향인 벡터** $(a \cdot b) > 0$(두 벡터가 이루는 각이 90도 미만이다)

- **다른 방향인 벡터** $(a \cdot b) < 0$(두 벡터가 이루는 각이 90도보다 크다)

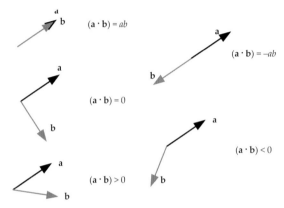

그림 5.11 자주 사용되는 내적 테스트

기타 내적의 활용

게임 프로그래밍에서 벡터 내적은 다양한 문제를 해결하는 데 두루 쓰인다. 예를 들어 적이 플레이어의 앞에 있는지 뒤에 있는지 알고 싶다고 하자. 플레이어의 위치 P에서 적의 위치 E를 가리키는 벡터는 단순한 뺄셈으로 구할 수 있다(v = E − P). 플레이어가 향하고 있는 방향을 나타내는 벡터 f를 이미 알고 있다고 하자(5.3.10.3절에서 배우겠지만 벡터 f는 플레이어의 모델−월드 행렬에서 바로 구할 수 있다). 벡터의 내적 d = v · f가 양의 값이면 적이 플레이어 앞에 있는 것이고, 음의 값이면 뒤에 있는 것이다.

또 벡터 내적을 이용하면 어떤 평면과 점 사이의 거리를 구할 수도 있다(달 착륙을 구현한 게임이면 매우 유용하게 쓸 수 있겠다). 벡터 2개를 사용하면 평면을 정의할 수 있다.

점 Q는 평면 위에 있는 한 점이고 단위 벡터 n은 평면에 수직이다(법선 벡터). 어떤 점 P와 평면의 거리 h를 구하고자 먼저 평면 위에 있는 임의의 점(Q를 사용해도 된다)부터 P까지의 벡터를 구한다. v = P − Q. 벡터 v와 단위 벡터 n의 내적은 n 방향의 직선에 v를 투영한 크기다(그림 5.10 참조). 이것이 구하고자 하는 값이다. 따라서 h = v · n = (P − Q) · n이다(그림 5.12 참조).

$$h = \mathbf{v} \cdot \mathbf{n} = (\mathbf{P} - \mathbf{Q}) \cdot \mathbf{n} \qquad (5.2)$$

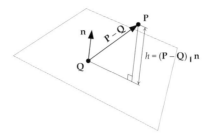

그림 5.12 평면과 점 사이의 거리를 구하는데 내적을 이용한다.

5.2.4.8 벡터 외적

두 벡터의 외적^{cross product}(크로스 프로덕트 또는 벡터 곱이라고도 한다)의 결과는 이것들에 수직인 다른 벡터다(그림 5.13). 외적은 3차원에서만 의미가 있다.

$$\mathbf{a} \times \mathbf{b} = \left[(a_y b_z - a_z b_y),\ (a_z b_x - a_x b_z),\ (a_x b_y - a_y b_x) \right]$$
$$= (a_y b_z - a_z b_y)\mathbf{i} + (a_z b_x - a_x b_z)\mathbf{j} + (a_x b_y - a_y b_x)\mathbf{k}$$

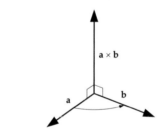

그림 5.13 벡터 a와 벡터 b의 외적(오른손 좌표계)

외적 벡터의 크기

외적 벡터의 크기는 각 벡터의 크기를 곱한 값에 두 벡터 사이 각도에 대한 사인 값을 곱한 것이다(내적의 정의에서 코사인만 사인으로 바뀐다).

$$|\mathbf{a} \times \mathbf{b}| = |\mathbf{a}|\,|\mathbf{b}| \sin \theta$$

외적의 크기 $|\mathbf{a} \times \mathbf{b}|$는 그림 5.14와 같이 a와 b를 두 변으로 하는 평행사변형의 크기와 같다. 평행사변형은 넓이가 절반인 삼각형 2개로 나뉘므로, 이 사실을 이용하면 V_1, V_2, V_3의 세 점으로 구성된 삼각형의 넓이는 두 변으로 이뤄진 벡터들의 외적 크기를 반으로 나눈 것임을 알 수 있다.

$$A_{\text{triangle}} = \tfrac{1}{2} \left| (\mathbf{V}_2 - \mathbf{V}_1) \times (\mathbf{V}_3 - \mathbf{V}_1) \right|$$

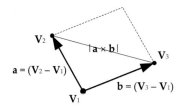

그림 5.14 내적의 크기로 구할 수 있는 평행 사변형의 크기

외적 벡터의 방향

오른손 좌표계에서는 오른손 법칙을 써서 외적 벡터의 방향을 판별한다. 벡터 a를 벡터 b에 포개는 장면을 머릿속에 그려보자. 벡터 a가 움직이는 방향으로 네 손가락을 움켜 쥐면 엄지손가락이 가리키는 방향이 외적(a × b) 벡터의 방향이다.

반면 왼손 좌표계에서는 왼손 법칙을 이용해 외적 벡터의 방향을 판별한다. 이 말은 외적 벡터의 방향은 어떤 좌표계를 쓰느냐에 따라 달라질 수 있다는 뜻이다. 이상하게 들릴지도 모르겠지만 한 가지만 명심하면 된다. 왼손 좌표계냐 오른손 좌표계냐 하는 것은 수학적 연산에 영향을 끼치는 것이 아니라 수치가 3D 공간에서 어떻게 보이느냐 하는 표현에만 영향을 끼친다. 오른손 좌표계와 왼손 좌표계 사이를 변환할 때 점과 벡터의 수치적인 표현은 그대로 유지되고 단지 한 축만 방향이 바뀐다. 따라서 모든 것은 방향이 바뀐 축과 함께 거울 속의 상처럼 반사된 것처럼 보인다. 외적 벡터가 뒤집히는 축과 나란한 방향이었다면(예를 들어 z축) 외적 벡터 역시 축과 함께 뒤집혀야 한다. 그렇지 않다면 바뀐 좌표계에서 z 좌표의 부호가 바뀌게 벡터 외적의 수학적 인정의 자체가 바뀌어야 한다. 복잡해 보이지만 한 가지만 기억하자. 벡터의 외적을 머릿속에 그릴 때 오른손 좌표계에서는 오른손 법칙을 쓰고, 왼손 좌표계에서는 왼손 법칙을 쓴다.

외적의 성질

외적은 교환할 수 없다(순서가 중요하다).

$$\mathbf{a} \times \mathbf{b} \neq \mathbf{b} \times \mathbf{a}$$

하지만 반교환적anti-commutative이다.

$$\mathbf{a} \times \mathbf{b} = -(\mathbf{b} \times \mathbf{a})$$

덧셈에 대해서는 분배의 법칙이 성립한다.

$$\mathbf{a} \times (\mathbf{b} + \mathbf{c}) = (\mathbf{a} \times \mathbf{b}) + (\mathbf{a} \times \mathbf{c})$$

스칼라 값과의 곱에서는 다음과 같은 성질을 띤다.

$$(s\mathbf{a}) \times \mathbf{b} = \mathbf{a} \times (s\mathbf{b}) = s(\mathbf{a} \times \mathbf{b})$$

직교 좌표계의 기저 벡터들은 외적에 관해 다음과 같은 성질을 띤다.

$$\mathbf{i} \times \mathbf{j} = -(\mathbf{j} \times \mathbf{i}) = \mathbf{k}$$
$$\mathbf{j} \times \mathbf{k} = -(\mathbf{k} \times \mathbf{j}) = \mathbf{i}$$
$$\mathbf{k} \times \mathbf{i} = -(\mathbf{i} \times \mathbf{k}) = \mathbf{j}$$

이 세 가지 외적은 직교 좌표계의 축에 대한 양의 회전 방향을 정의한다. z축에 대한 양의 회전은 x축에서 y축 방향이고, x축에 대해서는 y축에서 z축 방향, y축에 대해서는 z축에서 x축 방향이다. y축에 대한 회전이 알파벳 순서에 역순인 것을 유념해 살펴보기 바란다(x에서 z가 아니라 z에서 x다). 다음에 살펴보겠지만 x축이나 z축에 대한 회전 행렬과 비교해 볼 때 왜 y축에 대한 회전 행렬이 거꾸로 된 것처럼 보이는지에 대한 힌트가 된다.

외적의 활용

게임에서 외적은 쓰임새가 많다. 가장 흔하게는 두 벡터에 수직인 새로운 벡터를 찾는 일에 외적을 이용한다. 5.3.10.2절에서 살펴보겠지만 어떤 물체의 로컬 기저 좌표 벡터(i_{local}, j_{local}, k_{local})를 알고 있을 때 이 물체의 방향^{orientation}을 나타내는 행렬도 쉽게 구할 수 있다. 먼저 k_{local} 벡터(예를 들어 물체가 향하고 있는 방향)만 알고 있다고 가정하자. k_{local}에 대해 롤^{roll}이 없다고 가정하면[1] 월드 공간의 수직 벡터 j_{world}([0 1 0]이다)와 k_{local}을 외적해서 i_{local}을 구할 수 있다. 즉 $i_{local} = normalize(j_{world} \times k_{local})$이다. 그 후 i_{local}과 k_{local}을 외적하면 쉽게 j_{local}을 구할 수 있다. $j_{local} = k_{local} \times i_{local}$.

비슷한 방법으로 삼각형 표면이나 평면의 단위 법선 벡터를 구할 수 있다. 평면 위의 세 점 P_1, P_2, P_3이 주어졌을 때 단위 법선 벡터는 $n = normalize[(P_2-P_1) \times (P_3-P_1)]$이다.

---

[1] 물체가 곧바로 서 있다면 – 옮긴이

물리 시뮬레이션에서도 외적을 활용한다. 물체에 힘을 가했을 때 물체가 회전 운동을 하려면 물체의 중심이 아닌 곳에 힘이 작용해야 한다. 이런 회전 운동력을 토크라고 하는데, 다음처럼 계산한다. 가해진 힘이 F이고 물체의 무게 중심으로부터 힘이 가해진 점 사이의 거리가 r일 때 토크는 N = r × F다.

5.2.4.9 유사 벡터와 외대수

5.2.2절에서 언급했듯이 외적의 결과는 실제로 벡터가 아니라 유사 벡터라는 특수한 수학 개념이다. 벡터와 유사 벡터의 차이는 미묘하다. 게임 프로그래밍에서 늘 하는 연산들(평행 이동, 회전, 스케일)에서는 전혀 차이가 없다. 오직 좌표계를 반전시킬 때(즉 왼손 좌표계를 오른손 좌표계로 바꾼다든가 하는 일)만 유사 벡터의 특수한 성질이 드러난다. 반전 시에는 벡터는 거울에 비친 상으로 변경된다. 그런데 유사 벡터가 반전되면 거울에 비친 상으로 변경되면서 동시에 방향을 바꾼다.

위치와 위치에서 파생하는 값들(선형 속도, 가속도, 가가속도jerk 등)은 진짜 벡터(극성 벡터polar vector 또는 반변 벡터contravariant vector라고도 함)로 표현된다. 각속도와 자기장은 유사 벡터(축 벡터axial vector, 공변 벡터covariant vector, 이중 벡터bivector, 2–blades 등으로도 부른다)로 표현된다. 삼각형의 표면 법선(외적을 통해 구한다) 또한 유사 벡터다.

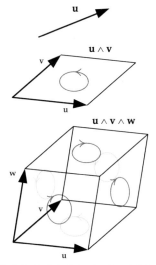

그림 5.15 외대수(그라스만 대수)에서 단일 쐐기곱은 유사 벡터 또는 이중 벡터가 되며, 2개의 쐐기곱은 유사스칼라 혹은 삼중 벡터다.

재미있는 것은 외적(A×B), 스칼라 삼중곱(A · (B×C)), 행렬의 행렬식determinant이 모두 연관돼 있으며, 그 핵심에는 유사 벡터가 있다는 점이다. 벡터와 유사 벡터를 함께 사용할 수 있도록 수학자들은 외대수exterior algebra 또는 그라스만 대수Grassman algebra라는 개념을 고안했는데, 이 것을 통해 평행사변형(2D)의 면적 계산이나 평행육면체(3D)의 부피 계산을 비롯한 더 높은 차 원의 계산을 할 수 있다.

여기서 자세히 다루지는 않겠지만 그라스만 대수의 기본 개념은 쐐기곱wedge product(A∧B)이 라는 특수 벡터 연산을 도입하는 것이다. 두 값에 대한 쐐기곱은 그 결과가 유사 벡터인데, 이 것은 외적과 동일하며 또한 두 벡터로 이뤄진 평행사변형의 부호를 가진 넓이를 나타낸다(부 호 값은 A에서 B로 회전하는지 아니면 반대인지를 나타낸다). 쐐기곱을 연속으로 두 번하게 되면(A ∧B∧C) 스칼라 삼중곱(A · (B×C))과 같은데, 그 결과는 유사 스칼라pseudoscalar(또는 삼중 벡터 trivector 또는 3-blade라고 부른다)라는 이상한 수학 개념이 된다. 이것은 세 벡터로 이뤄진 평행 육면체(그림 5.15 참조)의 부호를 가진 부피signed volume로 해석할 수 있다. 이 개념은 높은 차원 에 대해서도 계속 이어진다.

그렇다면 이것들은 게임 프로그래머에게 어떤 의미가 있을까? 그리 큰 의미는 없다. 코드의 벡터 중 일부는 유사 벡터라는 점과, 따라서 왼손/오른손 좌표계를 변경할 때 적절히 변환할 수 있다는 점을 알면 된다. 원한다면 외대수나 쐐기곱을 친구에게 설명해 주고 외적이 진짜 벡 터가 아니라는 걸 자랑스럽게 얘기해 줄 수도 있을 것이다. 물론 대인관계에 어떤 영향을 미칠 지는 두고 볼 일이다.

더 많은 정보는 다음 페이지들을 참조하자.

https://en.wikipedia.org/wiki/Pseudovector

https://en.wikipedia.org/wiki/Exterior_algebra

http://www.terathon.com/gdc12_lengyel.pdf

5.2.5 점과 벡터의 선형 보간

게임에서는 두 점(벡터) 사이의 중간 지점을 알아야 할 때가 있다. 예를 들면 두 지점 A와 B 사 이를 2초간 이동하는 물체가 있다. 초당 30프레임이라고 할 때 A와 B 사이에 60개의 중간 지 점을 알아내야 한다.

선형 보간이란 2개의 알려진 지점 사이의 중간 값을 계산하는 간단한 수리 연산이다. 줄여서 LERP^Linear intERPolation라고 부르기도 한다. 이 연산은 다음처럼 정의되는데, β는 양 끝점을 포함하는 0부터 1 사이의 값이다.

$$\mathbf{L} = \text{LERP}(\mathbf{A}, \mathbf{B}, \beta) = (1 - \beta)\mathbf{A} + \beta\mathbf{B}$$
$$= \left[(1 - \beta)A_x + \beta B_x, \quad (1 - \beta)A_y + \beta B_y, \quad (1 - \beta)A_z + \beta B_z\right]$$

기하학적으로 보면 L = LERP(A, B, β)란 A와 B를 잇는 선 위에 존재하고 β 비율만큼 A에서 B로 이동한 점이다. 그림 5.16을 참고하자. 수학적으로 보면 LERP는 두 점의 가중 평균^weighted average에 지나지 않는다. 각 점은 $(1 - \beta)$와 β만큼의 가중치를 갖는다. 이때 두 가중치의 합은 언제나 1임에 주의해야 하는데, 이것은 가중 평균의 필수 조건이다.

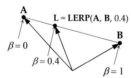

그림 5.16 두 점 A와 B를 β=0.4로 선형 보간한 예

5.3 행렬

행렬은 $m \times n$개의 스칼라 값을 사각형 형태로 나열한 것이다. 행렬은 평행 이동, 회전 변환, 스케일 같은 선형 변환을 표현하기에 편리하다.

행렬 M을 표현할 때는 스칼라 값(M_{rc})의 집합을 대괄호로 묶는다. 이때 r과 c는 각각 열과 행 번호를 나타낸다. M이 3×3 행렬이면 다음과 같이 나타낸다.

$$\mathbf{M} = \begin{bmatrix} M_{11} & M_{12} & M_{13} \\ M_{21} & M_{22} & M_{23} \\ M_{31} & M_{32} & M_{33} \end{bmatrix}$$

이와 같은 3×3 행렬의 각 행과 열을 3D벡터로 생각할 수도 있다. 3×3 행렬의 모든 열과 행을 구성하는 벡터가 단위 벡터인 경우 이 행렬을 특수 직교 행렬^special orthogonal matrix이라 부른다. 등방^isotropic 행렬이나 직교^orthonormal 행렬이라고도 한다. 이런 행렬은 회전 변환만 나타낸다.

몇 가지 조건만 맞으면 평행 이동, 회전 변환, 스케일 같은 임의의 3D 변환을 4×4 행렬로 표현할 수 있다. 이런 행렬은 변환 행렬이라고 부르는데, 게임 엔진에서 가장 요긴하게 사용되는 행렬이다. 변환하려면 점과 벡터를 변환 행렬과 곱하면 된다. 자세한 내용은 곧 살펴보기로 한다.

4×4 변환 행렬의 한 형태인 아핀affine 행렬에 의한 변환은 변환 전후에 선의 평행이나 상대적인 거리 비율은 변하지 않지만 절대적인 길이나 각도는 변할 수도 있다. 아핀 행렬은 회전 변환rotation, 평행 이동translation, 스케일scale, 층밀림 변환shear 등의 연산이 조합된 것이다.

5.3.1 행렬 곱셈

두 행렬 A와 B의 곱셈 P는 P = AB로 나타낸다. A와 B가 모두 변환 행렬인 경우 P는 두 가지 변환을 합한 또 다른 변환 행렬이 된다. 예를 들어 A가 스케일 행렬이고 B는 회전 변환 행렬인 경우 P는 스케일과 회전 변환 모두를 나타낸다. 이 성질은 게임 프로그래밍에서 특히 유용한데, 여러 가지 변환을 먼저 계산한 후에 1개의 행렬에 저장해 놓고 벡터들에 곱하면 각 변환을 곱할 때보다 훨씬 효율적이기 때문이다.

행렬 곱셈은 $n_A \times m_A$ 행렬 A의 열row들과 $n_B \times m_B$ 행렬 B의 행column들을 벡터 내적하면 된다. 이렇게 내적한 결과는 곱셈의 결과가 되는 P 행렬의 한 성분이 된다. 행렬 곱셈이 성립하려면 앞선 벡터의 열(m_A) 개수와 뒤 벡터의 행(n_B) 개수가 같아야 한다. A와 B가 모두 3×3 행렬인 경우 P = AB는 다음과 같다.

$$
\mathbf{P} = \begin{bmatrix} P_{11} & P_{12} & P_{13} \\ P_{21} & P_{22} & P_{23} \\ P_{31} & P_{32} & P_{33} \end{bmatrix}
$$

$$
= \begin{bmatrix} \mathbf{A}_{\text{row1}} \cdot \mathbf{B}_{\text{col1}} & \mathbf{A}_{\text{row1}} \cdot \mathbf{B}_{\text{col2}} & \mathbf{A}_{\text{row1}} \cdot \mathbf{B}_{\text{col3}} \\ \mathbf{A}_{\text{row2}} \cdot \mathbf{B}_{\text{col1}} & \mathbf{A}_{\text{row2}} \cdot \mathbf{B}_{\text{col2}} & \mathbf{A}_{\text{row2}} \cdot \mathbf{B}_{\text{col3}} \\ \mathbf{A}_{\text{row3}} \cdot \mathbf{B}_{\text{col1}} & \mathbf{A}_{\text{row3}} \cdot \mathbf{B}_{\text{col2}} & \mathbf{A}_{\text{row3}} \cdot \mathbf{B}_{\text{col3}} \end{bmatrix}
$$

행렬의 곱셈에서는 교환 법칙이 성립하지 않는다. 즉 곱하는 순서에 따라 결과가 달라진다.

$$\mathbf{AB} \neq \mathbf{BA}$$

이 점이 왜 특히 중요한지는 5.3.2절에서 다시 살펴본다.

행렬 곱셈은 결합concatenation이라고 불리기도 하는데, 이것은 여러 개의 변환 행렬을 곱한 결과는 곱한 순서대로 각 변환을 결합한 행렬이기 때문이다.

5.3.2 점과 벡터를 행렬로 표현

점이나 벡터는 행이 하나인 행row 행렬($1 \times n$)이나 열이 하나인 열column 행렬($n \times 1$)로 나타낼 수도 있다(n은 점과 벡터의 차원이고 보통 2나 3이다). 즉 벡터 v = (3, 4, −1)은 다음과 같이 행렬로 나타낼 수 있다.

$$\mathbf{v}_1 = \begin{bmatrix} 3 & 4 & -1 \end{bmatrix}$$

또는

$$\mathbf{v}_2 = \begin{bmatrix} 3 \\ 4 \\ -1 \end{bmatrix} = \mathbf{v}_1^{\mathrm{T}}$$

위에서 위첨자 T는 행렬의 전치를 나타낸다(5.3.5절 참조).

열 벡터를 쓸지 행 벡터를 쓸지는 택하기 나름이지만 행렬 곱셈을 어떤 순서로 표기할지에는 영향을 미친다. 이것은 행렬 곱셈이 성립하려면 앞 행렬의 열과 뒤 행렬의 행의 수가 같아야 하기 때문이다. 따라서 다음과 같이 한다.

- $1 \times n$행 벡터에 $n \times n$ 행렬을 곱하려면 벡터는 행렬의 왼쪽(앞)에 와야 하고($\mathbf{v}'_{1 \times n} = \mathbf{v}_{1 \times n} \mathbf{M}_{n \times n}$),
- $n \times n$ 행렬에 $n \times 1$열 벡터를 곱하려면 벡터가 오른쪽(뒤)에 와야 한다($\mathbf{v}'_{n \times 1} = \mathbf{M}_{n \times n} \mathbf{v}_{n \times 1}$).

변환 행렬 A, B, C가 순서대로 행렬 v를 변환한다고 할 때 v가 행 벡터인 경우에는 변환 순서를 왼쪽에서 오른쪽으로 써야 하며, v가 열 벡터인 경우에는 반대로 오른쪽에서 왼쪽으로 써야 한다. 쉽게 기억하려면 항상 벡터에 가까운 변환부터 적용된다고 생각하면 된다. 다음 식에서 괄호로 연산 우선순위를 표시했다.

$$\mathbf{v}' = (((\mathbf{v}\mathbf{A})\mathbf{B})\mathbf{C}) \quad \text{행 벡터: 왼쪽에서 오른쪽으로 먼저 적용}$$
$$\mathbf{v}'^{\mathrm{T}} = (\mathbf{C}^{\mathrm{T}}(\mathbf{B}^{\mathrm{T}}(\mathbf{A}^{\mathrm{T}}\mathbf{v}^{\mathrm{T}}))) \quad \text{열 벡터: 오른쪽에서 왼쪽으로 먼저 적용}$$

이 책에선 직관적으로 이해하기 쉽게 행 벡터를 사용하기로 한다. 이와 관련해 여러분이 사용하는 게임 엔진이나 서적, 논문, 웹 페이지에서 어떤 형식을 따르는지 면밀히 점검하길 바란다. 이것은 벡터와 행렬 곱셈에서 벡터의 위치가 어딘가를 보면 쉽게 알 수 있다. 벡터가 왼쪽이면 행 벡터이고, 벡터가 오른쪽이면 열 벡터다. 이 책의 식을 열 벡터 형식으로 바꾸려면 행렬들을 모두 전치 행렬로 바꿔야 한다.

5.3.3 단위 행렬

단위 행렬이란 다른 행렬에 곱했을 때 결과가 변하지 않는 행렬이다. 보통 I로 표기한다. 단위 행렬은 행과 열의 수가 같으며, 대각선의 성분만 1이고 나머지는 전부 0이다.

$$\mathbf{I}_{3 \times 3} = \begin{bmatrix} 1 & 0 & 0 \\ 0 & 1 & 0 \\ 0 & 0 & 1 \end{bmatrix};$$

$$\mathbf{AI} = \mathbf{IA} \equiv \mathbf{A}$$

5.3.4 역행렬

어떤 행렬의 연산을 완전히 되돌리는 행렬을 그 행렬의 역행렬이라고 부르고 A^{-1}로 표기한다. A가 z축 방향으로 37도 회전 변환하는 행렬이라면 A^{-1}은 z축 방향으로 -37도 회전하는 행렬이 된다. 마찬가지로 A가 크기를 2배 스케일하는 행렬인 경우 A^{-1}은 크기를 반으로 줄이는 스케일 행렬이다. 행렬과 그 역행렬을 곱하면 언제나 단위 행렬이 된다. 즉 $\mathrm{A}(\mathrm{A}^{-1}) = (\mathrm{A}^{-1})\mathrm{A} = \mathrm{I}$ 이다. 모든 행렬에 역행렬이 있는 것은 아니다.

하지만 모든 아핀 행렬(회전 변환, 평행 이동, 스케일, 층밀림 변환으로만 이뤄진 행렬)은 역행렬이 존재한다. 가우스 소거법이나 LU^Lower-Upper 분해법을 이용하면 역행렬이 존재는 경우에는 역행렬을 찾을 수 있다.

행렬 곱셈은 굉장히 많이 사용되기 때문에 다음의 사실을 기억할 필요가 있다. 행렬을 여러 개 곱한 것의 역행렬은 각 행렬의 역행렬을 구한 다음 반대 순서로 곱한 것과 같다. 예를 들면 다음과 같다.

$$(\mathbf{ABC})^{-1} = \mathbf{C}^{-1}\mathbf{B}^{-1}\mathbf{A}^{-1}$$

5.3.5 전치 행렬

행렬 M의 전치 행렬은 M^T로 표기한다. 전치 행렬은 원래 행렬을 대각선 기준으로 뒤집어 놓은 것이다. 달리 말하면 원래 행렬의 열은 행이 되고 행은 열이 된다.

$$\begin{bmatrix} a & b & c \\ d & e & f \\ g & h & i \end{bmatrix}^T = \begin{bmatrix} a & d & g \\ b & e & h \\ c & f & i \end{bmatrix}$$

전치 행렬은 여러모로 유용하다. 예를 들면 직교^{orthonormal}(순수한 회전 변환) 행렬의 역행렬은 전치 행렬과 같은데, 보통 역행렬을 구하는 것이 전치 행렬을 구하는 것보다 훨씬 어렵기 때문에 특히 유용한 성질이다. 또 수학 라이브러리 간에 열 벡터를 사용하는지 행 벡터를 사용하는지에 따라 데이터를 옮길 때 전치 행렬로 바꿔야 하는 경우도 있다. 열 벡터를 사용한 라이브러리의 행렬은 행 벡터를 사용한 식에 맞추려면 전치 행렬로 바꿔야 한다.

역행렬과 마찬가지로 행렬 곱에 대한 전치 행렬은 각 행렬의 전치 행렬들을 역순으로 곱한 것과 같다.

$$(\mathbf{ABC})^T = \mathbf{C}^T\mathbf{B}^T\mathbf{A}^T$$

이 성질은 점과 벡터에 변환 행렬을 적용할 때 유용하게 사용된다.

5.3.6 동차 좌표

고등학교 수학 시간에 2 × 2 행렬로 2차원 회전 변환을 나타낼 수 있다고 배웠을 것이다. 벡터 r을 φ 각도만큼 회전할 때(양의 회전은 시계 반대 방향이라고 하자) 다음과 같이 나타낼 수 있다.

$$\begin{bmatrix} r'_x & r'_y \end{bmatrix} = \begin{bmatrix} r_x & r_y \end{bmatrix} \begin{bmatrix} \cos\phi & \sin\phi \\ -\sin\phi & \cos\phi \end{bmatrix}$$

그렇다면 3차원 회전 변환은 3 × 3 행렬로 나타낼 수 있다는 사실이 낯설지 않을 것이다. 위의 2차원에서의 회전 변환은 3차원으로 확장하면 z축을 중심으로 회전한 것에 지나지 않는다. 따라서 다음과 같이 표기할 수 있다.

$$\begin{bmatrix} r'_x & r'_y & r'_z \end{bmatrix} = \begin{bmatrix} r_x & r_y & r_z \end{bmatrix} \begin{bmatrix} \cos\phi & \sin\phi & 0 \\ -\sin\phi & \cos\phi & 0 \\ 0 & 0 & 1 \end{bmatrix}$$

그렇다면 또 다른 의문이 들 수 있다. 3×3 행렬로 평행 이동을 표현할 수 있을까? 아쉽게도 그렇지 않다. 점 r을 t만큼 평행 이동한 결과는 r의 각 성분에 t의 성분들을 각각 더한 것이다.

$$\mathbf{r} + \mathbf{t} = \begin{bmatrix} (r_x + t_x) & (r_y + t_y) & (r_z + t_z) \end{bmatrix}$$

행렬 곱셈은 행렬 성분들 간의 곱셈과 덧셈이기 때문에 평행 이동도 표현할 수 있을 것 같아 보인다. 하지만 3×3 행렬 안에 t의 성분들을 어떻게 배열해도 행 벡터 r과 곱한 결과가 $(r_x + t_x)$ 처럼 나오게 할 수는 없다.

다행인 점은 4×4 행렬을 이용하면 이런 덧셈 결과를 얻을 수 있다는 것이다. 이런 행렬은 어떻게 생겼을까? 일단 회전 변환을 하면 안 되기 때문에 위쪽 3×3만큼은 단위 행렬이 돼야 한다. 행렬 맨 아래 열에 t의 성분들을 배치하고 r의 네 번째 성분(보통 w로 부른다)으로 1을 두면 r과 첫 번째 열의 내적은 $(1 \cdot r_x) + (0 \cdot r_y) + (0 \cdot r_z) + (t_x \cdot 1)$가 되고, 이것은 정확히 우리가 얻고자 하는 결과다. 그리고 이 행렬에서 네 번째 열의 가장 아래 성분만 1로 두고 나머지는 0으로 두면 곱셈 결과 벡터 역시 w가 1이 된다. 다음은 방금 설명한 평행 이동 행렬이다.

$$\mathbf{r} + \mathbf{t} = \begin{bmatrix} r_x & r_y & r_z & 1 \end{bmatrix} \begin{bmatrix} 1 & 0 & 0 & 0 \\ 0 & 1 & 0 & 0 \\ 0 & 0 & 1 & 0 \\ t_x & t_y & t_z & 1 \end{bmatrix}$$

$$= \begin{bmatrix} (r_x + t_x) & (r_y + t_y) & (r_z + t_z) & 1 \end{bmatrix}$$

3차원 점이나 벡터를 이런 식으로 4차원으로 확장한 것을 동차 좌표로 표현했다고 말한다. 동차 좌표의 모든 점은 $w = 1$이다. 게임 엔진에서 쓰는 거의 대부분의 3D 행렬 연산은 4×4 행렬과 4개의 성분을 갖는 점, 벡터(즉 동차 좌표로 나타낸)의 연산이다.

5.3.6.1 방향 벡터 변환

수학적인 관점에서는 점(위치 벡터)과 방향 벡터는 약간 다르게 취급된다. 행렬을 통해 점을 변환할 때는 평행 이동, 회전 변환, 스케일이 모두 온전히 적용된다. 하지만 방향 벡터를 변환할 때 평행 이동은 무시된다. 방향 벡터에는 평행 이동이라는 개념 자체가 성립하지 않기 때문이다. 방향에 평행 이동을 억지로 적용한다면 그 크기만 변화시킬 뿐인데 이것은 원하는 결과가 아니다.

동차 좌표에서는 이것을 위해 점은 w 값을 1로 놓고 방향 벡터는 w 값을 0으로 한다. 다음 식에서 벡터 v의 $w = 0$ 성분이 행렬의 t 벡터와 곱해져 결과적으로 어떻게 평행 이동을 상쇄하는지 유심히 보기 바란다.

$$\begin{bmatrix} \mathbf{v} & 0 \end{bmatrix} \begin{bmatrix} \mathbf{U} & 0 \\ \mathbf{t} & 1 \end{bmatrix} = \begin{bmatrix} (\mathbf{vU} + 0t) & 0 \end{bmatrix} = \begin{bmatrix} \mathbf{vU} & 0 \end{bmatrix}$$

동차 좌표(4차원)의 점을 일반적인 3차원 좌표계로 바꾸려면 x, y, z 각 성분을 w 값으로 나누면 된다.

$$\begin{bmatrix} x & y & z & w \end{bmatrix} \equiv \begin{bmatrix} \dfrac{x}{w} & \dfrac{y}{w} & \dfrac{z}{w} \end{bmatrix}$$

이 사실을 알고 나면 왜 점의 w 값은 1이고 벡터의 w 값은 0인지 어렴풋이 이해가 갈 것이다. $w = 1$로 나눠도 각 성분의 값은 변하지 않지만 $w = 0$으로 나누면 무한대가 된다. 4D 공간에서 무한대에 있는 점은 회전할 수는 있어도 평행 이동할 수는 없다. 어떻게 평행 이동하든 그 값은 무한대가 되기 때문이다. 결과적으로 3차원의 순수 방향 벡터는 4차원 동차 좌표에서는 무한대에 있는 점과 같은 역할을 한다.

5.3.7 기본 단위 변환 행렬

순수한 평행 이동, 순수한 회전 변환, 순수한 스케일, 순수한 층 밀림 변환[shear]을 나타내는 4×4 행렬을 결합하면 모든 아핀[affine] 변환 행렬을 만들 수 있다. 이런 기본 단위가 되는 변환들을 다음과 같이 꼽아 봤다(층 밀림 변환은 게임에서 거의 사용되지 않기 때문에 제외했다).

여기서 4×4 아핀 변환 행렬은 다음과 같이 네 부분으로 쪼갤 수 있음을 기억하자.

$$\mathbf{M}_{\text{affine}} = \begin{bmatrix} \mathbf{U}_{3\times3} & \mathbf{0}_{3\times1} \\ \mathbf{t}_{1\times3} & 1 \end{bmatrix}$$

- 회전 변환과 스케일을 나타내는 위쪽 3×3 행렬 U
- 1×3 평행 이동 벡터 t
- 3×1 영벡터 $0 = [0\ 0\ 0]^\mathsf{T}$
- 오른쪽 아래의 스칼라 값 1

이렇게 나뉜 행렬에 점을 곱하면 다음과 같은 결과가 나온다.

$$\begin{bmatrix} \mathbf{r}'_{1\times3} & 1 \end{bmatrix} = \begin{bmatrix} \mathbf{r}_{1\times3} & 1 \end{bmatrix} \begin{bmatrix} \mathbf{U}_{3\times3} & 0_{3\times1} \\ \mathbf{t}_{1\times3} & 1 \end{bmatrix} = \begin{bmatrix} (\mathbf{rU} + \mathbf{t}) & 1 \end{bmatrix}$$

5.3.7.1 평행 이동

다음의 행렬은 점을 벡터 t만큼 평행 이동^{translation}시킨다.

$$\mathbf{r} + \mathbf{t} = \begin{bmatrix} r_x & r_y & r_z & 1 \end{bmatrix} \begin{bmatrix} 1 & 0 & 0 & 0 \\ 0 & 1 & 0 & 0 \\ 0 & 0 & 1 & 0 \\ t_x & t_y & t_z & 1 \end{bmatrix} \tag{5.3}$$

$$= \begin{bmatrix} (r_x + t_x) & (r_y + t_y) & (r_z + t_z) & 1 \end{bmatrix}$$

또는 간결하게 나타내면 다음과 같다.

$$\begin{bmatrix} \mathbf{r} & 1 \end{bmatrix} \begin{bmatrix} \mathbf{I} & 0 \\ \mathbf{t} & 1 \end{bmatrix} = \begin{bmatrix} (\mathbf{r} + \mathbf{t}) & 1 \end{bmatrix}$$

평행 이동의 역은 그냥 벡터 t의 부호를 바꾸면 된다(t_x, t_y, t_z 각 성분의 부호를 바꾼다).

5.3.7.2 회전 변환

순수한 회전 변환^{rotation}을 나타내는 4×4 행렬은 다음과 같은 모양을 띤다.

$$\begin{bmatrix} \mathbf{r} & 1 \end{bmatrix} \begin{bmatrix} \mathbf{R} & 0 \\ 0 & 1 \end{bmatrix} = \begin{bmatrix} \mathbf{rR} & 1 \end{bmatrix}$$

t 벡터는 영 벡터이고, 위쪽 3×3 행렬 R은 회전 각도에 대한 코사인 값과 사인 값을 갖고 있다(각도의 단위는 라디안).

다음 행렬은 x축에 대해 φ 각도로 회전 변환시키는 행렬이다.

$$\text{rotate}_x(\mathbf{r}, \phi) = \begin{bmatrix} r_x & r_y & r_z & 1 \end{bmatrix} \begin{bmatrix} 1 & 0 & 0 & 0 \\ 0 & \cos\phi & \sin\phi & 0 \\ 0 & -\sin\phi & \cos\phi & 0 \\ 0 & 0 & 0 & 1 \end{bmatrix} \tag{5.4}$$

다음 행렬은 y축에 대해 θ 각도로 회전 변환시키는 행렬이다. x축이나 z축에 대한 회전 행렬과 비교하면 전치 행렬 형태를 띠는 것을 알 수 있다(사인 값의 부호가 반대다).

$$\text{rotate}_y(\mathbf{r}, \theta) = \begin{bmatrix} r_x & r_y & r_z & 1 \end{bmatrix} \begin{bmatrix} \cos\theta & 0 & -\sin\theta & 0 \\ 0 & 1 & 0 & 0 \\ \sin\theta & 0 & \cos\theta & 0 \\ 0 & 0 & 0 & 1 \end{bmatrix} \tag{5.5}$$

다음 행렬은 z축에 대해 γ 각도로 회전 변환시키는 행렬이다.

$$\text{rotate}_z(\mathbf{r}, \gamma) = \begin{bmatrix} r_x & r_y & r_z & 1 \end{bmatrix} \begin{bmatrix} \cos\gamma & \sin\gamma & 0 & 0 \\ -\sin\gamma & \cos\gamma & 0 & 0 \\ 0 & 0 & 1 & 0 \\ 0 & 0 & 0 & 1 \end{bmatrix} \tag{5.6}$$

위의 행렬들을 살펴보면 다음과 같은 점을 알 수 있다.

- 위쪽 3×3 행렬에서 1은 항상 회전하는 축에 해당하는 성분에 곱해지고 사인과 코사인은 그렇지 않다.

- 양의 회전 방향은 z축에 대해서는 x축에서 y축으로, x축에 대해서는 y축에서 z축으로, y축에 대해서는 z축에서 x축 방향이다. z축에서 x축 방향으로 회전은 한 바퀴 돌아오는 것이기 때문에 y축에 대한 회전을 시키는 행렬은 다른 행렬에 비교할 때 전치 행렬 같은 모양을 하고 있다(기억하기 쉽게 오른손 법칙과 왼손 법칙을 이용한다).

- 회전 변환의 역은 전치 행렬과 같다. 이는 거꾸로 회전한 것은 회전 각도의 부호를 반대로 한 것이기 때문이다. $\cos(-\theta) = \cos(\theta)$이고 $\sin(-\theta) = -\sin(\theta)$라는 것을 기억할 것이다. 따라서 각도의 부호를 바꾸면 사인 값은 위치를 서로 바꾼 것과 같고, 코사인 값은 변하지 않는다.

5.3.7.3 스케일

다음 행렬은 점 r을 x축 방향으로 s_x, y축 방향으로 s_y, z축 방향으로 s_z만큼 스케일하는 행렬이다.

$$\begin{aligned} \mathbf{rS} &= \begin{bmatrix} r_x & r_y & r_z & 1 \end{bmatrix} \begin{bmatrix} s_x & 0 & 0 & 0 \\ 0 & s_y & 0 & 0 \\ 0 & 0 & s_z & 0 \\ 0 & 0 & 0 & 1 \end{bmatrix} \\ &= \begin{bmatrix} s_x r_x & s_y r_y & s_z r_z & 1 \end{bmatrix} \end{aligned} \tag{5.7}$$

또는 간략하게 다음과 같이 나타낼 수 있다.

$$\begin{bmatrix} \mathbf{r} & 1 \end{bmatrix} \begin{bmatrix} \mathbf{S}_{3\times3} & 0 \\ 0 & 1 \end{bmatrix} = \begin{bmatrix} \mathbf{rS}_{3\times3} & 1 \end{bmatrix}$$

이 행렬에 대해서 다음과 같은 점을 알 수 있다.

- 스케일 행렬의 역을 구하려면 s_x, s_y, s_z를 각각 역수로 바꾸면 된다($1/s_x$, $1/s_y$, $1/s_z$).
- 세 축에 대한 스케일 인수가 같을 때($s_x = s_y = s_z$) 이것을 고른^{uniform} 스케일이라고 한다. 고른 스케일을 하면 구는 그대로 구가 되지만, 고르지 않은 스케일을 하면 구는 타원 체가 된다. 둘러싼 구$^{bounding\ sphere}$를 검사할 때 효율성을 위해 그려야 할 물체나 충돌 단위에 한해서는 고른 스케일만 허용하는 게임 엔진도 많다.
- 고른 스케일 행렬 S_u와 회전 변환 행렬 R을 결합할 때 순서가 바뀌어도 결과는 같다($S_u R = RS_u$). 하지만 고르지 않은 스케일은 그렇지 한다.

5.3.8 4 × 3 행렬

4 × 4 아핀 행렬에서 가장 오른쪽 행은 언제나 $[0\ 0\ 0\ 1]^\mathsf{T}$이다. 그렇기 때문에 게임에서는 가장 오른쪽 행을 생략하기도 한다. 게임에 사용되는 수학 라이브러리에서 4 × 3 아핀 행렬을 쉽게 접할 수 있다.

5.3.9 좌표 공간

지금껏 점과 방향 벡터를 변환하는 데 4 × 4 행렬을 사용하는 법을 살펴봤다. 이것을 조금 응용하면 단단한^{rigid2} 물체를 변환하는 데도 적용할 수 있다. 단단한 물체는 점들이 무한히 많이 모여 이뤄진 것이라 생각하면 된다. 단단한 물체를 변환하는 것은 그 물체를 이루는 모든 점을 변환하는 것과 같다. 예를 들어 컴퓨터 그래픽에서 물체를 표현할 때는 흔히 세 정점으로 이뤄진 삼각형이 모인 그물 모양의 메시로 나타낸다. 이 경우 모든 정점을 변환하면 그 물체를 변환한 것이 된다.

앞서 점이란 어떤 좌표계의 원점에 꼬리를 둔 벡터라고 얘기했었다. 달리 말하면 점(위치 벡터)은 언제나 어떤 좌표계에 상대적인 개념이라고 할 수 있다. 점을 나타내는 세 수치는 새로운

---

2   유체 등에 대비되는 고정된 모양을 갖고 있다는 뜻이다. – 옮긴이

좌표계로 바꿀 때마다 그 값이 변한다. 그림 5.17에 보이는 것처럼 한 점 P는 서로 다른 두 위치 벡터로 표현될 수 있다. P_A는 축 'A'에 상대적인 좌표인 P를 나타내고, P_B는 다른 축 'B'에 상대적인 P를 나타낸다.

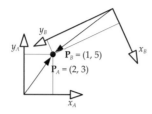

그림 5.17 서로 다른 좌표축에 상대적인 값으로 표현된 점 P

어떤 좌표축의 모임을 물리에서는 좌표 프레임이라고 부르기도 하지만 게임에서는 좌표 공간이라는 말을 사용한다. 게임과 컴퓨터 그래픽에서 가장 흔히 사용되는 좌표 공간을 살펴보자.

5.3.9.1 모델 공간

마야^{Maya}나 3D스튜디오맥스^{3DStudioMax} 같은 프로그램에서 삼각형들로 이뤄진 메시를 만들 때 삼각형의 정점들은 특정한 직교 좌표계를 기반으로 만들어진다. 이것을 모델 공간$^{model space}$이라고 부른다(또 다른 말로 물체 공간$^{object space}$, 또는 로컬 공간$^{local space}$이라고도 한다). 모델 공간의 원점은 보통 물체의 중심에 위치하며, 사람이나 동물 등의 경우에는 발이 닫는 지면에 위치하는 경우도 많다.

대부분 게임에서 사용되는 물체들은 고유한 방향성이 있다. 예를 들어 비행기는 머리, 꼬리, 날개 한 쌍이 있는데, 각각 앞, 위, 왼쪽/오른쪽의 방향이라고 할 수 있다. 모델 공간에서 좌표 축은 보통 이런 모델의 고유한 방향에 따라 자리하고 그림 5.18처럼 직관적으로 부를 수 있는 이름을 붙인다.

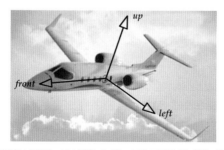

그림 5.18 비행기를 나타내는 데 사용할 수 있는 모델 공간의 앞, 왼쪽, 위 좌표축의 한 예

- **앞^{Front}** 이 축은 보통 물체가 이동하거나 얼굴이 향하는 방향을 가리킨다. 이 책에서는 앞 축의 단위 기저 벡터를 나타내는 데 F를 사용한다.

- **위^{Up}** 이 축은 물체의 위쪽을 가리킨다. 이 축의 단위 기저 벡터를 U라고 부르기로 하자.

- **왼쪽 또는 오른쪽** 이 축은 물체의 왼쪽 혹은 오른쪽을 가리킨다. 둘 중 어떤 것을 사용할지는 게임에서 왼손 좌표계를 쓰느냐 오른손 좌표계를 쓰느냐에 따라 결정된다. 이 축의 단위 기저 벡터는 L이나 R로 나타내는데, 맞는 것을 사용하면 된다.

앞, 옆, 왼쪽의 이름을 x, y, z축 중 어느 것에 붙일지는 정하기 나름이다. 오른손 좌표계를 사용하는 경우 흔히 앞을 z축의 양의 방향으로 하고, 왼쪽은 x축의 양의 방향, 위는 y축의 양의 방향으로 하는 경우가 많다(단위 기저 벡터로 나타내면 F = k, L = i, U = j). z축이 위를 가리키는 게임 엔진도 있다. 어떻게 하든 처음 정한 원칙을 일관적으로 사용하는 것이 중요하다.

좌표계의 축에 직관적인 이름을 붙여 혼란을 줄인 대표적인 예로 오일러 각^{피치, 요, 롤}을 들 수 있는데, 비행기의 방향을 나타내는 데 많이 쓰인다. 피치^{pitch}, 요^{yaw}, 롤^{roll} 값을 (i, j, k) 기저 벡터를 이용해 나타내는 것은 불가능한데, 이것들의 방향이 상대적인 개념이기 때문이다. 하지만 (L, U, F) 기저 벡터로는 표현할 수 있다.

- **피치** L 혹은 R을 기준으로 회전
- **요** U를 기준으로 회전
- **롤** F를 기준으로 회전

5.3.9.2 월드 공간

월드 공간^{world space}이란 월드에 존재하는 모든 물체의 위치, 방향, 스케일이 같이 표현되는 어떤 정해진 좌표 공간이다. 월드 공간은 모든 물체들을 단일한 가상 공간에 존재하게 하는 역할을 한다.

월드 공간의 원점을 어디에 두느냐는 정하기 나름이지만 보통 게임플레이를 하는 공간의 중심에 두는 경우가 많다. 이렇게 하면 (x, y, z)가 너무 커져서 부동소수의 정확도가 떨어지는 것을 막는 이점이 있다. 마찬가지로 x, y, z축을 어느 방향으로 잡을지도 편한 대로 하면 되지만 내가 알고 있는 게임 엔진 대부분은 y축이 위로 향하거나 z축이 위로 향하게 했었다. y축이 위로 향하는 방식의 경우 y축이 위로 가고 x축이 오른쪽으로 가는 2차원 수학 교과서의 관습에서 유래한 듯하다. z축이 위로 향하는 좌표계도 흔한 데, 위에서 내려다보면 전통적인 2차원 xy 좌표계처럼 보인다는 장점이 있다.

구체적인 예로 비행기의 왼쪽 날개 끝이 모델 공간의 (5, 0, 0)에 있다고 생각하자(여기서 그림 5.18처럼 z축 양의 방향이 앞이고 y축이 위를 향한다고 하자). 이제 월드 공간에서 이 비행기의 모델 공간 원점이 임의의 점 (−25, 50, 8)에 오고 비행기의 앞은 월드 공간 +x축 방향을 본다고 하자. 모델 공간의 +z축의 방향을 바라보고 있던 비행기의 F 벡터가 월드 공간의 +x축을 바라보고 있기 때문에 우리는 비행기가 월드 공간의 y축을 기준으로 90도 회전했다는 사실을 알 수 있다. 이제 비행기가 월드 공간의 원점에 위치한다고 보면 비행기의 날개 끝은 (0, 0, −5)에 있다. 모델 공간의 원점이 (−25, 50, 8)로 평행 이동했기 때문에 월드 공간에서 날개 끝의 최종 위치는 (−25, 50, [8−5]) == (−25, 50, 3)이다. 이 과정이 그림 5.19에 나와 있다.

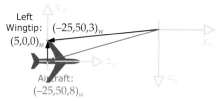

그림 5.19 비행기의 왼쪽 날개 끝이 모델 공간의 (5, 0, 0)에 있다. 비행기가 월드 공간 y축을 기준으로 90도 회전하고 모델 공간 원점이 (−25, 50, 8)로 평행 이동하면 비행기의 왼쪽 날개 끝은 월드 공간에서 (−25, 50, 3)에 위치하게 된다.

물론 하늘에 비행기가 1대만 있으란 법은 없으니 여러 대의 비행기가 동시에 날아 다닐 수 있다. 이 경우 이 비행기들의 왼쪽 날개 끝은 모두 모델 공간 (5, 0, 0)에 있지만 각 비행기의 방향과 평행 이동에 따라 월드 공간에서의 위치는 다양하게 바뀔 수 있다.

5.3.9.3 뷰 공간

뷰 공간view space(카메라 공간이라고도 한다)은 카메라에 고정된 좌표 공간이다. 원점은 카메라의 초점이다. 여기서도 어떤 형태의 좌표축을 사용하든 상관없다. 하지만 y축이 위로 가고 z축이 카메라가 바라보는 방향(왼손 좌표계)인 좌표계가 많이 쓰이는데, 이는 z축이 자연스럽게 화면의 깊이를 나타내기 때문에 편리하다. 오픈GL과 같이 오른손 좌표계를 사용하는 경우도 있는데, 이때는 카메라가 향하는 방향이 z축의 음의 방향이고 z축은 깊이의 반대가 된다.

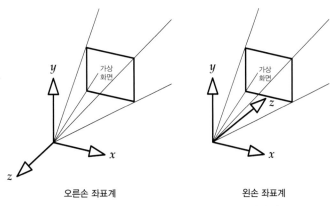

오른손 좌표계   왼손 좌표계

그림 5.20 뷰 공간의 왼손 좌표계와 오른손 좌표계의 예

5.3.10 기저 변환

게임이나 컴퓨터 그래픽에서 어떤 물체의 위치, 방향, 스케일을 다른 좌표계의 값으로 바꾸면 편리한 때가 많다. 이것을 기저 변환change of basis이라고 한다.

5.3.10.1 좌표 공간의 계층

좌표 공간은 상대적이다. 즉 어떤 좌표 공간의 좌표축들의 위치, 방향, 스케일 값을 정하려면 반드시 다른 좌표축들에 상대적인 값이어야 한다는 말이다(그렇지 않으면 값은 아무 의미가 없다). 이 말은 좌표 공간들 사이에 계층이 있다는 뜻이다. 모든 좌표 공간은 다른 좌표 공간의 자식child이 되고, 이 다른 좌표 공간은 부모parent가 된다. 하지만 월드 공간은 부모가 없다. 좌표 공간을 트리로 나타낸다면 월드 공간이 제일 근원에 위치한다. 다른 모든 좌표 공간은 월드 좌표에 상대적이며, 월드 공간에 직접 딸린 자식이거나 아니면 더 먼 관계로 이어진 자식이다.

5.3.10.2 기저 변환하는 행렬 만들기

자식 좌표 공간 C의 점과 방향을 부모 좌표 공간 P로 변환하는 행렬을 M C→P로 표기한다(C에서 P로 변환). 첨자는 이 행렬이 자식 좌표 공간의 점과 방향을 부모 좌표 공간으로 변환한다는 것을 나타낸다. 자식 좌표 공간의 모든 벡터 PC는 부모 공간의 벡터 PV로 다음과 같이 변환한다.

$$\mathbf{P}_P = \mathbf{P}_C \mathbf{M}_{C \to P};$$

$$\mathbf{M}_{C \to P} = \begin{bmatrix} \mathbf{i}_C & 0 \\ \mathbf{j}_C & 0 \\ \mathbf{k}_C & 0 \\ \mathbf{t}_C & 1 \end{bmatrix}$$

$$= \begin{bmatrix} i_{Cx} & i_{Cy} & i_{Cz} & 0 \\ j_{Cx} & j_{Cy} & j_{Cz} & 0 \\ k_{Cx} & k_{Cy} & k_{Cz} & 0 \\ t_{Cx} & t_{Cy} & t_{Cz} & 1 \end{bmatrix}$$

이 수식을 설명하면 다음과 같다.

- i_C는 자식 좌표 공간의 x축 단위 기저 벡터를 부모 좌표 공간에서의 값으로 표현한 것이다.

- j_C는 자식 좌표 공간의 y축 단위 기저 벡터를 부모 좌표 공간에서의 값으로 표현한 것이다.

- k_C는 자식 좌표 공간의 z축 단위 기저 벡터를 부모 좌표 공간에서의 값으로 표현한 것이다.

- t_C는 부모 좌표 공간에서 자식 좌표 공간의 평행 이동 값이다.

식은 그다지 어렵지 않다. t_C 벡터는 자식 좌표 공간을 평행 이동할 뿐이기 때문에 행렬의 나머지 부분들이 단위 행렬인 경우 자식 좌표 공간의 원점 (0, 0, 0)은 부모 좌표 공간에서 t_C가 되는 것을 쉽게 알 수 있다. 단위 벡터 i_C, j_C, k_C가 위쪽 3×3 행렬을 이루는데, 이 행렬은 크기가 1인 벡터로 이뤄져 있기 때문에 순수한 회전 행렬이다. 이해를 돕고자 간단한 예를 들어보자. 부모 좌표 공간의 z축을 기준으로 자식 좌표 공간을 평행 이동 없이 γ 각도만큼 회전하는 경우를 살펴보자. 식 (5.6)에 의하면 이 회전에 대한 행렬은 다음과 같다.

$$\text{rotate}_z(\mathbf{r}, \gamma) = \begin{bmatrix} r_x & r_y & r_z & 1 \end{bmatrix} \begin{bmatrix} \cos\gamma & \sin\gamma & 0 & 0 \\ -\sin\gamma & \cos\gamma & 0 & 0 \\ 0 & 0 & 1 & 0 \\ 0 & 0 & 0 & 1 \end{bmatrix}$$

이제 그림 5.21에서 보듯이 부모 좌표 공간에서 벡터 i_C와 j_C는 각각 i_C = [cos γ sin γ 0], j_C = [−sin γ cos γ 0]임을 알 수 있다. 여기에 k_C = [0 0 1]을 끼워 넣고 $M_{C \to P}$를 만들면 이것은 정확히 식 (5.6)의 rotate$_z$(r, γ)와 같다.

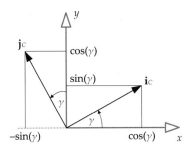

그림 5.21 부모를 기준으로 자식의 좌표축을 γ만큼 회전했을 때의 기저 변환

자식 좌표계 스케일하기

자식 좌표계를 스케일하려면 단위 기저 벡터들을 스케일하면 된다. 예를 들어 자식 좌표계를 2배로 스케일하면 단위 기저 벡터 i_C, j_C, k_C는 크기가 1에서 2가 된다.

5.3.10.3 행렬에서 단위 기저 벡터 구하기

직교 좌표계의 기저 벡터 3개와 평행 이동으로 기저 변환 행렬을 만들 수 있다는 사실은 또 다른 중요한 의미가 있다. 즉 반대로 4×4 아핀 변환 행렬이 있으면 자식 좌표 공간 기저 벡터 i_C, j_C, k_C를 찾을 수 있다는 사실이다. 행렬의 각 행을 벡터로 뽑아내기만 하면 되는 간단한 일이다(열 벡터를 사용한다면 행 대신 열을 뽑아내면 된다).

이 사실은 생각보다 훨씬 유용하다. 구체적인 예로 어떤 자동차의 모델-월드 변환이 4×4 아핀 행렬로 주어졌다고 가정해 보자(매우 흔한 경우다). 이 행렬은 모델 공간의 점을 월드 공간의 점으로 변환하는 기저 변환 행렬이다. 이제 게임에서 물체가 향하고 있는 방향은 언제나 z축(모델 공간)의 양의 방향이라고 가정하자. 물체가 바라보고 있는 방향을 나타내는 단위 벡터를 찾으려면 모델-월드 행렬에서 k_C를 뽑아내기만 하면 된다(세 번째 행을 가져오면 된다). 이 벡터는 이미 정규화돼 있기 때문에 바로 쓸 수 있다.

5.3.10.4 좌표계 변환과 벡터 변환

$M_{C \rightarrow P}$는 자식 좌표 공간의 점과 방향을 부모 좌표 공간으로 변환한다고 했다. $M_{C \rightarrow P}$의 맨 마지막 행이 t_C, 즉 부모 좌표계에 대한 자식 좌표계 축들의 평행 이동 값을 담고 있다는 사실을 떠올리자. 이 점을 염두에 두면 $M_{C \rightarrow P}$는 지금까지와는 반대로 부모 좌표계의 좌표축들을 자식 좌표계의 좌표축으로 옮기는 변환으로 생각할 수도 있다. 이것은 점과 방향 벡터의 변환과는 완

전히 반대되는 개념이다. 달리 말하자면 벡터를 자식 공간에서 부모 공간으로 변환하는 행렬은 달리 보면 부모 공간의 좌표축을 자식 공간으로 변환하는 행렬이다. 이해를 돕고자 예를 들어보자. 좌표축이 고정돼 있을 때 어떤 점을 오른쪽으로 20 옮기는 것은 점을 고정하고 좌표축을 20만큼 왼쪽으로 옮기는 것과 같다. 이 개념은 그림 5.22에 나와 있다.

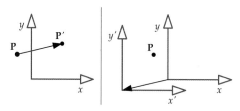

그림 5.22 변환 행렬을 이해하는 두 가지 개념. 왼쪽 그림은 좌표축이 고정돼 있고 점을 이동하는 것이다. 오른쪽은 반대로 점을 고정하고 좌표축이 반대로 이동하는 것이다.

물론 무척 혼란스러울 수 있다. 좌표축을 중심으로 생각할 때와 점이나 벡터를 중심으로 생각할 때 변환 방향이 완전히 반대이기 때문이다. 다른 일들도 그렇지만 혼란스러울 때는 제일 많이 쓰이는 한 가지 방법을 일관되게 사용하는 편이 제일 낫다. 그래서 이 책에서는 다음과 같은 규칙을 일관되게 따르기로 한다.

- 변환은 벡터에만 적용된다(좌표축을 변환하는 것은 생각하지 않는다).
- 벡터는 행 벡터다(열 벡터가 아니다).

이 두 규칙을 같이 적용하면 행렬의 곱셈은 왼쪽부터 오른쪽으로 읽어서 이해하면 된다(예를 들어 $r_D = r_A M_{A \to B} M_{B \to C} M_{C \to D}$에서 B와 C는 없어지고 $r_D = r_A M_{A \to D}$만 남는다). 점 대신 좌표축 변환을 사용한다면 반대로 오른쪽에서 왼쪽으로 읽어야 하거나 아니면 이 두 규칙 중에 하나를 뒤집어야 한다는 것도 쉽게 눈치챌 수 있다. 사실 어떤 규칙을 사용하든 기억하기 쉽고 쓰기 쉬운 것을 사용한다.

어떤 문제는 벡터가 변환된다고 생각하면 이해하기 쉽고 반대로 어떤 문제는 좌표축이 변환된다고 생각하면 이해하기 쉬운 경우가 있는 것도 사실이다. 3D 벡터와 행렬 연산에 익숙해지고 나면 상황에 따라 편한 대로 바꿔 사용할 수 있을 것이다.

5.3.11 법선 벡터 변환

법선 벡터는 정규화돼 있다는 점 외에도(대부분의 경우) 다른 평면이나 표면에 항상 수직이어야 한다는 점에서 좀 특이한 벡터다. 그렇기 때문에 법선 벡터를 변환할 때는 길이와 수직 조건을 보존하는 데 주의를 기울여야 한다.

일반적으로 점이나 법선 벡터가 아닌 보통 벡터가 3×3 행렬 $M_{A \to B}$를 통해 공간 A에서 공간 B로 회전 변환될 때 법선 벡터 n을 공간 A에서 공간 B로 변환하려면 이 행렬의 역전치 행렬을 곱해야 한다($(M_{A \to B}^{-1})^T$). 이 공식을 증명하거나 유도하지는 않겠다(공식 유도는 참고 문헌 [32]의 3.5절을 참조). 하지만 행렬 $M_{A \to B}$가 균등한 스케일만 나타내고 층 밀림 변환은 없을 때 공간 A에서의 평면이나 벡터 간의 각도는 공간 B에서 그대로 보존된다는 사실은 알고 있어야 한다. 이 경우 행렬 $M_{A \to B}$는 법선 벡터건 아니건 모든 벡터에 대해 맞게 동작한다. 반면 $M_{A \to B}$가 균등하지 않은 스케일이나 층 밀림 변환을 포함할 때(즉 직교 변환이 아닐 때)는 공간 A에서 공간 B로 변환될 때 표면과 벡터 간의 각도가 보존되지 않는다. 공간 A에서 어떤 표면에 수직이던 벡터는 공간 B에서는 그 공간에 더 이상 수직이 아닐 수 있다. 역전치 행렬은 이런 직교 변환이 아닌 변환에 대해서도 변환된 법선 벡터가 다시 법선 벡터의 성질을 갖게 교정하는 역할을 한다. 이것을 달리 설명하면 법선 벡터가 정규 벡터가 아니라 유사 벡터pseudovector이기 때문에 역전치 행렬이 필요하다고 할 수 있다(5.2.4.9절 참조).

5.3.12 행렬을 메모리에 저장하는 방식

C나 C++에서는 행렬을 저장할 때 흔히 2차원 배열을 사용한다. C/C++의 2차원 배열 문법을 상기하자면 첫 번째 첨자는 행이고, 두 번째는 열이며, 메모리 공간을 순서대로 읽을 때 열 숫자가 더 빠르게 변한다.

```
float m[4][4]; // [row][col], col 값이 더 빠르게 변한다.

// 나열 순서를 이해하기 쉽게 배열을 "펼쳤음"
float* pm = &m[0][0];
ASSERT( &pm[0] == &m[0][0] );
ASSERT( &pm[1] == &m[0][1] );
ASSERT( &pm[2] == &m[0][2] );
// 기타
```

C/C++에서 2차원 배열로 행렬을 저장할 때는 두 가지 방식이 있다. 둘 중에 아무것이나 써도 상관없다.

1. 벡터(i_C, j_C, k_C, t_C)를 메모리에 순서대로 저장한다(각 행이 벡터 1개를 저장한다).
2. 벡터를 일정 간격을 두고 메모리에 저장한다(각 열이 벡터 1개를 저장한다).

1번 방식의 이점은 벡터를 찾을 때 시작 위치만 있으면 뒤에 순서대로 저장된 값을 4개의 성분으로 이뤄진 벡터로 취급할 수 있다는 점이다. 이외에도 이 방식은 우리가 사용하는 행 벡터 규칙에 사용되는 행렬과 정확히 모양이 일치한다는 이점이 있다(바로 이 점이 이 책에서 행 벡터를 사용하는 주요 이유 중 하나다). 2번 방식은 SIMD 연산이 가능한 마이크로프로세서에서 행렬-벡터 곱을 빠르게 할 때 필요한 경우가 있는데, 이에 관해서는 5장의 뒤에서 다룬다. 내가 경험했던 대부분의 게임 엔진에서는 1번 방식을 사용했다. 다음과 같은 방식이다.

```
float M[4][4];

M[0][0]=ix;  M[0][1]=iy;  M[0][2]=iz;  M[0][3]=0.0f;
M[1][0]=jx;  M[1][1]=jy;  M[1][2]=jz;  M[1][3]=0.0f;
M[2][0]=kx;  M[2][1]=ky;  M[2][2]=kz;  M[2][3]=0.0f;
M[3][0]=tx;  M[3][1]=ty;  M[3][2]=tz;  M[3][3]=1.0f;
```

행렬 M을 디버거로 들여다보면 다음과 같다.

```
M[][]
    [0]
        [0] ix
        [1] iy
        [2] iz
        [3] 0.0000
    [1]
        [0] jx
        [1] jy
        [2] jz
        [3] 0.0000
    [2]
        [0] kx
        [1] ky
```

```
            [2] kz
            [3] 0.0000
        [3]
            [0] tx
            [1] ty
            [2] tz
            [3] 1.0000
```

여러분이 사용하는 엔진에서 어떤 방식을 사용하는지 쉽게 알 수 있는 방법이 있는데, 4 × 4 평행 이동 행렬을 만드는 코드를 보면 된다(3D 수학 라이브러리라면 대부분 이런 함수를 제공한다). 그런 후 코드에서 t 벡터가 어디에 저장되는지를 찾으면 된다. 하지만 수학 라이브러리가 코드를 제공하지 않는 경우라면(게임 업계에서 드문 일이다) (4, 3, 2)같이 알아보기 쉬운 평행 이동 값을 주고 함수를 호출한 다음 리턴되는 평행 이동 행렬을 보면 된다. 마지막 행이 4.0, 3.0, 2.0, 1.0이라면 벡터는 행으로 저장된 것이고, 그렇지 않다면 열로 저장된 것이다.

5.4 사원수

이제 3 × 3 행렬로 3차원 공간의 회전 변환을 표현할 수 있다는 사실을 알았다. 그렇지만 회전 변환을 나타내는 데 행렬이 항상 최선인 것은 아니다. 그 이유 중 몇 가지를 들어 보면 다음과 같다.

1. 회전 변환에서는 피치, 요, 롤의 세 가지 변수밖에 없는데, 이것을 표현하기 위해 9개의 부동소수가 필요하다. 지나친 낭비다.
2. 벡터를 회전 변환하려면 행렬 곱셈을 해야 하는데, 여기에는 3번의 내적 계산, 즉 9번의 곱셈과 6번의 덧셈이 필요하다. 이보다 경제적인 회전 표현을 찾을 필요가 있다.
3. 게임이나 컴퓨터 그래픽에서는 어떤 두 회전 변환 사이의 중간 회전 변환을 꼭 구해야 할 때가 있다. 예를 들면 카메라가 A 방향을 보고 있는데 이제 다른 방향 B를 바라보게 몇 초간 서서히 이동해야 하는 경우, 그 사이의 중간 지점들을 찾을 수 있어야 한다. A와 B가 행렬로 표현돼 있다면 중간 지점을 찾기가 상당히 곤란하다.

다행히도 이 세 가지 문제를 극복할 수 있는 다른 회전 표현이 있다. 바로 사원수^{quaternion}라는 수학적인 개념이다. 사원수는 4차원 벡터와 비슷한 형태를 하고 있지만 동작은 상당히 다르다. 사원수를 표기할 때는 이탤릭 문자나 벡터처럼 두꺼운 글자를 쓰지 않고 다음처럼 나타낸다.

$$q = \begin{bmatrix} q_x & q_y & q_z & q_w \end{bmatrix}$$

사원수는 1843년 윌리엄 해밀턴 경^{Sir William Hamilton}이 복소수의 확장 개념으로 고안했다. 원래는 역학 문제를 푸는 데 사용됐다(좀 더 구체적으로 보면 사원수를 4차원 복소수로 이해할 수 있으며, 1개의 실수부와 3개의 허수부 i, j, k로 나타낸다. 따라서 사원수를 복소수 형태로 '$q = iq_x + jq_y + kq_z + q_w$' 와 같이 나타낼 수도 있다). 엄밀히 따지자면 사원수는 복잡한 규칙을 따른다. 하지만 다행히도 이런 수리학의 깊숙한 개념까지 신경쓸 필요는 없다. 여기서는 단위 길이의 사원수($q_x^2 + q_y^2 + q_z^2 + q_w^2 = 1$을 만족하는 모든 사원수)는 3차원 회전 변환을 나타낸다는 점만 알면 된다.

사원수에 관한 자료는 논문, 웹 페이지, 발표 자료 등 무수히 많기 때문에 더 알고 싶다면 웹에서 검색해서 찾아보기 바란다.

5.4.1 3D 회전 변환을 나타내는 단위 길이 사원수

단위 길이 사원수는 3차원 벡터에 네 번째 스칼라 좌표가 딸린 형태로 보면 된다. 벡터 부분인 q_V는 단위 길이인 회전축에 회전 반각^{half-angle}의 사인 값을 곱한다. 스칼라 부분 q_S는 회전 반각에 대한 코사인 값이다. 따라서 단위 길이 사원수는 다음처럼 쓸 수 있다.

$$\begin{aligned} q &= \begin{bmatrix} \mathbf{q}_V & q_S \end{bmatrix} \\ &= \begin{bmatrix} \mathbf{a} \sin \frac{\theta}{2} & \cos \frac{\theta}{2} \end{bmatrix} \end{aligned}$$

여기서 a는 회전축인 단위 벡터이고, θ는 회전 각도다. 회전 방향은 오른손 법칙을 따르는데, 엄지손가락이 a의 방향일 때 양의 회전 각도는 나머지 손가락들이 굽혀진 방향이다.

물론 다음처럼 q를 단순한 4차원 벡터로 쓸 수도 있다.

$$q = \begin{bmatrix} q_x & q_y & q_z & q_w \end{bmatrix}$$

$$\begin{aligned} q_x &= q_{V_x} = a_x \sin \frac{\theta}{2} \\ q_y &= q_{V_y} = a_y \sin \frac{\theta}{2} \\ q_z &= q_{V_z} = a_z \sin \frac{\theta}{2} \\ q_w &= q_S = \cos \frac{\theta}{2} \end{aligned}$$

따지고 보면 사원수는 회전축 + 회전각 표현처럼 보인다(예를 들어 4차원 벡터 형태의 [a θ]). 하지만 사원수는 회전축 + 회전각 표현보다 훨씬 수학적으로 편리한 개념이다. 이에 대해서는 바로 다음의 내용을 보자.

5.4.2 사원수 연산

크기 구하기나 덧셈 등의 여러 가지 벡터 연산은 사원수에도 그대로 적용된다. 하지만 명심해야 할 것은 단위 길이 사원수 2개를 합하면 그 결과는 3D 회전 변환을 나타내지 않는다는 점인데, 그 이유는 더 이상 단위 길이가 아니기 때문이다. 따라서 특별히 단위 길이 성질을 보존할 만한 작업을 하지 않는 한 게임에서 사원수의 합은 거의 사용되지 않는다.

5.4.2.1 사원수 곱셈

사원수에서 가장 요긴하게 사용할 연산은 곱셈이다. 각각 회전 변환 P와 Q를 나타내는 두 사원수 p와 q가 있을 때 곱셈 pq는 두 회전을 합친 것이다(즉 회전 변환 Q를 수행한 후 바로 P를 수행하는 것). 사실 사원수 곱셈에는 상당히 다른 여러 형식이 있지만 여기서는 3D 회전 변환에 관련된 한 가지 종류인 그래스먼^{Grassman} 곱셈만 취급하자. 이 방식에서 곱셈 pq는 다음과 같이 정의된다.

$$pq = \left[(p_S \mathbf{q}_V + q_S \mathbf{p}_V + \mathbf{p}_V \times \mathbf{q}_V) \quad (p_S q_S - \mathbf{p}_V \cdot \mathbf{q}_V) \right]$$

그래스먼 곱셈은 벡터 부분(x, y, z)과 스칼라 부분(w 성분)으로 정의된다는 사실을 눈여겨보자.

5.4.2.2 켤레와 역

사원수 q의 역은 q^{-1}이라고 쓰고 그 의미는 원래의 값과 곱하면 스칼라 값 1이 되는 사원수를 뜻한다(예, qq^{-1} = 0i + 0j +0k +1). 사원수 [0 0 0 1]은 0도 회전이다(벡터 부분은 sin(0)=0이고, 스칼라 부분은 cos(0)=1이기 때문에).

사원수의 역을 구하려면 먼저 켤레^{conjugate}를 정의해야 한다. 켤레는 보통 q*로 표기하고 다음과 같이 정의된다.

$$q^* = \left[-\mathbf{q}_V \quad q_S \right]$$

즉 벡터 부분은 부호를 반대로 하고 스칼라 부분은 그대로 둔다.

켤레를 정의했으면 사원수의 역은 다음과 같이 정의된다.

$$q^{-1} = \frac{q^*}{|q|^2}$$

우리가 다루는 사원수는 3D 회전 변환을 나타내기 때문에 항상 단위 길이다($|q|$=1).

따라서 우리가 쓰는 용도 내에서는 사원수의 역은 켤레와 같다.

$$q^{-1} = q^* = \begin{bmatrix} -\mathbf{q}_V & q_S \end{bmatrix},\ \text{단 } |q| = 1$$

사원수의 역을 구할 때 이미 정규화돼 있다는 사실을 알면 크기의 제곱 값으로 나누는 부담을 덜 수 있기 때문에 이 성질은 매우 유용하다. 대개는 사원수의 역을 구하는 일이 3×3 행렬의 역행렬을 구하는 것보다 빠르다는 의미도 되는데, 이 성질을 잘 이용하면 게임 엔진을 최적화할 때 이용할 수 있다.

곱셈에서 켤레와 역

사원수 곱 pq의 켤레는 p, q 각각의 켤레를 역순으로 곱한 것이다.

$$(pq)^* = q^* p^*$$

비슷하게 사원수 곱의 역도 각각의 역을 반대 순서로 곱한 것이다.

$$(pq)^{-1} = q^{-1} p^{-1} \tag{5.8}$$

이것은 행렬을 전치하거나 역행렬을 구할 때 보이는 뒤집기와 유사하다.

5.4.3 사원수를 이용한 벡터의 회전

사원수로 표현된 회전을 벡터에 적용하려면 어떻게 해야 할까? 먼저 벡터를 사원수 형식으로 바꿔야 한다. 벡터는 세 단위 기저 벡터 i, j, k로 표현된 합이다. 사원수는 마찬가지로 i, j, k로 표현된 합이지만 여기에 스칼라 값이 더해진다. 따라서 벡터를 사원수로 바꿀 때 스칼라 부분 q_S가 0이 된다. 벡터 v를 사원수로 바꿔 쓰면 v = [v 0] = [v_x v_y v_z 0]이다.

벡터 v를 사원수 q로 회전할 때는 먼저 q에 v를 곱한 후(먼저 v를 사원수 형식으로 바꾼 후) 다시 q의 역 q^{-1}로 곱한다. 따라서 회전한 결과 v'는 다음과 같다.

$$v' = \text{rotate}(q, \mathbf{v}) = qvq^{-1}$$

우리가 다루는 사원수는 모두 단위 길이이기 때문에 켤레를 이용해 다시 표현하면 다음과 같다.

$$v' = \text{rotate}(q, \mathbf{v}) = qvq^* \tag{5.9}$$

회전한 결과 벡터 v'는 사원수에서 벡터 부분만 가져오면 된다.

실제 게임 엔진의 여러 문제를 해결하는 데 사원수 곱셈을 두루 사용한다. 예를 들어 비행기가 날아가는 방향을 나타내는 단위 벡터를 구해야 한다고 하자. 먼저 게임 엔진에서는 물체가 향하는 방향이 양의 z축 방향이라는 규칙이 있다고 가정하자. 따라서 모델 공간에서 모든 물체의 정면은 항상 $F_M = [0\ 0\ 1]$이다. 이 벡터를 월드 공간으로 변환하려면 비행기의 방향을 나타내는 사원수 q를 가져와 식 (5.9)에 대입하면 모델 공간의 F_M이 월드 공간의 벡터 F_W로 변환된다(물론 벡터는 미리 사원수 형식으로 바꿔야 한다).

$$F_W = qF_Mq^{-1} = q\begin{bmatrix} 0 & 0 & 1 & 0 \end{bmatrix}q^{-1}$$

5.4.3.1 사원수 결합

행렬로 표현된 변환을 결합할 때와 마찬가지로 사원수를 곱하면 사원수로 표현된 회전을 결합할 수 있다. 예를 들어 3개의 서로 다른 회전 변환이 각각 사원수 q_1, q_2, q_3과 행렬 R_1, R_2, R_3로 주어졌다고 생각하자. 우리가 원하는 것은 회전 변환 1을 먼저 하고, 그 뒤에 회전 변환 2, 마지막으로 회전 변환 3을 하는 것이다. 결합된 행렬 R_{net}은 다음과 같이 구할 수 있고 벡터에 적용된다.

$$\begin{aligned} \mathbf{R}_{net} &= \mathbf{R}_1\mathbf{R}_2\mathbf{R}_3; \\ \mathbf{v}' &= \mathbf{v}\mathbf{R}_1\mathbf{R}_2\mathbf{R}_3 \\ &= \mathbf{v}\mathbf{R}_{net} \end{aligned}$$

마찬가지로 결합된 사원수 q_{net}은 다음처럼 벡터 v(사원수 형식으로 바뀐)에 적용된다.

$$\begin{aligned} q_{net} &= q_3q_2q_1; \\ v' &= q_3q_2q_1\ v\ q_1^{-1}q_2^{-1}q_3^{-1} \\ &= q_{net}\ v\ q_{net}^{-1} \end{aligned}$$

여기서 사원수 곱은 회전 변환되는 순서와 반대로 계산해야 하는 것을 유념해야 한다($q_3q_2q_1$). 그 이유는 사원수 회전 변환은 벡터의 양쪽에 곱해야 하기 때문이다. 원래의 사원수는 벡터의 왼쪽에, 사원수의 역은 벡터의 오른쪽에 곱해진다. 식 (5.8)에서 봤듯이 사원수 곱의 역은 각 사원수의 역을 반대 순서로 곱한 것과 같기 때문에 원래의 사원수가 오른쪽에서 왼쪽으로 읽을 때 그 역은 왼쪽에서 오른쪽으로 읽는다.

5.4.4 같은 회전을 나타내는 사원수와 행렬

같은 3D 회전 변환을 나타내는 3×3 행렬 R과 사원수 q는 서로 자유롭게 바꿀 수 있다. q = $[\, q_V \ q_S \,]$ = $[\, q_{Vx} \ q_{Vy} \ q_{Vz} \ q_S \,]$ = $[\, x \ y \ z \ \text{w} \,]$일 때 똑같은 회전 변환을 나타내는 행렬 R은 다음과 같다.

$$\mathbf{R} = \begin{bmatrix} 1 - 2y^2 - 2z^2 & 2xy + 2zw & 2xz - 2yw \\ 2xy - 2zw & 1 - 2x^2 - 2z^2 & 2yz + 2xw \\ 2xz + 2yw & 2yz - 2xw & 1 - 2x^2 - 2y^2 \end{bmatrix}$$

마찬가지로 R이 주어지면 다음과 같이 q를 구할 수 있다($q[0]$ = q_{Vx}, $q[1]$ = q_{Vy}, $q[2]$ q_{Vz}, $q[3]$ = q_S일 때). 이 코드는 C/C++의 행 벡터 형식을 사용한다고 가정했고(R[row][col]은 위의 행렬 R을 나타낸다). 가마수트라[Gamasutra]에 1998년 5월에 게재된 닉 보빅[Nick Bobic]의 글에서 발췌했다.

행렬의 고유한 성질에 대해 몇 가지 가정을 했을 때 좀 더 빠른 계산을 할 수도 있는데 이에 관해선 다음 링크(http://www.euclideanspace.com/maths/geometry/rotations/conversions/matrixToQuaternion/index.htm)를 참조하기 바란다.

```
void matrixToQuaternion(
        const float R[3][3],
        float q[/*4*/])
{
    float trace = R[0][0] + R[1][1] + R[2][2];

    // 대각선 성분을 검사한다.
    if (trace > 0.0f)
    {
        float s = sqrt(trace + 1.0f);
        q[3] = s * 0.5f;
```

```
        float t = 0.5f / s;
        q[0] = (R[2][1] - R[1][2]) * t;
        q[1] = (R[0][2] - R[2][0]) * t;
        q[2] = (R[1][0] - R[0][1]) * t;
    }
    else
    {
        // 대각선 성분이 음수다.
        int i = 0;
        if (R[1][1] > R[0][0]) i = 1;
        if (R[2][2] > R[i][i]) i = 2;

        static const int NEXT[3] = {1, 2, 0}
        int j = NEXT[i];
        int k = NEXT[j];

        float s = sqrt((R[i][j]
                        - (R[j][j] + R[k][k]))
                        + 1.0f);

        q[i] = s * 0.5f;

        float t;
        if (s != 0.0) t = 0.5f / s;
        else t = s;

        q[3] = (R[k][j] - R[j][k]) * t;
        q[j] = (R[j][i] + R[i][j]) * t;
        q[k] = (R[k][i] + R[i][k]) * t;
    }
}
```

여기서 표기법에 대해 잠시 짚고 가자. 이 책에서는 사원수를 $[x\ y\ z\ w]$ 형태로 표기한다. 이 것은 다수의 논문에서 복소수의 확장 형태로 사원수를 $[w\ x\ y\ z]$라고 표기하는 것과 대조된다. 이 책에서 이런 표기를 따르는 것은 동차 벡터를 $[x\ y\ z\ 1]$($w = 1$이다)로 표기하는 것과 일관성 을 갖기 위해서다. 논문의 표기법은 사원수와 복소수의 유사성에서 온 것이다. 보통 쓰이는 2 차원 복소수는 $c = a + bj$로 표기하는 것이 일반적이기 때문에 사원수는 $q = w + ix + jy + kz$ 가 된다. 따라서 사전에 어떤 표기법을 따르는지 알고 내용을 이해하는 것이 중요하다.

5.4.5 회전 선형 보간

회전 보간$^{\text{rotational interpolation}}$은 게임 엔진의 애니메이션이나 역학, 카메라 시스템같이 다양한 부분에 응용된다. 사원수를 이용하면 벡터나 점을 보간하듯이 쉽게 회전도 보간할 수 있다.

두 사원수를 보간하는 가장 쉽고 빠른 방법은 4차원 벡터를 LERP하는 것이다. 회전 A와 B를 나타내는 두 사원수 q_A와 q_B가 있을 때 A에서 B로 β 비율만큼 이동한 중간 회전 q_{LERP}는 다음과 같다.

$$q_{\text{LERP}} = \text{LERP}(q_A, q_B, \beta) = \frac{(1-\beta)q_A + \beta q_B}{|(1-\beta)q_A + \beta q_B|}$$

$$= \text{normalize}\left(\begin{bmatrix} (1-\beta)q_{Ax} + \beta q_{Bx} \\ (1-\beta)q_{Ay} + \beta q_{By} \\ (1-\beta)q_{Az} + \beta q_{Bz} \\ (1-\beta)q_{Aw} + \beta q_{Bw} \end{bmatrix}^{\text{T}}\right)$$

여기서 결과 값 사원수는 정규화해야 하는 것을 명심해야 한다. LERP 연산은 벡터의 길이를 보존하지 않기 때문이다.

기하학적으로 보면 $q_{\text{LERP}} = \text{LERP}(q_A, q_B, \beta)$는 그림 5.23과 같이(이해를 돕고자 2차원으로 표현했음) 방향 A와 방향 B 사이를 β 비율만큼 이동한 방향을 나타내는 사원수다. 수학적으로 LERP 연산은 두 사원수의 가중 평균이고, 가중치는 각각 $(1-\beta)$와 β다(여기서 $(1-\beta) + \beta = 1$인 것을 유념하자).

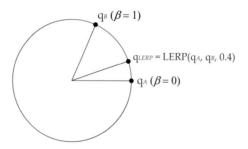

그림 5.23 두 사원수 qA와 qB 사이의 선형 보간(LERP)

5.4.5.1 구면 선형 보간

LERP 연산의 문제는 사원수가 사실은 4차원 초구^{hypersphere} 위에 존재하는 점이란 사실을 제대로 반영하지 못하는 점이다. LERP는 이 구면 사이의 현^{chord}을 보간하는 것이지 구면을 따라 보간하는 것이 아니다. 그렇기 때문에 β가 일정하게 변할 때 회전 각속도가 일정하지 못한 문제를 일으킨다. 그러면 양 끝점에서는 느리지만 중간 지점에서는 상대적으로 빠르게 회전한다.

이 문제를 해결하려면 LERP 연산의 변종인 구면 선형 보간$^{\text{SLERP, Spherical Linear Interpolation}}$ 연산을 해야 한다. SLERP는 사인과 코사인을 사용해 4D 초구의 현이 아닌 대원$^{\text{great circle}}$을 따라 보간하는데, 그림 5.24에서 그 차이를 볼 수 있다. 이렇게 하면 β가 일정하게 변할 때 각속도가 일정해진다.

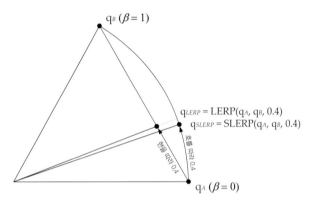

그림 5.24 4D 초구의 호를 따라 구면 선형 보간하는 모습

SLERP 공식은 LERP 공식과 비슷하지만 LERP에서 $(1-\beta)$와 β이던 가중치는 w_p와 w_q로 바뀌는데, 이 값들은 두 사원수의 사이 각에 사인^{sine}을 취한 값에 관련 있다.

$$\text{SLERP}(\mathsf{p}, \mathsf{q}, \beta) = w_p\mathsf{p} + w_q\mathsf{q}$$

여기서 다음과 같다.

$$w_p = \frac{\sin(1-\beta)\theta}{\sin\theta},$$
$$w_q = \frac{\sin\beta\theta}{\sin\theta}$$

두 사원수가 모두 단위 길이일 때 그 사이 각에 대한 코사인 값은 두 사원수의 4차원 내적과 같은 성질이 있다. 이렇게 일단 $\cos(\theta)$ 값을 알면 사이 각 θ와 그 사인 값을 쉽게 구할 수 있다.

$$\cos\theta = \mathsf{p} \cdot \mathsf{q} = p_xq_x + p_yq_y + p_zq_z + p_wq_w;$$
$$\theta = \cos^{-1}(\mathsf{p} \cdot \mathsf{q})$$

5.4.5.2 SLERP를 써야만 할까?

게임 엔진에서 SLERP를 쓸 것인지 말 것인지는 아직 의견이 분분하다. 조너선 블로^{Jonathan Blow}의 주옥 같은 글에서는 SLERP가 너무 느리고 또 LERP의 성능이 그리 나쁘지 않음을 주장하는데, 따라서 이해는 하고 있어야겠지만 게임 엔진에서 SLERP 사용은 가급적 피해야 한다고 말한다(http://number-none.com/product/Understanding%20Slerp,%20Then%20Not%20Using%20It/index.html). 반면 내가 같이 일했던 너티 독의 동료 가운데는 구현만 잘하면 SLERP의 성능도 LERP 못지않음을 찾아낸 이도 있다(예를 들어 너티 독의 Ice 팀이 구현한 SLERP는 PS3의 SPU에서 한 관절마다 20사이클이 소요되는데 LERP는 16.25사이클이 소요된다). 이런 점을 고려하면 여러분이 직접 SLERP와 LERP 구현을 프로파일링해 보고 결정하기를 권한다. SLERP의 성능이 그렇게 나쁘지 않다면 그냥 사용하면 된다. 애니메이션이 좀 더 부드럽게 보일 수 있다. 하지만 SLERP가 너무 느리다면(그리고 더 빠르게 만들 수 없거나 그럴 시간이 부족하다면) 그냥 LERP를 사용해도 대부분의 경우는 큰 무리 없을 것이다.

5.5 각 회전 변환 표현 간 비교

이제껏 회전 변환을 여러 가지 방법으로 표현할 수 있음을 살펴봤다. 이제 가장 널리 쓰이는 회전 변환 표현을 요약해 보고 각기 장단점을 따져 보자. 어떤 한 가지 표현법이 모든 상황에 만능은 아니다. 5.5절에 나오는 내용을 잘 이해하면 상황에 맞는 회전 변환 표현을 고를 수 있을 것이다.

5.5.1 오일러 각

5.3.9.1절에서 오일러 각에 대해 간략히 살펴봤다. 오일러 각은 3개의 스칼라 값 요, 피치, 롤로 이뤄진다. 때로 3D 벡터 형식 $[\theta_Y \ \theta_P \ \theta_R]$로 표기하기도 한다.

오일러 각의 장점은 단순하고 크기가 작으며(부동소수 3개), 직관적으로 이해하기 쉽다는 점이다(요, 피치, 롤은 머리속으로 상상하기 쉽다). 그리고 한 축에 대해서만 회전하는 경우 보간하기도 쉽다. 예를 들면 서로 다른 요 각의 중간을 찾으려면 θ_Y 값들을 선형 보간하기만 하면 된다. 하지만 임의의 축을 기준으로 회전 변환하는 경우 보간하기 쉽지 않다.

이외에도 오일러 각은 짐벌 락*gimbal lock*이라는 취약점이 있다. 이 현상은 90도 회전하는 경우 세 축 중에 하나가 다른 축과 겹쳐지는 현상이다. 예를 들면 x축을 중심으로 90도 회전하는 경우 y축이 z축과 겹쳐 버린다. 이렇게 되면 원래의 y축을 중심으로 하는 어떤 회전도 할 수 없는데, 이는 y축을 중심으로 한 회전은 결국 z축을 중심으로 하는 회전과 같아지기 때문이다.

오일러 각의 또 다른 문제는 회전 순서에 따라 결과가 달라진다는 점이다. PYR, YPR, RYP 등이 각각 서로 다른 회전 결과를 나타낼 수 있다. 표준화된 오일러 각 회전 순서가 없기 때문에 각 분야마다 서로 다른 순서를 사용한다(정해진 순서를 관습적으로 사용하는 분야도 있기는 하다). 그렇기 때문에 $[\theta_Y \quad \theta_P \quad \theta_R]$로 표기된 오일러 각은 고유한 회전 변환을 의미하지는 않는다. 이 회전 변환이 정말 어떤 것을 의미하는지 알려면 변환 순서를 알아야 한다.

마지막 오일러 각의 문제는 x, y, z축과 회전하는 물체의 앞, 왼쪽/오른쪽, 위축과 연관 짓는 방식에 따라 그 결과가 다를 수 있다는 점이다. 예를 들어 요는 언제나 위축을 중심으로 하는 회전이지만, 이것이 실제의 x, y, z축 어떤 것과 연관 있는지 알려면 또 다른 정보가 필요하다.

5.5.2 3 × 3 행렬

3 × 3 행렬은 편리하면서 효율적인 회전 변환 표현 방식인데, 그 이유는 여러 가지가 있다. 짐벌 락 현상도 없고 임의의 회전 변환도 고유하게 표현한다. 점과 벡터를 회전 변환할 때 행렬 곱셈(즉, 여러 개의 벡터 내적 계산)을 이용하면 상당히 직관적으로 계산할 수 있다. 거의 대부분의 CPU와 모든 GPU는 내적과 행렬 곱셈을 위한 하드웨어 가속 기능을 지원한다. 회전 변환의 역은 역행렬을 구하면 되고 순수 회전 행렬인 경우는 전치 행렬을 구하는 것과 같다(따라서 매우 빠르다). 그리고 4 × 4 행렬은 임의의 아핀 변환(회전 변환, 평행 이동, 스케일)을 일관된 형태로 표현한다.

하지만 회전 행렬은 직관적으로 이해하기 어렵다. 숫자 테이블을 보면서 3차원 변환이 어떤 모습일지 상상하기는 쉽지 않다. 그리고 회전 행렬은 보간하기 힘들다. 마지막으로 회전 행렬(부동소수 9개)은 오일러 각(부동소수 3개)에 비해 훨씬 많은 저장 공간을 차지한다.

5.5.3 회전축 + 회전각

회전 변환을 표현할 때 회전축을 나타내는 단위 벡터와 회전각으로 나타낼 수도 있다. 이런 표현을 회전축 + 회전각 표현법이라고 부르고 4차원 벡터 [a, θ] 형태로 표기하기도 한다. 여기서 a는 회전축이고, θ는 회전각의 라디안 값이다. 오른손 좌표계에서 양의 회전은 오른손 법칙을 따르고 왼손 좌표계에서는 왼손 법칙을 따른다. 회전축 + 회전각 표현법의 장점은 직관적이고 적은 저장 공간을 차지한다는 점이다(3 × 3 행렬이 부동소수 9개를 필요로 하는 데 비해 부동소수 4개를 사용한다).

회전축 + 회전각 표현법의 주요한 단점은 회전 변환을 보간하기 어렵다는 사실이다. 또 점이나 벡터를 바로 회전 변환할 수 없다. 회전 변환하려면 회전축 + 회전각 표현법을 행렬이나 사원수로 바꿔야 한다.

5.5.4 사원수

앞서 살펴본 것처럼 단위 길이 사원수는 회전축 + 회전각 표현법과 유사한 형태로 3D 회전 변환을 나타낸다. 두 표현법 간의 가장 큰 차이는 사원수의 회전축은 회전 반각에 사인을 취한 값으로 스케일된 형태이고, 회전각을 그대로 저장하는 대신 회전각의 절반에 코사인을 취한 형태로 표기된다는 점이다.

회전축 + 회전각 표현법과 비교해보면 사원수는 두 가지 중대한 이점이 있다. 첫째는 회전 변환을 결합할 수 있다는 것과 사원수 곱을 통해 점과 벡터를 회전 변환할 수 있다는 점이다. 둘째는 SLERP나 LERP를 이용하면 회전 변환을 보간하기 매우 쉽다는 점이다. 적은 저장 공간(부동소수 4개)을 차지하는 점도 행렬 형식에 비해 유리한 점이다.

5.5.5 SRT 변환

4 × 4 행렬이 임의의 아핀 변환(회전 변환, 평행 이동, 스케일)을 표현할 수 있는 반면 사원수 그 자체만으로는 회전 변환만 표현할 수 있다. 하지만 사원수에 더해 평행 이동 벡터와 스케일 값(균등한 스케일을 표현하는 스칼라 값 1개나 균등하지 않은 스케일인 경우 벡터)을 모으면 아핀 변환을 표현하는데 4 × 4 행렬을 대체할 수 있다. 이것을 SRT 변환이라고 부르기도 하는데, 그 이유는 스케일^{Scale} 값, 회전^{Rotation}을 나타내는 사원수, 평행 이동^{Translation} 벡터를 포함하기 때문이다. 어떤 때는 SQT 변환이라고도 하는데, 회전이 사원수^{Quaternion}이기 때문이다.

$$SRT = \begin{bmatrix} s & q & t \end{bmatrix} \text{ (균등한 스케일 } s \text{),}$$

또는

$$SRT = \begin{bmatrix} \mathbf{s} & \mathbf{q} & \mathbf{t} \end{bmatrix} \quad (\text{균등하지 않은 스케일 벡터 } s)$$

SRT 변환은 컴퓨터 애니메이션에서 널리 쓰이는데, 주된 이유는 저장 공간을 상대적으로 적게 차지하는 데다(균등한 스케일인 경우 부동소수 8개가 쓰이고 균등하지 않은 스케일은 부동소수 10개가 쓰인다. 12개의 부동소수가 필요한 4 × 3 행렬에 비해 게인이다) 보간이 쉽기 때문이다. 평행 이동 벡터와 스케일 값은 LERP를 이용하면 되고, 사원수는 LERP나 SLERP를 이용해 보간하면 된다.

5.5.6 이원 사원수

강체 변환^{rigid transformation}이란 회전과 평행 이동을 포함하는 변환을 뜻한다(나선 운동). 이것은 애니메이션과 로봇 공학에서 자주 쓰인다. 강체 변환은 이원 사원수^{dual quaternion}라는 수학 개념을 통해 표현할 수 있다. 이원 사원수 표현은 일반적인 벡터-사원수 표기에 비해 몇 가지 장점이 있다. 가장 핵심적인 장점은 선형 보간 블렌딩을 상수 시간에, 최단 거리로, 좌표계에 상관없이 처리할 수 있다는 점인데, 평행 이동의 LERP와 회전 사원수의 SLERP(5.4.5.1절 참조)의 경우와 비슷하지만 3개 이상의 변환이 관여하는 블렌딩에서도 쉽게 일반화할 수 있다.

이원 사원수는 보통 사원수와 거의 흡사하지만 각 성분이 실수가 아니라 이원수^{dual number}라는 점이 다르다. 이원수는 $\hat{a} = a + \varepsilon b$와 같이 두 부분의 합으로 나타낸다. 여기서 ε는 $\varepsilon^2 = 0(\varepsilon$가 0이 아니면서)의 성질을 만족하는 신기한 수로 이원 단위^{dual unit}라고 한다. 이것은 실수부와 허수부의 합인 복소수 $c = a + ib$의 $i = \sqrt{-1}$와 비슷하다.

각 이원수는 실수 2개로(a, b)로 이뤄지기 때문에 겹 사원수는 8차원 벡터로 나타낼 수 있다. 또 보통 사원수 2개의 합으로 표기할 수도 있는데, 이 경우에 두 번째 사원수는 ε로 곱한 형태이고 다음과 같이 쓴다.

$$\hat{q} = \mathbf{q}_a + \varepsilon \mathbf{q}_b$$

이 책에서 이원 사원수를 깊이 다룰 수는 없다. 하지만 훌륭한 논문인 'Dual Quaternions for Rigid Transformation Blending'(Kavan et al)에서 강체 변환에 이원 사원수를 사용하는 이론과 실제 사용법을 볼 수 있다. 이것은 다음 사이트(https://bit.ly/2vjD5sz)에서 찾을 수 있다. 그런데 이 논문에서는 이원수를 $\hat{a} = a_0 + \varepsilon a_\varepsilon$로 표기하고 있지만, 이 책에서는 이원수와 복소수의 유사점을 강조하려고 $a + \varepsilon b$로 표기했다는 차이가 있음을 유념해야 한다.[3]

5.5.7 회전 변환과 자유도

'자유도^{DOF, Degree Of Freedom}'라는 용어는 한 물체의 외적인 상태(위치와 방향)가 변할 수 있는 고유한 방법의 수를 뜻한다. 역학이나 로봇 공학, 항공 공학 등에서 '6 자유도' 같은 말이 쓰이는 것을 들어 본 적도 있을 것이다. 이 말은 3차원에 존재하는 물체는 (움직임이 강제로 제한된 경우가 아닐 때) 평행 이동에서 3 자유도를 갖고(x, y, z축을 따라 평행 이동), 회전 변환에서 3 자유도를 갖는데(x, y, z축을 기준으로 회전 변환), 합쳐서 6 자유도라는 뜻이다.

DOF 개념을 이해하고 나면 다양한 회전 변환 표현법들은 사용하는 부동소수의 개수는 다르지만 결국 3 자유도인 회전 변환을 나타낸다는 사실을 알게 된다. 실제로 오일러 각은 부동소수 3개를 사용하고 회전축 + 회전각 표현법과 사원수는 4개, 3 × 3 행렬은 9개를 사용하는데, 어떻게 이 모든 표현법들이 똑같이 3 자유도인 회전 변환을 나타내는 것일까?

답은 제약 조건에 있다. 모든 3D 회전 변환 표현법들은 부동소수 매개 변수를 3개 이상 사용하지만 어떤 표현법은 매개 변수에 1개 이상의 제약 조건이 있다. 제약 조건이란 매개 변수들이 서로 독립적이지 않다는 것을 뜻한다. 한 매개 변수가 변하면 제약 조건을 만족하고자 다른 매개 변수 역시 변해야 한다. 매개 변수로 사용된 부동소수 개수에서 제약조건 수를 빼면 자유도를 얻을 수 있다. 3D 회전 변환에서는 이 값은 항상 3이다.

$$N_{\text{DOF}} = N_{\text{parameters}} - N_{\text{constraints}} \tag{5.10}$$

다음은 식 (5.10)을 지금껏 살펴본 회전 변환 표현법에 실제로 적용해 본 것이다.

- **오일러 각**   3 매개 변수 − 0 제약 조건 = 3DOF
- **회전축 + 회전각**   4 매개 변수 − 1 제약 조건 = 3 DOF
  제약 조건 축은 단위 길이여야 한다.

---

3   개인적으로는 a_0보다 a_ε을 선호하며, 따라서 이원수는 $\hat{a} = (1)a_1 + (\varepsilon)a_\varepsilon$가 됐을 것이다. 복소평면에 복소수를 그릴 때와 마찬가지로 실수부를 실수 축의 기저 벡터로 생각하고 이원 단위 ε를 이원 축에 대한 기저 벡터로 생각하면 된다.

- **사원수** 4 매개 변수 − 1 제약 조건 = 3 DOF

  제약 조건 사원수는 단위 길이여야 한다.

- **3×3 행렬** 9 매개 변수 − 6 제약 조건 = 3DOF

  제약 조건 행 3개와 열 3개는 모두 단위 길이여야 한다(성분이 3개인 벡터로 취급했을 때).

5.6 기타 유용한 수학적 개념

게임 엔진을 다루다 보면 지금껏 살펴본 점, 벡터, 행렬, 사원수 외에도 다른 수학적 개념들을 많이 접하게 된다. 그중 가장 흔한 개념들을 간략히 살펴보자.

5.6.1 직선, 반직선, 선분

무한한 직선은 한 점 P_0와 직선의 방향을 나타내는 단위 벡터 u로 표현할 수 있다. 직선의 매개 방정식은 시작점 P_0부터 단위 벡터 u 방향을 따라 임의의 거리 t를 이동한 모든 점 P를 나타낸다. 무한히 많은 점 P의 집합은 스칼라 매개 변수 t의 벡터 함수가 된다.

$$\mathbf{P}(t) = \mathbf{P}_0 + t\,\mathbf{u}, \quad -\infty < t < \infty \text{ 일 때} \tag{5.11}$$

이 식은 그림 5.25에서 볼 수 있다.

반직선은 한 방향만 있는 직선이다. 그림 5.26에서 볼 수 있듯이 P(t)에 $t \geq 0$인 제약조건을 걸면 쉽게 표현할 수 있다.

그림 5.25 직선의 매개 변수   그림 5.26 반직선의 매개 변수

선분은 양쪽에 두 점 P_0와 P_1로 한정된 직선이다. 역시 P(t)로 쉽게 표현할 수 있는데, 다음 두 가지 방법이 있다(L = P_1 − P_0이고 L = |L|은 선분의 길이, 그리고 u = (1/L)L인 L 방향 단위 벡터).

1. P(t) = P_0 + tu, 0 ≤ t ≤ L일 때
2. P(t) = P_0 + tL, 0 ≤ t ≤ 1일 때

2번 형식은 그림 5.27인데 매개 변수 t가 이미 정규화돼 있기 때문에 사용하기 편리하다. 즉 모든 선분에서 t는 0에서 시작해서 1까지인 셈이다. 이 말은 L 값을 따로 저장하지 않아도 된다는 말인데, 이미 L = Lu 안에 이미 포함돼 있기 때문이다(L은 반드시 저장해야 하는 값이다).

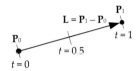

그림 5.27 정규화된 매개 변수 t로 표현된 선분의 매개 변수

5.6.2 구

게임 엔진 프로그래밍에서 구sphere는 쓰임새가 다양하다. 보통 구의 중심인 점 C와 반지름 r로 정의한다(그림 5.28). 이렇게 하면 4차원 벡터 $[Cx, Cy, Cz, r]$로 깔끔하게 맞아 떨어진다. 잠시 뒤에 살펴볼 내용이지만 SIMD 벡터 처리 관점에서 보면 데이터를 32비트 부동소수 4개(128비트)로 묶을 수 있다는 사실은 분명한 이점이 있다.

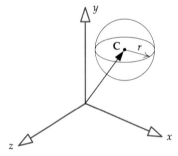

그림 5.28 중심과 반지름으로 나타낸 구

5.6.3 평면

평면은 3D 공간에 있는 2D면이다. 고등학교 때 배운 수학에서 평면을 다음과 같은 식으로 나타냈던 것을 기억하는지 모르겠다.

$$Ax + By + Cz + D = 0$$

평면 위에 있는 점들 P = $[x, y, z]$만 이 식을 만족한다. 평면은 한 점 P_0와 평면의 법선인 단위 벡터 u를 갖고도 정의할 수 있다. 이것을 점-법선 형태라고 부르기도 하는데 그림 5.29와 같다.

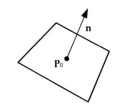

그림 5.29 점-법선 형태로 나타낸 평면

한 가지 흥미로운 사실은 평면 식에서 A, B, C를 가져와 3D 벡터로 만들면 이 벡터는 평면의 법선과 방향이 일치한다는 점이다. 벡터 $[A, B, C]$를 정규화한 벡터 $[a, b, c]$는 법선 벡터 n이 되고 정규화된 상수 매개 변수 $d = D/\sqrt{A^2 + B^2 + C^2}$는 원점과 평면 사이의 거리가 된다. d가 양수이면 법선 벡터(n)가 원점을 향하고(즉 원점이 평면의 앞면에 있고), 음수이면 법선 벡터는 원점에서 멀어지는 방향을 가리킨다(원점이 평면의 뒷면에 있 다). 사실 생각해 보면 평면 식과 점-법선 형태는 똑같은 식을 다르게 표현한 것뿐이다. 임의의 점 $P = [x \, y \, z]$가 평면 위에 있는지를 검사한다고 하자. 이렇게 하기 위해 법선 벡터 $n = [a \, b \, c]$를 따라 점 P로부터 원점까지의 거리(부호를 가진)를 구하고, 만약 이것이 평면과 원점사이의 거리 $d = -n \cdot P_0$[4]과 같은 경우 P는 평면 위에 있는 것이다. 따라서 이것을 등식으로 놓고 전개시키면 된다.

$$(\text{P로부터 원점까지의 부호를 가진 거리}) = (\text{평면과 원점 사이의 부호를 가진 거리})$$
$$\mathbf{n} \cdot \mathbf{P} = \mathbf{n} \cdot \mathbf{P}_0$$
$$\mathbf{n} \cdot \mathbf{P} - \mathbf{n} \cdot \mathbf{P}_0 = 0$$
$$ax + by + cz - \mathbf{n} \cdot \mathbf{P}_0 = 0 \tag{5.12}$$
$$ax + by + cz + d = 0$$

식 (5.12)는 P가 평면 위에 있는 경우에만 참이다. 그렇다면 P가 평면 위에 있지 않으면 어떻게 될까? 이 경우 식의 왼쪽($ax+by+cz$, 즉 $n \cdot P$)은 점이 평면에서 얼마나 떨어져 있는지를 나타낸다. 이 식은 P로부터 원점까지의 거리와 평면에서 원점까지의 거리 사이의 차를 계산하는 것이다. 다시 말하면 식 (5.12)의 왼쪽 항은 점과 평면 사이의 수직 거리 h를 나타내는 것이다. 이는 5.2.4.7절의 식 (5.2)를 다르게 쓴 것뿐이다.

$$h = (\mathbf{P} - \mathbf{P}_0) \cdot \mathbf{n};$$
$$h = ax + by + cz + d \tag{5.13}$$

---

4 P_0은 평면 위의 임의의 점이다. – 옮긴이

구와 마찬가지로 평면도 4차원 벡터로 저장할 수 있다. 그렇다면 평면을 고유하게 나타내려면 법선 벡터 n = [a b c]와 원점에서의 거리 d만 있으면 된다는 사실을 알 수 있다. 4차원 벡터 L = [n d] = [a b c d]는 평면을 표현하고 저장하는 데 간단하고 편리한 방식이다. 또한 점 P를 $w = 1$인 동차 좌표로 봤을 때 식 (L · P) = 0은 (n · P) = −d를 달리 나타낸 것뿐이라는 점을 알 수 있다(평면 L 위의 모든 점 P는 이 식들을 만족한다). 4차원 벡터 형태로 표현된 평면은 한 좌표계에서 다른 좌표계로 쉽게 변환할 수 있다. 좌표계 A에서 좌표계 B로 점과 (법선이 아닌) 벡터를 변환하는 행렬이 $M_{A \rightarrow B}$라고 할 때 평면의 법선 벡터 n과 같은 법선 벡터를 변환하려면 이 행렬의 역 전치 행렬$(M_{A \rightarrow B}^{-1})^{\mathsf{T}}$을 써야 한다는 것을 이미 배웠다. 이 사실을 알면 역전치 행렬을 4차원 평면 벡터 L에 적용하면 좌표계 A에서 B로 평면을 올바르게 변환된다는 사실이 당연하게 생각될 것이다. 여기서 더 이상 이 사실을 증명하거나 유도하지는 않겠지만 더 자세히 알고 싶다면 참고 문헌 [32]의 4.2.3절을 살펴보기 바란다.

5.6.4 축 정렬 경계 박스

축 정렬 경계 박스^AABB, Axis-Aligned Bounding Boxes란 모든 면이 좌표축에 나란한 3D 직육면체다(이 좌표축들은 서로 수직이다). 그렇기 때문에 AABB는 세 좌표축에 각각 최대, 최소 값 6개를 성분으로 하는 벡터 $[x_{min}, y_{min}, z_{min}, x_{max}, y_{max}, z_{max}]$나 아니면 P_{min}, P_{max} 두 점으로 나타낼 수 있다.

이렇게 간단한 형태로 표기될 수 있기 때문에 어떤 점 P가 AABB 안에 있는지 아니면 밖에 있는지를 판별하는 일도 쉽고 간단하다. 다음 조건이 모두 참인지만 알아내면 된다.

$$P_x \geq x_{min} \text{이고 } P_x \leq x_{max} \text{이고}$$
$$P_y \geq y_{min} \text{이고 } P_y \leq y_{max} \text{이고}$$
$$P_z \geq z_{min} \text{이고 } P_z \leq z_{max} \text{이다.}$$

교차 검사를 정말 빠르게 할 수 있기 때문에 AABB는 '조기에 걸러내는' 충돌 검사에 자주 쓰인다. 두 물체의 AABB가 서로 겹치지 않으면 더 복잡하고 오래 걸리는 충돌 테스트를 할 필요가 없기 때문이다.

5.6.5 유향 경계 박스

유향 경계 박스^{OBB, Oriented Bounding Box}는 직육면체이지만 안에 감싸고 있는 물체의 경계에 맞게 정렬돼 있다. 보통 OBB는 물체의 로컬 공간 축에 정렬된다. 따라서 로컬 공간에서는 AABB 처럼 동작하지만 월드 공간의 축에 정렬되지는 않을 수 있다.

점이 OBB 안에 들어가는지 알아내는 방법은 여러 가지가 있지만, 가장 흔한 방법은 OBB가 정렬된 좌표계로 점을 변환한 다음 앞에서 살펴본 AABB 교차 검사를 하는 것이다.

5.6.6 절두체

그림 5.30에서 보이듯 절두체^{frustum}는 머리가 잘린 피라미드 형태를 띠는 6개의 평면이다. 3D 렌더링에 절두체가 많이 쓰이는 이유는 3D 월드를 가상 카메라 시점으로 원근 투영하면 보이 는 부분을 정의할 때 절두체를 쓰면 쉽기 때문이다. 4개의 평면은 화면의 가장자리 경계를 나 타내고, 나머지 2개는 각각 원 클리핑 평면^{far plane}과 근 클리핑 평면^{near plane}을 나타낸다(즉 시점 의 최소와 최대 z 좌표를 나타낸다).

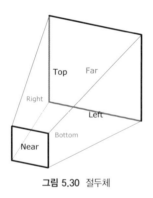

그림 5.30 절두체

절두체를 정의하는 방법 중 간단한 것으로는 점-법선 형태(한 점과 법선 벡터)의 평면 6개를 배 열로 나타내는 것이 있다.

어떤 점이 절두체 안에 있는지 아닌지를 알아내는 방법은 약간 복잡하긴 한데 기본적인 개념 은 내적을 사용해 점이 각 평면의 앞에 있는지 뒤에 있는지를 알아내는 것이다. 6개 평면을 검 사해 점이 전부 안쪽에 있다면 그 점은 절두체 안에 있다.

또 다른 요령은 월드 공간에 있는 점을 카메라 원근 투영을 이용해 변환하는 방법이다. 이렇게 하면 월드 공간에 있는 점을 '동차 클립 공간homogeneous clip space'이라는 공간으로 가져온다. 이 공간 안에서 절두체는 단순한 AABB다. 이 성질을 이용하면 안팎 검사가 무척 간단해진다.

5.6.7 볼록 다면체 공간

볼록 다면체 공간convex polyhedral region은 임의의 평면 여러 개로 이뤄지는데, 모든 평면의 법선은 똑같이 공간의 안쪽이나 바깥을 가리킨다. 점이 이 공간 안에 있는지를 검사하려면 절두체에서 쓰는 방식을 쓰면 되는데, 평면이 더 많을 수도 있다. 볼록한 공간은 게임에서 생김새가 다양한 '트리거 지역trigger region'을 정의하는 데 유용하다. 이는 여러 게임 엔진에서 사용되는데, 예를 들어 퀘이크Quake 엔진에서 많이 쓰는 브러시brush는 바로 이런 방식으로 돼 있다.

5.7 난수 생성

난수random number는 게임에서 무척 광범위하게 쓰이기 때문에 잠시 시간을 들여 가장 널리 쓰이는 난수 생성기RNG, Random Number Generator인 선형 합동 생성기linear congruential generator와 메르센 트위스터Mersenne Twister를 살펴보자. 여기서 알고 넘어가야 할 중요한 점은 난수 생성기가 정말 임의의 수를 만들어 내는 것이 아니라는 것이다. 복잡하지만 결정적이면서deterministic5 미리 정해진 연속적인 값들을 만들어 내는 것이다. 그렇기 때문에 난수 생성기가 만들어 내는 숫자를 유사 난수pseudo-random라고 하며, 정확히는 유사 난수 생성기PRNG, PseudoRandom Number Generator라고 부르는 것이 맞다. 훌륭한 난수 생성기와 그렇지 않은 난수 생성기의 차이는 연속된 숫자가 다시 반복되기 전에 얼마나 길게 이어질 수 있느냐 하는 점(주기)과 만들어 내는 숫자들이 검증된 난수 테스트들을 통과할 수 있느냐 하는 점이다.

5.7.1 선형 합동 생성기

선형 합동 생성기는 실행 속도가 매우 빠르고 단순하다. 플랫폼에 따라 차이는 있지만 C 표준 라이브러리의 rand( ) 함수에 사용되는 경우도 있다. 그렇다 해도 rand( ) 함수가 특정한 알고

---

5   입력이 같으면 결과가 항상 같다. - 옮긴이

리듬에 바탕을 두고 있으리라고 섣불리 예상하면 안 된다. 꼭 특정 알고리듬을 써야 한다면 난수 생성기를 직접 만드는 편이 낫다.

선형 합동 생성기의 알고리듬에 대해서는 『Numerical Recipes in C』(Cambridge University Press,1992)라는 책에 자세히 나와 있으므로 이 책에서 더 자세히 다루지는 않겠다.

여기서 짚고 넘어가고 싶은 점은 선형 합동 생성기는 그리 품질 좋은 유사 난수를 생성해 내지 못한다는 점이다. 처음 주어진 시드^{seed} 값이 같으면 생성되는 숫자들은 정확히 똑같다. 생성되는 숫자들도 난수로서의 적합 정도, 즉 긴 주기, 높은 비트와 낮은 비트 간에 비슷한 정도의 긴 주기, 순차적 및 공간적 상관관계 부재 등의 기준에 미달한다.

5.7.2 메르센 트위스터

메르센 트위스터$^{Mersenne\ Twister}$는 선형 합동 생성기의 여러 단점을 개선하려고 고안된 유사 난수 생성 알고리듬이다. 위키피디아에는 메르센 트위스터 알고리듬의 장점을 다음과 같이 소개하고 있다.

1. $2^{19937}-1$이라는 엄청나게 긴 주기를 갖게 고안됐다(알고리듬 개발자가 이를 증명했다). 실생활에서 이보다 큰 수를 사용할 이유가 거의 없는데, 대개의 프로그램은 2^{19937}개의 고유한 숫자 조합을 사용할 일이 없기 때문이다($2^{19937} \approx 4.3 \times 10^{6001}$).
2. 매우 높은 동일 분포 차원을 갖는다. 이 말이 뜻하는 것은 생성되는 연속된 숫자들 사이에 연관성이 거의 없다는 뜻이다.
3. 엄격하기로 이름난 다이하드^{Diehard} 테스트 등 여러 가지 통계적 무작위성 테스트를 통과했다.
4. 빠르다.

메르센 트위스터를 구현한 코드는 무척 다양한데, 그중에 SIMD 벡터 명령을 사용해 속도를 더 높인 SFMT$^{SIMD-oriented\ fast\ Mersenne\ Twister}$가 특히 훌륭하다. SFMT는 다음 사이트(http://www.math.sci.hiroshima-u.ac.jp/~m-mat/MT/SFMT/index.html)에 가면 다운로드할 수 있다.

5.7.3 마더-오브-올, Xorshift, KISS99

일련의 다이하드 랜덤 테스트(http://www.stat.fsu.edu/pub/diehard)를 개발한 것으로 유명한 조지 마사글리아[George Marsaglia]는 1994년에 메르센 트위스터보다 구현하기 간편하고 빠른 유사 난수 생성 알고리듬을 발표했다. 마사글리아는 주기가 2^{250}인 32비트 유사 난수를 생성할 수 있을 것이라고 단언했다. 이 알고리듬은 모든 다이하드 테스트를 통과했고, 빠른 속도를 필요로 하는 상황에서 사용하기에 아직까지 가장 훌륭한 유사 난수 생성기 중 하나로 봉한다. 마사글리아는 이 알고리듬에 '마더-오브-올 유사 난수 생성기[Mother of All Pseudo-Random Number Generators][6]라는 이름을 붙였는데, 다른 난수 생성기가 필요한 일이 없으리라는 자신감에서 나온 이름이었다.

후에 마사글리아는 Xorshift라는 또 다른 알고리듬을 발표했는데, 난수의 임의성에서는 메르센 트위스터보다 조금 낮고 마더-오브-올 생성기보다는 떨어지는 편이며, 속도는 마더-오브-올 생성기보다 다소 빠른 편이다.

마사글리아는 합쳐서 KISS[Keep It Simple Stupid]라 불리는 여러 난수 생성기를 만들었다. KISS99 알고리듬이 주기(2^{133})가 길고 TestU01(bit.ly/2r5FmSP)의 모든 테스트를 통과하기 때문에 잘 쓰인다.

조지 마사글리아에 관해 알고 싶으면 다음 사이트(http://en.wikipedia.org/wiki/George_Marsaglia)를 찾아보고, 마더-오브-올에 관해서는 다음 사이트(ftp://ftp.forth.org/pub/C/mother.c)(http://www.agner.org/random)를 참조하기 바란다. Xorshift에 관한 논문은 다음 사이트(http://www.jstatsoft.org/v08/i14/paper)에 가면 PDF 파일을 다운로드할 수 있다.

5.7.4 PCG

PCG[Permutation Congruential Generator]라는 유사 난수 생성기 계열도 매우 인기가 있고 품질이 높다. 합동 생성기(PCG의 'CG[Congruential Generator]')를 조합한 상태 전환과 순열(PCG의 'p[Permutation]') 함수들을 통해 출력값을 만든다. 이 계열의 PRNG에 대해 더 알고 싶으면 다음 사이트(http://www.pcg-random.org/)를 찾아보기 바란다.

---

6 'Mother of all'은 그야말로 최강의, 가장 중요한 존재라는 뜻이다. – 옮긴이

로우레벨 엔진 시스템

엔진 지원 시스템　6장

엔진을 시작하고 끝내는 일, 엔진과 게임을 설정하는 일, 게임의 메모리 사용을 관리하는 일, 파일 시스템 접근을 처리하는 일, 온갖 종류의 게임 자원(메시, 텍스처, 애니메이션, 오디오 등)을 처리하게 지원하는 일, 개발 팀이 사용할 디버깅 툴을 제공하는 일 등은 보기에는 별것 아닌 것 같아도 게임 엔진이라면 반드시 갖춰야 할 로우레벨 지원 시스템이다. 6장에서는 대부분의 엔진에서 볼 수 있는 이 같은 로우레벨 지원 시스템에 대해 알아본다. 이후 장에서는 자원 관리나 휴먼 인터페이스 장치, 게임 내 디버깅 툴 등 더 큰 핵심 시스템들을 살펴본다.

6.1 하부 시스템 시작과 종료

게임 엔진은 서로 통신하는 수많은 하부 시스템이 모여 이뤄진 복잡한 소프트웨어다. 게임 엔진을 시작할 때 각 하부 시스템들을 정해진 순서에 따라 설정하고 초기화해야 한다. 시작하는 순서는 하부 시스템 간의 연관성에 따라 묵시적으로 결정된다. 예를 들면 하부 시스템 B가 하부 시스템 A에 의존하는 경우 A를 시작한 후에 B를 초기화해야 한다. 종료 순서는 대개 정반대이기 때문에 B가 먼저 종료되고 그다음에 A가 종료된다.

6.1.1 C++ 정적 초기화 순서(또는 그 부재에 관해)

요즘 게임 엔진에서 가장 많이 쓰는 프로그래밍 언어는 C++이기 때문에 C++의 고유한 시작과 종료 구현 방법을 엔진 하부 시스템의 시작과 종료에 응용할 수 있을지 살펴보는 것은 의미가 있다. C++에서는 프로그램의 시작 지점^{entry point}(main( ) 또는 윈도우의 WinMain( ))이 호출되기 전에 전역 객체와 정적 객체를 생성한다. 그런데 이 같은 객체를 생성하는 순서는 완전히 임의적이다. 게임 엔진의 하부 시스템들을 초기화하고 종료하는 데는 전혀 쓸모가 없을 뿐 아니라 상호 연관성 있는 전역 객체가 있는 모든 소프트웨어에서도 마찬가지다.

게임 엔진에서 쓰이는 시스템과 같은 주요 하부 시스템을 디자인할 때 많이 쓰이는 디자인 패턴이 싱글턴^{singleton} 클래스(매니저라 불리는 경우도 있다)라는 점을 생각하면 이와 같은 C++의 동작은 아쉬운 점이다. 전역 또는 정적 클래스 인스턴스를 생성하고 파괴하는 순서를 제어할 방안이 C++에 있었다면 싱글턴 클래스 인스턴스를 전역으로 정의해 동적 메모리 할당을 하지 않아도 됐을 것이다. 예를 들면 다음과 같은 코드가 가능했을 것이다.

```cpp
class RenderManager
{
public:
  RenderManager( )
  {
    // 매니저를 시작...
  }

  ~RenderManager( )
  {
    // 매니저를 종료...
  }

  // ...
};

// 싱글턴 인스턴스
static RenderManager gRenderManager;
```

하지만 아쉽게도 생성과 파괴 순서를 제어할 수 없기 때문에 이런 코드는 쓸 수 없다.

6.1.1.1 주문형 생성

하지만 활용할 수 있는 C++ '트릭'이 한 가지 있다. 함수 안에서 선언된 정적 변수는 `main()` 실행 전이 아니라 해당 함수가 처음 호출될 때 생성된다는 점이다. 따라서 전역 싱글턴 객체를 함수의 정적 변수로 만들면 생성 순서를 제어할 수 있다는 말이 된다.

```cpp
class RenderManager
{
public:
  // 오직 하나만 존재하는 인스턴스를 리턴한다.
  static RenderManager& get()
  {
    // 다음의 함수 정적 변수는 이 함수가
    // 처음 호출될 때 생성된다.
    static RenderManager sSingleton;
    return sSingleton;
  }

  RenderManager()
  {
    // 이 클래스가 의존하는 다른 매니저들의
    // get() 함수를 호출해 먼저 시작하게 한다.
    VideoManager::get();
    TextureManager::get();

    // 이제 렌더 매니저를 시작한다.
    // ...
  }

  ~RenderManager()
  {
    // 이 매니저를 종료한다.
    // ...
  }
};
```

위의 방식은 다음에 나오는 동적 할당 방식과 더불어 여러 소프트웨어 엔지니어링 책들에서 가장 많이 나오는 방식이다.

```
static RenderManager& get()
{
  static RenderManager* gpSingleton = NULL;
  if (gpSingleton == NULL)
  {
    gpSingleton = new RenderManager;
  }
  ASSERT(gpSingleton);
  return *gpSingleton;
}
```

하지만 이렇게 해도 여전히 파괴 순서는 제어할 수 없다. RenderManager의 파괴자가 호출되기 전에 RenderManager가 의존하는 매니저를 C++가 파괴할 가능성도 있다. 뿐만 아니라 RenderManager 싱글턴은 RenderManager::get()이 호출될 때 생성되므로 정확히 언제 만들어질지도 알 수가 없다. 누가 언제 get() 함수를 부를지 아무도 모른다. 뿐만 아니라 프로그래머가 이 클래스를 쓸 때 get()처럼 단순해 보이는 함수 안에서 덩치 큰 싱글턴 객체를 할당하고 초기화하는 등의 시간 걸리는 일을 할 것이라고는 예상하지 못할 가능성도 있다. 이 방식은 예측이 불가능하면서 위험한 디자인이다. 따라서 더 많은 부분을 제어할 수 있는 좀 더 직접적인 접근이 필요하다.

6.1.2 간단하고 제대로 된 방법

하부 시스템을 구현하는 데 싱글턴 매니저 개념을 계속 이어간다고 생각해 보자. 이 경우 가장 단순하고 직접적인 접근 방식은 각 싱글턴 매니저 클래스에 시작과 종료를 담당하는 함수를 명시적으로 정의하는 것이다. 이 함수들은 생성자와 파괴자의 역할을 대체하는데, 이 경우 사실 생성자와 파괴자는 절대로 아무것도 해서는 안 된다. 이제 main() 함수(또는 전체 엔진을 총괄하는 싱글턴 객체 안에서) 안에서 시작과 종료 함수를 원하는 순서대로 명시적으로 호출하면 된다. 예를 들면 다음과 같다.

```
class RenderManager
{
public:
  RenderManager()
  {
```

```cpp
      // 아무것도 안 함
    }

    ~RenderManager()
    {
      // 아무것도 안 함
    }

    void startUp()
    {
      // 매니저를 시작
    }

    void shutDown()
    {
      // 매니저를 종료
    }

    // ...
};

class PhysicsManager    { /* 동일한 방식으로 구현... */ };

class AnimationManager  { /* 동일한 방식으로 구현... */ };

class MemoryManager     { /* 동일한 방식으로 구현... */ };

class FileSystemManager { /* 동일한 방식으로 구현... */ };

// ...

RenderManager       gRenderManager;
PhysicsManager      gPhysicsManager;
AnimationManager    gAnimationManager;
TextureManager      gTextureManager;
VideoManager        gVideoManager;
MemoryManager       gMemoryManager;
FileSystemManager   gFileSystemManager;
// ...
```

```
int main(int argc, const char* argv)
{
    // 엔진 시스템을 올바른 순서대로 시작한다.
    gMemoryManager.startUp();
    gFileSystemManager.startUp();
    gVideoManager.startUp();
    gTextureManager.startUp();
    gRenderManager.startUp();
    gAnimationManager.startUp();
    gPhysicsManager.startUp();
    // ...

    // 게임 시작
    gSimulationManager.run();

    // 모든 것을 반대 순서로 종료함
    // ...
    gPhysicsManager.shutDown();
    gAnimationManager.shutDown();
    gRenderManager.shutDown();
    gFileSystemManager.shutDown();
    gMemoryManager.shutDown();

    return 0;
}
```

똑같은 목표를 좀 더 근사하게 구현하는 법도 있다. 예를 들면 매니저들이 스스로 전역 우선순위 큐에 등록하게 하고, 이 큐의 내용을 돌면서 올바른 순서대로 매니저들을 시작하는 방법을 생각해 볼 수도 있다. 각 매니저가 자신이 의존하는 매니저의 리스트를 명시적으로 갖게 해서 매니저 간의 의존성 그래프를 정의하고, 이것을 갖고 최적의 시작 순서를 계산하는 코드를 짜는 방법도 있다. 아니면 앞서 이야기했던 주문형 생성 방식을 써도 된다. 내 경험에 따르면 다른 어떤 방법도 단순하고 직접적인 방식을 능가할 수는 없는데, 그 이유는 다음과 같다.

- 방식이 단순하고 구현하기 쉽다.
- 명확하다. 코드를 보기만 하면 바로 시작 순서를 알아낼 수 있다.
- 디버깅하고 유지하기 쉽다. 제때 시작이 안 되거나 너무 일찍 시작되는 것이 있으면 코드 한 줄만 이동하면 된다.

직접적으로 시작하고 종료하는 방식의 사소한 단점은 시작 순서의 정확한 역순으로 종료하지 않는 실수를 할 가능성이 있다는 점이다. 하지만 이 정도는 쉽게 대처할 수 있다. 어떤 방식을 쓰든 하부 시스템을 제대로 시작하고 종료하기만 한다면 별 상관 없다.

6.1.3 실제 게임 엔진의 예

이제 실제 게임 엔진에서 어떻게 엔진을 시작하고 종료하는지를 간단히 살펴보자.

6.1.3.1 오거

오거^{OGRE}는 태생이 게임 엔진이 아니라 렌더링 엔진이다. 하지만 완전한 게임 엔진에서 볼 수 있는 많은 로우레벨 기능도 필요에 따라 같이 제공되는데, 그중 단순하면서 깔끔한 시작/종료 기능도 들어 있다. 오거에 있는 모든 것은 싱글턴 객체 **Ogre::Root**에 의해 제어된다. 여기에는 오거의 모든 하부 시스템에 대한 포인터가 들어 있고 이것들의 생성과 파괴를 관리한다. 이로 인해 코드에서 오거를 시작하기란 정말 간단하다(Ogre::Root을 new 연산자로 생성하기만 하면 모든 것이 끝난다).

다음에 실제로 어떻게 동작하는지 알 수 있게 오거 소스코드 일부를 따왔다.

OgreRoot.h

```cpp
class _OgreExport Root : public Singleton<Root>
{
  // <상관없는 코드 생략...>

  // 싱글턴 객체들
  LogManager* mLogManager; ControllerManager*
  mControllerManager; SceneManagerEnumerator*
  mSceneManagerEnum; SceneManager*
  mCurrentSceneManager; DynLibManager*
  mDynLibManager; ArchiveManager*
  mArchiveManager; MaterialManager*
  mMaterialManager; MeshManager* mMeshManager;
  ParticleSystemManager* mParticleManager;
  SkeletonManager* mSkeletonManager;
  OverlayElementFactory* mPanelFactory;
  OverlayElementFactory* mBorderPanelFactory;
```

```cpp
OverlayElementFactory* mTextAreaFactory;
OverlayManager* mOverlayManager;
FontManager* mFontManager; ArchiveFactory
*mZipArchiveFactory; ArchiveFactory
*mFileSystemArchiveFactory;
ResourceGroupManager* mResourceGroupManager;
ResourceBackgroundQueue* mResourceBackgroundQueue;
ShadowTextureManager* mShadowTextureManager;

// 기타 등등
};
```

OgreRoot.cpp

```cpp
Root::Root(const String& pluginFileName,
           const String& configFileName,
           const String& logFileName):
  mLogManager(0),
  mCurrentFrame(0),
  mFrameSmoothingTime(0.0f),
  mNextMovableObjectTypeFlag(1),
  mIsInitialised(false)
{
  // 싱글턴 관련 체크는 부모 클래스에서 수행
  String msg;

  // 초기화
  mActiveRenderer = 0;
  mVersion
    = StringConverter::toString(OGRE_VERSION_MAJOR)
    + "."
    + StringConverter::toString(OGRE_VERSION_MINOR)
    + "."
    + StringConverter::toString(OGRE_VERSION_PATCH)
    + OGRE_VERSION_SUFFIX + " "
    + "(" + OGRE_VERSION_NAME + ")";
  mConfigFileName = configFileName;

  // 로그 매니저가 없으면 로그 매니저와 기본 로그 파일을 생성한다.
  if(LogManager::getSingletonPtr() == 0)
```

```
  {
    mLogManager = new LogManager();
    mLogManager->createLog(logFileName, true, true);
  }

  // 동적 라이브러리 매니저
  mDynLibManager = new DynLibManager();
  mArchiveManager = new ArchiveManager();

  // ResourceGroupManager
  mResourceGroupManager = new ResourceGroupManager();

  // ResourceBackgroundQueue
  mResourceBackgroundQueue = new ResourceBackgroundQueue();

  // 계속 이어짐...
}
```

오거에는 템플릿으로 된 베이스클래스 Ogre::Singleton이 있어서 모든 싱글턴(매니저) 클래스
가 이것을 상속한다. Ogre::Singleton에서는 지연된 생성을 사용하지 않고 대신 Ogre::Root
가 명시적으로 각 싱글턴을 생성(new)할 것이라고 가정한다. 이렇게 한 이유는 앞서 말했듯 싱
글턴들이 분명하게 정해진 순서대로 생성되고 파괴되게 하기 위해서다.

6.1.3.2 너티 독의 언차티드와 라스트 오브 어스 시리즈

너티 독에서 만든 언차티드Uncharted 시리즈와 라스트 오브 어스The Last of Us 시리즈를 제작하기
위해 만든 엔진도 하부 시스템을 시작하는 데 마찬가지로 명시적인 방식을 사용한다. 다음 코
드를 보면 알겠지만 엔진을 시작한다는 것은 단순히 싱글턴 클래스 할당 순서를 정하는 것과
는 다르다. 엔진 초기화 과정에서 다양한 운영체제 서비스 및 외부 라이브러리 등을 시작해야
한다. 또한 동적 메모리 할당을 가능한 한 피하고자 정적 할당되는 싱글턴 객체들도 많다(예를
들면 g_fileSystem, g_languageMgr 등). 코드가 그렇게 깔끔해 보이지는 않아도 제 역할은 문제없
이 한다.

```
  Err BigInit()
  {
    init_exception_handler();
```

```
U8* pPhysicsHeap = new(kAllocGlobal, kAlign16)
  U8[ALLOCATION_GLOBAL_PHYS_HEAP];
PhysicsAllocatorInit(pPhysicsHeap,
  ALLOCATION_GLOBAL_PHYS_HEAP);

g_textDb.Init();
g_textSubDb.Init();
g_spuMgr.Init();

g_drawScript.InitPlatform();

PlatformUpdate();

thread_t init_thr;
thread_create(&init_thr, threadInit, 0, 30, 64*1024, 0, "Init");

char masterConfigFileName[256];
snprintf(masterConfigFileName,
  sizeof(masterConfigFileName),
  MASTER_CFG_PATH);
{
  Err err = ReadConfigFromFile(
    masterConfigFileName);
  if (err.Failed())
  {
    MsgErr("Config file not found (%s).\n", masterConfigFileName);
  }
}

memset(&g_discInfo, 0, sizeof(BootDiscInfo));
int err1 = GetBootDiscInfo(&g_discInfo);
Msg("GetBootDiscInfo() : 0x%x\n", err1);
if(err1 == BOOTDISCINFO_RET_OK)
{
  printf("titleId : [%s]\n",
    g_discInfo.titleId);
  printf("parentalLevel : [%d]\n",
    g_discInfo.parentalLevel);
}
```

```
g_fileSystem.Init(g_gameInfo.m_onDisc);

g_languageMgr.Init();
if (g_shouldQuit) return Err::kOK;

// 기타 등등...
```

6.2 메모리 관리

게임 개발자들은 언제나 코드를 더 빨리 돌리려고 노력한다. 소프트웨어의 성능은 어떤 알고리듬을 사용하고 그 알고리듬을 얼마나 잘 코딩했는지에도 좌우되지만, 프로그램이 얼마나 메모리RAM를 잘 활용했는지에도 크게 영향을 받는다. 메모리가 성능에 영향을 끼치는 형태는 다음 두 가지가 있다.

1. 동적 메모리 할당, 즉 malloc()이나 C++의 전역 new 연산자는 매우 느리다. 이것을 보완하려면 동적 메모리 할당을 아예 피하거나 할당하는 비용을 크게 줄일 수 있는 메모리 할당자allocator를 직접 만들어야 한다.
2. 현대의 CPU에도 돌아가는 소프트웨어의 성능은 메모리 접근 패턴memory access pattern에 좌우되는 경우가 많다. 잠시 후 살펴볼 내용인데, 같은 데이터라도 작고 연속적인 메모리 블록에 들어 있는 경우가 넓은 메모리 주소에 흩뿌려져 있는 경우보다 CPU에서 처리하는 속도가 훨씬 빠르다. 엄청난 공을 들여 가장 효율적인 알고리듬을 작성했더라도 처리하는 데이터가 메모리에 효율적으로 배치돼 있지 않다면 무용지물인 경우가 생긴다.

여기에서는 이 같은 두 관점에 따라 코드의 메모리 활용을 최적화할 수 있는 방법에 대해 알아보자.

6.2.1 동적 메모리 할당 최적화

malloc(), free() 또는 C++의 전역 new 연산자 및 delete 연산자를 사용한 동적 메모리 할당(힙 할당heap allocation이라고 부름)은 보통 엄청나게 느리다. 속도가 느린 데는 두 가지 주요한 원인이 있다. 첫째, 힙 할당자는 범용 목적이기 때문에 1바이트에서부터 수 기가까지 어떤 크기의 할당이라도 처리할 수 있어야 한다. 그런데 이렇게 하면 관리하는 부가적인 비용이 들고, 따라서 malloc( )과 free( ) 함수는 본질적으로 느릴 수밖에 없다. 둘째, malloc( )과 free( )를 호출할 때 대부분의 운영체제에서는 먼저 사용자 모드에서 커널 모드로 콘텍스트 전환context-switch을 하고, 필요한 동작을 수행한 후 다시 프로그램으로 콘텍스트 전환을 해야 한다. 이 같은 콘텍스트 전환은 생각보다 오래 걸리는 작업이다. 게임 개발에서 널리 통용되는 금언에는 다음과 같은 것이 있다.

> 힙 할당은 최소화하고 타이트 루프tight loop 안에서는 절대 힙 할당을 하지 말 것

게임 엔진이 동적 메모리 할당을 전혀 하지 않기란 당연히 불가능하기 때문에 대부분의 게임 엔진은 여러 가지 할당자를 제작해 쓴다. 사용자 제작 할당자가 운영체제의 힙 할당자보다 대체적으로 성능이 뛰어난 이유는 두 가지가 있다. 첫째, 사용자 제작 할당자는 미리 할당된 메모리 블록(이 블록 자체는 malloc( )이나 new를 사용해 할당하거나 아니면 전역 변수로 선언한다)을 이용할 수 있다. 이 경우 운영체제의 커널 모드로 콘텍스트 전환할 필요 없이 유저 모드에서만 동작하는 이점이 있다. 둘째, 사용 패턴을 예측할 수 있기 때문에 범용 힙 할당자에 비해 훨씬 효율적으로 동작할 수 있다.

이후의 절에서는 가장 흔히 볼 수 있는 사용자 제작 할당자들을 살펴보자.

6.2.1.1 스택 기반 할당자

많은 게임에서 스택 형태로 메모리를 할당한다. 새로운 레벨을 불러올 때마다 이 레벨을 위한 메모리를 할당하게 된다. 레벨을 불러오고 나면 동적 메모리 할당은 거의 없거나 아주 적은 수만 발생한다. 레벨이 끝나면 레벨의 모든 데이터와 그에 해당하는 메모리를 해제한다. 이 같은 메모리 할당에는 스택 형태의 자료 구조가 잘 어울린다.

스택 할당자는 구현하기가 쉽다. 크고 연속적인 메모리 블록을 할당하기만 하면 되는데, malloc( )이나 전역 new 연산자를 사용해도 되고, 아니면 전역 변수 배열로 선언해도 된다(이 경우 메모리는 실행 파일의 BSS 세그먼트에서 할당된다고 볼 수 있다). 포인터 하나를 둬 스택의 꼭대기top를 가리키게 유지한다. 이 포인터보다 작은 메모리 주소는 사용 중인 것이고, 이보다 큰 것은 아직 사용되지 않은 공간이다. 처음에는 꼭대기 포 인터를 스택의 가장 낮은 메모리 주소

를 가리키게 한다. 매번 할당 요청이 들어오면 요청된 바이트 수만큼 포인터를 위로 올리기만 하면 된다. 가장 근래에 할당한 블록을 해제할 때는 꼭대기 포인터를 블록의 크기만큼 아래로 내리면(롤백) 된다.

여기서 명심해야 할 점은 스택 할당자를 사용할 경우 임의의 순서로 메모리를 해제할 수 없다는 것이다. 해제는 반드시 할당의 역순으로 수행해야 한다. 이 같은 원칙을 강제할 수 있는 가장 단순한 방법은 개별 블록들이 아예 해제될 수 없게 만드는 방법이다. 대신 스택의 꼭대기를 이전에 표시한 부분까지 롤백하는 함수를 만들어 사용하면 되는데, 이것은 현재 꼭대기와 표시한 꼭대기 사이의 모든 블록을 해제하는 것과 같다.

꼭대기 포인터를 롤백할 때 항상 할당된 두 블록의 정확한 경계인 지점으로 내리는 것이 중요한데, 그렇지 않으면 다음에 할당할 때 가장 위의 블록을 겹쳐 쓸 수가 있다. 이런 실수를 방지하려고 스택 할당자는 보통 현재 스택 꼭대기를 나타내는 마커^{marker}를 리턴하는 함수를 제공한다. 이 경우 꼭대기를 내리는$^{roll-back}$ 함수는 이런 마커를 함수 인자로 받는다. 그림 6.1에 이 동작이 그림으로 나와 있다. 스택 할당자의 인터페이스는 흔히 다음과 같은 모양을 한다.

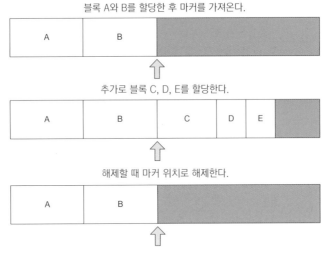

그림 6.1 스택에서 메모리를 할당하고 다시 마커까지 해제하는 동작

```
class StackAllocator
{
public:
    // 스택 마커: 현 시점의 스택 꼭대기를 나타낸다.
```

```
    // 롤백할 때는 임의의 주소로 할 수 없고 반드시
    // 마커의 위치로만 할 수 있다.
    typedef U32 Marker;

    // 전체 크기를 인자로 받아 스택 할당자를 생성한다.
    explicit StackAllocator(U32 stackSize_bytes);

    // 스택의 꼭대기에 주어진 위치만큼 할당한다.
    void* alloc(U32 size_bytes);

    // 현재 스택의 꼭대기를 표시하는 마커를 리턴한다.
    Marker getMarker();

    // 이전의 마커 위치로 롤백한다.
    void freeToMarker(Marker marker);

    // 스택 전체를 비운다(스택을 0의 위치로 롤백한다).
    void clear();

private:
    // ...
};
```

끝이 2개인 스택 할당자

메모리 블록 하나에 스택 할당자 2개를 사용할 수도 있다(하나는 아래에서부터 메모리를 할당하고 다른 하나는 위에서부터 메모리를 할당하는 식으로 말이다). 끝이 2개인 스택이 유용한 이유는 아래 스택과 위 스택의 메모리 사용이 서로 보완하는 형태가 돼 더 효율적으로 메모리를 활용할 수 있기 때문이다. 어떤 경우에는 두 스택의 메모리 사용량이 거의 비슷해서 전체 블록의 가운데쯤에서 만나는 경우도 있다. 그렇지 않은 경우 한 스택이 훨씬 많은 메모리를 사용하기도 하는데, 이 경우에도 할당 총량이 전체 블록을 넘어가지 않는 한 계속 메모리 할당을 할 수 있다. 그림 6.2에서 이 과정을 볼 수 있다.

그림 6.2 끝이 2개인 스택 할당자

미드웨이의 아케이드 게임 '하이드로 선더$^{Hydro\ Thunder}$'에서는 끝이 2개인 스택 할당자로 관리하는 큰 메모리 하나에서 모든 메모리 할당이 일어났다. 아래 스택은 레벨(레이스 트랙)을 불러오고 내리는 데 사용됐고, 위 스택은 프레임마다 할당했다가 해제하는 임시 메모리 블록에 쓰였다. 이 방식은 굉장히 성공적이었고 덕분에 하이드로 선더는 메모리 단편화 문제를 걱정하지 않아도 됐다(6.2.1.4절 참조). 하이드로 선더의 리드 엔지니어 스티브 랜크$^{Steve\ Ranck}$가 이 방식을 참고 문헌 [8]의 1.9절에서 자세히 설명한다.

6.2.1.2 풀 할당자

게임 엔진 프로그래밍(그리고 일반적인 소프트웨어 엔지니어링에서도 마찬가지)에서 작은 메모리 블록을 같은 크기로 여러 개 할당하는 경우가 자주 있다. 이런 예는 행렬이나, 반복자, 연결 리스트의 노드, 메시 인스턴스 등을 할당하고 해제하는 경우에 볼 수 있다. 이 같은 메모리 할당 패턴에는 풀 할당자$^{pool\ allocator}$가 최선의 선택인 경우가 많다.

풀 할당자의 원리는 개별 원소들의 크기에 정확히 배수가 되는 큰 메모리 블록을 할당하는 것이다. 예를 들어 4×4 행렬에 사용되는 풀은 64바이트(각 4바이트의 원소들이 16개)의 정확한 배수가 된다. 풀의 각 원소들은 사용 가능 리스트에 들어간다. 처음에는 풀의 모든 원소가 사용 가능 리스트에 들어가 있다. 할당 요청이 들어오면 이 리스트의 제일 처음 원소를 가져와서 리턴하기만 하면 된다. 원소를 해제할 때는 다시 리스트에 넣는다. 리스트에 몇 개가 들어 있든 할당과 해제 모두 포인터 처리 두어 개만 하면 되기 때문에 $O(1)$ 동작이다($O(1)$은 빅오$^{big\ O}$ 형식이다. 이 경우는 현재 풀에 들어 있는 원소의 수와 같은 요인에 영향을 받지 않고 할당과 해제 모두 거의 정해진 시간만큼만 걸린다는 뜻이다. 빅오 표기법에 대해서는 6.3.3절을 참조하자).

사용 가능 원소들의 연결 리스트는 단순 연결$^{singly-linked}$ 리스트로도 충분한데, 이 경우 각 원소마다 포인터 하나만 있으면 된다(포인터는 대부분 4바이트다). 그렇다면 이 포인터는 어디에 저장해야 할까? 미리 할당된 메모리 블록(sizeof(void*) * numElementsInPool 바이트)에 따로 저장하는 방법이 가장 직관적이다. 하지만 이렇게 하면 쓸데없이 메모리를 낭비하게 된다. 발상을 전환하면 사용 가능 리스트에 들어 있는 블록들도 메모리 블록으로 생각할 수 있다. 그렇다면 이 같은 블록에 리스트에서 '다음'을 나타내는 포인터를 저장하면 되지 않을까? 이런 '트릭'이 성립하려면 elementSize >= sizeof(void*)인 조건이 충족돼야 한다.

원소 하나의 크기가 포인터보다 작은 경우에는 포인터 대신 풀의 원소를 나타내는 인덱스로 연결 리스트를 구현하는 방법이 있다. 예를 들어 16비트 정수를 담는 풀인 경우 16비트 인덱스로 연결 리스트의 '다음' 원소를 가리키게 구현하면 된다. 이 방식은 풀의 최대 원소 수가 2^{16} = 65,536개를 넘지 않는 경우에만 쓸 수 있다.

6.2.1.3 정렬된 할당자

3.3.7.1절에서 살펴봤듯이 모든 변수와 데이터 객체에는 메모리 정렬 조건[alignment requirement]이 있다. 8비트 정수는 그 주소에 제약이 없지만 32비트 정수 또는 부동소수 변수는 4바이트 정렬이 지켜져야 하고, 따라서 그 주소가 항상 0x0, 0x4, 0x8, 0xC로 끝나야 한다. 128비트 SIMD 벡터는 보통 정렬 조건이 16바이트이며, 그 주소는 항상 0x0으로 끝나야 한다. PS3의 경우 DMA[Direct Memory Access] 컨트롤러를 통해 SPU로 메모리 블록을 이동할 때 128바이트 정렬을 지켜야 DMA 처리량을 극대화할 수 있는데, 따라서 메모리 주소가 0x00이나 0x80으로 끝나야 한다.

메모리 할당자는 반드시 정렬된 메모리를 리턴할 수 있어야 한다. 구현 방법은 그다지 복잡하지 않다. 실제 요청된 것보다 조금 큰 메모리를 할당하고 블록의 주소를 살짝 위로 시프트[shift]해서 정렬을 맞추고 조정된 주소를 리턴하면 된다. 원래 조금 큰 메모리를 할당했기 때문에 주소를 살짝 위로 시프트해도 원래 요청된 크기만큼 리턴할 수 있다.

대부분의 구현 방식에서 추가로 할당할 바이트 수는 정렬 조건의 크기에서 1을 뺀 것과 같으며, 이것은 정렬을 위해 시프트를 하는 가장 안 좋은 상황일 때다. 예를 들면 16바이트 정렬된 메모리를 할당할 때 최악의 경우는 0x01로 끝나는 메모리를 할당받는 경우이며 이때는 15바이트를 시프트해야 16바이트 정렬을 맞출 수 있다.

다음은 정렬된 메모리 할당자를 구현하는 한 가지 예다.

```cpp
// 주어진 주소를 주어진 바이트에 맞게 정렬하도록 필요한 만큼 위로 시프트한다.
inline uintptr_t AlignAddress(uintptr_t addr, size_t align)
{
  const size_t mask = align - 1;
  assert((align & mask) == 0); // 2의 제곱수
  return (addr + mask) & ~mask;
}
```

```
// 주어진 포인터를 주어진 바이트에 맞게 정렬하도록 필요한 만큼 위로 시프트한다.
template<typename T>
inline T* AlignPointer(T* ptr, size_t align)
{
  const uintptr_t addr = reinterpret_cast<uintptr_t>(ptr);
  const uintptr_t addrAligned = AlignAddress(addr, align);
  return reinterpret_cast<T*>(addrAligned);
}

// 정렬된 할당 함수.
// 중요: '정렬'은 반드시 2의 제곱수여야 한다(보통 4, 8 또는 16).
void* AllocAligned(size_t bytes, size_t align)
{
  // 최악의 경우에 사용될 바이트 수를 계산한다.
  size_t worstCaseBytes = bytes + align - 1;

  // 정렬되지 않은 메모리 블록을 할당한다.
  U8* pRawMem = new U8[worstCaseBytes];

  // 블록을 정렬한다.
  return AlignPointer(pRawMem, align);
}
```

메모리 정렬에 대한 비밀은 AlignAddress( ) 함수에 있다. 방식은 다음과 같다. 즉 주소와 원하는 정렬값 L이 주어지면 L 바이트 정렬을 위해서 먼저 $L - 1$을 주소에 더하고, 이것에서 맨 아래 비트^{least-significant bits} N개를 버린다(여기서 $N = \log_2(L)$이다). 예를 들면 16바이트 정렬의 경우 주소를 15바이트만큼 위로 시프트하고 $N = \log_2(16) = 4$만큼의 낮은 비트를 마스크^{mask}를 통해 떼 버린다.

아래 비트를 떼어내려면 비트 연산 AND를 적용할 마스크가 필요하다. L은 언제나 2의 제곱수이므로 $L - 1$은 맨 아래 N 비트의 값은 모두 1이고 그 외 비트는 모두 0이 된다. 따라서 이 마스크를 뒤집어^{invert} 원래 주소와 AND 연산을 하면 된다(addr & ~mask).

정렬된 블록을 해제하기
정렬된 블록을 나중에 해제할 때가 되면 원래 할당받은 주소가 아니라 시프트가 적용된 주소를 받게 된다. 그러나 메모리 해제에는 new에서 받은 원래 주소가 필요하다. 그렇다면 정렬된 주소를 어떻게 원래 주소로 되돌릴 수 있을까?

한 가지 간단한 방법은 시프트 값(정렬된 주소와 원래 주소의 차이)을 해제 함수에서 접근할 수 있는 어딘가에 따로 저장하는 것이다. AllocAligned() 함수에서 포인터를 정렬할 공간을 얻으려고 align - 1 바이트를 추가로 할당했다는 것을 기억할 것이다. 이 공간은 시프트 값을 저장할 최적의 장소다. 최소한 1바이트는 시프트하기 때문에 이만큼이 오프셋을 저장하는 데 필요한 최소 공간이다. 따라서 정렬된 포인터 p가 주어지면 p - 1에 1바이트 크기의 시프트 값을 저장한다.

그런데 여기에는 한 가지 문제가 있는데 new가 리턴한 함수가 이미 정렬돼 있을 가능성도 있다. 이 경우 위의 코드는 시프트 자체를 하지 않기 때문에 오프셋을 저장할 공간이 없다. 이 문제를 해결하려면 $L - 1$ 바이트가 아니라 L 바이트를 추가로 할당하고, 이미 정렬된 경우라도 원본 포인터를 항상 다음 L 바이트 경계로 시프트하면 된다. 이제 최대 시프트는 L 바이트이며 최소는 1바이트다. 따라서 시프트 값을 저장할 1바이트를 언제나 확보할 수 있다.

시프트 값을 1바이트에 저장하는 방식은 최대 128바이트 정렬까지 처리할 수 있다. 0바이트 시프트는 절대 하지 않으므로 시프트 값이 0인 것을 256바이트 정렬로 해석한다면 최대 256 바이트 정렬까지 처리할 수 있는 셈이다(더 큰 값의 정렬을 위해서는 더 많은 바이트를 할당해야 하고 더 큰 헤더 공간을 확보하고자 포인터를 더 크게 시프트해야 한다).

다음은 이 방식대로 고친 AllocAligned() 함수와 그 짝을 이루는 FreeAligned() 함수의 구현예다. 정렬된 블록을 할당하고 해제하는 과정이 그림 6.3에 나와 있다.

```
// 정렬된 할당 함수.
// 중요: '정렬'은 반드시 2의 제곱수여야 한다(보통 4, 8 또는 16).
void* AllocAligned(size_t bytes, size_t align)
{
  // 필요한 크기보다 'align'만큼 더 큰 바이트를 할당한다.
  size_t actualBytes = bytes + align;

  // 정렬되지 않은 메모리 블록을 할당한다.
  U8* pRawMem = new U8[actualBytes];

  // 블록을 정렬한다. 정렬 후 값이 변하지 않았다면 'align' 바이트만큼
  // 위로 시프트해 시프트 값을 저장할 공간을 확보한다.
```

```
    U8* pAlignedMem = AlignPointer(pRawMem, align);
    if (pAlignedMem == pRawMem)
      pAlignedMem += align;

    // 시프트 값을 계산해 저장한다.
    // (이 방식은 최대 256바이트 정렬까지 쓰일 수 있다.)
    ptrdiff_t shift = pAlignedMem - pRawMem;
    assert(shift > 0 && shift <= 256);
    pAlignedMem[-1] = static_cast<U8>(shift & 0xFF);

    return pAlignedMem;
  }

  void FreeAligned(void* pMem)
  {
    if (pMem)
    {
      // U8 포인터로 변환한다.
      U8* pAlignedMem = reinterpret_cast<U8*>(pMem);

      // 시프트 값을 가져온다.
      ptrdiff_t shift = pAlignedMem[-1];
      if (shift == 0)
        shift = 256;

      // 원래 할당된 주소로 되돌리고 배열 메모리를 해제한다.
      U8* pRawMem = pAlignedMem - shift;
      delete[] pRawMem;
    }
  }
```

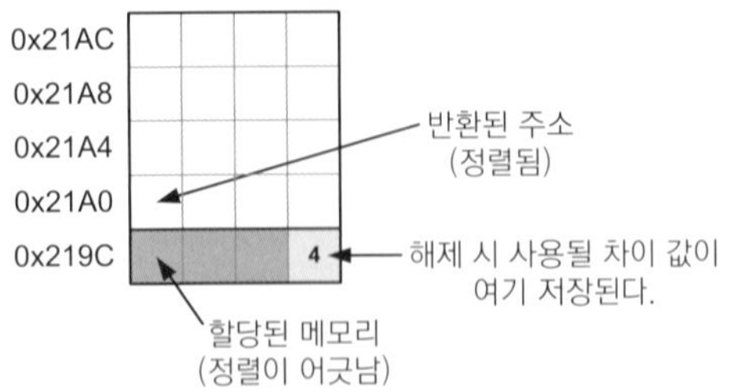

그림 6.3 16바이트 정렬 조건에 의한 메모리 할당. 할당된 주소와 조정(정렬)된 주소의 차를 조정된 주소 바로 앞에 저장해 메모리 해제 시에 사용한다.

6.2.1.4 단일 프레임과 이중 버퍼 메모리 할당자

게임 엔진에서 게임 루프 도중에 임시 데이터 할당을 완전히 피하기란 거의 불가능하다. 이 같은 데이터는 해당 루프가 끝나면 버려지거나 아니면 다음 프레임에서 쓰인 후 버려진다. 이와 같은 형태의 할당 패턴은 게임 엔진들에서 흔히 볼 수 있는 형태이기 때문에 많은 게임 엔진이 단일 프레임^{single-frame} 할당자와 이중 버퍼^{double-buffered} 할당자를 같이 지원한다.

단일 프레임 할당자

단일 프레임 할당자는 앞서 설명한 대로 메모리 블록을 하나 마련하고 이것을 단순한 스택 할당자 형태로 구현하는 것을 말한다. 매 프레임이 시작되면 스택의 '꼭대기^{top}' 포인터는 메모리 블록의 가장 아래로 초기화된다. 프레임이 진행 중에 할당이 일어나면 블록의 위 방향으로 진행한다. 이 과정을 계속 반복한다.

```
StackAllocator g_singleFrameAllocator;

// 메인 게임 루프
while (true)
{
  // 프레임마다 단일 프레임 버퍼를
  // 초기화한다.
  g_singleFrameAllocator.clear();

  // ...

  // 단일 프레임 버퍼에서 할당한다. 이렇게 할당한
  // 메모리는 해제할 필요가 없다. 단, 이 프레임 내에서만
  // 사용해야 한다는 점만 명심하자.
  void* p = g_singleFrameAllocator.alloc(nBytes);

  // ...
}
```

단일 프레임 할당자의 가장 큰 장점은 할당한 메모리를 아예 해제할 필요가 없다는 것이다(매 프레임이 시작되면 할당자가 초기화되기 때문이다). 또 엄청나게 빠르다는 것도 장점이다. 주요 단점은 단일 프레임 할당자를 쓸 경우 프로그래머가 상당한 주의를 기울여야 한다는 점이다. 단일 프레임 버퍼에서 할당한 메모리 블록은 현재 프레임 내에서만 유효하다는 점을 항상 주지

하고 있어야 한다. 단일 프레임 버퍼의 메모리를 가리키는 포인터를 프레임이 넘어가게 캐시하고 있어서는 절대 안 된다.

이중 버퍼 할당자

*i*번째 프레임에서 할당한 메모리 블록을 (*i* + 1)번째 프레임에서 사용할 수 있는 것이 이중 버퍼 할당자다. 구현 방법은 똑같은 크기의 단일 프레임 스택 할당자를 2개 만들어 프레임마다 바꿔 가며 사용하는 것이다.

```
class DoubleBufferedAllocator
{
  U32              m_curStack;
  StackAllocator m_stack[2];

public:

  void swapBuffers()
  {
    m_curStack = (U32)!m_curStack;
  }

  void clearCurrentBuffer()
  {
    m_stack[m_curStack].clear();
  }

  void* alloc(U32 nBytes)
  {
    return m_stack[m_curStack].alloc(nBytes);
  }

  // ...
};

// ...

DoubleBufferedAllocator g_doubleBufAllocator;

// 메인 게임 루프
```

```
while (true)
{
    // 먼저와 마찬가지로 단일 프레임 할당자는 프레임이
    // 시작할 때마다 초기화한다.
    g_singleFrameAllocator.clear();

    // 이중 버퍼 할당자의 활성 버퍼와 비활성 버퍼를
    // 바꾼다.
    g_doubleBufAllocator.swapBuffers();

    // 새로 활성화된 버퍼를 초기화하지만, 이전 프레임의
    // 버퍼는 그대로 둔다.
    g_doubleBufAllocator.clearCurrentBuffer();

    // ...

    // 이전 프레임의 데이터는 손대지 않고 현재 버퍼에서만
    // 할당한다. 이 같은 데이터는 현재 프레임과 다음 프레임에서만
    // 사용할 수 있다. 이 메모리는 해제할 필요가 없다.
    void* p = g_doubleBufAllocator.alloc(nBytes);

    // ...
}
```

이런 형태의 할당자는 엑스박스 360이나 플레이스테이션 3과 같은 멀티코어 콘솔에서 비동기적으로 처리한 결과를 캐시하는 데 굉장히 유용하다. i번째 프레임에서는 PS3의 SPU에 비동기적 작업을 시작하면서 그 결과를 저장할 주소로 이중 버퍼 할당자에서 할당한 메모리를 넘긴다. 이 작업은 i 프레임이 끝나기 얼마 전에 완료되는데, 결과는 앞서 넘긴 버퍼에 저장된다. $(i + 1)$번째 프레임이 시작되면 버퍼가 뒤바뀐다. 작업 결과는 비활성 버퍼에 들어 있기 때문에 현재 프레임에서는 아무도 손대지 않는다. $(i + 2)$번째 프레임이 시작되기 전까지만 사용하면 아무 문제가 없다.

6.2.2 메모리 단편화

동적 힙 할당자의 또 다른 문제는 시간이 지남에 따라 메모리 단편화memory fragmentation가 일어난다는 점이다. 처음 프로그램이 실행될 때는 힙 메모리의 전체 영역이 비어 있다. 블록 하나

를 할당하면 힙 메모리의 연속된 지역이 그 크기만큼 '사용 중'이라고 표시되고, 나머지 힙은 여전히 비어 있는 상태다. 블록이 해제되면 그 영역은 다시 비어 있다고 표시되고, 옆에 비어 있는 영역이 있으면 합쳐서 하나의 더 큰 빈 블록이 된다. 시간이 가면서 다양한 크기의 메모리 할당과 해제가 정해진 순서 없이 이리저리 일어나게 되고, 그 결과 힙 메모리는 비어 있는 블록과 사용 중인 블록이 누더기처럼 얽혀 있는 모양이 된다. 사용 중인 공간 사이에 비어 있는 공간이 '구멍'처럼 박혀 있는 모습을 상상하면 된다. 구멍의 수가 많아지고, 또 구멍의 크기가 상대적으로 작을 때 메모리가 단편화됐다고 말한다. 그림 6.4에 그 개념이 나와 있다.

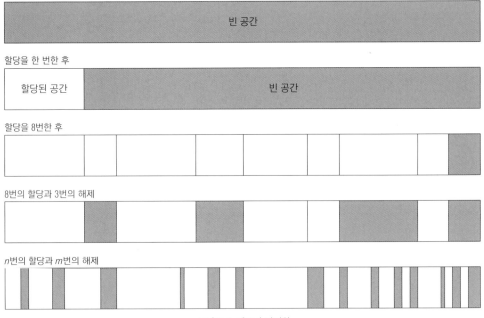

그림 6.4 메모리 단편화

메모리 단편화가 문제되는 이유는 빈 공간이 충분히 있는데도 불구하고 메모리 할당이 실패할 수 있다는 점이다. 문제의 핵심은 할당된 메모리 블록은 항상 연속적이어야 한다는 점이다. 예를 들어 128kB를 할당하는 경우에는 반드시 128kB나 그보다 큰 빈 '구멍'이 있어야 한다. 64kB짜리 구멍이 2개 있을 경우 전체 합은 충분히 크지만 메모리가 연속적이지 않기 때문에 할당은 실패한다.

가상 메모리^{virtual memory}를 지원하는 운영체제인 경우 메모리 단편화가 큰 문제가 되지 않을 수도 있다. 가상 메모리 시스템은 페이지page라 불리는 불연속적인 물리 메모리 블록들을 가상 주소 공간으로 매핑하는데, 애플리케이션이 볼 때는 가상 주소 공간에서 페이지가 연속적으로 보인다. 장시간 사용하지 않는 페이지는 물리 메모리가 부족한 경우 하드 디스크에 옮겼다가 필요하면 다시 불러온다. 가상 메모리가 어떻게 동작하는지 알고 싶으면 다음 사이트(http://en.wikipedia.org/wiki/Virtual_memory)를 읽어 보기 바란다. 대부분의 임베디드 시스템은 가상 메모리 시스템을 구현할 엄두를 내지 못한다. 최근의 콘솔 게임기들이 가상 메모리를 지원하는 경우도 있지만 대부분의 콘솔 게임 엔진들은 가상 메모리가 갖는 본질적인 성능 저하 때문에 가상 메모리를 잘 활용하지는 않는다.

6.2.2.1 스택 할당자와 풀 할당자로 단편화 예방

메모리 단편화로 인해 발생하는 여러 문제점은 스택 할당자와 풀 할당자를 사용하면 피할 수 있다.

- 스택 할당자는 메모리 단편화를 겪지 않는데, 언제나 연속적으로 할당되고 블록을 해제할 때는 반드시 할당 순서의 반대로 해야 하기 때문이다. 그림 6.5에서 이 개념을 볼 수 있다.

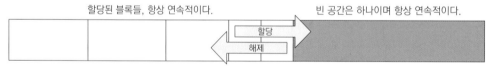

그림 6.5 스택 할당자는 단편화로 인한 문제를 겪지 않는다.

- 풀 할당자도 마찬가지로 단편화를 겪지 않는다. 풀들 자체는 단편화될 수 있지만 범용 힙처럼 때 이른 메모리 고갈 현상은 절대 발생하지 않는다. 모든 블록의 크기가 같기 때문에 연속된 공간이 부족해 할당이 실패하는 일은 없다. 그림 6.6에 이 개념이 나와 있다.

그림 6.6 풀 할당자는 단편화로 성능이 저하되는 일이 없다.

6.2.2.2 조각 모음과 재배치

크기가 제각각인 객체들이 정해진 순서 없이 할당됐다 해제되는 경우라면 스택 기반 할당자나 풀 기반 할당자 모두 사용할 수 없다. 이런 경우 단편화 문제를 해결하려면 힙을 주기적으로 조각 모음^{defragmentation}해야 한다. 조각 모음은 힙에 있는 모든 빈 '구멍'들을 하나로 모으는 과정으로, 할당된 블록을 높은 메모리 주소에서 낮은 메모리 주소로 이동한다(따라서 구멍들은 높은 주소로 이동한다). 간단한 알고리듬으로는 첫 번째 '구멍'을 찾은 후 이 구멍의 바로 위에 할당된 블록을 가져와 구멍의 처음 위치로 옮기는 것이 있다. 이렇게 하면 거품이 물에 뜨듯이 구멍이 높은 메모리 주소로 올라가는 효과가 있다. 이 과정을 반복하면 할당된 블록들은 메모리의 낮은 지점부터 연속적으로 위치하게 되고, 구멍들은 모두 힙의 높은 부분에 모여 하나의 커다란 구멍을 형성한다. 이 과정을 그림 6.7에서 볼 수 있다.

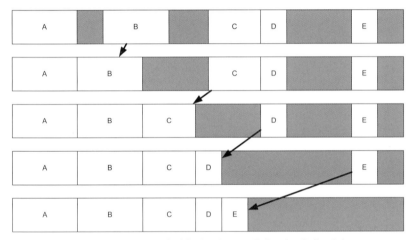

그림 6.7 할당된 블록들을 낮은 메모리 주소로 옮겨 조각 모음하는 과정

위와 같은 과정으로 메모리 블록을 이동하는 것을 구현하기란 그리 어렵지 않다. 진짜 어려운 문제는 옮긴 메모리 블록들은 이미 할당돼 사용 중이라는 점 때문에 발생한다. 할당된 블록을 가리키는 포인터가 있는 경우 블록을 이동하고 나면 그 포인터는 잘못된 곳을 가리키게 되기 때문이다.

이 문제를 해결하려면 이동하는 메모리 블록을 가리키는 포인터를 모두 찾아 새로 이동한 주소를 가리키게 해야 한다. 이 과정을 포인터 재배치^{relocation}라고 한다. 하지만 특정한 지역을 가리키는 포인터를 손쉽게 찾을 수 있는 방법은 없다. 그렇기 때문에 메모리 조각 모음을 지원하는 엔진에서는 재배치를 위해서 프로그래머가 일일이 포인터들을 관리하거나 아니면 포인터 자체를 아예 쓰지 말고 대신 재배치에 더 적합한 도구, 즉 스마트 포인터 또는 핸들을 써야 한다.

스마트 포인터는 포인터를 포함하는 작은 클래스로, 대부분의 경우 포인터처럼 동작한다. 하지만 클래스이기 때문에 메모리 재배치를 처리하게 코드를 짤 수 있다. 한 가지 방법은 스마트 포인터가 스스로 전역 연결 리스트에 추가되게 만드는 것이다. 힙에서 어떤 메모리 블록이 재배치되는 경우 연결 리스트의 모든 스마트 포인터를 검색해서 재배치되는 블록을 가리키는 것은 새로운 주소로 업데이트한다.

핸들은 대개 포인터가 담긴 테이블 내의 번호로 구현되는데, 이 테이블은 재배치가 되면 안 된다. 할당된 블록을 이동하는 경우, 핸들 테이블을 검색해 해당하는 포인터들을 자동으로 업데이트한다. 핸들은 포인터 테이블 내의 번호일 뿐이라서 메모리 블록이 이동되더라도 핸들의 값은 변하지 않으며, 따라서 핸들을 사용하는 객체는 메모리 재배치에 영향을 받지 않는다.

재배치로 인해 발생하는 또 다른 문제로는 재배치할 수 없는 메모리 블록이 일부 존재한다는 것이다. 예를 들면 상용 라이브러리에서 스마트 포인터나 핸들을 사용하지 않는 경우 이 라이브러리의 자료 구조를 가리키는 포인터는 재배치가 아예 불가능할 수도 있다. 이 문제를 해결하는 가장 좋은 방법은 재배치 가능한 메모리 영역이 아닌 곳에서 특수한 버퍼를 마련하고 라이브러리가 여기에서 메모리를 할당하게 하는 것이다. 다른 방법은 그냥 재배치가 불가능한 블록이 있어도 감수하는 것이다. 재배치 불가능한 블록의 수가 얼마 안 되고 그 크기가 작다면 별 문제없을 수도 있다.

너티 독의 엔진들은 모두 조각 모음을 지원했다. 포인터를 재배치하는 번거로움을 피하려고 가능한 모든 곳에서 핸들을 사용했다. 하지만 일반적인 포인터를 꼭 써야만 하는 경우도 있다. 이런 포인터들은 관리하고 있다가 조각 모음 과정에서 메모리 블록이 이동되는 경우 손수 재배치를 했다. 너티 독의 게임 객체 중 일부는 다양한 이유로 재배치가 불가능했다. 하지만 앞서 이야기했듯이 이런 객체는 언제나 그 수가 적고 전체 메모리 영역에서 차지하는 비중이 작기 때문에 실질적으로 문제가 되는 경우는 없었다.

조각 모음으로 인한 성능 저하 분산하기

조각 모음은 메모리 블록을 복사해야 하기 때문에 굉장히 느릴 수 있다. 하지만 힙 전체를 한 꺼번에 조각 모음할 필요는 없다. 여러 프레임에 걸쳐 그 비용을 분산시킬 수 있다. 한 프레임 당 최대 8개나 16개 정도로 작은 수의 블록만 이동하게 하면 된다. 초당 30프레임으로 실행되는 게임이라면 각 프레임은 1/30초(33ms)다. 따라서 대부분의 경우 1초 이내에 조각 모음을 완료할 수 있기 때문에 게임의 프레임에 거의 영향을 주지 않는다. 조각 모음을 하는 속도보다 빠르게 할당과 해제가 일어나지 않는 한, 대부분의 시간 동안 힙은 단편화를 겪지 않는다.

이런 접근 방식이 동작하려면 각 블록의 크기가 상대적으로 작아서 블록을 이동하는 시간이 한 프레임에서 할당된 시간을 초과하지 않아야 한다. 굉장히 큰 블록을 재배치해야 한다면 이 것을 몇 개의 작은 블록으로 쪼개서 각각 재배치할 수도 있다. 너티 독의 엔진들에서는 이런 문제가 없었는데, 동적 게임 객체들만 재배치를 사용했고, 이것들은 수 킬로바이트가 넘는 경우가 없었기 때문이다(대개는 이보다 훨씬 작았다).

6.3 컨테이너

게임 프로그래머들은 온갖 다양한 모음 형태의 자료 구조를 사용하는데, 이것을 컨테이너 container, 또는 컬렉션collection이라고 한다. 모든 컨테이너의 역할은 여러 개의 데이터 요소를 보관하고 관리하는 것이다. 하지만 그 방법은 컨테이너마다 상당히 다르며, 따라서 각기 장단점이 있다. 흔히 볼 수 있는 컨테이너에는 다음과 같은 것들이 있는데, 물론 여기에 나오지 않은 것들도 많다.

- **배열**array 순서가 있는ordered 연속적인contiguous 요소들에 인덱스로 접근한다. 배열의 길이는 보통 컴파일할 때 정적으로 결정된다. 여러 차원의 배열도 가능하다. C와 C++에서는 기본적으로 지원한다(예, int a[5]).
- **동적 배열**dynamic array 런타임에 길이가 변할 수 있는 배열이다(예, STL의 std::vector).
- **연결 리스트**linked list 순서가 있는 요소들의 모음이지만 메모리에 연속적으로 저장되는 것이 아니라 포인터에 의해 요소들이 연결된다(예, STL의 std::list).

- **스택**stack 요소를 추가push하고 제거pop할 때 LIFO Last-In-First-Out를 지원하는 컨테이너다 (예, `std::stack`).

- **큐**queue 요소를 추가하고 제거 할 때 FIFO First-In-First-Out를 지원하는 컨테이너다(예, `std::queue`).

- **덱**deque 덱은 double-ended queue를 나타내는 말로 배열의 양끝에서 삽입하고 제거하는 기능이 지원된다(예, `std::deque`).

- **우선순위 큐**priority queue 순서에 상관없이 컨테이너에 넣지만 뺄 때는 요소들의 속성(즉 우선순위)에 따른 순서대로 빠진다. 언제나 정렬돼 있는 리스트라고 생각하면 된다. 우선순위 큐는 주로 이진 검색 트리binary search tree로 구현한다(예, `std::priority_queue`).

- **트리**tree 요소들이 계층 구조로 구분된 컨테이너다. 각 요소(노드)는 부모가 1개이거나 없고 0개 이상의 자식을 가진다. 트리는 특수한 DAG라고 할 수 있다(다음 참조).

- **이진 검색 트리**BST, Binary Search Tree 각 노드는 최대 2개의 자식을 갖고 자식들이 속성에 따라 명확한 기준에 의해 정렬되는 트리다. 이진 검색 트리에는 다양한 변종이 있는데, 레드-블랙 트리red-black tree, 스플레이 트리splay tree, SVL 트리 등이 이에 해당한다.

- **이진 힙**binary heap 이진 트리로, 이진 검색 트리와 비슷하게 항상 정렬된 상태이지만 두 가지 기준이 더해진다. 첫째는 형상 속성shape property인데, 트리의 말단을 제외한 중간 노드들이 빠짐없이 2개씩 있어야 하며, 말단 노드들은 왼쪽에서 오른쪽으로 채워져야 한다. 둘째는 힙 속성heap property이며, 모든 노드는 사용자가 정의한 기준에 따라 그 자식들보다 '크거나' '같아야' 한다.

- **사전**dictionary 키-값 쌍으로 이뤄진 테이블이다. 키가 주어지면 해당하는 값을 빠르게 '검색'할 수 있다. 맵map 또는 해시 테이블hash table이라고 부르기도 하지만, 엄밀히 말하면 해시 테이블은 사전을 구현하는 많은 방법 중 하나일 뿐이다(예, `std::map`, `std::hash_map`).

- **세트**set 정해진 기준에 의해 중복되는 요소가 없게 보장하는 컨테이너다. 세트는 키만 있고 값이 없는 사전과 같다.

- **그래프**graph 노드들의 집합으로 노드 간에 단방향 또는 양방향으로 연결돼 임의의 패턴을 이룬다.

- **방향성 비순환 그래프**DAG, Directed Acyclic Graph 단방향(즉 방향성)으로 연결된 노드들의 집합이며, 순환 구조가 없다(즉 빈 경로를 제외하고는 시작과 끝이 같은 노드인 경로가 없다).

6.3.1 컨테이너 동작

컨테이너 클래스를 사용하는 게임 엔진이라면 이와 함께 몇 가지 자주 쓰는 알고리듬도 사용하게 된다. 그중 일부를 들어보면 다음과 같다.

- **삽입**insert　컨테이너에 새 요소를 하나 추가한다. 새 요소가 들어갈 위치는 제일 처음이거나 끝일 수도 있고, 아니면 다른 위치일 수도 있다. 어떤 컨테이너는 아예 정렬을 하지 않기도 한다.
- **제거**remove　컨테이너에서 요소를 하나 제거한다. 검색을 먼저 해야 하는 경우도 있다(다음 참조). 하지만 원하는 요소를 가리키는 반복자iterator가 있는 경우 반복자를 써서 제거하는 편이 더 빠를 수도 있다.
- **순차적 접근**sequential access, 반복　컨테이너의 각 요소들에 미리 정해진 '고유한' 순서에 따라 접근한다.
- **임의 접근**random access　컨테이너의 요소들에 임의로 접근한다.
- **검색**find　컨테이너 안에서 특정 조건을 충족하는 요소를 검색한다. 검색에는 역순으로 찾기, 여러 요소를 한꺼번에 찾기 등 다양한 변형이 있다. 뿐만 아니라 자료 구조에 따라, 그리고 상황에 따라 다른 알고리듬을 사용해야 하는 경우도 있다(http://en.wikipedia.org/wiki/Search_algorithm 참조).
- **정렬**sort　주어진 기준에 따라 컨테이너의 내용물을 정렬한다. 정렬 방법은 거품 정렬bubble sort, 선택 정렬selection sort, 삽입 정렬insertion sort, 퀵 정렬quick sort 등 여러 가지가 있다(http://en.wikipedia.org/wiki/Sorting_algorithm 참조).

6.3.2 반복자

특정한 컨테이너의 요소들을 효율적으로 접근하는 방법을 '알고 있는' 작은 클래스를 반복자iterator라고 한다. 반복자의 동작은 배열의 인덱스나 포인터와 비슷하다. 한 번에 컨테이너의 요소 하나를 가리키고, 다음 요소를 가리키게 이동할 수 있으며, 컨테이너의 모든 요소를 접근했는지 검사할 수 있는 방법을 제공한다. 다음의 두 코드를 예로 살펴보면 앞의 것은 포인터를 사용해 C 형식의 배열을 순환하는 것이고, 뒤의 것은 STL 연결 리스트를 거의 똑같은 문법으로 순환하는 것이다.

```
void processArray(int container[], int numElements)
{
  int* pBegin = &container[0];
  int* pEnd = &container[numElements];

  for (int* p = pBegin; p != pEnd; ++p)
  {
    int element = *p;
    // 요소에 대한 처리...
  }
}

void processList(std::list<int>& container)
{
  std::list<int>::iterator pBegin = container.begin();
  std::list<int>::iterator pEnd = container.end();
  std::list<inf>::iterator p;

  for (p = pBegin; p != pEnd; ++p)
  {
    int element = *p;
    // 요소에 대한 처리...
  }
}
```

컨테이너의 요소들에 직접 접근하는 대신 반복자를 사용하는 경우 얻는 가장 중요한 게인은
다음과 같다.

- 직접 접근하는 방식은 컨테이너 클래스의 캡슐화를 무너뜨린다. 반면 반복자는 컨테이너 클래스의 friend인 경우가 대부분이므로 컨테이너의 구현 세부 사항을 외부에 노출하지 않으면서도 효율적으로 순회할 수 있다(실제로 잘 만든 컨테이너 클래스들은 대부분 내부의 구현을 숨기고 반복자 외에는 순회할 수 있는 방법이 없다).

- 반복자는 순회 과정을 단순화한다. 대부분의 반복자는 배열의 인덱스나 포인터와 비슷하게 동작하기 때문에 순회할 때는 간단한 루프를 짜 반복자를 증가시켜 가며 끝나는 조건과 비교하면 된다. 구현하는 자료 구조가 아무리 복잡해도 방식은 마찬가지다. 예를 들면 반복자를 사용하면 트리를 깊이 우선 중위 순회in-order depth-first traversal하는 것도 단순한 배열을 순회하는 것보다 별로 복잡하지 않다.

6.3.2.1 전치 증가와 후치 증가

앞의 코드에서 C++의 후치 증가^postincrement 연산자인 p++ 대신 전치 증가^preincrement 연산자인 ++p를 사용했다는 점을 눈여겨보자. 간단해 보이지만 때로는 중요한 최적화 기법이다. 전치 증가 연산자는 증가를 끝내고 난 후 피연산자의 값을 리턴하는 데 반해, 후치 증가 연산자는 증가하기 전의 값을 리턴한다. 따라서 전치 증가의 경우 포인터나 반복자를 증가시킨 후 그에 대한 참조를 리턴하면 된다. 후치 연산은 증가시키기 전의 값을 저장한 후 포인터 또는 반복자를 증가시키고, 마지막으로 저장한 값을 리턴한다. 포인터나 정수의 경우 작고 성능에 중요한 영향이 있는 경우가 아니면 별문제가 안 된다. 하지만 반복자의 경우 새것을 생성하고 복사하는 데 걸리는 시간을 완전히 무시할 수 없는 경우가 있다([31]을 보면 이에 대해 더 자세한 내용이 나와 있다). 그렇기 때문에 정말 필요한 경우를 제외하고는 후치 증가 연산자보다는 전치 증가 연산자를 쓰는 습관을 들이는 편이 낫다.

물론 for 루프 구문의 '갱신' 식에서는 이 두 가지는 전혀 차이가 없을 것이다. 왜냐하면 제대로된 컴파일러라면 갱신 식에서 이 값이 쓰이지 않는 것을 알기 때문이다. 그렇지만 값이 실제 쓰이는 경우에는 후치 증가 연산자가 나은데, CPU의 정체 stall을 발생시키지 않기 때문이다.

하지만 이 규칙에도 예외가 생길 수 있는데, 반복자 클래스가 흔히 그렇듯 증가 연산자를 오버로드하는 클래스인 경우에 그렇다. 후치 증가 연산자는 그 정의상 증가되기 전의 객체를 리턴해야 한다. 성능이 중요한 루프의 경우 클래스 데이터 멤버들의 복잡도와 크기에 따라 이것들을 복사하는 비용 때문에 전치 증가 연산자를 쓰는 것이 유리할 수 있다(앞의 processList( )의 경우 전치 연산자가 후치 연산자에 비해 그다지 게인이 없지만 둘의 차이를 강조하고자 일부러 구현했다).

6.3.3 알고리듬 복잡도

프로그램에서 어떤 컨테이너를 사용할지를 결정할 때는 컨테이너의 성능 및 메모리 특성을 고려해야 한다. 모든 컨테이너의 공통적인 동작인 삽입, 제거, 검색, 정렬 등에 대해 이론적인 성능을 구할 수 있는 방법이 있다.

어떤 연산이 수행되는 데 걸리는 시간 T는 컨테이너에 담긴 원소의 개수 n에 대한 함수로 다음과 같이 나타낼 수 있다.

$$T = f(n)$$

여기서는 정확한 함수를 찾는 것보다 함수의 전체적인 차수^{order}만 중요하다. 예를 들어 함수가 다음과 같은 경우 가장 중요한 항(여기서는 n^2)만 갖고 단순화한다.

$$T = 5n^2 + 17$$

$$T = 102n^2 + 50n + 12$$
$$T = \tfrac{1}{2}n^2$$

정확한 함수가 아니라 함수의 차수만 관련이 있음을 나타내려면 '빅오$^{big-O}$' 표기법을 사용해 다음처럼 나타낸다.

$$T = O(n^2)$$

알고리듬의 차수는 의사코드^{pseudocode}를 보면 알 수 있다. 알고리듬의 실행 시간이 컨테이너의 원소 수에 전혀 영향을 받지 않는다면 이것을 $O(1)$이라고 한다(즉 알고리듬은 상수 시간 안에 끝난다). 알고리듬이 모든 원소에 대해 루프를 돌면서 한 번씩 방문한다면 (정렬 안 된 리스트에 선형 검색을 하는 경우와 같이) 이 알고리듬은 $O(n)$이다(루프가 중간에 끝날 수 있어도 마찬가지다). 2개의 루프가 중첩돼 있고 각 루프에서 노드들을 한 번씩 방문하는 경우 알고리듬이 $O(n^2)$이라고 한다. 이진 검색(각 단계마다 리스트의 절반을 제외하는)의 경우처럼 분할 정복$^{divide-and-conquer}$ 방식을 사용하는 경우 평균적으로 알고리듬은 $\log n$개의 원소를 방문하게 되는데, 따라서 이 경우 알고리듬은 $O(\log n)$이다. 어떤 알고리듬이 하부 알고리듬을 n번 실행하고 하부 알고리듬이 $O(\log n)$이면 이 알고리듬은 $O(n \log n)$이 된다.

컨테이너 클래스를 잘 고르려면 가장 자주 쓸 연산들을 파악하고, 이 연산들에 대한 성능 특성이 가장 좋은 컨테이너를 고른다. 자주 볼 수 있는 차수를 빠른 것에서 느린 순서로 나열해 보면 다음과 같다.

$$O(1),\ O(\log n),\ O(n),\ O(n \log n),\ O(n^2),\ O(n^k)\ k > 2 일 때$$

이외에 컨테이너의 메모리 배열과 사용 특성도 고려해야 한다. 예를 들면 배열(예, int a[5] 또는 std::vector)은 원소들이 메모리에서 연속적으로 저장되고 원소들을 저장하는 데 꼭 필요한 공간 외에 부가적인 저장 공간을 사용하지 않는다(단 동적 배열은 약간의 고정 부담이 있기는 하다). 반면 연결 리스트(예, std::list)는 각 요소를 '링크' 자료 구조에 저장하는데, 여기에는 다음 원소를 가리키는 포인터뿐 아니라 어떤 경우에는 이전 원소를 가리키는 포인터까지 포함되기 때문에 원소 하나당 총 8바이트의 오버헤드가 생긴다. 또한 연결 리스트의 원소들은 메모리에 연속적으로 저장될 필요가 없으며, 대개 연속적이지 않다. 연속적 메모리 블록은 그렇지 않은 블록보다 보통 캐시 성능이 좋다. 따라서 성능이 중요한 코드에서는 연결 리스트보다 배열을 사용하는 편이 캐시 성능을 더 높일 수 있다(연결 리스트의 노드들이 작고 연속적인 메모리 블록에서 할당되는 경우는 예외라고 할 수 있다. 드물기는 하지만 아주 없지는 않다). 하지만 원소를 삽입하고 제거하는 속도가 최우선인 경우 연결 리스트가 더 낫다.

6.3.4 자체 구현 컨테이너 클래스 만들기

자체적으로 구현한 컨테이너 자료 구조를 제공하는 게임 엔진도 여럿 있다. 콘솔 게임 엔진이나 휴대폰 또는 PDA용 게임 엔진에서 특히 두드러진 현상이다. 컨테이너 클래스를 직접 구현하는 데는 다음과 같은 이유가 있다.

- 완전한 제어가 가능하다. 자료 구조의 메모리 요구 사항, 사용하는 알고리듬, 메모리 할당 시점과 방식 등을 제어할 수 있다.
- 최적화할 기회가 생긴다. 목표로 하는 콘솔의 하드웨어 특성에 맞게 자료 구조와 알고리듬을 최적화할 수 있다. 아니면 엔진에서 특정한 용도에 맞게 세부 조정할 수도 있다.
- 보완 가능하다. STL 등의 외부 라이브러리에는 잘 없는 알고리듬을 자체적으로 만들어 넣을 수도 있다(예를 들면 어떤 조건에 가장 들어맞는 요소 하나가 아니라 순위대로 n개를 검색하는 알고리듬).
- 외부 의존성을 제거할 수 있다. 스스로 만든 코드는 다른 회사나 팀에 의존하지 않고도 유지 보수할 수 있다. 문제가 생기면 그 자리에서 즉시 디버깅 후 수정할 수 있으며, 라이브러리의 다음 버전이 배포될 때까지 기다릴 필요가 없다(외부 라이브러리의 경우 게임이 출시될 때까지 문제가 수정될지는 아무도 장담하지 못한다).
- 병행 자료 구조에 대한 제어가 가능하다. 직접 컨테이너를 구현한다면 멀티스레드(혹은 멀티코어) 시스템에서의 병행concurrent 접근에 대해 완전한 제어권을 가질 수 있다. 너티독은 PS4에서 가벼운 '스핀 락' 뮤텍스를 병행 자료 구조 전반에 걸쳐 사용했는데, 그 이유는 사용 중이던 파이버fiber 기반 잡job 스케줄링 시스템과 잘 어울렸기 때문이다. 만약 외부 컨테이너 라이브러리를 썼다면 이 정도의 유연성을 얻지 못했을 것이다.

모든 자료 구조를 다 살펴볼 수는 없지만 게임 엔진 프로그래머들이 컨테이너를 구현할 때 자주 사용하는 몇 가지 방법을 알아보자.

6.3.4.1 어떻게 구현할 것인가

구체적인 데이터 타입과 알고리듬을 어떻게 구현하는지 여기서 이야기할 필요는 없다(필요하면 도움이 될 만한 자료가 책과 인터넷에 무수히 많다). 하지만 필요한 데이터 타입들과 알고리듬을 어디에서 얻을 수 있는지는 이야기하고 넘어가야 한다. 게임 엔진 디자이너로서 몇 가지 선택이 가능하다.

1. 필요한 자료 구조를 직접 만든다.
2. C++ 표준 라이브러리가 제공하는 STL 컨테이너를 쓴다.
3. 외부 라이브러리를 사용한다(예: Boost, http://www.boost.org).

STL과 Boost는 다양하고 강력한 컨테이너 클래스들을 지원하고, 세상에 있는 거의 모든 자료 구조 타입을 사용할 수 있어 매력적인 선택이다. 뿐만 아니라 둘 다 강력한 템플릿 기반 제네릭 알고리듬^{generic algorithm}(모든 데이터 타입에 대해 사용할 수 있게 알고리듬을 구현한 것)들을 지원한다. 하지만 일부 게임 엔진들에서는 이 같은 외부 패키지들을 사용하기가 난감할 수도 있다. 그리고 외부 패키지를 사용하기로 결정한 후에는 Boost와 여러 STL 구현들, 아니면 또 다른 외부 라이브러리 중에서 어떤 것을 사용할지 결정해야 한다. 그렇기 때문에 각각 어떤 장단점이 있는지 간단히 짚어 보자.

C++ 표준 라이브러리
C++ 표준 라이브러리와 STL 컨테이너의 장점은 다음과 같다.

- 풍부한 기능을 지원한다.
- 구현이 안정적이고 완전히 이식 가능하다.

하지만 STL은 다음과 같은 여러 가지 단점도 있다.

- 헤더 파일들이 암호 같으며 이해하기 힘들다(문서화가 꽤 잘 돼 있어도 마찬가지).
- 범용 컨테이너 클래스들은 특수 용도로 제작한 자료 구조보다 대개 느리다.

- 제네릭 컨테이너는 용도에 꼭 맞게 제작한 컨테이너보다 메모리를 많이 차지한다.
- C++ 표준 라이브러리는 동적 메모리 할당을 빈번하게 사용하는데, 고성능을 요하고 메모리가 제약된 콘솔에 적합하게 이것을 제어하는 것이 힘들다.
- C++ 라이브러리가 제공하는 템플릿화 할당자 시스템은 딱히 유연하지가 않아서 스택 기반 할당자(6.2.1.1절 참조) 같은 것을 쓸 수 없다.

'메달 오브 아너: 퍼시픽 어설트Medal of Honor: Pacific Assault'의 PC용 엔진은 STL을 굉장히 많이 사용했는데, 성능 문제를 겪기는 했지만 STL 때문에 생기는 문제들은 해결이 가능했다(주로 그 사용을 세심하게 제약하고 조절하는 방식을 썼다). 이 책에서 몇 번 언급한 적 있는 인기 있는 객체지향형 렌더링 라이브러리 오거 3D도 마찬가지로 STL을 많이 썼다. 상황은 그때마다 많이 다를 수 있다. STL을 게임 엔진 프로젝트에서 사용하는 것도 있을 수 있는 일이지만, 사용할 때는 매우 세심한 주의를 기울여야 한다.

Boost

Boost 라이브러리는 C++ 표준 위원회 라이브러리 워킹 그룹의 멤버들에 의해 창안됐고, 지금은 전 세계에서 많은 사람이 참여하고 있는 오픈소스 프로젝트다. 프로젝트의 목표는 STL을 확장하는 동시에 STL과 같이 쓰일 수 있는 라이브러리를 만들어 내는 것으로 상업적 용도에도 사용할 수 있다. Boost 라이브러리의 많은 기능이 C++11 C++ 표준 라이브러리에 통합됐고, 더 많은 기능이 표준 위원회의 라이브러리 테크니컬 리포트(TR2)에 포함돼 다음 C++ 표준에 포함될 예정이다. 다음은 Boost가 제공하는 기능들이다.

- Boost는 STL에는 없는 수많은 유용한 기능을 지원한다.
- 때로는 STL의 디자인이나 구현이 내재한 문제를 우회하는 대안을 제시하기도 한다.
- Boost는 스마트 포인터 등 매우 복잡한 문제들을 훌륭히 처리한다(단, 스마트 포인터는 굉장히 까다로워서 때로는 성능을 크게 잡아먹을 수 있다는 점을 명심하자. 보통 핸들을 쓰는 편이 낫다. 자세한 내용은 16.5절 참조).
- Boost 라이브러리는 문서화가 잘 돼 있다. 문서에는 각 라이브러리가 하는 일과 라이브러리의 사용법 외에도 대부분의 경우 라이브러리를 만드는 과정에서 고민했던 디자인에 대한 결정이나 제약 사항 및 요구 조건 등을 상세히 기록해 놓았다. 따라서 Boost 문서를 읽는 것 자체가 소프트웨어 디자인 원칙을 배울 수 있는 좋은 기회가 된다.

이미 STL을 사용하는 경우에는 Boost가 굉장히 좋은 대안이 될 수도 있고 아니면 여러 STL 기능들을 대신해 사용될 수 있다. 하지만 다음과 같은 점은 주의해야 한다.

- 핵심적인 Boost 클래스들은 대부분 템플릿이기 때문에 이것들을 쓰기 위해서는 올바른 헤더 파일들만 있으면 된다. 하지만 Boost 라이브러리 중 일부는 크기가 큰 .lib 파일로 빌드되기 때문에 소규모의 게임 프로젝트에는 적합하지 않을 수 있다.
- 전 세계에 퍼져 있는 Boost 커뮤니티가 잘 돼 있기는 하지만 Boost 라이브러리 자체를 보장해 주지는 않는다. 사용하다 버그를 발견하면 해결하든 우회하든 궁극적으로는 사용하는 사람의 몫이다. 구버전과는 호환이 안 될 수 있다.
- Boost 라이브러리는 Boost Software License의 규약에 따라 배포된다. 사용하기 전에 라이선스 정보(http://www.boost.org/more/license_info.html)를 읽어 봐서 아무 문제가 없는지 확인해 봐야 한다.

Folly

폴리Folly는 안드레이 알렉산드레스쿠Andrei Alexandrescu와 페이스북의 엔지니어들이 만든 오픈소스 라이브러리다. 목적은 C++ 표준 라이브러리와 부스트 라이브러리를 확장하는 것이며(이것들을 대체하는 것이 아니다), 사용 편의성과 고성능 소프트웨어 개발에 중점을 두었다. 'Folly: The Facebook Open Source Library'라고 검색해 보면 더 자세히 알 수 있다(https://www.facebook.com/). 라이브러리는 깃허브GitHub에서 찾을 수 있다(https://github.com/facebook/folly).

Loki

C++ 프로그래밍 중에도 다소 난해한 템플릿 메타프로그래밍template meta-programming이라는 분야가 있다. 핵심 아이디어는 C++의 템플릿을 이용해 원래는 런타임에 해야 할 일들을 컴파일러가 하게 만드는 것인데, 사실상 컴파일러를 '속여서' 원래 하게 만들어진 일 외의 것을 시키는 것이다. 잘만 사용하면 깜짝 놀랄 정도로 강력하고 유용한 프로그래밍 도구가 되기도 한다.

알려진 것 중에 가장 유명하고 제일 강력한 C++ 템플릿 메타프로그래밍 라이브러리는 안드레이 알렉산드레스쿠Andrei Alexandrescu(https://www.erdani.org)가 디자인하고 만든 Loki다. Loki는 SourceForge 홈페이지(http://loki-lib.sourceforge.net)에서 다운로드할 수 있다.

Loki는 너무나 강력하다. 읽으면서 공부하고 배울 수 있는 코드이기도 하다. 하지만 큰 단점 두 가지가 있는데, 둘 다 실질적인 것들이다. (a) 코드가 읽고 사용하기 힘들며 완전히 이해하기는 더 힘들다. (b) 일부 구성 요소의 기능은 컴파일러의 '부수 효과side-effect'에 의존하기 때문에 새 컴파일러에서 제대로 동작하게 만들려면 공을 들여야 한다. 따라서 Loki는 사용하기 편하지 않고 비슷한 다른 라이브러리들에 비해 이 식성이 좋지도 않다. 분명 Loki는 재미 삼아 쓸 만한 라이브러리가 아니다. 그렇기는 하지만 Loki의 몇몇 개념들, 예를 들면 policy-based programming 등은 어느 C++ 프로젝트에 적용해도 유용하며, Loki를 사용하지 않더라도 그렇다. 내 사견으로는 소프트웨어 엔지니어라면 Loki를 탄생시킨 안드레이의 획기적인 책『Modern C++ Design』(인포북, 2003)[3]을 반드시 읽어 봐야 한다.

6.3.5 동적 배열과 메모리 할당

게임 프로그래밍에서는 C 형태의 고정 크기 배열을 굉장히 많이 사용하는데, 그 이유는 우선 메모리 할당이 필요 없다는 점 외에도 연속적이라서 캐시 성능도 좋으며, 데이터 추가나 검색 등 자주 쓰는 동작을 효율적으로 할 수 있기 때문이다.

배열의 크기를 미리 알 수 없는 경우, 프로그래머는 연결 리스트linked list 아니면 동적 배열dynamic array을 사용한다. 고정 크기 배열의 성능과 메모리 특성을 그대로 가져가고 싶으면 동적 배열을 사용하는 것이 좋다.

배열을 구현하는 제일 쉬운 방법은 처음에 n개의 요소를 담을 버퍼를 할당한 후 이것보다 더 많은 요소를 추가해야 할 경우에만 버퍼를 키우는 것이다. 이렇게 하면 고정 크기 배열의 장점을 그대로 유지하면서 크기 제약 없는 배열을 가질 수 있다. 버퍼를 키우는 방법은 새로 더 큰 버퍼를 할당하고 원래의 버퍼에서 새 버퍼로 데이터를 복사한 후 원래 버퍼를 해제하면 된다. 버퍼의 크기는 일정한 규칙에 의해 커지는데, 매번 n만큼 추가로 더하는 수도 있고, 아니면 2배씩 커지는 방법도 있다. 내가 본 바로는 여태껏 버퍼가 커지는 동적 배열만 있을 뿐 버퍼가 작아지는 경우는 없었다(배열을 0으로 줄이는 연산은 예외라 할 수 있는데, 이 경우 버퍼를 해제할 수도 있고 그렇지 않을 수도 있다). 따라서 배열의 실제 크기는 '최대 사용한 크기'를 나타낸다고 볼 수 있다. STL의 std::vector가 이 같은 방식으로 동작한다.

물론 데이터가 사용할 최대량을 미리 알고 있다면 엔진이 시작할 때 그만한 크기의 버퍼 하나를 할당해 버리는 편이 나을 수 있다. 동적 배열을 키우는 것은 메모리 재할당과 데이터 복사 때문에 예상치 못한 시간이 걸릴 수도 있다. 이 같은 현상의 정도는 사용하는 버퍼들의 크기에 달려 있다. 뿐만 아니라 오래된 버퍼를 해제하면서 메모리 단편화를 초래하기도 한다. 따라서 메모리를 할당하는 다른 자료 구조의 경우와 마찬 가지로 동적 배열을 사용할 때는 주의를 기울여야 한다. 그렇기 때문에 동적 배열은 사용될 버퍼의 크기를 아직 정하지 못한 개발 기간에 사용하는 것이 가장 나을 수도 있다. 메모리 사용량이 정해지고 나면 이것들을 언제든 고정 크기의 배열로 바꿀 수 있다.

6.3.6 사전과 해시 테이블

사전^{dictionary}은 키-값 쌍의 테이블이다. 키가 주어지면 값을 빠르게 찾아 준다. 키와 값의 종류는 어떤 것이든 상관없다. 이 같은 자료 구조를 구현하는 경우 이진 검색 트리나 해시 테이블을 사용하는 것이 보통이다.

이진 검색 트리를 사용해 구현하는 경우 키-값 쌍은 이진 트리의 노드에 저장되고, 트리는 키를 기준으로 정렬된 상태를 유지한다. 키로 값을 검색하는 연산은 $O(\log n)$의 이진 검색을 거친다.

해시 테이블^{hash table}을 사용한 구현에서는 고정 크기 테이블에 값들을 저장하는데, 테이블의 각 슬롯은 하나 이상의 키를 나타낸다. 키-값 쌍을 해시 테이블에 넣는 경우 먼저 키를 정수 형태로 변환하는데(이미 정수가 아니라면), 이 과정을 해시 값을 계산^{hashing} 한다고 말한다. 그런 다음 키의 해시 값을 테이블 크기로 모듈로^{modulo} 연산해서 해시 테이블에 대한 인덱스를 계산한다. 마지막으로 구한 인덱스에 해당하는 슬롯에 키-값 쌍을 저장한다. 여기서 모듈로^{modulo} 연산(C/C++의 % 연산자)은 정수 키를 테이블 크기로 나눴을 때의 나머지를 구하는 것이다. 따라서 해시 테이블에 슬롯이 5개 있는 경우, 키가 3이면 인덱스 3에 저장되고(3 % 5 == 3), 키가 6이면 인덱스 1에 저장된다(6 % 5 == 1). 충돌이 없다고 가정하면 키-값 쌍을 찾는 동작은 $O(1)$이다.

6.3.6.1 충돌: 개방형 해시 테이블과 폐쇄형 해시 테이블

어떤 경우 서로 다른 여러 개의 키가 해시 테이블의 똑같은 슬롯을 차지하는 경우가 생긴다. 이것을 충돌^{collision}이라고 부른다. 충돌을 해결하는 방법은 기본적으로 두 가지가 있는데, 따라서 두 종류의 해시 테이블이 있다.

- **개방형** 개방형 해시 테이블(그림 6.8 참조)은 충돌을 해결하고자 단순하게 인덱스 하나에 여러 개의 키–값 쌍을 저장하는 방식을 쓴다. 이 방식은 구현하기 쉽고 저장할 수 있는 키–값 쌍의 수에도 제약이 없다. 하지만 새로운 키–값 쌍을 테이블에 추가할 때 동적 메모리 할당이 발생한다.

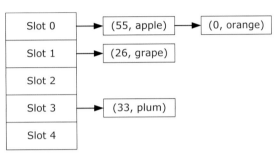

그림 6.8 개방형 해시 테이블

- **폐쇄형** 폐쇄형 해시 테이블(그림 6.9 참조)은 충돌이 발생하면 빈 슬롯을 찾을 때까지 탐지^{probing}하는 과정을 반복한다('탐지'는 명확히 정의된 알고리듬을 적용해 빈 슬롯을 찾는 과정을 뜻한다). 이 방식은 구현하기 좀 더 까다롭고 테이블에 저장할 수 있는 최대 키–값 쌍의 수에 제한이 있다(슬롯 하나당 하나의 키–값 쌍을 저장할 수 있으므로). 하지만 이 방식의 해시 테이블이 갖는 가장 큰 장점은 정해진 양의 메모리만 사용한다는 점과 동적 메모리 할당이 필요 없다는 점이다. 그렇기 때문에 콘솔 엔진에 적합하다고 하겠다.

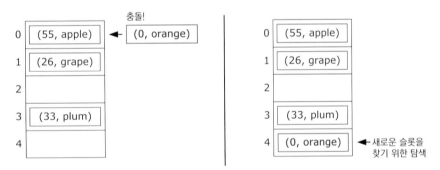

그림 6.9 폐쇄형 해시 테이블

6.3.6.2 해시 값 계산

해시 값 계산^{hashing}은 임의의 데이터 타입인 키 값을 정수로 바꾼 후 이 정수와 테이블 크기를 모듈로 연산해 테이블에 대한 인덱스를 얻는 과정이다. 수학적으로 표현하자면 키 k가 주어지면 해시 함수 H를 통해 정수 해시 값 h를 생성해 내고, 이것을 이용해 테이블 인덱스 i를 다음과 같이 구한다.

$$h = H(k),$$
$$i = h \bmod N$$

여기서 N은 테이블에 있는 슬롯의 총 개수이고, mod는 모듈로 연산을 뜻한다. 즉 h/N을 하고 난 나머지를 구하는 것이다.

키가 고유한 정수라면 해시 함수는 항등 함수$^{identity\ function}$, $H(k) = k$다. 키가 고유한 32비트 부동소수인 경우라면 해시 함수는 32비트 부동소수를 비트 값 그대로 32비트 정수로 바꾸기만 하면 된다.

```
U32 hashFloat(float f)
{
  union
  {
    float asFloat;
    U32 asU32;
  } u;

  u.asFloat = f;
  return u.asU32;
}
```

키가 문자열인 경우 문자열 해시 함수를 사용하는데, 이 함수는 문자열에 있는 모든 문자의 ASCII 코드나 UTF 코드를 모아서 32비트 정수 값 하나로 변환하는 함수다.

해시 테이블의 효율성은 해시 함수 $H(k)$의 품질에 달려 있다. '좋은' 해시 함수란 모든 가능한 키 값들을 테이블 전체에 고르게 배분하는 함수이고, 따라서 충돌을 최소화한다. 또한 해시 함수는 그 속도도 어느 정도 빨라야 하고 결정적^{deterministic}이어야 하는데, 이 말은 입력 값이 같으면 항상 그 출력 값도 같아야 한다는 뜻이다.

아마도 가장 자주 보게 될 키 타입은 문자열일 텐데, 따라서 '좋은' 문자열 해시 함수를 알아 두는 것이 좋다. 표 6.1에 잘 알려진 해시 알고리듬이 몇 가지 나와 있고, 이것들의 처리량 평가(벤치마크 측정을 통해 Low, Medium, High의 지표로 변환) 및 SMHahser 테스트(https://github.com/aappleby/smhasher) 점수가 같이 있다. 테이블의 상대적인 처리량은 대략적인 비교에만 써야 하는 점을 명심하자. 해시 함수 처리량에 영향을 주는 요인은 구동하는 하드웨어와 입력 데이터의 성격 등 여러 가지가 있다. 암호화에 사용되는 해시는 의도적으로 느린데, 이것은 입력 문자열에 따른 충돌 가능성을 극소화하고 따라서 특정한 해시 값을 도출하는 문자열을 추적하는 것을 계산적으로 매우 어렵게 하기 위해서다.

해시 함수에 대해 더 알고 싶다면 다음 사이트(http://www.azillionmonkeys.com/qed/hash.html)에서 폴 시에[Paul Hsieh]의 훌륭한 문서를 참고하기 바란다.

표 6.1 잘 알려진 해시 함수들의 상대적 처리량과 SMHasher 테스트 점수. 단, SBox는 암호화 해시는 아니지만 대칭 키 알고리듬에 쓰인다.

이름	성능	점수	암호화 사용?
xxHash	High	10	No
MurmurHash 3a	High	10	No
SBox	Medium	9	No ‡
Lookup3	Medium	9	No
CityHash64	Medium	10	No
CRC32	Low	9	No
MD5−32	Low	10	Yes
SHA1−32	Low	10	Yes

6.3.6.3 폐쇄형 해시 테이블 구현

폐쇄형 해시 테이블 방식에서는 키-값 쌍을 각 테이블 항목마다 하나씩 연결 리스트에 저장하는 것이 아니라 테이블 안에 직접 저장한다. 이렇게 되면 프로그래머가 해시 테이블에서 사용할 메모리양을 미리 정확히 알 수 있다는 장점이 있다. 문제는 충돌이 발생할 때다(키 2개가 테이블의 같은 슬롯에 들어가야 하는 경우). 이것을 해결하려면 탐지[probing]라는 과정을 거쳐야 한다.

가장 단순한 방식은 선형 탐지[linear probing]다. 해시 함수가 테이블 인덱스 i를 리턴했지만 이 슬롯이 비어 있지 않은 경우를 따져 보면 그냥 $(i + 1)$번째, $(i + 2)$번째 슬롯을 차례로 뒤지면서 빈 슬롯을 찾을 때까지 탐지한다($i = N$이 되면 테이블의 처음으로 돌아와서 계속한다). 비슷한 방식으로 $(i + 1)$, $(i - 1)$, $(i + 2)$, $(i - 2)$처럼 앞뒤로 번갈아 가며 탐지하는 것도 가능한데, 올바른 범위가 되게 모듈로 연산을 하는 것을 잊으면 안 된다.

선형 탐지를 하면 키-값 쌍이 서서히 '뭉치는' 현상이 발생한다. 이같이 뭉치는 것을 방지하려면 이차quadratic 탐지 알고리듬을 쓰면 된다. 인덱스 i에서 시작해서 $i_j = (i \pm j^2)$를 차례로 탐색하는데, $i = 1, 2, 3, \cdots$으로 승가한다. 즉 $(i + 1^2)$, $(i - 1^2)$, $(i + 2^2)$, $(i - 2^2)$을 탐지한다는 말이며, 앞서와 마찬가지로 모듈로 연산을 통해 테이블의 범위를 벗어나지 않게 하는 것을 꼭 기억하고 있어야 한다.

폐쇄형 해시를 사용할 때는 테이블의 크기를 소수prime number가 되게 하는 것이 좋다. 테이블 크기를 소수로 하고 이차 탐지를 사용하면 뭉침을 최소로 하면서 최대한 고르게 테이블 슬롯에 배열할 수 있다.

6.3.6.4 로빈 후드 해시

로빈 후드Robin Hood 해시는 최근에 각광받고 있는 폐쇄형 해시의 탐지 방식이다. 이 탐지 방식은 폐쇄 해시 테이블이 거의 가득차 있을 때도 성능을 향상시킨다. 실제 작동 방식에 대해서는 다음 사이트(https://www.sebastiansylvan.com/post/robin-hood-hashing-should-be-your-default-hash-table-implementation/)를 참조하기 바란다.

6.4 문자열

문자열string은 거의 모든 소프트웨어 프로젝트에서 광범위하게 사용되는데, 게임 엔진도 예외가 아니다. 얼핏 생각하면 문자열은 단순하면서 기본적인 데이터 타입일 것 같다. 하지만 실제 프로젝트에 문자열을 사용하면 정말 다양한 디자인 이슈와 제약 조건이 드러나는데, 모두 주의 깊게 처리해야 한다.

6.4.1 문자열의 문제점

가장 중요한 문제는 프로그램에서 문자열을 어떻게 저장하고 관리할 것인가에 관한 것이다. C와 C++에서 문자열은 기본 타입이 아니라 글자character의 배열로 구현된다. 문자열은 그 길이가 가변이기 때문에 문자열의 최대 길이를 코드에서 제한하거나 아니면 문자열 버퍼를 동적 할당해야 한다는 뜻이 된다. C++ 프로그래머는 글자 배열을 직접 처리하는 것보다는 문자열 클래스를 선호하는 경향이 있다. 그렇다면 어떤 문자열 클래스를 써야 할까? STL에 꽤 괜찮은 문자열 클래스가 있기는 하지만 STL을 쓰지 않기로 결정했다면 직접 코드를 짜야 할 가능성이 크다.

문자열과 관련된 또 다른 주요 문제는 현지화^{localization}다(현지화란 소프트웨어를 다른 언어로 배포할 수 있게 변경하는 과정을 뜻한다). 또 다른 말로는 국제화^{internationalization}, 줄여서 I18N이라고도 한다. 사용자가 볼 수 있는 모든 언어는 도착어로 번역해야 한다(당연한 말이지만 프로그램 내부에서만 쓰이고 고객이 볼 수 없는 문자열은 예외다). 이 과정에는 알맞은 폰트를 사용해 도착어의 모든 글자 글리프^{glyph}를 보여 줄 방안을 마련하는 것 외에도 생소한 글자 정렬 방식을 지원하는 것도 포함된다. 예를 들면 중국어 글자는 좌우가 아니라 아래위로 정렬되고, 히브리^{Hebrew}어 같은 언어는 오른쪽에서 왼쪽으로 읽는다. 뿐만 아니라 번역된 문자열이 원래보다 너무 길어지거나 너무 짧아지는 경우도 문제없이 처리할 수 있어야 한다.

마지막으로 게임 엔진 안에서도 내부적으로 리소스 파일 이름이나 객체 id 따위에 문자열을 사용한다는 점을 분명히 인지하고 있어야 한다. 예를 들어 게임 디자이너가 레벨을 배치할 때 레벨의 객체들을 뭔가 의미 있는 이름들, 즉 '플레이어카메라', '적군 −탱크−01', '폭발트리거' 등으로 구분할 수 있으면 훨씬 편리할 것이다.

엔진이 이와 같은 내부 문자열을 어떻게 처리하는지에 따라 게임 전반에 걸친 성능이 영향을 받는다. 런타임에 문자열을 처리하는 것은 근본적으로 느리기 때문이다. int나 float 타입을 비교하고 복사하는 일은 간단한 기계어 명령어로 처리할 수 있다. 하지만 문자열 비교는 글자 배열을 $O(n)$에 걸쳐 검사하는 strcmp( ) 같은 함수를 써야 하는 일이다(n은 문자열의 길이). 문자열을 복사하는 일도 $O(n)$의 메모리 복사 작업이며, 복사할 때 메모리를 동적 할당하는 경우는 더 말할 나위가 없다. 내가 실제로 참여했던 프로젝트에서 게임을 프로파일링했더니 strcmp( )와 strcpy( )가 제일 시간 걸리는 함수 1, 2위에 나란히 보이는 황당한 일도 있었다. 불필요한 문자열 연산을 제거하는 동시에 이제 곧 살펴볼 기법들을 몇 가지 사용한 후에야 이 함수들을 프로파일링에서 거의 눈에 띄지 않게 만들 수 있었고, 그 결과 게임이 한결 빠르게 돌아갔다(다른 여러 스튜디오에서 일했던 개발자들에게서도 비슷한 경우를 여러 번 들을 수 있었다).

6.4.2 문자열 클래스

C++ 프로그래머는 글자 배열을 직접 처리하기보다는 C++ 표준 라이브러리가 제공하는 std::string 등의 문자열 클래스를 선호하는 경향이 있다. 이 같은 문자열 클래스는 프로그래 머가 무척 편리하게 문자열을 처리할 수 있게 해준다. 그러나 문자열 클래스는 직접 성능 측정을 해보기 전까지는 잘 드러나지 않는 처리 비용을 숨기고 있을 수 있다. 예를 들어 C 스타일 문자 배열로 된 문자열을 함수에 전달할 때 첫 번째 문자의 주소가 하드웨어 레지스터로 전달되므로 빠르다. 반면 문자열 객체를 전달할 때는 함수 디자인을 잘 하고 적절하게 사용하지 않으면 하나 이상의 복사 생성자를 호출할 가능성이 있다. 문자열 복사에는 동적 메모리 할당이 관여할 수 있으며, 따라서 별 문제 없어 보이는 함수 호출이 수천 단위의 머신 주기^{cycle}를 소모할 수 있다.

관련된 여러 문제 때문에 나는 개인적으로 런타임 게임 코드에서는 문자열 클래스를 사용하지 않는 것을 선호한다. 그러나 사용해야 할 필요성이 있다고 판단한다면 런타임 성능 특성이 좋은 것을 선택하거나 구현해야 한다. 또한 이것을 사용하는 모든 프로그래머가 비용에 대해 알고 있어야 한다. 문자열 클래스에 대해 다음과 같은 점들을 알아야 한다. 모든 문자열 버퍼를 읽기 전용으로 취급하는가? 쓰기 시 복사^{copy on write} 최적화를 사용하는가?(참고: https://en.wikipedia.org/wiki/Copy-on-write). C++11의 경우 이동 생성자^{move constructor}를 지원하는가? 문자열과 연관된 메모리를 소유하는지 또는 소유하지 않은 메모리를 참조할 수 있는지?(문자열 클래스의 메모리 소유권에 대해서는 다음 사이트 참고: https://www.boost.org/doc/libs/1_57_0/libs/utility/doc/html/string_ref.html.) 기본적인 규칙으로 명심해야 할 점은 문자열 객체를 참조^{reference}로 넘기되 값^{value}으로는 넘기지 말아야 한다는 것이다(후자는 보통 문자열 복사가 일어난다).[1] 일찍 코드를 프로파일링하고 자주 해서 문자열로 인해 프레임 레이트가 크게 떨어지는 일을 피해야 한다.

개인적인 의견으로 특수한 문자열 클래스를 사용하는 것이 타당한 경우는 시스템 경로를 저장할 때인 것 같다. 이런 경우 Path 같은 이름이 붙은 클래스를 통해 일반적인 C 스타일 문자 배열의 기능을 크게 확장할 수 있다. 예를 들면 경로에서 파일 이름이나 확장자, 디렉터리 등의 정보를 가져오는 기능을 이 클래스에서 구현하게 해도 된다. 이외에도 운영체제에 따른 처리,

---

[1] 반론도 있는데, "Effective Modern C++"(Scott Meyers)를 참조하자. – 옮긴이

즉 윈도우에서는 백슬래시로 구분하는 경로를 유닉스에서는 슬래시로 알아서 변경한다든지 하는 일을 자동으로 하게 만들 수도 있다. 게임 엔진에서 이와 같은 크로스 플랫폼 기능을 제공하는 Path 클래스를 만드는 일은 충분히 가치 있는 일이다(이 주제에 관해서는 7.1.1.4절에서 자세히 다룬다).

6.4.3 고유 식별자

가상 게임 월드에 있는 물체들을 어떤 식으로든 고유하게 구분할 방법이 있어야 한다. 예를 들면 팩맨Pac Man 게임에는 'pac_man', 'blinky', 'pinky', 'inky', 'clyde' 같은 이름이 붙은 물체들이 있다. 고유 식별자unique identifier를 통해 게임 디자이너는 게임 월드에 존재하는 수많은 물체들을 관리할 수 있고, 런타임에 이것들을 검색하고 뭔가 행동을 취할 수 있다. 이외에도 게임을 구성하는 자원asset들(메시, 머티리얼, 텍스처, 오디오 클립, 애니메이션 등)도 마찬가지로 고유 식별자가 필요하다.

이 같은 식별자에 문자열을 쓰는 것이 가장 자연스런 선택이다. 자원들은 디스크의 파일에 따로 저장되는 경우가 많은데, 이 경우 파일 경로를 사용하면 고유하게 구분이 가능하다. 파일 경로는 당연히 문자열로 돼 있다. 디자이너가 게임 객체들을 만들 때도 사람이 기억할 수 있는 문자열로 된 이름을 붙이는 것이 자연스럽지, 정수로 된 번호나 64비트 또는 128비트로 된 GUIDGlobally Unique IDentifier를 붙이는 것은 부자연스럽다. 하지만 게임에서는 고유 식별자들끼리 비교하는 속도가 매우 중요하기 때문에 strcmp( ) 같은 함수를 그대로 쓸 수는 없다. 두 마리의 토끼를 모두 잡아야 한다(문자열의 가독성과 정수의 빠른 연산 속도를 모두 놓쳐서는 안 된다).

6.4.3.1 해시 문자열 ID

문자열의 해시 값을 사용하는 것도 좋은 방법 중 하나다. 앞에서 본 것처럼 해시 함수를 사용하면 문자열을 거의 고유한 정수로 바꿀 수 있다. 문자열을 해시한 코드는 정수와 똑같이 비교할 수 있기 때문에 비교 연산이 굉장히 빠르다. 원본 문자열을 해시 테이블에 저장하면 해시 코드를 통해서 언제든 문자열을 가져올 수 있다. 이렇게 할 수 있으면 디버깅에도 용이하고 해시된 문자열을 화면이나 로그 파일에 찍을 수도 있다. 해시된 문자열을 가리킬 때 게임 프로그래머는 때로 문자열 id라는 용어를 사용하기도 한다. 언리얼 엔진은 이것을 name이라고 부른다(FName 클래스로 구현).

여느 해시 시스템이 그렇듯 문자열 해시에도 충돌이 발생할 수 있다(즉 서로 다른 문자열들이 같은 해시 코드를 갖는 경우). 하지만 해시 함수를 잘 고르면 게임에 등장하는 대부분의 입력 문자열에 대해 충돌이 발생하지 않게 만드는 것도 불가능하지 않다. 어쨌건 32비트 해시 코드는 40억 개의 값을 나타낼 수 있기 때문이다. 따라서 해시 함수가 문자열들을 이 넓은 범위 안에 잘 배분하기만 한다면 충돌이 발생할 가능성은 낮다. 너티 독에서는 문자열 해시에 변종 CRC32 알고리듬을 사용했었는데, 2년 넘게 '언차티드: 엘도라도의 보물'을 개발하는 동안 충돌은 한 번도 일어나지 않았다.

6.4.3.2 몇 가지 구현 아이디어

개념상 여러분이 갖고 있는 문자열들에 해시 함수를 돌려 문자열 id를 만들어 내는 것은 별로 어렵지 않다. 실제로 중요한 것은 언제 해시 값을 계산할지 결정하는 것이다. 문자열 id를 사용하는 대부분의 게임 엔진들은 런타임에 해시 값을 계산하지 않는다. 너티 독에서는 런타임에 문자열 해시를 사용하기는 했지만 여기에 더해 소스코드를 전처리하는 도구를 만들어 썼었다. 전처리 도구는 코드에서 SID(문자열) 형식으로 된 매크로를 찾아 이것을 바로 적당한 해시 값(정수)으로 바꾼다. 이렇게 하면 이름 붙은 상수$^{\text{manifest constant}}$가 쓰이는 곳이라면 어디든 문자열 id를 사용할 수 있는데, switch 구문의 case 레이블이 대표적 예다(런타임에 문자열 id를 생성하는 함수에서 만들어 내는 것은 상수가 아니기 때문에 case 레이블에 쓸 수 없다).

문자열에서 문자열 id를 만드는 과정을 문자열을 인턴한다고^{interning} 부르기도 하는데, 문자열의 해시 값을 구하는 동시에 전역 문자열 테이블에 문자열을 추가하는 경우가 일반적이기 때문이다. 이렇게 하면 나중에 해시 코드로 원본 문자열을 찾을 수 있다. 툴에서도 문자열의 해시 값을 구해서 문자열 id로 변환하는 기능이 있으면 도움이 된다. 이렇게 하면 엔진에서 쓰인 데이터를 툴에서 생성할 때 미리 문자열을 해시할 수 있다.[2]

문자열을 인턴할 때 문제점은 시간이 오래 걸린다는 점이다. 문자열이 해시 함수를 통과하게 해야 하는데, 이것은 시간이 많이 걸리는 데다 많은 문자열을 인턴해야 할 때 더욱 그렇다. 이와 더불어 문자열을 위해 메모리를 할당해야 하고, 룩업 테이블에 문자열을 복사해 넣어야 한다. 그렇기 때문에 오직 한 번만 문자열을 인턴하고 그 결과를 나중에 쓸 수 있게 저장하는 편이 낫다(문자열 id를 컴파일 시에 만들 것이 아니라면). 즉 다음 코드 중에 앞의 것이 더 낫다는

---

2 string intern이란 고유한 문자열을 한 벌씩만 저장하는 기법이다. - 옮긴이

뜻이다. 뒤의 것은 함수 f( )가 호출될 때마다 불필요하게 매번 문자열을 다시 인턴하기 때문이다.

```
static StringId sid_foo = internString("foo");
static StringId sid_bar = internString("bar");

// ...

void f(StringId id)
{
  if (id == sid_foo)
  {
    // id == "foo"인 경우 처리
  }
  else if (id == sid_bar)
  {
    // id == "bar"인 경우 처리
  }
}
```

다음 방식은 좀 더 비효율적이다.

```
void f(StringId id)
{
  if (id == internString("foo"))
  {
    // id == "foo"인 경우 처리
  }
  else if (id == internString("bar"))
  {
    // id == "bar"인 경우 처리
  }
}
```

다음은 internString( ) 함수를 구현하는 한 예다.

stringid.h

```
typedef U32 StringId;

extern StringId internString(const char* str);
```

```
static HashTable<StringId, const char*> gStringIdTable; StringId

internString(const char* str)
{
  StringId sid = hashCrc32(str);

  HashTable<StringId, const char*>::iterator it
    = gStringIdTable.find(sid);

  if (it == gStringTable.end())
  {
    // 이 문자열은 아직 테이블에 없는 것이다.
    // 테이블에 추가한 후 빼먹지 말고 복사해야 한다.
    // 인자로 넘어온 문자열이 동적 할당됐다가
    // 나중에 해제될 가능성이 있기 때문이다.
    gStringTable[sid] = strdup(str);
  }

  return sid;
}
```

언리얼 엔진에서 사용한 아이디어는 문자열 id와 이에 해당하는 C 스타일 문자 배열에 대한 포인터를 작은 클래스에 담는 것이다. 언리얼 엔진에서는 이 클래스를 FName이라고 부른다.[3] 너티 독에서도 마찬가지로 문자열 id를 String Id 클래스로 감쌌다. 매크로를 통해 SID("any_string")이 이 클래스 인스턴스를 만들고, 사용자 정의 리터럴 문법인 "any_string"_sid를 통해 이것의 해시 값을 생성한다.

문자열을 저장하는 데 디버그 메모리 사용

문자열 id를 사용하는 경우 원래의 문자열을 보관하는 이유는 사람이 읽을 가능성을 대비해서다. 게임을 출시할 때가 되면 원래 문자열이 더 이상 필요 없을 가능성이 크다(게임에서는 id만 사용하는 것이 바람직하다). 따라서 최종적으로 판매될 게임에는 존재하지 않을 장소에 문자열 테이블을 보관하는 것도 괜찮은 방법이다. 예를 들면 PS3 개발 도구에는 256MB의 실제 메모

---

3   FName의 구현은 저자의 설명과 다소 차이가 있다. – 옮긴이

리와 별도로 256MB의 '디버그' 메모리가 존재하는데, 디버그 메모리는 최종 출시되는 게임에는 포함되지 않는다(최종 게임의 코드에서 문자열에 의존하는 코드만 넣지 않게 주의하면 된다).

6.4.4 현지화

게임을 현지화^{localization}하는 일(다른 소프트웨어도 마찬가지)은 굉장히 큰일이다. 제일 이상적인 경우는 맨 처음부터 계획을 세우고 개발 단계마다 지속적으로 보완해 나가며 관리하는 것이다. 하지만 현실은 그렇지 못한 경우가 많다. 계획을 세워 게임 엔진을 현지화할 때 도움이 될 만한 몇 가지 팁들을 알아보자. 소프트웨어 현지화에 대해 심도 있는 내용은 [34]를 읽어 보면 된다.

6.4.4.1 유니코드

영어를 모국어로 사용하는 소프트웨어 개발자의 경우, 태어날 때부터(또는 옹알이할 때부터) 문자열은 항상 8비트 ASCII 문자 코드(즉 ANSI 표준 문자)로 생각하게 학습됐다는 문제가 있다. ANSI 문자열은 영어와 같이 단순한 알파벳을 사용하는 경우에는 전혀 문제가 없다. 하지만 이보다 훨씬 많은 문자로 이뤄진, 때로는 영어의 26자 알파벳과는 완전히 다른 글리프^{glyph}를 사용하는 언어에는 적합하지 않다. 이와 같은 ANSI 표준의 한계를 극복하고자 나온 것이 유니코드^{Unicode} 문자 세트 시스템이다.

유니코드의 기본 아이디어는 널리 쓰이는 지구상의 모든 언어의 모든 문자 혹은 글리프에 고유한 코드 포인드^{code point}라는 16진수 코드를 부여하는 것이다. 문자열을 메모리에 저장할 때 특정 인코딩^{encoding}(유니코드 코드 포인트를 각 캐릭터로 나타내는 방법)을 선택하고, 이 규칙에 따라 문자열의 비트열을 차례로 저장한다. UTF-8과 UTF-16이 널리 쓰이는 인코딩이다. 필요에 맞게 적절한 인코딩을 골라야 한다.

이제 잠시 이 책을 내려놓고 조엘 스폴스키^{Joel Spolsky}가 쓴 글, 「소프트웨어 개발자라면 반드시, 당연히 알아야 할 유니코드와 문자열 세트에 대한 최소한의 지식(핑계 안 통함!)^{The Absolute Minimum Every Software Developer Absolutely, Positively Must Know About Unicode and Character Sets(No Excuses!)}」을 반드시 읽어 보자. 다음 사이트(http://www.joelonsoftware.com/articles/Unicode.html)에서 찾을 수 있다(다 읽었으면 잊어 먹지 말고 다시 책을 펼치자).

UTF-32

가장 단순한 유니코드 인코딩이 UTF-32다. 유니코드 코드 포인트는 32비트(4바이트) 값으로 인코딩된다. 이 방식은 다음 두 가지 이유 때문에 낭비하는 공간이 엄청나게 크다. 첫째, 서유럽 언어들 대부분은 큰 값의 코드 포인트를 사용하지 않기 때문에 평균적으로 글자별 최소 16비트(2바이트)가 낭비된다. 둘째, 가장 큰 유니코드 코드 포인트가 0x10FFFF이므로 32비트 중에 21비트만 쓰이다.

그럼에도 UTF-32는 단순하다는 장점이 있다. 고정 길이 인코딩이므로 모든 글자가 똑같은 공간(글자당 32비트)을 차지한다. 따라서 UTF-32 문자열의 길이를 알려면 전체 바이트를 4로 나누기만 하면 된다.

UTF-8

UTF-8 인코딩에서는 글자의 코드 포인트가 기본 8비트(1바이트) 단위지만, 일부 코드 포인트는 1바이트보다 큰 공간을 차지한다. 따라서 UTF-8 문자열의 크기가 글자 수와 일치하지 않는다. 각 글자가 한 바이트 또는 그 이상의 공간을 차지하므로 이것을 가변길이 인코딩, 또는 다중 바이트 문자 세트^{MBCS, MultiByte Character Set}라고 한다.

UTF-8 인코딩의 큰 장점 중 하나는 ANSI 인코딩과 하위 호환이 가능하다는 점이다. 이것은 유니코드 코드 포인트의 첫 127글자가 구형 ANSI 캐릭터 코드와 정확히 일치하기 때문이다. 따라서 모든 ANSI 글자는 UTF-8에서 한 바이트만 차지하며, ANSI 문자로 된 문자열은 아무 조정 없이 UTF-8 문자열로 해석할 수 있다.

큰 값의 코드 포인트를 표현하고자 UTF-8 표준은 다중 바이트 문자를 사용한다. 다중 바이트 캐릭터는 시작 바이트의 가장 높은 비트^{most-significant bit}가 1이다(즉 값이 128 이상 255 이하다). 이렇게 큰 값은 ANSI 문자열에서 없기 때문에 단일 바이트 캐릭터와 다중 바이트 캐릭터를 구분하는 데 아무 문제가 없다.

UTF-16

UTF-16 인코딩은 보다 단순하지만 더 고비용 방식을 사용한다. 각 캐릭터는 1개 또는 2개의 16비트 값으로 표현된다. UTF-16 인코딩은 와이드 문자 세트^{WCS, Wide Character Set}라고 불리는데, 이 이름은 통상적인 ANSI char와 UTF-8 문자가 8비트를 차지하는 것과 대비돼 붙은 것이다.

UTF-16에서는 가능한 모든 유니코드 코드 포인트를 17개의 평면plane으로 나누고 각 평면은 2^{16}개의 코드 포인트를 가진다. 첫째, 평면을 기본 다국어 평면BMP, Basic Multilingual Plane이라고 한다. 여기에는 다양한 언어의 가장 흔히 쓰이는 코드 포인트들이 담겨 있다. 따라서 상당수의 UTF-16 문자열은 첫째 평면의 코드 포인트로 나타낼 수 있으며, 이런 문자열의 각 글자는 단 하나의 16비트 값으로 표현할 수 있다. 그러나 다른 평면(보충 다국어 평면supplementary planes)의 문자는 2개의 연속된 16비트 값으로 표현한다.

UCS-2(2바이트 국제 문자 세트universal character set) 인코딩은 UTF-16의 하위 세트로 기본 다국어 평면만 사용한다. 따라서 0xFFFF를 넘어가는 코드 포인트를 표현하지 못한다. 각 글자는 정확히 16비트(2바이트)만 차지하기 때문에 형식이 단순해진다. 즉 UCS-2는 고정 길이 문자 인코딩 방식이고 일반적인 UTF-8 및 UTF-16은 가변 길이 인코딩이다.

UTF-16 문자열이 BMP의 코드 포인트만 사용한다든가 아니면 UCS-2 인코딩을 쓰고 있다는 것을 미리 안다면 문자열의 전체 바이트를 2로 나눠 글자 수를 구할 수 있다. 물론 보충 다국어 평면의 문자가 들어가 있다면 이 방법은 쓸 수 없다.

여기서 UTF-16 인코딩이 CPU에 따라 리틀 엔디언이나 빅 엔디언 모두 될 수 있다는 점을 알아야 한다(3.3.2.1절 참조). UTF-16 문자를 디스크에 저장할 경우 맨 앞에 바이트 순서 표식byte order mark를 붙여 어느 엔디언 형식인지를 나타내는 것이 보통이다(당연한 말이지만 UTF-32 인코딩 데이터도 똑같다).

6.4.4.2 char vs wchar_t

표준 C/C++ 라이브러리는 문자열을 다루고자 char와 wchar_t 두 가지 데이터 타입을 정의한다. char 타입은 구식 ANSI 문자열과 UTF-8 등의 다중 바이트 문자 세트MBCS를 처리하는 데 쓰인다. wchar_t는 '와이드' 문자 타입을 처리하며, 1개의 정수로 표현 가능한 모든 코드 포인트를 처리하도록 설계됐다. 따라서 그 크기는 컴파일러와 시스템에 따라 다를 수 있다. 유니코드를 전혀 지원하지 않는 시스템에서는 8비트일 수도 있다. 모든 와이드 문자에 UCS-2 인코딩을 사용하는 것으로 가정하거나 UTF-16 같은 다중 워드 인코딩이 쓰인다면 16비트일 수 있다. 아니면 UTF-32를 사용하는 경우 32비트가 될 수도 있다.

이같이 wchar_t에 대한 정의가 모호하기 때문에 진짜 이식 가능한 문자열 처리 코드를 위해서는 직접 문자 데이터 타입을 정의하고 지원 가능한 모든 유니코드 인코딩 기법에 대응하는 라이브러리 함수들을 제공해야 한다. 아니면 지원해야 할 특정 플랫폼이나 컴파일러가 있다면 이식성을 희생하는 대신 특정 구현의 제한에 맞춰 코드를 짜는 수도 있다.

다음 사이트(http://icu-project.org/docs/papers/unicode_wchar_t.html)에 `wchar_t` 데이터 타입의 장단점이 잘 나와 있다.

6.4.4.3 윈도우 환경에서의 유니코드

윈도우 환경에서 `wchar_t` 타입은 UTF-16 인코딩 유니코드 문자열만을 나타내고 `char`는 ANSI 문자열과 구형 윈도우 코드 페이지 인코딩에 쓰인다. 윈도우 API 문서에서 '유니코드'란 말은 항상 '와이드 문자 세트'WCS와 UTF-16 인코딩을 나타낸다. '와이드'가 아닌 다중 바이트 UTF-8로도 유니코드를 표현할 수 있기 때문에 다소 혼란스러운 표현법이다.

윈도우 API는 세 종류의 문자/문자열 처리 함수를 지원한다. 즉 단일 바이트 문자 세트 ANSI 문자열SBCS용, 다중 바이트 문자 세트MBCS용, 와이드 문자 세트 문자열용이다. ANSI 함수들은 오래전부터 써왔고 익숙한 구식 'C 스타일' 함수들이다. MBCS 함수들은 다양한 다중 바이트 인코딩을 처리하며 주로 구형 윈도우 코드 페이지 인코딩을 처리하는 데 쓰인다. WCS 함수들은 유니코드 UTF-16 문자열을 처리한다.

윈도우 API에서 접미사나 접두사로 'w', 'wcs', 'W'가 붙은 것들은 와이드 문자 세트(UTF-16)를 뜻한다. 접두사 또는 접미사 'mb'는 다중 바이트 인코딩을 뜻한다. 접두사 또는 접미사가 'a', 'A'거나 없는 경우 ANSI 또는 윈도우 코드 페이지 인코딩이다. C++ 표준 라이브러리도 비슷한 규칙을 사용한다. 예를 들어 `std::string`은 ANSI 문자열 클래스이고 `std::wstring`은 와이드 문자 클래스다. 안타깝지만 함수 이름들이 항상 일관되지는 않다. 따라서 익숙하지 않은 프로그래머들은 혼란스러울 수 있을 것이다(그렇지만 이 책의 독자들은 그렇지 않을 것이다). 표 6.2에 일부 예가 나와 있다.

윈도우에는 또한 ANSI 문자열, 다중 바이트 문자열, 와이드 UTF-16 문자열 간의 변환을 지원하는 함수도 있다. 예를 들면 `wcstombs( )`는 와이드 UTF-16 문자열을 현재 활성화된 로케일locale에 따라 다중 바이트 문자열로 변환한다.

윈도우 API는 와이드(유니코드)와 그렇지 않은 인코딩 간에 어느 정도의 이식성을 갖게 코딩할 수 있도록 약간의 전처리기^{preprocessor} 트릭을 사용한다. 문자 타입으로 TCHAR가 정의돼 있으며, 'ANSI' 모드로 컴파일하면 이것이 char가 되고, '유니코드' 모드로 컴파일하면 wchar_t가 된다(typedef를 통해 정의된다). 매크로 _T( )를 사용하면 8비트 문자열 리터럴(예, char* s = "this is a string")을 와이드 문자열 리터럴(예, wchar_t* s = L"this is a string")로 컴파일러 설정에 따라 변환해 준다. 비슷하게 여러 가지 '가짜' API 함수들을 통해 '유니코드' 모드 설정에 따라 '자동으로' 8비트 또는 16 비트 함수로 바뀌는 기능도 제공한다. 이같이 문자 세트 독립적인 함수들은 접두사나 접미사가 없거나 또는 't', 'tcs', 'T' 등이 붙는다.

이 함수들에 대한 완전한 문서는 마이크로소프트의 MSDN 웹사이트에서 찾을 수 있다. 다음은 strcmp( )와 그 아류들에 대한 문서인데, 여기서부터 페이지 왼쪽은 트리 구조를 통해 다른 문자열 관련 함수들을 찾아가거나 검색할 수 있다(https://learn.microsoft.com/en-us/cpp/c-runtime-library/reference/strcmp-wcscmp-mbscmp?view=msvc-170).[4]

표 6.2 몇몇 표준 C 라이브러리 문자열 함수의 ANSI, 와이드, 다중 바이트 문자 세트용 함수

ANSI	WCS	MBCS
strcmp( )	wcscmp( )	_mbscmp( )
strcpy( )	wcscpy( )	_mbscpy( )
strlen( )	wcslen( )	_mbstrlen( )

6.4.4.4 콘솔에서의 유니코드

엑스박스 360 소프트웨어 개발 킷XDK, Xbox 360 software Development Kit의 거의 모든 문자열은 WCS 문자열이다(파일 경로와 같이 내부적인 용도로 쓰이는 것들도 마찬가지다). 현지화 문제를 고려하면 매우 합당한 방식이라 할 수 있고, XDK 전반에 걸쳐 일관성 있는 문자열 처리가 가능한 장점도 있다. 하지만 UTF-16 인코딩은 메모리 관점에서는 다소 낭비가 심하기 때문에 게임 엔진마다 다른 방식을 사용할 수도 있다. 너티 독의 엔진들은 8비트 char 문자열을 광범위하게 사용했고, 외국어를 처리할 때는 UTF-8 인코딩을 사용했다. 프로젝트에서 어떤 인코딩을 사용할지 가능한 한 빨리 정한 다음, 그 후 일관되게 사용하기만 한다면 실제로 어떤 것을 사용하는지는 별로 중요하지 않다.

---

4 마이크로소프트는 MSDN을 더 이상 사용하지 않고 https://docs.microsoft.com/을 사용한다. 구글에서 'strcmp microsoft'라고 검색하면 여기서 말하는 웹사이트를 찾아갈 수 있다. – 옮긴이

6.4.4.5 기타 현지화에서 고려해야 할 점

유니코드를 사용해 소프트웨어를 개발하기로 했더라도 현지화와 관련된 문제들은 아직 여러 가지가 남아 있다. 무엇보다 현지화에서 발생하는 문제가 모두 문자열이 원인인 것은 아니다. 목소리를 녹음한 오디오 클립은 번역을 해야 한다. 텍스처에 영어가 적혀 있으면 번역해야 할 수도 있다. 기호는 문화에 따라 여러 가지 의미를 지닐 수 있다. 금연 표시와 같이 간단한 것도 다른 문화권에서는 엉뚱하게 받아들여질 가능성이 있다. 이에 더해 게임 등급에 관해 서로 다른 기준이 적용되는 경우도 종종 있다. 예를 들면 일본에서는 청소년용 게임에서는 어떤 형태가 됐든 절대 피를 보여 줄 수 없지만, 북미에서는 피가 약간 나오는 정도는 괜찮다.

문자열에 관해서는 다른 문제도 있다. 효율적으로 번역하려면 게임에서 노출되는 문자열들은 모두 데이터베이스화해 관리해야 한다. 사용자가 설치할 때 지정한 언어가 제대로 보여야 한다. 언어에 따라서는 문자 정렬 방식이 완전히 다를 수도 있다(예를 들면 중국어는 수직으로 정렬하고 헤브루 어는 오른쪽에서 왼쪽으로 읽는다). 또한 언어가 달라지면 문자열의 길이도 완전히 변할 수 있다. 뿐만 아니라 모든 언어를 한 장의 DVD나 블루레이 디스크에 담아서 출시할지, 아니면 지역마다 다른 디스크를 출시할지도 정해야 한다.

현지화에서 가장 중요한 부분은 사람이 읽을 수 있는 문자열들의 중심 데이터베이스와 이 문자열을 게임 내에서 id로 찾을 수 있게 하는 시스템이다. 예를 들면 헤드업 디스플레이에서 각 플레이어의 점수를 '플레이어 1 점수:', '플레이어 2 점수:' 등의 레이블과 같이 보여 주고, 경기가 끝나면 '플레이어 1 우승', '플레이어 2 우승' 등의 메시지를 보여 주기를 원한다고 하자. 위의 네 문자열들은 현지화 데이터베이스에 게임 개발자가 이해할 수 있을 만한 고유 id로 저장돼 있을 것이다. 데이터베이스 id는 각각 'p1score', 'p2score', 'p1wins', 'p2wins'와 같은 모양일 수 있다. 게임 문자열들을 영어로 번역하고 나면 데이터베이스는 표 5.2와 같은 모양이 될 것이다. 지원하는 언어가 늘어나면 테이블의 열을 추가할 수 있다.

표 6.3 현지화에 사용되는 문자열 데이터베이스의 예

Id	영어	한국어
p1score	'Player 1 Score'	'플레이어 1 점수'
p2score	'Player 2 Score'	'플레이어 2 점수'
p1wins	'Player 1 wins!'	'플레이어 1 승리'
p2wins	'Player 2 wins!'	'플레이어 2 승리'

이 데이터베이스가 어떤 모양을 할지는 전적으로 개발하기 나름이다. 마이크로소프트 엑셀 워크시트로 만들어 CSV^Comma-Separated Value 파일로 저장하고 게임 엔진에서 파싱하는 간단한 형태에서부터 오라클^Oracle 데이터베이스를 사용하는 복잡한 형태까지 생각할 수 있다. 문자열 데이터베이스가 어떤 형태인지는 게임 엔진에 별 영향이 없는데, 엔진은 문자열 id와 이에 해당하는 유니코드 문자열을 게임에서 지원하는 언어대로 잘 읽어 오기만 하면 된다. 하지만 게임 개발사의 조직 구조에 따라 실질적인 업무 측면에서 데이터베이스의 세부 사항은 굉장히 중요한 의미가 있을 수 있다. 자체적으로 번역을 처리할 수 있는 작은 개발사의 경우 네트워크 드라이브에 있는 엑셀 스프레드시트면 충분할 것이다. 하지만 영국, 유럽, 남미, 일본 등에 지사를 둔 큰 개발사의 경우 분산 데이터베이스를 사용하는 편이 더 나을 수도 있다.

런타임에는 문자열의 고유 id가 주어지면 '현재' 언어의 유니코드 문자열을 리턴하는 간단한 함수가 있어야 한다. 이 함수는 다음과 같은 모습일 것이다.

```
wchar_t getLocalizedString(const char* id);
```

사용법은 다음과 같다.

```
void drawScoreHud(const Vector3& score1Pos,
                  const Vector3& score2Pos)
{
  renderer.displayTextOrtho(getLocalizedString("p1score"),
                            score1Pos);

  renderer.displayTextOrtho(getLocalizedString("p2score"),
                            score2Pos);

  // ...
}
```

당연한 말이지만 전 게임에 걸쳐 '현재' 언어가 어떤 것인지를 지정할 방법도 있어야 한다. 게임을 설치할 때 선택한 후 바꿀 수 없는 경우도 있다. 아니면 게임 도중에 메뉴에서 언어를 바꿀 수 있게 하는 방법도 있다. 양쪽 모두 설정을 구현하는 것은 어렵지 않다. 문자열 테이블에서 어떤 열을 읽어 올지(예를 들면 첫 번째 열은 한국어, 두 번째 열은 영어, 세 번째 열은 프랑스어 등)를 표시하는 인덱스를 전역 변수(정수)로 저장하는 단순한 방식으로도 구현할 수 있다.

이와 같은 원칙이 정해지면 절대 문자열을 직접 사용자에게 노출하지 않게 모든 프로그래머가 노력해야 한다. 항상 데이터베이스의 문자열 id를 사용하고 검색 함수를 통해 문자열을 가져오게 해야 한다.

6.4.4.6 케이스 스터디: 너티 독의 현지화 도구

너티 독에서는 사내에서 개발한 현지화 데이터베이스를 사용했다. 현지화 도구의 백엔드는 MySQL 데이터베이스로 돼 있으며, 이 서버는 너티 독의 내부 개발자와 텍스트 및 오디오 번역을 담당하는 여러 외부 협력사들에서 동시에 접근할 수 있도록 구성됐다. 프론트 엔드는 웹 인터페이스로, 데이터베이스와 통신하는 역할을 하며, 이것을 통해 모든 텍스트와 오디오 자원을 열람할 수 있고 이것들을 편집하거나 번역하기 그리고 id와 내용을 통해 검색하기 등을 할 수 있다.

너티 독의 현지화 도구의 각 자원은 문자열(메뉴나 HUD에 사용됨)이거나 대사용 오디오 클립 및 부가적인 자막 텍스트(인게임 대사나 시네마틱에 쓰임)다. 각 자원은 고유 식별자를 가지며, 이것은 해시 스트링 id로 돼 있다(6.4.3.1절 참조). 메뉴나 HUD에 쓰일 문자열이 필요한 경우 id를 통해서 찾으면 그 결과가 화면에 표시할 수 있는 유니코드(UTF-8) 문자열로 리턴된다. 대사를 재생해야 하는 경우에도 마찬가지로 id를 통해 오디오 클립을 찾고, 엔진의 데이터를 통해 해당하는 자막을 찾는다(자막이 필요한 경우). 자막은 메뉴/HUD 문자열과 똑같은데, 마찬가지로 현지화 도구 API에서 화면에 표시할 수 있게 UTF-8 문자열로 리턴한다.

그림 6.10에 현지화 도구의 주 인터페이스가 나와 있으며, 이 화면은 크롬 웹브라우저다. 이미지에서는 사용자가 `MENU_NEWGAME`을 입력해 문자열 'NEW GAME'(게임 메인 메뉴에서 새 게임을 시작하는 항목)을 찾은 것을 볼 수 있다. 그림 6.11에는 `MENU_NEWGAME` 자원에 대한 세부 내용을 볼 수 있다. 세부 내용 창에서 사용자가 왼쪽 위에 있는 'Text Translation' 버튼을 누르면 그림 6.12의 화면이 뜨고 이 문자열에 대한 여러 가지 번역을 입력하거나 편집할 수 있다. 그림 6.13에는 현지화 도구의 메인 페이지에 있는 다른 탭을 보여 주는데, 이 화면에는 오디오 대사 자원이 나와 있다. 마지막으로 그림 6.14에는 대사 자원 `BADA_GAM_MIL_ESCAPE_OVERPASS_001`('We missed all the action')에 대한 세부 정보가 나와 있는데, 이 대사에 대한 번역 결과를 보여 준다.

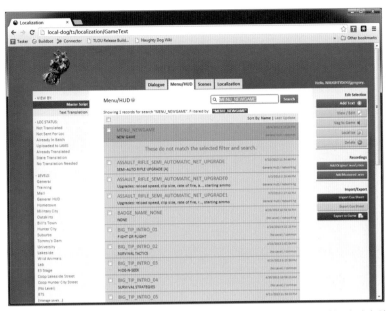

그림 6.10 너티 독의 현지화 도구의 주 메뉴. 메뉴와 HUD에 사용되는 순수 문자열 텍스트 자원들이 나와 있다. 사용자가 MENU_NEWGAME을 검색한 결과가 나와 있다.

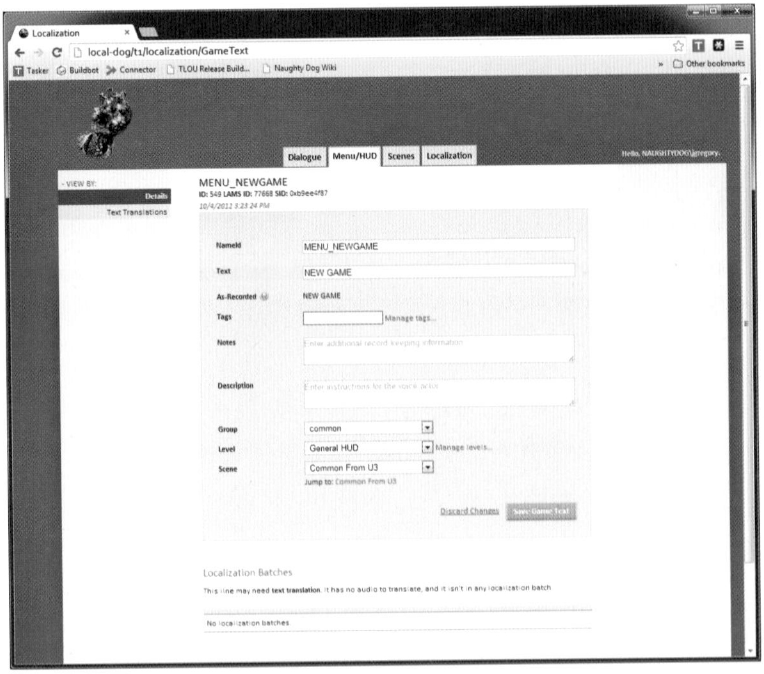

그림 6.11 MENU_NEWGAME 자원의 세부 내용 창

그림 6.12 너티 독의 라스트 오브 어스에서 'NEW GAME' 문자열과 게임이 지원하는 모든 언어에 대한 번역 결과

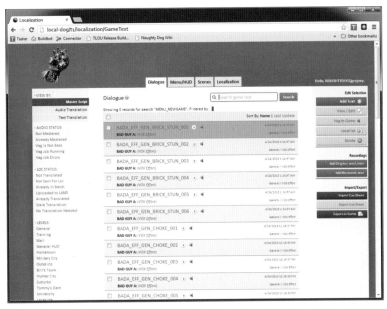

그림 6.13 다시 너티 독의 현지화 도구의 주 메뉴. 이번에는 대사 오디오 자원들과 짝을 이루는 자막 텍스트들의 리스트가 보인다.

그림 6.14 대사 자원인 BADA_GAM_MIL_ESCAPE_OVERPASS_001('We missed all the action')에 대한 녹음된 번역 결과를 보여 주는 세부 항목 창

6.5 게임 설정

게임 엔진은 원래 복잡한 물건이라 굉장히 다양하게 설정할 수 있는 옵션이 있다. 일부는 게임 안에서 플레이어가 메뉴를 통해 조정할 수 있다. 그래픽 품질에 관련된 옵션이나 음악과 사운드 효과 볼륨 그리고 컨트롤러 설정 등이 이런 옵션이다. 그 외에는 게임 개발 팀에서만 쓰이는 옵션들이고 최종적으로 출시될 게임에서는 감춰지거나 아니면 완전히 제거된다. 예를 들어 개발 중에는 플레이어 캐릭터의 걷는 속도를 옵션으로 설정해 미세한 조정이 가능하게 할 수도 있겠지만, 출시될 때는 하드 코딩한 값으로 대체하는 경우가 있다.

6.5.1 옵션 불러오기와 저장하기

설정 가능 옵션은 전역 변수나 싱글턴 클래스의 멤버 함수로 만들면 간단하게 구현 가능하다. 하지만 설정 가능 옵션들을 설정한 후 하드 디스크나 메모리 카드 등 저장 장치에 저장하고 후에 게임에서 불러오는 기능이 없다면 크게 쓸모가 없다. 설정 옵션을 간단히 저장하고 불러오는 방법에는 여러 가지가 있다.

- **텍스트 설정 파일** 설정 옵션들을 저장하고 불러오는 방법 중 가장 널리 쓰이는 것은 이 것들을 1개 또는 여러 개의 텍스트 파일에 두는 것이다. 엔진에 따라 그 형식은 많이 다르지만 보통 굉장히 간단한 형태다. 예를 들면 윈도우 INI 파일(오거3D에서도 쓰인다)은 논리적 단위로 구분된 단순한 키-값 쌍으로 이뤄져 있다. JSON 형식도 게임 옵션 저장에 흔히 쓰인다. XML도 가능하지만 요즘 개발자들은 간결함이나 가독성 면에서 JSON이 XML보다 낫다고 생각하는 추세다.

- **압축 이진 파일** 요즘의 콘솔 게임기들은 하드 디스크 드라이브를 포함하지만 예전의 콘솔들은 이런 호사를 누리지 못했다. 그렇기 때문에 슈퍼패미컴(SNES) 이후 나온 모든 게임 콘솔들은 데이터를 읽고 쓸 수 있는 전용 이동식 메모리 카드를 이용했다. 게임 저장 데이터와 더불어 게임 옵션도 이런 메모리 카드에 저장하는 경우가 종종 있었다. 메모리 카드에 저장할 때는 압축 이진 파일이 주로 사용됐는데, 그 이유는 카드의 저장 공간이 굉장히 작았기 때문이다.

- **윈도우 레지스트리** 마이크로소프트 윈도우에는 모두가 공용으로 사용하는 레지스트리라는 옵션 데이터베이스가 있다. 트리 형태로 저장되며, 중간 노드(레지스트리 키)는 폴더

역할을 하고 말단 노드들은 키-값 쌍으로 된 개별 옵션들을 저장한다. 게임뿐 아니라 모든 프로그램에서 서브트리 하나(즉 레지스트리 키)를 전용으로 사용할 수 있고, 여기에 원하는 모든 옵션을 저장할 수 있다. 윈도우 레지스트리는 잘 조직된 INI 파일들의 모음과 같은 역할을 하는데, 사실 레지스트리가 처음 나온 이유도 운영체제와 윈도우 애플리케이션들이 사용하는 INI 파일들이 점점 복잡해지는 문제를 해결하기 위해서다.

- **커맨드라인 옵션** 커맨드라인에 옵션을 지정할 수도 있다. 엔진의 모든 옵션을 커맨드라인으로 설정할 수 있는 경우도 있고, 아니면 선택적으로 일부만 설정하게 하기도 한다.

- **환경 변수** 개인용 컴퓨터인 윈도우, 리눅스, 맥 OS에서는 설정 옵션을 저장하는 데 환경 변수들을 사용하기도 한다.

- **온라인 유저 프로파일** 엑스박스 라이브$^{Xbox Live}$ 같은 온라인 게이밍 커뮤니티 시대가 도래하면서 사용자마다 프로파일을 만들게 됐는데, 프로파일에는 업적뿐 아니라 구매하거나 획득한 게임 기능들, 그리고 게임 옵션 등 여러 정보를 저장한다. 이 데이터는 중앙 서버에 저장되고 인터넷 연결만 돼 있으면 언제든 접근할 수 있다.

6.5.2 사용자별 정보

대부분의 게임 엔진에서는 전역 옵션과 사용자별 옵션을 구분한다. 플레이어의 기호에 맞게 게임을 설정할 수 있게 지원하는 게임이 많기 때문이다. 이것은 게임을 개발할 때도 유용한 개념인데, 프로그래머나 아티스트, 디자이너가 다른 팀원들에 영향을 주지 않으면서 자신만의 개발 환경을 마련할 수 있기 때문이다.

당연한 말이지만 사용자별 정보를 저장할 때는 각 플레이어가 자신의 옵션만 '볼 수' 있어야 하고, 설사 같은 컴퓨터나 콘솔에 있더라도 다른 플레이어의 옵션은 보지 못하게 구현해야 한다. 콘솔 게임에서 사용자는 보통 자신의 게임 진척 상황을 메모리 카드나 하드 디스크의 '슬롯'에 저장할 수 있는데, 컨트롤러 설정과 같은 사용자별 옵션도 함께 저장할 수 있다. 이런 슬롯은 대게 저장 매체의 파일로 구현하는 것이 보통이다.

윈도우에서는 C:\Users 폴더에 각 사용자별 바탕 화면과 내 문서 폴더, 인터넷 탐색 기록 및 임시 파일 등을 저장한다. 숨겨진 하부 폴더인 Application Data에는 개별 애플리케이션에 대한 사용자별 정보를 저장한다. 애플리케이션들은 Application Data 밑에 폴더를 만들고 필요한 정보를 마음대로 저장할 수 있다.

윈도우용 게임들은 때로 사용자별 설정 데이터를 레지스트리에 저장하기도 한다. 레지스트리는 트리 형태로 이뤄져 있는데, 루트의 가장 높은 레벨 중 하나인 HKEY_CURRENT_USER는 현재 로그온한 사용자의 설정을 저장한다. 모든 사용자는 레 지스트리에 자신만의 서브트리를 갖는데(가장 높은 레벨 서브트리인 HKEY_USERS 아래에 저장된다), HKEY_CURRENT_USER는 현재 사용자의 트리를 가리키는 별명일 뿐이다. 그렇기 때문에 게임이나 다른 애플리케이션들은 사용자별 설정을 관리할 때 HKEY_CURRENT_USER 밑에 있는 하부 트리의 키로 저장하고 읽기만 하면 된다.

6.5.3 실제 게임 엔진들의 설정 관리

이제 몇 가지 실제 게임 엔진을 살펴보면서 어떻게 설정 옵션들을 관리하고 있는지 간단히 알아보자.

6.5.3.1 예: 퀘이크의 CVAR

퀘이크 계열의 엔진들은 콘솔 변수console variables 또는 줄여서 CVAR라 불리는 설정 관리 시스템을 사용한다. 하나의 CVAR는 단순한 전역 부동소수 또는 문자열 변수로, 퀘이크의 내장 콘솔에서 그 값을 읽거나 수정할 수 있다. 일부 CVAR의 값은 디스크에 저장했다가 나중에 다시 엔진에서 불러 사용할 수도 있다.

런타임에 CVAR들은 전역 연결 리스트 안에 저장된다. 각 CVAR는 struct cvar_t를 동적 할당한 인스턴스이며, 그 안에는 변수 이름, 변수 값(문자열 또는 부동소수), 몇 가지 플래그를 저장하는 비트들 그리고 전체 CVAR를 담고 있는 연결 리스트에서 다음 CVAR를 가리키는 포인터 등이 담겨 있다. Cvar_Get() 함수를 사용해 CVAR를 가져오는데, 이미 존재하는 것이 아니면 새로 만든다. CVAR의 내용은 Cvar_Set() 함수를 사용해 수정할 수 있다. 비트 플래그 중 하나인 CVAR_ARCHIVE는 CVAR가 설정 파일인 config.cfg에 저장될지 여부를 지정한다. 이 플래그가 켜져 있으면 게임을 껐다가 다시 실행하더라도 CVAR의 값은 보존된다.

6.5.3.2 예: 오거

오거 렌더링 엔진은 윈도우 INI 형식의 텍스트 파일 여러 개를 사용해 설정 옵션을 저장한다. 기본적으로 옵션들은 3개의 파일에 저장되는데, 세 파일들은 실행 파일과 같은 폴더에 위치한다.

- plugin.cfg 옵션으로 선택할 수 있는 엔진 플러그인 중에 어떤 것을 사용할지와 이것들의 디스크상의 경로가 저장된다.
- resource.cfg 게임 자원들(미디어, 또는 리소스)을 찾을 때 사용할 경로들의 검색 위치를 저장한다.
- ogre.cfg 어떤 렌더러를 사용할지(다이렉트X 또는 오픈GL)와 사용할 비디오 모드, 스크린 해상도 등 다양한 옵션을 저장한다.

기본적으로 오거에는 사용자별 설정을 저장할 방법이 없다. 하지만 소스코드가 공개돼 있기 때문에 설정 파일을 찾을 때 실행 파일의 경로가 아닌 사용자의 C:\Users 폴더에서 찾게 쉽게 바꿀 수 있다. 뿐만 아니라 `Ogre::ConfigFile` 클래스를 사용하면 완전히 새로운 설정 파일을 읽고 쓰는 코드를 쉽게 짤 수도 있다.

6.5.3.3 예: 언차티드와 라스트 오브 어스 시리즈
너티 독의 언차티드 엔진에서는 여러 가지 설정 기법을 사용한다.

게임 내 메뉴 설정
언차티드 엔진은 강력한 게임 내 메뉴 시스템을 지원하는데, 이것을 이용하면 개발자가 전역 설정 옵션을 제어하기도 하고 명령을 실행하게 할 수 있다. 설정 옵션의 데이터 타입은 간단한 것밖에 지원하지 않지만(주로 Boolean, 정수, 부동소수 등), 그렇다고 언차티드 개발자들이 다양한 메뉴 기반 옵션을 만들어 쓰는 데 제약받지는 않았다.

설정 옵션들은 전역 변수로 구현한다. 해당 옵션을 제어하는 메뉴 옵션이 만들어질 때 전역 변수의 주소가 넘어가고, 메뉴 아이템이 직접 그 값을 조정한다. 예를 들면 다음에 나오는 코드는 언차티드에 등장하는 차량^{rail vehicle}('Out of the Frying Pan'의 카 체이스에 나오는 탈것)의 몇 가지 옵션들을 담는 하부 메뉴 아이템을 생성하는 함수다. 이 함수는 세 가지 전역 변수(2개의 Boolean과 1개의 부동소수)를 제어하는 메뉴 아이템들을 정의한다. 아이템들을 메뉴 하나로 모은 후 메뉴를 불러오는 데 쓰일 특수 아이템 하나를 리턴한다. 이 함수를 호출하는 코드에서는 대개의 경우 이 아이템을 현재 생성 중인 메뉴 아래에 붙게 된다.

```
DMENU::ItemSubmenu * CreateRailVehicleMenu( )
{
  extern bool g_railVehicleDebugDraw2D;
  extern bool g_railVehicleDebugDrawCameraGoals;
  extern float g_railVehicleFlameProbability;

  DMENU::Menu * pMenu
    = new DMENU::Menu("RailVehicle");

  pMenu->PushBackItem(
    new DMENU::ItemBool("Draw 2D Spring Graphs",
      DMENU::ToggleBool,
      &g_railVehicleDebugDraw2D));

  pMenu->PushBackItem(
    new DMENU::ItemBool("Draw Goals (Untracked)",
      DMENU::ToggleBool,
      &g_railVehicleDebugDrawCameraGoals));
  DMENU::ItemFloat * pItemFloat;
  pItemFloat = new DMENU::ItemFloat(
    "FlameProbability",
    DMENU::EditFloat, 5, "%5.2f",
    &g_railVehicleFlameProbability);

  pItemFloat->SetRangeAndStep(0.0f, 1.0f, 0.1f, 0.01f);
  pMenu->PushBackItem(pItemFloat);

  DMENU::ItemSubmenu * pSubmenuItem;
  pSubmenuItem = new DMENU::ItemSubmenu(
    "RailVehicle...", pMenu);

  return pSubmenuItem;
}
```

메뉴 아이템을 선택하고 PS3 조이패드의 동그라미 버튼을 누르기만 하면 어떤 옵션이라도 저
장할 수 있다. 저장된 전역 변수 값들이 게임을 다음에 실행했을 때도 유지되게 하고자 메뉴
설정을 INI 스타일의 텍스트 파일에 저장한다. 메뉴 아이템마다 저장할지 말지를 정할 수 있는
기능은 매우 유용한데, 저장 안 된 옵션들은 프로그래머가 지정한 디폴트 값으로 설정되기 때

문이다. 프로그래머가 디폴트 값을 변경하면 모든 사용자가 새 값을 '볼 수' 있는데, 물론 해당 옵션을 다른 값으로 저장하지 않는 경우에 해당하는 말이다.

커맨드라인 인자

언차티드 엔진은 커맨드라인을 통해 미리 지정된 특수 옵션들을 지정할 수 있다. 여기에는 불러들일 레벨의 이름을 비롯해 흔히 쓰이는 여러 인자가 해당한다.

스킴 데이터 정의

언차티드의 엔진 및 게임 설정 정보 대부분은 리스프^{Lisp}와 유사한 스킴^{Scheme}으로 작성됐다. 스킴으로 정의한 자료 구조는 전용 데이터 컴파일러를 통해 엔진에서 불러올 수 있는 이진 파일로 변환한다. 데이터 컴파일러는 동시에 스킴으로 정의한 모든 데이터 타입에 대한 C struct 선언을 담은 헤더 파일들도 뽑아낸다. 이 헤더 파일들은 엔진이 이진 파일에 담긴 데이터를 적절하게 해석하는 데 쓰인다. 이진 파일을 즉석에서 컴파일하고 불러올 수도 있는데, 이렇게 하면 개발자가 스킴으로 된 데이터를 고치고 그 결과를 즉시 확인할 수 있다(데이터 멤버를 추가하거나 제거하는 경우는 예외이며 이 경우는 엔진을 다시 컴파일해야 한다).

다음은 어떤 애니메이션의 속성을 지정하는 자료 구조를 만드는 예다. 자료 구조를 만든 후 세 가지 서로 다른 애니메이션을 게임에 내보낸다. 스킴 코드를 본 적이 없더라도 코드가 간단해서 이해하는 데 별 어려움은 없을 것이다. 한 가지 특이한 점이라면 스킴에서는 이름을 정의할 때 하이픈(-)을 쓸 수 있다는 점인데, 그렇기 때문에 simple-animation 같은 이름도 1개의 이름이다(C/C++에서 simple-animation은 simple에서 animation을 빼는 연산을 뜻한다).

---

simple-animation.scm

```
simple-animation이라는 이름으로 새 자료 구조를 정의한다.
(deftype simple-animation ()
  (
    (name             string)
    (speed            float      :default 1.0)
    (fade-in-seconds  float      :default 0.25)
    (fade-out-seconds float      :default 0.25)
  )
)

;; 위 자료 구조의 인스턴스 3개를 생성한다...
```

```
(define-export anim-walk
  (new simple-animation
    :name "walk"
    :speed 1.0
  )
)

(define-export anim-walk-fast
  (new simple-animation
    :name "walk"
    :speed 2.0
  )
)

(define-export anim-jump
  (new simple-animation
    :name "jump"
    :fade-in-seconds 0.1
    :fade-out-seconds 0.1
  )
)
```

이 스킴 코드는 다음과 같은 C/C++ 헤더 파일을 만들어 낸다.

simple-animation.h

```
// 주의: 이 파일은 스킴에서 자동으로 만들기
// 때문에 손으로 고치지 말 것

struct SimpleAnimation
{
  const char* m_name;
  float       m_speed;
  float       m_fadeInSeconds;
  float       m_fadeOutSeconds;
};
```

게임 코드에서는 리턴 타입에 대해 템플릿으로 정의된 LookupSymbol( ) 함수를 이용해 다음과 같이 데이터를 읽어 들인다.

```
#include "simple-animation.h"
void someFunction()
{
  SimpleAnimation* pWalkAnim
    = LookupSymbol<SimpleAnimation*>(
      SID("anim-walk"));

  SimpleAnimation* pFastWalkAnim
    = LookupSymbol<SimpleAnimation*>(
      SID("anim-walk-fast"));

  SimpleAnimation* pJumpAnim
    = LookupSymbol<SimpleAnimation*>(
      SID("anim-jump"));

  // 데이터를 사용하는 코드...
}
```

이 같은 시스템을 사용하면 단순한 Boolean나 부동소수, 문자열 옵션에서부터 복잡하고 중첩되거나 서로 연관된 자료 구조까지 온갖 종류의 설정 데이터를 유연하게 정의할 수 있다. 정교한 애니메이션 트리나 물리 엔진 매개 변수, 플레이어 메카닉 등을 정의하는 데 실제로 사용할 수 있다.

7장 리소스 시스템과 파일 시스템

게임이란 원래 멀티미디어 체험이다. 따라서 게임 엔진은 텍스처 비트맵, 3D 메시 데이터, 애니메이션, 오디오 클립, 충돌 및 물리 데이터, 게임 월드 배치 정보 등 다양한 미디어를 불러오고 관리할 수 있어야 한다. 사용할 수 있는 메모리가 한정된 경우가 보통이기 때문에 중복된 미디어 파일이 동시에 메모리에 올라오지 않게 하는 처리도 해야 한다. 예를 들면 5개의 메시가 텍스처 하나를 공유하는 경우 5개의 텍스처가 아니라 하나만 메모리에 올라와 있어야 한다. 이와 같이 오늘날의 3D 게임을 구성하는 수많은 자원(리소스)을 로드하고 관리하고자 거의 모든 게임 엔진에는 일종의 리소스 매니저(자원 매니저나 미디어 매니저 등으로도 불린다)가 존재한다.

모든 리소스 매니저는 예외 없이 파일 시스템을 많이 사용한다. PC의 파일 시스템은 운영체제가 제공하는 라이브러리 함수들을 통해 접근할 수 있다. 하지만 운영체제의 파일 시스템 API를 그대로 사용하지 않고 게임 엔진에서 구현한 API 안에 '감싸는wrap' 경우가 많은데, 그 이유는 크게 두 가지가 있다. 첫째, 엔진이 여러 플랫폼을 지원하는 경우 엔진의 파일 시스템 API를 사용하게 되면 엔진의 나머지 부분에서는 플랫폼의 차이를 신경 쓰지 않아도 된다. 둘째, 운영체제의 파일 시스템 API가 게임 엔진에서 필요로 하는 모든 기능을 지원하지 못하는 경우가 있다. 예를 들면 파일 스트리밍streaming(게임이 정상적으로 구동되는 동안 '뒤에서' 데이터를 불러오는 기능)을 지원하는 엔진은 많지만, 이것을 파일 시스템 API로 온전히 지원하는 운영체제는 많지 않다. 더구나 콘솔 게임 엔진들은 다양한 이동식 미디어 및 고정 미디어, 즉 메모리 스틱에서부터 하드 디스크, DVD-ROM, 블루레이 디스크, 네트워크 파일 시스템(예를 들면 엑스박스 라이브나 플레이스테이션 네트워크, PSN)을 접근할 수 있어야 한다. 이와 같이 서로 다른 매체에 의한 차이도 게임 엔진의 파일 시스템 API를 이용해 '숨길 수' 있다.

7장에서는 먼저 오늘날 3D 게임 엔진에서 볼 수 있는 파일 시스템 API의 종류에 대해 알아본다. 그리고 일반적인 리소스 매니저가 어떻게 동작하는지 살펴본다.

7.1 파일 시스템

게임 엔진의 파일 시스템 API는 다음과 같은 기능들을 처리해야 한다.

- 파일 이름과 경로를 다루는 기능
- 파일들을 열고 닫는 기능과 읽고 쓰는 기능
- 디렉터리의 내용을 검색하는 기능
- 비동기asynchronous 파일 I/O 요청을 처리하는 기능(스트리밍)

이제 이것들이 각각 어떤 의미를 지니는지 알아보자.

7.1.1 파일 이름과 경로

경로path란 파일 시스템 안에서 파일이나 디렉터리의 위치를 나타내는 문자열이다. 운영체제마다 조금씩 형식이 다르긴 한데 근본적인 구조는 모두 똑같다. 경로는 보통 다음과 같은 모양이다.

    volume/directory1/directory2/.../directory$N$/file-name

또는,

    volume/directory1/directory2/.../directory(N-1)/directory

즉 경로는 옵션으로 붙는 볼륨 지정 기호volume specifier 다음에 경로 구성 요소들이 차례로 붙는데, 이것들은 슬래시나 백슬래시(/ 또는 \) 등의 경로 구분 문자path separator로 구분된다. 루트 디렉터리에서부터 대상 파일이나 디렉터리까지 이르는 경로에 있는 디렉터리의 이름이 1개의 단위를 이룬다. 경로가 파일의 위치를 나타내는 경우 마지막 구성 요소는 파일의 이름이 된다. 그렇지 않은 경우 대상 디렉터리의 이름이 온다. 루트 디렉터리를 나타낼 때는 볼륨 지정 기호와 경로 구분 문자를 붙이는 경우도 있고, 아니면 그냥 경로 구분 문자만으로 표현하기도 한다(예를 들면 유닉스에서는 /, 윈도우에서는 C:\).

7.1.1.1 운영체제에 따른 차이

앞서 설명한 것은 일반적인 경로 구조이고 운영체제마다 약간씩 다른 점들이 있다. 마이크로소프트 DOS, 마이크로소프트 윈도우, 유닉스 계열, 애플 맥킨토시 OS 등의 주요한 차이점은 다음과 같다.

- 유닉스는 경로 구분 문자로 슬래시(/)를 사용하지만 DOS와 구 버전의 윈도우는 백슬래시(\)를 사용한다. 요즘 나온 윈도우는 양쪽 모두 지원하지만 애플리케이션에 따라서는 슬래시를 인식하지 못하는 경우도 있다.

- 맥 OS 8과 9는 콜론(:)을 경로 구분 문자로 사용한다. 맥 OS X은 유닉스에 바탕을 두고 있기 때문에 슬래시를 지원한다.

- 경로와 파일 이름에 대소문자를 구분하는 시스템도 있고(유닉스 계열), 그렇지 않은 시스템도 있다(윈도우 등). 개발 시 여러 운영체제를 지원하는 경우나 크로스 플랫폼 게임을 만드는 경우 이것 때문에 문제가 될 수 있다(예를 들면 EnemyAnim.json과 enemyanim.json은 같은 파일로 봐야 할까?).

- 유닉스 계열에서는 볼륨으로 디렉터리 계층을 분리할 수 없다. 전체 파일 시스템이 하나의 거대 계층 구조를 이루는데, 로컬 디스크 드라이브, 네트워크 드라이브, 기타 리소스들은 마운트^{mount}라는 과정을 통해 이 계층의 하부 트리인 것처럼 동작한다. 따라서 유닉스의 경로에는 볼륨 지정자가 없다.

- 마이크로소프트 윈도우에서는 두 가지 방식으로 볼륨을 나타낼 수 있다. 로컬 디스크 드라이브는 글자 하나에 콜론을 붙여 나타낸다(예, C:). 원격 네트워크 공유 경로는 탑재 과정을 거친 후 로컬 디스크처럼 보이게 만들 수도 있고, 아니면 백슬래시 2개 바로 뒤에 원격 컴퓨터 이름을 붙여 볼륨 지정자로 사용하고 그 뒤에 공유 디렉터리나 자원의 이름을 지정하는 식으로 접근할 수 있다(예를 들면 \\some-computer\some-share). 이와 같이

백슬래시 2개를 사용하는 표현은 UNC^{Universal Naming Convention}의 한 예다.

- DOS와 구 버전 윈도우에서는 파일 이름은 최대 8자, 확장자는 최대 3자까지 가능했는데, 파일 이름과 확장자 사이에는 마침표를 찍어 구분했다. 확장자는 파일의 종류 따위를 나타내는데, .txt는 텍스트 파일, .exe는 실행 파일을 나타냈다. 근래에 나온 윈도우에서는 파일 이름에도 여러 개의 마침표가 들어갈 수 있게 허용하지만(유닉스처럼), 윈도우 탐색기를 비롯한 다수의 애플리케이션에서는 여전히 마지막 마침표 뒤의 문자열을 확장자로 해석한다.

- 각 운영체제마다 파일 이름과 디렉터리 이름에 사용할 수 없는 문자들이 몇 가지 있다. 예를 들면 윈도우나 DOS에서는 볼륨 지정자의 경우를 제외하고는 콜론(:)을 사용할 수 없다. 어떤 운영체제의 경우 이런 금지 문자를 경로에 쓸 수 있는 예외를 두기도 하는데, 전체 경로가 따옴표를 통해 묶여 있거나, 아니면 백슬래시 또는 다른 이스케이프^{escape} 문자를 금지 문자 앞에 적는 경우가 이런 예다. 즉 윈도우에서는 파일이나 디렉터리 이름에 빈칸이 들어갈 수 있지만, 이런 경로는 상황에 따라서는 큰 따옴표 안에 있어야만 인식할 수 있다.

- 유닉스와 윈도우에는 모두 현재 작업 디렉터리^{CWD, Current Working Directory}라는 개념이 있다 (다른 말로는 PWD^{Present Working Directory}라고도 한다). 두 운영체제 모두에서 CWD를 지정하는 명령어는 cd^{change directory}이며, 현재 작업 디렉터리를 알고 싶을 때 윈도우에서는 아무 수식어 없이 cd만 입력하면 되고, 유닉스에서는 pwd 명령어를 실행하면 된다. 유닉스에서는 오직 하나의 CWD만 존재한다. 하지만 윈도우에서는 각 볼륨마다 CWD가 있다.

- 윈도우처럼 다중 볼륨을 지원하는 운영체제에서는 현재 작업 볼륨^{current working volume}이라는 개념도 있다. 윈도우 커맨드 프롬프트에서 현재 볼륨을 지정하려면 드라이브 명 뒤에 콜론을 적고 엔터를 누르면 된다(예, C:<Enter>).

- 이와 더불어 콘솔에서는 미리 정의된 경로를 사용해 다중 볼륨을 나타내는 경우가 있다. 예를 들면 플레이스테이션 3에서 /dev_bdvd/를 맨 앞에 쓰면 블루레이 디스크 드라이브를 나타내고, /dev_hddx/는 하드디스크(x는 장치의 번호)를 나타낸다. PS3 개발 도구를 사용하는 경우 개발에 사용된 장비의 경로를 /app_home/으로 지정해 사용할 수 있다. 게임 개발 중에는 블루레이 디스크나 하드 디스크 대신 /app_home/에서 리소스를 읽어 오는 것이 보통이다.

7.1.1.2 절대 경로와 상대 경로

모든 경로는 파일 시스템의 어떤 위치로부터 상대적으로 나타낸 것이다. 경로가 루트 디렉터리에 상대적으로 표현되면 절대 경로라고 부른다. 파일 시스템 계층에서 다른 디렉터리에 상대적으로 표현되면 이것을 상대 경로라고 한다.

유닉스나 윈도우 모두 절대 경로는 경로 구분 문자(/ 또는 \)로 시작하고, 상대 경로는 그렇지 않다. 윈도우에서는 절대 경로와 상대 경로 모두 볼륨 지정자를 포함할 수도 있다(볼륨 지정자가 없는 경우 해당 경로는 현재 작업 볼륨을 나타내는 것으로 간주한다).

다음 경로들은 절대 경로다.

윈도우

- C:\Windows\System32
- D:\(볼륨 D:의 루트 디렉터리)
- \(현재 작업 볼륨의 루트 디렉터리)
- \game\assets\animation\walk.anim(현재 작업 볼륨)
- \\joe-dell\Shared_Files\Images\foo.jpg(네트워크 경로)

유닉스

- /usr/local/bin/grep
- /game/src/audio/effects.cpp
- /(루트 디렉터리)

다음은 상대 경로다.

윈도우

- System32(현재 볼륨의 CWD인 \Windows에 상대적)
- X:animation\walk.anim(볼륨 X:의 CWD인 \game\assets에 상대적)

유닉스

- bin/grep(CWD인 /usr/local에 상대적)
- src/audio/effects.cpp(CWD인 /game에 상대적)

7.1.1.3 검색 경로

경로라는 용어를 검색 경로와 혼동하면 안 된다. 경로는 파일 시스템 계층 안에 있는 파일이나 디렉터리 하나의 위치를 나타내는 문자열이다. 검색 경로란 경로들의 리스트를 담고 있는 문자열로, 각 경로는 콜론이나 세미콜론 등의 특수한 문자로 구분되며, 어떤 파일을 찾을 때 검색할 위치를 나타내는 용도로 쓰인다. 예를 들면 명령 프롬프트에서 어떤 프로그램을 실행하면 운영체제는 실행 파일을 찾아야 하는데, 이때 셸shell의 환경 변수 PATH에 적힌 검색 경로를 보고 그 안의 디렉터리들을 뒤진다.

리소스 파일의 위치에 검색 경로를 사용하는 엔진도 더러 있다. 예를 들면 오거3D 렌더링 엔진은 텍스트 파일 resources.cfg 안에 적힌 리소스 검색 경로를 사용한다. 이 파일은 자원을 찾을 때 검색해야 할 디렉터리와 Zip 압축 파일의 리스트만 담고 있다. 하지만 런타임에 자원을 검색하는 일은 시간이 걸리는 일이다. 일반적인 경우 자원의 경로를 미리 알지 못하는 상황은 거의 없다. 따라서 자원의 위치를 애초에 검색할 필요가 없다(이 편이 분명히 더 낫다).

7.1.1.4 경로 API

경로를 처리하는 일이 단순한 문자열을 처리하는 것보다 훨씬 복잡하다는 점은 두말할 나위가 없다. 경로를 처리할 때 프로그래머가 할 일은 여러 가지가 있는데, 디렉터리와 파일 이름 및 확장자를 분리하는 일부터 경로를 캐노니컬라이즈canonicalizing[1]하기, 절대 경로와 상대 경로를 전환하기 등이 있다. 따라서 이런 일을 도와줄 수 있는 기능이 풍부한 API를 사용할 수 있으면 굉장히 큰 도움이 된다.

마이크로소프트 윈도우는 바로 이런 용도의 API를 제공한다. 구현은 동적 링크 라이브러리 shlwapi.dll에 돼 있으며, 인터페이스는 shlwapi.h 파일을 통해 공개한다.

전체적인 문서는 마이크로소프트 개발자 네트워크MSDN, Microsoft Developer's Network의 사이트 (https://learn.microsoft.com/ko-kr/windows/win32/api/shlwapi/)에서 찾을 수 있다. 당연히 shlwapi API는 Win32 플랫폼에서만 쓸 수 있다. 소니의 플레이스테이션 3에도 비슷한 API가 있다. 하지만 여러 플랫폼을 지원하는 게임 엔진을 만들 경우 shlwapi같이 특정 플랫폼에 특화된 API는 어차피 쓰지 못한다. 이런 이유로 엔진의 요구 사항을 충족할 수 있으면서도 목표

---

1   중복된 의미를 없애서 명확한 의미로 만들기 – 옮긴이

로 하는 모든 운영체제에서 동작하게 간소화한 경로 처리 API를 구현해 사용하는 게임 엔진도 종종 있다. 이런 API를 구현할 때는 각 플랫폼의 API를 단순히 감싸는 계층을 만드는 방법도 있고, 아니면 처음부터 직접 만드는 방법도 있다.

7.1.2 기본 파일 I/O

표준 C 라이브러리에는 파일 열기와 읽기, 쓰기에 두 가지 종류의 API를 제공하는데, 버퍼 방식과 버퍼를 사용하지 않는 방식이 있다. 모든 파일 I/O API는 버퍼^{buffer}라 불리는 데이터 블록이 필요한데, 버퍼는 프로그램과 디스크의 파일 사이를 오가는 데이터의 출발점 또는 도착점 역할을 한다. 어떤 파일 I/O API가 버퍼 방식이라는 말은 API가 알아서 입력 및 출력 데이터 버퍼를 관리해 준다는 뜻이다. 버퍼를 사용하지 않는 API의 경우 데이터 버퍼를 할당하고 관리하는 것은 프로그래머의 몫이다. 표준 C 라이브러리의 버퍼 방식 파일 I/O 함수들은 때로 스트림^{stream} I/O API라고 불리기도 하는데, 이 함수들은 디스크의 파일을 바이트 스트림처럼 보이게 추상화하는 역할도 하기 때문이다.

표준 C 라이브러리의 함수 중에 버퍼 방식 파일 I/O 함수와 그렇지 않은 것들을 표 7.1에 몇 가지 들어 봤다.

표 7.1 표준 C 라이브러리의 버퍼 방식과 버퍼를 사용하지 않는 방식 함수

동작	버퍼 방식 API	버퍼가 없는 API
파일 열기	fopen( )	open( )
파일 닫기	fclose( )	close( )
파일에서 읽기	fread( )	read( )
파일로 쓰기	fwrite( )	write( )
오프셋으로 이동	fseek( )	seek( )
현재 오프셋 리턴	ftell( )	tell( )
한 라인 읽기	fgets( )	없음
한 라인 쓰기	fputs( )	없음
포맷된 형식의 문자열 읽기	fscanf( )	없음
포맷된 형식의 문자열 쓰기	fprintf( )	없음
파일 상태 질의	fstat( )	stat( )

표준 C 라이브러리는 문서화가 잘 돼 있기 때문에 여기서 더 자세히 이야기하는 것은 별 의미가 없다. 마이크로소프트의 버퍼 방식 구현에 대해서는 다음 사이트(https://learn.microsoft.com/en-us/cpp/c-runtime-library/stream-i-o?view=msvc-170)를 보면 되고 버퍼를 사용하지 않는(로우레벨 I/O) API 구현은 다음 사이트(https://learn.microsoft.com/en-us/cpp/c-runtime-library/low-level-i-o?view=msvc-170)를 보면 된다.

유닉스와 그 계열에서는 버퍼를 사용하지 않는 C 라이브러리 I/O 함수는 운영체제의 고유 native 함수다. 그렇지만 마이크로소프트 윈도우에서는 더 로우레벨 API를 감싸게 구현돼 있다. Win32 함수 `CreateFile()`이 파일을 생성하거나 여는 역할을 하고 `ReadFile()`, `WriteFile()`은 각각 파일을 읽고 쓰는 역할 그리고 `CloseFile()`은 파일 핸들을 닫는다. 표준 C 라이브러리 함수 대신 로우레벨 시스템 함수를 사용하는 장점은 운영체제의 고유한 파일 시스템에 대한 세부적인 요소들을 접근할 수 있다는 점이다. 예를 들면 윈도우 고유 API를 사용하는 경우 파일의 보안 속성을 읽거나 조정할 수도 있다(이런 일은 표준 C 라이브러리로는 할 수 없다).

개중에는 직접 버퍼를 관리하는 것이 더 낫다고 보는 게임 팀도 있다. 일렉트로닉 아츠의 레드 얼럿Red Alert 3팀의 경우 로그 파일에 데이터를 쓰는 작업 때문에 성능이 심각하게 저하되는 일이 있었다. 그래서 출력을 메모리 버퍼에 모아 놨다가 다 차면 디스크의 파일에 쓰는 방식으로 로그 기록 시스템을 바꿨다. 그런 후 버퍼를 채우는 부분을 따로 스레드로 떼어 메인 루프의 작업을 방해하지 않게 만들었다.

7.1.2.1 운영체제의 함수를 감싸는 경우와 그렇지 않은 경우

게임 엔진을 만들 때 표준 C 라이브러리의 파일 I/O 함수를 사용할 수도 있고 아니면 운영체제의 고유 API를 쓸 수도 있다. 하지만 파일 I/O API를 감싸는 형태로 직접 I/O 함수 라이브러리를 구현하는 팀도 많다. 운영체제의 I/O API를 감싸는 데는 최소한 세 가지 장점이 있다. 첫째, 서로 다른 플랫폼에 대해서 똑같은 동작을 보이게 보장할 수 있는데, 일부 운영체제 고유 API가 특이하게 동작하거나 버그가 있는 경우에도 해당한다. 둘째, 엔진에서 실제 필요한 기능들만 갖게 API를 단순화할 수 있고, 따라서 유지비용을 최소로 할 수 있다. 셋째, 확장 기능을 지원할 수 있다. 예를 들면 운영체제의 API를 감싸서 만든 엔진 API는 다양한 장소, 즉 하드 디스크, DVD-ROM나 블루레이 디스크(콘솔의 경우), 네트워크(예, 엑스박스 라이브나 PSN이 관리하는 원격 파일들의 경우)뿐 아니라 메모리 스틱이나 기타 휴대용 미디어에 담긴 파일도 처리하게 지원할 수 있다.

7.1.2.2 동기적 파일 I/O

위에서 설명한 표준 C 라이브러리의 파일 I/O 라이브러리는 모두 동기적[synchronous]으로 동작하는데, 이 말은 I/O를 요청한 프로그램은 데이터가 완전히 이동될 때까지 기다려야 한다는 말이다. 다음 코드는 동기 함수인 fread()로 한 파일의 전체 내용을 메모리 버퍼에 읽어 오는 과정을 보여 준다. syncReadFile() 함수가 모든 데이터를 버퍼에 읽어 들일 때까진 리턴하지 않는 점을 유념하고 코드를 살펴보자.

```c
bool syncReadFile(const char* filePath,
  U8* buffer, size_t bufferSize, size_t& rBytesRead)
{
  FILE* handle = fopen(filePath, "rb");
  if (handle)
  {
    // 데이터를 전부 읽어 들일 때까지 여기서 기다린다.
    size_t bytesRead = fread(buffer, 1, bufferSize, handle);

    int err = ferror(handle); // 에러가 있으면 입수

    fclose(handle);

    if (0 == err)
    {
      rBytesRead = bytesRead;
      return true;
    }
  }
  return false;
}

void main(int argc, const char* argv[])
{
  U8 testBuffer[512];
  size_t bytesRead = 0;

  if (syncReadFile("C:\\testfile.bin",
    testBuffer, sizeof(testBuffer), bytesRead))
  {
```

```
    printf("success: read %u bytes\n", bytesRead);
    // 이제 버퍼 안에 들어 있는 정보를 사용할 수 있음...
  }
}
```

7.1.3 비동기적 파일 I/O

스트리밍streaming이란 메인 프로그램이 정상적으로 돌아가는 동안 배경에서 데이터를 불러오는 것을 의미한다. 스트리밍을 이용하면 게임을 플레이하는 도중에 DVD-ROM, 블루레이 디스크 또는 하드 디스크에서 앞으로 나올 레벨을 읽어 들일 수 있기 때문에 플레이어는 로딩 화면을 볼 필요 없이 끊김 없는 게임을 즐길 수 있다. 오디오와 텍스처 데이터가 스트리밍을 가장 빈번히 사용하는 데이터이긴 하지만 지형이나 레벨 구조, 애니메이션 클립 등 모든 데이터를 스트리밍할 수도 있다.

스트리밍을 지원하려면 비동기asynchronous 파일 I/O 라이브러리를 활용해야 한다(I/O 요청을 수행하는 동안 프로그램이 계속 실행될 수 있어야 한다). 비동기 파일 I/O 라이브러리를 원래 지원하는 운영체제도 있다. 예를 들면 윈도우 공통 언어 런타임CLR, Common Language Runtime(비주얼 베이식, C#, 매니지드 C++, J# 등의 바탕이 되는 가상 머신)에는 System.IO.BeginRead() 함수와 System.IO.BeginWrite() 함수가 있다. 플레이스테이션 3에는 fios라는 비동기 API가 있다. 목표로 한 플랫폼에서 비동기 파일 I/O를 지원하지 않으면 직접 구현하는 것도 가능하다. 처음부터 새로 만드는 경우가 아니더라도 이식성을 위해서는 시스템 API를 감싸게 만드는 편이 더 낫다.

다음 코드는 비동기적 읽기 연산을 통해 파일의 전체 내용을 메모리 버퍼에 읽어 오는 과정을 보여 준다. asyncReadFile() 함수가 즉시 리턴하는 점을 유념하며 보기 바란다. I/O 라이브러리에서 콜백 함수인 asyncReadComplete()를 부를 때까지 데이터가 버퍼에 완전히 채워지지 않는다.

```
AsyncRequestHandle g_hRequest;  // 비동기 I/O 요청에 대한 핸들
U8 g_asyncBuffer[512];          // 입력 버퍼

static void asyncReadComplete(AsyncRequestHandle hRequest);

void main(int argc, const char* argv[])
```

```
{
  // NOTE: asyncOpen( ) 함수 자체가 비동기 함수일
  // 가능성도 있지만, 여기서는 무시하고
  // 동기적 함수라고 가정하자.

  AsyncFileHandle hFile = asyncOpen(
    "C:\\testfile.bin");

  if (hFile)
  {
    // 이 함수는 읽기 I/O를 요청하고
    // 즉시 리턴한다(비동기 함수).
    g_hRequest = asyncReadFile(
      hFile,                    // 파일 핸들
      g_asyncBuffer,            // 입력 버퍼
      sizeof(g_asyncBuffer),    // 버퍼 크기
      asyncReadComplete);       // 콜백 함수
  }

  // 이제 다른 일을 해도 된다...
  // (다음 루프는 읽기 I/O 동작이 완료될 때까지
  // 기다리며 다른 일을 하는 것을 나타낸다.)

  for (;;)
  {
    OutputDebugString("zzz...\n"); Sleep(50);
  }
}

// 이 함수는 데이터를 모두 읽으면 호출된다.
static void asyncReadComplete(
AsyncRequestHandle hRequest)
{
  if (hRequest == g_hRequest
  && asyncWasSuccessful(hRequest))
  {
    // 이제 g_asyncBuffer[]에 데이터가 들어 있고
    // 사용할 수 있다. 읽어 온 바이트 수를 요청한다.
    size_t bytes = asyncGetBytesReadOrWritten(
      hRequest);
```

```
    char msg[256];
    sprintf(msg, "async success, read %u bytes\n",
      bytes);
    OutputDebugString(msg);
  }
}
```

비동기 I/O 라이브러리는 메인 프로그램에서 요청을 한 후 I/O 동작이 완료되기를 기다리는 기능도 지원하는 경우가 일반적이다. I/O 요청이 완료되기를 기다리는 동안 할 수 있는 일이 제한돼 있을 때 유용한 기능이다. 다음 코드에 이 상황이 나와 있다.

```
U8 g_asyncBuffer[512]; // 입력 버퍼

void main(int argc, const char* argv[])
{
  AsyncRequestHandle hRequest = ASYNC_INVALID_HANDLE;
  AsyncFileHandle hFile = asyncOpen(
    "C:\\testfile.bin");

  if (hFile)
  {
    // 이 함수는 읽기 I/O를 요청하고
    // 즉시 리턴한다(비동기 함수).
    hRequest = asyncReadFile(
      hFile,                 // 파일 핸들
      g_asyncBuffer,         // 입력 버퍼
      sizeof(g_asyncBuffer), // 버퍼 크기
      NULL);                 // 콜백 함수는 없음
  }

  // 제한된 만큼 일을 한다...
  for (int i = 0; i < 10; ++i)
  {
    OutputDebugString("zzz...\n");
    Sleep(50);
  }

  // 요청한 데이터가 완료될 때까지 더이상
  // 작업을 진행할 수 없기 때문에 여기서 기다린다.
```

```
asyncWait(hRequest);

if (asyncWasSuccessful(hRequest))
{
  // 이제 g_asyncBuffer[]에 데이터가 들어 있고
  // 사용할 수 있다. 읽어 온 바이트 수를 요청한다.
  size_t bytes = asyncGetBytesReadOrWritten(
    hRequest);
  char msg[256];
  sprintf(msg, "async success, read %u bytes\n",
    bytes);
  OutputDebugString(msg);
}
}
```

비동기 I/O 라이브러리 중에는 비동기 연산이 얼마나 걸릴지 대강의 예상 시간을 알 수 있는 기능을 제공하기도 한다. 어떤 API는 요청에 데드라인을 정할 수 있기도 하고(사실상 다른 대기 연산들보다 높은 우선순위를 부과하는 것과 같다), 데드라인이 끝날 때까지 요청을 완료하지 못했을 경우 어떻게 되는지를 지정할 수도 있다(예를 들면 요청을 취할 수도 있고 아니면 그냥 알려만 주고 계속 시도할 수도 있다).

7.1.3.1 우선순위

파일 I/O는 실시간 시스템이며 게임의 다른 모든 부분과 마찬가지로 정해진 시간 안에 끝마쳐야 한다. 그렇기 때문에 비동기 I/O 연산에는 보통 우선순위가 있다. 하드 디스크나 블루레이 디스크에서 오디오를 스트리밍한다고 가정할 때 오디오 데이터를 버퍼에 채우는 작업은 텍스처를 불러오거나 게임 레벨의 덩어리를 불러오는 등의 일보다는 분명히 우선순위가 높아야 한다. 비동기 I/O 시스템은 우선순위가 높은 요청이 제한 시간 안에 완료될 수 있게 우선순위가 낮은 요청을 잠시 정지시킬 수 있어야 한다.

7.1.3.2 비동기 파일 I/O의 동작 방법

비동기 파일 I/O는 I/O 요청을 별도의 스레드에서 처리하는 방식으로 동작한다. 메인 스레드가 호출하는 함수는 요청을 큐에다 쌓아 놓고 즉시 리턴한다. I/O 스레드는 큐에서 요청을 뽑아 read()나 fread() 같은 동기적 I/O 함수를 사용해 순차적으로 처리한다. 작업이 완료되면

메인 스레드가 지정한 콜백 함수를 호출해 요청이 완료됐음을 알린다. 메인 스레드가 I/O 요청이 완료되기를 기다리고 싶은 경우에는 세마포어^{semaphore}를 이용해 처리한다(각 요청은 연관된 세마포어가 있고, 메인 스레드는 I/O 스레드가 요청을 완료한 후 신호를 보낼 때까지 세마포어가 켜지기를 기다리며 잠든다).

별도의 스레드를 사용하면 생각할 수 있는 모든 동기 연산을 비동기 연산으로 바꿀 수 있다. 플레이스테이션 4의 SPU 등 물리적으로 분리된 프로세서에서 처리하는 경우노 마찬가지다. 자세한 내용은 8.6절을 읽어 보기 바란다.

7.2 리소스 매니저

게임은 본질적으로 다양한 리소스(자원, 또는 미디어)로 만들어진다. 메시, 머티리얼, 텍스처, 셰이더 프로그램, 애니메이션, 오디오 클립, 레벨 배치, 충돌 기본 단위, 물리 매개변수 등 리소스는 굉장히 다양하다. 게임에서 사용하는 리소스들은 반드시 관리가 필요한데, 리소스를 만들어 내는 오프라인 툴들의 관점에서는 물론, 런타임에 자원을 불러오고 내리는 일 그리고 관리하는 측면에서도 필요하다. 따라서 그 형태는 다양하지만 게임 엔진에는 리소스 매니저가 반드시 존재한다.

모든 리소스 매니저는 별개의, 하지만 본질적으로는 뗄 수 없는 두 가지 구성 요소로 이뤄진다. 하나는 자원을 만들고 게임에서 사용할 수 있게끔 변환하는 데 쓰이는 오프라인 툴 체인을 관리한다. 또 하나는 런타임에 리소스를 관리하며, 게임에서 사용되기 전에 미리 메모리에 불러오고 더 이상 필요 없을 때 메모리에서 내리는 일을 담당한다.

일부 게임의 리소스 매니저는 깔끔하게 디자인되고 통합된 구조로 된 중앙 집중적 하부 시스템이며, 게임에서 쓰이는 모든 종류의 자원을 관리한다. 그렇지 않은 경우에는 자원 관리자가 1개의 하부 시스템으로 존재하지 않고 서로 다른 여러 하부 시스템들에 분리돼 있는 경우가 많은데, 이 경우 길고 굴곡진 개발 기간 동안 여러 사람의 손을 거쳤을 수도 있다. 하지만 구현이 어떻든 리소스 매니저는 예외 없이 분명한 역할이 있으며, 명확한 문제들을 해결한다. 이제 게임 엔진의 일반적인 리소스 매니저의 기능을 알아보고 실제로 구현 예를 몇 가지 살펴보자.

7.2.1 오프라인 리소스 관리와 툴 체인

7.2.1.1 자원의 리비전 컨트롤

규모가 작은 게임 프로젝트의 경우 공유 네트워크 드라이브에 파일들을 올려놓고 적당한 디렉터리 구조만 갖춰도 자원 관리가 가능하다. 하지만 자원의 수가 엄청나고 종류도 다양한 오늘날의 상용 3D 게임에는 이런 방식이 적합하지 않다. 이 같은 프로젝트의 경우 자원을 추적하고 관리하기 위해 좀 더 엄정한 방식이 필요하다.

소스코드 리비전^{revision} 컨트롤 시스템을 자원 관리에 사용하는 팀도 있다. 아티스트는 아트 소스 파일들(마야의 scene, 포토샵 .PSD 파일, 일러스트레이터 파일 등)을 퍼포스^{Perforce} 등의 리비전 컨트롤 프로그램에 체크인한다. 이런 방식도 꽤 괜찮은 편이지만 아티스트가 배우기에 어려운 점이 있기 때문에 별도의 자원 관리 툴을 제작해 쓰는 팀도 있다. 이런 툴들은 상용 리비전 컨트롤 시스템을 간단히 감싼 형태일 수도 있고, 아니면 완전히 새로 만든 것일 수도 있다.

데이터 크기로 인한 문제

아트 자원을 리비전 컨트롤로 관리할 때 생기는 가장 큰 문제는 엄청난 데이터 양이다. 프로젝트에 미치는 영향에 비해 C++ 코드나 스크립트 소스코드 파일들은 그 크기가 작은 편이지만, 아트 파일들은 대개 그보다 훨씬 크다. 상당수의 소스 컨트롤 시스템이 중앙 저장소에서 사용자의 로컬 머신으로 파일을 카피하는 방식이기 때문에 자원 파일들의 엄청난 크기는 이 같은 프로그램을 쓰기 힘들 지경으로 만들 수도 있다.

나는 여러 스튜디오에서 이런 문제를 해결하고자 다양한 시도를 하는 것을 지켜봤다. 어떤 스튜디오는 큰 데이터를 처리할 목적으로 만들어진 에일리언브레인^{Alienbrain} 등의 상용 리비전 컨트롤 시스템을 채용했다. 자원을 로컬로 복사하는 리비전 컨트롤을 그냥 감내하면서 쓰는 팀도 있었다. 디스크 공간이 충분하고 네트워크 속도가 빠르다면 이렇게도 쓸 수는 있지만 비효율적이라 업무 효율을 떨어뜨릴 수도 있다. 어떤 팀은 리비전 컨트롤 시스템을 바탕으로 정교한 시스템을 만들기도 하는데, 사용자가 실제로 필요한 파일들만 로컬 머신에 복사하게 한다. 이 시스템에서는 그 외의 자원들에 대한 접근 권한이 없는 경우도 있고, 필요한 경우에 공유 네트워크 드라이브를 통해 접근할 수 있는 경우도 있다.

너티 독에서는 유닉스의 심볼릭 링크^{symbolic link}를 활용해 데이터 복사를 사실상 없애는 동시에 사용자가 저장소의 모든 자원을 로컬 머신에서 볼 수 있는 툴을 자체적으로 만들어 썼다. 수정하기 위해 체크아웃하지 않는 파일은 공유 네트워크 드라이브에 있는 원본 파일에 대한 심볼릭 링크다. 심볼릭 링크는 디렉터리 엔트리에 불과하기 때문에 디스크 용량을 거의 차지하지 않는다. 이제 사용자가 수정을 위해 파일을 체크 아웃하면 심볼릭 링크를 제거하고 로컬 머신에 복사한 파일로 대체된다. 수정 후 파일을 체크인하면 로컬에 있는 파일이 새로운 원본 파일이 되고, 데이터베이스의 리비전 히스토리가 업데이트되면서 로컬 머신의 파일은 다시 심볼릭 링크로 대체된다. 이 방식은 굉장히 잘 동작했지만, 리비전 컨트롤 시스템을 처음부터 만들어야 하는 부담이 있다. 내가 알기로는 상용 툴 중에 이와 같은 원리로 동작하는 것은 없다. 또한 심볼릭 링크는 유닉스의 기능이다. 윈도우의 junction(심볼릭 링크에 해당하는 윈도우 기능)을 사용해 비슷하게 만들 수도 있지만, 역시 아직까지 시도한 적이 있다는 말을 들어 보지 못했다.

7.2.1.2 리소스 데이터베이스

잠시 후에 상세히 살펴볼 내용이긴 한데, 게임에서 사용하는 자원 중 원래 형식 그대로 엔진에서 쓸 수 있는 것은 별로 없다. 자원들은 자원 다듬기 파이프라인을 통과해야 하며, 이 과정을 거치면 엔진에서 사용할 수 있는 이진 형식으로 변경된다. 자원 다듬기 파이프라인을 거치는 자원들은 저마다 어떻게 처리해야 할지를 기술하는 소정의 메타데이터가 존재한다. 예를 들면 텍스처 비트맵을 압축하는 경우 해당 이미지에 어떤 압축 방식이 가장 적합한지 알아야 한다. 마야에서 애니메이션을 내보낼 때는 어느 프레임 범위를 뽑아내야 할지 알아야 한다. 여러 캐릭터가 들어 있는 마야의 장면scene에서 캐릭터 메시를 뽑아낼 때는 어떤 게임의 캐릭터 메시인지 알아야 한다.

이 같은 모든 메타데이터를 관리하려면 데이터베이스가 필요하다. 굉장히 작은 규모의 게임을 만드는 경우라면 개발자들이 저마다 기억에 의존해도 상관없다. 예를 들면 다음과 같은 식이다. '그러니까 플레이어의 애니메이션은 flip X 플래그를 설정하고 다른 캐릭터는 절대 이 플래그를 켜면 안 되지…… 아니면 반대든가?'

그렇지만 규모가 어느 정도 되는 게임이면 당연히 개발자의 기억에만 의지할 수는 없다. 자원의 규모만 해도 순식간에 감당할 수 없을 정도로 커지기 때문이다. 뿐만 아니라 개별 자원을 손으로 처리하는 일은 상업용 게임 개발에서 사용하기에는 너무 시간을 많이 잡아먹는다. 따라서 전문적인 개발 팀에서는 예외 없이 어느 정도 자동화된 리소스 파이프라인을 갖추고 있으며, 파이프라인에 쓰이는 데이터들을 일종의 리소스 데이터베이스에 저장한다.

리소스 데이터베이스의 형태는 게임 엔진마다 많이 다르다. 리소스를 어떻게 처리해야 하는지를 나타내는 메타데이터가 자원 안에 포함돼 있는 경우도 있다(예를 들면 마야 파일 안에 있는 이른바 블라인드 데이터^{blind data} 형태로 저장되기도 한다). 또 다른 경우는 모든 리소스 파일마다 이 파일을 어떻게 처리해야 하는지를 기술하는 작은 텍스트 파일을 동봉하기도 한다. 리소스를 처리하는 메타데이터를 XML 형태로 저장하기도 하는데, 이 경우 별도의 그래픽 유저 인터페이스를 제공하는 경우도 있다. 심지어 마이크로소프트 액세스나 MySQL 등 진짜 관계형 데이터베이스를 사용하는 엔진도 있고, 더 나가 오라클^{Oracle}같이 덩치 큰 데이터베이스를 사용하는 것도 불가능하지 않다.

형태가 어떻든 리소스 데이터베이스는 다음과 같은 기본 기능을 제공해야 한다.

- 여러 종류의 리소스를 처리할 수 있는 기능. 일관된 방식으로 처리할 수 있으면 가장 좋다(필수적인 것은 아니다).
- 새 리소스를 만들 수 있는 기능
- 리소스를 지울 수 있는 기능
- 기존의 리소스를 살펴보고 수정할 수 있는 기능
- 리소스의 원본 파일(들)을 디스크의 다른 장소로 옮길 수 있는 기능(프로젝트의 목표가 변한다거나 게임 디자인 변경, 기능 추가 및 삭제 등이 발생하면 아티스트와 게임 디자이너는 자원들을 그에 맞게 다시 정돈해야 하는 경우가 종종 있기 때문에 이 기능이 있으면 매우 유용하나.)
- 리소스들끼리 교차 참조할 수 있는 기능(예를 들면 메시에 사용되는 머티리얼, 또는 레벨에 사용되는 애니메이션 모음 등). 이 같은 교차 참조는 리소스 빌드 과정과 런타임에 로딩 과정 모두를 좌우한다.
- 데이터베이스 내의 모든 교차 참조에 대한 참조 무결성^{referential integrity}을 유지하는 기능. 리소스를 삭제하거나 위치를 옮기는 등의 일반적인 동작이 발생했을 경우 무결성을 보장해야 한다.
- 리비전 히스토리를 관리하는 기능. 작업자와 작업 사유에 대한 기록^{log}까지 갖춰야 한다.
- 이외에 리소스 데이터베이스가 다양한 검색 또는 질의를 처리할 수 있으면 많은 도움이 된다. 예를 들면 어떤 애니메이션이 사용된 레벨을 알고 싶다거나 선택한 머티리얼들에

서 사용된 텍스처들을 알고 싶은 경우. 또는 이름이 잘 생각나지 않는 리소스를 찾으려 하는 경우 등이 있다.

일단 이런 항목들을 보고 나면 믿을 만하면서 안정적인 리소스 데이터베이스를 만들기란 쉬운 일이 아님을 깨달았을 것이다. 디자인이 훌륭하고 적절히 구현된 리소스 데이터베이스는 말 그대로 히트 게임을 성공적으로 출시하는 팀을 만들 수도 있고, 아니면 18개월 동안 고생만 하다 결국 해체되고 마는 팀을 만들 수도 있다(팀 해체보다 더한 일도 생길 수 있다). 나는 두 경우 모두 겪어 봤기 때문에 이 말이 과장이 아니란 점을 보장할 수 있다.

7.2.1.3 성공적인 리소스 데이터베이스 디자인의 몇 가지 사례

리소스 데이터베이스를 디자인하는 데 있어 게임 팀마다 요구 조건도 다르고 그 과정에서의 의사결정도 모두 다르다. 이런 점을 감안하고도 개인적 경험으로 볼 때 잘된 디자인이 있었다. 몇 가지 예를 들면 다음과 같다.

언리얼 엔진 4

언리얼 엔진의 데이터베이스는 만능 툴인 UnrealEd에서 관리한다. UnrealEd는 리소스 메타데이터 관리에서부터 자원 제작 및 레벨 디자인 등 말 그대로 모든 것을 담당한다. UnrealEd도 몇 가지 단점이 있기는 하지만, 가장 큰 장점은 에디터 자체가 게임 엔진의 일부라는 점이다. 그렇기 때문에 게임 자원을 만든 다음 게임에서 보이는 것과 완전히 똑같은 모습으로 즉시 확인할 수 있다. 심지어 UnrealEd에서 게임을 바로 띄울 수도 있는데, 자원을 만든 후 자연스런 배경에서 어떻게 보일지를 파악할 수 있고 실제 게임에서 동작은 하는지, 한다면 제대로 하는지 확인할 수 있다.

UnrealEd의 또 다른 큰 장점을 꼽자면 원스톱 쇼핑처럼 리소스를 간편하게 처리할 수 있는 기능이다. UnrealEd의 Generic Browser(그림 7.1)를 이용하면 엔진이 사용하는 사실상 모든 자원에 접근할 수 있다. 통합적이고 납득할 만한 일관된 인터페이스 하나로 전체 리소스를 제작하고 관리할 수 있다는 점은 큰 게인이다. 자원 관리에 일관성 없고 때로는 난해하기까지 한 자잘한 툴들을 써야만 하는 다른 게임 엔진들을 생각하면 이 점은 더욱 부각된다. 어떤 자원이든 UnrealEd로 쉽게 찾을 수 있는 것만 해도 상당한 이점이다.

언리얼 엔진을 사용하면 다른 대다수의 엔진들보다 실수를 줄일 수 있는데, 그 이유는 모든 자원을 언리얼의 리소스 데이터베이스로 먼저 들여와야^{import} 하기 때문이다. 그렇기 때문에 개발 초기 단계에서 리소스가 제대로 됐는지를 알 수 있다. 다른 대부분의 게임 엔진에서는 리소스 데이터베이스 안에 온갖 데이터를 다 넣을 수 있지만 나중에 리소스를 빌드할 때나 이것이 제대로 된 것인지 알 수 있다. 어떤 경우에는 런타임에 게임에서 로드해 본 후에 확인할 수 있는 경우도 있다. 언리얼 엔진의 경우 이와 달리 UnrealEd에 들여오는 순간 자원이 제대로 만들어졌는지를 바로 확인할 수 있다. 즉 자원을 제작한 사람은 작업을 제대로 했는지 즉시 알 수 있다.

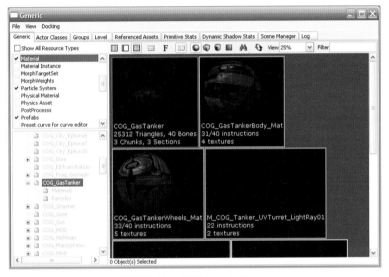

그림 7.1 UnrealEd의 Generic Browser

물론 언리얼의 방식도 몇 가지 중요한 단점이 있다. 무엇보다 모든 리소스 데이터가 몇 개의 덩치 큰 패키지 파일에 저장된다는 점이 문제다. 이 파일들은 이진 파일이라서 CVS, 서브버전, 퍼포스^{Perforce} 등의 리비전 컨트롤 프로그램으로 합치기가 쉽지 않다. 여러 사람이 같은 패키지에 들어 있는 자원을 갖고 작업하고 싶을 때 매우 난처할 수 있다. 작업하고자 하는 리소스가 서로 다르더라도 한 번에 한 명만 패키지를 잠글 수 있기 때문에 다른 사람들은 기다릴 수밖에 없다. 이 문제는 리소스들을 더 작은 단위의 패키지 파일에 쪼개 담으면 다소 나아지지만 실질적으로 완전히 해결할 수는 없다.

UnrealEd의 참조 무결성^{referential integrity}은 꽤 괜찮은 편이지만 몇 가지 문제가 있다. 어떤 리소스의 이름을 변경하거나 자리를 옮기면 이 리소스에 대한 참조를 해결하기 위해 자동으로 더미^{dummy} 객체가 생기는데, 이 객체는 기존 리소스를 새 이름/위치로 다시 매핑하는 역할을 한다. 이 같은 더미 객체는 지워지지 않기 때문에 점차적으로 그 수가 늘어나 때로 문제가 될 수 있는데, 리소스를 삭제하는 경우 특히 그렇다. 전체적으로 봤을 때 언리얼 엔진의 참조 무결성은 상당히 좋은 편이라 할 수 있지만 완벽하지는 않다.

몇 가지 문제가 있기는 하지만 내 생각에 UnrealEd는 사용자 편의성이나 통합의 효율성, 과정의 효율성 측면에서 독보적인 자원 제작 도구이자 리소스 데이터베이스, 자원 다듬기 파이프라인이다.

너티 독의 엔진

'언차티드: 엘도라도의 보물^{Uncharted: Drake's Fortune}'에서는 리소스 메타데이터를 MySQL 데이터베이스에 저장했다. 데이터베이스의 콘텐츠는 별도의 그래픽 유저 인터페이스를 가진 툴을 구현해 관리했다. 이 툴을 사용해 아티스트, 게임 디자이너, 프로그래머 모두 새로운 리소스를 만들기도 하고 기존의 것을 지우는 것도 가능했고 리소스를 살펴보거나 수정할 수도 있었다. 이런 GUI를 사용하면 SQL의 관계형 데이터베이스같이 복잡한 내용을 따로 배울 필요가 없기 때문에 시스템의 핵심 요소라 할 수 있다.

원래 언차티드에서 썼던 MySQL은 데이터베이스 변경 기록에 대해 별로 신통한 기능이 없었고, 잘못 수정한 내용을 쉽게 롤백할 수 있는 기능도 없었다. 여러 사용자가 같은 리소스를 동시에 고칠 수도 없었고 관리하기도 힘들었다. 그 후 너티 독은 MySQL에서 떠나 퍼포스에서 관리하는 XML 파일 기반 자원 데이터베이스로 옮겨 왔다.

너티 독의 리소스 데이터베이스 GUI의 이름은 Builder였고, 그림 7.2에 나와 있다. 창은 크게 두 부분으로 나뉜다. 왼쪽의 트리 뷰는 게임의 모든 리소스를 보여 주고, 오른쪽의 속성 윈도우는 트리 뷰에서 선택한 리소스를 살펴보고 수정하는 데 쓰인다. 리소스 트리에는 구조적인 관리 용도로 폴더를 만들 수 있으므로 아티스트와 게임 디자이너가 원하는 대로 리소스를 조직할 수 있다. 모든 폴더 안에는 다양한 종류의 리소스를 만들고 관리할 수 있는데, 여기에는 액터와 레벨을 비롯해 이것들을 구성하는 다양한 하부 리소스들(주로 메시, 뼈대, 애니메이션 등)이 있다. 애니메이션들은 번들^{bundle}이라고 부르는 폴더와 비슷한 구조 안에 모아 놓을 수 있다. 이렇게 하면 애니메이션 수가 많아도 하나의 단위로 관리할 수 있고, 트리 뷰에서 개별 애니메이션을 일일이 드래그하는 데 시간을 낭비하지 않아도 된다.

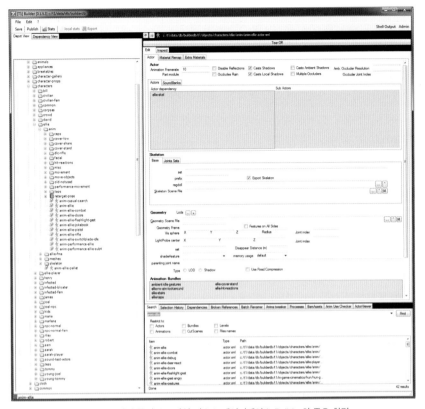

그림 7.2 너티 독의 오프라인 리소스 데이터베이스 Builder의 주요 화면

언차티드와 라스트 오브 어스 시리즈의 자원 다듬기 파이프라인은 커맨드라인에서 실행하는 일련의 리소스 익스포터, 컴파일러, 링커로 이뤄진다. 엔진은 다양한 데이터 객체들을 처리할 수 있지만, 이것들은 전부 액터 또는 레벨 둘 중의 하나의 리소스 파일에 담긴다. 액터는 뼈대, 메시, 머티리얼, 텍스처, 애니메이션을 포함한다. 레벨은 정적 배경 메시, 머티리얼, 텍스처, 레벨 배치 정보를 포함한다. 액터를 빌드하려면 커맨드라인에서 ba 액터 이름을 입력한다. 레벨을 빌드할 때는 bl 레벨 이름을 입력한다. 이 같은 커맨드 라인 툴을 실행하면 데이터베이스에 질의를 던져 주어진 액터나 레벨을 정확히 어떻게 빌드해야 하는지 알아낸다. 여기에는 마야나 포토샵 등의 DCC 툴들에서 어떻게 자원을 뽑아낼지에 대한 정보를 비롯해 데이터 처리

방식에 대한 정보, 게임 엔진에서 로딩할 수 있게 데이터를 이진 .pak 파일로 묶는 정보 등이 있다. 아티스트가 손수 자원을 뽑아내야 하는 다른 엔진들에 비교하면 무척 단순한 방식이라 하겠다(이런 작업들은 시간도 많이 걸리고 반복적이며 실수하기도 쉽다).

너티 독의 리소스 파이프라인 디자인에는 다음과 같은 장점이 있다.

- **잘게 쪼개진 리소스** 리소스를 게임의 논리적인 단위별로 다룰 수 있다(메시, 머티리얼, 뼈대, 애니메이션 등). 이런 리소스 종류는 충분히 잘게 쪼개져 있기 때문에 같은 리소스를 동시에 여러 명이 고치려 하는 상황이 발생하지 않는다.
- **필요한 기능들만 구현** Builder 툴은 팀에서 필요로 하는 막강한 기능들을 제공하지만 너티 독이 필요로 하지 않는 기능은 일절 들어 있지 않다.
- **원본 파일들과의 명확한 관계** 특정 리소스가 어떤 원본 자원(마야의 .ma 파일이나 포토샵의 .psd 파일 등의 DCC 툴의 파일들)이 모여 이뤄져 있는지를 금방 파악할 수 있다.
- **DCC 데이터를 뽑아내고 처리하는 방식을 쉽게 바꿀 수 있음** 원하는 리소스를 클릭한 후 리소스 데이터베이스 GUI 내의 처리 속성을 조정하기만 하면 된다.
- **자원을 빌드하기 쉬움** 커맨드라인에서 ba나 bl 명령어에 리소스 이름만 적으면 된다. 의존성 시스템이 나머지를 다 알아서 처리한다.

당연한 말이지만 너티 독의 툴 체인도 몇 가지 단점이 있는데 다음과 같다.

- **시각적인 도구의 부재** 어떤 자원을 미리 보기할 수 있는 방법은 게임에서 보거나 아니면 모델/애니메이션 뷰어(사실 게임의 특수한 실행 형태일 뿐임)를 통하는 수밖에 없다.
- **툴이 완전히 통합돼 있지 않음** 너티 독에서는 레벨을 배치하는 데 쓰는 툴과 리소스 데이터베이스 안에 있는 다수의 리소스를 관리하는 툴, 머티리얼과 셰이더를 설정하는 툴(이 툴은 리소스 데이터베이스 UI에 속하지 않는다)이 따로 있다. 자원을 빌드할 때는 커맨드라인을 사용한다. 이 모든 기능이 툴 하나로 통합돼 있으면 더 편리할 수도 있다. 하지만 들이는 비용에 비해 게인이 크지 않다고 생각하기 때문에 이렇게 할 계획은 없다.

오거의 리소스 매니저 시스템
오거는 완전한 게임 엔진이 아니라 렌더링 엔진이다. 그럼에도 오거에는 기능이 풍부하면서 디자인이 잘 된 런타임 리소스 매니저를 갖추고 있다. 거의 모든 종류의 리소스를 불러오는 데 쓰이는 인터페이스가 간결하고 일관된 형태다. 또한 확장성을 미리 고려해 시스템을 디자인했다. 완전히 새로운 종류의 자원을 처리하는 리소스 매니저를 구현하는 것도 간단하고, 이것을 오거의 리소스 프레임워크에 통합하는 것도 쉽다.

오거의 리소스 매니저의 단점 중 하나는 런타임에만 사용할 수 있다는 점이다. 오프라인 리소스 데이터베이스는 일절 없다. 마야 파일을 오거에서 사용할 수 있는 메시(머티리얼, 셰이더, 뼈대, 그리고 경우에 따라 애니메이션까지)로 변환하는 내보내기 도구를 제공하기는 한다. 하지만 내보내기 도구를 마야에서 수동으로 구동해야 한다. 더 안 좋은 점은 마야 파일을 어떻게 뽑아내야 하고 처리해야 하는지에 대한 메타데이터를 작업하는 사람이 직접 입력해야 한다는 점이다.

요약하면 오거의 런타임 리소스 매니저는 강력한 기능을 제공하고 디자인이 잘 돼 있다. 하지만 마찬가지로 강력하고 현대적인 리소스 데이터베이스와 자원 다듬기 파이프라인을 툴로 갖춘다면 큰 도움이 될 것이다.

마이크로소프트의 XNA

XNA는 PC와 엑스박스 360 플랫폼을 위한 마이크로소프트의 게임 개발 도구다.

마이크로소프트가 2014년에 단종시키긴 했지만 여전히 게임 엔진을 공부하기에 좋은 자료다. XNA의 자원 관리 시스템은 고유한데, 비주얼 스튜디오 IDE를 프로젝트 관리와 빌드 시스템을 통해 게임의 자원을 관리하고 빌드한다.

7.2.1.4 자원 다듬기 파이프라인

리소스 데이터를 제작할 때는 대개 마야, Z-Brush, 포토샵, 후디니^{Houndini} 등의 고급 DCC 툴을 사용한다는 것을 1.7절에서 알아봤다. 하지만 이 같은 툴 들에서 사용하는 데이터 형식은 게임 엔진에서 바로 사용하기에는 적합하지 않다. 그렇기 때문에 대부분의 리소스 데이터는 게임 엔진에 사용되기 전에 자원 다듬기 파이프라인$^{ACP, Asset Conditioning Pipeline}$을 거친다. ACP를 때로는 리소스 다듬기 파이프라인$^{RCP, Resource Conditioning Pipeline}$이라고 부르기도 하고, 아니면 그냥 줄여서 툴 체인$^{tool chain}$이라고 하기도 한다.

리소스 파이프라인의 맨 처음에는 언제나 고유 DCC 형식(예: 마야의 .ma나 .mb 파일, 포토샵의 .psd 파일 등)의 원본 자원들이 자리한다. 이 자원들은 게임 엔진에 사용되기 전에 보통 세 단계를 거친다.

1. **내보내기 도구**^{exporter} DCC의 고유 형식을 우리가 다룰 수 있는 형식으로 변환할 수 있는 방법이 있어야 한다. 이렇게 할 때는 보통 해당 DCC의 플러그인을 만드는 방법을 쓴다. 플러그인의 역할은 데이터를 뽑아내 파이프라인의 나중 단계에 전달될 중간 파일 형식을 만드는 것이다. 대부분의 DCC 프로그램들은 이런 일을 할 수 있는 간편한 방식을 지원한다. 마야는 세 가지 방법을 지원한다. C++ SDK, 스크립트 언어 MEL, 가장 나중에 추가된 파이썬 인터페이스다.

   DCC 프로그램이 이런 기능을 지원하지 않을 때는 일단 데이터를 DCC 툴의 고유 형식으로 저장해야 한다. 운이 좋다면 이 중 하나가 공개 형식인 경우도 있고, 아니면 어느 정도 읽을 수 있는 텍스트 형식이나 리버스 엔지니어링^{reverse engineering}이 가능한 형식일 수도 있다. 이런 경우에는 파일을 파이프라인의 다음 단계로 바로 전달할 수 있다.

2. **리소스 컴파일러** DCC 프로그램에서 뽑아낸 원본 데이터를 게임에서 사용하려면 이리 저리 손봐야 한다. 예를 들면 메시의 삼각형들을 스트립으로 재배열해야 할 수도 있고, 텍스처 비트맵을 압축하거나 캣멀-롬^{Catmull-Rom} 스플라인 곡선의 곡선분^{segment}의 호 길이를 계산하는 등의 일을 할 수도 있다. 모든 리소스 타입을 컴파일해야 하는 것은 아니다(뽑아낸 상태에서 바로 게임에 쓸 수 있는 것도 있다).

3. **리소스 링커** 게임 엔진으로 불러오기 전에 여러 리소스 파일들을 편리하게 쓸 수 있는 하나의 패키지로 묶어야 하는 경우가 있다. 이 과정은 C++ 프로그램을 컴파일하는 과정에서 obj 파일들을 하나의 실행 파일로 링크하는 것과 비슷한데, 이런 이유로 리소스 링크라고 부르기도 한다. 예를 들면 3D 모델과 같은 복잡한 복합 리소스를 빌드하는 경우, 뽑은 파일 중 여러 개의 메시 파일들을 비롯해 머티리얼 파일 들, 뼈대 파일, 애니메이션 파일들을 하나의 리소스 파일로 묶어야 하는 수가 있다. 모든 종류의 리소스를 링크해야 하는 것은 아니다(뽑아내기 과정이나 컴파일 단계를 거친 후 바로 게임에서 사용할 수 있는 자원들도 있다).

리소스 의존 관계와 빌드 규칙

C/C++에서 소스 파일을 컴파일한 후 링크해서 실행 파일을 만드는 것과 마찬가지로 자원 다듬기 파이프라인에서는 원본 자원(마야의 기하 형상^{geometry}이나 애니메이션 파일, 또는 포토샵 PSD 파일, 텍스트 파일 등)을 게임에 적합한 형태로 변환한 후, 이것들을 링크해서 비로소 엔진이 사용할 수 있는 일관성 있는 형태로 만든다. 소스 파일에도 상호 의존성이 있듯 게임 자원에도

의존성이 있다(예를 들면 메시가 참조하는 머티리얼이 여러 개 있을 수 있고, 이 머티리얼들은 여러 텍스처를 참조할 수 있다). 파이프라인에서 자원을 처리하는 순서는 이런 상호 의존성에 영향을 받는 것이 보통이다(예를 들면 캐릭터의 뼈대는 해당 캐릭터의 애니메이션보다 먼저 처리해야 한다). 뿐만 아니라 어떤 자원이 변경됐을 때 자원 간 의존성에 따라 무엇을 다시 빌드해야 할지도 결정된다.

빌드 의존성은 자원이 변경됐을 경우에만 영향을 받는 것이 아니라 데이터 형식이 변하는 것에도 영향을 미친다. 삼각형 메시를 저장하는 파일의 형식이 변경되면 게임에 사용되는 모든 메시들을 다시 뽑아내거나 빌드해야 하는 수가 있다. 엔진에 따라서는 버전이 변경돼도 안정적으로 동작하는 데이터 형식을 쓰기도 한다. 예를 들면 자원에 버전 번호를 기록하고, 게임 엔진에는 이전 버전의 자원을 처리하는 코드를 넣는 방식이다. 이렇게 했을 때의 단점은 자원 파일뿐 아니라 엔진 코드도 크기가 커질 수 있다는 점이다. 데이터 형식이 변경되는 경우가 상대적으로 드문 경우라면 그냥 번거로움을 감수하고서라도 형식이 변경됐을 때 모든 파일을 다시 처리하는 것이 나을 수도 있다.

자원 다듬기 파이프라인은 반드시 자원 간 상호 의존성을 나타내는 규칙을 갖춰야 하고, 원본 자원이 변경됐을 경우 이 정보를 갖고 영향받는 자원들을 올바른 순서로 빌드할 빌드 툴을 갖춰야 한다. 자체적으로 빌드 시스템을 구축하는 팀도 있고, 아니면 make 등 기존 툴을 사용하는 경우도 있다. 방법이 어떻든 빌드 의존성 시스템을 다룰 때는 굉장히 조심해야 한다. 그렇지 않으면 원본 자원을 변경했더라도 그에 의존하는 자원들이 제대로 빌드되지 않을 수 있다. 이렇게 되면 제대로 보이지 않기도 하고 심하면 엔진이 강제 종료될 수도 있다. 자원 간 의존성을 제대로 지정하고 그에 따라 빌드 시스템이 제대로 동작하기만 했어도 방지할 수 있었던 문제를 해결하느라 막대한 시간을 허비하는 경우를 직접 본 적도 있다.

7.2.2 런타임 리소스 매니저

이제 런타임에 엔진에서 리소스 데이터베이스 내의 자원들을 불러오고 관리하고 메모리에서 내리는 방식에 대해 살펴보자.

7.2.2.1 런타임 리소스 매니저의 역할

게임 엔진의 런타임 리소스 매니저는 다양한 역할을 담당하는데, 모두 리소스를 메모리에 불러오는 핵심적인 역할과 관련이 있다.

- 각 고유한 리소스는 한 번에 오직 한 벌만 메모리에 존재하게 한다.
- 각 리소스의 수명을 관리한다.
- 필요한 리소스를 불러오고 더 이상 필요 없는 리소스는 내린다.
- 복합 리소스의 로딩을 처리한다. 복합 리소스란 다른 리소스들이 모여 이뤄진 리소스다. 3D 모델 같은 리소스가 복합 리소스이며, 메시 한 벌, 하나 이상의 머티리얼, 하나 이상의 텍스처로 이뤄지고, 옵션으로 뼈대 한 벌과 여러 개의 뼈대 애니메이션도 포함될 수 있다.
- 참조 무결성을 유지한다. 참조 무결성에는 내부 참조 무결성(한 리소스 내의 상호 참조)과 외부 참조 무결성(리소스 간의 상호 참조)가 있다. 예를 들면 모델은 모델의 메시와 뼈대를 참조한다. 메시는 머티리얼을 참조하고 머티리얼은 텍스처 리소스를 참조한다. 애니메이션은 뼈대를 참조하고, 이에 따라 결국 하나 이상의 모델에 연결된다. 복합 리소스를 불러올 때 리소스 매니저는 연관된 하부 리소스들을 제대로 불러오게 보장해야 하며, 상호 참조가 제대로 연결되게 처리해야 한다.
- 불러들인 리소스들의 메모리 사용량을 관리하고 메모리의 적절한 곳에 저장되게 한다.
- 리소스를 불러온 후 리소스 종류에 따라 별도의 처리가 가능하게 한다. 이 같은 처리는 리소스를 로그인^{logging in} 또는 로드 후 초기화^{post-load initializing}한다고 말한다.
- 일반적으로 다양한 종류의 리소스를 일관된 인터페이스를 통해 관리할 수 있게 지원한다(하지만 항상 그렇지는 않다). 리소스 매니저를 확장할 수 있게 만들어 게임 개발 팀이 필요로 하는 새 리소스 타입을 처리할 수 있게 하는 것이 가장 좋다.
- 엔진이 지원하는 경우 스트리밍(즉 비동기 리소스 로딩)을 처리한다.

7.2.2.2 리소스 파일과 디렉터리 구조

게임 엔진 중에는(특히 PC 엔진) 각 리소스를 별도로 모으지 않고 그냥 디스크에 두고 관리하는 경우가 있다. 이런 파일들은 디렉터리 트리로 관리하는 경우가 일반적이며 트리의 구조는 자원을 만드는 사람이 편의를 우선으로 고려해 결정한다. 엔진은 리소스 트리에서 자원이 어디에 위치해 있는지는 별로 신경 쓰지 않는다. 스페이스 인베이더^{Space Evaders}라는 가상 게임이 있다고 가정하면 보통 다음과 같은 모양으로 리소스 디렉터리 트리를 이루고 있을 것이다.

SpaceEvaders	전체 게임의 루트 디렉터리
Resources	모든 리소스의 루트 디렉터리
NPC	NPC의 모델과 애니메이션
Pirate	해적의 모델과 애니메이션
Marine	해병의 모델과 애니메이션
...	
Player	플레이어 캐릭터의 모델과 애니메이션
Weapons	무기 모델과 애니메이션
Pistol	피스톨의 모델과 애니메이션
Rifle	라이플의 모델과 애니메이션
BFG	엄청 큰 무기(big...gun)의 모델과 애니메이션
...	
Levels	배경 기하 형상과 레벨 배열
Level1	첫 번째 레벨의 리소스
Level2	두 번째 레벨의 레소스
...	
Objects	기타 3D 물체들
Crate	파괴할 수 있는 상자
Barrel	폭발하는 통

이와 달리 여러 리소스를 하나의 파일로 모아 관리하는 엔진도 있는데, ZIP 파일이나 여타 복합 파일을 이용한다(자체 제작 형식인 경우도 있다). 이렇게 했을 경우 가장 큰 게인은 로딩 시간이 줄어든다는 점이다. 데이터를 파일에서 읽어 올 때 제일 시간이 많이 걸리는 부분을 세 가지 꼽으면 검색 시간seek time(물리 미디어의 올바른 위치에 읽기 헤더를 옮기는 일), 개별 파일들을 여는 데 드는 시간, 데이터를 파일에서 메모리로 읽어 오는 시간이다. 이 중에서 검색 시간과 파일을 여는 시간은 운영체제에 따라서는 결코 무시하지 못할 만큼 오래 걸릴 수도 있다. 큰 파일에 모아 놓는 경우 이 같은 비용을 절감할 수 있다. 큰 파일을 잘 구성해서 디스크에 연속되게 두면 검색 시간이 최소화된다. 또한 파일을 하나만 열기 때문에 여러 파일들을 열 때 생기는 비용도 없다.

SSDSolid-State Drive는 DVD, 블루레이, 하드 디스크HDD와 같이 회전이 관여하는 매체들의 골칫거리인 탐색 시간에 영향을 받지 않는다. 그러나 현재까지 SSD를 주 저장공간으로 사용하는 게임 콘솔은 없다.[2] 따라서 탐색 시간을 최소화하도록 게임의 I/O 패턴을 디자인하는 것이 적어도 얼마 동안은 필요할 것이다.

오거 렌더링 엔진의 리소스 매니저에서는 개별 파일을 사용할 수도 있고, 아니면 큰 ZIP 파일 안에 가상의 파일들을 둘 수도 있다. ZIP 형식을 사용할 경우 얻을 수 있는 게인은 다음과 같다.

1. ZIP은 공개된 형식이다. ZIP 파일을 읽고 쓰는 데 쓰이는 zlib와 zziplib 라이브러리는 공짜다. zlib SDK는 완전히 무료로(http://www.zlib.net), zziplib SDK는 LGPL[Lesser Gnu Public License]에 따라서 사용할 수 있다(http://zziplib.sourceforge.net).

2. ZIP 파일 안의 가상 파일들은 상대 경로로 접근할 수 있다. 즉, ZIP 파일은 일반 파일 시스템과 거의 모든 면에서 똑같이 쓰일 수 있다는 뜻이다. 오거 리소스 매니저는 파일 시스템 경로 형식의 문자열을 통해 모든 리소스를 고유하게 식별한다. 그런데 이 같은 경로가 때로는 디스크의 파일 대신 ZIP 파일 안의 가상 파일을 나타내는 경우가 있다. 프로그래머는 두 경우의 차이를 거의 신경 쓰지 않아도 된다.

3. ZIP 파일은 압축이 가능하다. 압축을 하면 디스크에서 리소스가 차지하는 용량을 줄일 수 있다. 하지만 더욱 중요한 점은 디스크에서 메모리로 옮겨야 하는 데이터가 더 적기 때문에 불러오는 시간을 줄일 수 있다는 것이다. 이 점은 하드 디스크보다 전송률이 떨어지는 DVD-ROM이나 블루레이 디스크에서 데이터를 읽을 때 더욱 큰 이점이다. 따라서 메모리에 불러온 후에 압축을 푸는 시간을 감안하더라도 전체적으로 더 게인인 경우가 많다.

4. ZIP 파일은 모듈화할 수 있다. 리소스들을 ZIP 파일에 모아 놓고 한 단위로 취급할 수 있다. 이 같은 개념이 꼭 어울리는 경우가 제품 현지화다. 현지화해야 할 모든 자원(대화를 저장한 오디오 클립이나 글자가 들어간 텍스처, 또는 지역별 문양)을 하나의 ZIP 파일에 넣으면 언어별 또는 지역별로 서로 다른 ZIP 파일을 둘 수 있다. 특정 지역용 게임을 실행하려면 해당하는 ZIP 파일을 로드하면 된다.

---

2   XSX와 PS5는 SSD를 기본 탑재한다. – 옮긴이

언리얼 엔진도 비슷한 방식을 사용하지만 몇 가지 중요한 차이가 있다. 언리얼에서 모든 리소스는 패키지^{package}('pak 파일'이라고도 한다)라 불리는 큰 복합 파일 안에 들어 있어야 한다. 디스크의 개별 파일은 허용하지 않는다. 패키지 파일의 형식은 자체 제작한 것이다. 패키지와 패키지 안의 리소스는 만들고 관리하는 데는 언리얼 엔진의 게임 에디터인 UnrealEd를 쓴다.

7.2.2.3 리소스 파일 형식

각 리소스 파일은 종류별로 다른 형식일 수 있다. 예를 들면 메시 파일은 텍스처 비트 맵 파일과는 형식이 다르다. 어떤 자원들은 표준화되고 공개된 형식으로 저장된다. 예를 들면 텍스처는 보통 TGA^{TarGA}, PNG^{Portable Network Graphics}, TIFF^{Tagged Image File Format}, JPEG^{Joint Photographic Experts Group}, 윈도우 BMP^{BitMaP} 등의 형식으로 저장되는데, 때로는 다이렉트X의 S3TC^{S3 Texture Compression} 계열 형식(또는 DXTn, DXTC라고도 한다) 같은 표준화된 압축 형식으로 저장되는 경우도 있다. 마찬가지로 마야나 라이트웨이브^{Lightwave} 등의 모델링 툴에서 엔진이 사용할 3D 메시 데이터를 뽑을 때는 표준 형식인 OBJ나 콜라다^{COLLADA} 등을 사용하는 경우가 많다.

때로는 서로 다른 여러 형식의 자원을 공통된 한 가지 파일 형식으로 저장하는 경우도 있다. Rad Game Tools(http://www.radgametools.com)의 그래니 SDK에서는 유연한 파일 형식을 구현하는데, 3D 메시 데이터, 뼈대 계층 구조, 뼈대 애니메이션 데이터를 저장할 수 있다(사실 그래니 파일 형식은 거의 모든 데이터 형식을 저장하는 데 사용할 수 있다).

다양한 이유 때문에 스스로 만든 형식을 사용하는 게임 엔진도 많다. 표준화된 형식을 갖고 엔진에서 쓰이는 모든 정보들을 표현하지 못하는 경우 불가피한 선택일 수 있다. 뿐만 아니라 가능한 한 많은 오프라인 처리를 통해 런타임에 리소스 데이터를 로드하고 처리하는 시간을 어떻게든 줄이려고 노력하는 게임 엔진도 많다. 예를 들어 특정한 형태로 데이터를 메모리에 배열해야 하는 경우 오프라인 툴에서 데이터를 배열하게 하고 이것을 그대로 사용할 수 있게 이진 데이터 형식을 사용할 수도 있다(그렇지 않은 경우 런타임에 리소스를 메모리에 로드한 후 배열해야 한다).

7.2.2.4 리소스 GUID

게임의 모든 리소스는 어떤 형태가 됐든 전역 고유 식별자^{GUID, Globally Unique IDentifier}가 있어야 한다. GUID로 가장 흔히 쓰이는 것은 리소스의 파일 시스템 경로(문자열 또는 32비트 해시 값)다. 이 방법은 각 리소스와 디스크의 실제 파일이 분명히 연결되기 때문에 직관적이다. 또한 같은 경로의 파일이 두 벌 존재하지 않게 운영체제에서 보장을 하기 때문에 전체 게임 내에서도 중복되지 않는다.

하지만 GUID에 파일 시스템 경로만 쓸 수 있는 것은 아니다. 툴에서 고유하게 지정한 덜 직관적인 GUID(예를 들면 128비트 해시 코드)를 사용하는 엔진도 있다. 어떤 엔진의 경우 파일 시스템 경로를 리소스 식별자로 사용할 수 없는 경우도 있다. 언리얼 엔진의 경우 패키지라는 큰 파일 안에 여러 리소스를 저장하기 때문에 패키지 파일의 경로가 각 리소스를 고유하게 나타내지 못한다. 이 문제를 해결하고자 언리얼 패키지 파일은 폴더 계층 구조로 리소스 파일들을 관리한다. 패키지 안에 있는 각 리소스는 파일 시스템 경로와 유사한 고유한 이름을 갖는다. 따라서 언리얼 엔진에서의 리소스 GUID는 패키지 파일의 (고유한) 이름과 패키지 안의 리소스에 대한 경로를 합쳐 만들어진다. 기어즈 오브 워$^{Gears of War}$의 리소스 GUID를 예로 들어 보면 `Locust_Boomer.PhysicalMaterials.LocustBoomerLeather`는 패키지 `Locust_Boomer` 안에 있는 `PhysicalMaterials` 폴더 내의 머티리얼 `LocustBoomerLeather`를 나타낸다.

7.2.2.5 리소스 레지스트리

한 번에 한 벌의 리소스만 메모리에 존재하게 보장하고자 대부분의 리소스 매니저에서는 불러온 리소스들의 레지스트리 같은 것을 둔다. 가장 단순하게 구현한 것이 사전 형태(키–값 쌍의 모음)다. 키는 리소스의 고유 id이고, 값은 해당 리소스의 메모리 주소에 대한 포인터가 된다.

리소스를 메모리에 불러올 때면 리소스의 GUID를 키^{key}로 삼아 리소스 레지스트리 사전에 항목이 추가된다. 리소스가 메모리에서 내려가면 레지스트리 항목을 삭제한다. 게임에서 리소스를 요청하면 리소스 매니저는 GUID로 리소스 레지스트리를 검색한다. 리소스가 존재하면 리소스에 대한 포인터를 리턴하는 것으로 끝난다. 리소스를 찾을 수 없는 경우 자동으로 불러오게 할 수도 있고, 아니면 그냥 실패 코드를 리턴할 수도 있다.

얼핏 생각하기에 리소스 레지스트리에서 요청된 리소스를 찾지 못하면 자동으로 로드하는 것이 자연스러워 보인다. 그리고 실제로 이렇게 하는 엔진도 있다. 그런데 이 방식에는 중대한 문제가 있다. 리소스를 불러오는 작업은 시간이 많이 걸리는 일인데, 디스크에서 파일을 찾아서 열고 때로는 큰 데이터를 메모리로 불러와야 하며(어떤 경우에는 DVD-ROM 등의 느린 장치에서 읽어 오는 경우도 있다), 그 후에는 리소스 데이터를 로드 후$^{post-load}$ 초기화하는 모든 작업이 포함되기 때문이다. 실제로 게임을 하고 있는 도중에 요청이 오는 경우 리소스를 불러오는 시간 때문에 게임의 프레임이 급격히 떨어질 수도 있고, 심하면 상당한 시간 동안 게임이 멈출 수도 있다. 이런 이유 때문에 다음 두 가지 중 하나를 취하는 경우가 많다.

1. 게임을 즐기는 도중에는 리소스 로드를 아예 금지한다. 이 방식에서는 게임 레벨에 쓰이는 모든 리소스를 게임플레이가 시작되기 전에 한꺼번에 불러오는데, 보통 플레이어는 로딩 화면이나 로딩 진행 막대 같은 것을 보고 있어야 한다.

2. 리소스 로드를 비동기적^{asynchronously}으로 수행한다(즉 데이터를 스트리밍한다). 여기서는 플레이어가 레벨 A를 즐기는 동안 뒤에서는 레벨 B의 리소스를 불러온다. 플레이어가 로딩 화면을 안 봐도 되기 때문에 더 나은 방식이라 할 수 있다. 하지만 구현하기는 훨씬 더 어렵다.

7.2.2.6 리소스 수명

맨 처음 리소스가 메모리에 올라오는 순간부터 할당된 메모리가 다른 용도로 사용하기 위해 해제되는 순간까지를 리소스의 수명이라고 정의할 수 있다. 리소스 매니저의 역할 중 하나는 리소스의 수명을 관리하는 것이다. 자동으로 관리하는 방법도 있고, 아니면 게임에서 수동으로 수명을 관리할 수 있게 적절한 API들을 제공하는 방법도 있다.

수명을 이야기할 때 각 리소스는 저마다 필요조건이 있다.

- 리소스 중에는 게임이 처음 시작할 때 불러와서 게임이 진행되는 동안 항상 메모리에 상주해야 하는 것들이 있다. 즉 이런 리소스들의 수명은 사실상 무한대다. 이것들을 글로벌 리소스 또는 글로벌 자원이라고 부르기도 한다. 가장 흔한 예로는 플레이어 캐릭터의 메시, 머티리얼, 텍스처, 핵심 애니메이션들을 비롯해 헤드업 디스플레이^{HUD}에 쓰이는 텍스처와 폰트, 그리고 게임 내내 사용되는 기본 무기들과 관련된 리소스를 들 수 있다. 플레이어에게 게임 내내 노출되는 리소스(그리고 필요할 때 즉시 불러올 수 없는 것들도)는 모두 글로벌 리소스로 취급해야 한다.

- 게임의 특정 레벨의 수명을 따라가는 리소스들도 있다. 이런 리소스들은 플레이어가 해당 레벨을 처음 보기 시작하는 순간 메모리에 존재해야 하고, 레벨을 영원히 떠나는 순간 버려진다.

- 어떤 리소스는 위치하는 레벨의 수명보다 짧을 수도 있다. 예를 들면 인게임^{in-game} 컷신 (스토리를 진행하거나 중요한 정보를 제공하는 짧은 영상)에 쓰이는 애니메이션과 오디오 클립은 컷신이 재생되기 전에 미리 로드했다가 재생이 끝나는 순간 바로 내린다.

- 배경 음악이나 환경 사운드 효과, 풀 스크린 동영상 같은 리소스들은 재생하면서 '실시간' 스트리밍된다. 이런 리소스들의 수명을 정의하기란 애매한데, 리소스를 구성하는 바이트들은 굉장히 짧은 시간 동안만 메모리에 존재하지만 전체적으로 봤을 때 음악은 더 긴 시간 동안 존재하는 것같이 느껴지기 때문이다. 이 같은 자원들은 보통 하드웨어가 요구하는 크기만큼의 덩어리별로 불러온다. 예를 들어 어떤 사운드 트랙을 읽어 들이는 데 4kB 단위의 덩어리로 읽어 들이게 만들어져 있다면 이 크기가 로우레벨 사운드 시스템이 사용하는 단위일 가능성도 있다. 메모리에는 언제나 현재 재생 중인 덩어리와 다음 재생을 위해 메모리로 로드 중인 바로 다음 덩어리, 2개의 덩어리만 존재하게 된다.

특정 리소스를 메모리에 언제 불러올 것인가에 관해서는 금방 대답할 수 있는데, 플레이어가 해당 리소스를 처음 보게 되는 시점에 따라 결정하면 된다. 하지만 리소스를 언제 메모리에서 내리고 메모리를 해제할지는 이보다 결정하기 어렵다. 그 원인은 여러 레벨에 걸쳐 공유되는 리소스가 많기 때문이다. 레벨 X가 끝났다고 해서 어떤 리소스를 내렸는데 바로 다음에 레벨 Y가 이 리소스를 쓴다고 금방 다시 불러와야 하는 상황이 생겨서는 안 된다.

이 문제를 해결하려면 리소스에 참조 카운트^{reference count}를 사용하면 된다. 새로운 게임 레벨을 불러올 상황이 되면 이 레벨이 사용하는 모든 리소스 리소스를 순회하며 각 리소스의 참조 카운트를 1씩 증가시킨다(아직 리소스를 불러온 것은 아니다). 그런 다음 더 이상 필요 없는 레벨들의 리소스들을 순회하며 참조 카운트를 1 감소시킨다. 참조 카운트가 0이 되는 리소스는 메모리에서 내려도 된다. 마지막으로 모든 리소스를 순회하며 참조 카운트가 0에서 1이 된 것들을 메모리에 불러온다.

구체적인 예로 레벨 X가 리소스 A, B, C를 사용하고 레벨 Y가 리소스 B, C, D, E를 사용한다고 하자(B와 C는 두 레벨에서 모두 쓰인다). 표 7.2에는 플레이어가 레벨 X와 레벨 Y를 차례로 지나는 동안 이 다섯 가지 리소스들의 참조 카운트가 나와 있다. 테이블에서 굵은 글자로 참조 카운트를 표기한 경우는 해당 리소스가 실제로 메모리에 존재한다는 뜻이고, 배경을 회색으로 나타낸 것은 리소스가 메모리에 있지 않다는 것을 나타낸다. 괄호로 둘러싼 참조 카운트는 해당 리소스 데이터를 메모리에 올리거나 내리고 있는 중이라는 뜻이다.

표 7.2 두 레벨을 불러오고 내리는 동안 사용된 리소스

이벤트	A	B	C	D	E
상태 초기화	0	0	0	0	0
레벨 X 카운트 증가	1	1	1	0	0
레벨 X 불러옴	(1)	(1)	(1)	0	0
레벨 X 플레이	1	1	1	0	0
레벨 Y 카운트 증가	1	2	2	1	1
레벨 X 카운트 감소	0	1	1	1	1
레벨 X 내림, 레벨 Y 불러옴	(0)	1	1	(1)	(1)
레벨 Y 플레이	0	1	1	1	1

7.2.2.7 리소스와 관련된 메모리 관리

리소스 관리는 메모리 관리와 매우 밀접한 관계가 있는데, 일단 리소스를 불러오고 나면 이 리소스를 메모리의 어디에 둘지를 결정해야 하기 때문이다. 리소스가 최종적으로 위치하는 장소는 각기 다를 수 있다. 대표적인 예로 반드시 비디오 메모리(또는 플레이스테이션 4의 경우 고성능 'garlic' 버스에 매핑된 메모리 블록)에 있어야 하는 리소스도 있다. 텍스처, 정점 버퍼, 인덱스 버퍼, 셰이더 코드 등이 이에 해당한다. 다른 대부분의 리소스들은 메인 메모리에 위치해도 되지만, 리소스의 종류에 따라 서로 다른 주소 범위에 위치할 수도 있다. 예를 들어 게임이 실행되는 내내 메모리에 존재하는 리소스(글로벌 리소스)들과 실행 중에 동적으로 오르내리는 리소스들을 서로 다른 장소에 둘 수도 있다.

게임 엔진의 메모리 할당 하부 시스템의 설계는 보통 리소스 매니저의 설계와 밀접한 관계가 있다. 사용 중인 메모리 할당자를 최대한 활용할 수 있게 리소스 매니저를 설계하는 경우도 있고, 반대로 리소스 매니저가 가장 잘 활용할 수 있는 메모리 할당자를 설계하기도 한다.

6.2.1.4절에서 봤듯이 리소스를 메모리에 불러오고 내리는 과정을 반복함에 따라 메모리가 단편화되는 것이 리소스 관리 시스템이 겪는 주요한 문제다. 이 문제를 해결하는 데 널리 쓰이는 방식을 몇 가지 알아보자.

힙 기반 리소스 할당

메모리 단편화를 그냥 무시하고 범용 힙 할당자(C의 malloc( )이나 C++의 전역 new 연산자)를 사용해 리소스를 할당하는 것도 한 방법이다. 이런 방식은 게임이 PC에서만 구동되고 운영체제가 고성능 가상 메모리 할당을 지원하는 경우에만 쓸 수 있다.[3] 이런 시스템에서는 물리적 메모리가 단편화되더라도 운영체제가 불연속적인 물리 RAM의 페이지들을 연속적인 가상 메모리 공간으로 연결해 주기 때문에 단편화로 인한 문제가 좀 덜할 수 있다.

물리 RAM에 제약이 있고 초보적인 가상 메모리만 지원하는(심지어 전혀 없기도 한) 콘솔에서 게임을 구동해야 하는 경우 단편화로 인해 문제가 생긴다. 이 경우 주기적으로 메모리를 조각 모음하는 것도 한 방법이다. 이에 관한 내용은 6.2.2.2절에서 이미 살펴봤다.

스택 기반 리소스 할당

스택 할당자는 단편화 문제가 없는데, 메모리 할당이 연속적인 데다 할당된 반대 순서로 해제되기 때문이다. 리소스를 불러오는 데 스택 할당자를 사용할 수 있는 경우는 다음 두 가지 조건을 만족할 때다.

- 게임이 선형 진행 방식이고 레벨 중심일 경우(즉 플레이어가 로딩 스크린을 보고 난 후 레벨을 플레이 하고, 그다음에 또 로딩 스크린을 본 후 다음 레벨을 플레이하는 경우).
- 레벨이 전부 메모리 안에 들어가는 경우

위의 두 조건을 만족한다고 가정하면 다음 순서대로 스택 할당자를 사용해 리소스를 불러올 수 있다. 게임이 처음 시작할 때 LSR$^{Load-and-Stay-Resident}$ 리소스들을 먼저 할당한다. 이 시점에서 스택의 꼭대기를 기록하는데 나중에 이 부분까지 스택을 해제하는 데 쓰인다. 레벨을 불러올 때는 레벨의 리소스들을 스택 위에 할당하기만 하면 된다. 레벨을 모두 플레이하고 나면 먼저 기록했던 스택 위치로 스택 꼭대기를 조정함으로써 글로벌 리소스들을 전혀 손대지 않으면서 한 번에 레벨의 모든 리소스를 해제할 수 있다. 이 과정을 여러 번 반복하더라도 메모리 단편화를 전혀 염려하지 않아도 된다. 그림 7.3에 이 과정이 나와 있다.

---

3 저자는 계속 가상 메모리가 단편화를 해결해 준다고 말하지만, 가상 메모리 자체도 단편화 문제가 있다. - 옮긴이

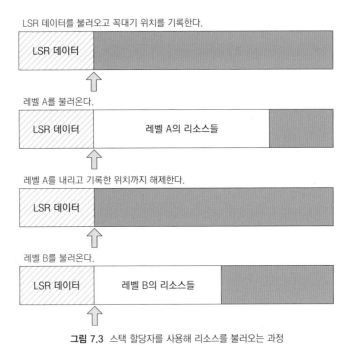

LSR 데이터를 불러오고 꼭대기 위치를 기록한다.

| LSR 데이터 | |

레벨 A를 불러온다.

| LSR 데이터 | 레벨 A의 리소스들 | |

레벨 A를 내리고 기록한 위치까지 해제한다.

| LSR 데이터 | |

레벨 B를 불러온다.

| LSR 데이터 | 레벨 B의 리소스들 | |

그림 7.3 스택 할당자를 사용해 리소스를 불러오는 과정

여기서 끝이 2개인^{double-ended} 스택 할당자를 사용해 보완할 수도 있다. 큰 메모리 블록 하나 안에 스택 2개를 만든다. 하나는 메모리 아래에서 위로 올라가고, 나머지 하나는 위에서 아래로 내려온다. 두 스택이 중간에 만나지 않는 한, 두 스택이 상황에 따라 사용하는 메모리를 조절해가며 쓸 수 있다(두 스택이 각자 따로 고정 크기의 메모리 영역에 존재하는 경우 이렇게 할 수는 없다).

미드웨이에서 하이드로 선더를 개발할 때는 끝이 2개인 스택 할당자를 사용했었다. 아래 스택은 수명이 긴 데이터를 보관하고 위의 스택은 프레임마다 쓰이고는 해제되는 메모리를 할당했다. 끝이 2개인 스택을 활용하는 또 다른 방법은 레벨 로딩을 번갈아가며 하는 것이다. 바이오닉 게임스^{Bionic Games Inc.}에서 실제로 이 방식을 사용해 게임을 개발한 적이 있다. 기본 아이디어는 현재 플레이 중인 레벨 A(압축이 풀린 형태로)가 아래 스택에 존재하는 동안 레벨 B를 압축된 형태로 위 스택에 불러오는 것이다. 레벨 A에서 레벨 B로 전환할 때는 레벨 A의 리소스를 날려 버리고(아래 스택을 비우면 된다), 압축된 레벨 B를 위 스택에서 아래 스택으로 압축 해제하기만 하면 된다. 디스크에서 데이터를 불러오는 것보다는 압축 해제하는 것이 보통 훨씬 빠르기 때문에 이 방식을 사용한 경우 레벨을 전환하더라도 플레이어는 새 레벨을 불러오느라 기다리지 않아도 된다.

풀 기반 리소스 할당

또 다른 기법으로 리소스 데이터를 똑같은 단위 크기의 덩어리chunk로 불러오는 방법이 있는데, 이것은 스트리밍을 지원하는 게임 엔진에서 흔히 볼 수 있다(6.2.1.2절 참조). 나중에 리소스를 내리는 경우 단편화 걱정 없이 덩어리들을 해제할 수 있다.

당연한 말이지만 덩어리 방식의 할당이 동작하려면 모든 리소스 데이터가 이같이 똑같은 크기의 덩어리로 나뉠 수 있게 배열돼야 한나. 아무 리소스 파일이나 이렇게 덩어리 단위로 불러올 수는 없다. 반드시 연속적으로 배열돼야 하는 데이터들, 즉 배열이나 단위 덩어리보다 크기가 큰 구조체 등이 파일에 들어 있을 수도 있기 때문이다. 배열이 들어 있는 덩어리들이 RAM에 연속적으로 배치돼 있지 않은 경우 배열의 연속성은 보장이 안 되고, 따라서 인덱스를 통한 배열 접근이 제대로 이뤄질 수 없다. 요약하자면 모든 리소스 데이터를 설계할 때 '덩어리로 나뉠 수 있게' 미리 고려해야 한다는 뜻이다. 크고 연속된 자료 구조 대신 한 덩어리 안에 들어갈 만한 작은 자료 구조를 사용하거나 연속적으로 메모리에 배열되지 않아도 동작하는 자료 구조(예, 연결 리스트)를 사용하는 것도 고려해 볼 만하다.

보통 풀에 있는 덩어리들은 특정 게임 레벨에 연관된다(간단히 구현하자면 각 레벨이 자신의 덩어리를 연결 리스트로 갖게 만들면 된다). 이 경우 수명이 서로 다른 여러 레벨이 동시에 메모리에 존재하더라도 엔진에서는 각 덩어리의 수명을 간단히 관리할 수 있다. 예를 들어 레벨 X는 덩어리 N개를 할당해 사용한다고 하자. 나중에 레벨 Y가 추가로 덩어리 M개를 할당했다. 이제 레벨 X가 메모리에서 내려갈 때가 되면 갖고 있던 N개의 덩어리는 풀의 사용 가능 리스트로 반환된다. 그 당시 레벨 Y가 메모리에 남아 있는 상태라면 M개의 덩어리는 메모리에 남아 있어야 한다. 덩어리마다 연관된 레벨을 둠으로써 간단하면서 효율적으로 덩어리들의 수명을 관리할 수 있게 된다. 이 과정 이 그림 7.4에 나와 있다.

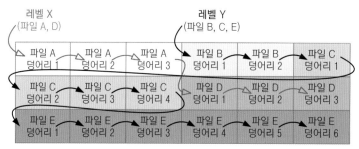

그림 7.4 덩어리 기반 리소스 할당을 레벨 X와 Y에서 사용한 예

'덩어리'를 사용하는 리소스 할당의 제일 큰 단점은 낭비되는 공간이 있다는 점이다. 리소스 파일의 크기가 정확히 덩어리 크기의 배수가 되지 않는다면 파일의 마지막 덩어리에는 낭비되는 공간이 생긴다(그림 7.5). 덩어리 크기를 작게 하면 문제가 줄어들기는 하지만 덩어리의 크기가 작아질수록 리소스 데이터를 배치하는 데 더 많은 제약이 따른다(극단적인 예를 들어 보면 덩어리 크기를 1바이트로 했을 경우, 1바이트보다 큰 자료 구조를 쓸 수 없다. 누가 봐도 말도 안 되는 상황이다). 덩어리 크기는 수 킬로바이트 정도로 하는 것이 보통이다. 너티 독의 예를 들면 덩어리 방식 리소스 할당자를 리소스 스트리밍 시스템의 일부로 사용했었고, 덩어리 크기는 512kB였다. 덧붙이자면 각 덩어리를 메모리에 불러올 때 최적의 성능을 내기 위해 덩어리 크기를 운영체제 I/O 버퍼 크기의 배수가 되도록 선택하기도 한다.

그림 7.5 리소스 파일의 마지막 덩어리는 온전히 쓰이지 않는 경우가 많다.

리소스 덩어리 할당자

덩어리에 쓰이는 메모리가 낭비되는 것을 줄이기 위한 방편으로, 쓰지 않는 덩어리 부분을 활용할 수 있는 특수한 메모리 할당자를 쓰는 방법이 있다. 내가 알기로는 표준화된 이름도 없고 썩 어울리는 이름도 달리 없기 때문에 여기서는 이것을 리소스 덩어리 할당자resource chunk allocator라고 부르기로 하자.

리소스 덩어리 할당자를 구현하기란 그렇게 어렵지 않다. 쓰이지 않는 공간이 있는 덩어리들에 대한 리스트와 각 덩어리에 있는 블록의 위치와 크기를 관리하기만 하면 된다. 그 후에는 이 같은 남은 공간에서 원하는 대로 메모리를 할당하면 된다. 예를 들면 남는 블록의 연결 리스트를 관리하는 데 범용 힙 할당자를 사용할 수도 있다. 아니면 작은 규모의 스택 할당자를 각 블록에 설치할 수도 있다. 메모리 할당 요청이 들어오면 블록들을 검색해서 스택의 공간이 충분한지 찾은 후 그 스택을 이용해 할당하면 된다.

다 좋아 보이지만 이 방법은 약간 괴상한 면이 있다. 리소스 덩어리의 쓰이지 않는 부분에서 메모리를 할당한다고 했는데, 그렇다면 그 덩어리가 해제되면 무슨 일이 일어날까? 한 덩어리의 일부분만 해제할 수는 없다(모 아니면 도인 상황이다). 그렇기 때문에 해당 리소스가 메모리에서 내려가고 나면 덩어리 할당자를 이용해 할당했던 부분도 자동으로 사라지게 된다.

이 문제를 해결하는 간단한 방법으로는 덩어리가 속한 레벨의 수명과 일치하는 메모리 요청에만 리소스 덩어리 할당자를 사용하는 것이다. 달리 말하자면 레벨 A에 완전 종속된 데이터인 경우에만 레벨 A의 덩어리를 사용해 메모리를 할당해야 하고, 레벨 B에 완전 종속된 데이터인 경우에만 레벨 B의 덩어리에서 메노리를 할낭할 수 있다는 뜻이다. 이렇게 하려면 리소스 덩어리 할당자는 각 레벨의 덩어리들을 따로 관리해야 한다. 또한 할당자를 사용하는 사람도 어느 레벨인지를 분명히 지정해야 한다.

다행인 점은 대부분의 게임 엔진의 경우 리소스를 불러올 때 리소스 파일을 담을 메모리 외에도 별도의 메모리를 동적 할당해야 한다는 사실이다. 따라서 리소스 덩어리 할당자는 덩어리에서 낭비되는 메모리를 재활용할 좋은 수단이다.

구획된 리소스 파일

'덩어리' 개념의 리소스 파일과 연관해 파일 구획file section이라는 개념도 살펴볼 만하다. 예를 들면 리소스 파일에는 1개에서 4개까지의 구획이 있을 수 있고, 각 구획은 하나 이상의 덩어리로 이뤄져 있어 위에서 설명한 풀 할당에 사용할 수 있다. 한 구획에는 메인 메모리에 올라갈 데이터를 담고, 다른 구획에는 비디오 메모리에 올라갈 데이터를 담는 식이다. 나머지 구획에는 로드 과정에서 필요하지만 로드가 끝난 후에는 버릴 임시 데이터를 담는다. 그리고 마지막 구획에는 디버깅 정보를 담을 수도 있다. 디버그 데이터는 디버그 모드로 게임을 실행할 경우 불러오지만 최종 빌드에는 아예 무시된다. 그래니Granny SDK의 파일 시스템(http://www.radgametools.com)은 단순하면서도 유연하게 파일 구획을 구현한 좋은 예다.

7.2.2.8 복합 리소스와 참조 무결성

게임의 리소스 데이터베이스는 여러 개의 리소스 파일로 이뤄지는 게 보통이고, 각 파일은 또다시 하나 이상의 데이터 객체들을 담는다. 데이터 객체들은 다른 객체들과 참조 관계이거나 의존 관계일 수도 있으며, 그 유형은 딱히 정해져 있지 않다. 예를 들면 메시 자료 구조는 머티리얼을 참조하고, 또 이 머티리얼은 여러 텍스처를 참조하는 경우가 있다. 대개 상호 참조 관계는 의존 관계를 의미한다(예를 들어 리소스 A가 리소스 B를 참조하는 경우, 게임에서 리소스들이 제대로 동작하려면 A와 B 모두 메모리에 존재해야 한다). 일반적으로 게임의 리소스 데이터베이스는 서로 의존하는 데이터 객체들로 이뤄진 방향 그래프^{directed graph}로 나타낼 수 있다.

데이터 객체끼리의 상호 참조는 내부 참조(같은 파일 안에 있는 두 객체 간의 참조)일 수도 있고 외부 참조(다른 파일에 있는 객체에 대한 참조)일 수도 있다. 내부 참조와 외부 참조는 그 구현 방법이 보통 서로 다르기 때문에 반드시 구분해야 한다. 게임의 리소스 데이터 베이스를 그림으로 표현할 때, 각 리소스 파일의 경계를 점선으로 표시해 외부/내부 참조를 명확하게 할 수 있다. 그래프의 선이 이 점선을 가로지르는 경우 외부 참조이고, 그렇지 않은 경우 내부 참조다. 그림 7.6을 살펴보자.

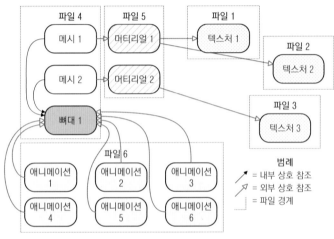

그림 7.6 리소스 데이터베이스를 의존성 그래프의 예

상호 의존하는 리소스들 여럿을 한데 묶어 복합 리소스^{composite resource}라고 부르기도 하는데, 이 경우 상호 참조는 모두 복합 리소스 안에서 처리된다. 예를 들어 모델은 1개 이상의 삼각형 메시, 옵션으로 뼈대 및 여러 애니메이션들이 모여 이뤄진 복합 리소스다. 각 메시는 하나의 머티리얼과 연결돼 있고, 각 머티리얼은 하나 이상의 텍스처를 참조한다. 3D 모델과 같은 복합 리소스를 완전히 메모리에 불러오려면 모델이 의존하는 모든 리소스도 같이 불러와야 한다.

7.2.2.9 리소스 간 상호 참조 처리

리소스 매니저를 구현하는 데 있어 까다로운 부분 중 하나는 리소스 객체 간의 상호 참조를 관리하는 일과 참조 무결성^{referential integrity}을 유지하는 일이다. 리소스 매니저가 이런 일들을 어떻게 처리하는지를 알아보려면 메모리 안에서 상호 참조를 어떻게 표현하는지와 디스크에서 상호 참조를 어떻게 표현하는지 알아야 한다.

C++에서 두 객체 간 상호 참조를 구현할 때는 포인터 또는 참조^{reference}를 사용한다. 예를 들어 메시에는 머티리얼을 참조하기 위한 데이터 멤버로 Material*m_pMaterial(포인터)나 Material& m_material(참조)를 사용할 수 있다. 사실 포인터라는 것은 메모리 주소일 뿐이다 (지금 실행 중인 애플리케이션 안에서만 의미가 있다). 실제 메모리 주소는 애플리케이션을 실행할 때마다 바뀔 수 있고, 실제로 바뀌기도 한다. 따라서 디스크 파일에 저장할 때는 객체 간 의존성을 포인터로 나타낼 수는 없다.

GUID를 상호 참조로 사용

객체를 고유하게 식별할 수 있는 id를 문자열이나 해시 코드로 저장해 상호 참조를 저장하는 것도 좋은 방법이다. 이 말은 곧 상호 참조 관계에 있을 수 있는 모든 리소스는 GUID가 있어야 한다는 뜻이다.

이와 같은 상호 참조를 사용하려면 런타임 리소스 매니저가 룩업 테이블^{lookup table}을 전역적으로 관리해야 한다. 리소스 객체가 메모리에 로드될 때마다 이 객체에 대한 포인터가 테이블에 저장되는데, 리소스의 GUID를 탐색 키로 삼는다. 모든 리소스가 로드되고 테이블에 등록되고 나면 모든 객체를 순환하며, 객체 내에서 GUID로 표현된 상호 참조를 테이블에서 찾은 포인터 값으로 대체한다.

포인터 교정 테이블

데이터 객체를 이진 파일로 저장할 때 흔히 쓰이는 또 다른 방법으로는 포인터를 파일 오프셋으로 변경하는 방법이 있다. 상호 참조에 포인터를 사용하는 C 구조체 또는 C++ 객체들이 있다고 하자. 이 객체들을 이진 파일로 저장할 경우 객체들을 임의의 순서로 한 번씩(꼭 한 번만) 방문해서 객체의 메모리 이미지를 차례대로 파일로 저장한다. 메모리 내에서 객체들의 이미지는 연속적이지 않을 수 있지만, 이렇게 저장한 파일에는 객체들의 연속적인 이미지가 저장되는 셈이다. 이 과정이 그림 7.7에 나와 있다.

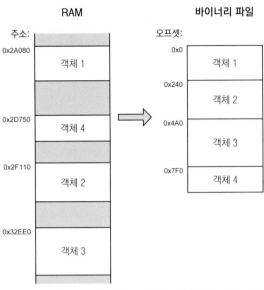

그림 7.7 메모리에 있는 객체들의 이미지를 파일에 저장하면 연속적인 이미지가 된다.

파일 내 객체들의 이미지가 이제 연속적이기 때문에 파일의 시작점에서 객체가 어느 정도 떨어져 있는지 오프셋을 계산할 수 있다. 이진 파일 이미지를 기록하는 동안 각 객체 안에 있는 모든 포인터들을 찾아내 그 값을 오프셋 값으로 변경한 후 파일에 저장할 때는 포인터의 위치에 오프셋 값을 기록한다. 오프셋 값을 저장하는 데 원래의 포인터보다 더 큰 저장 장소가 필요하지는 않기 때문에 포인터에 덮어써도 상관없다. 사실 이진 파일의 오프셋은 메모리의 포인터와 거의 같은 개념이라 할 수 있다(하지만 개발 플랫폼과 목표 플랫폼이 다른 경우 주의해야 한다. 64비트 윈도우에서 메모리 이미지를 파일로 기록하는 경우 포인터가 64비트 크기이기 때문에 이 파일은 32비트 콘솔과 호환되지 않는다).

물론 나중에 파일을 메모리에 불러올 때는 오프셋 값을 다시 포인터로 바꿔야 한다. 이 같은 변환을 포인터 교정fix-up이라고 한다. 파일의 이진 이미지를 불러오면 이미지 내의 객체들은 원래와 같이 연속적으로 배열된 상태다. 그렇기 때문에 오프셋 값을 포인터로 바꾸기는 간단하다. 오프셋 값을 전체 파일 이미지의 주소 값에 더하기만 하면 된다. 이 과정은 다음 코드와 그림 7.8을 보면 이해하기 쉽다.

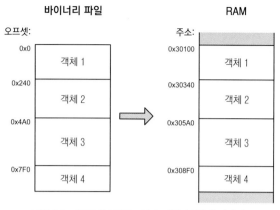

그림 7.8 메모리에 불러온 리소스 파일의 연속된 이미지

```
U8* ConvertOffsetToPointer(U32 objectOffset,
  U8* pAddressOfFileImage)
{
  U8* pObject = pAddressOfFileImage + objectOffset; return pObject;
}
```

포인터를 오프셋 값으로 바꾸고 또 그 반대로 바꾸는 경우 어려운 점은 변환해야 할 포인터들을 어떻게 모두 찾아내느냐 하는 것이다. 이 문제는 보통 이진 파일을 기록할 때 해결한다. 데이터 객체들의 이미지를 파일에 기록하는 코드는 기록되는 데이터 타입과 클래스들의 내용을 알고 있기 때문에 객체 내에서 포인터가 어디에 위치하는지도 알 수 있다. 포인터의 위치는 포인터 교정 테이블^{pointer fix-up table}이라 부르는 간단한 테이블에 기록된다. 이 테이블의 내용은 객체들의 이진 이미지와 함께 파일에 담긴다. 나중에 파일을 메모리에 불러오게 되면 테이블을 찾아보고 모든 포인터를 조정한다. 이 테이블 자체는 파일 내에서의 오프셋을 기록한 단순한 리스트일 뿐이다(각 오프셋은 조정해야 할 포인터 하나를 나타낸다). 그림 7.9에 이 과정이 나와 있다.

C++ 객체를 이진 이미지로 저장하는 경우: 생성자

C++ 객체를 이진 파일에서 불러올 때 놓치기 쉬운 단계가 있는데, 객체의 생성자를 불러 줘야 한다는 점이다. 예를 들어 객체 3개가 있는 이진 이미지를 불러온다고 가정하면(클래스 A의 인스턴스, 클래스 B의 인스턴스, 클래스 C의 인스턴스) 이 객체들의 올바른 생성자가 호출되게 보장해야 한다.

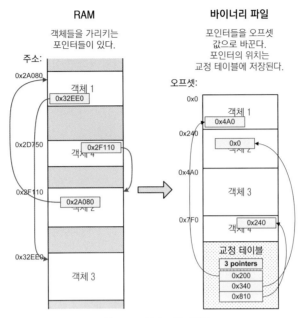

RAM

객체들을 가리키는
포인터들이 있다.

주소:

0x2A080

객체 1
`0x32EE0`

0x2D750

`0x2F110`
객체 4

0x2F110

`0x2A080`
객체 2

0x32EE0

객체 3

바이너리 파일

포인터들을 오프셋
값으로 바꾼다.
포인터의 위치는
교정 테이블에 저장된다.

오프셋:

0x0

객체 1
`0x4A0`

0x240

`0x0`
객체 2

0x4A0

객체 3

0x7F0

`0x240`
객체 4

교정 테이블
3 pointers
`0x200`
`0x340`
`0x810`

그림 7.9 포인터 조정 테이블

이 문제를 해결하는 데는 흔히 두 가지 방법을 사용한다. 첫째, C++ 객체들은 이진 파일에 저장할 수 없게 하는 방법이 있다. 다시 말하면 PODS[Plain Old Data Structure](즉 C의 구조체나 C++의 구조체와 클래스 중 가상 함수가 없고 생성자에서 거의 아무것도 하지 않는 데이터 타입)만 사용하는 것이다(http://en.wikipedia.org/wiki/Plain_Old_Data_Structures 참조).

둘째, PODS가 아닌 모든 객체의 오프셋 값을 기록하는 테이블을 두는 방법이 있는데, 각 테이블에는 오프셋과 함께 어떤 클래스의 인스턴스인지도 함께 기록한다. 이진 파일을 불러온 후 이 테이블을 순회하면서 각 객체들에 대해 `placement new` 문법(미리 할당된 메모리에 생성자를 호출하는 방법)을 사용해 적절한 생성자를 호출해 준다. 예를 들어 이진 이미지 내의 어떤 객체에 대한 오프셋 값이 있다면 다음과 같이 하면 된다.

```
void* pObject = ConvertOffsetToPointer(objectOffset,
                                        pAddressOfFileImage);
::new(pObject) ClassName;  // placement-new 문법
```

여기서 `ClassName`은 객체의 클래스 이름이다.

외부 참조 처리

방금 설명한 두 가지 방식은 모든 상호 참조가 내부 참조인 경우(즉 같은 파일 안에 있는 객체들끼리만 참조하는 경우) 사용할 수 있는 방법들이다. 이런 상황이라면 이진 이미지를 메모리에 불러와서 포인터 조정만 하면 모든 상호 참조가 해결된다. 하지만 상호 참조에서 다른 리소스 파일이 연관되면 여기에 약간 보강을 해야 한다.

외부 상호 참조를 표현하려면 객체의 오프셋이나 GUID만으로는 안 되고 객체가 담긴 리소스 파일에 대한 경로도 필요하다.

여러 파일로 이뤄진 복합 리소스를 불러오려면 먼저 반드시 연관된 모든 파일들을 불러와야 한다. 어떤 리소스 파일을 불러온 후 그 파일의 상호 참조 테이블을 보고 외부 참조하는 파일이 아직 메모리에 없는 경우 불러온다. 데이터 객체들을 메모리에 불러오는 과정에서 각 객체들의 주소를 중앙의 테이블에 넣는다. 의존 관계에 있는 모든 파일을 로드하고 모든 객체가 메모리에 올라온 후 마지막 조정 단계에서 중앙 테이블을 참조해 포인터에 있는 GUID 또는 파일 오프셋을 실제 메모리 주소로 변환한다.

7.2.2.10 로드 후 초기화

이상적인 경우 오프라인 툴을 거쳐 나오는 모든 리소스는 그 자체로 완전해서 메모리에 불러온 후 그대로 사용할 수 있어야 한다. 하지만 현실적으로 꼭 이렇게 되는 것은 아니다. 상당수의 리소스는 로드 후에 엔진에서 사용하고자 어느 정도의 '준비 과정'을 거쳐야 한다. 이 책에서는 이와 같이 리소스를 불러온 후 처리하는 과정을 로드 후 초기화post-load initialization라고 부르기로 한다. 엔진에 따라서 다른 이름으로 부르기도 한다(예를 들면 너티 독에서는 이 과정을 리소스를 로그인한다고 불렀다). 이와 더불어 대다수의 리소스 매니저는 리소스의 메모리를 해제하기 전에 정리 단계를 지원한다(너티 독에서는 이 과정을 리소스를 로그아웃한다고 불렀다).

로드 후 초기화는 보통 다음 두 가지 경우로 나눌 수 있다.

- 로드 후 초기화를 반드시 해야 하는 경우가 있다. 예를 들면 3D 메시를 나타내는 정점과 인덱스들은 메인 메모리로 올라오지만 그 후 비디오 메모리로 옮겨야 하는 경우가 대부분이다. 이 과정은 런타임에만 수행할 수 있는데, 다이렉트X 정점 버퍼와 인덱스 버퍼를 생성하고, 이것을 잠근lock 후 데이터를 버퍼로 복사하거나 읽어 들이고, 다시 잠금 해제하는 등의 과정이 필요하다.

- 그 외의 경우 로드 후 초기화 단계에서 하는 일들은 필수적인 것은 아니지만(예를 들면 이 과정을 툴로 옮길 수도 있다), 편리함이나 다른 목적을 위해서 하는 것이다. 예를 들어 프로그래머가 엔진의 스플라인 라이브러리에 정확한 호^{arc} 길이를 계산하는 기능을 넣고 싶어한다고 하자. 툴에서 호 길이 데이터를 생성해 내도록 고치는 데 시간을 들이는 대신, 런타임에 로드 후 초기화 과정에서 계산하게 할 수도 있다. 나중에 계산이 완벽하다고 생각되면 이 코드를 툴로 옮겨서 런타임에 계산하는 비용을 없앨 수 있다.

분명한 점은 리소스 타입마다 로드 후 초기화 및 정리 과정에서 할 일이 각기 다르다는 것이다. 따라서 리소스 매니저가 이 두 과정을 리소스 타입별로 지정할 수 있게 하는 것이 일반적이다. 객체지향 언어가 아닌 C 같은 언어의 경우 테이블을 두고 리소스 타입으로 2개의 함수 포인터(로드 후 초기화를 위한 함수와 정리를 위한 함수)를 찾게 구현하는 방법이 있다. C++ 등의 객체지향 언어에서는 일이 더 간단하다. 다형성^{polymorphism}을 이용하면 클래스마다 저마다의 로드 후 초기화 및 정리 단계를 처리할 수 있다.

C++에서는 특수한 생성자를 통해 로드 후 초기화를 구현할 수 있고, 클래스 파괴자를 통해 정리 단계를 구현할 수 있다. 하지만 생성자와 파괴자를 이런 용도로 쓰는 데는 몇 가지 문제가 있다(예를 들면 C++의 생성자는 가상 함수가 될 수 없기 때문에 로드 후 초기화 과정에서 자식 클래스가 부모 클래스의 작업을 수정하거나 보강하게 만들기 어렵다). 대부분의 개발자들은 로드 후 초기화 및 정리 과정을 다른 가상 함수로 분리하는 것을 선호한다. 예를 들면 Init(), Destroy() 등 적당한 이름이 붙은 가상 함수들을 고려해 볼 수도 있다.

로드 후 초기화는 리소스의 메모리 할당 전략과 밀접한 연관이 있는데, 초기화 과정에서 대개 새로운 데이터를 만들어 내기 때문이다. 어떤 경우에는 로드 후 초기화 단계에서 만들어지는 데이터가 파일에서 불러온 데이터를 보강하는 형태가 된다(예를 들면 로드 후 캣멀-롬$^{Catmull-Rom}$ 스플라인 곡선의 곡선분^{segment}의 호 길이를 계산하는 경우 결과를 저장할 여분의 메모리를 할당해야 할 수도 있다). 그렇지 않은 경우 로드 후 초기화 단계에서 생성된 데이터는 원래 불러왔던 데이터를 대체한다(예를 들면 이전 버전과 호환성을 위해서 오래된 메시 데이터 형식을 로드한 후 자동으로 새 형식으로 변경하게 하는 경우). 이 경우는 로드 후 초기화 단계에서 새 데이터를 생성한 후 원래의 로드한 데이터는 완전히 버리거나 아니면 일부를 버리기도 한다.

하이드로 선더 엔진에는 이런 문제를 단순하면서도 효과적인 방식으로 처리했다. 리소스는 두 가지 중 한 가지 형태로 불러올 수 있었다. (a) 메모리의 최종 위치로 직접 불러오기, (b) 임시 메모리 위치로 불러오기가 그것이다. 후자의 경우 완성된 데이터를 최종 위치로 복사하는 역할은 로드 후 초기화 단계의 몫이다. 로드 후 초기화가 끝나면 임시 메모리에 있던 리소스는 버린다. 이 방식은 리소스 파일에 당장 쓸 수 있는 데이터와 그렇지 않은 데이터가 같이 들어 있는 경우 굉장히 요긴하게 쓰였다. 당장 쓰일 데이터는 메모리의 최종 위치로 복사하고, 그렇지 않은 데이터는 버린다. 예를 들어 낡은 형식으로 된 메시 데이터를 불러올 때 일단 임시 메모리로 불러와 로드 후 초기화 단계에서 최신 형식으로 변경하면 낡은 형식 데이터를 따로 갖고 있을 필요가 전혀 없다.

게임 루프와
실시간 시뮬레이션

8장

게임은 실시간이고 동적이며 상호적인 컴퓨터 시뮬레이션이다. 그렇기 때문에 컴퓨터 게임에서 시간이라는 개념은 굉장히 중요한 역할을 한다. 게임 엔진이 다뤄야 할 시간에는 여러 가지가 있는데, 실시간$^{real\ time}$, 게임 시간, 애니메이션의 로컬 타임라인, 함수를 실행하는 데 걸린 실제 CPU 주기 등 그 종류는 실로 다양하다. 시간을 어떻게 정의하고 처리하는지는 엔진마다 다르다. 하지만 게임에서 시간이 어떻게 활용되는지에 대해서는 반드시 잘 이해하고 있어야 한다. 8장에서는 실시간 동적 시뮬레이션 소프트웨어가 동작하는 방법과 이런 시뮬레이션에서 시간이 어떤 역할을 하는지 알아본다.

8.1 렌더링 루프

윈도우를 사용하는 PC나 매킨토시 등에서 볼 수 있는 그래픽 유저 인터페이스의 경우 스크린의 내용 거의 대부분이 정적이다. 한순간에 윈도우의 작은 부분만이 모양을 바꿀 뿐이다. 이런 이유로 그래픽 유저 인터페이스를 화면에 그릴 때는 사각형 무효화$^{rectangle\ invalidation}$라는 기법을 예전부터 사용해 왔는데, 이 방식에서는 스크린에서 실제 내용이 변한 부분만 그린다. 그려야 하는 픽셀의 수를 줄이기 위해 예전의 2D 비디오 게임에서도 비슷한 기법을 썼었다.

8장 게임 루프와 실시간 시뮬레이션 569

실시간 3D 컴퓨터 그래픽은 완전히 다른 방법으로 구현한다. 카메라가 3D 장면 안에서 움직이면 스크린 또는 윈도우의 전체 내용이 계속 변하게 되고, 따라서 사각형 무효화 개념은 더이상 적용할 수 없다. 대신 움직임과 상호작용을 흉내내고자 영화와 비슷한 방식을 쓴다(즉 정지 화면을 빠르게 연속적으로 보여 준다).

당연히 정지 화면을 스크린에 빠르게 연속적으로 보여 주려면 루프를 써야 한다. 실시간 렌더링 애플리케이션에서 이런 루프를 렌더링 루프^{rendering loop}라고 부른다. 가장 단순하게 표현해 본 렌더링 루프의 모양은 다음과 같다.

```
while (!quit)
{
    // 사용자의 입력을 받아 움직이거나 아니면 미리
    // 지정된 경로에 따라 카메라의 변환을 업데이트한다.
    updateCamera();

    // 장면에 있는 동적인 요소들의 위치와 방향 등 필요한
    // 모든 시각적 상태를 업데이트한다.
    updateSceneElements();

    // 오프스크린 프레임 버퍼(후면 버퍼)에
    // 정지 화면 프레임을 그린다.
    renderScene();

    // 후면 버퍼와 전면 버퍼를 교체해 가장 최근에
    // 렌더링한 이미지를 화면에 보이게 한다.
    // (윈도우 모드일 경우에는 후면 버퍼의 내용을
    // 전면 버퍼로 복사(blit)한다 swapBuffers();
}
```

8.2 게임 루프

게임은 상호작용하는 다양한 하부 시스템으로 이뤄지는데, 장치 I/O, 렌더링, 애니메이션, 충돌 감지 및 처리, 부가적인 강체 역학 시뮬레이션, 멀티플레이어 네트워크, 오디오 등 다양한 부분들이 게임을 구성한다. 대부분의 엔진 하부 시스템은 게임이 돌아가는 동안 주기적으

로 업데이트해야 한다. 그런데 얼마나 자주 업데이트를 해줘야 하는지는 하부 시스템마다 다르다. 애니메이션은 통상 30Hz나 60Hz로 업데이트해 주면 되고, 렌더링 하부 시스템과 동기적으로 업데이트해야 한다. 하지만 역학(물리) 시뮬레이션은 이보다 더 자주(예를 들면 120Hz) 업데이트해 줘야 할 수도 있다. AI 등의 하이레벨 시스템은 초당 한두 번만 업데이트해도 되며, 렌더링 루프와 동기적으로 움직일 필요도 전혀 없다.

게임 엔진 하부 시스템의 주기적 업데이트를 구현하는 방식은 여러 가지가 있다. 잠시 후 실제로 동작하는 몇 가지 구조에 대해 알아본다. 하지만 지금 당장은 가장 단순한 방법으로 엔진 하부 시스템을 업데이트한다고 생각해 보자(즉 루프 하나에서 모든 업데이트를 처리하는 방식이다). 이 루프가 엔진의 모든 하부 시스템을 업데이트하는 주도적 역할을 하기 때문에 보통 게임 루프라고 부른다.

8.2.1 간단한 예: 퐁

퐁Pong은 널리 알려진 탁구 비디오 게임 장르이며, 1958년에 아날로그 컴퓨터 게임 테니스 포 투Tennis for Two를 오실로스코프에서 구현한 것이 시초다(브룩헤이븐 연구소Brookhaven National Laboratory의 윌리엄 히긴보텀William A. Higinbotham). 이 장르는 나중에 디지털 컴퓨터에서 구현돼 널리 알려졌다(Magnavox Oddysey의 테이블 테니스Table Tennis와 아타리의 아케이드 게임 퐁이 대표적 예다).

퐁 게임은 움직이는 수직 라켓 2개와 고정된 두 벽 사이를 왔다갔다 하는 공으로 이뤄진다. 플레이어들은 조작 휠을 갖고 라켓의 위치를 조정한다(후에 나온 게임들에서는 조이스틱, 키보드 등 다른 장치를 사용할 수 있다). 라켓에 공을 맞추지 못하고 놓치면 상대편이 점수를 얻게 되고 공은 새 판을 시작하고자 리셋된다.

다음 의사코드pseudocode는 퐁 게임의 게임 루프가 어떤 모양을 하고 있을지 핵심적인 부분을 보여 준다.

```
void main() // Pong
{
  initGame();

  while (true) // 게임 루프
  {
```

```
    readHumanInterfaceDevices();

    if (quitButtonPressed())
    {
      break; // 게임 루프를 나온다.
    }

    movePaddles();

    moveBall();

    collideAndBounceBall();

    if (ballImpactedSide(LEFT_PLAYER))
    {
      incremenentScore(RIGHT_PLAYER);
      resetBall();
    }
    else if (ballImpactedSide(RIGHT_PLAYER))
    {
      incrementScore(LEFT_PLAYER);
      resetBall();
    }

    renderPlayfield();
  }
}
```

당연한 말이지만 이 코드는 이해를 돕고자 만든 것이다. 분명 초당 30번씩 전체 화면을 다시 그리게 퐁 게임들을 만들지는 않았을 것이다. 당시의 CPU는 워낙 느려서 선으로 라켓 2개를 그리고 작은 박스로 공을 그리기에도 빠듯했기 때문이다. 화면에 움직이는 물체를 그리고자 특수 2D 스프라이트 하드웨어가 사용되는 경우도 자주 있었다. 하지만 지금 중요한 것은 핵심 개념이지 원래 퐁 게임이 어떻게 구현됐었나 하는 것은 아니다.

코드는 게임이 처음 실행되면 initGame()을 호출해 그래픽 시스템, 휴먼 I/O 장치, 오디오 시스템 등에서 필요로 하는 초기화를 수행한다. 그런 후 게임의 메인 루프에 진입한다.

while(true) 구문은 내부에서 중지되지 않는 한 게임 루프가 계속 돌아가리라는 것을 뜻한다. 루프 안에서 제일 처음 하는 일은 휴먼 인터페이스 장치(또는 장치들)를 읽는 일이다. 플레이어 중 누군가 나가기 버튼을 눌렀는지 검사한다(눌렀다면 break 구문을 통해 게임을 중단한다). 다음은 movePaddles() 함수에서 라켓을 조금씩 아래 위로 움직이는데, 그 정도는 조정 휠과 조이스틱 등 I/O 장치가 어떤 상태를 하고 있는지에 의해 결정된다. moveBall() 함수는 공의 위치에 속도 벡터를 더해 새 프레임에서 공의 위치를 계산한다. collideAndBounceBall() 함수에서는 이 위치를 갖고 고정된 수직 벽과 라켓에 공이 충돌하는지를 검사한다. 충돌이 검출되면 튕겨져 나오게 공의 위치를 다시 계산한다. 또 공이 스크린의 왼쪽이나 오른쪽 끝에 닿았는지도 검사한다. 닿았다면 라켓으로 맞추지 못했다는 뜻이기 때문에 상대 플레이어의 점수를 올려 주고 다음 경기를 위해 공을 리셋한다. 마지막으로 renderPlayfield()에서는 모든 내용을 스크린에 그린다.

8.3 게임 루프 구조의 형태

게임 루프를 구현하는 방법은 여러 가지가 있다. 하지만 따져 보면 핵심에는 1개 또는 여러 루프가 있고 여기에 여러 가지 부가적인 것이 붙는 형태다. 이제 자주 쓰이는 몇 가지 구조를 알아보자.

8.3.1 윈도우 메시지 펌프

윈도우 플랫폼에서 돌아가는 게임들은 엔진 하부 시스템들뿐 아니라 운영체제에서 오는 여러 메시지도 처리해야 한다. 그렇기 때문에 윈도우 게임에는 메시지 펌프message pump라는 코드가 존재한다. 기본적으로 윈도우 메시지는 오는 대로 처리하게 하고 더 이상 처리할 윈도우 메시지가 없을 때만 게임 엔진에 대한 처리를 하는 방식이다. 메시지 펌프는 보통 다음과 같은 모양이다.

```
while (true)
{
    // 대기 중인 윈도우 메시지를 모두 처리한다.
    MSG msg;
```

```
  while (PeekMessage(&msg, nullptr, 0, 0) > 0)
  {
    TranslateMessage(&msg);
    DispatchMessage(&msg);
  }

  // 처리할 윈도우 메시지가 없는 경우 -- "진짜"
  // 게임 루프를 한 번 돈다.
  RunOneIterationOfGameLoop();
}
```

이와 같이 게임 루프를 구현하면 게임의 렌더링과 시뮬레이션보다 윈도우 메시지들이 우선 처리된다. 그렇기 때문에 게임 윈도우의 크기를 바꾸거나 바탕 화면에서 이리저리 끌고 다니는 동안 게임은 멈춘다.

8.3.2 콜백 주도 프레임워크

게임 엔진 하부 시스템과 외부 게임 미들웨어 패키지들은 대부분 라이브러리 형태로 돼 있다. 라이브러리란 애플리케이션에서 필요할 때 언제든 불러 쓸 수 있는 함수와 클래스들의 모음이다. 라이브러리를 사용하면 프로그래머는 선택의 폭이 넓어진다. 하지만 라이브러리의 함수와 클래스를 어떻게 사용할지 프로그래머가 반드시 잘 이해하고 있어야 하기 때문에 라이브러리의 사용이 쉽지만은 않다.

이와 반대로 프레임워크framework 구조로 된 게임 엔진이나 미들웨어 패키지도 있다. 프레임워크란 부분적으로 구성된 애플리케이션이다. 프레임워크에서 제공하지 않는 기능들은 프로그래머가 직접 구현해 프로그램을 완성한다(또는 프레임워크의 기본적인 기능을 교체할 수도 있다). 하지만 프로그램 내의 전체적인 흐름에 대해서는 프레임워크에서 정한 대로 따를 뿐 프로그래머가 거의 영향을 끼치지 못하거나 아예 손댈 수 없다.

프레임워크 기반 렌더링 엔진이나 게임 엔진에서는 게임 루프가 이미 짜여 있지만 내용은 거의 비어 있다. 비어 있는 세부적인 부분들을 '채워 넣기 위해' 게임 프로그래머는 콜백callback 함수들을 짠다. 오거 렌더링 엔진이 프레임워크 구조로 된 라이브러리의 대표적 예다. 오거의 가장 로우레벨에는 엔진 프로그래머가 직접 호출할 수 있는 함수들이 있다. 하지만 이와 함께 로우레벨 오거 라이브러리를 효율적으로 사용할 수 있게 구현한 프레임워크도 제공한다. 오거 프레임워크를 사용하려면 Ogre::FrameListener를 상속하는 클래스를 만들고 frameStarted(), frameEnded() 등 가상 함수 2개를 오버라이딩한다. 이름에서 알 수 있듯 두 함수는 오거가 메인 3D 장면을 렌더링하기 전후에 불린다. 오거 프레임워크의 게임 루프 안쪽을 보면 다음 의사코드 같은 모양이다(실제 소스코드는 OgreRoot.cpp의 Ogre::Root::renderOneFrame()를 살펴보면 된다).

```
while (true)
{
  for (each frameListener)
  {
    frameListener.frameStarted();
  }

  renderCurrentScene();

  for (each frameListener)
  {
    frameListener.frameEnded();
  }

  finalizeSceneAndSwapBuffers();
}
```

FrameListener를 상속하는 경우 다음과 같은 형태로 구현한다.

```
class GameFrameListener : public Ogre::FrameListener
{
public:
  virtual void frameStarted(const FrameEvent& event)
  {
    // 3D 장면을 렌더링하기 전에 해야 할 일들을 처리한다
    // (예, 게임 엔진의 모든 하부 시스템들 업데이트하기).
    pollJoypad(event);
    updatePlayerControls(event);
    updateDynamicsSimulation(event);
    resolveCollisions(event);
```

```
        updateCamera(event);

        // 기타
    }

    virtual void frameEnded(const FrameEvent& event)
    {
        // 3D 장면을 렌더링한 후 해야 할 일들을 처리한다.
        drawHud(event);

        // 기타
    }
};
```

8.3.3 이벤트 기반 업데이트

게임에서 이벤트^{event}란 게임의 상태나 주변 환경 상태에서 관심을 가질 만한 변화가 생겼음을
나타낸다. 플레이어가 조이패드의 버튼을 누른 상황이나 폭발이 일어난 경우, 적 캐릭터가 플
레이어 캐릭터를 발견하는 순간 등 그 예는 무수히 많다. 대부분의 게임 엔진에는 이벤트 시스
템이 있고, 엔진 하부 시스템들은 이벤트 시스템을 통해 관심 있는 이벤트를 등록했다가 나중
에 이벤트가 발생하면 처리하게 된다(자세한 내용은 16.8절 참조). 게임의 이벤트 시스템은 보통
대부분의 그래픽 유저 인터페이스에서 사용하는 이벤트/메시지 시스템(예, 마이크로소프트 윈도
우의 윈도우 메시지, Java의 AWT의 이벤트 처리 시스템, C#의 delegate와 event 키워드)과 거의 비슷
하다.

일부 엔진들은 이벤트 시스템을 활용해 주기적으로 하부 시스템을 업데이트하게 구현하기도
한다. 이렇게 하려면 현재 시점보다 미래에 이벤트를 보낼 수 있는 기능을 이벤트 시스템이 지
원해야 한다(즉 이벤트 큐에 저장했다 나중에 보낼 수 있어야 한다). 이제 주기적인 업데이트를 구현
하려면 이벤트를 보내기만 하면 된다. 이벤트 핸들러에서 주기적으로 필요한 일들을 처리하고
그다음 1/30초 또는 1/60초 미래에 새로운 이벤트를 보내면 주기적인 처리가 가능하다.

8.4 가상 타임라인

게임 프로그래밍에서 가상 타임라인$^{abstract\ timeline}$ 개념을 적용하면 굉장히 유용할 때가 있다. 타임라인이란 연속적인 1차원 축으로, 시스템의 다른 타임라인을 기준으로 임의의 위치에 원점($t = 0$)을 위치시킬 수 있다. 타임라인을 구현하는 데는 정수나 부동소수 타입의 간단한 변수를 둬서 절대 시각 값을 저장하면 된다.

8.4.1 실시간

CPU의 정밀 타임 레지스터(8.5.3절 참조) 값으로 측정하는 시간을 실시간 타임라인$^{real\ timeline}$ 위의 시간이라고 생각하자. 이 타임라인의 원점은 CPU의 파워가 처음 들어온 순간 또는 리셋된 순간으로 정의한다. 단위는 CPU 주기^{cycle}(또는 주기의 배수)이지만, CPU의 정밀 타이머의 주파수로 나눠서 쉽게 초 단위로 변환할 수 있다.

8.4.2 게임 시간

타임라인에 실시간만 있는 것은 아니다. 필요한 만큼 얼마든지 다른 타임라인을 정의할 수 있다. 예를 들면 실시간과는 완전히 별개인 게임 시간이란 것을 정의할 수 있다. 보통의 상황에서는 게임 시간은 실시간과 일치한다. 다만 게임을 일시 정지하고 싶은 경우 잠시 게임 시간을 업데이트하지 않으면 된다. 슬로우 모션으로 보이고 싶으면 실시간보다 게임 시간을 천천히 업데이트하면 된다. 한 타임라인을 다른 타임라인에 상대적인 형태로 축척을 변경하거나 모양을 바꿀 수만 있다면 이런 효과는 얼마든지 구현할 수 있다.

게임 시간을 정지하거나 느리게 할 수 있으면 디버깅할 때 큰 도움이 된다. 뭔가 비정상적으로 보이는 버그를 추적하고 싶으면 일단 게임 시간을 멈춰 모든 움직임을 중지시킨다. 정지하고 있는 동안 렌더링 엔진과 디버그용 카메라는 정상적으로 돌아간다. 단, 렌더링 엔진과 디버그 카메라가 별도의 타임라인(실시간 타임라인, 또는 별도의 카메라 타임라인)으로 구현돼 있어야 한다. 이렇게 되면 원하는 대로 카메라를 이동할 수 있어서 어느 각도에서건 이상 상태를 관찰할 수 있다. 여기에 좀 더 보완하자면 게임 시간을 한 단계씩 진행하게 구현할 수 있는데, 게임이 정지돼 있을 때 조이패드나 키보드의 버튼을 눌러 프레임 구간(예. 1/30초)만큼 게임 시간을 진행하게 구현하면 된다.

위에 설명한 방식을 쓰는 경우 게임이 정지돼 있더라도 게임 루프는 계속 돌아가고 있다는 점을 잊어서는 안 된다(게임 시간만 정지한 것이다). 정지된 게임 시간에 1/30초씩 더해 가며 진행하는 것과 메인 루프에 중단점breakpoint을 걸고 F5 키를 계속 눌러가며 루프를 진행시키는 것은 다르다. 문제를 추적하는 데 있어 유용하기는 매한가지지만 그 용도는 각기 다르다. 그렇기 때문에 차이점을 분명히 새기고 있어야 한다.

8.4.3 로컬 타임라인과 글로벌 타임라인

이외에도 온갖 종류의 타임라인을 생각해 볼 수 있다. 예를 들면 애니메이션 클립이나 오디오 클립에 로컬 타임라인이란 것을 둘 수 있는데, 원점($t = 0$)은 클립이 시작하는 순간으로 한다. 로컬 타임라인은 원래의 클립이 제작(또는 녹음)되던 당시의 척도에 맞게 시간이 진행된다. 게임에서 클립을 재생할 경우 꼭 원래 속도대로 재생할 필요는 없다. 애니메이션 재생 속도를 빠르게 하고 싶거나 오디오를 느리게 재생하고 싶은 경우도 있다. 심지어 로컬 타임라인을 거꾸로 돌리면 애니메이션을 거꾸로 재생하는 것도 가능하다.

이런 효과들은 로컬 타임라인과 글로벌 타임라인(예를 들면 실시간 또는 게임 시간)을 매핑mapping 하는 것으로 생각하면 된다. 원래 제작된 속도로 애니메이션 클립을 재생하려면 애니메이션의 로컬 타임라인의 시작점($t = 0$)을 글로벌 타임라인의 원하는 위치($\tau = \tau_{start}$)에 매핑하면 된다. 그림 8.1을 살펴보자.

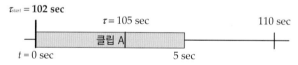

그림 8.1 애니메이션 클립을 재생하는 과정을 클립의 로컬 타임라인과 글로벌 타임라인 사이의 매핑으로 표현했다.

이제 애니메이션 클립을 2배 속도로 재생하려는 경우 글로벌 타임라인에 매핑하기 전에 로컬 타임라인을 원래보다 절반으로 만든다. 클립의 글로벌 시작 시각 τ_{start}와 더불어 시간 척도 값 또는 재생률 R을 기록하고 있으면 간단히 구현할 수 있다. 이 과정은 그림 8.2에 나와 있다. 클립을 거꾸로 재생할 수도 있는데, 그림 8.3과 같이 0보다 작은 시간 척도 값($R < 0$)을 사용하면 된다.

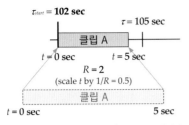

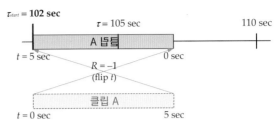

그림 8.2 애니메이션의 재생 속도를 조정하려면 글로벌 타임라인에 매핑하기 전에 로컬 타임라인의 척도를 변경하면 된다.

그림 8.3 애니메이션을 거꾸로 재생하는 것은 시간 척도 값 R = −1을 사용해 글로벌 타임라인에 매핑하는 것과 같다.

8.5 시간을 측정하는 방법과 처리하는 방법

8.5절에서는 여러 종류의 타임라인과 클럭에 따른 미묘한 차이와 큰 차이에 대해 알아보고, 진짜 게임 엔진에서 어떻게 이것들을 구현하는지 살펴본다.

8.5.1 프레임 레이트와 시간 델타

실시간 게임에서 프레임 레이트^{frame rate}란 정지 3D 프레임을 연속적으로 얼마나 빨리 보여 주는지를 나타내는 말이다. 모든 주기적인 작업의 척도에는 초당 주기 횟수로 정의되는 헤르츠^{Hz}를 단위로 쓸 수 있다. 하지만 게임과 영상 산업에서는 프레임 레이트를 초당 프레임 수^{FPS, Frames Per Second}로 나타내는 것이 일반적이며, 사실상 헤르츠와 개념은 똑같다. 영상물은 보통 24FPS로 재생한다. 북미나 일본의 게임들은 보통 30 또는 60FPS로 렌더링하는데, 이것은 이 지역에서 쓰이는 NTSC 컬러 텔레비전 표준에 가장 많이 사용하는 재생 빈도^{refresh rate}이기 때문이다. 유럽을 포함한 나머지 지역의 게임들은 50FPS로 업데이트하는데, 마찬가지로 이것이 PAL 또는 SECAM 컬러 텔레비전의 재생 빈도이기 때문이다.

두 프레임 사이에 시간이 얼마나 흘렀는지를 나타내는 말에는 프레임 시간, 시간 델타, 델타 시간 등의 용어를 사용한다. 이 중 델타 시간을 가장 많이 쓰는데, 프레임 간 시간을 수학적으로 표기할 때 기호 Δt를 쓰는 경우가 많기 때문이다(엄밀히 따지자면 Δt를 프레임 주기^{period}라고 불러야 맞다. 이 값은 프레임 진동수의 역수이기 때문이다. $T = 1/f$. 하지만 이런 문맥으로 '주기'를 사용하는 게임 프로그래머는 없다고 봐도 된다). 게임을 정확히 30FPS로 렌더링하는 경우 델타 시간은 1/30

초, 또는 33.3ms(밀리초)다. 60FPS인 경우 델타 시간은 절반이 돼 1/60초, 또는 16.6ms이다. 게임 루프 사이에 정확이 시간이 얼마나 지났는지를 알고 싶으면 실제로 측정해 봐야 한다. 그 방법에 대해서는 곧 살펴본다.

게임에서 시간 단위로 잘 쓰는 것은 밀리초^{millisecond}다. 예를 들면 애니메이션 시스템이 4ms 걸렸다면 전체 프레임의 12%($4/33.3 \approx 0.12$)를 차지한다고 볼 수 있다. 그 외 자주 쓰이는 단위는 초와 머신 사이클$^{\text{machine cycle}}$이다. 시간 단위와 클럭에 대해서는 다음에 좀 더 살펴본다.

8.5.2 프레임 레이트와 속도의 관계

이제 게임에서 우주선을 초당 40미터(2D 게임인 경우 초당 40픽셀이라고 할 수도 있겠다)의 일정한 속도로 날린다고 해보자. 간단하게 구현하자면 우주선의 속력 v(단위는 초당 미터)와 한 프레임의 지속 시간 Δt(단위는 초)를 곱해 위치 변화 $\Delta x = v\Delta t$(단위는 프레임당 미터)를 계산하면 된다. 이 위치 델타를 우주선의 현재 위치 x_1에 더해 다음 프레임에서의 위치를 구하면 된다.

$$x_2 = x_1 + \Delta x = x_1 + v\Delta t$$

사실 이것은 명시적 오일러$^{\text{explicit Euler}}$법(13.4.4절 참조)이라는 수치 적분의 단순한 형태다. 물체의 움직이는 속도가 크게 변하지 않는 경우 이렇게 계산해도 별문제 없다. 속도가 변하는 경우에는 좀 더 복잡한 적분 방식을 써야 한다. 하지만 어찌됐건 모든 수치 적분 기법에서는 경과된 프레임 시간 Δt이 있어야 한다. 따라서 우리가 인지하는 게임 내 물체들의 속도는 프레임 시간 Δt에 의존한다고 해도 틀린 말이 아니다. 그렇기 때문에 적합한 Δt를 결정하기란 게임 프로그래밍의 주요한 문제라 할 수 있다. 다음에는 어떤 방법으로 이것을 결정하는지 살펴보자.

8.5.2.1 초창기의 CPU 종속적 게임

처음 나왔던 게임 중 상당수는 게임 루프 간에 실제 시간이 얼마나 흘렀는지 아예 재 보지도 않았다. 프로그래머는 Δt를 완전히 무시하고 물체가 움직이는 속도를 프레임당 미터(또는 픽셀 등)로 직접 지정했다. 달리 말하면 본래 의도는 아니었겠지만 물체의 속력을 v를 기준으로 나타낸 것이 아니라 $\Delta x = v\Delta t$를 기준으로 나타냈다고 하겠다.

이런 단순한 방식에서는 결국 물체들의 움직이는 속도는 게임이 돌아가는 하드웨어에서 프레임 레이트가 얼마나 나오느냐에 따라 달라진다. 그렇기 때문에 원래 의도한 하드웨어보다 더 빠른 CPU에서 돌리면 빠르게 재생한 것처럼 보인다. 따라서 이런 게임들을 CPU 종속적 게임이라고 불러도 무방하리라 생각한다.

예전의 PC들 중에는 이런 게임을 지원하느라 '터보' 버튼이 있었던 경우도 있었다. 터보 버튼을 켜면 PC는 제일 빠른 속도로 동작한다. 터보 버튼을 끄면 구형 PC의 처리 속도를 흉내내게 느리게 돌아가기 때문에 CPU 종속적 게임들을 문제없이 즐길 수 있었다.

8.5.2.2 경과 시간에 따른 업데이트

게임이 CPU 속도에 영향받지 않으려면 어떻게든 Δt를 측정해야 한다. 측정하는 방법은 간단하다. CPU의 정밀 타이머를 프레임이 시작할 때 한 번 읽고 프레임이 끝나면 다시 한 번 읽으면 된다. 두 값의 차를 구하면 방금 지나간 프레임에서 얼마가 경과했는지 Δt를 정확하게 측정할 수 있다. 이 델타 값은 필요한 모든 하부 시스템에서 사용하게 하면 되는데, 게임 루프에서 함수를 호출할 때 인자로 전달하는 방법도 있고, 전역 변수로 저장하는 방법, 싱글턴 클래스 내에 캡슐화하는 방법 등 여러 경우가 있다(CPU의 정밀 타이머에 대해서는 8.5.3절에서 자세히 다룬다).

이 방법은 많은 게임 엔진이 사용한다. 사실 거의 모든 게임 엔진이 이렇다고 말하고 넘어가면 속 편할 것 같다. 하지만 이 방식은 한 가지 중요한 문제점이 있다. k 프레임의 시간을 측정한 Δt를 다음 $(k + 1)$ 프레임의 시간에 대한 예측 값으로 사용한다는 점이다. 정확하다는 보장이 없다(투자에 관한 금언 중 '과거의 실적이 미래의 결과를 보장하지는 않는다'는 말과 일맥상통한다고 할 수 있다). 예측 못한 일이 생겨 다음 프레임 시간이 현재 프레임보다 훨씬 길어지거나 짧아질 수도 있다. 이 같은 현상을 프레임 레이트 스파이크^{spike}라고 한다.

이전 프레임의 델타를 갖고 다음 프레임의 예측 값으로 사용하는 경우, 몇 가지 안 좋은 현상이 발생할 우려가 있다. 예를 들면 자칫 잘못하면 느린 프레임 시간이 반복되는 악순환이 생기기도 한다. 예를 들어 게임의 물리 시뮬레이션이 33.3ms(즉 30Hz)마다 한 번씩 업데이트할 때 가장 안정적이라고 가정하자. 어쩌다 프레임이 떨어져 57ms가 걸린 경우 이 시간을 보완하려고 다음 프레임에서 물리 시스템을 두 번 돌리는 실수를 할 가능성이 있다. 물리 시스템을 두 번 돌리면 정상적인 경우보다 시간이 2배로 걸리므로 자칫하다가는 다음 프레임도 마찬가지로 시간이 오래 걸리게 된다(더 나빠질 수도 있다). 문제가 해결되기는커녕 더 심해지고 오래 지속된다.

8.5.2.3 이동 평균 사용

게임 루프 간에는 최소한 어느 정도의 연관성이 있다. 그리는 데 오래 걸리는 물체들이 많은 쪽으로 카메라가 향하고 있으면 다음 프레임에서도 같은 방향을 바라보고 있을 가능성이 아주 크다. 따라서 적은 수의 프레임 시간을 평균 내서 다음 프레임의 예측 값 Δt로 사용하는 것도 합리적인 방법이다. 이렇게 하면 프레임 레이트가 변하는 상황에도 대처할 수 있으며, 순간적인 성능 스파이크로 인한 부작용도 줄어든다. 평균을 내는 구간이 길어질수록 프레임 레이트 변화에 즉각 대응하기도 어려워지지만 스파이크의 부작용도 적어진다.

8.5.2.4 프레임 레이트 조절

이전 프레임의 Δt로 다음 프레임의 시간을 예측하는 데서 생기는 오차를 줄이려면 문제를 거꾸로 생각해 보면 답이 보인다. 다음 프레임의 시간이 얼마나 될지 추측하는 대신, 모든 프레임의 시간이 정확히 33.3ms(또는 60FPS가 목표라면 16.6ms)가 되게 고정하는 방법을 생각해 볼 수 있다. 먼저 앞에 나온 방법대로 현재 프레임의 시간을 측정한다. 측정된 값이 목표 시간보다 짧은 경우 목표 시간이 채워질 때까지 메인 스레드를 잠들게 한다. 측정된 값이 목표 시간보다 긴 경우에는 그냥 감수하고 한 프레임을 더 기다린다. 이것을 프레임 레이트 조절frame-rate governing이라고 부른다.

당연히 이 방식은 게임의 프레임이 평균적으로 목표 프레임 레이트와 비슷한 경우에만 동작한다. 게임이 일부 느린 프레임 때문에 30FPS와 15FPS를 왔다갔다 하는 경우 게임의 품질이 심각하게 저하될 수 있다. 그렇기 때문에 프레임 시간이 어떻게 되더라도 모든 엔진 시스템이 제대로 작동하게 디자인하는 것이 좋다. 개발 기간 동안에는 엔진이 '들쭉날쭉한 프레임 레이트' 모드로 동작하게 놔두고 개발한다. 나중에 게임이 일정하게 목표 프레임 레이트에 근접하게 되면 프레임 레이트 조정을 켜서 게인을 보면 된다.

프레임 레이트를 일정하게 유지하는 것이 중요한 이유가 몇 가지 있다. 일부 엔진 시스템, 대표적으로 물리 시뮬레이션에 쓰이는 수치 적분 모듈 같은 경우 일정한 간격으로 업데이트했을 때 최적의 성능을 낸다. 또한 프레임 레이트가 일정하면 보기에도 더 괜찮을 뿐 아니라 테어링tearing을 방지하는 데도 도움이 된다. 테어링이란 비디오 버퍼를 업데이트하는 빈도가 모니터의 재생 빈도refresh rate와 다를 경우 생기는 현상으로 다음에 곧 살펴볼 내용이다(8.5.2.5절 참조).

이뿐 아니라 프레임 시간이 일정하면 녹화 및 재생 등과 같은 기능의 안정성이 높아진다. 이름에서 알 수 있겠지만 녹화 및 재생이란 플레이어의 게임플레이를 녹화한 후 정확히 그대로 재생하는 기능이다. 재미난 게임 기능이기도 하지만 테스트와 디버깅 도구로서도 중요하게 쓰인다. 예를 들면 찾기 힘든 버그가 있을 때 이 버그가 녹화된 데이터가 있다면 쉽게 재현할 수 있다.

녹화 및 재생 기능을 구현하려면 게임플레이 도중 발생하는 모든 연관된 이벤트를 추적해 정확한 시각과 함께 리스트에 저장한다. 이 이벤트 리스트는 정확한 시각, 초기 조건, 초기 랜덤 시드와 함께 재생된다. 이론적으로는 이렇게 했으면 원래 게임플레이와 완전히 동일한 모양으로 재현돼야 한다. 하지만 프레임 레이트가 일정하지 않으면 정확한 순서대로 진행되지 않을 수도 있다. 이 경우 '간격'이 생기게 되고, 곧이어 후퇴하기로 돼 있던 AI 캐릭터가 갑자기 반격을 시도하는 수가 있다.

8.5.2.5 스크린 테어링과 v-싱크

비디오 하드웨어가 화면의 일부를 그리고 있는 도중 후면 버퍼를 전면 버퍼와 교체하면 스크린 테어링screen tearing이라는 이상한 현상이 생긴다. 테어링이 발생하면 화면 일부에는 새로운 이미지가 보이고 나머지에는 이전 화면이 보인다. 테어링을 방지하고자 다수의 렌더링 엔진은 모니터의 수직 귀선 기간vertical blanking interval을 기다렸다가 버퍼를 교체한다.

구형 CRT 모니터와 TV는 전자 빔을 통해 스크린에 형광체를 쏘아 프레임 버퍼의 내용을 화면에 그린다. 이것은 왼쪽에서 오른쪽으로, 그리고 위에서 아래로 진행된다. 이 같은 디스플레이 기기에서는 전자총이 다시 왼쪽 위로 리셋될 동안 꺼지는 시간이 수직 귀선 기간이다. 오늘날의 LCD, PDP, LED 디스플레이는 더이상 전자 빔을 사용하지 않으므로 이전 프레임의 마지막 스캔라인을 그리고 다음 프레임의 첫 스캔라인을 그릴 때까지 비는 시간이 없다. 그렇지만 수직 귀선 기간은 여전히 존재하는데, 이것은 비디오 표준이 CRT가 일상적으로 쓰일 시절에 지정됐기 때문이기도 하고 구형 디스플레이를 지원해야 하는 이유 때문이기도 하다.

수직 귀선 기간을 기다리는 것을 v-싱크v-sync라고 한다. 이는 단지 프레임 레이트 조절의 한 형태일 뿐인데, 메인 게임 루프를 스크린 재생 빈도의 배수가 되게 조정하는 효과가 있다. 예를 들면 60Hz로 재생하는 NTSC 모니터에서는 게임의 진짜 업데이트 빈도가 1/60초의 배수가 되는 값에 맞춰지게 된다. 프레임 시간이 1/60초를 넘어가게 되면 다음 수직 귀선 기간까지 기다려야 하고, 이 경우 2/60초(30FPS)를 기다리는 셈이 된다. 수직 귀선 기간을 두 번 놓치면 3/60초(20FPS)를 기다려야 하고, 그 이상이 되는 경우에도 계산은 비슷하다. 또한 게임을 수직 귀선 기간에 동기화한 상태라 하더라도 게임의 프레임 레이트를 섣불리 예측해서는 안 된다. 더불어 수직 귀선 기간을 지원한다면 PAL과 SECAM 표준은 60Hz가 아닌 50Hz로 재생한다는 점을 기억히지.

8.5.3 정밀 타이머로 실제 시간 측정

지금까지 한 프레임 동안 정말 '실세상에서 흘러간' 시간을 측정하는 것에 대해 여러 번 이야기했었다. 이제 이 같은 시간 측정을 어떻게 하는지 자세히 알아보자.

운영체제들은 거의 대부분 시스템 시간을 알려 주는 함수를 제공하는데, 표준 C 라이브러리 함수 time()이 대표적인 예다. 하지만 실시간 게임에서 시간을 측정하는 데 이런 함수를 사용하기에는 무리가 있다. 함수들이 제공하는 정밀도가 충분치 않기 때문이다. 예를 들면 time() 함수는 1970년 1월 1일 자정부터 현재까지 경과한 시간을 초 단위로 담은 정수를 리턴하기 때문에 최대 정밀도가 1초다. 한 프레임에 수십 밀리초밖에 안 걸리는 게임의 상황을 고려하면 지나치게 정밀도가 낮다.

모든 현대식 CPU에는 정밀 타이머^{high-resolution timer}가 있는데, 보통은 프로세서가 처음 켜지거나 리셋된 시점부터 경과한 CPU 주기(또는 주기의 배수) 수를 하드웨어 레지스터에 저장하는 방식으로 구현한다. 이 타이머는 정밀도가 CPU 주기 단위라 게임에서 경과한 시간을 측정하는 데 쓰기에 충분하다. 예를 들면 3GHz 펜티엄 프로세서에서는 CPU 주기마다 정밀 타이머의 값을 증가시키며, 이것은 초당 30억 번에 해당한다. 따라서 정밀 타이머의 정밀도는 1/30억 = 3.33×10^{-10}초 = 0.333ns(1/3 나노초)가 된다. 게임에서 필요한 어떤 시간 측정에 쓰이고도 남을 정도다.

마이크로프로세서마다, 그리고 운영체제마다 정밀 타이머의 값을 얻어오는 방법은 다르다. 펜티엄 계열에서는 rdtsc^{read time-stamp counter} 명령어를 따로 제공하는데, Win32 API에서는 2개의 함수를 통해 이런 기능을 지원한다. QueryPerformanceCounter() 함수는 64비트 카운터 레지스터를 읽어 오고, QueryPerformanceFrequency() 함수는 현재 CPU에서 초당 카운터를 몇 번 증가시키는지를 리턴한다. 엑스박스 360이나 플레이스테이션 3에 쓰이는 파워PC 아키텍처에서는 $\mathsf{mftb}^{\text{move from time base register}}$ 명령어로 2개의 32비트 타임 베이스 레지스터를 읽어오는데, 다른 파워PC 아키텍처에서는 대신 $\mathsf{mfspr}^{\text{move from special-purpose register}}$ 명령어를 쓴다.

CPU의 정밀 타이머 레지스터는 거의 대부분 64비트 크기라서 값이 겹치는 빈도가 그리 높지 않다. 부호 없는 64비트 정수$^{\text{unsigned integer}}$의 최댓값은 0xFFFFFFFFFFFFFFFF $\approx 1.8 \times 10^{19}$이다. 따라서 3GHz 펜티엄 프로세서에서 CPU 주기마다 한 번씩 정밀 타이머를 업데이트하는 경우 레지스터의 값은 대강 195년마다 다시 0으로 돌아간다(대부분의 경우 딱히 노심초사할 만한 일은 아니다). 반면 32비트 정수를 사용할 경우 3GHz 프로세서에서 다시 0 이 되는 데는 1.4초밖에 걸리지 않는다.

8.5.3.1 정밀 클럭의 불일치

하지만 정밀 타이머를 사용해 시간을 측정하더라도 때에 따라서는 정확하지 않을 수 있다는 점을 명심해야 한다. 예를 들면 일부 멀티코어 프로세서의 경우 코어마다 정밀 타이머가 독립적이라서 그 값이 점점 벌어질 가능성이 있다(실제로도 충분히 발생할 수 있는 현상이다). 서로 다른 코어에서 읽어 온 타이머 값을 비교해 보면 예상치 못한 결과를 얻기도 한다(어떤 때는 시간 델타가 음의 값이 나오는 경우도 있다). 이 같은 문제에 대해 예의 주시하고 있어야 한다.

8.5.4 시간 단위와 클럭 변수

게임에서 시간을 측정하거나 시간 값을 지정할 때 두 가지 문제를 결정해야 한다.

1. 어떤 시간 단위를 사용할 것인가? 초, 밀리초, 하드웨어 주기 등 여러 단위 중 어떤 것으로 시간을 저장해야 할까?
2. 측정한 시간 값을 저장할 때는 어떤 데이터 타입을 사용할 것인가? 64비트 정수를 사용할 것인가, 32비트 정수 또는 32비트 부동소수를 사용할 것인가?

이런 질문에 대한 답은 어떤 목적으로 시간을 측정하느냐에 달려 있다. 그렇다면 이제 새로운 두 가지 질문이 생긴다. 얼마만큼의 정확도가 필요한가? 표현해야 할 절댓값의 범위는 어느 정도가 될 것인가?

8.5.4.1 64비트 정수 클럭

앞서 살펴봤듯 부호 없는 64비트 정수 클럭(하드웨어 주기 단위로 측정하는 경우)은 엄청난 정확도(3GHz CPU의 한 주기는 0.333ns)와 함께 충분한 값의 범위(3GHz 프로세서에서 약 195년에 한 번씩만 겹침)를 제공한다. 그렇기 때문에 시간을 나타낼 때 가장 유연한 형태라 할 수 있는데, 물론 64비트 저장 공간을 감당할 수 있을 때의 이야기다.

8.5.4.2 32비트 정수 클럭

높은 정밀도로 상대적으로 짧은 기간을 측정할 경우 하드웨어 주기 단위로 된 32비트 정수 클럭을 사용할 수 있다. 예를 들면 일부 코드에 대한 성능을 프로파일링하고 싶은 경우 다음과 같이 하면 된다.

```
// 현재의 시간 값을 저장한다.
U64 Begin_ticks = readHiResTimer();

// 다음 코드의 시간을 측정하려고 한다.
doSomething();
doSomethingElse();
nowReallyDoSomething();

// 시간을 측정한다.
U64 end_ticks = readHiResTimer();
U32 dt_ticks = static_cast<U32>(end_ticks - begin_ticks);

// 이제 dt_ticks 값을 사용하거나 저장한다...
```

눈여겨볼 점은 코드에서 시간을 측정한 원본 값은 그대로 64비트 정수 변수에 저장한다는 것이다. 시간 델타 값인 dt만 32비트 정수로 저장한다. 이렇게 해야 값이 32비트에서 잘리는 문제를 방지할 수 있다. 예를 들어 begin_ticks == 0x12345678FFFFFFB7이고 end_ticks == 0x1234567900000039인 경우 뺄셈을 하기 전에 미리 값을 32비트로 줄여 버리면 시간 델타가 음의 값이 돼 버린다.

8.5.4.3 32비트 부동소수 클럭

또한 흔히 쓰는 방법에는 상대적으로 짧은 시간 델타 값을 부동소수로 저장하는 방식이 있는

데, 여기에서의 단위는 초^{second}다. CPU 주기 단위로 측정된 값을 CPU 클럭 주파수(단위는 초당 주기^{cycles per second})로 나누기만 하면 된다. 예를 들면 다음과 같다.

```
// 이상적인 프레임 시간을 초기 값으로 놓고 시작한다(30 FPS).
F32 dt_seconds = 1.0f / 30.0f;

// 루프를 시작하기 전에 현재 시각을 읽어와 초기화한다.
U64 begin_ticks = readHiResTimer();

while (true) // 메인 게임 루프
{
  runOneIterationOfGameLoop(dtSeconds);

  // 다시 현재 시각을 읽어 오고, 델타 값을
  // 계산한다.
  U64 end_ticks = readHiResTimer();

  // 단위를 상기한다: seconds = ticks / (ticks/second)
  dt_seconds = (F32)(end_ticks - begin_ticks)
          / (F32)getHiResTimerFrequency();

  // end_ticks을 다음 프레임에서 사용할 새로운 begin_ticks 값으로 놓는다..
  begin_ticks = end_ticks;
}
```

2개의 64비트 시간 값에 대한 뺄셈은 부동소수 값으로 바꾸기 전에 해야 한다는 점을 다시 한 번 기억하자. 이렇게 해야 32비트 부동소수에 저장되는 값의 절댓값이 너무 커지는 것을 방지할 수 있다.

8.5.4.4 부동소수 클럭의 한계

32비트 IEEE 표준 부동소수는 지수에 따라 23비트 가수의 정수 부분과 소수 부분이 동적으로 결정된다고 살펴봤었다(3.3.1.4절 참조). 절댓값이 작으면 정수 부분에 일부 비트만 쓰고 나머지를 모두 소수 부분에 할당할 수 있다. 그런데 클럭의 절댓값이 커지면 정수 부분에 점점 더 많은 비트가 쓰이기 때문에 소수 부분에 쓸 비트가 줄어들게 된다. 나중에는 정수 부분의 가장 낮은 비트조차 결국 명시적 0이 돼 버린다. 즉 이 말은 기간이 긴 값을 부동소수 클럭 변수로 저장할 때는 주의해야 한다는 뜻이다. 게임이 시작된 순간부터 흐른 시간을 부동소수 변수에 저장할 경우 나중에는 완전히 쓸모 없을 정도로 부정확할 수 있다.

부동소수 클럭은 보통 상대적으로 짧은 시간, 즉 최대 몇 분 동안만 저장하는 데 쓰이는 것이 보통이며, 한 프레임 내에서만 쓰이는 것이 일반적이다. 게임에서 절대적 수치로 부동소수 클럭을 사용하는 경우라면 주기적으로 값을 0으로 초기화해서 너무 커지지 않게 해야 한다.

8.5.4.5 기타 시간 단위

게임에서 따로 정의한 단위를 시간 값으로 사용하는 경우도 있는데, 이 경우 단위는 정수(부동소수가 아닌)로 표현할 수 있을 만큼 잘게 나뉘어 있어야 하고 엔진의 다양한 용도에 적합할 정도로 정확해야 하지만 동시에 32비트 클럭이 너무 자주 겹치지 않을 정도로 충분히 범위가 커야 한다. 이런 경우 자주 사용하는 단위가 1/300초다. 1/300초는 여러 용도에서 사용할 만큼 충분히 잘게 나뉘어 있고, (b) 165.7일에 한 번씩 겹치고, (c) NTSC와 PAL의 재생 빈도에 모두 배수가 된다는 장점이 있기 때문에 꽤 괜찮은 선택이다. 이 단위계에서 60FPS 프레임은 5단위가 되고, 50FPS 프레임은 6단위가 된다.

당연한 말이지만 1/300초 단위는 일부 섬세한 효과들, 예를 들면 애니메이션을 시간 스케일하는 작업 등에 쓰기에는 너무 정확도가 떨어진다(30FPS 애니메이션을 1/10큼만 천천히 보여 주고 싶은 경우 정확하게 표현할 방법이 없다). 그렇기 때문에 부동소수 시간 단위나 하드웨어 주기 단위를 사용하는 것이 가장 나은 경우도 있다. 하지만 1/300초 시간 단위가 유용하게 사용될 부분도 여전히 많은데, 예를 들면 자동화 무기가 탄환을 발사하는 간격이라든지 AI 캐릭터가 권총을 뽑아 들기 전에 기다려야 할 시간, 플레이어 캐릭터가 산성 액체에 빠졌을 때 살아 있을 수 있는 시간 따위를 나타내기에는 충분하다.

8.5.5 중단점과 시간

게임을 실행하다가 중단점에 도달하면 게임 루프는 멈추고 디버거가 실행된다. 그렇지만 게임과 디버거를 같은 머신에서 구동하는 경우 CPU는 여전히 계속 돌아가고, 실시간 클럭은 계속 쌓인다. 오랜 시간 동안 중단점에 걸린 상태에서 코드를 살펴보는 일도 드물지 않다. 다시 프로그램을 계속하게 되면 측정한 프레임 시간이 수 초 또는 수 분, 경우에 따라서는 몇 시간이 될 수도 있다.

이와 같이 엄청나게 큰 델타 시간을 그대로 엔진 하부 시스템에 전달했다가는 당연히 이상한 일이 벌어질 수 있다. 운이 좋으면 한 프레임 동안 몇 초씩 건너뛰고 난 후 정상적으로 게임이 계속 돌아갈 수도 있다. 그렇지 않으면 게임이 그냥 강제로 종료되는 수도 있다.

간단한 방법을 써서 이 문제를 해결할 수 있다. 메인 게임 루프에서 프레임 시간을 측정해서 미리 정한 한계(예, 1초)를 벗어나는 경우, 중단점에서 멈췄다가 실행하는 것으로 간주하고 델타 시간을 1/30초나 1/60초(또는 목표 프레임 레이트) 등으로 강제 설정하면 된다. 이렇게 하면 게임은 한 프레임 동안만큼 사실상 프레임 시간이 고정되는 셈이며, 이렇게 함으로써 심각한 스파이크가 발생하는 것을 방지하게 된다.

```
// 시작할 때는 dt가 이상적인 값(30FPS)이 되게 초기화한다.
F32 dt = 1.0f / 30.0f;

// 루프를 시작하기 전에 현재 시각을 읽어 온다.
U64 begin_ticks = readHiResTimer();

while (true) // 메인 게임 루프
{
  updateSubsystemA(dt);
  updateSubsystemB(dt);
  // ...
  renderScene();
  swapBuffers();
  // 현재 시각을 다시 읽어 와서 다음 프레임의
  // 델타 시간을 예측한다.
  U64 end_ticks = readHiResTimer();

dt = (F32)(end_ticks - begin_ticks)
  / (F32)getHiResTimerFrequency();

  // dt 값이 너무 큰 경우 중단점에서 멈췄다 다시
  // 실행하는 것으로 생각한다. 현재 프레임을
  // 목표 프레임 레이트에 맞춘다.
  if (dt > 1.0f/10.0f)
  {
    dt = 1.0f/30.0f;
  }
```

```
    // 다음 프레임에서 사용할 begin_ticks 값을 end_ticks로 설정한다.
    begin_ticks = end_ticks;
}
```

8.6 멀티프로세서 게임 루프

앞서 4장에서는 일반 소비자용 컴퓨터와 모바일 기기, 게임 콘솔에서 쉽게 볼 수 있는 병렬 컴퓨팅 하드웨어에 대해 살펴봤었고, 이것들의 이점을 활용하고자 어떻게 병행^{concurrent} 소프트웨어를 짜야 하는지도 봤다. 8.6절에서는 이런 지식들을 어떻게 게임 루프에 적용할 수 있는지 알아본다.

8.6.1 작업 분해

병렬 컴퓨팅 하드웨어를 활용하려면 게임 루프 한 주기에서 수행하는 작업을 병렬로 실행할 수 있게 여러 개의 하부 작업으로 분해해야 한다. 이 같은 분해 작업을 통해 순차적 프로그램을 병행 프로그램으로 바꾸게 된다.

소프트웨어 시스템 분해를 통해 병행 시스템을 만드는 방법은 여러 가지가 있지만 4.1.3절에서 보았듯이 작업 병렬성^{task parallelism}과 데이터 병렬성^{data parallelism} 두 가지 범주로 나눌 수 있다.

작업 병렬성은 여러 개의 다른 일을 해야 할 때 적용하기 쉬우며, 각 일들을 다른 코어에서 수행하게 한다. 예를 들면 애니메이션 블렌딩과 충돌 검출을 병렬로 한다든가, 또는 N 프레임의 기본 단위^{primitive}들을 GPU에 보내는 동시에 $N + 1$ 프레임에서의 게임 상태를 업데이트할 수 있다.

데이터 병렬화는 하나의 연산을 돌아가면서 많은 데이터에 수행해야 할 때 적합하다. GPU가 데이터 병렬화에 가장 적합한 예다. GPU는 매 프레임 수백만 개의 픽셀과 정점에 대한 계산을 수행하며 병렬로 돌아가는 여러 개의 코어에 일감을 분배한다. 그러나 곧 볼 내용이지만 GPU에만 데이터 병렬성이 있는 것은 아니다. CPU에서 수행되는 게임 루프의 작업 중에도 데이터 병렬성을 적용할 만한 것들이 많다.

8.6.2절에서는 게임 루프에서 처리하는 일들을 잘게 쪼개는 몇 가지 다른 방법을 살펴볼 텐데, 작업 병렬성과 데이터 병렬성을 각기 적용한다. 각 방식의 장단점을 살펴볼 것이고 그런 후에 임의의 작업을 병행 동작으로 변경하는 데 범용 잡 시스템^{job system}이 얼마나 유용한지 알아볼 것이다.

8.6.2 하부 시스템마다 별도 스레드로 처리하기

게임 루프를 병행 처리하는 간단한 방법은 특정 엔진 하부 시스템을 독립된 스레드에 할당하는 것이다. 즉 렌더링 엔진, 충돌 및 물리 시뮬레이션, 애니메이션 파이프라인, 오디오 엔진이 각기 저마다 스레드를 갖는 것이다. 하나의 마스터 스레드가 서브 시스템 스레드들을 조정하고 동기화하며, 이와 더불어 게임의 하이레벨 로직에 대한 처리도 상당 부분 맡는다(메인 게임 루프). 여러 개의 물리 코어를 탑재한 하드웨어에서 이 디자인을 사용해 엔진 하부 시스템의 스레드들과 게임 루프를 각기 병렬로 실행할 수 있다. 이 같은 단순한 작업 병렬화가 그림 8.4에 나와 있다.

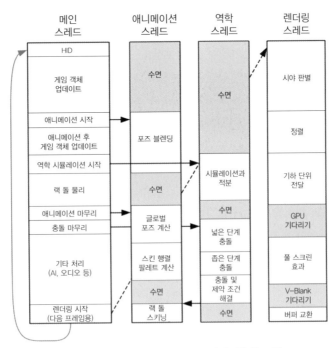

그림 8.4 주요 하부 시스템당 스레드 하나씩 사용하는 구현

그러나 엔진 하부 시스템을 단순히 각기 스레드에 할당하는 방식은 몇 가지 문제가 있다. 먼저 엔진 하부 시스템의 수와 하드웨어 코어 수가 일치하지 않을 것이다. 따라서 코어 수보다 스레드 수가 많은 경우가 발생할 것이므로 일부 스레드들은 시간 분할을 통해 코어를 공유해야 할 것이다.

또 다른 문제는 엔진 하부 시스템마다 프레임당 처리 시간이 각기 다르다는 점이다. 따라서 일부 스레드(그리고 이에 상응하는 코어)는 매번 바쁠 것이고 나머지는 놀고 있을 것이다.

그 외에도 일부 엔진 하부 시스템이 다른 하부 시스템이 처리한 데이터에 의존한다는 것도 문제다. 예를 들면 렌더링 및 오디오 하부 시스템이 N 프레임에 대한 작업을 시작하려면 애니메이션, 충돌 및 물리 시스템이 이미 N 프레임에 대한 처리를 완료해야 한다. 이같이 하부 시스템들간에 의존성이 있으면 이것들을 병렬로 실행할 수 없다.

이런 문제점들을 봤을 때, 엔진 하부 시스템마다 하나씩 스레드를 두는 것은 그렇게 쓸 만한 디자인이 아니다. 더 나은 방법이 필요하다.

8.6.3 분산/수집

게임 루프가 한 번 도는 동안 하는 일들 중 상당 수는 데이터 집중적이다. 예를 들면 많은 수의 레이 캐스트 요청 처리, 여러 개의 애니메이션 포즈 블렌드, 월드 신의 수많은 객체에 대한 월드공간 행렬 계산 등의 일이 있다. 이 같은 작업에 병렬 하드웨어를 활용하는 방법 중 하나가 분할 정복divide-and-conquer 방식이다. 9,000개의 레이 캐스트를 코어 하나에서 순서대로 하기보다 이것들을 말하자면 1,500개씩 6로 나눠 PS4 또는 엑스박스 원에 있는 6개의 코어[1]에서 각각 수행하는 것이다. 이것은 데이터 병렬성의 예라고 할 수 있다.

분산 시스템에서는 이것을 분산/수집scatter/gather이라고 부르는데, 한 단위의 작업을 여러 개로 나누고 이것들을 여러 개의 코어에 나눠서 처리하도록 한 후(분산), 모든 작업이 끝나면 적절하게 갈무리해 최종적으로 마무리한다(수집).

---

[1] PS4와 엑스박스 원에서 개발자는 일곱 번째 코어를 부분적으로 활용할 수 있다. 이 코어는 운영체제가 사용하기 때문에 전부 다 개발자가 쓸 수 없다. 이 시스템들의 여덟 번째 코어는 완전히 사용할 수 없다. 이것은 CPU 제조시에 발생하는 불량 때문이다.

8.6.3.1 게임 루프에서의 분산/수집

게임 루프의 '마스터' 게임 루프 스레드에서는 한번의 루프를 도는 동안 여러 시점에 분산/수집 동작을 수행할 수 있다. 이 같은 구조가 그림 8.5에 나와 있다.

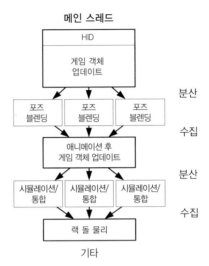

그림 8.5 게임 루프에서 CPU 중점적인 작업들을 분산/수집을 통해 병렬화한다.

N개의 데이터가 있다고 할 때 마스터 스레드는 이것을 m개의 배치^{batch}로 나눠 각각 대략 N/m 개의 아이템을 갖도록 한다(m의 값은 시스템에서 사용할 수 있는 코어 수에 따라 결정될 텐데 일부 코어를 다른 일에 쓰고 싶다든가 하면 좀 달라질 수도 있다). 그런 후 마스터 스레드는 m개의 일꾼 스레드를 생성하고 이것들이 데이터에 접근할 수 있도록 시작 인덱스(번호)와 데이터 수를 제공한다. 일꾼 스레드는 데이터 위치에 직접 업데이트할 수도 있겠지만 더 나은 방법으로는 미리 (일꾼 스레드마다) 따로 할당해 놓은 버퍼에 결과를 출력하는 수도 있다.

이렇게 작업을 분해한 후 마스터 스레드는 결과를 기다리는 동안 다른 작업을 처리할 수 있다.

나중에 마스터 스레드는 모든 일꾼 스레드가 종료되기를 기다렸다가 결과를 수집한다. 일꾼 스레드가 끝났는지는 pthread_join() 같은 함수를 사용한다. 모든 일꾼 스레드가 이미 끝났다면 함수는 즉시 리턴한다. 만일 아직 실행 중인 일꾼 스레드가 있다면 마스터 스레드를 수면 상태로 돌린다.

수집 과정이 끝나면 마스터 스레드는 적절히 결과를 처리한다. 예를 들면 애니메이션 블렌딩이 끝나면 다음에 스키닝 행렬 계산을 할 수 있다(이 과정은 애니메이션 블렌딩 스레드가 끝나야만 시작할 수 있다). 이미 4.4.6절에서 스레드 생성과 결합^{join}을 이야기할 때 이것과 굉장히 비슷한 예를 살펴봤었다.

8.6.3.2 분산/수집을 위한 SIMD

4.10절에서 데이터 집중적인 작업의 효율 향상을 위해 SIMD 병렬성을 통한 루프 벡터화^{vectorization}를 살펴봤다. 이것은 분산/수집을 극단적으로 작은 단계로 적용한 것에 불과하다. 스레드 수준의 분산/수집 대신에 SIMD를 쓸 수도 있지만 둘을 같이 쓰는 경우가 많다(각 일꾼 스레드가 내부적으로 벡터화를 통해 효율을 증대시킨다).

8.6.3.3 분산/수집을 더 효율적으로 하기

분산/수집은 여러 코어에 데이터 집중적인 일감을 배분하는 직관적인 방법이다. 그러나 앞서 얘기했듯이 한 가지 큰 문제가 있다. 바로 스레드를 생성하는 비용이 비싸다는 점이다. 스레드 생성에는 커널 호출이 관여하며, 마스터 스레드가 일꾼 스레드를 결합하는 과정에서도 마찬가지다. 스레드가 생성되고 없어지는 과정에서 커널이 해야 할 일도 상당하다. 그렇기 때문에 필요할 때마다 분산/수집을 위해 스레드 한 뭉텅이를 만들었다가 없애는 일은 비효율적이다.

스레드 생성 비용을 줄이려면 미리 생성한 스레드 풀^{pool}을 사용하면 된다. 윈도우 등 운영체제마다 스레드 풀을 지원하는 API를 제공하기도 한다(예를 들면 https://bit.ly/2H8ChIp). 이런 API가 없다면 직접 구현하면 되는데, 조건 변수^{condition variable}, 세마포어, 원자적 bool 변수 또는 다른 기법을 통해 스레드들의 활동을 동기화할 수 있다.

우리의 스레드 풀이 매 프레임의 다양한 분산/수집 활동을 처리할 수 있어야 할 것이다. 이 말은 곧 분산/수집 활동이 필요할 때마다 역할이 고정된 스레드들을 만들 수 없다는 뜻이다. 대신 스레드 풀의 스레드는 게임 루프에서 처리해야 할 모든 임의의 분산/수집 활동을 처리할 수 있어야 한다. 거대한 switch 문을 통해 이것을 구현할 수도 있지만 지저분하고 보기도 좋지 않으며 유지하기도 힘들다. 필요한 것은 여러 코어에서 임의의 작업을 병렬로 처리할 수 있는 범용 시스템이다.

8.6.4 잡 시스템

잡^{job} 시스템은 임의의 작업 단위(통상적으로 '잡'이라 부르는)를 여러 코어에 나눠 수행하는 범용 시스템이다. 잡 시스템을 사용해 게임 프로그래머는 게임 루프의 작업들을 여러 개의 독립적인 잡으로 쪼개고 이것들을 잡 시스템으로 보내 실행하게 할 수 있다. 잡 시스템은 들어온 잡들을 큐에 보관하며 이것들을 적절한 코어에서 실행할 수 있도록 조정한다. 스레드 풀의 일꾼 스레드를 통해 실행할 수도 있고 아니면 다른 방법을 통할 수도 있다. 어떻게 보면 잡 시스템은 특수 설계된 경량 운영체제 커널이라고도 볼 수 있는데, 스레드를 적절한 코어에 분배하는 대신 잡을 분배한다는 차이가 있다.

잡을 어떤 단위로 나누는지는 크게 상관없으며 실제 게임 엔진에서는 잡끼리 독립적인 경우가 많다. 그림 8.6에서 보듯이 이 같은 요인은 프로세서를 최대한 활용하는 데 유용하다. 이 구조는 하드웨어의 CPU 코어 수가 많든 적든 관계없이 잘 동작한다.

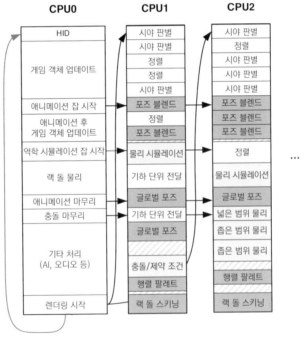

그림 8.6 잡 시스템에서는 작업을 잘게 쪼개고, 이것들을 여유 있는 코어에서 처리하도록 한다. 이 과정을 통해 프로세서를 최대한 활용할 수 있으면서 주 게임 루프를 유연하게 만들 수 있다.

8.6.4.1 통상적인 잡 시스템 인터페이스

일반적으로 잡 시스템의 API는 단순하고 사용하기 쉬운데, 스레드 라이브러리와 상당히 유사하다. 일단 잡을 생성하는 함수가 있고(pthread_create에 대응된다. 보통 잡을 시작kick job한다고 한다), 잡이 하나 이상의 다른 잡의 종료를 기다리게 하는 함수(pthread_join( )에 대응), 그리고 경우에 따라 잡을 조기에(잡의 시작 함수가 끝나기 전에) 종료할 수 있는 함수 등이 제공된다. 또한 모종의 뮤텍스나 스핀 락을 제공해 임계 농작critical operation을 원자적atomic으로 처리할 수 있게 해야 한다. 또한 조건 변수나 기타 방식을 통해 잡을 수면 상태로 돌리거나 깨우는 기능도 지원해야 한다.

잡을 시작하려면 잡 시스템에 어떤 잡을 실행할지와 어떻게 실행할지를 알려 줘야 한다. 보통 이 정보는 KickJob( ) 함수에 전달되는 작은 자료 구조를 통해 지정하는데, 이것을 '잡 선언'이라고 부르기로 한다.

잡 선언은 최소한 잡의 시작 함수에 대한 포인터를 갖고 있어야 한다. 또한 잡의 시작 함수에 전달할 임의의 입력 매개 변수도 있어야 한다. 여러 방법이 있지만 가장 단순한 방법은 잡 시작 함수를 호출할 때 전달할 uintptr_t 타입 1개를 파라미터로 제공하는 것이다. 이 방식을 쓰면 1개의 bool 값이나 정수 값을 전달하기란 매우 간단하며, 또한 임의의 포인터를 uintptr_t로 변경cast할 수도 있기 때문에 파라미터로 임의의 자료 구조를 넘길 수도 있다(이 자료 구조에는 잡이 필요로 하는 모든 파라미터가 들어갈 수 있다).

또한 잡 시스템에는 스레드 라이브러리와 마찬가지로 우선순위를 지정할 방법도 있다. 이 경우 우선순위는 잡 선언에 포함될 것이다.

다음은 간단한 잡 선언과 잡 시스템 API의 예다.

```
namespace job
{
  // 모든 잡 함수가 사용할 형식
  typedef void EntryPoint(uintptr_t param);

  // 우선순위
  enum class Priority
  {
    LOW, NORMAL, HIGH, CRITICAL
```

```
};

// 카운터(구현은 생략)
struct Counter ... ;
Counter* AllocCounter();
void FreeCounter(Counter* pCounter);

// 간단한 잡 선언
struct Declaration
{
  EntryPoint* m_pEntryPoint;
  uintptr_t   m_param;
  Priority    m_priority;
  Counter*    m_pCounter;
};

// 잡 시작 함수
void KickJob(const Declaration& decl);
void KickJobs(int count, const Declaration aDecl[]);

// 잡이 종료되기를 기다리는 함수(카운터가 0이 되기를 기다린다)
void WaitForCounter(Counter* pCounter);

// 잡을 시작하고 끝나기를 기다리는 함수
void KickJobAndWait(const Declaration& decl);
void KickJobsAndWait(int count, const Declaration aDecl[]);
}
```

job::Counter라는 모호한 타입이 보일 것이다. 카운터는 어떤 잡이 수면 상태로 들어가 하나 이상의 다른 잡의 수행 종료를 기다리는 데 쓰인다. 카운터에 대해서는 8.6.4.6절에서 다룬다.

8.6.4.2 스레드 풀을 기반한 단순한 잡 시스템

앞서 잠깐 언급했듯이 일꾼 스레드 풀을 기반으로 잡 시스템을 구현할 수도 있다. 목표 시스템의 CPU마다 스레드 하나씩 생성하고 선호도affinity를 통해 코어와 묶는 것이 좋다. 일꾼 스레드는 다른 스레드(또는 다른 잡)에서 들어오는 잡 요청을 처리하는 무한 루프로 구현된다. 이 무한 루프의 맨 위에서 일꾼 스레드는 잡 요청이 오기를 기다리면서 수면 상태로 들어간다(조건 변수 등을 사용할 수 있다). 요청이 들어오면 일꾼 스레드가 깨어나 잡의 시작 함수를 호출하면서 잡 선언에 있는 매개 변수를 전달한다. 시작 함수가 리턴하면 이것은 작업이 끝났다는 것을 뜻하므로 일꾼 스레드는 다른 잡을 실행하기 위해 무한 루프의 윗부분으로 돌아간다. 만약 온 것이 없으면 수면 상태로 들어가 요청이 들어올 때까지 기다린다.

다음은 잡 일꾼 스레드가 어떻게 구현될 수 있는지 예를 보여 주는 것이다. 완전한 구현이 아니라 설명을 돕기 위한 것임을 이해해 주기 바란다.

```
namespace job
{
  void* JobWorkerThread(void*)
  {
    // 영원히 잡을 실행한다...
    while (true)
    {
      Declaration declCopy;

      // 잡이 있을 때까지 기다린다.
      pthread_mutex_lock(&g_mutex);
      while (!g_ready)
      {
        pthread_cond_wait(&g_jobCv, &g_mutex);
      }

      // JobDeclaration을 로컬 변수로 복사하고
      // 뮤텍스 락을 해제한다.
      declCopy = GetNextJobFromQueue();
      pthread_mutex_unlock(&g_mutex);

      // 잡을 실행한다.
      declCopy.m_pEntryPoint(declCopy.m_param);

      // 잡이 끝났다! 또 반복한다...
    }
  }
}
```

8.6.4.3 스레드 기반 잡 시스템의 한계

AI에 의해 구동되는 NPC의 상태를 갱신하는 잡을 구현한다고 생각해 보자. 이 잡의 시작 함수는 대강 다음과 같은 모양일 것이다.

```
void NpcThinkJob(uintparam_t param)
{
  Npc* pNpc = reinterpret_cast<Npc*>(param);

  pNpc->StartThinking();
  pNpc->DoSomeMoreUpdating();
  // ...

  // 뭔가 조준하고 있는 것이 있는지 확인하고자
  // 레이 캐스트를 한다고 하자. 이것은 다른 코드(일꾼 스레드)에서 실행되는
  // 다른 잡을 시작하게 된다.
  RayCastHandle hRayCast = CastGunAimRay(pNpc);

  // 레이 캐스트 결과는 이 프레임에서 더 나중에 얻을 수 있기 때문에
  // 그동안 수면 상태로 들어간다.
  WaitForRayCast(hRayCast);

  // zzz...

  // 기상!

  // 레이 캐스트에서 적을 조준하고 있는 것이 확실하면
  // 총을 쏜다.
  pNpc->TryFireWeaponAtTarget(hRayCast);

  // ...
}
```

잡은 매우 단순하다. 뭔가 상태를 갱신하고 레이 캐스트 잡(다른 일꾼 스레드/코어에서 실행)을 시작해 이 NPC가 조준하고 있는 대상을 알아내려 한다. NPC는 총구에 적을 조준하고 있다는 레이 캐스트 결과가 올 경우에 총을 발사한다.

아쉽지만 좀전에 설명한 단순한 잡 시스템에서는 이렇게 잡을 실행할 수 없다. 문제는 WaitForRayCast() 호출이다. 단순한 스레드 풀 기반 방식에서 잡은 일단 실행하면 끝까지 진행해야 한다. 레이 캐스트 결과를 기다리며 수면 상태로 진입했다가 다른 잡이 일꾼 스레드를 실행하고, 이것이 끝나면 다시 깨어나는 행동을 할 수 없다.

왜 이렇게 할 수 없느냐 하면 잡과 그것을 실행한 일꾼 스레드가 같은 콜 스택을 공유하기 때문이다. 잡을 수면 상태로 보내려면 다른 잡으로의 문맥 전환^{contex switch}을 해야 한다. 이렇게 하려면 수면 상태로 들어가는 잡의 콜 스택과 레지스터를 저장하고 실행되는 잡의 콜 스택으로 일꾼 스레드의 콜 스택을 덮어써야 한다. 지금 우리가 사용한 단순한 방식에서는 이렇게 할 수 있는 쉬운 방법이 없다.

8.6.4.4 코루틴을 잡으로 사용하기

이 문제를 해결하는 방법 중 하나는 스레드 풀 대신 코루틴^{coroutine}을 쓰는 것이다. 4.4.8절에서 본 내용을 기억한다면 코루틴은 평범한 스레드에 없는 중요한 특성이 있다는 것을 알 것이다. 코루틴은 실행 중 다른 코루틴에 양보할 수 있고, 다른 코루틴이 제어권을 돌려주면 이전에 실행하던 부분부터 계속 진행할 수 있다. 이렇게 코루틴끼리 양보하는 기능은 이것들을 실행하는 스레드 내에서 콜 스택을 전환해 주기 때문이다. 따라서 순수 스레드 기반 잡과 달리 코루틴 기반 잡은 다른 잡이 레이 캐스트 등을 하는 동안 수면 상태로 전환할 수 있다.

8.6.4.5 파이버를 잡으로 사용하기

스레드 대신 파이버^{fiber}를 통해 잡을 구현하면 마찬가지로 다른 잡에 양보하고 수면 상태로 들어가게 할 수 있다. 4.4.7절에서 봤듯이 파이버가 스레드와 핵심적으로 다른 점은 문맥 전환이 선점적이 아니라 협조적이라는 것이다. 파이버 기반 시스템은 우선 스레드 중 하나를 파이버로 전환한다. 현재 스레드는 이 파이버가 SwitchToFiber() 함수 호출을 통해 명시적으로 다른 파이버에 제어권을 양보할 때까지 이것을 실행한다. 코루틴의 경우와 마찬가지로 파이버 간에도 문맥 전환 시 전체 콜 스택을 저장한다. 파이버는 다른 스레드 간에 옮겨다닐 수도 있다. 이런 점 때문에 파이버는 잡 시스템을 구현하는 데 매우 좋은 방법이다. 너티 독의 잡 시스템은 파이버로 구현됐다.

8.6.4.6 잡 카운터

코루틴이나 파이버를 통해 잡 시스템을 구현한다면 잡을 수면 상태로 보내고(실행 문맥을 저장) 나중에 다시 깨우는(실행 문맥을 복원) 기능을 갖게 된다. 이것을 통해 다음에는 잡 시스템에 결합^{join} 함수를 구현할 수 있게 된다. 이 함수는 호출하는 잡을 수면 상태로 보내고 하나 이상의 다른 잡이 실행을 완료할 때까지 기다리는 일을 한다. POSIX 스레드 라이브러리의 `pthread_join()` 함수나 윈도우의 `WaitForSingleObject()`와 대략 비슷하다고 보면 된다.

다수의 스레드 라이브러리에서 스레드에 핸들을 부여하는 것과 같이 잡에 핸들을 연결하는 것도 한 방법이다. 이 방식에서는 잡이 끝나기를 기다리려면 `job::Join()` 함수에 원하는 잡의 핸들을 넘겨 호출하게 될 것이다.

핸들 기반 방식의 한 가지 문제는 여러 개의 잡을 기다릴 때 대응이 힘들다는 점이다. 또한 각 잡이 끝나기를 기다리려면 주기적으로 잡들의 상태를 점검(폴링)해야 한다. 이 같은 폴링은 귀중한 CPU 자원을 낭비하는 일이다. 그렇기 때문에 위에 나온 잡 시스템 API는 카운터^{counter}라는 개념을 도입하는데, 이것은 세마포어와 약간 비슷하지만 정반대다. 잡을 시작할 때 선택적으로 카운터에 연결할 수 있다(job::Declaration을 통해 제공). 잡을 시작하면 카운터를 증가시키고, 잡이 끝나면 카운터를 감소시킨다. 따라서 여러 개의 잡이 수행되기를 기다리는 것은 이것들을 같은 카운터에 연결해 실행시키고 카운터가 0이 되기를 기다리는 것에 지나지 않는다(0이 되면 모든 잡이 일을 끝냈다는 말이 된다). 카운터가 0이 되는 것을 기다리는 일은 개별적으로 잡의 상태를 폴링하는 것보다 훨씬 효율적인데, 왜냐하면 카운터가 감소할 때만 체크하면 되기 때문이다. 따라서 카운터 기반 시스템의 성능 효율이 더 좋다고 할 수 있다. 이런 카운터 개념을 너티 독의 잡 시스템에서 사용했다.

8.6.4.7 잡 동기화 기본 도구

모든 병행 프로그램은 원자적 동작^{atomic operation}을 수행할 방법을 필요로 하고 잡 시스템도 예외가 아니다. 스레드 라이브러리가 뮤텍스, 조건 변수, 세마포어 등의 스레드 동기화 기본 도구를 제공하는 것처럼 잡 시스템도 잡 동기화 기본 도구를 제공해야 한다.

잡 동기화 기본 도구 구현법은 잡 시스템의 실제 구현에 따라 어느 정도 차이가 있다. 그러나 이것들은 커널의 스레드 동기화 기본 도구를 단순히 감싼 형태가 아닌 것이 보통이다. 왜 그런지 보기 위해 OS 뮤텍스가 하는 일을 살펴보자. 이것은 가져오려는 락을 다른 스레드가 갖고 있는 경우 호출 스레드를 수면 상태로 돌린다. 잡 시스템을 스레드 풀로 구현한 경우 잡 안에서 뮤텍스를 획득하려 할 경우 해당 잡뿐 아니라 일꾼 스레드까지도 수면 상태에 들어가게 할 것이다. 해당 스레드가 깨어날 때까지 다른 잡이 이 스레드를 사용할 수 없기 때문에 매우 심각한 문제가 된다. 따라서 이런 시스템은 데드락이 고질적으로 발생할 것이다.

이 문제를 해결하고자 잡은 OS 뮤텍스 대신 스핀 락을 사용할 수 있다. 이 방식은 스레드 간에 락 경쟁이 매우 치열하지 않으면 별 문제가 없다. 왜냐면 그런 상황에서는 바쁜–대기를 해야 하는 잡이 거의 없을 것이기 때문이다. 너티 독의 잡 시스템은 락을 사용해야 하는 거의 모든 상황에서 스핀 락을 사용했다.

그렇지만 때로 잡끼리 심한 경쟁이 벌어지는 상황이 있다. 잘 설계된 잡 시스템은 자체 개발한 '뮤텍스'를 통해 자원을 기다리는 뮤텍스를 수면 상태로 돌림으로써 이 상황을 해결한다. 이 뮤텍스는 락을 획득할 수 없는 경우 바쁜–대기로 시작할 것이다. 약간의 시간이 지난 후에도 여전히 락을 획득할 수 없다면 뮤텍스는 코루틴 또는 파이버를 대기 중인 다른 잡에 양보함으로써 잡을 수면 상태로 들어가게 한다. 커널이 뮤텍스를 기다리는 모든 수면 상태 스레드를 기록하고 있는 것처럼 잡 시스템도 수면 상태의 잡들을 기록해 놨다가 뮤텍스를 사용할 수 있는 때가 되면 깨워야 한다.

8.6.4.8 잡 시각화와 최적화 도구

잡 시스템을 사용하게 되면 잡 그래프와 그 사이의 의존성 규모가 커지고 복잡해지는 것은 시간 문제다. 따라서 시각화와 최적화 도구를 제공하는 것이 좋다.

너티 독 잡 시스템은 그림 8.7과 같은 시각화 정보를 제공했다. 이 화면에서는 GPU를 포함한 7개의 코어가 좌측 끝에 수직으로 배열돼 있다. 시간은 왼쪽에서 오른쪽으로 흐르며 수직 마커를 통해 논리 프레임을 나타낸다. 각 코어의 타임라인에서 해당 프레임에 이 코어가 실행하는 잡들이 얇은 블록으로 표현된다. 잡들 밑에는 별도의 사각형들이 있는데, 이것은 그 잡의 콜 스택(호출한 함수 이름 및, 실행하는 데 걸린 시간 등의 정보)이다.

잡들은 함수에 따라 다른 색을 부여받기 때문에 특정 잡을 확인하고 싶을 때 금방 찾을 수 있다. 예를 들면 매우 오래 걸리는 레이 캐스트를 찾는다고 하자. 레이 캐스트가 빨간색으로 표현된다면 디스플레이에서 예상보다 오래 걸리는 빨간색 잡을 찾으면 된다. 이 잡을 클릭하면 다른 색으로 나오던 잡들은 전부 회색으로 바뀌기 때문에 특정 타입의 잡만 쉽게 살펴볼 수 있다. 또한 잡을 클릭하면 이 잡을 생성한 다른 잡과, 이 잡이 시작한 하위 잡을 연결하는 선이 생성된다. 마우스를 잡 위에 가져가거나 그 밑의 콜 스택에 가져가면 잡 이름 또는 함수 이름을 나타내는 텍스트와 실행 시간이 밀리초 단위로 표시된다.

그림 8.7 언차티드: 잃어버린 유산(2017 SIE, 너티 독 개발, 플레이스테이션 4) 및 기타 PS4 게임에 쓰인 잡 시스템은 시각화 도구를 통해 해당 프레임에 각 코어에서 실행된 잡들의 정보를 보여 준다. 시간은 왼쪽에서 오른쪽으로 진행된다. 잡들은 각 코어의 타임라인에 얇은 박스 형태로 나열된다. 잡이 호출한 함수 이름은 별도의 박스를 통해 그 아래 표시된다.

한 가지 유용한 잡 시스템 기능이 있는데, 이것을 프로파일 함정이라고 부르기로 한다. 게임의 특정 영역이 30FPS로 평범하게 잘 돌고 있는 상황인데, 간혹 프레임이 24FPS로 떨어지는 상황이 있다고 하자. 이 경우 프레임이 대략 35ms보다 오래 걸리는 경우 발동되는 함정을 설치한다. 그리고 게임을 평상시대로 플레이한다. 프레임이 35ms보다 오래 걸리는 상황을 감지하면 함정 시스템에 의해 게임이 자동으로 일시정지되고 최적화 화면이 스크린에 표시된다. 그러면 해당 프레임에 실행된 잡들을 분석해 성능을 저하시킨 원인(들)을 찾아낼 수 있다.

8.6.4.9 너티 독 잡 시스템

너티 독이 '라스트 오브 어스: 리마스터드', '언차티트 4', '언차티트: 잃어버린 유산'에서 사용한 잡 시스템은 지금껏 이야기한 가상의 잡 시스템과 크게 보아 유사하다. 이 시스템은 파이버를 기반으로 하고 있다(스레드 풀이나 코루틴이 아니라). 스핀 락을 사용하며 락을 대기하면서 잡을 수면 상태로 전환하는 특수한 잡 뮤텍스를 제공한다. 또한 결합^{join} 동작을 구현하는 데 잡 핸들이 아닌 카운터를 사용한다.

너티 독 엔진의 파이버 기반 잡 시스템이 어떻게 동작하는지 잠시 살펴보자. 잡 시스템이 시작할 때 메인 스레드는 자기 자신을 파이버로 전환해 프로세스에서 파이버를 사용할 수 있도록 한다. 그다음 잡 일꾼 스레드를 생성하는데, 개발자가 사용할 수 있는 PS4의 코어 7개마다 각기 하나씩 만든다. 이 스레드들은 CPU 선호도를 통해 특정 코어에 할당되기 때문에 일꾼 스레드와 코어는 대략 동일하게 취급해도 된다(실제로는 우선순위가 높은 다른 스레드가 잠시 동안 일꾼 스레드의 코어를 가로채는 일이 생기기는 한다). PS4에서 파이버 생성은 매우 느리기 때문에 파이버 풀은 미래 생성해 놓으며, 각 파이버의 콜 스택 역할을 할 메모리 블록도 마찬가지로 미리 만든다.

잡을 시작할 때 잡 선언을 큐에 넣는다. 코어 또는 일꾼 스레드의 여유가 생기면(잡이 끝남에 따라) 이 큐에서 새로운 잡을 가져다가 실행한다. 실행 중인 잡은 다른 잡을 큐에 추가할 수도 있다.

잡을 실행하려면 사용하지 않는 파이버를 파이버 풀에서 하나 가져오고, 일꾼 스레드는 SwitchToFiber( )를 호출해 잡을 구동한다. 잡이 시작 함수에서 리턴하거나 아니면 다른 경로로 끝나게 되면 마지막으로 SwitchToFiber( )를 호출해 잡 시스템에 제어권을 넘긴다. 그러면 잡 시스템은 다른 잡을 큐에서 꺼내고 위 과정을 무한히 반복한다.

잡이 카운터를 기다리고 있을 때 잡은 수면 상태로 전환되고 그 파이버(실행 문맥)는 자신이 기다리는 카운터와 같이 대기 리스트에 들어간다. 이 카운터가 0이 되면 잡이 깨어나 원래 실행 중인 부분에서 다시 실행을 재개한다. 잡을 수면 상태로 돌리거나 깨우는 것은 잡의 파이버와 잡 시스템의 관리 파이버(각 코어/스레드마다 존재) 간에 SwitchToFiber( )를 호출해서 구현한다.

너티 독의 잡 시스템이 어떻게 만들어졌고 왜 이런 식으로 만들어졌는지에 대한 심도 있는 내용은 Christian Gyrling의 GDC 2015 세션인 'Parallelizing the Naughty Dog Engine'을 보면 된다(https://bit.ly/2H6v0J4). 발표 자료는 다음 사이트(https://www.createursdemondes.fr/wp-content/uploads/2015/03/parallelizing_the_naughty_dog_engine_using_fibers.pdf)에 있다.

휴먼 인터페이스 장치

게임은 본질적으로 상호적 컴퓨터 시뮬레이션이기 때문에 플레이어가 게임에 입력을 보낼 수도 있어야 한다. 게임에 쓰이는 휴먼 인터페이스 장치^{HID, Human Interface Device}는 그 종류가 굉장히 다양한데, 조이스틱을 비롯해 조이패드, 키보드, 마우스, 트랙볼, 위 리모트^{Wii Remote} 외에도 특수 설계된 장치들, 예를 들면 운전대, 낚싯대, 댄스 패드 심지어 전자 기타까지도 볼 수 있다. 9장에서는 이와 같은 휴먼 인터페이스 장치의 입력을 게임 엔진이 어떻게 읽어 와서 처리하며 활용하는지 알아본다. 또한 이 장치들을 통해 플레이어에게 피드백을 줄 수 있는 방법에 대해서도 살펴본다.

9.1 휴먼 인터페이스 장치의 종류

게임용으로 나온 휴먼 인터페이스 장치의 종류는 다양하다. 엑스박스 360과 PS3 같은 콘솔 게임기들은 그림 9.1 및 그림 9.2와 같은 조이패드 컨트롤러를 기본으로 제공한다. 닌텐도^{Nintendo}의 위^{Wii} 콘솔은 그림 9.3에 나와 있는 독창적이고 혁신적인 위 리모트 컨트롤러(위모트^{WiiMote}라고 부른다)로 유명하다. WiiU에서 닌텐도는 컨트롤러와 모바일 게이밍 장치를 반쯤 섞은 컨트롤러를 만들었다(그림 9.4). PC 게임들은 보통 키보드나 마우스를 사용하는데, 조이패드가 쓰이는 경우도 있다(마이크로소프트의 엑스박스 360 조이패드는 콘솔과 윈도우/다이렉트X PC에서 똑같이 쓸 수 있게 만든 것이다). 그림 9.5에서 볼 수 있듯이 아케이드 게임기들은 조이스틱과 버튼, 트랙볼, 또는 운전대로 이뤄진 컨트롤러를 1개 이상 내장한다. 아케이드 게임기의 컨트롤러들은 해당 게임에 맞춰 만들어진 경우가 많지만, 제조사가 같은 경우에는 여러 아케이드 게임기에서 입력 장치를 공통으로 쓰는 경우도 있다.

그림 9.1 엑스박스 360과 플레이스테이션 3 콘솔 게임기의 표준 조이패드

그림 9.2 플레이스테이션 4의 듀얼쇼크 4 조이패드

그림 9.3 닌텐토 Wii의 혁신적인 Wii 리모트

그림 9.4 닌텐도의 Wii U 컨트롤러

그림 9.5 미드웨이의 아케이드 게임 모탈 컴뱃 II에 쓰이는 버튼 및 조이스틱

콘솔 플랫폼에서는 조이패드 같은 '표준' 입력 장치 외에도 특화된 입력 장치와 어댑터가 있다. 예를 들면 기타 히어로^{Guitar Hero} 시리즈에 쓰이는 기타와 드럼을 비롯해 드라이빙 게임에 쓰이는 운전대, 댄스 댄스 레볼루션^{Dance Dance Revolution}에 쓰이는 댄스 패드 등이 그 예다. 이 중 몇 가지를 그림 9.6에서 볼 수 있다.

그림 9.6 다양한 특수 입력 장치를 사용할 수 있다.

오늘날 가장 용도가 다양한 입력 장치는 닌텐도 위모트다. 별도의 장치를 따로 쓰는 대신, 위모트를 다른 용도로 바꿔 사용하는 경우도 많다. 예를 들면 마리오 카트 위^{Wii}에는 위모트와 결합해 쓸 수 있는 플라스틱 운전대 어댑터가 동봉된다(그림 9.7 참조).

그림 9.7 닌텐도 위(Wii)용 스티어링 휠(운전대) 어댑터

9.2 HID와의 인터페이스

모든 휴먼 인터페이스 장치는 게임에 입력을 보내고, 일부 장치는 게임으로부터 출력을 받아 플레이어에게 피드백을 주기도 한다. 게임 소프트웨어가 HID로부터 입력을 읽어 오고 출력을 보내는 방법은 여러 가지가 있는데, 그 방법은 통신하는 장치의 디자인에 따라 다르다.

9.2.1 폴링

게임 패드나 구식 조이스틱 등의 단순한 장치들 중에는 하드웨어를 주기적으로 폴링^{polling}하는 방식으로 입력을 읽어 오는 것들이 있다(보통 메인 게임 루프당 한 번씩 읽는다). 즉 하드웨어의 상태를 명시적으로 질의한다는 뜻인데, 하드웨어 레지스터 또는 메모리 맵$^{memory-mapped}$ I/O 포트를 직접 읽거나 하이레벨 소프트웨어 인터페이스(이 경우 소프트웨어가 대신 해당하는 레지스터 또는 메모리 맵 I/O 포트를 읽어 온다)를 통하는 방법도 있다. HID로 출력을 보낼 때도 마찬가지로 레지스터나 메모리 맵 I/O 주소를 직접 쓰거나 아니면 하이레벨 API를 통해 대신 처리하게할 수도 있다.

콘솔과 PC 플랫폼에서 엑스박스 360 게임 패드를 구동할 때 쓰이는 마이크로소프트의 XInput API가 단순한 폴링 기법의 좋은 예다. 프레임마다 게임은 XInputGetState() 함수를 호출한다. 이 함수는 하드웨어 또는 드라이버와 통신한 후 알아서 데이터를 읽어와 소프트웨어에서 사용하기 알맞은 형태로 제공한다. 함수는 XINPUT_STATE 구조체를 가리키는 포인터를 리턴하는데, 이 구조체는 XINPUT_GAMEPAD 구조체 인스턴스를 포함한다. 이 구조체에는 장치의 컨트롤(버튼, 스틱, 트리거)들의 현재 상태가 모두 담겨 있다.

9.2.2 인터럽트

일부 HID는 컨트롤러의 상태가 변할 때만 게임 엔진에 데이터를 보낸다. 예를 들면 마우스는 마우스 패드 위에서 움직이지 않고 가만히 있는 경우가 대부분이다. 마우스가 움직이지 않을 때 컴퓨터로 계속 데이터를 보내고 있을 필요는 없다. 마우스가 움직이는 경우, 그리고 버튼을 누르거나 떼었을 경우에만 정보를 보내면 된다.

이와 같은 장치들은 주로 하드웨어 인터럽트hardware interrupt를 통해 컴퓨터와 통신한다. 인터럽트는 하드웨어에서 보내는 전기 신호로 인터럽트를 받으면 CPU는 잠시 메인 프로그램을 정지시키고 인터럽트 서비스 루틴ISR, Interrupt Service Routine이라 부르는 조그마한 코드를 실행한다. 인터럽트의 용도는 굉장히 다양하지만 HID의 ISR 코드는 대개 장치의 상태를 읽어 와 나중에 처리할 수 있게 저장하고 다시 메인 프로그램이 다시 실행할 수 있게 CPU를 반환하는 일을한다. 게임 엔진은 나중에 적당한 기회가 오면 데이터를 처리한다.

9.2.3 무선 장치

블루투스Bluetooth 장치들, 예를 들면 위모트, 듀얼쇼크3DualShock3, 엑스박스 360 무선 컨트롤러등은 단순히 레지스터나 메모리 맵 I/O 포트를 통해 데이터를 읽고 쓸 수는 없다. 대신 소프트웨어가 블루투스 프로토콜protocol을 통해 장치와 '교신'해야 한다. 소프트웨어가 HID에 입력데이터를 보내라고 요청할 수도 있고(버튼의 상태 등), 아니면 장치에 출력 데이터를 보낼 수도 있다(진동이나 소리 등). 이런 통신은 게임 엔진의 메인 루프와는 별도로 마련된 스레드에서 처리하는 경우가 일반적이며, 그렇지 않은 경우라면 적어도 메인 루프에서 호출할 수 있게 비교적 단순한 인터페이스를 통해 캡슐화한다. 그렇기 때문에 게임 프로그래머의 관점에서는 블루투스 장치나 일반적인 폴링 장치는 거의 구분하기 힘들 정도로 유사하다.

9.3 입력의 종류

게임에 쓰이는 휴먼 인터페이스 장치의 하드웨어적 형태는 굉장히 다양하지만 장치 입력 대부분은 몇 가지 범주로 구분할 수 있다. 이 범주들에 대해 자세히 알아보자.

9.3.1 디지털 버튼

거의 대부분의 HID에는 적어도 몇 개의 디지털 버튼이 달려 있다. 이 버튼은 누른 상태와 뗀 상태 중 한 가지 상태만 될 수 있다. 게임 프로그래밍에서는 버튼을 누른 상태를 다운^{down}이라고 하고, 뗀 상태를 업^{up}이라고 이야기하기도 한다.

전기 엔지니어들은 스위치의 회로가 닫힌 상태(즉 회로에 전류가 흐르고 있다는 의미)와 열린 상태(전류가 흐르지 않는 상태−회로의 저항이 무한대)라고 말하기도 한다. 닫혀 있는 상태가 버튼을 누른 상태인지 뗀 상태인지는 하드웨어마다 다르다. 스위치가 평상시에 열린 상태인 경우 버튼을 뗀 상태(업 상태)에서 회로가 열려 있는 것이고, 버튼을 누르면(다운 상태) 회로가 닫히게 된다. 평상시에 스위치가 닫힌 상태라면 반대의 의미가 된다(즉 버튼을 누르게 되면 회로가 열리게 된다).

소프트웨어에서 디지털 버튼의 상태(누른 상태인지 뗀 상태인지)를 표현할 때는 비트 하나로 나타내는 것이 보통이다. 일반적으로 뗀 상태(업)를 0으로 표기하고 누른 상태(다운)를 1로 표기한다. 하지만 여기서도 회로의 특성이나 장치 드라이버를 만든 프로그래머가 어떻게 정했느냐에 따라 반대로 나타낼 수도 있다.

하나의 부호 없는 정수$^{unsigned\ integer}$ 값에 장치의 모든 버튼 상태를 저장하는 경우가 많다. 마이크로소프트 XInput API의 경우 엑스박스 360 조이패드의 상태를 `XINPUT_GAMEPAD` 구조체로 리턴하는데 그 모양은 다음과 같다.

```
typedef struct _XINPUT_GAMEPAD
{
  WORD wButtons;
  BYTE bLeftTrigger;
  BYTE bRightTrigger;
  SHORT sThumbLX;
  SHORT sThumbLY;
  SHORT sThumbRX;
  SHORT sThumbRY;
} XINPUT_GAMEPAD;
```

구조체에는 16비트 부호 없는 정수(WORD) 타입 변수 **wButtons**가 있는데, 여기에 모든 버튼의 상태가 들어간다. 이 변수 안에서 버튼들이 차지하는 비트의 위치는 다음과 같은 마스크 값을 통해 정의한다(10번째 비트와 11번째 비트는 사용하지 않는다).

```
#define XINPUT_GAMEPAD_DPAD_UP          0x0001 // 비트 0
#define XINPUT_GAMEPAD_DPAD_DOWN        0x0002 // 비트 1
#define XINPUT_GAMEPAD_DPAD_LEFT        0x0004 // 비트 2
#define XINPUT_GAMEPAD_DPAD_RIGHT       0x0008 // 비트 3
#define XINPUT_GAMEPAD_START            0x0010 // 비트 4
#define XINPUT_GAMEPAD_BACK             0x0020 // 비트 5
#define XINPUT_GAMEPAD_LEFT_THUMB       0x0040 // 비트 6
#define XINPUT_GAMEPAD_RIGHT_THUMB      0x0080 // 비트 7
#define XINPUT_GAMEPAD_LEFT_SHOULDER    0x0100 // 비트 8
#define XINPUT_GAMEPAD_RIGHT_SHOULDER   0x0200 // 비트 9
#define XINPUT_GAMEPAD_A                0x1000 // 비트 12
#define XINPUT_GAMEPAD_B                0x2000 // 비트 13
#define XINPUT_GAMEPAD_X                0x4000 // 비트 14
#define XINPUT_GAMEPAD_Y                0x8000 // 비트 15
```

개별 버튼의 상태를 알고 싶으면 wButton 워드 값을 해당하는 버튼의 비트 마스크 값으로 비트 단위 AND 연산(C/C++의 & 연산자)한 후 값이 0이 아닌지 보면 된다. 예를 들어 버튼을 누른 상태(다운)인지 알고 싶으면 다음과 같이 한다.

```
bool IsButtonADown(const XINPUT_GAMEPAD& pad)
{
  // 12번째 비트(A 버튼)를 제외한 나머지 비트를 모두 마스킹한다.
  return ((pad.wButtons & XINPUT_GAMEPAD_A) != 0);
}
```

9.3.2 아날로그 축과 아날로그 버튼

아날로그 입력이란 0과 1 대신 특정 범위의 값을 갖는 입력이다. 이런 입력은 보통 트리거가 얼마나 눌렸는지를 나타내거나 조이스틱의 2차원 위치(이 위치는 그림 9.8에서 볼 수 있듯이 x축과 y축 두 가지 아날로그 입력을 통해 나타낸다)를 표현하는 데 쓰인다. 이런 용도로 가장 많이 쓰이기 때문에 아날로그 입력을 아날로그 축이라고 부르는 경우도 있고, 아니면 그냥 축이라고 부르기도 한다.

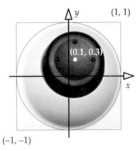

그림 9.8 조이스틱을 x축과 y축 방향으로 기울인 정도를 나타내는 데 2개의 아날로그 입력을 사용한다.

어떤 장치에서는 버튼도 아날로그일 수 있는데, 이 경우 플레이어가 버튼을 얼마나 세게 눌렀는지 판별할 수 있다는 뜻이 된다. 하지만 아날로그 버튼이 보내는 신호는 너무 잡음이 심해 유용하게 쓰기는 힘들다. 아날로그 버튼 입력을 제대로 사용하는 게임은 드물다. 한 가지 드문 예가 PS2의 메탈 기어 솔리드 2$^{\text{Metal Gear Solid 2}}$다. 압력 감지(아날로그) 버튼 데이터를 조준 모드일 때 사용하는데, X 버튼을 빨리 떼면 총을 발사하고, 천천히 발사하면 발사를 중지한다. 꼭 필요한 순간이 아니면 적들에게 들키지 않아야 하는 잠입 게임에서 상당히 유용한 기능이다.

엄밀히 따져보면 게임 엔진까지 전달된 시점에는 입력 값은 원래 아날로그 입력의 값이라도 진짜 아날로그는 아니다. 아날로그 입력 신호는 일반적으로 디지털화되는데, 소프트웨어에서 값을 계량화한 후 정수로 표현된다는 뜻이다. 예를 들면 16비트 정수로 표현된 아날로그 입력의 범위는 −32,768부터 32,767까지다. 어떤 때는 부동소수를 사용해 −1부터 1의 범위를 갖는 경우도 있다. 하지만 3.3.1.3절에서 살펴봤듯 부동소수도 계량화된 디지털 값일 뿐이다.

`XINPUT_GAMEPAD`의 정의를 다시 한 번 살펴보면(밑에 다시 나와 있다) 엑스박스 360 게임패드의 왼쪽 스틱과 오른쪽 스틱의 값을 표현하는 데 마이크로소프트가 16비트 정수를 사용했음을 알 수 있다(왼쪽 스틱은 sThumbLX, sThumbLY이고, 오른쪽 스틱은 sThumbRX와 sThumbRY). 따라서 이 값

들의 범위는 −32,768(왼쪽 또는 아래)부터 32,767(오른쪽 또는 위)이 된다. 반면 왼쪽과 오른쪽 숄더 트리거의 위치를 나타내는 데는 부호 없는 8비트 정수(bLeftTrigger, bRightTrigger)를 사용한 것을 볼 수 있다. 이 값의 범위는 0(뗀 상태)부터 255(완전히 누른 상태)까지다. 이것은 하나의 예에 불과하고, 아날로그 축을 디지털 값으로 나타내는 방법은 게임 하드웨어마다 다르다.

```
typedef struct _XINPUT_GAMEPAD
{
    WORD wButtons;

    // 8비트 부호 없는 정수
    BYTE bLeftTrigger;
    BYTE bRightTrigger;

    // 16비트 정수
    SHORT sThumbLX;
    SHORT sThumbLY;
    SHORT sThumbRX;
    SHORT sThumbRY;
} XINPUT_GAMEPAD;
```

9.3.3 상대적인 축

아날로그 버튼, 트리거, 조이스틱, 스틱 등의 위치 값은 절댓값인데, 이 말은 원점(0)이 어디에 있는지 분명히 정의돼 있다는 뜻이다. 하지만 어떤 장치의 경우 입력이 상대 값이다. 이런 장치들에서는 입력 값이 0인 위치가 분명히 정해져 있지 않다. 대신 입력 값이 0인 경우에는 장치의 위치가 변하지 않았다고 해석하고 0이 아닌 경우 지난번 위치에서 변한 델타 값으로 해석한다. 이런 장치에는 마우스, 마우스 휠, 트랙볼 등이 있다.

9.3.4 가속도계

플레이스테이션의 듀얼쇼크^{DualShock} 조이패드, 닌텐도 위모트에는 모두 가속 감지 센서(가속도계^{accelerometers})가 들어 있다. 이 장치들은 그림 9.9와 같이 세 축(x, y, z축) 방향의 가속도를 감지할 수 있다. 이것은 상대적 아날로그 입력으로, 마우스의 2차원 축과 거의 비슷하다. 컨트롤러에 가속이 없을 경우 입력은 0이지만, 컨트롤러가 가속을 하게 되면 각 축 방향으로 최대

±3g까지 가속을 측정할 수 있고, 이것을 x, y, z축에 해당하는 8비트 정수로 계량화한다.

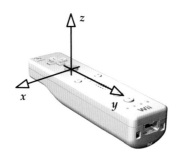

그림 9.9 위모트의 가속도계 축

9.3.5 위모트와 듀얼쇼크 컨트롤러로 3차원 방향 찾기

일부 위^{Wii}와 PS3 게임들은 위모트나 듀얼쇼크 조이패드의 가속도계를 통해 플레이어가 어떤 방향으로 컨트롤러를 쥐고 있는지 알아내 활용한다. 예를 들면 슈퍼 마리오 갤럭시$^{Super Mario}$ ^{Galaxy}에서는 마리오가 커다란 공 위에 뛰어올라 발로 공을 구르며 돌아다닌다. 이 상태에서 마리오를 조정하려면 위모트를 IR 센서가 천정을 향하게 들고 있어야 한다. 위모트를 왼쪽, 오른쪽, 앞, 뒤로 기울이면 기울인 방향으로 공이 가속된다.

세 가지 가속도계 값을 이용하면 위모트와 듀얼쇼크 조이패드의 방향을 알아낼 수도 있는데, 지구의 중력 때문에 항상 아래 방향으로 작용하는 가속도 $1g(\approx 9.8m/s^2)$가 있기 때문에 가능한 일이다. IR 센서가 TV를 향하게 컨트롤러를 완전히 평평하게 쥐고 있는 경우, 수직(z) 가속도는 대략 $-1g$가 돼야 한다.

IR 센서가 천정을 향하게 컨트롤러를 수직으로 세워 들고 있는 경우 z 센서 방향 가속도는 0g, y 센서 방향은 +1g가 될 것이다(이 상태는 y축이 중력에 영향을 받기 때문이다). 위모트를 45도 각도로 기울이면 y축과 z축의 값은 대략 $\sin(45°) = \cos(45°) = 0.707g$가 될 것이다. 가속도계의 각 축마다 0이 되는 지점을 제대로 설정해 놓으면 그 후에 피치^{pitch}, 요^{yaw}, 롤^{roll}은 사인^{sine}과 코사인^{cosine} 값의 역수를 취하면 간단하게 구할 수 있다.

여기서 두 가지 문제를 고려해야 한다. 첫째, 쥐고 있는 사람이 위모트를 가만히 들고 있지 않는 경우에는 이로 인해 가속도계의 값이 영향을 받고 따라서 먼저와 같은 계산은 무용지물이 된다. 둘째, 가속도계의 z축은 중력을 감안해 조정된 것이지만 다른 축들은 그렇지 않다. 이 말은 방향을 감지하는 정확도가 다른 축에 비해 z축이 떨어진다는 뜻이다. 위^{Wii} 게임 중에는 버튼이 플레이어를 향하거나 IR 센서가 천정을 보게 하는 등 일상적이지 않은 방향으로 위모트를 잡게 만드는 게임이 많다. 이렇게 하면 중력에 맞게 조정된 z축 대신 x축이나 y축이 중력 방향으로 향하기 때문에 방향을 감지하는 데 필요한 최대의 정확도를 확보할 수 있다. 여기에 관해 더 알고 싶으면 다음의 사이트(http://druid.caughq.org/presentations/turbo/Wiimote-Hacking.pdf)를 읽어 보자.

9.3.6 카메라

다른 콘솔의 기본 HID에서는 볼 수 없는 기능이 위모트에 한 가지 있는데, 바로 적외선^{IR,} infrared 센서다. 이 센서는 위모트가 향하고 있는 방향에 보이는 2차원 적외선 이미지를 녹화하는 성능 낮은 카메라라 할 수 있다. 위^{Wii}에는 TV 위에 놓는 '센서 바'가 들어 있는데, 여기에는 2개의 적외선 LED가 들어 있다. IR 카메라가 녹화하는 이미지에서 이 LED들만 밝은 점으로 보이고 나머지 배경은 완전히 어둡게 보인다. 위모트의 이미지 처리 소프트웨어는 이 이미지를 분석해 두 점의 위치와 크기를 계산한다(실제로는 점 4개까지의 위치와 크기를 구분할 수 있다). 이와 같은 위치 및 크기 정보는 블루투스 무선 통신을 통해 콘솔에 전달된다.

2개의 점으로 이뤄지는 선분의 위치 및 방향을 보고 위모트의 피치, 요, 롤을 계산할 수 있다 (물론 위모트가 센서 바를 향하고 있어야 한다). 또한 점 사이의 거리를 보고 위모트와 TV 사이의 거리도 구할 수 있다. 어떤 게임은 점들의 크기를 이용하기도 한다. 그림 9.10에 이에 대한 설명이 나와 있다.

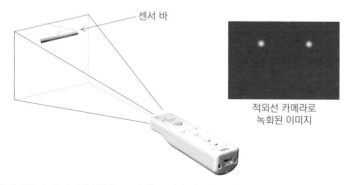

센서 바

적외선 카메라로
녹회된 이미지

그림 9.10 위(Wii) 센서 바에는 2개의 적외선 LED가 있고, 이것들은 위모트의 IR 카메라에서 2개의 밝은 점으로 녹화된다.

또 다른 인기 있는 카메라 장치는 플레이스테이션 계열의 콘솔에서 사용할 수 있는 소니의 플레이스테이션 아이^{Eye}다(그림 9.11). 이것은 기본적으로 고성능 컬러 카메라인데, 그 용도는 굉장히 다양하다. 웹캠으로 사용하면 비디오 콘퍼런스를 할 수도 있다. 또한 위모트의 IR 카메라와 비슷한 개념의 용도로 쓰면 위치, 방향, 거리를 감지하는 데 쓰일 수도 있다. 이런 새로운 입력 장치의 가능성은 아직 무궁무진하며 이제 막 게임에서 가능성을 시험 중이다.

그림 9.11 소니의 PS3용 플레이스테이션 아이(Eye)

플레이스테이션 4에서 소니는 아이^{Eye}를 개선하고 이름을 플레이스테이션 카메라로 변경했다. 플레이스테이션 무브^{Move} 컨트롤러(그림 9.12)나 듀얼쇼크 4 컨트롤러와 조합하면 마이크로소프트의 혁신적인 장비 키넥트와 거의 동일한 방식으로 제스처^{gesture}를 감지할 수 있다(그림 9.13).

그림 9.12 소니의 플레이스테이션 카메라, 플레이스테이션 무브 컨트롤러, PS4용 듀얼쇼크 4 조이패드

그림 9.13 마이크로소프트의 키넥트. 엑스박스 360용(위)과 엑스박스 원용(아래)

9.4 출력의 종류

HID의 주된 쓰임새는 플레이어의 입력을 게임 소프트웨어에 전달하는 것이다. 하지만 어떤 HID의 경우에는 휴먼 플레이어에게 다양한 출력을 보낼 수 있는 기능을 지원하기도 한다.

9.4.1 럼블

플레이스테이션의 듀얼쇼크 계열 컨트롤러와 엑스박스 및 엑스박스 360 컨트롤러 등의 게임 패드에는 럼블^{rumble} 기능이 있다. 럼블이란 컨트롤러가 플레이어의 손안에서 진동하는 기능으로, 게임 월드에 있는 캐릭터가 경험하는 움직임과 충격을 시뮬레이션한다. 진동을 내는 데는 보통 하나 이상의 모터를 사용하는데, 각 모터는 다양한 속도로 살짝 엇나가게 회전한다. 게임은 이 모터들을 켜거나 끌 수도 있고, 모터의 속도를 조정해 플레이어가 손으로 느끼는 감촉을 다양하게 낼 수도 있다.

9.4.2 포스 피드백

플레이어가 HID를 조작할 때 모터를 통해 조작하려는 방향에 살짝 저항하는 힘을 가하는 것이 포스 피드백^{force-feedback}이다. 포스 피드백은 아케이드 드라이빙 게임에서 흔히 볼 수 있는데, 운전이 거칠어지거나 급하게 회전할 때 운전대가 잘 돌아가지 않는 상황을 시뮬레이션한다. 럼블과 마찬가지로 게임 소프트웨어에서 모터를 켜거나 끌 수도 있고 힘의 크기와 방향도 조정할 수 있다.

9.4.3 오디오

보통 오디오는 독립적인 엔진 시스템이다. 하지만 일부 HID는 오디오 시스템이 활용할 수 있는 출력을 제공한다. 예를 들면 위모트에는 낮은 성능의 작은 스피커가 달려 있다. 엑스박스 360, 엑스박스 원, 듀얼쇼크 4 컨트롤러에는 헤드셋을 꽂을 수 있는 잭이 있어서 여느 USB 오디오 장치처럼 출력(스피커)이나 입력(마이크)으로 모두 사용할 수 있다. USB 헤드셋이 흔히 쓰이는 경우는 멀티플레이어 게임인데, 플레이어들끼리 VoIP^{Voice over IP}로 통신하면서 게임을 할 수 있다.

9.4.4 기타 입력과 출력

이외에도 휴먼 인터페이스 장치가 지원하는 입출력은 많다. 세가^{Sega} 드림캐스트^{Dreamcast} 등의 구형 콘솔에는 게임 패드에 메모리 카드 슬롯이 있었다. 엑스박스 360 게임 패드와 Sixaxis, 듀얼쇼크 3 그리고 위모트에는 모두 4개의 LED가 있어서 게임 소프트웨어가 원하는 대로 빛을 낼 수 있다. 듀얼쇼크 4 컨트롤러 앞쪽의 라이트바는 게임에서 색깔도 조정할 수 있다. 또한 특수한 장치들, 예를 들면 악기 형태의 장치, 댄스 패드 등은 저마다의 입력과 출력을 갖는다.

휴먼 인터페이스 분야에는 지금 혁신이 진행 중이다. 현재 가장 흥미롭게 연구되는 분야는 제스처 인터페이스$^{gestural\ interface}$와 사고에 의한 조작$^{thought-controlled}$ 장치다. 콘솔과 HID 제조사들이 앞으로 어떤 혁신적인 장치를 보여 줄지 기대된다.

9.5 게임 엔진의 HID 시스템

게임 엔진에서 '가공하지 않은' HID 입력을 직접 사용하는 경우는 거의 없다. HID에서 오는 입력들이 게임에서 재미나고 직관적인 행동으로 매끄럽게 이어지게 하기 위해서는 다양한 방법으로 손봐야 한다. 또한 대부분의 엔진에는 HID와 게임 사이에 최소한 하나 이상의 간접 지정 레벨$^{indirection\ level}$을 둬서 다양한 방식으로 HID 입력을 추상화한다. 예를 들면 버튼 입력을 게임 내의 논리적인 행동을 연결해 주는 버튼 매핑 테이블을 사용하는 경우가 있는데, 이렇게 하면 플레이어가 원하는 대로 버튼의 입력을 다시 지정할 수 있게 된다. 이제 게임 엔진 HID 시스템의 일반적인 요구 조건들에 대해 간단히 알아본 후 각 사항에 대해 좀 더 자세히 살펴보자.

9.5.1 일반적인 요구 조건

게임 엔진의 HID 시스템은 다음의 기능들 중 일부를 지원하거나 또는 전부 지원한다.

- 데드 존$^{dead\ zone}$
- 아날로그 신호 필터링
- 이벤트 감지(예, 버튼 업, 버튼 다운)
- 버튼 시퀀스^{sequence} 감지 및 버튼 조합(코드^{chord}라고 부름) 감지
- 제스처 감지

- 멀티플레이어 게임에서 다수의 HID 관리
- 멀티플랫폼 HID 지원
- 컨트롤러 입력 재지정
- 상황 기반context-sensitive 입력
- 일정 시간 동안 특정 입력을 무시하는 기능

9.5.2 데드 존

조이스틱, 섬 스틱thumb stick, 숄더 트리거 등의 아날로그 축들은 미리 지정된 범위 내의 입력을 내는데, 그 범위를 I_{min}, I_{max}라고 하자. 컨트롤을 만지지 않을 때는 일정하고 명확한 '원형의' 값이 들어올 것이라고 예상할 수 있는데, 이것을 I_0라고 부르기로 한다. 원형의 값은 보통 숫자 값 0으로 취급하는데, 조이스틱 축과 같이 양방향 컨트롤인 경우 I_{min}과 I_{max}의 중간 값이 되고, 트리거 같은 단방향 컨트롤인 경우 I_{min}이 된다.

하지만 HID는 원래 아날로그 장비이기 때문에 장치가 발생하는 전압에는 잡음이 들어 있을 수밖에 없고, 따라서 실제 관측되는 값은 I_0에서 살짝 오차가 있는 값일 수 있다. 이런 상황을 해결할 때 가장 흔히 쓰는 방법은 I_0 주변에 작은 데드 존dead zone을 두는 것이다. 데드 존은 조이스틱인 경우 $[I_0 - \delta, I_0 + \delta]$, 트리거인 경우 $[I_0, I_0 + \delta]$로 정의할 수 있다. 데드 존 안에 포함되는 입력들은 그냥 I_0라고 취급한다. 데드 존은 장치의 원형 값에 생기는 잡음을 처리할 수 있을 정도로 충분히 넓어야 하지만, 동시에 플레이어가 HID의 조작감이 둔하다고 느낄 정도로 커서는 안 된다.

9.5.3 아날로그 신호 필터링

신호 잡음은 컨트롤이 데드 존 밖의 범위에 있을 때도 문제가 된다. 이런 잡음을 제대로 처리하지 못하면 게임에서 HID 조작이 부자연스럽고 어색해 보인다. 그렇기 때문에 다수의 게임들은 HID로부터 오는 원본 입력을 필터링한다. 잡음 신호는 일반적으로 사람이 내는 신호에 비해 고주파인 경우가 많다. 따라서 원본 입력을 게임에 사용하기 전에 저역 통과low-pass 필터를 거치게 하는 것도 한 방법이다.

이산적 일차$^{\text{discreet first-order}}$ 저역 통과 필터는 필터를 거치지 않은 현재의 원본 입력 값과 지난 프레임의 필터를 거친 입력 값을 결합해 구현할 수 있다. 시간을 t라고 할 때 필터를 거치지 않은 순차적 입력 값들을 시간에 대한 함수 $u(t)$로 표기하고, 필터를 거친 입력은 $f(t)$라고 표기한다면 다음과 같이 나타낼 수 있다.

$$f(t) = (1 - a)f(t - \Delta t) + au(t) \tag{9.1}$$

여기서 a는 프레임 시간 Δt 및 필터링 상수 RC(이 값은 그냥 예전부터 사용하던 RC 저역 통과 필터 회로의 저항과 정전 용량을 곱한 값이다)에 의해 정해진다.

$$a = \frac{\Delta t}{RC + \Delta t} \tag{9.2}$$

이것을 C나 C++로 구현하면 다음 코드처럼 간단한데, 단 여기서 이전 프레임의 필터링된 입력 값을 저장하고 있어야 한다. 더 자세한 정보는 다음 사이트(http://en.wikipedia.org/ wiki/ Low-pass_filter)에서 찾을 수 있다.

```
F32 lowPassFilter(F32 unfilteredInput,
                  F32 lastFramesFilteredInput,
                  F32 rc, F32 dt)
{
  F32 a = dt / (rc + dt);

  return (1 - a) * lastFramesFilteredInput
    + a * unfilteredInput;
}
```

HID 입력 데이터를 필터링하는 또 다른 방법에는 단순한 이동 평균을 구하는 방식이 있다. 예를 들어 3/30초(3프레임) 동안의 입력 데이터를 평균 내고 싶으면 원본 입력 값을 원소가 3개인 원형 버퍼에 저장하기만 하면 된다. 이 세 값을 더한 후 3으로 나눈 값이 필터링된 입력 값이다. 다만 이런 식으로 필터를 구현할 때는 몇 가지 세세한 사항들을 챙겨야 한다. 예를 들면 처음의 입력 2개, 즉 아직 값이 3개가 들어오지 않았을 때의 경우를 적당히 처리해야 한다. 그럼에도 구현하기는 그렇게 까다롭지 않다. 다음의 코드는 원소 개수가 N개인 이동 평균을 구하는 방법을 보여 준다.

```cpp
template< typename TYPE, int SIZE >
class MovingAverage
{
  TYPE m_samples[SIZE];
  TYPE m_sum;
  U32  m_curSample;
  U32  m_sampleCount;

public:
  MovingAverage() :
    m_sum(static_cast<TYPE>(0)),
    m_curSample(0),
    m_sampleCount(0)
  {
  }

  void addSample(TYPE data)
  {
    if (m_sampleCount == SIZE)
    {
      m_sum -= m_samples[m_curSample];
    }
    else
    {
      m_sampleCount++;
    }

    m_samples[m_curSample] = data;
    m_sum += data;
    m_curSample++;

    if (m_curSample >= SIZE)
    {
      m_curSample = 0;
    }
  }

  F32 getCurrentAverage() const
  {
```

```
      if (m_sampleCount != 0)
      {
        return static_cast<F32>(m_sum)
          / static_cast<F32>(m_sampleCount);
      }
      return 0.0f;
    }
  };
```

9.5.4 입력 이벤트 감지

게임에서 장치의 입력 값들이 현재 어떤 상태인지를 알려면 보통 로우레벨 HID 인터페이스를
사용한다. 하지만 때로는 현재 프레임에서의 상태보다는 상태 변화 등의 이벤트를 알고자 하
는 경우도 있다. 제일 흔한 HID 이벤트는 아마 버튼 다운(누른 상태)과 버튼 업(뗀 상태)이겠지
만 당연히 이것들 외에도 여러 이벤트를 감지할 수 있다.

9.5.4.1 버튼 업과 버튼 다운

버튼의 입력을 나타내는 비트를 정할 때 버튼을 뗀 상태를 0, 누른 상태를 1이라고 했다고 하
자. 가장 쉽게 버튼 상태 변화를 감지하는 방법은 지난 프레임에서 저장한 버튼 상태 값과 현
재 프레임에서 관찰한 상태 값을 비교하는 것이다. 값이 다른 경우 이벤트가 발생했다는 것을
알 수 있다. 이벤트가 버튼 업인지 버튼 다운인지는 버튼의 현재 상태를 보면 된다.

버튼 업 이벤트와 버튼 다운 이벤트를 검사할 때는 비트 단위bitwise 연산자를 쓰면 간단하다.
현재의 상태를 비트로 담고 있는 32비트 워드 buttonStates가 있다고 할 때 2개의 32비트
워드를 만들고 싶다고 가정하자. 하나는 버튼 다운 이벤트들을 저장하는 buttonDowns이고,
또 하나는 버튼 업 이벤트들을 저장하는 buttonUps다. 두 경우 모두 현재 프레임에서 각 버
튼 이벤트가 발생했으면 1, 그렇지 않으면 0이다. 구현하려면 이전 프레임에서의 버튼 상태
prevButtonStates가 있어야 한다.

배타적 ORXOR, eXclusive OR 연산자는 피연산자 2개가 같으면 0을 내고 같지 않으면 1을 낸다. 따
라서 이전 버튼 상태와 현재 버튼 상태를 담은 워드 변수 2개를 XOR 연산을 하면 이전 프레
임과 현재 프레임에서 상태가 변한 버튼만 1이 된다. 버튼 업 이벤트인지 버튼 다운 이벤트인

지를 판별하려면 각 버튼의 현재 상태를 본다. 상태가 변했고 현재 버튼을 누른 상태이면 버튼 다운 이벤트를 발생하고, 반대의 경우 버튼 업 이벤트를 발생한다. 이 방법으로 버튼 이벤트를 담는 워드 2개를 생성하는 코드는 다음과 같다.

```
class ButtonState
{
  U32 m_buttonStates;      // 현재 프레임의 버튼 상태
  U32 m_prevButtonStates;  // 이전 프레임의 버튼 상태
  U32 m_buttonDowns;       // 현재 프레임에서 버튼이 눌렀으면 1
  U32 m_buttonUps;         // 현재 프레임에서 버튼을 뗐으면 1

  void DetectButtonUpDownEvents()
  {
    // 두 변수 m_buttonStates, m_prevButtonStates의 상태가
    // 올바른 값이라고 가정하고
    // m_buttonDowns과 m_buttonUps을 구한다.

    // 먼저 XOR 연산을 통해 어떤 비트가 변했는지 알아낸다.
    U32 buttonChanges = m_buttonStates
                        m_prevButtonStates;

    // 이제 AND 연산자를 이용해 다운 상태인 비트만
    // 골라낸다.
    m_buttonDowns = buttonChanges & m_buttonStates;

    // AND-NOT 연산자를 이용해 현재 상태가 업인 비트만
    // 골라낸다.
    m_buttonUps = buttonChanges & (~m_buttonStates);
  }

  // ...
};
```

9.5.4.2 코드

코드chord란 동시에 눌러서 게임에 특수한 행동을 하게 유도하는 버튼 그룹을 뜻한다. 몇 가지 예를 들어 보자.

- 슈퍼 마리오 갤럭시의 시작 화면에서는 위모트의 A 버튼과 B 버튼을 동시에 눌러 새로운 게임을 시작한다.
- 위모트의 1 버튼과 2 버튼을 동시에 누르면 블루투스 검색 모드가 된다(게임 진행 중에서 적용된다).
- 다양한 격투 게임에서 '잡기grapple'를 시작하려면 버튼 2개를 동시에 누르는 경우가 많다.
- 언차티드의 개발 단계에서 썼던 방법으로 듀얼쇼크 3의 왼쪽 트리거와 오른쪽 트리거를 동시에 누르면 플레이어 캐릭터가 충돌을 끈 채로 게임 월드를 자유롭게 날아다닐 수 있었다(당연히 일반 게이머들에게는 공개하지 않았다). 개발을 용이하게 만들기 때문에 많은 게임에서 이런 치트cheat 기능을 사용한다(당연한 말이지만 치트를 코드chord로만 구현하는 것은 아니다). 퀘이크 엔진에서는 이것을 노클립no-clip 모드라고 부르는데, 캐릭터의 충돌 볼륨과 월드 볼륨을 클립clip하지 않기 때문에 붙여진 이름이다. 이외에도 엔진에 따라 여러 가지 부르는 이름이 있다.

이론적으로 코드 감지는 간단하다. 코드를 이루는 버튼들의 상태를 관찰하다가 코드의 모든 버튼이 다운 상태가 되면 지정된 행동을 하면 된다.

하지만 실제 구현도 이렇게 간단한 것은 아니다. 먼저, 코드의 버튼들이 따로 고유한 동작을 하게 지정돼 있는 경우 해당 버튼이 눌렸을 때 고유한 동작과 코드의 동작을 동시에 실행하지 않게 주의해야 한다. 보통 개별 버튼 다운을 감지했을 때 코드의 다른 버튼이 동시에 눌리지 않았는지 검사하는 방식으로 구현한다.

또한 사람은 기계가 아니기 때문에 코드의 버튼을 누를 때 다소의 시간차가 있을 수 있다는 점도 고려해야 한다. 따라서 코드를 감지할 때는 i 프레임에서 코드의 일부를 감지하고, 다음 $i + 1$ 프레임(또는 이보다 여러 프레임 후)에서 나머지 코드를 감지하는 경우도 처리할 수 있어야 한다. 이 상황을 처리하는 방법은 몇 가지가 있다.

- 버튼 입력을 설계할 때 코드가 감지된 경우 개별 버튼의 행동과 코드의 동작을 동시에 수행하게 하는 방법이 있다. 예를 들어 L1 버튼이 무기 발사, L2 버튼이 수류탄 투척으로 지정된 경우 L1 + L2 코드는 무기를 발사하고 수류탄을 투척하는 동시에 피해를 2배로 증가시키는 에너지 파를 발사하게 할 수 있다. 이렇게 구현한 경우 플레이어는 개별 버튼과 코드의 감지 순서에 전혀 신경 쓰지 않아도 된다.

- 개별 버튼이 눌렸을 경우 올바른 게임 이벤트로 취급할 때까지 다소의 지연 시간을 두는 방법이 있다. 지연 시간(예를 들면 2~3 프레임) 동안 코드가 감지되면 개별 버튼보다 우선적으로 처리한다. 이렇게 하면 플레이어가 코드를 누를 때 다소 여유를 갖게 된다.
- 코드를 감지하는 것은 버튼 다운 이벤트에서 하지만 코드에 의한 행동은 버튼을 때 실행한다.
- 개별 버튼에 의한 행동을 즉시 시작하지만 코드에 의한 행동으로 즉시 대체되게 처리한다.

9.5.4.3 시퀀스와 제스처 감지

버튼을 누르고 실제로 다운 이벤트로 판별하기까지 지연 시간을 둔다는 개념은 제스처 감지 gesture detection의 특수한 경우라 볼 수 있다. 제스처란 플레이어가 HID를 통해 시간을 두고 수행하는 일련의 행동을 일컫는 말이다. 예를 들면 격투 게임이나 브롤러brawler 게임에서는 일련의 버튼 순서, 즉 A-B-A 등을 감지하는 경우가 있다. 이것을 확장하면 버튼이 아닌 입력에도 적용할 수 있다. 예를 들어 A-B-A-Left-Right-Left를 생각해 볼 수 있는데, 여기서 뒤에 3개의 입력은 게임 패드의 섬 스틱thumb stick을 좌우로 움직이는 것이다. 대개 시퀀스나 제스처가 올바른 동작이 되려면 제한된 시간 내에 모두 입력해야 한다. 따라서 0.25초 내에 A-B-A를 빠르게 누르면 올바른 제스처지만 1~2초에 걸쳐 천천히 A-B-A를 누른다면 그렇지 않다는 뜻이다.

제스처 감지를 구현할 때는 보통 플레이어가 수행한 HID 조작을 짧은 시간 동안 기록하는 방법을 쓴다. 제스처를 이루는 첫 입력이 감지되면 시각과 함께 기록 버퍼에 저장한다. 그 후 이어지는 입력이 감지되는 경우 직전 입력의 시각과 현재 입력의 시각을 비교한다. 그 차이가 허용된 시간 범위 내인 경우 현재 입력도 기록 버퍼에 저장한다. 제한 시간 내에 전체 시퀀스의 입력이 모두 완료된 경우(즉 기록 버퍼가 완전히 채워진 경우) 이벤트를 발생해 엔진에 제스처가 발생했음을 알린다. 그렇지만 중간에 올바르지 않은 입력이 들어오거나 제스처 코드가 제한 시간을 넘어서 들어온 경우에는 기록 버퍼를 전부 비우게 되고, 플레이어는 제스처를 처음부터 다시 시작해야 한다.

지금까지 설명한 내용이 정말 어떤 의미인지 이해를 돕기 위해 세 가지 실제 경우를 살펴보자.

빠른 버튼 연타

버튼 1개를 빠르게 연타해 특정 행동을 하게 하는 경우는 여러 게임에서 흔히 볼 수 있다. 버튼을 빠르게 누르는 정도에 따라 플레이어 캐릭터의 달리기 속도나 행동 속도를 빠르게 하는 등 게임에 영향을 주는 경우도 있고 그렇지 않은 경우도 있다. 대개의 경우 연타하는 속도에 따라 올바른 제스처인지 판단한다(제한된 속도보다 느리게 연타하는 경우 올바른 제스처가 아니게 된다).

연타 빈도를 계산하려면 해당 버튼이 최근에 눌린 시각을 기록하기만 하면 된다. 이것을 T_{last}라고 부르자. 빈도(주파수frequency) f를 구하려면 버튼이 눌린 시간 차이를 구해서 역수를 취하면 된다($\Delta T = T_{cur} - T_{last}$이고, $f = 1/\Delta T$다). 새로 버튼 다운 이벤트가 발생할 때마다 빈도 f를 새로 계산한다. 최소 유효 빈도를 고려하려면 f와 최소 빈도 f_{min}을 비교하면 간단하다(아니면 ΔT를 직접 $\Delta T_{max} = 1/f_{min}$과 비교해도 된다). 제시된 기준에 합당한 경우 제스처는 계속 진행되는 것으로 간주하고 T_{last}를 업데이트한다. 기준에 미치지 못하는 경우 그냥 T_{last}를 업데이트하지 않으면 된다. 기준을 충족할 만한 연속된 빠른 버튼 연타가 들어오기 전까지는 제스처는 올바르지 않은 제스처로 남는다. 이 과정이 다음 의사코드에 묘사돼 있다.

```
class ButtonTapDetector
{
    U32   m_buttonMask;  // 관찰할 버튼들(비트 마스크)
    F32   m_dtMax;       // 올바른 제스처가 되기 위해
                         // 충족해야 할 최대 시간 값
    F32   m_tLast;       // 마지막으로 버튼이 눌린 시각(초 단위)

public:

    // 제시된 버튼들의 빠른 연타를 감지하는
    // 객체를 생성(버튼은 번호로 구분)
    ButtonTapDetector(U32 buttonId, F32 dtMax) :
        m_buttonMask(1U << buttonId),
        m_dtMax(dtMax),
        m_tLast(CurrentTime() - dtMax) // 처음 시작할 때는
                                       // 허용되지 않은 값으로 설정
    {
    }
```

```
// 현재 제스처가 진행 중인지
// 알고 싶을 때 호출하는 함수
void IsGestureValid() const
{
  F32 t = CurrentTime();
  F32 dt = t - m_tLast;
  return (dt < m_dtMax);
}

// 프레임당 한 번씩 불러야 하는 함수
void Update()
{
  if (ButtonsJustWentDown(m_buttonMask))
  {
    m_tLast = CurrentTime();
  }
}
};
```

위의 코드에서 각 버튼은 고유 id로 구분한다고 가정했다. 이 id는 0부터 $N-1$ 범위의 간단한 번호일 뿐이다(N은 현재 HID에 있는 버튼 수). 이 버튼 id를 받으면 그 값만큼 부호 없는 1을 왼쪽으로 시프트한다(1U << buttonId). ButtonsJustWentDown() 함수의 역할은 비트 마스크로 지정된 버튼들 중 하나라도 이번 프레임에서 눌린 경우 0이 아닌 값을 리턴하는 것이다. 지금은 1개의 버튼 다운 이벤트만 검사하지만 이 함수를 이용해 여러 개 버튼 다운 이벤트가 동시에 발생하는 경우를 검사할 수도 있고, 이후에 실제로 이렇게 하는 것도 살펴볼 예정이다.

여러 버튼 시퀀스

1초 내에 A—B—A 버튼 시퀀스가 완성되는지 알고 싶다고 가정하자. 이런 버튼 시퀀스는 다음과 같이 판별할 수 있다. 시퀀스 내에서 현재 어떤 버튼을 기다리고 있는지를 기록하는 변수를 하나 둔다. 시퀀스를 버튼 id의 배열(즉 aButtons[3] = {A, B, A})로 정의한다면 이 변수는 배열에 대한 인덱스 i가 된다. 초기화할 때는 변수를 시퀀스의 제일 처음 버튼 $i = 0$으로 둔다. 이와 더불어 빠른 버튼 연타에서 나온 예제 코드처럼 전체 시퀀스가 시작한 시각을 기록하는 변수 T_{start}를 둔다.

처리하는 순서는 이렇다. 현재 기다리고 있는 버튼의 버튼 다운 이벤트를 감지한 경우 전체 시퀀스의 시작 시간 T_{start}와 이벤트의 시각을 비교한다. 시각 차이가 제한 범위 이내라면 시퀀스의 다음 버튼으로 진행한다. 시퀀스의 첫 버튼인 경우($i = 0$)에는 T_{start}도 함께 업데이트한다. 하지만 버튼이 시퀀스의 다음 버튼이 아니거나 제한 시간을 넘긴 경우에는 버튼 번호 i를 시퀀스의 처음으로 초기화하고 T_{start}는 허용되지 않은 값(예를 들면 0)으로 설정한다. 이 과정이 다음 코드에 나와 있다.

```
class ButtonSequenceDetector
{
  U32*  m_aButtonIds;    // 살펴봐야 할 버튼들
  U32   m_buttonCount;   // 시퀀스 내의 버튼 수
  F32   m_dtMax;         // 전체 시퀀스를 완료해야 하는 제한 시간
  U32   m_iButton;       // 시퀀스에서 다음에 나와야 할 버튼
  F32   m_tStart;        // 시퀀스가 시작된 시각
                         // 초단위

public:
  // 제시된 버튼 시퀀스를 감지하는 객체를 생성한다.
  // 시퀀스를 성공적으로 완료한 경우 지정된
  // 이벤트를 브로드캐스트해 게임 엔진에서
  // 적절한 대응을 할 수 있게 한다.

  ButtonSequenceDetector(U32* aButtonIds,
                         U32 buttonCount,
                         F32 dtMax,
                         EventId eventIdToSend) :
    m_aButtonIds(aButtonIds),
    m_buttonCount(buttonCount),
    m_dtMax(dtMax),
    m_eventId(eventIdToSend),  // 시퀀스가 완료된 경우
                               // 보낼 이벤트

    m_iButton(0),              // 시퀀스의 처음
    m_tStart(0)                // 초기 값
                               // 무의미한 값으로 설정

  {
  }
```

```cpp
// 프레임마다 한 번씩 호출해야 한다.
void Update()
{
    ASSERT(m_iButton < m_buttonCount);

    // 기다리고 있는 버튼을 비트 마스크로 변환한다
    // (버튼 인덱스만큼 1을 시프트한다).

    U32 buttonMask = (1U << m_aButtonId[m_iButton]);

    // 기다리고 있는 버튼 외의 다른 버튼이 눌린 경우
    // 전체 시퀀스를 무효로 만든다(다른 버튼을 검사할 때는
    // 비트 단위 NOT 연산자를 사용한다).

    if (ButtonsJustWentDown(~buttonMask))
    {
        m_iButton = 0; // 리셋
    }

    // 그렇지 않고 올바른 버튼이 눌린 경우,
    // dt를 검사하고 그에 따라 적절히 상태를 업데이트한다.

    else if (ButtonsJustWentDown(buttonMask))
    {
    if (m_iButton == 0)
    {
        // 시퀀스의 첫 버튼이 눌렸다.
        m_tStart = CurrentTime();
        m_iButton++; // 다음 버튼으로 진행
    }
    else
    {
        F32 dt = CurrentTime() - m_tStart;

        if (dt < m_dtMax)
        {
            // 시퀀스는 여전히 유효하다.

            m_iButton++; // 다음 버튼으로 진행
```

```
        // 시퀀스가 완료됐는가?
        if (m_iButton == m_buttonCount)
        {
          BroadcastEvent(m_eventId);
          m_iButton = 0;  // 리셋
        }
      }
      else
      {
        // 너무 느려서 실패
        m_iButton = 0;  // 리셋
      }
    }
  }
};
```

섬 스틱 회전

좀 더 복잡한 제스처를 살펴보고자 플레이어가 왼쪽 섬 스틱$^{thumb\ stick}$을 시계 방향으로 돌리는 것을 어떻게 감지하는지 알아보자. 이것은 그림 9.14와 같이 스틱의 수평 회전 범위를 네 부분으로 나누면 간단하게 처리할 수 있다. 시계 방향 회전에서 스틱은 왼쪽 위 사분면을 지나 오른쪽 위, 오른쪽 아래를 거쳐 마지막으로 왼쪽 아래를 지난다. 이것들은 버튼을 누르는 것과 전혀 다를 바가 없기 때문에 앞에서 살펴본 시퀀스 검사 코드를 조금만 고치면 간단하게 만들수 있다. 구현은 연습 삼아 남겨 두겠다. 한번 해보기 바란다.

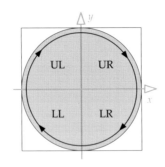

그림 9.14 스틱을 회전하는 것을 감지하려면 스틱의 수평 이동 범위를 네 구간으로 나누면 된다.

9.5.5 멀티플레이어 게임에서 다수의 HID 관리

대다수 게임기들은 여러 개의 HID를 연결해 멀티플레이어 게임을 즐길 수 있게 지원한다. 엔진은 현재 연결된 장치들을 잘 관리해서 각각의 입력을 게임 내의 올바른 플레이어에 전달되게 해야 한다. 즉 컨트롤러를 플레이어와 연결 지을 방법이 있어야 한다는 말이다. 이것을 간단히 구현하자면 컨트롤러 번호와 플레이어 번호를 일대일로 연결 짓는 방법을 써도 되고, 약간 더 세심하게 구현하면 플레이어가 시작 버튼을 누르는 순간 컨트롤러와 플레이어를 연결하는 방법도 고려해 볼 수 있다.

싱글플레이어 게임에서도 엔진은 여러 가지 돌발 상황, 예를 들면 컨트롤러 전원 코드가 뽑힌다든지 배터리가 완전히 나가는 등의 상황에 대처할 수 있어야 한다. 컨트롤러와 연결이 끊어지는 경우 거의 대부분의 게임들은 게임을 잠시 멈추고 메시지를 보여 주면서 컨트롤러가 다시 연결될 때까지 기다린다. 멀티플레이어 게임의 경우 컨트롤러 연결이 끊긴 플레이어의 캐릭터를 잠시 행동 불가로 처리하거나 삭제하고, 나머지 플레이어들은 그대로 계속 플레이하게 하기도 한다. 행동 불가/삭제된 캐릭터는 컨트롤러가 다시 연결되면 정상으로 돌리면 된다.

배터리로 동작하는 HID를 사용하는 시스템에서는 낮은 배터리 상황을 감지하는 것은 게임이나 운영체제의 몫이다. 상황이 발생하면 플레이어에게 경고를 보내는데, 거슬리지 않을 수준의 스크린 메시지나 사운드 효과를 이용하는 경우가 많다.

9.5.6 크로스플랫폼 HID 시스템

엔진들의 상당수는 다중 플랫폼(크로스플랫폼^{cross-platform})을 지원한다. 크로스플랫폼 엔진에서 HID 입출력을 처리할 때는 다음 코드와 같이 HID와의 상호작용을 처리하는 코드마다 조건부 컴파일러 지시어^{conditional compiler directive}를 덕지덕지 붙이는 방법을 쓰기도 한다. 그리 깔끔한 방법은 아닐지라도 적어도 제대로 동작은 한다.

```
#if TARGET_XBOX360
if (ButtonsJustWentDown(XB360_BUTTONMASK_A))
#elif TARGET_PS3
if (ButtonsJustWentDown(PS3_BUTTONMASK_TRIANGLE))
#elif TARGET_WII
if (ButtonsJustWentDown(WII_BUTTONMASK_A))
```

```
#endif
{
  // 처리...
}
```

이보다 더 나은 방법은 별도의 하드웨어 추상화 계층을 두는 것인데, 이렇게 하면 하드웨어
마다 달라지는 세부적 내용을 게임 코드와 분리할 수 있다.

운이 좋으면 가상 버튼 id와 축 id를 잘 선택하는 것만으로 플랫폼별 HID 차이를 거의 모두 추
상화할 수 있다. 예를 들어 엑스박스 360과 PS3를 지원하는 게임인 경우를 보면 두 조이패드
의 컨트롤 배치(버튼, 축, 트리거)가 거의 똑같다. 플랫폼마다 컨트롤 들에 부여되는 id가 다르기
는 하지만 두 조이패드를 모두 처리할 수 있는 일반적 컨트롤 id를 만들어 내기는 무척 쉽다.
예를 살펴보자.

```
enum AbstractControlIndex
{
  // 시작 버튼과 뒤로 가기 버튼
  AINDEX_START,        // Xbox 360 시작 버튼, PS3 시작 버튼
  AINDEX_BACK_SELECT,  // Xbox 360 뒤로 가기 버튼, PS3 Select 버튼

  // 왼쪽 D-패드
  AINDEX_LPAD_DOWN,
  AINDEX_LPAD_UP,
  AINDEX_LPAD_LEFT,
  AINDEX_LPAD_RIGHT,

  // 오른쪽 네 개의 "패드"
  AINDEX_RPAD_DOWN,  // Xbox 360 A, PS3 X
  AINDEX_RPAD_UP,    // Xbox 360 Y, PS3 Triangle
  AINDEX_RPAD_LEFT,  // Xbox 360 X, PS3 Square
  AINDEX_RPAD_RIGHT, // Xbox 360 B, PS3 Circle

  // 왼쪽, 오른쪽 섬 스틱 버튼
  AINDEX_LSTICK_BUTTON,  // Xbox 360 LThumb, PS3 L3,
                         // Xbox 흰색 버튼
  AINDEX_RSTICK_BUTTON,  // Xbox 360 RThumb, PS3 R3,
                         // Xbox 검은색 버튼
```

```
    // 왼쪽, 오른쪽 숄더 버튼
    AINDEX_LSHOULDER,   // Xbox 360 L 숄더, PS3 L1
    AINDEX_RSHOULDER,   // Xbox 360 R 숄더, PS3 R1

    // 왼쪽 섬 스틱 축
    AINDEX_LSTICK_X,
    AINDEX_LSTICK_Y,

    // 오른쪽 섬 스틱 축
    AINDEX_RSTICK_X,
    AINDEX_RSTICK_Y,

    // 왼쪽, 오른쪽 트리거 축
    AINDEX_LTRIGGER,   // Xbox 360 -Z, PS3 L2
    AINDEX_RTRIGGER,   // Xbox 360 +Z, PS3 R2
};
```

가상 계층은 하드웨어의 컨트롤 id를 가상 컨트롤 id로 변환하는 역할을 한다. 즉 버튼의 상태를 32비트 워드로 읽어 올 때마다 가상 컨트롤 id에 맞게 비트 값을 재배치한다고 생각하면 된다. 아날로그 입력도 같은 방법으로 처리한다.

실제 컨트롤과 가상의 컨트롤을 연결하는 일이 마냥 단순하지는 않다. 예를 들면 엑스박스의 양쪽 트리거는 1개의 축 위에서 움직이게 돼 있는데, 왼쪽 트리거를 당기면 음의 값이 나오고 오른쪽 트리거를 당기면 양의 값이 나온다. 양쪽 트리거를 가만히 두면 0이다. 이런 행동을 플레이스테이션의 듀얼쇼크 컨트롤러와 맞출 때는 엑스박스의 트리거 축을 2개로 분리한 다음 이것을 적당히 스케일링해 전 플랫폼에 공통으로 쓰일 값의 범위로 바꾸는 방법을 생각해 볼 수 있다.

물론 멀티플랫폼 엔진에서 HID I/O를 처리하는 방법에 이것만 있는 것은 아니다. 예를 들면 좀 더 기능에 중점을 둔다면 조이패드의 물리적 위치 대신 게임 내에서 어떤 역할을 하느냐에 따라 컨트롤의 이름을 정하는 방법도 있다. 가상의 제스처를 감지하는 하이레벨 함수 개념을 도입해 각 플랫폼에 맞는 구현을 만들 수도 있고 때에 따라서는 단순하게 HID I/O가 들어가는 모든 게임 코드를 플랫폼별로 짜는 것도 생각해 볼 수 있다. 방법이야 무궁무진하지만 게임과 하드웨어 세부 사항 사이에 어느 정도의 선을 그어 주는 것이 거의 모든 멀티플랫폼 게임 엔진들의 추세다.

9.5.7 입력 재배치

HID 하드웨어 컨트롤들의 기능을 플레이어가 어느 정도 조정할 수 있게 지원하는 게임들도 많다. 가장 흔한 예로는 콘솔 게임에서 오른쪽 섬 스틱으로 카메라를 조정할 때 수직 축 방향을 바꿀 수 있게 하는 경우를 들 수 있다. 카메라를 위로 들기 위해서 스틱을 앞으로 미는 것이 자연스러운 사람이 있는 반면, 정반대로 스틱을 당겨서 카메라를 위로 드는 것(비행기 조정간처럼)을 선호하는 사람도 있다. 어떤 게임들은 정해진 버튼 배열 중 한 가지를 자유롭게 선택하게 하기도 한다. 더 나가 일부 PC 게임의 경우에는 키보드의 모든 키와 마우스 버튼, 마우스 휠을 플레이어가 완전히 재정의할 수 있게 하는 경우도 있고, 여기에 더해 마우스의 양 축들에 대해서도 여러 가지 조정을 할 수 있게 하기도 한다.

이런 구현을 하려면 내 옛 은사이자 워털루 대학University of Waterloo에 계신 제이 블랙Jay Black 교수가 즐겨하시던 말씀을 돌아볼 필요가 있다. '컴퓨터 과학의 문제는 간접 지정을 통해 해결하지 못할 것이 없다Every problem in computer science can be solved with a level of indirection.'[1] 게임의 기능마다 고유한 식별자(id)를 부여한 후 물리 또는 가상 컨트롤 번호와 이 식별자들을 연결 지어 줄 간단한 테이블을 만들기만 하면 된다. 게임에서 어떤 기능을 활성화해야 할지 판별하려면 이에 해당하는 가상 또는 물리 컨트롤 id를 테이블에서 검색한 후 해당 컨트롤의 상태를 읽으면 된다. 배치를 바꿀 경우에는 전체 테이블을 한꺼번에 교체하는 방법도 있고, 아니면 사용자가 테이블의 개별 항목을 직접 고칠 수 있게 해도 된다.

여태껏 주의 깊게 살펴보지 않은 내용이 몇 가지 있다. 먼저 각 컨트롤은 각기 다른 입력을 낸다는 점을 따져 봐야 한다. 아날로그 축의 경우 −32,768 ~ 32,767을 내는 경우도 있고, 아니면 0 ~ 255나 그 외의 값들을 내기도 한다. HID의 모든 디지털 버튼 상태는 워드 값 하나에 모아 놓는 경우가 보통이다. 따라서 컨트롤을 다시 배열할 때 말도 안 되는 배치를 하지 않게 주의해야 한다. 즉 축을 통해 구현해야 하는 게임 기능에 버튼을 배치할 수는 없는 노릇이다. 이런 문제를 피할 수 있는 방안으로 모든 입력을 정규화normalize하는 방법이 있다. 예를 들면 모든 아날로그 축의 입력을 [0, 1] 범위로 스케일링하는 수가 있다. 이 방법은 언뜻 보면 꽤나 유용할 것 같아도 사실 생각만큼 유용하지는 않다. 축들 중에는 양방향인 것들도 있는 반면(예,

---

[1] 널리 알려진 원문은 "All problems in computer science can be solved by another level of indirection"으로 데이비드 휠러(David Wheeler)의 말이다(출처: 위키피디아) – 옮긴이

조이스틱), 단방향인 것들도 있기 때문이다(예, 트리거). 하지만 정규화 방식에 따라 컨트롤들을 몇 가지 그룹으로 나누면 같은 그룹끼리만 정규화를 할 수 있고, 호환되는 그룹 내에서만 컨트롤 재배치가 되게 할 수 있다. 표준적으로 쓰이는 콘솔 조이패드의 컨트롤들에 대해서 이와 같은 그룹을 지어 보고 정규화된 입력 값을 찾아보면 다음과 같이 분류할 수 있다.

- **디지털 버튼** 버튼들의 상태는 32비트 워드로 모을 수 있는데, 각 버튼은 비트 1개로 표현된다.
- **단방향 절대 축**^{absolute axes}(예, 트리거, 아날로그 버튼) 부동소수 입력 값을 내며 범위는 $[0, 1]$이다.
- **양방향 절대 축**(예, 조이스틱) 부동소수 입력을 내며 범위는 $[-1, 1]$이다.
- **상대 축**^{relative axes}(예, 마우스 축, 휠, 트랙 볼) 부동소수 입력을 내며 그 범위는 $[-1, 1]$이며, 한 프레임(예, 1/30 또는 1/60초)당 낼 수 있는 최대치를 ± 1로 나타낸다.

9.5.8 상황 기반 컨트롤

하드웨어 컨트롤 하나가 상황에 따라 여러 가지 기능을 하는 게임들을 쉽게 볼 수 있다. 대부분의 게임에서 흔히 볼 수 있는 사용하기 버튼이 좋은 예다. 문을 마주하고 있는 상황에서 사용하기 버튼을 누르면 캐릭터는 문을 연다. 물건 근처에서 있을 때 누르면 물건을 집는다든가 하는 여러 가지 행동이 가능하다. 또 다른 예로는 모달 컨트롤 스킴^{modal control scheme}을 들 수 있다. 플레이어가 그냥 걸어 다닐 경우에는 이동하고 카메라를 움직이는 데 컨트롤을 사용한다. 그러다가 플레이어가 탈것에 올라타게 되면 탈것을 조종하게 컨트롤이 변경되며, 동시에 카메라를 움직이는 컨트롤도 바뀌는 경우도 있다.

상황 기반^{context-sensitive} 컨트롤은 상태 기계^{state machine}를 사용하면 비교적 간단하게 구현할 수 있다. HID 컨트롤의 의미는 어떤 상태에 있느냐에 따라 달라질 수 있다. 하지만 어떤 상태에 있는지를 정하는 것이 까다롭다. 예를 들어 플레이어가 무기 아이템과 체력 아이템으로부터 똑같은 거리에 위치하면서 두 아이템 사이의 중점을 바라보고 있는 상태에서 상황 기반 사용하기 버튼을 눌렀다고 생각해 보자. 그렇다면 어떤 아이템을 집어야 할까? 이런 애매한 상황을 해결하려고 우선순위를 두는 게임도 있다. 아마도 무기가 체력 아이템보다는 우선순위가 높을 테고, 따라서 이 경우에는 무기를 집는 게 나을 것이다. 상황 기반 컨트롤을 구현하는 방법에 엄정한 규칙이 있는 것은 아니지만 보기에 자연스럽고 올바르게 동작하게 만들려면 여러 번의 시행착오를 거쳐야 한다는 점은 분명하다. 반복 개발과 테스트에 충분한 시간을 미리 계획해야 한다.

연관 있는 개념에는 컨트롤 소유권^{control ownership}이 있다. HID의 컨트롤들은 게임 내 여러 부분에서 '소유권'을 행사할 수 있다. 예를 들어 일부 입력은 플레이어 컨트롤에 쓰이고, 일부는 카메라 컨트롤, 그리고 또 다른 일부는 게임의 다른 부분이나 메뉴 시스템(예. 게임 멈춤 등)에 쓰이는 경우가 있다. 일부 엔진의 경우 하드웨어 장치의 입력 중 일부분만으로 이뤄진 논리 장치의 개념을 도입하기도 한다. 이 경우 플레이어 컨트롤에 쓰이는 논리 장치, 카메라 컨트롤에 쓰이는 논리 장치, 그리고 메뉴 시스템에 쓰이는 논리 장치가 각각 따로 존재한다.

9.5.9 입력 무시

대부분의 게임에서 때때로 플레이어 캐릭터를 조작하지 못하게 만들어야 할 필요가 있다. 예를 들면 플레이어 캐릭터가 인게임 시네마틱^{in-game cinematic}에 참여하고 있는 경우 그동안은 플레이어 캐릭터를 조작할 수 없게 해야 한다. 또는 좁은 통로를 걸어가는 동안에는 잠깐 동안 카메라를 돌리지 못하게 하기도 한다.

좀 단순한 방법으로는 비트 마스크를 통해 입력 장치의 컨트롤들을 선택적으로 무시할 수도 있다. 컨트롤의 상태를 읽을 때 비트 마스크가 켜진 컨트롤의 경우 실제 값 대신 중간 값 또는 0을 보낸다. 그런데 이런 방식으로 컨트롤을 무시하게 했을 경우에는 상당한 주의를 기울여야 한다. 깜빡 잊고 비트 마스크를 초기화하지 않는다면 플레이어는 영영 컨트롤을 조작할 수 없을 것이고, 어쩔 수 없이 게임을 다시 시작해야 할 것이다. 코드를 꼼꼼하게 검사하는 것도 중요하고 일종의 방지 장치, 예를 들면 플레이어가 사망한다든지 다시 배치되는 경우 비트 마스크를 초기화하는 등의 방안을 마련하는 것도 좋은 생각이다.

HID 입력을 무시하는 방법은 해당 입력을 받는 모든 부분에 영향을 줄 수 있는 일이기 때문에 다소 과한 면이 있다. 특정한 플레이어 행동이나 카메라 조작에 관한 처리는 플레이어나 카메라 코드 자체에 직접 집어넣는 편이 더 낫다. 이렇게 구현하면 카메라가 오른쪽 섬 스틱의 조작을 무시하는 상태더라도 나머지 엔진에서는 얼마든지 스틱의 값을 읽어 사용할 수 있다.

9.6 휴먼 인터페이스 장치들의 실제

휴먼 인터페이스 장치를 정확하고 자연스럽게 처리하는 일은 완성도 있는 게임을 만드는 데 굉장히 중요한 부분이다. 이론적인 부분만 놓고 보면 HID는 상당히 직관적으로 보인다. 하지만 실제로 개발하다 보면 예상치 못했던 난관들을 만나게 되는데, 여기에는 물리 장치들 간이 차이에 따른 대처, 정확한 저역 통과 필터 구현하기, 버그 없이 컨트롤 재배치 처리하기, '적당한' 느낌이 나게 조이패드 럼블 구현하기, 콘솔 제조사의 기술 요구 조건 체크리스트[TRC, Technical Requirements Checklist]로 인한 제약 처리 등 일일이 셀 수 없이 많다. 휴먼 인터페이스 장치 시스템을 잘 설계하고 완벽히 구현하는 데 상당한 시간을 투자할 각오가 있어야 한다. 이 점은 굉장히 중요한데, 그 이유는 HID 시스템은 여러분의 게임에서 가장 중요한 가치인 플레이어 메카닉을 떠받치는 밑바탕이기 때문이다.

디버깅과 개발 도구   10장

게임 소프트웨어를 개발하는 일은 복잡하면서 까다로우며 수리적인 연산이 많이 요구되고, 그 과정에서 수많은 오류가 발생할 수 있는 작업이다. 그렇기 때문에 게임 개발 팀들은 개발 과정을 최대한 수월하게 만들고 오류를 줄이는 데 도움이 되는 도구를 제각기 만들어 쓴다. 10장에서는 전문적인 게임 개발 엔진에서 흔히 볼 수 있는 개발 및 디버깅 도구들에 대해 살펴본다.

10.1 로그 기록과 추적

누구나 베이식^{BASIC}이나 파스칼로 난생 처음 프로그램을 짜던 기억이 있을 것이다(그런 호랑이 담배 피우던 시절의 기억이 없는 사람도 있을 수 있겠다. 나보다 많이 어린 독자들이라면 상당수가 그렇겠지만 가장 먼저 짜 본 프로그램이 자바나 파이썬, 또는 루아일 가능성이 클 테니까). 그러면 그 당시에 디버깅을 어떻게 했었는지 떠올려 보자. 뭐, 그때는 디버거^{debugger}라 하면 파란색 빛나는 벌레 잡이를 떠올리던 때 아니던가? 아마도 printf 구문으로 프로그램의 내부 상태를 찍어 보는 일을 주로 했을 것이다. 이것을 C/C++ 프로그래머들은 프린트에프^{printf} 디버깅이라고 부르기도 한다(표준 C 라이브러리 함수 printf( )에서 나온 말이다).

사실 오늘날에도 프린트에프 디버깅은 괜찮은 방법이다. 더 이상 디버거가 밤에 벌레나 잡는 물건이 아니라는 걸 알고 있더라도 그렇다. 특히 실시간 프로그래밍에서 더욱 그런데, 어떤 버그의 경우에는 중단점^{breakpoint}과 조사식^{watch} 창으로는 해결하기 힘들기 때문이다. 버그 중에는 타이밍에 영향을 받는 것들이 있다. 이런 버그들은 프로그램이 정상적인 속도로 돌고 있을 때만 발생한다. 또 어떤 것들은 복잡한 이벤트들의 연계에 따라 발생하는데, 너무 길고 이리저리 얽혀 있어서 하나씩 손으로 추적하기란 굉장히 힘들다. 이와 같은 경우에 가장 유용한 디버깅 도구는 일련의 printf 구문들인 경우가 많다.

모든 게임 플랫폼에는 콘솔이나 텔레타이프^{TTY, TeleTYpe} 출력 장치가 있기 마련이다.

몇 가지 예를 들어 보면 다음과 같다.

- C/C++로 구현한 콘솔 애플리케이션이고 리눅스나 Win32에서 구동하는 경우라면 printf( ), fprintf( )를 통해 stdout이나 stderr로 출력을 찍거나, C++ 표준 라이브러리의 iostream 인터페이스를 사용할 수도 있다.
- Win32 윈도우 애플리케이션인 경우 printf( )나 iostream을 쓸 수는 없는데, 출력을 내보낼 콘솔 자체가 없기 때문이다. 하지만 이 경우에도 비주얼 스튜디오 디버거에 붙여서 실행하면 디버그 콘솔을 쓸 수 있기 때문에 Win32 함수 OutputDebugString( )을 사용할 수 있다.
- 플레이스테이션 3과 4의 경우 PC에서 구동하는 Target Manager(PS4의 경우 PlayStation Neighborhood)라는 프로그램을 통해 콘솔 기기에 게임을 실행할 수 있다. Target Manager에는 몇 가지 TTY 출력 윈도우가 딸려 있어 게임 엔진이 메시지를 출력하는 데 쓸 수 있다.

그렇기 때문에 대부분의 경우 디버깅 목적으로 정보를 출력하려면 코드에 printf( ) 같은 것을 넣기만 하면 된다. 하지만 대부분의 게임 엔진들은 이보다는 좀 더 나은 방법을 마련한다. 이제 대부분의 게임 엔진들이 공통적으로 제공하는 출력 기능들에는 어떤 것들이 있는지 좀 더 알아보자.

10.1.1 OutputDebugString()을 통한 서식화된 출력

윈도우 SDK 함수 OutputDebugString( )은 비주얼 스튜디오의 디버그 출력 창에 디버깅 정보를 찍는 데 굉장히 유용하다. 그런데 printf( )와는 달리 OutputDebugString( )은 서식화된^{formatted} 출력을 지원하지는 않는다. 단지 배열로 된 문자열만 출력할 수 있다. 따라서 대부분의 윈도우 기반 게임 엔진들은 스스로 만든 함수 안에 OutputDebugString( )을 감싸서 사용하는데, 다음과 같은 방식이다.

```c
#include <stdio.h> // va_list 등을 사용하고자

#ifndef WIN32_LEAN_AND_MEAN
#define WIN32_LEAN_AND_MEAN 1
#endif
#include <windows.h> // OutputDebugString( )이 들어 있는 헤더

int VDebugPrintF(const char* format, va_list argList)
{
  const U32 MAX_CHARS = 1024;
  static char s_buffer[MAX_CHARS];

  int charsWritten
    = vsnprintf(s_buffer, MAX_CHARS, format, argList);

  // 서식화된 문자열을 만들었으니 이제
  // Win32 API를 호출하면 된다.
  OutputDebugString(s_buffer);

  return charsWritten;
}

int DebugPrintF(const char* format, ...)
{
  va_list argList;
  va_start(argList, format);

  int charsWritten = VDebugPrintF(format, argList);

  va_end(argList);
  return charsWritten;
}
```

함수 2개를 구현했다. DebugPrintF( )는 가변 길이 인자 리스트(말 줄임 부호(…)로 나타냄)를 받고, VDebugPrintF( )는 va_list를 인자로 받는다. 이렇게 한 이유는 프로그래머가 추가적으로 출력 함수를 구현할 때 VDebugPrintF() 함수를 사용할 수 있게 하기 위해서다(말 줄임 부호를 함수 사이에서 전달할 수는 없는 반면 va_list는 가능하기 때문이다).

10.1.2 출력 수준

코드의 주요한 위치에 printf 구문들을 힘들게 집어넣었는데 볼일이 끝났다고 그냥 지우기는 아까울 수도 있다. 혹시나 나중에 또 쓸모가 있을지도 모르기 때문이다. 바로 이런 이유 때문에 대부분의 엔진들은 출력 수준verbosity을 조정할 수 있는 방법을 제공하는데, 출력 수준을 커맨드라인 입력으로 받거나 런타임에 동적으로 지정하기도 한다. 출력 수준이 최소(보통 0)로 돼 있으면 치명적 오류 메시지만 출력된다. 출력 수준을 높일수록 더 많은 printf 구문들이 출력을 쏟아내기 시작한다.

가장 쉽게 구현하는 방법은 현재 출력 수준을 정수 전역 변수, 예를 들면 g_verbosity로 저장하는 것이다. 그런 다음 VerboseDebugPrintF() 함수를 만들고 첫 번째 인자로 메시지를 출력할 수 있는 최소 출력 레벨을 지정하게 하면 된다. 이 함수는 다음과 같은 방식으로 구현한다.

```
int g_verbosity = 0;

void VerboseDebugPrintF(int verbosity,
  const char* format, ...)
{
  // 전역으로 설정된 출력 레벨이
  // 높은 경우에만 출력한다.
  if (g_verbosity >= verbosity)
  {
    va_list argList;
    va_start(argList, format);

    VDebugPrintF(format, argList);

    va_end(argList);
  }
}
```

10.1.3 채널

또한 디버그 출력을 채널로 분류할 수 있다면 굉장히 큰 도움이 된다. 애니메이션 시스템으로 부터 오는 메시지를 담는 채널을 하나 두고, 물리 시스템에서 오는 메시지를 담는 채널을 따로 둘 수도 있다.

플레이스테이션 3 같은 플랫폼에서는 디버그 출력을 14개의 TTY 윈도우 중에 하나로 보낼 수 있다. 뿐만 아니라 14개의 TTY 윈도우로 가는 모든 메시지를 모아서 볼 수 있는 특수 TTY 윈도우도 있다. 이런 기능들은 개발자가 보고 싶은 메시지에만 집중할 수 있게 도와주기 때문에 유용하다. 애니메이션과 관련된 문제를 살펴보는 경 우라면 다른 출력은 신경쓰지 말고 애니메이션 TTY만 띄우면 된다. 딱히 원인을 알지 못하는 상태에서 문제를 해결하려면 '종합' TTY 를 보면 된다.

하지만 윈도우를 비롯해 디버그 출력 콘솔이 하나밖에 없는 플랫폼들도 있다. 이런 경우에도 출력을 여러 채널로 분리할 수 있으면 도움이 된다. 채널별로 메시지의 색을 다르게 하는 것도 괜찮다. 또 런타임에 켜고 끌 수 있는 필터를 구현해서 지정한 채널, 또는 채널들에서 나오는 출력만 보이게 하는 방법도 있다. 이와 같은 구현에서 애니메이션에 관련된 문제를 디버깅하는 경우에는 애니메이션 채널을 제외한 채널들을 전부 *끄고* 작업하면 된다.

디버그 출력 시스템에 채널 개념을 도입하려면 앞서 구현한 디버그 출력 함수에 별도의 채널을 지정할 수 있는 인자를 받기만 하면 된다. 채널은 단순한 숫자로 지정해도 되고, 약간 더 다듬어 C/C++의 enum 선언으로 값을 지정하는 수도 있다. 아니면 문자열이나 해시 문자열 id로 채널에 이름을 붙이는 방법도 있다. 출력하는 함수에서는 지정된 채널이 활성화된 채널 리스트에 있는지 확인 후에 출력하면 된다.

채널 개수가 32개 또는 64개 이내인 경우에는 채널을 32비트 또는 64비트 마스크로 구분하는 것도 한 방법이다. 이렇게 하면 채널 필터를 정수 1개로 나타낼 수 있기 때문에 굉장히 쉽게 구현할 수 있다. 마스크의 비트가 1로 된 채널은 활성화된 상태이고, 0인 채널은 비활성화된 상태다.

10.1.3.1 Redis를 통한 TTY 채널 관리

너티 독 개발자들은 웹 기반 인터페이스인 Connector를 통해 런타임에 게임 엔진이 출력하는 여러 가지 디버깅 정보들을 얻어 왔다. 게임은 여러 게임 시스템들(애니메이션, 렌더링, AI, 사운드 등)에 연관된 다양한(이름을 가진) 채널을 통해 디버그 문자열을 출력한다. 이 데이터 스트림들은 경량의 Redis 키-값 저장소를 통해 수집된다. Redis에 관해서는 다음 사이트(http://redis.io)에서 찾을 수 있다. Connector 인터페이스를 사용하면 아무 웹브라우저를 통해서건 이 Redis 데이터를 보거나 걸러낼 수 있다.

10.1.4 출력을 파일에도 보내기

모든 디버그 출력을 로그 파일(들)로 복사하는 것도 괜찮은 생각이다(예를 들면 채널 하나당 파일 하나). 이렇게 하면 문제가 발생한 후에도 원인을 파악할 수 있다. 원칙적으로 따지자면 로그 파일(들)은 모든 디버그 출력을 담고 있어야 하며, 출력 수준^{verbosity}이나 활성 채널 마스크에 영향을 받지 않아야 한다. 최근에 남겨진 로그 파일을 분석하다 예상치 못했던 문제를 발견하고 추적할 수도 있기 때문이다.

디버그 출력 함수를 호출할 때마다 로그 파일(들)을 플러시^{flush}하게 해 게임이 예상치 않게 강제 종료되더라도 버퍼에 남아 있는 출력을 잃어버리지 않게 하는 것도 고려해 볼 사항이다. 보통 가장 나중에 찍힌 로그가 강제 종료의 원인을 판단하는 데 제일 유용한 경우가 많기 때문에 로그 파일에 항상 최근의 정보가 남아 있기를 바라는 것은 당연하다. 물론 출력 버퍼를 플러시하는 일은 시간이 많이 걸릴 수 있다. 따라서 디버그 출력 함수마다 버퍼를 플러시하려면 (a) 로그 정보가 많지 않거나, (b) 현재 작업 중인 플랫폼에서 반드시 필요한 상태인 경우여야 한다. 플러시가 꼭 필요하다고 판단했다면 엔진 설정으로 켜고 끄게 만드는 옵션을 두는 것도 고려해 볼 만하다.

10.1.5 강제 종료 리포트

어떤 엔진들은 게임이 강제 종료^{crash}되는 경우 특수한 텍스트 출력을 보여 주거나 로그 파일을 생성하는데, 둘 다 하는 경우도 있다. 대부분의 운영체제에서는 최상단 예외$^{exception, 익셉션}$ 핸들러를 설치해 대부분의 강제 종료 상황을 캐치^{catch}할 수 있다. 이 예외 핸들러 함수 안에서 필요한 정보들을 잔뜩 출력할 수 있다. 더 나아가 전체 프로그래밍 팀에 강제 종료 리포트를 이메일로 보내는 것도 가능하다. 이 방법은 프로그래머들을 계몽시키는 데 굉장히 좋다. 아티스트나 디자이너가 작업할 때 게임이 얼마나 자주 죽어 나가는지 직접 보고 나면 더 긴장하고 디버깅에 집중하게 될지도 모른다.

다음은 강제 종료 리포트에 들어 있으면 좋을 만한 정보들을 몇 가지 들어 본 것이다.

- 강제 종료 시의 현재 레벨(들)
- 강제 종료 시 플레이어 캐릭터의 월드 공간 위치
- 강제 종료 시 플레이어의 애니메이션과 액션 상태
- 강제 종료 시 실행하고 있던 게임플레이 스크립트(스크립트 때문에 강제 종료되는 경우 특히 유용한 정보다.)
- 콜 스택 정보. 대부분의 운영체제에는 콜 스택을 추적할 수 있는 방법이 있다(하지만 플랫폼마다 그 방법이 천차만별이고 딱히 표준화된 방법은 없다). 이런 기능이 있으면 강제 종료가 발생한 시점에서 스택에 있는 모든 함수(인라인 함수 제외)의 심볼 이름을 찍을 수 있다.
- 엔진의 모든 메모리 할당자의 상태(사용 가능한 메모리 양, 단편화 정도 등). 이런 정보는 사용 가능한 메모리가 부족해서 발생하는 버그를 추적하는 경우에 특히 유용하다.
- 기타 강제 종료의 원인을 파악하는 데 필요하다고 판단한 정보들
- 강제 종료 시 게임의 스크린샷

10.2 디버그 정보 그리기 기능

오늘날의 비디오 게임들은 거의 수학에 의해 움직인다고 해도 과언이 아니다. 수학은 게임 월드에 있는 물체들의 위치나 방향을 정하는 일 외에도 물체들을 움직이는 일, 충돌을 검사하는 일, 시야 결정을 위해 레이 캐스트$^{\text{ray cast}}$하는 일, 렌더링할 때 물체를 물체 공간$^{\text{object space}}$에서 월드 공간$^{\text{world space}}$으로, 그리고 최종적으로 스크린 공간으로 변환하는 행렬 곱셈에도 당연히 쓰인다. 요즘에 나오는 게임들은 거의 3차원 게임들이지만, 2차원 게임이라도 이 모든 수학적 계산들을 전부 머릿속으로 그리기란 여간 어려운 일이 아니다. 그렇기 때문에 어느 정도 수준이 되는 게임 엔진들은 대부분 색깔이 들어간 선, 간단한 도형, 3D 문자를 그릴 수 있는 API를 지원한다. 이것들을 디버그 정보 그리기$^{\text{debug drawing}}$라고 부르기로 하는데, 이런 선, 도형, 문자들은 개발 단계나 디버깅 단계에서 정보를 시각화하는 데 썼다가 정식 게임에서는 빼 버리기 때문이다.

디버그 정보 그리기 API를 사용하면 엄청난 시간을 절약할 수 있다. 발사체가 적 캐릭터를 맞

히지 못하는 이유를 알아내는 데 어떤 방법이 더 쉬운지 따져 보자. 숫자들 한 무더기를 디버거에서 해독하는 일? 아니면 실제 게임 내에서 발사체의 탄도를 3차원으로 보여 주는 선분을 보는 쪽? 디버그 정보 그리기 API를 통하면 논리적 오류나 수학적 오류를 손쉽게 드러낼 수 있다. 그림 한 장이 1,000분의 디버깅보다 낫다고 할 만하다.

이제 너티 독의 엔진을 통해 디버그 정보 그리기가 실제로 어떻게 사용되는지를 살펴보자. 다음의 스크린샷들은 언차티드의 플레이테스트 레벨에서 찍은 것들인데, 이 레벨은 새로운 기능을 시험하거나 게임에서 생긴 문제를 디버깅하는 데 쓰이는 여러 특수 레벨 중 하나다.

- 그림 10.1은 적 NPC가 어떻게 플레이어를 인지하는지 시각적으로 보여 준다. 작은 허수아비를 통해 NPC가 플레이어를 인지한 위치를 그린다. 플레이어가 NPC의 시야에서 벗어나게 되면 플레이어는 숨어도 허수아비가 마지막 알려진 위치에 남는다.

그림 10.1 라스트 오브 어스: 리마스터드(2014™SIE. 너티 독 개발. 플레이스테이션 4)에서 NPC의 시야에 있는 플레이어를 시각화하는 도구

- 그림 10.2는 와이어프레임^{wireframe} 구를 사용해 폭발 반경이 확장되는 것을 보여 준다.

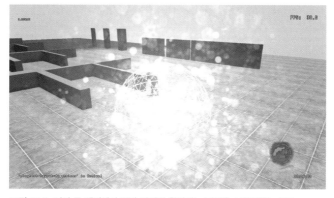

그림 10.2 너티 독 엔진에서 폭발 반경이 확장되는 과정을 시각화하는 도구

- 그림 10.3은 여러 개의 원을 통해 게임에서 드레이크Drake가 매달릴 곳을 찾을 때 필요한 반지름 범위를 표시하는 화면이 나온다. 직선은 현재 드레이크가 매달려 있는 장소를 나타낸다.

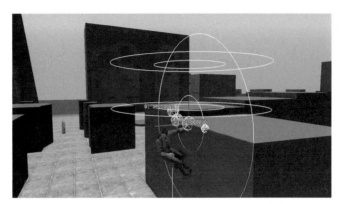

그림 10.3 언차티드 시리즈(2014™SIE. 너티 독 개발. 플레이스테이션 3)에서는 구와 벡터를 통해 드레이크의 등반 시스템에 대한 정보를 보여 준다.

- 그림 10.4에는 특수한 디버깅 모드로 설정된 AI 캐릭터가 나온다. 이 모드에서는 캐릭터의 인공지능이 완전히 꺼지고, 개발자가 간단한 헤드업 메뉴를 통해 캐릭터의 움직임과 행동을 전적으로 제어한다. 개발자는 카메라만 움직여서 목표 지점을 지정하고, 그런 후 캐릭터를 그 지점까지 걷거나 뛰거나 전력 질주하게 지정할 수 있다.

그림 10.4 라스트 오브 어스: 리마스터드(2014™SIE. 너티 독 개발. 플레이스테이션 4)에서 디버그 용도로 NPC의 행동을 직접 제어할 수 있는 기능

이뿐 아니라 캐릭터가 엄폐물 뒤에 숨거나 빠져 나오게 지시할 수도 있고 무기를 발사하게 만드는 등 여러 가지를 지시할 수 있다.

10.2.1 디버그 정보 그리기 API

디버그 정보 그리기 API는 보통 다음 조건을 충족해야 한다.

- API는 간단하고 사용하기 쉬워야 한다.
- 간편하게 사용할 수 있는 기본 단위들을 지원해야 하며, 그중에는 다음과 같은 것들이 있다.
  - 선분
  - 구
  - 점(픽셀 하나로 나타내면 너무 작기 때문에 작은 교차선 형태로 나타내거나 구로 나타낸다)
  - 좌표계의 축들(보통 x 축은 붉은색, y 축은 녹색, z 축은 푸른색으로 나타낸다)
  - 경계 박스bounding box
  - 서식화된 문자열
- 기본 단위를 그릴 때 여러 가지 조정 가능한 옵션을 제공해야 하는데, 다음과 같은 것들을 고려해야 한다.
  - 색
  - 선분 굵기
  - 구의 반지름
  - 점의 크기, 좌표계 축들의 길이를 비롯해 미리 구현된 여러 기본 단위들의 크기
- 기본 단위를 그릴 때는 월드 공간(완전 3차원이며 게임 카메라의 원근 투영 행렬을 이용), 또는 스크린 공간(직교 투영을 사용하는 경우가 많고 간혹 원근 투영도 쓰인다) 모두 사용할 수 있어야 한다. 월드 공간에 그릴 수 있는 기능은 3D 장면에 있는 물체에 관한 정보를 표시할 때 유용하다. 스크린 공간은 카메라 위치나 방향에 무관한 헤드업 디스플레이 형태로 디버깅 정보를 그릴 때 유용하다.
- 그릴 때 깊이 테스트를 켜거나 끌 수 있어야 한다.
  - 깊이 테스트를 켜고 그리면 디버그 정보가 장면의 정상적인 물체들에 가려질 수 있다. 이렇게 되면 디버그 정보의 깊이를 눈으로 확인할 수 있다는 장점이 있지만 어떤 경우는 보기에 힘들 수도 있고 장면 내의 다른 기하 형태에 가려 완전히 보이지 않는 경우도 생긴다.

- 깊이 테스트를 끄고 그리는 경우 디버그 정보가 장면 내의 실제 물체들 위를 떠다니는 것처럼 보인다. 이 경우 실제 깊이를 알기 힘들다는 단점이 있지만 디버그 정보가 보이지 않는 경우는 없다.

- 코드의 어느 곳에서나 디버그 정보 API를 호출할 수 있어야 한다. 대부분의 렌더링 엔진들에서는 렌더링할 기하 형상들을 게임 루프 내의 특정한 단계에서만 전달^{submit}할 수 있는데, 보통은 매 프레임의 마지막 부분이다. 따라서 이런 요구 사항을 구현하려면 시스템에서 모든 디버그 그리기 요청을 큐에 모아 놨다가 나중에 처리할 수 있게 해야 한다.

- 원칙적으로 모든 디버그 기본 단위에는 수명이 있어야 한다. 수명은 처음 요청이 들어온 순간부터 얼마나 오랫동안 스크린에 디버그 정보가 남아 있을지를 정한다. 기본 단위를 그리는 코드가 프레임마다 호출되는 경우 수명은 한 프레임이라 할 수 있다. 즉 프레임마다 갱신되기 때문에 화면에 보이는 것이다. 하지만 기본 단위를 그리는 코드가 드물게 호출되거나 일정하지 않은 간격으로 불리는 경우(예를 들면 발사체의 초기 속도를 계산하는 함수), 기본 단위가 한 프레임 동안 스크린에 반짝하고 없어지면 안 된다. 이와 같은 상황에서는 프로그래머가 초 단위로 수명을 지정할 수 있어야 한다.

- 또한 디버그 정보 그리기를 담당하는 시스템은 디버그 기본 단위의 수가 많은 경우라도 효과적으로 처리할 수 있어야 한다. 게임 객체가 1,000개이고 이것들의 디버그 정보를 그리는 상황이 되면 기본 단위의 수가 부담이 될 수 있는데, 그렇다고 디버그 정보 때문에 게임이 먹통이 되면 안 된다.

너티 독의 엔진에 쓰인 디버그 정보 그리기 API는 다음과 같은 모양을 하고 있다.

```
class DebugDrawManager
{
public:
  // 디버그 정보 그리기 큐에 선분을 더한다.
  void AddLine(const Point& fromPosition,
    const Point& toPosition,
    Color color,
    float lineWidth = 1.0f,
    float duration = 0.0f,
    bool depthEnabled = true);
```

```
// 디버그 정보 그리기 큐에 축정렬된 교차선을 더한다
// (한 점에서 교차하는 선분 3개를 그림).
void AddCross(const Point& position,
  Color color,
  float size,
  float duration = 0.0f,
  bool depthEnabled = true);


// 디버그 정보 그리기 큐에 와이어프레임 구를 더한다.
void AddSphere(const Point& centerPosition,
  float radius,
  Color color,
  float duration = 0.0f,
  bool depthEnabled = true);


// 디버그 정보 그리기 큐에 원을 더한다.
void AddCircle(const Point& centerPosition,
  const Vector& planeNormal,
  float radius,
  Color color,
  float duration = 0.0f,
  bool depthEnabled = true);


// 주어진 변환의 위치와 방향을 나타내는 좌표축들을
// 디버그 정보 그리기 큐에 더한다.
void AddAxes(const Transform& xfm,
  Color color,
  float size,
  float duration = 0.0f,
  bool depthEnabled = true);


// 디버그 정보 그리기 큐에 와이어프레임 삼각형을
// 더한다.
void AddTriangle(const Point& vertex0,
  const Point& vertex1,
  const Point& vertex2,
  Color color,
  float lineWidth = 1.0f,
  float duration = 0.0f,
  bool depthEnabled = true);
```

```
    // 축 정렬 경계 박스를 디버그 정보 그리기 큐에
    // 더한다.
    void AddAABB(const Point& minCoords,
      const Point& maxCoords,
      Color color,
      float lineWidth = 1.0f,
      float duration = 0.0f,
      bool depthEnabled = true);

    // 유향 경계 박스를 디버그 정보 그리기 큐에 더한다.
    void AddOBB(const Mat44& centerTransform,
      const Vector& scaleXYZ,
      Color color,
      float lineWidth = 1.0f,
      float duration = 0.0f,
      bool depthEnabled = true);

    // 텍스트 문자열을 디버그 정보 그리기 큐에 더한다.
    void AddString(const Point& pos,
      const char* text,
      Color color,
      float duration = 0.0f,
      bool depthEnabled = true);
};

// 여기 전역으로 선언된 디버그 정보 그리기 매니저는
// 원근 투영을 통해 완전 3D로 그리게 설정됐다.
extern DebugDrawManager g_debugDrawMgr;

// 이 전역 디버그 정보 그리기 매니저는 기본 단위를
// 2D 스크린 공간에 그린다. (x,y) 점 좌표는
// 스크린의 2D 좌표를 나타내며, z 값은
// 특수한 코드로서 (x,y) 좌표가 픽셀 단위 절대 좌표인지
// 아니면 0.0부터 1.0 사이의 정규화된 좌표인지를
// 나타낸다(후자의 경우 스크린 해상도와 관계없이
// 사용할 수 있다).
extern DebugDrawManager g_debugDrawMgr2D;
```

다음은 이 API를 게임에서 어떻게 쓰는지 보여 주는 코드다.

```cpp
void Vehicle::Update()
{
  // 계산은 여기서

  // 자신의 속도 벡터를 디버그 정보로 그리기
  const Point& start = GetWorldSpacePosition();
  Point end = start + GetVelocity();
  g_debugDrawMgr.AddLine(start, end, kColorRed);

  // 몇 가지 다른 계산

  // 자신의 이름과 승객의 수를 디버그 정보로 그리기
  {
    char buffer[128];
    sprintf(buffer, "Vehicle %s: %d passengers",
      GetName(), GetNumPassengers());

    const Point& pos = GetWorldSpacePosition();
    g_debugDrawMgr.AddString(pos,
      buffer, kColorWhite, 0.0f, false);
  }
}
```

코드를 살펴보면 그리기 함수의 이름이 'draw'가 아닌 'add'로 시작한다. 대부분의 경우 그리기 함수를 호출하는 즉시 디버그 기본 단위를 그리지는 않기 때문이다. 나중에 화면에 그려질 것들을 모아 놓는 리스트를 두고 여기에 더하기만 한다. 대다수의 고성능 3D 렌더링 엔진에서는 효율적인 렌더링을 위해 시각적 요소들을 장면^{scene} 자료 구조로 관리하는데, 보통 게임 루프의 맨 마지막에 그린다. 렌더링 엔진에 대해서는 11장에서 자세히 알아본다.

10.3 인게임 메뉴

게임 엔진들은 예외 없이 수많은 설정 옵션과 기능들을 가진다. 따져 보면 주요 하부 시스템들인 렌더링, 애니메이션, 충돌, 물리, 오디오, 네트워크, 플레이어 메카닉, AI 등에는 제각기 세부 설정 옵션들이 있다. 이와 같은 옵션들을 재설정하려고 소스코드를 고치고 다시 컴파일한 후 사이트를 거쳐 게임을 다시 실행하기보다 게임 실행 중에 즉시 바꿀 수 있으면 프로그래머뿐 아니라 아티스트와 게임 디자이너 모두에게 훨씬 편리하다. 이런 기능이 있으면 디버깅뿐 아니라 새로운 레벨을 추가하거나 새로운 게임 메카닉을 개발할 때 들이는 시간을 크게 줄일 수 있다.

인게임 메뉴in-game menu 시스템을 사용하면 이런 기능을 간단하면서 편리하게 구현할 수 있다. 인게임 메뉴에는 굉장히 다양한 기능을 둘 수 있는데, 다음은 그중 일부를 들어 본 것이다(물론 여기에 나오는 것들이 다가 아니다).

- 전역 불리언Boolean 값 설정을 켜거나 끌 수 있는 기능
- 전역으로 선언된 정수 또는 부동소수 값을 조정하는 기능
- 임의의 함수를 호출할 수 있는 기능. 다시 말하면 사실상 엔진에 있는 모든 기능을 수행할 수 있다는 뜻이다.
- 하부 메뉴를 불러오는 기능. 계층 구조로 메뉴 시스템을 조직해 쉽게 탐색할 수 있다.

인게임 메뉴는 조이패드 버튼 하나 클릭하는 정도로 쉽고 간편하게 불러올 수 있어야 한다(일상적인 게임플레이 도중에서는 쓰지 않는 버튼을 골라야 한다는 점은 두말할 나위 없다). 메뉴를 불러오면 대개 게임은 잠시 정지한다. 이렇게 했을 경우 정상적으로 게임을 하다가 문제 발생 직전에 메뉴를 불러와 게임을 일시 정지하고, 이 상태로 문제가 더 잘 드러나게 엔진 설정을 조정한 후 게임을 다시 진행해 문제를 깊이 살펴보는 등의 일을 할 수 있다.

그럼 이제 너티 독 엔진의 메뉴 시스템에 대해 간단히 알아보자. 그림 10.5에 최상위 메뉴가 있다.

그림 10.5 라스트 오브 어스: 리마스터드(2014™SIE. 너티 독 개발. 플레이스테이션 4)의 메인 개발 메뉴

그림 10.6에는 Rendering… 하부 메뉴로 한 단계 내려간 모습이 보인다. 렌더링 엔진은 굉장히 복잡한 시스템이기 때문에 렌더링의 여러 가지 측면들 제어할 수 있는 다양한 하부 메뉴가 있다.

그림 10.6 라스트 오브 어스: 리마스터드(2014™SIE. 너티 독 개발. 플레이스테이션 4)의 렌더링 하부 메뉴

3D 메시들을 렌더링하는 방법을 조정하려고 Mesh Options… 하부 메뉴로 한 단계 더 내려온 화면이 그림 10.7이다. 이 메뉴를 통해 모든 정적인 배경 메시들을 그리지 않게 할 수 있는데, 이 경우 전경의 동적인 메시들만 보이게 된다. 이 경우가 그림 10.8에 나와 있다(골칫덩어리 사슴이 저기 있다).

그림 10.7 라스트 오브 어스: 리마스터드(2014™SIE. 너티 독 개발. 플레이스테이션 4)의 메시 옵션 하부 메뉴

그림 10.8 배경 메시를 비활성시킨 화면(라스트 오브 어스: 리마스터드 2014™SIE. 너티 독 개발. 플레이스테이션 4)

10.4 인게임 콘솔

어떤 게임 엔진은 인게임 콘솔in-game console을 지원하기도 하는데, 인게임 메뉴를 대신하는 경우도 있고 메뉴와 함께 지원되는 경우도 있다. 인게임 콘솔은 게임 엔진의 기능들을 접근하는 커맨드라인 인터페이스로, 윈도우 운영체제의 여러 기능에 접근할 수 있는 DOS 커맨드 프롬프트나 유닉스 계열 운영체제의 기능들에 접근할 수 있는 csh, tcsh, ksh, bash 등의 셸 프롬프트shell prompt를 떠올리면 된다. 메뉴 시스템과 마찬가지로 게임 엔진 콘솔의 명령(커맨드)을 통하면 전역 엔진 설정을 살펴보거나 값을 조정할 수도 있고, 명령을 내릴 수도 있다.

콘솔은 메뉴 시스템보다는 다소 불편한데, 특히 타이핑에 익숙하지 않은 경우 더 그렇다. 하지만 콘솔은 메뉴보다 훨씬 강력한 기능을 제공할 수 있다. 일부 인게임 콘솔의 경우 기초적인 하드 코딩된 명령어만 받을 수 있어 유연성 면에서는 메뉴 시스템과 별 차이가 없는 경우도 있다. 하지만 그중에는 게임 엔진의 거의 모든 기능에 접근할 수 있는 풍부한 인터페이스를 지원하는 것도 있다. 마인크래프트의 인게임 콘솔 화면이 그림 10.9에 나와 있다.

스크립트 언어를 통해 프로그래머나 게임 디자이너가 엔진의 기능을 확장하기도 하고, 더 나아가 새 게임을 만들 수 있는 엔진도 있다. 인게임 콘솔에서 이런 스크립트 언어를 지원하는 경우 스크립트로 할 수 있는 모든 것을 콘솔을 통해 상호적으로 할 수도 있다. 스크립트 언어에 관해서는 16.9절에서 알아본다.

그림 10.9 마인크래프트의 인게임 콘솔을 메인 게임 메뉴 위에 띄운 화면. 사용 가능한 명령어 목록을 보여 준다.

10.5 디버그 카메라와 게임 일시 정지

인게임 메뉴나 콘솔 시스템에 다른 두 가지 중요한 기능이 더해지면 더 큰 효과를 낼 수 있다. (a) 플레이어 캐릭터로부터 카메라를 떼어내 자유롭게 게임 월드를 돌아다니며 장면의 모든 구석을 살펴볼 수 있는 기능과, (b) 게임을 일시 정지한 후 한 단계씩 게임을 조금씩 진행시키는 기능이다(8.5.5절 참조). 중요한 점은 게임이 일시 정지 상태일 경우라도 카메라를 조작할 수 있어야 한다는 것이다. 이렇게 하려면 렌더링 엔진과 카메라 컨트롤이 정상적으로 도는 동안 게임의 논리적 클럭만 정지하면 간단하다.

애니메이션, 파티클 효과, 물리 및 충돌 동작, AI 행동 등을 자세히 살펴보는 데 슬로 모션도 큰 도움이 된다. 구현은 간단하다. 게임플레이 요소를 업데이트하는 데 쓰는 클럭과 실제 클럭을 분리해 놓기만 하면 게임플레이 클럭을 정상보다 느리게 업데이트하는 것만으로도 게임을 슬로 모션 상태로 만들 수 있다. 똑같은 방법으로 빠른 모션을 구현할 수 있는데, 시간이 걸리고 더디게 진행되는 게임플레이를 빨리 넘어가 원하는 부분을 살펴보는 데 유용하다(어떤 때는 아주 재미있을 때도 있다. 특히 꽥꽥거리는 목소리가 곁들여지면).

10.6 치트

게임 개발 과정이나 디버깅 중일 때는 필요에 따라 정상적인 게임 규칙을 깨버릴 수도 있어야 한다. 이런 기능들은 그 이름에 걸맞게 '속임수'라는 뜻의 치트^cheat라고 부른다. 가장 흔한 예로 플레이어 캐릭터를 '떼어 내' 게임 월드를 자유롭게 날아다니게 하는 기능을 들 수 있는데, 이 상태에서는 충돌을 꺼 정상적인 상황에서는 통과하지 못하던 장애물들을 뚫고 다닌다. 이 것은 게임플레이를 테스트할 때 특히 유용한 기능이다. 원하는 장소에 플레이어 캐릭터를 오 게 하려고 처음부터 게임을 진행하는 대신, 캐릭터를 떼어 내 원하는 곳까지 날아가게 한 후 정상적인 게임플레이 상태로 다시 돌려놓으면 된다.

다른 유용한 기능들을 몇 가지 나열해 보면 다음과 같은데, 물론 여기에 나오지 않는 것들도 많다.

- 무적 플레이어 개발자가 기능 테스트를 하거나 버그를 추적하는 도중에 적 캐릭터에 의 해 죽거나 높은 곳에서 떨어져 비명횡사하기를 원치는 않을 것이다.
- 자유로운 무기 획득 테스트를 위해 플레이어에게 임의의 무기를 주게 하는 기능이 있으 면 유용하다.
- 무제한 총알 무기 시스템을 테스트하거나 피격 시 AI 반응을 테스트하기 위해 적들을 죽 일 때 총알을 주우려고 이리저리 돌아다니고 싶은 사람이 있을까?
- 플레이어 메시 선택 플레이어 캐릭터에 여러 가지 '코스튬'이 마련돼 있는 경우 테스트를 위해 자유롭게 변경할 수 있는 기능이 있으면 유용하다.

나열하자면 끝이 없다. 개발하는 데 쓸모 있거나 디버깅에 필요하다면 원하는 대로 아무거나 넣어도 상관없다. 개중 괜찮은 것들은 출시할 게임에 넣어 일반 플레이어들이 쓰게 해도 된다. 보통 플레이어가 직접 조이패드나 키보드로 비공개 치트 코드를 입력하거나, 게임에서 특정 목표를 달성한 경우 쓸 수 있게 해준다.

10.7 스크린샷과 무비 캡처

스크린샷을 찍어 윈도우 비트맵 파일(.bmp)이나 JPEG 파일(.jpg)로 디스크에 저장하게 하는 기 능도 굉장히 유용하다. 스크린샷을 저장하는 방법은 플랫폼마다 다르긴 한데, 보통은 비디오 메 모리에서 주메모리로 프레임 버퍼의 내용물을 옮겨 오는 그래픽 API를 호출하고, 이후에 버퍼 의 내용을 원하는 이미지 파일 형식으로 변환하는 과정을 거친다. 통상적으로 이미지 파일은 미리 지정된 디스크 폴더에 저장되고 날짜와 시각을 이용해 겹치지 않는 이름을 사용한다.

사용자가 스크린샷을 어떻게 찍을지에 대해 다양한 선택을 할 기회를 주는 경우도 있다. 흔히 다음과 같은 것들을 고를 수 있다.

- 스크린샷에 시각 정보와 텍스트를 포함할지 여부
- 스크린샷에 헤드업 디스플레이^{HUD}를 포함할지 여부
- 스크린샷의 해상도. 일부 엔진들은 높은 해상도로 스크린샷을 찍을 수 있게 한다. 투영 행렬을 변경해 정상 해상도로 화면의 각 4 부분을 따로 스크린샷을 찍은 다음 마지막에 합쳐서 고화질 이미지를 만드는 방법도 있다.
- 간단한 카메라 애니메이션. 예를 들면 사용자가 카메라의 시작과 끝 지점, 그리고 방향을 지정하게 한다. 그런 후 시작점에서 끝 지점까지 카메라를 점차 보간해 가면서 중간에 스크린샷을 여러 장 찍을 수 있다.

어떤 엔진은 제대로 된 동영상 녹화 기능을 지원하기도 한다. 이 시스템은 게임의 프레임 레이트로 스크린샷을 연속으로 캡처한 후 이것들을 오프라인 또는 런타임에 MPEG-2(H.262)나 MPEG-4 Part 10(H.264) 등의 적절한 무비 형식으로 제작한다. 그러나 엔진이 실시간 비디오 캡처를 지원하지 않더라도 Roxio Game Capture HD Pro 같은 외부 장비를 통해 콘솔 또는 PC에서 게임 영상을 기록할 수 있다. 그리고 PC나 Mac의 경우 소프트웨어 비디오 캡처 도구들도 굉장히 많은데, Fraps(Beepa), Camtasia(Camtasia Software), Dxtory(ExKode), Debut(NCH Software), Action!(Mirillis) 같은 것들이 있다.

플레이스테이션 4는 내부 기능으로 게임의 스크린샷이나 비디오를 공유할 수 있다. 게임을 하고 있을 때 PS4는 최근 15분 동안의 게임 화면을 항상 캡처한다. 사용자는 컨트롤러의 공유^{share} 버튼을 눌러 원하는 때 스크린샷과 비디오를 공유할 수 있다. PS4의 HDD나 USB 장치에 저장하거나 온라인에 올릴 수 있다. 너티 독은 이것을 활용해 크래시 시점의 비디오와 스크린샷을 저장하도록 해 크래시 원인을 파악하는 데 썼다.

플레이스테이션 4 사용자는 자신의 게임플레이를 라이브스트림으로 공유할 수도 있다. 개발 과정에서는 PC를 원격으로 PS4(다른 개발자의 자리에 있거나 아니면 아예 다른 곳에 있기도 한)에 접속해 게임플레이 화면을 비디오 스트리밍으로 보거나 아니면 PC에 USB로 연결한 PS4 컨트롤러를 통해 직접 플레이할 수도 있다. 자기 자리에서는 잘 되다가 다른 곳에서만 재현되는 버그를 수정할 때 매우 유용한 기능이다.

10.8 인게임 프로파일링

게임은 실시간 시스템이기 때문에 높은 프레임 레이트(보통 30FPS나 60FPS)를 유지하는 일이 중요하다. 그렇기 때문에 자신의 코드를 효율적이고 빠르게 만드는 것은 게임 프로그래머라면 누구나 해야 할 일이다. 2장에서 80-20과 90-10 규칙을 이야기할 때 말했듯이 여러분이 짠 코드의 상당 부분에 대해서는 최적화가 별 필요 없을 가능성이 크다. 그렇다면 정말 최적화가 필요한 부분을 알아내야 하는데, 그 방법은 게임의 성능을 측정하는 길밖에 없다. 2장에서는 여러 가지 외부 프로파일링 툴에 대해 살펴봤었다. 그런데 이런 툴들은 제각기 제약 사항이 있으며, 콘솔에서는 아예 쓸 수 없는 경우도 있다. 이런 이유와 더불어 개발 편의를 위해서라도 상당수의 엔진들은 어느 정도의 인게임 프로파일링 툴을 제공한다.

일반적으로 인게임 프로파일링 툴들을 사용하는 방법은 먼저 측정하고 싶은 코드에 프로그래머가 표시를 하고 구분할 수 있는 이름을 부여한다. 프로파일링 툴은 이렇게 표시된 코드들의 실행 시간을 CPU의 정밀 타이머로 측정한 후 결과를 메모리에 저장한다. 이렇게 측정한 최신 결과는 헤드업 디스플레이를 통해 보여 준다(그림 10.10, 그림 10.11에 예가 나와 있다). 데이터를 보여 주는 방식에는 여러 형태가 있는데, 주기^{cycle} 수를 그냥 보여 주는 경우도 있고, 실행 시간을 마이크로초 단위로 보여 주거나 전체 프레임에서 차지하는 비율을 보여 주기도 한다.

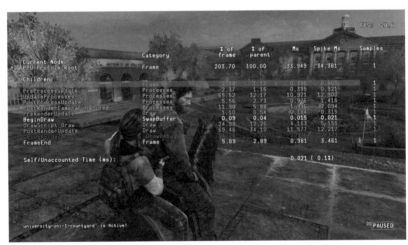

그림 10.10 너티 독 엔진에는 프로파일 계층을 보여 주는 화면이 있고 이것을 통해 특정 함수를 찾아가 실행 시간을 살펴볼 수 있다.

그림 10.11 언차티드: 잃어버린 유산(2017™SIE. 너티 독 개발. 플레이스테이션 4)의 타임라인 모드는 단일 프레임 동안 발생하는 여러 작업이 PS4의 7개 코어에서 언제 정확히 실행됐는지 보여 준다.

10.8.1 계층 구조 프로파일링

명령형^{imperative} 언어로 작성한 컴퓨터 프로그램은 본질적으로 계층 구조를 이룬다. 함수가 다른 함수를 호출하고, 이 함수가 또다시 더 많은 함수를 호출하는 형태다. 예를 들어 함수 a( )가 함수 b( ), c( )를 호출하고 b( )가 다시 d( ), e( ), f( )를 호출하는 경우를 살펴보자. 이것을 의사코드^{pseudocode}로 나타내면 다음과 같다.

```
void a( )
{
  b( );
  c( );
}

void b( )
{
  d( );
  e( );
  f( );
}

void c( ) { ... }
```

```
void d( ) { ... }

void e( ) { ... }

void f( ) { ... }
```

main( ) 함수에서 바로 a( )를 호출했다고 가정하면 함수 계층은 그림 10.12와 같다.

프로그램을 디버깅하는 도중에 보이는 콜 스택에는 이 트리의 한 순간의 모습만 보인다. 정확히 말하자면 계층에서 현재 실행하고 있는 함수부터 트리의 루트 함수까지 이어지는 경로를 보여 준다. C/C++에서는 루트 함수가 보통 main( )이나 WinMain( )인데, 엄밀히 따지자면 이 함수도 C 런타임 라이브러리^{CRT}의 시작 함수에서 호출한 것이기 때문에 계층의 진짜 루트 함수는 이 시작 함수라 하겠다. 예를 들어 e( ) 안에 중단점^{breakpoint}을 놓으면 콜 스택은 다음과 같은 모양이 된다.

```
e( )                ← 현재 실행 중인 함수
b( )
a( )
main( )
_crt_startup( )     ← 호출 계층의 루트
```

이 콜 스택을 함수 e( )부터 호출 트리의 루트까지 경로로 나타낸 것이 그림 10.13이다.

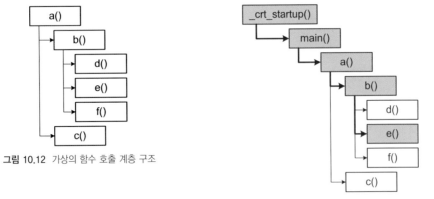

그림 10.12 가상의 함수 호출 계층 구조

그림 10.13 함수 e() 안에 중단점을 놓으면 이런 콜 스택이 생긴다.

10.8.1.1 실행 시간을 계층적으로 측정하기

함수 하나의 실행 시간을 측정하면 그 안에는 이 함수가 호출하는 자식 함수뿐 아니라 자식 함수의 자식 함수, 또 그 자식 함수 등이 모두 포함된 것이다. 수집한 프로파일링 데이터를 제대로 해석하려면 함수 호출 계층을 반드시 고려해야 한다.

대다수의 상용 프로파일링 툴들은 프로그램을 자동으로 프로파일링할 수 있게 모든 함수에 코드를 넣는데, 이것을 인스트루먼테이션^{instrumentation}이라고 한다. 그렇기 때문에 프로파일링 세션이 진행되는 동안 모든 함수에 대해 포괄적^{inclusive} 측정 시간과 배타적^{exclusive} 측정 시간을 둘 다 구할 수 있다. 이름이 의미하는 대로 함수의 포괄적 시간은 함수와 그 자식 함수들의 실행 시간을 모두 포함한 것이고, 배타적 시간은 함수 내에서만 걸린 시간을 말한다(함수의 배타적 시간을 구하려면 포괄적 시간에서 바로 아래 자식 함수 들의 포괄적 시간을 모두 빼면 된다). 뿐만 아니라 각 함수가 호출된 횟수를 측정해 주는 프로파일링 툴도 있다. 프로그램을 최적화할 때 어떤 함수가 그 자체로 실행 시간이 많이 걸리는지, 아니면 호출 횟수가 너무 많아서 시간을 많이 차지하는지를 구분할 근거가 되기 때문에 중요한 정보다.

인게임 프로파일링 툴들은 이렇게 정교하지는 못해서 코드를 인스트루먼테이션할 때는 보통 손으로 직접 해야 한다. 게임 엔진의 메인 루프가 단순한 구조일 때는 함수 호출 계층 구조를 크게 따지지 않아도 경우에 따라 큰 단위의 데이터를 정확하게 얻을 수 있다. 구체적인 예로 다음과 같은 전형적인 게임 루프가 있다고 가정하자.

```
while (!quitGame)
{
  PollJoypad();
  UpdateGameObjects();
  UpdateAllAnimations();
  PostProcessJoints();
  DetectCollisions();
  RunPhysics();
  GenerateFinalAnimationPoses();
  UpdateCameras();
  RenderScene();
  UpdateAudio();
}
```

게임 루프에서 주요 단계를 실행하는 데 걸리는 시간을 측정하면 큰 단위로 이 게임을 프로파일링할 수 있다.

```
while (!quitGame)
{
  {
    PROFILE(SID("Poll Joypad"));
    PollJoypad();
  }
  {
    PROFILE(SID("Game Object Update"));
    UpdateGameObjects();
  }
  {
    PROFILE(SID("Animation"));
    UpdateAllAnimations();
  }
  {
    PROFILE(SID("Joint Post-Processing"));
    PostProcessJoints();
  }
  {
    PROFILE(SID("Collision"));
    DetectCollisions();
  }
  {
    PROFILE(SID("Physics"));
    RunPhysics();
  }
  {
    PROFILE(SID("Animation Finaling"));
  GenerateFinalAnimationPoses();
  }
  {
    PROFILE(SID("Cameras"));
    UpdateCameras();
  }
  {
    PROFILE(SID("Rendering"));
    RenderScene();
```

```
  }
  {
    PROFILE(SID("Audio"));
    UpdateAudio();
  }
}
```

이런 경우 보통 **PROFILE( )** 매크로는 클래스로 구현해 그 생성자constructor가 타이머를 시작하면
파괴자destructor에서는 타이머를 멈추고 측정한 시간을 지정된 이름으로 기록한다. C++에서는
변수를 자동으로 생성했다가 범위를 벗어나면 알아서 파괴하기 때문에 위의 코드는 매크로가
위치한 코드 블록의 시간만 측정한다.

```
struct AutoProfile
{
  AutoProfile(const char* name)
  {
    m_name = name;
    m_startTime = QueryPerformanceCounter();
  }

  ~AutoProfile()
  {
    std::int64_t endTime = QueryPerformanceCounter();
    std::int64_t elapsedTime = endTime - m_startTime;

    g_profileManager.storeSample(m_name, elapsedTime);
  }

  const char* m_name;
  std::int64_t m_startTime;
};

#define PROFILE(name) AutoProfile p(name)
```

이렇게 단순한 방식으로는 함수 호출 관계가 복잡하게 얽혀 있는 경우 제대로 쓰기 힘들다는
문제가 있다. 예를 들어 RenderScene( ) 함수 안에 추가로 **PROFILE( )** 구문을 넣었을 때 측정
한 결과를 제대로 해석하려면 함수 호출 계층을 제대로 이해하고 있어야만 한다.

코드에 프로파일링 매크로를 넣는 프로그래머가 직접 프로파일링 샘플 간의 계층 관계를 명시하게 하는 것도 이 문제를 해결하는 한 가지 방법이다. 즉 RenderScene() 함수 안에서 PROFILE(...)로 측정하는 샘플들은 PROFILE(SID("Rendering")) 샘플의 자식이 되게 하는 것이다. 이와 같은 관계는 실제 시간을 측정하는 프로파일링 매크로와는 별도로 미리 한꺼번에 선언해 놓는 것이 일반적이다. 예를 들어 엔진 초기화 단계에서 다음처럼 인게임 프로파일링 툴을 설정하는 것이다.

```
// 이 코드는 여러 샘플링 단위를 선언하는데,
// 단위의 이름과 그 부모의 이름을 같이
// 지정한다(부모가 없으면 지정하지 않는다).

ProfilerDeclareSampleBin(SID("Rendering"), nullptr);
  ProfilerDeclareSampleBin(SID("Visibility"), SID("Rendering"));
  ProfilerDeclareSampleBin(SID("Shaders"), SID("Rendering"));
    ProfilerDeclareSampleBin(SID("Materials"), SID("Shaders"));

  ProfilerDeclareSampleBin(SID("SubmitGeo"), SID("Rendering"));

ProfilerDeclareSampleBin(SID("Audio"), nullptr);

// ...
```

이런 방식도 문제가 없는 것은 아니다. 함수 호출 계층의 모든 함수들이 딱 하나의 부모만 있는 경우에는 아무 문제가 없지만, 여러 부모 함수에서 부르는 함수를 프로파일링하고 싶은 경우에는 쓸 수 없다. 왜 그런지는 명백하다. 모든 함수들이 호출 계층에서 딱 한 번만 나타나는 것으로 가정하고 정적으로 샘플 단위를 선언했지만, 실제로는 한 함수가 트리에서 여러 번 나타날 수 있고 그때마다 부모가 달라질 수도 있기 때문이다. 이런 상태에서 측정한 데이터는 잘못 해석하기 쉬운데, 함수의 실행 시간은 하나의 부모 샘플 단위에만 포함되지만 사실은 여러 개의 부모 샘플 단위에 나눠 들어가야 하기 때문이다. 대부분의 게임 엔진들은 함수 호출 계층의 정해진 위치에서만 불리는 큰 단위의 함수들을 프로파일링하는 데만 관심이 있기 때문에 이런 문제를 해결하려고 애쓰지는 않는다. 그렇지만 단순한 형태의 인게임 프로파일링 툴을 갖고 작업할 때에도 이와 같은 제약이 있다는 점만은 분명히 알고 있어야 한다.

당연히 AutoProfile 인스턴스가 중첩된 상황을 제대로 처리할 수 있는 정밀한 프로파일링 시스템을 짜는 것도 가능하다. 이것은 게임 엔진을 디자인할 때 고려해야 할 여러 상충관계^{trade-} 의 예 중 하나다. 완벽히 계층적인 프로파일러 개발에 엔지니어링 자원을 투자할 것인가? 아니면 보다 단순한 프로파일러에 만족하고 그 자원을 다른 곳에 쓸 것인가? 그 결정은 각자에게 달려 있다.

이와 더불어 함수가 호출된 횟수도 알고 싶을 수 있다. 앞의 예제 코드에서 프로파일링한 함수들은 프레임당 꼭 한 번씩만 호출된다는 것을 알고 있다. 하지만 호출 계층의 깊숙이 들어가 있는 함수들은 한 프레임에서 여러 번 호출될 수도 있다. 어떤 함수 x( )가 총 2ms 걸리는 것으로 측정됐다면 함수 한 번에 2ms가 걸렸는지 아니면 함수는 2ms가 걸렸지만 1,000번 호출됐기 때문인지 아는 것이 중요하다. 한 프레임 동안의 함수 호출 횟수를 측정하기는 간단하다(샘플을 측정할 때마다 카운터를 증가시키고 프레임이 시작할 때 리셋하면 된다).

10.8.2 엑셀로 내보내기

일부 엔진에서는 인게임 프로파일링 툴에서 측정한 데이터를 텍스트 파일로 출력해 나중에 분석하는 기능도 있다. 내 경험으로는 CSV^{Comma-Separated Value} 형식이 가장 나은데, 이 파일은 마이크로소프트 엑셀에서 쉽게 불러올 수 있어서 온갖 형태로 가공하고 분석할 수 있기 때문이다. 나는 직접 '메달 오브 아너: 퍼시픽 어설트' 엔진에서는 이런 형태의 내보내기 툴^{exporter}을 만들어 본 적이 있다. 측정 블록들을 열로 나열하고 한 프레임 동안 측정한 프로파일링 샘플들을 행으로 나열한다. 첫 번째 열은 프레임 번호, 두 번째 열에는 실제 게임 시간을 초 단위로 기록했다. 이렇게 하면 시간에 따라 성능이 어떻게 변했는지를 그래프로 그릴 수도 있고 각 프레임에서 실제로 얼마나 걸렸는지를 알 수 있다. 이렇게 가져온 스프레드시트에 몇 가지 계산만 더하면 프레임 레이트를 계산하거나 실행 시간에 대한 각 샘플의 비율을 계산하는 등 수많은 것들을 할 수 있다.

10.9 인게임 메모리 상태와 누수 감지

런타임 성능뿐 아니라 하드웨어에서 쓸 수 있는 메모리 양 또한 게임 엔진의 성능을 좌우하는 요인이다. 그나마 PC 게임들은 그 영향을 가장 덜 받는 편인데, 이것은 오늘날의 PC에는 정교한 가상 메모리 관리자가 있기 때문이다. 그렇더라도 '최소 요구 사양'이 있기 때문에 PC 기반 엔진에서도 메모리 제약은 있다. 최소 요구 사양은 게임을 실행하는 데 필요한 가장 낮은 성능의 PC를 뜻하는 말로, 퍼블리셔^{publisher1}가 지정하고 패키지의 뒷면에 적혀 있다.

그렇기 때문에 대부분의 게임 엔진은 자체적으로 메모리 감지 툴을 구현한다. 이런 툴의 역할은 각 엔진 하부 시스템에서 사용하는 메모리 양을 보여 주고 메모리 누수(즉 메모리를 할당한 후 해제하지 않는 것) 여부를 감지하는 것이다. 콘솔이나 목표로 하는 PC에 따라 게임의 메모리 사용량을 맞추려면 이와 같은 정보가 반드시 필요하다.

게임이 실제로 사용하는 메모리 양을 정확히 파악하기란 의외로 간단하지 않다. 얼핏 생각하기로는 malloc( )/free( ), new/delete를 함수나 매크로로 감싸면 메모리 할당 및 해제를 추적할 수 있을 것 같다. 하지만 이렇게 손바닥 뒤집듯 간단하진 않은데, 여기에는 몇 가지 이유가 있다.

1. **다른 사람이 짠 코드에는 메모리 할당/해제를 제어할 수 없는 경우가 종종 있다.** 운영체제, 드라이버, 게임 엔진을 전부 처음부터 손수 만들지 않는 한 게임에는 적어도 몇 가지 외부 라이브러리를 포함하는 것이 보통이다. 괜찮은 라이브러리들은 대부분 메모리 할당 훅^{hook}을 제공하기 때문에 라이브러리의 할당자를 원하는 할당자로 대체할 수 있다. 하지만 그렇지 않은 경우도 있다. 엔진이 사용하는 모든 외부 라이브러리의 메모리 할당/해제를 추적하기란 어려운 일이기는 하지만 외부 라이브러리를 신중하게 고른다면 아예 불가능하지는 않다.

2. **메모리에는 여러 종류가 있다.** 예를 들자면 PC에는 메인 메모리와 비디오 메모리(그래픽 카드에 있는 메모리로 기하 형상^{geometry}이나 텍스처 데이터를 담는 데 주로 쓰인다) 두 가지가 있다. 메인 메모리에서 할당하고 해제하는 것들을 모두 관리하는 것은 그나마 가능하더라도 비디오 메모리의 사용량을 추적하는 일은 거의 불가능에 가깝다. 그 이유는 다이렉트X 등의 API가 비디오 메모리의 할당과 사용에 대한 세부적 내용을 개발자로부터 격리시키기 때문이다. 콘솔에서는 사정이 약간 낫다고 할 수 있지만, 그것도 개발자가 직접 비디오 메모리 관리자를 작성해야 하는 경우가 많기 때문이다. 다이렉트X를 쓰는 것보다 힘들기는 하지만 그래도 안에서 무슨 일이 일어나는지는 알게 된다.

---

1 퍼블리셔란 게임을 판매하고 배포를 대행하는 회사를 뜻한다. – 옮긴이

3. **할당자에는 여러 가지 종류가 있다.** 게임에는 보통 다양한 용도에 쓰이는 여러 가지 전문화된 할당자가 있다. 예를 들면 너티 독 엔진에는 일반적인 할당에 쓰이는 전역 힙^{global heap} 외에도 게임 객체가 게임 월드에 생성되고 없어질 때 사용하는 메모리를 관리하는 특수한 힙, 게임플레이 중에 메모리에 스트리밍하는 레벨 로딩 힙, 싱글 프레임 할당에 쓰이는 스택 할당자(프레임마다 자동으로 스택을 초기화한다), 비디오 메모리용 할당자, 최종 게임에서는 포함되지 않고 디버깅 시에만 쓰이는 디버그 메모리 힙 등이 있었다. 이 할낭자들은 게임이 시작할 때 큰 단위로 메모리를 할당하고, 이것을 자체적으로 관리한다. 모든 new, delete를 따라가다 보면 결국 이 6개의 할당자마다 선언된 new, delete로 귀결된다. 실제로 쓸 만한 정보를 얻으려면 각 할당자의 메모리 블록 안에서 할당과 해제를 추적해 봐야 한다.

대부분의 전문적인 게임 팀들은 정확하고 상세한 정보를 보여 줄 수 있는 인게임 메모리 추적 툴 만드는 데 상당한 공을 들인다. 이렇게 만든 툴들이 결과물을 보여 주는 형태에는 여러 가지가 있다. 예를 들면 지정한 시간 동안 게임에서 할당한 모든 메모리를 상세히 보여 줄 수도 있다. 각 메모리 할당자와 게임 시스템에서 사용한 최대 메모리를 보여 줄 수도 있는데, 이것은 각각 필요로 하는 최대의 물리 메모리 양을 의미한다. 어떤 엔진은 게임이 실행되는 동안 메모리 사용량을 헤드업 디스플레이로 보여 주는 경우도 있다. 그림 10.14처럼 테이블 형태인 경우도 있고, 그림 10.15처럼 그림 형태로 보여 주기도 한다.

그림 10.14 너티 독 엔진의 테이블 형태 메모리 통계

그림 10.15 라스트 오브 어스: 리마스터드(2014™SIE, 너티 독 개발, 플레이스테이션 4)의 시각적 메모리 사용 현황

뿐만 아니라 사용 가능한 메모리가 적정 수준 이하로 떨어지거나 아예 고갈된 경우, 제대로된 엔진이라면 최대한 도움이 될 만한 정보와 함께 상황을 알려 줘야 한다. PC 게임을 개발하는 도중에는 보통 최소 요구 사양보다 RAM도 많고 성능이 좋은 PC를 사용한다. 마찬가지로 콘솔 게임을 개발할 때도 시중에 판매하는 콘솔보다 메모리가 더 많은 특수한 개발 도구development kit를 사용한다. 양쪽 모두 게임이 정상적으로 구동되고 있어도 엄밀히 보면 메모리 부족 상태인 경우가 있을 수 있다(즉 실제 콘솔이나 최소 요구 사양 PC에서는 돌지 못하는 경우). 이와 같이 메모리 부족 상태가 되면 게임 엔진은 '메모리 부족 – 실제 게이머의 하드웨어에서는 이 레벨을 플레이할 수 없습니다'와 같은 메시지를 보여 줘야 한다.

이외에도 게임 엔진의 메모리 추적 시스템을 통하면 다양한 형태로 가능한 초기에, 그리고 편하게 문제를 집어낼 수 있다. 몇 가지 예를 들어 보면 다음과 같다.

- 모델을 불러오는 데 실패한 경우 실제 모델의 위치에 빨간 글씨가 떠다니게 한다.
- 텍스처를 불러오는 데 실패한 경우 정상적으로는 게임에 도저히 쓸 수 없을 만한 기괴한 분홍색 텍스처를 사용해 물체를 그린다.
- 애니메이션을 불러오는 데 실패한 경우 캐릭터가 특수한(아마도 웃기는) 포즈를 취하게 만들어 애니메이션이 없다는 것을 보여 주고 캐릭터의 머리 위에 불러오지 못한 자원 이름을 보여 준다.

좋은 메모리 분석 툴의 핵심은 (a) 정확한 정보를 보여 주는 것, (b) 정보를 편리한 형태로 문제를 분명히 드러나게 보여 주는 것, (c) 문제의 핵심을 파악하는 데 도움이 되게 상황 정보를 잘 보여 주는 것이다.

그래픽, 모션, 사운드

렌더링 엔진   11장

보통 비디오 게임하면 떠오르는 이미지는 화려한 3차원 그래픽이다. 실시간 3D 렌더링은 그 자체로 굉장히 광범위하고 심대한 주제라서 이 책의 한 부분만으로 세부적인 내용들을 모두 다룬다는 것은 사실상 불가능하다. 하지만 다행히 다양한 매체에서 이 주제를 이미 많이 다루고 있다. 실제로 실시간 3D 그래픽은 게임 엔진의 전 분야 중에서 가장 많이 다뤄진 주제에 속한다. 그렇기 때문에 11장의 목적은 실시간 렌더링에 쓰이는 기술들을 폭넓게 다루면서 심도 있는 학습을 시작할 수 있는 기반을 제공하는 데 있다. 이 장을 읽고 나면 아마 다른 3D 그래픽 책을 읽을 때 별로 낯설지 않게 느껴질 것이다. 잘하면 술자리에서 친구들의 주목을 받을지도 모른다(단, 정반대의 효과가 날지도 모르니 조심).

먼저 모든 실시간 3D 렌더링 엔진의 기반이 되는 개념과 이론, 수학의 기초를 다지는 일부터 시작한다. 그런 후 이런 이론적인 기본 지식을 실제로 구현하는 소프트웨어 및 하드웨어 파이프라인에 대해 알아본다. 널리 쓰이는 최적화 기법에 대해서도 알아보고 이것들이 툴 파이프라인의 구조와 런타임 렌더링 엔진의 API에 어떻게 이용되는지도 알아본다. 그런 후 최신 게임 엔진에서 쓰이는 고급 렌더링 기법과 조명 모델을 알아보는 것으로 마무리 짓는다. 도중에 내가 애용하는 책들과 다른 매체들을 소개해 깊이 있는 내용을 더 알고픈 독자들에게 도움이 되게 했다.

11.1 깊이 버퍼를 이용한 삼각형 래스터화의 기초

핵심만 요약하면 3차원 장면을 렌더링하는 과정은 다음과 같은 기본 단계로 나뉜다.

- 수학적 형태로 표현된 3차원 표면으로 이뤄진 가상의 장면$^{virtual scene}$을 구성한다.
- 가상 카메라를 올바른 위치와 방향에 놓아서 장면을 적절히 바라보게 한다. 보통 카메라는 가상의 초점이 있고 그 앞에 상 표면$^{imaging surface}$이 가까이 붙어 떠다니는 형태로 표현한다. 상 표면은 디스플레이 장치의 기본 단위(픽셀)에 해당하는 가상의 빛 센서들이 모여 이뤄진다.
- 다양한 광원이 정의된다. 광원에서 나오는 빛들이 배경에 존재하는 물체들과 상호작용을 하고 반사돼 마지막에는 가상 카메라의 상 표면에 도달한다.
- 장면에 존재하는 표면^{surface}들의 시각적 속성이 결정된다. 이 속성은 빛이 표면과 어떻게 상호작용할 것인지를 나타낸다.
- 상 표면의 각 픽셀에 대해 렌더링 엔진은 그 픽셀을 통해 가상 카메라의 초점으로 모이는 빛의 색과 강도를 계산한다. 이 과정을 렌더링 방정식$^{rendering equation}$(셰이딩 방정식 $^{shading equation}$이라고 하는 경우도 있음)을 푼다고 한다.

이와 같은 렌더링 과정에 대한 개요가 그림 11.1에 나와 있다.

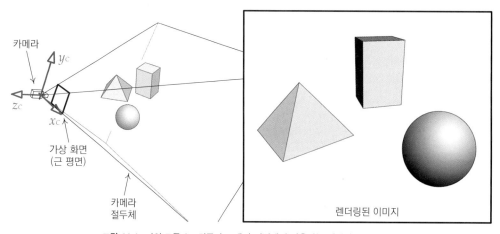

그림 11.1 거의 모든 3D 컴퓨터 그래픽 기법에서 사용하는 렌더링 방식의 개요

위에 설명한 기본 단계를 구현하는 데는 다양한 기법이 쓰인다. 대부분의 경우 포토리얼리즘 photorealism을 달성하는 것을 목표로 하지만, 좀 더 멋스런 화면을 목표로 하는 게임도 있다(예. 만화, 목탄 스케치, 수채화 등). 그렇기 때문에 대부분의 렌더링 엔지니어와 아티스트는 장면의 속성을 가능한 한 사실적으로 표현하려고 애쓰는 동시에 가장 물리적으로 정확한 빛 수송 light transport 모델을 사용하려 한다. 이 문맥을 놓고 볼 때 시각적인 사실성을 희생해서라도 실시간 성능을 얻고자 하는 방식부터 포토리얼리즘을 위해서 실시간 동작을 포기하는 방식까지 다양한 형태의 렌더링 기법이 존재한다.

실시간 렌더링 엔진은 위에 나온 단계들을 계속 반복하는데, 그려진 이미지를 초당 30, 50, 60번씩 보여 줌으로써 움직이는 효과를 낸다. 이 말은 실시간 렌더링 엔진이 이미지 한 장을 만드는 데 쓸 수 있는 시간은 최대 33.3ms라는 뜻이다(30FPS가 목표라고 한다면). 하지만 애니메이션이나 AI, 충돌 검출, 물리 시뮬레이션, 오디오, 플레이어 메카닉, 기타 게임플레이 로직 등의 엔진 시스템에서도 이 시간을 사용해야 하기 때문에 보통 이보다 적은 시간만 쓸 수 있다. 영화에서 쓰이는 렌더링 엔진들의 경우 한 프레임을 그리는 데 수 분에서 몇 시간까지 걸리는 점을 생각하면 오늘날 실시간 컴퓨터 그래픽의 품질은 실로 놀랍다고 할 수 있다.

11.1.1 장면 구성

실세상의 장면은 물체들로 이뤄진다. 벽돌같이 단단한 물체도 있고, 연기처럼 일정한 형상이 없는 것도 있지만, 모든 물체는 3D 공간에서 부피를 차지한다. 불투명한 물체도 있으며(빛이 통과하지 못하는 물체) 투명한 물체(빛이 산란하지 않고 통과할 수 있어서 뒤를 볼 수 있는 물체)와 반투명한 물체(빛이 통과하는 중에 산란돼 뒤가 흐리게 보이는 물체)도 있다.

불투명한 물체를 그릴 때는 물체의 표면만 고려하면 된다. 빛이 통과하지 못하기 때문에 그 안에 뭐가 들었는지 알 필요가 없다. 하지만 투명한 물체와 반투명한 물체를 그릴 때는 빛의 반사, 굴절, 산란, 흡수 등을 고려해야 한다. 이렇게 하려면 물체 내부의 구조와 특성을 알아야한다. 하지만 대부분의 게임 엔진에서 그렇게까지 정밀하게 계산하지는 않는다. 투명하거나 반투명한 물체는 불투명한 물체와 그리는 법이 거의 유사하다. 단지 알파 alpha라는 단순한 값을 이용해 표면이 얼마나 투명한지만 나타낸다. 이 같은 방식은 때로는 이상하게 보일 수도 있지만(예를 들면 물체의 뒷면이 잘못 그려지는 경우) 상당수의 경우 어느 정도 그럴 듯하게 보이는 효과를 내도록 조정할 수 있다. 연기 등의 일정한 형상이 없는 것들은 파티클 효과를 써서 나타내는 경우가 많은데, 이 파티클들은 반투명한 사각형 판으로 구현하는 경우가 일반적이다. 따라서 거의 모든 게임 렌더링 엔진의 주된 작업은 표면을 렌더링하는 것이라고 해도 과언이 아니다.

11.1.1.1 고성능 렌더링 프로그램에서 쓰이는 형식

이론적으로 표면이란 3차원 공간에 있는 무한히 많은 점으로 이뤄진 2차원 평면이다. 하지만 이 정의를 그대로 사용할 수는 없다. 컴퓨터가 임의의 표면을 처리하고 그리려면 이것을 단순한 수식으로 표현할 필요가 있다.

표면 중 일부는 매개 변수 표면 방정식을 이용해 분석적인 형태$^{analytical form}$로 표현할 수 있다. 예를 들면 원점을 중심으로 하는 구의 방정식은 $x^2 + y^2 + z^2 = r^2$이다. 하지만 매개 변수 방정식은 임의의 형상을 모델링하는 데는 그다지 효과적이지 않다.

영화의 컴퓨터 그래픽에서는 표면을 주로 사각형 패치^{patch}로 나타내는데, 패치는 적은 수의 컨트롤 포인트에 의해 정의되는 2차원 스플라인으로 구성된다. 사용되는 스플라인의 종류는 다양하며, 베지어 표면(예, 겹삼차^{bicubic} 패치, http://en.wikipedia.org/wiki/Bezier_surface), 넙스$^{NURBS, NonUniform Rational B-Spline}$(http://en.wikipedia.org/wiki/Nurbs), 베지어 삼각형, N-패치(노말 패치라고도 알려져 있음, https://www.gamedeveloper.com/programming/b-zier-triangles-and-n-patches) 등이 사용된다. 패치로 모델링하는 것은 조각상에 사각형 옷감이나 종이 반죽을 붙이는 것과 유사하다.

픽사의 렌더맨^{RenderMan} 같은 고급 영상용 렌더링 엔진은 기하 형상을 정의하는 데 분할 표면$^{subdivision surface}$을 사용한다. 모든 표면은 컨트롤 다각형(스플라인과 비슷함)으로 이뤄진 메시로 표현하는데, 캣멀-클럭$^{Catmull-Clark}$ 알고리듬을 이용하면 다각형을 계속 더 작은 다각형으로 재분할할 수 있는 특징이 있다. 이와 같은 재분할은 보통 다각형이 한 픽셀보다 작아질 때까지 반복한다. 이 방식의 가장 큰 장점은 카메라가 아무리 표면 가까이 다가가도 표면을 계속 재분할할 수 있기 때문에 표면의 실루엣이 매끈해 보인다는 점이다. 분할 표면에 대해 더 알고 싶은 독자를 위해 가마수트라에 있는 훌륭한 문서(https://www.gamedeveloper.com/programming/subdivision-surface-theory)를 하나 소개한다.

11.1.1.2 삼각형 메시

이전부터 게임 개발자들은 삼각형 메시를 이용해 표면을 표현해 왔다. 선분을 연결해 함수나 곡선을 조각적 선형 근사piecewise linear approximation하는 과정과 마찬가지로 삼각형은 표면을 조각적 선형 근사한다(그림 11.2 참조).

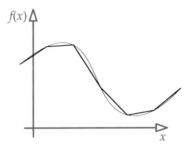

그림 11.2 선분을 연결해 함수나 곡선을 선형 근사하는 것과 마찬가지로 삼각형 메시는 표면을 선형 근사한다.

삼각형을 실시간 렌더링에 주로 사용하는 이유는 삼각형이 다음과 같은 유용한 특징이 있기 때문이다.

- 삼각형은 가장 단순한 다각형이다. 정점이 3개보다 적으면 표면이 될 수 없다.
- 삼각형은 언제나 평평하다. 4개 이상의 정점으로 이뤄진 다각형은 평평하지 않을 수 있는데, 3개의 정점이 평면을 이루고 나면 네 번째 정점은 그 평면의 위나 아래에 위치할 수 있기 때문이다.
- 삼각형은 아핀 변환, 원근 투영 등 대부분의 변환을 거치더라도 삼각형이다. 최악의 경우 옆에서 보면 선분이 된다. 하지만 다른 모든 방향에서는 삼각형이다.
- 시중에 존재하는 거의 모든 그래픽 가속 하드웨어의 핵심 개념은 삼각형 래스터화rasterization다. 가장 먼저 나왔던 PC용 3D 그래픽 가속기를 포함해 렌더링 하드웨어들은 대부분의 경우 삼각형 래스터만 처리하게 설계됐다. 이런 결정을 내리게 된 경위를 추적해 가다 보면 결국 최초의 3D 게임인 캐슬 울펜슈타인Castle Wolfenstein 3D와 둠Doom에 사용된 소프트웨어 래스터화까지 거슬러 올라간다. 좋든 싫든 삼각형을 기본으로 한 기술들은 이미 산업 전반에 견고하게 자리 잡았고 앞으로도 상당 기간 그럴 것이다.

테셀레이션

테셀레이션^{fotessellation}이란 표면을 여러 개의 분할된 다각형(보통 퀴드^{quad}라 부르는 사변형 또는 삼각형)으로 쪼개는 과정이다. 삼각 분할^{triangulation}은 표면을 삼각형으로 나누는 테셀레이션의 일종이다.

게임에 쓰이는 삼각형 메시의 문제점 중 하나는 아티스트가 처음에 메시를 만들 때 얼마만큼 테셀레이션할시가 고정된다는 점이다. 고정된 테셀레이션을 쓰면 물체의 윤곽이 거칠게 보일 수도 있다(그림 11.3). 이 문제는 특히 카메라가 물체에 가까이 다가갔을 때 두드러진다.

그림 11.3 고정된 테셀레이션의 경우 물체의 윤곽을 거칠어 보이게 하는 부작용이 생길 수 있는데, 특히 카메라가 가까이 위치할 때 심해진다.

가장 이상적인 해법은 물체와 카메라가 가까워짐에 따라 계속 테셀레이션을 증가시키는 것이다. 즉 물체가 얼마만큼 떨어져 있건 상관없이 일정한 삼각형과 픽셀 밀도를 유지한다는 말이다. 분할 표면을 이용하면 이것을 구현할 수 있다. 카메라와의 거리에 따라 표면을 테셀레이션해서 모든 삼각형이 픽셀보다 작아지게 하면 된다.

이와 같이 삼각형과 픽셀 밀도를 균등하게 유지하려고 게임에서는 삼각형 메시 들을 여러 벌 만드는 방법을 주로 쓰는데, 각 메시를 레벨 오브 디테일^{LOD, Level Of Detail}이라고 부른다. 통상 LOD 0으로 불리는 첫 번째 LOD는 가장 높은 테셀레이션 레벨을 표현한다. 이것은 카메라가 물체에 가장 가까이 있을 때 쓰인다. 이어지는 LOD들은 점차적으로 낮은 테셀레이션 레벨을 갖는다(그림 11.4 참조). 엔진은 물체가 카메라에서 멀어질수록 LOD0에서 LOD1, LOD2 …… 등으로 전환한다. 이렇게 하면 렌더링 엔진은 카메라에 가장 가까운 물체의 정점들(즉 가장 많은 스크린의 픽셀을 점유하는)을 변환하고 조명을 적용하는 데 집중할 수 있다.

어떤 엔진은 범위가 넓은 물이나 지형에 동적인 테셀레이션을 사용하기도 한다. 이 방식은 격자 패턴으로 된 높이 필드를 이용해 메시를 나타낸다. 카메라에 가까운 지역의 메시는 모든 격자를 표현하게 테셀레이션하고 카메라에서 멀어질수록 점점 더 성긴 격자를 이용해 테셀레이션한다.

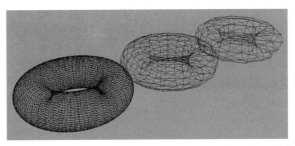

그림 11.4 삼각형과 픽셀 밀도가 최대한 균등하게 만들고자 고정된 테셀레이션 레벨을 가진 LOD 메시를 여러 벌 사용한다. 가장 왼쪽의 메시는 삼각형이 500개이고 가운데는 450개, 맨 오른쪽 것은 200개다.

동적 테셀레이션과 LOD를 구현하는 또 다른 방법에는 점진적 메시^{progressive mesh}가 있다. 물체가 카메라에 가장 가까이 있을 때 그릴 고밀도 메시를 하나 만들고(보통 LOD 0 메시와 같다) 물체가 점차 멀어지면 이 메시의 모서리들을 없애는 방식으로 테셀레이션 레벨을 자동으로 낮춘다. 이런 과정을 반복하면 거의 연속적인 LOD들이 자동으로 만들어진다. 더 자세한 내용은 다음 사이트(http://research.microsoft.com/en-us/um/people/hoppe/pm.pdf)를 참조하길 바란다.

11.1.1.3 삼각형 메시 만들기

이제껏 삼각형 메시의 정의와 삼각형 메시를 사용하는 이유를 알아봤는데, 이것을 어떻게 만드는지 간단히 알아보자.

감기 순서^{Winding order}

삼각형 하나는 세 정점을 나타내는 위치 벡터(p_1, p_2, p_3)로 정의할 수 있다. 삼각형의 모서리를 구하려면 인접한 정점의 위치 벡터를 빼기만 하면 된다. 즉 다음과 같다.

$$\mathbf{e}_{12} = \mathbf{p}_2 - \mathbf{p}_1$$
$$\mathbf{e}_{13} = \mathbf{p}_3 - \mathbf{p}_1$$
$$\mathbf{e}_{23} = \mathbf{p}_3 - \mathbf{p}_2$$

이 중 임의의 모서리 2개를 외적한 후 정규화하면 이것이 삼각면의 단위 법선 N이다.

$$\mathbf{N} = \frac{\mathbf{e}_{12} \times \mathbf{e}_{13}}{|\mathbf{e}_{12} \times \mathbf{e}_{13}|}$$

위의 개념은 그림 11.5에 나와 있다. 삼각면 단위 법선의 방향(즉 외적의 방향)을 알려면 삼각형의 어느 쪽이 전면(물체의 바깥 표면)이고 어느 쪽이 후면(물체의 안쪽 표면)인지를 정해야 한다.

이것은 감기 순서를 정하면 쉽게 결정할 수 있는데, 감기 순서에는 시계 방향^{CW, ClockWise}, 반시계 방향^{CCW, CounterClockWise}이 있다.

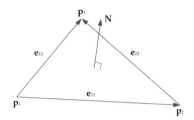

그림 11.5 삼각형의 정점들에서 모서리와 평면을 구하는 방법

대부분의 로우레벨 그래픽 API에는 감기 순서를 보고 후면을 향하는 삼각형을 추려내는 기능이 있다. 예를 들어 다이렉트X의 추려내기 모드(D3DRS_CULL)를 **D3DCULLMODE_CW**로 설정하면 스크린 공간에서 감기 순서가 시계 방향인 모든 삼각형은 후면이라고 간주하고 그리지 않는다.

후면 추려내기는 어차피 보이지 않을 삼각형들을 그리는 데 들일 수고를 덜어 준다는 점에서 중요하다. 뿐만 아니라 투명한 물체의 후면을 그리면 보통 보기에 이상한 경우가 많다. 어떤 감기 순서를 사용해도 상관없지만 모든 게임 자원에 일관되게 쓰여야 하는 점은 더 말할 나위가 없다. 감기 순서를 혼동하는 일은 초보 3D 모델러들이 흔히 저지르는 실수다.

삼각형 리스트

메시를 정의하는 제일 단순한 방법은 각 삼각형을 나타내는 정점 3개씩을 묶어 리스트로 나타내는 것이다. 이런 자료 구조를 삼각형 리스트^{triangle lists}라고 부른다. 그림 11.6을 참조하자.

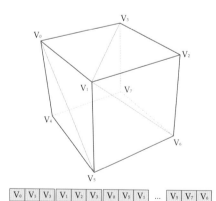

그림 11.6 삼각형 리스트

인덱스 삼각형 리스트

그림 11.6을 보면 삼각형 리스트에서는 정점들이 중복되는 경우가 많고 어떤 것은 여러 번 들어가는 것을 알 수 있다. 11.1.2.1절에서 자세히 살펴보겠지만 정점마다 상당히 많은 메타데이터를 저장해야 하기 때문에 정점이 중복되면 메모리를 낭비하게 된다. 게다가 중복된 정점마다 변환과 조명 계산을 여러 번 해야 하기 때문에 GPU의 성능도 저하시킨다.

그렇기 때문에 대부분의 렌더링 엔진은 인덱스 삼각형 리스트라는 좀 더 효율적인 자료 구조를 사용한다. 기본 원리는 정점들을 중복 없이 나열한 후 어떤 정점들이 삼각형을 이루는지를 단순한 인덱스(보통 16비트)로 나타내는 것이다. 정점들은 정점 버퍼^{vertex buffer}(다이렉트X) 또는 정점 배열^{vertex array}(오픈GL)이라 부르는 배열에 저장된다. 인덱스들은 인덱스 버퍼^{index buffer} 또는 는 인덱스 배열^{index array}이라 부르는 버퍼에 따로 저장한다. 그림 11.7에 이 방식이 나와 있다.

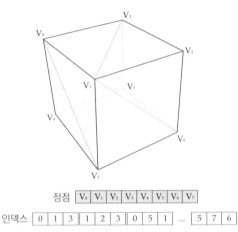

그림 11.7 인덱스 삼각형 리스트

스트립과 팬

특수한 메시 자료 구조인 삼각형 스트립^{triangle strip}과 삼각형 팬^{triangle fan}을 게임 렌더링에 사용하는 경우도 있다. 둘 다 인덱스 버퍼를 사용할 필요가 없으면서 정점의 중복을 어느 정도 줄이는 효과가 있다. 이렇게 하려면 정점이 배열되는 순서와 이것들로 어떻게 삼각형을 구성할지를 미리 정의해야 한다.

스트립은 첫 정점 3개가 삼각형 하나를 이룬다. 다음에 나오는 정점은 바로 앞의 두 정점과 함께 새로운 삼각형 하나를 이룬다. 감기 순서를 일관되게 하려면 앞의 두 정점은 다음 삼각형에서는 반드시 순서를 서로 바꿔야 한다. 그림 11.8에 삼각형 스트립이 나와 있다.

삼각형 팬은 첫 정점 3개가 삼각형 하나를 이룬 후 다음에 나오는 정점은 바로 앞의 정점과 제일 처음 정점으로 새로운 삼각형을 이룬다. 그림 11.9에 삼각형 팬이 나와 있다.

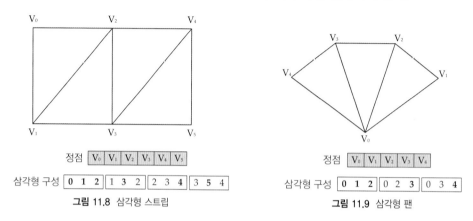

그림 11.8 삼각형 스트립　　　　**그림 11.9** 삼각형 팬

정점 캐시 최적화

GPU가 인덱스 삼각형 리스트를 처리할 때 각 삼각형의 정점들은 정점 버퍼 안에서 순차적으로 위치하지 않을 수도 있다. 정점을 처리할 때는 반드시 삼각형 순서대로 처리해야 하는데, 래스터화 단계에는 삼각형이 그대로 넘어가야 하기 때문이다. 정점 셰이더를 거치고 난 정점은 재사용을 위해 캐시에 저장되고 바로 다음에 오는 기본 단위가 캐시에 있는 정점을 참조하는 경우 다시 처리하지 않고 캐시에 있는 것을 쓰게 된다.

스트립과 팬을 쓰는 이유는 메모리를 절약할 수 있기 때문이기도 하지만(인덱스 버퍼를 쓸 필요가 없으므로) GPU가 비디오 RAM을 접근할 때 캐시 일관성을 향상시킬 수 있기 때문이기도 하다. 이런 효과를 극대화하려고 인덱스 스트립indexed strip이나 인덱스 팬indexed fan을 사용하면 정점 중복을 사실상 없애면서(대개 이 경우 인덱스 버퍼를 쓰지 않는 것보다 메모리를 더 절약할 수 있다) 스트립이나 팬의 경우와 마찬가지로 캐시 일관성도 향상시킬 수 있다.

굳이 제약 많은 스트립이나 팬을 쓰지 않더라도 인덱스 삼각형 리스트로 캐시 최적화 효과를 얻을 수도 있다. 정점 캐시 최적화 도구vertex cache optimizer는 오프라인 기하 형상 처리 도구로 정점의 캐시 재사용성이 최대가 되게 삼각형을 재배열하는 도구다. 특정 GPU의 정점 캐시 크기를 비롯해 GPU가 정점을 캐시에 저장할지 여부를 정하는 데 쓰는 알고리듬 등 여러 요소를 고려해 처리하는 것이 보통이다. 일례로 소니의 Egde 기하 형상 처리 라이브러리를 사용하면 삼각형 스트립을 사용할 때보다 최대 4% 향상된 처리 속도를 얻을 수 있다.

11.1.1.4 모델 공간

삼각형 메시의 위치 벡터들을 나타낼 때는 대개 사용하기 편한 좌표계를 기준으로 삼는데, 이 좌표계를 모델 공간$^{\text{model space}}$ 또는 로컬 공간$^{\text{local space}}$, 물체 공간$^{\text{object space}}$ 등으로 부른다. 모델 공간의 원점은 물체의 중심이나 다른 편리한 위치로 잡는다. 예를 들면 사람의 경우 바닥에서 두 발 중간 지점으로 하고 차의 경우 바퀴들의 수평 중심 바닥 위치에 오게 된다.

5.3.9.1절에서 이미 살펴봤듯 모델 공간의 축을 선택할 때 임의로 고를 수도 있지 만 대개는 모델의 '앞', '좌', '우', '위' 등 방향과 일치하게 결정한다. 수학적으로 따져 보면 3개의 단위 벡터 F, L(또는 R), U를 정한 후 이것들을 모델 공간의 단위 기저 벡터 i, j, k(순서대로 x, y, z축)에 짝지을 수 있다. 예를 들면 흔히 L = i, U = j, F = k를 많이 사용한다. 어떤 식으로 짝지어도 상관없지만 엔진 전체의 모든 모델에 일관되게 사용하는 것이 중요하다. 그림 11.10은 비행기 모델에서 선택할 수 있는 좌표계의 예다.

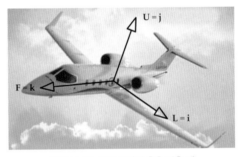

그림 11.10 모델 공간의 축을 잡은 예

11.1.1.5 월드 공간과 메시 인스턴스

각각의 메시들은 월드 공간$^{\text{world space}}$이라고 불리는 공통 좌표계를 기준으로 자리를 잡고 방향을 정해 완전한 장면을 구성한다. 한 장면에서 메시 하나가 여러 번 등장하는 경우도 흔하다. 길거리에 줄지어 서 있는 수많은 가로등이나 무리 지어 덤비는 적들, 또는 플레이어를 공격하는 거미 떼 등을 예로 들 수 있다. 이 같은 각 물체를 메시 인스턴스라고 부른다.

메시 인스턴스에는 공통 메시 데이터에 대한 참조와 함께 공통 메시의 정점들을 모델 공간에서 월드 공간으로 변환하는 변환 행렬도 포함된다. 이 행렬을 모델-월드 행렬이라 부르고, 때로는 그냥 월드 행렬world matrix이라고 부르기도 한다. 5.3.10.2절에서 사용한 형식대로 표기하자면 월드 행렬은 다음과 같이 나타낼 수 있다.

$$\mathbf{M}_{M \to W} = \begin{bmatrix} (\mathbf{RS})_{M \to W} & 0 \\ \mathbf{t}_M & 1 \end{bmatrix}$$

여기서 왼쪽 위의 3×3 행렬 $(\mathrm{RS})_{M \to W}$는 모델 공간 정점들의 회전 변환 및 스케일이고, $\mathbf{t}_M$은 모델 공간 축들의 평행 이동을 월드 공간 기준으로 나타낸 것이다. 월드 공간 좌표계를 기준으로 표기된 모델 공간 단위 기저 벡터 $\mathbf{i}_M$, $\mathbf{j}_M$, $\mathbf{k}_M$을 알고 있다면 월드 행렬은 다음과 같이 표현할 수 있다.

$$\mathbf{M}_{M \to W} = \begin{bmatrix} \mathbf{i}_M & | & 0 \\ \mathbf{j}_M & | & 0 \\ \mathbf{k}_M & | & 0 \\ \hline \mathbf{t}_M & | & 1 \end{bmatrix}$$

모델 공간 좌표계에 있는 정점에 대해 렌더링 엔진은 다음과 같은 방식으로 월드 공간 좌표를 계산한다.

$$\mathbf{v}_W = \mathbf{v}_M \mathbf{M}_{M \to W}$$

행렬 $\mathbf{M}_{M \to W}$는 모델 공간 좌표축들의 위치와 방향을 월드 공간을 기준으로 나타낸 것이라고 생각하면 된다. 아니면 모델 공간의 정점을 월드 공간으로 변환하는 행렬이라고 생각해도 상관없다.

메시를 렌더링할 때 메시의 표면 법선에도 마찬가지로 모델-월드 행렬을 적용해야 한다 (11.1.2.1절 참조). 이때 법선 벡터를 제대로 변환하려면 모델-월드 행렬의 역전치 행렬을 곱해야 한다고 5.3.11절에서 이야기했었다. 하지만 월드 행렬에 스케일이나 전단 변환shear이 없는 경우에는 법선 벡터의 w 성분을 0으로 놓고 그대로 월드 행렬에 곱해도 된다. 자세한 내용은 5.3.6.1절을 참조하자.

빌딩이나 지형 등 배경 요소들을 나타내는 메시는 정적인 데다가 반복해 쓰이지 않는다. 이런 것들의 정점은 월드 공간을 기준으로 직접 표현되는 경우가 많다. 따라서 모델-월드 행렬은 단위 행렬이며, 무시해도 된다.

11.1.2 표면의 시각적 속성

표면을 제대로 렌더링하고 조명하려면 표면의 시각적 속성을 정의해야 한다. 시각적 속성에는 표면 여러 지점에서의 표면 법선 방향 등과 같은 기하 정보도 포함된다. 또 빛이 표면에 어떤 식으로 반응해야 하는지도 표면 속성에 들어간다. 여기에는 난반사 색상^{diffuse color}, 반사율, 질감, 투명도, 굴절 정도, 기타 광학적 속성들이 있다. 어떤 경우에는 시간에 따른 표면의 변화까지 포함하는 경우도 있다(예를 들면 애니메이션하는 캐릭터의 스킨이 뼈대 관절을 따라 움직이는 정도와 물 표면이 어떻게 움직이는지에 대한 정보 등).

포토리얼리즘을 추구하는 이미지를 렌더링할 때 가장 중요한 점은 물체에 반응하는 빛의 작용을 제대로 처리하는 것이다. 그렇기 때문에 렌더링 엔지니어는 빛의 원리와 전달 방식, 그리고 가상 카메라에서 빛을 '감지'하고 이것을 스크린의 픽셀의 색으로 변환하는 방식 등을 잘 알고 있어야 한다.

11.1.2.1 빛과 색에 대한 기초

빛은 전자파다. 상황에 따라 파동으로도 동작하고 입자로도 동작한다. 빛의 색은 강도^{intensity} I와 파장 λ(또는 주파수 f, 여기서 $f = 1/\lambda$)에 의해 결정된다. 사람이 볼 수 있는 가시광선은 파장 740nm(주파수 430THz)부터 파장 380nm(750THz)까지다. 광선은 한 가지 순수한 파장만으로 이뤄질 때도 있고(예를 들면 무지개의 색들, 색 스펙트럼이라고 함), 여러 파장이 섞여 있는 경우도 있다. 광선이 각 주파수를 얼마만큼 포함하고 있는지를 그래프로 그릴 수 있는데, 이것을 스펙트럼 표라고 한다. 흰색 빛은 모든 파장을 조금씩 다 포함하고 있기 때문에 스펙트럼 표는 모든 가시 범위를 포함하는 사각형 형태가 된다. 순수한 녹색 빛은 한 가지 파장만 포함하기 때문에 스펙트럼 표는 570THz 부근에서만 극히 좁게 튀어 오르는 모습을 띤다.

빛과 물체의 상호작용

빛과 물질 간의 상호작용은 다양하면서 복잡하다. 그 작용은 빛이 통과하는 매질에 의해 일부 영향을 받고 서로 다른 매질 사이의 경계면(공기-고체, 공기-물, 물-유리 등)의 모양과 속성에도 영향을 받는다. 엄밀히 말하면 표면도 서로 다른 매질의 경계면에 불과하다.

빛은 매우 복잡한 존재지만 다음과 같은 네 가지 행동만 할 수 있다.

- 흡수된다.
- 반사된다.
- 물체를 통과한다. 이 과정에서 보통 굴절된다.
- 매우 가는 틈새를 통과할 때 회절된다.

포토리얼리즘을 추구하는 대부분의 렌더링 엔진은 앞의 세 가지 요소를 모두 고려한다. 회절은 대부분의 경우 눈에 드러나지 않기 때문에 구현하지 않는 경우가 많다.

빛이 표면에 부딪힐 때 몇 가지 파장은 흡수되고 나머지는 반사된다. 바로 이 점 때문에 우리가 인식하는 물체의 색이 정해진다. 예를 들어 붉은색 물체에 흰색 빛을 쬐면 붉은 파장을 제외한 다른 모든 파장은 흡수되기 때문에 물체가 붉은색으로 보인다. 흰색 물체에 붉은 빛을 쬐어도 동일하게 인식한다. 사람의 눈은 두 경우를 구별하지 못한다.

빛이 반사하면 난반사^{diffuse}될 수 있는데, 이 말은 반사광이 모든 방향으로 균등하게 퍼진다는 뜻이다. 반사광은 거울의 경우처럼 정반사^{specular}될 수도 있는데, 이 경우 입사광이 그대로 반사되거나 굉장히 좁은 방향으로만 퍼진다. 반사광은 비등방^{anisotropic}일 수도 있는데, 이 경우에는 표면을 바라보는 방향에 따라 반사되는 방식이 달라진다. 공간을 통과할 때 빛은 산란되거나(반투명한 물체의 경우), 부분적으로 흡수되거나(색깔 있는 유리의 경우), 굴절된다(빛이 프리즘을 통과하는 경우). 굴절각은 파장에 따라 달라지는데, 이 때문에 스펙트럼 확산이 발생한다. 빛이 공기 중의 물방울이나 프리즘을 통과하면 무지개가 생기는 것도 바로 이 때문이다. 빛은 완전히 단단하지 않은 표면을 통과해 이리저리 부딪힌 후 들어온 지점과 다른 곳으로 나가는 경우가 있다. 이것을 표면하 산란$^{subsurface\ scattering}$이라고 부르는데, 사람의 피부나 밀랍, 대리석 등이 특유의 따뜻한 느낌을 내는 한 요인이다.

색 공간과 색 모델

색 모델$^{color\ model}$이란 색을 측정하는 3차원 좌표계다. 이 같은 색 모델 값으로 표현된 색을 사람이 실제로 인식하는 색으로 연결 짓는 표준적인 방법을 색 공간$^{color\ space}$이라고 한다. 색 모델이 3차원인 이유는 사람의 눈에는 서로 다른 파장의 빛을 감지하는 센서(추상체)가 3개 있기 때문이다.

컴퓨터 그래픽에서 가장 널리 쓰이는 색 모델은 RGB 모델이다. 이 모델에서 색 공간은 단위 정육면체로 표현되며, 이 정육면체의 축을 따라 적색, 녹색, 청색 빛의 강도를 나타낸다. 적색,

녹색, 청색 성분은 색 채널이라고 부르는데, 통상적으로 RGB 모델에서 각 채널은 0부터 1까지의 범위를 갖는다. 따라서 (0, 0, 0)은 검은색이고, (1, 1, 1)은 흰색을 의미한다.

색을 비트맵 이미지에 저장할 때 다양한 색 형식을 사용할 수 있다. 색 형식은 한 픽셀을 저장하는 데 몇 비트를 사용했는지, 또는 더 구체적으로는 각 색 채널을 저장하는 데 몇 비트를 썼는지를 의미한다. RGB888 형식은 채널당 8비트를 사용해 픽셀당 총 24비트를 쓴다. 이 형식에서 각 채널은 0부터 1까지가 아닌 0부터 255 사이의 값이다. RGB565는 적색과 청색은 5비트, 녹색은 6비트를 써서 픽셀당 총 16비트를 사용한다. 각 픽셀에 8비트의 인덱스를 저장하고 이 인덱스를 통해 다른 색 형식(예, RGB888 등)으로 저장된 256색 팔레트를 참조하는 방식이 팔레트 형식이다.

이외에도 3D 렌더링에 사용되는 색 모델은 여러 가지가 있다. HDR^{High Dynamic Range} 조명에 쓰이는 log-LUV 색 모델에 대해서는 11.3.1.5절에서 알아본다.

불투명도와 알파 채널

RGB 색 벡터에 네 번째 채널인 알파 채널을 더해 사용하는 경우가 많다. 11.1.1절에서 이야기했듯이 알파는 물체의 불투명한 정도를 나타낸다. 이미지 픽셀에 저장된 알파는 그 픽셀의 불투명도를 나타낸다.

RGB 색 형식을 확장해 알파 채널을 포함하게 만들면 RGBA 또는 ARGB 색 형식이 된다. 예를 들면 RGBA8888은 픽셀당 32비트 형식으로, 적색, 녹색, 청색, 알파에 각각 8비트를 사용한다. RGBA5551은 픽셀당 16비트로, 한 비트로 알파를 나타낸다. 이 경우 색은 완전히 불투명하거나 완전히 투명하다.

11.1.2.2 정점 속성

한 표면의 시각적 속성을 나타내는 가장 단순한 방법은 표면 위의 정해진 점들에 속성을 지정하는 것이다. 메시의 정점들은 이 같은 표면의 속성을 저장하기 안성맞춤인데, 이렇게 나타낸 표면 속성을 정점 속성^{vertex attribute}이라고 부른다.

일반적인 삼각형 메시는 다음의 속성들 중 일부 또는 전부를 각 정점에 담고 있다. 당연한 말이지만 렌더링 엔지니어는 원하는 시각적 효과를 구현하고자 원하는 속성을 얼마든지 추가할 수 있다.

- **위치 벡터**^{position vector}($p_i = [p_{ix} \quad p_{iy} \quad p_{iz}]$)   메시의 i번째 정점의 3D 위치다. 물체의 고유한 좌표 공간, 즉 모델 공간을 기준으로 표기한다.

- **정점 법선**^{vertex normal}($n_i = [n_{ix} \quad n_{iy} \quad n_{iz}]$)   정점 i 위치의 단위 표면 법선을 의미한다. 정점 단위 동적 조명 계산에 이용된다.

- **정점 탄젠트**^{vertex tangent}($t_i = [t_{ix} \quad t_{iy} \quad t_{iz}]$)**와 바이탄젠트**^{bitangent}($b_i = [b_{ix} \quad b_{iy} \quad b_{iz}]$)   이 두 단위 벡터는 서로 수직이면서 정점 법선 n_i에도 수직이다. 세 벡터 n_i, t_i, b_i는 탄젠트 공간의 좌표축을 나타낸다. 탄젠트 공간은 다양한 픽셀 단위 조명 계산에 이용되며, 여기에는 법선 매핑과 환경 매핑이 해당된다(혼란스럽게도 바이탄젠트 b_i를 바이노멀^{binormal}이라고 부르는 경우도 있긴 하지만 표면에 수직은 아니다).

- **난반사**^{diffuse} **색**($d_i = [d_{iR} \quad d_{iG} \quad d_{iB} \quad d_{iA}]$)   4개의 요소를 갖는 벡터 값으로 RGB 색 공간에 표현된 표면의 난반사 색을 나타낸다. 일반적으로 표면에서 정점 위치의 불투명도, 즉 알파(A)도 포함한다. 난반사 색은 오프라인에 계산할 수도 있고(정적 조명), 런타임에 계산할 수도 있다(동적 조명).

- **정반사**^{specular} **색**($s_i = [s_{iR} \quad s_{iG} \quad s_{iB} \quad s_{iA}]$)   빛이 매끈한 표면에서 직접 반사돼 가상 카메라의 상 표면에 맺히는 반사광을 나타낸다.

- **텍스처 좌표**($u_{ij} = [u_{ij} \quad v_{ij}]$)   텍스처 좌표를 이용해 2차원(때로는 3차원) 비트맵을 메시 표면에 붙일 수 있다. 이 과정을 텍스처 매핑이라고 한다. 텍스처 좌표 (u, v)는 2차원 정규화된 텍스처 좌표 공간에서 정점의 위치를 나타낸다. 삼각형 하나가 여러 개의 텍스처에 매핑될 수 있기 때문에 여러 벌의 텍스처 좌표를 가질 수 있다. 앞에서 표기할 때 아래 첨자 j를 사용해 서로 다른 텍스처 좌표라는 것을 나타냈다.

- **스키닝 가중치**($k_{ij} = [k_{ij} \quad w_{ij}]$)   뼈대^{skeletal} 애니메이션을 하는 메시는 정점들이 뼈대의 관절들에 연결된다. 이때 각 정점은 인덱스(k)를 이용해 어느 관절에 연결되는지 지정해야 한다. 정점 하나가 여러 관절의 영향을 받을 수 있는데, 이 경우 정점의 최종 위치는 각각 받은 영향을 가중 평균^{weighted average}한 것이 된다. 따라서 각 관절의 영향력을 나타낼 때 가중치 값 w를 써서 표기한다. 일반적으로 정점 i는 여러 개의 관절 j에 영향을 받을 수 있으므로 $(k_{ij} \ w_{ij})$ 쌍으로 표기한다.

11.1.2.3 정점 형식

정점 속성을 저장할 때는 보통 C의 구조체나 C++ 클래스 등의 자료 구조를 사용한다. 이 같은 자료 구조의 레이아웃을 정점 형식^{vertex format}이라고 한다. 메시 종류마다 다른 속성을 조합해 쓰기 때문에 각기 다른 정점 형식이 필요하다. 다음은 흔히 쓰이는 정점 형식의 예다.

```
// 가장 단순한 정점 -- 위치만 있다.
// (그림자 볼륨 밀어내기나 카툰 렌더링의 실루엣 경계 검출,
// z-프리패스 등에 유용하다)
struct Vertex1P
{
  Vector3 m_p; // 위치
};


// 흔히 쓰이는 정점 형식. 위치, 정점 법선과
// 텍스처 좌표 한 벌을 갖는다.
struct Vertex1P1N1UV
{
  Vector3  m_p;      // 위치
  Vector3  m_n;      // 정점 법선
  F32      m_uv[2];  // (u, v) 텍스처 좌표
};


// 스키닝에 쓰이는 정점. 위치, 난반사 색, 정반사 색 및
// 4개의 정점에 대한 가중치를 갖는다.
struct Vertex1P1D1S2UV4J
{
  Vector3  m_p;       // 위치
  Color4   m_d;       // 난반사 색과 투명도
  Color4   m_S;       // 정반사 색
  F32      m_uv0[2];  // 첫 번째 텍스처 좌표
  F32      m_uv1[2];  // 두 번째 텍스처 좌표
  U8       m_k[4];    // 스키닝에 쓰이는 4개의 관절 인덱스와
  F32      m_w[3];    // 3개의 가중치
                      // (마지막 가중치는 다른 세 가중치를 갖고 계산해 얻을 수 있다.)
};
```

당연한 말이지만 정점 속성들을 조합할 수 있는 방법, 즉 만들어 낼 수 있는 정점 형식의 수는 엄청나게 많아질 수 있다(텍스처 좌표의 수와 관절 가중치의 수를 마음대로 고를 수 있다면 이론적으로

가능한 정점 형식의 수는 무한대다). 여러 가지 정점 형식을 처리해야 하는 문제는 그래픽 프로그래머들에게 언제나 골칫거리다.

엔진이 지원해야 할 정점 형식의 수를 줄이려면 조치가 필요하다. 조합 가능한 정점 형식의 상당수는 실제 그래픽 애플리케이션에서 쓸모가 없거나 그래픽 하드웨어나 게임의 셰이더에서 처리할 수 없는 경우가 많다. 사용 가능하고 쓸모 있는 정점 조합 중에서도 일부만 사용하게 제한해 관리를 편하게 하는 개발 팀도 있다. 예를 들면 정점마다 관절 가중치 개수를 0개, 2개, 4개만 갖게 제한하는 경우도 있고 정점이 가질 수 있는 텍스처 좌표의 개수를 2벌까지로 제한하기도 한다. 일부 GPU들은 정점 자료 구조에서 필요한 속성들을 뽑아내는 기능이 있기 때문에 어떤 개발 팀은 모든 메시에 단 하나의 위버포맷^{überformat}을 사용하고 셰이더가 필요한 속성들은 하드웨어가 알아서 찾아 쓰게 하기도 한다.

11.1.2.4 속성 보간

삼각형의 정점이 지닌 속성들은 온전한 표면의 시각적 속성을 거칠고 단편적으로 근사한 것에 불과하다. 삼각형을 렌더링할 때 정작 중요한 것은 스크린의 픽셀을 통해 보이는 삼각형 내부의 점들이 어떤 시각적 속성을 갖고 있느냐다. 즉 정점 단위가 아니라 픽셀 단위의 속성을 알아야 한다는 뜻이다.

메시 표면 속성을 픽셀 단위로 알아내는 쉬운 방법 중 하나는 정점 단위 속성 데이터를 선형 보간하는 것이다. 정점 색 속성을 선형 보간하는 방식을 고로 셰이딩$^{\text{Gouraud shading}}$이라고 한다. 삼각형 하나에 고로 셰이딩을 적용한 예가 그림 11.11에 나와 있고, 그림 11.12는 간단한 삼각형 메시에 이것을 적용한 결과다. 색 외에도 정점 법선, 텍스처 좌표, 깊이^{depth} 등 다른 정점 속성 정보들도 마찬가지로 보간할 수 있다.

그림 11.11 각 정점이 다른 음영을 가질 경우 이것을 고로 셰이딩한 결과

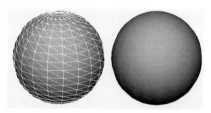

그림 11.12 고로 셰이딩을 사용하면 각진 물체라도 부드럽게 보이게 할 수 있다.

정점 법선과 부드러운 효과

11.1.3절에서 살펴볼 내용이지만 조명^{lighting}이란 표면의 다양한 지점에 대한 시각적 속성과 그 위에 비치는 빛의 속성을 갖고 물체의 색을 계산하는 과정이다. 메시를 조명하는 가장 간단한 방법은 정점 단위로 표면의 색을 구하는 것이다. 즉 표면의 속성과 비치는 빛을 이용해 각 정점(d_j)에서의 난반사 색을 구하는 것이다. 이렇게 구한 정점의 색은 고로 셰이딩으로 메시의 삼각형들을 보간하는 데 사용된다.

표면의 한 지점에서 광선이 어떻게 반사되는지를 구하기 위해 대부분의 조명 모델은 빛이 비치는 지점의 표면에 수직인 법선^{normal} 벡터를 이용한다. 정점 단위로 조명을 계산하기로 했으면 정점 법선 n_j를 이 용도로 사용할 수 있다. 따라서 메시의 정점 법선 값이 메시의 최종적인 외양에 큰 영향을 끼친다.

길고 가는 직육면체를 예로 들어 보자. 이 직육면체의 모서리에서 색이 급격하게 변하게 만들려면 정점 법선을 표면에 수직으로 놓으면 된다. 메시의 삼각형을 조명할 때는 세 정점의 법선 벡터가 모두 같기 때문에 색이 균일해 보이지만, 직육면체의 모서리에서는 법선이 급격하게 변하므로 색도 마찬가지로 급격하게 변한다.

이제 같은 정육면체를 원통처럼 다소 부드럽게 보이게 하려면 정점 법선을 정육면체의 중심에서 밖으로 뻗어 나가는 방향으로 놓으면 된다. 이 경우 삼각형의 정점들은 다른 법선 값을 갖기 때문에 정점마다 다른 색을 띠게 된다. 정점들을 고로 셰이딩하면 정점 색을 부드럽게 보간하므로 표면을 따라 색이 점차 변하는 모양이 된다. 그림 11.13에 이 과정이 나와 있다.

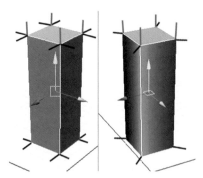

그림 11.13 메시의 정점 법선의 방향은 정점 단위 조명 과정에서 색깔에 지대한 영향을 끼친다.

11.1.2.5 텍스처

삼각형의 면적이 큰 경우 정점 단위로 표면 속성을 지정하면 너무 조잡하게 보일 수 있다. 속성을 선형 보간해서는 원하는 품질을 얻지 못할 수도 있고 비정상적으로 보이는 경우도 있다.

예를 들어 광택 있는 물체의 표면에 빛이 비칠 때 보이는 반사광을 생각해 보자. 메시가 충분히 조밀하게 테셀레이션된 경우라면 정점 단위 조명과 고로 셰이딩을 조합해 그럴듯한 결과를 얻을 수도 있다. 하지만 메시의 삼각형이 지나치게 큰 경우 반사광을 선형 보간하면 그림 11.14에서 볼 수 있듯이 오차가 너무 극명하게 드러난다.

그림 11.14 정점 속성을 선형 보간하면 표면이 이상하게 보일 수도 있는데, 특히 테셀레이션 레벨이 낮은 경우에 더 그렇다.

정점 단위 표면 속성을 사용할 때 생기는 한계를 극복하려고 비트맵 이미지를 이용하는데, 이것을 텍스처 맵texture map이라고 한다. 텍스처에는 보통 색 정보가 들어 있고 메시의 삼각형 위에 투영된다. 어릴 적에 피부에 붙이고 놀던 판박이를 떠올리면 된다. 하지만 텍스처에는 색 정보 외에도 다른 표면의 시각적 속성을 담을 수 있다. 그리고 꼭 메시에 붙여서 그릴 필요도 없다. 텍스처 그 자체를 데이터 테이블처럼 사용할 수 있다. 화면의 픽셀과 구별하려고 텍스처의 기본 단위를 텍셀texel이라고 부른다.

일부 그래픽 하드웨어는 크기가 2의 제곱인 텍스처 비트맵만 지원하기도 한다. 256×256, 512×512, 1024×1024, 2048×2048 등이 일반적으로 쓰이는 텍스처의 크기지만, 대부분의 하드웨어에서는 비디오 메모리에 들어갈 수만 있으면 어떤 크기를 써도 상관없다. 그래픽 하드웨어에 따라 제약이 더 많은 경우(텍스처가 정사각형이어야 하는 등)도 있고 제약이 적은 경우(텍스처 크기를 2의 제곱으로 한정하지 않는 등)도 있다.

텍스처의 종류

가장 널리 쓰이는 텍스처 종류는 난반사 맵^{diffuse map}, 또는 알베도 맵^{albedo map}이다. 이 텍스처는 텍셀에 표면의 난반사(디퓨즈) 색을 담고 있으며, 표면에 붙이는 데칼이나 벽지 같은 역할을 한다.

컴퓨터 그래픽에서는 다른 종류의 텍스처들도 사용되는데, 여기에는 법선 맵^{normal map}(각 텍셀의 단위 법선 벡터를 담고 있으며 RGB 형식으로 담겨 있다), 글로스 맵^{gloss map}(각 텍셀 표면이 얼마나 반짝이는지를 담고 있다), 환경 맵^{environment map}(반사 효과를 렌더링하기 위해서 주변의 환경 이미지를 담고 있다) 등을 비롯한 여러 종류가 있다. 11.3.1절에서 이미지 기반 조명과 기타 효과에서 다양한 텍스처의 쓰임을 알아본다.

사실 조명 계산에 필요한 자료는 어떤 것이든 텍스처에 저장할 수 있다. 예를 들어 1차원 텍스처를 이용해 복잡한 수학 함수의 샘플링 값을 저장한다거나 색 매핑 테이블, 또는 기타 룩업 테이블^{LUT, Look-Up Table}을 구현할 수 있다.

텍스처 좌표

이제 2차원 평면인 텍스처를 어떻게 메시에 붙일지 생각해 보자. 먼저 텍스처 공간이라고 부르는 2차원 좌표계를 정의한다. 텍스처 좌표는 보통 정규화된 값 2개로 나타내고 (u, v)로 표기한다. 이 좌표계는 왼쪽 아래 $(0, 0)$부터 우측 위 $(1, 1)$의 범위를 갖는다. 이렇게 정규화된 좌표계를 사용하면 텍스처 크기에 상관없이 동일한 좌표계를 사용할 수 있는 장점이 있다.

삼각형 하나를 2D 텍스처에 매핑하려면 정점마다 텍스처 좌표 (u_i, v_i)를 지정하기만 하면 된다. 이렇게 하면 삼각형을 텍스처 공간의 이미지 평면에 매핑한 셈이 된다. 그림 11.5에 텍스처 매핑의 예가 나와 있다.

그림 11.15 텍스처 매핑의 예. 3차원 공간과 텍스처 공간에 모두 삼각형들을 표시했다.

텍스처 주소 지정 방식

텍스처 좌표가 [0, 1] 범위를 벗어나는 경우도 있다. 이와 같이 범위를 벗어나는 텍스처 좌표를 처리할 때 그래픽 하드웨어는 다음 방법 중에 하나를 선택한다. 이것을 텍스처 주소 지정 방식texture addressing mode이라고 한다. 어떤 것을 사용할지는 전적으로 사용하는 사람에게 달려 있다.

- **반복**wrap 이 모드는 모든 방향으로 텍스처를 반복한다. j, k가 임의의 정수이면 모든 텍스처 좌표 (j_u, k_v)는 (u, v)와 동일하다.
- **거울**mirror 반복과 비슷하지만 홀수가 u에 곱해지는 경우 v축 방향으로 텍스처가 반사되고, 홀수가 v에 곱해지는 경우 u축 방향으로 텍스처가 반사된다.
- **고정**clamp 텍스처 좌표가 정상적인 범위를 벗어난 경우 텍스처의 경계 텍셀 색을 사용한다.
- **경계 색**border color 텍스처 좌표가 [0, 1]을 벗어나는 경우에는 사용자가 지정한 색을 사용한다.

그림 11.16는 텍스처 주소 지정 방식의 예다.

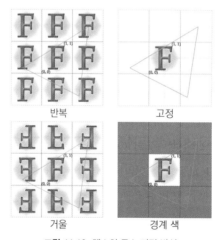

반복   고정

거울   경계 색

그림 11.16 텍스처 주소 지정 방식

텍스처 형식

텍스처 비트맵을 디스크에 저장할 때는 게임 엔진에서 읽어 올 수 있는 것이면 어떤 형식을 사용해도 상관없다. 널리 쓰이는 형식은 Targa(.tga), Portable Network Graphics(.png), Windows Bitmap(.bmp), Tagged Image File Format(.tif) 등이 있다. 메모리에 올라온 텍스처는 보통 픽셀을 2차원 배열로 저장하는데, RGB888, RGBA8888, RGBA5551 등의 다양한 색 형식을 사용한다.

요즘 대부분의 그래픽 카드와 그래픽 API들은 압축 텍스처를 지원한다. 다이렉트X는 DXT, 또는 S3 Texture Compression^{S3TC}라고 알려진 압축 형식들을 지원한다. 여기서 더 자세히 다루지는 않겠지만, 기본적인 원리는 텍스처를 4 × 4 블록의 픽셀 단위로 나누고 작은 색 팔레트를 사용해 각 블록의 색을 저장하는 것이다. S3 압축 텍스처 형식에 대해서 더 알고 싶으면 다음 사이트(http://en.wikipedia.org/wiki/S3_Texture_Compression)을 읽어 보자.

압축 텍스처는 압축하지 않은 텍스처에 비해 메모리를 적게 사용하는 분명한 장점 이 있다. 그런데 놀랍게도 렌더링하는 것도 더 빠르다. S3 압축 텍스처가 이 같은 성능 게인을 얻는 이유는 캐시 성능에 유리한 메모리 접근 패턴 때문이기도 하고(인접한 4 × 4 블록의 픽셀들이 64 또는 128비트 워드 하나에 담긴다), 텍스처의 더 많은 부분이 한꺼번에 캐시에 올라갈 수 있기 때문이기도 하다. 간혹 압축 텍스처를 사용하면 압축으로 인해 이상하게 보이는 경우도 있다. 이런 이상은 대부분의 경우 눈에 잘 띄지는 않기는 하지만 절대 압축 텍스처를 사용하면 안 되는 경우도 있다.

텍셀 밀도와 밉맵

화면 전체에 꽉 차는 크기의 쿼드^{quad}(삼각형 2개로 이뤄진 사각형)를 화면의 해상도와 정확히 일치하는 텍스처에 매핑해 렌더링하는 경우를 떠올려 보자. 이 경우 각 텍셀은 정확히 화면의 한 픽셀에 대응되고 텍셀 밀도(텍셀 대 픽셀 비율)는 1이라고 할 수 있다. 이제 이 쿼드를 멀리서 바라보면 화면에서 차지하는 부분은 작아진다. 이때 텍스처의 크기는 변하지 않았기 때문에 쿼드의 텍셀 밀도는 1보다 커진다(즉 여러 텍셀이 픽셀 하나를 그리는 데 쓰인다).

분명한 사실은 텍셀 밀도가 고정된 값이 아니라는 점이다(텍스처 매핑된 객체와 카메라의 거리에 따라 달라진다). 텍셀 밀도는 메모리 사용량과 3차원 장면의 시각적 품질에 영향을 미친다. 텍셀 밀도가 1보다 많이 작아지면 화면의 픽셀에 비해 텍셀이 지나치게 커지고 따라서 텍셀의 경계가 보이기 시작한다. 이렇게 되면 사실감이 떨어진다. 반면 텍셀 밀도가 1보다 많이 커지면 한 픽셀을 그리는 데 여러 텍셀이 쓰인다. 이 경우 그림 11.17과 같은 모아레 패턴$^{\text{moiré banding}}$ ^{pattern}이 생길 수 있다. 이보다 더 심각한 문제는 카메라 위치나 각도가 조금만 변해도 픽셀의 색을 결정하는 텍셀들이 바뀔 수 있기 때문에 색깔이 이리저리 바뀌거나 깜빡거릴 수 있다는 점이다. 또 플레이어가 절대 가까이서 볼 수 없는 원거리 물체를 높은 텍셀 밀도로 렌더링하는 것은 메모리를 낭비하는 일이다. 세세한 디테일을 봐 줄 사람이 아무도 없는데 굳이 해상도 높은 텍스처를 메모리에 들고 있을 필요가 있을까?

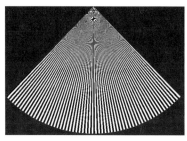

그림 11.17 텍셀 밀도가 1보다 크면 모아레 패턴이 생길 수 있다.

최선의 목표는 물체가 멀리 있거나 가까이 있거나 상관없이 텍셀 밀도를 항상 1에 가깝게 유지하는 것이다. 정확히 이 목표를 달성하기란 불가능하지만 밉맵^{mipmap}이라는 기법을 사용하면 비슷하게 흉내낼 수 있다. 텍스처마다 차례로 해상도가 낮아지는 비트맵을 만드는데, 매번 이전 단계보다 너비와 높이가 절반씩 줄어들게 만든다. 이와 같은 각각의 이미지들을 밉맵, 또는 밉 레벨$^{\text{mip level}}$이라고 부른다. 예를 들면 64×64 텍스처는 다음과 같은 밉 레벨을 가진다. 64×64, 32×32, 16×16, 8×8, 4×4, 2×2, 1×1. 그림 11.18을 참조하자. 텍스처에 밉맵이 있으면 그래픽 하드웨어는 삼각형과 카메라의 거리에 따라 적절한 밉 레벨을 선택하는데, 텍셀 레벨을 1에 가깝게 유지하려고 노력한다. 예를 들어 어떤 텍스처가 화면의 40×40만큼의 영역을 차지한다면 64×64 밉 레벨을 선택한다. 같은 텍스처가 10×10만큼의 영역만 차지하는 경우에는 16×16 밉 레벨을 쓴다. 다음에 곧 살펴볼 내용인데, 삼중선형 필터링$^{\text{trilinear filtering}}$을 이용하면 하드웨어는 인근의 두 밉 레벨을 가져와 결과를 블렌딩한다. 이 경우 10×10 영역은 16×16과 8×8 밉 레벨을 블렌딩해 매핑한다.

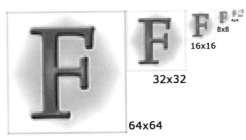

그림 11.18 64 × 64 텍스처의 밉 레벨

월드 공간 텍셀 밀도

텍셀 대비 텍스처가 덮인 월드 공간 표면의 비율을 나타내는 데도 '텍셀 밀도'란 용어를 쓴다. 예를 들어 한 변이 2미터인 정사각형을 256 × 256 텍스처로 매핑한다면 텍셀 밀도는 $256^2/2^2$ = 16,384다. 지금까지 이야기했던 스크린 공간 텍셀 밀도와 구분하고자 이것을 월드 공간 텍셀 밀도라고 부르기로 하겠다.

월드 공간 텍셀 밀도는 1에 맞출 필요가 없는데, 사실 구체적인 수치는 보통 1보다는 훨씬 크고 단위를 어떤 것을 쓰느냐에 전적으로 달려 있다. 그렇지만 물체들이 어느 정도 일관된 월드 공간 텍셀 밀도를 갖게 텍스처를 매핑하는 것이 중요하다. 예를 들면 정육면체의 각 면은 모두 같은 크기의 텍스처에 매핑해야 한다. 그렇지 않은 경우 어느 한 면은 다른 면에 비해 해상도가 낮은 텍스처를 보이게 되고 플레이어가 쉽게 눈치채게 된다. 일부 게임 팀들은 아트 팀에 적당한 가이드라인과 함께 게임 내에서 텍셀 밀도를 눈으로 확인할 수 있는 툴을 제공해 게임 내 물체들이 적정한 수준의 월드 공간 텍셀 밀도를 갖게 애쓰기도 한다.

텍스처 필터링

텍스처 매핑된 삼각형의 픽셀을 렌더링할 때 그래픽 하드웨어는 텍스처 공간에서 픽셀 중심의 위치를 보고 텍스처 맵을 샘플링한다. 일반적으로 텍셀과 픽셀이 일대일로 분명하게 맞아 떨어지는 경우는 드물다. 픽셀의 중심은 텍스처 공간의 아무 위치에나 올 수 있는데, 어떤 경우에는 여러 텍셀의 경계 위에 오기도 한다. 그렇기 때문에 그래픽 하드웨어는 여러 텍셀을 샘플링해 이것들을 블렌딩한 후 최종적인 텍셀 색을 결정한다. 이 과정을 텍스처 필터링이라고 한다.

대부분의 그래픽 카드들은 다음과 같은 텍스처 필터링 방식을 지원한다.

- **근접 샘플**^{nearest neighbor} **필터링** 매우 조잡한 방식으로 픽셀 중심과 가장 가까운 텍셀을 선택한다. 밉맵을 사용하는 경우 스크린 공간 텍셀 밀도가 1이 되는 최적 해상도보다 해상도가 큰 밉 레벨을 사용한다.

- **이중선형**^{bilinear} **필터링** 픽셀 중심을 둘러싼 4개의 텍셀들을 샘플링해 이것들을 가중 평균하는 방식이다(가중 평균에서 가중치는 픽셀 중심으로부터의 거리). 밉맵을 사용하는 경우 가장 가까운 밉 레벨을 선택한다.

- **삼중선형**^{trilinear} **필터링** 가장 가까운 두 밉 레벨(최적 해상도보다 높은 것과 그보다 낮은 것 하나) 모두에 이중선형 필터링을 적용한 후 그 결과를 선형 보간한다. 이렇게 해서 밉 레벨이 변하더라도 갑자기 튀는 것을 방지한다.

- **비등방성**^{anisotropic} **필터링** 이중선형 필터링과 삼중선형 필터링은 둘 다 2 × 2 블록의 텍셀을 샘플링한다. 이것은 텍스처 표면을 바로 위에서 내려다보는 경우에는 괜찮지만, 비스듬히 볼 때는 그렇지 않다. 비등방성 필터링은 바라보는 각도에 맞게 사다리꼴 영역에 들어가는 텍셀들을 샘플링하기 때문에 텍스처 표면을 비스듬히 바라보는 경우 품질을 향상시킬 수 있다.

11.1.2.6 머티리얼

머티리얼^{material}이란 메시의 시각적인 속성을 통틀어 일컫는 용어다. 메시 표면에 매핑되는 텍스처를 비롯한 하이레벨 속성들, 예를 들면 메시를 렌더링할 때 사용할 셰이더 프로그램, 셰이더에 들어갈 입력 인자들, 그래픽 가속 하드웨어를 제어하는 데 쓰이는 인자 등이 모두 포함된다.

엄밀히 따지면 정점 속성도 표면 속성에 해당하지만 일반적으로 머티리얼이라고 하지는 않는다. 정점 속성은 메시에 포함되기 때문에 메시와 머티리얼만 있으면 물체를 렌더링하는 모든 정보를 갖췄다고 할 수 있다. 메시와 머티리얼을 합쳐서 렌더 패킷이라고 부르는 경우도 있고 '기하 기본 단위^{geometric primitive}'란 용어를 메시와 머티리얼까지 포함하게 확장해 쓰는 경우도 있다.

3D 모델은 일반적으로 여러 개의 머티리얼을 사용한다. 예를 들면 사람 모델은 머리카락, 피부, 눈, 치아, 여러 옷가지 등을 위해 각기 다른 머티리얼을 갖는다. 이런 이유 때문에 메시 하나를 여러 개의 서브메시^{submesh}로 나눠 각각 1개의 머티리얼에 연결하는 경우가 많다. 오거 렌더링 엔진은 `Ogre::SubMesh` 클래스로 이 같은 디자인을 구현한다.

11.1.3 조명의 기본

모든 CG 렌더링의 핵심은 조명^{lighting}이다. 조명을 잘못하면 아무리 멋지게 모델링한 장면이라도 밋밋하고 인공적으로 보인다. 마찬가지로 굉장히 단순한 장면도 조명을 정확하게 하면 굉장히 사실적으로 보일 수 있다. 유명한 '코넬 박스^{Cornell box}'가 좋은 예다(그림 11.19).

그림 11.19 고전인 '코넬 박스'의 일종으로, 아주 단순한 장면이라도 조명만 잘하면 굉장히 사실적으로 보일 수 있음을 보여 준다.

너티 독이 만든 '라스트 오브 어스: 리마스터드'의 다음 스크린샷들을 보면 조명의 중요성을 잘 알 수 있다. 그림 11.20은 텍스처가 없는 장면이다. 그림 11.21은 같은 장면에 난반사 텍스처가 적용된 것이다. 조명이 온전히 적용된 장면은 그림 11.22다. 조명이 적용되면서 사실감이 크게 늘어난 것을 알 수 있다.

그림 11.20 라스트 오브 어스: 리마스터드(©2014™ SIE. 너티 독 개발. 플레이스테이션 4)를 텍스처 없이 렌더링한 화면

그림 11.21 라스트 오브 어스: 리마스터드(©2014™ SIE. 너티 독 개발. 플레이스테이션 4)의 같은 장면에 난반사 텍스처만 입힌 것

그림 11.22 라스트 오브 어스: 리마스터드(©2014™ SIE. 너티 독 개발. 플레이스테이션 4)의 장면. 조명이 온전히 적용됐다.

셰이딩이라는 용어는 조명과 기타 시각 효과를 합해 넓은 의미로 부르는 말이다. 따라서 '셰이딩'에는 물 표면 움직임을 시뮬레이션하려고 정점 위치를 변경하는 일, 머리카락이나 털가죽을 흉내내는 일, 고차 표면$^{high-order surface}$를 테셀레이션하는 일 등 장면을 렌더링하는 데 필요한 다양한 연산이 포함된다.

다음에는 그래픽 하드웨어와 렌더링 파이프라인을 이해하는 바탕이 될 조명의 기본에 대해 알아보자. 조명에 대해서는 11.3절에서 다시 다루는데, 이때는 최신 조명 및 셰이딩 기술에 대해서도 알아본다.

11.1.3.1 지역 조명과 전역 조명 모델

렌더링 엔진에는 빛-표면 및 빛-공간 간의 상호작용에 관한 다양한 수학적 모델이 쓰이는데, 이 모델을 빛 수송 모델이라고 한다. 제일 단순한 모델은 빛이 방출돼 물체 하나에만 반사된 후 바로 가상 카메라의 상 표면에 맺히는 직접 조명만 계산에 넣는다. 이 같은 단순한 모델은 한 물체에 대한 지역적인 빛의 효과만 고려하기 때문에 지역^{local} 조명 모델이라고 한다. 지역 조명 모델에서 물체들은 서로 외관에 영향을 주지 않는다. 당연히 지역 조명 모델은 게임에서 가장 먼저 사용된 모델이며 아직도 여전히 쓰이고 있다. 상황에 따라 지역 조명으로도 깜짝 놀랄 만한 사실감을 낼 수 있다.

진짜 포토리얼리즘을 얻으려면 간접 조명$^{indirect\ lighting}$을 계산에 넣어야 하는데, 간접 조명은 빛이 여러 표면에 여러 번 반사해서 최종적으로 가상 카메라에 도달하는 것이다. 간접 조명을 고려하는 조명 모델을 전역^{global} 조명 모델이라고 한다. 전역 조명 모델 중에는 특정한 시각 현상을 흉내내는 데 목적을 두는 것도 있는데, 여기에는 사실감 있는 그림자 구현, 반사 표면 모델링, 물체 간에 서로 반사하는 현상 구현(한 물체의 색이 주변의 여러 다른 물체들의 색에 영향을 미치는 경우), 초곡면^{caustic} 효과(물이나 반짝이는 금속 등에 의해 생기는 강렬한 반사광) 모델링 등이 있다. 나머지 전역 조명 모델들은 다양한 광학 현상을 전체적으로 고려하는 데 목적을 둔다. 레이 트레이싱$^{ray\ tracing}$이나 라디오 시티^{radiosity} 등이 이 같은 기술들의 대표적인 예다.

전역 조명은 렌더링 방정식 또는 셰이딩 방정식이라 불리는 수학적 공식에 의해 완벽하게 기술된다. 렌더링 방정식은 1986년에 카지야$^{J.T.Kajiya}$가 발표한 기념비적인 시그래프^{SIGGRAPH} 논문에서 처음 소개됐다. 어떻게 보면 모든 렌더링 기법들은 렌더링 방정식에 대한 완전한 해법 또는 부분적인 해법이라고 볼 수 있는데, 방정식을 푸는 기본적인 접근 방식 및 가정, 단순화, 근사화 등에서 그 차이가 있을 뿐이다. 웹사이트(http://en.wikipedia.org/wiki/Rendering_equation) [10], [2] 등을 비롯해 대다수의 고급 렌더링 및 조명 서적에 렌더링 방정식에 대한 더 자세한 내용이 나와 있다.

11.1.3.2 퐁 조명 모델

게임 렌더링 엔진들이 가장 흔히 사용하는 지역 조명 모델은 퐁 반사$^{Phong\ reflection}$ 모델이다. 이 모델에서는 표면에서 반사되는 빛은 다음과 같은 세 가지 항의 합으로 표현된다.

- **환경**^{ambient} 항은 장면의 전반적인 조명 레벨을 나타낸다. 장면에 존재하는 간접 반사된 빛들의 양에 대한 전체적인 근사치다. 그림자 영역이 완전히 검은색으로 보이지 않는 것은 간접 반사 때문이다.
- **난반사**^{diffuse} 항은 직접 광원에서부터 모든 방향으로 골고루 반사되는 빛을 나타낸다. 이것은 실제로 윤이 없는 표면(나무, 천 등)에 빛이 튕겨져 나오는 방식을 정확하게 근사한다.
- **정반사**^{specular} 항은 매끈한 표면에서 밝게 반사되는 하이라이트를 나타낸다. 바라보는 시선 방향과 반사광의 경로가 가까워질 때 반사광 하이라이트가 생긴다.

그림 11.23에는 환경, 난반사, 정반사 항들이 모여 표면의 최종 강도^{intensity} 및 색을 만드는 과정이 나와 있다.

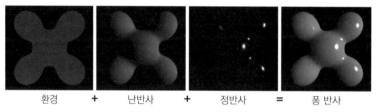

환경   **+**   난반사   **+**   정반사   **=**   퐁 반사

그림 11.23 환경, 난반사, 정반사 항을 모두 합해 퐁 반사를 계산한다.

표면의 특정 지점에서 퐁 반사를 계산하려면 몇 가지 입력 인자가 필요하다. 퐁 모델은 세 가지 색 채널(R, G, B)에 따로 적용되는 것이 일반적이기 때문에 다음에 나오는 색 인자들은 모두 3차원 벡터들이다. 퐁 모델에 필요한 입력은 다음과 같다.

- 시선 벡터 $V = [V_x \ V_y \ V_z]$, 반사 지점에서 가상 카메라의 초점을 향하는 벡터(예, 카메라의 월드 공간 '앞' 벡터의 방향을 반대로 한 것)
- 세 가지 색 채널의 환경 광 강도, $A = [A_R \ A_G \ A_B]$
- 광선이 부딪히는 표면의 법선 $N = [N_x \ N_y \ N_z]$
- 표면 반사율 특성
  - 환경 광 반사율 $k_A = [k_{AR} \ k_{AG} \ k_{AB}]$
  - 난반사광 반사율 $k_D = [k_{DR} \ k_{DG} \ k_{DB}]$
  - 정반사광 반사율 $k_S = [k_{SR} \ k_{SG} \ k_{SB}]$

- ○ '반짝이는 정도'를 나타내는 반사 지수 α
- 그리고 각 광원 i마다 다음과 같은 값이 필요하다.
  - ○ 빛의 색과 강도 $C_i = [C_{iR} \quad C_{iG} \quad C_{iB}]$
  - ○ 반사 지점으로부터 광원으로 향하는 방향 벡터 L_i

특정 지점에서 반사되는 빛의 강도 I를 퐁 모델로 나타내면 다음과 같은 벡터 방정식으로 나타 낼 수 있다.

$$\mathbf{I} = (\mathbf{k}_A \otimes \mathbf{A}) + \sum_i \left[\mathbf{k}_D (\mathbf{N} \cdot \mathbf{L}_i) + \mathbf{k}_S (\mathbf{R}_i \cdot \mathbf{V})^\alpha \right] \otimes \mathbf{C}_i$$

이 식에서 합을 나타내는 항은 한 지점에 영향을 미치는 모든 광원 i에 대한 결과를 전부 더하 는 것이다. 연산자 $\otimes$는 두 벡터의 요소별 곱이라는 것을 기억하자(통칭 아다마르 곱). 이 식은 색 채널당 하나씩 스칼라 방정식으로 나눠 쓸 수 있다.

$$I_R = k_{AR} A_R + \sum_i \left[k_{DR} (\mathbf{N} \cdot \mathbf{L}_i) + k_{SR} (\mathbf{R}_i \cdot \mathbf{V})^\alpha \right] C_{iR}$$

$$I_G = k_{AG} A_G + \sum_i \left[k_{DG} (\mathbf{N} \cdot \mathbf{L}_i) + k_{SG} (\mathbf{R}_i \cdot \mathbf{V})^\alpha \right] C_{iG}$$

$$I_B = k_{AB} A_B + \sum_i \left[k_{DB} (\mathbf{N} \cdot \mathbf{L}_i) + k_{SB} (\mathbf{R}_i \cdot \mathbf{V})^\alpha \right] C_{iB}$$

위의 식들에서 벡터 $R_i = [R_{xi} \quad R_{yi} \quad R_{zi}]$는 표면 법선 N을 기준으로 광선의 방향 벡터 Li을 반사 한 것이다.

벡터 R_i는 벡터 연산을 조금만 하면 쉽게 구할 수 있다(그림 11.24 참조). 모든 벡터는 법선 성분 과 접선 성분의 합으로 표현되는 점을 고려하면 빛의 방향 벡터 L을 다음과 같이 나눌 수 있다.

$$\mathbf{L} = \mathbf{L}_N + \mathbf{L}_T$$

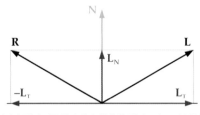

그림 11.24 반사광 벡터 R를 알아내기 위해 빛 벡터 L과 표면 법선 N을 사용한다.

우리는 이미 내적 $(N \cdot L)$이 L을 표면의 법선에 투영한 길이를 나타내는 스칼라 값이라는 사실을 안다.[1] 따라서 법선 성분 L_N은 단위 법선 벡터 N에 N과 L의 내적 값을 곱한 것이 된다.

$$L_N = (N \cdot L)N$$

반사된 벡터 R은 L과 법선 성분은 같지만 방향이 반대인 접선 성분을 갖는다$(-L_T)$. 따라서 R은 다음과 같이 표현된다.

$$
\begin{aligned}
R &= L_N - L_T \\
&= L_N - (L - L_N) \\
&= 2L_N - L; \\
R &= 2(N \cdot L)N - L_T
\end{aligned}
$$

이 식을 이용하면 모든 빛 방향 벡터 L_i에 대한 R_i를 찾아낼 수 있다.

블린-퐁

블린-퐁Blinn-Phong 모델은 약간 변형된 퐁 모델인데, 반사광을 계산하는 방식이 조금 다르다. 이 방식은 시선 벡터 V와 빛 방향 벡터 L의 정가운데 있는 벡터 H를 정의한다. 퐁 모델의 반사광 성분이 $(R \cdot V)^a$인 데 반해 블린-퐁의 반사광 성분은 $(N \cdot H)^a$이다. 지수 a는 퐁 모델의 지수 α와는 다르지만 퐁 모델의 반사광 항과 비슷한 값이 되게 고른다.

블린-퐁 모델은 속도가 더 빠르지만 정확도가 다소 떨어지는 단점이 있는데, 경우에 따라서는 일부 표면 경우 퐁 모델보다 사실에 근접한 효과를 내기도 한다. 블린-퐁 모델은 초기의 컴퓨터 게임에서만 사용됐고 초창기 GPU들의 고정 기능fixed-function 파이프라인에 내장됐었다. 더 자세한 내용은 다음 사이트(http://en.wikipedia.org/wiki/Blinn%E2%80%93Phong_shading_model)를 찾아가 보자.

BRDF 그래프

퐁 조명 모델을 이루는 세 항들은 범용 지역 반사 모델인 양방향 반사도 분포 함수BRDF, Bidirectional Reflectance Distribution Function의 특수한 경우에 해당한다. BRDF는 시선 방향 V를 따라 나가는 빛의 양radiance 대 빛 방향 L로 들어오는 빛의 양irradiance의 비율을 계산한다.

BRDF는 반구형 그래프로 그릴 수 있는데, 원점에서의 거리를 통해 해당 방향에서 바라본 반

---

[1]   4장 참조. 단위 길이 벡터와의 내적은 그 벡터에 투영된 길이를 나타낸다. – 옮긴이

사광의 강도를 나타낸다. 퐁 모델에서 난반사 항은 $k_D(N \cdot L)$ 항이다. 이 항은 입사 광선 L에만 영향을 받고 시선 각도 V에는 독립적이다. 따라서 이 항의 값은 어떤 방향에서 바라봐도 같다. 이 항을 시선 각도에 대한 함수로 삼아 3차원에 그려 보면 반사되는 지점을 중심으로 반구로 나타낼 수 있다. 그림 11.25는 이것을 2차원에 그린 것이다.

퐁 모델의 반사광 항은 $k_S(R \cdot V)^a$이다. 이 항은 들어오는 빛 L과 시선 방향 V 모두에 영향을 받는다. 들어오는 빛 L을 표면 법선에 반사시킨 R과 시선 각도가 가까워지면 반사광이 강렬해지는 '핫스팟$^{hot\ spot}$'이 존재한다. 하지만 시선 각도가 반사광과 멀어지면 반사광은 급격하게 떨어진다. 이 개념이 그림 11.26에 나와 있다.

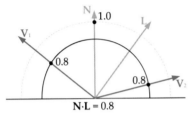

그림 11.25 퐁 모델에서 난반사 항은 N · L에 종속적이지만 시선 각도 V에는 독립적이다.

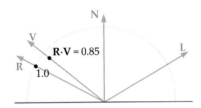

그림 11.26 퐁 모델의 반사광 항은 시선 각도 V가 빛의 반사 방향 R과 일치할 때 최댓값이지만 V와 R이 멀어지면 급격하게 작아진다.

11.1.3.3 광원 모델링

빛과 표면의 상호작용뿐 아니라 광원들을 모델링할 방법도 있어야 한다. 광원을 흉내낼 때도 다른 실시간 렌더링 분야와 마찬가지로 다양한 단순화 모델을 사용한다.

정적 조명

가장 빠른 조명 계산 방식은 미리 해놓은 걸 그대로 쓰는 것이다. 그렇기 때문에 가능한 한 조명은 오프라인에 하는 것이 바람직하다. 메시의 정점에서 퐁 반사를 미리 계산한 후 정점의 난반사 색$^{diffuse\ color}$으로 저장할 수 있다. 마찬가지로 픽셀 단위의 조명도 미리 계산한 후 텍스처 맵에 저장하면 되는데, 이것을 조명 맵$^{light\ map}$이라고 한다. 런타임에는 조명 맵을 물체에 투영해 조명 효과를 낸다.

조명 정보를 난반사 텍스처에 직접 굽는 것이 더 낫지 않느냐고 생각할 수도 있다. 이렇게 하지 않는 것은 몇 가지 이유가 있다. 무엇보다 난반사 텍스처 맵은 타일처럼 쪼개져서 장면의 다양한 곳에 반복돼 사용되는 경우가 많은데, 이 경우 여기에 조명을 직접 구울 수는 없다. 대신 광원 하나마다 조명 맵을 하나씩 생성하고 영향 범위 안에 들어오는 모든 물체에 이것을 적용하는 방식을 쓴다. 이렇게 하면 광원 근처를 지나가는 물체들도 적절하게 조명을 받게 할 수 있다. 또 조명 맵과 난반사 텍스처 맵에 다른 해상도를 사용할 수 있다는 장점이 있다(대개 조명 맵이 더 해상도가 낮다). 마지막으로 조명 정보만 들고 있는 조명 맵이 난반사 색을 포함하는 것보다 압축률이 더 좋다.

환경 광 광원

환경 광 광원ambient light은 퐁 조명 모델의 환경 광 항에 해당한다. 이 항은 시선 방향에 영향을 받지 않으며 특정한 방향도 없다. 따라서 환경 광 광원은 색 하나로 나타내는데, 이것은 퐁 방정식에서 A 색 항에 해당한다(런타임에는 표면의 환경 광 반사도 k_A와 곱한다).

환경 광 광원의 강도와 색은 게임 월드 내 지역마다 다를 수 있다.

방향 광원

방향 광원directional light은 태양처럼 무한히 먼 거리에서 빛을 내는 광원을 모델링한다. 방향 광원에서 나오는 광선은 평행하고 빛 자체도 구체적인 위치가 없다. 따라서 방향 광원은 빛 색 C와 방향 벡터 L로 나타낸다. 그림 11.27에 방향 광원이 나와 있다.

점(전방향) 광원

점 광원(전방향 광원omnidirectional light)은 분명한 위치가 있고 모든 방향으로 균등한 빛을 낸다. 대부분의 경우 빛의 강도는 광원으로부터의 거리의 제곱에 반비례해 줄어들고 최대 범위를 벗어나면 0이 된다. 점 광원은 위치 P와 빛의 색/강도 C, 최대 범위 rmax로 나타낸다. 렌더링 엔진은 점 광원의 범위 안에 들어가는 표면에만 조명을 한다(최적화 측면에서 상당한 게인이 된다). 그림 11.28에 점 광원이 나와 있다.

스팟 광원

스팟 광원spot light은 점 광원과 비슷하지만 플래시처럼 빛의 범위가 원뿔 모양으로 한정된다. 대개 안쪽 범위와 바깥 범위를 나타내는 원뿔 2개를 사용한다. 안쪽 원뿔의 내부에는 빛이 정상적인 강도로 비친다. 안쪽을 벗어나 바깥 범위로 가면서 빛의 강도는 점점 감소하고 바깥 원뿔을 벗어나면 0이 된다. 두 원뿔 안에서 빛의 강도는 광원으로부터 거리에 반비례한다. 스팟 광원은 위치 P와 빛 색 C, 중심 방향 벡터 L, 최대 반지름 r_{max}, 안쪽 원뿔과 바깥 원뿔의 각도 θ_{min}과 θ_{max}로 나타낸다. 그림 11.29에 스팟 광원이 나와 있다.

그림 11.27 방향 광원

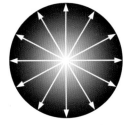

그림 11.28 점 광원

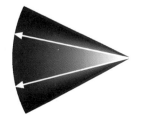

그림 11.29 스팟 광원

면적 광원

지금껏 다뤘던 모든 광원은 모두 이상적인 한 점에서 나오는 것들이었다(거리가 무한한 것도 있고 일정한 것도 있었다). 하지만 실제 광원에는 대부분 어느 정도 면적이 있다. 그렇기 때문에 그림자에서 완전히 어두운 부분^{umbra}과 완전히 어둡지 않은 부분^{penumbra}이 생긴다.

면적 광원^{arealLight}을 직접 모델링하는 대신 CG 엔지니어들은 몇 가지 트릭을 써서 면적 광원의 행동을 흉내낸다. 예를 들면 그림자의 완전히 어둡지 않은 부분을 흉내내려고 그림자를 여러 개 만든 후 이것들을 블렌딩할 수도 있고 그림자의 날카로운 경계를 다소 둔하게 만드는 방법도 있다.

발광체

어떤 경우 표면 자체가 빛을 내는 광원인 경우도 있다. 플래시라이트, 빛나는 수정구, 로켓 엔진에서 뿜어 나오는 불꽃 등이 그 예다. 발광하는 표면은 발광 텍스처 맵^{emissive texture map}(주변 환경이 어떻든 온전한 강도의 색을 갖는 텍스처)으로 모델링할 수 있다. 이런 텍스처를 이용해 네온 사인이나 자동차의 전조등과 같은 것들을 구현할 수 있다. 여러 기법을 조합해 발광체^{emissive object}를 구현하기도 한다. 예를 들어 플래시라이트를 구현할 경우 빛을 정면으로 바라볼 때를 위해 발광 텍스처 맵을 사용하고, 여기에 장면에 빛을 비추게 스팟 광원을 더하며, 빛 기둥 모양 원뿔을 흉내내는 데는 노란색 반투명한 메시를 쓰고, 카메라를 바라보는 투명한 판으로 렌즈 플레어(또는 HDR 조명을 엔진에서 지원하는 경우 블룸^{bloom} 효과)를 흉내내고, 마지막으로 투영^{projected} 텍스처를 사용해 플래시가 비치는 표면에 초곡면^{caustic} 효과를 주게 할 수 있다. 그림 11.30에 나오는 루이지 맨션^{Luigi's Mansion}에 쓰인 플래시라이트가 이와 같은 복합 효과를 사용해 구현한 것이다.

그림 11.30 루이지 맨션(닌텐도 Wii)에 사용된 플래시라이트는 다양한 시각 효과를 합쳐 만들었는데, 빛 기둥에는 반투명한 원뿔형 메시, 조명에는 동적 스팟 광원, 렌즈에는 발광 텍스처, 렌즈 플레어에는 카메라를 향하는 판을 사용했다.

11.1.4 가상 카메라

컴퓨터 그래픽에 사용되는 가상 카메라^{virtual camera}는 진짜 카메라나 사람의 눈보다는 훨씬 단순하다. 가상 카메라는 이론적인 초점과 그 앞에 어느 정도 거리를 두고 떠 있는 감광 표면 imaging rectangle으로 이뤄져 있다. 감광 표면은 정사각형이나 직사각형 형태인 가상 감광 센서들이 격자 모양으로 이뤄져 있는데, 각 센서는 스크린의 픽셀 하나에 해당한다. 이 가상 센서들에 기록될 색과 빛의 강도를 결정하는 과정이 렌더링이다.

11.1.4.1 뷰 공간

가상 카메라의 원점은 뷰 공간^{view space} 또는 카메라 공간이라 불리는 3D 좌표계의 원점이다. 일반적으로 카메라는 z축의 양의 방향이나 음의 방향을 향해 '바라보고' 있고, y축은 위, x축은 왼쪽이나 오른쪽이 된다. 그림 11.31은 흔히 볼 수 있는 왼손 좌표계와 오른손 좌표계 뷰 공간이다.

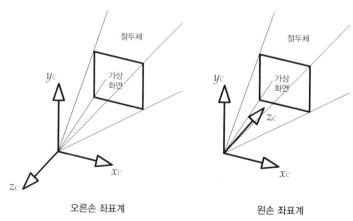

그림 11.31 왼손 좌표계와 오른손 좌표계 카메라 공간 축

카메라의 위치와 방향은 뷰 월드 행렬로 나타낼 수 있는데, 메시 인스턴스를 월드에 위치시킬 때 모델-월드 행렬을 쓰는 것과 마찬가지다. 월드 공간 좌표를 기준으로 나타낸 카메라의 위치 벡터와 세 기저 벡터를 알고 있을 때 뷰 월드 행렬을 다음과 같이 표기할 수 있는데, 이것 또한 모델-월드 행렬을 구하는 과정과 동일하다.

$$\mathbf{M}_{V \to W} = \left[\begin{array}{c|c} \mathbf{i}_V & 0 \\ \mathbf{j}_V & 0 \\ \mathbf{k}_V & 0 \\ \hline \mathbf{t}_V & 1 \end{array} \right]$$

삼각형 메시를 렌더링하는 과정에서 정점들은 먼저 모델 공간에서 월드 공간으로 변환되고, 그다음 월드 공간에서 뷰 공간으로 변환된다. 월드 공간에서 뷰 공간으로 변환할 때는 월드 뷰 행렬이 필요한데 이것은 뷰 월드 행렬의 역행렬이다. 이것을 때로는 뷰 행렬이라고 부르기도 한다.

$$\mathbf{M}_{W \to V} = \mathbf{M}_{V \to W}^{-1} = \mathbf{M}_{\text{view}}$$

주의할 점은 뷰 행렬이 카메라 행렬이 아니라 역행렬이라는 것으로, 게임 개발에 익숙지 않은 개발자의 경우 쉽게 혼동하고 실수하기 쉬운 부분이다.

메시 인스턴스를 렌더링하기 전에 모델-월드 행렬과 월드 뷰 행렬을 결합하는 경우가 많다. 오픈GL에서는 이렇게 결합된 행렬을 모델 뷰 행렬이라고 부른다. 이렇게 결합 행렬을 미리 계산하는 이유는 정점을 모델 공간에서 뷰 공간으로 변환할 때 행렬 곱셈을 한 번만 해도 되기 때문이다.

$$\mathbf{M}_{M \to V} = \mathbf{M}_{M \to W} \mathbf{M}_{W \to V} = \mathbf{M}_{\text{modelview}}$$

11.1.4.2 투영

3D 장면을 2D 이미지 평면에 렌더링하려면 투영^{projection}이라는 특수한 변환을 거쳐야 한다. 컴퓨터 그래픽에서 가장 흔히 쓰는 것은 원근^{perspective} 투영인데, 진짜 카메라로 찍는 것과 거의 같은 효과를 내기 때문에 자주 쓰인다. 원근 투영에서는 물체가 카메라에서 멀리 떨어질수록 작아 보이는데, 이것을 원근 단축$^{\text{perspective foreshortening}}$이라고 한다.

길이가 보존되는 직교 투영^{orthographic projection}을 쓰는 경우도 있다. 주로 3D 모델 편집이나 게임 레벨 편집 시 평면도(예, 전면, 측면, 상단 측면도 등)를 렌더링하거나 헤드업 디스플레이^{HUD}를 그릴 때 2D 이미지를 화면에 그리는 데 쓰인다. 이 두 가지 투영법으로 정육면체를 렌더링하면 어떻게 보일지 그림 11.31에 나와 있다.

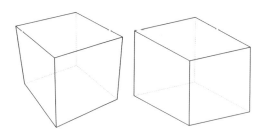

그림 11.32 직육면체를 원근 투영(왼쪽)과 직교 투영(오른쪽)을 사용해 렌더링한 모습

11.1.4.3 뷰 볼륨과 절두체

카메라가 '볼 수 있는' 영역을 뷰 볼륨^{view volume}이라고 한다. 뷰 볼륨은 평면 6개로 정의한다. 근 평면^{near plane}은 가상 감광 표면에 해당한다. 옆 평면 4개는 가상 스크린의 경계를 이룬다. 원 평면^{far plane}은 렌더링 시 너무 멀리 있는 물체들을 그리지 않게 최적 화하는 목적으로 쓰인다. 또한 깊이 버퍼에 저장될 최대 깊이를 정의하기도 한다(11.1.4.8절 참조).

원근 투영을 사용해 장면을 렌더링하는 경우 뷰 볼륨은 위가 잘린 피라미드 모양인 절두체^{frustum}가 된다. 직교 투영의 경우는 그냥 직육면체 프리즘 모양이다. 원근 투영과 직교 투영에 쓰이는 뷰 볼륨의 모양이 그림 11.33과 그림 11.34에 각각 나와 있다.

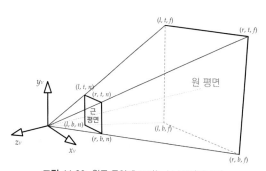

그림 11.33 원근 투영에 쓰이는 뷰 볼륨(절두체)

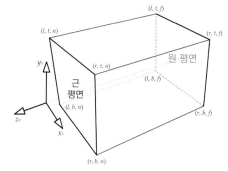

그림 11.34 직교 투영에 쓰이는 뷰 볼륨

뷰 볼륨을 이루는 여섯 평면들은 원소가 4개인 벡터 $(n_{ix}, n_{iy}, n_{iz}, d_i)$ 6개를 써서 깔끔하게 표현할 수 있는데, 여기서 n = (n_x, n_y, n_z)는 평면 법선이고 d는 원점과의 거리다. 평면을 점-법선 형태로 나타내는 것을 선호한다면 벡터 (Q_i, n_i) 6개로 나타낼 수도 있는데, Q는 평면 위의 임의의 점이고 n은 평면 법선이다(두 경우 모두 6개의 평면을 나타내는 데 i를 인덱스로 사용했다).

11.1.4.4 투영과 동차 클립 공간

원근 투영이나 직교 투영 둘 다 뷰 공간의 점들을 동차 클립 공간^{homogeneous clip space}이라 불리는 좌표계로 변환하는 역할을 한다. 동차 클립 공간이란 뷰 공간을 조금 변형한 3차원 공간에 불과하다. 클립 공간을 쓰는 이유는 카메라 공간 뷰 볼륨을 투영 종류나 스크린의 해상도, 화면 비율 등에 무관한 표준적인 뷰 볼륨으로 변경하는 것이다.

클립 공간의 표준적인 뷰 볼륨은 직육면체 프리즘 형태이며, x축과 y축 방향으로는 −1부터 +1 까지의 범위에 걸쳐 있다. z축 방향으로는 −1 부터 +1에 걸쳐 있거나(오픈GL), 아니면 0부터 1에 걸쳐 있다(다이렉트X). 이 좌표계를 '클립 공간'이라고 부르는 이유는 뷰 볼륨의 평면들이 축 정렬돼 있어서 삼각형들을 클립^{clip}하기가 편하기 때문이다(원근 투영의 경우에도 마찬가지다). 오픈GL에서 사용하는 표준적인 클립 공간 뷰 볼륨이 그림 11.35에 나와 있다. z축이 스크린 안쪽을 향하고 y축은 위쪽, x축은 오른쪽을 향하는 데 유념하자. 즉 동차 클립 공간은 일반적으로 왼손 좌표계다. 여기서 왼손 좌표계를 사용한 이유는 y가 위이고 x가 오른쪽일 때 z 값이 증가하면 화면 안쪽으로 깊어지기 때문이다.

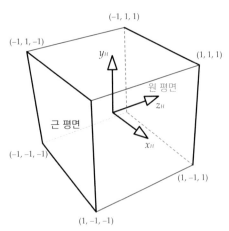

그림 11.35 동차 클립 공간의 표준적인 뷰 볼륨

원근 투영

원근 투영perspective projection에 대한 자세한 설명은 참고 도서 [32]의 4.5.1절에 자세히 나와 있기 때문에 여기서 반복하지는 않겠다. 대신 아래에 있는 원근 투영 행렬 $M_{V \to H}$를 바로 살펴보자(아래첨자 $V \to H$는 정점들을 뷰 공간에서 동차 클립 공간homogeneous clip space으로 변환한다는 뜻이다). 뷰 공간이 오른손 좌표계라고 가정하면, 근 평면은 z축과 $z = -n$에서 교차하고 원 평면은 $z = -f$에서 교차한다. 가상 스크린의 왼쪽, 오른쪽, 아래, 위 경계는 각각 근 평면 위의 $x - l$, $x = r$, $y = b$, $y = t$다(대개 가상 스크린의 중심은 카메라 공간의 z축에 위치하므로 $l = -r$, $b = -t$이지만 항상 그렇지는 않다). 이 같은 정의를 활용하면 오픈GL의 원근 투영 행렬은 다음과 같다.

$$\mathbf{M}_{V \to H} = \begin{bmatrix} \left(\dfrac{2n}{r-l}\right) & 0 & 0 & 0 \\ 0 & \left(\dfrac{2n}{t-b}\right) & 0 & 0 \\ \left(\dfrac{r+l}{r-l}\right) & \left(\dfrac{t+b}{t-b}\right) & \left(-\dfrac{f+n}{f-n}\right) & -1 \\ 0 & 0 & \left(-\dfrac{2nf}{f-n}\right) & 0 \end{bmatrix}$$

오픈GL에서는 클립 공간 뷰 볼륨의 z축이 $[-1, 1]$의 범위이지만 다이렉트X에서는 $[0, 1]$이다. 위의 원근 투영 행렬을 다이렉트X에 맞게 고치려면 그냥 다음과 같이 바꾸면 된다.

$$(\mathbf{M}_{V \to H})_{\text{DirectX}} = \begin{bmatrix} \left(\dfrac{2n}{r-l}\right) & 0 & 0 & 0 \\ 0 & \left(\dfrac{2n}{t-b}\right) & 0 & 0 \\ \left(\dfrac{r+l}{r-l}\right) & \left(\dfrac{t+b}{t-b}\right) & \left(-\dfrac{f}{f-n}\right) & -1 \\ 0 & 0 & \left(-\dfrac{nf}{f-n}\right) & 0 \end{bmatrix}$$

Z로 나누기

원근 투영을 하면 각 정점의 x, y 좌표를 z 좌표로 나누게 된다. 이 때문에 원근 단축 효과가 생긴다. 왜 이렇게 되는지 알고자 4차원 동차 좌표계로 표현한 뷰 공간의 점 pv를 오픈GL의 원근 투영 행렬과 곱하는 경우를 따져 보자.

$$\mathbf{p}_H = \mathbf{p}_V \mathbf{M}_{V \to H}$$

$$= \begin{bmatrix} p_{Vx} & p_{Vy} & p_{Vz} & 1 \end{bmatrix} \begin{bmatrix} \left(\dfrac{2n}{r-l}\right) & 0 & 0 & 0 \\ 0 & \left(\dfrac{2n}{t-b}\right) & 0 & 0 \\ \left(\dfrac{r+l}{r-l}\right) & \left(\dfrac{t+b}{t-b}\right) & \left(-\dfrac{f+n}{f-n}\right) & -1 \\ 0 & 0 & \left(-\dfrac{2nf}{f-n}\right) & 0 \end{bmatrix}$$

곱셈 결과는 다음과 같은 모양이 된다.

$$\mathbf{p}_H = \begin{bmatrix} a & b & c & -p_{Vz} \end{bmatrix} \tag{11.1}$$

동차 좌표계 벡터를 3차원 좌표계로 바꾸려면 x, y, z 성분을 w 성분으로 나눠야 한다.

$$\begin{bmatrix} x & y & z & w \end{bmatrix} \equiv \begin{bmatrix} \dfrac{x}{w} & \dfrac{y}{w} & \dfrac{z}{w} \end{bmatrix}$$

따라서 식 (11.1)을 동차 좌표의 w 성분으로 나눠야 하는데 이것은 뷰 공간 z 좌표의 부호를 바꾼 것에 불과하고, 따라서 그 결과는 다음과 같다.

$$\mathbf{p}_H = \begin{bmatrix} \dfrac{a}{-p_{Vz}} & \dfrac{b}{-p_{Vz}} & \dfrac{c}{-p_{Vz}} \end{bmatrix}$$
$$= \begin{bmatrix} p_{Hx} & p_{Hy} & p_{Hz} \end{bmatrix}$$

결론적으로 동차 클립 공간의 좌표는 뷰 공간 z 좌표로 나뉘게 되고, 이것 때문에 원근 단축 효과가 생긴다.

원근 보정 정점 속성 보간

11.1.2.4절에서 삼각형의 정점 속성$^{\text{vertex attribute}}$들을 보간해 삼각형 내부 지점들의 속성을 결정한다고 이야기했었다. 속성 보간$^{\text{attribute interpolation}}$은 스크린 공간에서 수행한다. 스크린의 픽셀마다 해당 픽셀이 대응하는 삼각형 표면의 지점에서 속성들이 어떤 값을 갖는지 결정한다. 장면을 원근 투영한 후 렌더링할 때는 원근 단축 효과를 제대로 감안하게 주의를 기울여야 한다. 이 과정을 원근 보정$^{\text{perspective-correct}}$ 속성 보간이라고 한다.

이 책에서 원근 보정 보간 과정을 유도하는 것은 무리가 있고, 그냥 보간할 때 속성 값을 각 정점의 z 좌표(깊이)로 나눠야 한다는 점만 알아두자. 임의의 정점 A_1과 A_2가 있을 때 두 정점 사이를 비율 t로 속성 보간하는 식은 다음과 같이 나타낸다.

$$\frac{A}{p_z} = (1 - t)\left(\frac{A_1}{p_{1z}}\right) + t\left(\frac{A_2}{p_{2z}}\right) = \text{LERP}\left(\frac{A_1}{p_{1z}}, \frac{A_2}{p_{2z}}, t\right)$$

[32]에 원근 보정 속성 보간을 수학적으로 유도하는 과정이 잘 나와 있다.

직교 투영

직교 투영$^{\text{orthographic projection}}$ 행렬은 다음과 같다.

$$(\mathbf{M}_{V \to H})_{\text{ortho}} = \begin{bmatrix} \left(\dfrac{2}{r-l}\right) & 0 & 0 & 0 \\ 0 & \left(\dfrac{2}{t-b}\right) & 0 & 0 \\ 0 & 0 & \left(-\dfrac{2}{f-n}\right) & 0 \\ \left(-\dfrac{r+l}{r-l}\right) & \left(-\dfrac{t+b}{t-b}\right) & \left(-\dfrac{f+n}{f-n}\right) & 1 \end{bmatrix}$$

이것은 그냥 흔히 보는 축적 평행 이동 행렬이다(왼쪽 위 3 × 3 행렬은 비균등 스케일 행렬이며, 맨 아래 행은 평행 이동이다). 뷰 공간이나 클립 공간 모두 뷰 볼륨이 직육면체 프리즘 형태이기 때문에 두 공간 사이에서 정점을 변환할 때는 스케일과 평행 이동만 하면 된다.

11.1.4.5 스크린 공간과 화면 비율

스크린 공간은 2차원 좌표계로 좌표축 단위는 스크린 픽셀이다. 보통 원점은 화면 왼쪽 위고 x축은 오른쪽 방향, y축은 아래 방향이다(y축 방향이 거꾸로 된 이유는 CRT 모니터가 위에서 아래로 주사선을 쏘기 때문이다). 스크린의 너비 대 높이 비율을 화면 비율이라고 한다.

가장 흔히 쓰이는 화면 비율은 4:3(전통적인 텔레비전의 비율)과 16:9(영화 스크린과 HDTV의 비율)다. 두 화면 비율이 그림 11.36에 나와 있다.

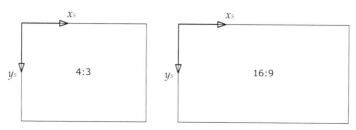

그림 11.36 가장 흔히 쓰이는 4:3과 16:9 화면 비율

동차 클립 공간의 삼각형들을 렌더링할 때는 (x, y) 좌표만 있으면 되고 z 좌표는 완전히 무시해도 된다. 하지만 그 전에 클립 공간 좌표들이 정규화된 단위 사각형 안이 아니라 스크린 공간에 위치하게 적당히 스케일하고 이동시켜야 한다. 이 과정을 스크린 매핑이라고 한다.

11.1.4.6 프레임 버퍼

렌더링한 최종 이미지는 프레임 버퍼^{frame buffer}라고 부르는 비트맵 컬러 버퍼에 저장된다. 픽셀의 색은 보통 RGBA8888 형식을 사용하는데 대부분의 그래픽 카드는 다른 형식의 프레임 버퍼도 지원한다. 널리 쓰이는 형식에는 RGB565, RGB5551 및 몇 가지 팔레트 모드가 있다.

디스플레이 하드웨어(CRT 모니터, 평면 모니터, HDTV 등)는 프레임 버퍼의 내용을 주기적으로 읽는데, 북미와 일본 및 우리나라에서 쓰이는 NTSC 텔레비전은 60Hz를 사용하고 유럽 등지에서 사용하는 PAL/SECAM 텔레비전은 50Hz를 사용한다. 보통 렌더링 엔진에는 프레임 버퍼가 최소 2개 있다. 디스플레이 하드웨어가 하나를 읽는 동안 렌더링 엔진은 다른 버퍼를 업데이트한다. 이것을 이중 버퍼링^{double buffering}이라고 부른다. 이중 버퍼링 방식은 수직 귀선 기간^{vertical blanking interval}(CRT의 전자총이 왼쪽 위로 다시 돌아가는 기간) 동안 두 버퍼를 교체(또는 뒤집기라고도 한다)하는데, 이렇게 하면 디스플레이 하드웨어가 언제나 완성된 프레임 버퍼만 읽게 보장할 수 있다. 이렇게 하는 이유는 화면 위에는 새 프레임을 그리는 동안 아래쪽은 이전 프레임의 내용이 보이는 테어링^{tearing} 현상을 막기 위해서다.

어떤 엔진은 프레임 버퍼 3개를 사용하기도 한다. 이 기법을 삼중 버퍼링^{triple buffering}이라고 부른다. 삼중 버퍼링을 쓰는 이유는 디스플레이 하드웨어에서 이전 프레임을 읽는 도중이라도 렌더링 엔진이 다음 프레임 작업을 할 수 있기 때문이다. 예를 들면 하드웨어가 버퍼 A를 읽고 있는 도중에 엔진이 버퍼 B를 완성했다고 하자. 삼중 버퍼링을 사용하면 디스플레이가 하드웨어가 버퍼 A를 다 읽을 때까지 손놓고 기다리는 것이 아니라 바로 버퍼 C에 새 프레임을 그릴 수 있다.

렌더 타깃

렌더링 엔진이 그림을 그릴 수 있는 버퍼는 모두 렌더 타깃^{render target}이다. 11장의 후반부에 살펴보겠지만, 렌더링 엔진은 프레임 버퍼 외에도 온갖 오프스크린^{off-screen} 렌더 타깃을 활용한다. 여기에는 깊이^{depth} 버퍼, 스텐실^{stencil} 버퍼를 비롯해 중간 렌더링 결과를 저장하는 다양한 버퍼들이 있다.

11.1.4.7 삼각형 래스터화와 단편

삼각형의 이미지를 화면에 그리려면 삼각형이 걸쳐 있는 픽셀들을 채워야 한다. 이 과정을 래스터화rasterization라고 한다. 래스터화가 진행되는 동안 삼각형의 표면을 단편fragment이라 불리는 조각들로 쪼개는데, 각 단편은 스크린의 한 픽셀에 들어가는 삼각형의 표면 영역을 나타낸다(다중 샘플 안티에일리어싱의 경우 단편 1개는 픽셀 하나의 일부분을 나타낸다. 다음에 나오는 내용 참조).

단편은 아직 검증되지 않은 픽셀이라 할 수 있다. 몇 번의 테스트를 통과한 후에야 프레임 버퍼에 기록된다(이에 대해서는 다음에 자세한 내용이 나온다). 이 중 한 번이라도 테스트에 실패하면 버려진다. 모든 테스트를 통과한 단편은 색이 결정되고, 단편의 색은 프레임 버퍼에 기록되거나 기존에 있는 픽셀 색과 블렌딩된다. 그림 11.37에 단편과 픽셀의 관계가 나와 있다.

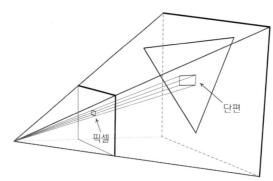

그림 11.37 단편은 화면의 픽셀에 대응하는 삼각형의 일부 영역이다. 렌더링 파이프라인을 거치면서 버려지는 경우도 있고, 그렇지 않은 경우는 프레임 버퍼에 그 색이 기록된다.

11.1.4.8 차폐와 깊이 버퍼

스크린 공간에서 서로 겹치는 두 삼각형들을 렌더링할 때 항상 카메라에 가까운 삼각형이 그려지게 보장할 방법이 필요하다. 이는 모든 삼각형들을 뒤에서부터 앞으로 순서대로 그리면 자연스럽게 가능하다(이것을 화가 알고리듬painter's algorithm이라고 부른다). 하지만 그림 11.38에서 볼 수 있듯이 삼각형끼리 교차하는 경우에는 소용이 없다.

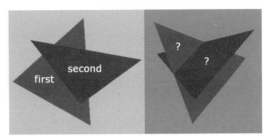

그림 11.38 화가 알고리듬은 삼각형들을 뒤에서 앞으로 그리기 때문에 자연스럽게 뒤에 있는 삼각형이 가려진다. 하지만 삼각형끼리 교차하고 있으면 제대로 동작하지 않는다.

그리는 순서에 관계없이 삼각형들이 제대로 가려지게, 즉 차폐되게 하려고 렌더링 엔진은 깊이 버퍼$^{\text{depth buffer}}$ 또는 z-버퍼$^{\text{z-buffer}}$라는 기법을 사용한다. 깊이 버퍼는 화면과 같은 크기의 버퍼로, 프레임 버퍼의 각 픽셀마다 24비트 정수 혹은 (드물게) 부동소수 깊이 정보를 저장한다(깊이 버퍼는 픽셀당 32비트 형태로 저장되는데, 24비트의 깊이값과 8비트의 스텐실^{stencil} 값을 한데 묶어 저장한다). 모든 단편은 z 좌표를 갖는데, 이것은 화면에서 깊어지는 방향으로 매겨진 깊이를 나타낸다(단편의 깊이는 삼각형의 정점들의 깊이를 보간해 얻는다). 단편의 색이 프레임 버퍼에 저장될 때 그 픽셀을 나타내는 깊이 버퍼에 깊이 값도 같이 저장된다. 다른 단편(다른 삼각형에서 나온 단편)이 같은 픽셀에 저장되려는 순간, 엔진은 새로운 단편의 깊이와 기존에 깊이 버퍼에 있던 깊이를 비교한다. 새 단편이 카메라에 더 가깝다면(즉 깊이 값이 더 작다면) 엔진은 새 픽셀을 프레임 버퍼에 기록한다. 그렇지 않은 경우 단편을 버린다.

z-다툼과 w-버퍼

서로 평행하면서 굉장히 가까운 표면들을 렌더링할 경우 렌더링 엔진은 두 평면의 깊이를 구분할 수 있어야 한다. 깊이 버퍼가 무한히 정교하다고 가정하면 별 문제가 되지 않는다. 하지만 현실의 깊이 버퍼의 정밀도는 한계가 있고, 따라서 두 평면이 굉장히 가까운 경우 깊이 값이 같아지는 경우가 생길 수 있다. 이런 일이 발생하면 멀리 있는 평면의 픽셀들이 가까운 평면을 '뚫고 들어오는' 상황이 생기는데, 이처럼 지글거리는 효과를 z-다툼$^{\text{z-fighting}}$이라고 부른다.

전체 장면에서 z-다툼을 최소화하려면 표면이 카메라에서 가깝든 멀든 똑같은 정밀도를 갖게 해야 한다. 하지만 z-버퍼는 그렇지 않다. 근 평면에서 원 평면까지 걸쳐 있는 클립 공간 z-버퍼(p_{Hz})의 정밀도는 균일하지 않은데, 그 이유는 뷰 공간 z 좌표 값으로 나누기 때문이다. $1/z$

곡선의 모양 때문에 깊이 버퍼의 정밀도는 대부분 카메라에 가까운 지점에 할애된다.

그림 11.39에 나와 있는 $p_{Hz} = 1/p_{Vz}$ 곡선의 그래프를 보면 무슨 말인지 알 수 있다. 카메라에 가까운 지점에서는 뷰 공간의 두 평면 사이의 거리 ΔpVz가 어느 정도 간격을 두고 클립 공간의 차이 값(Δp_{Hz})으로 변환된다. 하지만 카메라에서 먼 지점에서는 같은 거리가 굉장히 작은 클립 공간 차이 값으로 변환되는 것을 알 수 있다. 이런 이유로 z-다툼이 발생하는 것인데, 물체들이 카메라에서 멀어질수록 자주 발생한다.

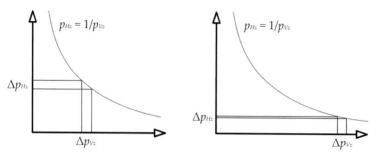

그림 11.39 함수 $1/p_{Vz}$의 그래프는 대부분의 정밀도가 카메라에 가까운 부분에 할애되는 것을 알 수 있다.

이 문제를 해결하려면 클립 공간 z 좌표 p_{Hz} 대신에 뷰 공간 z 좌표 p_{Vz}를 깊이 버퍼에 저장하면 된다. 뷰 공간 z 좌표는 카메라의 거리에 따라 일관되게 배열되기 때문에 이것을 깊이 값으로 활용하면 전체 깊이 범위 내에서 균등한 정밀도를 얻을 수 있다. 이것을 w-버퍼 기법이라고 부르는데, 편리하게도 뷰 공간 z 좌표는 동차 클립 공간 좌표에서 w 성분으로 표현되기 때문이다(식 (11.1)에서 $p_{Hw} = -p_{Vz}$임을 기억하자).

용어들이 좀 헷갈릴 수 있다. z-버퍼와 w-버퍼는 모두 클립 공간을 기준으로 표현된 좌표를 저장한다. 하지만 뷰 공간 좌표를 기준으로 놓고 봤을 때 z-버퍼는 $1/z$(즉, $1/p_{Vz}$)를 저장하지만 w-버퍼는 z(즉 p_{Vz})를 저장한다는 차이가 있다.

한 가지 짚고 넘어갈 점은 w-버퍼 기법이 z-버퍼 기법에 비해 치러야 할 비용이 있다는 것이다. 그 이유는 w-버퍼 방식에서는 깊이 값을 직접 선형 보간할 수 없기 때문이다. 보간하기전에 깊이 값의 역수를 구해야 하고, w-버퍼에 저장하기 전에 다시 역수로 바꿔야 한다.

11.2 렌더링 파이프라인

지금까지 삼각형 래스터화의 근간을 이루는 주요 이론 및 실질적 사항들을 숨가쁘게 돌아봤다. 이제 이것들이 실제 어떻게 구현되는지 알아볼 차례다. 11.1절에서 살펴봤던 하이레벨 렌더링 단계들을 구현하고자 실시간 게임 렌더링 엔진에서는 파이프라인이라는 소프트웨어/하드웨어 구조를 사용한다. 파이프라인이란 구체적인 작업을 담당하는 연산 단계[stage]들이 순서대로 연결된 것인데, 데이터 아이템들의 스트림이 차례로 각 단계를 통과하면서 출력 데이터 스트림을 만들어 낸다.

파이프라인의 각 단계는 다른 단계들에 무관하게 독립적으로 동작하는 경우가 대부분이다. 그렇기 때문에 병렬화에 굉장히 유리하다는 큰 장점이 있다. 첫 단계에서 데이터 조각 하나를 처리하고 있는 동안, 두 번째 단계는 첫 단계가 이전에 완료한 결과를 처리할 수 있고, 이 과정이 단계마다 계속 반복된다.

파이프라인의 한 단계 안에서도 병렬화를 얻을 수 있다. 예를 들어 특정 단계를 처리하는 하드웨어를 N개 배치하면 이 단계에서는 N개의 데이터를 병렬로 처리할 수 있다. 그림 11.40에는 병렬화된 파이프라인이 나와 있다. 이상적인 상황이라면 각 단계들은 병렬로 동작하고(대부분의 시간 동안), 여기에 더해 일부 단계에서는 여러 데이터 아이템을 동시에 처리하는 것도 가능하다.

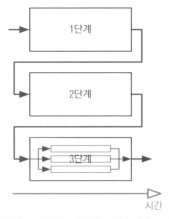

그림 11.40 병렬화된 파이프라인. 단계들은 모두 병렬로 동작하고 일부 단계는 여러 데이터를 동시에 처리할 수도 있다.

파이프라인의 처리량^{throughput}이란 초당 처리할 수 있는 데이터 아이템의 개수로 측정한다. 파이프라인의 지연 시간^{latency}은 한 데이터 아이템이 전 파이프라인을 통과하는 데 걸리는 시간이다. 각 단계의 지연 시간은 해당 단계가 데이터 하나를 처리하는 데 걸리는 시간이다. 전체 파이프라인의 처리량은 가장 느린 단계에 좌우된다. 또한 가장 느린 단계는 전체 파이프라인의 평균 지연 시간에도 영향을 미친다. 따라서 렌더링 파이프라인을 설계할 때는 모든 단계마다 지연 시간을 최소화하면서도 균형을 맞춰서 병목을 없애게 노력한다. 파이프라인이 설계가 잘됐다면 모든 단계가 동시에 동작하면서도 다른 단계가 끝나기를 오래 기다리고 있는 단계가 없어야 한다.

11.2.1 렌더링 파이프라인 개괄

어떤 책들은 렌더링 파이프라인을 크게 세 부분으로 나누기도 한다. 이 책에서는 이 개념을 더 확장해 게임 엔진에서 렌더링할 장면을 만들어 내는 오프라인 도구까지 포함하기로 한다. 이렇게 따졌을 때 렌더링 파이프라인은 크게 다음과 같은 단계로 나뉜다.

- **툴 단계**^{tool stage}(오프라인)　기하 형상과 표면 속성(머티리얼)을 정의한다.
- **자원 다듬기 단계**^{asset conditioning stage}(오프라인)　자원 다듬기 파이프라인^{ACP}은 기하 형상과 머티리얼 데이터들을 가공해 엔진에서 즉시 사용할 수 있는 형태로 변환한다.
- **애플리케이션 단계**^{application stage}(CPU)　보일 가능성이 있는 메시 인스턴스를 판별하고 이것들을 머티리얼과 함께 그래픽 하드웨어에 보내 렌더링할 수 있게 한다.
- **기하 형상 처리 단계**^{geometry processing stage}(GPU)　정점을 변환하고 조명을 적용한 후 동차 클립 공간으로 투영한다. 부가적으로 지오메트리 셰이더에서 삼각형들을 처리한 다음에 절두체 클리핑을 할 수도 있다.
- **래스터화 단계**^{rasterization stage}(GPU)　삼각형을 단편들로 쪼개고, 이것들의 색을 결정하고 다양한 테스트(z-테스트, 알파 테스트, 스텐실 테스트 등)를 거친 후 마지막으로 프레임 버퍼에 블렌딩한다.

11.2.1.1 렌더링 파이프라인이 처리하는 데이터 형식

렌더링 파이프라인을 거치면서 기하 형상 데이터의 형식이 어떻게 변하는지 살펴보는 것도 재미있다. 툴과 자원 다듬기 단계는 메시와 머티리얼을 다룬다. 애플리케이션 단계는 메시 인스턴스와 서브메시 단위로 처리하는데, 각각 머티리얼 하나와 연결된다. 기하 형상 단계에서는 서브메시들을 정점 단위로 쪼개고, 이것들은 대부분 병렬로 처리된다. 이 단계의 끝부분에서는 변환과 색 결정이 모두 끝난 정점들로 다시 삼각형을 구성한다. 래스터화 단계에서는 삼각형을 단편으로 분해하는데, 단편들은 그냥 버려질 수도 있고, 아니면 프레임 버퍼에 색으로서 기록될 수도 있다. 그림 11.41에 이 과정을 나타냈다.

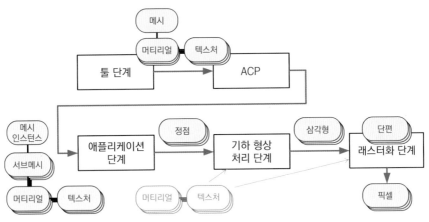

그림 11.41 렌더링 파이프라인의 각 단계를 지나면서 기하 형상 데이터의 형식은 급격히 변한다.

11.2.1.2 파이프라인 구현

맨 앞의 두 단계는 오프라인으로 구현되는데, 보통 윈도우나 리눅스 머신에서 실행된다. 애플리케이션 단계는 보통 하나 이상의 코어에서 실행되며, 기하 형상 단계와 래스터화 단계는 일반적으로 그래픽 처리 장치[GPU]에서 실행된다. 이제 이런 단계들이 어떻게 구현되는지 살펴보자.

11.2.2 툴 단계

툴 단계에서 메시를 제작할 때는 마야나 3DS 맥스, 라이트웨이브, 소프트이미지/XSI, SketchUp 등의 디지털 콘텐츠 생성[DCC, Digital Content Creation] 프로그램에 있는 3D 모델러를 사용한다. 모델의 표면을 정의하는 형식은 넙스[NURBS], 쿼드[quads], 삼각형 등 아무것이나 편한 것을 사용하면 된다. 하지만 이것들을 파이프라인의 런타임 단계에서 렌더링하려면 반드시 삼각형으로 테셀레이션해야 한다.

메시의 정점들 중에는 스키닝을 할 수도 있는 것도 있다. 이 경우 각 정점을 하나 이상의 뼈대 구조 관절들에 연결시키는 작업이 필요하고, 관절들이 해당 정점에 미치는 영향을 나타내는 가중치도 같이 지정해야 한다. 스키닝 정보와 뼈대는 애니메이션 시 스템이 모델의 움직임을 구현하는 데 사용된다(자세한 내용은 12장 참조).

아티스트가 머티리얼을 정의하는 것도 툴 단계다. 이 과정에는 각 머티리얼에 쓰일 셰이더를 고르는 일, 셰이더에서 필요한 텍스처를 선택하는 일, 각 셰이더의 설정 인자와 옵션들을 지정하는 일 등이 포함된다. 텍스저는 표면에 매핑되고, 다른 정점 속성들도 정의한다(보통 이 작업에는 DCC 프로그램에 포함된 직관적 형태의 '페인팅' 툴을 사용한다).

머티리얼을 만드는 작업은 상용, 또는 자체 제작 머티리얼 에디터로 한다. 머티리얼 에디터는 DCC 프로그램에 플러그인plug-in 형태로 통합되는 경우도 있고 아니면 독립된 프로그램인 경우도 있다. 개중에는 실행 중인 게임에 바로 연결돼 실제 게임에서 머티리얼이 어떻게 보일지를 작업자가 눈으로 확인할 수 있는 것도 있다. 그렇지 않은 것들은 오프라인 3D 뷰어를 제공한다. 여기에서 더 나가 셰이더 프로그램을 작성하고 디버깅할 수 있는 기능을 가진 에디터도 있다. 이런 툴을 사용하면 짧은 시간에 시각 효과를 프로토타이핑할 수 있는데, 마우스 클릭 몇 번으로 노드들을 연결하기만 하면 된다. 이런 도구의 예로 엔비디아의 FxComposer가 있다. 아쉽게도 더 이상 업데이트되지는 않고 다이렉트X 10까지만 지원한다. 대신 새로운 비주얼 스튜디오 플러그인인 NVIDIA® Nsight™ Visual Studio Edition을 제공한다. Nsight는 그림 11.42에 나와 있는데, 강력한 셰이더 제작 및 디버깅 기능을 제공한다. 언리얼 엔진도 마찬가지로 머티리얼 에디터Material Editor라는 그래픽 셰이더 에디터를 제공한다. 이것은 그림 11.43에 나와 있다.

머티리얼을 개별 메시와 함께 저장해 같이 관리하기도 한다. 하지만 이렇게 하면 데이터가 중복될 뿐 아니라 작업도 중복될 수 있다. 대부분의 게임은 소수의 머티리얼을 정해 놓고 여러 물체들에 사용한다. 예를 들면 몇 가지 표준적이고 재사용할 수 있는 머티리얼, 즉 나무, 바위, 금속, 플라스틱, 옷감, 스킨 등을 정의해 쓸 수도 있다. 이 머티리얼들을 모든 메시마다 중복해 저장할 필요가 없다. 대신 머티리얼을 고를 수 있는 라이브러리를 만들어 개별 메시들이 그 안에서 골라 사용하게 만드는 경우가 많다.

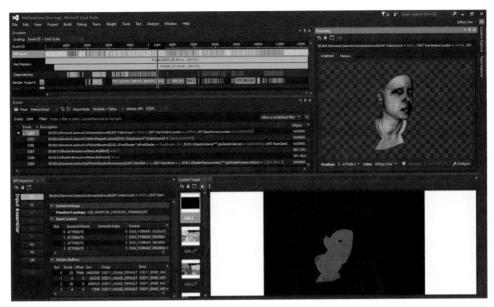

그림 11.42 NVIDIA® Nsight™ Visual Studio Editon을 통해 셰이더를 쉽게 작성하고 시각화할 수 있으며 디버깅도 간단하다.

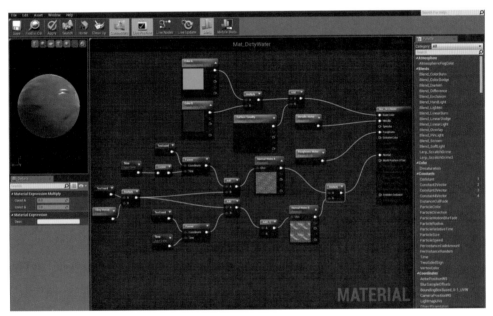

그림 11.43 언리얼 엔진 4의 머티리얼 에디터

11.2.3 자원 다듬기 단계

자원 다듬기 단계^{Asset Conditioning Stage}는 그 자체로 또 다른 파이프라인이므로 자원 다듬기 파이프라인^{ACP, Asset Conditioning Pipeline} 또는 툴 파이프라인이라고 불리기도 한다. 7.2.1.4절에서 살펴봤듯이 이 단계의 목적은 여러 종류의 자원들을 뽑아내고^{export} 가공하고 연결해 하나의 일관된 단위로 만드는 것이다. 3D 모델은 기하 형상(정점과 인덱스 버퍼), 머티리얼, 텍스처, 때로는 뼈대 등이 모여 이뤄진다. 3D 모델에서 참조하는 이 모든 개별적인 자원들을 구비하고 엔진에서 바로 불러와 사용할 수 있게 하는 것이 ACP의 역할이다. 기하 형상과 머티리얼 데이터는 DCC 프로그램에서 뽑아내서 플랫폼 중립적인 중간 형식으로 저장하는 것이 보통이다. 이 데이터를 더 가공해 여러 개의 플랫폼 특화된 형식으로 변환하는데, 그 수는 엔진이 지원하는 플랫폼의 개수에 따라 달라진다. 이 단계에서 만들어진 플랫폼 특화 자원들은 별도의 처리를 거의 하지 않고도 런타임에 메모리에 불러올 수 있는 것이 가장 이상적이다. 예를 들면 엑스박스 원이나 PS4에서 사용할 메시 데이터는 GPU에 바로 사용할 수 있도록 인덱스와 정점 버퍼 형식으로 제작할 수 있다. PS3용 기하 형상은 압축 데이터 스트림으로 제작해 DMA를 통해 즉시 SPU로 전송해 압축을 풀게 할 수도 있다. 머티리얼이나 셰이더의 요구 조건에 따라 ACP가 자원을 제작하는 방식이 바뀌기도 한다. 예를 들면 어떤 셰이더는 정점 법선 외에도 탄젠트와 바이탄젠트 벡터를 필요로 하는 경우가 있다. ACP에서 이 같은 벡터들을 자동으로 만들게 할 수 있다.

하이레벨 장면 그래프3를 사용하는 경우 이에 대한 계산도 ACP에서 하면 된다. 정적 레벨 기하 형상들을 처리해 BSP 트리를 만드는 경우를 예로 들 수 있다(11.2.7.4절에서 살펴볼 내용인데, 장면 그래프는 주어진 카메라의 위치와 방향에 따라 어떤 물체를 그려야 할지를 빠르게 판별하는 데 쓰이는 자료 구조다).

시간이 많이 걸리는 조명 계산도 주로 오프라인에서 자원 다듬기 단계의 일환으로 처리한다. 이것을 정적 조명^{static light}이라고 한다. 메시의 정점에 대한 조명 색 계산(이것을 정점 조명을 '굽는다'고 말한다)이나 정점 단위 조명 정보를 저장하는 텍스처 맵을 만드는 일, PRT^{Precomputed Radiance Transfer} 계수 계산(보통 구면 조화 함수^{spherical harmonic function} 형태로 표현)하는 일 등이 포함된다.

11.2.4 GPU 파이프라인

그래픽 하드웨어는 그래픽 처리 장치$^{GPU, Graphic Processing Unit}$라 불리는 특수 마이크로프로세서를 중심으로 발전해 왔다. 4.11절에서 살펴봤듯이 GPU의 디자인 목적은 그래픽 파이프라인의 처리량을 극대화하는 것이며, 이것을 위해 정점 처리나 픽셀 셰이딩 연산 등의 작업을 엄청난 수준의 병렬화^{parallelization}를 통해 처리한다. 현대의 GPU인 AMD Radeon™ 7970을 예로 살펴보면, 최대 4 TFLOPS의 성능을 낼 수 있는데, 이것은 4개의 16레인 SIMD VPU(각 VPU는 64개의 스레드로 구성된 파이프라인 형태의 웨이브프런트를 실행)를 탑재한 32개의 처리 장치에 작업을 병렬로 처리한다. GPU는 그래픽 렌더링에 사용하지만 오늘날의 GPU는 완전히 프로그램 가능^{programmable}하므로 프로그래머는 컴퓨트 셰이더$^{compute shader}$를 실행해 GPU의 막대한 성능을 활용할 수도 있다. 이것을 범용 GPU$^{GPGPU, General-Purpose GPU}$ 프로그래밍이라고 한다.

오늘날 거의 모든 GPU는 다음과 같이 여러 하부 단계로 파이프라인을 나누는데, 그림 11.44은 이것을 보여 준다. 각 단계는 음영을 둬 그 기능을 프로그래밍할 수 있는지, 고정돼 있고 설정만 할 수 있는지, 아니면 고정돼 있으면서 설정도 불가능한지를 나타냈다.

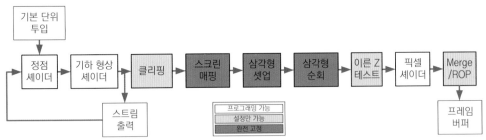

그림 11.44 대부분의 GPU에서 구현하는 렌더링 파이프라인 중 기하 형상 처리와 래스터화 단계. 흰색 단계는 프로그래밍 가능하고, 밝은 회색 단계는 설정 가능하며, 어두운 회색은 완전 고정된 단계다.

11.2.4.1 정점 셰이더

완전 프로그래밍 가능한 단계다. 각 정점을 변환하고 색을 결정하며/조명을 적용하는 역할을 한다. 입력으로는 정점 하나를 받는다(하지만 병렬적으로 수많은 정점을 동시에 처리하게 구현된다). 정점의 위치와 법선은 보통 모델 공간이나 월드 공간을 기준으로 표현된다. 모델-뷰 변환을 통해 모델 공간에서 뷰 공간으로 변환을 담당하는 것도 정점 셰이더다. 원근 투영을 적용하고 정점별 조명, 텍스처 계산, 애니메이션하는 캐릭터의 경우 스키닝도 이 단계에서 처리한다.

정점 셰이더가 정점의 위치를 수정해 절차적 애니메이션^{procedural animation}을 처리할 수도 있다. 바람에 흔들리는 수풀과 물결치는 물 표면이 이런 예다. 이 단계의 출력으로는 변환과 조명이 완전히 적용된 정점인데, 정점의 위치와 법선은 동차 클립 공간의 좌표다(11.1.4.4절 참조).

현대의 GPU에서 정점 셰이더는 텍스처 데이터를 자유롭게 접근할 수 있다(이전에는 픽셀 셰이더에서만 가능했었다). 이런 기능은 텍스처를 별도의 자료 구조(예, 높이 맵, 룩업 테이블)로 활용할 수 있어 특히 유용하다.

11.2.4.2 지오메트리 셰이더

이 단계는 선택적이며 완전 프로그래밍 가능하다. 지오메트리 셰이더는 동차 클립 공간에 있는 전체 기본 단위^{primitive}(삼각형, 선분, 점)를 처리한다. 입력으로 들어온 기본 단위를 추려내거나^{culling} 수정할 수 있을 뿐 아니라 새로운 기본 단위를 만들 수도 있다. 가장 흔히 볼 수 있는 쓰임새로는 그림자 볼륨 밀어내기^{extrusion}(11.3.3.1절), 큐브 맵의 여섯 면을 렌더링하기(11.3.1.4절), 메시의 실루엣 모서리를 따라 퍼 핀 밀어내기^{fur fin extrusion}, 파티클 효과에서 점 데이터로 쿼드^{quad} 생성하기(11.4.1절), 동적 테셀레이 션, 번개 효과를 위한 선분 프랙탈 분할^{fractal subdivision}, 옷감 시뮬레이션 등이 있다.

11.2.4.3 스트림 출력

일부 GPU는 파이프라인에서 지금까지 처리된 데이터를 다시 메모리에 저장하는 기능을 지원한다. 이렇게 저장된 데이터는 파이프라인의 제일 처음으로 돌아가 추가적인 처리를 할 수 있다. 이 기능을 스트림 출력^{stream output}이라고 한다.

스트림 출력을 이용하면 CPU를 전혀 쓰지 않고도 재미있는 시각 효과를 낼 수 있다. 머리카락은 보통 3차 스플라인 곡선의 모음으로 나타낸다. 예전에는 머리카락 물리 시뮬레이션을 CPU에서 처리했었다. 스플라인을 곡선으로 테셀레이션하는 것도 CPU가 했다. GPU는 이런 작업 결과인 선분들을 렌더링하는 일을 맡았다.

스트림 출력을 할 수 있으면 GPU는 정점 셰이더 안에서 머리카락 스플라인들의 제어 지점^{control point}들을 시뮬레이션할 수 있다. 지오메트리 셰이더는 스플라인을 테셀레이션하고, 스트림 출력 기능으로 테셀레이션된 정점을 다시 메모리에 저장한다. 선분들은 다시 파이프라인의 처음으로 들어가 렌더링된다.

11.2.4.4 클리핑

클리핑^{clipping} 단계는 절두체^{frustum}에 걸치는 삼각형의 일부를 잘라낸다. 클리핑하는 과정은 먼저 절두체 밖에 있는 정점들을 알아내고, 삼각형의 모서리가 절두체의 평면과 교차하는 지점을 찾는다. 교차하는 지점들이 새로 정점이 되고, 이것들을 통해 하나 이상의 새로운 삼각형을 이룬다.

이 단계는 그 기능이 고정돼 있지만 어느 정도 설정을 조정할 수는 있다. 예를 들어 절두체의 평면들 외에도 별도의 클리핑 평면을 더할 수 있다. 또한 완전히 절두체 밖에 있는 삼각형들을 추려낼 수 있게 설정할 수도 있다.

11.2.4.5 스크린 매핑

스크린 매핑의 역할은 동차 클립 공간에 있는 정점들을 스크린 공간으로 스케일하고 이동하는 것뿐이다. 이 단계는 완전 고정이며 설정도 불가능하다.

11.2.4.6 삼각형 셋업

이 단계는 삼각형을 단편으로 쪼개는 과정을 효율적으로 처리하고자 래스터화 하드웨어를 초기화한다. 이 단계는 설정을 변경할 수 없다.

11.2.4.7 삼각형 순회

각 삼각형을 단편들로 쪼갠다(즉 래스터화한다). 보통 픽셀 하나당 단편 하나를 만들지만 일부 안티에일리어싱^{antialiasing} 기법에서는 픽셀 하나에 여러 단편들을 만드는 경우도 있다(11.1.4.7절 참조). 정점 속성들을 보간해 단편 속성을 계산하는데, 이것은 픽셀 셰이더에서 사용된다. 필요한 경우 원근 보정 속성 보간도 적용한다. 완전 고정이며 설정할 수도 없다.

11.2.4.8 이른 z-테스트

상당수의 그래픽 카드에서는 파이프라인의 현 단계에서 단편의 깊이를 체크하는 기능을 지원하는데, 프레임 버퍼에 있는 픽셀에 가려지는 경우 이 단편을 버리게 된다. 이렇게 되면 버려진 단편에 대해서는 시간이 오래 걸리는 픽셀 셰이더를 거치는 시간을 절약할 수 있다.

하지만 의외로 파이프라인의 이 시점에서 깊이 테스트를 지원하지 않는 하드웨어도 있다. 구식 GPU 디자인에서는 z-테스트를 알파 테스트와 같이 수행했는데, 이는 픽셀 셰이더가 수행된 다음이다. 그렇기 때문에 이 단계를 이른 z-테스트^{early z test}, 또는 이른 깊이 테스트^{early depth test}라고 부른다.

11.2.4.9 픽셀 셰이더

완전 프로그래밍 가능한 단계다. 역할은 단편의 색을 결정(즉 조명 및 기타 처리)하는 것이다. 단편이 완전히 투명한 경우 픽셀 셰이더는 단편을 버릴 수도 있다. 여러 개의 텍스처 맵을 참조하거나 픽셀 단위 조명 계산을 비롯해 단편의 색을 결정하는 데 필요한 온갖 작업을 한다.

이 단계의 입력은 단편 단위 속성들의 모음이다(이 속성들은 삼각형 순회 단계에서 정점 속성을 보간해 얻는다). 출력은 단편의 색이 될 벡터 하나다.

11.2.4.10 합치기/래스터 작업 단계

파이프라인의 마지막 단계는 합치기 단계 또는 블렌딩 단계인데 엔비디아 계열에서는 래스터 동작^{ROP, Raster OPeration} 단계라고 한다. 이 단계는 프로그래밍할 수는 없지만 세부적 설정이 가능하다. 여러 가지 단편에 관한 테스트를 수행하는 역할을 하는데, 깊이 테스트(11.1.4.8절 참조), 알파 테스트(단편과 픽셀의 알파 채널들을 이용해 단편을 버릴 수 있음), 스텐실 테스트(11.3.3.1절 참조) 등이 있다.

단편이 모든 테스트를 통과하면 그 색을 프레임 버퍼에 있는 픽셀의 색과 섞는다(블렌딩, 합침). 어떻게 블렌딩할지는 알파 블렌딩 함수를 통해서 제어한다(알파 블렌딩 함수의 기본적인 구조는 고정돼 있지만 연산자와 매개 변수들을 잘 설정하면 다양한 블렌딩 연산을 수행할 수 있다).

알파 블렌딩은 주로 반투명한 기하 형상을 렌더링하는 데 쓰인다. 이 경우 다음과 같은 블렌딩 함수를 쓴다.

$$\mathbf{C}'_D = A_S \mathbf{C}_S + (1 - A_S) \mathbf{C}_D$$

아래 첨자 S와 D는 각각 '출발^{source}'(입력으로 들어온 단편)과 '도착^{destination}'(프레임 버퍼의 픽셀)을 의미한다. 즉 프레임 버퍼에 기록될 색(C'_D)은 기존 프레임 버퍼의 내용(C_D)과 그려질 단편의 색(C_S)을 가중 평균한 것이다. 블렌딩 가중치(A_S)는 입력으로 들어온 단편의 출발 알파 값이다.

알파 블렌딩으로 그린 것이 제대로 보이려면 먼저 불투명한 기하 형상들을 프레임 버퍼에 그린 후 반투명한 표면들을 순서대로 정렬한 다음 뒤에서 앞으로 그려야 한다. 알파 블렌딩이 끝나면 프레임 버퍼에 있던 픽셀의 깊이는 새로운 단편의 깊이로 교체되기 때문이다. 즉 깊이 버퍼는 투명도에 전혀 영향을 받지 않는다(깊이 쓰기$^{depth\ write}$ 기능을 꺼 놓았다면 이야기가 다르지만). 불투명한 배경을 바탕으로 한 무리의 반투명한 물체들을 그린다고 할 때 완성된 픽셀은 불투명한 표면의 색과 모든 반투명한 표면들의 색이 블렌딩된 것이어야 한다. 반투명한 물체들을 뒤에서 앞의 순서로 그리지 않으면 깊이 검사 때문에 버려지는 반투명한 단편이 생길 수 있고, 따라서 블렌딩 결과는 완전하지 않다(경우에 따라서는 이상하게 보일 수도 있다).

투명도와 관련한 블렌딩 외에도 다른 용도에 쓸 수 있는 알파 블렌딩 함수들이 있다. 범용 블렌딩 방정식은 $\mathbf{C}'_D = (\mathbf{w}_S \otimes \mathbf{C}_S) + (\mathbf{w}_D \otimes \mathbf{C}_D)$ 같은 형태를 하고 있는데, 가중치 $\mathbf{w}_S$와 $\mathbf{w}_D$는 여러 정해진 값들 중 프로그래머가 고를 수 있다(예. 0, 1, $\mathbf{C}_S$, $\mathbf{C}_D$, A_S, A_D, $1-\mathbf{C}_S$, $1-\mathbf{C}_D$, $1-A_S$, $1-A_D$). $\otimes$ 연산자는 $\mathbf{w}_S$와 $\mathbf{w}_D$의 종류에 따라 일반적인 스칼라-벡터 곱셈이거나 성분별 벡터-벡터 곱셈(아다마르 곱셈, 5.2.4.1절 참조)이 될 수 있다.

11.2.5 프로그래밍 가능한 셰이더

지금껏 GPU 파이프라인을 처음부터 끝까지 개괄적으로 살펴봤는데, 이제 파이프라인에서 제일 재미있는 부분을 자세히 들여다보자. 바로 프로그래밍 가능한 셰이더다. 셰이더 구조는 다이렉트X 8에서 처음 등장한 이후 큰 변화를 보이며 발전했다. 초기의 셰이더 모델은 로우레벨 어셈블리 언어 프로그래밍만 지원했고, 명령어 집합과 레지스터 세트에서 픽셀 셰이더와 정점 셰이더가 서로 많이 달랐다. 다이렉트X 9이 나오면서 C 스타일의 셰이더 언어들을 지원하기 시작했고 여기에는 Cg$^{C\ for\ graphics}$, HLSL$^{High\text{-}Level\ Shading\ Language}$(마이크로소프트가 Cg 언어를 구현한 것), GLSL$^{OpenGL\ Shading Language}$ 같은 것들이 있다. 다이렉트X 10은 지오메트리 셰이더를 최초로 지원했고, 이와 함께 다이렉트X 계열의 통합 셰이더 구조인 셰이더 모델$^{shader\ model}$ 4.0을 선보였다. 통합 셰이더 모델에서는 세 가지 셰이더가 대체로 비슷한 명령어 집합을 지원하고 할 수 있는 기능(텍스처 메모리를 읽는 기능 등)도 대강 비슷하다.

셰이더는 1개의 입력 단위를 받아서 0개 또는 1개 이상의 단위를 출력한다.

- 정점 셰이더는 정점 하나를 입력으로 받는데, 정점의 위치와 법선은 모델 공간이나 월드 공간으로 표현된다. 출력은 변환과 조명이 완전히 끝난 정점으로 동차 클립 공간으로 표현된다.

- 지오메트리 셰이더의 입력은 n개의 정점들로 이뤄진 기본 단위^{primitive}(점($n = 1$), 선분($n = 2$), 삼각형($n = 3$) 등) 하나와 제어 지점$^{control\ point}$으로 동작하는 최대 n개의 여분의 정점들이다. 출력은 0개나 하나 이상의 기본 단위인데, 입력으로 들어온 것과 다른 종류가 되기도 한다. 예를 들어 지오메트리 셰이더는 점을 삼각형 2개로 이뤄진 쿼드^{quad}로 변환할 수도 있고 삼각형을 그대로 삼각형으로 변환할 때는 선택적으로 버릴 수도 있다.
- 픽셀 셰이더의 입력은 단편 하나이며, 그 속성은 단편이 속한 삼각형의 세 정점으로부터 보간해 계산한 것이다. 출력은 프레임 버퍼에 기록될 색이다(단편이 깊이 테스트와 여러 가지 테스트를 통과할 경우). 픽셀 셰이더는 명시적으로 단편을 버릴 수도 있는데, 이 경우 출력이 없다.

11.2.5.1 메모리 접근

GPU는 자신만의 데이터 처리 파이프라인을 갖고 있기 때문에 RAM에 접근하는 일은 세심하게 제어된다. 셰이더 프로그램은 메모리를 직접 읽거나 쓸 수 없는 것이 보통이다. 대신 두 가지 방식을 사용해 메모리에 접근할 수 있다. 바로 레지스터와 텍스처 맵이다.

그렇지만 GPU와 CPU가 메모리를 공유하는 시스템에서는 이 같은 제약이 없다는 것을 알아 두자. 플레이스테이션 4의 핵심 단일 칩 시스템$^{SoC,\ System\ on\ Chip}$인 AMD Jaguar는 이기종 시스템 아키텍처$^{HAS,\ Heterogeneous\ System\ Architecture}$의 예다. 비-HSA 시스템에서 CPU와 GPU는 별개의 장치이며 각기 메모리를 갖고 전자 회로마저 분리돼 있는 것이 보통이다. 두 처리 장치 사이에 데이터를 옮기려면 AGP나 PCIe 등의 느리고 거추장스런 통신 장비를 통해야만 한다. 하지만 HSA에서는 CPU와 GPU가 hUMA$^{heterogeneous\ Unified\ Memory\ Architecture}$라는 하나의 메모리 저장 공간을 공유한다. PS4 같은 hUMA 구조의 시스템에서 구동하는 셰이더는 셰이더 자원 테이블$^{SRT,\ Shader\ Resource\ Table}$을 입력으로 받을 수 있다. 이것은 C/C++의 구조체에 대한 포인터에 불과하며 CPU 프로그램 및 GPU의 셰이더에서 똑같이 읽고 쓸 수 있다. PS4에서는 SRT가 다음에 나올 상수 레지스터를 대체한다.

셰이더 레지스터

셰이더는 레지스터를 통해 RAM에 간접적으로 접근할 수 있다. GPU 레지스터는 모두 128비트 SIMD 형식이다. 각 레지스터는 32비트 부동소수나 정수를 4개 담을 수 있다(Cg 언어에서는 `float4` 데이터 타입). 이런 레지스터는 동차 좌표계의 4차원 벡터나 RGBA 형식의 색 1개(한 성분이 32비트 부동소수 형식일 때)를 담을 수 있다. 행렬은 서너 개의 레지스터를 그룹으로 묶어 표현할 수 있다(Cg에서는 내장 행렬 타입인 float4x4를 사용). 레지스터는 32비트 스칼라 값 하나만 저장할 수도 있는데, 이 경우 값은 보통 32비트 필드 네 곳에 똑같이 복사된다. GPU 중에는 16비트 필드를 처리할 수 있는 것도 있는데, 이것을 하프half라고 한다(Cg는 이런 용도로 half4와 half4x4 같은 내장 타입을 지원한다).

레지스터는 네 가지가 있는데, 그 종류는 다음과 같다.

- **입력 레지스터** 셰이더가 입력 데이터를 받는 주요한 수단이다. 정점 셰이더의 입력 레지스터들은 정점의 속성 데이터를 담고 있다. 픽셀 셰이더의 입력 레지스터는 1개의 단편에 해당하는 보간된 정점 속성을 담는다. 모든 입력 레지스터의 값은 셰이더가 호출되기 전에 GPU가 알아서 넣는다.
- **상수 레지스터** 애플리케이션이 값을 지정하고 기본 단위에 따라 그 값이 변할 수 있다. 상수라는 이름이 붙어 있지만 셰이더 프로그램의 관점에서만 상수다. 셰이더에 부가적인 입력을 제공한다. 보통 모델-뷰 행렬, 투영 행렬, 조명 매개 변수 등 셰이더에서 필요로 하지만 정점 속성으로 제공되지 않는 온갖 매개 변수들이 상수 레지스터에 담긴다.
- **임시 레지스터** 셰이더 프로그램 안에서 사용할 수 있고 보통 중간 계산 값을 담는 데 사용한다.
- **출력 레지스터** 출력 레지스터의 내용물은 셰이더가 채워 넣는데, 이것이 셰이더의 유일한 출력 형태다. 정점 셰이더의 출력 레지스터는 동차 클립 공간으로 변환된 위치 및 법선 벡터와 부가적인 정점 색, 텍스처 좌표 등 정점 속성을 담는다. 픽셀 셰이더의 출력 레지스터는 처리한 단편의 최종적인 색이 담긴다.

애플리케이션은 기본 단위를 렌더링하기 위해 넘길 때 상수 레지스터의 값을 채운다. GPU는 셰이더 프로그램을 호출하기 전에 정점 또는 단편의 속성 데이터를 비디오 램에서 적절한 입력 레지스터로 자동으로 복사하며, 셰이더 프로그램이 끝난 후에는 출력 레지스터 값을 다시 RAM에 저장해 다음 파이프라인 단계로 넘어갈 수 있게 한다.

GPU는 보통 출력 데이터를 캐시에 넣어 다시 계산할 필요 없이 재사용할 수 있게 한다. 예를 들어 post-transform 정점 캐시는 가장 최근에 정점 셰이더가 처리한 정점들을 저장한다. 어떤 삼각형이 이전에 처리된 정점을 참조하는 경우 가능하면 post-transform 정점 캐시에서 읽어 오려고 시도한다. 해당 정점이 공간 부족으로 캐시에서 삭제된 경우에만 정점 셰이더를 다시 호출한다.

텍스처

셰이더는 텍스처를 읽기 전용 데이터로 직접 읽을 수 있다. 텍스처 데이터는 메모리 주소가 아닌 텍스처 좌표로 접근한다. 텍스처 데이터를 접근할 때 GPU의 텍스처 샘플 러가 자동으로 필터링을 하게 되는데, 인접한 텍셀이나 인접한 밉맵 레벨을 알아서 가져와 블렌딩한다. 특정 텍셀의 원래 값을 직접 가져오고 싶으면 텍스처 필터링을 끄면 된다. 이 같은 경우는 텍스처 맵이 데이터 테이블로 쓰이는 경우에 특히 유용하다.

셰이더가 텍스처 맵에 데이터를 기록하고 싶으면 간접적인 방식을 통해야 한다. 오프스크린 프레임 버퍼에 장면을 렌더링하고 이것을 다음 렌더링 패스에서 텍스처 맵으로 인식하게 하는 방식이다. 이것을 '텍스처에 렌더링'한다고 말한다.

11.2.5.2 하이레벨 셰이더 언어 문법

Cg와 GLSL 등의 하이레벨 셰이더 언어는 C 언어 형식을 기반으로 하고 있다. 프로그래머가 함수를 정의하거나 간단한 struct를 선언할 수도 있고 수리 연산도 가능하다. 하지만 위에서 말했듯 셰이더 프로그램은 레지스터와 텍스처에만 접근할 수 있다. 따라서 Cg나 GLSL에서 선언하는 struct와 변수는 셰이더 컴파일러가 레지스터에 직접 연결시킨다. 이런 연결은 다음과 같은 형태를 띤다.

- **시맨틱 변수** 시맨틱 변수나 struct의 멤버 뒤에 콜론(:)을 붙이고 시맨틱이라는 키워드를 붙일 수 있다. 시맨틱은 셰이더 컴파일러에게 해당 변수나 데이터 멤버를 특정한 정점 또는 단편 속성과 연결하게 알려 준다. 예를 들어 정점 셰이더에서 입력으로 받는 struct를 선언하고 그 멤버들이 정점의 위치^{position}와 색^{color}에 연결되게 하려면 다음처럼 하면 된다.

  ```
  struct VtxOut
  {
    float4 pos : POSITION; // 위치 속성에 연결한다.
    float4 color : COLOR;  // 색 속성에 연결한다.
  };
  ```

- **입력 값과 출력 값** 어떤 변수나 struct가 입력 레지스터에 연결될지 출력 레지스터에 연결될지를 컴파일러가 판단할 때는 어떤 문맥으로 쓰였는지를 본다. 셰이더 프로그램의 메인 함수에 인자로 전달된 변수이면 입력 값이라고 가정한다. 메인 함수의 리턴 값이면 출력 값이라고 판단한다.

```
VtxOut vshaderMain(VtxIn in) // 입력 레지스터와 연결된다.
{
  VtxOut out;
  // ...
  return out; // 출력 레지스터에 연결된다.
}
```

- **uniform 선언** 애플리케이션으로부터 상수 레지스터로 전달되는 데이터에 접근하려 면 변수를 선언하면서 uniform 키워드를 사용하면 된다. 예를 들어 모델-뷰 행렬을 정점 셰이더에 전달하는 경우 다음처럼 하면 된다.

```
VtxOut vshaderMain(
  VtxIn in,
  uniform float4x4 modelViewMatrix)
{
  VtxOut out;
  // ...
  return out;
}
```

수리 연산을 하려면 C 형식의 연산자를 사용하거나 아니면 내장intrinsic 함수를 사용한다. 예를 들어 입력 정점 위치를 모델-뷰 행렬과 곱하려면 다음과 같이 한다.

```
VtxOut vshaderMain(VtxIn in,
                   uniform float4x4 modelViewMatrix)
{
  VtxOut out;

  out.pos = mul(modelViewMatrix, in.pos);
  out.color = float4(0, 1, 0, 1); // RGBA 녹색

  return out;
}
```

텍스처에서 데이터를 얻어 올 때는 지정된 텍스처 좌표로 텍셀을 읽어 오는 특수 내장 함수를 사용한다. 여러 형식으로 된 1차원, 2차원, 3차원 텍스처를 읽어 오는 다양한 함수들이 존재하고, 텍스처 필터링을 켜거나 끄는 것도 선택할 수 있다. 큐브 맵과 그림자 맵을 접근할 때 사용하는 특수 텍스처 주소 지정 모드도 사용할 수 있다. 텍스처 맵 자체에 대한 참조를 선언할 때는 특수 데이터 타입인 texture sampler 선언을 사용한다. 예를 들면 `sampler2D` 데이터 타입은 흔히 쓰이는 2차원 텍스처에 대한 참조다. 다음은 간단한 Cg 픽셀 셰이더인데, 닌반사 텍스처를 삼각형에 입히는 코드다.

```
struct FragmentOut
{
  float4 color : COLOR;
};

FragmentOut pshaderMain(float2 uv : TEXCOORD0,
                        uniform sampler2D texture)
{
  FragmentOut out;
  // (u,v) 좌표의 텍셀을 가져온다.
  out.color = tex2D(texture, uv);

  return out;
}
```

11.2.5.3 이펙트 파일

셰이더 프로그램 자체만으로는 별로 쓸모가 없다. GPU 파이프라인이 의미 있는 입력 데이터를 갖고 셰이더 프로그램을 호출하려면 정보가 더 필요하다. 예를 들면 애플리케이션이 지정한 매개 변수들, 즉 모델-뷰 행렬이나 조명 인자들 같은 것들을 셰이더 프로그램에서 선언된 uniform 변수들과 어떻게 연결 지을 것인지를 구체적으로 지정해야 한다. 또 어떤 시각 효과를 내는 데 렌더링 패스 2개 이상 필요하더라도 셰이더 프로그램은 한 렌더링 패스에 적용될 동작을 나타낼 뿐이다. PC 플랫폼에도 실행되는 게임을 만드는 경우 고급 렌더링 효과의 경우에는 '폴백fallback' 버전을 정의해서 오래된 그래픽 카드에서도 실행되게 만들어야 한다. 셰이더 프로그램(들)을 엮어 완전한 시각 효과를 만들려면 이펙트 파일effect file이라는 파일 형식을 이용해야 한다.

렌더링 엔진마다 이펙트를 구현하는 방법이 조금씩 다르다. Cg의 이펙트 파일 형식은 CgFX다. 오거는 CgFX와 매우 유사한 머티리얼 파일^{material file}이라는 형식을 사용한다. GLSL 이펙트는 XML을 바탕으로 한 콜라다^{COLLADA} 형식으로 만든다. 차이가 있기는 하지만 이펙트는 다음과 같은 계층 형식을 따르는 것이 일반적이다.

- 전역 공간^{global scope}에는 셰이더 프로그램들(각각 'main' 함수로 구현)과 전역 변수들(애플리케이션에서 지정한 상수 전달 인자와 연결됨)이 정의된다.
- 하나 또는 그 이상의 테크닉^{technique}을 정의한다. 테크닉 하나는 특정한 시각 효과 하나가 렌더링되는 방식을 나타낸다. 이펙트에는 보통 최고 품질을 구현하는 주요 테크닉을 두고 이외에 여러 폴백^{fallback} 테크닉들을 둬서 성능 낮은 그래픽 하드웨어에서도 실행되게 한다.
- 각 테크닉 안에 하나 또는 그 이상의 패스를 정의한다. 패스는 한 전체 화면 이미지가 어떻게 렌더링돼야 하는지를 기술한다. 보통 정점 셰이더, 지오메트리 셰이더, 픽셀 셰이더 프로그램들의 'main' 함수 및 다양한 전달 인자 연결^{binding}, 부가적인 렌더 상태^{state} 설정 등에 대한 참조를 포함한다.

11.2.5.4 더 읽을거리

지금껏 하이레벨 셰이더 프로그래밍이 어떤 것인지 잠시 구경했다(이 책에서 심도 있는 튜토리얼을 모두 다루기는 무리가 있다). Cg 셰이더 프로그래밍에 대한 자세한 입문서는 엔비디아의 웹사이트(https://developer.nvidia.com/cg-toolkit)[2]에 있는 Cg 튜토리얼을 찾아보면 된다.

11.2.6 안티에일리어싱

래스터화할 때 삼각형의 모서리가 거칠게 보이는 현상이 있다. 이것이 바로 수많은 프로그래머와 애증 관계에 있는 '계단 현상'이다. 이런 에일리어싱^{aliasing}이 발생하는 근본 원인은 실제로는 부드럽고 연속적인 2차원 신호를 불연속적인 픽셀 단위로 샘플링하기 때문이다(14.3.2.1절에 샘플링과 에일리어싱에 대한 자세한 내용이 나와 있다).

---

2   Cg는 비록 단종되었지만 툴킷은 여전히 받을 수 있다. – 옮긴이

안티에일리어싱antialiasing은 에일리어싱 때문에 발생하는 시각적인 오류를 감소시키는 기법이다. 렌더링된 장면에 안티에일리어싱을 적용하는 방법은 다양하다. 거의 모든 기법의 핵심은 렌더링된 삼각형의 테두리를 주변의 픽셀과 섞어 '부드럽게' 만드는 것이다. 각 기법마다 성능 특성과 메모리 사용 특성, 품질이 차이 난다. 그림 11.45에는 순서대로 안티에일리어싱을 적용하지 않은 장면, 4 x MSAA, 엔비디아의 FXAA를 적용한 화면이 나와 있다.

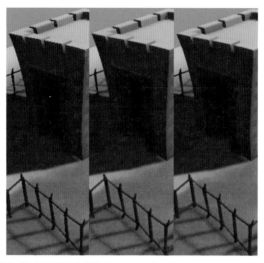

그림 11.45 안티에일리어싱을 적용하지 않은 화면(왼쪽), 4x MSAA(중앙), 엔비디아의 FXAA preset 3(오른쪽). 이미지 출처: 엔비디아의 FXAA 백서(Timothy Lottes, http://bit.ly/1mlzCTv)

11.2.6.1 풀 스크린 안티에일리어싱

풀 스크린 안티에일리어싱FSAA, Full-Screen AntiAliasing 기법은 슈퍼 샘플링 안티에일리어싱SSAA, Super Sampled AntiAliasing이라고도 하는데, 실제 화면보다 큰 프레임 버퍼에 장면을 렌더링한다. 렌더링이 완료된 후 이 큰 이미지를 다운 샘플down sample해 원래의 해상도로 만든다. 4 x 슈퍼 샘플링에서는 원래 스크린보다 너비와 높이가 2배씩이며, 따라서 프레임 버퍼는 원래 화면보다 4배의 메모리를 차지한다. 픽셀 셰이더가 4배의 픽셀을 처리해야하므로 GPU 성능도 4배가 필요하다. 당연히 FSAA는 메모리 사용량이나 GPU 처리 성능에서 말도 안 되게 비싼 기법이다. 따라서 실제로 사용되는 경우는 드물다.

11.2.6.2 다중샘플 안티에일리어싱

다중샘플 안티에일리어싱^{MSAA, MultiSample AntiAliasing}은 FSAA에 비견되는 품질을 내면서도 그보다 훨씬 적은 GPU 대역폭을 사용한다(그리고 같은 양의 비디오 메모리를 사용한다). MSAA는 텍스처 밉맵이 가진 안티에일리어싱 특성 덕분에 삼각형의 안쪽보다는 가장자리에서 에일리어싱이 문제가 된다는 관측에 기반한다.

MSAA의 원리를 이해하려면 삼각형 래스터화가 궁극적으로 3개의 구분된 작업이라는 점을 기억해야 한다. (1) 삼각형이 차지하는 픽셀을 결정하는 단계(적용 면적 테스트^{coverage}), (2) 각 픽셀이 다른 삼각형에 의해 가려지는지 여부 판별(깊이 테스트), (3) 적용 면적 테스트와 깊이 테스트를 통과해서 픽셀을 그려야 할 경우 픽셀의 색 판별(픽셀 셰이딩)이다.

안티에일리어싱이 없는 상황에서의 적용 면적 테스트, 깊이 테스트, 픽셀 셰이딩 작업은 각 픽셀의 가장 이상적인 위치 하나(보통 픽셀의 중앙)를 기준으로 수행된다. MSAA에서는 각 스크린 픽셀마다 N개 하부 샘플마다 적용 면적과 깊이 테스트를 수행한다. N은 보통 2, 4, 5, 8, 16 등의 값을 사용한다. 그러나 픽셀 셰이더는 하부 샘플 수와 관계 없이 오직 픽셀당 한 번만 수행된다. 이 점 때문에 MSAA는 FSAA에 비해 GPU 처리 성능 면에서 큰 이점을 가진다. 셰이딩이 적용 면적이나 깊이 테스트에 비해 훨씬 비싸기 때문이다.

Nx MSAA에서는 깊이, 스텐실, 색 버퍼가 각각 보통보다 N배 크게 할당된다. 각 스크린 픽셀마다 이 버퍼들은 N개 '슬롯^{slot}'을 가지며, 각 슬롯마다 하나의 하부 샘플에 대응한다. 래스터화 과정에서 삼각형의 단편마다 적용 면적과 깊이 테스트를 N개 하부 샘플에 N번 수행한다. N개의 테스트 중 하나라도 해당 단편을 그려야 하는 것으로 나온다면 픽셀 셰이더를 한 번 돌린다. 픽셀 셰이더에서 나온 색은 삼각형 (바깥이 아닌) 안쪽에 들어가는 하부 샘플 슬롯에만 저장된다. 전체 장면의 렌더링이 완료된 후 거대한 색 버퍼를 다운 샘플해 최종적인 화면 해상도에 맞는 이미지를 완성한다. 이 과정에는 각 스크린 픽셀의 N개 하부 샘플 슬롯에 있는 색을 평균하는 과정이 포함된다. 결과적으로 안티에일리어싱을 사용하지 않은 것과 동일한 셰이딩 비용을 사용하면서도 안티에일리어싱이 적용된 이미지다.

그림 11.46에는 안티에일리어싱이 없이 래스터화한 삼각형이 나와 있다. 그림 11.47에는 4x MSAA 기법이 나와 있다. MSAA에 대한 추가 정보는 다음 사이트(https://mynameismjp.wordpress.com/2012/10/24/msaa-overview)를 참고하기 바란다.

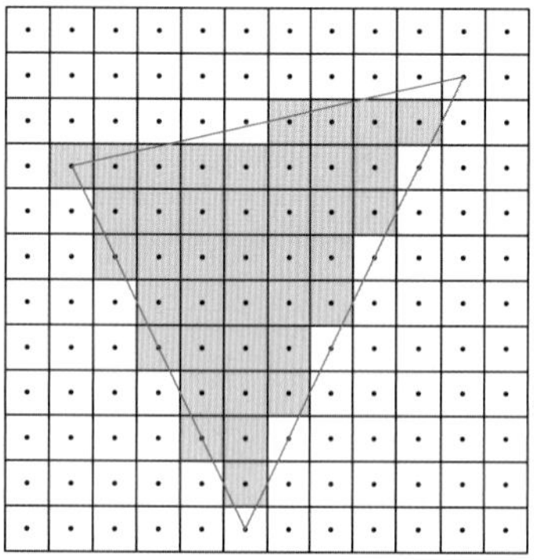

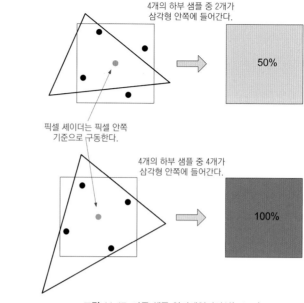

4개의 하부 샘플 중 2개가
삼각형 안쪽에 들어간다.

50%

픽셀 셰이더는 픽셀 안쪽
기준으로 구동한다.

4개의 하부 샘플 중 4개가
삼각형 안쪽에 들어간다.

100%

그림 11.46 안티에일리어싱 없이 삼각형을
래스터하기

그림 11.47 다중 샘플 안티에일리어싱(MSAA)

11.2.6.3 커버리지 샘플 안티에일리어싱

커버리지 샘플 안티에일리어싱$^{\text{CSAA, Coverage Sample AntiAliasing}}$ 기법은 엔비디아가 처음 시작한 것으로 MSAA를 최적화한 것이다. 4x CSAA의 경우 단편당 픽셀 셰이더는 한 번, 깊이 테스트 및 컬러 저장은 네 번 돌리지만 픽셀 적용 면적(커버리지) 테스트는 16개의 '커버리지 하부 샘플'마다 한 번씩 돌린다. 그 결과 8x 또는 16x MSAA와 비슷한 정도로 삼각형 경계선이 부드럽게 섞이지만 GPU 메모리 사용량은 4x MSAA와 비슷하다.

11.2.6.4 형태학적 안티에일리어싱

형태학적 안티에일리어싱$^{\text{MLAA, MorphoLogical AntiAliasing}}$은 화면 중 에일리어싱이 가장 심한 부분만 교정하는 기법이다. MLAA에서는 화면을 정상 해상도로 그린 후 계단 현상을 스캔한다. 이런 패턴을 발견하면 흐리게 만들어 에일리어싱 효과를 감소시킨다. FXAA$^{\text{Fast approXimate AntiAliasing}}$은 MLAA와 유사한 접근 방식을 사용한 엔비디아의 기술이다.

MLAA에 대한 자세한 기술 문서는 다음 사이트(https://intel.ly/2HhrQWX)를 참조하면 된다.

FXAA는 다음 사이트(https://bit.ly/1mIzCTv)에 자세히 나와 있다.

11.2.6.5 서브픽셀 형태학적 안티에일리어싱

서브픽셀 형태학적 안티에일리어싱^{SMAA, Subpixel Morphorical AntiAliasing}는 형태학적 안티에일리어싱(MLAA, FXAA) 기법과 다중 샘플링/슈퍼 샘플링 전략(MSAA/SSAA)을 혼합해 보다 정확한 서브픽셀 기능을 구현한다. FXAA와 마찬가지로 비용이 크지 않은 기법이지만 FXAA보다는 최종 화면이 흐려지는 정도가 덜하다. 그렇기 때문에 현존하는 가장 나은 AA 기법이라고 말하기도 한다. 이 책에서 더 자세히 다룰 수 없지만 더 알고 싶은 독자는 다음 사이트(http://www.iryoku.com/smaa/)를 방문하기 바란다.

11.2.7 애플리케이션 단계

GPU가 어떻게 돌아가는지를 알아봤으니 이제 파이프라인에서 GPU를 구동하는 역할을 하는 단계에 대해 알아보자. 애플리케이션 단계가 바로 이런 일을 한다. 다음과 같은 세 가지 역할을 맡는다.

1. **가시성^{visibility} 결정** 보이는(아니면 적어도 보일 가능성이 있는) 물체들만 GPU에 넘겨야 한다. 아예 보이지도 않을 삼각형들을 처리하느라 귀한 자원을 낭비할 필요는 없다.
2. **기하 형상을 GPU에 제출해 렌더링한다.** 서브메시와 머티리얼의 쌍을 GPU에 제출할 때는 DrawIndexedPrimitive( )(다이렉트X), glDrawArrays( )(오픈GL) 등 렌더링 함수를 호출하거나 아니면 GPU 명령 리스트^{command list}를 직접 조합한다. 최적의 렌더링 성능을 내려고 기하 형상들을 정렬하기도 한다. 장면을 여러 패스에 걸쳐 렌더링해야 하는 경우 기하 형상을 여러 번 제출 수도 있다.
3. **셰이더 전달 인자와 렌더 상태^{state}를 제어한다.** 셰이더에 상수 레지스터로 전달되는 uniform 전달 인자를 기본 단위별로 설정한다. 뿐만 아니라 프로그래밍할 수 없는 파이프라인 단계들 중 조정 가능한 것들을 잘 설정해 각 기본 단위가 제대로 렌더링되게 하는 것도 애플리케이션 단계의 역할이다.

애플리케이션 단계가 이 같은 일을 어떻게 처리하는지 이후의 절에서 간단히 알아보자.

11.2.7.1 가시성 결정

렌더링 성능을 극대화하는 가장 좋은 방법은 필요 없는 것들을 그리지 않는 것이다. 따라서 최종적으로 렌더링될 이미지에 포함되지 않는 물체를 GPU에 넘기기 전에 선별^{cull}하는 작업이 굉장히 중요하다. 보일 만한 메시 인스턴스들을 리스트로 만드는 과정을 가시성^{visibility} 결정이라고 한다.

절두체 선별

이 단계의 역할은 절두체 밖으로 완전히 벗어난 물체들을 렌더링 리스트에서 제외하는 것이다. 후보가 될 메시 인스턴스가 절두체 안에 있는지 아닌지를 판단하려면 물체의 바운딩 볼륨과 절두체의 여섯 평면 간에 간단한 검사를 한다. 바운딩 볼륨은 대개 구를 사용하는데, 구가 선별하기 특히 쉽기 때문이다. 절두체의 각 평면을 돌면서 평면을 구의 반지름만큼 바깥쪽으로 이동하고 그후 구의 중심이 평면의 어느 쪽에 있는지를 찾는다. 절두체의 여섯 평면에 대해 구의 중심이 모두 앞에 있다면 그 구는 절두체 안에 있는 것이다.

실제로는 진짜 절두체 평면을 이동할 필요는 없다. 식 (5.13)을 떠올려 보면 점과 평면 사이의 거리 h를 구하려면 다음과 같이 평면 식에다 점의 좌표를 직접 넣으면 된다. $h = ax + by + cz + d = \mathbf{n} \cdot \mathbf{P} - \mathbf{n} \cdot \mathbf{P}_0$(5.6.3절 참조). 따라서 바운딩 구의 중심을 절두체 평면들의 식에 대입하기만 하면 되고, 얻어지는 평면 i에 대한 거리 h_i들과 구의 반지름을 비교하면 이 구가 평면 안쪽에 있는지를 판단할 수 있다.

11.2.7.4절에서 설명할 장면 그래프를 사용하면 절두체 선별 과정이 더욱 효율적인데, 바운딩 볼륨이 절두체 근처에도 오지 않는 물체들을 미리 알아낼 수 있게 해준다.

차폐 및 잠재적 가시 그룹

절두체 안에 완전히 들어와 있는 물체들이라도 서로 가릴 수 있다. 다른 물체에 완전히 가려지는 물체를 보이는 것들의 리스트에서 제거하는 것을 차폐 선별$^{occlusion\ culling}$이라고 한다. 많은 물체가 밀집해 있는 상황을 지면에서 바라보는 경우 물체들끼리 가리는 경우가 자주 발생할 수 있기 때문에 차폐 선별이 중요해진다. 반면 물체들이 멀리 떨어져 있거나 위에서 내려다보는 경우라면 물체들끼리 가리는 경우가 적을 것이고 이 경우 차폐 선별을 하는 것 자체가 더 부담이 될 수 있다.

규모가 큰 환경에서는 미리 계산된 잠재적 가시 그룹^{PVS, Potentially Visible Set}을 통해 대략적인 차폐 선별을 할 수 있다. 카메라가 바라보는 위치가 주어지면 PVS는 그 위치에서 보일 만한 물체들을 알려 준다. PVS는 결과적으로 보이지 않을 물체를 포함하는 한이 있어도 잠재적으로 보일 물체를 빠뜨리지 않는 방향으로 선별한다.

PVS 시스템을 구현하는 방법에는 레벨을 여러 지역으로 나누는 것이 있다. 각 지역은 그 지역 안에 카메라가 들어왔을 때 보일 수 있는 다른 지역들을 리스트로 갖는다. 이런 PVS 리스트는 아티스트나 게임 디자이너가 손수 지정할 수도 있다. 하지만 오프라인 도구를 사용해 미리 지정한 지역에 대해 PVS를 자동으로 만드는 것이 더 일반적이다. 이런 도구의 원리는 지역 안에 임의로 배치된 일부 자리에서 장면을 렌더링해 보는 것이다. 각 지역의 기하 형상들은 고유한 색 코드를 갖는데, 따라서 그려진 프레임 버퍼를 보고 그 안에 있는 색을 조사하면 보이는 지역 리스트를 만들 수 있다. 자동으로 PVS를 만드는 툴이 완벽하지 않기 때문에 보통은 사람이 결과를 만질 수 있는 방법이 있다. 이런 것들은 테스트에 쓰일 지점을 직접 지정한다든가 아니면 명시적으로 어떤 지역의 PVS에 들어가야 할 지역을 추가하거나 반대로 명시적으로 빼는 형태가 된다.

포털

장면에서 보일 만한 부분을 판단하는 데 쓰이는 또 다른 도구는 포털^{portal}이다. 포털이 렌더링에 쓰이는 경우 게임 월드는 창문이나 문 등의 구멍을 통해 서로 연결된 반밀폐된^{semi-closed} 지역으로 구분된다. 이런 구멍을 포털이라고 부르고, 포털은 이런 구멍의 경계를 이루는 다각형으로 나타내는 것이 보통이다.

포털이 있는 장면을 렌더링하려면 먼저 카메라가 위치한 지역을 렌더링한다. 그런 후 그 지역의 모든 포털마다 카메라의 초점에서 포털의 폴리곤 모서리들로 이어지는 평면들을 만들고, 이것들로 이뤄지는 절두체 모양의 입체(포털 볼륨)를 만든다. 카메라 절두체로 기하 형상을 선별하는 방식과 똑같이 이 포털 볼륨을 갖고 인접한 지역의 물체들을 선별한다. 이렇게 하면 인접 지역에서 보이는 기하 형상만 렌더링할 수 있다. 그림 11.48에 이 과정이 그림으로 나와 있다.

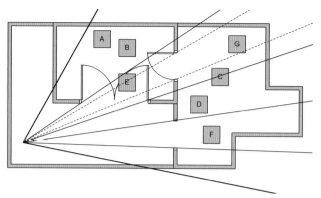

그림 11.48 포털은 인접 지역들의 내용물을 선별할 수 있는 절두체 형상의 입체를 정의하는 데 쓰인다. 여기서 A, B, D는 포털의 바깥에 있기 때문에 선별돼 그려지지 않는다. 다른 물체들은 그려진다.

차폐 볼륨(안티포털)

포털의 개념을 완전히 뒤집어 보면 어떤 물체에 가려서 완전히 보이지 않는 지역을 나타내는데 피라미드형 입체를 쓸 수 있다. 이런 입체를 차폐 볼륨occlusion volume, 또는 안티포털antiportal이라고 부른다. 차폐 볼륨을 만들려면 가리는 물체의 경계 모서리들을 찾은 후 카메라의 초점에서 시작해 각 모서리를 지나는 평면을 만든다. 이제 더 멀리 있는 물체들과 이 차폐 볼륨을 검사해 물체가 차폐 볼륨 안에 완전히 들어오는 경우 물체를 그리지 않아도 된다. 이 과정이 그림 11.49에 나와 있다.

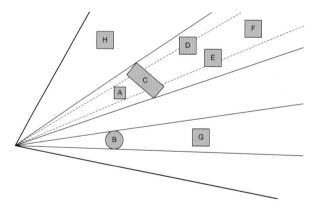

그림 11.49 물체 A, B, C를 안티포털로 삼아 테스트하면 물체 D, E, F, G가 선별된다. 따라서 A, B, C, H만 보인다.

포털이 가장 돋보이는 때는 밀폐된 실내 환경에서 상대적으로 적은 창문이나 문을 통해 '방'들이 연결돼 있는 환경을 렌더링할 때다. 이런 장면에서는 포털이 전체 카메라 절두체에서 상대적으로 작은 비율만 차지하기 때문에 포털 바깥에 있는 많은 물체를 선별할 수 있다. 안티포털은 넓은 실외 환경에서 가까운 물체들이 카메라 절두체를 상당 부분 가리는 상황에서 빛을 발한다. 이 경우 안티포털이 카메라의 절두체에서 상대적으로 큰 부분을 차지하기 때문에 많은 물체를 선별할 수 있다.

11.2.7.2 기본 단위 제출

보이는 기하 기본 단위들의 리스트를 만들고 나면 각 기본 단위를 GPU 파이프라인에 렌더링될 수 있게 제출해야 한다. 다이렉트X의 경우 `DrawIndexedPrimitive()` 함수를, 오픈GL의 경우 `glDrawArrays()` 함수를 호출하면 된다.

렌더 상태

11.2.4절에서 살펴봤듯이 GPU 파이프라인 단계 중 고정돼 있지만 설정할 수 있는 단계들이 여럿 있다. 그리고 프로그래밍 가능한 단계들도 그 일부는 설정 가능한 전달 인자들에 의해 동작이 좌우된다. 이와 같이 설정 가능한 전달 인자들을 몇 가지 들어 보면 다음과 같다(당연히 이것들은 빙산의 일각에 불과하다).

- 월드-뷰 행렬
- 조명 방향 벡터
- 텍스처 연결binding(예를 들면 주어진 머티리얼과 셰이더에 어떤 텍스처를 쓸지)
- 텍스처 주소 지정 방식 및 필터링 모드
- 텍스처 스크롤이나 기타 애니메이션 이펙트를 위한 시간 축time base
- z-테스트 여부(켤지 끌지)
- 알파 블렌딩 옵션

GPU 파이프라인 내 설정 가능한 모든 인자들을 모아서 하드웨어 상태 또는 렌더 상태render state라고 한다. 제출되는 모든 기본 단위마다 하드웨어 상태가 제대로 또 완전히 설정되게 하는 것은 애플리케이션 단계의 몫이다. 이상적인 경우라면 이런 상태 설정은 각 서브메시에 연결된 머티리얼에서 모든 정보를 제공하는 것이 맞다. 따라서 애플리케이션 단계의 역할은 그려질 모든 메시 인스턴스의 리스트를 돌며 서브메시-머티리얼 쌍마다 머티리얼에 기술된 대로 렌더 상태를 설정하고, 로우레벨 기본 단위 제출 함수들(`DrawIndexedPrimitive()`, `glDrawArrays()` 등)을 호출하는 것이다.

상태 누수

기본 단위를 제출하기 전에 렌더 상태를 재설정해야 하는데, 이때 빠뜨린 것이 있으면 이전 기본 단위에 쓰였던 상태가 '새어 나와(누수)' 다음 상태를 그리는 데 영향을 미친다. 렌더 상태 누수^{state leak}가 발생하면 엉뚱한 텍스처가 붙는다든지 조명 효과가 이상하게 되는 등의 부작용이 나타난다. 따라서 애플리케이션 단계에서 상태 누수가 발생하지 않게 주의를 기울여야 한다.

GPU 명령 리스트

애플리케이션 단계는 명령 리스트^{command list}를 통해 GPU와 통신한다. 이 같은 명령들은 렌더 상태를 설정하는 동작과 그려질 기하 형상을 지정하는 동작이 교차된 형태다. 예를 들어 물체 A와 B를 머티리얼 1로 렌더링하고, 다음에 물체 C, D, E를 머티리얼 2로 렌더링하는 경우 명령어 리스트는 다음과 같은 모습이다.

- 렌더 상태를 머티리얼 1용으로 설정(렌더 상태 설정 하나마다 명령어 하나씩, 여러 명령어가 될 수 있다)
- 기본 단위 A 제출
- 기본 단위 B 제출
- 렌더 상태를 머티리얼 2용으로 설정(여러 명령어)
- 기본 단위 C 제출
- 기본 단위 D 제출
- 기본 단위 E 제출

안을 뜯어 보면 `DrawIndexedPrimitive()` 같은 API 함수들도 GPU 명령 리스트들을 만들고 제출하는 일을 할 뿐이다. 어떤 프로그램의 경우는 이런 API를 호출하는 것이 부담스러울 수도 있다. 따라서 성능을 극대화하려고 GPU 명령 리스트를 직접 만들거나 아니면 벌컨^{Vulkan}(https://www.khronos.org/vulkan/) 같은 로우레벨 렌더링 API를 호출하는 엔진도 있다.

11.2.7.3 기하 형상 정렬

렌더 상태 설정은 전역^{global}이다. 즉 전체 GPU에 영향을 미친다. 렌더 상태를 변경하려면 먼저 GPU의 파이프라인을 모두 비우고 새로운 설정을 적용해야 한다. 이와 같은 동작을 세심하게 관리하지 않으면 성능을 엄청나게 저하시킬 수 있다.

렌더 상태를 가능한 한 적게 바꾸는 것이 게인이라는 점은 분명하다. 가장 좋은 방법은 기하 형상들을 머티리얼로 정렬하는 것이다. 이 경우 머티리얼 A의 설정을 적용하고 이 머티리얼에 연관된 모든 기하 형상을 렌더링한 후 다음 머티리얼 B로 이동하면 된다.

하지만 아쉽게도 머티리얼에 따라 기하 형상을 정렬하면 렌더링 성능이 저하될 수 있는데, 이것은 중복 그리기(한 픽셀이 겹치는 여러 삼각형에 의해 여러 번 채워지는 경우)가 증가하기 때문이다. 어느 정도의 중복 그리기는 필요하기도 하고 어떤 경우는 반드시 해야 한다(반투명한 표면들을 알파 블렌딩하려면 이 방법밖에 없다). 하지만 불투명한 픽셀을 중복해 그리는 것은 언제나 GPU 성능을 저하시킨다.

이른 z-테스트는 시간이 오래 걸리는 픽셀 셰이더가 실행되기 전에 가려지는 단편들을 버리는 용도로 만든 것이다. 이른 z-테스트를 최대한 활용하려면 삼각형을 앞에서 뒤로 그려야 한다. 이렇게 하면 가장 가까운 삼각형들이 가장 처음부터 z-버퍼를 채우고 그 뒤에 더 멀리 떨어진 삼각형들의 단편들은 중복 그리기를 거의 없이 하지 않고도 재빨리 버릴 수 있다.

z-프리패스

그렇다면 기하 형상을 머티리얼로 정렬해야 하는 문제와 불투명한 기하 형상을 앞에서 뒤로 그려야 하는 문제, 이 두 가지 상충되는 목표를 어떻게 조화시킬 수 있을까? 해답은 GPU의 z-프리패스prepass라 불리는 기능이다.

z-프리패스의 기본 아이디어는 장면을 두 번 렌더링하는 것이다. 첫 번째 단계는 가능한 한 빠르고 효율적으로 z-버퍼의 내용을 만들어 내고, 두 번째 단계에서 색 정보로 프레임 버퍼를 채운다(이때는 z-버퍼 덕분에 중복 그리기가 없다). GPU에는 픽셀 셰이더를 끄고 z-버퍼의 내용만 업데이트하는, 통상적인 렌더링보다 몇 배 빠른 렌더링 모드가 있다. 이 단계는 z-버퍼를 생성하는 데 걸리는 시간을 최소화하기 위해 불투명한 기하 형상들을 앞에서 뒤로 그린다. 그다음에 머티리얼에 따라 기하 형상을 정렬한 후 상태 변화를 최소화하면서 정상적으로 렌더링해 파이프라인의 최대 처리량을 끌어낸다.

불투명한 기하 형상들을 다 렌더링하고 나면 투명한 물체들을 뒤에서 앞의 순서로 그린다. 이같이 단순하고 과격한 방법을 써야만 제대로 알파 블렌딩된 결과를 얻을 수 있다. 순서 무관 투명도OIT, Order-Independent Transparency라는 기법이 있는데, 투명한 기하 형태를 임의의 순서로 그릴 수 있게 해 주는 기법이다. 원리는 픽셀 하나마다 여러 개의 단편을 저장하고, 전체 장면의 렌더링이 끝난 후 이것들을 정렬하고 블렌딩하는 것이다. 이 기법을 사용하면 기하 형상을 정렬할 필요가 없어지지만 픽셀마다 모든 투명한 단편을 담을 수 있도록 단편 버퍼가 커야 하기 때문에 메모리 사용량이 높다는 단점이 있다.

11.2.7.4 장면 그래프

요즘에는 게임 월드가 굉장히 넓은 경우도 드물지 않다. 대부분의 경우 카메라 절두체 안에 들어오는 기하 형상은 극히 일부분에 불과하며, 모든 물체에 대해 절두체 선별을 하는 것은 굉장한 시간 낭비다. 따라서 장면 내 모든 기하 형상들을 관리하면서 자세한 절두체 선별 과정에 들어가기 전에 카메라 절두체 근처에 있지 않는 물체들을 빠르게 가려낼 자료 구조가 필요하다. 이 자료 구조가 장면의 기하 형상을 정렬하는 데도 도움이 되면 더욱 좋다(z-프리패스를 위해 앞에서 뒤로 정렬하는 경우나 머티리얼별로 정렬하는 경우 등).

이런 자료 구조를 보통 장면 그래프scene graph라고 부르는데, 영화용 렌더링 엔진이나 마야 등의 DCC 도구에서 쓰이는 그래프 형태의 자료 구조에서 온 말이다. 하지만 게임의 장면 그래프가 반드시 그래프일 필요는 없고 실제로 가장 많이 쓰이는 자료 구조는 트리 형태다(당연한 말이지만 트리는 그래프의 특수 형태다). 이런 자료 구조들의 기본적인 아이디어는 3차원 공간을 적절하게 나눠 카메라 절두체와 교차하지 않는 지역을 빠르게 판별하고, 따라서 버려지는 지역 안에 있는 물체들을 절두체가 선별하는 수고를 덜게 하는 것이다. 이런 자료 구조에는 쿼드트리quadtree, 옥트리octree, BSP 트리, kd 트리, 공간 해시 기법 등이 있다.

쿼드트리와 옥트리

쿼드트리는 재귀적recursive 방식으로 공간을 사분면으로 분할한다. 각 재귀 단계는 쿼드트리의 한 노드가 되고, 이 노드는 각각 사분면 하나를 나타내는 자식 4개를 갖는다. 사분면을 분할할 때는 대개 축 정렬된 수직 평면을 사용하는데, 그렇기 때문에 각 사분면은 정사각형 또는 직사각형 모양이다. 하지만 개중에는 임의의 형태로 공간을 나누는 쿼드트리도 있다.

거의 모든 종류의 공간 분포된 데이터를 저장하거나 조직하는 데 쿼드트리를 사용할 수 있다. 렌더링 엔진에서 사용하는 쿼드트리는 메시 인스턴스나 하부 지형, 정적인 메시의 개별 삼각형 등 렌더링 가능한 기본 단위들을 저장해서 효율적인 절두체 추려내기를 하는 데 쓰인다. 렌더링 가능한 기본 단위는 트리의 리프leaf에 저장되고, 각 리프마다 저장하는 기본 단위의 개수가 어느 정도 균등하게 만드는 것이 일반적이다. 이렇게 하려면 지역을 나눌 때 그 지역의 기본 단위 개수를 보고 계속 나눌지 아니면 중단할지를 결정하면 된다.

카메라 절두체 안에 들어오는 기본 단위를 찾아내려면 우선 트리의 루트에서 리프까지 탐색해가며 각 지역들이 절두체와 교차하는지를 알아낸다. 어떤 사분면이 절두체와 교차하지 않으면 그 사분면의 자식인 지역들도 교차하지 않는다는 것을 알기 때문에 그 아래의 트리는 더 탐색할 필요가 없다. 이 방식은 보일 가능성 있는 기본 단위를 찾을 때 선형 검색(보통 O(log n) 시간이 걸림) 방식보다 훨씬 빠르다. 그림 11.50에는 쿼드트리로 공간을 나누는 예가 나와 있다.

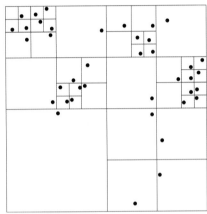

그림 11.50 한 지역마다 점이 하나씩 들어가게 공간을 사분면으로 나눈 쿼드트리를 위에서 아래로 내려다본 모양

옥트리^{octree}는 쿼드트리를 3차원에 적용한 것으로 반복마다 하부 구간을 8개로 나눈다. 옥트리의 지역들은 정육면체이거나 직육면체인 경우가 보통이지만 임의의 모양을 한 3차원 지역도 될 수 있다.

경계 구 트리

쿼드트리와 옥트리가 공간을 일반적으로 사각형 형태 나누는 것과 비슷하게 경계 구^{bounding sphere} 트리는 공간을 나눌 때 계층을 이룬 구 형태로 나눈다. 트리의 리프는 렌더링 가능한 기본 단위의 경계 구를 나타낸다. 이런 기본 단위들을 논리적 그룹으로 묶은 다음 모두를 감싸는 경계 구를 다시 계산한다. 이 그룹들은 이제 더 큰 그룹으로 합쳐지는데, 전 가상 월드를 아우르는 경계 구를 가진 그룹 하나가 나올 때까지 이 과정을 반복한다. 보일 가능성이 있는 기본 단위들을 찾아내려면 트리의 루트에서 리프까지 내려가면서 각 경계 구와 절두체가 교차하는지 검사하고, 교차하는 경우에만 하부 트리를 탐색한다.

BSP 트리

이진 공간 분할^{BSP, Binary Space Partitioning} 트리는 공간을 반으로 나누는데, 나누고 난 절반이 특정한 조건을 충족할 때까지 반복한다(쿼드트리가 공간을 사분면으로 나누는 것과 비슷하다). BSP 트리는 충돌 검출, CSG^{Constructive Solid Geometry} 등 여러 곳에 쓰이는데, 가장 활용 빈도가 높은 곳은 3D 그래픽의 절두체 선별과 기하 형상 정렬이다. BSP 트리 개념을 k 차원으로 일반화한 것이 kd 트리다.

렌더링에서 쓰이는 BSP 트리는 반복마다 공간을 평면 1개(분할 평면)로 나눈다. 이 평면은 축정렬된 평면일 수도 있지만 대개는 장면에 있는 특정한 삼각형을 포함하는 평면인 경우가 많다. 나누는 기준 삼각형을 제외한 나머지 삼각형들은 이 평면의 앞에 있는지 뒤에 있는지에 따라 구분된다. 분할 평면과 교차하는 삼각형들은 새로운 3개의 삼각형으로 분해되기 때문에 모든 삼각형은 평면의 앞에 있거나 뒤에 있거나 아니면 같은 평면^{coplanar}에 위치한다. 이 과정을 거치면 이진 트리가 만들어지며 이 트리의 내부 노드에는 분할 평면과 몇 개의 삼각형이 들어가고 리프에는 삼각형들이 들어간다.

BSP로 절두체 선별을 하는 방법은 쿼드트리나 옥트리, 또는 경계 구 트리와 거의 비슷하다. 하지만 위에서 설명한 것과 같이 특정 삼각형들을 기준으로 나눈 경우, BSP 트리는 삼각형들을 뒤-앞 순서나 앞-뒤 순서로 정확하게 정렬하는 데 사용될 수도 있다. 이런 방식은 둠^{Doom}과 같은 초창기 3D 게임에서 특히 중요했는데, z-버퍼가 없던 시절의 게임들은 삼각형 간에 가리는 순서를 정확히 나타내려면 화가 알고리듬을 사용할 수밖에 없었기 때문이다(즉 장면을 뒤에서 앞으로 렌더링).

카메라의 위치가 주어지면 뒤-앞 순서 정렬 알고리듬은 루트에서부터 트리를 탐색한다. 각 노드에서는 카메라가 해당 노드의 분할 평면에 대해 앞에 있는지 뒤에 있는지를 검사한다. 카메라가 분할 평면보다 앞에 있는 경우 그 노드의 뒤쪽 자식을 먼저 탐색하고, 그 후 분할 평면과 같은 평면에 있는 삼각형^{coplanar}들을 꺼낸 후 앞쪽 자식을 탐색한다. 마찬가지로 카메라가 노드의 분할 평면 뒤에 있는 경우에는 노드의 앞쪽 자식을 먼저 탐색하고 분할 평면과 같은 평면에 있는 삼각형들을 꺼낸 후 뒤쪽 자식을 탐색한다. 이런 순서로 순회하면 카메라에서 가장 멀리 있는 삼각형을 가까운 삼각형들보다 먼저 탐색하기 때문에 결과적으로 뒤-앞 순서가 된다. 이 알고리듬은 장면의 모든 삼각형을 탐색하기 때문에 카메라가 바라보는 방향은 순회 순서에 영향을 주지 않는다. 보이는 삼각형들만 탐색하기 위해서는 별도의 절두체 선별 과정이 필요하다. 그림 11.51에는 간단한 BSP 트리가 예로 나와 있는데, 표시된 카메라 위치에서 순회하는 순서도 함께 나와 있다.

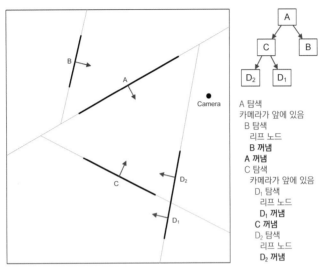

그림 11.51 BSP 트리에서 삼각형들을 뒤-앞 순서 순회하는 예. 단순화를 위해 삼각형들을 옆에서 바라본 2차원으로 나타냈지만, 실제 BSP 트리에서는 삼각형들과 분할 평면의 방향은 일정하지 않다.

이 책에서 BSP 트리 생성 과정과 알고리듬의 활용에 대해 온전히 이야기하기는 힘들다.

BSP 트리에 대한 자세한 내용은 다음 사이트(http://www.gamedev.net/reference/articles/article657.asp)를 참조하기 바란다.

11.2.7.5 장면 그래프 선택

선택할 수 있는 많은 장면 그래프가 있다. 개발하는 게임에서 어떤 자료 구조를 선택할지는 그 게임에서 어떤 장면들을 그릴지에 달려 있다. 선택을 잘하려면 게임의 장면을 렌더링할 때 필요한 것이 무엇인지(더욱 중요한 점은 필요 없는 것은 무엇인지)를 분명히 이해하고 있어야 한다.

예를 들면 거의 정적인 공간을 배경으로 링 위에서 2명이 싸우는 격투 게임을 개발하고 있다면 장면 그래프 자체가 별로 필요하지 않을 수도 있다. 밀폐된 실내 환경을 주배경으로 하는 게임이라면 BSP 트리나 포털 시스템이 특히 유용하다. 평탄한 실외를 배경으로 하고 주로 위에서 내려다보는 장면이 많은 게임의 경우(전략 전략 게임이나 갓god 게임 등) 단순한 쿼드트리만 써도 높은 렌더링 속도를 얻을 수 있다. 반면 실외 장면을 평지에서 보는 경우 별도의 선별 방식이 필요할 수 있다. 밀도가 높은 장면의 경우 가리는 물체가 많기 때문에 차폐 볼륨(안티포털) 시스템을 쓰면 도움이 될 수 있다. 하지만 밀도가 낮은 장면에 안티포털을 추가하면 별 게인이 되지 않는 경우가 많다(어떤 경우 오히려 속도를 떨어뜨린다).

장면 그래프를 고를 때 최선의 방식은 렌더링 엔진의 성능을 실제로 측정해 보고 얻은 구체적 데이터를 바탕으로 하는 것이다. 예상치 못했던 곳에서 성능을 잡아먹는 경우에 놀라게 되는 일도 많다. 하지만 구체적인 원인을 알고 나면 적당한 장면 그래프나 다른 최적화 기법을 사용해 당면한 문제를 해결할 수 있다.

11.3 고급 조명 기법과 전역 조명

사진처럼 현실적인 장면을 렌더링하려면 물리적으로 정확한 전역 조명 알고리듬이 필요하다. 하지만 이런 기법을 완벽하게 살펴보려면 책 한 권으로도 부족하다. 따라서 게임에서 가장 널리 쓰는 기법들 몇 가지만 간단히 살펴보자. 이런 기법들이 있다는 것을 알고 더 자세한 내용을 스스로 찾아볼 수 있게 하는 것이 목표다. 더 심오한 내용은 참고 문헌 [10]을 참조하자.

11.3.1 이미지 기반 조명

고급 조명 및 셰이딩 기법 중에는 이미지 데이터(가장 흔히 2차원 텍스처 맵)를 적극 활용하는 것들이 많다. 이것을 이미지 기반 조명 알고리듬이라고 부른다.

11.3.1.1 법선 매핑

법선 맵$^{normal\ map}$은 각 텍셀의 표면 법선 방향을 나타내는 벡터를 담고 있다. 법선 맵을 사용하면 표면의 모양에 대한 정교한 정보를 렌더링 엔진에 줄 수 있는데, 같은 정보를 정점 법선을 통해 제공하는 경우 높은 레벨의 테셀레이션이 필요하다. 법선 맵을 사용하면 평평한 삼각형 1개를 마치 수많은 작은 삼각형이 모여 만든 것처럼 보이게 할 수 있다. 그림 11.52는 법선 매핑의 예다.

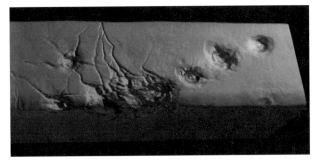

그림 11.52 법선 매핑을 사용한 표면

법선 벡터는 대개 텍스처의 RGB 색 채널에 담기는데, RGB 채널은 양의 값만 갖는 데 비해 법선 벡터는 음의 값이 될 수 있기 때문에 적당한 조치를 취해야 한다. 텍스처에 벡터의 성분 2개만 담는 경우도 있는데, 법선이 정규화됐다고 가정할 경우 런타임 에 세 번째 성분을 구할 수 있기 때문이다.

11.3.1.2 높이 맵: 시차와 돋을새김 매핑

이름에서 알 수 있듯이 높이 맵heightmap은 특정 기준 높이에 대한 삼각형 표면의 높낮이를 인코딩한다. 높이 맵은 각 텍셀의 높이만 있으면 되기 때문에 그레이스케일grayscale 이미지를 사용하는 것이 보통이다. 높이 맵은 범프 매핑bump mapping, 시차 차폐 매핑parallax occlusion mapping, 변위 매핑displacement mapping 등의 기법에 사용할 수 있는데, 이 셋은 평평한 표면을 올록볼록하게 보이게 하는 주요 기법이다.

범프 매핑은 높이 맵을 통해 값싸게 표면 법선surface normal을 구현하는 것이다. 이 기술은 초창기 3D 그래픽에서 자주 쓰였다. 요즘의 게임 엔진은 표면 법선을 높이 맵에서 계산하기보다는 별도의 법선 맵에 저장하는 경우가 대부분이다.

시차 차폐 매핑은 높이맵 정보를 통해 평평한 표면의 텍스처 좌표를 인위적으로 조정하는데, 그럼으로써 카메라의 움직임에 따라 표면의 디테일이 다소 차이나 보이도록 만든다(너티 독은 언차티드 시리즈의 탄흔 데칼을 그리는 데 이 기법을 사용했다).

변위 매핑(돋을새김relief 매핑이라고도 한다)은 테셀레이션을 통해 실제 표면을 세밀하게 나눠 추가의 정점을 생성하는데, 여기서 높이 맵의 정보를 통해 각 정점의 변위displacement(변화 값)를 정한다. 그 결과는 앞선 것들보다 더 품질이 뛰어난데, 실제 기하 형상이 생기는 것이기 때문에 자체 차폐self-occlusion나 자체 그림자 처리self-shadow도 제대로 된다. 그림 11.53에는 범프 매핑, 시차 매핑, 변위 매핑을 비교한 그림이 나와 있다. 그림 11.54에는 다이렉트X 9에서 구현한 변위 매핑의 예가 나와 있다.

그림 11.53 범프 매핑(왼쪽), 시차 차폐 매핑(가운데), 변위 매핑(오른쪽)의 비교 화면

그림 11.54 DirectX 9의 변위 매핑. 단순한 기하 형태를 갖고 런타임에 테셀레이션을 통해 표면 디테일을 만들어 낸다.

11.3.1.3 정반사/광택 맵

반짝이는 표면에서 직접 반사되는 것을 정반사specular라고 한다. 정반사의 강도는 보는 사람의 시선, 광원, 표면 법선이 이루는 각도에 영향을 받는다. 11.1.3.2절에서 살펴봤듯이 정반사 강도는 $k_S(R \cdot V)^\alpha$인데, R은 입사광을 표면 법선에 반사시킨 것이고, V는 바라보는 시선 방향, k_S는 표면의 전반적인 반사도이며, α는 정반사 지수다.

대다수 표면의 광택은 균등하지 않다. 예를 들면 땀 젖은 지저분한 사람의 얼굴을 보면 땀이 묻어 있는 부분은 반짝거리지만, 그렇지 않은 부분이나 더러운 부분은 광택이 없어 보일 것이다. 이와 같이 정교한 정반사도specularity를 저장하고자 할 때 정반사 맵specular map이라는 특수한 텍스처를 사용할 수 있다.

정반사 맵의 텍셀에 k_S 값을 저장하면 각 텍셀에 적용될 정반사 정도를 조정할 수 있다. 이런 정반사 맵을 광택 맵gloss map이라고 부르기도 한다. 때로는 정반사 마스크라고 부르기도 하는

데, 텍셀에서 값이 0인 부분은 정반사가 적용되지 않는 지역으로 마스킹할 수 있기 때문이다. 정반사 맵에 α 값을 저장하면 텍셀에서 정반사 하이라이트가 어느 정도의 '집중도'를 가질지 조정할 수 있다. 이런 텍스처를 정반사 지수 맵specular power map이라고 부른다. 광택 맵의 예가 그림 11.55에 나와 있다.

그림 11.55 EA의 파이트 나이트 라운드 3의 스크린샷을 보면 광택 맵을 사용해 표면의 텍셀마다 정반사 정도를 조정할 수 있음을 볼 수 있다.

11.3.1.4 환경 매핑

환경 맵environment map은 물체의 시점에서 주변을 바라본 파노라마 사진과 비슷한데, 수평 방향은 360도 전체를 담고 수직 방향은 180도 또는 360도를 담는다. 환경 맵은 물체를 둘러싼 전반적인 조명 환경을 나타낸 것이라 할 수 있다. 대개는 큰 비용을 들이지 않고도 반사를 구현하는 데 쓰인다.

가장 널리 쓰이는 형식은 구형spherical 환경 맵과 큐브cubic 환경 맵이다. 구형 맵은 어안fisheye 렌즈로 찍은 사진 비슷하며, 반지름이 무한하고 중심이 물체에 오는 구 안쪽에 상이 맺힌 것처럼 취급한다. 구형 맵의 문제점은 구면 좌표를 갖고 매핑한다는 점이다. 구면 좌표는 적도 부근에서는 수평, 수직 방향 모두 충분한 정확도를 가진다. 하지만 수직 각도가 천정에 가까워지면 수평 방향 정확도는 텍셀 하나로 제한되는 문제가 있다. 이런 문제점을 피하려고 큐브(정육면체) 맵이 고안됐다.

큐브 맵은 주요한 여섯 방향(위, 아래, 좌, 우, 앞, 뒤)에서 찍은 사진들을 합쳐 놓은 것과 비슷하다. 렌더링할 때 큐브 맵은 해당 물체를 중심으로 무한한 크기의 정육면체 내부에 상이 맺히는 것으로 취급한다.

물체 표면의 한 점 P에 해당하는 환경 맵의 텍셀을 읽으려면 카메라에서 시작해 P로 향하는 광선을 구한 후 이것을 P의 표면 법선에 반사시킨다. 반사된 광선은 환경 맵의 구 또는 정육면체와 만날 때까지 직진한다. 교차하는 점의 텍셀을 사용해 P의 색을 결정하는 데 쓴다.

11.3.1.5 3차원 텍스처

오늘날의 그래픽 하드웨어는 3차원 텍스처를 지원한다. 3D 텍스처는 2D 텍스처를 쌓아 놓은 것으로 생각하면 된다. 3차원 좌표 (u, v, w)가 주어지면 GPU가 알아서 3D 텍스처의 주소를 찾고 필터링한다.

3차원 텍스처는 물체의 외형을 기술하거나 용적에 관한 속성을 나타낼 때 유용하다. 예를 들어 대리석 구를 렌더링하고 이것을 임의의 평면으로 나눌 수 있게 한다고 하자. 텍스처를 잘 만들고 구의 전 범위에서 연속적으로 만든다면 어떤 면으로 자르든 텍스처는 연속되면서도 올바르게 보일 것이다.

11.3.2 HDR 조명

텔레비전이나 CRT 모니터 같은 디스플레이 장치는 한정된 강도 범위만 표현할 수 있다. 바로 이런 이유 때문에 프레임 버퍼의 색 채널들은 0부터 1까지의 범위로 제한된다. 하지만 현실에서는 빛의 강도가 무한히 커질 수 있다. HDR^{High Dynamic Range} 조명은 이런 넓은 범위의 빛 강도를 표현하려는 의도로 고안됐다.

HDR은 조명 계산 시 결과를 임의로 자르지 않는다. 계산된 이미지는 강도가 1을 넘는 것도 저장할 수 있는 형식으로 저장된다. 이렇게 하면 이미지에서 극도로 밝거나 어두운 부분도 손상되지 않고 표현된다.

스크린에 디스플레이하기 전에 색조 매핑^{tone mapping}이라는 과정을 통해 이미지의 강도 범위를 디스플레이 장치가 허용하는 범위로 이동하고 스케일한다. 이런 처리를 거치면 현실에서 발생하는 여러 효과들을 렌더링 엔진에서 구현할 수 있는데, 예를 들면 어두운 방에서 밝은 곳으로 나올 때 순간적으로 눈이 머는 상황이나 밝은 빛이 물체의 뒤에서 비칠 때 앞으로 빛이 비쳐 나오는 현상(이것을 블룸^{bloom}이라고 한다) 등이 그 예다.

HRD 이미지를 표현하는 방법 중 하나는 R, G, B 채널을 8비트가 아니라 32비트 부동소수로 저장하는 것이다. 또는 아예 다른 색 모델을 사용하는 방법도 있다. HDR 조명에서 많이 쓰이는 모델은 logLUV 색 모델이다. 이 모델에서는 색을 표현할 때 명도 채널(L)과 색도chromaticity3 채널(U와 V) 2개로 나타낸다. 사람의 눈은 색도의 변화보다는 명도의 변화에 민감하기 때문에 L 채널은 16비트로 저장하고, U, V 채널은 각각 8비트로 저장한다. 또 광범위한 명도 범위를 표현하고자 L 값은 로그 값(밑이 2)으로 나타낸다.

11.3.3 전역 조명

11.1.3.1절에서 봤듯 전역 조명이란 광원에서 나온 빛이 가상 카메라에 도달하는 과정에서 수많은 물체와 상호작용하는 현상을 표현하는 조명 알고리듬들을 일컫는 말이다. 전역 조명에서 처리하는 효과들은 표면끼리 가릴 때 생기는 그림자, 반사, 초곡면caustic 효과를 비롯해 어떤 물체의 색이 주변 물체에 '배어 나오는' 현상 등이 있다. 이제 가장 널리 쓰이는 전역 조명 기법에 대해 간단히 알아보자. 어떤 것은 한 가지 구체적 효과, 즉 그림자나 반사 등을 재현하는 목적으로 쓰인다. 그 외에 라디오시티radiocity나 레이 트레이싱ray tracing 같은 방법들은 전체적인 전역 빛 수송 모델을 제공하는 방법이다.

11.3.3.1 그림자 렌더링

그림자는 표면이 빛의 경로를 막을 때 생긴다. 이상적인 점 광원에 의해 생기는 그림자는 경계가 분명해야 하지만 실제 그림자는 경계가 흐릿하다. 이것을 반암부penumbra라고 한다. 반암부가 생기는 이유는, 현실의 광원은 점이 아니라 어느 정도 영역이 있고 따라서 물체의 표면을 여러 각도에서 비추기 때문이다.

가장 널리 쓰이는 그림자 렌더링 기법은 그림자 볼륨과 그림자 맵이다. 이 두 기법에 대해서는 잠시 후 간단히 살펴볼 것이다. 둘 다 장면의 물체들을 그림자를 내는 물체, 그림자가 지는 물체, 그림자 계산에서는 완전히 제외하는 물체의 세 가지 범주로 나눈다. 마찬가지로 광원도 그림자를 지게 할지 말지를 표시한다. 이런 구분은 그림자를 만드는 데 필요한 빛과 물체 조합의 수를 줄여 주기 때문에 최적화에 매우 중요하다.

---

3   밝기(명도)를 제외한 색의 고유한 값 – 옮긴이

그림자 볼륨

그림자를 내는 광원의 위치에서 그림자를 지게 하는 물체들을 바라봐 물체의 외곽선(실루엣) 모서리들을 구한다. 이 모서리들을 광원에서 나오는 빛의 방향으로 밀어낸다. 이렇게 얻은 기하 형상은 해당 물체에 의해 빛이 가려지는 공간을 나타낸다. 그림 11.56에 예가 나와 있다.

그림 11.56 광원의 위치에서 바라본 물체의 외곽선 모서리들을 밀어내어 생성된 그림자 볼륨

그림자 볼륨^{shadow volume}을 갖고 그림자를 만들 때는 스텐실 버퍼라는 특수한 풀 스크린 버퍼를 사용한다. 스텐실 버퍼는 스크린의 픽셀마다 하나의 정수 값을 저장하는데, 렌더링할 때는 스텐실 버퍼의 내용을 보고 마스킹^{masking}할 수 있다. 예를 들어 GPU가 단편을 그릴 때 해당하는 스텐실 버퍼의 값이 0이 아닌 것만 그리게 설정할 수 있다. 뿐만 아니라 그려지는 기하 형상들이 스텐실 버퍼의 내용을 다양하게 업데이트하게 GPU를 설정할 수도 있다.

그림자를 렌더링하려면 먼저 장면을 그림자 없이 프레임 버퍼에 그리는데, 이때 정확한 z-버퍼의 내용도 같이 만든다. 그런 후 스텐실 버퍼의 내용을 초기화해 모두 0이 되게 한다. 이제 각 그림자 볼륨을 카메라의 시점에서 그리는데, 앞을 향하는 삼각형들은 스텐실 버퍼의 값을 1 증가시키고 뒤를 향하는 삼각형들은 값을 1 감소시킨다. 화면에서 그림자 볼륨이 걸치지 않는 곳은 당연히 스텐실 버퍼의 값이 그대로 0이다. 또한 그림자 볼륨의 앞면과 뒷면이 동시에 보이는 영역도 값이 0인데, 앞면이 값을 증가시키면 뒷면이 다시 감소시키기 때문이다. 하지만 그림자 볼륨의 뒷면이 장면의 '진짜' 기하 형상에 가려지는 영역은 스텐실 버퍼의 값이 1이다. 이렇게 해서 화면의 어떤 픽셀에 그림자가 지는지를 알 수 있다. 최종적으로 세 번째 패스에서 그림자를 렌더링하는데, 스텐실 버퍼의 내용이 0이 아닌 부분을 검게 하면 된다.

그림자 맵

그림자 맵shadow map 기법은 쉽게 말해 카메라의 시점이 아닌 광원의 시점에서 수행하는 단편 단위 깊이 테스트다. 여기서는 장면을 두 단계로 나눠 렌더링한다. 첫째 단계는 광원의 시점에서 장면을 렌더링한 후 깊이 버퍼의 내용을 따로 저장해서 그림자 맵 텍스처를 만든다. 둘째 단계는 장면을 통상적으로 렌더링하고 그림자 맵을 사용해 각 단편이 그림자 안에 들어가는지를 판별한다. 그림자 맵을 이용하면 장면의 각 단편들이 광원보다 더 가까이 있는 다른 기하 형상들에 의해 가려지는지를 알 수 있는데, 그 원리는 z–버퍼를 통해 단편이 카메라에 더 가까운 단편에 의해 가려지는지를 아는 것과 똑같다.

그림자 맵은 깊이 정보만 저장한다. 각 텍셀이 광원에서 얼마나 멀리 있는지만 저장한다. 따라서 그림자 맵을 렌더링할 때는 하드웨어에 있는 초고속 z–only 모드를 이용한다(깊이 정보만 필요하기 때문에). 점 광원의 경우 원근 투영을 사용하며, 방향 광원의 경우 대신 직교 투영을 사용한다.

그림자 맵을 사용해 그림자를 렌더링할 때는 먼저 카메라의 관점에서 장면을 통상 적으로 그린다. 모든 삼각형의 정점마다 광원 공간light space(즉 그림자 맵을 만들 때 사용했던 '뷰 공간')에서의 위치를 계산한다. 이 광원 공간 좌표는 여느 정점 속성과 마찬가지로 삼각형 내부에 맞게 보간하면 된다. 이렇게 하면 각 단편의 광원 공간 좌표를 얻게 된다. 어떤 단편이 그림자 안에 들어가는지를 판단하려면 단편의 광원 공간 (x, y) 좌표를 그림자 맵의 텍스처 좌표 (u, v)로 변환한다. 그런 후 단편의 광원 공간 z 좌표를 그림자 맵에 저장된 깊이 정보와 비교한다. 단편의 광원 공간 z 좌표가 그림자 맵의 텍셀보다 광원에서 멀리 떨어진 경우 분명히 그보다 광원에 가까이 다른 기하 형상이 있다는 말이다(따라서 그림자 안이다). 마찬가지로 단편의 광원 공간 z 좌표가 그림자 맵의 텍셀보다 광원에 가깝다면 가리지 않는 것이기 때문에 그림자가 지지 않는다. 이 정보에 따라 단편의 색을 적당히 조정하면 된다. 그림자 매핑 과정은 그림 11.57에 예가 나와 있다.

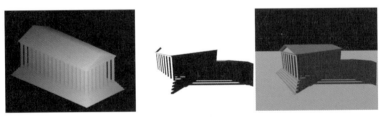

그림 11.57 맨 왼쪽 이미지는 그림자 맵이다(특정 광원의 관점에서 렌더링한 z–버퍼의 내용). 가운데 이미지의 검은 부분은 광원 공간 깊이 테스트에 실패한 픽셀들(즉 그림자 안에 있는 단편들)이며, 흰 부분은 테스트에 성공한 것이다(그림자가 지지 않는 단편들). 맨 오른쪽 이미지는 그림자와 함께 최종 완성된 장면이다.

11.3.3.2 환경 광 차폐

환경 광 차폐^{ambient occlusion}는 콘택트 섀도^{contact shadow}(환경 광에 의해서만 장면을 조명할 때 생기는 약한 그림자)를 모델링하는 기법이다. 즉 환경 광 차폐는 표면의 각 지점에 전체 빛이 얼마나 '도달'할 수 있는지를 나타낸다. 예를 들어 원통형 파이프의 내부는 외부에 비해 빛이 도달하기 어렵다. 흐린 날 파이프를 밖에 내 놓으면 외부보다 안쪽이 더 어둡게 보인다.

그림 11.58은 환경 광 차폐에 의해 자동차 하부 및 바퀴, 그리고 차체의 패널 사이에 그림자가 지는 것을 보여 준다. 표면의 한 점에서 환경 광 차폐를 측정하는 방법은 해당 점을 중심으로 하는 반지름이 큰 반구를 만든 후 그 점에서 봤을 때 반구의 지역들이 얼마만큼의 비율로 보이는지를 알아낸다. 정적인 물체에 대해서는 오프라인에 미리 계산할 수도 있는데, 환경 광 차폐는 시선 방향과 빛의 입사각과는 무관하기 때문이다. 보통 표면의 텍셀에 해당하는 환경 광 차폐 레벨을 텍스처 맵으로 저장한다.

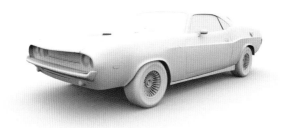

그림 11.58 환경 광 차폐를 사용해 렌더링한 용

11.3.3.3 반사

반사^{reflection}는 빛이 거울 같은(반짝이는) 표면에 부딪혀 나오기 때문에 다른 곳의 이미지가 표면에 보이는 것이다. 반사를 구현하는 방법은 여러 가지가 있다. 반짝이는 물체에 반사되는 대강의 주변 환경을 반사하는 데는 환경 맵을 사용한다. 거울 등의 평평한 표면에 직접 반사되는 것은 구현할 때는 카메라의 위치를 반사 표면에 대칭시키고 그 위치에서 장면을 텍스처에 렌더링한다. 그런 후 두 번째 패스에서 이 텍스처를 반사 표면에 입힌다(그림 11.59 참조).

그림 11.59 라스트 오브 어스: 리마스터드(©2014/™ SIE. 너티 독 개발. 플레이스테이션 4)에서의 거울 반사. 장면을 텍셀에 렌더링한 후 거울의 표면에 입혔다.

11.3.3.4 초곡면 효과

초곡면^{caustic} 효과란 물이나 광택 있는 금속 등에서 발생하는 강렬한 반사 또는 산란으로, 매우 밝은 정반사 하이라이트다. 물의 경우와 같이 반사 표면이 움직이면 초곡면 효과도 '춤추듯' 너울댄다. 초곡면 효과는 어느 정도 랜덤한 하이라이트를 담고 있는 텍스처(어떤 경우에는 애니메이션 텍스처)를 원하는 표면에 투영하는 식으로 구현한다. 그림 11.60에 초곡면 효과의 예가 나와 있다.

그림 11.60 표면에 애니메이션 텍스처를 투영해 물에 의해 발생하는 초곡면 효과를 구현한 예

11.3.3.5 표면하 산란

빛이 표면의 한 점으로 들어가면 표면 아래에서 산란한 후 다른 지점에서 밖으로 나오는데, 이 것을 표면하 산란$^{subsurface\ scattering}$이라고 부른다(그림 11.61 참조). 사람의 피부나 밀랍, 대리석 조각상이 '따스한 질감'을 보이는 이유가 바로 이 때문이다. 표면하 산란은 BRDF(11.1.3.2절 참조)의 고급형 변종인 BSSRDF$^{Bidirectional\ Surface\ Scattering\ Reflectance\ Distribution\ Function}$로 기술한다.

표면하 산란 효과를 흉내내는 방법은 여러 가지가 있다. 깊이 맵^{depth map} 기반 표면하 산란 방식은 그림자 맵(11.3.3.1절 참조)을 만들기는 하지만 이것을 그림자 안에 있는 픽셀을 판별하는 데 사용하는 것이 아니라 광선이 빛을 가리는 물체를 뚫고 지나가는 데 필요한 거리를 측정하는 데 쓴다. 물체에서 그림자가 지는 부분(즉 빛이 닿지 않는 부분)은 인공적인 난반사^{diffuse} 성분을 주는데, 그 밝기는 빛이 물체를 통과하는 데 걸리는 거리에 반비례한다. 이렇게 하면 광원의 반대편도 살짝 밝게 보이는데, 두께가 어느 정도 얇은 부분만 이런 효과를 낸다. 표면하 산란 기법을 더 공부하고 싶은 독자는 다음 사이트(https://developer.nvidia.com/gpugems/gpugems/part-iii-materials/chapter-16-real-time-approximations-subsurface-scattering)를 읽어 보길 바란다.

그림 11.61 왼쪽은 표면하 산란이 없이 렌더링한 것이다(BRDF 조명 모델). 오른쪽은 같은 용 모양 조각을 표면하 산란을 적용해 그린 것이다(BSSSRDF 모델). (Rui Wang, 버지니아대학)

11.3.3.6 PRT

PRT^{Precomputed Radiance Transfer}는 비교적 새로운 기법으로 라디오시티^{radiosity} 기반 렌더링 방식을 실시간으로 시뮬레이션하는 방법이다. 이 기법은 입사광이 표면에 어떻게 작용하는지(반사, 굴절, 산란 등)를 모든 방향에서 미리 계산하고 저장하는 방식을 이용한다. 런타임에서 특정한 입사 광선이 주어지면 그에 대응하는 값을 찾아내고 정확한 조명 결과로 빠르게 변환한다.

일반적으로 표면의 한 지점에서의 빛의 작용은 그 점을 중심으로 하는 반구 위에 정의된 복잡한 함수라 할 수 있다. PRT 기법이 의미가 있으려면 이 함수를 간결한 형태로 표현할 수 있어야 한다. 널리 쓰는 접근 방식은 함수를 구 조화 기저 함수^{spherical harmonic basis function}들의 선형 조합으로 근사하는 것이다.[4] 이것은 본질적으로 이동^{shift}하고 스케일^{scale}한 사인 함수들을 선형 조합해 단순한 스칼라 함수 $f(x)$를 인코딩하는 과정을 3차원으로 확장한 것과 같다.

---

4 x와 y의 선형 조합은 ax + by - 옮긴이

이 책에서 PRT를 자세하게 다루기에는 무리가 있다. 더 많은 정보를 얻으려면 다음 사이트 (https://jankautz.com/publications/prtSIG02.pdf)를 참조하자.

다이렉트X SDK(http://msdn.microsoft.com/en-us/library/bb147287.aspx)에도 다이렉트X로 PRT 조명을 구현한 샘플이 들어 있다.

11.3.4 지연 렌더링

통상적인 삼각형 래스터화 기반 렌더링에서 모든 조명과 셰이딩 계산은 뷰 공간의 삼각형 단편^{fragment}들로 한다. 하지만 이 방법은 본질적으로 비효율적일 수밖에 없다는 문제가 있다. 무엇보다 전혀 할 필요가 없는 연산을 할 가능성이 있다. 삼각형의 정점들에 대한 여러 연산을 기껏 해놓고도 래스터화 단계에서 삼각형이 z-테스트를 통과하지 못해 버려질 수도 있다. 이른 z-테스트를 통하면 불필요한 픽셀 셰이더 연산을 피할 수 있지만 이것도 완벽하지 않다. 뿐만 아니라 다수의 광원이 있는 복잡한 장면을 처리하려다 보면 수많은 정점 셰이더와 픽셀 셰이더가 다른 버전으로 난무하게 된다. 예를 들면 조명 수가 다른 버전, 광원 타입이 다른 버전, 스키닝 가중치의 수가 다른 버전 등이 있다.

지연 렌더링$^{deferred\ rendering}$은 장면을 셰이딩하는 대안적인 방법으로 위의 문제들 중 여러 가지를 해결한다. 지연 렌더링에서 대부분의 조명 계산은 뷰 공간이 아니라 스크린 공간에서 수행한다. 일단 조명은 전혀 고려하지 않고 장면을 그린다. 이 과정에서 픽셀 조명에 필요한 모든 정보는 G-버퍼라고 불리는 '두꺼운' 프레임 버퍼에 저장한다. 장면을 완전히 렌더링한 후 G-버퍼의 정보를 이용해 조명과 셰이딩 계산을 한다. 이런 방법은 뷰 공간 조명보다 훨씬 효율적일 뿐만 아니라 온갖 셰이더 변종들이 난무 하는 문제도 없고 몇 가지 그럴싸한 효과들을 상대적으로 쉽게 구현할 수 있는 장점이 있다.

실제로 G-버퍼는 여러 버퍼들의 모음으로 구현할 수도 있지만 개념적으로 보면 장면에 있는 조명과 물체들의 표면 속성에 대한 정보를 각 픽셀마다 담고 있는 하나의 프레임 버퍼라고 생각하면 된다. G-버퍼에는 보통 픽셀 단위 정보를 저장하며, 여기에는 깊이, 클립 공간(또는 월드 공간)의 표면 법선, 난반사 색, 정반사 지수, 때로는 PRT 계수까지도 포함한다. 그림 11.62의 장면들은 게릴라 게임즈$^{Guerrilla\ Games}$에서 만든 킬존 2$^{Killzone\ 2}$에서 따온 것인데 일반적인 G-버퍼의 내용들이 나와 있다.

그림 11.62 지연 렌더링의 G-버퍼에 흔히 저장되는 정보들을 보여 주는 킬존 2(게릴라 게임즈)의 스크린샷. 맨 위의 이미지는 최종 완성된 화면이다. 그 아래 왼쪽 위부터 시계 방향으로 각각 알베도(난반사) 색, 깊이, 뷰 공간 법선, 스크린 공간 2D 모션 벡터(모션 블러 용), 정반사 지수, 정반사 강도를 나타낸다.

지연 렌더링을 더 자세히 살펴보고픈 독자는 다음 사이트(http://www.slideshare.net/guerrillagames/deferred-rendering-in-killzone-2-9691589)에서 게릴라 게임즈의 엔지니어들이 잘 정리해 놓은 프레젠테이션을 참조하면 큰 도움이 될 것이다.

11.3.5 물리 기반 셰이딩

전통적인 게임 엔진의 조명 시스템에서는 여러 가지 비직관적인 파라미터를, 그것도 상이하게 다른 렌더링 엔진 시스템에서 아티스트가 일일이 만져 가며 원하는 느낌이 게임에서 나오도록 만들어야 했다.

이 과정은 매우 힘들고 시간이 많이 걸리는 작업이었다. 더 심한 문제는 특정 조명 환경에서 멋지게 보이는 파라미터 설정이 조명이 바뀌면 쓸모없을 수도 있었다. 이런 문제를 해결하고자 렌더링 프로그래머들은 점차 물리 기반 셰이딩physically based shading 모델로 눈을 돌리는 추세다.

물리 기반 셰이딩 모델은 빛이 실제 움직이고 물질과 반응하는 행동을 흉내내려는 시도이며, 이를 통해 직관적이고 실생활에서 측정 가능한 단위로 아티스트가 셰이더 파라미터를 조정할 수 있게 한다. 이 책에서 물리 기반 셰이딩을 제대로 논의하기란 불가능하기 때문에 다음 사이트(https://marmoset.co/posts/basic-theory-of-physically-based-rendering/)를 방문해 더 많은 정보를 찾아보기 바란다.

11.4 시각 효과와 오버레이

지금까지 이야기한 것들은 대부분 렌더링 파이프라인에서 3차원의 단단한 물체들을 그리는 방법이었다. 이 렌더링 파이프라인 위에 여러 가지 특수한 렌더링 시스템 계층을 올리는 경우가 많은데, 이 계층은 파티클 효과, 데칼(총탄 자국, 갈라진 흔적, 긁힌 흔적 등 표면 효과를 나타내는 작은 오버레이), 머리카락 및 모피, 빗물 또는 눈꽃, 물 등의 특수한 시각 효과를 렌더링하는 역할 등을 맡는다. 풀 스크린 후처리 효과를 적용하는 경우도 있는데, 비네트^{vignette}(화면 경계의 밝기와 채도를 살짝 흐리게 하는 기법), 모션 블러$^{motion\ blur}$, DoF$^{depth\ of\ field}$ 블러, 인공적/향상된 채색^{colorization} 효과 등 수많은 효과가 있다. 마지막으로 게임의 메뉴 시스템과 헤드업 디스플레이^{HUD} 등도 3차원 장면을 그린 후에 글자나 다른 2차원/3차원 그래픽을 스크린 공간에서 덧입혀 그린다.

이런 엔진 시스템을 전부 심도 있게 살펴보려면 이 책의 범위를 벗어간다. 여기서는 이런 렌더링 시스템들에 대한 간략한 개요를 살펴보고, 더 학습하기 위해 어떤 것을 살펴봐야 하는지를 알아본다.

11.4.1 파티클 효과

파티클 렌더링 시스템$^{particle\ rendering\ system}$은 연기나 불꽃, 불 등의 일정한 형상이 없는 물체를 구현한다. 이것들을 파티클 효과$^{particle\ effect}$라고 한다. 파티클 효과가 다른 렌더링 기하 형상들과 구분되는 주요한 특징은 다음과 같다.

- 상대적으로 단순한 기하 형상들(대부분의 경우 삼각형 2개로 구성된 쿼드^{quad}라 불리는 간단한 판)이 여러 개 모여 이뤄진다.
- 기하 형상들은 항상 카메라를 향한다(예. 빌보드). 이 말은 쿼드의 표면 법선이 항상 카메라의 초점을 향하게 엔진에서 따로 처리해 줘야 한다는 뜻이다.
- 머티리얼이 거의 예외 없이 반투명하다. 그렇기 때문에 파티클 효과는 다른 대다수의 불투명한 물체들과는 달리 엄격한 렌더링 순서를 지켜야 하는 제약을 갖는다.
- 파티클을 다양한 방식으로 애니메이션한다. 파티클의 위치, 방향, 크기(스케일), 텍스처 좌표, 셰이더 전달 인자 등은 프레임마다 달라진다. 이런 변화는 직접 만든 애니메이션 곡선으로 지정할 수도 있고, 아니면 절차적인^{procedural} 방식으로 정의한다.

- 파티클은 계속해서 스폰됐다가 없어진다. 파티클 이미터emitter는 월드에서 지정된 속도로 파티클들을 생성하는 논리적 단위다. 파티클은 지정된 평면에 부딪히거나 정해진 수명이 다했을 때, 또는 다른 조건이 충족되면 없어진다.

파티클 효과를 구현할 때는 일반적인 삼각형 기하 형상과 적당한 셰이더를 조합해 만들 수도 있다. 하지만 실제 게임 엔진에서는 앞서 이야기한 고유한 특성 때문에 특수화된 파티클 효과 애니메이션 및 렌더링 시스템을 사용하는 경우가 대부분이다. 그림 11.63에 파티클 효과의 몇 가지 예가 나와 있다.

그림 11.63 언차티드 3(©2011/™ SIE. 너티 독 개발. 플레이스테이션 3)의 불꽃, 연기, 총알 궤적 파티클 효과

파티클 시스템 디자인 및 구현은 굉장히 다양한 주제라 이것만으로도 상당한 분량을 차지한다. 더 자세한 정보를 알고 싶으면 [2]의 10.7절, [16]의 20.5절, [11]의 13.7절, [12]의 4.1.2절을 읽어 보기 바란다.

11.4.2 데칼

데칼decal이란 일반적인 기하 형상들의 표면에 씌우는 상대적으로 작은 기하 형상이며 표면의 외양을 바꾸는 데 쓰인다. 데칼에는 총탄 흔적, 발자국, 긁힌 흔적, 갈라진 흔적 등이 있다.

오늘날 엔진들이 데칼을 구현할 때 가장 많이 쓰는 방법은 데칼을 사각형 영역으로 모델링한 후 이것을 화면에 일직선으로 투영하는 방식이다. 이렇게 하면 3차원 공간에 직육면체 프리즘이 생긴다. 이 프리즘이 가장 먼저 교차하는 표면에 데칼이 입혀진다. 교차하는 기하 형상의 삼각형들을 투영된 프리즘의 네 경계 평면으로 클리핑한다. 각 정점마다 적당한 텍스처 좌표를 계산하고 클리핑한 삼각형들을 데칼 텍스처에 매핑한다. 텍스처 매핑된 삼각형들은 정상적인 장면의 위에 덧입혀지는데, 보통 시차 매핑$^{parallax\ mapping}$을 사용해 깊이감을 주고 z 값을 살짝 조정해(근 평면을 살짝 움직이는 방식을 쓴다) z 다툼$^{z-fighting}$이 일어나지 않게 한다. 이런 처리를 거치면 총탄 흔적이나 긁힌 흔적 등에 의해 표면 외양이 바뀐다. 그림 11.64에는 총탄 흔적을 데칼로 구현한 예가 나와 있다.

그림 11.64 언차티드 3(©2011/™ SIE. 너티 독 개발. 플레이스테이션 3)에서는 시차 매핑을 통해 탄흔을 구현했다.

데칼을 만드는 방식이나 그리는 방법에 대해 더 알고 싶으면 [9]의 4.8절과 [32]의 9.2절을 살펴보자.

11.4.3 환경 효과

게임의 무대가 완전히 비현실적인 배경이 아니라면 반드시 어느 정도의 환경 효과$^{environmental\ effect}$가 필요하다. 이런 효과는 대개 전용 렌더링 시스템으로 구현된다. 이런 시스템 중에 흔히 볼 수 있는 몇 가지를 다음에 살펴보기로 하자.

11.4.3.1 하늘

게임 월드의 하늘은 생동감 있는 디테일을 보여야 하지만 따지고 보면 카메라에서 굉장히 멀리 떨어져 있다. 따라서 실제와 같은 방식으로 모델링할 수는 없고 특수한 렌더링 기법을 사용해야 한다.

단순한 방법 중 하나는 3D 기하 형상을 렌더링하기 전에 프레임 버퍼에 하늘 텍스처를 채워 넣는 것이다. 하늘 텍스처는 텍셀 대 픽셀 비율이 1:1에 가깝게 렌더링해야 하기 때문에 보통 화면의 해상도와 같거나 거의 비슷하게 만든다. 하늘 텍스처는 카메라의 움직임을 따라 회전하거나 스크롤할 수 있기도 하다. 하늘을 그릴 때는 프레임 버퍼의 깊이 값을 최대한 크게 하는 것이 중요하다. 모든 3D 장면이 항상 하늘보다 위에 그려져야 하기 때문이다. 인기 있는 아케이드 게임 '하이드로 선더'에서 이 방식으로 하늘을 렌더링했다.

요즘의 게임 플랫폼에서는 픽셀 셰이딩 비용이 높기 때문에 전체 장면을 렌더링한 후에 하늘을 그리는 경우가 많다. 먼저 z-버퍼를 최대 z-값으로 채워 초기화한다. 그다음에 장면을 그린다. 마지막으로 z-테스트는 켜고 z-쓰기$^{z\text{-writing}}$는 끈 채로 하늘을 그리는데, z-테스트 값은 최대보다 1 작게 한다. 이것은 지형이나, 빌딩, 나무 등과 같이 화면에 더 가까운 물체들이 그려지지 않은 곳에만 하늘을 그리게 하는 효과가 있다. 따라서 하늘의 픽셀 셰이더는 최소 범위의 스크린 픽셀에 대해서만 구동된다.

플레이어가 자유롭게 모든 방향을 바라볼 수 있는 게임에서는 돔^{dome} 형태나 박스 형태의 하늘을 사용하기도 한다. 돔과 박스는 카메라의 현재 위치가 중심이 되게 그리기 때문에 카메라가 어디를 이동하든 항상 무한히 멀리 있는 것처럼 보인다. 하늘 텍스처와 마찬가지로 박스나 돔도 다른 3D 기하 형상들을 좀 더 먼저 렌더링하고, 렌더링하는 동안 z 값도 항상 최대가 되게 해야 한다. 이 말은 돔이나 박스가 장면의 다른 물체 들에 비해 그리 크지 않아도 된다는 뜻이다. 사실 그 크기는 그릴 때 프레임 버퍼 전체를 채울 만큼만 되면 상관없다. 하늘 렌더링에 대해 좀 더 알고 싶으면 [2]의 10.3절과 [44]의 253쪽을 읽어 보자.

구름을 그릴 때도 전용 렌더링 시스템과 애니메이션 시스템을 구현하는 경우가 많다. 둠과 퀘이크 등 초창기의 게임들에서의 구름은 평평한 면에 스크롤하는 반투명한 구름 텍스처를 입힌 단순한 방식을 사용했다. 근래에는 카메라를 향하는 판(빌보드), 파티클 효과 기반 구름, 입체 구름$^{volumetric\ cloud}$ 효과 등이 사용된다.

11.4.3.2 지형

지형 시스템이 존재하는 이유는 지표면을 구현하고 그 위에 다른 정적 요소 및 동적 요소들이 놓일 수 있는 토대를 제공하는 것이다. 지형을 모델링할 때는 마야 같은 도구를 써서 직접 제작하기도 한다. 하지만 플레이어가 먼 거리를 볼 수 있는 게임에서는 동적 테셀레이션이나 다른 레벨 오브 디테일^{LOD} 시스템을 써야만 하는 경우가 있다. 또 광활한 실외 지역을 표현하는

데 필요한 데이터의 양을 제한해야 하는 경우도 있다.

높이 필드 지형^{height field terrain}은 넓은 지형을 모델링하는 데 자주 사용되는 방식이다. 높이 필드 데이터는 보통 그레이스케일 텍스처로 저장하기 때문에 비교적 적은 편이다. 대부분의 높이 필드 기반 지형 시스템에서는 수평($y = 0$) 평면을 일정한 격자 패턴으로 테셀레이션하고, 높이 필드 텍스처를 샘플링해 지형 정점의 높이를 얻는다. 카메라와의 거리에 따라 단위 지역당 삼각형의 수를 변경할 수 있기 때문에 멀리까지 넓은 지형을 보여 줄 수 있으면서도 가까이 있는 지형은 세밀하게 표현할 수 있다. 높이 필드 비트맵을 사용해 지형을 구현하는 예가 그림 11.65에 나와 있다.

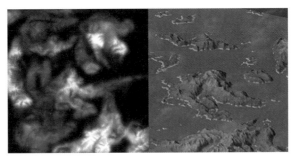

그림 11.65 그레이스케일 높이 필드 비트맵(왼쪽)을 이용해 지형 격자 메시(오른쪽)의 정점 위치들을 조정할 수 있다. 이 예에서는 물 평면을 지형 메시에 결합해 섬을 만들었다.

지형 시스템에는 높이 필드를 '색칠^{painting}'할 수 있는 전용 도구를 두는 것이 일반적이며, 이것으로 길이나 강 등의 지형지물을 파낼 수 있다. 지형 시스템의 텍스처 매핑은 대개 4개 이상의 텍스처를 블렌딩해 사용한다. 그렇기 때문에 아티스트가 잔디, 흙, 자갈 등 지형 요소를 표현하고 싶을 때 원하는 텍스처 계층을 보이게 만들기만 하면 된다. 한 계층에서 다른 계층으로 서서히 블렌딩하면 텍스처가 변하는 과정을 부드럽게 표현할 수 있다. 어떤 지형 도구에서는 지형의 일부분을 파낸 후 그 안에 건물이나, 참호 등 특수한 지형지물을 일반적인 메시로 만들어 집어넣을 수 있는 기능을 지원하기도 한다. 지형 제작 툴은 게임 월드 에디터에 완전히 통합돼 있는 경우도 있고 별도의 독립된 도구로 있는 경우도 있다.

물론 높이 필드 지형은 게임에서 사용되는 수많은 지표면 모델링 방식 중에 한 가지임은 더 말할 나위가 없다. 지형 렌더링에 대해 더 알고 싶으면 [8]의 4.16절에서 4.19절까지와 [9]의 4.2절을 읽어 보자.

11.4.3.3 물

요즘 게임에서 물은 흔하디 흔한 존재다. 물에도 수많은 종류가 있는데, 바다를 비롯해 작은 호수, 강, 폭포, 분수, 물줄기, 웅덩이, 축축한 표면 등 다양하다. 물의 종류마다 특수한 렌더링 기법이 필요한 경우가 보통이다. 개중에는 동적 운동 시뮬레이션이 필요한 경우도 있다. 넓은 부분을 차지하는 물의 경우에는 지형과 마찬가지로 동적 테셀레이션이나 다른 LOD 방식이 필요한 때도 있다.

물 시스템은 때로 게임의 강체 역학 시스템(부력이나 물줄기의 수압 등)과 게임플레이(미끄러운 표면, 헤엄치는 기능, 다이빙하는 기능, 물줄기를 타고 솟아오르는 기능 등)에 상호 영향을 미치는 경우가 있다. 물 효과를 구현할 때는 여러 렌더링 기법과 하부 시스템을 조합해 사용하는 경우가 많다. 예를 들면 폭포를 구현하는 데는 특수한 물 셰이더와 스크롤 텍스처뿐 아니라 밑 부분의 안개에 쓰이는 파티클 효과, 거품을 표현하는 데칼 형태의 오버레이 등 수많은 요소를 쓸 수 있다. 오늘날의 게임 중에서도 정말 멋진 물 효과를 구현하는 것들이 있으며, 실시간 유체 역학 등의 분야에서 진행되는 활발한 연구를 볼 때 앞으로 더 다양하고 사실적인 물 시뮬레이션을 볼 수 있을 것이다. 물 렌더링과 시뮬레이션 기법에 대한 더 자세한 내용은 [2]의 9.3, 9.5, 9.6절과 [15], [8]의 2.6절과 5.11절을 읽어 보자.

11.4.4 오버레이

대부분의 게임에는 헤드업 디스플레이^{HUD}와 게임 내 그래픽 유저 인터페이스 및 메뉴 시스템이 있다. 이런 오버레이^{overlay}들은 보통 2차원 또는 3차원 그래픽을 뷰 공간이나 스크린 공간에 직접 렌더링하는 형태로 구현한다.

오버레이는 보통 게임의 주 장면 렌더링을 마친 후 z-테스트를 끄고 그리는데, 따라서 언제나 3차원 장면 위에 그려진다. 2차원 오버레이는 쿼드^{quad}(삼각형 한 쌍)를 스크린 공간에서 직교 투영을 이용해 렌더링한다. 3차원 오버레이는 직교 투영이나 통상적인 원근 투영을 이용해 렌더링하는데, 뷰 공간에 위치한 기하 형상이 항상 카메라를 따라다니게 한다.

11.4.4.1 정규화된 스크린 좌표

게임 엔진의 텍스트/폰트 시스템은 보통 특수한 형태의 2차원(때로는 3차원) 오버레이로 구현한다. 텍스트 렌더링 시스템은 문자열에 맞는 글자 글리프^{glyph}들을 화면의 다양한 위치에 적절한 방향으로 그리는 것이 그 핵심이다.

폰트는 필요한 글리프들이 들어 있는 글리프 아틀라스^{glyph atlas}라 불리는 텍스처 맵으로 구현하는 경우가 많다. 이 텍스처는 단일 알파 채널로 이뤄지는 경우가 많다. 그 값은 해당 픽셀이 글리프 내부에 의해 얼마나 덮이는지를 나타내는 비율이다. 폰트 기술^{description} 파일은 각 글리프의 바운딩 박스와 함께 커닝^{kerning}, 베이스라인^{baseline} 오프셋 등의 폰트 레이아웃 정보를 담는다. 글리프를 렌더링할 때는 글리프의 바운딩 박스를 아틀라스 텍스처 맵의 (u, v) 좌표로 삼아 사각형^{quad}을 그린다. 텍스처 맵이 알파 정보를 제공하지만 색 정보는 따로 지정하기 때문에 임의의 색으로 글자를 그릴 수 있다.

폰트를 그리는 또 다른 방법은 프리타입^{FreeType}(https://www.freetype.org/) 등의 폰트 라이브러리를 사용하는 것이다. 프리타입 라이브러리를 사용하면 게임이나 일반 애플리케이션에서 다양한 형식, 예를 들면 트루타입 폰트^{TTF, TrueType Font}, 오픈타입 폰트^{OTF, OpenType Font}를 읽을 수 있고 메모리상의 픽스맵^{pixmap}에 원하는 크기로 글리프를 그릴 수 있다. 프리타입은 각 글리프를 베지어^{Bezier} 곡선 아웃라인을 통해 그리므로 매우 정확한 결과를 낸다.

보통 게임 같은 실시간 애플리케이션은 프리타입으로 미리 필요한 글리프들을 아틀라스에 찍고, 이것을 런타임에는 텍스처 맵으로 사용해 단순한 사각형 렌더링으로 글리프를 그린다. 그렇지만 프리타입 등의 폰트 라이브러리를 엔진에 내장하게 되면 필요할 때마다 실시간으로 글리프를 아틀라스에 그릴 수 있게 된다. 이런 점은 한국어나 중국어같이 글리프의 수가 매우 많은 언어에 유리하다.

또 다른 고품질 캐릭터 글리프 렌더링 기법은 부호 있는 디스턴스 필드^{signed distance field}를 사용해 글리프 정보를 표현하는 것이다. 이 기법은 글리프를 픽스맵에 렌더링 하는데(프리타입 등의 라이브러리와 마찬가지로), 다만 각 픽셀의 값은 더 이상 알파 '비율' 값이 아니다. 대신 각 픽셀은 픽셀 중앙으로부터 가장 가까운 글리프의 가장자리까지 부호 있는 거리 값을 담는다. 글리프의 안쪽에서는 그 값이 음수이며 글리프의 바깥에서는 양수다. 부호 있는 디스턴스 필드 텍스처 아틀라스를 갖고 글리프를 렌더링할 경우 이 거리 값을 통해 픽셀 셰이더에서 매우 정확한 알파 값을 계산할 수 있다. 그 결과 거리나 보는 각도에 상관없이 매우 부드러운 글자를 그릴 수 있다. 부호 있는 디스턴스 필드 텍스트 렌더링에 대해 더 알고싶으면 콘스탄틴 쾌퍼^{Konstantin Käfer}의 글 'Drawing Text with Signed Distance Fields in Mapbox GL'나 밸브^{Valve}사의 크리스 그린[Chris Green]이 쓴 글 'Improved Alpha-Tested Magnification for Vector Textures and Special Effects'를 읽어 보기 바란다.

또 다른 방법은 글리프의 베지어 곡선 외곽선을 직접 그리는 것이다. 테라손 소프트웨어 [Terathon Software] LLC의 Slug 폰트 엔진은 외곽선 기반 글리프 렌더링을 GPU에서 수행하며, 따라서 실시간 게임에서도 사용할 수 있다.

제대로 된 텍스트/폰트 시스템은 여러 언어의 문자가 가지는 차이와 읽기 방향 등을 처리할 수 있어야 한다. 먼저 텍스트 문자열의 글자의 나열로 변경하는 단계가 필요하다. 언어에 따라 글자는 왼쪽에서 오른쪽으로, 또는 오른쪽에서 왼쪽으로 나열되며, 공통의 기준선[baseline]에 맞게 정렬된다. 글자 간 거리는 폰트 제작자가 지시한 수치(따라서 폰트 파일에 포함)와 문맥적인 자간 거리 조절을 관장하는 커닝[kerning]에 의해 결정된다.

경우에 따라 글자들을 화면에서 이리저리 움직이거나 글자 자체를 애니메이션하는 등의 재미 요소를 지원하는 텍스트 시스템도 있다. 그렇지만 게임의 폰트 시스템을 구현할 때 정말 게임에서 필요한 것들만 구현하는 것이 중요하다. 게임에서 움직이는 텍스트를 쓰지도 않는데 엔진에 고급 텍스트 애니메이션 기능을 넣어 봤자 아무런 소용이 없을 테니 말이다.

11.4.5 감마 보정

CRT 모니터는 휘도[luminance] 값에 비선형적으로 반응하는 경향이 있다. 즉 CRT 모니터에 선형적으로 증가하는 R, G, B 값을 보내면 사람의 눈에는 비선형적으로 변하는 것처럼 보인다. 어두운 부분은 원래보다 더 어두워 보인다. 이 과정이 그림 11.66에 나와 있다.

일반적인 CRT 디스플레이의 감마[Gamma] 반응 곡선은 다음 공식으로 간단하게 모델링할 수 있다.

$$V_{out} = V_{in}^{\gamma}$$

여기서 $\gamma_{CRT} > 1$이다. 이런 현상을 보정하려고 CRT 디스플레이에 보내는 색은 역변환을 거친다(즉 $\gamma_{corr} < 1$인 감마 값을 사용). 일반적인 CRT 모니터의 γ_{CRT} 값은 2.2이므로 보정된 값은 보통 $\gamma_{corr} \approx 1/2.2 = 0.455$이다. 그림 11.67에 감마 인코딩과 디코딩 곡선이 나와 있다.

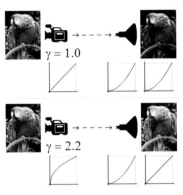

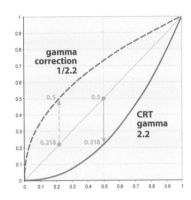

그림 11.66 CRT 모니터의 감마 반응이 이미지에 미치는 영향과 이를 바로잡는 방법(이미지는 www.wikipedia.org 에서 발췌)

그림 11.67 감마 인코딩과 디코딩 곡선. 이미지는 www. wikipedia.org에서 발췌

최종 렌더링된 이미지가 감마 보정이 제대로 되게 하고자 감마 인코딩을 3D 렌더링 엔진에서 할 수도 있다. 하지만 이 경우 텍스처 맵에 사용된 비트맵 이미지가 자체적으로 감마 보정된 경우가 많다는 점을 고려해야 한다. 수준 높은 렌더링 엔진들은 이런 점을 감안해 렌더링 전에 텍스처들을 감마 디코딩하고 렌더링이 끝난 후에 다시 감마 인코딩을 하는 방식으로 제대로 된 색이 스크린에 보이게 보장한다.

11.4.6 풀 스크린 후처리 효과

풀 스크린 후처리 효과post effect는 렌더링된 3차원 장면에 적용돼 부가적인 사실성을 더하거나 멋스런 효과를 내는 역할을 한다. 이런 효과는 스크린 전체의 내용을 픽셀 셰이더를 통과시켜 원하는 효과(또는 여러 효과)를 적용하게 만든다. 이 과정은 원래의 장면이 렌더링된 텍스처를 화면 전체 크기의 쿼드에 매핑한 후 이것을 렌더링하는 것이다. 풀 스크린 후처리 효과에는 다음과 같은 것들이 있다.

- **모션 블러**motion blur 스크린 공간 속도 벡터를 저장하는 버퍼를 렌더링한 후 이것을 통해 렌더링된 이미지를 선택적으로 흐리게blur 만드는 방법으로 구현하는 것이 보통이다. 흐리게 하는 효과는 컨볼루션 커널convolution kernel을 이미지에 적용해 얻는다([5]의 Image Smoothing and Sharpeningby Discrete Convolution , Dale A. Schumacher 참조).
- **DoF**Depth of Field **블러** 깊이 버퍼의 내용을 갖고 각 픽셀을 얼마나 흐리게 할지를 조정하는 기법이다.

- **비네트**^{vignette} 영화에 주로 사용되는 기법으로, 화면의 모퉁이 부분에서 이미지의 명도, 또는 채도를 감소시켜 극적인 효과를 낸다. 어떤 경우에는 스크린 위에 텍스처 오버레이를 렌더링하는 방식으로 단순하게 구현할 때도 있다. 여기서 파생된 것으로 플레이어가 망원경이나 무기의 조준경을 통해 바라볼 때 흔히 쓰이는 둥그런 모양의 효과를 들 수 있다.
- **채색 효과**^{colorization} 후치리 과정에서 스크린의 픽셀 색을 마음대로 변경할 수도 있다. 예를 들어 화면 전체에서 붉은색을 제외한 다른 모든 색을 줄여 회색으로 만들 수 있는데, 이것은 영화 〈쉰들러 리스트^{Schindler's List}〉의 유명한 장면인 붉은 코트를 입은 소녀를 떠올리면 된다.

11.5 더 읽을거리

11장에서는 그리 넉넉하지 않은 지면 내에서 엄청나게 많은 내용을 살펴봤는데, 사실 이것들은 빙산의 일각에 불과하다. 살펴본 주제들을 더 깊이 알고 싶은 마음도 분명히 들 것이다. 게임이나 영화에서 쓰이는 3차원 컴퓨터 그래픽과 애니메이션을 제작하는 전반적인 과정을 알고 싶은 독자에겐 [27]을 적극 추천한다. 현대 실시간 렌더링의 기반이 되는 기술들에 대한 심도 있는 내용은 [2]에 잘 설명돼 있고, [16]은 모든 컴퓨터 그래픽에 대한 결정적인 레퍼런스로 잘 알려져 있다. 기타 3D 렌더링에 관한 책 들 중 훌륭한 것들은 [40], [11], [12]가 있다. [32]에는 3D 렌더링에 사용되는 수학에 대해 잘 나와 있다. 그래픽 프로그래머라면 누구나 그래픽스 젬^{Graphics Gem} 시리즈([20], [5], [28], [22], [42]) 및 GPU Gems 시리즈([15], [44], [40])를 한두 권은 갖고 있을 것이다. 당연한 말이지만 여기에 언급한 참고 도서들도 맛보기에 불과하다. 게임 프로그래머로 일하다 보면 렌더링과 셰이더에 관해 훌륭한 책들을 수없이 많이 접하게 될 것이다.

애니메이션 시스템 　12장

오늘날 거의 모든 3D 게임 엔진은 캐릭터가 중심이다. 사람이나 사람 형태인 경우가 대부분이지만 동물이나 외계인인 경우도 있다. 자연스러우면서 생명체처럼 움직여야 한다는 점에서 캐릭터는 독특한 존재다. 이런 특성은 자동차나 발사체, 축구 공, 테트리스 조각 같은 단단한 강체를 흉내내고 움직이는 것보다 더 복잡하고 고차원적 기술을 필요로 한다. 게임 엔진에서 캐릭터에 자연스러운 움직임을 불어넣는 일을 담당하는 부분이 캐릭터 애니메이션 시스템이다.

애니메이션 시스템은 캐릭터뿐 아니라 그 외의 물체들에도 적용될 수 있는 강력한 도구다. 완전히 단단한 물체가 아닌 이상 게임의 모든 물체는 애니메이션 시스템을 활용할 수 있다. 그렇기 때문에 움직이는 구동계가 달린 자동차나 부분적으로 움직이는 기계, 바람에 살랑거리는 나무, 심지어 폭발하는 빌딩 같은 것들을 보면 그 안에 적어도 일부분은 애니메이션 시스템을 사용하고 있을 가능성이 크다.

12.1 캐릭터 애니메이션의 종류

'동키 콩Donkey Kong' 같은 고전 게임 시대와 견줘 보면 캐릭터 애니메이션은 비약적인 발전을 했다. 초기의 게임들은 생명체가 움직이는 것처럼 보이게 하는 데 굉장히 단순한 기법을 사용했다. 하지만 게임 하드웨어가 발전하면서 점점 고차원적인 기법들을 실시간으로 사용할 수 있게 됐다. 오늘날의 게임 디자이너들은 여러 가지 강력한 애니메이션 기법을 마음껏 골라 쓸 수 있다. 12.1절에서는 캐릭터 애니메이션이 어떻게 발전해 왔는지 간단하게 살펴보고, 오늘날 게임 엔진에서 가장 널리 쓰이는 세 가지 기법을 요약해 본다.

12.1.1 셀 애니메이션

게임 엔진에 쓰이는 애니메이션 기법들은 '전통적인 애니메이션' 또는 '수작업 애니메이션'에서 유래한 것이다. 이 기법은 최초의 움직이는 만화에 쓰였고, 움직이는 것처럼 보이게 하는 데 프레임이라 불리는 정지된 그림을 연속적으로 빠르게 보여 주는 방법을 썼다. 정지된 화면을 연속적으로 빠르게 계속 보여 줌으로써 움직이는 화면을 만든다는 점에서 실시간 3D 렌더링은 전통적인 애니메이션이 전자적 형태로 구현된 것이라 볼 수 있다.

셀 애니메이션cel animation은 전통적인 애니메이션 기법 중 한 가지다. '셀'이란 위에 그림을 그리거나 칠할 수 있는 투명하고 얇은 플라스틱 종이다. 고정된 배경 그림 위에 애니메이션하는 셀들을 순차적으로 올려 움직이는 그림을 만들기 때문에 배경을 매번 다시 그리지 않아도 되는 이점이 있다.

셀 애니메이션이 전자적인 형태로 구현된 형태가 스프라이트 애니메이션이다. 스프라이트란 풀 스크린 배경 위에 얹어 그릴 수 있는 조그만 비트맵인데, 전문적인 그래픽 하드웨어의 도움을 받아 그리는 경우가 많다. 따라서 전통적인 애니메이션에서 셀의 역할을 2D 게임 애니메이션에는 스프라이트가 맡는다고 할 수 있다. 그림 12.1은 사람 모양의 캐릭터가 달리는 것처럼 보이는 유명한 스프라이트 비트맵인데, 마텔 인텔 리비전Mattel Intellivision의 거의 모든 게임에 사용됐다. 연속적으로 반복해서 재생해도 부드럽게 이어지게 만들어졌는데, 이렇게 반복되는 애니메이션을 '루핑looping(반복) 애니메이션'이라고 한다. 이 애니메이션은 캐릭터가 달리는 것처럼 보이니까 요즘 관점으로 보면 '달리기 사이클run cycle'이라고 할 수 있다. 캐릭터는 '대기 사이클', '걷기 사이클', '달리기 사이클' 등의 루핑 애니메이션 사이클 여러 개를 갖고 있는 경우가 대부분이다.

그림 12.1 인텔리비전 게임 대부분에서 사용된 일련의 스프라이트 비트맵

12.1.2 계층적 강체 애니메이션

둠^{Doom} 등의 초기 3D 게임들은 스프라이트 애니메이션 기법을 계속 썼다. 몬스터는 여전히 카메라를 향한 네모 판에 지나지 않았으며 텍스처 비트맵을 순서대로 보여 줌으로써 움직이는 착시 효과를 냈다. 이 기법은 낮은 해상도의 물체나 멀리 있는 물체들을 표현할 때 오늘날에도 쓰이는데, 운동장의 관중들이나 먼 배경에서 떼로 몰려 싸우고 있는 병사들을 이렇게 구현하는 경우가 많다. 하지만 3D 그래픽 시대가 되면서 주요 캐릭터들을 높은 품질로 표현하려면 이보다 더 나은 캐릭터 애니메이션 기법이 필요해졌다.

가장 오래된 3D 캐릭터 애니메이션 기법은 '계층적 강체 애니메이션^{rigid hierarchical animation}'이다. 이 방법은 캐릭터를 여러 강체(단단한 물체)의 모음으로 모델링한다. 사람 형태의 캐릭터는 일반적으로 골반, 몸통, 상박^{upper arm}, 하박^{lower arm}, 허벅지, 종아리, 손, 발, 머리로 이뤄진다. 포유류의 뼈들이 관절로 서로 연결돼 있는 것과 비슷한 식으로 강체들은 다른 강체들과 계층적으로 이어져 있다. 그래서 캐릭터를 자연스럽게 움직일 수 있다. 예를 들어 상박이 움직이면 하박과 손은 자동적으로 따라 움직이게 된다. 계층 구조는 대개 골반이 제일 루트에 자리하고 몸통과 허벅지가 바로 그 아래의 자식이 되는데, 다음과 같은 모양을 띤다.

```
Pelvis
  Torso
    UpperRightArm
      LowerRightArm
        RightHand
    UpperLeftArm
      UpperLeftArm
        LeftHand
    Head
  UpperRightLeg
    LowerRightLeg
      RightFoot
  UpperLeftLeg
    UpperLeftLeg
      LeftFoot
```

이 방식의 제일 큰 문제는 그림 12.2에서 보이는 것처럼 관절에서 강체들이 갈라져 보여서 부자연스럽다는 점이다. 계층적 강체 애니메이션은 로봇이나 기계처럼 정말 강체들로 이뤄진 것들을 나타내는 데는 무리가 없지만, 육신을 가진 캐릭터를 나타내기에는 부족하다.

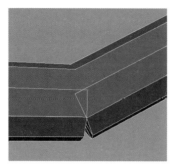

그림 12.2 관절에서 갈라지는 현상은 계층적 강체 애니메이션의 주요한 문제다.

12.1.3 정점 애니메이션과 모프 타깃 기법

계층적 강체 애니메이션이 부자연스러워 보이는 이유는 강체, 즉 단단한 물체만 처리할 수 있기 때문이다. 이 문제를 해결하려면 각 정점들을 따로 움직여 모양이 자연스럽게 펴지게 할 방법을 찾아야 한다.

가장 단순하면서 우악스런 방법으로는 '정점 애니메이션$^{\text{per-vertex animation}}$'이라는 기법이 있다. 애니메이터가 메시의 정점들을 갖고 애니메이션한 다음 움직임 정보를 뽑아내 게임 엔진에서 실시간으로 각 정점을 움직이는 방식이다. 이 방법으로는 상상할 수 있는 어떤 형태의 모양 변화든 만들 수 있다(메시 표면이 얼마나 잘게 쪼개져 있는지에만 영향을 받는다). 하지만 메시의 각 정점이 시간에 따라 어떻게 변하는지 모두 기록해야 하기 때문에 데이터가 굉장히 커진다. 따라서 실시간 게임에서 활용하기에는 무리가 있다.

반면 '정점 애니메이션'의 일종인 '모프 타깃$^{\text{morph target}}$ 애니메이션'이라는 기법이 일부 실시간 게임에서 사용된다. 여기서는 애니메이터가 메시의 정점들을 움직여 정지된 극단^{extreme} 포즈를 몇 가지 만들어 낸다. 런타임에서는 이런 정지 포즈를 2개 이상 블렌딩해 애니메이션을 만든다. 각 정점 위치는 극단 포즈들에서의 정점 위치를 선형 보간$^{\text{LERP, Linear intERPolation}}$해서 얻어낸다.

모프 타깃 기법은 대개 표정 애니메이션에 이용되는데, 사람 얼굴은 50개 이상의 근육으로 복잡하게 구성돼 있기 때문이다. 모프 타깃 기법을 이용하면 애니메이터는 얼굴 메시의 모든 정점을 세세하게 조정할 수 있고, 따라서 사람 얼굴 근육의 미묘하고 급격한 움직임을 흉내낼 수 있다. 그림 12.3을 보면 얼굴 표정에 사용된 모프 타깃 기법을 볼 수 있다.

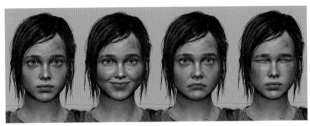

그림 12.3 라스트 오브 어스: 리마스터드(© 2014™ SIE. 너티 독 개발. 플레이스테이션 4)의 캐릭터 엘리(Ellie)에 사용된 얼굴 모프 타깃

점점 하드웨어 성능이 발전함에 따라 표정 구현에 모프 타깃 대신에 수백 개의 관절^{joint}을 사용하는 경우도 생겼다. 경우에 따라 두 가지 기법을 혼합하기도 하는데, 관절을 통해 얼굴의 주요 표정을 잡은 후 모프 타깃으로 세세한 조정을 하는 것이다.

12.1.4 스킨 애니메이션

게임 하드웨어 성능이 발전함에 따라 '스킨 애니메이션^{skinned animation}'이라는 기법이 개발됐다. 이 기법은 정점 애니메이션이나 모프 타깃 애니메이션과 마찬가지로 메시의 정점(또는 삼각형) 모양이 변할 수 있는 장점이 있다. 또 계층적 강체 애니메이션처럼 속도가 빠르고 메모리 사용량이 적은 이점도 있다. 특히 사람의 맨 피부나 의복 모양 등을 그럴싸하게 흉내낼 수 있다.

스킨 애니메이션은 처음에 '슈퍼 마리오 64^{Super Mario 64}' 같은 게임에서 사용됐는데, 아직도 게임과 영화 산업에서 가장 널리 쓰이는 기법이다. '쥬라기 공원^{Jurrassic Park}'의 공룡들이나 솔리드 스네이크^{Solid Snake}(메탈 기어 솔리드 4), 골룸^{Gollum}(반지의 제왕), 드레이크^{Drake}(언차티드), 버즈 라이티어^{Buzz Lightyear}(토이 스토리), 마커스 피닉스^{Marcus Fenix}(기어즈 오브 워), 조엘^{Joel}(라스트 오브 어스) 같은 유명한 캐릭터의 전 부위 또는 최소한 일부분에라도 스킨 애니메이션이 사용된다. 12장의 나머지 부분은 거의 스킨/뼈대 애니메이션을 공부하는 데 할애했다.

스킨 애니메이션을 하려면 단단한 '뼈^{bone}'들로 '뼈대^{skeleton}'를 만들어야 하는데, 이 점은 계층적 강체 애니메이션과 비슷하다. 그렇지만 뼈대는 화면에 그려지지는 않는다. 대신 스킨^{skin}이라 불리는 이어진 삼각형들로 이뤄진 메시가 뼈대의 관절에 붙고, 스킨의 각 정점들은 관절의 움직임을 따라간다. 각 정점들은 여러 관절에 가중치를 갖고 붙을 수 있는데, 이렇게 하면 관절이 움직일 때 스킨이 자연스러운 모양으로 늘어질 수 있다.

그림 12.4에는 에릭 브라우닝이 디자인한 게임 캐릭터 족제비 크랭크가 있다(미드웨이 홈 엔터테인먼트 2001). 여타 다른 3D 모델과 마찬가지로 크랭크의 외부는 삼각형으로 이뤄진 메시로 돼 있다. 하지만 내부에는 스킨을 움직이는 단단한 뼈대와 관절이 있는 것을 볼 수 있다.

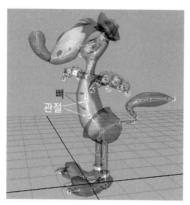

그림 12.4 에릭 브라우닝(Eric Browning)이 만든 캐릭터인 족제비 크랭크에 사용된 뼈대 구조

12.1.5 데이터 압축 측면에서 본 애니메이션 기법

세상에서 제일 이상적인 애니메이션 기법을 한 번 상상해 보자. 이 기법으로는 애니메이터가 물체 표면의 무한한 점을 움직일 수 있다. 이렇게 애니메이션한 결과는 당연히 무한한 데이터가 될 것이다. 삼각형으로 이뤄진 메시의 정점들을 애니메이션하는 것은 이런 이상적인 애니메이션 기법을 단순화한 것이다. 달리 말하면 움직일 수 있는 대상을 정점으로 한정함으로써 애니메이션 데이터 정보를 '압축'한다고 볼 수 있다(한정된 컨트롤 지점을 애니메이션하는 것으로 볼 수 있다). 모프 타깃 애니메이션은 여기에 몇 가지 제약 조건을 더해서 더 압축한 것으로 볼 수 있다. 즉 정점들은 미리 지정된 정점 위치 사이의 직선 이동밖에 할 수 없다. 뼈대 애니메이션(스킨 애니메이션)은 제약 조건을 추가해서 정점 애니메이션을 압축한 또 다른 방법이다. 이 경우 상대적으로 숫자가 많은 정점의 움직임이 숫자가 적은 뼈대 관절의 움직임에 제한을 받는다.

여러 애니메이션 기법의 장단점을 비교할 때 여러모로 비슷한 점이 많은 비디오 압축 기술을 떠올리며 압축 기법으로 비교하면 도움이 될 때가 있다. 일반적인 상황에서 우리의 목표는 시각적인 오류가 없으면서 최대의 압축률을 제공하는 애니메이션 기법을 고르는 것이다. 한 관절의 움직임이 여러 정점을 움직이게 만들었을 때 스킨 애니메이션은 최대의 압축률을 자랑한다. 일반적인 상황에서 캐릭터의 팔 다리는 강체처럼 움직이기 때문에 뼈대를 이용하면 굉장히 효율적이다. 하지만 얼굴 표정은 훨씬 복잡해서 각 정점이 훨씬 자유롭게 독립적으로 움직인다. 얼굴 표정을 스킨 애니메이션으로 제대로 만들려면 관절의 개수가 정점의 개수와 비슷한 정도로 많아야 하는데, 이렇게 되면 압축 기법으로서의 이점이 줄어든다. 이 점 때문에 얼굴 표정에는 모프 타깃 기법이 스킨 애니메이션보다 널리 쓰인다(애니메이터가 작업하기에 모프 타깃 기법이 더 자연스러운 이유도 있다).

12.2 뼈대

뼈대는 '관절joint'이라 불리는 단단한 조각들이 계층적으로 모여 이뤄진 것이다. 게임 업계에서는 보통 '관절'과 '본bone'을 혼용해 쓰는데, 사실 '본'이라는 이름은 잘못 붙여졌다. 엄밀히 말하면 애니메이터가 조정하는 것은 '관절'이고 '본'은 관절 사이의 빈 공간일 뿐이다. 족제비 크랭크의 골반 관절을 예로 살펴보자. 골반은 한 관절이지만 다른 네 관절(꼬리, 척추, 오른쪽과 왼쪽 엉덩이 관절)에 이어져 있기 때문에 골반 관절에서 4개의 본이 뻗어 나온 것처럼 보인다. 그림 12.5를 보자. 게임 엔진은 관절이라는 개념만 다룰 뿐이고 본에 대해서는 일절 신경쓰지 않는다. 그렇기 때문에 어떤 사람이 '본'이라고 말한다면 99% 이상은 '관절'을 지칭하는 것이라고 생각하면 된다.

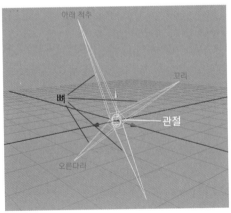

그림 12.5 캐릭터의 골반 관절이 다른 네 관절(꼬리, 척추와 두 다리)과 이어져 있어 4개의 뼈(bone)를 만든다.

12.2.1 뼈대 계층 구조

앞서 이야기했지만 뼈대의 관절들은 계층 구조나 트리 구조로 이뤄진다. 루트의 관절이 하나 있고 나머지 관절들이 바로 밑의 자식이 되거나 자식의 자식이 되는 식으로 붙는다. 스킨 애니메이션에서 가장 흔히 쓰는 관절 계층은 계층적 강체 애니메이션에서 쓰이는 구조와 거의 같다. 예를 들면 사람 형태의 캐릭터는 그림 12.6과 같은 관절 계층 구조를 가질 것이다.

보통 각 관절에는 0부터 $N - 1$까지 번호를 붙여 구별한다. 각 관절은 부모 관절이 하나밖에 없기 때문에 관절마다 부모 관절의 번호를 저장하고 있으면 뼈대의 계층 구조를 다 저장할 수 있다. 맨 위의 루트 관절은 부모 관절이 없기 때문에 부모의 번호로 −1 등 정상적으로는 붙을 수 없는 숫자를 넣는다.

12.2.2 뼈대 구조를 메모리에 저장

뼈대를 자료 구조로 나타낼 때는 각 관절 자료 구조들을 배열로 갖는 형태로 만드는 경우가 많다. 대개 자식 관절은 반드시 부모 관절보다 나중에 나오게 위치한다. 즉 0번 관절은 항상 뼈대 구조의 루트 관절이라는 뜻이다.

그림 12.6 마야(Maya)의 하이퍼그래프 계층 구조(Hypergraph Hierarchy)에서 볼 수 있는 관절 계층 구조의 예

관절 인덱스$^{joint\ index}$는 애니메이션 자료 구조 안에 있는 관절들을 가리키는 번호를 뜻한다. 예를 들면 자식 관절에서 부모 관절을 가리킬 때 부모의 관절 인덱스를 사용해 나타낸다. 마찬가지로 스킨을 구성하는 삼각형 메시에서 각 정점은 자신이 따라 움직일 관절 또는 관절들을 나타낼 때 관절 인덱스를 사용한다. 관절 인덱스를 사용하면 관절 이름을 사용할 때보다 필요한 저장 공간이 줄어들고(최대 256개의 관절을 사용한다면 관절 인덱스는 8비트를 쓸 수 있다), 찾을 때 드는 시간도 빠르다(배열에서 관절 인덱스로 바로 접근할 수 있기 때문이다).

778

각 관절을 나타내는 자료 구조는 보통 다음과 같은 정보를 포함한다.

- **관절의 이름** 문자열을 직접 갖고 있거나 해시된 32비트 문자열 번호를 갖고 있다.
- **부모 관절의 관절 인덱스**
- **바인드 포즈**bind pose**의 역변환** 바인드 포즈란 처음 관절과 스킨 메시의 정점들을 연결 지을 때 관절의 위치, 방향, 스케일을 뜻한다. 보통 이 변환의 역을 저장하는데, 그 이유는 12.3절에서 자세히 나온다.

뼈대의 자료 구조는 보통 다음과 같은 형태를 띠고 있다.

```
struct Joint
{
    Matrix4x3   m_invBindPose;  // 바인드 포즈의 역변환
    const char* m_name;         // 사람이 읽을 수 있는 관절의 이름
    U8          m_iParent;      // 부모 관절 인덱스 또는 루트 관절인 경우 0xFF
};

struct Skeleton
{
    U32     m_jointCount;  // 관절 개수
    Joint*  m_aJoint;      // 관절 배열
};
```

12.3 포즈

셀 애니메이션이건 계층적 강체 애니메이션이건 또는 스킨(스켈레탈) 애니메이션이건 모든 애니메이션은 시간이 흐름에 따라 진행된다. 캐릭터가 움직이는 것 같은 착시 현상을 일으키려면 캐릭터의 정지된 '포즈'들을 따로따로 준비한 후 그 포즈들을 초당 30~60개 정도 연속적으로 빠르게 보여 줘야 한다(12.4.1.1절에서 곧 살펴보겠지만 실제로는 이론과는 약간 다르게 인접한 포즈들을 보간해서 보여 준다). 스킨 애니메이션에서 뼈대의 포즈는 메시의 정점들에 직접 영향을 미치고, 애니메이터는 포즈를 이용해 캐릭터에 생명력을 불어넣는다. 그렇기 때문에 뼈대를 애니메이션하는 방법을 배우기 전에 먼저 어떻게 뼈대의 포즈를 잡는지 알아야 한다.

뼈대의 포즈를 잡는 것은 각 관절들을 회전 변환, 평행 이동, 때로는 스케일해 다양한 모양을 잡는 것이다. 관절의 포즈는 기준 좌표계frame of reference에서 그 관절의 위치, 방향, 스케일로 정의된다. 일반적으로 관절 포즈는 4 × 4 또는 4 × 3 행렬, 아니면 SRTScale, quaternion Rotation and Translation 형식의 자료 구조로 나타낸다. 전체 뼈대의 포즈는 이런 관절 포즈들을 모아 놓은 것일 뿐이며, 행렬이나 SRT 데이터 구조의 배열로 나타내는 경우가 많다.

12.3.1 바인드 포즈

그림 12.7에는 같은 뼈대의 두 가지 다른 포즈가 나와 있다. 왼쪽에 나와 있는 것은 '바인드 포즈'라는 특별한 포즈인데, '레퍼런스 포즈reference pose'나 '레스트 포즈rest pose'라고도 부른다. 3D 메시가 뼈대에 연결되기 직전의 포즈로 '뼈대를 메시와 연결한다bind'라는 말에서 그 이름이 유래했다. 즉 뼈대가 연결되지 않은 원래 상태의 메시 모습이다. 바인드 포즈는 'T 포즈'라고도 하는데, 캐릭터들은 보통 다리를 약간 벌리고 팔은 영문자 T와 같이 옆으로 뻗은 형태를 하고 있기 때문에 붙여진 이름이다. 이런 자세를 선호하는 이유는 팔과 다리가 몸통 등 몸의 다른 부위와 널찍하게 떨어져 있기 때문에 메시의 정점과 관절을 연결하는 작업을 하기 수월하기 때문이다.

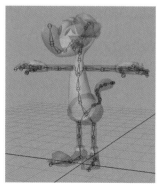

그림 12.7 같은 뼈대의 다른 두 포즈. 왼쪽 포즈는 '바인드 포즈'라 불리는 특별한 포즈다.

12.3.2 로컬 포즈

관절의 포즈는 대부분의 경우 부모 관절을 기준으로 지정한다. 부모 관절에 종속적인 형태의 포즈는 관절의 움직임을 자연스럽게 한다. 예를 들어 어깨 관절을 회전하면 어깨에 종속적인 팔꿈치, 손목, 손가락 등의 포즈를 건드리지 않아도 팔 전체가 강체처럼 따라 움직이게 되리라고 쉽게 예상할 수 있다. 이렇게 부모에 종속적인 포즈를 지칭할 때 '로컬 포즈local pose'라는 말을 쓴다. 로컬 포즈는 거의 대부분 SRT 형식으로 저장되는데, 그 이유는 잠시 후 애니메이션 블렌딩을 살펴보면 알게 된다.

마야 등의 3D 제작 도구들에서 관절을 화면에 보여 줄 때 조그만 구 형태로 그리는 경우가 많다. 하지만 관절은 평행 이동뿐만 아니라 회전 변환과 스케일도 포함하고 있기 때문에 이런 표현은 정확하지 않다. 실제로 관절은 좌표 공간을 정의하는 것인데, 이것은 지금껏 살펴본 다른 형태의 공간(모델 공간이나 월드 공간, 뷰 공간)과 원리는 똑같다. 그렇기 때문에 관절을 그릴 때 직교 좌표계 좌표축으로 나타내는 것이 가장 낫다. 마야에는 이렇게 관절의 로컬 좌표축을 보여 주는 옵션이 있는데, 이것은 그림 12.8에서 볼 수 있다.

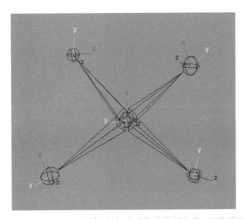

그림 12.8 뼈대의 계층을 이루는 모든 관절은 각각 관절 공간이라 불리는 로컬 좌표 공간 축을 정의한다.

수학적으로 보면 관절 포즈란 아핀 변환affine transformation에 지나지 않는다. 관절 j의 포즈는 4×4 아핀 변환 행렬 $\mathbf{P}_j$로 나타낼 수 있는데, $\mathbf{P}_j$는 평행 이동 벡터 $\mathbf{T}_j$와 대각선 스케일 행렬 $\mathbf{S}_j$, 3×3 회전 변환 행렬 $\mathbf{R}_j$로 이뤄진다. 전체 뼈대의 포즈 $\mathbf{P}^{\text{skel}}$은 모든 포즈 $\mathbf{P}_j$의 집합이라고 할 수 있다(j는 0부터 $N-1$까지의 범위다).

$$\mathbf{P}_j = \begin{bmatrix} \mathbf{S}_j\mathbf{R}_j & 0 \\ \mathbf{T}_j & 1 \end{bmatrix}$$

$$\mathbf{P}^{\text{skel}} = \left\{ \mathbf{P}_j \right\}\Big|_{j=0}^{N-1}$$

12.3.2.1 관절의 스케일

어떤 게임 엔진에서는 관절을 절대 스케일하지 않는다고 정하기도 하는데, 이 경우 S_j는 그냥 생략되고 단위 행렬이라고 본다. 또 어떤 엔진은 스케일할 경우 '균등한' 스케일만 지원하는데, 이 말은 세 축에 모두 같은 정도로 스케일한다는 뜻이다. 이 경우는 스칼라 값 s_j 1개로 스케일을 나타낼 수 있다. 균등하지 않은 스케일을 허용하는 엔진도 있는데, 이때는 3차원 벡터 $s_j = [s_{jx}\ s_{jy}\ s_{jz}]$로 스케일을 나타낼 수 있다. s_j의 세 성분은 각각 스케일 행렬 S_j의 대각선 성분을 나타내는 것이기 때문에 s_j는 진짜 벡터는 아니다. 게임 엔진에서 층 밀림^{shear} 변환을 사용하는 경우는 없다고 봐도 무방하기 때문에 S_j가 대각선 성분 이외의 다른 3×3 성분을 쓸 일은 거의 없다고 할 수 있다.

포즈나 애니메이션에서 스케일을 생략하거나 제한하면 몇 가지 게인이 있다. 먼저 낮은 차원의 스케일을 쓰면 저장 공간을 줄일 수 있다(균등한 스케일은 관절당 부동소수 스칼라 값 1개면 되고, 균등하지 않은 스케일은 3개, 스케일–층 밀림 변환을 모두 나타내는 3×3 행렬은 9개가 필요하다). 게임 엔진에서 균등한 스케일만 지원하면 관절의 경계 구$^{bounding\ sphere}$가 절대 타원체로 변환되지 않는 추가적인 장점이 있다(균등하지 않은 스케일을 할 경우 구가 타원체로 변환될 수 있다). 이 사실은 절두체 테스트나 충돌 테스트를 관절 단위로 하는 엔진에서는 계산이 단순해지는 이점을 준다.

12.3.2.2 관절 포즈의 메모리 형식

앞서 언급했지만 관절 포즈는 대개 SRT 형태로 저장된다. C++ 자료 구조로 나타내면 다음과 같은 모양이 되는데, 여기서 Q가 가장 앞에 오는 것은 적절한 메모리 정렬 조건을 보장하고 패킹을 최적화하기 위해서다.

```
struct JointPose
{
  Quaternion m_rot;    // R
  Vector3    m_trans;  // T
  F32        m_scale;  // S (균등한 스케일인 경우만 처리)
};
```

균등하지 않은 스케일을 지원하는 경우는 다음과 같이 정의할 수 있다.

```
struct JointPose
{
  Quaternion m_rot;    // R
  Vector3    m_trans;  // T
  Vector3    m_scale;  // S
};
```

전체 뼈대의 로컬 포즈는 다음처럼 구현할 수 있는데, 여기서 m_aLocalPose는 JointPose 구조체를 뼈대의 관절 개수만큼 담을 메모리를 동적으로 할당한다.

```
struct SkeletonPose
{
  Skeleton*  m_pSkeleton;  // 뼈대 + 관절 수
  JointPose* m_aLocalPose; // 관절의 로컬 포즈
};
```

12.3.2.3 기저 변환으로서의 관절 포즈

로컬 관절 포즈는 바로 위 부모 관절을 기준으로 상대적이라는 점을 명심해야 한다. 모든 아핀 변환은 점과 벡터를 한 좌표 공간에서 다른 좌표 공간으로 변환하는 것으로 볼 수 있다. 따라서 관절 j의 좌표 공간으로 표현된 점 또는 벡터에 관절 포즈 변환 P_j를 적용하면 결과는 부모 공간으로 표현된 점이나 벡터가 된다.

책의 앞부분(4장)에서 했던 것처럼 아래 첨자를 이용해 변환의 방향을 표기하기로 하자. 자식 관절 공간(C)에서 부모 관절 공간(P)로 점이나 벡터를 변환하므로 관절 포즈는 $(P_{C \to P})_j$라고 쓸 수 있다. 관절 j의 부모 관절 인덱스를 리턴하는 함수 $p(j)$를 도입하면 $P_{j \to p(j)}$라고 쓸 수 있다.

때로는 점과 벡터를 반대 방향으로 변환할 필요가 있다. 즉 부모 공간에서 자식 관절 공간으로 변환하는 것이다. 이 변환은 로컬 관절 포즈의 역에 불과하다. 수학적으로 나타내자면 $P_{p(j) \to j}$ $= (P_{j \to p(j)})^{-1}$이다.

12.3.3 글로벌 포즈

관절의 포즈를 모델 공간이나 월드 공간으로 나타내면 편할 때가 있다. 이것을 글로벌 포즈라고 한다. 글로벌 포즈를 행렬 형태로 나타내는 엔진도 있는 반면 SRT 형태를 선호하는 엔진도 있다.

수학적으로 관절 j의 모델 공간 포즈($j \to $ M)을 얻으려면 그 관절에서 시작해 뼈대의 계층을 루트까지 거슬러 올라가면서 각 관절의 로컬 포즈($j \to p(j)$)를 곱해 나가면 된다. 그림 12.9에 있는 뼈대 계층을 예로 들어 보자. 루트 관절의 부모 공간은 모델 공간이므로 $p(0) \equiv $ M이고 관절 J_2의 모델 공간 포즈는 다음처럼 쓸 수 있다.

$$\mathbf{P}_{2\to M} = \mathbf{P}_{2\to 1}\mathbf{P}_{1\to 0}\mathbf{P}_{0\to M}$$

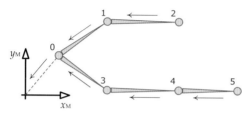

그림 12.9 글로벌 포즈를 구하려면 해당 관절부터 계층을 거슬러 올라가며 로컬 관절 포즈를 곱해 나가는데, 루트 관절에 이를 때까지 반복한다.

마찬가지로 관절 J_5의 모델 공간 포즈는 다음과 같다.

$$\mathbf{P}_{5\to M} = \mathbf{P}_{5\to 4}\mathbf{P}_{4\to 3}\mathbf{P}_{3\to 0}\mathbf{P}_{0\to M}$$

일반화해서 말하면 어떤 관절 j의 글로벌 포즈(관절에서 모델 공간으로의 변환)은 다음처럼 나타낼 수 있다.

$$\mathbf{P}_{j\to M} = \prod_{i=j}^{0} \mathbf{P}_{i\to p(i)} \tag{12.1}$$

단, 매번 반복 시 i는 $p(i)$(관절 i의 부모 관절)가 되고 $p(0) \equiv $ M이다.

12.3.3.1 글로벌 포즈 구현

앞서 구현한 SkeletonPose 구조체를 확장해 다음과 같이 글로벌 포즈를 포함하게 할 수 있는데, 마찬가지로 여기서도 m_aGlobalPose는 동적으로 할당된 배열이며 그 크기는 전체 관절을 담을 만한 크기다.

```
struct SkeletonPose
{
    Skeleton*  m_pSkeleton;   // 뼈대 + 관절
```

```
    JointPose* m_aLocalPose;  // 로컬 관절 포즈
    Matrix44* m_aGlobalPose; // 글로벌 관절 포즈
};
```

12.4 클립

만화 영화에서는 애니메이션을 제작하기에 앞서 장면의 모든 요소를 세심하게 계획한다. 여기에는 모든 캐릭터와 소도구의 움직임을 비롯해 카메라의 움직임까지도 포함되는 것은 물론이다. 이 말은 전체 장면을 길고 연속적인 프레임으로 애니메이션할 수 있다는 뜻이다. 또 캐릭터는 카메라에 잡히지 않으면 애니메이션할 필요도 없다. 하지만 게임의 애니메이션은 다르다. 게임은 본질적으로 상호 작용이기 때문에 미리 캐릭터가 어떻게 움직이고 행동할지 예측할 수 없다. 플레이어는 자신의 캐릭터를 마음대로 조정할 수 있고 카메라도 부분적으로 조정할 수 있는 경우가 많다. 컴퓨터가 움직이는 NPC 캐릭터조차 예측 불가능한 사람의 행동에 강하게 영향을 받는다. 그렇기 때문에 게임 애니메이션을 프레임이 길게 이어지게 만드는 경우는 거의 없다. 대신 게임 캐릭터의 움직임을 세세한 동작 단위로 끊어서 만든다. 이 개별적인 움직임들을 애니메이션 클립, 줄여서 클립이나 또는 그냥 애니메이션이라고도 한다.

각 클립은 캐릭터가 1개의 분명한 동작을 하게 한다. 클립 중에는 걷거나 뛰기처럼 연속해서 반복해 재생하게(루프) 만들어진 것도 있다. 그렇지 않은 것들은 한 번씩만 재생되게 만드는데, 물건을 던진다거나 넘어지는 동작, 쓰러지는 동작 등이 그 예다. 캐릭터의 몸 전체를 움직이는 클립도 있고(예, 공중으로 점프하는 동작), 몸 일부분만 움직이는 클립도 있다(예, 오른손을 흔드는 동작). 게임 캐릭터의 움직임은 말 그대로 수 천 개의 클립으로 이뤄진다고 해도 과언이 아니다.

여기에 유일한 예외라 할 수 있는 것은 플레이어와 상호 작용을 하지 않는 장면에 등장하는 게임 캐릭터다. 이런 장면들은 인게임 시네마틱[IGC, In-Game Cinematic]이나 비상호적 장면[NIS, NonInteractive Sequence], 풀 모션 비디오[FMV, Full-Motion Video] 등으로 부른다. 비상호적 장면은 대개 게임 스토리를 전달하는 수단으로 쓰이는데, 직접적으로 게임플레이에는 영향을 미치지 않는 경우가 대부분이고 영화의 CG와 거의 비슷한 방법으로 만들어진다(그렇긴 해도 캐릭터 메시나 뼈대, 텍스처 등의 게임 자원을 사용하는 경우가 많다). 이 중에도 IGC와 NIS는 게임 엔진으로 실시간

렌더링하는 경우를 지칭하는 반면, FMV는 미리 MP4나 WMV 등의 비디오 파일로 녹화된 다음 게임 엔진의 풀 스크린 영상 재생기로 실시간 재생하는 경우를 지칭한다.

여기서 파생된 애니메이션으로는 준상호적$^{\text{semi-interactive}}$인 퀵 타임 이벤트$^{\text{QTE, Quick Time Event}}$가 있다. QTE는 비상호적인 장면이 재생되다가 적당한 순간이 되면 플레이어가 버튼을 눌러야 하는데, 제대로 하면 성공한 애니메이션을 보여 주고 계속 진행하게 한다. 제때 버튼을 누르지 못한 경우는 실패 애니메이션을 보여 주고 다시 시도해야 한다. 실패한 경우는 생명력을 잃거나 아니면 다른 부작용을 감수해야 한다.

12.4.1 로컬 타임라인

모든 애니메이션 클립은 로컬 타임라인$^{\text{local timeline}}$을 갖고 있다고 할 수 있는데, 보통 독립된 변수 t로 표현된다. 클립의 시작점에서 $t = 0$이고 끝에서 $t = T$인데, 여기서 T는 클립의 전체 재생 시간이다. 그림 12.10을 참조하자.

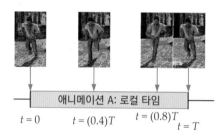

그림 12.10 한 애니메이션의 로컬 타임라인과 특정 시간 값에서의 포즈. 이미지 출처: Naughty Dog, Inc., ©2014/™ SIE

12.4.1.1 포즈 보간과 연속적인 시간

플레이어가 보는 애니메이션 프레임은 애니메이터가 그 애니메이션을 만들 당시의 포즈와 똑같지 않을 수도 있다는 점을 알아 둬야 한다. 영화건 게임 애니메이션이건 애니메이터가 1/30초나 1/60초마다 캐릭터 포즈를 잡는 경우는 절대 없다. 대신 애니메이터는 클립 재생 중 특정 시각에 '키 포즈'나 '키 프레임'이라 불리는 주요한 포즈들만 잡고 컴퓨터가 선형 보간 등의 방법을 사용해 그 사이를 채운다. 이 과정이 그림 12.11에 나와 있다.

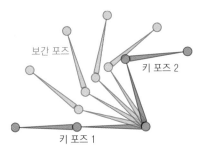

보간 포즈

키 포즈 2

키 포즈 1

그림 12.11 애니메이터는 상대적으로 적은 수의 키 포즈를 잡고 엔진이 나머지 포즈들을 보간해서 만든다.

포즈들 사이를 보간하는 엔진의 기능(이에 대해서는 뒤에 자세히 살펴본다)을 이용하면 클립 재생 중 '임의의 시각'에서의 캐릭터 포즈를 샘플링할 수 있다. 즉 정수 프레임 번호에서의 포즈만 구할 수 있는 것이 아니다. 달리 말하면 애니메이션 클립의 타임라인은 '연속적'이다. 그래서 컴퓨터 애니메이션의 시간 변수 t는 실수(부동소수)이지 정수가 아니다.

애니메이션 타임라인이 연속적이라는 성질은 영화의 애니메이션에서는 별로 중요히 이용되지는 않는데, 영화의 초당 프레임 재생 수는 24, 30, 60 등으로 고정돼 있기 때문이다. 영화의 관객은 1, 2, 3, ⋯ 프레임에서의 캐릭터 포즈만 볼 뿐이지 3.7 프레임에서의 캐릭터 포즈를 알아낼 필요가 없다. 그렇기 때문에 영화를 만드는 애니메이터들은 정수 프레임들 사이에서 캐릭터가 어떻게 보일지는 신경 쓰지 않는다.

이와 대조적으로 실시간 게임에서 초당 프레임 재생 수는 CPU나 GPU에 얼마나 부하가 걸리느냐에 따라 조금씩 변한다. 또 게임 애니메이션은 캐릭터를 원래 애니메이션보다 빨리 또는 느리게 움직이게 보이게 하기 위해 시간 척도$^{time\ scale}$를 변경하는 경우가 있다. 그렇기 때문에 실시간 게임에서 애니메이션이 정수로 꼭 맞게 떨어지는 프레임을 보이는 경우는 거의 없다. 이론적으로는 시간 척도가 1.0일 때 클립은 프레임 1, 2, 3, ⋯을 순서대로 보여야 한다. 하지만 실제로는 프레임 1.1, 1.9, 3.2, ⋯을 볼 수 있다. 시간 척도가 0.5인 경우에는 프레임 1.1, 1.4, 1.9, 2.6, 3.2, ⋯를 보기도 한다. 심지어 애니메이션을 거꾸로 재생하게 시간 척도가 음수인 경우도 있다. 따라서 게임 애니메이션에서 시간은 연속적이고 또 스케일할 수 있는 단위다.

12.4.1.2 시간 단위

애니메이션의 타임라인은 연속적이기 때문에 초 단위를 사용하는 편이 제일 낫다. 그렇지 않으면 프레임 단위를 사용할 수도 있는데, 이때는 미리 한 프레임의 길이를 정해야 한다. 게임 애니메이션에서는 대개 1/30초나 1/60초 길이의 프레임을 쓴다. 하지만 시간을 나타내는 변수 t를 몇 번째 프레임인지 나타내는 정수 타입으로 정의해서는 안 된다. 어떤 시간 단위를 쓰든 t는 매우 작은 프레임 간격을 나타낼 수 있는 실수(부동소수)나 고정 소수fixed point, 또는 정수여야 한다. 어쨌든 목표는 프레임 사이의 '트위닝tweening'을 하거나 재생 속도를 변경할 때 무리가 없게 충분한 정확도를 확보하는 것이다.

12.4.1.3 프레임과 샘플

아쉽게도 게임 개발에서 '프레임frame'이라는 용어는 여러 의미로 쓰이기 때문에 자칫하면 혼란을 불러일으킬 수 있다. 프레임은 1/30초나 1/60초같이 '시간 간격'을 나타내는 데 쓰이기도 하고, 어떤 경우에는 '어떤 시점의 시각'을 뜻하기도 한다(예. '42프레임'에서의 캐릭터 포즈).

나는 '어떤 시점의 시각'을 나타낼 때는 '샘플'이라는 용어를 즐겨 사용하고 '프레임'이라는 용어는 1/30초나 1/60초같이 시간 간격을 나타낼 때만 쓴다. 예를 들면 전체 길이가 1초이고 초당 30프레임인 애니메이션은 모두 31개의 샘플이 있고 길이는 총 30프레임이 된다. 이 개념은 그림 12.12에 나와 있다. '샘플'이라는 용어는 신호 처리에서 유래했다. 시간에 연속된 신호(예. 함수 $f(t)$)는 일정한 시간 간격으로 샘플링하면 이산적인 데이터 포인트의 집합으로 바꿀 수 있다. 14.3.2.1절에 샘플링에 대한 더 많은 내용이 나와 있다.

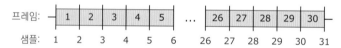

그림 12.12 총 재생 시간이 1초이고 초당 30프레임으로 샘플링한 애니메이션의 길이는 30프레임이고 모두 31개의 샘플이 있다.

12.4.1.4 프레임, 샘플, 루핑 클립

어떤 클립이 무한히 반복될 수 있게 만들어졌다면 이 애니메이션은 '루핑looping(반복)' 한다고 말한다. 재생 시간이 1초(30프레임/ 31샘플)인 애니메이션을 두 벌 복사해 첫 번째 클립 바로 뒤에 두 번째 클립을 붙인다고 생각하면 그림 12.13처럼 첫 번째 클립의 31번째 샘플은 두 번째 클립의 첫 번째 샘플과 정확히 일치한다. 그렇기 때문에 어떤 클립이 정확히 반복(루프)되려면 클립의 마지막 캐릭터 포즈는 클립의 처음 포즈와 정확히 똑같아야 한다. 이 말은 곧 루프 클립의 마지막 샘플(위 예에서는 31번째 샘플)은 군더더기라는 뜻이다.

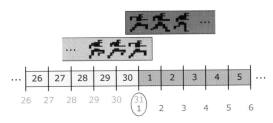

그림 12.13 루프 클립의 마지막 샘플은 첫 번째 샘플과 시간적으로 정확히 일치하고 따라서 군더더기다.

이 사실에서 애니메이션 클립의 샘플 개수와 프레임 개수를 결정하는 다음과 같은 규칙을 얻을 수 있다.

- 루핑 클립이 아닌 경우 N 프레임이면 $N+1$개의 고유한 샘플이 있다.
- 루핑 클립인 경우 마지막 샘플은 중복되므로 N 프레임이면 N개의 고유한 샘플이 있다.

12.4.1.5 정규화된 시간(위상)

총시간 T가 얼마가 되건 애니메이션 시작에서는 $u = 0$이고 끝에서는 $u = 1$이 되게 시간을 정규화하면 편리한 경우가 있다. 정규화된 시간을 애니메이션의 '위상^{phase}'이라고 부르기도 하는데, 이것은 애니메이션이 반복(루프)될 때 u가 사인 곡선의 위상 역할을 하기 때문이다. 그림 12.14에 이 개념이 나와 있다.

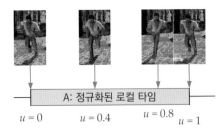

$u = 0$ $u = 0.4$ $u = 0.8$ $u = 1$

그림 12.14 정규화된 시간 단위를 이용해 표현한 애니메이션 클립. 이미지 출처: Naughty Dog, Inc., © 2014/™ SIE

서로 재생 시간이 다를 수 있는 애니메이션 2개 이상을 동시에 재생할 때 정규화된 시간 개념이 특히 유용하다. 예를 들어 재생 시간 2초(60프레임)인 달리기 애니메이션을 3초(90프레임)인 걷기 애니메이션으로 크로스 페이드$^{cross-fade1}$하는 경우를 보자. 크로스 페이드가 제대로 되려

---

1   앞의 것을 페이드아웃하면서 뒤의 것을 페이드인하는 기법 – 옮긴이

면 두 애니메이션이 항상 정확히 동기화돼 두 클립에서 발 위치가 맞아야 한다. 이렇게 하려면 걷기 클립의 정규화된 시간 u_{walk}와 달리기 클립의 정규화된 시간 u_{run} 값을 같게 만들기만 하면 된다. 그런 다음 두 클립을 동시에 정규화된 속도로 재생하면 두 클립은 계속 동기화된 상태로 남는다. 이 방법은 절대 시간 값 t_{walk}와 t_{run}을 사용하는 방법보다 훨씬 쉬우면서 실수할 여지도 적다.

12.4.2 글로벌 타임라인

각 애니메이션 클립에 로컬 타임라인(클립의 시작되면 0부터 출발)이 있다면 게임의 모든 캐릭터에는 글로벌 타임라인(캐릭터가 처음 게임 월드에 만들어진 시점, 아니면 레벨이나 게임의 시작과 함께 출발)이 있다. 이 책에서는 앞으로 로컬 시간 변수인 t와 혼동되지 않게 τ을 사용해 글로벌 시간을 나타내기로 한다.

애니메이션을 '재생'하는 것은 클립의 로컬 타임라인을 캐릭터의 글로벌 타임라인에 '매핑 mapping'한다는 개념으로 생각해 볼 수 있다. 예를 들면 그림 12.15는 애니메이션 클립 A를 글로벌 시간 $\tau_{start} = 102$초에서 재생하는 과정을 보여 준다.

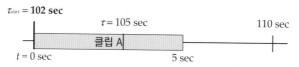

그림 12.15 글로벌 시간 102초에서 애니메이션 클립 A를 시작한다.

앞서 살펴봤듯이 루핑 애니메이션은 글로벌 타임라인에 클립의 복사본을 앞뒤로 무한히 이어 놓은 것과 같다. 마찬가지로 애니메이션을 한정된 횟수만큼만 반복하는 것은 한정된 수의 복사본을 연속적으로 놓은 것이라고 할 수 있다. 그림 12.16을 참고하자.

그림 12.16 루핑 애니메이션을 재생하는 것은 클립을 여러 개 복사에 앞뒤로 이어 붙인 것으로 보면 된다.

클립의 '시간 척도$^{time\ scale}$'를 변경하면 원래 애니메이션보다 빠르거나 느리게 재생할 수 있다. 원리는 클립을 글로벌 타임라인에 놓을 때 비율을 다르게 놓는 것이다. 시간 척도는 '재생률

playback rate' 개념으로 가장 자연스럽게 나타낼 수 있다(재생률은 R로 표기한다). 예를 들어 애니메이션을 2배 속도($R = 2$)로 재생하면 클립의 로컬 타임라인을 원래 길이의 절반($1/R = 0.5$)이 되게 글로벌 타임라인에 놓으면 된다. 이 과정이 그림 12.17에 나와 있다.

클립을 거꾸로 재생하려면 시간 척도를 -1로 하면 되는데, 그림 12.18에 예가 나와 있다.

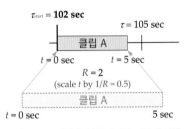

그림 12.17 애니메이션을 2배로 빠르게 재생하는 것은 클립의 로컬 타임라인을 1/2 비율로 변경하는 것과 같다.

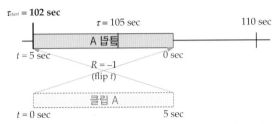

그림 12.18 클립을 거꾸로 재생하려면 시간 척도를 -1로 하면 된다.

애니메이션 클립을 글로벌 타임라인에 매핑^{mapping}하려면 클립에 대해 다음과 같은 정보를 알고 있어야 한다.

- 글로벌 시작 시각 τ_{start}
- 재생률 R
- 총재생시간 T
- 반복 재생해야 할 횟수(N으로 표기하기로 한다)

정보만 있으면 다음 식을 이용해 글로벌 타임 τ과 로컬 타임 t 간에 자유롭게 변환할 수 있다.

$$t = (\tau - \tau_{start})R$$
$$\tau = \tau_{start} + \frac{1}{R}t \tag{12.2}$$

반복하지 않는 애니메이션인 경우($N = 1$) 클립의 포즈를 샘플링하기 전에 t를 $[0, T]$ 사이의 값으로 만들어야 한다.

$$t = \text{clamp}\left[(\tau - \tau_{start})R\right]\Big|_0^T$$

애니메이션이 무한 반복하는 경우($N = \infty$) 식의 결과를 전체 재생 시간 T로 나눈 후 그 나머지를 t로 하면 된다. 이는 다음과 같이 '모듈로' 연산(mod, 또는 C/C++의 % 연산자)을 이용하면 된다.

$$t = \left((\tau - \tau_{\text{start}})R\right) \bmod T$$

애니메이션이 정해진 횟수만 반복하는 경우($1 < N < \infty$) 먼저 t를 $[0, NT]$ 사이의 값으로 만든 후 그 결과를 T로 모듈로 연산히면 올비른 t 값올 구할 수 있다.

$$t = \left(\text{clamp}\left[(\tau - \tau_{\text{start}})R\right]\Big|_0^{NT}\right) \bmod T$$

대부분 게임 엔진은 로컬 타임라인만 취급하고 글로벌 타임라인을 직접 다루지는 않는다. 하지만 글로벌 타임라인을 직접 다루는 경우 몇 가지 꿩장한 이점이 있다. 한 가지만 꼽아 보면 애니메이션 동기화하기가 누워서 떡 먹기라는 점이다.

12.4.3 로컬 클럭과 글로벌 클럭

애니메이션 시스템은 재생 중인 모든 애니메이션마다 시간 값을 기록하고 있어야 한다. 이렇게 하는 방법은 두 가지가 있다.

- **로컬 클럭** 각 클립은 고유한 로컬 클럭을 갖고 있는데, 이를 위해 초 단위나 프레임 단위, 또는 정규화된 시간 단위(이때는 보통 애니메이션의 '위상'이라고 부른다)를 저장하는 부동소수 1개를 쓴다. 클립을 재생하는 시점에서 로컬 시간 값 t는 보통 0이 된다. 시간이 흐름에 따라 애니메이션을 재생하기 위해 각 클립의 로컬 클럭을 각각 증가시켜야 한다. 클립의 재생률 R이 1이 아닌 경우 로컬 클럭은 R에 맞는 비율로 증가시켜야 한다.
- **글로벌 클럭** 캐릭터는 대개 초 단위로 된 글로벌 클럭을 갖는데, 각 클립은 재생을 시작한 시점의 글로벌 시각(τ_{start})을 저장하기만 하면 된다. 클립의 로컬 클럭은 직접 저장되는 것이 아니라 (식 12.2)를 이용해 계산한다.

로컬 클럭을 사용하는 방법은 단순하다는 이점이 있고, 애니메이션 시스템을 설계할 때 가장 직관적으로 선택할 만한 방식이다. 하지만 글로벌 클럭 방식을 사용할 경우 몇 가지 명백한 이점이 있는데, 그중 가장 주요한 예가 애니메이션 동기화다. 이는 한 캐릭터 내에서의 동기화뿐만 아니라 여러 캐릭터에서의 동기화도 해당한다.

12.4.3.1 로컬 클럭을 이용한 애니메이션 동기화

앞에서 로컬 클럭 방식에서 클립의 로컬 타임라인의 시작($t = 0$)은 대개 클립이 재생을 시작하는 시점이 된다고 했다. 그렇기 때문에 2개 이상의 클립을 동기화하려면 클립들은 게임 시간 내에서 모두 동시에 재생을 시작해야 한다. 쉬워 보이지만 애니메이션을 시작하라는 명령이 게임 엔진의 서로 다른 서브시스템에서 전달된다면 계산하기 까다로울 수 있다.

예를 들어 캐릭터가 주먹으로 때리는 애니메이션을 이에 대응하는 NPC의 맞는 애니메이션과 동기화하는 경우를 살펴보자. 문제는 플레이어의 펀치는 조이패드의 버튼이 눌린 것을 감지한 플레이어 서브시스템에서 재생 명령을 내리지만, NPC의 맞는 애니메이션은 인공지능[AI] 서브시스템에서 명령을 내린다는 점이다. 게임 루프에서 AI 코드가 플레이어 코드보다 '먼저' 실행되는 경우 플레이어의 펀치가 시작되는 시점과 NPC의 반응이 시작되는 시점이 한 프레임 차이가 난다. 플레이어 코드가 AI보다 먼저 실행되는 경우도 NPC가 플레이어를 때릴 때 같은 문제가 발생한다. 두 서브시스템 간 통신에 메시지(이벤트) 전달 방식이 쓰였다면 더 지연될 가능성도 있다(자세한 내용은 16.8절을 살펴보자). 그림 12.19를 보면 이 문제를 시각적으로 이해할 수 있다.

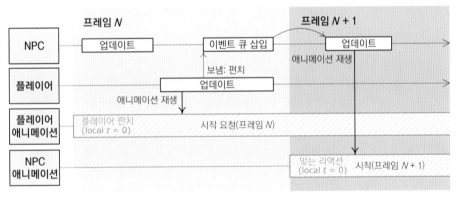

그림 12.19 로컬 클럭 방식을 사용하면 서로 다른 시스템 간의 실행 순서가 애니메이션 동기화 문제를 발생시킬 수 있다.

```
void GameLoop( )
{
  while (!quit)
  {
    // 사전 업데이트

    UpdateAllNpcs( ); // 이전 프레임에서 발생한 펀치 이벤트에 반응한다.
```

```
    // 다른 업데이트...

    UpdatePlayer(); // 펀치 버튼이 눌렸음 - 펀치 애니메이션을 시작하고
                    // NPC에 반응하라는 이벤트를 보낸다.

    // 나머지 업데이트
  }
}
```

12.4.3.2 글로벌 클럭을 이용한 애니메이션 동기화

글로벌 클럭을 사용하면 앞서 이야기한 동기화 문제들이 상당히 간편해지는데, 타임라인이 시작하는 때($\tau = 0$)는 정의상 모든 클립에서 같기 때문이다. 서로 다른 애니메이션이라도 시작 시각을 나타내는 글로벌 시간 값이 같다면 그 애니메이션들은 완벽하게 동기화돼 시작된다. 재생률도 같다면 애니메이션들은 한 치의 오차도 없이 동기화된 상태로 재생된다. '언제' 애니메이션을 재생하는 코드가 실행되는지는 더 이상 중요하지 않다. 맞는 애니메이션을 재생하는 AI 코드가 플레이어가 펀치를 날리는 코드보다 한 프레임 늦더라도 펀치 애니메이션의 글로벌 시작 시각을 가져와 맞는 애니메이션의 글로벌 시작 시각으로 해버리면 두 클립의 동기화는 끝난다. 이 과정이 그림 12.20에 나와 있다.

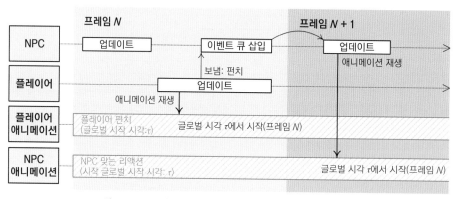

그림 12.20 글로벌 클럭을 이용하면 애니메이션 동기화가 단순해진다.

당연히 두 캐릭터의 글로벌 클럭이 일치하게 보장해야 하는데, 이것도 간단하다. 두 캐릭터의 클럭이 다를 경우 글로벌 시작 시각을 조정하거나 아니면 단순히 모든 캐릭터가 똑같은 마스터 클럭을 공유하게 하는 방법도 있다.

12.4.4 간단한 애니메이션 데이터 형식

마야의 장면^{scene} 파일에서 애니메이션 데이터를 뽑아낼 때는 대개 뼈대의 포즈를 초당 30이나 60번씩 끊어서 샘플링하는 방법을 쓴다. 샘플 1개는 뼈대 전체에 있는 모든 관절의 포즈가 모인 것이다. 포즈는 대개 SRT 형식으로 저장된다. 관절 j의 스케일 값은 부동소수 스칼라 값 하나인 S_j이거나 3차원 벡터 $S_j = [S_{jx} \quad S_{jy} \quad S_{jz}]$다. 회전 변환 값은 당연히 4개 성분으로 이뤄진 사원수 $Q_j = [Q_{jx} \quad Q_{jy} \quad Q_{jz} \quad Q_{jw}]$다. 평행 이동 값은 3차원 벡터 $T_j = [T_{jx} \quad T_{jy} \quad T_{jz}]$다. 어떤 경우는 애니메이션이 각 관절마다 10 '채널'로 돼 있다고 말하기도 하는데, 이것은 S_j, Q_j, T_j의 성분이 모두 10개라는 것을 뜻한다. 그림 12.21에 이 개념이 소개돼 있다.

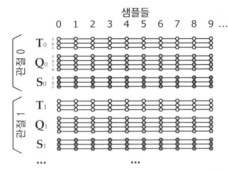

그림 12.21 압축하지 않은 애니메이션 클립으로 한 샘플의 한 관절마다 10채널의 부동소수 데이터를 갖고 있다.

애니메이션 클립을 C++로 구현하는 방법은 여러 가지가 있다. 다음은 한 예다.

```
struct JointPose { ... };        // 앞에서 정의한 대로 SRT 형식

struct AnimationSample
{
  JointPose*      m_aJointPose; // 관절 포즈의 배열
};

struct AnimationClip
{
  Skeleton*       m_pSkeleton;
  F32             m_framesPerSecond;
  U32             m_frameCount;
  AnimationSample* m_aSamples;    // 샘플의 배열
  bool            m_isLooping;
};
```

애니메이션 클립은 보통 뼈대에 맞게 제작되기 때문에 뼈대가 다르면 전혀 쓸 수 없는 경우가 대부분이다. 그렇기 때문에 코드의 AnimationClip 구조체는 뼈대 m_pSkeleton에 대한 참조를 갖는다(실제 게임 엔진에서는 Skeleton* 포인터가 아니라 뼈대의 고유한 id일 수도 있다. 이 경우 엔진은 고유한 id로 뼈대를 빠르고 쉽게 찾을 수 있는 방법을 제공한다).

각 샘플의 m_aJointPose 배열이 갖고 있는 JointPose의 개수는 뼈대의 관절 수와 같으리라고 가정한다. m_aSamples 배열이 갖고 있는 샘플 수는 프레임 수와 루핑 애니메이션인지 여부에 따라 정해진다. 루핑 애니메이션이 아닌 경우 샘플 수는 (m_frameCount + 1)이지만 루핑 애니메이션에서는 마지막 샘플이 첫 샘플과 같기 때문에 대개 생략된다. 이 경우 샘플 수는 m_frameCount와 같다.

짚고 넘어가야 할 점은 실제 게임 엔진에서는 애니메이션을 이렇게 단순한 형태로 저장하지 않는다는 것이다. 12.8절에서 살펴보겠지만 저장 공간을 줄이고자 다양한 방식으로 애니메이션 데이터를 '압축'한다.

12.4.5 연속 채널 함수

애니메이션 클립의 샘플이란 시간에 연속적인 함수일 뿐이다. 관절마다 시간을 스칼라 값 10개로 대응시키는 함수로 볼 수도 있고, 아니면 관절을 벡터 2개와 사원수 1개로 대응시키는 함수로 생각할 수도 있다. 이론적으로는 이 '채널 함수'들은 그림 12.22에 보이듯 클립의 전 로컬 타임라인에서 매끈하고 연속적이다(카메라 컷과 같이 의도적으로 불연속적인 연출은 예외다). 하지만 실제로는 게임 엔진들은 샘플 사이를 '선형적으로' 보간하는 경우가 많다. 이 경우 실제로 얻어지는 함수는 원래의 연속적인 함수를 '조각적 선형 근사piece-wise linear approximations'한 것이다. 그림 12.23을 보자.

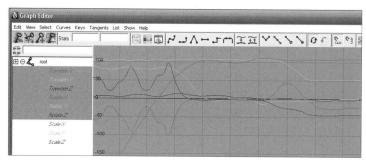

그림 12.22 클립의 애니메이션 샘플은 시간에 연속적인 함수다.

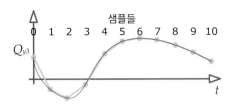

그림 12.23 게임 엔진에서는 채널 함수를 보간할 때 조각적 선형 근사를 쓰는 경우가 많다.

12.4.6 메타 채널

상당수의 게임 엔진은 애니메이션에 부가적인 '메타 채널metachannel' 데이터를 넣을 수 있게 허용한다. 메타 채널은 뼈대의 포즈를 잡는 일에는 직접 영향을 미치지는 않지만 애니메이션과 동기화돼야 하는 게임 정보를 담는다.

그림 12.24에서 보이는 것과 같이 특정 시간이 되면 발생하는 '이벤트 트리거'를 저장하는 특수한 채널을 두는 일이 흔하다. 애니메이션의 로컬 시간 값이 트리거를 지나면 '이벤트'가 게임 엔진으로 보내지고 엔진은 그에 맞게 대응한다(이벤트에 관해서는 16장에서 자세히 살펴본다). 애니메이션하는 도중 특정 시점에 소리를 재생한다거나 파티클 효과를 재생하는 것들이 이벤트 트리거를 사용하는 대표적인 경우다. 구체적인 예로 양발이 땅에 닿을 때 발자국 소리를 재생하는 동시에 먼지가 이는 파티클 효과를 시작하는 경우를 들 수 있다.

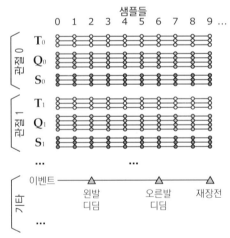

그림 12.24 특수한 이벤트 트리거 채널을 애니메이션 클립에 더하면 사운드 효과, 파티클 효과를 비롯한 여러 게임 이벤트를 애니메이션과 동기화할 수 있다.

흔히 볼 수 있는 또 다른 예로는 특수한 관절(마야에서는 로케이터^locator라고 부른다)을 뼈대의 관절들과 같이 재생하게 하는 경우를 들 수 있다. 관절이나 로케이터는 아핀 변환을 나타내므로 이런 특수한 관절을 이용하면 게임에 존재하는 거의 모든 물체의 위치와 방향을 저장할 수 있다.

로케이터는 흔히 애니메이션하는 동안 게임 카메라의 위치와 방향을 지정하는 데 쓰인다. 마야에서 로케이터와 카메라를 고정하면 카메라는 캐릭터의 관절들과 함께 애니메이션된다. 카메라의 로케이터가 게임에 보내지고 애니메이션하는 동안 게임의 카메라를 움직인다. 카메라의 전방 시야각(초점 거리)을 비롯한 여러 카메라 속성 역시 마찬가지로 추가의 '부동소수 채널'을 더해 같이 애니메이션할 수 있다.

관절이 아닌 애니메이션 채널에는 아래와 같은 것들이 있다.

- 텍스처 좌표 스크롤링
- 텍스처 애니메이션(텍스처 좌표 스크롤링의 한 종류로 텍스처 한 장에 프레임들이 연속적으로 배치돼 있고 매 반복 시 프레임을 한 장씩 보여 준다.)
- 머티리얼 매개 변수(컬러, 스페큘러, 투명도 등)
- 라이팅 매개 변수(범위, 원뿔 각^cone angle, 강도, 색 등)
- 시간에 따라 변하고 애니메이션과 동기화할 필요가 있는 기타 여러 매개 변수

12.4.7 메시, 뼈대, 클립 사이의 관계

그림 12.25의 UML 다이어그램에는 애니메이션 데이터와 뼈대, 포즈, 메시 및 기타 게임 엔진 데이터들이 어떤 관계인지 나와 있다. 이 클래스들 간의 관계에서 집합 개수^cardinality와 방향을 각별히 주의해서 봐야 한다. 집합 개수는 클래스 간의 관계 화살표 옆에 나와 있다. 1은 클래스 인스턴스 1개를 나타내고, 별표^asterisk는 여러 인스턴스를 나타낸다. 1개의 캐릭터에는 1개의 뼈대, 하나 이상의 메시와 하나 이상의 애니메이션 클립이 있다. 관계의 중심에는 뼈대가 있다. 스킨은 뼈대에 부착되지만 애니메이션 클립과는 아무 관계가 없다. 마찬가지로 클립들은 특정 뼈대를 위해 제작되며, 스킨 메시에 관해서는 전혀 알지 못한다. 그림 12.26에 이 관계가 나와 있다.

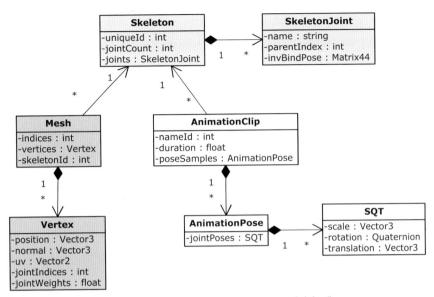

그림 12.25 공유 애니메이션 자원들 간의 UML 다이어그램

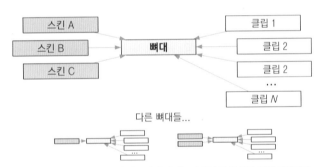

그림 12.26 다수의 애니메이션 클립과 메시들이 하나의 뼈대를 위해 제작된다.

게임 개발자들은 보통 고유한 뼈대의 수를 최소로 줄이려고 한다. 왜냐하면 각 뼈대마다 독자적인 새로운 애니메이션 클립이 필요하기 때문이다. 캐릭터의 다양성을 제공하려면 한 뼈대에 스키닝된 메시를 여러 개 만드는 것이 더 좋다. 그래야만 캐릭터들끼리 같은 애니메이션을 공유할 수 있기 때문이다.

12.4.7.1 애니메이션 리타기팅

위에서 애니메이션은 꼭 한 가지 뼈대에만 맞게 동작한다고 말했다. 이 제약을 극복하는 기법이 애니메이션 리타기팅^{animation retargeting}이다.

리타기팅이란 특정 뼈대를 위해 제작된 애니메이션을 다른 뼈대에서 사용하는 것이다. 뼈대끼리 구조적으로 동일하다면 리타기팅은 관절 인덱스를 조금 바꾸는 것에 지나지 않다. 그러나 두 뼈대가 정확히 일치하지 않는 경우 리타기팅은 좀 더 복잡해진다. 너티 독에서는 애니메이터가 리타깃 포즈$^{\text{retarget pose}}$라는 특수 포즈를 정의한다. 이것은 원본 포즈와 대상^{target} 포즈의 바인드 포즈 간 핵심적 차이를 파악하는 데 쓰이며, 런타임 리타기팅 시스템은 이를 통해 원본 포즈를 조정해 대상 캐릭터를 보다 자연스럽게 움직인다.

특정 뼈대를 위해 제작된 애니메이션을 다른 뼈대에 리타기팅하는 방법에는 이보다 더 발전된 것도 있다. 더 많은 정보는 다음 문서를 통해 알아보기 바란다.

"Feature Points Based Facial Animation Retargeting(Ludovic Dutreve et al., https://bit.ly/2HL9Cdr)." "Real-time Motion Retargeting to Highly Varied User-Created Morphologies(Chris Hecker et al., https://bit.ly/2vviG3x)."

12.5 스키닝과 행렬 팔레트 생성

지금껏 관절들에 회전 변환과 평행 이동 그리고 어떤 경우에는 스케일까지 적용해 뼈대의 포즈 잡는 방법을 알아봤다. 또한 수학적인 표현으로 뼈대 포즈는 각 관절 j에 대해 로컬($P_{j \to p(j)}$) 또는 글로벌($P_{j \to M}$) 관절 포즈 변환$^{\text{joint pose transformation}}$의 집합이라는 것도 배웠다. 이제 3D 메시의 정점들을 포즈를 취한 뼈대에 연결하는 방법을 알아보자.

이 과정을 '스키닝^{skinning}'이라고 한다.

12.5.1 정점별 스키닝 정보

스킨 메시는 각 정점에 의해 뼈대에 연결된다. 각 정점은 1개 이상의 관절에 '묶일' 수 있다. 관절 1개에만 묶인 정점은 정확히 관절이 움직이는 대로 따라 움직인다. 2개 이상의 관절에 묶인 정점은 각 관절을 따라 따로 움직인 경우의 위치를 구한 후 이것들을 '가중 평균$^{\text{weighted average}}$'해서 최종적인 위치를 정한다.

메시가 뼈대의 스킨으로 동작하려면 3D 아티스트는 각 정점마다 다음과 같은 정보를 지정해야 한다.

- 정점이 묶일 관절의 번호(들)
- 최종적인 정점 위치에 각 관절이 영향을 미치는 가중치

다른 가중 평균을 구할 때와 마찬가지로 가중치의 합은 1이 돼야 한다.

게임 엔진에서는 대개 한 정점이 관절 몇 개까지 영향을 받을 수 있는지 한정한다. 대개는 관절 4개까지 허용하는데, 여기에는 몇 가지 이유가 있다. 먼저 8비트 관절 인덱스는 4개 합쳐 32비트 워드에 담을 수 있어 편리하다. 또한 정점이 영향받는 관절 수가 2개나 3개, 또는 4개로 변하면 눈에 띄는 차이가 있지만, 4개를 넘어가면 다수 의 사람들이 차이를 느끼지 못한다.

가중치의 합은 항상 1이기 때문에 마지막 가중치 값은 생략할 수 있고, 보통 생략된다(마지막 값은 실시간에 계산할 수 있다. $w_3 = 1 - (w_0 + w_1 + w_2)$). 이 점까지 고려하면 스킨 정점의 자료 구조는 대개 다음과 비슷하다.

```
struct SkinnedVertex
{
  float   m_position[3];      // (Px, Py, Pz)
  float   m_normal[3];        // (Nx, Ny, Nz)
  float   m_u, m_v;           // 텍스처 좌표 (u, v)
  U8      m_jointIndex[4];    // 관절 인덱스
  float   m_jointWeight[3];   // 관절의 가중치, 마지막 값은 생략
};
```

12.5.2 스키닝 행렬 구하기

스킨 메시의 정점은 자신이 묶인 관절(들)을 따라 움직인다. 수학적으로는 정점의 원래 위치(바인드 포즈)를 현재 뼈대의 포즈에 맞게 새 위치로 변환해 줄 행렬이 필요하다. 이 행렬을 '스키닝 행렬'이라고 부르기로 한다.

여타 다른 메시의 정점과 마찬가지로 스킨 메시의 정점도 모델 공간을 기준으로 한다. 뼈대가 바인드 포즈이건 아니건 이 점은 마찬가지다. 그러니까 우리가 찾아야 하는 행렬은 모델 공간(바인드 포즈)의 정점을 그대로 모델 공간(현재 포즈)으로 변환하는 행렬이다. 여태껏 다뤘던 모델-월드 변환이나 월드-뷰 변환과는 달리 스키닝 행렬은 기저 변환은 아니다. 정점을 새 위치로 옮기기는 하지만 모델 공간에서 그대로 모델 공간으로 옮길 뿐이다.

12.5.2.1 간단한 예: 관절이 1개인 뼈대

스키닝 행렬에 쓰이는 기본적인 공식을 유도해 보자. 제일 간단하게 관절이 단 1개뿐인 뼈대에서 시작하자. 이제 좌표 공간 2개만 다루면 된다. 첫째는 모델 공간이고 아래 첨자 M으로 표기하기로 한다. 나머지는 1개뿐인 관절의 관절 공간인데 아래 첨자 J로 표기하기로 한다. 관절의 좌표축들은 바인드 포즈부터 시작하는데, 이것은 위 첨자 B로 나타낸다. 애니메이션하는 도중 어느 한 시점에서 관절의 좌표축들은 모델 공간의 새로운 위치와 방향으로 움직인다. 이 것을 '현재 포즈'라 부르고 위 첨자 C로 나타내기로 한다.

이제 관절에 묶인 한 정점이 있다고 생각하자. 바인드 포즈에서 정점의 모델 공간 위치는 v_M^B 이다. 스키닝을 하면 현재 포즈에서 정점의 새 모델 공간 위치 v_M^C가 계산된다. 이 과정은 그림 12.27에 나와 있다.

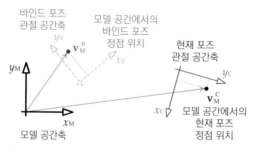

그림 12.27 관절이 1개뿐이고 관절에 묶인 정점도 1개뿐인 경우 바인드 포즈와 현재 포즈

여기서 스키닝 행렬을 찾을 때 한 가지 중요한 성질을 이용하는데, 그것은 어떤 한 관절에 묶인 정점의 위치는 그 관절의 좌표 공간에서 보면 변하지 않고 고정된 값이라는 사실이다. 먼저 바인드 포즈에서 정점의 모델 공간 좌표를 가져와 관절의 좌표 공간으로 바꾼 후 관절을 현재 포즈로 이동한 다음, 이 성질을 이용해 마지막으로 정점을 다시 모델 공간으로 변환하면 된다. 이렇게 모델 공간에서 관절 공간으로 갔다가 다시 모델 공간으로 돌아오는 과정을 거치고 나면 바인드 포즈의 정점은 현재 포즈의 위치로 이동한다.

그림 12.28을 참고하면서 구체적인 예로 정점의 좌표에서 뼈대가 바인드 포즈일 때 모델 공간 (4, 6)이라고 하자. 정점을 관절 공간 좌표 v_J로 바꾸면 대략 그림에서 (1, 3)이 된다. 정점은 이 관절에 묶여 있기 때문에 이 정점의 관절 공간 좌표는 관절이 어떻게 움직이든 (1, 3)인 채로 변하지 않는다. 관절을 현재 포즈의 위치로 옮기고 난 후 정점의 좌표를 다시 모델 공간으

로 바꾸는데, 이 좌표를 v_M^C라고 표기하자. 그림에서 이 좌표는 대략 (18, 2)가 된다. 스키닝 변환은 모델 공간 (4, 6)에 있던 정점을 모델 공간 (18, 2)로 옮겼는데, 이것은 순전히 바인드 포즈에서 현재 포즈로 관절이 움직였기 때문이다.

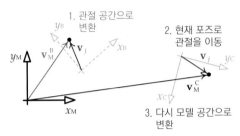

그림 12.28 정점의 위치를 관절 공간으로 옮기면 정점은 관절의 움직임을 따라간다.

수학적으로는 관절 j의 모델 공간에서 바인드 포즈는 행렬 $B_{j\to M}$로 쓸 수 있다. 이 행렬은 관절 j의 좌표 공간을 기준으로 표현된 점과 벡터를 모델 공간의 점으로 변환한다. 이제 바인드 포즈에서 모델 공간 좌표로 나타낸 한 정점을 살펴보자. 이 정점을 관절 j의 좌표 공간으로 변환하려면 j의 바인드 포즈 행렬의 역행렬 $B_{M\to j} = (B_{j\to M})^{-1}$과 곱하기만 하면 된다.

$$\mathbf{v}_j = \mathbf{v}_M^B \mathbf{B}_{M\to j} = \mathbf{v}_M^B \left(\mathbf{B}_{j\to M}\right)^{-1} \tag{12.3}$$

마찬가지로 관절의 현재 포즈(그러니까 바인드 포즈가 아닌 포즈)를 행렬 $C_{j\to M}$으로 쓸 수 있다. 이제 v_j를 관절 공간에서 다시 모델 공간으로 바꾸려면 다음처럼 여기에다 이 행렬을 곱하면 된다.

$$\mathbf{v}_M^C = \mathbf{v}_j \mathbf{C}_{j\to M}$$

식 (12.3)을 이용해 v_j를 치환하면 결과는 정점을 바인드 포즈 위치에서 현재 포즈 위치로 바로 계산하는 식이 된다.

$$
\begin{aligned}
\mathbf{v}_M^C &= \mathbf{v}_j \mathbf{C}_{j\to M} \\
&= \mathbf{v}_M^B \left(\mathbf{B}_{j\to M}\right)^{-1} \mathbf{C}_{j\to M} \\
&= \mathbf{v}_M^B \mathbf{K}_j.
\end{aligned}
\tag{12.4}
$$

행렬 $K_j = (B_{j\to M})^{-1} C_{j\to M}$이 바로 스키닝 행렬이다.

12.5.2.2 관절이 여러 개인 경우로 넓혀 생각하기

방금 살펴본 예에서는 관절이 하나뿐인 단순한 경우였다. 하지만 우리가 유도한 공식은 뼈대의 관절이 몇 개가 됐든 어떤 형태건 모두 적용할 수 있는데, 공식을 유도할 때 전적으로 글로벌 포즈(관절 공간에서 모델 공간으로의 변환)를 이용했기 때문이다. 이 공식으로 관절이 여러 개인 뼈대에 확장 적용하려면 두 가지 사소한 점만 조정하면 된다.

1. 식 (12.1)을 사용해 관절 j의 행렬 $B_{j \to M}$와 $C_{j \to M}$를 올바르게 계산해야 한다. 식 (12.1)에서 $P_{j \to M}$를 각각 $B_{j \to M}$와 $C_{j \to M}$로 치환하기만 하면 된다.

2. 모든 관절 j마다 스키닝 행렬 K_j를 계산해야 한다. 이렇게 계산된 행렬의 배열을 '행렬 팔레트'라고 부른다. 행렬 팔레트는 스킨 메시를 그릴 때 렌더링 엔진에 전해진다. 렌더링 엔진은 행렬 팔레트를 통해 각 정점마다 연결된 관절의 스키닝 행렬을 찾고, 이것을 통해 정점을 바인드 포즈에서 현재 포즈로 변환한다.

여기서 현재 포즈를 나타내는 행렬 $C_{j \to M}$는 캐릭터의 포즈가 변하면서 프레임마다 바뀐다는 점을 알아야 한다. 하지만 바인드 포즈 행렬의 역행렬은 절대 변하지 않는데, 뼈대의 바인드 포즈는 모델을 만들 때 정해지기 때문이다. 그러므로 행렬 $B_{j \to M}$는 한 번 계산하면 다시 계산할 필요 없도록 뼈대와 함께 캐싱하는 경우가 대부분이다. 애니메이션 엔진들이 각 관절의 스키닝 행렬을 계산하는 일반적인 순서는 다음과 같다. 먼저 각 관절의 로컬 포즈($C_{j \to p(j)}$)를 계산하고 식 (12.1)을 이용해 글로벌 포즈($C_{j \to M}$)로 바꾼 후 이것을 캐싱된 관절의 바인드 포즈 역행렬($B_{j \to M}$)$^{-1}$과 곱하면 스키닝 행렬(K_j)이 나온다.

12.5.2.3 모델-월드 변환과 함께 고려하기

정점은 언젠가는 모델 공간에서 월드 공간으로 변환돼야 한다. 이 점을 이용해 스키닝 행렬 팔레트에 물체의 모델-월드 변환을 먼저 곱해 놓는 게임 엔진도 있다. 이 점은 최적화에 도움이 되는데, 스킨 메시를 그릴 때 각 정점마다 행렬 곱셈을 한 번씩 덜 해도 되기 때문이다(정점이 수십만 개가 넘는 경우 엄청난 게인이 될 수 있다).

모델-월드 변환을 스키닝 행렬에 합치려면 다음처럼 원래의 스키닝 행렬에 곱하기만 하면 된다.

$$\left(\mathbf{K}_j \right)_W = \left(\mathbf{B}_{j \to M} \right)^{-1} \mathbf{C}_{j \to M} \mathbf{M}_{M \to W}$$

이처럼 모델-월드 변환을 스키닝 행렬에 미리 합치는 엔진도 있고 또 그렇지 않은 엔진들도 있다. 결정은 전적으로 개발 팀에 달려 있고 다양한 요소들이 고려된다. 예를 들어 모델-월드 변환을 미리 합치지 말아야 할 경우는 한 애니메이션을 동시에 여러 캐릭터에 사용할 때다(이 기법은 애니메이션 인스턴싱이라 불리는데 군중과 같이 다수의 캐릭터를 애니메이션하는 데 쓰인다). 이 경우 1개의 행렬 팔레트를 모든 캐릭터에서 공유하려면 모델-월드 변환을 따로 해야 한다.

12.5.2.4 여러 관절에 묶인 정점 스키닝

정점이 여러 관절에 묶인 경우 정점의 위치를 계산하려면 먼저 모든 관절마다 그 관절에만 묶인 것처럼 모델 공간 좌표를 구한 후 결과를 가중 평균하면 된다. 가중치는 캐릭터를 만드는 아티스트가 지정하는데, 가중치의 합은 항상 1이어야 한다(그렇지 않다면 툴 파이프라인에서 다시 정규화 과정을 거쳐야 한다).

a_0부터 a_{N-1}까지 N개의 값을 가중치 $w0$부터 $w_{N-1}(\Sigma w_i = 1)$로 가중 평균을 구하는 공식은 다음과 같다.

$$a = \sum_{i=0}^{N-1} w_i a_i \text{일 때}$$

공식은 벡터 값 a_i에도 마찬가지로 적용된다. 그러므로 한 정점을 N개의 관절 j_0부터 j_{N-1}을 가중치 w_0부터 w_{N-1}로 스키닝하려면 식 (12.4)와 같이 하면 된다.

$$\mathbf{v}_M^C = \sum_{i=0}^{N-1} w_i \mathbf{v}_M^B \mathbf{K}_{j_i}$$

여기서 K_j는 관절 j_i의 스키닝 행렬이다.

12.6 애니메이션 블렌딩

'애니메이션 블렌딩'은 애니메이션 클립을 2개 이상 사용해 캐릭터의 최종 포즈를 계산하는 기법을 뜻한다. 좀 더 정확히 말하면 블렌딩은 2개 이상의 '입력 포즈'를 합쳐 1개의 '출력 포즈'를 만들어 낸다.

블렌딩은 대개 특정한 시각에서의 포즈를 2개 이상 합쳐 똑같은 시각에서의 출력을 만든다. 그렇기 때문에 블렌딩을 이용하면 손으로 일일이 만들지 않고도 여러 애니메이션을 합쳐 무수히 많은 새 애니메이션을 얻을 수 있다. 예를 들면 절뚝거리는 애니메이션을 평범하게 걷는 애니메이션과 블렌딩하면 캐릭터가 다친 정도를 다양하게 표현하는 걷기 애니메이션을 만들 수 있다. 또 다른 예로 캐릭터가 왼쪽을 조준하고 있는 애니메이션과 오른쪽을 조준하고 있는 애니메이션을 합치면 양끝 지점 사이에 원하는 방향을 조준하는 캐릭터를 만들 수 있다. 또한 블렌딩은 과격한 얼굴 표정이나, 자세, 이동 동작 등을 보간하는 데 쓰일 수도 있다.

뿐만 아니라 시각이 다른 두 포즈 사이의 중간 포즈를 찾는 데도 블렌딩을 쓴다. 예를 들면 애니메이션 데이터에 있는 샘플 프레임의 시각이 포즈를 구하고자 하는 시각과 정확히 일치하지 않을 때 유용하다. 이외에도 어떤 애니메이션에서 다른 애니메이션으로 부드럽게 전환되게 시간차를 두고 블렌딩할 수도 있는데, 출발 애니메이션과 도착 애니메이션을 짧은 시간 사이에 점차적으로 블렌딩하는 방법을 쓴다.

12.6.1 LERP 블렌딩

관절이 N개인 뼈대의 두 포즈 $\mathbf{P}_A^{\text{skel}} = \{(\mathbf{P}_A)_j\}|_{j=0}^{N-1}$, $\mathbf{P}_B^{\text{skel}} = \{(\mathbf{P}_B)_j\}|_{j=0}^{N-1}$가 있을 때 이 사이의 중간 포즈 $\mathbf{P}_{\text{LERP}}^{\text{skel}}$를 구하려는 경우를 보자. 이것은 두 포즈에서 각 관절의 로컬 포즈끼리 선형 보간 LERP해서 얻을 수 있다. 식으로 표현하면 다음과 같다.

$$
\begin{aligned}
(\mathbf{P}_{\text{LERP}})_j &= \text{LERP}\left((\mathbf{P}_A)_j, (\mathbf{P}_B)_j, \beta\right) \\
&= (1-\beta)(\mathbf{P}_A)_j + \beta(\mathbf{P}_B)_j
\end{aligned}
\tag{12.5}
$$

뼈대의 중간 포즈란 모든 관절을 이런 식으로 보간한 것에 지나지 않는다.

$$
\mathbf{P}_{\text{LERP}}^{\text{skel}} = \left\{(\mathbf{P}_{\text{LERP}})_j\right\}\Big|_{j=0}^{N-1}
\tag{12.6}
$$

위 식에서 β를 '블렌드 비율' 또는 '블렌딩 계수'라고 부른다. $\beta = 0$이면 뼈대의 결과 포즈는 $\mathbf{P}_A^{\text{skel}}$이고 $\beta = 1$이면 결과 포즈는 $\mathbf{P}_B^{\text{skel}}$가 된다. β가 0과 1 사이의 값이면 결과 포즈는 양극단 사이의 중간이다. 그림 12.11에 이 과정이 나와 있다.

여기서 한 가지 짚고 넘어가야 할 점이 있다. 지금 '관절 포즈'를 선형 보간하는 것을 이야기하고 있는데, 이 말은 4×4 변환 행렬을 보간해야 한다는 뜻이다. 하지만 5장에서 살펴봤듯이 행렬을 직접 보간하기란 그리 쉽지 않다. 바로 이런 이유로 로컬 포즈는 주로 SRT 형식으로 표현하는 경우가 많다. 이렇게 하면 5.2.5절에서 정의한 LERP 연산을 SRT의 각 성분에 개별적으로 적용할 수 있게 된다. SRT에서 평행 이동 성분 T를 선형 보간하려면 그냥 벡터 LERP 연산을 하면 된다.

$$
\begin{aligned}
(\mathbf{T}_{\text{LERP}})_j &= \text{LERP}\left((\mathbf{T}_A)_j, (\mathbf{T}_B)_j, \beta\right) \\
&= (1-\beta)(\mathbf{T}_A)_j + \beta(\mathbf{T}_B)_j
\end{aligned}
\tag{12.7}
$$

회전 이동 성분을 선형 보간하려면 사원수 LERP 연산이나 SLERP(구면 선형 보간) 연산을 하면 된다.

$$
\begin{aligned}
(Q_{\text{LERP}})_j &= \text{normalize}\left(\text{LERP}\left((Q_A)_j, (Q_B)_j, \beta\right)\right) \\
&= \text{normalize}\left((1-\beta)(Q_A)_j + \beta(Q_B)_j\right)
\end{aligned}
\tag{12.8}
$$

또는

$$
\begin{aligned}
(Q_{\text{SLERP}})_j &= \text{SLERP}\left((Q_A)_j, (Q_B)_j, \beta\right) \\
&= \frac{\sin\left((1-\beta)\theta\right)}{\sin(\theta)}(Q_A)_j + \frac{\sin(\beta\theta)}{\sin(\theta)}(Q_B)_j
\end{aligned}
\tag{12.9}
$$

마지막으로 스케일 성분을 선형 보간하려면 스케일 성분이 스칼라 값인지 벡터 값인지(균등한 스케일인지 아닌지)에 따라 그에 맞는 LERP 연산을 하면 된다.

$$
\begin{aligned}
(\mathbf{S}_{\text{LERP}})_j &= \text{LERP}\left((\mathbf{S}_A)_j, (\mathbf{S}_B)_j, \beta\right) \\
&= (1-\beta)(\mathbf{S}_A)_j + \beta(\mathbf{S}_B)_j
\end{aligned}
\tag{12.10}
$$

또는

$$
\begin{aligned}
(S_{\text{LERP}})_j &= \text{LERP}\left((S_A)_j, (S_B)_j, \beta\right) \\
&= (1-\beta)(S_A)_j + \beta(S_B)_j
\end{aligned}
\tag{12.11}
$$

두 뼈대 포즈를 선형 보간할 때 자연스런 중간 포즈를 얻으려면 각 관절을 바로 위에 있는 부모 관절의 공간 기준으로 서로 독립적으로 보간해야 한다. 이 말은 포즈 블렌딩은 대개 로컬 공간에서 한다는 뜻이다. 모델 공간에서 글로벌 포즈를 보간하면 대개 신체 구조상 도저히 나올 수 없는 포즈가 나오는 경우가 많다.

포즈 블렌딩은 로컬 공간에서 하기 때문에 각 관절의 선형 보간은 다른 관절들에 완전히 독립적이다. 즉 포즈를 선형 보간하는 일은 멀티프로세서에서 완전히 병렬 연산할 수 있다는 뜻이다.

12.6.2 LERP 블렌딩 활용

LERP 블렌딩에 대해 기본적인 내용을 배웠으니 이제 게임 엔진에서 어떻게 활용하는지 알아보자.

12.6.2.1 시간적 블렌딩

12.4.1.1절에서 살펴봤듯이 게임 애니메이션에서 딱 맞아 떨어지는 정수 프레임 번호에서 샘플되는 경우는 거의 없다. 프레임 1, 2, 3처럼 딱 맞는 프레임 값을 볼 수 있을 것 같지만 프레임 재생률이 고정된 값이 아니기 때문에 실제로는 0.9, 1.85, 3.02 등의 프레임을 보게 된다. 뿐만 아니라 애니메이션을 압축하는 기술에 따라 시간 간격이 균등하지 않은 키 프레임을 저장하는 경우도 있다. 어쨌든 애니메이션 클립에 있는 포즈들 사이의 중간 포즈를 구할 방법이 필요하다.

바로 이런 중간 포즈를 구할 때 LERP 블렌딩을 쓴다. 애니메이션 클립이 일정한 시간 간격, 0, Δt, $2\Delta t$, $3\Delta t$으로 배치된 포즈 샘플을 갖고 있는 경우를 예로 들어 보자. 시각 $t = (2.18)\Delta t$에서의 중간 포즈를 찾고 싶으면 시각 $2\Delta t$와 $3\Delta t$에서의 포즈들을 가중치 비율 $\beta = 0.18$로 선형 보간하면 된다.

일반적으로 시각 t_1과 t_2에서의 포즈가 주어지면 그 사이의 시각 t에서의 포즈는 다음과 같이 구한다.

$$\mathbf{P}_j(t) = \text{LERP}\left(\mathbf{P}_j(t_1), \mathbf{P}_j(t_2), \beta(t)\right) \tag{12.12}$$
$$= (1 - \beta(t))\,\mathbf{P}_j(t_1) + \beta(t)\mathbf{P}_j(t_2) \tag{12.13}$$

여기서 블렌딩 계수 $\beta(t)$는 다음과 같다.

$$\beta(t) = \frac{t - t_1}{t_2 - t_1} \tag{12.14}$$

12.6.2.2 움직임의 연속성: 크로스 페이딩

게임 캐릭터는 잘게 쪼개진 애니메이션 클립들을 엮어 애니메이션한다. 애니메이터의 솜씨가 엉망이 아니라면 각 클립 안에서 캐릭터의 동작은 자연스럽고 사실적으로 보이기 마련이다. 하지만 어떤 클립에서 다른 클립으로 바뀌는 동안에도 마찬가지로 자연스럽게 움직이도록 만들려면 그보다 훨씬 어렵다. 게임 애니메이션에서 갑자기 '튀는' 현상이 보이는 때는 대개 다른 클립으로 전환할 때다.

클립 전환 중에도 캐릭터 신체 각 부분이 완벽히 부드럽게 움직이는 것이 우리가 궁극적으로 원하는 목표다. 즉 뼈대 각 관절들의 3차원 궤적을 볼 때 이 궤적이 갑자기 '튀지' 않아야 한다. 이것을 C0 연속성이라고 한다. 그림 12.29를 보자.

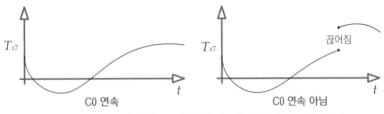

그림 12.29 왼쪽의 채널 함수는 C0 연속성을 갖고 있지만 오른쪽은 그렇지 않다.

궤적뿐 아니라 궤적의 1차 도함수(속도 곡선) 또한 연속적이어야 한다. 이것이 $C1$ 연속성(또는 속도와 운동량의 연속성)이다. 캐릭터 애니메이션이 얼마나 자연스럽고 사실적으로 움직이는지는 연속성의 차수가 높아질수록 나아진다. 예를 들면 어떤 경우는 움직임 궤적의 2차 도함수(가속도 곡선)가 연속적인 $C2$ 연속성이 필요할 때도 있다.

엄격히 수학적인 개념의 $C1$ 연속성이나 그 이상을 구현하기란 현실적으로 어려운 경우가 많다. 그렇지만 LERP 기반 애니메이션 블렌딩을 사용할 경우 썩 보기 괜찮은 C0 연속성을 갖게 할 수 있다. 그리고 상당 부분 $C1$ 연속성에 근접한 효과를 내게 할 수도 있다. 이처럼 클립 사이의 전환에 LERP 블렌딩을 활용한 경우 이것을 '크로스 페이딩cross-fading'이라고 부르기도 한다. 그렇지만 LERP 블렌딩을 사용할 때 원치 않는 이상 동작을 보이기도 하는데, 대표적으로 '미끄러지는 발sliding feet'과 같은 문제가 널리 알려져 있다. 따라서 LERP 블렌딩을 사용할 때는 주의를 기울여야 한다.

두 애니메이션 사이를 크로스 페이딩하려면 두 클립의 타임라인을 적당한 정도로 겹치게 놓은 후 하나로 블렌딩한다. 블렌드 비율 β는 t_{start}에서는 0이기 때문에 크로스 페이딩이 시작되는 순간에는 클립 A만 보인다. 점차 β를 t_{end}에서 1이 되게 증가시킨다. 이 시점에서는 클립 B만 보이고 클립 A는 이제 완전히 내려도 된다. 크로스 페이딩이 일어나는 시간 범위($\Delta t_{blend} = t_{end} - t_{start}$)를 '블렌드 시간$^{blend\ time}$'이라고 부르는 경우도 있다.

크로스 페이딩의 종류

크로스 블렌딩을 사용한 전환은 크게 다음의 두 종류로 나눌 수 있다.

- **부드러운 전환**$^{smooth\ transition}$ 클립 A와 B를 동시에 재생하면서 β를 0부터 1까지 증가시킨다. 제대로 동작하려면 두 클립 모두 반복하는(루프) 애니메이션이어야 하고, 두 클립 간에 다리나 팔의 위치가 대강이라도 맞게 타임라인을 동기화해야 한다(그렇지 못하면 크로스 페이딩이 매우 부자연스럽게 보일 수 있다). 이 기법은 그림 12.30에서 볼 수 있다.

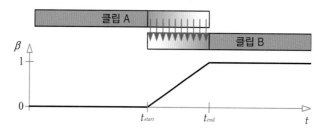

그림 12.30 부드러운 전환에서는 전환하는 동안 두 클립의 로컬 클럭은 계속 진행된다.

- **멈춘 전환**$^{frozen\ transition}$ 클립 A의 로컬 클럭은 클립 B가 재생을 시작하는 순간 멈춘다. 따라서 클립 A의 뼈대는 얼어붙은 것처럼 멈춰 있고 클립 B가 점차적으로 움직임을 대체한다. 이 기법은 두 클립이 별로 연관성이 없어서 부드러운 전환을 할 때와 같이 시간을 동기화할 수 없는 경우에도 잘 동작한다. 그림 12.31을 보자.

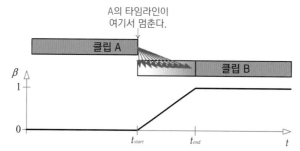

그림 12.31 멈춘 전환에서는 전환하는 동안 클립 A의 로컬 클럭은 멈춰 있다.

이와 더불어 블렌딩 계수 β가 전환 동안 어떻게 변할지도 조정할 수 있다. 그림 12.30과 그림 12.31에서는 블렌딩 계수가 시간에 일차원적으로 변했다. 더 부드러운 전환을 하려면 β를 일차원 베지어 곡선 등의 3차 함수로 만들 수 있다. 사라질(즉 현재 재생 중인) 클립에 이 곡선을 사용하는 경우 이것을 '이즈 아웃$^{ease\ out}$ 곡선'이라고 하고, 새로 들어오는 클립에 사용하면 '이즈 인$^{ease\ in}$ 곡선'이라고 부른다. 그림 12.32에 이 개념이 나와 있다.

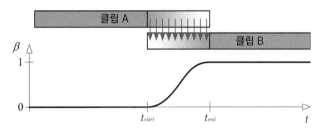

그림 12.32 부드러운 전환을 위해 2차원 이즈 인/이즈 아웃 곡선을 블렌딩 계수로 사용했다.

이즈 인/이즈 아웃에 쓰일 베지어 곡선의 식을 알아보자. 이 식은 블렌드 시간 안의 값 t를 받아 β를 도출한다. β_{start}는 블렌드 시간 시점 t_{start}에서의 블렌딩 계수고, β_{end}는 블렌드가 끝나는 시점 t_{end}에서 블렌딩 계수다. 매개 변수 u는 t_{start}와 t_{end}를 정규화한 시 간 값이고, 여기에 편의를 위해 $v = 1 - u$(정규화된 시간의 역)도 정의한다. 여기서 베지어 탄젠트 T_{start}와 T_{end}는 각각 블렌딩 계수 β_{start}, β_{end}와 같은 값이라고 가정하는데, 이렇게 했을 때 우리가 원하는 대로 곡선의 특성이 잘 나오기 때문이다.

$$\text{let } u = \left(\frac{t - t_{\text{start}}}{t_{\text{end}} - t_{\text{start}}} \right)\text{이고,}$$

$v = 1 - u$일 때는 다음과 같다.

$$\beta(t) = (v^3)\beta_{\text{start}} + (3v^2u)T_{\text{start}} + (3vu^2)T_{\text{end}} + (u^3)\beta_{\text{end}}$$
$$= (v^3 + 3v^2u)\beta_{\text{start}} + (3vu^2 + u^3)\beta_{\text{end}}$$

코어 포즈

한 가지 밝혀 둘 점은 애니메이션을 만들 때 클립의 마지막 포즈가 다음에 올 클립의 첫 포즈와 항상 같게 하면 굳이 블렌딩을 사용하지 않아도 동작의 연속성을 얻을 수 있다는 사실이다. 실제로 애니메이터들은 한정된 코어 포즈$^{core\ pose}$들을 정해 놓는 경우가 많다(예를 들면 똑바로

서 있는 자세나 앉은 자세, 엎드린 자세 등이 있다). 캐릭터의 모든 클립 이 코어 포즈 중 하나로 시작해 코어 포즈 중 하나로 끝나게 만들고, 애니메이션을 이을 때 코어 포즈가 같게 하면 C0 연속성을 얻을 수 있다. C1 연속성이나 더 고차원의 연속성은 클립 끝에서의 캐릭터 움직임을 다음 클립의 시작 움직임으로 자연스럽게 전환되게 하면 얻을 수 있다. 이것은 애니메이션을 제작할 때 자연스럽게 움직이는 애니메이션 1개를 만들어 여러 개로 쪼개면 간단하다.

12.6.2.3 방향에 따른 이동

LERP 기법을 이용한 애니메이션 블렌딩은 종종 캐릭터 이동에도 사용된다. 사람이 걷거나 달릴 때 움직이는 방향을 바꾸는 법은 크게 두 가지가 있다. 첫째는 몸 전체를 움직이고자 하는 방향으로 돌리는 방법인데, 이 경우 항상 움직이는 방향을 바라본다. 이 움직임은 방향을 바꿀 때 수직 축을 기준으로 선회하기 때문에 '선회 축 기준 움직임^{pivotal movement}'이라고 부르기로 하자. 둘째는 시선은 고정하고 있지만 시선과 상관없이 앞, 뒤, 양옆 방향(게임 계에서는 스트레이핑이라고 부른다)으로 움직이는 방법이다. 이 방법은 대개 움직이면서도 시선, 또는 무기를 목표물 방향으로 향하게 사용하기 때문에 '목표 기준 움직임^{targeted movement}'이라고 부르기로 하자. 이 두 움직임은 그림 12.33에서 볼 수 있다. 목표 기준 움직임은 움직이는 방향이 바라보는 방향과 일치하지 않을 수 있다.

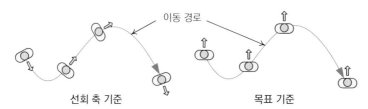

그림 12.33 선회 축 기준 움직임은 캐릭터는 항상 움직이는 방향을 바라보고 수직 축을 기준으로 선회한다.

목표 기준 움직임

목표 기준 움직임^{targeted movement}을 구현하려면 애니메이터는 세 가지 반복하는 애니메이션을 따로 만들어야 한다. 앞으로 움직이는 애니메이션과 왼쪽, 오른쪽으로 스트레이핑하는 애니메이션이다. 이것들을 '방향 이동 클립^{directional locomotion clip}'이라고 부르겠다. 이 세 방향 이동 클립들을 반원의 둘레에 놓는데, 앞 애니메이션은 0도, 왼쪽은 90도, 오른쪽은 −90도에 놓이게 한다. 캐릭터가 향하는 방향은 0도로 고정하고 움직이고자 하는 방향을 반원에서 찾은 후 인접한 두 이동 애니메이션을 골라 LERP 기법을 이용해 블렌딩한다. 블렌드 비율 β는 이동 방향이 가리키는 각도가 얼마나 가까운지에 따라 정해진다. 그림 12.34에서 이 개념을 설명한다.

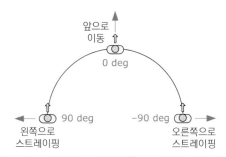

그림 12.34 목표 기준 움직임을 구현하려면 주요한 네 방향으로 이동하는 루프 애니메이션들을 블렌딩한다.

여기서 뒤로 움직이는 것까지 포함한 온전한 원으로 블렌딩하지 않는 점을 유념해야 한다. 그 이유는 옆으로 움직이는 스트레이핑과 뒷걸음질하는 애니메이션을 섞어서는 좀처럼 자연스럽게 보이지 않기 때문이다. 왼쪽으로 스트레이핑하는 애니메이션을 만들 때는 대개 오른다리가 왼다리 앞으로 교차하는데, 이것은 앞으로 달리는 애니메이션과 블렌딩할 때 자연스럽게 보이게 하려는 것이다. 마찬가지로 오른쪽으로 스트레이핑하는 경우는 왼다리가 오른다리 앞으로 교차하게 만든다. 그런데 이 애니메이션들과 뒷걸음질하는 애니메이션을 직접 블렌딩할 경우 한 다리가 다른 다리를 통과할 수밖에 없는데, 이는 보기에 이상하고 자연스럽지도 않다. 이 문제를 해결하는 방법은 몇 가지가 있다. 그중 괜찮은 해법으로는 블렌딩 반원을 두 가지 만드는 방법이 있다. 하나는 앞으로 이동하는 것이고 또 하나는 뒤로 이동하는 움직임용인데, 각각 스트레이핑 애니메이션을 따로 제작해 이동 애니메이션과 블렌딩했을 때 제대로 보이게 한다. 반원 간을 넘나들 때는 따로 전환하는 애니메이션을 재생해 캐릭터가 자세와 다리의 위치를 적당히 바꿀 수 있게 한다.

선회 축 기준 움직임

선회 축 기준 움직임은 그냥 앞으로 이동하는 루프 애니메이션을 재생하는 동안 캐릭터 전체의 방향을 돌리기 위해 수직 축을 기준으로 회전하면 된다. 이 움직임이 좀 더 자연스럽게 보이려면 캐릭터의 몸체가 완전히 꼿꼿하게 서 있으면 안 된다. 실제 사람은 회전하는 방향으로 살짝 몸을 기울인다. 단순히 캐릭터의 수직 축을 살짝 기울이는 방법도 있지만, 이 방법은 회전 방향 안쪽의 발이 땅을 파고들고 바깥쪽 발은 공중에 뜨는 문제가 있다. 더 자연스러운 움직임을 얻으려면 앞으로 걷거나 뛰는 애니메이션을 세 가지 만들어야 한다. 하나는 곧바로 앞으로 가는 애니메이션이고, 하나는 완전히 왼쪽으로 도는 애니메이션, 나머지는 완전히 오른쪽으로 도는 애니메이션이다. 적당한 각도로 몸을 기울이려면 곧바로 앞으로 가는 애니메이션을 회전하는 쪽 애니메이션과 LERP 블렌딩하면 된다.

12.6.3 복합 LERP 블렌딩

실제 게임 엔진 캐릭터는 여러 복합 블렌딩$^{complex\ blend}$을 다양한 목적으로 활용한다. 자주 사용되는 복합 블렌딩을 미리 분류해 사용하기 편하게 해놓는 것도 여러모로 편리하다. 이어지는 절에서는 몇 가지 널리 쓰이는 복합 블렌딩을 공부해보자.

12.6.3.1 일반 1차원 LERP 블렌딩

애니메이션 클립 3개 이상에도 적용되게 LERP 블렌딩을 확장할 수 있는데, 여기에 사용되는 기법을 나는 '1차원 LERP 블렌딩'이라고 부르기로 한다. 먼저 아무 1차원 범위(예, −1에서 +1 또는 0에서 1, 심지어 27에서 136 같은 범위도 가능) 안에 있는 새로운 블렌딩 계수 b를 정의하자. 그림 12.35에서 보이는 것처럼 임의의 숫자의 애니메이션 클립을 이 범위 안에 놓을 수 있다. 이제 b의 값이 주어지면 그 값에 인접한 클립 2개를 골라 식 (12.5)를 이용해 블렌딩한다. 인접한 두 클립이 각각 b_1과 b_2이라면 블렌드 비율 β는 다음과 같이 구할 수 있는데, 이것은 식 (12.14)과 같은 원리다.

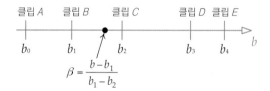

$$\beta = \frac{b - b_1}{b_1 - b_2}$$

그림 12.35 N개의 애니메이션 클립에 대한 일반 1차원 선형 블렌딩

$$\beta(t) = \frac{b - b_1}{b_2 - b_1} \tag{12.15}$$

목표 기준 움직임$^{targeted\ movement}$은 1차원 LERP 블렌딩의 특수한 경우라고 할 수 있다. 방향 이동 클립이 위치한 반원을 펼쳐 직선 위에 놓고 이동 각도 θ를 계수 b(범위는 −90에서 90)로 사용하면 된다. 이 범위 안에 애니메이션 클립 몇 개라도 놓을 수 있다. 이 개념은 그림 12.36에 나와 있다.

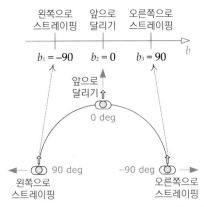

그림 12.36 목표 기준 움직임에 쓰인 방향 이동 클립들은 1차원 LERP 블렌딩의 특수한 경우라고 생각하면 된다.

12.6.3.2 단순한 2차원 LERP 블렌딩

때로는 캐릭터 움직임의 두 가지 요소에 변화를 주고 싶을 때가 있다. 예를 들면 무기를 조준할 때 수평뿐 아니라 수직으로도 움직이고 싶을 때가 있다. 또 캐릭터가 걸을 때 보폭과 양발 사이의 거리에 모두 변화를 주고 싶을 수도 있다. 이렇게 하려면 1차원 LERP 블렌딩을 2차원으로 확장해야 한다.

애니메이션 클립 4개만 사용하고 각 클립은 정사각형의 꼭지점에 하나씩 위치한다고 가정하면 2차원 블렌딩은 1차원 블렌딩을 두 번 한 것과 같다. 일반 블렌딩 계수 b는 2차원 블렌딩 벡터 b = [b_x b_y]가 된다. b가 네 클립이 위치한 정사각형 안에 있다면 최종 포즈는 다음과 같은 과정으로 구할 수 있다.

1. 블렌딩 계수의 수평 성분 b_x로 위 두 클립의 중간 포즈와 아래 두 클립의 중간 포즈를 찾는다. 단순한 1차원 LERP 블렌드를 두 번 하면 된다.
2. 위에서 구한 두 중간 포즈를 블렌딩 계수의 수직 성분 b_y를 이용해 LERP 블렌딩한다.

이 과정은 그림 12.37에 나와 있다.

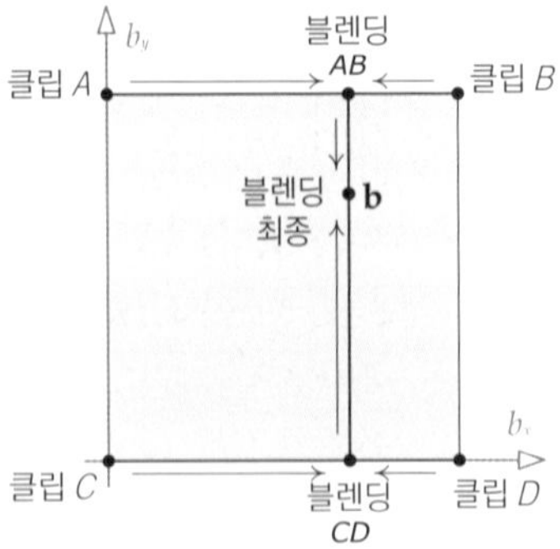

그림 12.37 정사각형의 네 꼭지점에 위치한 네 클립 사이의 단순한 2차원 애니메이션 블렌딩 공식

12.6.3.3 2차원 삼각 LERP 블렌딩

앞서 살펴본 단순 2차원 블렌딩 기법은 합치고자 하는 애니메이션 클립들이 사각형의 네 꼭지점에 있을 때만 사용할 수 있다. 그렇다면 2차원 블렌딩 공간 위에 임의의 위치에 있는 임의의 개수 클립들을 블렌딩하려면 어떻게 해야 할까?

블렌딩하고자 하는 클립이 3개가 있다고 가정해 보자. 각 클립(<i>i</i>라고 하자)이 2차원 블렌딩 공간의 좌표 $b_i = [b_{ix} \quad b_{iy}]$에 있을 때 이 세 좌표는 삼각형을 이룬다. 이 3개의 클립은 각각 관절 포즈 $\{(\mathrm{P}_i)_j\}|_{j=0}^{N-1}$를 이루는데, $(\mathrm{P}_i)_j$는 관절 j의 클립 i에서의 포즈이며, 뼈대의 총 관절 수는 N이다. 그림 12.38처럼 삼각형 안에 있는 임의의 점 b가 주어졌을 때 뼈대의 중간 포즈를 찾아야 한다.

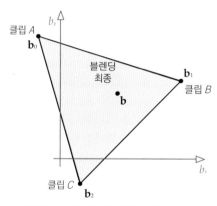

그림 12.38 세 애니메이션 클립을 2차원 블렌딩하기

그렇다면 세 애니메이션 클립 사이를 LERP 블렌딩하려면 어떻게 해야 할까? 다행스럽게도 간단한 해법이 있다. LERP 연산은 '가중 평균^{weighted average}'이기 때문에 입력 값이 몇 개든 상관없이 동작한다. 그리고 가중 평균이기 때문에 가중치의 합은 반드시 1이어야 한다. 입력이 2개인 LERP 블렌딩에서는 가중치로 β와 $(1 - \beta)$를 사용했는데, 두 값의 합은 당연히 1이다. 입력이 3개인 LERP 블렌딩에서는 가중치로 $\alpha, \beta, \gamma = (1 - \alpha - \beta)$를 사용하면 된다. 그러면 LERP 연산은 다음과 같다.

$$(\mathbf{P}_{\text{LERP}})_j = \alpha \, (\mathbf{P}_0)_j + \beta \, (\mathbf{P}_1)_j + \gamma \, (\mathbf{P}_2)_j \tag{12.16}$$

2차원 블렌딩 벡터 b가 주어지면 α, β, γ 값은 삼각형의 무게 중심 좌표^{barycentric coordinates}를 구해 얻을 수 있다(http://en.wikipedia.org/wiki/Barycentric_coordinates_%28mathematics%29). 삼각형의 꼭지점을 각각 b_1, b_2, b_3라 할 때 일반적으로 삼각형의 무게 중심점 b는 다음의 성질을 만족하는 세 스칼라 값 (α, β, γ)다.

$$\mathbf{b} = \alpha\mathbf{b}_0 + \beta\mathbf{b}_1 + \gamma\mathbf{b}_2 \tag{12.17}$$

그리고 다음과 같다.

$$\alpha + \beta + \gamma = 1$$

이 값들은 정확히 세 애니메이션 클립의 가중 평균에 쓰일 가중치다. 무게 중심점은 그림 12.39에 나와 있다.

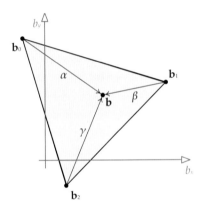

그림 12.39 삼각형 안의 여러 무게 중심 좌표

여기서 식 (12.17)에 무게 중심 좌표로 (1, 0, 0)을 대입하면 b_0, (0, 1, 0)을 대입하면 b_1, (0, 0, 1)을 대입하면 b_2가 나온다는 것을 알 수 있다. 마찬가지로 식 (12.16)에 같은 값들을 대입하면 각 관절 j에 대해 $(P_0)_j$, $(P_1)_j$, $(P_2)_j$가 나온다. 또 무게 중심 좌표 (1/3, 1/3, 1/3)을 대입하면 그 결과는 삼각형의 중심이 되고 세 포즈를 같은 정도로 섞은 블렌딩이 된다. 이것은 예측한 결과와 같다.

12.6.3.4 일반 2차원 LERP 블렌딩

2차원 블렌딩 공간 위에 있는 임의 개수의 애니메이션 클립에도 무게 중심을 구하는 방법을 활용할 수 있다. 여기서 자세한 방법을 살펴보지는 않겠지만 원리는 각 애니메이션 클립의 위치(bi)들이 주어지면 들로네 삼각 분할Delaunay triangulation(http://en.wikipedia.org/wiki/Delaunay_ triangulation) 기법을 이용해 이 점들로 이뤄진 삼각형 집합을 구하는 것이다. 일단 삼각형을 정하고 나면 찾고자 하는 점 b를 둘러싼 삼각형을 찾아 위에서 설명한 삼각 LERP 블렌딩을 하면 된다. 이 기법은 밴쿠버에 위치한 EA Sports의 FIFA 축구에 사용됐는데, 회사의 자체 개발 애니메이션 프레임워크인 'ANT'에 구현됐다. 이것은 그림 12.40에 나와 있다.

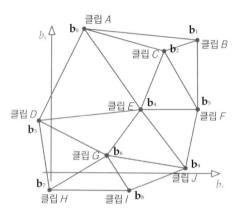

그림 12.40 2차원 블렌드 공간에 임의로 배치된 임의 개수 애니메이션 클립을 들로네 삼각 분할한 경우

12.6.4 부분 뼈대 블렌딩

사람은 신체 각 부분을 따로 움직일 수 있다. 예를 들면 걸으면서 오른손을 흔들고 왼손으로는 뭔가를 가리킬 수 있다. 이런 동작을 게임에서 구현하는 기법을 '부분 뼈대 블렌딩partial-skeleton blending'이라고 한다.

식 (12.5)와 (12.6)의 일반적인 LERP 블렌딩에서 뼈대의 모든 관절에는 똑같은 블렌드 비율 β 가 사용됐다는 점을 떠올리자. 부분 뼈대 블렌딩이란 각 관절마다 서로 다른 블렌드 비율을 쓸 수 있게 이를 확장한 개념이다. 달리 말하면 각 관절 j마다 따로 β_j를 둔다는 뜻이다. 전체 뼈대의 블렌드 비율 $\{B_j\}\big|_{j=0}^{N-1}$은 '블렌드 마스크blend mask'라고 불리기도 하는데, 특정한 뼈대들의 블렌드 비율을 0으로 두면 이것들을 '가리는마스킹' 용도로 쓸 수 있기 때문이다.

이제 캐릭터가 오른팔과 오른손을 흔들게 하고 싶은 경우를 생각해 보자. 뿐만 아니라 걷고 달리고 서 있는지에 관계없이 손을 흔들게 하고 싶다. 부분 뼈대 블렌딩을 이용해 이것을 구현하려면 애니메이터는 몸 전체를 움직이는 '걷기'와 '달리기', '서 있기' 등 세 애니메이션을 구현해야 한다. 이에 더해 '팔 흔들기' 애니메이션도 하나 만들어야 한다. 이제 블렌드 마스크를 만드는데, 오른쪽 어깨와 팔꿈치, 손목, 손가락 관절의 블렌드 비율만 1이고 나머지 관절들의 블렌드 비율은 0이어야 한다.

$$\beta_j = \begin{cases} 1 & j\text{가 오른팔 안에 있을 경우} \\ 0 & \text{그 외 부분} \end{cases}$$

이 블렌드 마스크를 이용해 '걷기', '달리기', '서 있기' 애니메이션과 '팔 흔들기' 애니메이션을 LERP 블렌딩하면 결과는 손을 흔들며 걷거나 뛰거나 제자리에 서 있는 캐릭터가 된다.

부분 뼈대 블렌딩은 꽤 쓸 만하지만 캐릭터 움직임이 자연스럽지 않은 문제가 있다. 이것은 다음 두 가지 기본적인 문제 때문에 그렇다.

- 관절별 블렌드 비율이 급격하게 변하면 신체의 일부분이 나머지 부분과 따로 움직이는 것처럼 보인다. 우리가 살펴본 예에서 오른쪽 어깨에서 블렌드 비율이 급격하게 변했다. 따라서 척추 윗부분, 목, 머리 등이 애니메이션되는 동안 오른쪽 어깨와 팔의 관절들은 전혀 다른 애니메이션에만 영향을 받는다. 이 경우 자연스럽지 않아 보일 수 있다. 이 문제는 블렌드 비율을 급격하게 바꾸지 말고 서서히 바꾸면 어느 정도 보완된다(우리 예에서는 블렌드 비율을 각각 오른쪽 어깨에서 0.9, 위 척추는 0.5, 목과 중간 척추는 0.2로 둘 수 있겠다).
- 실제로는 사람은 완전히 독립적으로 움직이지는 않는다. 가만히 서서 손을 흔들 때보다 뛰면서 손을 흔들면 손이 더 불규칙적이고 제멋대로 움직인다. 하지만 부분 뼈대 블렌딩에서는 캐릭터가 무엇을 하고 있든 오른팔의 애니메이션은 똑같다. 부분 뼈대 블렌딩만으로 이 문제를 해결하기는 어렵다. 그래서 많은 게임 개발자는 좀 더 자연스럽게 보일 수 있는 '더하기 블렌딩'을 사용한다.

12.6.5 더하기 블렌딩

더하기 블렌딩$^{\text{additive blending}}$은 애니메이션을 합치는 데 완전히 새로운 시각으로 접근한다. 이 방식은 '차이 클립$^{\text{difference clip}}$'이라는 전혀 다른 방식의 애니메이션을 만들어 내는데, 이름에서 알 수 있듯 일반적인 애니메이션 클립 2개의 차이를 나타내는 클립이다. 차이 클립은 일반 애니메이션 클립에 더해져 캐릭터의 포즈와 움직임에 원하는 변화를 준다. 즉 한 포즈가 다른 포즈로 변환되기 위한 '변화량'을 담고 있는 것이 차이 클립이다. 게임 업계에서는 차이 클립을

'더하기 애니메이션 클립^{additive animation clip}'이라고 부르는 경우도 있다. '차이 클립'이라는 용어
가 원리를 좀 더 잘 나타내고 있기 때문에 이 책에서는 '차이 클립'이라는 단어만 사용하기로
한다.

입력으로 애니메이션 클립 2개가 주어진다고 하자. 하나는 '소스 클립^{source clip}(S)'이고 나머지
는 '참조 클립^{reference clip}(R)'이다. 개념적으로는 차이 클립은 D = S − R이다. 참조 클립(R)에
차이 클립 D를 더하면 소스 클립이 된다(S = D + R). D의 일정 비율만 R에 더해 R과 S 사이의
중간 애니메이션도 만들 수 있는데, 이것은 LERP 블렌딩으로 두 가지 서로 다른 애니메이션의
중간을 만드는 것과 비슷한 원리다. 하지만 더하기 블렌딩의 진정한 강점은 차이 클립을 한 번
만들면 원래의 참조 클립뿐 아니라 전혀 상관없는 다른 클립들에도 더할 수 있다는 점이다. 이
런 애니메이션 클립들을 '타깃 클립'이라고 부르고 T로 나타내기로 하자.

구체적인 예를 들어보자. 참조 클립은 캐릭터가 평범하게 달리는 애니메이션이고 소스 클립은
지친 상태에서 뛰는 애니메이션이라면 차이 클립은 캐릭터가 달릴 때 지친 상태로 보이게 할
만큼의 변화만 담고 있다. 이제 캐릭터의 걷기 애니메이션에 차이 클립을 더하면 지친 상태에
서 걷는 애니메이션이 된다. 차이 클립 하나를 다양한 '일반' 애니메이션에 더해 여러 가지 재
미있고 자연스러운 애니메이션을 얻을 수도 있고, 아니면 차이 클립을 여러 개 만들고 이것을
타깃 애니메이션 하나에 더해 다양한 효과 를 줄 수도 있다.

12.6.5.1 수학 공식

차이 클립 D는 소스 클립 S와 참조 클립 R의 차이로 정의한다. 따라서 개념적으로 차이 포즈
(어떤 특정한 시각의)는 D = S − R이다. 물론 우리는 단순한 스칼라 값이 아닌 관절 포즈를 다루
기 때문에 그냥 뺄셈을 할 수는 없다. 일반적으로 관절 포즈란 4×4 아핀 변환 행렬인데, 자
식 관절의 로컬 공간에 있는 점과 벡터를 그 부모 관절의 공간으로 변환한다. 행렬 연산에서
뺄셈에 대응하는 연산은 역행렬을 곱하는 것이다. 따라서 뼈대의 관절 j에 대해 소스 포즈 S_j와
참조 포즈 R_j가 있을 때 그 관절의 차이 포즈 D_j는 다음과 같이 정의할 수 있다(여기서 C → P나
$j → p(j)$ 등의 아래 첨자는 생략하기로 한다. 자식-부모 포즈 행렬을 다룬다는 것이 자명하기 때문이다).

$$\mathbf{D}_j = \mathbf{S}_j \mathbf{R}_j^{-1}$$

차이 포즈 D_j를 타깃 포즈 T_j에 '더하면' 새로운 더하기 포즈 A_j가 된다. 이것은 차이 포즈를

타깃 포즈에 다음과 같이 합치기만 하면 된다.

$$\mathbf{A}_j = \mathbf{D}_j \mathbf{T}_j = \left(\mathbf{S}_j \mathbf{R}_j^{-1} \right) \mathbf{T}_j \tag{12.18}$$

이 식이 맞는지 증명하려면 차이 포즈가 원래의 참조 포즈에 더해지면 어떻게 되는지를 보면 된다.

$$\begin{aligned} \mathbf{A}_j &= \mathbf{D}_j \mathbf{R}_j \\ &= \mathbf{S}_j \mathbf{R}_j^{-1} \mathbf{R}_j \\ &= \mathbf{S}_j \end{aligned}$$

즉 차이 클립 D를 다시 참조 클립 R에 더하면 소스 클립 S가 된다.

차이 클립의 시간적 보간

12.4.1.1절에서 이미 살펴봤듯이 게임 애니메이션이 정수 프레임으로 샘플링되는 경우는 거의 없다. 임의의 시간 t에서의 포즈를 찾으려면 인접한 두 시각 t_1과 t_2에의 포즈를 '시간적 보간'해야 한다. 다행히 차이 클립들을 시간적 보간하는 방법은 여타 평범한 클립들을 보간하는 방법과 똑같다. 식 (12.12)와 (12.14)를 그대로 적용하면 된다.

여기서 입력으로 주어지는 S와 R 클립들이 똑같은 재생 시간일 때만 차이 클립을 구할 수 있다는 점을 주시하자. 그렇지 않으면 S나 R 중에 하나를 정의할 수 없는 시간이 있다는 말이고, 이 말은 그 시간 동안 D도 정의할 수 없다는 뜻이다.

더하기 블렌딩 비율

게임에서 차이 클립의 일정 비율만 더해 다양한 효과 강도를 주는 경우가 자주 있다. 예를 들면 차이 클립이 캐릭터의 고개를 오른쪽으로 80도 돌린다면 그 차이 클립의 50%만 더하면 고개를 40도만 돌리게 된다.

이렇게 하려면 지금껏 즐겨 썼던 LERP를 또 한 번 이용해야 한다. 우리가 하려는 것은 변경되지 않은 원래의 타깃 애니메이션과 타깃 애니메이션에 차이 클립을 온전히 더한 애니메이션을 보간하는 일이다. 그러기 위해 식 (12.18)을 다음처럼 확장한다.

$$\begin{aligned} \mathbf{A}_j &= \text{LERP}\left(\mathbf{T}_j, \mathbf{D}_j \mathbf{T}_j, \beta \right) \\ &= (1 - \beta)\left(\mathbf{T}_j \right) + \beta \left(\mathbf{D}_j \mathbf{T}_j \right) \end{aligned} \tag{12.19}$$

5장에서 언급했듯이 행렬에 바로 LERP 연산을 적용할 수는 없다. 따라서 식 (12.7)부터 (12.11)까지 했던 것과 마찬가지로 식 (12.19)는 S, Q, T 세 부분으로 나눠 각각 보간해야 한다.

12.6.5.2 더하기 블렌딩과 부분 뼈대 블렌딩 비교

더하기 블렌딩은 어떤 면에서는 부분 뼈대 블렌딩과 비슷한 점이 있다. 가만히 서 있는 클립과 서 있는 채로 오른손을 흔들고 있는 클립의 차이를 구해 더하기 블렌딩을 사용하는 경우를 예로 들어 보자. 결과만 보자면 부분 뼈대 블렌딩을 이용해 오른손을 움직이게 한 것과 거의 같을 수 있다. 하지만 더하기 블렌딩은 부분 뼈대 블렌딩에서 보이는 '따로 노는' 듯한 문제점은 훨씬 덜하다. 그 이유는 뼈대 일부분의 애니메이션을 완전히 다른 애니메이션으로 바꾸거나 아니면 전혀 연관 없는 포즈 사이를 보간하는 것이 아니기 때문이다. 원래 애니메이션에 움직임만 더할 뿐이다(전체 뼈대에 더할 수도 있다). 차이 클립은 어떤 자세를 취하게 캐릭터의 포즈를 '바꾸는 방법'을 알고 있는 셈이다. 예를 들면 피곤한 상태처럼 보이게 하거나 고개를 특정 방향으로 돌리게 하기, 손 흔들기 등이 여기에 해당한다. 이런 변화들을 상당히 다양한 애니메이션에 두루 적용할 수 있으며, 자연스러운 결과를 내는 경우가 많다.

12.6.5.3 더하기 블렌딩의 한계

물론 더하기 블렌딩이 만능은 아니다. 기존 애니메이션에 움직임을 더하는 방식을 쓰기 때문에 뼈대의 관절을 과도하게 회전시키는 경향이 있다. 특히 여러 차이 클립들이 동시에 더해지면 더하다. 간단한 예로 타깃 애니메이션에서 캐릭터의 왼쪽 팔이 직각으로 굽혀진 상태라고 하자. 이제 여기에 팔꿈치를 직각으로 돌리는 차이 클립을 더하면 결과적으로 팔이 90 + 90 = 180도 회전한다. 이 경우 팔의 아래 부분이 위 부분을 관통하게 된다(딱히 편해 보이는 자세는 아닌 것 같다).

분명한 점은 참조 클립을 고를 때나 어떤 타깃 클립에 적용할지를 결정할 때는 신중해야 한다는 것이다. 몇 가지 원칙을 들어 보면 다음과 같다.

- 참조 클립에서 엉덩이[hip] 관절의 회전을 최소화한다.
- 참조 클립에서 어깨와 팔꿈치 관절은 편안한 자세로 있는 것이 좋다. 이렇게 하면 차이 클립을 다른 타깃 클립에 더할 때 팔이 과도하게 돌아가는 것을 막아 준다.

- 각 코어 포즈(서 있는 포즈, 웅크린 포즈, 누워 있는 포즈 등)마다 각각 차이 클립을 따로 만들어야 한다. 이렇게 하면 각 포즈마다 실제 사람이 어떤 식으로 움직이는지를 애니메이터가 반영할 수 있다.

이 원칙들은 참고 사항이 될 수는 있겠지만, 정말 차이 클립을 제대로 만들고 적용하는 법을 배우려면 경험 있는 애니메이터나 엔지니어에게 배우면서 스스로 해보는 수밖에 없다. 더하기 블렌딩을 사용해 본 적이 없는 팀이라면 숙달되는 데 상당한 시간을 들일 각오를 해야 한다.

12.6.6 더하기 블렌딩 활용

12.6.6.1 선 자세 변화

더하기 블렌딩이 가장 효과적으로 사용되는 예는 '선 자세 변화stance variation'다. 각 선 자세마다 애니메이터는 한 프레임으로 된 차이 클립을 만든다. 기본 애니메이션에 이 한 프레임짜리 차이 클립을 더하면 캐릭터는 원래 하던 동작을 그대로 수행하면서도 서 있는 자세는 완전히 변한다. 그림 12.41을 보자.

그림 12.41 한 프레임짜리 차이 클립 A와 B를 타깃 애니메이션에 더하면 서 있는 자세가 완전히 달라진다(캐릭터 출처 'Uncharted: Drake's Fortune', ⓒ 2007/ ® SIE. 너티 독 개발).

12.6.6.2 움직일 때 나는 소리

실제로 사람이 걸을 때 모든 발걸음이 똑같지 않다. 움직임에는 그때마다 변화가 있다. 특히 다른 일에 신경이 팔려 있을 때(예를 들면 적을 공격한다든가) 더욱 그렇다. 더하기 블렌딩을 활용하면 단순히 반복하기만 하는 움직임에 임의적인 요소나 다른 자극에 대해 반응을 줄 수도 있다. 그림 12.42에 한 예가 나와 있다.

타깃 클립
(레퍼런스)

타깃 + 차이A   타깃 + 차이B   타깃 + 차이C

그림 12.42 반복적인 대기 동작에 다양한 변화를 주는 데 더하기 블렌딩을 활용한다. 이미지 출처: Naughty Dog, Inc., ©2014/™ SIE

12.6.6.3 조준하고 바라보기

더하기 블렌딩이 활용된 또 다른 예로는 캐릭터가 주위를 돌아보거나 무기를 조준하게 하는 경우를 들 수 있다. 이렇게 하려면 먼저 머리와 무기는 정면을 바라보고 있는 보통 캐릭터 애니메이션(예를 들면 달리는 애니메이션)을 만든다. 그 후 머리나 무기의 방향을 완전히 오른쪽으로 돌린 상태에서 한 프레임 또는 여러 프레임으로 된 차이 클립을 저장한다. 이 과정을 왼쪽, 위, 아래에 대해 반복한다. 이 네 가지 차이 클립을 원래 똑바로 보고 있던 애니메이션에 더하기 블렌딩하면 캐릭터는 오른쪽, 왼쪽, 위, 아래 또는 그 중간의 임의의 지점을 바라보게 할 수 있다.

어떤 각도로 조준할지는 각 차이 클립을 어떤 비율로 섞을지에 달려 있다. 오른쪽 차이 클립만 100% 더하면 캐릭터는 가장 오른쪽 끝부분을 조준한다. 왼쪽 차이 클립을 50% 더하면 캐릭터는 왼쪽으로 조준할 수 있는 한계의 절반쯤을 조준한다. 여기에 위나 아래 차이 클립을 더해 비스듬한 방향을 조준하게 할 수도 있다(그림 12.43 참조).

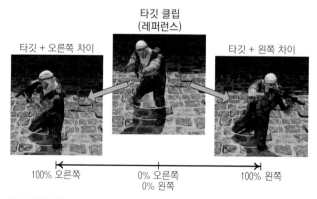

타깃 클립
(레퍼런스)

타깃 + 오른쪽 차이   타깃 + 왼쪽 차이

100% 오른쪽   0% 오른쪽   100% 왼쪽
0% 왼쪽

그림 12.43 더하기 블렌딩을 무기 조준에도 활용할 수 있다.(화면 출처: Naughty Dog, Inc., ©2014/™ SIE)

12.6.6.4 시간 축의 다른 활용

애니메이션 클립의 시간 축을 시간이 아닌 다른 개념으로 생각해 볼 수도 있다. 예를 들면 세 프레임으로 된 애니메이션을 세 가지 조준 포즈를 나타내게 만들 수 있다. 왼쪽으로 조준하는 포즈는 프레임 1이고, 정면은 프레임 2, 오른쪽 조준은 프레임 3이 될 수 있다. 캐릭터가 오른쪽으로 조준하게 하려면 이 애니메이션의 로컬 시간을 프레임 3에 맞추면 된다. 정면과 오른쪽 사이의 50% 블렌딩을 하려면 시간을 2.5에 맞춘다. 이처럼 게임 엔진에 이미 있는 기능을 잘 활용하면 유용할 때가 많다.

12.7 후처리

일단 뼈대의 애니메이션 클립들로 포즈를 만든 다음 선형 보간이나 더하기 블렌딩을 써서 합쳐 놓았더라도 캐릭터를 그리기 전에 포즈를 손봐야 할 때가 많다. 이 과정을 '애니메이션 후처리animation post-processing'라고 한다. 이제 제일 널리 사용되는 애니메이션 후처리 기법들 몇 가지를 살펴보자.

12.7.1 절차적 애니메이션

애니메이션 도구(마야 등)를 이용해 미리 만든 애니메이션이 아니라 런타임에 생성된 애니메이션을 '절차적 애니메이션procedural animation'이라고 한다.[2] 손으로 만든 클립으로 뼈대의 포즈를 잡고 후처리 과정에서 절차적 애니메이션으로 포즈를 수정하기도 한다. 손으로 만든 애니메이션을 대신해 절차적 애니메이션을 시스템에서 사용할 때도 있다.

예를 들어 자동차가 지면을 이동하면서 위 아래로 덜컹거리는 평범한 애니메이션이 있다고 하자. 자동차가 움직이는 방향은 플레이어가 조종한다. 자동차가 이동하면서 앞바퀴와 운전대가 자연스럽게 보이도록 회전시키고 싶다고 하자. 이렇게 하려면 애니메이션으로 만들어진 포즈에 후처리 과정을 거쳐야 한다. 원래 애니메이션에서 앞바퀴는 똑바로 앞을 보게 돼 있고 운전대도 정중앙에 가만히 있다고 가정하자. 바퀴를 얼마나 돌릴지를 결정하기 위해 수직 축에 대해 현재 회전각을 구한 후 사원수로 나타낸다. 이 사원수는 앞바퀴 관절의 Q 채널과 곱해져 앞

---

2 'procedural'이라는 용어는 사람의 손으로 만들지 않고 알고리듬에 의해 데이터를 생성한다는 뜻인데 '절차적'이라는 원래 뜻보다 함수를 나타내는 'procedure'에서 나온 말이지만 관용적으로 널리 사용되고 있다. – 옮긴이

바퀴의 최종적인 포즈를 결정한다. 마찬가지로 스티어링 칼럼[3] 축을 기준으로 사원수를 만들고 이것을 운전대의 Q 채널에 곱해 운전대를 돌리면 된다(12.5절 참조).

또 다른 예로 게임에서 바람에 따라 자연스럽게 흔들리면서 캐릭터가 지나가면 옆으로 눕는 나무와 풀숲을 구현하는 경우를 보자. 나무와 풀들은 간단한 뼈대로 이뤄진 스킨 메시로 만들어 구현한다. 절차적 애니메이션만으로 자연스런 관절 움직임을 구현할 수도 있고, 아니면 원래의 애니메이션을 보충하는 형태로 쓰기도 한다. 자연스럽게 바람에 나부끼도록 몇몇 관절의 회전에 하나 이상의 사인파 혹은 펄린 노이즈Perlin noise 함수를 더하거나 사람이 지나갈 때 풀을 헤치고 가는 것처럼 보이게 풀들의 루트 관절의 사원수root joint quaternion를 바깥쪽으로 과격하게 돌리게 한다.

12.7.2 역운동학

캐릭터가 몸을 기울여 땅에 있는 물체를 집어 드는 애니메이션 클립이 있다. 마야 같은 도구에서 만들 때는 완벽해 보이겠지만, 실제 게임에서는 지면이 완전히 고르지 않기 때문에 캐릭터가 물체를 잡지 못하고 헛손질하거나 아니면 물체를 뚫고 나가는 경우도 있을 것이다. 이때 뼈대의 최종 포즈를 조정해 손과 물체가 정확히 일치하게 만들려고 한다. 이런 기법을 '역운동학IK, inverse kinematics이라고 한다.

보통의 애니메이션 클립은 '정운동학FK, forward kinematics'의 예다. 정운동학에서는 관절들의 로컬 포즈가 입력으로 주어지면 출력은 글로벌 포즈와 각 관절들의 스키닝 행렬이다. 역운동학은 이와 정반대다. 입력으로는 어떤 관절이 위치할 글로벌 포즈가 주어지는데, 이것을 '엔드 이펙터end effector'라고 부른다. 엔드 이펙터를 원하는 위치에 오게 다른 관절들의 로컬 포즈를 변경하는 것이 역운동학의 목표다.

수학적인 관점에서 보면 IK는 결국 '오차 최소화error minimization' 문제라고 볼 수 있다. 다른 최소화 문제와 마찬가지로 해법은 하나일 수도 있고, 여러 개일 수도 있으며, 존재하지 않을 수도 있다. 직관적인 예를 살펴보자. 문의 다른 쪽에 있는 손잡이를 잡으려 하는 경우 다른 쪽으로 넘어가지 않는 한 손잡이를 잡을 수 없는 것이 당연하다. IK가 제대로 동작하려면 처음부터 포즈가 목표 지점에 근접해 있어야 한다. 그래야만 알고리듬이 '가장 근접한' 해법을 찾는 데 초

---

3   자동차의 운전대를 나머지 조향 시스템에 연결하는 축 – 옮긴이

점을 맞출 수 있고 또 적당한 시간 내에 문제를 해결할 수 있다. 그림 12.44는 IK가 실제로 사용되는 모습을 보여 준다.

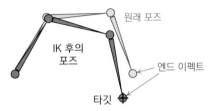

그림 12.44 역운동학은 엔드 이펙터와 목표 지점의 오류를 최소화해 두 지점이 일치하게 한다.

이제 관절이 2개뿐이고 각 관절은 한 회전축에 대해서만 회전하는 간단한 뼈대를 생각해 보자. 두 관절의 회전 변환은 2차원 각 벡터 $\theta = [\theta_1 \quad \theta_2]$로 나타낼 수 있다. 두 관절이 이룰 수 있는 모든 각도는 '구성 공간^{configuration space}'이라 불리는 2차원 평면을 이룬다. 자유도가 더 높은 관절로 이뤄진 뼈대의 구성 공간은 다차원이 되는 것이 당연하지만, 지금부터 설명할 원리는 차원에 관계없이 잘 들어맞는다.

이제 3차원 그래프를 그리는데, 모든 관절 회전 변환 조합(즉 방금 이야기한 2차원 구성 공간의 모든 점)에 대해 엔드 이펙터와 목표 지점의 거리를 표시한다. 이런 과정의 예가 그림 12.45다. 3차원 표면에서 '계곡'처럼 움푹 파인 지점이 엔드 이펙터와 목표 지점이 가장 가까운 위치다. 표면의 높이가 0이 되면 엔드 이펙터가 목표 지점에 도달한 것이 된다. 역운동학은 결국 이 표면에서의 최저점을 찾으려는 것이다.

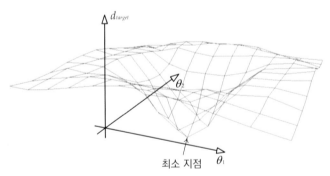

그림 12.45 2차원 구성 공간의 각 점에 대해 엔드 이펙터와 목표 지점 간 거리를 3차원으로 표시한 것. IK는 최저점을 찾는 것이다.

IK가 어떻게 최저점을 찾는지 더 자세히 살펴보지는 않겠다. IK에 대해 더 알고 싶으면 다음 사이트(http://en.wikipedia.org/wiki/Inverse_kinematics)나 참고 문헌 [47]의 글 'Constrained Inverse Kinematics(Jason Weber)'를 읽어 보기 바란다.

12.7.3 랙 돌

캐릭터가 죽거나 정신을 잃으면 전신이 축 늘어진다. 이 경우는 몸이 주변 환경에 물리적으로 적절하게 영향을 받아야 자연스러워 보인다. 이렇게 하기 위해서 '랙 돌$^{rag doll}$(봉제인형)'이라는 것을 사용한다. 랙 돌은 물리적으로 시뮬레이션되는 강체들의 집합으로, 각 강체는 팔꿈치 양쪽의 팔이나 허벅지 뼈 같은 캐릭터의 각 부분을 나타낸다. 강체들은 캐릭터의 관절에 의해 다른 강체들과 연결되고 '생명이 없는' 몸의 움직임을 표현한다. 강체의 위치와 방향은 물리 시스템에 의해 결정되는데, 이에 따라 원 캐릭터의 주요 관절들의 위치와 방향을 바꾸게 된다. 물리 시스템에서 처리된 데이터는 대개 후처리 과정에서 뼈대로 전달된다.

랙 돌에 사용되는 물리를 이해하려면 먼저 충돌과 물리 시스템이 어떻게 움직이는지 알아야 한다. 랙 돌은 13.4.8.7절과 13.5.3.8절에서 더 자세히 살펴본다.

12.8 압축 기법

애니메이션 데이터를 저장하려면 엄청난 공간이 필요하다. 관절 1개는 부동소수 10개가 될 수도 있다(평행 이동에 3개, 회전 변환에 4개, 스케일 변환에 최대 3개). 각 채널은 4바이트 부동소수라고 가정하면 초당 30프레임으로 샘플된 1초 길이의 클립의 경우 4바이트 10채널 × 30샘플/초 = 1,200바이트, 즉 11.17kiB 정도가 각 관절마다 필요하다. 뼈대의 관절이 100개일 때(요즘 추세로 볼 때 적은 수다) 압축하지 않은 애니메이션 클립의 경우 1초당 모든 관절을 합치면 117kiB를 차지한다. 게임이 1,000초의 애니메이션(역시 오늘날 게임 기준에서는 길지 않은 수치다)을 갖고 있다면 전체 데이터는 114.4MiB라는 어마어마한 크기가 된다. 플레이스테이션 3의 주메모리가 256MiB이고 비디오 메모리도 256MiB인 점을 감안하면 과도하게 크다고 볼 수 있다. PS4의 메모리가 8GiB이긴 하지만 불필요하게 메모리를 낭비하기보다는 수를 늘려 풍부한 애니메이션을 갖는 것이 더 나을 것이다. 따라서 저장 공간은 최소한으로 줄이고 섬세하면서도 다양한 캐릭터의 움직임을 구현하고자 게임 엔지니어들은 애니메이션 데이터를 압축하는 데 많은 공을 들인다.

12.8.1 채널 생략

애니메이션 클립의 크기를 줄이는 가장 단순한 방법은 쓸데없는 채널을 생략하는 것이다. 대부분의 캐릭터는 불균등 스케일을 사용할 필요가 없기 때문에 스케일 채널은 3개가 아니라 1개로 줄일 수 있다. 어떤 게임에서는 얼굴 관절을 제외하고는 스케일 채널을 전부 빼버리는 경우도 있다. 사람 캐릭터의 뼈들은 단단해서 늘어질 수 없기 때문에 루트 관절이나 얼굴 관절, 때로는 쇄골뼈 관절을 제외하고는 평행 이동도 생략할 수 있다. 마지막으로 사원수는 언제나 정규화되기 때문에 사원수의 성분 3개(예, x, y, z)만 저장하고 마지막 성분은 런타임에 계산할 수 있다.

여기에 더해 애니메이션 전체 재생 시간 동안 포즈가 전혀 변하지 않는 관절의 채널은 시작할 때 시각 $t = 0$에만 저장하고 한 비트 값으로 모든 시간 t 동안 변하지 않는다는 것을 표시해 주면 된다.

채널 생략을 이용하면 애니메이션 클립의 크기를 상당히 줄일 수 있다. 관절이 100개일 때 스케일과 평행 이동이 없는 캐릭터는 303개의 채널만 있으면 된다. 각 관절마다 사원수에 3채널과 루트 관절의 평행 이동이 필요하다. 100개의 관절에 모두 10채널을 사용할 경우 1,000채널이 필요한 것과 비교해 보면 매우 큰 차이다.

12.8.2 양자화

애니메이션의 크기를 줄이는 또 다른 방법에는 각 채널의 크기를 줄이는 방법이 있다. 부동소수는 대개 32비트 IEEE 형식이다. 23비트 정확도의 가수와 8비트 지수로 돼 있다. 하지만 애니메이션 클립에서는 보통 이 정도의 정확도는 필요 없다. 사원수를 저장할 경우 채널의 값은 [−1, 1] 범위로 한정된다. 크기가 1일 때 32비트 IEEE 부동소수의 지수는 0이고, 23비트 정확도의 가수는 소수점 일곱째 자리까지 표현할 수 있다. 경험적으로 보면 사원수를 인코딩할 때는 16비트만 갖고도 문제가 없기 때문에 32비트 부동소수를 사용할 경우 채널마다 16비트를 낭비하고 있는 셈이다.

32비트 IEEE 부동소수를 n비트의 정수로 바꿔 표현하는 과정을 '양자화^{quantization}'라고 한다. 이 안에는 두 가지 연산이 포함돼 있다. '인코딩'은 원래의 부동소수 값을 양자화된 정수 형태로 바꾸는 과정이다. 디코딩은 이로부터 다시 원래의 부동소수에 근사한 값을 만드는 과정이다(원래 데이터의 근사 값이란 점에 유의하자. 값을 표현하는 정밀도를 떨어뜨리기 때문에 양자화는 손실 압축이다).

부동소수를 정수로 인코딩하려면 우선 값의 범위를 N개의 균등한 구간으로 나눈다. 그런 다음 부동소수 값이 어느 구간에 속하는지 찾아내고 이 구간의 번호를 '정수 인덱스'로 나타낸다. 양자화된 값을 디코딩하려면 정수 인덱스를 부동소수 형식으로 바꾸고 이것을 시프트 연산 후 스케일해서 원래 값이 위치한 구간을 얻는다. 여기서 N 값은 바꾸고자 하는 n비트 정수의 표현 범위와 일치하게 선택한다. 예를 들어 32비트 부동소수 값을 16비트 정수로 바꾼다면 N = 2^{16} = 65,536이다.

『게임 디벨로퍼 매거진$^{Game\ Developer\ Magazine}$』의 'Inner Product' 칼럼에는 부동소수 스칼라 양자화에 대한 조너선 블로우$^{Jonathan\ Blow}$의 훌륭한 글(https://bit.ly/2J92oiU)이 실려 있다. 이 글은 인코딩할 때 부동소수 값의 적절한 구간을 찾는 두 가지 방법을 소개한다. 첫 번째 방법은 부동소수 값을 구간의 낮은 값으로 버림^{truncate}하는 방법이고(T 인코딩), 두 번째 방법은 구간의 중간 값으로 맞추는^{round} 방법이다(R 인코딩). 마찬가지로 부동소수 값을 재구성^{reconstruct}하는 방법도 두 가지가 있다. 간격의 왼쪽 값(작은 값)을 사용하거나(L 재구성), 간격의 중간 값을 사용하는(C 재구성) 방법이 있다. 이 방법들을 조합하면 네 가지 인코딩/디코딩 방법을 만들 수 있다. TL, TC, RL, RC. 이 중에 TL과 RC는 값이 균등하지 않게 되는 문제가 있어 일부 애플리케이션에서는 큰 문제가 생길 수 있기 때문에 사용을 피해야 한다. TC는 대역폭 측면에서는 가장 효율적인 장점이 있지만 치명적인 약점이 있다. 바로 0을 정확히 나타낼 방법이 없다는 점이다(0.0f를 인코딩한 후 디코딩하면 아주 작은 양수 값이 된다). 그렇기 때문에 남은 RL이 대개는 최선의 선택이며, 여기서는 이 방법을 알아보자.

원 글에서는 양의 부동소수 값의 양자화만 다루지만, 예제에서는 간단한 설명을 위해 입력 범위를 [0, 1]로 제한했다. 하지만 어떤 부동소수라도 시프트 연산과 스케일을 통해 손쉽게 [0, 1] 사이에 오게 만들 수 있다. 예를 들면 범위가 [-1, 1]이라면 값에 1을 더하고 2로 나누면 [0, 1] 사이의 값으로 바뀐다.

다음에 나오는 함수들은 조너선 블로우의 RL 방식에 따라 [0, 1] 사이의 부동소수 값을 n비트 정수로 인코딩하고 디코딩한다. 양자화된 값은 언제나 32비트 부호 없는 정수(U32)로 리턴되지만 함수 인자 nBits로 지정된 낮은 n비트의 값만 유효하다. 즉 nBits==16을 넘겼다면 결과를 U16으로 바꿔도 문제없다.

```
U32 CompressUnitFloatRL(F32 unitFloat, U32 nBits)
{
    // 입력으로 받은 비트 수로 간격의 수를 계산한다.
    U32 nIntervals = 1u << nBits;

    // 입력 값을 범위 [0, 1]에서 [0, nIntervals - 1]로 스케일한다.
    // 간격에서 1을 빼는 이유는 최대 출력 값도 범위 안에 표현하기 위해서다.
    F32 scaled = unitFloat * (F32)(nIntervals - 1u);

    // 이제 가장 가까운 간격의 중심 값으로 맞춘다.
    // 이렇게 하려면 0.5f 를 더한 후 간격의 낮은 값을 가져온다(U32로 캐스트).
    U32 rounded = (U32)(scaled + 0.5f);

    // 입력 값이 잘못 들어왔을 경우에 대한 에러 처리
    if (rounded > nIntervals - 1u)
        rounded = nIntervals - 1u;

    return rounded;
}

F32 DecompressUnitFloatRL(U32 quantized, U32 nBits)
{
    // 입력으로 받은 비트 수로 간격의 수를 계산한다.
    U32 nIntervals = 1u << nBits;

    // 디코딩은 그냥 U32를 F32로 바꾼 후
    // 간격 크기로 스케일하면 된다.
    F32 intervalSize = 1.0f / (F32)(nIntervals - 1u);
    F32 approxUnitFloat = (F32)quantized * intervalSize;

    return approxUnitFloat;

}
```

범위가 [*min, max*]인 임의의 입력 값을 처리하려면 다음과 같은 함수를 사용한다.

```
U32 CompressFloatRL(F32 value, F32 min, F32 max, U32 nBits)
{
  F32 unitFloat = (value - min) / (max - min);
  U32 quantized = CompressUnitFloatRL(unitFloat,nBits);
  return quantized;
}

F32 DecompressFloatRL(U32 quantized, F32 min, F32 max, U32 nBits)
{
  F32 unitFloat = DecompressUnitFloatRL(quantized,nBits);
  F32 value = min + (unitFloat * (max - min));
  return value;
}
```

이제 애니메이션 채널 압축으로 돌아가자. 사원수의 네 성분을 16비트로 압축하고 다시 복원하려면 $min = -1$, $max = 1$, $n = 16$으로 해서 CompressFloatRL( )과 DecompressFloatRL( ) 함수를 사용하기만 하면 된다.

```
inline U16 CompressRotationChannel(F32 qx)
{
  return (U16)CompressFloatRL(qx, -1.0f, 1.0f, 16u);
}

inline F32 DecompressRotationChannel(U16 qx)
{
  return DecompressFloatRL((U32)qx, -1.0f, 1.0f, 16u);
}
```

평행 이동 채널 압축은 회전 변환보다 좀 더 까다로운데, 사원수 채널과는 달리 평행 이동 채널의 범위는 이론적으로는 무제한이기 때문이다. 다행스럽게도 캐릭터의 관절들은 실제로는 그다지 많이 움직이지 않기 때문에 적당한 움직임 범위를 정한 후 이 범위를 벗어나는 평행 이동을 하는 애니메이션이 보이면 에러 표시를 하면 된다. 인게임 시네마틱[IGC]은 여기에서 예외로 처리해야 하는데, IGC가 월드 공간에서 재생된다면 캐릭터의 루트 관절의 평행 이동 값은 매우 커질 수 있기 때문이다. 이 문제를 해결하려면 각 클립에서의 최대 평행 이동 값에 따라 올바른 평행 이동의 범위를 애니메이션 또는 관절마다 정할 수 있다. 이 범위는 애니메이션이나 관절마다 다를 수 있기 때문에 클립을 압축할 때 범위도 함께 저장해야 한다. 이렇게 하면 애니메이션 클립마다 소량의 데이터를 더해야 하지만, 그에 따른 부작용은 거의 없는 편이다.

```
// 여기선 2미터를 최대 범위로 한다. 상황에 맞게 값을 정하면 된다.
F32 MAX_TRANSLATION = 2.0f;

inline U16 CompressTranslationChannel(F32 vx)
{
  // 올바른 범위로 값을 조정한다.
  if (vx < -MAX_TRANSLATION)
      vx = -MAX_TRANSLATION;
  if (vx > MAX_TRANSLATION)
      vx = MAX_TRANSLATION;

  return (U16)CompressFloatRL(vx, -MAX_TRANSLATION, MAX_TRANSLATION, 16);
}

inline F32 DecompressTranslationChannel(U16 vx)
{
  return DecompressFloatRL((U32)vx, -MAX_TRANSLATION, MAX_TRANSLATION, 16);
}
```

12.8.3 샘플링 주기와 키 생략

애니메이션 데이터가 커지는 데는 크게 세 가지 이유가 있다. 첫째, 각 관절은 최대 10개의 부동소수 채널로 이뤄진다. 둘째, 뼈대에는 엄청나게 많은 관절이 있다(사람형 캐릭터의 경우 PS3이나 엑스박스 360에서 250개 이상, PS4나 엑스박스 원 게임에서는 800개 이상). 셋째, 캐릭터 포즈는 높은 빈도로 샘플링되는 경우가 많다(예. 초당 30프레임). 지금까지 첫 번째 문제를 공략하는 방법을 알아봤다. 하지만 높은 품질이 필요한 캐릭터에서 관절 개수를 줄이기는 사실상 불가능하기 때문에 두 번째 문제는 해결이 어렵다. 세 번째 문제를 공략하려면 두 가지 방법이 있다.

● **전체의 샘플링 빈도를 낮춘다.** 일부 애니메이션의 경우 초당 15프레임 정도로 만들어도 괜찮아 보일 수 있는데, 이 경우 애니메이션 데이터를 절반으로 줄일 수 있다.

- **샘플을 선택적으로 생략한다.** 클립에서 일정 시간 동안 채널 데이터가 단순히 증가하거나 감소하는 선형적 변화를 보인다면 이 시간 동안의 샘플은 끝점들만 제외하고는 모두 생략할 수 있다. 재생할 때는 실시간으로 선형 보간하면 생략된 샘플들을 복원할 수 있다.

두 번째 기법은 약간 복잡할 뿐만 아니라 각 샘플에 시간 정보를 기록해야 한다. 시간 정보를 추가하면 애초에 샘플을 생략해 얻는 이점이 퇴색할 수도 있다. 그럼에도 이 기법을 성공적으로 사용한 게임 엔진들이 실제로 있다.

12.8.4 커브 기반 압축

내가 지금까지 다뤄 본 애니메이션 API 중 가장 강력하면서 사용하기 쉽고 섬세하게 설계된 것은 래드 게임 툴스의 그래니^{Granny}였다. 애니메이션을 일정 시간 간격마다 주기적으로 샘플링하는 방법이 아니라 각 관절의 S, Q, T 채널들의 움직임을 n차원 불균등^{nonuniform}, 비유리^{nonrational} B 스플라인$^{B\text{-}spline}$의 집합으로 기록한다. B 스플라인을 사용하면 복잡한 곡선으로 된 채널들을 몇 개의 데이터 지점만 갖고도 인코딩할 수 있다.

애니메이션을 만들 때는 주기적으로 관절 포즈들을 샘플링한다는 점만 놓고 보면 그래니는 기존의 방식과 별 차이가 없다. 하지만 그 후 미리 지정된 오차 범위 안에서 샘플링한 데이터들에 맞는 B 스플라인들을 찾는다. 이 과정을 거치고 난 결과물은 일반적으로 사용되는 주기적 샘플링 후 선형 보간을 사용하는 방식보다 훨씬 적은 저장 공간을 차지한다. 그림 12.46에 이 과정이 나와 있다.

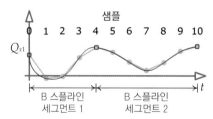

그림 12.46 애니메이션 채널 데이터에 B 스플라인을 적용해 데이터를 압축하는 방법

12.8.5 웨이블릿 압축

애니메이션 데이터 압축 방식 중에는 신호 처리 이론을 사용하는 것이 있는데, 웨이블릿 압축$^{wavelet\ compression}$이라는 기법을 사용한다. 웨이블릿이란 그 진폭이 파동처럼 진동하지만 그 기

간이 매우 짧은 함수로 마치 잠깐 동안의 물결과 같다. 신호 처리에서는 웨이블릿 함수를 세밀히 조정해 원하는 특성을 갖도록 만든다.

웨이블릿 압축에서는 애니메이션 곡선을 분해해 정규 직교 웨이블릿의 합으로 만드는데, 이는 임의의 신호를 일련의 델타 함수 또는 사인파의 합으로 나타내는 것과 같다. 신호 처리와 선형 시불변linear time-invariant 시스템에 대해서는 14.2절에서 자세히 다룬다. 이 내용은 웨이블릿 압축을 이해하는 데 필요한 기반 지식이다. 웨이블릿 기반 압축 기법을 더 이야기하는 것은 이 책의 범위를 벗어나는 일인데, 깊은 내용은 쉽게 검색할 수 있다. 입문 지식을 검색하려면 'wavelet'을 찾아 보고, 그 후 'Animation Compression: Signal Processing'을 니콜라스 프레쳇Nicholas Frechette의 블로그에서 찾아보면 Thief(2014, Eidos Montreal)에 구현된 웨이블릿 압축에 대한 훌륭한 문서를 읽을 수 있다.

12.8.6 선택적 로딩과 스트리밍

메모리를 가장 적게 차지하는 애니메이션 클립은 메모리에 없는 애니메이션이다. 대부분의 게임에서 모든 애니메이션이 동시에 메모리에 올라와 있을 필요는 없다. 특정한 클래스의 캐릭터에만 쓰이는 애니메이션이라면 그런 캐릭터가 나올 일 없는 곳에서는 아예 로딩하지 않아도 된다. 어떤 클립은 게임에서 그냥 지나가는 장면에만 쓰이는 것들도 있다. 이런 것들은 필요한 순간에만 로딩하거나 스트리밍하면 되고, 쓰고 난 후에는 바로 메모리에서 내려도 된다.

핵심적인 애니메이션들을 게임이 시작할 때 메모리에 올려서 끝날 때까지 갖고 있는 점은 거의 모든 게임에서 동일하다. 이런 핵심 애니메이션에는 플레이어 캐릭터의 중요한 움직임과 무기나 아이템처럼 게임에서 계속해 등장하는 물체의 애니메이션들이 있다. 이외의 것들은 대개 필요할 때만 로딩한다. 애니메이션 클립을 개별적으로 로딩하는 게임 엔진도 있고 한꺼번에 같이 로딩하고 내릴 수 있는 논리적인 단위로 묶는 게임 엔진도 많다.

12.9 애니메이션 파이프라인

낮은 레벨의 애니메이션 엔진은 입력(애니메이션 클립들과 블렌딩에 필요한 데이터)을 출력(로컬 포즈, 글로벌 포즈, 렌더링에 쓰일 행렬 팔레트)으로 가공하는 파이프라인으로 이뤄진다.

게임에서 애니메이션하는 각 캐릭터와 물체에 대해 하나 이상의 애니메이션 클립과 필요한 블렌드 인자들이 애니메이션 파이프라인의 입력으로 들어가고 이것들이 블렌드된 후, 하나의 로컬 뼈대 포즈가 출력으로 나온다. 또한 렌더링 엔진에서 사용할 수 있게 뼈대의 글로벌 포즈와 스키닝 행렬 팔레트도 계산된다. 보통 후처리$^{post-process}$를 할 수 있는 시점도 지원돼 최종 글로벌 포즈와 행렬 팔레트 생성 이전에 로컬 포즈를 조정할 수 있게 한다. 이곳에서 역운동학^{IK}, 랙돌 물리, 기타 절차적 애니메이션이 뼈대에 적용된다. 파이프라인의 단계들은 다음과 같다.

1. **클립 압축 해제와 포즈 추출** 이 단계는 각 클립의 데이터를 압축 해제하고 주어진 시각에 정지된 포즈를 가져온다. 이 단계의 출력은 각 입력 클립에서 뼈대의 로컬 포즈다. 이 포즈는 뼈대에 있는 모든 관절의 정보일 수도 있고(풀 바디 포즈), 아니면 일부 관절의 정보만 갖고 있거나(부분 포즈) 더하기 블렌딩에 쓰일 '차이 포즈'일 수도 있다.

2. **포즈 블렌딩** 이 단계에서는 입력으로 주어진 포즈들을 합치는데, 풀 바디$^{full-body}$ LERP 블렌딩이나 부분 LERP 블렌딩을 사용하고, 여기에 더하거나 별도로 더하기 블렌딩을 사용할 수도 있다. 이 단계의 출력은 뼈대에 있는 모든 관절의 로컬 포즈 한 벌이다. 물론 이 단계는 2개 이상의 클립을 블렌딩할 때만 의미가 있고 그렇지 않은 경우 1단계의 출력이 그대로 통과한다.

3. **글로벌 포즈 생성** 이 단계에서는 뼈대의 계층 구조를 따라 로컬 관절 포즈들이 합쳐져 뼈대의 글로벌 포즈를 만든다.

4. **후처리** 이 단계는 선택적인데, 뼈대의 최종 포즈를 확정하기 전에 로컬 포즈나 글로벌 포즈를 수정하는 단계다. 후처리에는 역운동학^{IK}, 랙 돌 물리나 기타 절차적 애니메이션 등이 사용된다.

5. **글로벌 포즈 재계산** 여러 후처리 기법은 글로벌 포즈를 입력으로 받아 다시 로컬 포즈를 출력으로 내놓는다. 이런 후처리 과정 후에는 수정된 로컬 포즈로 다시 글로벌 포즈를 계산해야 한다. 당연한 말이지만 글로벌 포즈가 필요 없는 후처리는 단계 2와 3 사이에서 처리하면 글로벌 포즈를 다시 계산할 필요가 없다.

6. **행렬 팔레트 생성** 글로벌 포즈가 최종 확정되면 각 관절의 글로벌 포즈 행렬을 바인드 포즈의 역행렬과 곱한다. 이 단계의 출력은 렌더링 엔진에서 쓰일 스키닝 행렬 팔레트다.

일반적인 애니메이션 파이프라인을 그림 12.47에서 볼 수 있다.

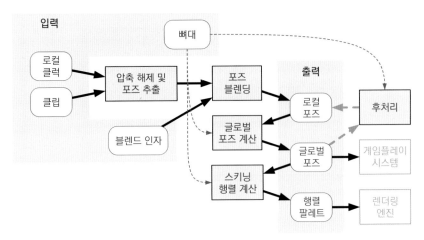

그림 12.47 일반적인 애니메이션 파이프라인

12.10 액션 상태 기계

게임 캐릭터의 행동(서 있기, 걷기, 뛰기, 점프 등)은 유한 상태 기계finite state machine를 이용해 표현하는 것이 가장 나은데, 이것을 보통 '액션 상태 기계ASM, Action State Machine'이라고 부른다. ASM은 애니메이션 파이프라인 바로 위에 위치하고 좀 더 높은 차원에 있는 대부분의 게임 코드가 상태 기반으로 애니메이션을 조작할 수 있는 인터페이스를 제공한다.

ASM의 각 상태는 여러 애니메이션 클립들이 동시에 복잡하게 블렌딩되는 임의의 상태다. 어떤 것은 굉장히 단순할 수 있다. 예를 들어 '가만히 있기idle' 상태는 1개의 전신 애니메이션이면 충분하다. 어떤 상태는 좀 더 복잡하다. '달리기' 상태는 반원형 블렌드로 왼쪽 이동, 전방 이동, 오른쪽 이동이 각각 −90도, 0도, +90도가 되도록 구현할 수 있다. '총 쏘면서 달리기' 상태에서는 반원형 방향 블렌드를 기본으로 더하기 블렌드 또는 부분 뼈대 블렌드 노드를 통해 상하좌우 무기 조준을 구현할 수 있으며, 별도의 블렌드로 눈과 머리, 어깨 등을 움직여 시선 처리를 더할 수도 있다. 더하기 애니메이션을 좀 더 활용하면 캐릭터의 전체적인 자세, 걸음 걸이, 보폭 등을 조정하거나 임의의 움직임 변화를 통해 더 '사람다운 움직임'을 구현할 수도 있다.

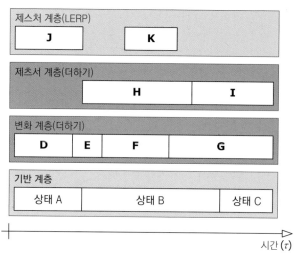

그림 12.48 계층 구조 애니메이션 상태 기계. 각 계층은 시간적으로 독립돼 있음을 알 수 있다. 여기에서 기반 계층은 캐릭터의 전신 상태와 움직임을 나타낸다. 변화 계층은 더하기 클립을 더함으로써 캐릭터 포즈에 변화를 준다. 마지막으로 2개의 제스처 계층은 각각 더하기 또는 부분 블렌드인데, 캐릭터가 월드상의 물체를 조준하거나 바라보게 할 수 있다.

캐릭터의 ASM은 상태 간 전환을 부드럽게 하는 역할도 맡는다. 상태 A에서 상태 B로 전환되는 동안 두 상태의 최종 결과 포즈들을 크로스 페이드^{cross-fade}해서 블렌딩하는 것이 보통이다.

대부분의 고품질 애니메이션 엔진은 캐릭터의 부위마다 완전히 다르거나 독립적 또는 반독립적인 행동을 동시에 처리할 수 있게 지원한다. 캐릭터는 달리면서 팔로는 조준과 사격을 하고 얼굴로는 말을 할 수 있다. 몸의 각 부분 움직임이 완전히 조화롭지는 않다. 특정 부위의 움직임이 다른 부위의 움직임을 이끄는 경우가 있다(예를 들면 머리가 회전을 시작하면 어깨와 골반이 따라 가며 마지막으로 다리가 따라 간다). 전통적인 애니메이션에서 이것은 예측^{anticipation}[51]이라는 잘 알려진 현상이다. 이 같은 복잡한 움직임은 여러 독립된 상태 기계가 한 캐릭터의 움직임을 조정하도록 해서 구현할 수 있다. 보통 각 상태 기계는 그림 12.48과 같이 별도의 상태 계층^{state layer}에 위치한다. 각 계층의 결과 포즈들은 블렌딩을 통해 최종 포즈로 합쳐진다.

이 모든 내용을 종합해 보면 알 수 있는 것은 캐릭터 뼈대의 최종 포즈는 여러 애니메이션 클립이 관여한 결과물이라는 점이다. 따라서 캐릭터마다 현재 재생 중인 클립들을 관리하며 이것들이 정확히 어떻게 최종 포즈에 블렌딩되는지를 나타낼 방법이 필요하다. 크게 봐서 다음의 두 방법이 있다.

1. **단순 가중 평균**^{flat weighted average} 이 방식은 간단히 최종 포즈에 영향을 주는 모든 모든 애니메이션 리스트를 관리하며 각 클립마다 1개의 블렌드 가중치를 할당한다. 최종 포즈는 모든 애니메이션을 단순 가중 평균한 것으로 블렌딩해 얻는다.
2. **블렌드 트리**^{blend tree} 이 방식에서는 기여하는 클립들이 트리의 말단^{leaf} 노드로 표현된다. 트리의 중간 노드들은 클립들에 적용하는 여러 가지 블렌드 동작들을 나타낸다. 여러 블렌드 동작을 조합해 액션 상태를 구성한다. 별도의 블렌드 노드를 사용해 일시적 크로스 페이드를 구현해 낸다. 또한 계층적인 ASM에서는 각 계층의 액션 상태에서 나오는 결과 포즈들을 블렌딩한다. 최종 포즈는 이렇게 복잡한 블렌드 트리의 꼭대기^{root}에서 얻어진다.

12.10.1 단순 가중 평균 방식

단순 가중 평균^{flat weighted average} 방식에서는 현재 캐릭터에서 재생 중인 모든 애니메이션 클립에 블렌드 가중치를 부여해 최종 포즈에 얼마나 기여하는지를 나타낸다. 모든 활성 상태 애니메이션 클립들(즉 가중치가 0이 아닌 모든 클립)의 리스트를 유지한다. 뼈대의 최종 포즈를 계산하려면 N개의 활성 클립들 각각에서 해당 시간 인덱스에 해당하는 포즈를 추출한다. 그런 후 뼈대의 모든 관절마다 N개 클립에서 뽑아낸 위치 이동 벡터, 회전 사원수, 스케일 값의 단순한 가중 평균을 계산한다. 그 결과 최종 포즈가 나온다.

N개의 벡터 $\{v_i\}$의 가중 평균을 구하는 식은 다음과 같다.

$$\mathbf{v}_{\text{avg}} = \frac{\displaystyle\sum_{i=0}^{N-1} w_i \mathbf{v}_i}{\displaystyle\sum_{i=0}^{N-1} w_i}$$

가중치가 '정규화^{normalize}'된 상태, 즉 가중치의 합이 1이라면 이 식은 다음처럼 간단하게 쓸 수 있다.

$$\mathbf{v}_{\text{avg}} = \sum_{i=0}^{N-1} w_i \mathbf{v}_i, \qquad \text{when } \sum_{i=0}^{N-1} w_i = 1$$

$N = 2$인 경우에는 $w_0 = (1 - \beta)$, $w_1 = \beta$이므로 가중 평균은 익히 잘 알고 있는 벡터 2개의 선형 보간^{LERP}이 된다.

$$\mathbf{v}_{\text{avg}} = w_0 \mathbf{v}_A + w_1 \mathbf{v}_B$$
$$= (1 - \beta)\,\mathbf{v}_A + \beta \mathbf{v}_B$$
$$= \text{LERP}\,[\mathbf{v}_A, \mathbf{v}_B, \beta]$$

위의 가중 평균을 구하는 식은 사원수에도 마찬가지로 적용할 수 있는데, 성분이 4개인 벡터로 취급하면 된다.

12.10.1.1 구현 예: 오거

오거^{ORGE}는 정확히 지금껏 설명한 대로 동작한다. Ogre::Entitiy는 하나의 3D 메시 인스턴스(즉 게임 월드를 돌아다니는 캐릭터 하나)를 나타낸다. Entity에는 Ogre:: AnimationStateSet라는 객체가 있고, 이것은 다시 활성 애니메이션 1개를 나타내는 Ogre::AnimationState 객체의 리스트를 갖는다. Ogre::AnimationState의 간략한 내용은 다음 코드에 나와 있다(이해를 돕고자 별 관련 없는 코드는 제거했다).

```
/** 애니메이션 클립 하나의 상태를 나타내며
       캐릭터의 최종 포즈에 얼마나 영향을 미치는지 가중치를 갖고 있다.
*/
class AnimationState
{
protected:
  String          mAnimationName;   // 애니메이션 클립을 가리킴
  Real            mTimePos;         // 로컬 클럭
  Real            mWeight;          // 가중치
  bool            mEnabled;         // 활성화된 애니메이션인가?
  bool            mLoop;            // 반복 재생하는 애니메이션인가?

public:
  /// API 함수들...
};
```

각 AnimationState는 한 애니메이션 클립의 로컬 클럭과 가중치를 기록한다. 어떤 Ogre::Entity의 뼈대의 최종 포즈를 계산하기 위해 오거 애니메이션 시스템은 먼저 AnimationStateSet에

서 활성화된 AnimationState를 돌면서 설정된 시각 값에 따라 뼈대 포즈를 만든다. 뼈대의 관절마다 N개의 평행 이동 벡터, 회전 사원수, 스케일 계수를 모아 가중 평균을 내고 뼈대의 최종 포즈를 얻는다.

오거 엔진에는 재생률(R) 개념이 없다는 점을 주의 깊게 볼 필요가 있다. 재생률 개념이 있었다면 Ogre::AnimationState 클래스에는 다음과 같은 멤버가 있었을 거다.

```
Real    mPlaybackRate;
```

물론 addTime( )에 전달되는 시간 값을 조정해 애니메이션을 느리거나 빠르게 만들 수 있기는 하지만, 오거 엔진은 애니메이션 재생률 개념을 직접 지원하지는 않는다.

12.10.1.2 구현 예: 그래니

래드 게임 툴스의 그래니^{Granny}(http://www.radgametools.com/granny.html)는 오거 엔진과 비슷한 방식의 단순 가중 평균 애니메이션 블렌딩을 지원한다. 그래니에서는 한 캐릭터에서 동시에 재생할 수 있는 애니메이션 수에 제한이 없다. 활성화된 애니메이션의 상태는 granny_control이라는 자료 구조를 통해 관리한다. 자동으로 정규화된 각 클립의 가중치로 가중 평균을 내 최종 포즈를 계산한다. 이것만 보면 오거 엔진의 애니메이션 시스템과 거의 똑같다고 할 수 있다. 하지만 그래니의 진정한 장점은 시간을 처리하는 방식에 있다. 그래니는 12.4.3절에서 언급한 글로벌 클럭 방식을 사용한다. 클립들을 원하는 횟수만큼 재생하거나 아니면 무한히 재생할 수도 있다. 클립의 재생률도 조정할 수 있다. 재생률이 음수인 경우는 거꾸로 재생된다.

12.10.1.3 단순 가중 평균 방식을 이용한 크로스 페이딩

단순 가중 평균 방식을 사용하는 애니메이션 엔진은 클립들의 가중치를 조정하는 식으로 크로스 페이딩을 구현한다. 가중치 w_i = 0인 클립은 캐릭터의 현재 포즈에 전혀 영향을 미치지 않고, 0이 아닌 클립들을 합쳐 평균 낸 후 최종 포즈를 만든다고 앞서 살펴봤다. 클립 A에서 클립 B로 부드럽게 전환되게 하려면 단순히 클립 B의 가중치 w_B를 서서히 올리면서 클립 A의 가중치 w_A를 서서히 내리면 된다. 그림 12.49에 이 개념이 설명돼 있다.

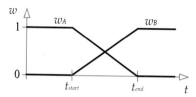

그림 12.49 가중 평균 방식을 사용해 클립 A와 클립 B 간의 단순한 크로스 페이딩을 구현한 예

하지만 가중 평균 방식을 사용하게 되면 복잡한 애니메이션 블렌딩 간 전환할 때 약간 까다롭다. 예를 들어 캐릭터가 걷는 애니메이션에서 점프하는 애니메이션으로 전환하는 경우를 살펴보자. 걷기는 세 클립 A, B, C의 가중 평균으로 이뤄지고, 점프는 클립 D와 E의 가중 평균으로 이뤄진다고 하자.

걷기와 점프 애니메이션 각각은 제대로 보이지만 그 사이의 전환을 부드럽게 보여야 한다. 즉 전환이 일어나는 동안 ABC 클립들은 가중치를 낮추면서 DE 클립들은 가중치를 높이되, 각 그룹 내에의 가중치 '비율'은 일정하게 유지하는 것이다. 크로스 페이딩에 사용될 블렌딩 계수를 λ라 하면 각 클립 그룹(즉 ABC 그룹과 DE 그룹) 안의 가중치는 원하는 대로 두고, 그 후 ABC 그룹에는 $(1 - \lambda)$을 곱하고 DE 그룹에는 λ를 곱하기만 하면 이 조건을 충족할 수 있다.

좀 더 구체적인 예를 통해 정말로 이 방식이 바르게 동작하는지 알아보자. ABC에서 DE로 전환하는 데, 전환 전의 가중치는 $w_A = 0.2$, $w_B = 0.3$, $w_C = 0.5$라고 하자. 전환 후의 가중치는 $w_D = 0.33$, $w_E = 0.66$이라 하자. 따라서 전환하는 동안의 가중치는 다음처럼 두면 된다.

$$
\begin{aligned}
w_A &= (1 - \lambda)(0.2), & w_D &= \lambda(0.33), \\
w_B &= (1 - \lambda)(0.3), & w_E &= \lambda(0.66) \\
w_C &= (1 - \lambda)(0.5),
\end{aligned}
\tag{12.20}
$$

식 (12.20)을 보고 다음과 같은 점들을 알 수 있다.

1. $\lambda = 0$인 경우 결과 포즈는 클립 D, E의 영향이 전혀 없는 클립 A, B, C 간의 올바른 블렌딩이다.

2. $\lambda = 1$인 경우 결과 포즈는 클립 A, B, C의 영향이 전혀 없는 클립 D, E 간의 올바른 블렌딩이다.

3. $0 < \lambda < 1$인 경우 ABC 그룹과 DE 그룹 내에서의 상대적인 가중치는 올바른 값이지만, 다만 합쳐서 1이 되지는 않는다(사실 ABC 그룹의 가중치는 더해서 $(1 - \lambda)$이고, DE 그룹은 λ이다).

이 방식이 제대로 동작하려면 애니메이션 클립들의 논리적인 그룹을 구분할 수 있게 구현해야 한다(로우레벨에서는 상태 구분 없이 모든 클립들을 하나의 큰 배열로 관리한다 해도 구현해야 한다. 예를 들면 오거 엔진의 `Ogre::AnimationStateSet`처럼). 앞에서 살펴본 예의 경우 시스템은 A, B, C가 한 그룹을 이루고 D와 E가 다른 그룹을 이루며 ABC 그룹에서 DE 그룹으로 전환한다는 사실을 반드시 '알고' 있어야 한다. 이렇게 하려면 클립의 상태를 나타내는 배열 외에 부가적인 정보를 더 갖고 있어야 한다.

12.10.2 블렌드 트리

캐릭터의 클립 상태를 단순 가중 평균이 아닌 블렌딩 동작 트리로 표현하는 애니메이션 엔진도 있다. 애니메이션 블렌드 트리는 컴파일러 이론에서 '식 트리$^{\text{expression tree}}$'나 '구문 트리$^{\text{syntax tree}}$'라고 부르는 개념의 한 예다. 여기서 트리의 중간 노드는 연산자가 되고, 말단 노드는 이런 연산자의 입력이 된다(더 정확히 말하자면 중간 노드들은 문법의 '비단말$^{\text{non-terminal}}$'을 나타내고 말단 노드들은 '단말^{terminal}'을 나타낸다). 이제 12.6.3절과 12.6.5절에서 배웠던 애니메이션 블렌딩에 대해 다시 한번 간략히 살펴보고, 이것들이 어떻게 식 트리$^{\text{expression tree}}$로 표현되는지 살펴보자.

12.10.2.1 이진 LERP 트리

이진 선형 보간^{LERP} 블렌딩은 입력 포즈 2개를 받아 블렌딩한 후 출력 포즈 하나를 내놓는다. 블렌딩 가중치 β는 두 번째 입력 포즈가 출력 포즈에 반영될 비율을 결정하고, $(1-\beta)$는 첫 번째 입력 포즈의 비율을 결정한다. 그림 12.50처럼 이진 식 트리로 표현할 수 있다.

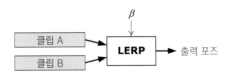

그림 12.50 이진 식 트리로 나타낸 이진 LERP 블렌딩

12.10.2.2 일반 1차원 블렌드 트리

12.6.3.1절에서는 임의의 개수의 클립을 직선 공간에 늘어놓고 1차원 LERP 블렌딩 개념을 적용하면 편리하다는 점을 봤었다. 블렌딩 계수 b는 이 직선 공간의 어느 지점에서 블렌딩할지

를 나타낸다. 이런 형태의 블렌딩은 그림 12.51처럼 n개의 입력을 받는 연산자로 나타낼 수 있다.

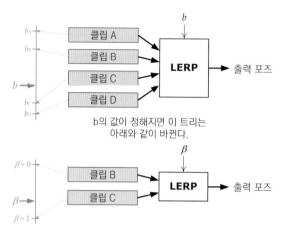

그림 12.51 일반 1차원 블렌딩을 표현하는 데 다중 입력 식 트리를 사용할 수 있다. 이런 트리는 블렌딩 계수 b가 정해지면 항상 이진 식 트리가 된다.

b 값이 정해지면 1차원 블렌딩은 항상 이진 LERP 블렌딩이 된다. b에 인접한 두 클립을 이진 블렌딩의 입력으로 삼고 블렌딩 가중치 β는 식 (12.15)에 따라 계산하면 된다.

12.10.2.3 2차원 LERP 블렌드 트리

12.6.3.2절에서는 2차원 LERP 블렌딩을 계산하는 데 2개의 이진 LERP 블렌딩의 결과들을 다시 이진 LERP 블렌딩으로 구하는 것을 배웠다. 그림 12.52에는 2차원 블렌딩 계수 b = $[b_x\ b_y]$가 주어졌을 때 2차원 블렌딩을 어떻게 트리 형태로 나타내는지를 보여 준다.

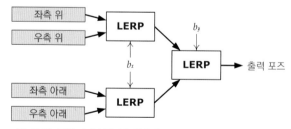

그림 12.52 겹친 이진 블렌딩을 활용해 구현한 단순 2차원 LERP 블렌딩

12.10.2.4 더하기 블렌드 트리

더하기 블렌딩^{Additive Blend}에 관해서는 12.6.5절에서 알아봤다. 더하기 블렌딩은 이진 연산이므로 그림 12.53에서 볼 수 있듯이 이진 트리 노드로 표현한다. 블렌딩 가중치 β는 차이 클립이 결과에 얼마나 영향을 미칠지를 지정한다. $\beta = 0$이면 차이 클립은 전혀 영향을 미치지 않고, $\beta = 1$이면 차이 클립이 온전히 결과에 영향을 미친다.

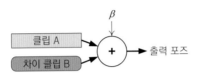

그림 12.53 이진 트리로 표현된 더하기 블렌딩

트리의 더하기 블렌딩 노드는 다른 대부분의 블렌딩 연산과 달리 입력 순서가 연산에 영향을 미치기 때문에 조심해서 다뤄야 한다. 입력 2개 중 1개는 평범한 일반 뼈대 포즈이고, 나머지 하나는 차이 포즈(또는 더하기 포즈)라 불리는 특수한 포즈다. 차이 포즈는 일반 포즈에만 적용될 수 있고 더하기 블렌딩 결과는 일반적인 포즈다. 이 말은 트리의 더하기 블렌딩 노드의 입력 중 일반 클립 입력은 말단 노드나 중간 노드일 모두 될 수 있지만, 차이 클립 입력은 항상 말단 노드여야 한다는 것을 의미한다. 캐릭터 하나에 더하기 블렌딩을 두 번 이상 하고 싶으면 그림 12.54처럼 차이 클립이 항상 올바른 위치에 가도록 이진 트리를 겹쳐 사용해야 한다.

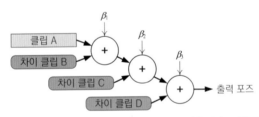

그림 12.54 일반적인 '기본' 포즈에 여러 차이 클립을 더해 더하기 블렌딩을 할 경우 이진 트리를 단계적으로 중첩해 써야만 한다.

12.10.2.5 계층적 블렌드 트리

앞서 12.10절에서 봤듯이 여러 독립된 상태 기계를 상태 계층^{state layer}으로 정리해 복잡한 캐릭터 움직임을 구현할 수 있다. 각 계층의 ASM에서 나온 출력 포즈들을 블렌딩해 최종 포즈를 만들어 낸다. 이것을 블렌드 트리로 구현한다고 할 때 결국 활성 상태들의 블렌드 트리를 합쳐 그림 12.55처럼 하나의 거대한 트리가 나오게 된다.

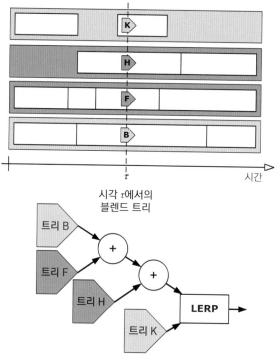

그림 12.55 계층적 상태 기계는 여러 상태의 블렌드 트리를 모아 하나의 합쳐진 트리로 만든다.

12.10.2.6 블렌드 트리 간의 크로스 페이드

ASM 계층 내의 캐릭터 상태가 변할 때 대개는 상태 간에 부드러운 크로스 페이드를 지원해야 한다. 식 트리 기반 ASM에서는 가중 평균 방식보다 더 직관적으로 크로스 페이드를 구현할 수 있다. 단일 클립끼리 전환하든 복합 블렌딩에서 다른 복합 블렌딩으로 전환하든 방식은 항상 똑같다. 크로스 페이딩이 일어나는 동안 임시 이진 LERP 노드를 사용해 각 상태의 트리 루트를 연결하면 된다.

먼저와 마찬가지로 크로스 페이딩 노드의 블렌딩 계수는 λ라고 하자. 이 트리 노드의 첫째 입력은 출발 상태의 블렌드 트리이고(단일 클립 또는 복합 블렌드), 둘째 입력은 도착 상태의 트리이다(마찬가지로 단일 클립 또는 복합 블렌드). 전환이 일어나는 동안 λ는 점차 0에서 1로 변한다. $\lambda = 1$이 되면 전환은 끝나고 크로스 페이드 노드와 첫째 입력 트리는 더 이상 필요 없다. 결과적으로 둘째 입력 트리만 남아서 해당 상태 계층에서 블렌드 트리의 루트가 되고 크로스 페이드는 끝난다. 이 과정이 그림 12.56에 나와 있다.

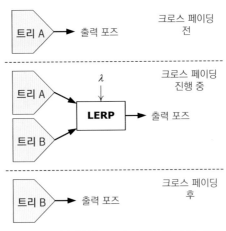

그림 12.56 임의의 블렌드 트리 A에서 B로 크로스 페이딩

12.10.3 상태와 블렌딩 트리 정의

주요 캐릭터의 애니메이션 시스템과 조정 시스템을 만들려면 애니메이터, 게임 디자이너, 프로그래머가 서로 협력해야 한다. 그러기 위해서는 캐릭터의 ASM을 이루는 상태를 지정하고, 블렌드 트리 구조를 배열하는 동시에 트리의 입력으로 사용될 클립들을 선택할 수 있는 방법이 필요하다. 상태와 블렌딩 트리를 하드 코딩할 수도 있지만 요즘의 게임 엔진은 거의 '데이터 기반data-driven' 방식으로 애니메이션 상태를 정의할 수 있다. 데이터 기반 방식의 목표는 작업자가 새로운 애니메이션 상태를 만들고, 필요 없는 상태를 제거하며, 이미 있는 상태들을 더 세밀하게 다듬는 등의 일을 하면서 그 결과를 빨리 확인하게 하는 것이다. 즉 데이터 기반 애니메이션 엔진의 주된 목표는 '빠른 반복 생산rapid iteration'이다.

임의의 복합 블렌드 트리를 구성하려면 최소한 네 가지 기본 타입 블렌드 노드만 있으면 된다. 즉 애니메이션 클립, 이진 LERP 블렌드, 이진 더하기 블렌드, 그리고 가능하면 삼항(삼각) LERP 블렌드다. 이 기본 노드들을 조합하면 가능한 모든 블렌드 트리를 만들 수 있다.

그러나 기본 노드들만 가지고 블렌드 트리를 만든다면 금세 비대해지고 난잡해진다. 그렇기 때문에 별도의 복잡한 노드 타입을 정의할 수 있게 해 편의성을 증대시키는 엔진들이 많다. 12.6.3.4절과 12.10.2.2절에서 봤던 N-차원 선형 블렌드 노드가 그 예다. 어떤 게임을 만드느냐에 따라 특정한 상황을 처리하기 위한 수많은 복합 블렌드 노드 타입이 생길 수 있다. 축구 게임에서는 캐릭터가 공을 드리블하는 노드를 만들 수 있다. 전쟁 게임에서는 무기 조준과 발사를 처리하는 특수 노드를 정의할 것이다. 격투(브롤러) 게임은 캐릭터의 격투 움직임을 처리하는 노드를 만들 수 있다. 일단 스스로 노드 타입을 정의할 수만 있다면 가능성은 무궁무진하다.

작업자가 애니메이션 상태 데이터를 만드는 방식은 다양하다. 애니메이션 상태를 텍스트 파일에 간단한 문법으로 정의하는 최소한의 방식을 쓰는 엔진도 있다. 이와 대조적으로 어떤 엔진에서는 깔끔한 그래픽 에디터의 캔버스에 클립, 블렌드 노드 등을 마우스로 끌어다 놓고, 이것들을 원하는 대로 이어 붙여 애니메이션 상태를 만들 수 있다. 이런 에디터는 실제 게임에서 캐릭터가 어떻게 보일지 미리 확인 가능한 경우가 흔하다. 내가 보기에는 어떤 방식으로 작업하든 게임의 품질에는 별 영향이 없는 것 같다. 중요한 점은 작업 후 그 결과를 빠르고 쉽게 확인하는 기능 그 자체다.

12.10.3.1 실제 예: 너티 독의 언차티드 엔진

너티 독의 '언차티드'와 '라스트 오브 어스'를 만든 애니메이션 엔진은 간단한 텍스트 기반 방식으로 애니메이션 상태를 정의한다. 너티 독은 전통적으로 리스프^{Lisp} 언어를 즐겨 사용했었는데(16.9.5.1절 참고), 이 때문에 너티 독 엔진에서 애니메이션 상태를 정의하는 기능을 구현할 때도 리스프 엔진의 변종인 스킴^{Scheme} 언어를 개조해 사용했다. 두 가지 기본적인 상태 타입을 쓸 수 있다. 'simple' 타입과 'complex' 타입이다.

simple 타입 상태

simple 타입 상태는 애니메이션 클립 1개를 갖는다. 예를 들어 다음과 같다.

```
(define-state simple
  :name "pirate-b-bump-back"
  :clip "pirate-b-bump-back"
  :flags (anim-state-flag no-adjust-to-ground)
)
```

리스프 언어의 문법에 너무 연연하지 말자. 이 코드가 하는 것이라고는 이름이 "pirate-b-bump-back"인 상태를 정의하는 것이고, 사용되는 애니메이션 클립 이름도 "pirate-b-bump-back"이다. :flags 인자는 상태에 다양한 옵션을 지정하는 데 쓰인다.

complex 타입 상태

complex 타입 상태는 임의의 LERP 블렌딩이나 더하기 블렌딩 트리를 가진다. 구체적인 예를 들어 다음의 상태는 클립 2개("walk-l-to-r"와 "run-l-to-r")를 입력으로 받는 이진 LERP 블렌딩 노드를 1개 갖고 있다.

```
(define-state complex
  :name "move-l-to-r"
  :tree
    (anim-node-lerp
      (anim-node-clip "walk-l-to-r")
      (anim-node-clip "run-l-to-r")
    )
)
```

사용자는 :tree 인자를 써서 LERP 블렌딩 또는 더하기 블렌딩 노드와 개별 애니메이션 클립을 재생하는 노드로 이뤄진 임의의 블렌딩 트리를 지정할 수 있다.

위의 코드를 보면 먼저 살펴봤던 (define-state simple ...) 코드가 실제로 어떻게 구현되는지 대강 짐작할 수 있다. 아마 다음처럼 복잡한 블렌딩 트리에 클립 1개만 포함된 형태로 정의될 것이다.

```
(define-state complex
  :name "pirate-b-unimog-bump-back"
  :tree (anim-node-clip "pirate-b-unimog-bump-back")
  :flags (anim-state-flag no-adjust-to-ground)
)
```

다음에 나오는 complex 타입 상태는 블렌딩 노드들을 층층이 쌓아 깊이가 깊은 블렌딩 트리를 만들 수 있음을 보여 준다.

```
(define-state complex
  :name "move-b-to-f"
  :tree
    (anim-node-lerp
      (anim-node-additive
        (anim-node-additive
```

```
          (anim-node-clip "move-f")
          (anim-node-clip "move-f-look-lr")
        )
      (anim-node-clip "move-f-look-ud")
    )
    (anim-node-additive
      (anim-node-additive
        (anim-node-clip "movc b")
        (anim-node-clip "move-b-look-lr")
      )
      (anim-node-clip "move-b-look-ud")
    )
  )
)
```

이 코드는 그림 12.57의 트리와 같다.

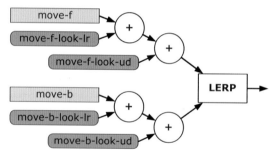

그림 12.57 예제 코드 'move-b-to-f'에 해당하는 블렌딩 트리

빠른 반복 생산

너티 독의 애니메이션 팀은 네 가지 주요 도구의 도움으로 빠른 반복 생산을 달성할 수 있었다.

1. 게임 내의 애니메이션 뷰어를 통해 게임에서 바로 캐릭터를 생성하고 게임 메뉴로 애니메이션을 조정할 수 있다.

2. 간단한 커맨드라인 도구를 통해 게임 실행 중에 애니메이션 스크립트를 다시 컴파일하고 즉시 확인할 수 있다. 캐릭터의 애니메이션을 다듬을 때 작업자는 텍스트 파일로 된 애니메이션 상태 정의를 고친 후 즉석에서 다시 불러와 캐릭터가 어떻게 바뀌었는지 결과를 확인한다.

3. 엔진은 게임플레이 시 최근 몇 초 사이에 발생한 캐릭터들의 상태 전환을 전부 기록한다. 이를 통해 문제가 발생하면 게임을 일시 정지하고 말 그대로 애니메이션을 거꾸로 돌려 원인을 찾아 해결할 수 있다.

4. 또한 여러 가지 '라이브 업데이트' 도구를 제공한다. 예를 들어 애니메이터가 마야에서 애니메이션을 수정하면 거의 즉시 게임에서 확인할 수 있다.

12.10.3.2 실제 예: 언리얼 엔진 4

언리얼 엔진 4^{UE4}는 뼈대 애니메이션과 뼈대 메시를 다루는 데 필요한 다섯 가지 도구를 제공한다. 즉 스켈레톤^{Skeleton} 에디터, 스켈레탈 메시$^{Skeletal\ Mesh}$ 에디터, 애니메이션 에디터, 애니메이션 블루프린트^{Blueprint} 에디터, 피직스^{Physics} 에디터다.

- 스켈레톤 에디터는 기본적으로 리깅^{rigging} 도구다. 이것을 통해 뼈대를 살펴보고 수정하며, 관절에 소켓^{socket}을 추가하거나 뼈대의 움직임을 테스트한다. 소켓은 다른 엔진에서 부착 지점$^{attach\ point}$이라고 부르기도 한다(12.11.1절 참고).

- 스켈레탈 메시 에디터를 통해 뼈대에 스키닝된 메시의 속성을 편집한다.

- 애니메이션 에디터를 통해 애니메이션 자원을 불러오거나 생성 및 관리할 수 있다. 이 에디터에서 애니메이션 클립(UE4에서는 시퀀스^{Sequence}라고 부른다)의 압축과 타이밍을 조정할 수 있다. 애니메이션 클립들을 미리 만든 블렌드 스페이스$^{Blend\ Space}$에 넣거나 연출에 사용되는 애니메이션 몽타주^{Montage}로 만들 수 있다.

- 애니메이션 블루프린트 에디터에서는 언리얼 엔진의 블루프린트 비주얼 스크립트 시스템을 활용해 캐릭터의 애니메이션 상태 기계를 제어한다. 그림 12.58에 이 에디터 화면이 나와 있다.

- 피직스 에디터를 통해 랙돌이 활성화될 때 뼈대를 운동시킬 강체들의 계층을 정의할 수 있다.

언리얼 엔진의 애니메이션 시스템을 더 자세히 살펴보기에는 공간이 부족하므로 더 알고 싶은 독자는 온라인에서 'Unreal Skeletal Mesh Animation System'을 검색해 보기 바란다.

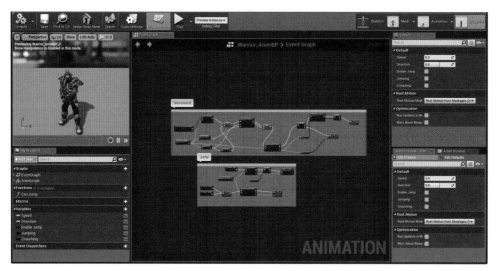

그림 12.58 언리얼 엔진 4의 애니메이션 블루프린트 에디터(컬러 그림 XXVI 참조)

12.10.4 애니메이션 상태 전환

수준 높은 캐릭터 애니메이션을 만들려면 액션 상태 기계의 상태들 간의 '전환'을 세심하게 관리해서 애니메이션 사이에 어색하거나 조악한 장면이 보이지 않게 해야 한다. 오늘날의 게임 엔진은 대부분 상태 전환이 어떻게 일어나는지를 지정하는 데 '데이터 기반^{data-driven}' 방식을 지원한다. 이 방식이 어떻게 동작하는지 살펴보자.

12.10.4.1 상태 전환의 종류

상태 전환을 관리하는 방식은 여러 가지가 있다. 출발 상태의 마지막 포즈가 도착 상태의 처음 포즈와 정확히 같다면 그냥 상태를 바꾸기만 하면 된다. 그렇지 않은 경우에는 상태 간에 크로스 페이딩을 할 수 있다. 하지만 상태 전환에 항상 크로스 페이딩이 적합한 것은 아니다. 예를 들면 바닥에 누워 있는 상태에서 똑바로 서 있는 상태로 크로스 페이딩해서는 도저히 그럴듯하게 보일 수 없다. 이런 상태 전환에는 1개나 또는 여러 개의 특수한 애니메이션이 필요하다. 이것을 구현할 때 보통 상태 기계에 특수한 '전환 상태'를 추가해야 한다. 이 상태는 한 상태에서 다른 상태로 전환할 때만 쓰이고 절대로 일반적인 상태처럼 지속적인 상태를 나타내는 용도로 쓰지 않는다. 하지만 다른 상태들처럼 임의의 복잡한 블렌딩 트리로 만들 수 있는 점은 같다. 이 점을 잘 활용하면 구현하는 데 큰 도움이 된다.

12.10.4.2 상태 전환에 쓰이는 매개 변수

두 상태 간의 전환을 이야기할 때 정확히 어떤 방식으로 전환할지를 지정할 여러 매개 변수가 필요하다. 다음은 이런 매개 변수의 일부를 나열한 것이다.

- **출발 상태와 도착 상태** 어떤 상태를 전환하는 것인가?
- **전환 타입** 즉시 전환인가 아니면 크로스 페이딩이나 전환 상태를 사용하는가?
- **기간** 크로스 페이딩 전환의 경우 지속 시간
- **이즈 인/이즈 아웃 곡선 타입** 크로스 페이딩 전환의 경우 이즈 인/이즈 아웃 곡선의 종류를 지정해 다양한 블렌딩 계수를 활용할 수 있다.
- **전환 가능 기간**^{transition window} 어떤 종류의 전환은 출발 애니메이션이 꼭 지정된 로컬 타임라인 범위에 있어야 일어날 수 있다. 예를 들면 펀치 애니메이션의 경우 때리고 난 후의 애니메이션으로 전환할 때 팔이 반 이상 지나야만 제대로 보일 수 있을 것이다. 팔이 채 뻗어 나가기도 전에 이 전환을 시도한다면 거부된다(아니면 다른 전환을 대신 선택하는 방법도 가능하다).

12.10.4.3 상태 전환 행렬

상태들 간의 전환은 그 수가 무척 많기 때문에 구체적으로 정의하기 까다롭다. 상태 기계에 n가지 상태가 있을 경우 최악의 경우 n^2가지 상태 전환이 있을 수 있다. 수직축과 수평축에 모든 상태들이 나열된 2차원 정사각 행렬을 떠올려 보자. 이런 테이블에는 수직축의 상태에서 수평축의 다른 상태들로 가능한 모든 전환을 표현할 수 있다.

하지만 실제 게임에서는 상태 전환 행렬은 그리 촘촘하지는 않는데, 모든 상태 간에 전환이 일어날 수는 없기 때문이다. 예를 들면 대부분의 경우 죽은 상태에서는 다른 어떤 상태로든 전환이 일어날 수는 없다. 마찬가지로 운전하는 상태에서 바로 수영하는 상태로 전환하기도 불가능하다(최소한 차에서 내리는 중간 상태라도 하나 있어야 한다). 테이블 내의 고유한 상태 전환은 실제로 일어날 수 있는 올바른 전환의 수보다 훨씬 적을 수 있다. 한 가지 상태 전환 설정을 여러 쌍의 상태 간 상태 전환에 재사용할 수 있기 때문이다.

12.10.4.4 상태 전환 행렬 구현

상태 전환 행렬을 구현하는 데는 셀 수 없이 많은 방법이 있다. 스프레드시트로 모든 상태 전환을 테이블로 만들 수도 있고, 아니면 액션 상태를 만들 때 썼던 텍스트 파일 형식으로 만들 수도 있다. 상태를 편집하는 데 그래픽 유저 인터페이스가 쓰인다면 여기에 더할 수도 있다. 다음은 실제 게임 엔진에서 전환 행렬을 구현한 예를 간략히 살펴본 것이다.

실제 예: 와일드카드 전환(메달 오브 아너: 퍼시픽 어설트)

'메달 오브 아너: 퍼시픽 어설트[MOHPA, Medal Of Honor: Pacific Assault]'에서는 전환 행렬이 듬성듬성 하다는 점을 십분 활용해 상태 전환을 와일드카드로 지정할 수 있게 구현했다. 상태 전환 설정에서 출발 상태와 도착 상태의 이름에 별표(*)를 와일드카드로 쓸 수 있다. 이렇게 하면 기본 설정으로 모든 상태에서 모든 상태로(문법은 from="*" to="*") 전환을 만들고, 각 세부 항목의 상태마다 다듬을 수 있다. 필요한 경우 특정 상태들 간의 전환까지 세세하게 지정할 수 있다. MOHPA의 전환 행렬은 다음과 같은 모양이다.

```
<transitions>
  // 전체 상태의 기본 전환
  <trans from="*" to="*"
    type=frozen duration=0.2>

  // 모든 걷기 상태에서 뛰기 상태로의 기본 전환
  <trans from="walk*" to="run*"
    type=smooth
    duration=0.15>

  // 뻗어 있는(prone) 상태에서 일어나는 상태로의 세부 설정
  // (로컬 타임라인이 2~7.5초일 때만 전환 가능)
  <trans from="*prone" to="*get-up"
    type=smooth
    duration=0.1
    window-start=2.0
    window-end=7.5>
  ...
</transitions>
```

예: 퍼스트 클래스 상태 전환(언차티드)

어떤 게임 엔진에서는 하이레벨 게임 코드에서 직접 도착 상태의 이름을 지정해 상태 전환을 요청할 수 있다. 이 방법은 게임 코드가 상태들의 이름을 잘 알고 있어야 하고 어떤 전환이 올바른 것인지에 대한 상세한 정보를 알고 있어야 한다는 문제가 있다.

너티 독의 엔진은 상태 전환을 부가적인 구현이 아니라 '퍼스트 클래스 개체[first class entity]'로 바꿔서 이 문제를 해결했다.[4] 각 상태는 올바른 상태 전환을 리스트로 갖고 있으며, 각 상태 전환은 고유한 이름을 갖는다. 상태 전환의 이름들은 그 효과를 예측할 수 있게 표준적으로 짓는다. 예를 들어 어떤 상태 전환의 이름이 'walk'라면 이것은 현 상태가 어떤 것이든 상관없이 일종의 걷는 상태로 전환한다. 하이레벨 애니메이션 코드에서 A 상태에서 B 상태로 전환하고 싶으면 상태 전환의 이름으로 요청한다(도착 상태의 이름을 분명하게 지정하지 않는다). 이런 상태 전환이 존재하고 또 올바른 것이라면 전환이 일어나고 그렇지 않으면 요청은 기각된다.

다음 예에 나오는 애니메이션 상태는 'reload', 'step-left', 'step-right', 'fire' 등 네 가지 전환을 정의한다. (transition-group ...)으로 시작하는 줄은 이전에 미리 정의했던 상태 전환들의 그룹을 불러온다. 이것은 다수의 상태에서 똑같은 상태 전환을 여러 번 사용할 경우 유용하다. (transition-end ...) 줄은 아무런 상태 전환 없이 이 애니메이션 상태가 끝났을 경우(로컬 타임라인이 끝에 도달했을 경우) 어떤 상태 전환을 할 것인지를 지정한다.

```
(define-state complex
  :name "s_turret-idle"
  :tree (aim-tree
    (anim-node-clip    "turret-aim-all--base")
    "turret-aim-all--left-right"
    "turret-aim-all--up-down"
    )
  :transitions (
    (transition "reload" "s_turret-reload"
      (range - -) :fade-time 0.2)

    (transition "step-left" "s_turret-step-left"
      (range - -) :fade-time 0.2)
```

---

4   'first class entity'란 코드에서 제약 없이 내장형 데이터처럼 사용될 수 있는 데이터 타입 등을 뜻한다. – 옮긴이

```
    (transition "step-right" "s_turret-step-right"
      (range - -) :fade-time 0.2)

    (transition "fire" "s_turret-fire"
      (range - -) :fade-time 0.1)

    (transition-group "combat-gunout-idle^move")

    (transition-end "s_turret-idle")
    )
  )
```

얼핏 봐서는 뭐가 좋은지 감이 안 올 수도 있다. C++ 소스코드를 자주 고치지 않고도 '데이터 기반' 방식으로 애니메이션 상태와 상태 전환을 고칠 수 있게 하는 것이 이 방식의 주된 목표다. 애니메이션 컨트롤 코드에서 상태 그래프의 구조에 대한 지식을 분리함으로써 이만큼의 유연성을 얻을 수 있었다. 예를 들어 10가지 서로 다른 걷기 상태가 있다고 하자(예를 들어 일상적인 걷기, 겁에 질린 상태로 걷기, 웅크린 채로 걷기, 부상당한 상태로 걷기 등등). 이 모든 상태는 점프 상태로 전환할 수 있지만 각 상태는 다른 점프 애니메이션을 사용해야 할 수도 있다(예를 들어 보통 점프, 겁에 질린 점프, 웅크린 상태에서 점프, 부상당한 점프 등). 10가지 걷기 상태 모두에 각각 'jump'라는 상태 전환을 정의하려 한다. 처음 시작할 때는 10가지 상태 전환 모두 범용 'jump' 상태를 가리키게 지정해 동작하게 만든다. 그 후 따로 구현한 점프 상태를 가리키게 세부적인 손질을 가할 수 있다. 경우에 따라 'walk' 상태에서 'jump' 상태 사이에 전환 상태를 넣을 수도 있다. 이처럼 상태 그래프의 구조를 바꾸거나 상태 전환의 매개 변수를 고칠 때 C++ 소스코드를 전혀 손대지 않아도 된다. 상태 전환의 '이름'만 변하지 않는다는 규칙만 지키면 된다.

12.10.5 컨트롤 매개 변수

블렌딩 가중치와 재생률을 비롯한 온갖 컨트롤 매개 변수control parameter들을 이용해 복잡한 캐릭터 애니메이션을 제대로 소화해 내기란 소프트웨어 엔지니어링 측면에서 결코 쉬운 일이 아니다. 캐릭터 애니메이션에서 다른 블렌딩 가중치는 서로 다른 효과를 낸다. 예를 들면 어떤 가중치는 캐릭터가 움직이는 방향을 컨트롤한다면 다른 것들은 이동 속도나 무기의 조준 방향, 머리(눈)의 시선 등을 컨트롤한다. 실제로 이런 세부적인 조정을 수행하는 코드에서 해당하는 블렌딩 가중치에 접근할 방법이 있어야 한다.

단순 가중 평균 구조에서는 캐릭터가 재생할 수 있는 모든 애니메이션 클립들의 상태를 리스트로 갖는다. 각 클립 상태는 블렌딩 가중치, 재생률 등의 컨트롤 매개 변수를 포함한다. 캐릭터를 조정하는 코드에서는 각 클립 상태들을 이름으로 찾아서 각각의 블렌딩 가중치를 일일이 수정해 준다. 이렇게 하면 인터페이스는 간단할지 모르지만 블렌딩 가중치에 대한 권한은 캐릭터 컨트롤 시스템으로 넘어가 버린다. 예를 들면 캐릭터가 달리는 방향을 바꾸면 캐릭터 컨트롤 코드에서는 'run' 액션이 'StrafeLeft', 'RunForward', 'StrafeRight', 'RunBackward' 등의 일련의 애니메이션 클립의 그룹으로 돼 있다는 사실을 알고 있어야 한다. 그런 후 이 클립들의 상태를 이름으로 찾은 후 일일이 블렌딩 가중치 4개를 조정해 특정한 각도로 달리는 애니메이션을 만들어야 한다. 이렇게 세세하게 애니메이션 매개 변수들을 조정하는 것은 깔끔하지 못할 뿐만 아니라 당연히 이해하기 힘든 코드가 되기 쉽다.

블렌딩 트리 구조에는 또 다른 문제가 있다. 트리 구조 덕에 클립들은 자연스럽게 기능별로 묶인다. 또한 사용자 정의 트리 노드들은 복잡한 캐릭터 움직임을 추상화해 준다. 이 두 가지는 단순 가중치 평균 방식에 비해 분명한 이점이다. 하지만 컨트롤 매개 변수들이 트리 안에 깊게 박혀 있다는 문제가 있다. 머리와 눈이 바라보는 수평 시선 방향을 컨트롤해야 하는 코드는 사전에 블렌딩 트리의 구조를 알고 있어야 어느 노드에 원하는 매개 변수가 있는지 찾아낼 수 있다.

이런 문제들을 해결하는 방법은 애니메이션 엔진마다 다양하다. 몇 가지 예를 들어 보면 다음과 같다.

- **노드 검색** 하이레벨 코드에서 트리의 블렌딩 노드를 '검색'할 수 있는 기능을 지원하는 엔진이 있다. 예를 들면 무기의 수평 조준 각도를 조정하는 노드는 'HorizAim' 등의 특수한 이름으로 지은 후 컨트롤 코드는 이 이름을 트리에서 찾아 원하는 대로 블렌딩 가중치를 수정하면 된다.
- **이름 있는 변수** 어떤 엔진에서는 각 컨트롤 매개 변수마다 이름을 짓는다. 컨트롤 코드는 이런 이름을 찾아 컨트롤 매개 변수 값을 수정한다.
- **컨트롤 구조체** 부동소수 변수들의 배열이나 C 구조체(struct)같이 간단한 것들을 이용해 게임 내 전 캐릭터의 컨트롤 매개 변수를 관리하는 엔진도 있다. 블렌딩 트리(들)의 노드들은 특정한 컨트롤 매개 변수와 연결돼 있는데 특정한 struct 멤버를 사용하게 하드 코딩하거나 아니면 이름이나 번호로 매개 변수를 찾는 방식을 쓴다.

물론 이외에도 다양한 방법이 있다. 모든 애니메이션 엔진은 이 문제를 해결하는 데 조금씩 다른 방식을 사용하지만, 그 핵심은 항상 거의 동일하다.

12.11 제약 조건

앞서 액션 상태 기계를 이용해 복잡한 블렌딩 트리를 지정하는 방법과 전환 행렬을 사용해 상태 간 전환을 조정하는 방법에 대해 살펴봤다. 캐릭터 애니메이션 컨트롤에는 이외에 또 한 가지 중요한 점이 있는데, 그것은 캐릭터나 물체의 움직임에 다양한 제약 조건constraint을 적용하는 일이다. 예를 들면 무기는 항상 쥐고 있는 캐릭터의 손에 붙어 있어야 하고, 두 캐릭터가 악수하는 장면을 연출하려면 캐릭터들이 적당한 간격을 두고 위치해야 한다. 또한 대부분의 경우 캐릭터의 발은 바닥에서 떨어지면 안 되고 사다리를 타는 경우나 운전을 하는 경우 손이 사다리와 핸들의 올바른 위치에 오게 해야 한다. 일반적인 애니메이션 시스템에서 이런 제약 조건을 어떻게 다루는지 알아보자.

12.11.1 부착

거의 모든 게임 엔진에서는 한 물체를 다른 물체에 부착attachment할 수 있다. 물체 간의 부착을 가장 간단히 구현하려면 물체 A의 특정 관절 J_A의 위치와 방향이 물체 B의 관절 J_B와 일치하게 제약하는 것이다. 부착은 대개 부모-자식 관계를 이룬다. 부모의 뼈대가 움직이면 자식 물체는 제약 조건을 충족하기 위해 움직인다. 하지만 반대로 자식이 움직이면 부모는 영향을 받지 않는다. 이 관계는 그림 12.59에 나와 있다.

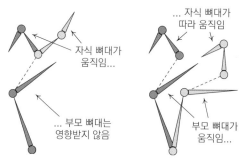

자식 뼈대가 움직임...

... 부모 뼈대는 영향받지 않음

... 자식 뼈대가 따라 움직임

부모 뼈대가 움직임...

그림 12.59 부착 관계에서 부모가 움직이면 자식이 자동으로 움직이지만 역은 성립하지 않는다.

때로는 부모의 관절과 자식의 관절 간에 '오프셋'을 두면 편리하다. 예를 들면 캐릭터가 총을 쥐고 있는 상황을 연출할 때 총의 'Grip' 관절을 팔의 'RightWrist' 관절에 일치하게 할 수 있다. 하지만 이렇게 해도 총과 손이 올바르게 위치하지 않을 수 있다. 이 문제를 해결하는 한 가지 방법은 두 뼈대 중 하나에 특수한 관절을 더하는 것이다. 예를 들어 'RightGun' 관절을 캐릭터의 뼈대에 더하고 'RightWrist' 관절의 자식으로 만든 후 총의 'Grip' 관절을 여기에 위치시키면 캐릭터가 자연스럽게 총을 쥐고 있는 모습이 나온다. 하지만 이 방법은 뼈대의 관절 수를 늘린다는 문제가 있다. 각 관절은 애니메이션 블렌딩과 행렬 팔레트 계산, 메모리 저장 공간 등의 비용이 든다. 따라서 뼈대를 추가하는 것은 그리 단순한 문제가 아니다.

부착을 위해 추가된 관절은 캐릭터의 포즈에 전혀 영향을 미치지 않는다. 단순히 부모와 자식의 관절 사이에 변환을 하나 더하는 것뿐이다. 여기서 정말 필요한 기능은 애니메이션 블렌딩 파이프라인에서는 무시되면서 부착할 때는 사용할 수 있는 관절을 구별하는 기능이다. 이런 특수한 관절은 '부착 지점attach point'라 불리기도 한다. 그림 12.60에 개념이 설명돼 있다.

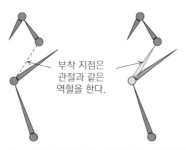

부착 지점은 관절과 같은 역할을 한다.

그림 12.60 부착 지점은 부모와 자식 사이에서 추가의 관절 역할을 한다.

마야 등의 도구를 통해 여느 관절이나 로케이터처럼 부착 지점을 모델링해도 되지만, 상당수의 엔진들은 이보다 더 간편한 방식으로 부착 지점을 정의한다. 예를 들면 액션 상태 기계를 정의하는 텍스트 파일 안에서 지정할 수도 있고, 아니면 애니메이션 제작 툴의 GUI 안에서 지정할 수도 있다. 이런 기능이 있으면 애니메이터는 캐릭터의 모양에 영향을 주는 관절에만 집중할 수 있고, 부착 지점을 관리하는 역할은 실제 작업자인 디자이너와 엔지니어가 맡는다.

12.11.2 물체 간 자리 잡기

게임 캐릭터와 주변 환경과의 상호 작용은 나날이 복잡해지고 미묘해지는 추세다. 그렇기 때문에 캐릭터와 물체들이 애니메이션하면서 서로 적절히 위치를 잡을 수 있게 하는 시스템을 갖고 있어야 한다. 이 시스템은 인게임 시네마틱이나 상호적인 게임플레이에도 그대로 사용된다.

애니메이터가 마야 등의 애니메이션 도구를 사용해 두 캐릭터와 문 하나로 이뤄진 장면을 만든다고 생각해 보자. 두 캐릭터가 악수를 하고 한 명이 문을 열면 같이 문을 나선다고 하자. 현시점에서는 애니메이터가 장면의 세 액터들을 완벽하게 배열시킬 수 있다. 하지만 이 장면을 추출할 때^{export}는 서로 분리된 세 클립이 되고, 게임 월드의 다른 세 물체를 통해 재생된다. 두 캐릭터는 애니메이션을 재생하기 전에 AI의 조종을 받을 수도 있고 아니면 플레이어가 컨트롤할 수도 있을 것이다. 그렇다면 애니메이션 클립이 재생을 시작하는 순간 이 세 물체가 올바른 위치에 오도록 보장할 수 있을까?

12.11.2.1 참조 로케이터

한 가지 해법은 세 애니메이션 클립 모두에 공통된 참조 지점을 더하는 것이다. 마야에서는 애니메이터가 로케이터^{locator}라는 것을 장면의 원하는 위치에 놓을 수 있다(로케이터는 뼈대의 관절과 비슷한 일종의 3D 변환이다). 곧 살펴보겠지만 로케이터의 위치와 방향은 사실 별 쓸모가 없다. 로케이터에는 특수한 표시를 해 애니메이션 추출 도구^{exporter}에서 특별히 처리되게 한다.

이제 세 애니메이션을 추출할 때 추출 도구는 세 애니메이션의 데이터 파일 모두에 각 로컬 공간을 기준으로 한 참조 로케이터의 위치와 방향을 저장한다. 나중에 게임에서 이 애니메이션 클립들을 재생할 때 애니메이션 엔진은 세 클립의 참조 로케이터의 상대적인 위치와 방향을 찾는다. 그 후 세 참조 로케이터가 월드 공간에서 일치하게 물체들의 원점을 변환한다. 참조 로케이터는 부착 지점(12.11.1절 참조)과 비슷한 방식으로 동작하는데, 사실 부착 지점으로 구현하기도 한다. 최종적으로 세 객체는 마야에서 만들었던 그대로 완벽하게 배치된다.

그림 12.61에서는 방금 이야기한 두 캐릭터와 문 하나가 마야에서 어떻게 만들어질 수 있는지 보여 준다. 그림 12.62처럼 참조 로케이터는 추출된 각 애니메이션 클립마다 존재한다(해당

객체의 로컬 공간을 기준으로). 게임 실행 중에 로컬 공간으로 표현된 참조 로케이터들은 고정된 월드 공간 로케이터로 배열돼 객체들의 위치를 잡는 데 쓰인다. 이 과정은 그림 12.63에 나와 있다.

그림 12.61 세 객체와 참조 로케이터 하나로 이뤄진 원래 마야의 장면

그림 12.62 각 객체의 애니메이션 파일 안에 저장된 참조 로케이터

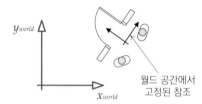

그림 12.63 로컬 공간으로 표현된 참조 로케이터는 실시간에 월드 공간으로 배열돼 객체가 제 위치를 찾게 한다.

12.11.2.2 월드 공간 참조 위치 찾기

이제 한 가지 작지만 중요한 질문이 남아 있다. 월드 공간에서의 참조 로케이터의 위치와 방향은 누가 결정해야 할까? 각 애니메이션 클립은 '해당 객체'의 좌표 공간을 기준으로 참조 로케이터를 갖고 있다. 그렇기 때문에 이것이 월드 공간에서 어디에 와야 하는지를 결정할 방법이 있어야 한다.

우리가 살펴본 문 하나와 두 캐릭터가 악수하는 예에서는 객체 하나(문)가 월드 공간에 고정돼 있다. 따라서 한 가지 해법은 문에서 참조 로케이터의 위치를 얻어 온 후 캐릭터들을 여기에 맞추는 것이다. 이 작업을 하는 코드는 다음과 비슷한 형태일 것이다.

```
void playShakingHandsDoorSequence(
  Actor& door,
  Actor& characterA,
  Actor& characterB)
{
  // 지정된 문의 애니메이션에서 참조 로케이터의
```

```
    // 월드 공간 변환을 얻어 온다.
    Transform refLoc = getReferenceLocatorWs(door,
        "shake-hands-door");

    // 문의 애니메이션은 바로 그 위치에서 재생한다.
    // (문은 이미 제 위치에 와 있다)
    playAnimation("shake-hands-door", door);

    // 문에서 얻어 온 월드 공간 참조 로케이터에 상대적인
    // 위치에서 두 캐릭터의 애니메이션을 재생한다.
    playAnimationRelativeToReference
        ("shake-hands-character-a", characterA, refLoc);
    playAnimationRelativeToReference
        ("shake-hands-character-b", characterB, refLoc);
}
```

다른 방법은 월드 공간 참조 로케이터를 각 객체와 독립해 정의하는 것이다. 월드 생성 도구 등에서 참조 로케이터를 월드에 배치하는 것도 한 방법이다(15.3절 참조). 그렇다면 위의 의사 코드pseudocode는 다음처럼 바뀌어야 한다.

```
void playShakingHandsDoorSequence(
    Actor& door,
    Actor& characterA,
    Actor& characterB,
    Actor& refLocatorActor)
{
    // 월드 공간 참조 로케이터의 위치를 얻어 온다.
    // 로케이터는 독립된 액터이므로 직접 위치를 얻어 올 수 있다.
    // (로케이터는 이미 사전에 월드에 배치됐다고 가정한다)
    Transform refLoc = getActorTransformWs
        (refLocatorActor);

    // 위에서 얻어 온 참조 로케이터를 사용해 애니메이션들을 재생한다.
    playAnimationRelativeToReference("shake-hands-door", door, refLoc);
    playAnimationRelativeToReference ("shake-hands-character-a",
        characterA, refLoc);
    playAnimationRelativeToReference ("shake-hands-character-b",
        characterB, refLoc);
}
```

12.11.3 물건 잡기와 손 IK

두 물체를 부착 관계로 연결하더라도 실제 게임에서 완전히 만족스럽게 보이지 않는 경우가 있다. 예를 들어 캐릭터가 오른손으로 소총을 들고 있는데 왼손으로는 총대를 받치고 있는 경우를 살펴보자. 캐릭터가 이리저리 총을 조준함에 따라 특정한 각도에서 왼손이 총대에 올바르게 위치하지 않는 경우가 생길 수 있다. 이 문제는 LERP 블렌딩 때문에 생긴다. 각 클립 A와 B에서 관절들이 완벽한 위치에 있더라도 LERP 블렌딩을 하고 나면 이것이 제 위치에 온다는 보장은 없다.

이 문제를 해결하는 한 방법은 역운동학[IK]을 사용해 왼손의 위치를 교정하는 것이다. 이 방식은 먼저 해당 관절이 위치해야 할 지점을 결정한다. 그 후 몇 개의 관절 체인(보통 2~4개)에 연계해 IK를 적용하는데, 해당 관절에서 시작해 그 부모와 부모의 부모로 계층을 거슬러 가며 진행한다. 위치를 교정하고자 하는 관절을 '엔드 이펙터'라고 한다. IK는 엔드 이펙터의 부모 관절의 방향을 움직여 엔드 이펙터가 최대한 목표 지점에 가까이 가게 하는 방법이다.

IK 시스템의 API는 특정한 관절 체인에 IK를 켜거나 끄는 형태이고, 여기에 목표 지점이 추가로 주어진다. 실제로 IK를 계산하는 부분은 로우레벨 애니메이션 파이프라인이다. 이렇게 함으로써 적합한 시점에 계산을 할 수 있다(즉 로컬 포즈와 글로벌 포즈는 계산이 됐지만 아직 최종적인 행렬 팔레트 계산은 하기 전).

어떤 애니메이션 엔진에서는 IK 체인을 미리 정의할 수 있다. 예를 들면 IK 체인을 왼쪽 팔에 하나, 오른쪽 팔에도 하나, 두 다리에 각각 하나씩 만들 수 있다. 여기서는 이해를 돕고자 IK 체인의 이름은 엔드 이펙터의 이름과 같다고 가정하자(번호나 핸들 등의 고유한 식별자를 사용해도 되지만 근본적인 방식은 똑같다). IK 체인을 켜는 함수는 다음과 비슷한 형태가 될 것이다.

```
void enableIkChain(Actor& actor,
                   const char* endEffectorJointName,
                   const Vector3& targetLocationWs);
```

또한 IK 체인을 끄는 함수는 다음과 같을 것이다.

```
void disableIkChain(Actor& actor,
                    const char* endEffectorJointName);
```

IK를 켜고 끄는 일은 그리 자주 일어나지는 않지만 목표 위치의 월드 공간 좌표는 매 프레임 갱신해야 한다(목표물이 이동하고 있다면). 따라서 로우레벨 애니메이션 파이프라인에는 항상 IK 목표 지점을 갱신할 수 있는 방법이 있어야 한다. 예를 들면 enableIkChain( ) 함수를 반복 호출하는 것도 한 방법이다. 이 경우 맨 처음 호출할 때는 IK 체인을 켜고 목표 지점을 갱신한다. 그 후의 호출은 단순히 목표 지점만 갱신하면 된다. IK 목표 지점을 최신으로 유지하는 또 다른 방법은 목표 지점을 게임의 농적 객체에 연결하는 것이다. 예를 들면 IK 목표 지점을 지정할 때 다른 게임 객체에 대한 핸들이나 움직이는 물체의 관절을 사용하도록 할 수 있다.

IK는 관절이 이미 원하는 지점에 근접해 있을 때 미세한 오류를 보정하는 데 적합하다. 반면 관절의 목표 위치와 실제 위치가 멀리 떨어진 경우에는 잘 작동하지 않을 수도 있다. 또한 대부분의 IK 알고리듬은 관절의 '위치'만 관여한다. 엔드 이펙터가 목표에 올바르게 배열되게 '방향'을 교정하고 싶다면 코드를 추가해야 하는 경우가 생길 수 있다. IK는 만능이 아니며 성능에도 큰 영향을 미치기 때문에 IK를 사용할 때는 조심해야 한다.

12.11.4 모션 추출과 발 IK

게임 캐릭터의 이동 애니메이션은 사실적이어야 하고, 또한 두 발은 항상 바닥에 붙어 있어야 한다. 이동 애니메이션이 사실적이냐 아니냐에 큰 영향을 미치는 요소는 발이 미끄러지느냐 그렇지 않느냐다. '발이 미끄러지는 현상$^{\text{foot sliding}}$'을 해결하는 방법은 여러 가지가 있지만, 가장 널리 쓰이는 방법은 '모션 추출$^{\text{motion extraction}}$'과 '발 IK'다.

12.11.4.1 모션 추출

앞으로 똑바로 걷는 캐릭터 애니메이션을 어떻게 만들지 상상해 보자. 마야 등의 도구에서 애니메이터는 캐릭터가 처음에는 왼발, 다음에는 오른발을 디뎌 완전히 한 걸음 내딛게 만든다. 이 애니메이션 클립은 '이동 사이클'이라고 불리는데, 게임에서 캐릭터가 앞으로 걷는 동안 무한히 반복 재생되기 때문에 붙여진 이름이다. 애니메이터는 캐릭터의 발이 제대로 지면에 닿으면서 발을 끌지 않게 주의를 기울인다. 캐릭터는 프레임이 시작되는 위치에서 사이클이 끝나는 위치까지 이동한다. 이 과정이 그림 12.64에 나와 있다.

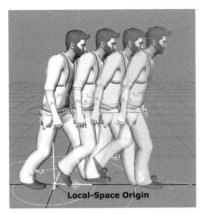

그림 12.64 애니메이션 제작 도구에서 캐릭터는 공간에서 앞으로 이동하며 발은 지면에 닿아 있다.

여기서 전체 걷기 사이클 동안 캐릭터의 로컬 공간 원점^{local-space origin}은 변하지 않는 것을 유의해 봐야 한다. 이것은 캐릭터가 앞으로 걸어가면서 '원점은 뒤로 멀어지는' 효과가 있다. 이제 이 애니메이션을 반복 재생하는 경우를 떠올려 보자. 일단 캐릭터는 양발 모두 한 발씩 앞으로 걸어간 후 바로 첫 프레임의 위치로 순간 이동할 것이다. 게임에서 쓰기엔 적합하지 않다.

이 문제를 해결하려면 캐릭터의 전방 움직임을 없애서 로컬 공간 원점이 항상 캐릭터의 무게 중심 근처에 위치하게 해야 한다. 이것은 캐릭터 뼈대의 루트 관절에서 앞으로의 평행 이동 성분을 0으로 하면 된다. 이렇게 하면 캐릭터는 그림 12.65처럼 '문워크^{moonwalk}'하고 있는 것처럼 보이게 된다.

그림 12.65 루트 관절의 전방 이동 성분을 0으로 만든 후의 걷기 사이클. 이미지 출처: Naughty Dog, Inc.(UNCHARTED: Drake's Fortune ©2007/® SIE. Naughty Dog 개발)

처음에 만들었던 마야의 장면처럼 캐릭터의 발이 제대로 바닥에 닿는 것처럼 보이려면 매 프레임 캐릭터를 적당히 앞으로 이동시키면 된다. 먼저 캐릭터가 이동한 거리를 찾아서 이동하는 데 걸린 시간으로 나누면 캐릭터의 평균 이동 속도를 구할 수 있다. 캐릭터가 움직이는 속도는 항상 일정하지는 않은데, 특히 다리를 절 때 더욱 그렇다(이 경우 부상당한 다리는 빠르게 움직이는 반면 정상적인 다리는 천천히 움직인다). 그렇지만 자연스럽게 걸을 때는 거의 일정하다.

그렇기 때문에 루트 관절의 전방 이동 성분을 0으로 하기 전에 애니메이션 데이터에 특수한 '모션 추출' 채널을 저장해야 한다. 이 데이터를 갖고 마야에서 매 프레임 루트 관절이 움직였던 만큼 게임에서 캐릭터의 로컬 공간 원점을 움직인다. 이렇게 하면 캐릭터는 정확히 만들어진 대로 앞으로 걷는데, 이때 로컬 공간 원점은 함께 움직이게 되고 따라서 애니메이션이 반복해도 아무 문제가 없다. 이 과정은 그림 12.66에 나와 있다.

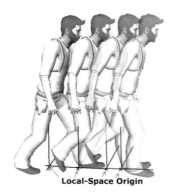

그림 12.66 게임에서의 걷기 사이클. 추출된 루트 관절의 모션 데이터가 캐릭터의 로컬 공간 원점을 움직인다. 이미지 출처: Naughty Dog, Inc.(UNCHARTED: Drake's Fortune ©2007/® SIE, Naughty Dog 개발)

애니메이션의 캐릭터가 1미터를 움직이고 걸리는 시간이 1초라면 캐릭터의 평균 속력은 1미터/초인 것을 알 수 있다. 캐릭터가 다른 속도로 걷게 하려면 걷기 사이클의 재생률을 바꾸기만 하면 된다. 예를 들어 캐릭터가 0.5미터/초로 움직이게 하려면 애니메이션 재생률을 반으로 낮추면 된다($R = 0.5$).

12.11.4.2 발 IK

모션 추출을 사용하면 캐릭터가 곧은 경로(좀 더 정확히 말하자면 애니메이터가 지정한 경로)를 따라 이동하는 경우에는 발이 지면에 제대로 닿게 보이는 효과가 있다. 하지만 실제 게임의 캐릭터는 애니메이터가 사전에 계산한 움직임과 정확히 일치하지 않는 방식으로 방향을 바꾸거나 움직여야 한다(예를 들면 고르지 않은 지형을 이동할 때). 그래서 발의 위치가 어긋나는 경우가 생긴다.

이 문제를 해결하는 한 가지 방법은 위치가 어긋나는 경우 발 IK를 이용해 위치를 교정하는 것이다. 개요에서 먼저 애니메이션을 분석해 두 발이 바닥에 완전히 닿아 있는 시점을 미리 알아낸다. 그리고 발이 완전히 닿는 순간이 오면 발의 월드 공간 위치를 얻어 온다. 그 발이 지면에 닿아 있는 동안 다음에 오는 프레임들은 IK를 사용해 다리의 자세를 바꿔 발이 제 위치에 자리할 수 있게 만든다. 쉬워 보이지만 만족할 만큼 제대로 보이게 하기는 무척 힘들다. 오랜 시간과 세밀한 조정이 필요하기도 하다. 또한 사람에게는 자연스럽지만 IK만으로는 구현하기 불가능한 움직임도 있다(보폭을 증가시켜 몸을 돌리는 동작 등).

이외에도 애니메이션의 정교함과 캐릭터의 조작감 간에는 신중히 선택해야 한다. 특히 사람이 조정하는 캐릭터는 더욱 그렇다. 보통 캐릭터의 애니메이션이 완벽하게 보이는 것보다는 플레이어 캐릭터의 조작 시스템을 즉각적이고 재미있게 만드는 것이 더 중요하다. 결론을 말하자면 이렇다. 발 IK나 모션 추출을 도입할 때는 신중해야 한다. 다양한 시도와 실패를 위한 시간을 충분히 계획해야 하고, 캐릭터 애니메이션의 겉모습뿐 아니라 느낌 또한 제대로 표현할 수 있게 적당한 균형을 잡아야 한다.

12.11.5 다른 제약 조건

이외에도 게임 애니메이션 엔진에 넣을 수 있는 여러 가지 제약 조건이 있다. 다음은 몇 가지 예를 들어 본 것이다.

- **시선** 캐릭터가 특정한 곳에 눈길을 줄 수 있는 기능이다. 눈만으로 바라볼 수도 있고, 눈과, 머리 또는 눈, 머리, 그리고 상체 전체로 바라볼 수도 있다. 시선 제약 조건을 구현하는 데 IK를 사용하거나 절차적으로 관절의 위치를 조정하는 방법도 사용되지만 더하기 블렌딩을 사용하면 더 자연스럽게 보이게 구현할 수 있다.
- **엄폐물에 밀착** 몸을 숨길 수 있는 엄폐물에 캐릭터를 꼭 맞게 배치하는 기능이다. 앞에 설명했던 참조 로케이터를 이용해 주로 구현된다.

- **엄폐물에 숨기와 빠져나오기** 엄폐물에 몸을 숨길 수 있는 기능이 있는 캐릭터는 숨기와 빠져나오기 애니메이션을 따로 만들어 애니메이션 블렌딩을 사용해야 한다.
- **이동 장치들** 캐릭터가 주변의 장애물을 위로 타넘고 아래로 지나가고, 돌아서 피해 가고 아니면 뚫고 지나가는 등의 기능은 게임을 풍성하게 만든다. 이렇게 하려면 그에 맞는 애니메이션을 만들고 참조 로케이터를 사용해 적절한 위치를 찾게 하면 된다.

13장

충돌과 강체 역학

현실의 단단한 물체들, 즉 고체는 문자 그대로 단단하다. 서로 뚫고 지나간다든가 하는 어처구니없는 일은 일어나지 않는다. 그렇지만 이와 달리 가상 게임 월드에 있는 물체들은 우리가 손대기 전까진 아무것도 하지 않으며, 또 물체들끼리 서로 뚫고 지나가지 않게 하려면 프로그래머가 나서서 관여해야 한다. 바로 이런 일을 하는 것이 충돌 검출 시스템이고, 게임 엔진에서 가장 핵심적인 부분 중 하나다.

게임 엔진의 충돌 시스템은 대개 '물리 엔진'과 밀접하게 연관돼 있다. 실제 물리학은 매우 광범위하지만 오늘날 게임 엔진에서 '물리'라 부르는 것은 강체 역학^{rigid body dynamics}을 말하는 것이라고 봐도 된다. 강체^{rigid body}란 무한정 딱딱하면서 모양이 변하지 않는 이상적 형태의 단단한 물체를 의미한다. 역학^{dynamics}이란 용어는 이런 강체들이 힘의 영향을 받아 어떻게 움직이고 상호 작용하는지를 결정하는 과정을 뜻한다. 강체 역학 시뮬레이션을 적용하면 게임 내 물체들은 매우 상호적이면서 무질서한 방식으로 움직인다. 이것은 찍어 낸 애니메이션 클립으로 물체들을 움직이는 경우에는 얻기 힘든 효과다.

역학 시뮬레이션은 여러 물체의 다양한 물리적인 움직임(물체들끼리 튕겨 나가기를 비롯해 마찰을 갖고 미끄러지기, 구르기, 멈춰 서기 등)을 제대로 시뮬레이션하고자 충돌 검출 시스템을 적극 활용한다. 당연히 역학 시뮬레이션 없이 충돌 검출 시스템을 따로 사용할 수도 있으며 아예 '물리' 시스템이 없는 게임도 많다. 그렇지만 게임에서 2차원이나 3차원 안의 물체가 움직이고 있다면 어떤 식이건 반드시 충돌 검출 시스템은 있어야 한다.

13장에서는 일반적으로 널리 사용되는 충돌 검출 시스템과 물리(강체 역학) 시스템의 구조에 대해 알아본다. 밀접히 연관돼 있는 이 두 시스템을 살펴보면서 그 근간을 이루는 수학적 원리와 이론에 대해서도 알아보자.

13.1 정말 게임에 물리가 필요해?

오늘날 물리 시뮬레이션을 전혀 사용하지 않는 게임은 드물다. 캐릭터가 죽으면 랙 돌$^{rag doll}$로 처리하는 것과 같은 몇몇 물리적인 효과는 아예 처음부터 당연히 있을 것이라고 다들 생각한다. 또한 밧줄이나 의복, 머리카락, 기타 복잡한 물리적인 동작을 더하면 게임에 독특한 색채를 가미하게 되고 경쟁작과 차별화된 효과를 낼 수도 있다. 최근에는 근^{approximate} 실시간 유체 역학 효과나 가변 물체$^{deformable body}$ 시뮬레이션 같은 첨단 물리 시뮬레이션을 시도한 게임 스튜디오들도 있다. 하지만 물리를 게임에 넣는 것은 대가가 따르는 일이며, 장황한 물리 기반 기능들을 게임에 넣으려고 뛰어들기 전에 최소한 어떤 효과에 어떤 비용을 치러야 하는지는 알아야 한다.

13.1.1 물리 시스템으로 할 수 있는 일

게임 물리 시스템이 있으면 할 수 있는 것들을 들어 보면 다음과 같다.

- 동적 객체와 정적 게임 월드 간의 충돌 검출
- 중력이나 기타 힘의 영향을 받아 자유롭게 움직이는 강체 시뮬레이션
- 스프링 질량계$^{spring-mass system}$
- 부서지는 빌딩과 구조물
- 레이 캐스트$^{ray cast}$와 형상 캐스트$^{shape cast}$(시야를 판별하고 총알의 명중을 결정)
- 트리거 볼륨$^{trigger volume}$(진입하거나 떠나는 순간을 비롯해 물체가 게임 월드의 지정된 지역에 자리하고 있는지 등을 판별)
- 캐릭터가 단단한 물건을 집어 드는 기능

- 복잡한 기계류(크레인, 움직이는 플랫폼 퍼즐 등)

- 함정(돌무더기가 산사태처럼 떨어지는 함정 등)

- 사실적인 서스펜션을 장착한 조종 가능한 탈것

- 캐릭터의 죽음을 랙 돌로 구현

- 동력이 있는 랙 돌powered rag doll로, 전통적인 애니메이션과 랙 돌 물리 간의 사실적인 블렌딩

- 움직일 수 있는 소품들(식기, 목걸이, 칼 등)과 사실에 근접한 머리카락 및 의복의 움직임

- 의복 시뮬레이션

- 물 표면 시뮬레이션과 부력

- 오디오 전달

이외에도 여러 가지가 있다.

여기서 짚고 넘어가야 할 것은 게임에서 런타임에 물리 시뮬레이션을 돌리는 방법 외에, 오프라인 전처리preprocess를 통해 애니메이션 클립을 만드는 과정에서도 물리 시뮬레이션을 응용할 수 있다는 점이다. 마야 같은 애니메이션 도구에는 이런 일에 쓸 수 있는 여러 가지 물리 플러그 인plug-in들이 있다. 내추럴모션NaturalMotion 사의 엔돌핀Endorphin1 패키지가 바로 이런 방식을 채용했다.

13장에서는 런타임 강체 역학 시뮬레이션만 다루지만, 오프라인 도구도 중요한 선택 사항이며, 게임 프로젝트를 계획할 때 항상 염두에 둬야 한다.

13.1.2 물리를 넣으면 재미있을까?

게임에 강체 역학 시스템을 넣는다고 해서 게임이 반드시 더 재미있어지지는 않는다. 물리 시뮬레이션은 본래 그 결과를 정확하게 예측할 수 없기 때문에 게임에 흥미를 더하기보다 오히려 저하시키는 경우가 많다. 시뮬레이션 자체의 품질을 비롯해 다른 게임 시스템과 얼마나 신경을 써서 통합했는지, 물리적으로 동작하는 게임플레이 요소가 직접 조종하는 요소들과 얼마나 잘 조화를 이루는지, 물리적인 요소가 플레이어의 목표와 플레이어 캐릭터의 능력에 어떻

---

1   내추럴모션은 유포리아(Euphoria)라는 엔돌핀의 런타임 버전을 제공했지만 현재 단종됐다.

게 작용하는지, 게임의 장르가 어떤 것인지 등이 모두 물리가 얼마나 재미를 줄지에 영향을 미친다.

널리 알려진 게임 장르들에서 강체 역학 시스템이 어떻게 쓰일 수 있는지 간단히 살펴보자.

13.1.2.1 시뮬레이션 게임

시뮬레이션 게임의 주목적은 가능한 한 실제와 가까운 경험을 재현하는 것이다. 플라이트 시뮬레이터Flight Simulator, 그란 투리스모Gran Turismo, 나스카 레이싱NASCAR Racing 등이 여기에 해당한다. 강체 역학 시스템을 이용해 얻을 수 있는 사실감은 이런 게임에 두말할 나위 없이 큰 도움이 된다.

13.1.2.2 물리 퍼즐 게임

물리 퍼즐 게임의 핵심은 게이머가 역학적으로 시뮬레이션되는 장난감을 이리저리 갖고 놀게 하는 것이다. 따라서 이런 게임의 핵심적인 게임 역학은 당연히 거의 전적으로 물리에 의존한다. 이런 게임으로는 브리지 빌더Bridge Builder, 인크레더블 머신The Incredible Machine, 판타스틱 컨트랩션Fantastic Contraption, 아이폰용 게임인 크레용 피직스Crayon Physics 등이 있다.

13.1.2.3 샌드박스 게임

샌드박스 게임에는 게임의 목표가 아예 없을 수도 있고 아니면 여러 가지 선택적인 목표가 있을 수도 있다. 플레이어의 주된 목적은 이리저리 돌아다니면서 게임 월드의 물건들로 무엇을 할 수 있는지 탐험하는 것이다. 이런 샌드박스 게임에는 비시즈Besiege, 스포어Spore, 리틀 빅 플래닛Little Big Planet 시리즈 그리고 빼놓을 수 없는 마인크래프트Minecraft가 있다.

샌드박스 게임에서는 사실적인 역학 시뮬레이션을 잘 활용할 만한 기회가 많은데, 특히 게임 월드의 물체들 사이의 사실적인(또는 근 사실적인) 상호 작용이 주된 내용인 게임이면 더욱 그렇다. 이 경우에는 물리 그 자체로도 재미있을 수 있다. 그렇지만 게임의 재미를 위해 사실성을 다소 희생하는 경우도 많다(실제보다 폭발을 거대하게 묘사한다거나 중력을 실제보다 강하거나 약하게 만드는 것이 그 예다). 따라서 좀 더 괜찮은 '느낌'을 얻고자 역학 시뮬레이션을 이리저리 손봐야 하는 경우도 있다.

13.1.2.4 목적 중심 게임과 스토리 중심 게임

목적 중심 게임에는 규칙이 있고 플레이어가 게임을 진행하려면 반드시 성취해야 하는 구체적인 목적이 주어진다. 스토리 중심^{story-driven} 게임에서는 이야기를 풀어나가는 행위 자체가 핵심이다. 물리 시스템을 이런 게임들에 적용하는 일은 까다롭다. 일반적으로 사실적인 시뮬레이션을 하려면 컨트롤하는 요소가 감소되는데, 이 점은 플레이어가 목적을 달성하거나 게임이 이야기를 풀어가는 데 걸림돌이 될 수 있다.

예를 들면 캐릭터를 움직이는 플랫폼 게임^{platformer}에서는 플레이어 캐릭터를 조정할 때 재미있으면서 컨트롤하기 쉬워야 하는데, 이것이 반드시 물리적으로 사실적일 필요는 없다. 또한 전쟁 게임에서는 사실적으로 멋지게 폭발하는 다리가 있으면 좋겠지만 부서진 다리의 잔해가 플레이어의 유일한 이동 경로를 막으면 곤란하다. 이런 게임들에서는 물리가 꼭 재미를 보장하는 것은 아니며, 플레이어의 목적과 물리적 시뮬레이션으로 움직이는 물체들의 행동이 대치될 때는 오히려 재미를 감소시킨다. 따라서 개발 과정에서 물리를 적용할 때는 조심해야 하고 시뮬레이션의 동작을 적절하게 컨트롤할 수 있는 방안을 마련해 게임플레이에 지장이 없게 해야 한다. 또한 플레이어가 어려운 상황에 빠졌을 때 빠져나올 방법을 마련해 주는 것도 좋다. 예를 들면 헤일로^{Halo}에서는 완전히 뒤집힌 차량을 X 버튼으로 다시 뒤집을 수 있게 한다.

13.1.3 물리가 게임에 미치는 영향

물리 시뮬레이션을 게임에 넣는 것은 프로젝트와 게임플레이 모두에 다양한 영향을 끼친다. 여러 게임 분야에 어떤 영향을 미칠 수 있는지 알아보자.

13.1.3.1 디자인에 미치는 영향

- **예측 가능성** 미리 애니메이션된 행동과는 달리 물리 시뮬레이션은 혼란스럽고 다양한 결과를 낳는데, 이것은 예측 가능성을 저해한다. 어떤 일이 매번 정확히 일어나야 한다면 원하는 결과를 만들기 위해 역학 시뮬레이션을 비틀기보다는 차라리 애니메이션으로 만드는 편이 낫다.
- **튜닝과 컨트롤** 물리 법칙은(실제에 근사하게 제대로 구현됐다면) 변하지 않는다. 게임에서 중력이나 강체의 반발 계수 등을 손봐 어느 정도 컨트롤할 수는 있다. 하지만 물리 매개변수를 만졌을 때 그 결과는 직접 드러나지 않고 눈으로 확인하기도 어렵다. 캐릭터를

원하는 방향으로 움직이기 위해 힘을 조정하는 것은 이동하는 애니메이션을 조정하는 것보다 훨씬 어렵다.

- **파생되는 작용** 물리는 때로 게임에 예측하지 못한 결과를 낳기도 한다. 팀 포트리스 클래식^{Team Fortress Classic}의 로켓 발사기를 이용한 점프 트릭이나 헤일로^{Halo}에서 폭발하며 날아가는 멧돼지, PysOps의 날아다니는 서핑 보드 등이 단적인 예다.

원칙적으로 게임 디자인에 맞는 물리 시뮬레이션을 선택해야 한다. 반대가 돼서는 안 된다.

13.1.3.2 엔지니어링에 미치는 영향

- **툴 파이프라인** 품질이 뛰어난 충돌/물리 파이프라인을 만들고 관리하는 데는 적잖은 시간이 걸린다.

- **유저 인터페이스** 플레이어가 게임 월드의 물리 객체를 어떻게 컨트롤할 수 있는가? 총으로 쏴 맞출 수 있는가? 걸어서 그 안으로 들어가거나 집어 들 수 있는가? 트레스패서^{Tresspasser}에서처럼 가상의 팔로 집어 드는가? 아니면 하프 라이프 2^{Half-Life 2}처럼 '중력 총^{gravity gun}'으로 조종하는가?

- **충돌 검출** 역학 시뮬레이션에 사용될 충돌 모델은 그렇지 않은 모델보다 정교하고 조심스럽게 만들어야 한다.

- **AI** 물리적으로 시뮬레이션되는 물체들이 섞여 있으면 길 찾기 결과를 정확히 예측하기 어렵다. 이동하거나 폭파해 버릴 수 있는 동적인 커버 포인트^{cover point}를 엔진에서 처리해야 할 수도 있다. AI가 물리를 교묘하게 이용하게 할 수 있을까?

- **뜻하지 않게 움직이는 물체들** 애니메이션으로 움직이는 물체들끼리는 서로 살짝 뚫고 나가도 큰 문제가 없지만, 역학 시뮬레이션 주도 물체들은 이 경우 의도치 않게 튕겨 나가거나 심하게 요동칠 수 있다. 물체들끼리 조금 뚫고 지나가는 것을 허용하게 충돌 필터링을 써야 할 수도 있다. 물체들이 제자리를 잡고 안정적으로 위치하게 보장하는 방안이 필요할 수 있다.

- **랙 돌^{rag doll}** 물리 랙 돌은 세심한 손질이 필요할 뿐만 아니라 시뮬레이션에서 종종 불안정한 문제를 일으키기도 한다. 애니메이션에 의해 캐릭터 신체의 일부가 다른 충돌 볼륨을 뚫고 들어갈 수 있는데, 이 상태에서 캐릭터가 랙 돌이 되면 매우 불안정한 상태를 야기할 수 있다. 이런 상황이 되지 않게 방지할 방법이 있어야 한다.

- **그래픽** 물리에 의해 발생하는 움직임은 화면에 그려지는 물체의 경계 볼륨에 영향을 끼친다(물리가 없을 경우 경계 볼륨은 변하지 않거나 훨씬 예측하기 쉬운 형태다). 부서지는 빌딩이나 물체가 있으면 미리 계산된 조명이나 그림자를 쓸 수 없게 될 수도 있다.

- **네트워크와 멀티플레이어** 게임플레이에 전혀 영향이 없는 물리 효과라면 각 게임 클라이언트에서 따로(즉 독립적으로) 계산해도 된다. 하지만 게임플레이에 영향을 끼치는 물리(예를 들면 수류탄의 궤적)라면 서버에서 계산한 후 각 클라이언트에서 정확히 재현해야 한다.

- **녹화와 재생** 게임플레이를 녹화하고 나중에 다시 볼 수 있는 기능은 디버깅과 테스트 과정에서 큰 도움이 될 뿐 아니라, 그 자체로 재미를 줄 수 있다. 이것을 구현하는 것은 어려운데, 왜냐하면 모든 엔진 시스템이 결정적으로^{deterministically} 작동해야 녹화할 때와 재생할 때 완전히 같을 수 있기 때문이다. 물리 시뮬레이션이 결정적이지 않다면 꽤나 골치 아플 것이다.

13.1.3.3 아트에 미치는 영향

- **추가적인 도구와 작업 과정에 의한 복잡도 증가** 역학 시뮬레이션에 사용될 물체의 질량, 마찰 계수, 제약 조건 및 기타 속성들은 아트 팀의 작업을 훨씬 복잡하게 만든다.

- **더 복잡한 콘텐츠** 외형은 똑같지만 충돌 및 역학 설정이 다른 물체를 여러 개 만들어 다른 목적으로 써야 할 수 있다. 예를 들면 원래 형태와 파괴할 수 있는 형태 두 가지를 만들어야 할 수도 있다.

- **통제 상실** 물리 주도 물체는 예측 불가능할 수 있기 때문에 장면의 미적인 구성을 유지하도록 통제하기 힘들 수 있다.

13.1.3.4 기타 영향

- **부서 간의 관계에 미치는 영향** 역학 시뮬레이션을 게임에 도입하면 엔지니어링, 아트, 오디오, 기획부서의 긴밀한 협업이 필요해진다.

- **제작에 미치는 영향** 물리는 프로젝트의 개발 비용과 기술적, 조직적 복잡도 및 위험성을 증가시킨다.

많은 게임 개발 팀에서 이런 모든 사항을 고려한 후 강체 역학 시스템을 게임에 도입하는 추세다. 미리 세심하게 계획을 세우고, 작업하면서 현명한 선택을 한다면 물리를 게임에 추가해 보람되고 유익한 결과를 얻을 수 있다. 곧 살펴보겠지만 외부 제작 미들웨어를 이용하면 한층 더 쉽게 물리를 이용할 수 있다.

13.2 충돌/물리 미들웨어

충돌 시스템과 강체 역학 시뮬레이션을 처음부터 만드는 일은 고되고 시간이 많이 걸리는 작업이다. 충돌/물리 시스템은 게임 엔진의 소스코드에서 상당한 비율을 차지할 수도 있다. 당연히 만들고 유지하는 데 많은 노력이 든다.

다행히 안정적이고 품질이 뛰어난 충돌/물리 엔진이 여럿 존재하는데, 상용 제품도 있고 오픈소스 제품도 있다. 이 아래로 그중 몇 개를 간단히 소개한다. 여러 물리 SDK의 장단점에 대해 알고 싶은 독자는 온라인에 있는 게임 개발 포럼(예, http://www.gamedev.net/community/forums/topic.asp?topic_id=463024)들을 조사해 보자.

13.2.1 ODE

ODE는 'Open Dynamics Engine'(http://www.ode.org)을 줄인 말이다. 이름에서 알 수 있듯이 오픈소스 충돌 및 강체 역학 SDK다. 기능은 하복^{Havok} 등의 상용 제품과 비슷하다. 장점으로는 공짜라는 점(영세한 규모의 게임 스튜디오와 학습용 프로젝트에 매우 유리하다)과 모든 소스코드가 공개돼 있다는 점(디버깅이 훨씬 쉽고, 개발하는 게임의 요구 조건에 맞게 고칠 수 있음)이다.

13.2.2 불릿

불릿^{Bullet}은 게임 산업과 영화 산업에서 모두 쓰이는 오픈소스 충돌 검출 및 물리 라이브러리다. 충돌 엔진과 역학 시뮬레이션은 통합돼 있지만 충돌 시스템만 따로 사용하거나 다른 물리 엔진과 같이 사용할 수 있는 기능을 제공한다. 연속 충돌 검출 방식$^{CCD,continuous\ collision}$ ^{detection}(또는 TOI$^{Time\ Of\ Impact}$라고도 알려져 있다)을 지원하는데, 곧 살펴볼 내용이지만 이 기능은 작고 빠르게 움직이는 물체가 포함된 시뮬레이션에 특히 도움이 되는 기능이다. 불릿 SDK

는 다음 사이트(http://code.google.com/p/bullet/)에서 받을 수 있으며, 위키는 다음 사이트(https://pybullet.org)에 있다.

13.2.3 TrueAxis

TrueAxis 또한 충돌/물리 SDK다. 상업 용도 외에는 무료로 사용할 수 있다. 다음 사이트(http://trueaxis.com)를 방문하면 더 많은 정보를 얻을 수 있다.

13.2.4 피직스X

피직스X^{PhysX}는 원래 노보덱스^{Novodex}라는 이름의 라이브러리로 물리 전용 코프로세서용 시장을 창출할 전략적 목표를 갖고 아이지어^{Ageia} 사가 만들었다. 엔비디아가 사들인 후 엔비디아의 GPU를 코프로세서로 동작하게 다시 만들어졌다(GPU의 도움 없이 CPU에서만 돌릴 수도 있다). 다음 사이트(https://developer.nvidia.com/physx-sdk)에 가면 찾을 수 있다. 아이지어와 엔비디아의 마케팅 전략은 CPU 버전 SDK를 완전히 공짜로 제공한 후 이를 통해 물리 전용 코프로세서 시장을 창출하려는 것이다. 비용을 지불하면 모든 소스코드와 라이브러리를 필요에 의해 수정할 수 있다. 피직스X는 엔비디아의 또 다른 멀티플랫폼 역학 프레임워크인 에이펙스^{APEX}와 합쳐졌다. 피직스X/에이펙스는 윈도우 및 리눅스, 맥, 안드로이드, 엑스박스 360, 플레이스테이션 3, 엑스박스 원, 플레이스테이션 4, 위^{Wii}에서 동작한다.

13.2.5 하복

하복^{Havok}은 오늘날 상용 물리 SDK 중 가장 확고한 위치를 점하고 있으며, 가장 다양한 기능을 지원하고 모든 플랫폼에서 훌륭한 성능을 자랑한다(가장 비싸기도 하다). 하복의 핵심에는 충돌/물리 엔진이 있고 그 외에 차량 물리 시스템, 파괴 가능 환경$^{destructible\ environment}$ 모델링 시스템 등이 선택적으로 더해지는데, 이와 더불어 하복의 랙 돌 물리 시스템과 완벽히 통합되면서 독립적인 애니메이션 SDK도 있다. 지원하는 플랫폼은 엑스박스 360, 플레이스테이션 3, 엑스박스 원, 플레이스테이션 4, 플레이스테이션 비타, 위^{Wii}, 위U$^{Wii\ U}$, 윈도우 8, 안드로이드, 애플 맥, iOS가 있다. 하복에 대해 더 알고 싶으면 홈페이지(http://www.havok.com)를 찾아가 보자.

13.2.6 PAL

PAL^{Physics Abstraction Layer}은 한 프로젝트 내에서 여러 개의 물리 SDK를 사용할 수 있게 하는 오픈소스 라이브러리다. 피직스X(노보덱스), Newton, ODE, OpenTissue, Tokamak, TrueAxis 등을 비롯한 다른 SDK를 사용할 수 있는 기반을 제공한다. 좀 더 알고 싶은 독자는 다음 사이트(http://www.adrianboeing.com/pal/index.html)를 방문하면 된다.

13.2.7 DMM

스위스의 제네바에 있는 Pixelux Entertainment S.A.가 개발한 DMM^{Digital Molecular Matter}은 한 정된 방법을 사용해 모양이 변하고 파괴 가능한 물체를 시뮬레이션하는 물리 엔진이다. 이 엔진은 오프라인 기능과 런타임 기능을 모두 지원한다. 2008년에 발표됐고 루카스 아츠^{LucasArts}의 '스타워즈: 포스 언리쉬드^{Star Wars: The Force Unleashed}'에 사용됐다. 가변 형상 물체^{deformable body} 역학을 이 책에서 다루기에는 무리가 있지만 DMM에 대해 더 알고 싶으면 다음 사이트(http://www.pixeluxentertainment.com)를 찾아가 보자.

13.3 충돌 검출 시스템

게임 엔진이 물리 검출 시스템을 사용하는 주된 목적은 게임 월드의 물체들이 서로 접촉을 했는지 알아내는 것이다. 이 문제에 대한 답을 내려면 모든 논리적 단위의 물체를 하나 이상의 기하학적인 형태로 표현해야 한다. 이런 형태는 구나 박스, 또는 캡슐 등 단순한 형태를 띠는 것이 일반적이지만, 더 복잡한 형태가 쓰일 때도 있다. 충돌 시스템은 주어진 시간에 이런 형태들이 교차하는지(겹쳐지는지) 판별한다. 즉, 충돌 검출 시스템이란 결국 엄청나게 거대한 기하 교차 테스터^{geometric intersection tester}라고 할 수 있다.

물론 충돌 시스템이 교차에 대해 단순히 '예/아니오' 답만 주는 것은 아니다. 각 접촉에 대한 의미 있는 정보도 함께 제공한다. 접촉 정보는 물체가 서로 뚫고 들어가는 등의 부자연스러운 시각 효과를 방지하는 데 쓰인다. 대개는 다음 프레임을 그리기 전에 뚫고 들어간 물체들을 서로 떨어지게 만드는 방식을 이용한다. 충돌을 이용해 물체를 지지할 수도 있다. 즉 하나 또는 여러 개의 접촉을 통해 물체가 중력을 비롯한 다른 힘에 대해 안착하게 만들기도 한다. 이외에도 충돌은 다양한 곳에 사용될 수 있는데, 예를 들면 미사일이 목표에 도달하는 순간 폭발하게 한다든가, 플레이어 캐릭터가 공중에 떠 있는 체력 아이템을 지나가면 생명력이 늘어나는 기능 같은 것도 구현할 수 있다. 충돌 시스템이 가장 중요하게 사용되는 분야는 강체 역학 시뮬레이션인데, 물체가 튕겨나가거나 미끄러지거나 멈추는 등 사실적인 물리 현상을 재현하는 용도로 사용된다.

13장에서는 충돌 검출 엔진이 동작하는 원리를 높은 차원에서 간단하게 살펴본다. 더 자세히 알고 싶으면 [14], [48], [11]과 같은 좋은 참고 도서들이 이미 출간돼 있으니 읽어 보기 바란다.

13.3.1 충돌 단위

게임에서 어떤 물체가 다른 물체들과 충돌하는지를 알려면 이 물체가 게임 월드에서 어떤 형상과 위치, 방향을 갖는지를 나타낼 충돌 표현이 있어야 한다. 이것은 물체의 게임플레이 표현(게임에서 물체의 역할과 행동을 지정하는 코드와 데이터)이나 시각적 표현(예를 들면 삼각형으로 구성된 메시나 분할 곡면, 파티클 효과나 여타 형태의 시각적인 표현)과는 다른 자료 구조다.

교차 검사에서는 대개 기하학적으로나 수학적으로 단순한 형상을 선호한다. 예를 들면 충돌 검출을 위해서는 바위를 구로 나타낼 수도 있고, 자동차의 후드는 사각 박스 형태로 나타낼 수 있다. 또한 사람의 몸은 서로 연결된 캡슐(알약처럼 생긴 입체)들의 집합으로 나타내기도 한다. 이런 단순한 표현으로 원하는 효과를 얻을 수 없을 때만 더 복잡한 형상을 사용해야 한다. 그림 13.1에서 충돌 검출을 하기 위해 간단한 형상을 이용해 물체의 부피를 대략적으로 나타낸 예시를 볼 수 있다.

그림 13.1 게임의 물체들이 지닌 부피를 근사하는 데는 단순한 기하학적 형상을 사용하는 것이 일반적이다.

하복에서는 충돌 검출에 사용되는 독립된 강체를 충돌체^{collidable}라고 부른다. 각 충돌체는 C++ 클래스 khpCollidable의 인스턴스 하나다. 피직스X에서는 강체를 액터^{actor}라고 부르며, NxActor 클래스의 인스턴스로 표현한다. 양쪽 모두 충돌체는 두 가지 중요한 정보를 포함한다. 바로 형상^{shape}과 변환^{transform}이다. 형상은 충돌체의 기하학적인 형태를 나타내고 변환은 게임 월드 안에서의 위치와 방향을 나타낸다. 충돌체에 변환 정보가 필요한 이유는 세 가지가 있는데 다음과 같다.

1. 정확히 말하면 형상은 객체의 생김새를 뜻할 뿐이다(예를 들면 구형인지, 박스형인지, 캡슐형인지, 다른 형태의 입체인지 등). 또한 형상이 객체의 크기를 나타낼 수도 있다 (예, 구의 반지름이나 박스에서 한 변의 길이 등). 하지만 일반적으로 형상의 중심은 원점이고 방향은 물체의 모양에 따라 좌표축에 상대적이다. 그렇기 때문에 제대로 쓰이려면 월드 공간에서 제 위치와 방향을 갖게 변환해야 한다.

2. 대다수의 게임 객체는 움직인다. 어떤 복잡한 형상을 움직일 때 그 형상을 구성하는 요소들(정점이나 평면 등)을 일일이 움직이려면 느릴 수밖에 없다. 하지만 변환을 사용하면 형상 복잡도에 상관없이 간단하게 움직일 수 있다.

3. 어느 정도 복잡한 모양인 형상을 나타내는 데 필요한 정보는 적잖은 메모리를 차지할 수 있다. 그래서 하나 이상의 충돌체가 동일한 형상 정보를 공유할 수 있다면 게인이다. 예를 들어 레이싱 게임에서 자동차들의 형상 정보에 같은 형태를 쓸 수도 있다. 그렇다면 자동차들의 충돌체는 전부 한 가지 형상 정보를 공유해 쓰면 된다.

게임 객체 중에는 충돌체가 전혀 없는 것도 있고(충돌 검출 기능을 전혀 사용하지 않는 경우), 충돌체 1개를 갖고 있는 경우도 있으며(객체가 단순한 형태의 강체인 경우), 여러 충돌체로 이뤄진 경우(여러 강체로 이뤄진 로봇 팔과 같은 경우)도 있다.

13.3.2 충돌/물리 월드

일반적으로 충돌 시스템은 모든 충돌체를 관리하기 위해 충돌 월드$^{collision\ world}$라 불리는 싱글턴 자료 구조를 이용한다. 충돌 월드는 특별히 충돌 검출 시스템에서 사용할 수 있게 전체 게임 월드를 본떠 나타낸 것이다. 하복에서 충돌 월드는 hkpWorld 클래스의 인스턴스다. 마찬가지로 피직스X의 충돌 월드는 NxScene의 인스턴스다. ODE는 충돌 월드를 dSpace 클래스의 인스턴스로 표현하는데, 이것은 게임의 모든 충돌체를 나타내는 기하학적 입체의 계층 구조에서 루트가 된다.

각 게임 객체 안에 충돌 정보를 넣어 관리하기보다 충돌 정보를 별도의 자료 구조로 유지하면 몇 가지 장점이 생긴다. 가장 대표적으로 다른 객체와 충돌할 가능성이 있는 객체의 충돌체만 충돌 월드에 갖고 있으면 된다. 이 경우 상관없는 자료 구조들을 헤집고 다닐 필요가 없어진다. 또 충돌체를 최대한 효율적인 방식으로 조직할 수 있는 여지가 생긴다. 예를 들면 최대한 캐시 미스를 줄여서 성능을 극대화할 수 있다. 또 충돌 월드는 효과적인 캡슐화encapsulation 방식이기도 하며, 이해도 증대나 편의성, 테스트의 용이성, 소프트웨어 재사용 등의 측면에서 모두 게인이다.

13.3.2.1 물리 월드

게임에 강체 역학 시스템이 있다면 대개는 충돌 시스템과 밀접하게 연관돼 있다. 강체 역학 시스템은 '월드' 자료 구조를 충돌 시스템과 공유하며, 각 강체는 충돌 시스템의 충돌체 하나와 대응하는 경우가 일반적이다. 물리 시스템은 자세한 충돌 정보를 빈번히 필요로 하는 특성이 있기 때문에 이런 디자인 방식을 흔히 사용한다. 물리 시스템이 충돌 시스템을 구동하는 경우도 다반사인데, 물리 시스템은 시뮬레이션 단계 동안 최소한 한 번 또는 여러 번 충돌 테스트를 수행하라고 지시하기도 한다. 이런 이유 때문에 충돌 월드는 충돌/물리 월드collision/physics world라고 불리는 경우가 많고, 어떤 경우에는 그냥 물리 월드physics world라고 부르기도 한다.

물리 시뮬레이션의 움직이는 강체는 충돌 시스템의 충돌체 하나와 연결된다(하지만 모든 충돌체가 움직이는 강체일 필요는 없다). 하복을 예로 들어 보면 각 강체는 hkpRigidBody 클래스의 인스턴스로 나타내는데, 꼭 1개의 hkpCollidable 포인터를 갖는다. 피직스X에서는 충돌체와 강체 개념이 혼합돼 있어 NxActor 클래스는 두 가지 모두를 나타낸다(그렇지만 강체의 물리적인 속성은 NxBodyDesc의 인스턴스로 따로 저장된다). 두 SDK에서 강체의 위치와 방향이 고정되게 할 수 있는데, 이렇게 하면 이 강체는 역학 시뮬레이션에서는 참여하지 않고 충돌체 역할만 한다는 뜻이다.

이처럼 밀접한 연관성을 갖고 있기는 하지만 대부분의 SDK에서 충돌 라이브러리와 강체 역학 시뮬레이션을 어느 정도는 분리하려 한다. 이렇게 하면 충돌 시스템만 따로 사용할 수 있는 이점이 있다(물리를 사용하지는 않지만 충돌 검출 기능은 사용하는 게임에서는 중요한 점이다). 또 이론적으로 보면 역학 시뮬레이션 코드를 다시 짜지 않고서도 물리 SDK의 충돌 시스템을 완전히 교체할 수도 있다(말은 쉽지만 현실적으로는 그리 쉽지만은 않다).

13.3.3 형상의 개념

형상이라는 개념을 수학적인 이론으로 표현하자면 무수히 많은 방법이 있다(http://en.wikipedia.org/wiki/Shape). 하지만 여기서는 형상을 경계에 의해 둘러싸이고 분명한 안과 밖이 있는 공간이라고 생각하면 충분하다. 2차원에서 형상은 경계가 곡선으로 돼 있거나 3개 이상의 직선으로 둘러싸인 구역(이 경우 다각형이 된다)이다. 3차원에서는 형상은 부피를 갖는데, 경계는 곡면 혹은 다각형으로 이뤄진다(이 경우 다면체라고 부른다).

게임 객체 중 지형, 강 또는 얇은 벽 등은 면^{surface}으로 나타내는 것이 가장 나을 수도 있다는 점을 유념하자. 3차원에서 면은 앞과 뒤가 있는 2차원 기하 형태지만 안과 밖은 없다. 면에는 평면, 삼각형, 분할 곡면, 그리고 연결된 삼각형이나 다각형을 모아 만든 면 등이 있다. 대부분의 충돌 SDK는 면을 기본 단위로 지원하고 형상 개념을 확장해 닫힌 공간과 열린 면을 모두 다룰 수 있게 한다.

일반적으로 충돌 라이브러리는 옵션으로 밀어내기^{extrusion} 값을 주어 면이 부피를 갖게 한다. 이 값은 면이 얼마나 '두꺼운지'를 지정한다. 이렇게 하면 작고 빠르게 움직이는 물체가 극히 얇은 면을 지날 때 충돌을 검출하지 못하는 문제를 줄일 수 있다(이 문제는 '종이를 뚫고 지나가는 총알$^{bullet\ through\ paper}$'이라는 문제인데 13.3.5.7절을 참조하자).

13.3.3.1 교차

일반적인 의미만 놓고 봤을 때 교차가 뭔지 모르는 사람은 없다. 하지만 엄밀히 말해 이 용어는 집합 이론에서 유래한 것이다(http://en.wikipedia.org/wiki/Intersection_(set_theory)). 두 집합의 교집합^{intersection}(교차)은 두 집합에 공통적으로 포함된 멤버들의 부분 집합이다. 기하학적으로 교차란 두 형상 안에 공통으로 들어가는 모든 점(무수히 많은)이라 할 수 있다.

13.3.3.2 접촉

게임에서는 교차를 찾을 때 엄격한 정의대로 점들의 집합이 필요한 것은 아니다. 단순히 두 물체가 서로 교차하는지 아닌지 알면 된다. 충돌이 발생한 경우 충돌 시스템은 접촉^{contact}의 성질에 관한 부가적인 정보를 제공하는 것이 보통이다. 이 정보를 갖고 물체들을 물리적으로 자연스러우면서 효과적으로 떼어놓는 등의 일을 할 수 있다.

일반적으로 충돌 시스템은 접촉 정보를 사용하기 편한 자료 구조에 모아 놓고, 접촉이 검출될 때마다 이 자료 구조를 생성(인스턴싱)한다. 하복을 예로 들어 보면 hkContactPoint 클래스의 인스턴스로 접촉 정보를 리턴한다. 접촉 정보는 보통 분리 벡터separating vector(물체들을 움직여 충돌 상태에서 벗어나게 만들 수 있는 벡터)를 포함하는 경우가 많다. 일반적으로 접촉이 발생한 두 충돌체에 관한 정보도 포함하는데, 여기에는 어떤 형상인지뿐 아니라 때로는 어떤 하위 요소가 접촉하고 있는지도 포함할 수 있다. 이외에도 분리 벡터 방향으로 물체를 움직일 속도 등의 별도 정보를 리턴하기도 한다.

13.3.3.3 볼록함

충돌 검출 분야에서 가장 중요한 개념 중 하나는 볼록convex 형상과 그렇지 않은 비볼록non-convex(예. 오목concave) 형상의 구분이다. 정확히 정의하면 볼록 형상은 형상 안에서 시작한 모든 반직선이 표면을 오직 한 번만 통과하는 성질이 있다. 좀 더 쉽게 볼록 형상인지 판별하려면 그 형상을 얇은 비닐로 압착하는 경우를 떠올리면 된다. 볼록 형상이라면 압착 후 비닐 안에 공기가 남지 않는다. 2차원에서 원과, 사각형, 삼각형은 볼록하지만 팩맨Pac Man은 그렇지 않다. 이 개념을 그대로 3차원에 확장하면 된다.

곧 살펴보겠지만 볼록함이 중요한 이유는 일반적으로 볼록 형상끼리 교차 검사하는 것이 오목 형상이 포함될 때보다 단순하면서 계산도 쉽기 때문이다. 볼록 형상에 대해 더 알고 싶으면 다음 사이트(http://en.wikipedia.org/wiki/Convex)를 방문해 보자.

13.3.4 충돌 기본 단위

충돌 검출 시스템은 대개 한정된 종류의 형상만 다룬다. 어떤 충돌 시스템은 이런 형상들을 충돌 기본 단위collision primitive라고 부르는데, 이것은 이런 형상들을 조합해 더 복잡한 형상을 만들기 때문이다. 이제 가장 널리 쓰이는 충돌 기본 단위 몇 가지에 대해 간단히 살펴보자.

13.3.4.1 구

구sphere는 가장 단순한 3차원 입체다. 구가 가장 효율적인 충돌 기본 단위라는 사실은 누구나 쉽게 알 수 있다. 구는 중심과 반지름으로 이뤄진다. 이 정보는 손쉽게 부동소수 4개로 이뤄진 벡터에 넣어 SIMD 수학 라이브러리에 응용할 수 있다.

13.3.4.2 캡슐

캡슐capsule은 알약처럼 생긴 입체인데, 원기둥 하나의 양쪽에 반구가 더해진다. 구가 지점 A에서 B까지 이동하는 동안의 흔적을 나타내는 입체인 스윕sweep 구라고 볼 수도 있다(하지만 정적 형태가 캡슐인 입체와 구가 움직이면서 만든 입체는 분명한 차이가 있어 같은 개념은 아니다). 캡슐을 나타낼 때는 보통 두 점과 반지름 하나를 사용한다(그림 13.2). 원기둥이나 박스보다 교차 검사가 쉽기 때문에 사람의 팔다리와 같이 원기둥과 유사한 형태의 물체를 모델링할 때 캡슐을 많이 사용한다.

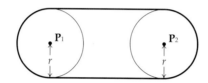

그림 13.2 캡슐은 두 점과 반지름 하나로 나타낼 수 있다.

13.3.4.3 축 정렬 경계 박스

축 정렬 경계 박스AABB, Axis-Aligned Bounding Box는 사각형 모양의 입체(정확히는 직육면체)로 각 면은 좌표계의 축들과 평행한 성질이 있다. 물론 좌표계가 달라지면 좌표축과 평행한 성질이 보장되지 않는다. 그렇기 때문에 AABB는 위치한 좌표계에 상대적인 개념으로만 이야기할 수 있다.

AABB는 두 점만으로 나타낼 수 있다. 한 점은 세 좌표축을 기준으로 박스의 가장 최소 좌표를, 나머지 한 점은 최대 좌표를 의미한다. 그림 13.3에 이 개념이 나와 있다.

축 정렬 경계 박스의 가장 큰 장점은 다른 축 정렬 경계 박스와의 교차 검사를 굉장히 효율적으로 할 수 있다는 점이다. 그리고 가장 큰 제약 조건은 이런 이점을 유지하려면 항상 축 정렬 상태를 유지해야 한다는 점이다. 이 말은 게임 내 물체의 형상을 축 정렬 경계 박스로 근사한 경우 물체가 회전할 때마다 매번 AABB를 다시 구해야 한다는 뜻이다. 물체가 박스 모양에 가깝게 생겼다 하더라도 축을 벗어나 회전하면 AABB는 굉장히 서툰 근사가 될 수 있다. 그림 13.4를 보면 이 말을 이해할 수 있다.

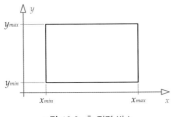

그림 13.3 축 정렬 박스

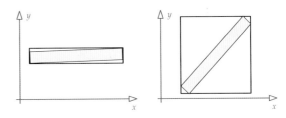

그림 13.4 물체가 대략 박스 모양이며, 물체의 축들도 좌표계의 축과 대략 평행할 때만 AABB로 정확하게 근사할 수 있다.

13.3.4.4 유향 경계 박스

축 정렬 경계 박스에 좌표축을 기준으로 회전할 수 있게 한 것이 유향 경계 박스^{OBB, Oriented Bounding Box}다. 보통 3개의 반 치수(반 너비, 반 깊이, 반 높이)와 변환 하나로 나타낸다(변환은 박스의 중심이 위치할 지점과 좌표축을 기준으로 한 회전 변환을 정의한다). OBB는 임의의 방향을 가진 물체를 근사하는 데 쓸 만하기 때문에 충돌 기본 단위로 많이 쓰이지만, 그다지 정교하다고는 할 수 없다.

13.3.4.5 DOP

DOP^{Discrete Oriented Polytope}는 AABB와 OBB를 좀 더 일반화한 개념이다. 이것은 물체의 형상을 근사하는 볼록한 폴리톱^{polytope}이다. DOP는 여러 개의 평면을 무한대에 자리시키고, 근사하려는 물체와 만날 때까지 법선 방향으로 움직여 만든다. AABB는 각 평면의 법선이 좌표축과 평행한 성질을 가진 6-DOP다. OBB는 마찬가지로 6-DOP이지만, 평면의 법선은 물체의 고유 좌표축들과 평행하다. k-DOP란 평면이 임의의 숫자 k개 있는 DOP다. 일반적으로 DOP를 만들 때는 그 물체의 OBB에서 시작해서 모서리나 꼭지점에 새 평면을 45도 각도로 비스듬히 더해 좀 더 꼭 맞게 둘러싸려 시도한다. 그림 13.5에 k-DOP의 예가 나와 있다.

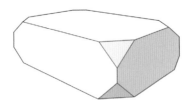

그림 13.5 OBB를 8개의 모서리마다 비스듬히 잘라내 14-DOP를 만들었다.

13.3.4.6 임의의 형상을 한 볼록 입체

대부분의 충돌 엔진들은 임의의 형상을 한 볼록 입체도 지원하는데, 이것들은 3D 아티스트가 마야 등의 도구를 이용해 만든다. 이런 형상들은 다각형(삼각형이나 사각형)으로 이뤄지며, 형상이 정말 볼록한 다면체인지 검증하는 데는 오프라인 도구를 이용한다. 이 테스트를 통과하면 형상의 삼각형들은 평면의 집합(본질적으로 k-DOP)으로 변환되는데, 이것은 평면 식 k개, 또는 k개의 점과 k개의 법선 벡터로 나타낸다(볼록 형상이 아니라고 판별된 경우는 다음에 나올 다각형 수프$^{Poly\ Soup}$로 표현할 수 있기는 하다). 이 과정이 그림 13.6에 나와 있다.

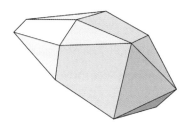

그림 13.6 서로 교차하는 평면들을 모아 임의의 볼록한 입체를 표현할 수 있다.

볼록 입체는 지금껏 이야기한 단순한 기하 단위보다는 교차 테스트하기가 까다롭다. 하지만 이런 형상들은 볼록한 특성 때문에 GJK 등의 고성능 교차 검사 알고리듬을 사용할 수 있다(13.3.5.5절에서 자세히 살펴본다).

13.3.4.7 다각형 수프

임의의 형태이고 볼록하지 않은$^{non-convex}$ 형상을 지원하는 충돌 시스템도 있다. 이 형상들은 대개 삼각형이나 다른 단순한 다각형으로 만든다. 그래서 이런 형상은 다각형 수프 또는 폴리곤 수프(폴리 수프$^{poly\ soup}$)라고 불린다. 다각형 수프는 보통 지형이나 빌딩과 같이 복잡하면서 정적인 형상을 모델링할 때 쓰인다(그림 13.7).

당연하겠지만 충돌 검출 중 다각형 수프에 대한 충돌 검출이 가장 오래 걸린다. 충돌 엔진은 모든 삼각형을 검사해야 할 뿐 아니라 인접한 삼각형들의 공통변에 걸치는 가짜 교차에 대한 처리도 해야 한다. 그렇기 때문에 대부분의 게임에서는 역학 시뮬레이션에 참여하지 않는 물체에만 다각형 수프를 사용하게 제한한다.

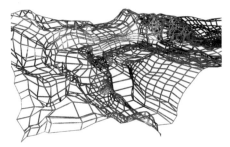

그림 13.7 다각형 수프는 지형이나 빌딩과 같이 복잡하고 정적인 표면을 모델링할 때 쓴다.

다각형 수프의 안과 밖

볼록한 다각형이나 단순한 형상들과는 달리 다각형 수프는 닫힌 공간 아닌 열린 표면을 나타낼 수도 있다. 그런데 충돌 시스템에서 다각형 수프만 보고 닫힌 공간인지 열린 표면인지 구분할 수 없는 경우가 자주 있다. 따라서 어떤 물체가 다각형 수프를 뚫고 들어가 있는 경우 충돌 상태에서 벗어나고자 어느 방향으로 물체를 밀어야 할지 판단하기 어려울 수 있다.

다행히 이 문제에 해법이 없는 것은 아니다. 다각형 수프를 이루는 각 삼각형은 정점을 감아 나가는 방향에 의해 앞과 뒤를 판별할 수 있다. 따라서 주의를 기울이면 모든 다각형의 감는 방향이 일치하게 다각형 수프를 만들 수 있다(즉 인접한 삼각형들은 항상 같은 방향을 '바라보게' 한다). 이렇게 하면 다각형 수프 전체에 '앞'과 '뒤'가 생긴다. 여기에 더해 다각형 수프가 열려 있는지 닫혀 있는지에 관한 정보도 저장한다면(이 정보를 오프라인 도구에서 판별할 수 있다고 가정하면) 닫힌 형상에 대해서는 '앞'과 '뒤'를 '안'과 '밖'으로 해석할 수 있다(다각형 수프를 만드는 규칙에 따라 안팎이 바뀔 수도 있다).

일부 열린 다각형 수프 형상(예. 표면)에 대해서는 다른 방식으로 안팎을 '꾸며 낼' 수도 있다. 예를 들어 게임의 지형을 열린 다각형 수프로 구현한 경우, 표면의 앞은 항상 지구로부터 멀어지는 방향이라고 정하면 된다. 이것은 '앞'이 항상 '밖'이 된다는 의미다. 실제로 이런 방식이 동작하려면 충돌 엔진을 어느 정도 손봐 어떤 규칙을 정했는지 알 수 있게 해야 한다.

13.3.4.8 복합 형상

한 가지 형상만으로 제대로 나타낼 수 없는 물체는 여러 형상을 합쳐 표현할 수 있다. 예를 들면 의자는 박스 2개로 모델링할 수 있는데, 박스 하나는 등받이를, 나머지 하나는 좌석과 네 다리를 나타낸다. 그림 13.8을 보자.

그림 13.8 의자는 연결된 박스 형상 2개로 모델링할 수 있다.

볼록하지 않은 물체를 모델링할 때 다각형 수프보다 복합 형상이 더 효율적인 경우가 많은데, 보통 여러 개의 볼록 입체가 다각형 수프 하나보다 성능이 낫기 때문이다. 뿐만 아니라 어떤 물리 엔진에서는 복합 형상 전체의 볼록 경계 볼륨을 충돌 검사에 이용해 게인을 보기도 한다. 이 과정을 하복은 중간 단계^{midphase} 충돌 검사라고 부른다. 그림 13.9에 나와 있듯 충돌 시스템은 두 복합 형상의 볼록 경계 볼륨을 먼저 검사한다. 경계 볼륨이 겹치지 않는다면 하위 형상들에 대한 검사는 전혀 할 필요도 없다.

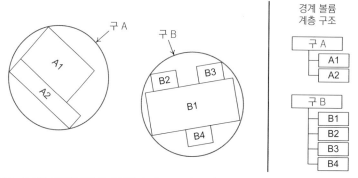

그림 13.9 두 복합 형상의 볼록 경계 볼륨(이 경우 구 A와 구 B)이 겹칠 때만 하위 형상들을 검사하면 된다.

13.3.5 충돌 검사와 해석 기하학

충돌 시스템은 형상 간의 교차 판별을 계산하고자 해석 기하학^{analytical geometry}(3차원 입체와 표면의 수학적 표현)을 이용한다. 다음 사이트(http://en.wikipedia.org/wiki/Analytic_geometry)를 보면 난해하면서 광범위한 해석 기하학에 대해 자세히 알 수 있다. 여기서는 해석 기하학의 기본 개념을 간단히 소개하고 몇 가지 쉬운 예를 살펴본 후 임의의 볼록 다면체에 사용할 수 있는 일반화된 GJK 교차 검사 알고리듬에 대해 알아본다.

13.3.5.1 점과 구

한 점 p가 구 안에 있는지 알아보려면 점과 구의 중심 c의 차이 벡터 s를 구한 후 그 길이를 보면 된다. 길이가 구의 반지름 r보다 크다면 점은 구의 밖에 있는 것이고, 그렇지 않으면 안에 있다.

$$\mathbf{s} = \mathbf{c} - \mathbf{p};$$
$$\text{if } |\mathbf{s}| \leq r \text{ 이면 } \mathbf{p} \text{는 구의 안쪽에 있다.}$$

13.3.5.2 구와 구

두 구가 교차하는지 알아내는 것도 점과 구의 관계를 계산하는 것만큼 간단하다. 마찬가지로 두 구의 중심을 잇는 벡터를 구한다. 그 크기를 구해 두 구의 반지름 합과 비교하면 된다. 벡터의 크기가 반지름들의 합보다 작다면 두 구는 교차한다. 그렇지 않은 경우 교차하지 않는다.

$$\mathbf{s} = \mathbf{c}_1 - \mathbf{c}_2;$$
$$\text{if } |\mathbf{s}| \leq (r_1 + r_2) \text{인 경우 구들은 교차한다.} \tag{13.1}$$

벡터 s의 크기를 구할 때 쓰이는 제곱근 연산을 하지 않으려면 전체 식을 제곱해 버리면 된다. 따라서 식 (13.1)은 다음과 같아진다.

$$\mathbf{s} = \mathbf{c}_1 - \mathbf{c}_2;$$
$$|\mathbf{s}|^2 = \mathbf{s} \cdot \mathbf{s};$$
$$\text{if } |\mathbf{s}|^2 \leq (r_1 + r_2)^2 \text{인 경우 구들은 교차한다.}$$

13.3.5.3 분할 축 정리

대부분의 충돌 검출 시스템은 분할 축 정리separating axis theorem라 불리는 이론을 매우 자주 이용한다(http://en.wikipedia.org/wiki/Separating_axis_theorem). 이 정리의 뜻은 다음과 같다. 두 볼록 형상을 한 축에 투영했을 때 투영한 이미지들이 겹치지 않는 축이 존재하면 두 형상은 교차하지 않는다. 이런 축이 존재하지 않으며 동시에 두 형상이 볼록하다면 이 형상들은 반드시 교차한다(형상들이 오목할 경우 분할 축이 존재하지 않는다 해도 교차하지 않을 수 있다. 바로 이런 이유 때문에 충돌 검출에서는 볼록 형상을 선호한다).

이 정리를 눈으로 확인하려면 2차원에서 보는 것이 가장 쉽다. 어떤 선이 있을 때 물체 A는 선의 한쪽에 있고 물체 B는 반대쪽에 있다면 직관적으로도 A와 B는 겹치지 않는다는 것을 알 수 있다. 이 선을 분할 선^{separating line}이라고 부르며, 이 선은 항상 분할 축^{separating axis}에 수직이다. 따라서 분할 선을 찾은 후 그에 수직인 분할 축에 형상이 투영된 모습을 보면 분할 축 정리가 옳다는 사실을 쉽게 이해할 수 있다.

2차원 볼록 형상을 축에 투영하는 것은 가는 선 위에 그림자를 비치는 것으로 생각하면 된다. 이것은 언제나 축 위의 선분이 되고 축 방향으로 형상의 최대 범위를 나타낸다. 달리 보면 이렇게 투영된 이미지는 그 축상의 최소와 최대 좌표로 볼 수도 있는데, 이 경우 닫힌 구간 $[c_{min}, c_{max}]$로 표기할 수 있다. 그림 13.10에서 볼 수 있듯이 두 형상 간에 분할 축이 존재하는 경우 분할 축에 투영해도 겹치지 않는다. 그렇지만 분할 축이 아닌 다른 축에 투영한 이미지는 겹칠 수 있다.

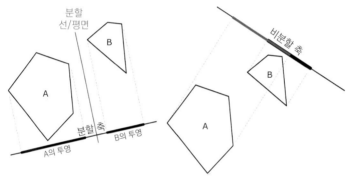

그림 13.10 두 형상을 분할 축에 투영하면 항상 서로 다른 두 선분이 된다. 같은 형상들을 비분할 축에 투영하면 그렇지 않다. 분할 축이 존재하지 않으면 두 형상은 교차한다.

3차원인 경우 분할 선은 분할 평면으로 확장되지만 분할 축은 마찬가지로 그냥 축이다(예를 들면 무한히 긴 직선). 2차원에서와 마찬가지로 3차원 볼록 형상을 축에 투영하면 선분이 되고, 이는 역시 닫힌 구간 $[c_{min}, c_{max}]$로 나타낼 수 있다.

어떤 형상은 분할 축이 될 만한 후보를 쉽게 찾을 수 있는 특성이 있다. 이런 두 형상 A와 B 간의 교차 검출에서는 두 형상을 각 후보 분할 축에 투영한 후 두 닫힌 투영 구간 $[c_{min}^A, c_{max}^A]$, $[c_{min}^B, c_{max}^B]$이 서로 만나지 않는지(즉 겹치지 않는지) 알아내면 된다.

수학적으로는 $c_{max}^A < c_{min}^B$이거나 $c_{max}^B < c_{min}^A$인 경우 두 구간은 만나지 않는다. 이렇게 여러 후보 분할 축 중에 투영된 구간들이 만나지 않는 것이 있다면 바로 이것이 분할 축이 되며, 두 형상은 서로 교차하지 않음을 알 수 있다.

이 원리가 실제로 어떻게 동작하는지 알아보고자 구와 구 간의 교차 검사를 예로 살펴보자. 두 구가 서로 교차하지 않는다면 구의 중심들을 연결하는 선분과 평행한 축은 언제나 올바른 분할 축이다(그렇지만 두 구가 얼마나 떨어져 있느냐에 따라 다른 분할 축도 얼마든지 존재할 수 있다). 이제 두 구가 거의 닿을 정도로 가까이 있지만 아직 접촉하지는 않은 상황을 상상해 보자. 이 경우에는 두 중심을 연결하는 선분에 평행인 축만이 분할 축이 될 수 있다. 이제 두 구가 서로 떨어지기 시작하면 분할 축을 다른 방향으로 조금씩 움직일 수 있다. 그림 13.11에 이 개념이 설명돼 있다.

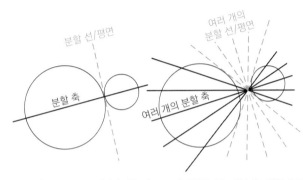

그림 13.11 두 구가 무한히 작은 거리를 두고 떨어져 있을 때 두 구의 중심을 잇는 선분에 평행한 축만이 분할 축이 될 수 있다.

13.3.5.4 AABB와 AABB

두 AABB가 서로 교차하는지 알려면 마찬가지로 분할 축 정리를 이용한다. 두 AABB의 면들은 모두 동일한 좌표축에 평행하다는 성질이 있기 때문에 분할 축이 존재한다면 그것은 이 세 좌표축 중 하나라는 것을 알 수 있다.

그렇다면 두 AABB(A와 B라고 하자)의 교차 검사를 하려면 각 좌표축마다 A와 B의 최대, 최소 좌표를 각각 검사하면 된다. x축을 따라서는 $[x^A_{min}, x^A_{max}]$와 $[x^B_{min}, x^B_{max}]$ 두 구간이 있는 것처럼 y축과 z축에도 마찬가지로 두 구간이 있다. 세 축 위의 모든 구간이 겹치면 두 AABB는 교차하는 것이고 그렇지 않은 경우는 교차하지 않는다. 그림 13.12에 교차하는 AABB들과 교차하지 않는 AABB의 예가 나와 있다(이해를 돕기 위해 그림은 2차원으로 단순화했다). AABB 충돌을 심도 있게 공부하고 싶은 독자는 다음 사이트(https://www.gamedeveloper.com/programming/when-two-hearts-collide-axis-aligned-bounding-boxes)를 방문해 보자.

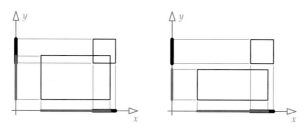

그림 13.12 교차하는 AABB와 교차하지 않는 AABB의 2차원 예. 두 번째 AABB 쌍의 경우 x축 위에서는 겹치지만 y축 위에서는 겹치지 않는 것을 유의해 보자.

13.3.5.5 볼록 형상들 간의 충돌 검출: GJK 알고리듬

임의의 볼록한 폴리톱(2차원의 볼록 다각형과 3차원의 볼록 다면체가 그 예다) 간의 교차 검출에 매우 효율적인 알고리듬이 있다. 이 알고리듬은 창시자들인 미시건 대학의 E. G. 길버트[E. G.Gilbert], D. W. 존슨[D. W. Johnson], S. S. 키어시[S. S. Keerthi]의 이름을 따서 GJK 알고리듬이라 불린다. 원래 이 알고리듬을 발표한 논문(http://ieeexplore.ieee.org/xpl/freeabs_all.jsp?&arnumber=2083) 외에도 수많은 논문들이 GJK 알고리듬을 다루는데, 이 중에는 훌륭한 시그래프[SIGGRAPH] 파워포인트 프레젠테이션(http://realtimecollisiondetection.net/pubs/SIGGRAPH04_Ericson_the_GJK_algorithm.ppt, Christer Ericson)과 다른 파워포인트 프레젠테이션(www.laas.fr/~nic/MOVIE/Workshop/Slides/Gino.vander.Bergen.ppt, Gino van den Bergen) 등이 대표적이다. 하지만 이 중에 GJK 알고리듬을 제일 이해하기 쉽게(동시에 가장 재미있게) 설명하는 자료는 교육용 비디오 'Implementing GJK'(Casey Muratori 제작)가 아닐까 한다. 이 비디오는 다음 사이트(http://mollyrocket.com/849)에서 찾을 수 있다. 이처럼 훌륭한 자료들이 가득하기 때문에 여기서는 그냥 알고리듬의 핵심에 대해 살짝 살펴보기로 하고, 자세한 내용들은 방금 언급한 몰리 로켓[Molly Rocket] 웹사이트나 다른 참고 자료들을 참조하면 된다.

GJK 알고리듬은 민코프스키 차[Minkowski difference]라고 불리는 기하 연산을 바탕으로 한다. 이름은 약간 이상하게 들릴지 몰라도 사실 간단한 개념이다. 형상 B의 내부에 존재하는 모든 점에서 형상 A의 내부에 존재하는 모든 점을 쌍쌍이 빼면 된다. 그 결과는 점들의 집합 $\{(A_i - B_j)\}$이며 이것이 민코프스키 차다.

중요한 점은 민코프스키 차를 두 볼록 형상에 적용했을 때 두 형상이 교차하는 경우에만 원점이 존재한다는 사실이다. 이 명제를 증명하는 것은 이 책의 범위를 벗어나는 일이다. 하지만 직관적으로 생각해 보면 두 구 A와 B가 교차한다는 말은 곧 A 내부에 존재하면서 동시에 B의 내부에도 존재하는 점들이 있다는 말이다. 그렇다면 B 내부의 모든 점에서 A 내부의 모든 점을 빼는 과정에서 두 형상 모두에 존재하는 공통된 점을 만나게 된다. 자신에서 자신을 빼면 0이고, 따라서 두 구 A와 B에 모두 포함되는 점들이 있을 때(그리고 이 경우에만) 민코프스키 차가 원점을 포함한다는 사실을 알 수 있다. 이 개념은 그림 13.13에 나와 있다.

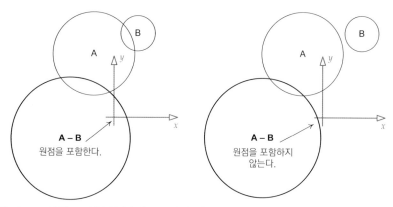

그림 13.13 교차하는 두 볼록 형상의 민코프스키 차는 원점을 포함하지만 교차하지 않는 형상은 그렇지 않다.

두 볼록 형상의 민코프스키 차는 마찬가지로 볼록 형상이다. 우리가 관심 있는 것은 민코프스키 차의 볼록한 껍데기^{convex hull}이지 그 안의 점들이 아니다. GJK의 기본적인 절차는 민코프스키 차의 껍데기에 존재하는 점들로 구성된 사면체^{tetrahedron}(예, 삼각형인 면이 4개인 다면체) 중 원점을 둘러싸는 것을 찾는 과정이다. 이런 사면체를 찾을 수 있으면 두 형상은 교차하는 것이고 찾지 못한다면 교차하지 않는 것이다.

사면체는 단체^{simplex}라 불리는 기하학적인 객체의 일종이다. 이름이 어렵다고 해서 당황할 필요는 없다. 단체란 그냥 점들의 모음일 뿐이다. 점이 하나인 단체는 점이고, 2개인 단체는 선분이며, 3개인 단체는 삼각형, 4개인 단체는 사면체다(그림 13.14).

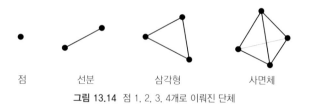

점   선분   삼각형   사면체

그림 13.14 점 1, 2, 3, 4개로 이뤄진 단체

GJK는 반복적인 알고리듬으로 처음에는 민코프스키 차의 껍데기 위에 있는 임의의 점 하나인 단체에서 시작한다. 그런 후 점차 차수가 높은 단체를 만들어 가면서 그중에 원점을 포함할 수 있는 것을 찾으려 한다. 매번 루프를 반복하는 동안 현재 만든 단체를 살펴봐서 원점이 상대적으로 어느 방향에 있는지를 알아낸다. 그런 후 그 방향에 있는 민코프스키 차의 받침 정점 support vertex을 찾는다. 예를 들면 지금 나가고 있는 방향에서 원점과 가장 가까운 볼록한 껍데기 위의 한 점이다. 이 새로운 점을 단체에 더해 차원이 높은 단체를 민든다(예, 점은 선분이 되고, 선분은 삼각형이 되며, 삼각형은 사면체가 된다). 이렇게 만든 단체가 원점을 둘러싸게 되면 끝난다(두 형상은 서로 교차한다는 것을 알 수 있다). 반대로 지금의 단체보다 원점에 더 가까운 받침 정점을 찾지 못하면 어떻게 하더라도 원점에 도달하지 못하리라는 것을 알게 되는데, 즉 두 형상은 교차하지 않는다. 이 과정은 그림 13.15에 나와 있다.

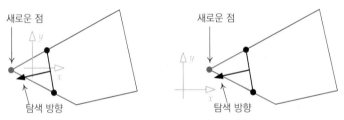

그림 13.15 GJK 알고리듬에서 현재 단체에 점을 더해 원점을 포함하는 형상이 만들어지면 두 형상이 교차하는 것을 알 수 있다. 하지만 원점에 더 가까운 받침 정점을 더할 수 없는 경우에는 두 형상이 교차하지 않는다.

GJK를 정말 이해하고 싶다면 앞서 소개한 논문들과 비디오를 꼭 봐야 한다. 이 책에 소개한 내용이 여러분에게 좋은 촉매가 돼 더 깊은 탐구로 이끌어 주길 바랄 뿐이다. 최소한 'GJK'란 단어를 슬쩍 흘리기만 해도 친구들이 바라보는 눈이 달라질지도 모른다(그런데 진짜 알고리듬을 잘 이해하고 있지 않다면 면접 때는 그러면 안 된다).

13.3.5.6 기타 형상 간의 교차 검사

이제껏 살펴본 것들 외에 다른 형상들 간의 교차 검사들은 참고 문헌 [14], [48], [11] 등에서 잘 설명하고 있어서 여기에 대해 더 이야기하지 않겠다. 중요한 점은 형상과 형상의 교차를 이야기할 때 조합할 수 있는 경우의 수가 무척 많다는 점이다. 즉 형상 종류가 N개 있으면 2개씩 짝을 지어 테스트하는 방법은 O(N^2)이다. 이처럼 처리해야 할 교차 검사의 수가 많은 점은 충돌 엔진의 복잡도가 증가하는 주요한 원인이다. 그렇기 때문에 충돌 엔진을 만들 때 대개는 기본 단위 종류의 수를 제한한다. 이렇게 해서 충돌 검출 시스템에서 처리해야 할 경우의 수를 크게 줄일 수 있다(바로 이 점이 GJK가 인기 있는 이유인데, 모든 종류의 볼록 형상들 간의 충돌 검출을 한 번에 처리할 수 있기 때문이다. 알고리듬에서 사용하는 받침 함수support function만 형상에 따라 다를 뿐이다).

또한 임의의 두 형상을 검사할 때 형상의 종류에 맞게 적절한 충돌 검사 함수를 골라 줄 코드를 어떻게 짜야 할지에 관한 실질적인 문제도 생각해야 한다. 많은 충돌 엔진에서는 더블 디스패치 방식을 사용한다(http://en.wikipedia.org/wiki/Double_dispatch). 가상 함수virtual function 등의 싱글 디스패치 방식에서는 런타임에 한 가지 객체의 종류에 따라 여러 추상 함수abstract function 구현 중에 어떤 것이 실제로 호출될지 결정한다. 더블 디스패치는 가상 함수의 개념을 객체 종류 2개로 확장한 것이다. 이것을 구현하려면 검사할 객체 타입들로 찾아볼 수 있는 2차원 함수 참조 테이블을 사용하면 된다. 다른 방법으로는 객체 A의 종류에 의해 가상 함수를 부르고, 여기서 객체 B의 종류에 따라 두 번째 가상 함수를 부르게 하는 방식도 있다.

이제 실제 예를 살펴보자. 하복에서는 충돌 에이전트(hkCollisionAgent를 상속받은 클래스들)라는 객체들을 이용해 교차 테스트 종류를 결정한다. 콘크리트 에이전트 클래스에는 hkpSphereSphereAgent, hkpSphereCapsuleAgent, hkpGskConvexConvexAgent 등이 있다. 에이전트의 종류는 2차원 디스패치 테이블 원리로 찾는데, 이 일은 hkpCollisionDispatcher 클래스가 맡는다. hkpCollisionDispatcher의 역할은 충돌체 2개가 주어지면 빠르게 올바른 에이전트를 찾아낸 후 그 2개의 충돌체를 인자로 넘겨 에이전트를 호출하는 것이다.

13.3.5.7 움직이는 물체 간의 충돌 검출

지금껏 이야기한 교차 검사는 움직이지 않는 물체들 간의 정적인 검사였다. 하지만 물체들이 움직이는 경우에는 좀 더 복잡해진다. 게임에서는 움직임을 분명하게 끊어진 시간 단계마다 시뮬레이션한다. 따라서 이 점을 이용해 각 시간 단계마다 모든 강체의 위치와 방향을 정지된 것으로 놓고, 물리 월드의 '정지 화면'에 대해 정적인 교차 검사를 하는 식으로 단순하게 구현하는 수도 있다. 이 방법은 물체들이 그 크기에 비해 너무 빠르게 움직이지 않는 한 제대로 동작한다. 사실 하복을 비롯한 많은 충돌/물리 엔진에서 기본으로 사용할 정도로 큰 문제는 없다.

하지만 작고 빠르게 움직이는 물체는 이런 식으로 처리할 수 없다. 매우 빠르게 움직이는 물체가 있고 각 시간 단계마다 자신의 크기보다 몇 배나 먼 거리(이동 방향을 기준으로)를 움직인다고 생각해 보자. 이제 물리 월드의 연속된 정지 화면 2개를 나란히 겹쳐 보면 빨리 움직이는 이 물체의 상은 거리를 두고 떨어져 있다. 다른 물체가 이 사이에 놓여 있다면 전혀 충돌을 감지하지 못하게 된다. 이 문제는 그림 13.16에 그려져 있는데 '종이를 뚫는 총알 문제'bullet through paper' 또는 '터널링tunneling'이라고 부른다. 이 문제를 해결하려고 흔히 사용하는 방법들을 몇 가지 살펴보자.

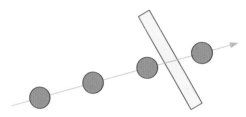

그림 13.16 각 시간 간격에서 물리 월드의 정지 화면을 보면 작고 빠르게 움직이는 물체는 그 궤적에 간격이 있는데, 이는 충돌을 전혀 감지하지 못할 수도 있음을 의미한다.

스윕 형상

터널링을 해결하는 방법 중 하나로 스윕 형상swept shape을 이용하는 방법이 있다. 스윕 형상이란 어떤 형상이 한 지점에서 다른 지점으로 시간을 두고 이동하는 움직임에 따라 생기는 새로운 형상이다. 예를 들어 구의 스윕 형상은 캡슐이고, 삼각형의 스윕 형상은 프리즘이다(그림 13.17 참조).

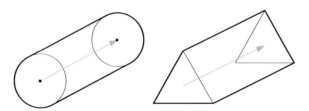

그림 13.17 구의 스윕 형상은 캡슐이고 삼각형의 스윕 형상은 프리즘이 된다.

정적인 충돌 월드의 정지 화면에서 교차 검사를 하는 대신 앞선 정지 화면에서의 위치와 방향부터 현재의 정지 화면에서 위치와 방향으로 물체를 움직여 생기는 스윕 형상을 갖고 검사하는 방법이 있다. 이 방법은 곧 정지 화면 사이에서 충돌체의 움직임을 선형 보간하는 것과 비슷한데, 정지 화면 사이의 물체 움직임은 보통 선분 위의 궤적으로 취급하기 때문이다.

빠른 충돌체의 움직임을 선형 보간한 경우 당연히 원래의 움직임과 비슷하지 않을 수도 있다. 예를 들면 충돌체가 곡선을 그리며 움직이는 경우 원래대로라면 곡선 경로를 따라 스윕 형상을 만들어야 한다. 하지만 볼록 형상으로 곡선을 따라 스윕 형상을 만들면 볼록 형상이 되지 않는 문제가 있는데, 이렇게 되면 충돌 검사가 훨씬 복잡해지고 계산도 오래 걸린다.

뿐만 아니라 볼록 형상이 회전하는 경우에 스윕 형상을 만들면 볼록하지 않을 수도 있는데, 곧게 움직인다 하더라도 그렇다. 그림 13.18에서 볼 수 있듯 정지 화면 간에 물체의 외형에 선형 보외법을 사용하면^{extrapolate} 언제나 볼록 형상을 얻을 수 있다.[2] 하지만 얻어진 볼록 형상은 원래 형상이 시간 단계마다 정말 어떤 모습을 하고 있었는지를 정확하게 표현하지 못할 수 있다. 결론적으로 말하면 물체가 회전하는 경우에는 선형 보간은 그다지 적합하지 않다. 따라서 형상의 회전이 명시적으로 금지되지 않은 경우 스윕 형상을 이용한 교차 검사는 정적인 정지 화면 방식과 비교해 훨씬 복잡하고 계산하는 데 시간이 많이 걸린다.

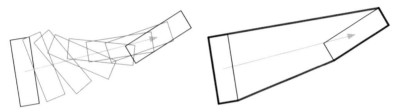

그림 13.18 선분을 따라 움직이면서 회전하는 물체의 스윕 형상은 반드시 볼록 형상이 아닐 수 있다(왼쪽). 움직임에 선형 보외법을 이용하면 볼록 형상이 만들어지지만(오른쪽), 시간 단계 안에서 정말 어떻게 움직였는지를 나타내기에는 정확하지 않을 수 있다.

충돌 월드의 정지된 상태 사이에 충돌을 놓치지 않게 보장하려면 스윕 형상을 이용하면 된다. 하지만 곡선 궤적을 따라 움직이거나 회전하는 충돌체를 선형 보간하면 일반적으로 그 결과가 부정확하기 때문에 게임의 요구 사항에 따라 더 복잡한 기법이 필요할 때도 있다.

연속 충돌 검출

터널링 문제를 해결하는 또 다른 방법으로 연속 충돌 검출$^{CCD, Continuous Collision Detection}$이라는 기법이 있다. CCD의 목표는 주어진 시간 구간 내에서 움직이는 두 물체 간의 가장 이른 충돌 시각$^{time of impact}$을 찾는 것이다.

CCD 알고리듬은 속성상 대부분 반복적이다. 충돌체마다 이전 시간 단계와 현재 시간 단계에서의 위치와 방향이 있다. 이 정보를 갖고 위치와 방향을 따로 선형 보간하는데, 이렇게 해서

---

2   보외법이란 주어진 2개의 점으로 이 점들 외부의 위치를 추정하는 방법이다. – 옮긴이

이전 시간 단계와 현재 시간 단계 사이에 있는 임의의 시각에서 충돌체의 변환을 대략적으로 계산할 수 있다. 그런 후 이 움직임 경로에서 가장 이른 TOI^{Time Of Impact}를 검색한다. 다양한 검색 알고리듬이 널리 쓰이는데, 그중 브라이언 머티치^{Brian Mirtich}의 conservative advancement 방식은 민코프스키 차에 레이 캐스팅하거나 각 요소 쌍의 최소 TOI를 검토하는 방식을 쓴다. 소니 인터랙티브 엔터테인먼트의 어윈 코만스^{Erwin Coumans}는 이와 같은 알고리듬 일부를 다음 사이트(http://gamedevs.org/uploads/continuous-collision-detection-and-physics.pdf)에서 소개하는데, 기존 conservative advancement 방식에 스스로 고안한 창의적인 변형까지도 함께 소개한다.

13.3.6 성능 최적화

충돌 검출은 다음의 두 가지 이유 때문에 CPU 집중적이다.

1. 두 형상이 교차하는지 알아내는 데 필요한 계산 자체가 매우 복잡하다.
2. 게임 월드에는 보통 수많은 물체가 있는데, 교차 검사 횟수는 물체 수가 많아질수록 급격히 증가한다.

물체 n개가 있을 때, 단순한 방식에서는 모든 쌍을 검사하기 때문에 알고리듬이 $O(n^2)$의 복잡도를 갖는다. 하지만 실제로는 이보다 효율적인 알고리듬들이 쓰인다. 공간 해시(http://bit.ly/1fLtX1D)나 공간 분할, 계층적 경계 볼륨 기법 등이 교차 검사 횟수를 줄이는 데 사용된다.

13.3.6.1 시간적 일관성

많이 쓰이는 최적화 기법으로 시간적 일관성^{temporal coherency}, 또는 프레임 간 일관성^{frame-to-frame coherency}을 이용한 것이 있다. 충돌체가 완만한 속도로 움직이고 있다면 그 위치와 방향은 시간 단계를 거쳐도 크게 변하지 않는다. 그렇기 때문에 어떤 정보를 계산한 다음 이것을 여러 시간 단계에 동일하게 사용하면 프레임마다 다시 계산하는 수고를 덜 수 있다. 실제로 하복의 충돌 에이전트(hkpCollisionAgent)는 여러 프레임에 걸쳐 지속적으로 쓰이는데, 이렇게 하면 해당 충돌체가 움직여서 계산을 다시 해야 하는 상황이 오지 않는 한 여러 시간 단계에 걸쳐 재사용할 수 있다.

13.3.6.2 공간 분할

공간 분할spatial partitioning의 기본 개념은 한 공간을 여러 작은 지역으로 나눠서 교차 검사를 해야 할 충돌체 수를 과감하게 줄이는 것이다. 두 충돌체가 같은 지역에 있지 않다는 것을 (복잡하지 않은 방식으로) 미리 알 수 있으면 이 두 충돌체에 대해서는 복잡한 교차 검사를 할 필요가 없다.

옥트리octree, 이진 공간 분할BSP 트리, kd 트리, 구 트리sphere tree 등의 다양한 계층 분할 방식들이 충돌 검출 최적화 과정에서 공간을 분할하는 데 쓰인다. 이런 트리들이 공간을 나누는 방식은 다르지만 계층적인 방식을 쓴다는 점은 같은데, 트리의 루트에서 크게 공간을 나눈 후 그 공간들을 다시 쪼개 충분히 잘게 나뉠 때까지 반복한다. 그런 후 충돌할 가능성이 있는 물체들의 그룹이 정말 교차하는지 찾아내고 검사하는 데 트리를 탐색하면 된다. 이 트리들은 공간을 나누기 때문에 탐색할 때 하나의 가지branch에 있는 객체들은 형제 가지sibling에 있는 객체들과 충돌할 수 없다는 점을 분명히 알 수 있다.

13.3.6.3 넓은 단계, 중간 단계, 좁은 단계

하복에서는 시간 단계마다 검사해야 하는 충돌체들을 선별하는 데 세 가지 단계를 사용한다.

- 첫째, 대강의 AABB 테스트로 교차할 가능성이 있는 충돌체들을 알아낸다. 이 과정을 **넓은 단계**broad phase **충돌 검출**이라고 부른다.
- 둘째, 복합 형상들을 대강의 경계 볼륨으로 검사한다. 이 과정을 **중간 단계**midphase **충돌 검출**이라고 한다. 예를 들어 복합 형상이 3개의 구로 이뤄졌다면 경계 볼륨은 이 모두를 둘러싼 네 번째의 큰 구라고 볼 수 있다. 복합 형상은 또 다른 복합 형상을 포함할 수도 있기 때문에 일반적으로 복합 충돌체는 계층적인 경계 볼륨 구조라고 할 수 있다.
- 마지막으로, 충돌체의 개별적인 충돌 단위들로 교차 테스트를 한다. 이 단계를 **좁은 단계**narrow phase **충돌 검출**이라고 한다.

스윕 앤드 프룬 알고리듬

주요한 충돌/물리 엔진들(예: 하복, ODE, PhysX)은 모두 넓은 단계 충돌 검출에서 스윕 앤드 프룬 알고리듬sweep and prune algorithm(http://en.wikipedia.org/wiki/Sweep_and_prune)을 사용한다.

기본 원리는 충돌체들의 AABB에서 세 좌표축 방향으로 최댓값과 최솟값을 구한 후 정렬된 리스트를 탐색해 교차하는 AABB를 찾는 방식이다. 스윕 앤드 프룬 알고리듬은 프레임 간 일관성(13.3.6.1절 참조)을 이용해 정렬에 걸리는 복잡도를 $O(n \log n)$에서 $O(n)$으로 줄일 수 있다. 프레임 간 일관성은 객체가 회전하는 경우 AABB를 갱신하는 데도 도움이 된다.

13.3.7 충돌 질의

충돌 검출 시스템의 또 다른 역할은 게임 월드의 충돌 볼륨들과 관련된 가상의 질문에 해답을 내는 것이다. 이런 질문에는 다음과 같은 것들이 있다.

- 플레이어의 무기에서 현재 방향으로 총알이 발사되면 제일 처음 어디에 맞게 되는가? 또는 아무것도 맞추지 못하는가?
- 탈것이 지점 A에서 지점 B로 이동할 때 그 사이에 부딪히는 물체는 없는가?
- 어떤 캐릭터에서 일정 반경 안의 모든 적들을 찾아라.

이런 질문들을 충돌 질의collision query라고 부른다.

가장 자주 쓰는 충돌 질의는 충돌 캐스트인데 흔히 그냥 캐스트라고도 한다(트레이스나 프로브 등의 용어는 모두 캐스트와 같은 말이다). 캐스트란 임의의 물체를 충돌 월드에 위치시킨 후 반직선 또는 선분만큼 움직이는 동안 어떤 물체와 충돌하는지, 또는 충돌하지 않는지를 판별하는 것이다. 캐스트는 그 대상이 실제로 충돌 월드에 존재하지 않는다는 점에서 일반적인 충돌 검출 과정과는 다르다. 캐스트는 충돌 월드의 다른 물체들에 전혀 영향을 줄 수 없다. 바로 이 점 때문에 충돌 캐스트가 충돌체에 관한 가상의 질문에 대한 해답을 낸다고 말한다.

13.3.7.1 레이 캐스트

레이 캐스트ray casting(반직선 캐스트)는 가장 단순한 충돌 캐스트인데, 사실 이름이 좀 잘못됐다. 실제로는 방향이 있는 선분이기 때문이다. 즉 시작점(p_0)와 끝점(p_1)이 있다. 대부분의 충돌 시스템은 무한한 반직선을 지원하지 않는데, 이는 매개 변수를 사용한 공식 때문에 그렇다(아래 참조). 이 선분을 충돌 월드의 충돌체들과 테스트한다. 교차하는 충돌체가 있다면 접촉 지점(여러 개일 수도 있음)을 리턴한다.

레이 캐스트에 쓰이는 선분은 보통 시작점 p_0와 델타 벡터 d로 정의하는데, p_0에 d를 더하면 끝점 p_1이 된다. 이 선분 위에 있는 모든 점은 다음과 같은 매개 변수 방정식을 통해 나타낼 수 있는데, 매개 변수 t는 0부터 1까지 변한다.

$$\mathbf{p}(t) = \mathbf{p}_0 + t\mathbf{d}, \qquad t \in [0, 1]$$

$p_0 = p(0)$이고 $p_1 = p(1)$임은 자명하다. 또한 선분 위에 있는 접촉 지점은 그에 맞는 매개 변수 t의 값을 지정하면 고유하게 나타낼 수 있다. 거의 대부분 레이 캐스트 API들이 접촉 지점을 't 값'으로 리턴하거나 아니면 다른 형태의 접촉 지점을 별도의 함수를 통해 t 값으로 바꿀 수 있는 기능을 지원한다.

충돌 검출 시스템의 상당수가 최초의 접촉 정보(즉 p_0에 가장 가까우면서 t 값이 최소인 접촉 지점)를 리턴할 수 있다. 어떤 시스템의 경우에는 반직선이나 선분과 교차하는 모든 충돌체를 알려 주기도 한다. 매 접촉 정보에는 t 값과 더불어 교차한 충돌체를 식별할 수 있는 고유한 값 등이 포함돼 있고, 그 외에 접촉 지점의 표면 법선, 충돌한 형상 또는 표면과 관련 있는 기타 정보들도 포함될 수 있다. 다음은 접촉 정보를 나타내는 자료 구조의 한 예다.

```
struct RayCastContact
{
    F32    m_t;                // 이 접촉이 일어난 t 값
    U32    m_collidableId;     // 충돌이 일어난 충돌체

    Vector m_normal;           // 접촉 지점의 표면 법선

    // 기타 정보...
};
```

레이 캐스트 응용

게임에서 레이 캐스트는 굉장히 자주 쓰인다. 예를 들면 캐릭터 A가 캐릭터 B를 바라볼 수 있는지 충돌 시스템을 통해 알고 싶다고 하자. 이것은 캐릭터 A의 눈에서 캐릭터 B의 몸통으로 방향이 있는 선분을 쏴 보면 금방 알 수 있다. 반직선이 캐릭터 B에 도달하면 A가 B를 '볼 수' 있다. 하지만 B에 도달하기 전에 다른 물체와 먼저 교차한다면 A의 시야는 그 물체에 가려져 있다는 것을 알게 된다. 레이 캐스트의 용도로는 무기 시스템(예. 총알이 목표에 맞는지를 판별), 플레이어 조작(예. 캐릭터 발밑에 단단한 지형이 있는지 없는지 판별), AI 시스템(예. 시야 검사, 조준, 움직임 질의 등), 탈것 시스템(타이어를 지형에 맞게 위치하고 방향을 조정) 등 여러 가지가 있다.

13.3.7.2 형상 캐스트

이외에 다른 충돌 질의로는 가상의 볼록 형상을 방향 있는 선분 방향으로 움직여 봐서 다른 단단한 물체에 부딪히기까지 얼마나 이동할 수 있는지를 알아보는 것이 있다. 이것은 움직일 물체가 구이면 구 캐스트^{sphere cast}라고 하고, 보통은 그냥 형상 캐스트^{shape cast}라고 한다(하복은 이것을 선형 캐스트^{linear cast}라고 한다). 레이 캐스트와 마찬가지로 형상 캐스트도 시작점 p_0와 움직일 거리 d로 나타내는 것이 일반적이고, 여기에 움직일 형상의 종류, 크기, 방향 등의 정보가 더해진다.

볼록 형상을 캐스트할 때는 다음의 두 경우를 따져 봐야 한다.

1. 캐스트할 형상이 다른 충돌체를 관통하거나 아니면 접촉하고 있어 시작점에서 움직일 수 없는 경우
2. 캐스트할 형상이 시작점에서 다른 어떠한 충돌체와 교차하거나 만나지 않아서 움직일 수 있는 경우

첫째 경우, 충돌 시스템은 시작점에서 캐스트할 형상이 관통하고 있는 다른 충돌체들과의 접촉 정보를 알려 준다. 그림 13.19에서 볼 수 있듯 접촉 지점은 캐스트 형상의 안에 있을 수도 있고, 아니면 표면에 있을 수도 있다.

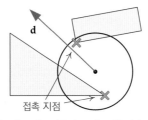

그림 13.19 구 캐스트를 시작할 때 이미 다른 충돌체를 관통하고 있는 경우라면 구는 움직이지 못하고 여러 개의 접촉 지점이 구의 안에 있을 수 있다.

둘째 경우, 형상은 다른 물체와 부딪힐 때까지 선분을 따라 이동할 수 있다. 만약 뭔가에 부딪힌다면 대개 1개의 충돌체와만 부딪힐 것이다. 그렇지만 궤적이 우연히 맞아 떨어질 경우 2개이상의 충돌체와 동시에 접촉할 수 있다. 또한 접촉한 충돌체가 볼록하지 않은 다각형 수프라면 당연히 캐스트 형상은 다각형 수프의 여러 지점을 동시에 접촉할 수 있다. 그렇기 때문에어떤 볼록 형상을 캐스트하더라도 그 결과 여러 개의 접촉 지점이 생길 수 있음을 알아야 한다

(매우 드문 경우이긴 하지만). 이 경우 접촉은 항상 캐스트 형상의 표면이지 절대 그 안에 있을 수 없다(시작점에서 다른 어떤 것과도 관통하지 않았다는 사실을 알기 때문이다). 그림 13.20에서 이 경우를 볼 수 있다.

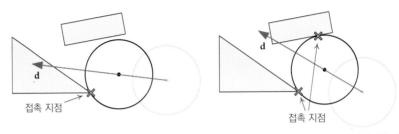

그림 13.20 캐스트 형상이 시작 지점에서 다른 것들과 관통하지 않았을 때 이 형상이 선분을 따라 움직여 접촉이 발생한다면 항상 표면 위에서만 발생한다.

레이 캐스트와 마찬가지로 캐스트 형상의 최초의 접촉(들)만 알려 주는 API도 있는 반면, 가상의 경로를 계속 진행해 그 동안의 모든 접촉을 알려주는 API도 있다. 그림 13.21을 보자.

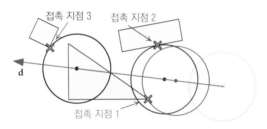

그림 13.21 형상 캐스트 API는 최초의 접촉만 알려 주는 것이 아니라 모든 접촉을 알려 줄 수도 있다.

형상 캐스트에서 얻는 접촉 정보는 레이 캐스트에서 얻는 정보보다는 복잡한 편이다. 그냥 t 값들만으로는 소용이 없는데, t 값은 경로에서 형상의 중심점 위치만 알려 주기 때문이다. 이걸로는 형상의 표면이나 내부의 어느 지점에서 다른 충돌체와 접촉했는지 알 길이 없다. 그렇기 때문에 대부분의 형상 캐스트 API는 t 값과 함께 실제 접촉 지점의 위치도 함께 주는데, 이와 함께 별도의 정보도 함께 주기도 한다(예를 들면 접촉한 충돌체, 접촉 지점의 표면 법선 등).

레이 캐스트 API와 달리 형상 캐스트 시스템은 반드시 여러 개의 접촉을 알려 줄 수 있어야 한다. 가장 이른 충돌 시점의 t 값만 처리하더라도 형상은 동시에 여러 개의 충돌체와 접촉할 수도 있고, 아니면 볼록하지 않은 충돌체 하나의 여러 지점에 닿을 수도 있기 때문이다. 따라서 충돌 시스템은 접촉 지점을 나타내는 자료 구조의 배열이나 리스트를 리턴하는데, 다음은 한 예다.

```
struct ShapeCastContact
{
    F32     m_t;              // 이 접촉이 일어난 t 값

    U32     m_collidableId;   // 접촉이 일어난 충돌체

    Point   m_contactPoint;   // 실제 접촉 지점

    Vector m_normal;          // 접촉 지점의 표면 법선

    // 다른 정보들...
};
```

이렇게 접촉 지점들의 리스트가 주어졌을 때 t 값에 따라 접촉 지점들을 그룹으로 나누고 싶을 때가 있다. 예를 들면 최초의 접촉은 리스트에서 t 값이 가장 작은 접촉 지점 그룹이라고 할 수 있다. 하지만 충돌 시스템이 반드시 접촉 지점들을 t 값에 따라 정렬해야 하는 것은 아니라는 점을 명심해야 한다. 정렬하지 않는다면 t 값으로 손수 정렬하는 것도 좋은 생각이다. 이렇게 하면 리스트에서 제일 앞에 있는 지점이 형상의 이동 경로에서 최초의 접촉 지점 중 하나라는 것이 보장된다.

형상 캐스트 응용

게임에서 형상 캐스트는 굉장히 유용하게 쓰인다. 가상 카메라가 게임 월드의 물체와 충돌하는지를 알아낼 때 형상 캐스트를 이용한다. 또한 캐릭터의 움직임을 구현하는 데 구나 캡슐 캐스트를 흔히 사용한다. 예를 들면 캐릭터를 평평하지 않은 지형에서 앞으로 밀 때 구나 캡슐을 캐릭터 발 사이에 놓고 움직이는 방향으로 캐스트하면 된다. 그런 후 두 번째 캐스트에서 아래위로 움직여 보면서 지면에 항상 닿아 있게 보정한다. 구가 길가의 연석처럼 매우 낮은 수직 장애물을 만나면 그 위를 '뛰어넘을' 수 있다. 하지만 벽과 같이 너무 높은 수직 장애물을 만나면 벽을 따라 구를 수평으로 미끄러지게 할 수 있다. 이 구가 최종적으로 위치하는 곳이 다음 프레임에서 캐릭터의 새로운 위치가 된다.

13.3.7.3 팬텀

때로는 게임 월드 안의 특정한 공간 안에 있는 모든 충돌체를 알아야 할 경우가 있다. 예를 들면 플레이어 캐릭터의 일정한 반경 안에 있는 모든 적들의 리스트를 알아야 할지도 모른다. 하복은 바로 이런 용도에 사용하게 팬텀(phantom)이라는 특수한 충돌체를 지원한다.

팬텀은 이동 거리 벡터 d가 0인 구 캐스트와 거의 비슷하다. 언제든지 팬텀에게 그 자신과 접촉하고 있는 월드 내의 모든 충돌체 리스트를 달라고 할 수 있다. 이렇게 얻은 데이터는 이동 거리가 0인 구 캐스트의 경우와 본질적으로 똑같다.

하지만 구 캐스트와는 달리 팬텀은 충돌 월드에 지속적으로 존재한다. 이 말은 '진짜' 충돌체들 사이에 충돌 검출할 때와 마찬가지로 물리 엔진이 시간적 일관성(temporal coherency)을 적극 활용할 수 있다는 말이다. 따지고 보면 팬텀과 보통 충돌체의 차이점은 팬텀이 다른 모든 충돌체에는 '보이지 않는'다는 점뿐이다(그리고 역학 시뮬레이션에도 관여하지 않는다). 그렇기 때문에 마치 '진짜' 충돌체인 것처럼 어떤 물체들과 충돌하는지를 알아낼 수 있는 동시에, 다른 충돌체들(또 다른 팬텀도 마찬가지)에는 전혀 영향을 끼치지 않는다는 사실이 보장된다.

13.3.7.4 기타 충돌 질의

캐스트 외에 다른 형태의 질의를 지원하는 충돌 엔진도 있다. 예를 들면 하복이 지원하는 '가장 가까운 지점(closest point)' 질의는 해당 충돌체에서 가장 가까운 다른 충돌체 위의 점들을 찾는 데 쓰인다.

13.3.8 충돌 필터링

게임에는 종종 특정한 종류의 물체 사이에 충돌을 켜고 끌 수 있는 기능이 필요하다. 예를 들면 대부분의 물체는 물 표면을 뚫고 지나갈 수 있다. 부력을 시뮬레이션해서 물에 뜨게 만들거나 바닥에 가라앉게 할 수도 있지만 어쨌건 수면이 단단해서는 안 된다. 따라서 거의 모든 충돌 엔진에는 게임 나름의 기준에 따라 충돌체 간의 접촉을 허용하거나 허용하지 않을 수 있는 기능이 있다. 이것을 충돌 필터링(collision filtering)이라고 한다.

13.3.8.1 충돌 마스킹과 계층

필터링에 많이 쓰이는 방식 중에는 먼저 게임 월드의 물체들을 범주로 나눈 후 테이블을 이용해 특정 범주의 물체가 다른 물체와 충돌할 수 있는지 없는지를 찾는 방법이 있다. 구체적인 예로 하복을 살펴보자. 하복에서 충돌체는 충돌 계층 하나(오직 하나)의 멤버가 될 수 있다. 기본 충돌 필터 hkpGroupFilter 클래스가 있고 그 인스턴스 하나가 한 계층의 32비트 마스크를 관리하는데, 각 비트는 그 계층이 다른 계층과 충돌할 수 있는지 없는지를 나타낸다.

13.3.8.2 충돌 콜백

또 다른 필터링 기법으로 충돌이 검출될 때마다 충돌 라이브러리에서 콜백 함수를 호출하게 하는 것이 있다. 콜백 함수는 충돌에 관한 정보를 보고 나름의 기준에 따라 이 충돌을 허용할 것인지 아니면 거부할 것인지 결정한다. 하복은 이런 필터링 방식도 지원한다. 접촉 지점이 처음 월드에 더해지면 contactPointAdded() 콜백이 호출된다. 이 접촉 지점이 이후에 올바른 것으로 판별되면(이보다 이른 TOI가 발견되면 올바른 것이 아닐 수 있다) contactPointConfirmed() 콜백이 호출된다. 이 콜백 함수들 안에서 해당 접촉 지점을 거부할 수 있다.

13.3.8.3 충돌 머티리얼

게임을 개발하다 보면 게임 월드의 충돌체들을 분류해야 할 필요가 종종 있는데, 충돌을 제어할 방법이 필요하기 때문이기도 하고(충돌 필터링처럼) 또 물체가 다른 종류의 물체와 부딪힐 때 내는 소리나 효과 등의 부가적인 효과를 제어하기 위해서이기도 하다. 예를 들면 나무나 돌, 금속, 진흙, 물, 사람의 몸 등의 재질을 다르게 표현해야 할 필요가 있다.

이것을 구현하고자 많은 게임이 렌더링 엔진의 머티리얼 시스템과 여러모로 비슷한 형태로 충돌 형상들을 분류하는 시스템을 구현한다. 아예 이것을 충돌 머티리얼collision material이라고 이름 짓기도 한다. 기본 원리는 각 충돌체의 표면에 지정된 속성을 부여해 물리적인 행동이나 충돌했을 때 어떻게 동작할지를 정의하는 것이다. 충돌 속성에는 소리나 파티클 효과뿐 아니라 반발 계수나 마찰 계수 등의 물리 속성, 그리고 충돌 필터링 정보와 같이 게임에서 필요한 정보들이 들어갈 수 있다.

단순한 볼록 형태인 경우 보통 전체 형상에 동일한 충돌 속성을 지정한다. 반면 다각형 수프의 경우에는 삼각형마다 속성을 지정할 수도 있다. 후자의 용도 때문에 충돌 기본 단위와 그 충돌 머티리얼 간의 연결을 가능한 간결하게 유지해야 할 필요가 있다. 충돌 기본 단위와 충돌 머티리얼을 연결하는 데 흔히 쓰이는 방법은 8, 16, 32비트 정수 또는 머티리얼 데이터에 대한 포인터를 사용하는 것인데, 이 값으로 상세한 충돌 속성이 저장된 자료 구조 배열에 접근한다.

13.4 강체 역학

게임 엔진은 주로 물체의 운동학^{kinematic}, 즉 물체의 시간에 따른 움직임에 관심을 둔다. 가상 월드에 있는 물체들의 움직임을 물리적으로 그럴싸하게 시뮬레이션하고자 많은 엔진이 물리 시스템을 포함한다. 정확히 말하면 게임 물리 엔진은 물리학의 한 분야인 역학^{dynamics}을 주로 다룬다. 역학은 힘에 의한 물체의 움직임을 설명한다. 최근까지 게임 물리 시스템은 역학 중에서도 특히 고전 강체 역학^{classical rigid body dynamics}만을 거의 취급했다. 이 용어를 풀이하면 게임의 물리 시뮬레이션에서 다음과 같은 중요한 두 가지 가정을 통해 문제를 단순화할 수 있다는 말이 된다.

- **고전(뉴턴) 역학** 시뮬레이션하는 물체들은 뉴턴^{Newton}의 운동 법칙을 따른다. 물체는 양자 효과를 무시해도 될 만큼 크고, 속도는 상대론적인 효과가 없을 정도로 느리다.
- **강체** 시뮬레이션하는 모든 물체는 완벽히 견고해서 모양을 바꿀 수 없다. 즉 물체의 형상은 고정이다. 이 점은 충돌 검출 시스템의 가정과 일치한다. 뿐만 아니라 물체가 단단하다는 가정은 물체들의 역학을 시뮬레이션할 때 수학적인 계산을 단순화해 준다.

게임 물리 엔진에서는 게임 월드 안에 있는 강체들의 움직임에 대해 여러 가지 제약 조건^{constraint}을 줄 수 있다. 가장 널리 쓰이는 제약 조건은 통과할 수 없는^{non-penetration} 조건이다(물체들은 서로 뚫고 지나가지 못한다). 그렇기 때문에 물체들이 서로 뚫고 들어간 상황이 발생하면 물리 엔진은 사실적인 충돌 반응을 보이려 시도한다.[3] 이 점이 바로 물리 엔진과 충돌 검출 시스템이 긴밀하게 연결된 주 이유다.

대부분의 물리 시스템들은 시뮬레이션하는 강체 간에 사실적인 상호 작용 구현을 위해 개발자가 별도의 제약 조건을 설정할 수 있게 지원하기도 한다. 여기에는 경첩, 직선축 관절^{prismatic joint, slider}, 볼 관절, 바퀴, 그리고 의식이 없거나 죽은 캐릭터를 흉내내는 '랙 돌^{rag doll}' 등이 있다.

물리 시스템은 충돌 월드와 자료 구조를 공유하는 경우가 많고, 일정 시간마다 주기적으로 업데이트하는 과정 중에 충돌 검출 알고리듬을 실행하게 지시하기까지 한다. 역학 시뮬레이션의

---

3 연속 충돌 검출의 경우. 충돌 반응에 의해 뚫고 들어가는 상황이 발생하지 않는다.

강체와 충돌 엔진의 충돌체 간에는 대개 일대일 관계가 있다. 예를 들면 하복의 `hkpRigidBody` 객체는 오직 1개의 `hkpCollidable` 참조만 갖고 있다(하지만 반대로 강체가 없는 충돌체를 만들 수는 있다). 피직스X에서는 두 개념이 더 밀접하게 통합돼 있어서 **NxActor**는 충돌체 역할을 하는 동시에 역학 시뮬레이션의 강체 역할도 한다. 이런 강체들과 이에 연결된 충돌체들은 충돌/물리 월드(그냥 단순히 물리 월드라고 부르기도 한다)라고 불리는 싱글턴 자료 구조에서 관리하는 것이 일반적이다.

게임플레이 관점에서 보면 물리 엔진에 쓰이는 강체들은 가상 세계를 이루는 논리적인 물체들과는 다르다. 게임 객체의 위치와 방향은 물리 시뮬레이션에 의해 바뀔 수 있다. 이렇게 하려면 프레임마다 물리 엔진에서 강체의 변환을 알아낸 후 해당하는 게임 객체의 변환에 알맞게 적용해야 한다. 마찬가지로 다른 엔진 시스템(애니메이션 시스템이나 캐릭터 컨트롤 시스템 등)에 의해 정해진 게임 객체의 움직임이 물리 월드에 있는 강체의 위치와 회전을 조정할 수도 있다. 13.3.1절에서 언급했듯이 논리적인 게임 객체 하나는 물리 월드에서 하나의 강체로 표현될 수도 있고, 아니면 여러 개로 표현될 수도 있다. 바위나 무기, 상자같이 단순한 물체들은 강체 하나로 표현할 수도 있다. 하지만 자유롭게 움직이는 캐릭터나 복잡한 기계류는 서로 연결된 강체 여러 개로 구현된다. 13장의 나머지 부분에서는 게임 물리 엔진이 어떻게 동작하는지를 살펴본다. 먼저 강체 역학 시뮬레이션의 기반이 되는 이론들을 간단하게 살펴본다. 그런 후 게임 물리 시스템에 가장 일반적으로 사용되는 기능들을 알아보고 물리 엔진이 게임에 어떻게 통합될 수 있는지를 알아본다.

13.4.1 기본 지식

고전 강체 역학에 관해서는 수많은 훌륭한 책, 논문, 슬라이드 프레젠테이션이 있다. 분석 역학 이론에 관한 심도 있는 기본 지식은 [17]에서 얻을 수 있다. 우리가 지금 다루고 있는 주제와 좀 더 밀접히 관련된 책들로는 [39], [13], [29]가 있는데, 게임에서 쓰이는 물리 시뮬레이션을 특별히 다루는 책들이다. [2], [11], [32]의 책에서는 게임에 쓰이는 강체 역학에 대해 일부 다루고 있다. 크리스 헥커Chris Hecker는 게임 물리에 관해 도움이 될 만한 글들을 『게임 디벨로퍼 매거진Game Developer Magazine』에 여럿 기고했다. 이 글들과 다른 유용한 자료들은 다음 사이트(http://chrishecker.com/Rigid_Body_ Dynamics)를 방문하면 볼 수 있다. ODE의 주요 개발자인 러셀 스미스Russell Smith는 게임에 쓰이는 역학 시뮬레이션에 관해 방대한 정보를 담고 있는 슬라이드 프레젠테이션을 만든 바 있다. 이 자료는 다음 사이트(http://www.ode.org/slides/parc/dynamics.pdf)에 있다.

13.4.1절에서는 다수의 게임 물리 엔진에 사용되는 이론적인 기본 개념을 요약한다. 대강 훑고 넘어갈 수밖에 없고 일부 자세한 사항은 생략할 수밖에 없었다. 그렇기 때문에 13장을 다 읽고 난 독자는 앞서 나열한 참고 문헌 몇 가지라도 더 읽어 보길 진심으로 권한다.

13.4.1.1 단위

강체 역학 시뮬레이션은 대부분 MKS 단위계를 이용한다. MKS 단위계에서 거리는 미터(m), 질량은 킬로그램(kg), 시간은 초(s)를 사용한다. 그래서 MKS라는 이름이 붙었다.

물리 엔진에 다른 단위계를 사용할 수도 있지만 이렇게 할 경우 모든 시뮬레이션에서 똑같은 단위계를 사용하도록 반드시 신경써야 한다. 예를 들면 MKS 단위계에서 m/s^2로 나타내는 중력 가속도 g와 같은 상수들도 선택한 단위계로 모두 바꿔야 한다. 대부분의 게임 개발 팀은 불편함을 최소화하려고 그냥 MKS 단위계를 사용한다.

13.4.1.2 선 동역학과 각 동역학의 구분

제약 없는 강체는 직교 좌표계의 세 축 방향으로 자유롭게 평행 이동하면서 마찬가지로 세 축에 대해 자유롭게 회전할 수 있는 물체다. 이런 경우 물체는 6 자유도[DOF]를 갖는다고 한다.

약간 의외로 느껴질 수도 있지만 제약 없는 강체의 운동은 다음과 같이 서로 완전히 독립된 두 부분으로 나눌 수 있다.

- **선 동역학**[linear dynamics] 회전 성분을 모두 무시할 때 물체의 운동이다. 이상적인 점 질량 (무한히 작아서 회전할 수 없는 덩어리)의 경우 선 동역학만으로 운동을 기술할 수 있다.
- **각 동역학**[angular dynamics] 물체의 회전 운동을 나타낸다.

선 동역학과 각 동역학을 강체의 운동에서 분리할 수 있다는 점은 물체의 움직임을 분석하고 시뮬레이션하는 데 당연히 큰 도움이 된다. 즉 회전은 무시하고 물체의 선형 움직임만 계산한 후(물체가 이상적인 점 질량이라고 가정) 거기에 각 동역학을 더해 물체의 운동을 완전히 기술할 수 있다는 뜻이다.

13.4.1.3 질량 중심

선 동역학의 관점에서 제약 없는 강체는 모든 질량이 질량 중심^{CM, Center of Mass 또는 COM}이라 불리는 한 점에 있는 것처럼 행동한다. 질량 중심은 물체가 어떤 방향을 향하고 있더라도 평형점 역할을 한다. 달리 말하면 강체의 질량은 질량 중심에서 모든 방향으로 균등하게 배분된다.

밀도가 균일한 물체의 경우 질량 중심은 입체의 기하 중심과 같다. 즉 이 물체를 매우 작은 N개의 부분으로 나누고, 이것들의 위치를 벡터 합으로 더한 후 N으로 나누면 질량 중심의 위치에 매우 근접한 지점을 얻을 수 있다. 밀도가 균일하지 않은 물체의 경우에는 각 부분들의 위치에 그 질량으로 가중치를 주어야 하는데, 이 말은 곧 질량 중심은 각 부분들의 위치를 가중 평균한 것이 된다는 뜻이다.

따라서 구하는 식은 다음과 같다.

$$\mathbf{r}_{\text{CM}} = \frac{\sum\limits_{\forall i} m_i \mathbf{r}_i}{\sum\limits_{\forall i} m_i} = \frac{\sum\limits_{\forall i} m_i \mathbf{r}_i}{m}$$

여기서 m은 물체의 총 질량이고 r은 반경 벡터 또는 위치 벡터, 즉 월드 공간 원점에서 해당 지점으로의 벡터다(이 식은 부분들의 크기와 질량이 0에 수렴함에 따라 적분이 된다).

볼록한 입체의 질량 중심은 항상 입체의 안에 위치하지만 오목한 입체의 경우 밖에 위치할 수도 있다(문자 'C'의 질량 중심은 어디일까?).

13.4.2 선 동역학

선 동역학의 관점에서는 어떤 강체의 위치를 위치 벡터 $\mathbf{r}_{\text{CM}}$으로 완벽히 표현할 수 있는데, 이 벡터는 그림 13.22와 같이 월드 공간 원점에서 그 강체의 질량 중심을 가리킨다. 우리는 MKS 단위계를 사용하기 때문에 위치는 미터(m) 단위다. 선 동역학에서는 모든 운동이 물체의 질량 중심에 대한 운동인 점이 자명하기 때문에 앞으로는 아래 첨자 CM을 생략하겠다.

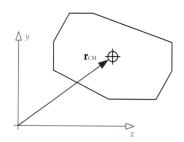

그림 13.22 선 동역학에서 강체의 위치는 위치 벡터 rCM만으로 나타낼 수 있다.

13.4.2.1 선 속도와 선 가속도

강체의 선 속도란 이 물체의 질량 중심이 움직이는 속도와 방향으로 정의된다. 벡터 값이고 일반적으로 초당 미터(m/s) 단위로 나타낸다. 속도는 시간에 대한 위치의 일차 도함수이기 때문에 다음과 같이 쓸 수 있다.

$$\mathbf{v}(t) = \frac{d\mathbf{r}(t)}{dt} = \dot{\mathbf{r}}(t)$$

여기서 r 위의 점은 시간에 대해 미분했음을 나타낸다. 벡터를 미분하는 것은 벡터의 각 성분을 따로 미분하는 것과 같기 때문에 다음과 같이 쓸 수 있는데,

$$v_x(t) = \frac{dr_x(t)}{dt} = \dot{r}_x(t)$$

나머지 y와 z 성분도 마찬가지다.

선형 가속도는 시간에 대한 선 속도의 일차 도함수이자 시간에 대한 CM의 움직임의 이차 도함수다. 가속도는 벡터 값이고 보통 a로 나타낸다. 즉 다음과 같이 쓸 수 있다.

$$\mathbf{a}(t) = \frac{d\mathbf{v}(t)}{dt} = \dot{\mathbf{v}}(t)$$
$$= \frac{d^2\mathbf{r}(t)}{dt^2} = \ddot{\mathbf{r}}(t)$$

13.4.2.2 힘과 운동량

질량이 있는 물체를 가속하거나 감속하는 모든 것을 힘이라고 한다. 힘은 크기를 갖고 방향이 있기 때문에 항상 벡터 값이고, 대개 F로 나타낸다. 한 강체에 N개의 힘이 작용할 때 물체의 선형 운동에 대한 순수한 힘은 힘 벡터를 단순히 전부 더한 것과 같다.

$$\mathbf{F}_{\text{net}} = \sum_{i=1}^{N} \mathbf{F}_i$$

유명한 뉴턴 제2법칙은 힘이 가속도와 질량에 비례한다고 말한다.

$$\mathbf{F}(t) = m\mathbf{a}(t) = m\ddot{\mathbf{r}}(t) \tag{13.2}$$

뉴턴 제2법칙에서 알 수 있듯이 힘은 kg-m/s² 단위다. 이 단위를 뉴턴이라고 한다. 물체의 선속도에 그 질량을 곱하면 선운동량이 된다. 관습적으로 선운동량은 p로 나타낸다.

$$\mathbf{p}(t) = m\mathbf{v}(t)$$

질량이 일정한 경우 식 (13.2)는 항상 참이다. 하지만 로켓이 서서히 연료를 에너지로 바꾸는 경우와 같이 질량이 일정하지 않다면 식 (13.2)는 꼭 들어맞지 않는다. 따라서 올바른 공식은 다음과 같이 쓸 수 있다.

$$\mathbf{F}(t) = \frac{d\mathbf{p}(t)}{dt} = \frac{d(m(t)\mathbf{v}(t))}{dt}$$

이 식에서 질량이 일정한 경우(상수인 경우) 도함수 밖으로 빼내면 익숙한 $F = ma$가 된다. 선운동량은 우리에게 그다지 중요한 개념은 아니다. 하지만 각운동을 다룰 때는 운동량 개념이 중요해진다.

13.4.3 운동 방정식 풀기

강체 역학의 핵심 문제는 작용하는 힘이 주어졌을 때 물체의 움직임을 구하는 것이다. 선 동역학의 경우 순수 힘 $F_{net}(t)$나 이전 시간의 물체 위치와 속도 등의 정보를 갖고 $v(t)$와 $r(t)$를 찾는 것을 의미한다. 이제 곧 살펴보겠지만, 이 과정은 결국 상미분 방정식^{ordinary differential equation} 2개를 푸는 것과 같다. 1개는 $a(t)$가 주어지면 $v(t)$를 찾는 것이고 다른 하나는 $v(t)$가 주어지면 $r(t)$를 찾는 것이다.

13.4.3.1 함수로서의 힘

힘은 상수인 경우도 있지만, 앞에서 본 것과 같이 시간에 대한 함수인 경우도 있다. 또 힘은 물체의 위치나 속도 등 다른 값에 대한 함수가 될 수도 있다. 그렇기 때문에 힘의 식은 일반적으로 다음과 같이 써야 한다.

$$\mathbf{F}(t, \mathbf{r}(t), \mathbf{v}(t), \dots) = m\mathbf{a}(t) \tag{13.3}$$

이 식은 위치 벡터와 그에 대한 일차 도함수 및 이차 도함수로 다음과 같이 쓸 수 있다.

$$\mathbf{F}(t, \mathbf{r}(t), \dot{\mathbf{r}}(t), \dots) = m\ddot{\mathbf{r}}(t)$$

예를 들어 보면 스프링이 내는 힘은 원래 위치에서 얼마나 늘였느냐에 비례한다. 1차원에서 스프링의 원래 위치를 $x = 0$이라고 하면 이것은 다음과 같이 나타낼 수 있다.

$$F(t, x(t)) = -kx(t)$$

여기서 k는 스프링 상수로 스프링의 단단함을 나타낸다.

다른 예로는 대시포트$^{\text{viscous damper, dashpot4}}$의 감쇠력은 감쇠기의 피스톤 속도에 비례한다. 따라서 1차원에서는 다음과 같이 나타낼 수 있다.

$$F(t, v(t)) = -bv(t)$$

여기서 b는 점성 감쇠 계수$^{\text{viscous damping coefficient}}$다.

13.4.3.2 상 미분 방정식

일반적으로 상 미분 방정식$^{\text{ODE, Ordinary Differential Equation}}$이란 하나의 독립 변수에 대한 함수 하나와 그 도함수들로 이뤄진 방정식을 일컫는 말이다. 독립 변수가 시간이고 그 함수가 $x(t)$라면 ODE는 다음과 같은 미분 형식의 일종이다.

$$\frac{d^n x}{dt^n} = f\left(t, x(t), \frac{dx(t)}{dt}, \frac{d^2 x(t)}{dt^2}, \cdots, \frac{d^{n-1} x(t)}{dt^{n-1}}\right)$$

즉 $x(t)$의 n차 도함수는 n보다 차수가 낮은 $x(t)$의 도함수들(시간(t), 위치$(x(t))$ 등)을 인자로 하는 함수 f로 표현된다.

식 (13.3)에서 봤듯이 힘은 일반적으로 시간, 위치, 속도의 함수이며, 다음과 같이 나타낸다.

$$\ddot{\mathbf{r}}(t) = \frac{1}{m}\mathbf{F}(t, \mathbf{r}(t), \dot{\mathbf{r}}(t))$$

이 식은 명백하게 ODE임을 알 수 있다. 이제 $v(t)$와 $r(t)$를 찾기 위해 이 ODE를 풀어야 한다.

13.4.3.3 분석적 해법

드물기는 하지만 운동의 미분 방정식을 분석적인 방법으로 풀 수 있는 경우가 있다. 이것은 모든 t에 대해 물체의 위치를 나타낼 수 있는 간단하면서 닫힌 형식$^{\text{closed-form}}$ 함수를 찾을 수 있

---

4 기계의 충격을 완충, 제동하는 장치 – 옮긴이

어야 가능하다. 이런 예로는 추진체의 수직 움직임을 들 수 있는데, 이때는 중력에 의한 고정된 가속도의 영향을 받아 $a(t) = [0, g, 0]$이며, $g = -9.8m/s^2$이다. 이 경우 운동의 ODE는 결국 다음과 같이 구한다.

$$\ddot{y}(t) = g$$

적분을 한 번 하고 나면 다음 식이 된다.

$$\dot{y}(t) = gt + v_0$$

여기서 v_0는 $t = 0$에서의 수직 속도다. 여기에 또다시 적분을 하면 다음과 같은 익숙한 식을 얻는데, 여기서 y_0는 물체의 처음 수직 위치다.

$$y(t) = \tfrac{1}{2}gt^2 + v_0 t + y_0$$

하지만 게임 물리에서는 분석적인 해법을 쓸 수 있는 경우가 좀처럼 드물다. 미분 방정식에 따라 닫힌 형식의 해법이 알려지지 않은 경우도 있기 때문이다. 뿐만 아니라 게임은 상호적인 시뮬레이션이기 때문에 그 안에서 시간에 따라 힘이 어떻게 변할지 예측할 수 없는 경우가 대부분이다. 그렇기 때문에 게임 내 물체들의 시간에 따른 위치와 속도를 단순하면서 닫힌 형식으로 표현하기 불가능하다.

물론 예외도 있다. 예를 들면 발사체가 지정된 목표를 맞추기 위한 속도를 계산하고자 닫힌 형식 해법을 사용하는 경우가 흔하다.

13.4.4 수치 적분

방금 이야기한 이유 때문에 게임 물리 엔진은 수치 적분numerical integration이라는 기법을 사용한다. 이 기법은 미분 방정식을 시간 단계에 따라 해결한다. 즉 이전 시간 단계의 해법을 이용해 다음 시간 단계의 해법을 도출한다. 시간 단계의 길이는 (대략적으로) 상수라고 가정하는 경우가 일반적이며 Δt(델타 t)라고 표기한다. 현재 시각 t_1에서 물체의 위치와 속도를 알고, 힘이 시간, 위치, 그리고 속도의 함수라면 목적은 다음 시간 단계 $t_2 = t_1 + \Delta t$에서의 위치와 속도를 알아내는 것이다. 즉 $r(t_1)$, $v(t_1)$, $F(t, r, v)$가 주어졌을 때 $r(t_2)$와 $v(t_2)$를 찾는 것이다.

13.4.4.1 명시적 오일러 법

ODE를 푸는 가장 단순한 수치적 해법 중 하나로 명시적 오일러 법이 있다. 이 방법은 게임 프로그래밍을 처음 하는 프로그래머들이 자주 사용하는 직관적인 방식이다. 현재 속도를 이미 알고 있다고 가정하고 다음 프레임에서 물체의 위치를 알아내고자 다음과 같은 ODE를 풀어야 한다고 하자.

$$\mathbf{v}(t) = \dot{\mathbf{r}}(t) \tag{13.4}$$

명시적 오일러 법에서는 먼저 속도에 델타 t를 곱해 초당 미터(m/s) 단위에서 프레임당 미터 단위로 바꾼 후 현재 위치에 '한 프레임만큼'의 속도를 더해 다음 프레임에서의 위치를 찾는다. 이렇게 해서 식 (13.4)의 ODE를 다음과 같은 근사 해법으로 나타낼 수 있다.

$$\mathbf{r}(t_2) = \mathbf{r}(t_1) + \mathbf{v}(t_1)\Delta t \tag{13.5}$$

현재 프레임에서 가해지는 순수 힘을 알고 있으면 비슷한 방식으로 다음 프레임에서 물체의 속도를 구할 수 있다. 따라서 다음의 ODE에 대해

$$\mathbf{a}(t) = \frac{\mathbf{F}_{net}(t)}{m} = \dot{\mathbf{v}}(t)$$

명시적 오일러 법으로 구한 근사 해법은 다음과 같다.

$$\mathbf{v}(t_2) = \mathbf{v}(t_1) + \frac{\mathbf{F}_{net}(t)}{m}\Delta t \tag{13.6}$$

명시적 오일러 법 해석하기

식 (13.5)는 단지 모든 시간 단계마다 물체의 속도가 상수라는 가정을 기초로 추론한 것이다. 그렇기 때문에 다음 프레임에서 물체의 위치를 예측하는 데 현재 속도를 사용할 수 있다. 따라서 시간 t_1과 t_2 사이의 위치 변화 Δr은 $\Delta r = v(t_1) \Delta t$가 된다. 시간에 따른 물체의 위치를 그래프로 그렸을 때 시간 t_1에서 이 함수의 기울기(즉 $v(t_1)$)를 구하고, 이것을 갖고 선형 보외법linear extrapolate을 사용해 다음 시간 단계 t_2에서의 값을 구한다. 그림 13.23에서 볼 수 있듯이 선형 보외법으로 다음 프레임의 위치 $r(t_2)$를 정확하게 근사하지는 못하지만 속도가 대체로 일정한 상황에서는 만족할 만한 수준이다.

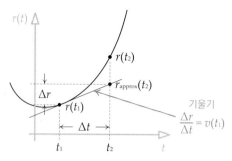

그림 13.23 명시적 오일러 법에서는 시각 t1에서 r(t)의 기울기를 구한 후 이것을 이용해 선형 보외법으로 r(t2)의 근사 값을 구한다.

그림 13.23을 보면 명시적 오일러 법을 도함수와 비슷한 개념으로 이해할 수도 있다. 정의에 따르면 도함수는 무한히 작은 변화량 2개를 나눈 몫(이 경우 dr/dt)이다. 명시적 오일러 법은 유한한 크기의 변화량 2개를 나눈 몫으로 이 과정을 흉내낸다. 즉 dr은 Δr이 되고 dt는 Δt로 치환된다. 이렇게 하면 다음 식을 얻는데,

$$\frac{d\mathbf{r}}{dt} \approx \frac{\Delta \mathbf{r}}{\Delta t};$$

$$\mathbf{v}(t_1) \approx \frac{\mathbf{r}(t_2) - \mathbf{r}(t_1)}{t_2 - t_1}$$

이것은 식 (13.5)로 간단히 바꿀 수 있다. 이런 근사적인 방법은 시간에 따라 속도가 일정할 때만 들어맞는다. 그리고 Δt가 0에 수렴하는 동안에도 들어맞는다(0이 되는 순간은 정확히 들어맞는다). 똑같은 과정을 식 (13.6)에도 당연히 적용할 수 있다.

13.4.4.2 수치 해석적 방법의 특성

앞서 명시적 오일러 법이 아주 정확하지는 않다는 사실을 이야기했다. 이 점을 좀 더 자세히 살펴보자. 상 미분 방정식에 대한 수치 해석적인 방법은 다음과 같이 중요하며 서로 연관된 속성이 있다.

- **수렴성**^{convergence} 시간 단계 Δt가 0으로 수렴함에 따라 근사적인 해법은 점점 진짜 해법에 가까워지는가?
- **차수**^{order} ODE에 대한 수치 해석적인 근사 해법이 있을 때 '오차'는 얼마나 되는가? ODE의 수치 해석적인 해법에서 오차는 대개 시간 단계 Δt의 몇 제곱(n제곱)에 비례하기

때문에 일반적으로 '빅 오$^{\text{big O}}$' 표기법으로 나타낸다(예, $O(\Delta t^2)$). 어떤 수치 해석적 방법의 오차가 $O(\Delta t^{(n+1)})$이라면 이 방법은 '차수 n'이라고 한다.

- **안정성**^{stability} 수치 해석적인 해법이 시간이 지남에 따라 '안정화'되는가? 수치 해석적인 방법이 시스템에 에너지를 더한다면 물체의 속도는 언젠가는 '폭발'할 것이고 시스템은 불안정해진다. 반대로 수치 해석적인 방법이 시스템에서 에너지를 감소시키는 역할을 한다면 전체적으로 감쇠 효과를 내게 되고 시스템은 안정화된다.

차수 개념에 대해서는 좀 더 설명이 필요하다. 수치 해석적인 방법의 오차를 측정할 때는 대개 ODE를 테일러 급수 전개한 것과 비교하는 방법을 쓴다. 그런 후 두 식을 빼서 항을 줄이는데, 남아 있는 테일러 항들이 그 수치 해석적 방법이 본래 갖는 오차다. 예를 들어 명시적 오일러 식이 다음과 같다고 하자.

$$\mathbf{r}(t_2) = \mathbf{r}(t_1) + \dot{\mathbf{r}}(t_1)\Delta t$$

정확한 해법의 테일러 급수 전개는 다음과 같다.

$$\mathbf{r}(t_2) = \mathbf{r}(t_1) + \dot{\mathbf{r}}(t_1)\Delta t + \tfrac{1}{2}\ddot{\mathbf{r}}(t_1)\Delta t^2 + \tfrac{1}{6}\mathbf{r}^{(3)}(t_1)\Delta t^3 + \ldots$$

여기서 $\mathbf{r}^{(3)}$은 시간에 대한 3차 도함수다. 따라서 $\mathbf{v}\Delta t$ 항 다음에 있는 항들이 오차이고, 이것은 $O(\Delta t^2)$다(그 뒤에 있는 항들은 Δt^2 항에 비하면 무시할 만큼 작기 때문이다).

$$\begin{aligned}\mathbf{E} &= \tfrac{1}{2}\ddot{\mathbf{r}}(t_1)\Delta t^2 + \tfrac{1}{6}\mathbf{r}^{(3)}(t_1)\Delta t^3 + \ldots \\ &= O\left(\Delta t^2\right)\end{aligned}$$

어떤 방식의 오차를 분명하게 나타내려고 식의 마지막에 오차의 '빅 오' 표기법을 더해 표기하기도 한다. 예를 들면 다음과 같이 쓰면 명시적 오일러 법을 가장 정확하게 표기한 것이다.

$$\mathbf{r}(t_2) = \mathbf{r}(t_1) + \dot{\mathbf{r}}(t_1)\Delta t + O\left(\Delta t^2\right)$$

명시적 오일러 법은 '차수가 1'인 방식이라고 말할 수 있는데, 이것은 이 방식이 테일러 급수에서 Δt의 1 제곱인 항까지 정확하기 때문이다. 오차 항이 $O(\Delta t^{(n+1)})$인 경우 '차수 n'인 방식이라고 이야기한다.

13.4.4.3 명시적 오일러 법 이외의 방식

게임에서 명시적 오일러 법은 단순한 구현에 많이 쓰이며, 속도가 거의 일정한 경우에 가장 쓸모 있다. 하지만 오차가 크고 안정성이 낮기 때문에 범용 역학 시뮬레이션에서는 쓰지 못한다. 다른 여러 수치 해석적인 방법들이 ODE를 푸는 데 쓰이며, 여기에는 후향 오일러 법(역시 차수가 1인 방식), 중점 오일러 법(차수가 2인 방식), 여러 종류의 룽게-쿠타^{Runge-Kutta} 방식(4차수 룽게-쿠타 방식이 가장 널리 쓰이는데 'RK4'라고 쓴다)이 있다.

온라인이나 기타 자료들이 너무나 많기 때문에 여기서 이 방식들을 더 자세히 살펴보지는 않겠다. 다음 사이트(http://en.wikipedia.org/wiki/Numerical_ordinary_differential_equations)를 출발점으로 삼아 공부하면 도움이 된다.

13.4.4.4 베를레 적분

오늘날 상호적인 게임에서 가장 많이 쓰이는 수치 해석적 ODE 해법은 베를레^{Verlet} 방식이라 할 수 있는데, 이 방식에 대해 약간 자세히 살펴보자. 이 방식에는 두 가지 변종이 있는데 일반 베를레 방식과 흔히 속도 베를레 방식이라고 부르는 방식이 있다. 두 가지 모두 살펴볼 테지만 이론과 심층적인 설명은 수많은 논문들과 웹 페이지를 참고하자. 일단 시작으로 다음 사이트 (http://en.wikipedia.org/wiki/Verlet_integration)를 방문해 보자.

일반 베를레 방식은 오류 차수가 높고(오류가 적음), 상대적으로 단순하며, 계산하기 복잡하지 않고, 가속도가 주어졌을 때 한 번에 위치를 바로 구할 수 있기 때문에(일반적으로 가속도에서 속도를 구하고 다시 속도에서 위치를 구하는 두 단계 방식과 차이가 있음) 인기가 있다.

공식은 테일러 급수 전개를 2개 더해서 유도할 수 있는데, 하나는 시간을 앞으로 보내고 다른 하나는 시간을 뒤로 보낸 식이다.

$$\mathbf{r}(t_1 + \Delta t) = \mathbf{r}(t_1) + \dot{\mathbf{r}}(t_1)\Delta t + \tfrac{1}{2}\ddot{\mathbf{r}}(t_1)\Delta t^2 + \tfrac{1}{6}\mathbf{r}^{(3)}(t_1)\Delta t^3 + O(\Delta t^4)$$

$$\mathbf{r}(t_1 - \Delta t) = \mathbf{r}(t_1) - \dot{\mathbf{r}}(t_1)\Delta t + \tfrac{1}{2}\ddot{\mathbf{r}}(t_1)\Delta t^2 - \tfrac{1}{6}\mathbf{r}^{(3)}(t_1)\Delta t^3 + O(\Delta t^4)$$

이 두 식을 더하면 음의 값을 갖는 항은 해당하는 양의 값을 갖는 항과 서로 상쇄된다. 그 결과로는 다음 시간 단계에서의 위치가 남는데, 이것은 가속도와 두 (알려진) 위치, 즉 현재 위치와 이전 시간 단계의 위치에 관한 식이다. 일반 베를레 방식은 다음과 같다.

$$\mathbf{r}(t_1 + \Delta t) = 2\mathbf{r}(t_1) - \mathbf{r}(t_1 - \Delta t) + \mathbf{a}(t_1)\Delta t^2 + O(\Delta t^4)$$

918

순수 힘에 관한 식으로 베를레 방식을 표현하면 다음과 같아진다.

$$\mathbf{r}(t_1 + \Delta t) = 2\mathbf{r}(t_1) - \mathbf{r}(t_1 - \Delta t) + \frac{\mathbf{F}_{\text{net}}(t_1)}{m} \Delta t^2 + O(\Delta t^4)$$

식에서 속도가 보이지 않는 것을 금방 알 수 있다. 하지만 속도는 다음과 같은 식을 이용해 다소 부정확한 근사치를 얻을 수는 있다(방법은 여러 가지가 있다).

$$\mathbf{v}(t_1 + \Delta t) = \frac{\mathbf{r}(t_1 + \Delta t) - \mathbf{r}(t_1)}{\Delta t} + O(\Delta t)$$

13.4.4.5 속도 베를레 방식

속도 베를레 방식은 일반 베를레 방식보다 널리 쓰이는데, 네 단계로 이뤄져 있고 편의를 위해 시간 단계를 두 부분으로 나눈다. 식 $\mathbf{a}(t_1) = \frac{1}{m}\mathbf{F}(t_1, \mathbf{r}(t_1), \mathbf{v}(t_1))$을 알고 있을 경우 다음 단계를 거친다.

1. $\mathbf{r}(t_1 + \Delta t) = \mathbf{r}(t_1) + \mathbf{v}(t_1)\Delta t + \frac{1}{2}\mathbf{a}(t_1)\Delta t^2$을 구한다.
2. $\mathbf{v}(t_1 + \frac{1}{2}\Delta t) = \mathbf{v}(t_1) + \frac{1}{2}\mathbf{a}(t_1)\Delta t$을 구한다.
3. $\mathbf{a}(t_1 + \Delta t) = \mathbf{a}(t_2) = \frac{1}{m}\mathbf{F}(t_2, \mathbf{r}(t_2), \mathbf{v}(t_2))$을 구한다.
4. $\mathbf{v}(t_1 + \Delta t) = \mathbf{v}(t_1 + \frac{1}{2}\Delta t) + \frac{1}{2}\mathbf{a}(t_1 + \Delta t)\Delta t$을 구한다.

세 번째 단계에서 힘을 나타내는 함수가 다음 시간 단계에서의 위치 $r(t_2)$와 속력 $v(t_2)$에 의존하고 있음을 알 수 있다. $r(t_2)$는 이미 첫 단계에서 구했기 때문에 힘이 속도에 영향받지 않는 한 더 이상의 정보가 필요 없다. 하지만 힘이 속도에 영향을 받는다면 다음 프레임에서 속도의 근사값을 찾아야 하는데, 이 경우 명시적 오일러 법을 쓰기도 있다.

13.4.5 2차원 각 동역학

지금까지는 물체의 질량 중심(모든 질량이 한 점에 모여 있는 것처럼 취급)이 어떻게 운동하는지를 중점적으로 살펴봤다. 앞에서도 이야기했지만 제약 없는 강체는 질량의 중심을 중심점에 두고 회전 운동을 한다. 이 말은 물체 질량 중심의 선운동에 각운동을 더하면 물체의 모든 운동을 완전히 나타낼 수 있다는 뜻이다. 이처럼 물체에 힘이 가해졌을 때 회전 운동을 연구하는 분야를 각 동역학^{angular dynamics}이라고 한다.

2차원에서 각 동역학은 선 동역학과 완전히 똑같은 식으로 동작한다. 모든 선 물리량에는 이에 대응하는 각 물리량이 있고 수식들도 마찬가지다. 그렇기 때문에 2차원 각 동역학을 먼저 살펴보기로 한다. 개념을 3차원으로 확장하면 약간 더 복잡해지기는 하지만 차근히 공부해가면 된다.

13.4.5.1 방향과 각속력

2차원에서는 모든 강체를 얇게 편 물체로 취급할 수 있다(어떤 물리 교과서에는 이런 물체를 평면 판plane lamina이라고 부르기도 한다). 모든 선운동은 xy 평면에서만 일어나고 모든 회전 운동은 z축을 기준으로 발생한다(에어 하키 테이블 위를 미끄러지는 나무 조각을 생각하면 된다).

2차원 강체의 방향은 각 θ만 갖고도 완전히 나타낼 수 있는데, 이 각은 미리 정해진 0도 각을 기준으로 측정된 라디안 값이다. 예를 들면 자동차가 월드 좌표계에서 x축 양의 방향을 바라보고 있을 때를 $\theta = 0$으로 정할 수 있다. 이 각은 당연히 시간에 따라 변하는 함수이므로 $\theta(t)$로 표기한다.

13.4.5.2 각속력과 가속도

각속도란 물체의 회전각이 시간에 따라 얼마나 빠르게 변하는지를 나타내는 값이다. 2차원에서 각속도는 스칼라 값이므로 정확히는 각속력이라고 해야 한다(속도라는 용어는 벡터 값을 지칭하는 말이기 때문이다). 각속도는 스칼라 함수 $\omega(t)$로 나타내고 단위는 초당 라디안(rad/s)이다. 각속도는 시간에 대한 방향각 $\theta(t)$의 도함수다.

$$\text{각속도: } \omega(t) = \frac{d\theta(t)}{dt} = \dot{\theta}(t) \quad \bigg| \quad \text{선속도: } \mathbf{v}(t) = \frac{d\mathbf{r}(t)}{dt} = \dot{\mathbf{r}}(t)$$

마찬가지로 각 가속도 $\alpha(t)$는 각속도의 변화율이며, 초의 제곱당 라디안(rad/s²) 단위다.

$$\text{각속도: } \alpha(t) = \frac{d\omega(t)}{dt} = \dot{\omega}(t) = \ddot{\theta}(t) \quad \bigg| \quad \text{선속도: } \mathbf{a}(t) = \frac{d\mathbf{v}(t)}{dt} = \dot{\mathbf{v}}(t) = \ddot{\mathbf{r}}(t)$$

13.4.5.3 관성 모멘트

선운동의 질량에 대응하는 각운동의 개념은 관성 모멘트moment of inertia다. 점 질량의 선속도를 바꾸기 힘든 정도를 나타내는 개념이 질량이라면 어떤 강체를 특정한 축 기준으로 회전할 때 각속도를 바꾸기 힘든 정도를 나타내는 개념이 관성 모멘트다. 물체의 질량이 회전축에 모여 있는 경우에는 상대적으로 회전하기 쉽기 때문에 질량이 회전축에서 멀리 떨어져 있는 경우보다 관성 모멘트가 작다.

지금은 2차원 각운동만을 다루기 때문에 회전축은 항상 z축이며, 물체의 관성 모멘트는 그냥 스칼라 값이다. 관성 모멘트는 흔히 기호 I로 나타낸다. 관성 모멘트를 어떻게 구하는지는 여기서 더 다루지는 않겠다. 자세한 내용은 [17]을 참조하기 바란다.

13.4.5.4 토크

지금껏 모든 힘은 물체의 질량 중심에 작용하는 경우만 다뤘다. 하지만 실제로는 물체의 어느 지점에나 힘을 적용할 수 있다. 힘이 작용하는 경로가 물체의 질량 중심을 통과하는 경우는 지금까지 봐 왔던 것처럼 선운동만 일어난다. 그렇지 않은 경우 선운동 외에도 토크^{torque}라 불리는 회전하는 힘이 생긴다. 그림 13.24에 이 개념이 나와 있다.

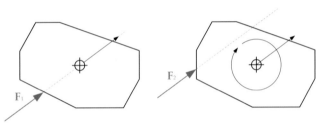

그림 13.24 왼쪽과 같이 힘이 물체의 질량 중심에 작용하면 순수한 선운동만 발생한다. 하지만 오른쪽처럼 질량 중심을 벗어난 지점에 힘이 작용하면 토크가 생기는데, 선운동 외에도 회전 운동이 발생한다.

토크는 외적 연산으로 구할 수 있다. 먼저 물체의 질량 중심에서 힘이 작용하는 지점까지의 벡터 r을 찾는다(즉 벡터 r은 물체 공간에 있는 셈인데, 이 공간의 원점은 질량 중심이다). 그림 13.25에 이 개념이 나와 있다. 힘 F가 r에 작용할 때 생기는 토크 N은 다음과 같다.

$$\mathbf{N} = \mathbf{r} \times \mathbf{F} \tag{13.7}$$

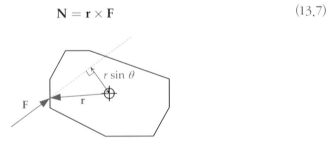

그림 13.25 토크를 계산하려면 물체 공간(즉 질량 중심에 상대적인 좌표)에서 힘의 작용점과 힘 벡터를 외적한다. 이 그림에서는 2차원으로 표기했지만, 사실 토크 벡터는 페이지를 뚫고 들어가는 방향이 된다.

식 (13.7)을 보면 토크는 힘의 작용점이 질량 중심에서 멀어질수록 커진다는 것을 알 수 있다. 이 사실을 알면 무거운 물체를 들 때 지레가 유용한 이유를 이해할 수 있다. 그리고 질량 중심에 힘이 작용하면 토크가 0이 되는 이유도 설명할 수 있다(이 경우 벡터 r의 크기가 0이 되기 때문이다).

2개 이상의 힘이 강체에 작용하는 경우, 힘을 합하듯 토크 벡터들을 합하면 된다. 따라서 일반적인 경우 순수 토크 N_{net}이 주요 관심사다.

2차원에서 벡터 r과 F는 모두 xy 평면에 놓여 있기 때문에 N은 언제나 양의 z축 또는 음의 z축 방향이다. 그렇기 때문에 2차원 토크는 벡터 N의 z 성분만 가져와서 N_z라고 표기하기로 하자.

힘이 선 가속도와 질량으로 표현되듯 토크는 마찬가지로 각 가속도와 관성 모멘트로 표현된다.

$$\text{각속도:} \qquad\qquad\qquad \text{선속도:}$$
$$N_z(t) = I\alpha(t) = I\dot{\omega}(t) = I\ddot{\theta}(t) \quad \bigg| \quad \mathbf{F}(t) = m\mathbf{a}(t) = m\dot{\mathbf{v}}(t) = m\ddot{\mathbf{r}}(t) \qquad (13.8)$$

13.4.5.5 2차원 각운동 방정식 풀기

2차원에서 선운동 방정식을 풀 때 썼던 수치 적분 방식을 그대로 각운동 방정식을 풀 때도 쓸 수 있다. 풀어야 하는 두 가지 ODE는 다음과 같다.

$$\text{각속도:} \qquad\qquad\qquad \text{선속도:}$$
$$N_{net}(t) = I\dot{\omega}(t) \qquad \bigg| \qquad \mathbf{F}_{net}(t) = m\dot{\mathbf{v}}(t)$$
$$\omega(t) = \dot{\theta}(t) \qquad\qquad \bigg| \qquad \mathbf{v}(t) = \dot{\mathbf{r}}(t)$$

이 식들을 명시적 오일러 법으로 근사한 것은 다음과 같다.

$$\text{각속도:} \qquad\qquad\qquad\qquad \text{선속도:}$$
$$\omega(t_2) = \omega(t_1) + I^{-1}N_{net}(t_1)\Delta t \quad \bigg| \quad \mathbf{v}(t_2) = \mathbf{v}(t_1) + m^{-1}\mathbf{F}_{net}(t_1)\Delta t$$
$$\theta(t_2) = \theta(t_1) + \omega(t_1)\Delta t \qquad\quad \bigg| \qquad \mathbf{r}(t_2) = \mathbf{r}(t_1) + \mathbf{v}(t_1)\Delta t$$

물론 베를레 방식 등의 더 정교한 수치 해석적인 방식을 적용할 수도 있다(선운동의 단계는 공간상 이유로 이번에는 생략했지만 다음을 13.4.4.5절의 단계와 비교해 보기 바란다).

1. $\theta(t_1 + \Delta t) = \theta(t_1) + \omega(t_1)\Delta t + \frac{1}{2}\alpha(t_1)\Delta t^2$을 구한다.
2. $\omega(t_1 + \frac{1}{2}\Delta t) = \omega(t_1) + \frac{1}{2}\alpha(t_1)\Delta t$를 구한다.

3. $\alpha(t_1 + \Delta t) = \alpha(t_2) = I^{-1} N_{net}(t_2, \theta(t_2), \omega(t_2))$를 구한다.

4. $\omega(t_1 + \Delta t) = \omega(t_1 + \frac{1}{2}\Delta t) + \frac{1}{2}\alpha(t_1 + \Delta t)\Delta t$를 구한다.

13.4.6 3차원의 각 동역학

3차원에서의 각 동역학은 2차원일 때와 기본적인 원리는 거의 같지만 훨씬 복잡하다. 여기서는 3차원 각 동역학에 대해 매우 간단하게 살펴볼 텐데, 주로 이 분야를 처음 접하는 사람이 이해하기 힘든 부분을 중점으로 이야기하고자 한다. 더 심화된 자료는 글렌 피들러[Glenn Fiedler]의 여러 글들을 참고하면 되는데, 다음 사이트(http://gafferongames.com/game-physics/physics-in-3d/)에서 찾을 수 있다.

다른 유용한 자료로는 카네기멜론대학[Carnegie Mellon University] 로봇 연구소의 데이비드 바라프[David Baraff]가 쓴 논문 「물리 기반 모델링 입문」이 있는데 다음 사이트(http://www-2.cs.cmu.edu/~baraff/sigcourse/ notesd1.pdf)에서 찾을 수 있다.

13.4.6.1 관성 텐서

세 좌표축을 기준으로 볼 때 강체의 질량이 균일하게 분포하지 않을 수도 있다. 그렇기 때문에 동일한 강체라도 서로 다른 축에 대해 서로 다른 관성 모멘트를 갖고 있다고 생각해야 한다. 예를 들면 길고 가는 막대를 긴 축 중심으로 회전하기는 상당히 쉬운데, 이것은 질량이 회전축에 매우 가까이 모여 있기 때문이다. 반면 이 막대를 짧은 축 중심으로 회전하기는 더 어려운데, 질량이 회전축에서 멀리 분포돼 있기 때문에 그렇다. 실생활에서도 예를 찾아볼 수 있는데, 피겨 스케이터가 팔 다리를 몸에 가까이 붙이면 회전 속도가 빨라지는 것도 같은 원리다.

3차원에서 강체의 회전 질량은 관성 텐서[inertia tensor]라 불리는 3 × 3 행렬로 나타낸다. 이것은 보통 기호 I로 표기한다(여기서도 관성 텐서를 어떻게 계산하는지는 다루지 않겠다. 자세한 사항은 [17]을 참조하자).

$$\mathbf{I} = \begin{bmatrix} I_{xx} & I_{xy} & I_{xz} \\ I_{yx} & I_{yy} & I_{yz} \\ I_{zx} & I_{zy} & I_{zz} \end{bmatrix}$$

이 행렬의 대각선 성분들은 좌표계의 세 축(I_{xx}, I_{yy}, I_{zz})에 대한 관성 모멘트를 나타낸다. 대각선이 아닌 성분들은 관성 곱[products of inertia]이라고 부른다. 이 값들은 물체가 세 좌표축에 모두 대칭일 때는 0이 된다(육면체 박스처럼). 이 값들이 0이 아닐 경우 물리적으로는 사실적이지만 다소 직관적이지 않아 보이는 운동을 하게 되는데, 보통 게이머들은 이것을 '사실적이지 않은' 운동이라고 생각하기 쉽다. 그렇기 때문에 게임 엔진에서 쓰이는 관성 텐서는 종종 성분이 3개인 벡터 $[I_{xx} \; I_{yy} \; I_{zz}]$로 단순화하는 경우가 많다.

13.4.6.2 3차원에서의 방향

2차원에서 강체의 방향을 표현할 때는 z축 기준으로 회전 각 θ 하나로 나타낼 수 있었다(여기서 운동은 xy 평면에서 일어난다고 가정했다). 3차원에서 물체의 방향은 각 좌표축을 기준으로 회전각을 나타내는 세 오일러 각 $[\theta_x \; \theta_y \; \theta_z]$로 나타낼 수도 있다. 하지만 5장에서 보았듯이 오일러 각은 짐벌 락$^{gimbal \; lock}$ 문제가 있기도 하고 수학적으로 처리하기도 까다롭다. 따라서 물체의 방향을 나타내는 데는 3 × 3 행렬 R이나 단위 사원수 q를 쓰는 경우가 많다. 앞으로 12장에서는 사원수 표기법만 사용하기로 한다.

이전에 공부했듯이 사원수는 4차원 벡터이고 네 요소 중 x, y, z는 회전축을 나타내는 단위 벡터 u에 회전 반각$^{half \; angle}$의 사인 값으로 곱한 것이며, w는 회전 반각의 코사인 값이다.

$$
\begin{aligned}
\mathbf{q} &= \begin{bmatrix} q_x & q_y & q_z & q_w \end{bmatrix} \\
&= \begin{bmatrix} \mathbf{q} & q_w \end{bmatrix} \\
&= \begin{bmatrix} \mathbf{u}\sin\frac{\theta}{2} & \cos\frac{\theta}{2} \end{bmatrix}
\end{aligned}
$$

당연히 물체의 방향은 시간에 대한 함수이므로 q(t)로 써야 한다.

여기서도 회전각이 0인 임의의 방향을 정해야 한다. 예를 들면 기본적으로 모든 물체의 정면을 양의 z축 방향으로, y는 위, x는 왼쪽으로 정할 수 있다. 단위 사원수가 아닌 모든 사원수는 이 기준 위치로부터 물체를 회전한다. 어떤 기준을 잡든 상관은 없지만 게임 안에서 일관되게 사용하는 것이 중요하다.

13.4.6.3 3차원에서 각속도와 운동량

3차원에서 각속도는 벡터 값이고 $\omega(t)$로 표기한다. 각속도 벡터는 회전축을 나타내는 단위 벡터 u에 그 축에 대한 물체의 2차원 각속도 $\omega_u = \dot{\theta_u}$를 곱한 것으로 생각하면 된다. 따라서 다음과 같다.

$$\boldsymbol{\omega}(t) = \omega_u(t)\mathbf{u} = \dot{\theta}_u(t)\mathbf{u}$$

앞서 살펴봤듯이 선 동역학에서는 물체에 작용하는 힘이 없으면 선 가속도는 0이고 속도도 변하지 않는다. 2차원 각운동에서도 마찬가지였다. 2차원에서 물체에 작용하는 토크가 없으면 각가속도 α는 0이고, z축 기준 각속도 ω는 변하지 않는다.

하지만 유감스럽게도 3차원에서는 그렇지 않다. 회전하는 강체에 작용하는 힘이 없더라도 각속도 벡터 $\boldsymbol{\omega}(t)$는 일정하지 않을 수 있는데, 이것은 회전축이 계속 변할 수 있기 때문이다. 실생활에서 이런 경우를 보려면 네모난 나무 블록과 같이 직육면체 형태의 물체를 공중에서 회전시켜 보면 된다. 블록의 가장 짧은 축을 기준으로 잡고 잘 돌리면 안정적으로 회전한다. 회전축의 방향이 대강 일정하다. 블록의 가장 긴 축을 기준으로 회전시킬 때도 비슷하다. 반면 나머지 축(가장 짧지도 길지도 않은 축)을 기준으로 회전시킨다면 회전은 걷잡을 수 없이 불안정해질 것이다(직접 한번 해보자. 어린 아이한테서 나무 블록을 하나 뺏은 다음 이리저리 돌려 보아라. 어쨌든 나중에 돌려주는 건 잊지 말자). 물체가 회전하는 동안 회전축도 급격하게 바뀐다. 이 개념이 그림 13.26에 나와 있다.

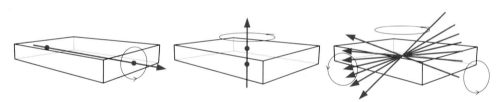

그림 13.26 직육면체인 물체를 가장 짧은 축과 가장 긴 축을 중심으로 회전시키면 각속도 벡터는 일정하다. 하지만 중간 길이 축 중심으로 회전할 경우 각속도 벡터의 방향은 급격하게 변한다.

토크가 작용하지 않는 데도 각속도 벡터가 변할 수 있다는 사실을 달리 말하면 각속도는 보존되지 않는다는 뜻이다. 하지만 이와 연관 있는 물리량인 각운동량은 힘이 작용하지 않으면 변하지 않고 따라서 보존된다. 각운동량은 선운동량에 대응하는 개념이라 할 수 있다.

$$\text{각운동량: } \mathbf{L}(t) = \mathbf{I}\boldsymbol{\omega}(t) \quad | \quad \text{선운동량: } \mathbf{p}(t) = m\mathbf{v}(t)$$

선운동의 경우와 마찬가지로 각운동량 $\mathbf{L}(t)$는 3차원 벡터다. 하지만 선운동과는 달리 회전 질량(관성 텐서)은 스칼라 값이 아닌 3×3 행렬이다. 그렇기 때문에 식 $\mathbf{I}\omega$는 행렬 곱셈으로 계산한다.

$$
\begin{bmatrix} L_x(t) \\ L_y(t) \\ L_z(t) \end{bmatrix} = \begin{bmatrix} I_{xx} & I_{xy} & I_{xz} \\ I_{yx} & I_{yy} & I_{yz} \\ I_{zx} & I_{zy} & I_{zz} \end{bmatrix} \begin{bmatrix} \omega_x(t) \\ \omega_y(t) \\ \omega_z(t) \end{bmatrix}
$$

각속도 ω가 보존되지 않기 때문에 역학 시뮬레이션에서는 이것을 선운동의 v와 같은 주요 물리량^{primary quantity}으로 취급하지는 않는다. 대신 각운동량 L을 주요 물리량으로 다룬다. 각속도는 유도 물리량^{secondary quantity}이며, 시뮬레이션의 각 시간 단계에서 L의 값을 구한 후에 유도할 수 있다.

13.4.6.4 3차원에서의 토크

3차원에서도 토크를 구하는 방법은 힘의 작용점 벡터와 힘 벡터의 외적을 사용한다(N = r × F). 식 (13.8)은 여기서도 참이지만 각속도는 보존되는 값이 아니기 때문에 각운동량을 기준으로 표현해야 한다.

$$
\begin{aligned}
\mathbf{N} &= \mathbf{I}\boldsymbol{\alpha}(t) \\
&= \mathbf{I}\frac{d\boldsymbol{\omega}(t)}{dt} \\
&= \frac{d}{dt}\big(\mathbf{I}\boldsymbol{\omega}(t)\big) \\
&= \frac{d\mathbf{L}(t)}{dt}
\end{aligned}
$$

13.4.6.5 3차원 각운동 방정식 풀기

얼핏 생각하면 선운동이나 2차원 각운동 방정식을 풀 때 썼던 방식 그대로 3차원 각운동 방정식을 풀 수 있을 것 같아 보인다. 운동 미분 방정식은 다음처럼 나타내면 될 것 같다.

3차원 각운동(?): | 선형 운동:
$$\mathbf{N}_{\text{net}}(t) = \mathbf{I}\dot{\boldsymbol{\omega}}(t)$$ | $$\mathbf{F}_{\text{net}}(t) = m\dot{\mathbf{v}}(t)$$
$$\boldsymbol{\omega}(t) = \dot{\boldsymbol{\theta}}(t)$$ | $$\mathbf{v}(t) = \dot{\mathbf{r}}(t)$$

그리고 명시적 오일러 법을 적용하면 위의 ODE의 근사 해는 다음처럼 보일 것이다.

3차원 각운동(?): | 선형 운동:
$$\boldsymbol{\omega}(t_2) = \boldsymbol{\omega}(t_1) + \mathbf{I}^{-1}\mathbf{N}_{\text{net}}(t_1)\Delta t$$ | $$\mathbf{v}(t_2) = \mathbf{v}(t_1) + m^{-1}\mathbf{F}_{\text{net}}(t)\Delta t$$
$$\boldsymbol{\theta}(t_2) = \boldsymbol{\theta}(t_1) + \boldsymbol{\omega}(t_1)\Delta t$$ | $$\mathbf{r}(t_2) = \mathbf{r}(t_1) + \mathbf{v}(t_1)\Delta t$$

하지만 이렇게 풀어서는 안 된다. 3차원 각운동의 미분 방정식은 선운동이나 2차원 각운동 방정식과는 중요한 차이가 있다.

1. 각속도 ω를 구하는 대신 각운동량 L을 직접 구해야 한다. 그런 후 I와 L에서 각속도 벡터를 유도한다. 각운동량은 보존되지만 각속도는 그렇지 않기 때문이다.

2. 각속도가 주어지고 물체의 방향을 구할 때 한 가지 문제가 있다. 각속도는 3차원 벡터인 반면, 방향은 4차원 사원수다. 사원수를 벡터로 변환하는 ODE를 어떻게 구할까? 직접 구하기는 불가능하다. 방법은 각속도 벡터를 사원수 형태로 바꾼 후 약간 기괴한 형태의 방정식을 이용해 방향 사원수를 각속도 사원수로 변환하는 것이다.

강체의 방향을 사원수로 표현할 때 이 사원수의 도함수는 물체의 각속도 벡터와 다음 관계가 있다. 우선 각속도 사원수를 만들어야 한다. 각속도 벡터의 세 요소를 x, y, z로 하고 ω는 0으로 놓으면 된다.

$$\omega = \begin{bmatrix} \omega_x & \omega_y & \omega_z & 0 \end{bmatrix}$$

방향 사원수와 각속도 사원수의 관계를 나타내는 미분 함수는 다음과 같다(이 함수를 어떻게 구하는지는 자세히 다루지 않겠다).

$$\frac{d\omega(t)}{dt} = \dot{q}(t) = \tfrac{1}{2}\omega(t)q(t)$$

여기서 주의해야 할 점은 $\omega(t)$은 앞서 이야기했듯이 각속도 사원수이며, $\omega(t)q(t)$는 사원수 곱셈이라는 점이다(5.4.2.1절 참조).

따라서 운동의 ODE는 다음과 같이 표현해야 한다(여기서 두 경우의 유사성을 강조하고자 선운동의 ODE를 선운동량에 관한 식으로 바꿔 표현했음을 유념하자).

3차원 각운동:
$$\mathbf{N}_{net}(t) = \dot{\mathbf{L}}(t)$$
$$\boldsymbol{\omega}(t) = \mathbf{I}^{-1}\mathbf{L}(t)$$
$$\omega(t) = \begin{bmatrix} \boldsymbol{\omega}(t) & 0 \end{bmatrix}$$
$$\tfrac{1}{2}\omega(t)q(t) = \dot{q}(t)$$

선형 운동:
$$\mathbf{F}_{net}(t) = \dot{\mathbf{p}}(t)$$
$$\mathbf{v}(t) = m^{-1}\mathbf{p}(t)$$
$$\mathbf{v}(t) = \dot{\mathbf{r}}(t)$$

여기에 명시적 오일러 법을 적용하면 3차원 각운동 ODE의 근사 해는 다음과 같은 모양이 된다.

$$\mathbf{L}(t_2) = \mathbf{L}(t_1) + \mathbf{N}_{\text{net}}(t_1)\Delta t \qquad \text{(벡터들)}$$

$$= \mathbf{L}(t_1) + \Delta t \sum_{\forall i} \left(\mathbf{r}_i \times \mathbf{F}_i(t_1) \right); \qquad \text{(벡터들)}$$

$$\omega(t_2) = \begin{bmatrix} \mathbf{I}^{-1}\mathbf{L}(t_2) & 0 \end{bmatrix}; \qquad \text{(사원수들)}$$

$$q(t_2) = q(t_1) + \tfrac{1}{2}\omega(t_1)q(t_1)\Delta t \qquad \text{(사원수들)}$$

방향 사원수 $q(t)$는 주기적인 정규화를 통해 부동소수 오류가 누적되지 않게 해야 한다.

먼저와 마찬가지로 명시적 오일러 법을 사용한 것은 그냥 한 예를 든 것뿐이다. 실제 게임 엔진에서는 속도 베를레 방식이나 RK4 등 더 안정적이고 정확한 방식을 사용한다.

13.4.7 충돌 응답

지금껏 이야기한 모든 내용에는 물체가 다른 물체와 전혀 충돌하지도 않고 어떠한 제약 조건도 없다는 가정이 깔려 있었다. 물체가 서로 충돌하는 경우 역학 시뮬레이션에서는 물체들이 사실적으로 충돌에 반응하면서 시뮬레이션 단계가 끝나는 시점에서 서로 뚫고 들어간 상태로 남아 있지 않게 조치를 취해야 한다. 이것을 충돌 응답^{collision response}이라고 한다.

13.4.7.1 에너지

충돌 응답을 이야기하기 전에 에너지에 대한 개념을 이해해야 한다. 힘이 물체를 어느 거리만큼 움직일 때 힘이 일을 한다고 말한다. 일은 에너지 변화를 뜻한다. 힘은 강체들의 계^{system}에 에너지를 더하거나(예: 폭발) 아니면 에너지를 감소시킨다(예: 마찰). 에너지에는 두 가지 형태가 있다. 위치 에너지 V는 중력장이나 자기장 등의 힘 마당^{force field}에서 물체의 위치 때문에 물체가 기본적으로 갖는 에너지다(예를 들어 지구 표면에서 멀어질수록 물체는 높은 중력 위치 에너지를 갖는다). 운동 에너지 T는 물체가 계 안의 다른 물체들에 상대적으로 움직이고 있다는 사실 때문에 발생한다. 고립된 계에서 총에너지 $E = V + T$는 보존되는데, 이 말은 계에서 에너지가 빠져나가거나 밖에서 에너지가 유입되지 않는 한 에너지는 일정하다는 뜻이다.

선운동에서 발생하는 운동 에너지는 다음과 같이 나타낼 수 있다.

$$T_{\text{linear}} = \tfrac{1}{2}mv^2$$

아니면 선운동량과 속도 벡터로 표현하면 다음처럼 쓴다.

$$T_{\text{linear}} = \tfrac{1}{2}\mathbf{p} \cdot \mathbf{v}$$

마찬가지로 물체의 회전 운동에서 발생하는 운동 에너지는 다음과 같다.

$$T_{\text{angular}} = \tfrac{1}{2}\mathbf{L} \cdot \boldsymbol{\omega}$$

에너지와 에너지 보존은 모든 물리 문제를 해결하는 데 굉장히 유용한 개념이다. 다음 단락에 서는 충돌 응답을 결정하는 데 에너지가 어떤 역할을 하는지 살펴본다.

13.4.7.2 충격적 충돌 응답

현실에서 두 물체가 충돌하면 여러 복잡한 일이 발생한다. 물체들은 살짝 수축되고 튕겨져 나가면서 속력이 변하며, 이 과정에서 소리와 열의 형태로 에너지를 잃는다. 대부분의 실시간 역학 시뮬레이션들은 뉴턴의 법칙^{Newton's law of restitution for instantaneous collisions with no friction}에 기반을 두고 운동량과 운동 에너지를 분석하는 모델로, 이 모든 세부 사항들을 흉내낸다. 이 법칙은 충돌의 속성을 단순화하는 다음과 같은 가정에 바탕을 둔다.

- 충돌 힘은 무한히 짧은 시간에 작용하고, 따라서 이상적인 충격이라고 할 수 있다. 그렇기 때문에 물체의 속력은 충돌 결과 즉시 변한다.
- 물체들이 접촉하는 지점의 표면에는 마찰^{friction}이 없다. 이 말은 충돌 과정에서 두 물체를 떨어뜨리려는 충격은 접촉 표면에 수직으로 작용한다는 뜻이다. 즉 충돌 충격에는 비스듬한 성분이 없다(물론 이것은 이상적인 가정일 뿐이다. 마찰에 관해서는 13.4.7.5절에서 알아본다).
- 충돌 과정에서 일어나는 물체들의 분자 단위 반응들은 반발 계수^{coefficient of restitution}라는 단일량으로 근사할 수 있다(보통 기호 ε로 표기한다). 이 수는 충돌로 인해 얼마만큼의 에너지를 잃는가를 나타낸다. $\varepsilon = 1$이면 완벽한 탄성 충돌이고 에너지를 잃지 않는다(당구공 2개가 공중에서 충돌하는 경우를 떠올리면 된다). $\varepsilon = 0$인 경우에는 비탄성 충돌, 즉 완전 소성^{plastic}이며 두 물체는 운동에너지를 완전히 잃는다. 충돌 후 두 물체는 달라붙어 두 물체의 공통 질량 중심이 움직이던 방향으로 움직이려 할 것이다(찰흙 덩어리를 강하게 부딪힌다고 생각하면 된다).

모든 충돌 분석에는 선운동량이 보존된다는 개념이 자리하고 있다. 따라서 두 물체 1과 2에 대해 다음 식이 성립한다.

$$\mathbf{p}_1 + \mathbf{p}_2 = \mathbf{p}_1' + \mathbf{p}_2' \text{ 또는 } m_1 \mathbf{v}_1 + m_2 \mathbf{v}_2 = m_1' \mathbf{v}_1' + m_2' \mathbf{v}_2'$$

여기서 위첨자가 붙은 문자는 충돌 후의 운동량과 속력을 뜻한다. 계의 총 운동량은 보존되지만 열과 수리로 잃는 에너지를 감안해 에너지 손실 T_{lost}를 도입해야 한다.

$$\tfrac{1}{2} m_1 v_1^2 + \tfrac{1}{2} m_2 v_2^2 = \tfrac{1}{2} m_1' v_1'^2 + \tfrac{1}{2} m_2' v_2'^2 + T_{\text{lost}}$$

완전 탄성 충돌인 경우 에너지 손실 T_{lost}는 0이다. 완전 비탄성 충돌인 경우는 에너지 손실이 계의 원래 운동 에너지 총합과 같고 위첨자가 붙은 운동 에너지는 0이 되며, 충돌 후 물체들은 서로 달라붙는다.

뉴턴의 반발 법칙을 이용해 충돌을 해결하려면 충돌하는 두 물체에 이상적인 형태의 충격을 적용해야 한다. 충격이란 무한히 짧은 시간 동안 작용하는 힘과 같은데, 그렇기 때문에 물체의 속력을 즉각적으로 바꾼다. 충격은 운동량의 변화($\Delta p = m \Delta v$)이기 때문에 Δp로 표기하기도 한다. 하지만 대부분의 물리 교과서에서는 $\hat{p}$('p-햇'이라고 읽는다)이라고 표기하기 때문에 이를 따르기로 하자.

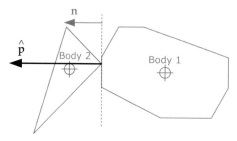

그림 13.27 마찰이 없는 충돌인 경우. 충격은 두 접촉 표면 위의 점에 수직 방향으로 작용한다. 이 직선은 단위 법선 벡터 n으로 나타나 있다.

우리는 충돌 과정에서 마찰이 없다고 가정했기 때문에 충격 벡터는 접촉 지점에 수직(법선)이다. 즉, $\hat{p} = \hat{p} \mathbf{n}$인데, 여기서 n은 두 표면의 법선 벡터다. 이 개념은 그림 13.27에 나와 있다. 표면 법선 벡터가 물체 1을 향한다고 가정하면 물체 1에는 충격 $\hat{p}$이 작용하고 물체 2에는 크기는 같지만 방향은 반대인 충격이 작용한다. 따라서 충돌 후 두 물체의 운동량은 충돌 전의 운동량과 충격 $\hat{p}$을 이용해 다음처럼 쓸 수 있다.

$$\mathbf{p}_1' = \mathbf{p}_1 + \hat{\mathbf{p}} \qquad\qquad \mathbf{p}_2' = \mathbf{p}_2 - \hat{\mathbf{p}}$$
$$m_1\mathbf{v}_1' = m_1\mathbf{v}_1 + \hat{\mathbf{p}} \qquad\quad m_2\mathbf{v}_2' = m_2\mathbf{v}_2 - \hat{\mathbf{p}} \qquad (13.9)$$
$$\mathbf{v}_1' = \mathbf{v}_1 + \frac{\hat{\mathbf{p}}}{m_1}\mathbf{n} \qquad\qquad \mathbf{v}_2' = \mathbf{v}_2 + \frac{\hat{\mathbf{p}}}{m_2}\mathbf{n}$$

반발 계수는 충돌 전과 후의 물체들의 속력에 관한 핵심적인 관계를 나타낸다. 물체들의 질량 중심의 충돌 전 속도를 v_1과 v_2라고 하고, 충돌 후의 속도를 v_1', v_2'라고 하면 반발 계수 ε는 다음과 같이 정의된다.

$$(\mathbf{v}_2' - \mathbf{v}_1') = \varepsilon(\mathbf{v}_2 - \mathbf{v}_1) \qquad (13.10)$$

물체들은 회전할 수 없다는 가정하에 방정식 (13.9)와 (13.10)을 풀면 다음과 같다.

$$\hat{\mathbf{p}} = \hat{p}\mathbf{n} = \frac{(\varepsilon + 1)(\mathbf{v}_2 \cdot \mathbf{n} - \mathbf{v}_1 \cdot \mathbf{n})}{\dfrac{1}{m_1} + \dfrac{1}{m_2}}\mathbf{n}$$

여기서 반발 계수가 1이고(완전 탄성 충돌) 물체 2의 질량이 무한히 크다면(예를 들면 지표면) $(1/m_2) = 0$, $v_2 = 0$이 되는데, 예상대로 이 방정식은 결국 물체 1의 속도를 충돌 법선에 반사한 것을 나타낸다.

$$\hat{\mathbf{p}} = -2m_1(\mathbf{v}_1 \cdot \mathbf{n})\mathbf{n};$$
$$\mathbf{v}_1' = \frac{\mathbf{p}_1 + \mathbf{p}_2}{m_1}$$
$$= \frac{m_1\mathbf{v}_1 - 2m_1(\mathbf{v}_1 \cdot \mathbf{n})\mathbf{n}}{m_1}$$
$$= \mathbf{v}_1 - 2m_1(\mathbf{v}_1 \cdot \mathbf{n})\mathbf{n}$$

물체들의 회전까지 고려할 경우 해법은 좀 복잡해진다. 이 경우 두 물체의 질량 중심이 아니라 접촉 지점의 속도를 살펴야 하고, 충돌로 인한 충격을 계산할 때도 사실적인 회전 효과를 내게 고려해야 한다. 여기서 더 자세히 살펴보지는 않겠고, 대신 선운동이나 회전 운동에 관한 충돌 응답을 잘 설명하고 있는 글(http://chrishecker.com/images/e/e7/Gdmphys3.pdf, Chris Hecker)을 살펴보기 바란다. 충돌 응답의 기본 이론은 [17]에서 더 심층적으로 설명한다.

13.4.7.3 페널티 힘

충돌 응답을 구현하는 또 다른 방식에는 실제로는 존재하지 않는 페널티 힘^{penalty force}이라는 개념을 시뮬레이션에 도입하는 방법이 있다. 페널티 힘은 충돌이 발생해 서로 교차한 물체들의 접촉 지점 사이에 붙은 스프링 역할을 한다. 이 힘은 짧지만 한정된 시간 안에 원하는 충돌 응답을 이끌어 내는 역할을 한다. 스프링 상수 k는 교차해 있는 시간을 효율적으로 조정하는 역할을 하고, 감쇠 계수 b는 반발 계수와 다소 비슷한 역할을 한다. $b = 0$인 경우 감쇠 효과는 없다. 에너지는 그대로 유지되며 완전 탄성 충돌이다. b가 점점 증가할수록 점점 비탄성 충돌이 된다.

페널티 힘 방식으로 충돌을 구현하면 어떤 장단점이 있는지 잠시 살펴보자. 먼저 페널티 힘 방식은 구현하기 쉽고 이해하기도 쉽다는 장점이 있다. 3개 이상의 물체가 서로 뚫고 들어가 있는 경우에도 별 문제없다. 이 상황은 한 번에 2개씩 충돌을 해결하는 방식에서는 굉장히 해결하기 힘들다. 이것을 잘 구현한 예로는 엄청난 수의 고무 오리 인형을 욕조에 들이 붓는 소니 PS3 데모가 있다(굉장히 빈번한 충돌에도 시뮬레이션 결과는 보기도 좋고 안정적이다). 이런 일을 하는 데 페널티 힘 방식은 굉장히 유용하다.

하지만 페널티 힘은 상대적인 속도보다는 뚫고 들어간 거리(즉 상대적인 위치)에 좌우되기 때문에 직관적으로 예측하는 방향과 다르게 힘이 작용할 수도 있다. 이것은 특히 속도가 빠른 충돌에서 심하다. 대표적인 예로 승용차가 트럭과 정면으로 부딪히는 경우를 들 수 있다. 승용차는 낮고 트럭은 높다. 직관적으로는 수평 방향 힘만 있을 것 같지만, 페널티 힘 방식을 사용한 경우 드물지 않게 힘이 수직으로 작용하는 상황이 될 수 있다. 이렇게 되면 트럭은 앞이 들리게 되고 승용차가 그 밑으로 들어가게 될지도 모른다.

결론적으로 말하면 페널티 힘 방식은 속도가 높지 않은 충돌에 적합하지만 물체들이 빠르게 움직이는 상황에는 잘 대처하지 못한다. 다수의 물체가 서로 뚫고 들어가는 상황에서는 페널티 힘 방식을 사용하고 속도가 빠른 상황에서는 다른 충돌 응답 방식을 사용해 반응성과 직관적인 행동을 얻는 식으로 균형을 맞추는 것도 한 방법이다.

13.4.7.4 제약 조건을 통한 충돌 해결

13.4.8절에서 자세히 살펴보겠지만, 대부분의 물리 엔진에서 물체의 운동에 여러 제약 조건을 넣어 시뮬레이션할 수 있다. 상호 교차를 허용하지 않는 제약 조건으로 충돌을 처리한다면 그

냥 시뮬레이션의 제약 조건 해결사^{constraint solver}를 실행해 해결하면 된다. 제약 조건 해결사가 빠르고 품질 높은 시각적 결과를 뽑아낸다면 이 또한 효율적인 충돌 처리법이 된다.

13.4.7.5 마찰

마찰이란 지속적으로 접촉하고 있는 두 물체 사이에 발생하는 힘인데, 두 물체 모두의 이동을 방해한다. 마찰에는 여러 종류가 있다. 정지 마찰^{static friction}은 정지하고 있는 어떤 물체를 표면을 따라 움직이려 할 때 생기는 저항이다. 운동 마찰^{dynamic friction}은 이미 다른 물체에 상대적으로 움직이고 있는 물체들 사이에 생기는 저항 힘이다. 미끄럼 마찰^{sliding friction}은 운동 마찰의 일종인데, 물체가 표면을 따라 미끄러질 때 생기는 저항이다. 구름 마찰^{rolling friction}은 정지 마찰도 되고 운동 마찰도 되는데, 바퀴 등의 둥근 물체가 표면을 구를 때 그 접점에 생기는 저항이다. 표면이 매우 거친 경우 구름 마찰은 정확히 바퀴가 미끄러지지 않고 구를 수 있을 만큼의 힘이고 정지 마찰의 일종이다. 표면이 미끄러우면 바퀴가 미끄러질 수 있는데, 이 경우 구름 마찰 중 운동 마찰 부분이 작용한다. 충돌 마찰^{collision friction}은 두 물체가 이동 중 충돌하는 바로 그 순간 발생하는 마찰이다(충돌 마찰은 13.4.7.1절에서 뉴턴의 법칙을 다룰 때 무시했었다). 제약 조건에도 마찰을 줄 수 있다. 예를 들면 녹이 슨 경첩 또는 축에 마찰 토크를 더하면 빽빽하게 회전하게 만들 수 있다.

이제 실제 예를 보면서 마찰이 어떻게 작용하는지 기본 원리를 알아보자. 선 미끄럼 마찰은 물체의 무게가 미끄러지는 표면에 수직으로 작용하는 성분에 비례한다. 물체의 무게는 단순히 중력에 의해 생기는 힘이고, $G = mg$, 방향은 항상 아래쪽이다. 지평선과 각 θ를 이루며, 기운 표면에 수직 방향으로 작용하는 이 힘의 성분은 $G_N = mg \cos \theta$가 된다. 따라서 마찰 힘 f는 다음과 같다.

$$f = \mu mg \cos \theta$$

여기서 비례 상수 μ는 마찰 계수라고 부른다. 마찰 힘은 표면과 평행하게 작용하고 방향은 움직이려 하는, 또는 실제로 움직이고 있는 방향에 반대다. 그림 13.28에 이 개념이 나와 있다.

그림 13.28에는 표면에 평행하게 작용하는 중력의 한 성분 $G_T = mg \sin \theta$도 나와 있다. 이 힘은 물체를 아래 방향으로 가속하는 역할을 하지만 미끄럼 마찰이 작용하는 경우에는 f에 의해 상쇄된다. 따라서 표면 방향에 작용하는 순수 힘은 다음과 같다.

$$F_{\text{net}} = G_T - f = mg(\sin \theta - \mu \cos \theta)$$

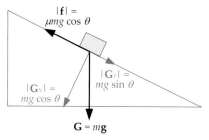

그림 13.28 마찰 힘 f는 물체의 무게가 표면에 수직으로 작용하는 성분에 비례한다. 비례 상수 μ는 마찰 계수라고 불린다.

표면의 기울어진 각도가 괄호 부분을 0으로 만드는 경우 물체는 일정한 속도로 미끄러지거나 (이미 움직이고 있는 경우) 아니면 멈춰 있는다. 식이 0보다 큰 경우 물체는 표면 아래 방향으로 가속한다. 0보다 작은 경우 물체는 감속하게 되고 결국은 멈춘다.

13.4.7.6 용접

물체가 다각형 수프를 따라 미끄러지고 있는 경우 추가적으로 문제가 발생한다. 다각형 수프는 이름대로 서로 연관 없는 다각형(주로 삼각형)들이 섞여 있는 것이라고 앞서 배웠다. 물체가 한 삼각형에서 같은 다각형 수프 안의 다른 삼각형으로 미끄러지는 경우 충돌 검출 시스템은 이 물체가 다음 삼각형의 모서리에 닿을 것을 예측해 불필요한 충돌을 감지하게 된다. 이 과정은 그림 13.29에 나와 있다.

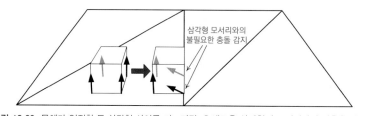

그림 13.29 물체가 인접한 두 삼각형 사이를 미끄러질 때 새로운 삼각형의 모서리와의 접촉은 가짜다.

이 문제를 해결하는 법은 여러 가지가 있다. 다양한 경험적 방법들과 이전 프레임에서 물체의 접촉 정보를 바탕으로 접촉 정보들을 분석한 후 가짜일 것 같은 접촉 정보를 버리는 것이 한 방법이다(예를 들면 물체가 표면을 따라 미끄러지고 있는 상황을 알고 있을 때 물체가 현재 위치한 삼각형의 모서리 근처에 있어서 발생하는 접촉 법선은 버린다). 하복 4.5 버전 이전에서는 이 방식을 사용했다.

하복 4.5부터는 새 방식을 구현했는데, 간단히 말하자면 메시에 삼각형 인접 정보를 첨가하는 방식을 사용한다. 따라서 충돌 검출 시스템은 어느 모서리가 안쪽 모서리인지 '알고' 있기 때문에 가짜 충돌 정보를 정확하고 빠르게 버릴 수 있다. 하복은 이것을 용접^{welding}이라고 부르는데 사실상 다각형 수프의 삼각형들의 모서리를 용접한 것과 마찬가지이기 때문이다.

13.4.7.7 점차 멈춰 서기, 섬, 잠재우기

시뮬레이션되는 시스템이 마찰, 감쇠 등을 통해 에너지를 잃으면 움직이던 물체들은 점차 멈춰 서게 된다. 이것이 자연스러운 시뮬레이션 결과일 것이다(말하자면 운동 방정식을 적용하다 보면 저절로 도달하는 상태). 하지만 아쉽게도 실제로 컴퓨터 시뮬레이션을 통해서 점차 멈춰서는 일은 실제로는 생각하는 것처럼 그렇게 간단하지 않다. 부동소수 오차나 반발력 계산 오류, 그리고 수치적인 불안정성 등의 여러 요인 때문에 물체들이 자연스럽게 멈춰 서지 못하고 계속 불안정하게 떨리게 된다. 바로 이런 이유 때문에 대부분의 물리 엔진들은 다양한 경험적 방법을 통해 물체들이 의도대로 멈추지 않고 요동치는 상태를 검출한다. 물체들이 결국은 안정되게 시스템에서 추가적인 에너지를 제거할 수도 있고, 아니면 물체의 속도가 일정한 기준 아래로 내려가면 그냥 멈추기도 한다.

일단 물체가 움직이지 않게 되면(평형 상태에 도달하게 되면) 더 이상 매 프레임 물체의 운동 방정식을 계산할 필요가 없다. 대부분의 물리 엔진들은 성능을 최적화하기 위한 방편으로 동적인 물체들을 잠재울 수 있게 한다. 잠자는 물체들은 시뮬레이션에서는 잠시 제외되지만 충돌에서는 여전히 유효하다. 잠자는 물체에 힘이나 충격이 작용하거나 물체를 평형 상태로 지탱하고 있던 접촉 지점을 잃게 되면 깨어나게 되고 다시 동적 시뮬레이션을 시작한다.

잠재우는 기준

어떤 물체를 잠재울 수 있는지 아닌지를 판단하는 데는 여러 기준이 있을 수 있다. 모든 시뮬레이션에서 일관되게 적용할 수 있는 판단 기준을 정하기는 쉽지 않다. 예를 들면 주기가 긴 진자는 매우 작은 각운동량을 가질지 몰라도 분명히 화면에는 움직이고 있을 수 있다.

가장 널리 쓰이는 평형 상태 판단 기준에는 다음과 같은 것들이 있다.

- 물체가 떠받들려 있을 때: 이것은 3개 이상의 접촉 지점(또는 1개 이상의 접촉 평면)을 통해 중력 등 기타 작용하는 힘과 평형을 이루고 있는 상태를 뜻한다.

- 물체의 선운동량과 각운동량이 미리 정해진 기준보다 낮을 때
- 물체의 선운동량과 각운동량의 이동 평균이 미리 정해진 기준보다 낮을 때
- 물체의 총 운동 에너지 ($T = \frac{1}{2}\mathbf{p} \cdot \mathbf{v} + \frac{1}{2}\mathbf{L} \cdot \boldsymbol{\omega}$)가 정해진 기준보다 낮을 때: 보통 0부터 1까지 운동 에너지를 정규화한 후 모든 물체에 공통적으로 적용되는 기준과 비교한다.

이제 곧 잠들어야 하는 물체의 운동을 점차 감쇠시켜 급격히 멈추지 않고 부드럽게 멈추게 한다.

시뮬레이션 섬

하복과 피직스X에서는 한층 더 성능을 최적화하고자 서로 영향을 주거나 곧 영향 줄 가능성이 있는 물체들을 자동으로 한데 묶어 시뮬레이션 섬$^{\text{simulation island}}$이라고 부른다. 각 시뮬레이션 섬들은 서로 독립적으로 시뮬레이션되는데, 캐시 일관성이나 병렬 처리에 매우 유리한 방식이다.

하복과 피직스X 모두 개별적인 물체가 아니라 시뮬레이션 섬 단위로 잠재운다. 이 방식은 장점도 있고 단점도 있다. 서로 영향을 주는 물체들을 한꺼번에 잠재울 수 있으면 성능 향상이 클 것이다. 반면 그중 한 물체라도 깨어나면 시뮬레이션 섬의 다른 모든 물체가 깨어나야 한다. 전반적으로 장점이 단점보다는 크기 때문에 두 SDK에서 당분간 시뮬레이션 섬은 계속 사용할 것으로 보인다.

13.4.8 제약 조건

제약 없는 강체는 자유도^{DOF}가 6이다. 세 방향으로 평행 이동할 수 있고, 세 직교 좌표축을 기준으로 회전할 수 있다. 제약 조건은 물체의 운동을 제한하는 개념인데, 자유도를 부분적으로 감소시키거나 아예 없앨 수 있다. 제약 조건은 게임에서 여러 재미있는 것을 구현하는 데 쓰인다. 다음은 몇 가지 예를 들어 본 것이다.

- 흔들리는 샹들리에(점과 점 제약 조건)
- 문을 발로 차 열거나, 닫기, 또는 경첩에서 떨어지게 날려 버리기(경첩 제약 조건)
- 자동차의 바퀴 부품들(서스펜션용 스프링을 적용한 축 제약 조건)
- 트레일러를 끄는 기차 또는 차(단단한 스프링/막대 제약 조건)

- 밧줄이나 체인(단단한 스프링 또는 막대 체인)
- 랙 돌(신체의 관절들을 흉내내는 특수한 제약 조건)

이제 이런 제약 조건들을 비롯해 물리 SDK에서 흔히 지원하는 나머지 제약 조건들에 대해 간단히 살펴보자.

13.4.8.1 점과 점 제약 조건

점과 점$^{point-to-point}$ 제약 조건은 가장 단순한 제약 조건이다. 이 제약 조건은 구상 관절$^{ball\ and}$ $^{socket\ joint5}$처럼 움직이며, 어떤 물체의 특정 지점이 다른 물체의 특정 지점에 붙어 있는 한 자유롭게 움직일 수 있다. 그림 13.30에 점과 점 제약 조건이 나와 있다.

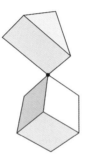

그림 13.30 점과 점 제약 조건에서는 물체 A의 한 점이 물체 B의 한 점에 항상 붙어 있어야 한다.

13.4.8.2 단단한 스프링

단단한 스프링$^{stiff\ spring}$ 제약 조건은 점과 점 제약 조건과 거의 비슷하지만 두 점이 일정한 거리만큼 떨어져 있다는 점에서 다르다. 이 제약 조건은 연결된 두 점 사이에 보이지 않는 막대가 있는 것처럼 동작한다(그림 13.31 참조).

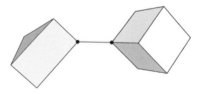

그림 13.31 단단한 스프링 제약 조건에서 물체 A의 한 점은 물체 B의 한 점과 일정한 거리만큼 떨어져 있어야 한다.

---

5   팔과 어깨를 연결하는 관절 등 – 옮긴이

13.4.8.3 경첩 제약 조건

경첩^{hinge} 제약 조건은 회전 운동의 자유도를 1로 제약하는 것인데, 오직 경첩의 축 방향으로만 회전할 수 있다. 제약 없는 경첩이란 차축을 떠올리면 되는데, 이 경첩에 달린 물체는 360도로 얼마든지 회전할 수 있다. 여기에 제약을 가해 축을 기준으로 지정된 범위의 각도 내에서만 회전할 수 있는 제한된 경첩을 구현하는 것이 일반적이다. 예를 들면 한쪽으로만 열 수 있는 문은 180도만큼만 회전할 수 있어야 하는데, 그렇지 않으면 인접한 벽을 뚫고 들어가기 때문이다. 마찬가지로 양쪽으로 열 수 있는 문은 ±180도로 회전할 수 있다. 경첩 제약 조건에 다소의 마찰을 더해 회전에 저항하는 토크로 응용할 수도 있다. 그림 13.32에서 제한된 경첩 제약 조건을 볼 수 있다.

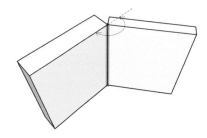

그림 13.32 제한된 경첩 제약 조건은 문처럼 동작한다.

13.4.8.4 각기둥 제약 조건

각기둥^{prismatic} 제약 조건은 피스톤과 같다. 물체는 한 방향의 평행 이동 자유도만 가진다. 피스톤 축 방향으로 회전할 수도 있고 그렇지 않을 수도 있다. 물론 각기둥 제약 조건에도 제한을 가하거나 없앨 수도 있으며, 또 마찰을 줄 수도 있다. 그림 13.33에서 각기둥 제약 조건을 볼 수 있다.

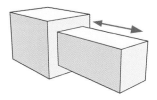

그림 13.33 각기둥 제약 조건은 피스톤처럼 동작한다.

13.4.8.5 흔히 쓰이는 다른 제약 조건

이외에 다른 많은 제약 조건이 있다. 다음은 몇 가지 예다.

- **평면**   물체가 2차원 평면 위에서만 움직일 수 있다.
- **바퀴**   보통 제한 없이 회전할 수 있는 경첩 제약 조건인데, 스프링 감쇠 장치를 통해 시뮬레이션한 수직 서스펜션이 더해진다.
- **도르래**   가상의 밧줄이 도르래를 통과해 두 물체에 연결된다. 힘 비율을 조절하면 물체들은 밧줄을 따라 움직인다.

제약 조건은 때론 깨지게 만들 수도 있는데, 이 말은 일정한 정도 이상의 힘이 가해지면 자동적으로 떨어진다는 뜻이다. 아니면 게임에서 원하는 대로 제약 조건을 켜거나 *끄*게 만들어 마음대로 제약 조건을 조정할 수 있게 해도 된다.

13.4.8.6 제약 조건 체인

여러 물체가 체인 형태로 길게 연결된 경우 안정적으로 시뮬레이션하기 어려울 때가 있는데, 이것은 제약 조건 해결사^{constraint solver}가 본질적으로 반복적인 특성이 있기 때문이다. 제약 조건 체인이란 제약 조건들의 특수한 그룹으로, 제약 조건 해결사에 물체들이 어떻게 연결돼 있는지에 대한 정보를 제공한다. 이렇게 하면 해결사는 일상적으로는 불가능한 안정된 방식으로 체인을 처리할 수 있다.

13.4.8.7 랙 돌

랙 돌이란 죽었거나 의식이 없는 상태에서 축 늘어진 신체의 움직임을 물리적으로 시뮬레이션하는 것이다. 랙 돌은 여러 강체를 연결해서 만드는데, 강체 하나마다 신체의 한 부분을 나타낸다. 예를 들면 발과 종아리, 허벅지, 손, 아래팔/위팔, 머리 등의 각 부분을 캡슐로 나타내고, 유연한 척추를 흉내내도록 몸통을 몇 개로 나눠 표현할 수 있다.

랙 돌의 강체들은 제약 조건을 통해 서로 연결된다. 이것들은 실제 신체 관절의 행동을 흉내내는 특수한 제약 조건들이다. 보통 제약 조건 체인을 이용해 시뮬레이션 안정성을 높이는 경우가 많다.

랙 돌 시뮬레이션은 항상 애니메이션 시스템과 밀접하게 연관돼 있다. 물리 월드에서 랙 돌이 움직이면 강체들의 위치와 회전을 뽑아낸 후 그 값을 이용해 애니메이션 뼈대 관절의 위치와 방향을 움직인다. 따지자면 랙 돌은 물리 시스템에 좌우되는 일종의 절차적 애니메이션에 불과하다(뼈대 애니메이션에 관해서는 12장에 자세히 나와 있다).

물론 랙 돌을 구현하기란 말처럼 그렇게 단순하지는 않다. 한 가지 예를 들면 랙 돌의 강체와 애니메이션 뼈대의 관절 간에는 일대일 관계가 성립하지 않는 것이 일반적이다(뼈대의 관절 수는 랙 돌의 강체 수보다 훨씬 많다). 따라서 강체와 관절을 연결해 줄 시스템이 필요하다(즉 랙 돌의 강체가 각각 어느 관절과 연관되는지를 '알고 있는' 시스템).

랙 돌의 강체에 의해 움직이는 관절들 중간에도 여러 관절이 있을 수 있는데, 연관 시스템은 이렇게 사이에 있는 관절에 대해서도 정확한 포즈 변환을 계산할 수 있어야 한다. 이런 것들을 구현하는 데 합리적이고 정해진 방법이 있는 것은 아니다. 자연스러운 랙 돌을 구현하는 데는 미적인 감각에 의한 판단과 신체의 생물 역학에 대한 약간의 지식이 필요하다.

13.4.8.8 동력이 있는 제약 조건

제약 조건은 때로 '동력'을 가질 수 있는데, 이 말은 애니메이션 시스템 같은 외부 엔진 시스템이 랙 돌의 강체들의 위치와 방향을 간접적으로 제어할 수 있다는 뜻이다.

팔꿈치 관절을 예로 들어 살펴보자. 팔꿈치는 사실상 제한된 경첩이라고 봐도 되는데, 180도가 조금 안 되는 범위에서 회전할 수 있다(팔꿈치가 축 방향으로 회전할 수도 다는 점은 잠시 무시하자). 이 제약 조건에 동력을 주고자 팔꿈치를 회전 스프링이라고 생각하자. 이 스프링은 정해진 안정 각에서 멀어질수록 그에 비례해 토크가 커진다($N = -k(\theta - \theta_{rest})$). 이제 안정 각을 외부적으로 변경하는 경우, 말하자면 안정 각이 항상 애니메이션 뼈대의 팔꿈치 관절각을 따라가게 하는 경우를 떠올리자. 안정 각이 변하면 스프링은 평형 상태에서 벗어나게 되고, 다시 θ_{rest}까지 회전하게 토크를 적용한다. 다른 힘이나 토크가 없는 경우 강체는 애니메이션 뼈대의 관절이 움직이는 대로 정확히 따라 움직인다. 하지만 다른 힘들이 작용할 때(예를 들면 팔 아래 부분이 고정된 물체에 닿는 경우) 이 힘들은 팔꿈치 관절의 전반적인 움직임에 영향을 주는데, 이렇게 되면 팔꿈치는 원래 애니메이션되는 움직임에서 벗어나 사실적으로 움직일 수 있다. 그림 13.34에 나와 있는 것처럼 이런 동작들을 이용하면 사람이 움직이려고 하지만(즉 원래의 움직임은 애니메이션에 의해 조정된다) 물리 월드의 제약 조건들 때문에 그렇게 할 수 없는 상황(예, 팔을 앞으로 내밀려고 하지만 팔이 뭔가에 끼인 경우)을 그럴싸하게 표현할 수 있다.

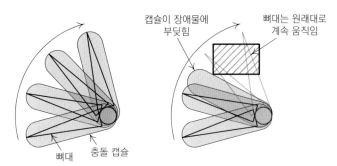

그림 13.34 왼쪽: 동력이 있는 랙 돌 제약 조건을 적용한 경우, 외부의 힘이나 토크가 없으면 아래팔을 나타내는 강체는 정확히 애니메이션의 팔꿈치 뼈대를 따라 움직인다. 오른쪽: 장애물에 의해 움직임이 막히는 경우 애니메이션의 원래 팔꿈치 뼈대의 움직임에서 자연스럽게 변형된다.

13.4.9 강체의 움직임 제어

대부분의 게임에서는 디자인적 요소로 중력의 영향을 받아 움직이거나 여러 물체들 사이의 충돌에 의해 자연스럽게 운동하는 강체들의 움직임을 어느 정도 통제할 수 있어야 한다. 예를 들면 다음과 같은 상황이다.

- 일정한 범위 안에 물체가 들어서면 위로 밀어내는 힘을 작용하는 환풍구
- 움직이면서 연결된 트레일러에 끄는 힘을 작용하는 자동차
- 주변의 우주선을 끌어당기는 견인 광선
- 물체를 공중에 띄우는 반중력 장치
- 힘 마당^{force field}을 적용해 그 위에 떠 있는 물체를 하류 방향으로 밀어내는 강

그 외에도 무수히 많은 상황이 있다. 대개의 물리 엔진은 사용자가 물체의 시뮬레이션을 제어할 수 있는 다양한 방법을 지원한다. 가장 흔히 사용되는 방식을 몇 가지 살펴보자.

13.4.9.1 중력

지표면이나 여타 행성의 표면을 배경으로 하는 게임이라면 중력은 항상 존재한다(인공적으로 중력을 만들어 내는 우주선 내부에서도 그렇다고 할 수 있다). 중력은 엄밀히 말해서 힘이 아니라 일정한 가속도라고 말할 수 있는데, 따라서 질량에 관계없이 모든 물체에 영향을 미친다. 모든

곳에서 쓰이면서 특수한 성질이 있기 때문에 SDK의 전역 설정으로 지정하는 경우가 많다(진공의 우주를 배경으로 하는 게임을 만드는 경우 중력을 0으로 두면 된다).

13.4.9.2 힘 가하기

게임에서 물리 시뮬레이션을 하는 동안 물체에는 수많은 힘이 가해질 수 있다. 힘은 한정된 시간에 걸쳐 작용한다(즉시 작용하는 경우 충격이라고 한다. 13.4.9.4절에 관련된 내용이 있다).

게임 안에서 힘은 특성상 대개 동적이다(방향이나 크기가 프레임마다 바뀐다). 그렇기 때문에 거의 모든 물리 SDK에서는 힘을 적용하는 함수들을 프레임마다 한 번씩, 힘이 유효한 동안 계속 호출하게 설계한다. 이런 함수는 대체로 `applyForce(const Vector& forceInNewtons)`와 같은 모양이며, 힘이 작용하는 시간은 Δt라고 가정한다.

13.4.9.3 토크 가하기

힘이 물체의 질량 중심을 통과하게 작용하는 경우 토크는 없고 물체의 선 가속도만 영향을 받는다. 하지만 질량 중심을 벗어나는 곳에 힘이 가해지면 이 경우는 선 가속도와 각 가속도 모두 영향을 받는다. 질량 중심에서 등거리인 두 지점에 크기가 같고 방향이 정반대인 힘을 가하면 순수하게 토크만 생긴다. 이 경우 두 힘에 의해 생기는 선형 운동은 서로 상쇄된다(선운동의 관점에서 보면 이 힘들은 질량 중심에 작용하기 때문이다).

따라서 회전 운동만 남게 된다. 이처럼 쌍으로 작용해 토크를 만드는 두 힘을 짝힘이라고 한다 (http://en.wikipedia.org/wiki/Couple_(mechanics)). 이와 같이 토크를 생성하게 `applyTorque (const Vector& torque)`처럼 특화된 함수가 있는 경우도 있다. 하지만 사용 중인 물리 SDK에 `applyTorque()` 같은 함수가 없다면 직접 만들어 적당한 짝힘을 가하게 하면 된다.

13.4.9.4 충격 가하기

13.4.7.2절에서 봤듯 충격이란 즉각적인 속도의 변화다(사실은 운동량의 변화). 엄밀한 의미에서 충격은 무한히 짧은 시간 동안 작용하는 힘이다. 그런데 시간 간격을 통해 역학 시뮬레이션을 구현하는 경우 가장 짧은 힘 적용 시간은 Δt인데, 이는 충격을 제대로 흉내내기에는 너무 긴 시간이다. 그렇기 때문에 대개의 물리 엔진들은 `applyImpulse(const Vector& impulse)` 같은 함수로 물체에 충격을 가하게 한다. 당연히 충격에도 선 성분과 각 성분이 있으며 쓸 만한 물리 SDK라면 두 종류 모두 지원할 것이다.

13.4.10 충돌/물리 단계

지금까지는 충돌 시스템과 물리 시스템을 구현하는 기반이 될 이론 및 기술적인 세부 사항을 살펴봤다. 이제 실제 시스템에서 매 프레임 어떤 식으로 업데이트하는지 간략하게 살펴보자.

모든 충돌/물리 엔진은 업데이트 단계에서 다음과 같은 기본적인 작업을 수행한다. 순서는 물리 SDK마다 조금씩 다를 수도 있다. 지금껏 내가 가장 많이 봐 왔던 순서는 대강 다음과 같다.

1. 물리 월드의 물체들에 힘과 토크를 Δt 만큼 앞선 시각으로 계산해서 다음 프레임에서의 위치와 방향을 시험적으로 결정한다.

2. 시험적인 이동으로 인해 물체들 간에 새로운 접촉 정보가 생겼는지를 알아내기 위해 충돌 검출 라이브러리를 호출한다(시간적 일관성temporal coherency을 활용하기 위해 물체들은 각각 접촉 정보를 유지한다. 따라서 시뮬레이션하는 매 단계 충돌 엔진은 기존의 접촉 정보가 유효하지 않게 바뀌었는지와 새로운 접촉 정보가 더해졌는지만 알아내면 된다).

3. 충돌을 해결한다. 충격을 가하거나 페널티 힘을 가하는 방법, 또는 아래에 설명할 제약 조건 해결 과정에서 처리하는 방법 등이 쓰인다. SDK에 따라서는 이 단계에 연속적 충돌 검출CCD, Continuous Collision Detection(TOI^{Time Of Impact detection}라고도 알려져 있다)을 수행할 수도 있다.

4. 제약 조건 해결사에 의해 제약 조건을 충족시키게 한다.

4단계가 끝날 때 어떤 물체들은 1단계에서 시험적으로 이동했던 위치에서 또 이동했을 수 있다. 그렇게 되면 또다시 물체 간에 뚫고 들어가거나 제약 조건을 만족하지 못하게 될 수도 있다. 따라서 1단계에서 4단계(어떤 경우는 2단계에서 4단계까지만. 이것은 충돌과 제약 조건이 어떤 식으로 해결되는지에 따라 다르다)를 반복하는데, 다음 조건이 충족될 때까지 한다. 즉 (a) 모든 충돌이 해결되고 모든 제약 조건이 만족될 때까지, 아니면 (b) 미리 정해진 최대 반복 횟수만큼 반복한 경우다. 후자의 경우 해결사는 사실상 '포기'를 선언하는데, 이후의 시뮬레이션 단계에서 문제들이 자연스럽게 해결되기를 기대하는 수밖에 없다. 이 방식은 충돌 해결과 제약 조건 충족 비용을 여러 프레임에 나눠 부담하게 함으로써 갑자기 성능이 떨어지지 않게 하는 데 도움이 된다. 하지만 오차가 너무 크거나, 또는 시간 단계가 너무 길거나 일관되지 않은 경우 이상해 보일 수도 있다. 시뮬레이션에 페널티 힘 방식을 더해 시간이 지남에 따라 문제가 서서히 해결되게 하는 방법도 있다.

13.4.10.1 제약 조건 해결사

제약 조건 해결사constraint solver란 본질적으로 반복적 알고리듬으로, 물리 월드 안에서 물체의 실제 위치 및 회전을 제약 조건이 충족될 때의 이상적인 위치 및 회전과 최대한 근접하게 함으로써 다수의 제약 조건을 동시에 만족시키는 것이 목적이다. 따라서 제약 조건 해결사는 결국 반복적인 오차 최소화 알고리듬이라 할 수 있다.

먼저 제약 조건 해결사가 어떻게 동작하는지를 알아보고자 두 물체가 하나의 경첩 제약 조건으로 연결돼 있는 매우 간단한 예를 살펴보자. 먼저 물리 시뮬레이션의 매 단계에서는 수치 적분을 이용해 물체들의 변환을 예측한다. 그런 후 제약 조건 해결사는 물체들의 상대적인 위치를 갖고 두 물체가 공유하는 회전축이 얼마나 틀어졌는지 계산한다. 오차가 발견되면 해결사는 물체들을 움직여 오차를 최소화하거나 아니면 없애려 시도한다. 다른 물체들은 없는 것으로 가정했기 때문에 두 번째 반복 단계에서 새로운 접촉이 생길리 없고, 따라서 제약 조건 해결사는 경첩 제약 조건이 충족됨을 확인한다. 따라서 더 이상 반복할 필요 없다.

여러 개의 제약 조건을 동시에 충족해야 하는 경우에는 여러 번 반복해야 할 수도 있다. 매 반복 단계 동안 수치 적분 과정에서는 제약 조건에서 벗어나게 물체를 움직이려 할 수 있지만, 제약 조건 해결사는 이 물체들을 다시 제약 조건에 맞게 돌리려 할 것이다. 오차를 최소화할 수 있게 잘 설계한 제약 조건 해결사가 있고 운이 따라 준다면 이렇게 짝을 이루어 반복하는 과정을 거치면서 점차 올바른 해결 방안을 찾을 것이다. 하지만 해결 방안이 항상 정확한 것은 아니다. 그렇기 때문에 물리 엔진을 사용한 게임에서 때때로 전혀 엉뚱한 행동을 볼 때가 있는데, 체인이 늘어지거나(체인 사이트 사이에 작은 틈이 생기는 경우) 물체들끼리 순간적으로 뚫고 들어가는 경우, 경첩이 잠시 허용된 범위를 넘어 굽혀지는 경우 등이 그 예다. 제약 조건 해결사의 목적은 오차를 최소화하는 것일 뿐 오차를 완전히 없애는 것이 불가능할 때도 있다.

13.4.10.2 엔진 간의 구현 차이

당연한 말이겠지만 앞서 다뤘던 내용들은 실제 물리/충돌 엔진이 매 프레임 수행하는 작업을 엄청나게 축약한 것이다. 여러 계산 단계를 수행하는 방법이나 상대적인 수행 순서는 물리 SDK마다 차이가 있을 수 있다. 예를 들면 어떤 제약 조건은 힘과 토크로 구현해 수치 적분 과정에서 처리하는 것이 제약 조건 해결사에서 처리하는 것보다 나을 수 있다. 수치 적분 후에 충돌을 해결할 수도 있지만 그 전에 할 수도 있다. 충돌을 해결하는 방법도 여러 가지가 있다.

우리의 목표는 이런 시스템이 어떻게 동작하는지 감을 잡는 것이다. 어떤 SDK가 세부적으로 어떻게 돌아가는지 알려면 그 SDK의 문서를 읽거나 더 나가 소스코드를 봐야 한다(물론 소스 코드를 읽을 수 있어야 한다). 호기심 많고 부지런한 독자는 공짜 SDK인 ODE^{Open Dynamics Engine}나 피직스X를 다운로드해 살펴보면 좋은 참고 자료가 될 것이다. 뿐만 아니라 ODE의 위키(https://www.ode.org/)를 방문해 보면 여러 배울 거리를 얻을 수 있다.

13.5 물리 엔진과 게임 통합

당연한 말이겠지만 충돌/물리 엔진은 혼자서는 별 쓸모가 없다. 반드시 게임 엔진에 통합돼야 한다. 여기서는 충돌/물리 엔진과 나머지 게임 코드 간에 볼 수 있는 가장 일반적인 연관 지점에 대해 이야기해 보자.

13.5.1 게임 객체와 강체의 연결

충돌/물리 월드 안에 있는 강체와 충돌체는 추상적인 수학 개념일 뿐이다. 이것들이 게임에서 의미가 있으려면 어떻게든 화면에 그려지는 시각적인 표현과 연결돼야 한다. 보통 강체들을 직접 그리지는 않는다(디버깅 용도를 제외하면). 강체들은 가상의 게임 월드를 이루는 논리적 객체들이 어떤 형상을 하는지, 크기는 얼마나 되는지, 물리적으로 어떻게 동작하는지를 표현하는 역할을 한다. 게임 객체에 대해서는 16장에서 자세히 이야기하겠지만, 여기서는 그냥 직관적인 개념으로 게임 객체를 이해하기로 하자. 캐릭터, 탈것, 무기, 아이템 등 게임 월드 안의 논리적인 단위 말이다. 물리 월드의 강체와 화면에 보이는 시각적인 표현은 직접적으로 연결돼 있지 않고 논리적 게임 객체를 매개로 이어진다. 이 개념이 그림 13.35에 그려져 있다.

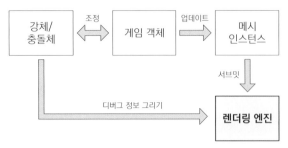

그림 13.35 강체는 게임 객체를 통해 시각적인 표현과 연결된다. 디버깅 목적으로 강체의 위치를 볼 수 있게 직접 렌더링 엔진과 연결되는 경로를 지원하는 것이 보통이다.

보통 게임 객체는 충돌/물리 월드에 여러 개의 강체로 표현되기도 하고 강체가 아예 없을 수도 있다. 다음의 세 가지 경우가 가능하다.

- **강체가 없는 경우** 물리 월드에 강체가 없는 게임 객체는 충돌에 대응할 만한 개념이 없기 때문에 단단한 실체가 없는 것처럼 취급된다. 머리 위를 날아가는 새들처럼 캐릭터와 서로 영향을 끼칠 수 없는 장식으로 쓰이는 물체들이나, 볼 수는 있지만 근처에 갈 수 없는 게임 월드 등은 충돌이 없을 수 있다. 이에 더해 어떤 이유에선가 충돌 검출을 게임에서 직접 하는(충돌/물리 엔진을 거치지 않는) 물체의 경우도 여기에 해당한다.
- **강체가 하나인 경우** 대부분의 단순한 게임 객체는 강체 하나로 표현할 수 있다. 이 경우 강체의 충돌체는 가능한 한 게임 객체의 모양과 비슷한 것을 고르고, 강체의 위치와 방향은 게임 객체와 정확히 일치한다.
- **강체가 여러 개인 경우** 일부 복잡한 게임 객체는 충돌/물리 월드에 여러 개의 강체로 표현되기도 한다. 캐릭터, 기계류, 탈것 등 각기 움직일 수 있는 여러 견고한 부분으로 구성된 물체가 여기에 해당한다. 이런 게임 객체들은 대개 뼈대(즉 아핀 변환의 계층)를 이용해 각 부분의 위치를 관리한다(물론 다른 방식도 얼마든지 가능하다). 각 강체의 위치와 방향은 뼈대의 관절 하나의 위치와 방향에 일치하게 연결된다. 뼈대의 관절들은 애니메이션으로 움직일 수 있고 이 경우 연결된 강체들은 그냥 따라온다. 반대로 물리 시스템에서 강체들의 위치를 옮겨서 간접적으로 관절의 위치를 조정할 수도 있다. 관절과 강체 간의 관계는 일대일일 수도 있지만 아닐 수도 있다. 어떤 관절들은 애니메이션에만 영향을 받는 반면 어떤 관절들은 강체에 연결된다.

게임 객체와 강체 간의 연결은 당연히 엔진에서 관리해야 한다. 보통 각 게임 객체가 자신의 강체들을 관리하는 경우가 많다. 필요할 때 강체를 생성하거나 파괴하기도 하고 때로는 물리 월드에 넣었다 빼기도 하며, 강체의 위치와 자신의 위치, 아니면 강체의 위치와 자기 관절의 위치를 연결하는 일을 한다. 여러 강체로 이뤄진 복합적인 게임 객체인 경우 강체들을 관리하는 별도의 클래스를 도입하는 경우도 있다. 이 방식에서는 강체를 관리하는 복잡하고 세부적인 내용을 나머지 기능과 분리할 수 있기 때문에 다양한 종류의 게임 객체가 일관된 방식으로 강체를 관리할 수 있다.

13.5.1.1 물리 주도 물체

게임에 강체 역학 시스템을 사용하는 경우 완전히 시뮬레이션에 의해서만 움직이는 물체들이 적어도 몇 가지는 있기 마련이다. 이런 물체들을 물리 주도 물체physics-driven body들이라고 한다. 부서지는 잔해나 폭발하는 건물들, 언덕을 굴러 떨어지는 바위, 쓰고 난 탄창과 탄피 등이 이런 예라고 하겠다.

물리 주도 강체들이 게임 객체들과 연결되는 과정은 다음과 같다. 먼저 시뮬레이션을 처리하고 그 후 물리 시스템에서 물체의 위치와 방향을 얻어 온다. 이 변환 정보를 게임 객체에 그대로 적용하거나 아니면 일부 관절, 또는 그 안의 자료 구조 등에 적용한다.

예: 떼어낼 수 있는 문이 달린 금고 구현하기

물리 주도 강체가 뼈대의 관절과 연결된 경우, 의도한 움직임을 구현하게 강체를 제약하는 경우가 많다. 한 예로 문을 뗄 수 있는 금고를 구현하는 과정을 살펴보자.

금고는 시각적으로는 메시 하나로 구성되는데, 하위 메시 2개로 구분돼 하나는 금고 몸통, 하나는 문을 나타낸다고 하자. 이 두 부분을 움직이는 데 관절 2개인 뼈대가 사용된다. 루트 관절은 금고의 몸통에 위치하고, 자식 관절은 문에 붙어 문을 나타내는 하위 메시를 열고 닫게 한다.

충돌 단위도 마찬가지로 독립된 두 부분으로 이뤄지는데, 1개는 몸통, 1개는 문을 나타낸다. 이 두 부분은 충돌/물리 월드에서 완전히 분리된 강체들이 된다. 금고의 몸통에 해당하는 강체는 루트 관절에 연결되고 문에 해당하는 강체는 문 관절에 연결된다. 그런 다음 경첩 제약 조건을 붙여 역학 시뮬레이션을 할 때 문이 몸통에서 적당한 정도로만 열고 닫게 한다. 몸통과 문을 나타내는 두 강체의 운동은 뼈대에 있는 두 관절의 변환을 업데이트하는 데 쓰인다. 그 후 애니메이션 시스템이 뼈대의 행렬 팔레트를 만들고 나면 렌더링 엔진은 결국 물리 월드의 강체의 위치에 있는 몸통과 문의 하위 메시를 그리게 된다.

문을 폭파할 시점이 되면 제약 조건을 제거하고 강체에 충격을 가해 날아가게 만든다. 눈으로 보기에는 몸통과 문이 분리돼 다른 객체가 된 것처럼 보일 것이다. 하지만 실제로는 여전히 하나의 게임 객체이고, 하나의 삼각형 메시에 관절 2개와 강체 2개가 붙어 있다.

13.5.1.2 게임 주도 물체

게임 물체 중 일부는 물리에 영향받지 않고 움직여야 한다. 이런 물체의 움직임은 애니메이션에 의해 결정되는 경우도 있고, 아니면 스플라인^{spline} 경로를 따라가거나 사람이 직접 움직일 수도 있다. 이런 물체들은 충돌 검출에는 참여해야 하지만(예를 들면 물리 주도 물체들을 밀쳐내며 이동하는 경우), 물리 엔진에 의해 움직임에 영향을 받아서는 안 된다. 이런 기능을 위해 대부분의 물리 SDK는 게임 주도 물체$^{\text{game-driven body}}$라 불리는 특수한 강체를 지원한다.

게임 주도 물체는 중력의 영향을 받지 않는다. 또한 물리 시스템에서는 무한한 질량을 가진 물체로 취급한다(대개 질량을 0으로 표시하는데, 물리 주도 물체인 경우 있을 수 없는 질량 값이기 때문이다). 무한한 질량을 가졌다고 설정하면 시뮬레이션하는 동안 힘과 충돌 충격에 의해서 절대 속도가 바뀌지 않게 된다.

게임 주도 물체를 물리 월드에서 움직이려면 단순히 프레임마다 게임 객체의 자리를 따라 위치와 방향을 바꿔서는 안 된다. 이렇게 하면 물리 시뮬레이션에서 해결하기 굉장히 어려운 불연속적인 요소를 집어넣게 된다(예를 들면 물리 주도 물체가 어느 순간 갑자기 게임 주도 물체와 교차하고 있는 상황이 생길 수 있다. 이 경우 충돌을 해결하려면 게임 주도 물체의 운동량 정보가 필요하지만 이 정보는 없다). 그렇기 때문에 게임 주도 물체는 대개 충격을 이용해 움직인다. 시간 단계만큼 운동을 하고 나면 물체가 원하는 위치에 오게 속도에 즉각적인 변화를 준다. 대부분의 물리 SDK는 다음 프레임에서 원하는 위치와 방향에 도달하는 데 필요한 충격의 선 성분과 각 성분을 계산해 주는 함수를 제공한다. 게임 주도 물체를 이동할 경우 멈춰야 할 때가 되면 반드시 속도를 0으로 돌려놓는 것을 잊지 말아야 한다. 그렇지 않으면 이전에 움직이던 방향으로 영영 이동하기 때문이다.

예: 애니메이션되는 금고 문

떼어 낼 수 있는 문이 달린 금고를 갖고 계속 이야기해 보자. 이제 캐릭터가 금고로 가서 번호를 맞춘 후 그 안에 돈을 넣고, 문을 닫아 잠그는 상황을 상상해 보자. 그다음에는 다른 캐릭터가 와서 다소 세련되지 못한 방법으로 돈을 가져가는 상황을 구현해야 한다고 하자(즉 금고 문을 폭탄으로 따는 상황). 이 경우 금고는 번호판을 나타내는 하위 메시 하나가 더해지고 번호판이 돌아갈 수 있게 관절도 하나 추가돼야 한다. 문이 폭발할 때 번호판도 따로 날아가길 원치 않는다면 번호판에는 강체를 붙일 필요가 없다.

첫 번째 캐릭터가 금고 문을 열고 닫는 동안에는 강체들은 게임 주도 상태로 둔다. 애니메이션에서 관절들을 움직이고 관절들은 강체들을 움직인다. 나중에 금고 문을 떼어 버릴 때가 되면 강체들을 물리 주도 상태로 바꾸고, 경첩 제약 조건을 제거하고, 충격을 가하면 문이 날아가게 된다.

이미 눈치챘겠지만 사실 이 상황에서 경첩 제약 조건은 별로 쓸모가 없다. 문이 열린 상태로 금고가 이동하거나 뭔가에 부딪히는 상황에서 자연스럽게 문이 이리저리 움직이는 상황을 표현해야 할 때만 경첩 제약 조건을 쓰면 된다.

13.5.1.3 고정된 물체

게임 월드는 대개 정적인 형상과 동적인 객체가 섞여 이뤄진다. 게임 월드의 정적인 부분을 모델링하기 위해 대부분의 물리 SDK에는 고정된 물체^{fixed body}라 불리는 특수한 종류의 강체가 있다. 고정된 물체는 게임 주도 물체와 비슷한 면이 있지만 동적인 시뮬레이션에는 전혀 관여하지 않는다. 고정된 물체는 사실 충돌하기만 한다. 이 점을 잘 이용하면 게임에서 큰 성능 향상을 얻을 수 있는데, 특히 게임 월드가 넓은 정적인 형상으로 이뤄지고, 그 안에 적은 수의 동적인 객체들이 움직이는 상황에서는 특히 그렇다.

13.5.1.4 하복의 모션 타입

하복에서는 `hkpRigidBody` 클래스의 인스턴스를 이용해 모든 종류의 강체들을 나타낸다. 각 인스턴스에는 모션 타입을 지정하는 부분이 있다. 모션 타입은 물체가 고정돼 있는지, 아니면 게임 주도인지(하복은 이것을 'key framed'라고 한다), 물리 주도인지(하복에서는 'dynamic'이라고 한다)를 시스템에 알려 주는 역할을 한다. 어떤 강체가 정해진 모션 타입을 갖고 만들어졌으면 이것은 절대 변할 수 없다. 그렇지 않은 경우에는 물체의 모션 타입을 런타임에 마음대로 바꿀 수 있다. 이 기능은 잘 쓰면 엄청나게 유용하다. 예를 들어 캐릭터가 손에 들고 있는 물체는 게임 주도 상태다. 그런데 캐릭터가 이 물체를 떨어뜨리거나 던지게 되면 물리 주도 상태로 바뀌고, 시뮬레이션에 의해 물체가 운동한다. 하복에서는 이것을 매우 쉽게 구현할 수 있는데, 손에서 떨어지는 순간에 물체의 모션 타입을 바꿔 주기만 하면 된다.

모션 타입은 동적인 물체의 관성 텐서에 대한 힌트를 하복 시스템에 알려 주는 역할도 한다. 예를 들면 'dynamic' 모션 타입은 'dynamic with sphere inertia', 'dynamic with box inertia' 등의 하위 분류로 나뉜다. 물체의 모션 타입을 이용하면 하복은 관성 텐서의 내부 구조를 짐작할 수 있고, 이것을 바탕으로 여러 가지 최적화를 적용할 수 있다.

13.5.2 시뮬레이션 업데이트

물리 시뮬레이션은 당연히 주기적으로 업데이트해야 하고 대개는 프레임당 한 번씩 한다. 이 과정에는 단순히 시뮬레이션 단계(수치 적분, 충돌 해결, 제약 조건 적용)를 진행하는 일만 있는 것이 아니다. 게임 객체들과 그에 상응하는 강체들의 관계도 동시에 관리해야 한다. 게임에서 어떤 강체에 힘이나 충격을 가하는 것도 프레임마다 해야 할 일이다. 물리 시뮬레이션을 완전히 업데이트하려면 다음과 같은 단계를 밟아야 한다.

- **게임 주도 강체 업데이트** 물리 월드에 있는 게임 주도 강체의 변환을 업데이트해서 게임 월드에 있는 쌍들(게임 객체나 관절들)의 변환과 일치되게 한다.
- **팬텀 업데이트** 팬텀 형상은 게임 주도 충돌체처럼 동작하지만 강체는 없다. 이것은 여러 종류의 충돌 질의를 하는 데 쓰인다. 팬텀의 위치는 물리 단계 전에 업데이트해 충돌 검출이 수행될 때 제 위치에 자리하게 한다.
- **힘 업데이트, 충격 적용, 제약 조건 조정** 게임에서 가해지는 모든 힘을 적용한다. 해당 프레임에서 게임 이벤트에 의해 발생한 모든 충격을 적용한다. 필요한 경우 제약 조건을 조정한다(예를 들면 깨질 수 있는 경첩 제약 조건이면 깨져야 할 상황인지 검사한다. 깨진 상황이면 물리 엔진에 해당 제약 조건을 제거하게 지시한다).
- **시뮬레이션 단계를 밟기** 13.4.10절에서 봤듯 충돌/물리 엔진은 주기적으로 업데이트해야 한다. 다음 프레임에서 모든 물체의 물리적 상태를 알아내기 위해 운동 방정식을 수치 적분하는 과정 외에도 충돌 검출 알고리듬을 돌려 물리 월드의 모든 물체에 충돌 정보를 더하거나 빼는 일, 충돌 해결, 제약 조건 적용하기 등이 이 단계에서 수행된다. SDK마다 다르기는 하지만 이 모든 과정이 하나의 step( ) 함수 안에 숨겨져 있기도 하고, 아니면 개별적으로 수행하기도 한다.
- **물리 주도 게임 객체 업데이트** 모든 물리 주도 물체의 변환을 물리 월드에서 뽑아낸 후 그에 따라 해당하는 게임 객체나 관절의 변환을 업데이트한다.
- **팬텀 질의** 물리 단계가 끝난 후 각 팬텀 형상의 접촉 정보를 읽어와 다양한 의사결정에 이용한다.
- **충돌 캐스트 질의 수행** 레이 캐스트와 형상 캐스트를 수행하는데, 이 과정은 동기화되는 경우도 있고 동기화되지 않는 경우도 있다. 얻은 결과는 게임 엔진에서 다양한 의사결정에 쓰인다.

이런 과정들은 대개 위의 순서대로 하는 게 보통이지만, 레이 캐스트와 형상 캐스트는 원칙적으로 게임 루프 안에서 아무 때나 할 수 있다. 게임 주도 물체 업데이트와 힘/충격 적용을 시뮬레이션 단계보다 앞에 수행해 시뮬레이션할 때 그 결과를 반영하게 하는 것은 누가 봐도 당연한 순서다. 마찬가지로 물리 주도 게임 객체들은 항상 시뮬레이션 후에 업데이트해야 가장 최근의 변환 정보를 반영할 수 있다. 렌더링은 게임 루프의 마지막에 오는 것이 보통이다. 이렇게 해야 그 프레임에서 일관된 게임 월드를 그릴 수 있다.

13.5.2.1 충돌 질의 시점 정하기

충돌 시스템에서 최신 정보를 얻어 오려면 해당 프레임의 물리 단계가 끝난 후 충돌 질의(레이 캐스트와 형상 캐스트)를 던져야 한다. 하지만 물리 단계는 대개 프레임의 맨 마지막에 수행되는데, 이때는 이미 게임 로직에서 대부분의 의사결정이 끝난 상태이고 게임 주도 물체들의 새 위치도 정해진 상태다. 그렇다면 충돌 질의는 언제 던져야 할까?

이 질문에 쉬운 해법은 없다. 대신 몇 가지 선택이 있고, 대부분의 게임은 이 중 일부 또는 전부를 이용한다.

- **이전 프레임의 상태를 바탕으로 정하기** 이전 프레임의 충돌 정보를 바탕으로 해도 정확한 의사결정을 할 수 있는 경우가 많다. 예를 들면 이전 프레임에서 캐릭터가 무언가를 밟고 서 있었는지에 대한 정보를 갖고 이번 프레임에서 캐릭터가 밑으로 떨어지기 시작해야 할지를 알 수 있다. 이 경우에는 물리 단계 이전에 충돌 질의를 던져도 전혀 문제없다.
- **한 프레임 차이를 감수하기** 진짜 알아야 할 것은 현재 프레임에서의 상태지만 때로는 충돌 질의에서 한 프레임 뒤처져 있어도 크게 문제가 없는 경우도 있다. 단, 이 경우는 해당 물체가 너무 빨리 이동하고 있으면 안 된다. 예를 들어 어떤 물체가 가까운 미래에 플레이어의 시야에 있게 되는지 알고 싶은 경우가 있다고 하자. 이런 경우라면 충돌 질의에서 생긴 한 프레임 오류를 플레이어는 감지하지 못할 수도 있다. 이 상황에서는 물리 단계 이전에 충돌 질의를 던지고(이전 프레임의 충돌 정보를 얻어 옴) 이것을 현재 프레임이 끝날 때의 충돌 상태의 근사 값이라고 생각해도 된다.
- **물리 단계 이후에 충돌 질의하기** 어떤 종류의 충돌 질의는 물리 단계가 끝난 이후에 처리하는 것도 한 방법이다. 충돌 질의 결과를 바탕으로 한 의사결정이 프레임 맨 마지막까지 미뤄져도 상관없는 경우 이 방법을 쓸 수 있다. 충돌 질의에 따라 달라지는 렌더링 효과가 그 좋은 예다.

13.5.2.2 단일 스레드에서의 업데이트

굉장히 단순한 단일 스레드 게임 루프는 다음과 같은 모양을 할 것이다.

```
F32 dt = 1.0f/30.0f;

for (;;) // 메인 게임 루프
{
  g_hidManager->poll();

  g_gameObjectManager->preAnimationUpdate(dt);
  g_animationEngine->updateAnimations(dt);
  g_gameObjectManager->postAnimationUpdate(dt);

  g_physicsWorld->step(dt);
  g_animationEngine->updateRagDolls(dt);

  g_gameObjectManager->postPhysicsUpdate(dt);
  g_animationEngine->finalize();

  g_effectManager->update(dt);

  g_audioEngine->udate(dt);

  // 등등

  g_renderManager->render();

  dt = calcDeltaTime();
}
```

이 코드에서 게임 객체들은 세 단계로 업데이트된다. 애니메이션하기 전에 한 번(이 단계는 새 애니메이션을 큐에 넣는 등의 일을 한다), 애니메이션 시스템에서 최종 로컬 포즈와 예측 글로벌 포즈를 계산한 후 한 번(그렇지만 최종 글로벌 포즈와 행렬 팔레트가 생성되기 전), 그리고 물리 단계가 수행된 후 한 번이다.

- 모든 게임 주도 강체들의 위치는 통상적으로 preAnimationUpdate() 함수나 postAnimationUpdate() 함수 안에서 업데이트한다. 게임 주도 물체의 변환은 해당 게임 객체의 위치, 또는 연결된 뼈대의 관절과 일치하게 한다.

952

- 물리 주도 강체들의 위치는 보통 postPhysicsUpdate( )에서 읽어 오며, 게임 객체나 그 뼈대의 관절의 위치를 업데이트하는 데 쓰인다.

한 가지 중요한 점은 물리 시뮬레이션 단계를 밟아가는 빈도다. 대부분의 수치적 또는 충돌 검출 알고리듬, 제약 조건 해결사는 매 단계 간의 시간차(Δt)가 일정할 때 최적의 효과를 낸다. 물리/충돌 SDK의 단계를 이상적인 1/30초나 1/60초마다 수행하고, 그에 따라 게임 루프의 프레임 레이트를 조정하는 것도 좋은 생각이다. 게임 프레임이 목표 수준보다 떨어지는 경우 그에 맞춰 시뮬레이션의 시간차를 조정하기보다는 그냥 물리가 느려지게 놔두는 편이 낫다.

13.5.3 게임에서 충돌과 물리를 사용하는 예

지금까지 이야기한 충돌과 물리에 관한 내용들이 좀 더 와닿게 실제 게임에서 충돌/물리 시뮬레이션이 어떻게 쓰이는지 몇 가지 흔히 접할 수 있는 경우를 예로 살펴보자.

13.5.3.1 단순한 강체를 갖는 게임 객체

상당수의 게임에는 물리 시뮬레이션을 하는 단순한 물체들이 있는데, 무기나 집어던질 수 있는 돌멩이, 빈 탄창, 가구, 총으로 쏘아 맞힐 수 있는 자잘한 물건 등을 들 수 있다. 이런 객체를 구현하는 방법으로는 게임 객체 클래스를 따로 하나 만들고 여기에 물리 월드에 있는 강체 하나 (하복의 경우 hkRigidBody)에 대한 참조를 더하면 된다. 아니면 간단한 강체의 충돌과 물리를 처리하는 부속 클래스를 만들어 엔진의 모든 게임 객체에 이 기능을 이용하게 할 수도 있다.

단순한 물리를 사용하는 객체들은 대개 런타임에 모션 타입을 바꿀 수 있다. 캐릭터가 손으로 들고 있을 때는 게임 주도 상태로 움직이다가 떨어뜨려서 낙하하는 경우는 물리 주도 상태로 바뀌는 식이다.

이제 물리를 사용하는 단순한 물체가 탁자나 찬장에 놓여 있고 어떤 시점이 되면 총알이나 다른 물체에 맞아서 떨어져야 하는 경우를 생각해 보자. 그렇다면 처음에 어떤 모션 타입을 줘야 할까? 물리 주도 상태로 두고 떨어질 때까지 시뮬레이션에서 잠재우게 해야 할까? 아니면 가만히 있을 때는 게임 주도 상태로 두고 떨어지게 되면 물리 주도 상태로 바꿀까? 결정은 게임 디자인에 달려 있다. 물체가 언제 떨어져야 할지 완벽하게 제어하고 싶으면 처음에 게임 주도 상태로 만들면 될 것이고, 그렇지 않은 경우 물리 주도 상태로 놔둬도 괜찮다.

13.5.3.2 총알과 발사체

게임의 폭력성에 대해 어떻게 생각하건 오늘날 게임에서 레이저 총과 발사체 무기가 중요한 위치를 차지하고 있다는 점은 부인할 수 없다. 이것들이 어떻게 구현되는지 살펴보자.

발사체를 구현하는 데 레이 캐스트를 쓰는 경우도 있다. 무기를 격발한 프레임에서 레이 캐스트를 한 후 부딪히는 물체가 있는지 알아내고, 만일 있다면 그 물체에 즉시 충격을 가하는 방식이다.

하지만 레이 캐스트 방식에서는 발사체의 이동 시간을 고려하지 못하는 단점이 있다. 또한 중력 때문에 궤적이 살짝 지면 방향으로 떨어지는 현상도 처리할 수 없다. 이런 세부적인 사항들이 중요한 게임이라면 발사체를 진짜 강체로 모델링해서 충돌/물리 월드에서 시간을 두고 이동하게 구현할 수도 있다. 이 방식은 손으로 집고 던질 수 있는 물체나 로켓과 같이 느리게 움직이는 물체를 표현하는 데 특히 유용하다. 너티 독의 '라스트 오브 어스'에서 집어던질 수 있는 벽돌을 이렇게 구현했다.

레이저 빔과 발사체를 구현할 때는 여러 가지 사항을 생각해 보고 처리해야 한다. 대표적으로 다음과 같은 것들을 고려해야 한다.

총알 레이 캐스팅

총알이 명중했는지 판단하기 위해 레이 캐스트를 사용하는 경우 이런 문제가 떠오른다. 레이 캐스트는 카메라의 초점에서 시작해야 할까, 아니면 캐릭터가 들고 있는 총구에서 시작해야 할까? 이 점은 특히 3차원 슈터 게임에서 문제가 되는데, 이런 게임에서는 대개 플레이어의 총구에서 시작되는 광선과 카메라의 초점에서부터 화면의 조준선을 지나는 광선이 일치하지 않기 때문이다. 이렇게 되면 조준선은 목표물 위에 있지만 3차원 시점 캐릭터는 장애물 뒤에 있어서 목표물을 조준할 수 없는 것처럼 보이는 상황이 생길 수 있다. 플레이어가 정말 자신이 조준하고 있는 목표에 총을 쏘고 있는 것처럼 느끼게 하면서도 화면에는 그럴싸한 모습이 보이게 하려면 여러 가지 '트릭'을 써야만 한다.

충돌 기하 형태와 시각적 기하 형태가 달라서 생기는 문제

충돌을 나타내는 기하 형태와 시각적인 모양을 나타내는 기하 형태가 서로 다르기 때문에 생길 수 있는 문제도 있는데, 플레이어는 작은 틈이나 장애물의 가장자리를 통해 목표물을 살짝 볼 수 있는 상황이지만, 물리에서는 그런 틈이 없어서 총알이 목표물에 도달할 수 없는 상황이

한 예다(이 문제는 플레이어 캐릭터인 경우만 문제되는 경우가 많다). 이 문제를 해결하는 방법 중 하나는 광선이 실제로 목표물에 도달하는지 판별할 때 충돌 질의보다는 렌더링 질의를 이용하는 것이다. 예를 들면 렌더링 단계에서 각 픽셀에 그리고 있는 물체의 고유한 ID를 담고 있는 텍스처를 만들 수 있다. 그런 다음 이 텍스처를 이용해 적 캐릭터나 목표물이 조준선 위치의 픽셀을 차지하고 있는지 찾아내면 된다.

동적 환경에서의 조준

발사체가 목표에 도달하기까지 시간이 소요되는 경우 AI 캐릭터는 '예측 사격'해야 하는 경우도 있다.

충돌 효과

총알이 목표물에 맞으면 사운드를 재생하거나 파티클 효과 생성, 데칼 배치 등과 같은 작업을 해야 할 수도 있다.

언리얼 엔진에서는 피지컬 머티리얼$^{physical\ material}$로 이것을 구현한다. 보이는 모든 기하 형상에는 시각적 머티리얼뿐 아니라 물리적^{phycial} 머티리얼도 지정할 수 있다. 전자는 표면이 어떻게 보일지를 정의하는 것이고 후자는 충격 사운드, 착탄 파티클 효과, 데칼 등 물리적 상호 작용을 정의한다(https://docs.unrealengine.com/5.0/ko/physical-materials-user-guide-for-unreal-engine/).

너티 독에서도 매우 비슷한 시스템을 사용했다. 충돌 기하 형상에는 폴리곤 속성$^{PAT,\ Poygon}$ ^{ATtribute}을 지정할 수 있는데, 이것은 발자국 소리 등의 물리적 반응을 정의한다. 그러나 착탄 효과는 별도로 처리했는데, 왜냐하면 단순한 물리 형상보다는 시각적 기하 형상과 직접 상호 작용하기를 바랐기 때문이다. 따라서 시각적 머티리얼에 추가적으로 착탄 효과$^{bullet\ effect}$를 두고 적용 가능한 모든 발사체 타입마다 착탄 효과, 충격 사운드, 데칼 등을 지정할 수 있도록 했다.

13.5.3.3 수류탄

게임에서 수류탄은 자유롭게 움직이는 물리 객체로 구현하기도 한다. 하지만 이 경우 상당히 제어하기 어렵게 된다. 어느 정도 수류탄을 제어하려고 인위적인 힘이나 충격을 가하는 방법도 있다. 예를 들면 목표 지점에서 너무 멀어지지 않게 하려고 수류탄이 처음 한 번 부딪혀 튀어 오른 후 강한 공기압을 주는 방법을 쓰기도 한다.

수류탄을 완전히 수동으로 제어하는 개발 팀도 있다. 수류탄을 던졌을 때 어떤 목표물에 맞을지 레이 캐스트를 여러 번 미리 해봐서 알아내고, 그 궤적을 미리 계산한다. 플레이어가 볼 수 있게 스크린에 궤적을 그려 줄 수도 있다. 일단 수류탄이 던져지면 정해진 궤적을 따라 이동하고, 튕겨 나올 때는 주의 깊게 제어해 목표물에서 너무 멀어지지 않게 한다. 물론 이 과정은 자연스럽게 보여야 한다.

13.5.3.4 폭발

게임에서 폭발을 표현할 때는 보통 다음과 같은 몇 가지 요소들을 사용한다. 화염구나 연기 등의 시각적 효과, 폭발음과 폭발이 월드의 물체에 가하는 충격을 묘사하는 사운드, 점차 커지면서 그 안에 들어오는 모든 물체에 피해를 주는 피해 반경 등이다.

어떤 물체가 폭발의 범위 안에 있는 경우 대개 체력이 깎이게 되는데, 충격파 효과를 주고자 몇 가지 동작을 더하기도 한다. 여기에는 애니메이션을 이용할 수도 있다(캐릭터가 폭발에 반응하는 행동을 나타낼 때는 대개 이 방법이 가장 낫다). 아니면 역학 시뮬레이션으로만 충격 효과를 구현할 수도 있다. 이 경우 폭발 범위 내에 있는 물체들에 충격을 가하면 된다. 이때 충격의 방향을 구하기는 무척 간단하다. 대개 방사형이며, 폭발의 중심에서 충격을 받을 물체의 중심으로 향하는 벡터를 정규화한 후 이것을 폭발의 크기로 곱하면 된다(폭발의 중심에서 멀어질수록 강도가 낮아지는 효과를 더하기도 한다).

폭발 효과는 다른 엔진 시스템에 영향을 줄 수도 있다. 예를 들면 애니메이션하는 수목에 '힘'을 가해서 폭발 충격 때문에 풀이나 식물, 나무 등이 순간적으로 휘청거리는 효과를 내기도 한다.

13.5.3.5 파괴 가능 물체

요즘 많은 게임에서 파괴 가능 물체^{destructible object}를 볼 수 있다. 파괴 가능 물체가 다른 물체들과 다른 점은, 처음에는 하나의 온전한 물체처럼 보이지만 나중에는 여러 파편으로 잘게 쪼개져야 한다는 것이다. 이렇게 쪼개질 때 하나하나 점차적으로 '떨어져 나가'거나 아니면 한꺼번에 완전히 폭발시킬 수도 있다.

DMM 같은 가변 형상 물체^{deformable body} 시뮬레이션 도구들은 물체의 부서짐을 자연스럽게 처리할 수 있다. 그렇지만 강체 역학을 이용해서도 부서지는 물체를 구현할 수 있다. 이렇게 하려면 모델 하나를 부서질 부분 여러 개로 나눈 후 각각 강체 한 개씩 연결한다. 하복 파괴^{Havok}

Destruction가 이렇게 구현됐다. 성능 최적화와 좀 더 나은 시각적 품질을 위해 하나의 '손상 없는' 통짜 모델을 렌더링과 물리 시뮬레이션에서 사용하기도 한다. 이 모델은 물체가 부서지는 시점에서 손상된 버전으로 교체된다. 이런 식으로 구현하지 않을 거라면 조각난 모델을 계속 사용하면 된다. 쌓아 놓은 벽돌이나 그릇 등의 경우 이런 방식도 괜찮다.

여러 조각으로 이뤄진 물체를 모델링하는 경우 그냥 강체들을 한데 쌓아 놓고 나머지는 물리 시뮬레이션에서 알아서 하는 방법도 있다. 성능 좋은 물리 엔진에서는 이렇게 해도 문제없을 수 있다(그래도 제대로 하기는 쉽지 않다). 하지만 할리우드 영화처럼 화려한 효과를 얻으려면 단순히 강체들을 쌓아 놓은 방법으로는 부족하다.

예를 들어 물체의 구조를 상세히 정의하고 싶을 수 있다. 어떤 부분은 담장의 아랫 부분이나 자동차의 차체처럼 부서지지 않는 속성을 갖는다. 일부는 부가적인 부분을 이룬다(총알을 맞거나 충격이 가해지면 그냥 떨어져 나온다). 그리고 어떤 부분은 구조에 영향을 주는 요소다(충돌이 발생하면 떨어져 나오면서 그 위에 있는 다른 조각들에 힘을 가한다). 어떤 부분은 폭발할 수도 있다(힘이 가해지면 2차 폭발을 일으키거나 전 구조물에 그 힘을 전달한다). 특정 캐릭터는 엄폐 지점으로 쓸 수 있지만 다른 캐릭터는 쓰지 못하게 할 수도 있다. 따라서 부서지는 물체를 처리하는 시스템은 엄폐 시스템과 얼마간의 연관이 있을 수 있다는 말이 된다.

그 외에 부서지는 물체들에 체력 개념을 도입하는 경우도 있다. 피해가 점차 쌓이다가 전부가 한꺼번에 무너지게 할 수도 있고, 아니면 조각들이 각자 체력을 갖게 하고 여러 번의 충격이 가해져야 떨어져 나가게 만들 수도 있다. 제약 조건을 적용하면 부서진 조각이 완전히 떨어져 나가지 않고 물체에 매달려 있게 할 수도 있다.

구조물이 완전히 무너지는 데 어느 정도 시간이 걸려야 하는 경우도 있다. 예를 들면 긴 다리의 한쪽 끝에서 폭발이 일어났을 때 폭발 지점부터 다른 쪽 끝까지 천천히 무너져 내리게 만들어 다리의 규모를 강조하는 효과를 줄 수 있다. 이 경우는 물리 시스템만으로 저절로 구현되지 않는 요소의 또 다른 예라 하겠다. 물리 시스템은 시뮬레이션 섬에 있는 모든 강체를 동시에 깨우는 정도밖에 할 수 없다. 이런 효과들을 구현하려면 게임 주도 모션 타입을 잘 이용해야 한다.

13.5.3.6 캐릭터 구현

볼링이나 핀볼, 마블 매드니스Marble Madness 같은 게임들에서는 '메인 캐릭터'가 가상의 게임 월드를 굴러다니는 공이다. 이 경우 자유롭게 움직이는 강체로 공을 물리 시뮬레이션하고 게임

플레이 도중에는 힘과 충격을 적당히 가해 그 움직임을 조정하면 된다.

그렇지만 캐릭터를 기반으로 하는 게임에서는 이런 방식은 거의 사용하지 않는다. 사람이나 동물 형태의 캐릭터가 움직이는 방식은 공처럼 힘과 충격만 갖고 제어하기에는 너무 복잡하다. 대신 게임 주도 캡슐형 강체들의 집합으로 캐릭터를 모델링하는데, 각 강체는 캐릭터 애니메이션 뼈대의 관절 하나와 연결된다. 이 강체들은 총알 명중 테스트를 하는 데 쓰이거나 캐릭터의 팔이 테이블 위 물체를 쳐서 넘어뜨리는 상황 같은 2차적인 효과를 만들어 내는 데 쓰인다. 게임 주도 강체들이기 때문에 물리 월드에 있는 고정된 물체들을 뚫고 들어가는 문제가 발생할 수 있는데, 애니메이터가 책임지고 캐릭터의 움직임을 그럴듯하게 만들어야 한다.

게임 월드에서 캐릭터를 움직일 때는 대부분 구 캐스트나 캡슐 캐스트를 사용해 움직이려는 방향을 미리 검사해 본다. 이 경우 충돌은 수동으로 처리한다. 여러 가지 멋진 결과물을 이런 식으로 구현할 수 있다.

- 캐릭터가 비스듬한 방향으로 벽에 부딪히면 벽을 따라 미끄러지듯 움직이게 한다.
- 낮은 연석에 부딪혔을 때 그 자리에서 멈추는 대신 연석 위를 넘어가게 한다.
- 낮은 연석을 내려올 경우 캐릭터가 '추락'하지 않게 한다.
- 너무 경사가 급한 곳을 캐릭터가 걸어가지 못하게 한다(거의 모든 게임에는 기준 각도가 있어서 이 각을 넘는 지형은 올라가지 못하고 미끄러져 내려온다).
- 충돌 시 애니메이션을 적절히 조정한다.

마지막 경우에는 캐릭터가 대략 직각으로 벽을 향해 뛰어가는 경우를 들 수 있는데, 캐릭터를 계속 제자리걸음 시키거나 아니면 애니메이션 속도를 느리게 할 수 있다. 더 근사하게 만들자면 캐릭터가 손을 내밀어 벽을 짚는 애니메이션을 틀어 주고 움직이는 방향이 변할 때까지 그 자리에서 대기하게 하는 방식으로 구현할 수도 있다.

하복에는 이런 것들을 처리하는 캐릭터 컨트롤러 시스템이 있다. 그림 13.36에서 볼 수 있듯이 하복에서는 캐릭터를 캡슐 형태의 팬텀으로 모델링하는데, 팬텀은 가능한 새 위치를 찾게 프레임마다 이동한다. 각 캐릭터마다 충돌 접촉 다양체^{collision contact manifold}(예, 노이즈를 최소화한 접촉 평면의 모음)를 관리한다. 프레임마다 이 다양체를 분석한 후 어떻게 캐릭터를 움직이면 좋을지, 어떻게 애니메이션을 조정해야 할지 등을 결정한다.

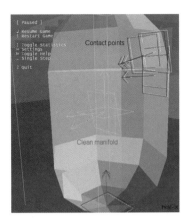

그림 13.36 하복의 캐릭터 컨트롤러는 캐릭터를 캡슐 형태의 팬텀으로 모델링한다. 팬텀은 무의미한 정보를 최소화한 충돌 다양체(접촉 평면의 모음)를 유지하는데, 이것은 게임에서 캐릭터를 어떻게 움직일지 결정하는 데 쓰인다.

13.5.3.7 카메라 충돌

많은 게임에서 카메라는 플레이어 캐릭터나 탈것을 따라 게임 월드를 이동하며, 플레이어가 정해진 형태로 회전하거나 제어할 수 있는 경우도 흔하다. 이런 게임에서는 카메라가 화면의 기하 형태를 뚫고 들어가지 않게 하는 것이 매우 중요한데, 이 경우 게임의 사실성을 심각하게 저해할 수 있기 때문이다. 그렇기 때문에 카메라 시스템은 충돌 시스템을 적극 활용하는 경우가 많다.

대부분의 카메라 충돌 시스템에서 쓰이는 기본 원리는 가상의 카메라를 하나 또는 여러 개의 구형 팬텀이나 구 캐스트 질의로 둘러싸서 카메라가 무언가와 가까워져 충돌하게 되면 그것을 감지하는 형태다. 그러면 시스템은 카메라가 그 물체를 뚫고 들어가기 전에 위치를 조정하거나 방향을 바꿔 충돌을 회피하게 한다.

말은 쉬워 보이지만 실제로 해보면 무척 까다로운 데다 제대로 하기까지 수많은 시행착오를 거쳐야 한다. 얼마나 많은 노력이 드는지 단적으로 이야기하자면 프로젝트의 처음부터 끝까지 카메라 시스템만 전담하는 엔지니어가 있을 정도다. 카메라 충돌 검출과 그 처리에 대해 이 책에서 자세히 다룰 수는 없지만, 그와 관련된 이슈 중에 알고 있어야 할 것들을 열거해 보면 다음과 같다.

- 충돌을 피하려고 카메라를 당기거나 미는 행위는 다양한 상황에서 유용하게 쓰인다. 3차원 게임에서는 1차원 시점 화면이 될 때까지 줌인해도 별 문제가 일어나지 않는 경우가

흔하다(그 과정에서 카메라가 캐릭터의 머리를 뚫고 들어가지만 않게 하면 된다).

- 충돌에 대한 대응으로 카메라의 수평각을 과격하게 바꾸는 것은 대개 좋지 않은데, 카메라에 상대적인 플레이어 컨트롤을 엉망으로 만들 수도 있기 때문이다. 그럼에도 약간의 수평 조정은 괜찮을 수도 있는데, 이것은 그 상황에서 플레이어가 어떤 일을 하고 있는지에 달려 있다. 목표물을 조준하고 있는 상황에서 충돌에 대응한답시고 카메라를 움직여 버리면 플레이어를 찌증나게 할 게 뻔하다. 히지만 그냥 이동 중일 때는 카메라 방향을 바꿔도 자연스럽게 받아들인다. 따라서 메인 캐릭터가 한창 전투 중이 아닐 때만 카메라의 수평각을 조정하는 것이 나을 수 있다.

- 카메라의 수직 각도를 어느 정도 조정하는 것은 괜찮지만 너무 많이 건들지는 말아야 한다. 그렇지 않으면 플레이어가 수평선을 못 찾아 플레이어 캐릭터의 머리 꼭대기를 내려다보게 될 수도 있다.

- 어떤 게임에서는 카메라가 수직 평면 위의 호(대개 스플라인으로 정의된다)를 따라 이동하게 만들기도 한다. 이렇게 하면 HID 하나(왼쪽 엄지 아날로그 스틱 등)로 카메라 줌과 수직 각도를 직관적으로 조정할 수 있다(너티 독 엔진의 카메라가 이런 식으로 동작한다). 카메라가 게임의 물체와 닿게 되면 이 호를 따라 자동으로 카메라를 움직여 충돌을 피하게 하는데, 호를 수평 방향으로 납작하게 하는 등 다양한 방법을 사용할 수 있다.

- 카메라의 뒤나 옆에 어떤 물체가 있는지도 중요하지만 카메라 앞에 무엇이 있는지도 마찬가지로 중요하다. 예를 들면 카메라와 플레이어 캐릭터 사이에 기둥이나 다른 캐릭터가 들어오면 어떻게 해야 할까? 중간에 낀 물체를 투명하게 만드는 게임도 있고, 아니면 카메라를 줌인하거나 충돌을 피하고자 카메라 방향을 바꾸는 게임도 있다. 그런데 이런 조치들이 플레이어 입장에서는 좋을 수도 있고, 아니면 전혀 달갑지 않을 수도 있다. 이런 것들을 어떻게 처리하느냐에 따라 사용자가 인식하는 게임의 품질이 좌우된다고 해도 과언이 아니다.

- 상황마다 다른 방식으로 카메라 충돌을 처리하고 싶을 수도 있다. 예를 들면 메인 캐릭터가 전투 중이 아닐 때는 카메라를 수평으로 회전해서 충돌을 피해도 괜찮을 수 있다. 그렇지만 목표물을 조준하고 총을 쏘고 있을 때는 수평이나 수직 방향으로 카메라를 움직이면 조준을 방해할 수 있기 때문에 카메라를 밀거나 당기는 수밖에 없을 것이다.

이와 같은 상황들과 그 외에의 문제들을 모두 처리하더라도 카메라가 어딘지 어색하고 부자연스러워 보일 수도 있다. 그렇기 때문에 카메라 충돌 시스템을 구현할 때는 항상 시행착오에 충분한 시간을 할당해야 한다.

13.5.3.8 랙 돌 적용

13.4.8.7절에서 여러 강체들을 특수한 제약 조건으로 엮어 축 늘어진(죽었거나 의식이 없는) 신체를 흉내내는 방법을 알아봤다. 여기서는 랙 돌 물리를 게임에 통합할 때 생기는 이슈를 몇 가지 살펴보자.

13.5.3.6절에서 봤듯이 의식이 또렷한 캐릭터의 몸 전체가 이동할 때는 형상 캐스트를 해보거나 팬텀을 이동시켜 봄으로써 그 여부를 결정한다. 신체의 세밀한 움직임은 대개 애니메이션에 의해 결정된다. 게임 주도 강체들을 팔다리에 붙여서 무기를 조준하거나 다른 물체들을 쳐낼 수 있게 하기도 한다.

캐릭터가 의식이 없어지는 순간, 랙 돌 시스템이 기능을 시작한다. 캐릭터의 팔 다리는 캡슐 형태의 강체로 모델링되며, 이것들은 제약 조건을 통해 서로 이어지는 동시에 캐릭터의 애니메이션 뼈대의 관절들에 연결된다. 물리 시스템이 이 강체들의 움직임을 시뮬레이션하면 뼈대 관절을 그에 맞게 이동시키고 결과적으로 캐릭터의 몸이 물리에 의해 움직이게 된다.

랙 돌 물리에 사용되는 강체들은 의식이 있는 상태에서 캐릭터의 팔다리에 사용되는 강체와 다를 수도 있다. 이것은 두 충돌 모델이 매우 다른 요구 조건을 필요로 하기 때문이다. 캐릭터가 의식이 있을 때는 강체들이 게임에 의해 움직이기 때문에 서로 뚫고 들어가도 상관이 없다. 사실 서로 겹치게 만드는 것이 중간에 빈 구멍이 없어서 더 좋을 때도 있다. 하지만 캐릭터가 랙 돌이 되면 강체들이 서로 뚫고 들어가지 않게 하는 것이 중요한데, 일단 뚫고 들어가면 충돌 해결 시스템은 상황을 해결하고자 너무 큰 충격을 가하게 되고 결과적으로 팔다리가 밖으로 폭발하듯 밀려나는 것처럼 보일 수 있기 때문이다. 이런 이유로 캐릭터가 의식이 있을 때와 없을 때 완전히 다른 충돌/물리 형태를 갖게 하는 경우가 흔하다.

또 다른 이슈는 의식이 있는 상태에서 의식이 없는 상태로 전환하는 방법이다. 애니메이션으로 구동하는 포즈와 물리에 의해 만들어진 포즈를 단순히 LERP 블렌딩해서는 제대로 되지 않는 경우가 많은데 물리 포즈와 애니메이션 포즈가 금방 달라지기 때문이다(서로 완전히 연관 없는 포즈를 블렌딩하면 대개 자연스럽게 보이지 않는다).

그렇기 때문에 전환하는 동안 동력이 있는 제약 조건powered constraint을 사용해야 하는 경우도 있다(13.4.8.8절 참조).

캐릭터가 의식이 있을 때는 배경 기하 형태를 뚫고 들어가는 경우가 종종 있다(예를 들면 캐릭터의 강체가 게임 주도인 경우). 이 말은 곧 캐릭터가 랙 돌(물리 주도) 상태로 전환하는 시점에서 강체들이 다른 견고한 물체 안에 위치할 수도 있다는 뜻이다. 이 경우 엄청난 충격이 가해져서 랙 돌이 굉장히 과격하게 요동치는 현상이 생기기도 한다. 이 문제를 피하려면 죽는 애니메이션을 만들 때 주의를 기울여 캐릭터의 팔다리가 최대한 다른 것들과 충돌하지 않게 해야 한다. 또한 게임 주도 상태에서 팬텀이나 충돌 콜백을 이용해 충돌을 감지해서 캐릭터의 일부분이 무언가 단단한 물체에 닿는 순간에 맞춰 캐릭터를 랙 돌 상태로 전환하게 하는 것도 역시 중요하다.

이 모든 것들을 처리한다 하더라도 랙 돌은 다른 물체 안에 박혀 있는 경우가 허다하다. 랙 돌을 더 나아 보이게 하고자 일방 충돌single-sided collision6을 이용하면 무척 유용하다. 이 경우 팔다리의 일부가 벽 안에 들어갈 때 그 안에 그대로 머물기보다는 점차 벽 밖으로 밀려나게 움직이게 된다. 그렇지만 일방 충돌도 모든 문제를 해결하지는 못한다. 예를 들면 캐릭터가 빨리 움직이고 있었거나 랙 돌 전환을 제대로 하지 못한 경우 랙 돌의 강체 하나가 얇은 벽의 반대쪽에 위치한 상황이 생길 수 있다. 이 경우 캐릭터는 제대로 바닥에 안착하지 못하고 허공에 매달려 있게 된다.

랙 돌이 유용할 수 있는 또 다른 하나는 의식이 없는 캐릭터가 의식을 되찾고 다시 일어서는 상황이다. 이 기능을 구현하려면 올바른 '일어서기' 애니메이션을 찾을 방법이 있어야 한다. 우리가 해야 할 일은 랙 돌이 물리 시뮬레이션에서 안정화되고 난 후의 포즈와 가장 가까운 시작 프레임 포즈를 가진 애니메이션을 찾는 것이다(일반적으로 랙 돌의 안정화된 포즈는 예측이 불가능하다). 이것은 중요한 관절(예를 들면 허벅지 윗부분이나 팔 윗부분) 몇 개의 포즈를 비교해서 찾으면 된다. 다른 방법으로는 랙 돌 포즈가 안정화하는 동안 동력이 있는 제약 조건을 이용해서 일어서기 적합한 포즈가 되게 인위적으로 유도하는 방식도 있다.

마지막으로 랙 돌의 제약 조건을 적절하게 설정하기란 상당히 까다로울 수 있다는 점을 짚고 넘어가야 한다. 팔다리를 자유롭게 움직일 수 있어야 하지만 생체 역학적으로 가능한 범위 내

---

6 면의 한쪽 방향(예. 법선 방향)으로만 충돌하고 반대 방향 충돌은 무시 - 옮긴이

에서만 움직여야 한다. 랙 돌을 만들 때 종종 특수한 제약 조건이 사용되는 것도 이와 관련이 있다. 하지만 아무리 특수한 제약 조건을 사용해도 랙 돌이 제대로 보이려면 어느 정도의 노력이 필요하다는 사실을 명심해야 한다. 하복 등의 수준 높은 물리 엔진은 마야 등의 DCC 패키지에서 아티스트가 제약 조건을 설정하고 실제 게임에서 보일 모습을 실시간으로 테스트할 수 있는 콘텐츠 제작 도구들을 제공하기도 한다.

마무리하자면 랙 돌 물리를 게임에서 그럭저럭 돌아가게 하기는 쉬울지 몰라도 근사하게 보이려면 많은 노력을 기울여야 한다. 다른 게임 프로그래밍 분야와 마찬가지로 시행착오를 고려해서 충분한 시간을 잡는 것이 현명한데, 특히 랙 돌을 처음 다루는 경우는 더욱 그렇다.

13.6 고급 물리 기능

강체 역학 시뮬레이션과 제약 조건만으로도 믿기 힘들 정도의 다양한 게임 물리 효과를 처리할 수 있다. 하지만 그 한계도 분명하다. 최근의 연구와 개발의 방향은 제약된 강체 시뮬레이션을 넘어서 물리 엔진을 확장하는 추세다. 이런 주제 중 몇 가지를 나열해 보면 다음과 같은 것들이 있다.

- **가변 형상 물체**^{deformable body} 하드웨어가 발달하고 고성능 알고리듬이 개발되면서 물리 엔진에서도 가변 형상 물체를 지원하기 시작했다. 그 대표적인 예가 DMM이다.
- **의복**^{cloth} 의복은 스프링으로 연결된 점 질량들이 종이 형태로 배열된 모양으로 모델링할 수 있다. 의복을 제대로 구현하기란 굉장히 까다로운데, 의복과 다른 물체의 충돌이나 시뮬레이션에서 수치적인 안정성 등 많은 부분에서 문제가 발생할 수 있기 때문이다. 그럼에도 수많은 게임과 하복 등의 독립 물리 SDK에서 강력하고 안정적인 의복 시뮬레이션을 지원한다.
- **머리카락** 머리카락은 많은 가느다란 섬유를 물리 시뮬레이션하는 식으로 구현할 수도 있고, 좀 더 간단하게 얇은 의복^{cloth} 판들에 머리카락처럼 텍스처를 입히고, 의복 시뮬레이션을 통해 그럴듯하게 보이도록 구현할 수도 있다. '언차티드: 잃어버린 유산'에서 클로이^{Chloe}의 머리카락을 이처럼 구현했다. 머리카락 시뮬레이션과 렌더링은 활발히 연구되고 있는 주제이며 앞으로 더 나아질 것이 분명하다.

- **물 표면 시뮬레이션과 부력** 게임에서 물 표면 시뮬레이션과 부력을 이용한 지는 이미 꽤 됐다. 부력은 특수한 경우를 처리하는 시스템(물리 엔진의 일부가 아닌)으로 구현할 수도 있고, 아니면 물리 시뮬레이션으로 다양한 힘을 이용해 모델링할 수도 있다. 물 표면이 자연스럽게 움직이는 것은 그냥 렌더링 효과일 뿐이고 물리 시뮬레이션과는 전혀 관련이 없는 경우가 흔하다. 물리로 봤을 때 물 표면은 평면으로 모델링하는 경우가 많다. 물 표면이 급격하게 움직이는 경우 평면 전체를 움직이기도 한다. 하지만 이런 시뮬레이션을 벗어나 물 표면의 역동적인 움직임이나 파도가 치는 물결, 사실적인 해류 시뮬레이션 등을 연구하는 게임 팀과 연구자들도 있다. 갓 게임^{god game}의 하나인 '프롬 더스트^{From Dust}'의 경우가 좋은 예다.

- **일반 유체 역학 시뮬레이션** 지금까지 유체 역학은 주로 특수 시뮬레이션 라이브러리에서 처리해 왔다. 하지만 이 분야도 활발히 연구, 개발되고 있으며 일부 게임에서는 이미 유체 시뮬레이션을 활용해 놀라운 시각 효과를 선보인 바 있다. 예를 들면 리틀빅플래닛^{LittleBigPlanet} 시리즈는 2D 유체 시뮬레이션으로 연기와 불 효과를 구현한다. 피직스X SDK의 3D 포지션 기반^{position based} 유체 시뮬레이션을 통해 놀라울 정도의 사실적 결과를 낼 수 있다.

- **물리 기반 오디오 합성** 물리 시뮬레이션을 통해 움직이는 물체들이 부딪히고 튕겨나가고 구르고 미끄러질 때 적절한 소리를 만들어 내 시뮬레이션의 사실성을 높일 수 있어야 한다. 미리 녹음된 오디오 클립을 적절히 재생함으로써 이것을 구현할 수도 있다. 그러나 동적으로 이런 소리를 합성하는 기술이 현실로 다가오고 있으며, 활발히 연구되고 있다.

- **GPGPU** GPU의 성능이 점점 더 강력해짐에 따라 그래픽 외의 분야에서도 GPU의 엄청난 병렬 처리 성능을 활용할 수 있게 시도하는 추세다. 범용 GPU^{GPGPU} 연산을 직관적으로 적용할 수 있는 분야가 충돌 및 물리 시뮬레이션이다. 예를 들면 너티 독의 의복 시뮬레이션 엔진은 플레이스테이션 4의 GPU 전용으로 돌아갈 수 있게 이식됐다.

오디오 14장

소리를 완전히 꺼 놓고 공포 영화를 본 적이 있다면 소리가 몰입에 얼마나 중요한지 알 수 있을 것이다(그런 적이 없다면 한번 해보라. 완전 새로운 경험일 테니). 영화건 비디오 게임이건 소리는 몰입감 충만하고 감정을 자극하는 멀티미디어 경험을 줄 수도 있고 따분한 하품 거리를 선사할 수도 있다.

오늘날의 게임들은 플레이어를 현실적(또는 스타일리시한 반현실적) 가상 환경에 몰입시킨다. 플레이어가 위치한 가상 환경을 가능한 한 정확하고 사실적으로 재현하는 것이 그래픽 엔진의 역할이다(동시에 게임의 아트 스타일에 충실해야 하는 것은 두말할 나위가 없다). 정확히 같은 의미로 오디오 엔진의 역할은 게임 월드에 존재하는 플레이어가 실제로 들을 수 있는 소리를 정확하고 그럴싸하게 재현하는 것이다(또한 게임의 이야기와 분위기에 맞아야 함은 두말할 나위가 없다). 요즘의 사운드 프로그래머들은 이런 그래픽 엔진과의 유사성을 강조하려고 오디오 렌더링 엔진이라는 용어를 쓴다.

14장에서는 AAA게임을 만드는 데 쓰이는 오디오의 이론과 실제를 살펴볼 것이다. 신호 처리 이론signal processing theory이라는 수학 이론을 소개할 텐데, 디지털 사운드 녹음과 재생, 필터링, 잔향reverb, 기타 디지털 신호 처리 장치DSP, Digital Signal Processor 효과 등 디지털 오디오 기술의 거의 모든 부분의 기반이 되는 기술이다. 게임 오디오를 소프트웨어 공학 관점에서 살펴보려 하는데, 널리 쓰이는 오디오 API에 대한 개요, 오디오 렌더링 엔진을 구성하는 대표적인 구성 요소에 대한 탐구, 그리고 다른 게임 엔진 시스템과 오디오 시스템이 어떻게 연결돼 있는지에 대한 학습 등이 포함될 것이다. 이에 더해 너티 독의 인기작인 '라스트 오브 어스The Last of Us'에서 환경 음향 모델링과 캐릭터 대화 처리 방법에 대해서도 살펴보려 한다. 이제 소리로 가득 찬 여행을 시작해 보자.

14.1 소리의 물리적 개념

소리sound란 공기(또는 기타 압축 매질)를 통해 전파되는 압축 파동이다. 소리의 파동은 대기압에 상대적인 공기의 압축과 이완을 번갈아 반복한다. 따라서 음파의 진폭을 측정하는 단위는 압력이다. SI 단위에서 압력은 파스칼Pascal로 측정하며 Pa로 줄여 부른다. 1 파스칼은 1 제곱미터에 1 뉴턴의 힘을 가하는 것과 같다($1\text{Pa} = 1\text{N/m}^2 = 1\text{kg}/(\text{m} \cdot \text{s}^2)$).

순간 음향 압력instantaneous acoustic pressure이란 특정 시점에서 대기압(여기서는 상수라고 생각하자)과 음파에 의한 교란을 더한 것이다.

$$p_{\text{inst}} = p_{\text{atmos}} + p_{\text{sound}}$$

당연하게도 소리는 동적인 특성이다(음압은 시간에 가변적이다). 순간 음향 압력을 시간에 대한 함수 $p_{\text{inst}}(t)$라고 보고 그래프로 나타낼 수 있다. 신호 처리 이론(디지털 오디오 기술에서 거의 모든 방면의 기반이 되는 수학 분야)에서는 이런 시간에 따라 변하는 함수를 신호signal라고 부른다. 그림 14.1에는 흔히 볼 수 있는 음파 신호 $p(t)$의 예가 나와 있는데, 평균 대기압을 기준으로 진동하는 모습을 보인다.

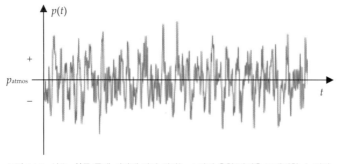

그림 14.1 신호 p(t)를 통해 시간에 따라 변하는 소리의 음향 압력을 모델링할 수 있다.

14.1.1 음파의 성질

어떤 악기가 길고 고른 음을 낼 때 발생하는 소리의 신호는 주기적인데, 이것은 파형이 악기 고유한 특성에 해당하는 반복되는 패턴으로 이뤄진다는 뜻이다. 주기^{period} T란 반복되는 패턴 중 가장 짧은 시간을 뜻한다. 예를 들면 사인파인 음파에서 주기를 측정하려면 인접한 최고점 또는 최저점의 간격을 잰다. SI 단위에서 주기는 보통 초단위로 표기한다. 그림 14.2를 보자.

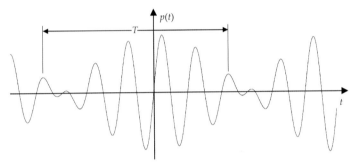

그림 14.2 임의의 주기적 신호의 주기 T는 파형에서 가장 짧은 반복 패턴의 시간이다.

파동의 진동수^{frequency}(또는 주파수라고도 한다)는 주기의 역수다($f = 1/T$). 진동수는 헤르츠^{Hz,} ^{Hertz} 단위를 사용하며, '초당 사이클 수$^{cycles\ per\ second}$'란 뜻이다. '사이클'은 무차원^{dimensionless} 값이므로 헤르츠는 초의 역수다(Hz = 1/s).

과학이나 수학에서 w로 표기하는 각진동수$^{angular\ frequency}$라는 값을 사용하는 경우가 흔하다. 각진동수는 초당 사이클 수 대신 초당 라디안^{radian}으로 진동수를 표기하는 것에 불과하다. 한 번의 완전한 회전은 2π 라디안이므로 $w = 2\pi f = 2\pi/T$다. 각진동수는 사인파를 분석하는 데 매우 유용한데, 2차원의 원형 운동을 1차원 축으로 투영하면 사인파가 되기 때문이다.

사인파와 같은 주기 신호가 시간축에 대해 좌우로 얼마만큼 변이됐는지를 나타내는 값을 위상^{phase}이라고 한다. 위상은 상대적인 개념이다. 예를 들어 $\sin(t)$는 $\cos(t)$를 t축에 대해 $+\frac{\pi}{2}$만큼 위상 변이한 것에 지나지 않는다($\sin(t) = \cos(t - \frac{\pi}{2})$). 반대로 $\cos(t)$는 $\sin(t)$를 $-\frac{\pi}{2}$만큼 위상 변이한 것이다(i.e., $\cos(t) = \sin(t + \frac{\pi}{2})$). 그림 14.3에 위상의 개념이 나와 있다.

음파가 매질을 통과하는 속도^{speed} v는 매질의 종류와 물리적 특성에 따라 달라지는데, 물질의 상태(고체, 액체, 기체), 온도, 압력, 밀도 등이 이에 해당한다. 섭씨 20도의 건조한 공기에서 음파의 속도는 대략 343.2 m/s(또는 767.7 mph, 1235.6 km/h)이다.

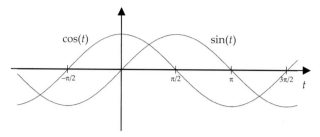

그림 14.3 사인 함수와 코사인 함수는 서로 위상만 다를 뿐 같은 함수다.

사인파의 파장^{wavelength} λ은 연속된 마루 또는 골의 공간 거리를 나타낸다. 진동수에 연관 있는 값이지만 공간에 대한 값이기 때문에 음파의 속도에도 영향을 받는다. $\lambda = v/f$이며, v는 음파의 속도(m/s)이고 f는 진동수(Hz 또는 1/s)이다. 분자 분모의 초는 서로 상쇄하므로 파장의 미터 값만 남는다.

14.1.2 음량과 데시벨

들리는 소리의 '음량^{loudness}'을 판단하고자 사람의 귀는 들어오는 음성 신호의 진폭을 작고 움직이는 시간 간격^{time window}동안 끊임없이 평균을 낸다. 이 같은 평균 효과는 유효 음압^{effective sound pressure}이라는 개념을 통해 잘 모델링할 수 있다. 이것은 특정 시간 간격 동안 측정한 순간 음압에 대해 제곱평균제곱근^{RMS, Root Mean Square}을 구한 것이다.

균일한 시간 간격인 p_i에 대해 음압을 n번 측정한다면 RMS 음압인 p_{rms}는 다음과 같다.

$$p_{\text{rms}} = \sqrt{\frac{1}{n} \sum_{i=1}^{n} p_i^2} \tag{14.1}$$

그러나 귀는 특정 시간의 순간적인 값보다는 연속적인 압력을 측정한다. 순간적인 음압을 시간 T_1부터 T_2 연속적으로 측정한다고 생각하면 (14.1)의 등식은 다음과 같은 적분이 된다.

$$p_{\text{rms}} = \sqrt{\frac{1}{T_2 - T_1} \int_{T_1}^{T_2} (p(t))^2 \, dt} \tag{14.2}$$

그런데 이걸로 끝이 아니다. 사람이 인지하는 음량은 실제로 음향 강도^{acoustic intensity} I에 비례하는데, 또한 이것은 RMS 음압의 제곱에 비례한다.

968

$$I \propto p_{\text{rms}}^2$$

사람이 감지할 수 있는 음압은 굉장히 범위가 넓다(종이 조각이 바닥에 떨어지는 소리부터 비행기가 음속을 돌파하는 소리까지 들을 수 있다). 이와 같은 넓은 다이내믹 레인지$^{\text{dynamic range}}$를 다루고자 음향 강도 측정에는 데시벨$^{\text{Db, Decibel}}$ 단위를 사용한다. 데시벨은 두 값의 비를 표현하는 로그함수^{logarithm} 값이다. 로그함수인 데시벨을 사용함으로써 넓은 범위의 측정값들을 상대적으로 좁은 범위의 값을 통해 표현할 수 있게 된다. 데시벨은 벨^{bel}이라는 단위의 10분의 1이라는 뜻인데, 이 벨은 알렉산더 그레이엄 벨$^{\text{Alexander Graham Bell}}$에서 따온 말이다.

음향 강도를 데시벨로 측정할 때, 이것을 음압 레벨$^{\text{SPL, Sound Pressure Level}}$이라고 부르며 L_p로 나타낸다. 음압 레벨은 사람이 들을 수 있는 가장 낮은 소리인 p_{ref}를 기준으로 이것에 대한 음향 강도(즉 압력의 제곱)의 비로 나타낸다. 따라서 다음과 같이 쓸 수 있다.

$$L_p = 10 \log_{10}\left(\frac{p_{\text{rms}}^2}{p_{\text{ref}}^2}\right) \text{ dB}$$

$$= 20 \log_{10}\left(\frac{p_{\text{rms}}}{p_{\text{ref}}}\right) \text{ dB}$$

수식에서 제곱을 로그 밖으로 꺼내면 2가 되기 때문에 앞이 20이 된다. 흔히 쓰이는 공기 중의 기준 음압은 $p_{\text{ref}} = 20 \ \mu\text{Pa}(\text{RMS})$이다. 음압이나 소리의 물리적 성질, 사람의 청각 인식에 대해 더 알고 싶은 독자는 참고 도서 [6]을 보면 된다.

지금껏 나온 로그함수의 개념이 잘 떠오르지 않는다면 다음 항등식들을 살펴보면 도움이 될 것이다. 식 (14.3)에서 b, x, y는 양의 실수이며 $b \neq 1$, c와 d는 실수, $c = \log_b x$, $d = \log_b y$(달리 쓰면 $b^c = x$ and $b^d = y$)이다.

$$\log_b x = c \text{일 때 } b^c = x(\text{정의})$$
$$\log_b 1 = 0, \ b^0 = 1 \text{이므로}$$
$$\log_b b = 1, \ b^1 = b \text{이므로} \tag{14.3}$$
$$\log_b(x \cdot y) = \log_b x + \log_b y, \ b^c \cdot b^d = b^{c+d} \text{이므로}$$
$$\log_b(x/y) = \log_b x - \log_b y, \ b^c/b^d = b^{c-d} \text{이므로}$$
$$\log_b x^d = d \log_b x, \ (b^c)^d = b^{cd} \text{이므로}$$

14.1.2.1 등청감 곡선

사람의 귀는 소리의 진동수에 따라 다른 반응을 보인다. 사람 귀가 가장 민감하게 느끼는 것은 진동수 2~5kHz의 소리다. 진동수가 이 범위를 벗어나면 똑같은 감도로 '음량'을 인지하기 위해 점점 더 큰 음향 강도(즉 음압)가 필요하다.

그림 14.4에는 여러 개의 등청감 곡선^{equal-loudness contour}이 나오는데, 각 곡선은 사람이 인지하는 음량 강도(청감)를 나타낸다. 이 곡선에 따르면 중간 진동수(미드-레인지)와 같은 음량으로 느끼게 하려면 높거나 낮은 진동수에서는 더 큰 음압이 필요하다는 뜻이다. 달리 말하면 음파의 진폭을 똑같이 유지하고 진동수를 변화시켰을 때 사람의 귀는 낮거나 높은 진동수를 중간 진동수보다 덜 시끄럽다고 느낀다는 뜻이다. 등청감 곡선에서 가장 낮은 곡선은 사람이 들을 수 있는 가장 조용한 소리이며 절대가청역치^{absolute threshold of hearing}라고 한다. 가장 위의 곡선은 고통의 영역을 넘어서는데, 들을 수 있는 소리의 경우 120dB 정도에 해당한다.

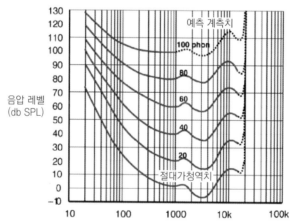

그림 14.4 사람의 귀는 2~5kHz 사이의 진동수에 가장 민감하다. 이 범위에서 멀어질수록 똑같은 '음량'을 느끼려면 더 많은 음향 강도가 필요하다.

등청감 곡선과 이 개념의 바탕이 되는 플레처-먼슨^{Fletcher-Munson} 곡선에 대해 더 알고 싶으면 다음 사이트(https://bit.ly/2HfCjCs)를 참조하자.

14.1.2.2 가청 진동수 대역

평범한 성인은 진동수 20Hz의 낮은 소리부터 20,000Hz(20kHz)의 높은 소리까지 들을 수 있다(그러나 높은 한계는 나이가 들면서 낮아진다). 등청감 곡선을 보면 왜 사람의 귀가 특정한 '대역$^{band'}$의 진동수만 들을 수 있는지 이해할 수 있다. 진동수가 낮아지거나 높아짐에 따라 동일한 음량으로 들리기 위해서는 점점 더 큰 음압이 필요하다. 사람 청력의 한계까지 다가가면 곡선은 급격하게 수직선에 가까워지는데, 이것은 최소한의 음량을 인지하도록 만들려면 거의 무한대의 음압이 필요하다는 뜻이다. 즉 사람은 가청 진동수 대역을 벗어난 소리를 사실상 인지하지 못한다.

14.1.3 음파의 전달

다른 모든 파동과 마찬가지로 음압 파동 역시 공간을 통해 전파되고, 표면에 흡수되거나 반사되며, 모서리 주위 및 좁은 슬릿 사이로 회절하고 전달 매질 사이에서 굴절하는 특성을 보인다. 음파는 극성^{polarization1}이 없는데 그 이유는 파동의 진행 방향으로 진동이 일어나기 때문이며(이 같은 파동을 종파$^{longitudinal wave}$라고 한다), 빛과 같이 진행 방향에 수직인 파동, 즉 횡파$^{transverse wave}$와는 반대되는 특징이다. 게임에서 음파를 모델링할 때 보통 흡수와 반사, 때로는 회절(예, 모서리 주위에서 살짝 휘는 효과) 등의 개념은 적용하지만 사람이 인지하기 거의 힘든 굴절은 무시한다.

14.1.3.1 거리에 따른 감쇠

열린 공간의 안정적인 대기 상태에서 모든 방향으로 균일한 소리를 내는 음원이 있을 때, 음압 파동의 강도는 거리에 비례해 감소하며, 그 비율은 $1/r^2$이다. 이때 압력은 $1/r$의 비율로 감소한다.

$$p(r) \propto \frac{1}{r}$$
$$I(r) \propto \frac{1}{r^2}$$

r은 음원으로부터 청자, 또는 마이크까지의 거리이며, 압력과 강도는 둘 다 r에 대한 함수로 표현된다.

정확히 말하자면 열린 공간에서 구형으로 발산하는(전방향) 음파의 음압 레벨은 다음과 같이 표현할 수 있다.

$$L_p(r) = L_p(0) + 10 \log_{10} \left(\frac{1}{4\pi r^2} \right) \text{ dB}$$
$$= L_p(0) - 10 \log_{10} \left(4\pi r^2 \right) \text{ dB}$$

---

1   고체에서의 음파는 횡파일 수도 있으며 따라서 극성을 보이기도 한다.

여기서 $L_p(r)$은 청자 위치에서의 음압 레벨^{SPL}이며 이것은 음원으로부터의 거리의 함수다. $L_p(0)$는 음원에서의 감쇠가 없는 또는 원래의 소리 강도다.

음원이 전방향 타입만 있는 것은 아니다. 예를 들면 넓고 평평한 벽이 음파를 반사하면 이것은 완전한 방향성^{directional} 음원이나 마찬가지다. 반사된 음파는 한 방향으로만 퍼지며 압력 파면 ^{wavefront}은 본질적으로 평행이다.

확성기는 소리를 특정 방향으로 발산하고 원뿔 모양의 감쇠를 보이는데, 즉 음파의 강도가 '원뿔'의 중심선을 따라서 최대이지만 청자와 중심선 사이의 각도가 커질수록 감소한다. 그림 14.5에 여러 가지 소리의 발산 유형이 나와 있다.

그림 14.5 세 가지 유형의 음원에 대한 발산 패턴(이해를 위해 2차원에 도식화함). 왼쪽부터: 전방향, 원뿔형, 방향성.

14.1.3.2 대기 흡수

음압이 거리에 따라 $1/r$로 감쇠하는 이유는 파형이 기하적으로 확장하면서 에너지가 확산되기 때문이다. 이와 같은 감쇠는 소리의 진동수에 관계없이 동일하다. 소리의 강도가 거리에 따라 감쇠하는 또 다른 이유는 대기 중으로 흡수되기 때문이다. 반면 대기 흡수^{atmospheric absorption}는 모든 진동수 스펙트럼에 동일하게 적용되지 않는다. 보통 진동수가 증가하면 흡수율이 높아진다.

고등학교 때 들었던 이야기 하나가 떠오른다. 어떤 여성이 밤에 어느 조용한 마을의 길을 걷고 있었다. 이 사람은 산발적인 낮은 음정의 소리를 들었는데, 이 소리들 사이에는 긴 여백이 있었다. 무엇이 이런 소리를 내는지 궁금했던 이 사람은 소리 쪽으로 걸어 갔다. 걸어감에 따라 음정은 점점 커졌고 음정 사이의 여백은 점점 짧아졌다. 몇 분을 걸어가자 음정들이 어느새 아름다운 음악으로 변해 있었다. 이 사람은 이윽고 열린 창문 사이로 비올라 연주를 하고 있는 사람을 보게 됐다. 연주자는 음악을 멈추고 "안녕하세요"라고 인사를 했는데, 여인은 연주자에게 왜 몇 분 전까지 완전히 아무 의미 없는 소리를 냈는지 물어 봤다. 연주자가 대답하길 "의미

없는 음표를 연주한 적은 없습니다. 전부터 계속 이 곡을 연주하고 있었는 걸요." 이 여성이 그런 소리를 들었던 것은 대기 흡수 때문에 낮은 진동수의 소리가 높은 진동수의 소리보다 멀리 전달됐기 때문이다. 음파의 전달에 관해서 더 알고 싶은 독자는 다음 사이트(https://www.sfu.ca/sonic-studio-webdav/handbook/Sound_Propagation.html)를 참조하기 바란다.

매질을 통과하는 음파의 강도는 다른 요인에도 영향을 받는다. 일반적으로 말해 거리, 진동수, 온도, 습도에 따라 감쇠 정도가 달라진다. 다음 사이트(http://sengpielaudio.com/calculator-air.htm)는 이 같은 요인들에 의한 효과를 실험해 볼 수 있는 온라인 계산기를 제공한다.

14.1.3.3 위상 변이와 간섭Phase Shift and Interference

여러 개의 음파가 한 공간에서 겹칠 때 각 파동의 진폭이 겹쳐진다(이것을 파동의 중첩이라고 한다). 진동수가 같은 2개의 음파를 떠올려 보자(2개의 사인파가 가장 단순한 예일 것이다). 두 파동의 위상이 같을 때, 즉 두 파동의 마루와 골이 일치할 때 두 파동은 서로 보강하는 작용을 하고, 그 결과 원래보다 진폭이 큰 파동이 된다. 마찬가지로 두 파동의 위상이 반대라면 두 파동의 마루와 골은 서로 상쇄하게 돼 원래보다 진폭이 작은(경우에 따라서는 0인) 파동이 된다.

여러 개의 파동이 서로 영향을 줄 때 이것을 간섭이라고 한다. 보강 간섭은 파동끼리 서로 보강하게 돼 진폭이 증가한다. 상쇄 간섭은 파동끼리 서로 감쇠를 일으켜 진폭이 작아진다.

파동의 진동수는 간섭에 큰 영향을 미친다. 두 파동의 진동수가 매우 근접하다면 간섭의 결과 합성파의 진폭이 전체적으로 커지거나 작아진다. 진동수가 크게 다르다면 맥놀이라는 효과가 발생하는데, 이것은 진동수 차이에 의해 위상이 같았다 달라지는 상황이 번갈아 생기고, 따라서 진폭이 커졌다가 작아지는 현상이 번갈아 발생하는 것이다.

간섭은 완전히 다른 음향 신호 사이에서도 발생할 수 있고, 한 음원에서 나온 소리가 다른 경로를 통해 청자에게 도달하는 경우에도 발생한다. 후자의 경우 경로의 길이에 따라 위상 변이가 일어나기 때문에 보강 간섭이 될 수도 있고 상쇄 간섭이 될 수도 있다.

콤 필터

간섭에 의해 콤 필터comb filtering라는 현상이 생길 수 있다. 이것은 음파가 표면에 반사할 때 특정 진동수를 거의 완전히 상쇄하거나 완전히 보강하는 상황에서 발생한다. 그 결과 진동수 응답(14.2.5.7절 참조)이 수많은 좁은 마루와 골짜기 모양이 되는데, 그래프로 그리면 빗(comb, 여기서 이름을 따왔다) 형태가 된다. 이 현상은 오디오 재생과 녹음에 큰 영향을 미치는데 경우에 따라서는 원치 않는 효과일 수도 있고 때로는 유용한 도구가 되기도 한다. 콤 필터 현상으로 인해 비싼 하이엔드 오디오 장비를 사는 것보다는 방의 어쿠스틱 특성을 개선하는 것이 경제적일 수 있다. 공간이 콤 필터 현상을 일으킨다면 장비로부터 평탄한 반응을 얻어내기 위해 돈을 쓰는 것은 완전한 낭비다. 이 주제에 대해서 에단 위너$^{Ethan Winer}$의 훌륭한 비디오가 다음 사이트(http://www.realtraps.com/video_comb.htm)에 있다.

14.1.3.4 잔향과 에코

음을 반사하는 표면이 있는 공간에서 일반적으로 다음 세 가지 형태의 음파가 음원에서 청자로 도달한다.

- **직접음**^{direct}(드라이^{dry}) 방해받지 않고 음원에서 청자까지 바로 오는 음파를 직접음 또는 드라이 사운드라고 부른다.
- **이른 반사음**$^{early reflection}$(에코^{echo}) 가장 짧은 경로가 아니라 주변 공간에 반사되고 일부 흡수된 후 청자에게 도달하는 음파는 먼 길을 돌아오기 때문에 도달하는 시간이 더 걸린다. 따라서 직접음과 반사된 음의 도달 시간에는 지연이 발생한다. 맨 처음 도달하는 반사음은 한두 표면에서만 반사됐을 것이다. 그렇기 때문에 비교적 '깨끗한' 신호라고 볼 수 있으므로 원음의 새로운 복사본 또는 메아리^{echo}라고 인지하게 된다.
- **늦은 잔향**$^{late reverberation}$(테일^{tail}) 음파가 공간에서 여러 번 반사되고 나면 서로 중첩되고 간섭을 일으켜 우리의 뇌는 더 이상 이것들을 구분되는 소리로 인지하지 못한다. 이 현상은 늦은 잔향 또는 디퓨즈 테일$^{diffuse tail}$이라고 알려져 있다. 반사되는 음파의 진폭은 반사 표면의 특징에 따라 다른 정도로 감쇠된다. 반사음파는 지연되기 때문에 위상 변위가 발생하고 이로 인해 음파들끼리 간섭을 일으킨다. 이 현상에 의해 특정 진동수가 상대적으로 약화된다. 공간의 어쿠스틱(음향 특성)을 이야기할 때는 일반적으로 음의 '품질(음질)' 또는 음색에 늦은 잔향이 끼치는 영향을 말하는 것이다.

반사음과 잔향을 합쳐서 웨트^{wet} 사운드라고 부른다. 그림 14.1에는 박수 한 번으로 발생하는 음에 대해 드라이 성분과 웨트 성분이 나와 있다.

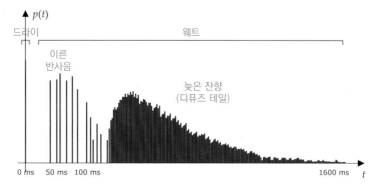

그림 14.6 직접음, 이른 반사음과 늦은 잔향

이른 반사음과 늦은 잔향을 통해 우리의 뇌는 현재 위치한 공간에 대한 여러 가지 단서를 알아낼 수 있다. 프리딜레이pre-delay는 직접음과 첫 번째 반사음이 들릴 때까지의 시간 간격을 의미한다. 프리딜레이를 통해 뇌는 공간의 대략적인 크기를 짐작할 수 있다. 디케이decay는 반사된 음파가 사라질 때까지 걸리는 시간이다. 이것을 통해 주변 환경을 통해 음이 얼마나 흡수되는지를 알 수 있고 따라서 공간의 구성 물질을 짐작게 한다. 작고 타일로 덮인 욕실을 예로 들어 보면, 이 공간은 매우 짧은 프리딜레이가 발생하고(공간이 작으므로), 긴 디케이 시간을 보인다(왜냐하면 타일은 음을 잘 반사하는 데다 흡수를 거의 하지 않기 때문이다). 매우 크고 화강암 재질인 뉴욕New York의 그랜드 센트럴 터미널Grand Central Terminal은 프리딜레이 시간이 훨씬 길 것이고 훨씬 많은 반사음이 생기지만 디케이 시간은 타일로 된 욕실과 비슷할 것이다.

욕실에 커튼을 달거나 타일 대신 목재 패널로 마감을 하게 되면 프리딜레이는 변하지 않겠지만 디케이 시간이나 밀도(각 반사음들이 얼마나 시간에 대해 밀집돼 있는지)나 확산(시간에 따라 반사음의 밀도가 증가하는 비율) 등의 다른 요소들이 변할 것이다. 이것을 이해하고 나면 눈을 가린 사람이 어떻게 주변 환경을 유추하는지, 눈이 보이지 않는 사람이 어떻게 지팡이만 갖고도 확보할 수 있는지 설명할 수 있다. 소리를 통해 주변 환경에 대해 정말 많은 것을 알 수 있는 셈이다.

잔향reverb이라는 용어는 웨트 성분을 기준으로 음의 품질을 나타내는 데 쓰인다. 오디오 녹음의 초창기에는 사운드 엔지니어가 잔향을 통제할 수단이 거의 없었기 때문에 녹음실의 모양과 재질만을 활용할 수 있었다. 나중에 간단히 인공적인 잔향 장치가 개발됐는데, 빌 푸트남 경Bill Putnam Sr.(유니버설 오디오Universal Audio의 창업자)이 만든 스피커와 마이크로폰을 욕실에 배치한 장치부터 긴 금속판 또는 스프링을 통해 음성 신호에 딜레이를 주도록 하는 장치를 거쳐 오늘날의 디지털 기법까지 발전했다. 오늘날에는 디지털 신호 처리장치DSP, Digital Signal Processor 칩과 소프트웨어를 사용해 사운드 효과와 음악에 자연스런 잔향 효과를 재현할 수도 있고, 자연적으로는 생길 수 없는 온갖 재미난 효과를 더해 레코딩을 보강하기도 한다. 14.2절에서 디지털 신호 처리에 대해 더 배워 볼 것이다. 잔향에 관해 더 알고 싶은 독자는 다음 사이트(http://www.uaudio.com/blog/the-basics-of-reverb)를 방문해 보자.

무향실anechoic chamber은 반사음을 모두 제거하도록 특수 설계한 공간이다. 이 방은 벽면, 바닥, 천장을 모두 물결 무늬의 폼 패딩으로 덮어 반사음파를 모두 흡수하게 한다. 따라서 직접음(드라이 음)만 청자 또는 마이크에 전달된다. 무향실에서 들리는 음은 음색이 '죽은' 것처럼 들린다. 무향실은 잔향이 없는 '순수한' 음을 녹음하는 데 유용하다. 이 같은 순수한 소리는 디지털 신호 처리 파이프라인의 입력으로 쓰기에 최적인데, 왜냐하면 사운드 디자이너가 음색을 컨트롤할 수 있는 자유도를 극대화하기 때문이다.

14.1.3.5 움직임과 사운드: 도플러 효과

기차가 지나가는 건널목에 서 있던 경험이 있다면 도플러 효과Doppler effect를 직접 체험해 본 것이다. 기차가 다가올 때는 음 높이가 더 높게 들리고, 멀어질 때면 음 높이가 더 낮게 들린다. 공기 중에서 음파의 속도는 거의 일정하지만 음원(이 경우 기차)이 움직이는 중이다. 기차와 같은 방향으로 움직이는 음파는 '한데 모이게' 되지만, 반대 방향으로 움직이는 음파는 '넓게 흩어'지는데, 그 정도는 공기 중 소리의 속도와 기차의 속도 차에 비례한다. 한데 모인 파동은 골과 마루의 간격이 좁아지기 때문에 진동수가 증가하고, 그 결과 음 높이가 더 높아진다. 마찬가지로 흩어진 파장의 진동수는 낮아지고, 음 높이가 낮아진다. 도플러 효과는 1842년에 이 효과의 존재를 처음 발견한 오스트리아의 물리학자 크리스티안 도플러Christian Doppler의 이름에서 따왔다.

음원이 가만히 있고 듣는 사람이 움직여도 도플러 효과가 발생한다. 일반적으로 말해서 도플러 편이shift는 청자와 음원의 상대 속도(벡터로서)에 영향을 받는다. 1차원에서 도플러 편이의 양은 진동수의 변화이고 다음과 같이 표현할 수 있다.

$$f' = \left(\frac{c + v_l}{c + v_s} \right) f$$

f는 원래 진동수, f'는 청자 위치에서 관측된 도플러 편이된 진동수이며, c는 공기 중 음파의 속도, v_l, v_s는 각각 청자와 음원의 속도다. 음원의 속도가 음속에 비해 매우 작은 경우 다음과 같이 식을 근사할 수 있다.

$$f = \left(\frac{1 + \Delta v}{c} \right) f_0$$

이 수식에 의해 상대 속도 Δv가 분명히 드러난다. 다음 사이트(https://en.wikipedia.org/wiki/File:Dopplereffectsourcemovingrightatmach0.7.gif)의 GIF를 보면 도플러 효과를 쉽게 눈으로 볼 수 있다.

14.1.4 위치에 대한 인식

사람의 청각 시스템은 주변 환경에서 소리의 위치에 대한 정보를 비교적 정확하게 인지할 수 있게 진화했다. 소리 위치를 인지하는 데는 몇 가지 요인이 기여한다.

- 거리에 따른 감쇠^{fall-off with distance}를 통해 음원의 대략적인 위치를 알 수 있다. 이것이 동작하려면 근거리에서 들었을 때 소리의 크기에 대한 '기준'을 대강 알고 있어야 한다.
- 대기 중 흡수^{atmospheric absorption} 때문에 듣는 사람과 음원의 거리가 멀어질수록 높은 진동수의 소리가 잘 들리지 않게 된다. 멀리 있는 사람이 일상적인 톤으로 말하는 것과 가까이에 있는 사람이 낮은 소리로 말하는 것을 구분할 수 있는 것이 유용한 예다.
- 왼쪽과 오른쪽에 귀가 하나씩 달려 있음으로써 위치에 대한 매우 많은 정보를 얻을 수 있다. 오른쪽에서 나는 소리는 오른쪽 귀에서 더 크게 들린다. 또한 반대쪽 귀까지 소리가 도달하는 시간이 아주 약간 더 걸리기 때문에 좌우 귀에서 들리는 시간차^{ITD, Interaural Time Difference} 1밀리초가 발생한다. 끝으로 머리가 소리를 막는 역할을 하기 때문에 가까운 쪽 귀에서 들리는 소리에 비해 먼 쪽의 귀는 다소 줄어든 소리를 듣게 된다. 이것을 두 귀 간 레벨 차이^{IID, Interaural Intensity Difference}라고 한다.
- 귀의 모양도 영향이 있다. 귀는 앞을 향하게 돼 있기 때문에 뒤에서 들리는 소리는 앞에서 나는 소리에 비해 약간 크기가 감소한다.
- 머리 전달 함수^{HRTF, Head-Related Transfer Function}는 다른 방향에서 오는 소리에 대한 귓바퀴의 미세한 영향을 표현한 수리적 모델이다.

14.2 소리의 수학

현대 오디오 기술의 핵심에는 신호 처리^{signal processing}와 체계 이론^{system theory}이라는 수학 이론이 존재한다. 이것은 또한 여러 다양한 기술과 공학에서 넓게 사용되며, 영상 처리, 기계 시야^{machine vision}, 공기 역학, 전기학, 유체 역학 등 이루 열거하기 힘든 다양한 분야에서 활용된다. 14.2절에서는 신호 이론과 체계 이론의 핵심 개념을 간단하고 빠르게 알아볼 예정인데, 14장의 나중에 나올 고급 게임 오디오 개념을 이해하는 데 도움을 주기 때문이다(또한 게임 프로그래머라면 누구에게나 유용하게 쓸 수 있는 중요한 수학 이론이기 때문에 일석이조라고도 볼 수 있겠다). 이 주제에 대한 심화 자료는 [41]에서 얻을 수 있다.

14.2.1 신호

신호^{signal}란 하나 또는 둘 이상의 독립 변수들의 함수이며, 보통 특정한 물리 현상을 나타내는 데 쓰인다. 14.1절에서 오디오 압축 파동의 시간에 따른 음압을 나타내려고 신호 $p(t)$를 사용했다. 당연한 말이지만 다른 형태의 신호들도 존재한다. 신호 $v(t)$는 시간에 따라 생성되는 마이크의 전압을 나타낼 수 있고, $w(t)$는 파이프 시스템에서 시간에 따른 수압을 나타낼 수 있으며, $f(t)$를 통해 생태계의 여우 개체수를 표현할 수도 있을 것이다.

신호 이론을 공부할 때 독립변수를 '시간'이라고 지칭하고 이것을 t로 나타내는 경우가 흔하다. 그렇지만 다른 특성을 나타내는 독립 변수도 당연히 존재하며, 독립 변수가 둘 이상일 수도 있다. 예를 들어 2D 그레이스케일 이미지를 신호 $i(x, y)$로 생각할 수도 있는데, 2개의 독립 변수 x와 y는 각각 수직 좌표계의 좌표를, 신호 값 i는 각 픽셀의 그레이스케일을 나타낼 수 있다. 컬러 이미지는 마찬가지로 각기 적, 녹, 청 채널을 나타내는 3개의 신호 $r(x, y)$, $g(x, y)$, $b(x, y)$로 생각할 수 있다.

14.2.1.1 이산적, 연속적 신호

앞서 살펴본 2D 이미지의 예는 신호의 중요한 두 가지 종류, 즉 연속 신호와 이산 신호에 대해 생각할 수 있는 좋은 기회다.

- 독립 변수가 실수($t \in \mathbb{R}$)인 신호를 연속 시간 신호^{continuous-time signal}라고 한다. 14장에서는 연속된 '시간'을 나타내는 데 기호 t를 사용하고, 함수 표기에서 둥근 괄호를 사용해 연속 시간 신호라는 것을 나타내기로 한다(예, $x(t)$).

- 독립 변수(또는 변수들)이 정수($n \in \mathbb{I}$)인 신호를 이산 시간 신호^{discrete-time signal}라고 한다. 기호 n을 통해 이산적인 '시간'을 표현하고 함수 표기에서 대괄호를 사용해 이산 시간 함수임을 나타내기로 한다(예, $x[n]$). 유념할 점은 이산 시간 신호의 값^{value}은 실수일 수도 있다는 점이다($x[n] \in \mathbb{R}$). '이산 시간 신호'의 조건은 독립 변수가 정수라는 점($n \in \mathbb{I}$)뿐이다.

그림 14.1에서 연속 시간 신호의 t를 수평 축에 놓고 신호 값 $p(t)$를 수직 축에 놓으면 평범한 함수처럼 그릴 수 있다는 것을 봤다. 이산 시간 신호도 마찬가지로 그릴 수 있는데, 차이점이 있다면 독립 변수 n이 정수인 경우에만 함수 값이 정의된다는 것이다(그림 14.7을 보자). 이산 시간 신호를 개념화하는 쉬운 방법 중 하나는 연속 시간 함수의 샘플링으로 생각하는 것이다. 샘플링(디지털화 또는 아날로그–디지털 변환이라고도 한다)은 디지털 오디오 녹음과 재생에서 핵심적 과정이다. 14.3.2.1절에서 샘플링에 대해 좀 더 알아볼 것이다.

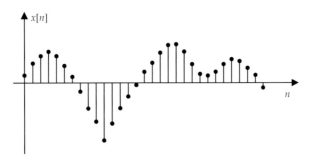

그림 14.7 이산 시간 신호 x[n]의 값은 정수 n에 대해서만 정의된다.

14.2.2 신호 조작

다음에 올 내용을 잘 따라오려면 독립 변수를 변화시켜 신호를 조작하는 기본적인 방법을 이해해야 한다. 예를 들면 신호를 $t = 0$에 대해 대칭시키려면 신호 수식에서 t를 $-t$로 치환하면 된다. 전체 신호를 오른쪽(즉 양의 시간 방향)으로 s만큼 시간 이동^{time-shift}시키려면 수식에서 t를 $t - s$로 치환한다(왼쪽/음의 방향으로 시간 이동 시키려면 t를 $t + s$로 치환한다). 또한 신호의 정의역^{domain}을 늘리거나 줄이려면 독립 변수를 스케일하면 된다. 그림 14.8에 이 같은 기본 변환이 나와 있다.

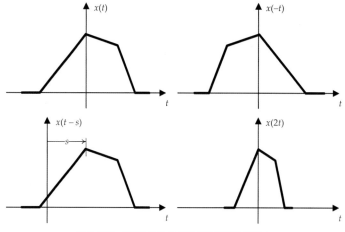

그림 14.8 신호의 독립 변수에 대한 간단한 조작들

14.2.3 선형 시불변 시스템

신호 처리 이론에서 말하는 시스템^{system}이란 입력 신호를 받아서 새로운 출력 신호로 변환하는 모든 기기 또는 처리 과정을 뜻한다. 시스템의 수학적 개념을 통해 오디오 처리 과정에 쓰이는 현실 시스템들을 표현하고, 분석하고 조작할 수 있는데, 마이크, 스피커, 아날로그−디지털 변환기, 잔향 유닛, 이퀄라이저, 필터, 심지어 공간의 어쿠스틱까지 등이 여기에 해당한다.

간단한 예를 살펴보면 증폭기(또는 앰프)는 입력 신호의 진폭을 어떤 값 A만큼(이것을 앰프의 게인^{gain} 또는 게인이라고 한다) 증가시키는 시스템이다. 입력 신호가 $x(t)$일 때 이런 증폭 시스템의 출력 신호는 $y(t) = Ax(t)$이다.

시불변^{time-invariant} 시스템은 입력 신호의 시간 이동이 그대로 출력 신호의 시간 이동이 되는 시스템이다. 즉 시스템의 동작이 시간에 대해 일정하다.

선형^{linear} 시스템은 중첩^{superposition}의 특성을 지니는 시스템이다. 이 말의 뜻은 입력 신호가 다른 신호들의 가중 합^{weighted sum}인 경우 이 신호들을 개별적으로 시스템에 통과시켜 나온 출력 값들을 다시 가중 합으로 합친 것이 시스템의 출력이라는 뜻이다.

선형 시불변^{LTI, Linear Time-Invariant}은 다음 두 가지 이유 때문에 엄청나게 유용하다. 첫째, 그 행동이 매우 잘 알려져 있고 수학적으로 취급하기 비교적 간단하다. 둘째, 실제 물리 시스템의 많은 부분, 예를 들면 오디오 전달 이론, 전자공학, 기계공학, 유체 이동 등을 LTI 시스템으로 정확하게 모델링할 수 있다. 따라서 이 책에서 우리가 오디오 기술을 이해하는 데 알아야 할 내용을 LTI 시스템으로 한정할 것이다.

시스템은 입력 신호와 출력 신호가 있는 그림 14.9와 같은 블랙박스로 개념화할 수 있다.

그림 14.9 시스템을 블랙박스로 개념화할 수 있다.

블랙박스 도식을 통해 간단한 시스템을 연결해 보다 복잡한 시스템을 구성할 수 있다. 예를 들면, 다음과 같다.

- 시스템 A의 출력을 시스템 B의 입력으로 연결한다. 이것은 A 동작을 한 후 B 동작을 수행하는 복합 시스템이 된다. 이것을 직렬 연결이라고 한다.
- 두 시스템의 출력을 합한다.
- 시스템의 출력을 이전의 입력으로 다시 연결한다. 이것을 피드백 루프feedback loop라고 한다.

그림 14.10에 이 연결들에 대한 예가 나와 있다. 모든 LTI 시스템의 중요한 특성 중 하나는 연결 순서에 독립적이라는 것이다. 따라서 A–B 순서인 시스템을 B–A로 바꿔도 출력이 변하지 않는다.

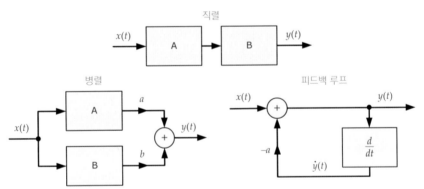

그림 14.10 시스템을 연결하는 다양한 방법들. 직렬 연결은 $y(t) = B(A(x(t)))$이다. 병렬 연결은 $y(t) = aA(x(t)) + bB(x(t))$이다. 피드백 루프는 $y(t) = x(t) - a\dot{y}(t)$이다.

14.2.4 LTI 시스템의 충격 반응

입력을 받아 출력을 내는 시스템의 개념을 이해한다는 것은 무척 유용한 일이다. 또한 이 시스템들 간의 연결을 다이어그램으로 그리면 직관적으로 이해하기도 쉽다. 그런데 이런 동작을 수학적으로 표현하려면 어떻게 해야 할까?

14.2.3절의 내용을 떠올려 보면 입력이 개별 신호들의 선형 결합(가중 합)으로 이뤄진 경우, 출력은 각 신호의 출력(만약 이 신호들이 독립적으로 시스템을 통과했을 경우)의 선형 결합(가중 합)이된다고 했다. 따라서 어떤 임의의 입력 신호에 대해 이것을 매우 단순한 신호의 가중 합으로 표현할 수만 있다면, 그 단순한 신호들에 대한 시스템의 응답을 통해 전체 시스템의 행동을 나타낼 수 있게 된다.

14.2.4.1 단위 충격

입력 신호를 단순한 신호의 선형 결합으로 표현하고자 한다면 어떤 단순한 신호를 사용해야 할지를 정해야 한다. 잠시 뒤에 그 이유가 나오지만 답을 먼저 주자면 단위 충격$^{\text{unit impulse}}$을 사용할 것이다. 이 신호는 특이 함수$^{\text{singularity function}}$라는 계열의 함수 중 하나인데, 그 이름이 붙은 이유는 이 함수들이 모두 하나 이상의 불연속 또는 '특이점^{singularity}'을 갖기 때문이다.

이산적인 시간에서, 단위 충격 $\delta[n]$은 매우 단순하다. 이 신호의 값은 모두 0이지만 $n = 0$에서만은 1이다.

$$\delta[n] = \begin{cases} 1 & n = 0\text{인 경우} \\ 0 & \text{그 외의 경우} \end{cases}$$

이산 시간 단위 충격은 그림 14.11에 나와 있다.

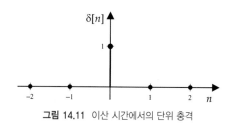

그림 14.11 이산 시간에서의 단위 충격

연속 시간에서 단위 충격 $\delta(t)$에 대한 정의는 좀 더 까다롭다. 이것은 $t = 0$를 제외한 구간에서는 0의 값이지만 $t = 0$에서는 무한대의 값이다. 다만 곡선 아래의 면적은 1이다.

이런 이상한 함수를 형식적으로 올바르게 정의하려면 다음 함수를 떠올려 보자. 이 함수는 '사각형' 함수 $b(t)$인데, $[0,T)$인 구간에서만 값이 $1/T$이고 그 외의 구간에서는 0이다. 이 곡선 아래의 면적은 사각형의 면적(밑변의 길이 곱하기 높이)이므로 $T \times \frac{1}{T} = 1$이다. 이제 $T \to 0$인 극한을 생각해 보자. T가 0에 수렴하면서 사각형의 밑변은 0에 가까워지고 높이는 무한대에 접근하지만, 그 넓이는 여전히 1이다. 그림 14.12에 이 개념이 나와 있다.

단위 충격 함수는 보통 $\delta(t)$로 표기한다. 이것을 정식으로 정의하면 다음과 같다.

$$\delta(t) = \lim_{T \to 0} b(t)$$

다음 조건을 충족한다.

$$b(t) = \begin{cases} 1/T & t \geq 0\text{이고 } t < T\text{인 경우} \\ 0 & \text{그 외의 경우} \end{cases}$$

그림 14.13에 나와 있는 것처럼 단위 충격 함수를 그릴 때는 화살표를 사용하는데, 화살표의 높이가 곡선 아래의 면적을 나타낸다(왜냐하면 $t = 0$인 경우 함수의 실제 '높이'는 무한대이기 때문이다).

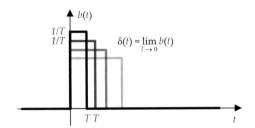

그림 14.12 단위 충격은 박스 함수 b(t)의 극한으로 정의할 수 있는데, 밑변이 0에 수렴한다.

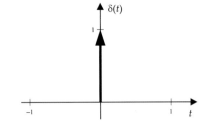

그림 14.13 단위 충격 함수 d(t)의 값은 t=0인 경우는 무한대이고 그 외의 구간에서는 0이다. 화살표를 통해 표기하며 그 높이를 통해 곡선 아래의 면적이 1임을 나타낸다.

14.2.4.2 충격 열을 통해 신호를 나타내기

이제 단위 충격 신호의 개념을 알게 됐으니 단위 충격의 선형 결합으로 임의의 신호 $x[n]$을 표현할 수 있는지 살펴보자(스포일러 경고: 할 수 있다).

함수 $\delta[n-k]$는 시간 이동된 이산 단위 충격 함수이며, 그 값은 $n = k$일 때만 1이고 그 이외의 구간에서는 0이다. 즉 단위 충격 함수 $\delta[n-k]$는 시간 k에 '위치'한다. 특정 k값(예를 들면 $k = 3$)

인 경우의 충격을 생각해 보자. $k = 3$일 때 이 충격의 '높이'가 원래 함수의 값과 일치하도록 충격을 $x[3]$만큼 '스케일'하면 $x[3]\delta[n-3]$이 된다. 모든 k값에 대해 이것을 반복하면 $x[k]\delta[n-k]$ 형식의 충격 열$^{\text{train of impulses}}$이 얻어진다. 이같이 구한 스케일되고 시간 이동된 충격 함수들을 모두 더하면 원본 신호 $x[n]$을 다른 형태로 표현한 것과 같다.

$$x[n] = \sum_{k=-\infty}^{+\infty} x[k]\delta[n-k] \tag{14.4}$$

여기서 깊이 증명을 하지 않겠지만 연속 시간에서의 행동도 비슷할 것이라는 점을 어렵지 않게 상상할 수 있을 것이다. 유일하게 힘든 점은 연속 시간에서는 식 (14.4)가 적분이 된다는 것이다. 시간 이동된 단위 충격 $\delta(t - \tau)$가 각기 다른 시간 τ 부호 위치한 무한한 배열을 생각해 보자. 이산 시간인 경우와 비슷하게 임의의 신호 $x(t)$를 다음과 같이 만들 수 있다.

$$x(t) = \int_{\tau=-\infty}^{+\infty} x(\tau)\delta(t-\tau)\, d\tau \tag{14.5}$$

14.2.4.3 컨볼루션

식 (14.4)를 통해, 단순하고 시간 이동된 단위 충격 신호 $\delta[n-k]$들의 선형 결합으로 임의의 신호 $x[n]$을 나타낼 수 있다는 것을 알게 됐다. 이 같은 입력 신호 중 단 1개($x[k]\delta[n-k]$)만 시스템을 통과시킨다고 생각하자. 어떤 것을 골라도 상관없으므로 $k = 0$을 고른다. 이 경우 입력 신호는 $x[0]\delta[n]$이다.

$x[n] \Rightarrow y[n]$ 표기법을 통해 입력 신호 $x[n]$이 LTI 시스템을 통해 출력 신호 $y[n]$으로 변환됨을 나타내기로 하자. 따라서 다음과 같이 쓸 수 있다.

$$x[0]\delta[n] \Longrightarrow y[n]$$

$x[0]$은 상수이고, 이 시스템은 선형 시스템이기 때문에 출력 $y[n]$은 단위 충격 $\delta[n]$에 대한 시스템의 반응에 이 상수를 곱한 것과 같다. 단위 충격에 대한 시스템의 반응을 신호 $h[n]$으로 나타내기로 한다. $\delta[n] \Rightarrow h[n]$. 신호 $h[n]$은 시스템의 충격 반응$^{\text{impulse response}}$이라고 한다. 따라서 이 단순화한 입력에 대한 시스템의 반응은 다음과 같이 쓸 수 있다.

$$x[0]\delta[n] \Longrightarrow x[0]h[n]$$

충격 반응에 대한 개념은 그림 14.14에 나와 있다.

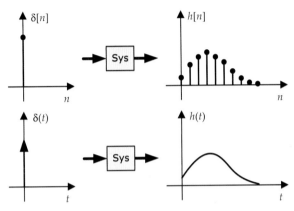

그림 14.14 이산 시간과 연속 시간에서의 시스템의 충격 반응의 예

시간 이동된 단위 충격에 대한 LTI 시스템의 반응은 시간 이동된 충격 반응에 불과하다($\delta[n -$ $k] \Rightarrow h[n - k]$). 따라서 0 이외의 k에 대해서도 입력과 출력이 k만큼 시간 이동된다는 점만 빼면 완전히 똑같다.

$$x[k]\delta[n - k] \Longrightarrow x[k]h[n - k]$$

전체 입력 신호 $x[n]$에 대한 시스템의 응답을 찾으려면 각각의 시간 이동된 부분을 다음과 같이 모두 합하면 된다.

$$\sum_{k=-\infty}^{+\infty} x[k]\,\delta[n - k] \Longrightarrow \sum_{k=-\infty}^{+\infty} x[k]\,h[n - k]$$

달리 말하면 시스템의 출력은 다음과 같이 쓸 수 있다.

$$y[n] = \sum_{k=-\infty}^{+\infty} x[k]\,h[n - k] \tag{14.6}$$

이 수식은 컨볼루션^{convolution2} 합이라고 하는 매우 중요한 개념이다. 새로운 수학 연산자 *를 통해 컨볼루션을 나타내면 편리하다.

2 'convolution'은 합성곱이라고도 불리며, 사전적 의미는 접히거나 뒤틀린 것을 뜻한다. – 옮긴이

$$x[n] * h[n] = \sum_{k=-\infty}^{+\infty} x[k] \, h[n-k] \tag{14.7}$$

식 (14.6)과 식 (14.7)을 통해 다음 결론에 이를 수 있다. 임의의 입력 신호 $x[n]$에 대해 LTI 시스템의 출력 $y[n]$은 이 시스템의 충격 반응 $h[n]$만 갖고 계산할 수 있다. 즉 LTI 시스템은 충격 반응 신호 $h[n]$로 완벽히 기술될 수 있다. 정말 편리하다.

연속 시간에서의 컨볼루션

지금까지 주제를 단순화하고자 이산 시간에서의 경우를 다뤘었다. 연속 시간에서도 크게 바뀌는 것은 없다. 합이 적분이 된다는 점이 달라지고 미분변수 $d\tau$를 식에 추가하기만 하면 된다.

임의의 신호 $x(t)$를 연속 시간 LTI 시스템에 입력으로 줄 때 출력 신호는 다음과 같이 나타낼 수 있다.

$$y(t) = \int_{\tau=-\infty}^{+\infty} x(\tau) \, h(t-\tau) \, d\tau \tag{14.8}$$

앞서와 마찬가지로 연산자 *로 컨볼루션을 나타내기로 한다.

$$x(t) * h(t) = \int_{\tau=-\infty}^{+\infty} x(\tau) \, h(t-\tau) \, d\tau \tag{14.9}$$

컨볼루션 합의 경우와 마찬가지로 식 (14.8)과 식 (14.9)의 적분을 컨볼루션 적분이라고 한다.

14.2.4.4 컨볼루션의 시각화

연속 시간에서의 컨볼루션을 시각화해 보자. 특정 t값(그냥 t = 4라고 하자)에 대한 $y(t)=x(t)*h(t)$를 계산하기 위해 그림 14.15에 나온 것과 같이 다음 과정을 수행한다.

1. $x(\tau)$를 그린다. t는 고정(이 예에서는 t = 4)돼 있으므로 τ를 시간 변수로 삼는다.
2. $h(t-\tau)$를 그린다. 이 식은 $h(-\tau+t)$로 다시 쓸 수 있다. τ가 음수로 뒤집어져 있으므로 충격 응답이 τ = 0에서 반전돼 있다는 것을 알 수 있다. 또한 독립 변수에 t를 더했으므로 신호가 t = 4만큼 왼쪽으로 이동됐음을 알 수 있다.
3. 전체 τ 축에 대해 두 신호를 곱한다.
4. τ 축에 대해 $-\infty$부터 $+\infty$ 구간에서 적분을 해 결과 곡선 아래의 면적을 구한다. 이 값이 특정한 t값(이 예에서는 t = 4)에 대한 $y(t)$의 값이다.

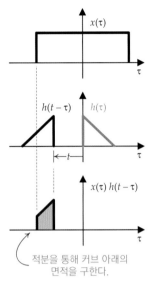

그림 14.15 연속 시간에서 컨볼루션 개념을 적용하는 과정에 대한 시각화

잊지 말아야 할 점은 완전한 출력 신호 $y(t)$를 얻으려면 모든 t에 대해 이 과정을 반복해야 한다는 것이다.

14.2.4.5 컨볼루션의 몇 가지 성질
컨볼루션의 동작은 평범한 곱셈과 놀랍도록 유사하다. 컨볼루션은 다음과 같은 성질이 있다.

- **교환법칙**: $x(t) * h(t) = h(t)\ x(t)$
- **결합법칙**: $x(t) * (h_1(t) * h_2(t) = (x(t) * h1(t)) * h_2(t)$
- **분배법칙**: $x(t) * (h_1(t) + h_2(t)) = (x(t) * h_1(t)) + (x(t) * h_2(t))$

14.2.5 진동수 영역과 푸리에 변환

충격 반응과 컨볼루션의 개념에 이르기 위해 우리는 신호를 단위 충격들의 가중 합weighted sum으로 나타냈었다. 신호는 또한 사인파sinusoid3의 가중 합으로도 표현할 수 있다. 이와 같이 신호를 표현하면 신호를 진동수 성분으로 쪼개는 것으로 볼 수 있다. 이렇게 하면 또다른 엄청난 수학적 도구를 끌어낼 수 있는데 바로 푸리에 변환Fourier transform이다.

---

3 정현파라고도 한다. – 옮긴이

14.2.5.1 사인파 신호

사인파는 2차원의 원형 운동이 1차원의 축으로 투영될 때 발생한다. 오디오 신호가 사인파인 경우 특정 진동수의 '순수한' 음정을 낸다.

사인파의 가장 단순한 형태는 사인(또는 코사인) 함수다. $x(t) = \sin t$는 $t=0$, π, 2π일 때 0이고, $t = \frac{\pi}{2}$일 때 1, $t = \frac{3\pi}{2}$일 때 -1이다.

가장 널리 쓰이는 실숫값 사인파 신호는 다음과 같은 형식이다.

$$x(t) = A\cos(\omega_0 t + \phi) \qquad (14.10)$$

식에서 A는 사인파의 진폭amplitude(파동의 골과 마루는 각각 A, $-A$의 값을 가진다)이다. 각진동수 angular frequency는 w_0이며, 단위는 라디안/초radian/second(진동수와 각진동수에 대해선 14.1.1절을 참고한다). ϕ는 위상 오프셋(마찬가지로 라디안 단위)이며 시간 축에 대해 파동을 좌 또는 우로 이동시키는 값이다.

$A = 1$, $w_0 = 1$, $\phi = 0$일 경우 식 (14.10)은 $x(t) = \cos t$로 단순해진다. $\phi = \frac{\pi}{2}$일 경우 식은 $x(t) = \sin t$가 된다. cos 함수는 원형 운동을 수평 축에 투영한 것이고, sin 함수는 수직 축에 투영한 것이다.

14.2.5.2 복소 지수 신호

신호를 사인파의 합으로 나타내는데 코사인 함수는 그렇게 적합하지 않다. 대신 복소수complex number를 이용하면 수학 연산이 훨씬 단순해지고 우아해진다. 이것을 이해하려면 먼저 복소수 연산에 대해 복습하고 복소수 곱이 어떻게 동작하는지를 알아야 한다. 나중에 이것들이 어떤 의미가 있는지 알게 될 테니 일단 믿고 따라와 주기 바란다.

복소수에 대한 간단한 복습

고등학교 수학 시간에 아마 배웠을 텐데 복소수란 실수부와 허수부로 이뤄진 2차원의 값이다. 복소수는 다음과 같이 쓴다. $c = a + jb$, 식에서 a와 b는 실수real이고 $j = \sqrt{-1}$인 허수imaginary 단위다. 복소수 c의 실수부는 $a = \mathfrak{Re}(c)$라고 나타내고 허수부는 $b = \mathfrak{Im}(c)$로 나타낸다.

복소수는 복소 평면이라는 2차원 공간에 위치하는 일종의 '벡터' $[a, b]$라고 머릿속에 그려 볼 수 있다. 하지만 복소수와 벡터는 서로 완전히 다른 개념이며 수학적 성질은 서로 매우 다르다.

복소수의 절댓값은 복소 평면에서의 2D '벡터'의 길이로 정의한다. $|c| = \sqrt{a^2 + b^2}$. 벡터와 실수 축이 이루는 각을 복소수의 편각^{argument}이라고 한다. $\arg c = \tan^{-1}(b/a)$ (복소수의 편각을 위상^{phase}이라고 부르기도 한다. 조금 뒤에 살펴보겠지만 '위상'이라는 용어는 식 (14.10)의 위상 오프셋과 밀접한 연관이 있다.) 복소수의 절댓값과 편각은 그림 14.16에 나와 있다.

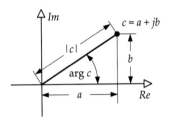

그림 14.16 복소수의 절댓값 $|c| = \sqrt{a^2 + b^2}$이며 복소 평면에서의 길이이다. 편각 $\arg c = \tan^{-1}(b/a)$이며 실수($\Re\mathfrak{e}$) 축과 이루는 각을 나타낸다.

복소수의 곱과 회전

복소수의 모든 성질에 대해 여기서 이야기하지는 않겠다. 복소수에 관한 심도 있는 이론이 궁금하다면 다음 사이트(https://people.math.wisc.edu/~angenent/Free-Lecture-Notes/freecomplexnumbers.pdf)를 읽어 보기 바란다. 그러나 꼭 한 가지 알아야 할 복소수의 연산이 있는데 바로 복소수의 곱이다.

복소수의 곱은 대수적으로 이뤄진다(내적이나 외적이 관계하지 않는다).

$$
\begin{aligned}
c_1 c_2 &= (a_1 + jb_1)(a_2 + jb_2) \\
&= (a_1 a_2) + j(a_1 b_2 + a_2 b_1) + j^2 b_1 b_2 \\
&= (a_1 a_2 - b_1 b_2) + j(a_1 b_2 + a_2 b_1)
\end{aligned}
\tag{14.11}
$$

$c_1 c_2$에 대한 절댓값과 편각(각도)을 연습삼아 계산해 본 독자라면[4] 절댓값은 두 복소수의 절댓값을 곱한 것이고, 편각은 두 복소수의 편각을 합한 것임을 알 것이다.

$$
\begin{aligned}
|c_1 c_2| &= |c_1||c_2|; \\
\arg(c_1 c_2) &= \arg c_1 + \arg c_2
\end{aligned}
\tag{14.12}
$$

두 복소수를 곱하면 각도(편각)가 합해진다는 것은 곱셈에 의해 복소 평면의 회전이 발생한다는 말이 된다. c_1의 절댓값이 1이라면($|c_1| = 1$) 곱셈 결과의 절댓값은 c_2의 절댓값과 같다

---

4 연습 문제치고는 좀 어려운 것 같기는 하다.

($|c_1c_2| = |c_2|$). 이 경우 이 연산은 c_2의 순수한 회전(arg $c1$의 각도만큼)을 나타낸다(그림 14.17을 보자). 만약 $|c_1| \neq 1$인 경우 결괏값의 절댓값은 $|c_1|$만큼 스케일하게 되고 c_2는 복소 평면에서 스파이럴 운동을 하게 된다.

이것을 알고 나면 단위 길이 사원수quaternion가 3D 공간에서 회전을 나타낸다는 점을 이해할 수 있을 것이다. 사원수는 본질적으로 4차원 복소수이며, 실수부 1개와 허수부 3개로 이뤄진다. 따라서 평범한 2차원의 복소수에 적용되는 기본 법칙들은 3차원의 사원수에도 마찬가지로 적용된다.

복소수 곱이 회전을 일으킨다는 점을 이해하고자 j를 연속으로 곱하는 경우를 생각해 보자.

$$1 \times j = j,$$
$$j \times j = \sqrt{-1}\,\sqrt{-1} = -1,$$
$$-1 \times j = -j,$$
$$-j \times j = 1,$$
$$\cdots$$

즉 j를 여러 번 곱하면 복소 평면에서 단위 벡터를 90도 회전한 것과 마찬가지다. 사실 어떤 복소수라도 j를 곱하면 90도 회전한 결과가 나온다. 그림 14.18에 이 과정이 나와 있다.

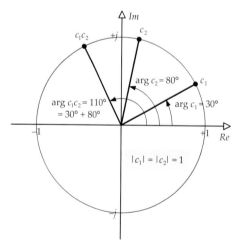

그림 14.17 절댓값이 1인 두 복소수를 곱하면 복소 평면의 순수한 회전이 된다.

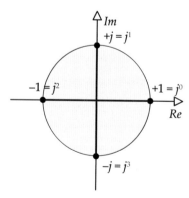

그림 14.18 허수 $j = \sqrt{-1}$을 여러 번 곱하면 복소 평면에서 단위 벡터를 90도 곱한 것이 된다.

복소 지수와 오일러 공식

$|c|$ = 1을 만족하는 모든 복소수 c에 대해 함수 $f(n) = c^n$을 정의할 수 있는데, n은 증가하는 양의 실수 배열이다. 이 함수는 복소 평면에서 원형 궤적을 그린다. 2차원의 모든 원형 궤적은 수직 축에 투영했을 때 사인 곡선을 그리며 수평 축에 투영하면 코사인 곡선을 그린다. 그림 14.19에 이 개념이 나와 있다.

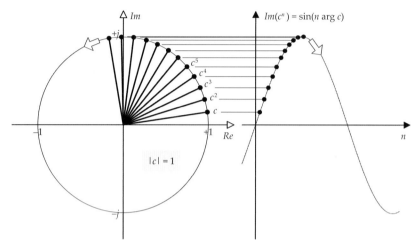

그림 14.19 복소수를 반복적으로 제곱하면 복소 평면 위의 원 궤적을 그리게 된다. 이것을 어느 축에라도 투영하면 사인파가 된다.

복소수를 실수 n에 대해 지수 함수(c^n)를 적용하면 복소 평면의 회전이 되고 따라서 평면의 축에 대해 투영하면 사인 곡선이 나온다. 흥미로운 사실은, 실수를 밑으로 복소수를 지수로 하는 함수(n^c)도 마찬가지로 회전이 나온다는 것이다. 이 말은 곧, 식 (14.10)을 복소수를 사용해 다음과 같이 새로 쓸 수 있다는 뜻이다.

$$e^{j\omega_0 t} = \cos \omega_0 t + j \sin \omega_0 t, \, t \in \mathbb{R}$$
$$\mathfrak{Re} \left[e^{j\omega_0 t} \right] = \cos \omega_0 t \qquad\qquad (14.13)$$
$$\mathfrak{Im} \left[e^{j\omega_0 t} \right] = \sin \omega_0 t$$

$e \approx 2.71828$는 자연 로그의 밑인 실수 초월수다.

식 (14.13)은 수학에서 가장 중요한 식 중 하나다. 이것을 오일러 공식이라고 한다. 이 식의 동작 원리는 다소 불가사의하다(숙달된 수학자에게도 가끔 그렇다). 이 정리를 설명하려면 e^{jt}의 테일러 급수 전개를 살펴보거나 e^x의 도함수를 구한 후 x를 복소수로 치환한다든가 하는 일이 필요하다. 그렇지만 지금 우리에게는 앞서 살펴본 직관적인 지식, 즉 복소수 곱이 복소 평면에서의 회전을 일으킨다는 사실만으로 충분하다.

14.2.5.3 푸리에 급수

사인 곡선을 복소수로 수학적으로 표현할 수 있게 됐으니, 다음은 신호를 사인 곡선의 합으로 표현하는 법을 알아보자.

이 작업은 신호가 주기적일 때 가장 쉽다. 이 경우 신호를 조화 관계인^{harmonically related} 사인 곡선의 합으로 쓸 수 있다.

$$x(t) = \sum_{k=-\infty}^{+\infty} a_k e^{j(k\omega_0)t} \tag{14.14}$$

이것은 신호를 푸리에 급수로 표현한 것이다. 식에서 복소 지수 함수 $e^{j(kw_0)t}$는 신호를 구성하는 사인파 성분이다. 이 성분들은 조화 관계인데, 이 말은 모든 진동수가 기저 진동수 w_0의 정수 k배인 진동수를 갖는다는 뜻이다(고조파). 계수 a_k는 신호 $x(t)$에서 각 사인파의 기여도를 나타낸다.

14.2.5.4 푸리에 변환

이 책에서 온전히 다 설명할 수는 없지만, 우리의 목적을 위해서는 다음의 내용만 알면 된다(증명은 없으니 일단 믿어 보자). 행동 조건을 충족하는^{well behaved} 모든 신호[5]는, 비록 주기 신호가 아닐지라도, 사인파의 선형합으로 표현할 수 있다. 일반적으로 말해 신호 안에는 모든 진동수가 포함될 수 있으며, 딱히 고조파 관계인 진동수만 있어야 하는 것은 아니다. 따라서 식 (14.14)에서 이산적인 조화 계수이던 a_k는 신호 안에서 각 진동수 성분들이 '얼마나' 나타나는지를 표현하는 값들의 연속체^{continuum}가 된다.

새로운 함수 $X(w)$를 사용하는데, 이 함수의 독립 변수는 시간 t가 아닌 진동수 w이며 그 값은 원본 신호 $x(t)$에 나타난 해당 진동수의 기여도를 뜻한다. $x(t)$는 신호의 시간 영역^{domain}을, $X(w)$는 진동수 영역을 나타낸다고 이야기한다.

---

5 디리클레 조건(Dirichlet condition)이라는 조건을 충족하는 모든 신호는 푸리에 변환이 존재하며 따라서 여기서 말하는 '조건을 충족하는' 신호다.

수학적으로 푸리에 변환을 사용하면 신호의 시간 영역 표현으로부터 진동수 영역 표현을 유도할 수 있으며 그 반대도 가능하다.

$$X(\omega) = \int_{-\infty}^{+\infty} x(t)e^{-j\omega t}dt \tag{14.15}$$

$$x(t) = \frac{1}{2\pi}\int_{-\infty}^{+\infty} X(\omega)e^{j\omega t}d\omega \tag{14.16}$$

식 (14.16)을 푸리에 급수 식 (14.14)와 비교해 보면 유사성을 발견할 수 있을 것이다. 앞서는 진동수 성분의 '양'을 나타내는데 이산적인 계수의 배열 a_k를 사용했지만, 이제는 연속 함수 $X(w)$를 사용한다. 그러나 두 식 모두 사인파의 '합'으로 $x(t)$를 표현한다는 점은 같다.

14.2.5.5 보드 선도

일반적으로 실숫값인 신호에 대한 푸리에 변환은 복소수 값인 신호다($X(w) \in \mathbb{C}$). 푸리에 변환을 시각화할 때는 2개의 그래프를 사용하는 경우가 많다. 예를 들면 실수부와 허수부 성분을 그래프로 그릴 수도 있다. 아니면 절댓값과 편각(각도)을 각각의 그래프로 그릴 수도 있는데 이것을 보드 선도Bode plot라고 한다. 그림 14.20에 신호와 이 신호의 보드 선도의 예가 나와 있다.

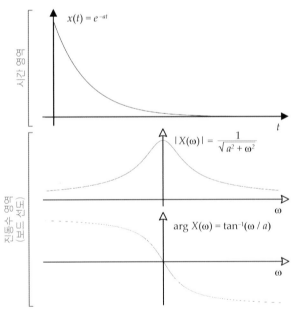

그림 14.20 푸리에 변환의 결괏값은 복소수인 진동수 영역 신호다. 이 같은 복소수 신호의 그 절댓값과 위상(또는 편각)에 대한 시각화를 위해 보드 선도가 쓰인다.

14.2.5.6 고속 푸리에 변환

이산적인 시간에 대해 푸리에 변환을 빠르게 계산하는 여러 알고리듬이 있다. 이 알고리듬들을 고속 푸리에 변환^{FFT, Fast Fourier Transform}이라고 한다. FFT에 대해서는 다음 사이트(http://en.wikipedia.org/wiki/Fast_Fourier_transform)를 참고하자.

14.2.5.7 푸리에 변환과 컨볼루션

흥미로운 사실은 시간 영역에서의 컨볼루션은 진동수 영역에서의 곱셈과 같고 그 반대도 성립한다는 점이다. 충격 반응이 $h(t)$인 시스템에서 입력 $x(t)$에 대한 시스템의 출력 $y(t)$는 다음과 같다는 것을 알고 있다.

$$y(t) = x(t) * h(t)$$

진동수 영역에서 충격 반응의 푸리에 변환 $H(w)$와 입력 $X(w)$가 주어지면 출력에 대한 푸리에 변환은 다음과 같다.

$$Y(\omega) = X(\omega)H(\omega)$$

이 점은 매우 놀라우면서 동시에 굉장히 유용하다. 어떤 때는 시스템의 충격 반응 $h(t)$를 사용해 시간 축에 대한 컨볼루션을 계산하는 게 편리할 수도 있지만, 다른 때는 시스템의 진동수 반응 $H(w)$를 갖고 진동수 영역에서 곱셈을 계산하는 것이 편리한 경우도 있다.

한 가지 더 재미있는 사실은 LTI 시스템은 쌍대성^{duality}이라는 성질이 있다는 것으로, 이것은 시간과 진동수의 역할을 바꿔도 거의 동일한 수학적 규칙이 적용된다는 성질이다. 예를 들면 시간 영역에서의 변조^{modulation}(한 신호에 다른 신호를 곱하는 것)가 동작하는 원리를 알고 싶으면 진동수 축에서 두 신호의 푸리에 변환에 대한 컨볼루션을 보면 된다. 문제를 해결하는데 방법이 두 가지 있는 게 하나밖에 없는 것보다 훨씬 낫지 않을까?

14.2.5.8 필터링

푸리에 변환을 사용하면 존재하는 모든 음성 신호에 대해 그 신호를 구성하는 진동수들을 그려 볼 수 있다. 필터^{filter}란 일종의 LTI 시스템으로 입력 신호에서 특정 범위의 진동수들만을 감쇠시키고 나머지는 그대로 보존하는 시스템이다. 로우패스^{low-pass} 필터는 낮은 진동수를 보존하면서 높은 진동수를 감쇠시키는 필터다. 하이패스^{high-pass} 필터는 정반대로 높은 진동수를 유지시키고 낮은 진동수를 감쇠시킨다. 대역^{band-pass} 필터는 낮은 진동수와 높은 진동수 모두를 감쇠시키지만 특정 통과대역^{passband}만 보존한다. 노치^{notch} 필터는 반대로 낮고 높은 진동수를 보존하지만 특정한 차단대역^{stopband}만 감쇠시킨다.

필터는 스테레오 시스템의 이퀄라이저^{EQ, EQualizer}에 쓰이는데, 사용자의 취향에 따라 특정한 진동수를 감쇠시키거나 증폭시키는 역할을 한다. 또한 잡음 신호와 얻고자 하는 신호의 진동수 범위가 다른 경우 필터를 갖고 잡음^{noise}을 감쇠시킬 수도 있다. 예를 들어 고주파 잡음이 낮은 진동수의 음성이나 음악 신호에 불쾌한 영향을 준다면 로우패스 필터를 적용해 잡음을 없앨 수 있을 것이다.

이상적인 필터의 진동수 반응 $H(w)$는 그 모양이 사각형이며, 통과대역 안에서는 1의 값이지만 차단대역에서는 그 값이 0이다. 이것을 입력 신호 $X(w)$의 푸리에 변환과 곱하면 출력값 $Y(w) = X(w)H(w)$은 통과대역 내의 진동수들은 완벽히 보존하겠지만 차단대역의 진동수들은 모두 0이 될 것이다. 이상적인 필터의 진동수 응답이 그림 14.21에 나와 있다.

특정 영역의 진동수만 온전히 통과시키고 다른 영역의 진동수를 완전히 차단하는 이상적 필터가 필요 없는 경우도 당연히 있을 수 있다. 현실의 진동수 반응 필터는 대부분 통과대역과 차단대역 사이에 점진적으로 변한다. 이것은 원하는 진동수와 원치 않는 진동수가 딱 떨어지게 구분되지 않을 때 유용하다. 그림 14.22는 점진적인 형태의 로우패스 필터다.

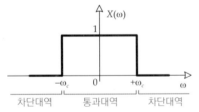

그림 14.21 이상적인 필터의 진동수 반응 H(w)는 통과대역에서는 1이고 차단대역에서는 0이다.

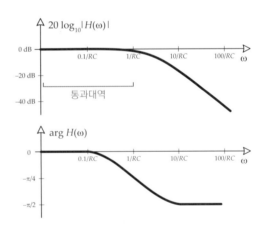

그림 14.22 RC(레지스터-캐패시터) 로우패스 필터의 점진적인 진동수 반응 H(w). 두 그래프의 수평축과 수직축은 로그 스케일된 값이다.

대다수의 고음질 오디오 기기에서 볼 수 있는 이퀄라이저^{EQ}는 출력에서 저역(베이스), 중역(미드레인지), 고역(트레블)을 조정할 수 있게 해준다. 이퀄라이저는 그냥 다른 대역의 진동수를 처리하는 필터를 여럿 모아서 음성 신호에 한꺼번에 적용하는 필터들이라고 생각해도 된다.

필터링 이론은 그 자체로 광범위한 주제이므로 여기서 제대로 다루긴 불가능하다. 참고 도서 [41, Chapter 6]를 보면 더 많은 정보를 얻을 수 있을 것이다.

14.3 오디오 기술

게임의 오디오 엔진을 구성하는 소프트웨어를 완전히 이해하려면 오디오 하드웨어와 기술에 대한 기본을 이해해야 하고 오디오 전문가들이 사용하는 용어를 알고 있어야 한다.

14.3.1 아날로그 오디오 기술

초기의 오디오 하드웨어들은 아날로그 전자공학에서 출발했다. 소리가 원래 아날로그 물리 현상이므로 이것을 녹음하고 조작하고 다시 오디오 압축 음파로 재생하는 데 아날로그 방식을 사용하는 것이 가장 쉬웠다. 14.3.1절에서는 아날로그 오디오 기술의 핵심 개념을 간단히 살펴볼 것이다.

14.3.1.1 마이크로폰

마이크로폰$^{mic, microphone}$(또는 마이크라고도 한다)은 오디오 압축 신호를 전자 신호로 바꾸는 변환기다. 음향 파동에 의해 발생하는 기계적 압력 변화를 그에 대응하는 전기 전압 변화로 변환하고자 마이크로폰은 다양한 기술을 사용한다. 다이내믹 마이크로폰은 전자기 유도를 사용하고 컨덴서 마이크로폰은 전기 용량의 변화를 이용한다. 그 외에 압전기나 광변조를 사용해 전압 신호를 만드는 타입도 있다.

마이크로폰들은 각기 다른 민감도 패턴을 가지는데 이것을 폴라 패턴$^{polar\ pattern}$이라고 한다. 이것은 중심축에 대한 각도에 따라 마이크가 얼마나 소리에 민감한지를 나타낸다. 무지향성 ^{omnidirectional} 마이크는 모든 방향에 대한 민감도가 동일하다. 양지향성^{bidirectional} 마이크는 2개의 민감도 '구체'를 8자 모양으로 가진다. 단방향^{cardioid6} 지향성 마이크는 근본적으로 단일 방

---

6   cardioid는 심장형 기하학 곡선을 뜻한다. – 옮긴이

향의 민감도를 갖는데 심장 모양의 패턴에서 그 이름이 비롯됐다. 그림 14.23에 몇 가지 자주 보는 폴라 패턴이 나와 있다.

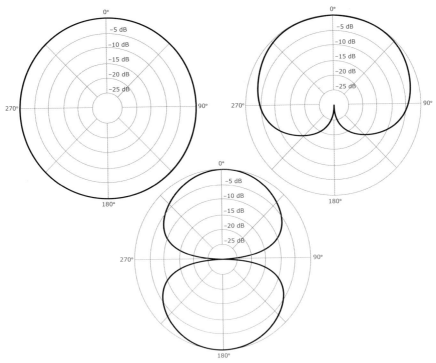

그림 14.23 마이크로폰의 세 가지 폴라 패턴. 왼쪽 위부터 시계방향으로 무지향성, 단방향, 양지향성

14.3.1.2 스피커

스피커는 기본적으로 마이크로폰을 거꾸로 작동시킨 기계다. 입력의 전압 변화를 막^{membrane}의 진동으로 변환하며, 그 결과 생성되는 공기압 변화에 의해 음향 압력 파동이 생성된다.

14.3.1.3 스피커 배치: 스테레오

일반적으로 사운드 시스템은 여러 개의 스피커 출력 채널을 지원한다. iPod나 자동차의 사운드 시스템 또는 할아버지의 전축 등의 스테레오 장비는 최소한 왼쪽, 오른쪽의 스테레오 채널을 지원한다. 고음질 스테레오 시스템의 경우 별도로 2개의 '트위터^{tweeter}'를 강점으로 내세우기도 한다. 트위터는 좌우 채널에서 가장 높은 진동수의 소리를 재생할 수 있는 조그만 스피커다. 이렇게 하면 2개의 메인 스피커가 더 커질 수 있기 때문에 저역을 다루는 데 보다 유리하다. 스테레오 시스템에 따라 서브우퍼 또는 LFE$^{Low\text{-}Frequency\ Effect}$ 스피커를 지원하기도 한다.

이런 시스템을 2.1 시스템이라고 부르는데 2는 2개의 좌우 채널을 뜻하고 .1은 LFE 스피커를 뜻한다.

헤드폰과 스피커의 차이

열린 공간에서 듣는 스테레오 스피커와 스테레오 헤드폰의 차이를 이해하는 것이 중요하다. 일반적으로 스테레오 스피커는 방에서 청자[listener]의 앞쪽에 좌우로 배치한다. 그렇기 때문에 왼쪽 스피커에서 오는 음파는 오른쪽 귀에도 도달하며, 반대의 경우도 마찬가지다. 귀로부터 먼 쪽 스피커에서 오는 파동은 미세한 지연이 있으며(위상 변이) 약간 감쇠한다. 먼 스피커에서 오는 위상 변이된 음파는 가까운 스피커에서 오는 음파와 간섭을 일으킨다. 사운드 시스템이 최고 품질의 사운드를 재현하려면 이 간섭을 염두에 둬야 한다.

반면 헤드폰은 귀와 바로 맞닿아 있기 때문에 좌우 채널은 서로 분리돼 있고 간섭이 일어나지 않는다. 또한 헤드폰은 귓구멍에 소리를 직접 전달하므로(14.1.4절 참조) 머리 전달 함수[HRTE, Head-Related Transfer Effect]에 전혀 영향받지 않는데, 이것은 청자에게 공간 정보가 더 적게 전달된다는 뜻이다.

14.3.1.4 스피커 배치: 서라운드 사운드

홈시어터 서라운드 사운드 시스템은 크게 두 가지 형태, 즉 5.1과 7.1이 있다.[7] 당연히 짐작했겠지만 숫자들은 5개 또는 7개의 '메인' 스피커와 1개의 서브우퍼를 뜻한다. 서라운드 사운드 시스템의 목적은 고음질 사운드 재생 외에도 위치 정보를 제공함으로써 현실적인 음향 환경에 청자를 몰입시키는 것이다(14.1.4절 참조). 5.1 시스템의 메인 스피커 채널은 센터, 전면 좌측, 전면 우측, 후면 좌측, 후면 우측이다. 7.1 채널은 여기에 2개가 더 붙는데 서라운드 좌측과 서라운드 우측이며 이것들은 청자의 양쪽에 위치한다. 돌비 디지털[Dolby Digital] AC-3와 DTS 가 유명한 서라운드 기술이다. 그림 14.24에 널리 쓰이는 7.1 홈시어터 스피커 배치가 나와 있다.

돌비 서라운드[Dolby Surround], 돌비 프로 로직[Dolby Pro Logic], 돌비 프로 로직 II[Dolby Pro Logic II]는 스테레오 사운드를 5.1 서라운드 사운드로 확장해 주는 기술들이다. 스테레오 신호에는 5.1 스피커를 구동할 위치 정보가 없다. 그러나 돌비 기술들을 사용하면 원본 스테레오 신호로부터 다양한 힌트를 수집해 경험적인 방식으로 위치 정보를 모방할 수 있다.

---

7   책이 나오는 시점에는 이미 5.1.4 가 보급 중이다. - 옮긴이

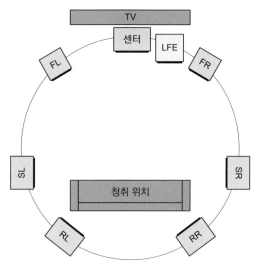

그림 14.24 7.1 서라운드 사운드 홈시어터 시스템의 스피커 배치

14.3.1.5 아날로그 신호 레벨

오디오 전압 신호 전달에는 다양한 전압 레벨을 이용할 수 있다. 마이크로폰은 보통 진폭이 낮은 전압 신호를 만드는데 이것을 마이크 레벨 신호라고 한다. 각기 다른 부품들을 연결할 때는 보다 높은 라인-레벨 신호를 사용한다. 전문가용 오디오 장비와 일반 사용자용 장비는 라인 레벨에서 큰 차이가 있다. 전문가용 기기는 일반적으로 2.191V 진폭 전압(피크투피크 peak-to-peak 전압)부터 최대 3.472V 진폭 전압까지 사용하도록 설계된다. 일반 사용자용 장비의 '라인 레벨' 신호가 사용하는 전압의 진폭은 매우 다양하지만 대부분의 장비는 최대 1.0V 진폭 전압을 출력하고, 최대 2.0V를 입력으로 처리할 수 있다. 오디오 장비는 연결할 때는 입력과 출력 신호의 레벨을 맞춰야 한다. 장비가 처리할 수 있는 것보다 높은 전압을 입력으로 연결하면 신호가 위아래로 잘린다. 너무 낮은 전압이 들어가면 소리가 너무 작게 들릴 것이다.

14.3.1.6 증폭기

마이크로폰에서 생성된 낮은 전압은 스피커를 구동해 사람이 들을 수 있는 음파를 만들어 낼 힘이 부족하기 때문에 이 신호를 증폭해야 한다. 증폭기(앰프) amplifier 는 입력 신호를 받아 이것과 형태는 거의 동일하지만 진폭을 크게 만든 신호를 출력하는 아날로그 전자 회로다. 앰프는 신호의 전력 power 성분을 증가시키는 역할을 한다. 그러기 위해서는 다른 전력원으로부터 전력을 끌어와야 하고, 이 높은 전압이 시간에 따른 입력 신호의 동작을 흉내내도록 해야 한다. 달리 말하면 앰프는 전력원의 출력 신호를 변조해 훨씬 낮은 전압의 입력 신호와 일치시키도록 하는 것이다.

증폭기의 핵심 기술은 트랜지스터^{transistor}다. 오늘날 컴퓨터를 정점으로 수많은 전자 장비의 핵심 부분을 차지하는 바로 그 기적의 장치인 트랜지스터를 말한다. 트랜지스터는 반도체적 성질을 가진 물질을 사용해 2개의 분리된 독립 회로의 전압을 연결한다. 따라서 낮은 전압 신호를 갖고 높은 전압 회로를 구동할 수 있다. 이것이 바로 증폭기의 역할이다. 트랜지스터와 증폭기의 구체적인 동작 원리에 대해서는 여기서 더 이야기하지 않겠다. 호기심이 동하는 독자는 다음 사이트(https://www.youtube.com/watch?v=RdYHljZi7ys)의 멋진 유튜브 비디오를 통해 최초의 트랜지스터가 어떻게 동작하는지 구경할 수 있을 것이다. 그리고 다음 사이트(http://en.wikipedia.org/wiki/Amplifier)를 통해 증폭기 회로에 대해 더 찾아볼 수 있다.

증폭 시스템의 게인 A는 출력 전력 P_{out}과 입력 전력 P_{in}의 비로 정의한다. 음성 신호의 압력 레벨과 유사하게 데시벨 단위로 측정하는 것이 보통이다.

$$A = 10 \log_{10} \left(\frac{P_{out}}{P_{in}} \right) \text{ dB}$$

14.3.1.7 볼륨/게인 컨트롤

볼륨 컨트롤$^{volume\ control}$은 기본적으로 증폭기의 반대인데, 감쇠기^{attenuator}라고도 한다. 전기 신호의 진폭을 크게 하지 않고 오히려 작게 만드는 역할을 하며, 이 과정에서 파동의 다른 모든 성질은 그대로 유지한다. 홈시어터 시스템에서, D/A 컨버터는 진폭이 매우 작은 전압 신호를 생성한다. 파워 앰프는 이 신호를 최대의 '안전' 출력 전력으로 증폭시키는데, 이 출력을 넘으면 스피커의 소리가 잘리거나 왜곡될 수 있다(심지어 기계를 손상시킬 수도 있다). 볼륨 컨트롤은 이 최대 출력 전력을 감쇠시켜 사람이 듣기 적당한 소리를 만든다.

볼륨 컨트롤은 증폭기보다 훨씬 만들기 쉽다. 증폭기의 출력과 스피커 사이의 회로 어딘가에 가변 저항을 설치하면 만들 수 있다. 저항이 최소(0이거나 그에 가까운 값)인 경우 입력 신호의 진폭이 변하지 않으므로 최대 볼륨이 된다. 저항이 최대인 경우 입력 신호의 진폭이 최대로 감쇠하게 되고 제일 작은 볼륨이 나온다.

집에 있는 스테레오 시스템의 볼륨이 데시벨 단위로 표시되는 경우 그 값이 항상 음수인 것을 봤을 것이다. 이것은 볼륨 컨트롤이 파워 앰프의 출력을 감쇠시키기 때문이다. 볼륨 수치는 게인과 같은 방식으로 측정하지만, '입력' 전력은 앰프의 최대 전력이고 '출력' 전력은 사용자가 선택한 볼륨이 된다.

$$A = 10 \log_{10} \left(\frac{P_{\text{volume}}}{P_{\text{max}}} \right) \text{ dB}$$

여기서 $P_{\text{volume}} < P_{\text{max}}$인 한 그 값이 음수다.

14.3.1.8 아날로그 배선과 커넥터

아날로그 모노포닉 오디오 전압 신호는 전선 두 가닥으로 전송할 수 있는 데 비해 스테레오 신호는 전선 세 가닥(2채널과 그라운드)이 필요하다. 전선이 장비 내부를 연결하면 이것을 통상 버스bus라고 부른다. 전선을 외부로 연결해 다양한 장비들을 서로 연결할 수도 있다.

외부 연결로 오디오 장비들을 연결할 때는 하이엔드 스피커에서 보이는 '클립' 또는 스크류-포스트 커넥터 등을 사용하거나 기타 표준화된 커넥터를 사용한다. 여기에는 대구경 RCA 잭(1900년대 초반 전화 교환원들이 쓰던 것들), TRS 미니-잭(iPod나 핸드폰, 대부분의 PC 사운드 카드에 쓰인다) 같은 것들이 있다.

오디오 전선 연결에는 다양한 수준의 재료가 쓰인다. 굵은 전선은 저항이 낮기 때문에 먼 거리에 신호를 전달할 때 감쇠가 적다. 차폐 기능이 있는 선을 사용하면 잡음이 감소한다. 또한 전선이나 커넥터를 만드는 금속에 따라서도 연결의 품질을 좌우할 수 있다.

14.3.2 디지털 오디오 기술

콤팩트 디스크CD, Compact Disc의 도입은 오디오 산업을 디지털 오디오 저장과 처리로 선도한 획기적인 전환점이었다. 디지털 오디오 기술은 수많은 새로운 가능성을 열었으며, 오디오 장치의 크기는 줄이면서 저장 용량을 증가시키고 컴퓨터 소프트웨어와 하드웨어의 강력한 성능을 통해 기존에는 상상하지 못했던 방식으로 오디오를 합성하고 조작할 수 있게 했다. 오늘날 아날로그 오디오 저장 장치는 과거의 유물이며 마이크나 스피커와 같이 어쩔 수 없는 경우에만 아날로그 오디오 신호를 취급한다.

14.2.1.1절에서 보았듯이 아날로그와 디지털 오디오 기술의 구분은 신호 처리이론에서 연속 시간 신호와 이산 시간 신호의 구분과 정확히 일치한다.

14.3.2.1 아날로그-디지털 변환: 펄스 코드 변조

컴퓨터나 게임 콘솔과 같은 디지털 시스템에 사용할 오디오를 녹음하려면 시간에 따라 변하는 전압으로 표현된 아날로그 오디오 신호를 디지털 형식으로 변환해야 한다. 펄스-코드 변조PCM, Pulse-Code Modulation는 샘플링된 아날로그 사운드 신호를 인코딩하는 표준 방식이며, 이를 통해 컴퓨터에 저장, 네트워크를 통한 전송 및 CD에 굽기 등이 가능해진다.

펄스-코드 변조 방식에서는 일정한 시간 간격마다 전압을 측정한다. 측정된 전압 값은 부동 소수 형태로 저장하거나 양자화quantization를 거쳐 정해진 비트(보통 8, 16, 24, 32)에 정수 형태로 저장할 수 있게 한다. 1개의 아날로그 전압을 측정하고 이것을 양자화한 숫자 형식으로 변환하는 것을 아날로그-디지털A/D, Analog-to-Digital 변환이라고 부른다. A/D 변환에는 보통 특수한 하드웨어를 사용한다. 이 과정을 일정 시간 간격마다 반복하면 이것을 샘플링sampling(또는 표본화)이라고 부른다. A/D 변환 및 샘플링을 처리하는 하드웨어나 소프트웨어를 A/D 변환기 또는 ADCA/D Converter라고 부른다.

수학적인 측면에서 연속 시간 오디오 신호 $p(t)$가 주어지면 이것을 샘플링한 버전인 $p[n]$을 다음과 같이 구할 수 있다. 각 샘플에 대해 $p[n] = p(nT_s)$, 단, n은 음수가 아닌 정수로 샘플의 인덱스이며, T_s는 샘플 사이의 시간 간격인 샘플링 주기다. 샘플링의 기본 개념이 그림 14.25에 나와 있다.

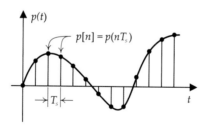

그림 14.25 이산 시간 신호는 연속 시간 신호의 샘플링이라고 생각할 수 있다.

PCM 샘플링에서 얻어지는 디지털 신호는 다음과 같은 두 가지 중요한 특징이 있다.

- **샘플링 레이트**sampling rate 전압 측정(샘플링)을 수행한 진동수다. 원칙적으로 아날로그 신호를 샘플링할 때 원본 신호를 구성하는 진동수 성분 중 가장 높은 것의 2배로 샘플링한다면 원본 손실 없이 디지털로 변환할 수 있다. 이 놀랍고도 엄청나게 편리한 원리를 섀넌-나이퀴스트 표본화 정리Shannon-Nyquist sampling theorem라고 부른다. 14.1.2.2절에서

보았듯이 사람이 들을 수 있는 소리는 한정된 대역이다(20Hz부터 20kHz까지). 그러므로 사람에게 의미 있는 모든 오디오 신호는 대역 제한band-limited 신호이며, 40kHz가 조금 넘는 샘플링 레이트로 녹음한다면 손실이 없다(음성 신호는 300Hz부터 3.4kHz까지 더 좁은 대역을 차지하므로 디지털 전화 기술은 겨우 8kHz 정도의 샘플링 진동수만 갖고도 충분하다).

- 비트 깊이Bit depth   이 개념은 양자화한 전압 측정값 1개를 표현하는 데 사용한 비트 수를 나타낸다. 양자화 오류quantization error란 측정한 전압값을 가장 가까운 양자화값과 일치시키는 과정에서 발생하는 오류다. 다른 조건이 모두 동일하다면 비트 깊이가 깊을수록 양자화 오류는 줄어들고 따라서 오디오 녹음 품질이 올라간다. 무압축 오디오 데이터 형식에서는 보통 16비트를 사용한다. 비트 깊이는 때로 해상도resolution라고도 한다.

섀넌-나이퀴스트 표본화 정리

섀넌–나이퀴스트 표본화 정리에 의하면 대역 제한된 연속 시간 신호(즉 제한 대역 밖의 진동수에 대한 신호의 푸리에 변환은 전부 0이다)를 샘플링해 이산 시간 신호로 변환할 경우 샘플링 레이트가 충분히 높다면 샘플링된 신호에서 원본 신호를 완벽하게 복원할 수 있다. 이 정리가 성립하기 위한 최소 샘플링 진동수를 나이퀴스트 진동수라고 한다.

$$\omega_s > 2\,\omega_{\max}, \ \text{단} \ \omega_s = \frac{2\pi}{T_s}$$

이 정리로 인해 오디오 처리에서 디지털 기술을 사용할 수 있다는 점이 자명해졌다. 이 정리가 없었으면 디지털 오디오는 절대 아날로그 오디오만큼 좋은 소리를 내지 못했을 것이고, 요즘과 같이 고품질 오디오 제작에서 컴퓨터가 차지하는 높은 위상도 없었을 것이다.

이 정리가 어떻게 성립하는지에 대한 난해한 내용은 여기서 다루지 않겠다. 그러나 일정한 시간 간격으로 신호를 샘플링하는 행위가 신호의 진동수 스펙트럼(푸리에 변환)을 진동수 축에 대해 반복적으로 복제하는 것과 같다는 것을 안다면 이 정리를 직관적으로 이해하는 데 도움이 될 수 있다. 샘플링 진동수가 높을수록 신호의 진동수 스펙트럼은 더 '분산해서' 나타난다. 따라서 원본 신호가 대역 제한돼 있고 샘플링 진동수가 충분히 높다면 진동수 스펙트럼의 복제본들이 충분히 떨어져 서로 겹치지 않음을 보장할 수 있다. 이 조건이 충족되면 원본을 제외한 모든 다른 스펙트럼에 대해 로우패스 필터를 적용해 정확히 원본 진동수 스펙트럼을 복원할 수 있다. 그러나 샘플링 진동수가 너무 낮은 경우 스펙트럼 복제본들이 서로 겹치게 된다. 이

것이 에일리어싱^{aliasing}이며, 원본 신호의 스펙트럼을 완벽히 복원할 수 없게 되는 이유다. 그림 14.26에 에일리어싱이 발생한 경우와 그렇지 않은 경우에 대한 예가 나와 있다.

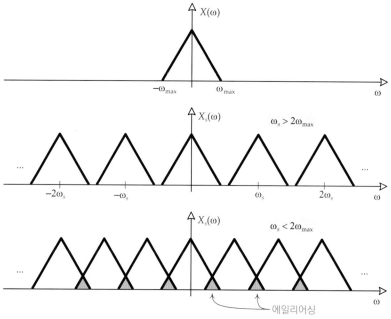

그림 14.26 대역 제한 신호의 진동수 스펙트럼은 제한 대역 밖의 진동수에 대해서는 모두 0이다(위). 샘플링 진동수가 나이퀴스트 진동수보다 높은 경우 스펙트럼의 복사본들이 서로 겹치지 않고 따라서 원본 신호를 완벽히 복원할 수 있다(중간). 샘플링 진동수가 너무 낮은 경우 스펙트럼 복사본들이 겹쳐 에일리어싱이 발생한다(아래).

14.3.2.2 디지털-아날로그 변환: 복조

디지털 음향 신호를 재생할 때는 아날로그-디지털 변환의 정반대 과정이 필요하다. 이것을 당연하게도 디지털-아날로그 변환, 짧게는 D/A 변환이라고 한다. 간혹 복조^{demodulation}라고 부르기도 하는데, 펄스-코드 변조를 원래대로 돌리기 때문이다. 디지털-아날로그 변환 회로를 DAC라고 한다.

D/A 변환 하드웨어는, 양자화된 PCM 값의 배열로 된 샘플링된 디지털 신호에 맞게 아날로그 전압을 생성한다. PCM의 샘플링 레이트가 섀넌-나이퀴스트 샘플링 정리를 충족할 정도로 높고, 여기에 맞춰 이 하드웨어를 구동한다면 이로써 생성된 아날로그 전압 신호는 원본 전압 신호와 정확히 일치할 것이다.

그러나 실제로 아날로그 전압 회로를 이산적인 전압 레벨의 배열로 구동할 경우, 하드웨어가 전압 레벨을 빠르게 변환함에 따라 원치 않는 고주파수의 진동이 발생한다. D/A 하드웨어에 는 보통 로우패스 또는 대역패스 필터를 탑재해 이 같은 진동을 제거하며, 따라서 원본 아날로 그 신호를 정확히 재현한다. 필터링에 관한 더 많은 내용은 14.2.5.8절을 참고한다.

14.3.2.3 디지털 오디오 형식과 코덱

PCM 오디오 데이터를 저장하거나 인터넷으로 전송하는 데는 여러 데이터 형식이 사용된다. 각각의 역사가 있고 장단점이 존재한다. AVI 등의 일부 형식은 '컨테이너' 형식으로, 디지털 오 디오 신호를 여러 개의 형식으로 담을 수 있다.

어떤 것은 PCM 데이터를 비압축 형태로 저장한다. 그렇지 않은 것들은 파일 크기나 대역폭을 아끼려고 여러 형태의 데이터 압축을 사용한다. 압축 기법에는 손실^{lossy} 압축이 있는데, 곧 압 축/복원의 과정에서 원본 신호가 정확히 보존되지 않는다는 뜻이다. 반대로 무손실^{lossless} 압축 은 압축/복원을 거쳐도 원본 PCM 데이터가 정확히 복원된다는 뜻이다.

가장 널리 쓰이는 오디오 데이터 형식을 몇 가지 살펴보자.

- **헤더 없는**^{raw header-less} **PCM 데이터** 신호의 메타-정보, 예를 들면 샘플 레이트와 비트 깊 이 등을 미리 알지 못하는 상황에서 사용된다.
- **리니어 PCM**^{LPCM} 무손실 오디오 형식으로 최대 8채널 오디오를 48kHz 또는 96kHz 샘 플링 진동수로 저장할 수 있으며 샘플당 16, 20, 24비트를 사용할 수 있다. LPCM의 리 니어^{linear}는 진폭을 측정할 때 로그 스케일이 아니라 선형 스케일을 사용했다는 뜻이다.
- **WAV** 마이크로소프트와 IBM이 만든 비압축 파일 형식이다. 윈도우 운영체제에서 흔히 쓰인다. 정확한 명칭은 'waveform audio file format'이지만 간혹 'audio for window' 라고 해석하는 경우도 간혹 있다. WAV 파일 포맷은 사실 RIFF^{Resource Interchange File Format} 이라는 계열의 형식 중 하나다. RIFF 파일의 내용은 덩어리^{chunk}로 저장되며, 각 덩어리 는 그 내용을 나타내는 4글자 코드^{FOURCC, FOUR-Character Code} 및 그 크기를 나타내는 필드 와 함께 저장된다. WAV 파일의 비트스트림은 리니어 펄스-코드 변조^{LPCM} 형식에 부합 한다. WAV는 압축 오디오를 담을 수도 있긴 하지만 대부분의 경우 비압축 오디오 데이 터를 저장하는 데 쓰인다.

- **WMA**^{Windows Media Audio} 마이크로소프트가 권한을 갖고 있으며 MP3 대용으로 만들어진 오디오 압축 기법이다. 자세한 내용은 다음 사이트(http://en.wikipedia.org/wiki/Windows_Media_Audio)를 참고하자.

- **AIFF**^{Audio Interchange File Format} 애플에서 개발하고 매킨토시 컴퓨터에서 널리 쓰이는 형식이다. WAV/RIFF 파일과 마찬가지로 AIFF 파일은 비압축 PCM 데이터를 저장하고, 파일의 내용은 덩어리로 지장되며 각 덩이리는 4글자 코드와 크기를 나타내는 징보를 갖는다. AIFF-C는 압축을 사용하는 변종이다.

- **MP3** 손실 압축 오디오 파일 형식으로 사실상 거의 모든 디지털 오디오 플레이어의 표준과 같은 형식이며, 게임이나 기타 멀티미디어 시스템과 서비스에서 광범위하게 쓰인다. 정확한 명칭은 MPEG-1 또는 MPEG-2 audio layer III이다. MP3 압축을 하면 파일 크기는 원본에서 1/10로 줄어들지만 인지하는 음향의 차이는 극히 적다. 이것은 지각 부호화^{perceptual coding}라는 기법을 통해서 가능한데, 대다수의 사람이 인지하는 범위 밖의 오디오 신호를 제거하는 방법이다.

- **ATRAC**^{Adaptive Transform Acoustic Coding} 소니에서 개발하고 권한을 갖는 오디오 압축 기법이다. 원래는 소니의 MiniDisc에 CD 러닝타임이 같으면서도 차지하는 공간이 적고 품질은 거의 변함 없는 오디오를 저장하려고 만들어졌다. 더 자세한 내용은 다음 사이트(http://en.wikipedia.org/wiki/Adaptive_Transform_Acoustic_Coding)를 참고하자.

- **Ogg Vorbis** 오픈소스 파일 형식으로 손실 압축을 사용한다. Ogg는 Vorbis 데이터 형식과 같이 사용하는 '컨테이너' 형식을 일컫는다.

- **Dolby Digital(AC-3)** 손실 압축 형식으로 모노부터 5.1 서라운드 사운드를 지원한다.

- **DTS** DTS 사가 개발한 극장 오디오 기법이다. DTS Coherent Acoustics은 S/PDIF 인터페이스(14.3.2.5절 참조)를 통해 전송 가능한 디지털 오디오 형식이며 DVD와 레이저디스크 등에 사용된다.

- **VAG** 플레이스테이션 3 개발자들이 쓸 수 있는 상업적 오디오 파일 형식이다. PCM에 기반을 둔 아날로그-디지털 변환 기법인 ADPCM^{Adaptive Differential PCM}을 사용한다. DPCM^{Differential PCM}은 샘플의 절댓값을 저장하지 않고 샘플 간의 차이를 저장함으로써 압축률을 높인다. Adaptive DPCM은 샘플링 레이트를 가변적으로 변경함으로써 압축률을 더욱 높인다.

- **MPEG-4 SLS, MPEG-4 ALS, MPEG-4 DST** 무손실 압축을 지원하는 형식이다.

사실 여기 나온 것들보다 훨씬 많은 형식이 있다. 오디오 파일 형식만 해도 어지러울 정도로 많고, 압축/복원 알고리듬은 그보다 훨씬 많다. 오디오 데이터 형식에 관심이 있는 독자는 또 한 번 위키피디아의 힘을 빌려 보기 바란다(http://en.wikipedia.org/wiki/Digital_audio_format). 웹사이트 'PlayStation 3 Secrets' 또한 오디오 형식에 대해 좋은 정보를 제공한다(https://bit.ly/2HOVtvR).

14.3.2.4 오디오 데이터 저장법

멀티 채널 오디오데이터를 저장하는 한 방법은 각 모노포닉 채널을 별도의 버퍼에 저장하는 것이다. 이 방법에서 5.1 오디오 신호를 저장하려면 6개의 병렬 버퍼가 필요하다. 그림 14.27에 이 방법이 나와 있다.

또 다른 방법은 1개의 버퍼에 데이터를 교차해 넣는 것이다. 이 방법에서는 각 시간 인덱스마다 모든 샘플이 미리 정해진 순서에 따라 하나로 저장된다. 그림 14.28은 이 방식의 6채널(5.1) PCM 오디오 신호를 보여 준다.

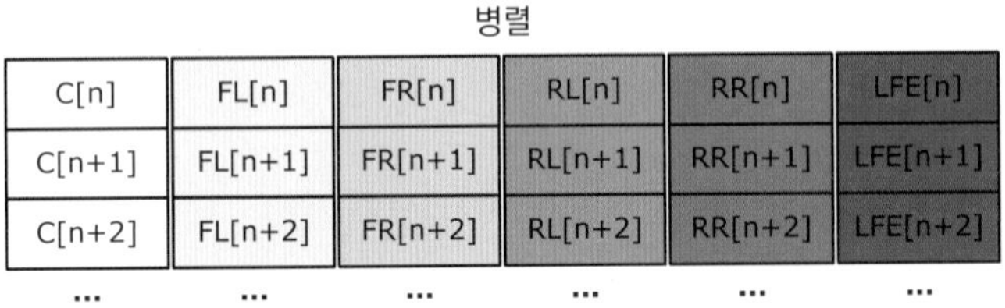

병렬
C[n]
FL[n]
FR[n]
RL[n]
RR[n]
LFE[n]
C[n+1]
FL[n+1]
FR[n+1]
RL[n+1]
RR[n+1]
LFE[n+1]
C[n+2]
FL[n+2]
FR[n+2]
RL[n+2]
RR[n+2]
LFE[n+2]
...

그림 14.27 6채널(5.1) PCM 데이터가 병렬 형식으로 저장된다.

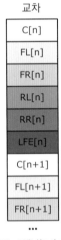

교차
C[n]
FL[n]
FR[n]
RL[n]
RR[n]
LFE[n]
C[n+1]
FL[n+1]
FR[n+1]
...

그림 14.28 6채널(5.1) PCM 데이터가 교차 형식으로 저장된다.

14.3.2.5 디지털 배선과 커넥터

S/PDIF[Sony/Philips Digital Interconnect Format]란 오디오 신호를 디지털 형식으로 연결해 아날로그 배선에 의한 노이즈를 원천적으로 제거하기 위한 기술이다. S/PDIF는 물리적으로 동축 케이블(이것 또한 S/PDIF라 부른다)이나 광케이블[TOSLINK]을 사용한다.

물리적인 연결이 어떻든(동축 S/PDIF이건 또는 광케이블 TOSLINK이건) S/PDIF 프로토콜은 2채널 24비트 LPCM 무압축 오디오를 표준 샘플링 레이트 32 ~ 192kHz까지 전송할 수 있다. 그러나 기기마다 다른 샘플링 레이트로 동작하는 것도 가능하다. 똑같은 물리 인터페이스를 통해 비트스트림 오디오(예를 들면 Dolby Digital 또는 DTS 손실 압축 데이터)를 32 ~ 640kbps(Dolby Digital), 또는 768 ~ 1536kbps(DTS)로 전송할 수도 있다.

비압축 멀티채널 LPCM(즉 2채널 스테레오보다 많은 채널)은 일반 소비사용 상비에서는 오식 HDMI^{High-Definition Multimedia Interface} 연결을 통해서만 전송할 수 있다. HDMI 연결을 통해서는 비압축 디지털 비디오와 압축 또는 비압축 디지털 오디오 신호를 동시에 전송한다. HDMI는 최대 36.86Mbps의 비트레이트로 멀티채널 오디오 또는 비트스트림 오디오를 전송할 수 있다. 그러나 오디오를 위한 HDMI 비트레이트는 비디오 모드에 따라 달라진다. 720p/50Hz 모드 이상에서만 오디오 대역폭을 전부 사용할 수 있다. HDMI 스펙의 'video dependency' 항목을 살펴보면 이에 관한 정보를 더 얻을 수 있다. 애플의 DisplayPort와 Thunderbolt 커넥터는 HDMI와 여러모로 유사한 고대역폭 커넥터다.

USB 연결을 통해 오디오 신호를 전송하는 경우도 있다. 대부분의 게임 콘솔에서 USB 출력은 헤드폰 전용이다.

무선 연결도 가능하다. 가장 널리 쓰이는 무선 오디오 전송 표준은 블루투스다.

14.4 3D 오디오 렌더링

지금까지 소리의 물리적 성질과 신호 처리의 기반이 되는 수학, 그리고 소리를 녹음하고 재생하는 데 쓰이는 다양한 기술들을 살펴봤다. 14.4절에서는 이런 이론과 기술이 어떻게 게임 엔진에 쓰여서 사실적이고 몰입감 있는 사운드스케이프^{soundscape}를 제공하는지 살펴볼 것이다.

가상의 3D 월드를 배경으로 만들어진 게임에는 일종의 3D 오디오 렌더링 엔진이 필요하다. 고품질 3D 오디오 시스템을 통해 플레이어에게 풍부하고 몰입감 있으면서 사실적인 사운드스케이프를 3D 월드의 상황에 맞게 제공해야 하고, 이야기 전개를 도와줄 수도 있어야 하며 게임의 전체적인 분위기와 일관성이 있어야 한다.

- 이 시스템의 입력은 게임 월드의 온갖 요소(발자국 소리, 음성, 물체가 부딪히는 소리, 총성, 바람이나 빗소리 같은 자연음 등)에서 나오는 3D 사운드들이다.
- 이 시스템의 출력은 몇 가지 사운드 채널이고, 이것을 스피커로 재생하면 플레이어가 게임의 가상 세계 안에서 진짜로 들을 수 있을 법한 소리를 만들어 낸다.

오디오 엔진이 7.1 또는 5.1 서라운드 사운드를 만들어 낼 수 있으면 가장 좋을 것이다. 그래야만 위치 정보를 가능한 한 풍부하게 전달할 수 있기 때문이다. 하지만 오디오 엔진은 스테레오 시스템 또한 지원해야 한다. 게이머가 홈시어터같이 비싼 장비를 갖고 있지 않거나 남에게 방해받지 않고 헤드폰으로만 게임을 하길 원할 수도 있기 때문이다.

게임의 오디오 엔진은 게임 가상 월드로부터 나오지 않을 것 같은 소리도 처리할 수 있어야 한다. 이것의 예에는 사운드트랙, 게임의 메뉴에서 나오는 소리, 해설자의 음성, 플레이어 캐릭터의 소리(특히 FPS 슈터의 경우), 특정한 환경음 등이 있다. 이것들을 2D 사운드라고 부른다. 이런 소리는 3D 공간 엔진의 처리 결과와 믹스된 후 스피커에서 '곧바로' 들리게 만들어진다.

14.4.1 3D 사운드 렌더링의 개요

3D 오디오 엔진의 주 업무는 다음과 같다.

- 사운드 합성^{sound synthesis}은 게임 월드에서 발생하는 사건에 맞는 음성 신호를 생성하는 과정이다. 미리 녹음된 사운드 클립^{clip}을 재생하거나 절차적인 과정을 통해 런타임에 생성할 수도 있다.
- 공간화^{spatialization}는 3D 사운드가 적절한 게임 월드 공간에서 들린다는 환상을 만들어 내는 과정이다. 공간화는 각 음파의 진폭(즉 게인 또는 볼륨)을 다음 두 가지 방법으로 조정하는 것이다.
  - 거리 기반 감쇠를 통해 소리의 전체적인 볼륨을 조절해 청자로부터의 거리를 표현한다.
  - 팬^{pan}은 스피커로부터 나는 소리의 상대적인 볼륨을 조절함으로써 소리의 방향을 표현한다.
- 어쿠스틱 모델링은 청취 공간의 이른 반사음과 늦은 잔향을 흉내내면서 소리를 부분 또는 완전히 차단하는 장애물을 고려해 사운드스케이프의 현실성을 향상시킨다. 일부 사

운드 엔진은 진동수에 따른 대기흡수 효과(14.1.3.2절)나 HRTF 효과(14.1.4절)를 지원하기도 한다.

- 도플러 변위를 통해 음원과 청자의 상대적 움직임을 나타낸다.
- 믹싱^{mixing}은 게임의 모든 2D, 3D 사운드에 대한 상대적 볼륨을 조절하는 과정이다. 믹싱에는 물리적 원칙과 게임의 사운드 디자이너의 미적 취향이 동시에 반영된다.

14.4.2 오디오 월드 모델

가상 월드의 사운드스케이프를 렌더링하려면 엔진이 이 월드를 인지할 방법이 있어야 한다. '오디오 월드 모델'은 다음과 같은 요소들로 이뤄진다.

- **3D 음원** 게임 월드의 각 3D 사운드는 특정 위치에서 발생하는 모노포닉 오디오 신호로 이뤄진다. 이와 더불어 음원의 속도, 복사 패턴^{radiation pattern}(전방향, 원뿔형, 평면형), 거리 (특정 거리 이상에서는 들리지 않음) 등의 값을 엔진에 제공해야 한다.
- **청자** 청자는 게임 월드의 '가상 마이크로폰'이다. 위치, 속도, 방향에 의해 정의된다.
- **환경 모델** 이것은 가상 월드에 존재하는 표면과 물체의 형태 및 특성을 나타낸다. 또한 게임플레이가 일어나는 위치의 음향적 성질을 나타내기도 한다.

음원과 청자의 위치는 거리 기반 감쇠에 사용된다. 음원의 복사 패턴 또한 거리 기반 감쇠 계산에 영향을 미친다. 청자의 방향은 소리의 각도를 계산하는 기준점이 된다. 이 각도는 차례로 팬(5.1 또는 7.1 서라운드 시스템의 메인 스피커들 간의 상대적 볼륨)을 결정한다. 음원과 청자의 상대 속도는 도플러 변위를 적용하는 경우에 쓰인다. 마지막으로 환경 모델은 청취 공간의 음향적 성질과 사운드 경로의 부분 또는 완전 차폐를 처리하는 중요한 요소다.

14.4.3 거리 기반 감쇠

거리 기반 감쇠^{distance-based attenuation}는 3D 사운드의 거리가 청자로부터 멀어짐에 따라 볼륨을 작게 하는 것이다.

14.4.3.1 최대 최소 감쇠 범위

게임 월드의 소리는 그 수가 매우 많다. 하드웨어와 CPU 성능에 한계가 있기 때문에 이것들을 모두 처리하기란 불가능하다. 어차피 청자로부터 일정 거리 이상 떨어져 있는 소리는 들리지 않기 때문에 모두 처리할 필요도 없다. 그렇기 때문에 각 음원들에는 감쇠 거리$^{\text{FO, Fall-Off}}$ 파라미터를 두는것이 보통이다.

최소 감쇠 거리$^{\text{FO min}}$은 r_{min}으로 표기하고 이 이하의 거리에서는 감쇠가 전혀 없이 온전한 볼륨으로 들린다. 최대 감쇠거리, 'FO max'는 r_{max}로 표기하는데, 이보다 거리가 멀면 들리지 않기 때문에 완전히 무시된다. FO min과 FO max 사이에서는 온전한 볼륨부터 0 볼륨까지 부드럽게 이어진다.

14.4.3.2 0으로 수렴하기

최대 볼륨에서 0 볼륨까지 수렴하는 방법 중에 하나는 FO max와 FO min 사이를 선형적으로 감소시키는 것이다. 소리의 종류에 따라 선형 감쇠도 별 문제없는 경우도 있다.

14.1.3.1절에서 소리 강도에 대해 알아봤는데, 이것은 사람이 인지하는 '시끄러운 정도'를 의미하고 $1/r^2$ 비율로 거리에 반비례한다고 배웠다. 게인은 음압의 진폭과 상관관계가 있고 $1/r$의 비율에 따라 감소한다. 따라서 $1/r$ 곡선에 의해 최대 볼륨과 0 볼륨 사이를 보간하는 것이 맞다.

$1/r$ 곡선은 0에 수렴할 뿐 0이 되지 않는다는 문제가 있다. 이 문제는 곡선을 살짝 아래로 내려 r_{max}에서 곡선이 0을 지나게 하면 된다. 아니면 그냥 $r > r_{max}$인 구간에서 소리 강도를 0으로 만들어도 된다.

14.4.3.3 규칙을 뒤틀어 응용하기

'라스트 오브 어스'를 개발할 때 너티 독의 사운드 팀은 등장 인물들의 대사를 $1/r^2$ 법칙으로 감쇠시킬 경우 그다지 멀지 않은 캐릭터들의 대사가 너무 빨리 알아듣지 못하게 된다는 것을 발견했다. 이것은 특히 은신 플레이를 하는 상황에서 큰 문제가 되는데, 왜냐하면 적들의 대화를 통해 전술적인 플레이를 유도하거나 스토리를 진행시킬 수 있기 때문이다.

이 문제를 해결하고자 사운드 팀은 복잡한 감쇠 곡선을 사용했는데, 청자의 근처에서는 대사가 느리게 감쇠하다가 중간 범위에서는 급하게 감소하고, 아주 먼 거리에서는 천천히 감소하도록 했다. 이렇게 하면 먼 거리의 대사를 들을 수 있으면서 자연스런 감쇠를 구현할 수 있다.

또한 대사의 감쇠를 현재 게임의 '긴장 정도'(예를 들면 적이 플레이어를 인지하지 못하는 상황이나 플레이어를 찾아다니는 상황, 그리고 적극적으로 교전 중인 상황 등)에 따라 동적으로 조절했다. 이렇게 함으로써 '라스트 오브 어스'의 음성은 은신 플레이 중에는 멀리까지 들리지만 일단 전투 상황에 진입하면 너무 무리하게 시끄러워지지 않는다.

마지막으로 잔향에 약간의 편법을 써서 경로가 100% 막힌 코너에서도 음성이 새어 나갈 수 있는 기능을 선택적으로 적용했다. 이 기능은 현실적인 감쇠보다 플레이어가 대사를 분명히 듣는 것이 중요할 경우 매우 유용하게 쓰인다.

3D 오디오 모델을 디자인할 때 온갖 종류의 꼼수를 사용할 수 있다. 어떤 방법을 쓰더라도 가장 단순한 원칙을 기억해야 한다. 게임 품질을 향상시킬 수 있는 방법이라면 주저하지 말고 시도해 봐야 한다는 것이다. 물리 법칙이 조금 어긋난다고 큰일이 나는 것도 아니니까 말이다.

14.4.3.4 대기 감쇠

14.1.3.2절에서 봤듯이 대기 중에서 낮은 피치의 소리는 높은 피치의 소리보다 더 적게 흡수된다. '라스트 오브 어스'를 포함한 일부 게임들에서는 이 현상을 구현하려고 각 3D 사운드에 로우패스 필터를 사용하는데, 이 필터는 청자와 거리가 멀어질수록 통과대역이 낮아진다.

14.4.4 팬

패닝^{panning}은 3D 사운드가 특정 방향에서 오는 것 같은 착각을 일으키는 기법이다. 각 스피커의 볼륨(즉 게인)을 조정함으로써 3차원 공간의 소리에 대한 이미지를 형성할 수 있다. 이 패닝 방법을 진폭 패닝$^{amplitude\ panning}$이라고 부르는데 각 스피커에서 나오는 소리의 진폭만을 조정해 각도에 대한 정보를 제공하기 때문이다(다른 방법으로는 위상 오프셋, 잔향, 필터링 등을 통해 위치 정보를 제공하는 것 등이 있다). 때로는 IID 패닝이라고 부르기도 하는데 왜냐하면 두 귀 간의 시간차^{IID}에 대한 인지를 통해 소리의 이미지를 형성하기 때문이다.

'팬'이라는 용어는 스테레오 시스템에서 좌우 스피커의 상대 볼륨을 조절하던 '팬 포트$^{pan\ pot}$' 또는 '가변 저항$^{panoramic\ potentiometer}$'이라는 기술에서 유래한 것이다. 팬 포트를 한쪽 끝으로 돌리면 왼쪽 스피커에서만 소리가 나오고, 반대쪽 끝으로 돌리면 오른쪽 스피커에서만 소리가 나온다. 팬 포트를 가운데 놓으면 소리가 균등하게 양쪽에서 나온다.

팬이 어떻게 동작하는지 이해하기 위해, 청자가 원의 한가운데 위치했다고 상상해 보자. 스피커가 이 원의 둘레에 자리하기 때문에 이 책에서는 이것을 스피커 원이라고 하겠다. 청자와 스피커의 평균적인 거리가 원의 반지름이 된다.

스테레오 사운드 시스템에서는 좌우 스피커가 대략 청자의 정면에서 ±45도에 자리한다. 스테레오 헤드폰의 경우 ±90도에 위치한다고 할 수 있다(그 반지름은 훨씬 작을 것이다). 7.1 서라운드 시스템에서는 7개의 '메인' 스피커만 따지면 되는데, 왜냐하면 LFE 채널은 위치 정보와 전혀 상관이 없기 때문이다. 이 스피커들은 대략 그림 14.29에 나온 것과 같이 자리한다. 5.1 시스템을 패닝할 때는 여기에서 서라운드 좌우 스피커를 없애면 된다.

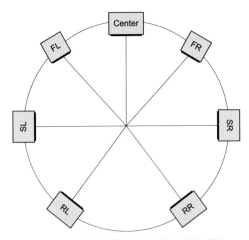

그림 14.29 팬을 위한 7.1 시스템의 스피커 배치

지금 당장은 3D 사운드가 모두 점 음원point source이라고 생각하자. 사운드를 팬하기 위해서는 첫째로 방위각azimuthal angle(수평각)을 알아야 한다. 방위각은 청자의 로컬 공간에서 측정해야 하는데, 0도는 청자의 정면을 뜻한다. 그다음은 스피커 원에서 이 방위각에 가장 가까운 두 스피커가 어떤 것인지를 찾는다. 방위각을 두 스피커 사이의 각도의 비율로 변환한다. 마지막으로 이 비율로 두 스피커의 게인을 결정한다.

이것을 수학적으로 정리하기 위해 음원의 방위각을 θ_s로 표기하자. 인접하는 두 스피커의 각도를 θ_1, θ_2라고 하자. 비율 β는 다음과 같이 계산한다.

$$\beta = \frac{\theta_s - \theta_1}{\theta_2 - \theta_1}$$

이 계산은 그림 14.30에 나와 있다.

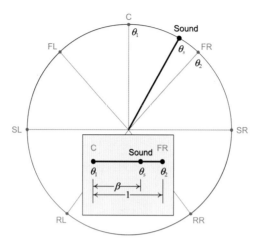

그림 14.30 사운드를 점 음원 취급하면 음원에 인접한 두 스피커의 팬 블렌드 비율 β를 계산할 수 있다.

14.4.4.1 상수 게인 패닝

첫째로 시도해 볼 만한 것은 β를 통해 두 스피커의 게인을 단순히 선형 보간하는 것이다. 팬을 적용하지 않은 게인을 A라고 할 때 각 스피커의 사운드에 대한 게인은 다음과 같이 계산 가능하다.

$$A_1 = (1 - \beta)A$$
$$A_2 = \beta A$$

이것을 상수 게인 패닝constant gain panning이라고 하는데, 왜냐하면 순수한 게인 $A = A_1 + A_2$가 상수이며 θ_s와 β에 독립적이기 때문이다.

상수 게인 패닝의 가장 큰 문제점은 소리가 음향 공간을 이동함에 따라 일정한(상수) 정도의 시끄러움으로 인식시키지 못한다는 것이다. 게인은 음 압력 파동의 진폭을 조정하는 것이며 따라서 음압 레벨SPL, Sound Pressure Level을 조정한다. 하지만 14.1.2절에서 살펴봤듯이 사람이 인지하는 시끄러움(음량)은 음파의 강도 또는 파워power에 비례하는 것으로, 둘 다 SPL의 제곱과 관련이 있다.

이 문제에 대한 예로 사운드가 두 스피커의 한가운데에 위치한다고 생각해 보자. 상수 게인 패닝은 게인 A_1, A_2를 $\frac{1}{2}A$로 놓을 것이다. 그러나 이 경우 최종 파워는 $A_1^2 + A_2^2 = (\frac{1}{2}A)^2 + (\frac{1}{2}A)^2 = \frac{1}{2}A^2$이다. 즉 음원이 한쪽 스피커에서만 나올 때에 비해 소리의 크기는 절반에 불과할 것이다.

14.4.4.2 일정 파워 팬 법칙

사운드의 이미지가 청자 주위를 움직이더라도 음량을 일정하게 유지하려면 음력^{power}를 상수로 유지해야 한다. 이것을 일정 파워 팬 법칙^{constant power pan law}, 또는 줄여서 팬 법칙이라고 한다.

일정 파워 팬 법칙을 구현하는 매우 쉬운 방법이 있다. 게인을 선형 보간하는 대신 블렌드 비율 β에 대한 사인과 코사인을 사용하면 된다.

$$A_1 = \sin(\tfrac{\pi}{2}\beta)A$$
$$A_2 = \cos(\tfrac{\pi}{2}\beta)A$$

다시 한번 두 스피커의 정중앙에 음원이 위치하는 경우를 생각해 보자($\beta = \frac{1}{2}$). 일정 파워 팬 법칙에서는 두 스피커의 게인이 $A_1 = A_2 = \frac{1}{\sqrt{2}}A$가 된다. 따라서 최종적으로 합쳐진 파워는 $A_1^2 + A_2^2 = (\frac{1}{\sqrt{2}}A)^2 + (\frac{1}{\sqrt{2}}A)^2 = A^2$이 된다. 이 식은 모든 β에 대해 성립하므로 파워 A^2은 소리가 스피커 원의 어디에 위치하건 일정하다.

사운드 디자이너들은 팬 법칙을 적용할 때 '3dB 규칙'을 적용하는 경우가 많다. 소리가 두 스피커 사이에 균등하게 배분돼야 하는 경우, 각 스피커의 게인은 원래 소리에 비해 3dB만큼 줄어야 한다. -3Db이라는 값은 $\log_{10}\left(\frac{1}{\sqrt{2}}\right) \approx -0.15$에서 나온 것이다. 전압 게인(또는 진폭 게인)은 $20\log_{10}(A_{\text{out}}/A_{\text{in}})$인데 $20 \times -0.15 = -3\text{dB}$이다(데시벨은 벨의 1/10 단위이고, A가 아닌 A^2을 취급하므로 2를 곱해서 로그 앞의 20이 된다).

14.4.4.3 헤드룸

패닝을 할 경우 어떤 경우에는 한 스피커에서만 소리가 나고 그렇지 않은 경우는 두 스피커(뒤에 살펴볼 내용이지만 또는 그 이상)에서 소리가 난다. 소리가 두 인접한 스피커에서 똑같이 나고 있는데 볼륨이 워낙 커서 각 스피커의 최대 파워로 출력하고 있다고 하자. 이때 한 스피커에서만 소리 나게 패닝을 하면 어떻게 될까? 일정 파워 팬 법칙에 의해 두 스피커에서 소리를 낼 때보다 게인이 커져야 하므로 아마 스피커는 터져 버릴 것이다.

이런 문제를 방지하고자 전체적으로 최대 게인을 인위적으로 낮춰서 최악의 경우에도 스피커의 최대 파워를 초과하지 않도록 해야 한다. 최대 볼륨 범위를 인위적으로 낮추는 이런 관행을 '헤드룸headroom을 둔다'고 한다.

헤드룸 개념은 믹싱에도 쓰인다. 둘 이상의 소리가 섞일(믹싱) 때 진폭은 더해진다. 믹싱 결과에 헤드룸을 둠으로써 볼륨이 큰 소리 여럿이 동시에 재생되는 최악의 경우에도 대응할 수 있다.

14.4.4.4 센터 스피커

영화에서 센터 채널은 대사를 처리하는 역할을 해왔다. 음향 효과들은 다른 스피커들에서만 패닝된다. 왜 이런 선택을 했냐면 영화의 등장 인물들은 화면에 나올 때 대사를 하는 경우가 대부분이고, 이때 관객은 목소리가 전면 중앙에서 들리기를 기대하기 때문이다. 이 접근법은 대사를 나머지 소리와 분리하는 유용한 이점이 있는데, 따라서 음향 효과들이 헤드룸을 모두 차지해서 대사가 묻히는 경우를 방지한다.

그러나 3D 게임에서는 상황이 많이 다르다. 플레이어는 '올바른' 방향에서 음성이 들리기를 원한다. 플레이어가 카메라를 180도 돌리면 대사도 마찬가지로 음향 공간을 180도 돌아야 한다. 그렇기 때문에 게임은 모든 대사를 센터 스피커에 할당하지 않는다. 대신 음향 효과와 대사가 같이 패닝을 한다.

당연히 이 경우 다시 헤드룸 문제를 고려해야 한다. 시끄러운 총소리에 의해 대사가 완전히 묻힐 수 있다. 너티 독은 이 문제를 해결하려고 '쪼개는 방법'을 썼는데, 항상 대사의 일부분은 센터 채널에서 재생하고, 나머지는 음향 효과와 마찬가지로 패닝을 했다.

14.4.4.5 포커스

음원이 청자에서 굉장히 먼 거리에 있는 경우 이것을 점 음원으로 취급할 수 있다. 방위각을 구해서 일정 파워 팬 법칙에 넣기만 하면 된다. 하지만 음원이 가까이 다가오거나 아니면 스피커 원의 범위 내로 진입하는 경우 각도 하나로 이것을 정확하게 모델링하는 것은 불가능하다.

한 음원이 있고 이 음원 쪽으로 이동하면서 지나치는 경우를 생각해 보자. 맨 처음 음원은 전방 스피커에서만 나오는 것처럼 들린다. 음원이 청자를 지나게 되면 소리를 후면 스피커로 옮겨 줘야 한다. 점 음원으로만 취급할 경우 소리를 전면 스피커에 후면 스피커로 '순간이동'시킬 수밖에 없다.

최선은 소리가 가까워지면 사운드의 이미지가 점차적으로 스피커 원 주위로 '퍼져 나가는' 것이다. 이 방식에서는 소리가 청자와 가까워지면 옆면 스피커에 점점 많은 소리를 실을 수 있다. 소리 위치가 정확히 청자의 위치가 되면 7개(또는 5개)의 스피커 모두에서 소리가 날 것이다. 소리가 지나가면 부드럽게 후면 스피커로 소리를 옮기고, 뒤로 완전히 지나면 전면 스피커의 게인을 0으로 만든다.

음원을 점이 아닌 스피커 원의 호^{arc}로 추상화하면 이런 것 외에 더 많은 것들을 할 수 있다. 이전과 달리 음원이 3D 공간에서 임의의 형상을 가졌다고 생각하고 이것을 스피커 원에 투영한 결과가 특정 각을 형성해 '피자 조각' 형의 모양을 정의하게 된다. 이것은 3D 그래픽의 환경 차폐$^{ambient occlusion}$의 계산에 사용되는 입체각$^{solid\ angle}$의 개념과 유사하다. 다음 사이트(http://en.wikipedia.org/wiki/Solid_angle)를 참조하기 바란다.

이같이 확장된 음원에 의해 정의되는 각도를 포커스 각$^{focus angle}$이라고 부르기로 하는데, α로 표기한다. 점 음원은 $\alpha = 0$인 극단적인 경우라고 생각하면 된다. 포커스 각은 그림 14.31에 나와 있다.

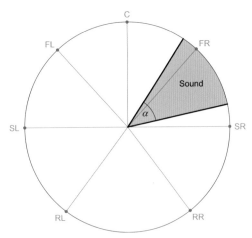

그림 14.31 포커스 각 α는 확장된 음원의 스피커 원에 대한 투영을 정의한다.

0이 아닌 포커스 각을 가지는 소리를 렌더링하려면 스피커 원에서 투영된 호에 겹치거나 바로 인접한 스피커들을 찾아야 한다. 그런 후 소리의 강도/파워를 이 스피커들에 분배하고, 이를 통해 투영된 호를 넘어서는 소리의 가상 이미지를 형성해야 한다.

소리를 관계한 스피커들에 나누는 방법은 여러 가지가 있다. 예를 들면 포커스 각 안에 들어오는 모든 스피커는 최대 파워를 받도록 하고, 호에 바로 인접한 두 스피커에는 더 적은 소리를 내게 해 감쇠 효과를 구현할 수 있다. 어떤 방법을 사용하든 일정 파워 팬 법칙을 따라야 한다. 따라서 모든 게인의 제곱의 합(즉 파워의 합)이 패닝 전의 원래 소리의 게인의 제곱과 일치해야 한다.

14.4.4.6 수직에 대한 처리

스테레오 또는 서라운드 시스템에서 스피커들은 모두 같은 평면에 위치한다. 때문에 청자의 귀보다 위/아래에 소리를 위치시키기가 까다롭다.

최적의 방법은 구형 스피커 배치를 통해 'periphonic' 사운드 필드를 구현하는 것이다. 앰비소닉스Ambisonics(http://en.wikipedia.org/wiki/Ambisonics)라는 기술을 통해 평면 배치와 구형 스피커 배치를 모두 처리할 수 있다. 그러나 아직 게임 콘솔들은 이를 지원하지 않는다. 소니는 PS4용 Platinum Wireless Headset이라는 3D 오디오 기술을 제공한다. 그렇지만 3D 오디오 기술을 감안하더라도 게임은 여전히 5.1이나 7.1 같은 평면형 스피커 배치를 지원해야 한다.

재미있는 사실은 포커스 개념을 통하면 사운드 이미지의 수직성에 대해 어느 정도 흉내내는 것이 가능하다는 것이다. 모든 소리를 수평 평면에 투영시키고, 스피커 원에 가깝거나 안에 들어오는 소리에 대해서는 0이 아닌 포커스 각을 부여한다. 공중에 떠 있는 소리가 멀리 있는 경우 떠 있지 않은 소리와 차이 없이 렌더된다. 그러나 소리가 머리 위를 지나가면 이것을 여러 스피커에 나눠 스피커 원 안에서 가상의 이미지를 만들어 낸다. 이에 더해 거리 기반 감쇠, 진동수 종속 대기흡수를 적용한다면 청자에게 소리가 위/아래에 있는 것 같은 힌트를 줄 수 있다.

14.4.4.7 팬에 대한 더 읽을거리

일정 파워 팬 법칙에 대한 기초는 다음 사이트(http://www.rs-met.com/documents/tutorials/PanRules.pdf)에서 볼 수 있다.

빌레 푸키Ville Pukki(헬싱키 공과대학Helsinki University of Technology)의 논문 'Spatial Sound Generation and Perception by Amplitude Panning Techniques'은 다음 사이트(https://aaltodoc.aalto.fi/bitstream/handle/123456789/2345/isbn9512255324.pdf?sequence=1)에서 찾아볼 수 있는데, 공간화에 대한 문제를 잘 설명하고, 벡터 기반 진폭 패닝VBAP의 개념을 소개한다. 또한 많은

추가 자료도 나열한다.

데이비드 그리징거^{David Griesinger}의 논문 'Stereo and Surround Panning in Practice' 또한 흥미로운 읽을거리다(http://www.davidgriesinger.com/pan_laws.pdf). 데이비드의 웹사이트에는 소리 인지와 오디오 재생 기술에 관한 풍부한 연구 결과가 게재돼 있다.

14.4.5 소리의 전달, 잔향, 음향

거리 기반 감쇠, 팬, 도플러 효과 같은 것들을 다 구현하더라도 3D 사운드 엔진이 현실적인 사운드스케이프를 만들지는 못한다. 왜냐하면 공간을 인지하는 데 쓰이는 청각적 정보는 음파가 여러 경로를 통해 귀에 전달되면서 발생하는 이른 반사, 늦은 잔향, 머리 전달 함수^{HRTF, Head-Related Transfer Function} 효과 등에서 얻어지기 때문이다. '사운드 전달 모델링^{sound propagation modeling}'이라는 용어는 음파가 공간을 통해 전달되는 방법을 다루는 모든 기법을 통칭한다.

연구나 상호작용적 미디어, 게임 등에서 여러 가지 접근 방법을 사용한다. 이것들은 모두 다음의 세 가지로 분류할 수 있다.

- 기하학적 분석은 음파의 실제 경로를 모델링하려는 시도다.
- 인지 기반 모델은 청취 공간의 음향에 대한 LTI 시스템 모델을 통해 귀로 인지하는 소리를 재현하는 것에 초점을 둔다.
- 그 외 현실적인 기법들은 최소한의 데이터와 처리능력으로 합리적인 수준의 음향을 근사하려는 여러 가지 시도다.

다음 사이트(http://www-sop.inria.fr/reves/Nicolas.Tsingos/publis/presence03.pdf)는 처음 두 방법에 대한 여러 기법에 대해 잘 소개한다. 14.4.5절에서 LTI 시스템 모델링에 대해 잠깐 살펴보고 현실적인 기법들에 대해 살펴볼 텐데 이것들이 게임에 쓰기에는 더 실용적인 경우가 많기 때문이다.

14.4.5.1 전달 효과를 LTI 시스템으로 모델링

다양한 재질로 된 물건이 가득한 방안에 서 있다고 상상해 보자. 방 안에서 어떤 소리가 났다. 이 소리는 반사되면서 회절되고 방 안을 이리저리 튕겨 다니다 결국에는 귀에 도달할 것이다. 그런데 곰곰이 생각해 보면 음파가 실제로 어떤 경로로 왔는지는 그리 중요하지 않다. 직접음

(드라이)과 시간 편이되고 때로는 줄어들거나 변형된 웨트^{wet} 성분이 어떻게 조합되느냐만이 소리를 인지하는 데 영향을 준다.

다행스럽게도 이 모든 효과들은 선형 시불변^{LTI} 시스템으로 모델링할 수 있다. 이론적으로 음원 위치와 청자의 위치가 쌍으로 주어졌을 때 이 쌍에 대해 충격 반응을 측정할 방법만 있다면 방안의 어디에서 나는 소리라도 청자의 위치에서 어떻게 들릴지를 결정할 수 있다. 필요한 것은 드라이 사운드와 충격 반응을 컨볼루션 연산하는 것이다.

$$p_{\text{wet}}(t) = p_{\text{dry}}(t) * h(t)$$

이 기법은 얼핏 보기에 더할 나위 없이 완벽하고 간단해 보인다. 하지만 실제로는 보기보다 어렵고 현실적이지 않다. 공간에 대한 충격 반응을 구하는 것은 현실에서는 매우 간단한 일이다. 단위 충격 $\delta(t)$을 흉내내는 짧은 '딸깍' 소리를 녹음하면 녹음된 신호는 $h(t)$에 가까울 것이다. 하지만 가상 공간에서는 복잡하고 비싼 시뮬레이션을 통해서만 $h(t)$를 결정할 수 있다. 또한 공간의 음향을 정확히 모델링하고자 수많은 음원-청자 위치 쌍에 대해 이런 계산을 해야 한다. 이 계산 결과를 기록한 데이터는 크기가 어마어마할 것이다. 마지막으로 컨볼루션을 계산하는 비용도 싸다고 말할 수 없으며, 과거의 콘솔 기기나 사운드 카드는 게임의 모든 소리에 대한 이런 계산을 처리할 능력이 부족했다.

오늘날의 하드웨어는 점점 처리 능력이 향상되고 있고 따라서 컨볼루션 기반 전달 모델도 아예 불가능한 것은 아니다. 그 예로 미카 타일러 등$^{\text{Micah Taylor et al.}}$은 컨볼루션 잔향의 실시간 데모를 만들었는데 그 결과가 썩 좋았다(https://www.researchgate.net/publication/221572973_RESound_Interactive_sound_rendering_for_dynamic_virtual_environments). 그럼에도 대부분의 게임은 아직 이 방식을 쓰고 있지 않으며 대신 여러 가지 현실적인 기법들과 흉내내기를 통해 환경 잔향을 구현한다.

14.4.5.2 잔향 구역

게임 공간의 웨트^{wet} 성분을 모사하는 데 널리 쓰이는 방식으로 게임 월드를 여러 구역으로 지정하는 방법이 있는데, 각 구역은 프리딜레이, 디케이, 밀도, 디퓨전 등의 잔향 설정을 가진다. 14.1.3.4절에 이 파라미터들에 대한 이야기가 나와 있다. 가상의 청자가 이런 공간들에 진입하면 해당하는 잔향 설정을 적용한다. 예를 들면 플레이어가 넓은 타일로 된 방에 진입하면 에

코를 높인다. 플레이어가 작은 옷장에 들어가면 잔향을 거의 없애 드라이 성분만 남긴다.

청자가 게임 공간을 이동할 때 잔향 설정을 부드럽게 교차 혼합하는 것이 좋다. 모든 파라미터마다 간단하게 선형 보간할 수도 있을 것이다. 블렌드 비율은 청자가 한 공간에 얼마나 '깊이' 진입했느냐에 따라 계산하는 것이 가장 좋다. 예를 들어, 문을 통해 실외 공간에서 실내로 진입하는 상황을 그려 보자. 문 주변에 혼합이 일어나는 구역을 정의한다. 청자가 혼합 구역을 완전히 벗어나 있으면 혼합 비율은 실외 잔향 설정이 100%, 실내 잔향 설정이 0%일 것이다. 청자가 혼합 구역의 중간에 서 있으면 50/50으로 잔향 설정이 적용돼야 할 것이다. 이제 청자가 혼합 구역을 벗어나 건물 안으로 완전히 진입하면 실외 0%/실내 100% 설정이 적용된다. 이 아이디어가 그림 14.32에 나와 있다.

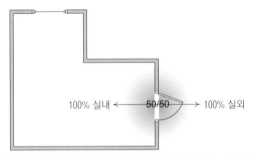

그림 14.32 청자의 위치에 따라 잔향 설정을 교차 혼합하는 것이 좋다.

14.4.5.3 방해, 차단, 배제

게임 공간을 구역으로 나눠 음향 특성을 정의할 때 각 구역은 1개의 충격 반응 함수 또는 한 세트의 잔향 설정을 갖는 것이 보통이다. 이렇게 하면 각 게임 공간의 본질적 특징(예를 들면 넓은 타일 구조의 방, 옷이 가득 찬 좁은 옷장, 평평한 실외 공간 등)을 전달할 수 있다. 그러나 방해 obstruction에 의해 발생하는 음향 효과를 효과적으로 재현하지는 못한다. 예를 들어 중간에 큰 기둥이 있는 사각형 방을 생각해 보자. 음원이 방의 한 모서리에 있고 청자가 위치를 이동한다고 할 때 소리 경로가 기둥에 가려졌는지 여부에 따라 음색이 매우 다르게 들릴 것이다. 이 방에 한 세트의 잔향 설정만을 사용한다면 이 같은 세밀한 특성을 잘 전달하지 못한다.

이런 문제를 해결하고자 모종의 방법으로 환경의 지형이나 재질을 모델링할 수 있는데, 소리가 이동하는 경로에 위치한 방해물들에 어떻게 영향을 받는지를 결정하고, 그 결과에 따라 방의 '원본' 잔향 설정을 수정한다.

그림 14.33에는 게임 월드의 물체와 표면이 음파 전달에 영향을 미치는 세 가지 방법을 보여준다.

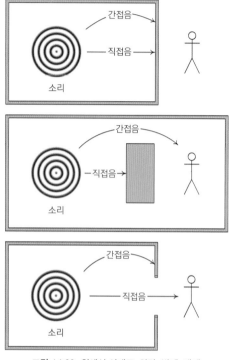

그림 14.33 위에서 아래로. 차단, 방해, 배제

- **차단**occlusion 음원으로부터 청자 위치까지 방해받지 않는 경로가 없는 상황이다. 청자는 전체적으로 차단된 소리를 들을 수도 있는데, 음원과의 사이에 얇은 벽이나 문이 있는 경우를 생각하면 된다. 소리의 드라이 성분과 웨트 성분 모두 감쇠되거나 아예 들리지 않을 수 있다.
- **방해**obstruction 음원과 청자 사이의 직접 경로는 막혀 있지만 간접 경로가 존재하는 상황이다. 방해는 음원이 차나 기둥 같은 방해물 뒤로 이동할 때 발생한다. 소리의 드라이 성분은 크게 감소하거나 아예 없어지고, 소리의 경로가 길어지면서 반사되는 것을 반영하고자 웨트 성분을 수정한다.
- **배제**exclusion 음원과 청자 사이에 직접 경로가 존재하지만 간접 경로는 어떤 식으로든 제약받는 상황이다. 방 안에서 소리가 나고 이것이 좁은 구멍(문이나 창문)을 통해 청자에

게 전달될 때가 여기에 속한다. 배제 상황에서는 소리의 드라이 성분은 변화가 없지만 웨트 성분은 감소되고, 극히 좁은 구멍인 경우 아예 없어진다.

직접 경로 분석

음의 직접 경로가 막혔는지 아닌지를 판단하기란 어렵지 않다. 청자로부터 각 음원까지 레이 캐스트$^{ray\ cast}$(13.3.7.1절 참조)를 해봐서 막혀 있으면 차단된 것이고 그렇지 않으면 열린 것이다.

벽이나 기타 방해물들을 뚫고 전달되는 소리를 모델링하는 데도 레이 캐스트를 사용할 수 있다. 음원으로부터 청자까지 레이를 쏴서 접촉 표면의 물질 특성을 알아내고, 이것을 통해 소리의 에너지가 얼마나 흡수되는지를 알아낸다. 물체를 통과한 소리의 에너지가 아직 남아 있다면 물체의 반대쪽에서 다시 청자로 레이를 쏜다. 소리의 에너지가 모두 없어진다면 이 소리는 들리지 않는다고 결론 낼 수 있다. 하지만 일부 에너지가 남아서 청자까지 전달된다면 소리의 드라이 성분에 대한 게인을 비율에 맞게 줄여서 소리 전달 시뮬레이션할 수 있다.

간접 경로 분석

간접 경로가 차단됐는지 알아내기는 훨씬 어렵다. 가장 이상적인 해법은 모종의 탐색(A* ?)을 통해 음원과 청자 사이에 경로가 존재하는지를 찾아내고, 또 감쇠나 반사의 영향이 각 경로마다 얼마나 영향을 주는지 계산하는 것일 테다. 현실에서 이 같은 탐색 기반의 방식이 사용되는 일은 거의 없는데, 프로세서 비용과 메모리 비용이 매우 높기 때문이다. 어쨌거나 게임 프로그래머는 가장 정확한 물리적 시뮬레이션으로 노벨상을 받는 것을 목표로 하지는 않는다. 몰입감 있고 그럴듯한 사운드스케이프를 만들어 내는 것만 관심있을 뿐이다.

아주 방법이 없는 것은 아니다. 소리의 간접 경로를 그럴듯하게 구해 내는 여러 방법이 있다. 한 가지 예를 들면, 잔향 구역$^{reverb\ region}$을 통해 게임 공간의 다양한 음향 특성을 구현하고 (14.4.5.2절 참조), 이 구역들을 활용해 간접 경로가 존재하는지를 판단할 수 있다. 예를 들면 다음과 같은 대략적인 규칙을 사용하면 된다.

1. 음원과 청자가 같은 구역에 있으면 간접 경로가 존재한다고 생각한다.
2. 음원과 청자가 위치한 구역이 다르면 간접 경로는 차단된다고 생각한다.

이런 내용과 레이 캐스트를 통한 직접 경로에 대한 정보를 결합하면 네 가지 경우, 즉 방해받지 않음, 차단됨, 방해받음, 배제됨에 대해 차이를 둘 수 있다.

회절 고려하기

파동이 좁은 구멍을 통과하거나 모서리(코너)에 닿으면 그림 14.34와 같은 모양으로 퍼져 나간다. 이것을 회절diffraction이라고 한다. 회절에 의해 모서리를 넘어서도 직접 경로가 있는 것처럼 들릴 수 있는데, 다만 직접(직선) 경로와 굽은 경로의 각도 차이가 너무 크지 않아야 한다.

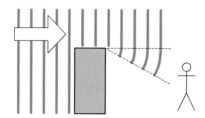

그림 14.34 회절에 의해 직접 경로가 막혔더라도 소리의 드라이 성분이 분명히 들릴 수 있다.

소리가 회절에 의해 청자에게 들릴 수 있는지를 판단하는 한 방법은 '직선' 레이 주변으로 '굽은' 레이를 쏴 보는 것이다. 대부분의 물리 엔진은 굽은 경로의 레이 트레이싱tracing을 지원하지 않지만 여러 개의 직선 레이 캐스트를 활용하면 굽은 경로를 흉내낼 수 있다. 그림 14.35에 간단한 예가 나와 있는데, 여기에서는 음원에서 5개의 레이를 청자에게 쏜다. 하나는 직접 경로이고, 2개의 직선을 결합해 만든 '굽은' 경로다. 엄격히 말하자면 원하는 곡선 경로에 대한 조각적 선형 근사piecewise-linear approximation를 수행한 것이라 하겠다.

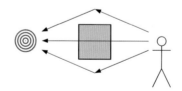

그림 14.35 굽은 레이 캐스트를 흉내내고자 여러 직선 레이 캐스트를 사용할 수 있다.

직접 경로에 대한 레이는 막혔더라도 굽은 경로가 막히지 않았다면 청자가 인근 코너에 대해 '회절 영역'에 있는 것이므로 막히지 않은 것처럼 소리를 들을 수 있어야 한다.

잔향과 게인 조절을 통한 실제 활용

지금까지 직접/간접 경로가 막혔는지 여부를 판단하는 법에 대해 이야기했다. 이 같은 분석은 차단이나 방해에 의한 음향적 영향을 설명해 주기도 한다(예를 들면 벽을 통과하는 소리는 크기가 줄어들 것이다. 길고 '구불구불한' 경로로 전달된 소리는 잔향이 매우 많을 것이다). 그렇다면 다음 질문을 해야 한다. 사운드 렌더링에 이 같은 지식을 어떻게 적용할 것인가?

한 가지 단순한 접근법은 직접 또는 간접 경로가 완전히 또는 부분적으로 막혔는지에 따라 각각 드라이 성분과 웨트 성분을 개별적으로 감쇠시키는 것이다. 이 결과를 좀 더 다듬으려면 소리의 경로에서 수집한 경험적 정보들을 통해 각 성분에 잔향을 더하거나 감소시킬 수도 있을 것이다. 게임의 요구 사항은 각기 다르기 때문에 직접 시도해 보고 오류를 수정하는 방법만이 좋은 결과를 가져올 수 있다.

방해받는 사운드의 블렌딩

위에서 본 내용들을 직접 구현해 본다면 아마도 매우 뚜렷한 문제를 발견할 것이다. 음원이 움직이면서 앞서 얘기한 네 가지 상태를 옮겨 다니는 경우, 예를 들면 방해받지 않은 상태에서 방해받는 상태로 변할 때 소리의 음색과 강도가 마구 '튈' 것이다. 이 같은 전환을 부드럽게 처리하는 방법은 여러 가지가 있다. 약간의 이력 현상^{hysteresis}을 적용할 수도 있는데, 이는 소리의 방해 상태가 변하는 것에 대한 반응을 약간 지연시키고 이 짧은 지연 시간 동안 두 세트의 잔향 설정을 부드럽게 전환하는 것이다. 그러나 지연을 눈치챌 수 있기 때문에 완벽한 해법이라고 할 수는 없다.

언차티드와 라스트 오브 어스 시리즈에서 너티 독의 시니어 사운드 프로그래머 조나단 래니어 Jonathan Lanier는 확률적 전달 모델링$^{stochastic\ propagation\ modeling}$이란 비공개 기법을 개발했다. 기업 비밀이라서 자세히 말할 수는 없지만, 이 시스템은 각 음원에 여러 개의 레이(직접, 간접 경로 모두)를 쏘고, 이 결과를 여러 프레임에 걸쳐 축적한다. 이 같은 데이터를 통해 각 음원의 드라이/웨트 성분에 대한 차단 정도를 확률적으로 모델링할 수 있다. 그 결과 눈에 띄는 '튐' 없이도 방해받는 상태에서 방해받지 않는 상태로 부드럽게 전환할 수 있다.

14.4.5.4 라스트 오브 어스의 사운드 포털

라스트 오브 어스에서는 소리가 환경을 통과하는 실제 경로를 모델링할 방법이 필요했다. 플레이어가 방에 있고, 이것과 연결된 긴 통로 끝에서 적 NPC가 말을 하고 있는 상황에서, 소리가 직접 경로를 통해 '벽을 뚫고' 들리는 것이 아니라 출입구로부터 들리기를 원했다.

이것을 구현하려고 연결된 구역의 네트워크를 사용했다. 구역에는 방^{room}과 포털^{portal}의 두 가지 종류가 있다. 각 음원마다 청자로부터 음원까지의 경로를 찾는데, 이것은 사운드 디자이너가 구역을 배치할 때 지정하는 연결 정보로부터 구한다. 음원과 청자가 같은 방에 있는 경우 언차티드에서 이미 검증된 방해/차단/배제 분석을 수행한다. 그런데 음원이 청자의 방에서 포털로 바로 연결된 방에 있는 경우 음원이 마치 포털에 위치한 것으로 간주하고 재생한다. 결과적으로 게임에서 필요한 실제 상황에 전부 대응하기 위해서는 방 연결 그래프에서 '한 단계 건너뛰기'만 하면 된다는 사실을 발견했다. 물론 굉장히 뭉뚱그려 말하긴 했지만 그림 14.36을 보면 기본 원리를 이해힐 수 있을 것이다.

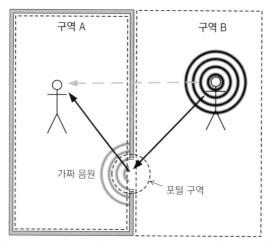

그림 14.36 라스트 오브 어스에서 너티 독이 사용한 포털 기반 오디오 전달 모델

14.4.5.5 환경 음향에 대한 더 읽을거리

오디오 전파 모델링과 음향 분석은 활발히 연구되고 있는 분야이고, 하드웨어가 점점 발달해 가면서 게임에도 더 많은 고급 기술이 적용되는 추세다. 밑에 몇 가지 도움이 될 만한 링크를 남겨 놨지만 구글에서 'sound propagation", "acoustic modeling'을 검색해 보면 아마 오랫동안 재미있게 읽을거리들을 찾을 수 있을 것이다.

- "Real−Time Sound Propagation in Video Games" Jean−François Guay of Ubisoft Montreal(https://bit.ly/2HdBiLc).
- "Modern Audio Technologies in Games" GDC 2003 발표 내용 A. Menshikov(https://bit.ly/2J7FYyD).
- "3D Sound in Games" Jake Simpson(https://bit.ly/2HfVFTU).

14.4.6 도플러 편이

14.1.3.5절에서 봤듯이 도플러 효과란 청자와 음원의 상대 속도($v_{rel} = v_{source} - v_{listener}$)에 따른 진동수 변화를 뜻한다. 이같이 진동수를 변화시키는 것을 흉내내려면 사운드 신호를 시간-스케일하면 된다. 이렇게 하면 이른바 '다람쥐 효과chipmunk effect'라는 것이 생기는데 '앨빈과 슈퍼밴드Alvin and the Chipmunks' 같은 만화영화에서 자주 나오는 효과다(소리를 빨리 재생하면 피치도 올라가는 현상이다). 우리가 다루는 사운드 신호는 디지털이므로(신호의 이산 시간 샘플링), 이런 시간 스케일링은 샘플 레이트 변환sample rate conversion(14.5.4.4절 참조)으로 구현할 수 있다. 하지만 엄밀히 말해 이 방식은 올바른 방법이 아닌데, 왜냐하면 소리의 재생 속도를 변화시키는 것을 알아챌 수 있기 때문이다.

이상적인 해법은 시간축을 건드리지 않으면서 피치를 편이shift시키는 것이다. 이렇게 하는 데는 여러 방법이 있고 대표적으로 위상 보코더phase vocoder, 시간 정의역 하모닉 스케일링time domain harmonic scaling 등이 있다. 이 방법들을 자세히 다루려면 이 책의 범위를 훨씬 벗어나기 때문에 더 많은 내용을 다루지는 않겠다.

시간 독립적 피치 편이는 오디오 엔진의 강력한 기능인데 그 쓰임새 중 하나는 진동수 독립적 시간 스케일링을 할 수 있는 것이다. 따라서 도플러 효과를 위해 시간에 영향받지 않게 피치를 변화시키는 것 외에, 반대로 피치를 바꾸지 않으면서 소리를 빠르거나 느리게 하는 것도 가능하다. 이를 통해 온갖 멋진 효과들을 구현할 수 있다.

14.5 오디오 엔진 아키텍처

지금까지 3D 사운드 렌더링의 바탕이 되는 개념과 방법론, 그리고 이것들을 뒷받침하는 이론과 기술을 살펴봤다. 14.5절에서는 3D 오디오 렌더링 엔진을 구현하는 데 쓰이는 소프트웨어/하드웨어 구성 요소의 아키텍처를 살펴볼 것이다.

다른 컴퓨터 시스템과 마찬가지로 게임 엔진의 오디오 렌더링 소프트웨어는 여러 하드웨어/소프트웨어 요소들이 층층이 쌓여 만들어지는 것이 보통이다(그림 14.37).

그림 14.37 오디오 하드웨어/소프트웨어 층

- 당연하게도 하드웨어는 이 모든 구조의 기반을 담당하며, PC나 게임 콘솔이 헤드폰, TV, 홈시어터 등에 연결해 디지털 또는 아날로그 스피커를 구동하는 데 필요한 최소한의 회로를 제공한다. 오디오 하드웨어는 그 위에 있는 소프트웨어 층에 '가속 기능'을 제공할 수도 있는데, 하드웨어에 구현된 코덱codec, 믹서, 리버브 탱크reverb tank, 이펙트 유닛effect unit, 파형 합성기waveform synthesizer 같은 것을 지원하거나 DSP도 지원할 수 있다. 이 하드웨어는 사운드 카드라고 불리기도 하는데, PC에서 주변기기 형태로 오디오 기능을 지원하는 경우도 있기 때문이다.

- PC의 경우 하드웨어는 드라이버 층으로 캡슐화하는 것이 보통인데, 이로 인해 OS는 여러 제조사의 사운드 카드를 지원할 수 있다.

- PC와 게임 콘솔 모두 하드웨어 및 드라이버를 로우레벨 API로 감싸는데, 이렇게 하면 프로그래머가 하드웨어와 드라이버를 일일이 처리하지 않아도 된다.

- 3D 오디오 엔진은 이 모든 기반들 위에 구현된다.

프로그래머가 사용할 수 있는 오디오 하드웨어/소프트웨어 층의 기능은 레코딩 스튜디오나 라이브 콘서트(그림 14.38)에서 쓰이는 멀티채널 믹서 콘솔(http://en.wikipedia.org/wiki/Mixing_console)의 기능을 따라 가는 것이 보통이다. 믹서 보드는 마이크와 전자기기에서 들어오는 다수의 오디오 입력을 받을 수 있다. 입력된 소리는 필터를 거치고 이퀄라이저가 적용되며, 잔향과 다른 효과들이 적용되기도 한다. 그런 후 콘솔에서 모든 신호를 한 데 믹스하고, 사운드 디자이너의 의도대로 각각의 상대 볼륨을 지정한다. 최종적으로 믹스된 결과는 스피커(직접 재생하는 경우) 또는 멀티트랙 레코딩에서 각각의 채널로 저장된다.

그림 14.38 포커스트라이트(Focusrite)의 멀티채널 믹서 콘솔. 72개의 입력과 48개의 출력을 지원한다.

마찬가지로 오디오 HW/SW 층은 많은 수의 입력(2D와 3D 사운드)을 받아야 하고 이것들을 다양한 방식으로 처리하며, 소리마다 적당한 게인을 갖도록 믹스하고 최종적으로 스피커로 패닝시켜 플레이어가 3차원 사운드 스케이프에 있는 것처럼 느끼게 한다.

14.5.1 오디오 처리 파이프라인

14.4.1절에서 살펴봤듯이 3D 사운드를 렌더하는 과정은 여러 구분된 단계로 이뤄진다.

- 각 3D 사운드의 '드라이' 디지털(PCM) 신호를 합성해야 한다.
- 거리 기반 감쇠를 통해 청자가 거리에 대한 인지가 가능하도록 하고, 잔향^{reverb}을 적용해 가상 청취 공간의 음향을 흉내내고 공간에 대한 정보를 청자에게 전달한다. 이 과정을 통해 새로운 '웨트' 신호를 생성한다.
- 웨트 신호와 드라이 신호는 패닝^{panning}(각기 따로)을 통해 하나 이상의 스피커에 배분돼 각 신호의 최종 '이미지'를 3차원 공간에서 만들어 낸다.
- 패닝이 적용된 모든 3D 사운드의 멀티채널 신호는 하나의 멀티채널 신호로 믹스되는데, 이것은 DAC나 앰프에 보내져 아날로그 스피커를 구동하거나 HDMI나 S/PDIF 같은 디지털 출력으로 보내진다.

3D 오디오 렌더링 과정을 파이프라인이라고 생각하는 것이 당연하다. 그리고 통상적으로 게임 월드에는 많은 수의 음원이 있기 때문에 이런 파이프라인은 동시에 여러 개가 돌아간다. 이런 이유 때문에 오디오 처리 파이프라인을 오디오 처리 그래프audio processing graph라고 하는 경우도 있다. 실제로 여러 요소들이 연결된 그래프이며, 그 마지막은 최종적으로 믹스되고 패닝된 출력으로 이뤄진 몇 개의 스피커 채널이다. 그림 14.39에 오디오 그래프의 추상적인 모양이 나와 있다.

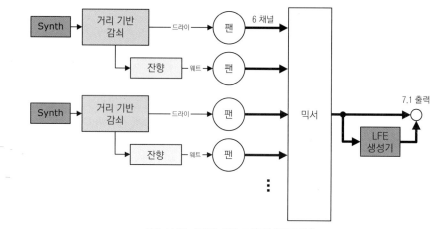

그림 14.39 오디오 처리 그래프(파이프라인)

14.5.2 개념과 용어

오디오 처리 파이프라인에 대해 깊이 알아보기 전에 필요한 몇 가지 개념과 용어에 대해 살펴볼 필요가 있다.

14.5.2.1 보이스

오디오 렌더링 그래프를 통과하는 2D와 3D 사운드 각각을 보이스voice라고 한다. 전자 음악의 초창기에서 쓰이던 용어에서 유래했다. 신디사이저가 음을 낼 때 쓰이던 파동 생성기를 '보이스'라 불렀다.

신디사이저가 갖는 파동 생성 회로의 수는 유한하기 때문에 전자 음악을 하는 사람들은 신디사이저가 동시에 몇 개의 보이스를 생성할 수 있는지를 중요시한다. 비슷한 맥락에서 게임의 오디오 렌더링 엔진도 코덱의 수나, 잔향 유닛 등의 수에 제약이 있는 것이 보통이다. 특정 오디오 HW/SW 층이 처리할 수 있는 최대 보이스 수는 오디오 그래프에서 병렬로 처리할 수 있는 경로의 수에 달려 있다. 이 수는 메모리 크기, 하드웨어 자원 및 처리 용량에 좌우되는 것이 일반적이다. 이것을 시스템이 지원하는 폴리포니^{polyphony}의 수라고 하는 경우도 있다.

2D 보이스

게임의 오디오 렌더링 파이프라인은 2D 사운드를 처리할 수 있어야 하는데, 음악, 메뉴 사운드 효과, 해설자(내레이터) 음성 등이 그 예다. 2D 보이스도 오디오 렌더링 파이프라인으로 처리된다. 2D 사운드 처리와 3D 사운드 처리의 차이점은 다음과 같다.

- 2D 사운드는 원래 사용 가능한 스피커마다 하나씩 멀티채널 신호로 들어오지만 3D 사운드는 드라이 성분의 모노포닉 신호로 들어온다. 따라서 2D 사운드는 팬 포트를 거치지 않는다.
- 2D 사운드는 원래 잔향 또는 기타 효과를 갖고 있는 경우가 있다. 이 경우 렌더링 엔진의 잔향 처리를 거치지 않을 수 있다.

그렇기 때문에 2D 사운드는 마스터 믹서 바로 직전에 파이프라인으로 투입되는 경우가 보통이며, 마스터 믹서에서 3D 사운드들과 합쳐져 최종적인 '믹스'를 만들어 낸다.

14.5.2.2 버스

오디오 그래프의 요소들의 연결을 버스^{bus}라고 한다. 전자공학에서 버스란 회로 사이를 연결하는 것이 주된 임무인 회로를 뜻한다. 소프트웨어에서는 요소 간에 연결이 있음을 나타내는 논리적인 구현물에 불과하다.

14.5.3 보이스 버스

그림 14.40은 1개의 3D 보이스가 오디오 엔진에서 처리되면서 거치는 요소들의 파이프라인을 조금 더 자세히 보여 준다. 14.5.3절에서는 이 요소들에 대해 자세히 알아보고 왜 이런 식으로 연결되는지를 배운다.

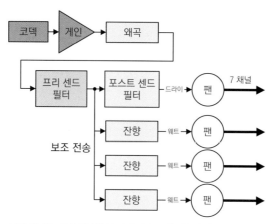

그림 14.40 개별 3D 보이스가 오디오 그래프를 거치는 파이프라인

14.5.3.1 사운드 합성: 코덱

오디오 그래프를 통과하는 오디오 신호는 디지털 형식이다. 합성^{synthesis}이라는 용어는 이런 디지털 신호를 생성해 내는 과정을 뜻한다. 단순히 미리 녹음된 오디오 클립을 재생해서 오디오 신호를 합성할 수도 있다. 아니면 기본적인 파동(사인파, 방형파^{square wave}, 톱니파^{sawtooth} 등)을 합치거나 적합한 노이즈 신호에 다양한 필터를 씌워 절차적으로 생성할 수도 있다. 게임에서는 거의 대부분 미리 녹음된 오디오 클립만 사용하기 때문에 우리는 이것만 다루도록 한다.

게임 엔진에 쓰이는 녹음된 오디오 클립은 다양한 압축/비압축 오디오 파일 형식이 쓰인다(14.3.2.3절 참조). 가공되지 않은 PCM 데이터는 오디오 처리 그래프의 다양한 요소들에서 쓰일 수 있는 '기본' 형식이다. 그렇기 때문에 코덱이라는 장치 또는 소프트웨어를 통해 오디오 클립을 PCM 데이터 스트림으로 변환하게 된다. 코덱은 원본 데이터 형식을 해석하고 때로는 데이터 압축을 해제하고 그 결과를 오디오 버스에 전달해 오디오 처리 그래프를 거치게 한다.

14.5.3.2 게인 컨트롤

3D 월드의 음원들의 음량을 조정하는 방법은 여러 가지가 있는데 오디오 클립을 녹음할 때 적절한 음량이 되도록 레코딩 레벨을 설정할 수 있다. 이 클립을 오프라인 처리해서 게인을 조절할 수도 있다. 런타임에는 오디오 그래프의 게인 컨트롤 요소를 사용해 클립의 볼륨을 동적으로 조절할 수도 있다. 게인 컨트롤에 관해서는 14.3.1.7을 참고하면 된다.

14.5.3.3 보조 전송

녹음 스튜디오나 라이브 콘서트장의 사운드 엔지니어가 소리에 효과를 적용하고 싶은 경우, 멀티채널 믹싱 콘솔의 사운드를 이펙트 '페달'을 통해 밖으로 라우팅하고 추가 처리를 위해 믹싱 보드로 다시 보내게 된다. 이런 출력을 보조 전송^{aux send}이라고 한다.

오디오 처리 그래프에서 '보조 전송'이란 용어는 유사한 의미로 쓰인다. 이것은 파이프라인의 분기점을 나타내는데, 신호를 2개의 병렬 신호로 쪼갠다. 하나는 소리의 드라이 성분으로 들어간다. 다른 하나는 잔향/이펙트 요소로 들어가 소리의 웨트 성분을 만들어 낸다.

14.5.3.4 잔향

웨트 신호 경로는 보통 이른 반사나 늦은 잔향을 더해 주는 요소를 거치게 된다. 잔향 구현에는 14.4.5.1절에서 살펴본 컨볼루션이 쓰일 수도 있다. 콘솔이나 PC에 DSP 하드웨어가 없거나 게임의 CPU 및 메모리 용량이 부족해서 컨볼루션을 쓸 수 없는 경우 리버브 탱크^{reverb tank}를 통해 잔향을 구현할 수도 있다. 이것은 근본적으로 시간-지연된 소리의 복사본을 보관하는 버퍼 시스템인데, 원본과 믹스돼 이른 반사와 늦은 잔향을 흉내내거나, 필터와 결합해 반사된 음파의 간섭 효과 및 고주파 성분 감쇠를 흉내낸다.

14.5.3.5 프리센드 필터

음성 파이프라인은 보조 전송 분기 이전에 필터를 거치는 것이 보통인데, 따라서 이 버퍼는 드라이 성분과 웨트 성분 모두에 적용된다. 이것을 프리센드 필터^{pre-send filter}라고 한다. 이것은 소리의 시작점에서 발생하는 현상을 처리하는 데 쓰인다. 예를 들면, 가스 마스크를 쓰고 있는 사람의 음성을 흉내내는 것 등이 있다.

14.5.3.6 포스트센드 필터

보조 전송 분기 이후에 다른 필터를 지원하는 경우도 많다. 그렇기 때문에 포스트센드 필터^{Post-Send Filter}는 소리의 드라이 성분에만 적용된다. 이것은 직접 소리 경로의 방해/차단에 의한 감소 효과를 구현하는 데 효과적이다. 너티 독에서는 포스트센드 필터로 대기 흡수(14.1.3.2절 참조)에 의한 진동수 한정 감쇠를 구현했었다.

14.5.3.7 팬 포트

3D 사운드의 드라이 및 웨트 성분은 보이스 버스를 거치는 내내 모노포닉 신호다. 파이프라인의 끝에 도달하면 이 두 모노포닉 신호는 패닝을 통해 2개의 스테레오 스피커/헤드폰 또는 5개 이상의 서라운드 사운드 스피커로 분배돼야 한다. 그렇기 때문에 모든 3D 보이스 버스의 끝에는 2개 이상의 팬 포트가 있는데, 하나는 드라이 신호용, 나머지는 웨트 신호용이다. 컴포넌트에 따라 패닝이 달라질 수 있다. 드라이 신호는 음원의 실제 위치에 따라 패닝된다. 그러나 웨트 신호는 더 넓은 위치 중심을 갖고 패닝을 할 수 있는데, 반사된 음파가 청자의 머리까지 여러 각도로 도달하는 것을 흉내내는 것이다. 좁은 출입구를 통해 소리가 올 때는 웨트 성분의 중심 각도가 크지 않을 것이다. 그러나 청자가 넓은 건물 안에 있는 경우 웨트 신호는 360도의 중심각을 가질 것이다(즉 모든 스피커에서 균등하게 소리나야 한다).

14.5.4 마스터 믹서

각 팬 포트의 출력은 멀티채널 버스이며, 의도된 출력 채널(스테레오 또는 서라운드 사운드)을 위한 신호를 담고 있다. 게임에는 보통 많은 수의 3D 사운드가 동시에 재생된다. 마스터 믹서^{master mixer}는 이 모든 멀티채널 입력을 받아서 스피커에 출력으로 나갈 단일 멀티채널 신호를 믹스한다.

구현에 따라 마스터 믹서는 하드웨어일 수도 있고 전적으로 소프트웨어로 구현할 수도 있다. 마스터 믹서가 하드웨어인 경우 사운드 카드 디자이너는 아날로그 믹스와 디지털 믹스 중 하나를 선택할 수 있다(소프트웨어의 경우 당연히 디지털 믹싱만 할 수 있다).

14.5.4.1 아날로그 믹싱

아날로그 믹서는 본질적으로 가산 회로^{summation circuit}에 불과하다. 각 입력 신호의 진폭이 더해지고, 결과물의 진폭을 원하는 신호 전압 범위에 들어가도록 감쇠시킨다.

14.5.4.2 디지털 믹싱

디지털 믹싱은 전용 DSP 칩에서 구동되는 소프트웨어에 의해, 또는 범용 CPU에서 처리할 수 있다. 디지털 믹서는 입력으로 여러 개의 PCM 데이터 스트림을 받고, 출력으로 단일 PCM 데이터 스트림을 낸다.

디지털 믹서의 작업은 아날로그 믹서보다 조금 더 복잡한데, 합쳐야 할 PCM 채널들의 샘플 레이트와 비트 깊이가 제각각일 수 있기 때문이다. 샘플 깊이 변환^{sample depth conversion}과 샘플 레이트 변환^{sample rate conversion}이라는 두 과정을 반드시 거쳐 믹서의 모든 입력 신호를 동일한 형식으로 맞춰야 한다. 이것이 끝나면 남은 일은 단순하다. 각 시간 인덱스마다 모든 입력 샘플의 값을 단순히 더하고, 최종 출력 진폭을 원하는 신호 전압 범위에 들어오도록 조정한다.

14.5.4.3 샘플 깊이 변환

믹서 입력 신호들의 비트 깊이^{bit depth}가 다른 경우 샘플 깊이 변환을 거쳐 이것들을 동일한 형식으로 바꿀 수 있다. 이 과정은 매우 단순하다. 입력 샘플 값의 양자화 과정을 되돌려 부동소수로 만들고, 이것을 원하는 비트 깊이로 다시 양자화한다. 12.8.2절에 양자화에 대한 골치 아픈 내용들이 모두 나와 있다.

14.5.4.4 샘플 레이트 변환

입력 신호의 샘플 레이트가 다른 경우 샘플 레이트 변환을 통해 믹싱 전에 모든 신호를 원하는 출력 샘플 레이트로 변환해야 한다. 이론상 이 과정은 신호를 아날로그 형태로 변환한 후 이것을 원하는 비율로 다시 샘플링하는 과정이다(D/A 및 A/D 하드웨어를 통해 이것을 할 수 있다). 실제로는 아날로그 샘플 레이트 변환은 원치 않는 잡음을 섞을 수 있기 때문에 거의 대부분의 경우 PCM 데이터 스트림에 대해 디지털-디지털 알고리듬을 직접 적용하는 방식을 취한다.

신호 처리 이론(14.2절 참조)에 대한 이해가 있어야 이런 알고리듬 함수의 동작을 이해할 수 있지만 이것을 완전히 설명하기란 이 책의 범위를 벗어난다. 그러나 특정 상황에서는 그 개념을 쉽게 이해할 수 있다. 예를 들어, 샘플 레이트를 2배로 하는 경우 인접한 샘플을 보간해서 이것을 새 샘플로 추가할 수 있으며, 따라서 샘플의 수를 2배로 늘릴 수 있다. 그러나 실제로 이렇게 단순하지는 않다. 한 가지 예로, 결과 신호에 에일리어싱이 생기지 않도록 주의해야 한다. 샘플 레이트 변환에 대해서는 다음 사이트(http://en.wikipedia.org/wiki/Sample_rate_conversion)를 참조하기 바란다.

14.5.5 마스터 출력 버스

보이스에 대한 믹스가 끝나면 그 결과는 마스터 출력 버스^{master output bus}에 의해 처리된다. 이 부분은 최종적으로 스피커에 나가기 전에 출력을 처리하는 여러 컴포넌트가 모인 것이다. 일반적인 마스터 출력 버스의 모습이 그림 14.41에 나와 있다. 오디오 엔진마다 구현이 조금씩 다르고 그림에 있는 컴포넌트를 모두 지원하지 않는 엔진도 있다. 또한 그림에 없는 컴포넌트를 사용하는 엔진도 있다.

- **프리앰프**pre-amp 이 컴포넌트는 마스터 신호가 나머지 출력 버스로 전해지기 전에 게인을 조절한다.

- **LFE 생성기** 14.4.4절에서 언급했듯이 팬 포트는 2개 또는 5개 이상의 '메인' 스피커만 취급한다. LFE(서브우퍼) 채널은 사운드의 3D 이미지에서 위치 정보에 전혀 연관이 없다. LFE 생성기는 최종 믹스된 신호에서 가장 낮은 진동수를 추출해 내고 이것을 통해 LFE 채널을 구동하는 컴포넌트다.

- **이퀄라이저** 대부분의 오디오 엔진은 일종의 이퀄라이저EQ를 지원한다. 14.2.5.8절에서 봤듯이 EQ의 역할은 신호의 특정 대역 진동수를 증폭시키거나 감쇠시키는 것이다. 일반적인 EQ는 스펙트럼을 4개부터 10여 가지로 쪼개서 조정할 수 있다.

- **압축기**compressor 압축기는 오디오 신호에 대해 다이내믹 레인지 압축DRC, Dynamic Range Compression을 수행한다. 가장 소리가 큰 부분의 볼륨은 줄이고, 가장 조용한 순간의 볼륨은 증가시킨다. 입력 신호의 볼륨 특성을 분석해서 자동으로 이 작업을 수행하며 동적으로 압축 방식을 조정한다. DRC에 대한 자세한 정보는 다음 사이트(http://en.wikipedia. org/wiki/Dynamic_range_compression)를 참조하자.

- **마스터 게인 컨트롤** 이 컴포넌트는 전체 게임의 전반적인 볼륨을 조절할 수 있게 한다.

- **출력** 마스터 버스의 출력은 각 스피커 채널에 해당하는 라인레벨 아날로그 신호, 또는 TV나 홈시어터로 전송할 수 있는 디지털 HDMI 또는 S/PDIF 멀티 채널 신호다.

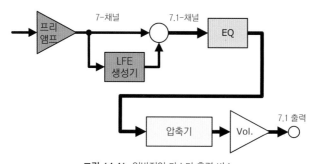

그림 14.41 일반적인 마스터 출력 버스

14.5.6 버스 구현

14.5.6.1 아날로그 버스

아날로그 버스는 여러 개의 병렬 전자회로 연결로 구현한다. 모노포닉 오디오 시그널을 전송하기 위해서는 2개의 병렬 전선 또는 '라인'이 회로 기판에 있어야 한다. 하나는 신호 전압 신호를 보내기 위한 것이고 하나는 그라운드를 위한 것이다.

아날로그 버스의 동작은 즉각적이다. 윗단 컴포넌트의 출력은 아랫단 컴포넌트의 입력으로 즉시 사용된다. 이것은 신호 자체가 연속된 물리 현상이기 때문이다. 이런 회로는 단순하다. 진짜 어려운 점은 입력과 출력 신호의 전압 레벨 및 저항을 일치시키는 것이다.

14.5.6.2 디지털 버스

언뜻 생각하기로는 단순한 디지털 회로를 사용하면 디지털 컴포넌트 사이에 즉각적인 신호 연결을 구현할 수 있을 것 같다. 그런데 이것이 동작하려면 연결된 컴포넌트들이 완벽한 락-스텝^{lock-step}으로 돌아가야 한다. 송신자가 데이터를 생산하는 순간, 수신자는 즉시 이 데이터를 소비해야 한다. 그렇지 않으면 데이터는 소실된다.

두 디지털 컴포넌트를 연결하는데 필연적으로 발생할 수밖에 없는 동기화 문제를 해결하고자 컴포넌트의 출력이나 입력(또는 둘 다)에 링 버퍼^{ring buffer}를 사용하는 것이 일반적이다. 링 버퍼는 두 클라이언트(읽는 쪽 하나와 쓰는 쪽 하나)가 공유할 수 있는 버퍼다. 동작 원리는 읽기 헤드^{read head}와 쓰기 헤드^{write head}라 불리는 2개의 포인터 또는 인덱스를 버퍼에 두는 것이다. 읽는 쪽은 읽기 헤드의 데이터를 소비하고, 동시에 읽기 헤드의 위치를 앞으로 이동하는데, 버퍼의 끝에 다다르면 다시 앞에서 시작한다. 쓰는 쪽은 쓰기 헤드 위치에 데이터를 저장하고, 마찬가지로 헤드 위치를 앞으로 이동하면서 마지막에 다다르면 앞에서 시작한다. 두 헤드는 서로 '지나칠' 수 없으며, 따라서 두 클라이언트의 충돌을 방지한다(충돌이란 아직 쓰지 않은 데이터를 읽는다든가 아니면 현재 읽고 있는 데이터를 덮어쓴다든가 하는 상황이다).

실제로 코덱의 디지털 출력을 DAC의 디지털 입력으로 연결하는 가장 단순한 방법은 공유 링 버퍼를 사용하는 것이다. 코덱이 쓰는 버퍼와 DAC가 읽는 버퍼가 같다.

단순하긴 하지만 공유 버퍼는 두 컴포넌트가 같은 물리 메모리에 접근할 수 있을 때만 쓸 수 있다. 컴포넌트들이 한 CPU의 스레드로 구동된다면 별 문제도 아니다. 각자 전용 가상 메모리 공간을 갖는 별개의 프로세스로 구동되는 상황에서 공유 메모리 방식을 쓰려면 같은 물리 메모리를 각 프로세스의 가상 주소 공간에 매핑할 수 있게 OS가 지원해야 한다. 이것은 두 프로세스가 동일한 코어에서 돌거나 아니면 멀티코어 시스템의 다른 코어에도 구동될 때만 쓸 수 있는 방법이다.

만약 두 컴포넌트가 메모리를 공유할 수 없는 각기 다른 코어에서 구동된다면(예를 들면, PC와 사운드카드), 각 컴포넌트는 저마다의 입력 또는 출력 버퍼가 있어야 한다. 그리고 한 컴포넌트의 출력 버퍼 내용을 다른 컴포넌트의 입력 버퍼로 복사해야 한다. 이것은 직접 메모리 접근 컨트롤러DMAC, Direct Memory Access Controller로 구현할 수 있는데, PS3의 PPU와 SPU 간의 데이터 전달도 이 방식을 썼다. 아니면 특수한 버스, 예를 들면 PC의 CPU 코어와 주변기기를 연결해 주는 PCIePCI Express를 써서 구현할 수 있다.

14.5.6.3 버스 지연 시간

소리를 재생하려면 게임 또는 애플리케이션이 주기적으로 오디오 데이터를 코덱으로 보내 궁극적으로 스피커 출력을 생성해야 한다. 이것을 오디오를 서비스service한다고 말한다. 제대로 사운드를 생성하려면 게임이나 애플리케이션이 오디오를 서비스하는 주기가 매우 중요하다. 패킷을 너무 드물게 보내면 버퍼 언더플로underflow가 발생하는데, 이것은 장치가 모든 데이터를 다 소모해 버리는 것을 뜻한다. 이렇게 되면 소프트웨어가 다시 데이터를 생성할 때까지 오디오가 순간적으로 꺼지게 된다. 반대로 패킷을 너무 자주 보내면 PCM 버퍼 오버플로가 발생하는데, 패킷 손실로 이어진다. 이 경우 오디오가 '건너뛰는' 것처럼 들리게 된다.

디지털 버스를 구성하는 입력 및 출력 버퍼의 크기가 사운드 시스템의 지연 시간latency을 결정한다. 다시 말해 버스에 의해 어느 정도의 시간차가 생기는지를 결정한다. 버퍼 크기가 매우 작은 경우 지연은 최소화되지만 CPU는 버퍼를 더 자주 채워야 하기 때문에 더욱 부담을 지게된다. 마찬가지로 버퍼가 크다면 CPU 부하는 줄어들지만 지연이 커진다. 오디오 하드웨어에서 지연을 나타내는 단위는 밀리초이며, 버퍼의 크기가 아니다. 왜냐하면 버퍼의 크기는 데이터 형식과 코덱의 압축률에 상관이 있지만 고음질 사운드 생성에는 지연 시간만 상관 있기 때문이다.

얼마만큼의 지연 시간이 용인될 수 있을까? 이것은 애플리케이션의 종류에 달려 있다. 전문가용 오디오 시스템은 매우 짧은 지연 시간을 요구한다(대략 0.5ms 내외다). 왜냐하면 오디오 신호들끼리 동기화하거나 비디오 신호와 동기화할 수 있기 전에 여러 오디오 하드웨어들을 거쳐야 하기 때문이다. 하드웨어에 지연 시간이 생길 때마다 정확한 동기화가 더욱 어려워진다.

반면 게임 콘솔은 더 긴 지연 시간을 용인할 수 있다. 게임에서는 오디오와 그래픽의 동기화만 신경쓰면 된다. 게임이 60FPS로 렌더링될 경우 프레임당 1/60 = 16.6ms가 된다. 오디오가 16ms보다 더 지연되지 않는 한 같은 프레임에서 렌더링되는 그래픽과 동기화에 아무 문제가 없다. (실제로는 많은 게임의 렌더링 엔진에서 2중 또는 3중 버퍼링을 사용하는데, 이것은 게임이 프레임을 요청하는 시간과 실제로 TV 스크린에서 보여지는 시간 사이에 하나 또는 두 프레임의 지연이 발생할 수도 있다는 뜻이다. TV 또한 지연을 발생시킬 수 있다. 그렇기 때문에 3중 버퍼 60Hz 게임은 $3 \times 16 = 48$ms 또는 그 이상의 오디오 지연 시간을 용납할 수 있다.) 플레이스테이션 3의 DMA 컨트롤러는 5.5 ms마다 구동되므로 PS3 오디오 시스템은 통상적으로 5.5ms의 정수배의 오디오를 담을 수 있는 오디오 버퍼를 갖도록 설정된다.

14.5.7 애셋 관리

14.5.7.1 오디오 클립

가장 기본 단위인 오디오 애셋^{asset}은 클립^{clip}으로, 이는 고유의 타임라인을 갖는 단일 디지털 사운드 애셋이다(애니메이션 클립의 개념과 유사하다). 클립을 때로 사운드 버퍼$^{sound buffer}$라 부르기도 하는데 디지털 샘플 데이터를 저장하는 버퍼이기 때문이다. 클립은 모노포닉 오디오 데이터(일반적인 3D 사운드 애셋)를 담거나 멀티채널 오디오(대개 2D 애셋용이거나 3D 스테레오 사운드 음원인 경우)를 담기도 한다. 클립의 형식은 엔진에서 지원하는 오디오 파일 형식이면 어느 것이든 상관없다.

14.5.7.2 사운드 큐

사운드 큐$^{sound cue}$란 오디오 클립들과 이것들을 어떻게 처리하고 재생할지에 관한 메타데이터를 모아 놓은 것이다. 이는 게임이 사운드를 재생하고 싶을 때 요청을 할 수 있는 주요 수단이다(개별 클립을 재생하는 기능은 엔진이 지원하지 않을 수도 있다). 사운드 큐를 통해 편리하게 작업을 분배할 수도 있다. 게임에서 사운드가 어떻게 재생될지, 언제 재생될지 신경쓰지 않고도 사운드 디자이너가 오프라인 도구를 통해 큐를 제작할 수 있다. 또한 게임 프로그래머는 소리 재생에 지나치게 신경쓸 필요 없이 게임 이벤트에 따라 큐를 재생할 수 있다.

큐에 들어 있는 클립들을 해석하고 재생하는 방법은 다양하다. 큐에는 미리 믹스된 5.1 채널 녹음이 들어 있을 수 있다. 큐에는 여러 개의 가공하지 않은 사운드가 있을 수 있고, 이것들은 다양한 효과를 위해 랜덤으로 선택해 재생할 수 있다. 또한 큐에 들어 있는 클립들을 특정 순서대로 재생하게 할 수도 있다. 보통 큐에 있는 사운드들을 한 번만 재생할지, 아니면 반복해 재생할지를 나타내는 정보도 들어 있다.

어떤 오디오 엔진에서는 메인 사운드가 재생 중 끊겼을 때 선택적으로 재생할 수 있는 사운드 클립을 큐에 넣을 수도 있다. 예를 들어 음성 큐에는 '성문 파열음glottal stop'8 소리를 넣어 대사가 끊겼을 때만 재생하게 할 수 있다. 이 기능을 활용하면 반복(루프)되는 큐가 중단될 때 분명히 들리는 '꼬리' 사운드를 구현할 수 있다. 예를 들어 반복 재생하는 기관총 소리가 끊겼을 때 메아리치며 작아지는 소리를 넣을 수 있을 것이다.

큐의 메타데이터에는 소리를 3D로 재생할지 2D로 재생할지 여부; 음원의 FO min, FO max, 감쇠 커브; 그룹 정보(14.5.8.1절 참조); 사운드 재생 시 적용해야 할 특수 효과들, 필터, 이퀄라이저 설정 등의 정보가 포함될 수 있다. 소니의 스크림Scream 엔진(너티 독의 언차티드와 라스트 오브 어스에 쓰인 사운드 엔진)에서는 큐 안에 사운드 디자이너가 작성한 스크립트 코드를 넣을 수 있어 사운드 재생을 완전히 제어할 수 있었다.

큐 재생

큐에 관한 개념을 지원하는 엔진에는 이것을 재생할 수 있는 API가 있어야 한다. 이런 API들은 게임 코드에서 사운드 재생을 요청할 수 있는 주요한(어떤 경우는 유일한) 방법이다.

큐 재생 API는 일반적으로 프로그래머가 다음과 같은 정보, 즉 큐를 2D 또는 3D로 재생할지 여부, 3D 위치 및 속도 정보, 사운드를 반복할지 한 번만 재생할지 여부, 소스 버퍼가 메모리에 있는지 아니면 스트리밍해야 하는지 여부 등을 제공할 수 있게 지원한다. 이와 더불어 사운드의 볼륨이나 기타 재생에 관한 내용들을 제어할 수 있는 것이 보통이다.

대부분의 API는 호출하는 쪽에 사운드 핸들sound handle을 리턴한다. 이 핸들을 통해 프로그램은 사운드가 재생하는 동안 이것을 추적할 수 있고, 수정을 가하거나 정상적으로 끝나기 전에 중단할 수 있다. 보통 사운드 핸들은 사운드 인스턴스를 나타내는 포인터보다는 전역 핸들 테이

---

8 성문 파열음(glottal stop)은 자음의 하나로 성문에서 조음하는 파열음이다. 한국어에서는 공식적으로는 존재하지 않는 자음이나 초성이 ㅇ인 단어(특히 숫자 1)를 발음할 때 무의식적으로 나타나는 경우가 있다(위키 백과). - 옮긴이

블에 대한 인덱스 번호로 구현하는 경우가 많다. 이 방식을 통해 정상적으로 사운드가 종료되면 핸들은 자동으로 무효화된다. 핸들 구조는 시스템의 스레드 안정성을 보장한다. 한 스레드가 사운드를 중단시키면 같은 사운드에 대한 핸들을 가진 다른 스레드는 자신의 핸들이 자동으로 무효화된 것을 알게 된다.

14.5.7.3 사운드 뱅크

3D 오디오 엔진이 관리해야 하는 자원의 수는 엄청나다. 게임 월드는 수많은 객체를 담으며, 각 객체마다 여러 사운드를 낼 수 있다. 또한 3D 사운드 효과와 별개로 음악, 대사, 메뉴 사운드 효과 등도 있다.

이 같은 오디오 데이터가 차지하는 공간은 엄청나기 때문에 이것들을 한꺼번에 전부 메모리에 올릴 수는 없다. 반대로 개별 오디오 클립들은 너무 단위가 작고 수가 많아서 개별적으로 관리하기에는 부적합하다. 따라서 대부분의 게임 엔진은 사운드 클립과 큐들을 한데 모아 더 큰 단위의 사운드 뱅크^{sound bank}를 사용한다.

일부 사운드 뱅크는 게임 시작과 함께 메모리에 올라가 내려오지 않는다. 예를 들면 플레이어 캐릭터가 내는 소리들은 항상 필요하기 때문에 메모리에 무한정 갖고 있어야 한다. 다른 뱅크들은 게임이 진행되면서 필요에 따라 동적으로 올렸다 내릴 수 있다. 예를 들면 레벨 A의 사운드들이 레벨 B에는 사용되지 않는 경우 레벨 A를 플레이할 때만 'A' 뱅크를 로드한다. 너티 독의 라스트 오브 어스의 예를 살펴 보면, 빗소리, 물 흐르는 소리, 무너지기 직전의 철제 골조가 내는 소리 등은 플레이어가 보스턴의 허물어져 가는 건물에 있을 때만 로드했다.

사운드 엔진에 따라 뱅크를 메모리 내에서 재배치^{relocate}하는 기능을 지원하기도 한다. 이 기능을 사용하면 게임플레이 중 각기 크기가 다른 수많은 뱅크가 올라갔다 내려가면서 발생할 수 있는 메모리 파편화 문제를 완전히 해결할 수 있다. 메모리 재배치에 관해서는 6.2.2.2절을 참조하기 바란다.

14.5.7.4 스트리밍 사운드

어떤 사운드는 너무 길어서 재생하는 동안 전체를 메모리에 올리기 어려울 수 있다. 음악과 연설 같은 것들이 대표적이다. 이런 사운드를 위해 많은 게임 엔진은 스트리밍 오디오^{streaming audio}를 지원한다.

스트리밍 오디오가 가능한 이유는 현재 시간 근처의 신호 데이터만 있으면 사운드를 재생할 수 있기 때문이다. 스트리밍을 구현하려면 각 스트리밍 사운드마다 작은 링 버퍼를 두면 된다. 사운드를 재생하기 전에 데이터의 작은 부분을 버퍼에 로드하고 사운드를 재생한다. 사운드가 재생되면서 오디오 파이프라인은 링 버퍼의 데이터를 소진해 나가는데, 그에 따라 추가로 데이터를 저장할 공간이 생긴다. 데이터가 완전히 소모되기 전에 버퍼만 잘 채워 넣으면 사운드는 끊기지 않고 재생될 것이나.

14.5.8 게임 사운드 믹싱

모든 게임 객체에서 나오는 사운드 전부를, 앞서 다뤘던 기법과 기술들에 따라 적절히 감쇠시키고 공간화하고 올바른 음향 모델을 적용한다면 어떻게 될까? '까무러치게 몰입감 있고 사실적인 사운드스케이프로 각종 상을 휩쓸고 떼돈을 벌 수 있겠지!'라고 생각할 수도 있다. 그런데 실제 얻는 결과는 소음덩어리일 것이다.

그럭저럭 좋은 게임과 명작 게임을 가르는 차이는 믹스(무엇을 들려줄지, 얼마만큼 들려줄지, 그리고 마지막으로 무엇을 들려주지 않을지)에서 판가름난다. 게임의 사운드 디자이너의 목표는 다음과 같은 최종 믹스를 만들어 내는 것이다.

- 사실적이고 몰입감 있는 사운드
- 지나치게 주의를 분산하지 않으면서 짜증을 일으키지 않고 듣기 어렵지 않은 사운드
- 게임플레이와 스토리에 필요한 모든 정보를 효과적으로 전달할 수 있는 사운드
- 게임에서 진행 중인 사건 및 전체적 게임 디자인과 항상 일치하는 분위기 및 톤을 유지하는 사운드

게임의 믹스에서는 모든 종류의 사운드가 조화를 이뤄야 한다. 음악, 대사, 배경 사운드(비, 바람, 곤충 또는 건물의 삐걱거림), 사운드 효과(총기 소리, 폭발, 차량, 물리 운동을 하는 물체가 내는 다양한 소리 등) 같은 것들을 모두 감안해야 한다.

게임의 믹스가 이 같은 목적을 달성하기 위한 기법은 여러 가지가 있다. 이후의 절에서는 그중 몇 가지를 살펴볼 것이다.

14.5.8.1 그룹

게임의 믹스 품질을 향상시키는 가장 분명한 방법은 3D 월드의 모든 음원의 레벨을 적절하게 설정하는 것이다. 여기서 중요한 점은 각 사운드의 게인은 게임 내 다른 소리에 대해 상대적으로 적절해야 한다는 것이다. 예를 들어 발자국 소리는 총성보다는 조용해야 한다.

게임에 따라 특정 사운드의 음량이 동적으로 변해야 하는 경우도 있다. 보통은 특정 부류의 사운드를 한꺼번에 제어하는 것이 바람직하다. 예를 들어 치열한 전투 중에는 음악과 무기의 레벨은 높여야 할 것이고, 기타 사운드 효과는 낮춰야 한다. 또, 등장 인물들이 이야기를 나누는 조용한 장면에서는 음성을 약간 높이고 환경 사운드를 낮춰 대사가 잘 들리게 해야 한다.

이런 이유로 다수의 오디오 엔진은 그룹 개념을 지원한다(멀티채널 믹싱 콘솔에서 '빌려 온' 개념이다). 믹싱 보드에서는 여러 사운드 입력을 한데 모아 중간 믹서 회로로 보낼 수 있는데, 따라서 이것들을 하나의 '그룹 신호'로 묶을 수 있다. 이 신호의 게인은 보드에 있는 단일 노브로 제어할 수 있는데, 곧 모든 입력 신호에 대한 음량을 사운드 엔지니어가 한 번에 제어할 수 있게 된다.

소프트웨어에서는 사운드 신호를 물리적으로 한데 묶는 것이 아니라, 사운드 큐를 카테고리화 하는 것으로 그룹을 구현한다. 예를 들어 큐를 음악, 사운드 효과, 무기, 대사 등의 범주로 나눌 수 있다. 그런 후 엔진은 각 카테고리의 게인을 한 번에 제어할 수 있는 제어 값을 제공한다. 또한 그룹 단위로 정지하거나 재시작, 또는 소리를 완전히 죽이는 것도 간단한 API 호출을 통해 가능하다.

일부 사운드 엔진은 믹싱 콘솔의 그룹 개념과 마찬가지로 오디오 신호 그룹들을 하나의 신호로 믹싱할 수 있는 기능도 지원한다. 소니의 스크림 엔진에서는 이것을 프리마스터 서브믹스 pre-master submix라 불렀다. 그룹 내 신호의 상대적 게인이 서브믹스에 의해 결정되면 그 출력 신호는 부가적인 필터나 다른 처리 과정을 거치도록 할 수 있다. 이렇게 함으로써 사운드 디자이너가 게임의 믹스를 제어할 수 있는 역량이 더욱 커진다.

14.5.8.2 더킹

더킹ducking이란 특정 사운드의 볼륨/게인을 순간적으로 낮춰 다른 사운드를 보다 잘 들리게 하는 기법이다. 예를 들면 캐릭터가 이야기를 할 때 주변 소리를 낮춰 자연스럽게 대사가 더 잘 들리게 하는 것을 말한다.

더킹을 시작하는 방법은 여러 가지가 있다. 특정 타입의 사운드가 등장하면 다른 범주의 사운드들에 대해 더킹을 할 수도 있다. 게임 이벤트를 통해 프로그램적으로 더킹을 시작하기도 한다. 사실 더킹을 시작하는 방법에는 딱히 제한이 없다.

더킹에 의한 볼륨 감소는 보통 그룹 카테고리 시스템을 통해 이뤄진다. 특정 카테고리의 사운드를 재생하면 자동으로 하나 또는 몇 가지 다른 카테고리의 소리를 제각각 낮출 수 있다. 아니면 코드에서 함수 호출을 통해 특정 그룹의 사운드에 대한 더킹을 시작하기도 한다.

더킹을 하는 또 다른 방법은 사운드 신호를 다른 보이스 버스의 다이내믹 레인지 압축기DRC, Dynamic Range Compressor의 사이드체인sidechain 입력으로 보내는 것이다. 14.5.5절의 내용을 기억한다면 DRC가 신호의 볼륨 특성을 분석해 자동으로 신호의 음량을 압축한다는 것을 알 것이다. 사이드체인 입력이 DRC에 연결되면 DRC가 볼륨을 조절할 때 이 정보를 참고한다. 따라서 어떤 신호의 음량을 높였을 때 다른 신호의 다이내믹 레인지를 감소시킬 수 있다.

14.5.8.3 버스 프리셋과 믹스 스냅샷

많은 사운드 엔진에서는 사운드 디자이너가 설정값을 저장하고 나중에 다시 불러와 런타임에 적용할 수 있는 기능을 지원한다. 소니의 스크림 엔진에서는 버스 프리셋bus preset, 믹스 스냅샷mix snapshot의 두 가지 방식으로 이것을 지원했다.

버스 프리셋은 단일 버스(보이스 버스 또는 마스터 출력 버스)의 컴포넌트에 대한 제어 값을 나타내는 설정 파라미터들이다. 어떤 특정한, 예를 들면 넓은 홀의 음향이나 차 안, 또는 작은 옷장 안의 설정을 나타내는 잔향 설정이 버스 프리셋이 될 수 있다. 아니면 버스 프리셋으로 마스터 출력 버스의 DRC 설정을 제어할 수도 있다. 이 같은 프리셋을 사운드 디자이너가 여러 개 만들어 놓고 게임을 진행하면서 적절한 것을 사용하면 된다.

믹스 스냅샷은 게인 컨트롤에 사용되는 아이디어와 비슷하다. 한 그룹 내의 여러 채널들에 대한 게인을 설정해 놓고 필요할 때가 되면 런타임에 적용한다.

14.5.8.4 인스턴스 제한

인스턴스 제한instance limiting이란 한 번에 플레이할 수 있는 사운드의 수를 제어하는 것이다. 예를 들면 20개의 NPC가 한꺼번에 총질을 하고 있더라도 청자와 가까운 2~3개의 총소리만 재현하고 싶을 수 있다. 인스턴스 제한은 두 가지 때문에 중요하다. 첫째, 소리가 난장판이 되는 것을 막을 수 있는 괜찮은 방법이다. 둘째, 통상적으로 사운드 엔진이 동시에 재생할 수 있는 보이스의 수는 정해져 있는데, 하드웨어 제한(예, 사운드 카드가 N개의 코덱만 갖고 있다던가), 또는 소프트웨어의 메모리나 프로세서의 대역폭 제한 등의 이유가 있고, 따라서 잘 골라서 써야 한다.

그룹당 제약

인스턴스 제한을 사운드 그룹마다 다르게 적용하는 경우도 있다. 예를 들면 총성은 한 번에 최대 4개, 사람의 대사는 최대 3개, 기타 사운드 효과는 최대 5개, 음악은 최대 2개를 재생하게 할 수 있다.

우선순위와 보이스 스틸링

3D 게임에는 동적인 요소가 매우 많기 때문에 시스템의 보이스 제한을 넘어가는 사운드가 한 번에 재생되는 경우도 생긴다. 일부 사운드 엔진은 매우 큰 수의(경우에 따라서는 무한한 수의) 가상 보이스를 지원한다. 가상 보이스는 형식적으로 재생 중이지만 하드웨어와 소프트웨어 자원 절약을 위해 임의로 뮤트^{mute}하거나 정지시킬 수 있는 사운드를 나타낸다. 엔진은 여러 가지 기준에 따라 해당 시점에 어떤 가상 보이스가 '실제' 보이스에 연결돼야 할지를 결정한다.

동시에 재생하는 사운드 수를 제한하는 제일 단순한 방법은 각 3D 사운드 음원에 최대 거리를 지정하는 것이다. 14.4.3.1절에서 살펴본 FO max 거리가 이것이다. 청자와의 거리가 이보다 커지면 들을 수 없는 소리로 간주하고 가상 보이스를 임시로 뮤트하거나 정지시켜 자원을 해제한다. 자동으로 가상 보이스를 들리지 않게 하는 것을 보이스 스틸링$^{voice\ stealing}$이라고 한다.

흔히 쓰는 또 다른 방법은 각 큐 또는 큐 그룹마다 우선순위를 지정하는 것이다. 한 번에 재생하는 가상 보이스가 너무 많으면 우선순위가 낮은 것은 높은 것에 밀려 들리지 않게 된다.

일부 사운드 엔진은 그 외 방법들을 통해 보이스 스틸링 알고리듬의 세세한 내용을 조절할 수 있게 한다. 예를 들어, 큐에 최소 재생 시간을 지정하고 이 시간이 지나면 죽일 수 있다. 사운드를 죽일 때 갑자기 끊기보다 서서히 줄어들게 하기도 한다. 어떤 큐는 임시로 '스틸 불가'로 지정해 우선순위 설정과는 별개로 재생을 보장할 수 있다.

14.5.8.5 인게임 시네마틱의 믹싱

일상적인 게임플레이 상황에서 청자 또는 '가상의 마이크'는 대략 카메라에 위치하고 음원들은 실제 주변 환경에서의 자리에 위치한다. 거리 기반 감쇠, 직접 또는 간접 사운드 경로 결정, 그리고 소리 한계 등은 모두 이 실제 위치를 기반으로 결정된다.

그러나 인게임 시네마틱(플레이어의 컨트롤을 잠시 멈추고 게임 스토리가 진행되는 장면) 동안은 카메라가 플레이어 위치에서 아주 멀리 옮겨가는 상황이 흔하다. 이 경우 3D 오디오 시스템에 혼란스런 상황을 유발할 수 있다. 그냥 단순하게 청자/마이크가 카메라 위치를 따라가게 하는 수도 있다. 하지만 의도대로 동작하지 않기도 한다. 예를 들어 두 캐릭터가 대화를 하고 있는 장면을 멀리서 잡았을 때 카메라와 거리가 아무리 멀더라도 캐릭터 사이의 대화는 잘 들리게 믹스하고 싶을 수 있다. 이 상황에서 청자 위치를 카메라에서 떼내 인위적으로 캐릭터 주위에 배치해야 한다.

인게임 시네마틱의 믹싱은 영화와 훨씬 유사하다. 따라서 사운드 엔진은 물리적으로는 사실적이지 않더라도 더 나은 결과를 가져올 수 있게 때로는 규칙을 깰 수도 있어야 한다.

14.5.9 오디오 엔진들

지금껏 잘 따라온 독자라면 3D 오디오 엔진을 만들기란 정말 어렵다는 것을 깨달았을 것이다. 다행스럽게도 이 분야에 먼저 많은 노력을 쏟은 사람들이 있고, 그 결과 쉽게 사용할 수 있는 여러 소프트웨어가 존재한다. 이런 소프트웨어는 로우레벨 사운드 라이브러리부터 완전한 기능을 갖춘 3D 오디오 렌더링 엔진들까지 여러 가지가 나와 있다.

이후의 절들에서 가장 널리 쓰이는 오디오 라이브러리와 엔진들 몇 가지를 간단히 알아볼 것이다. 개중에 일부는 특정 플랫폼에 종속적인 것도 있고 크로스 플랫폼인 것들도 있다.

14.5.9.1 윈도우: The Universal Audio Architecture

PC 게임의 초창기에는 PC 사운드 카드의 기능이나 아키텍처가 플랫폼, 또는 제조사마다 크게 달랐다. 마이크로소프트는 이 같은 다양성을 DirectSound API(WDM^Windows Driver Model과 KMixer^Kernel Audio Mixer의 지원을 받아)를 통해 캡슐화하려고 시도했다. 그러나 공통 기능 셋이나 표준 인터페이스에 대해 제조사들이 의견 일치를 이루지 못했기 때문에 똑같은 기능이라도 사운드 카드마다 판이하게 다르게 구현되는 경우가 많았다. 따라서 운영체제는 매우 많은 수의 호환되지 않는 드라이버 인터페이스를 관리해야 했다.

윈도우 비스타^{Vista} 이후로 마이크로소프트는 새로운 표준 UAA^{Universal Audio Architecture}를 도입 했다. UAA 드라이버 API는 한정된 하드웨어 기능들만 지원했다. 그 외 기능들은 소프트웨어 를 통해 구현됐다(그럼에도 하드웨어 제조사는 직접 만든 드라이버를 통해 자유롭게 '하드웨어 가속' 기 능을 지원할 수 있었다). UAA로 인해 주요 사운드 카드 제조사(Creative Labs 같은)들이 경쟁력을 발휘할 기회가 다소 제한되긴 했지만 어쨌건 게임과 PC 애플리케이션에서 편리하게 사용할 수 있는 견고하면서 풍부한 기능을 가진 표준 제정이라는 원래 목적을 달성했다.

UAA 표준은 사용자 청각 경험에 또 다른 긍정적인 영향을 가져왔다. 이전의 DirectSound 시 절에는 게임이 사운드 카드에 대한 완전한 제어권을 행사했기 때문에 운영체제나 다른 프로그 램, 예를 들면 이메일 프로그램 등은 게임 실행 중에는 사운드를 전혀 재생할 수 없었다. 새로 운 UAA 아키텍처는 운영체제가 궁극적으로 PC 스피커에서 나는 소리가 어떤 믹스로 나갈지 제어할 수 있게 했다. 마침내 여러 애플리케이션들이 합리적이고 일관되게 사운드 카드를 공 유할 수 있게 됐다. 인터넷에 'Universal Audio Architecture'를 검색해 보면 UAA에 대해 더 찾을 수 있을 것이다.

윈도우에서 UAA를 구현할 때 Windows Audio Session API 또는 줄여서 WASAPI를 사용 했다. 이 API는 게임용은 아니다. 이것은 소프트웨어를 통해서만 가장 고급 오디오 처리 기능 을 지원했고, 하드웨어 가속은 제한적으로만 지원했다. 대신, 게임은 XAudio2 API를 사용하 는 것이 일반적이었는데, 이에 대해서는 14.5.9.2절에서 설명한다.

14.5.9.2 XAudio2

XAudio2는 고성능 로우레벨 API로 엑스박스 360, 엑스박스 원 및 윈도우에서 오디오 하드웨 어에 대한 접근을 지원한다. DirectAudio를 대체하면서 다양한 범위의 하드웨어 가속 기능들 (프로그램 가능한 DSP 효과, 서브믹싱 등)을 지원하고 다양한 압축 및 비압축 오디오 형식을 지원 하며 CPU 부하 경감을 위한 다중 속도^{multirate} 처리를 지원한다.

XAudio2 API 위에는 3D 오디오 렌더링 라이브러리인 X3DAudio가 있다. 이 API는 윈도우 플랫폼에서도 사용 가능하기 때문에 PC 게임에도 쓸 수 있다. 예전에는 마이크로소프트에서 강력한 오디오 제작 툴인 '크로스 플랫폼 오디오 제작 도구^{XACT, Cross-Platform Audio Creation Tool}'를 지원했었다. 이것은 XNA Game Studio에서 사용하도록 의도된 것이지만 XNA나 XACT 모두 지원이 끊긴 상태다.

14.5.9.3 스크림과 BoomRangBuss

PS3과 PS4에서 너티 독은 소니의 3D 오디오 엔진 스크림과 그 합성 라이브러리인 BoomRangBuss를 사용했다.

플레이스테이션 3의 오디오 하드웨어는 UAA 호환 오디오 장치와 매우 유사하며, 7.1 서라운드 사운드 지원을 위한 8채널 오디오와 하드웨어 믹서, HDMI, S/PDIF, 아날로그 및 USB/블루투스 출력을 지원한다. 이 오디오 하드웨어는 OS 수준 라이브러리들(libaudio, libsynth, libmixer)에 의해 캡슐화된다. 이런 라이브러리 위에 게임 제작사가 자유롭게 오디오 소프트웨어를 쌓을 수 있다. 소니는 3D 오디오 소프트웨어 계층인 스크림을 직접 제공하는데, 게임 스튜디오들은 이것을 바로 사용할 수 있다. 스크림은 PS3, PS4, PSVita 플랫폼을 지원한다. 그 아키텍처는 온전한 기능을 갖춘 멀티채널 믹서 콘솔을 모방한 것이다.

스크림 위에 너티 독은 직접 제작한 3D 환경 오디오 시스템을 구현해 언차티드와 라스트 오브 어스 시리즈에 사용했다. 이 시스템은 확률적 방해/차단 모델링과 포털 기반 오디오 렌더링 시스템을 통해 매우 사실적인 사운드스케이프를 구현할 수 있다.

고급 리눅스 사운드 아키텍처

UAA 드라이버에 대응하는 리눅스의 모델이 고급 리눅스 사운드 아키텍처^{ALSA, Advanced Linux Sound Architecture}다. 사운드 기능에 대한 애플리케이션과 게임의 표준적인 접근 방식으로서 OSSv3^{Open Sound System}을 대체했다. ALSA에 대한 추가 정보는 다음 사이트(http://www.alsa-project.org/main/index.php/Main_Page)를 참조하기 바란다.

QNX 사운드 아키텍처

QNX 사운드 아키텍처^{QSA, QNX Sound Architecture}는 QNX Neutrino 리얼타임 OS의 드라이버 레벨 오디오 API다. 프로그래머로서 아마 QNX를 쓸 기회는 없을 것이다. 그러나 그에 대한 문서를 통해 오디오 하드웨어에 대한 개념을 잘 이해할 수 있으며 어떤 기능들이 있는지를 알 수 있다.

문서는 다음 사이트(http://www.qnx.com/developers/docs/6.5.0/index.jsp?topic=%2Fcom.qnx. doc.neutrino_audio%2Fmixer.html)에서 찾을 수 있다.

14.5.9.4 멀티플랫폼 3D 오디오 엔진

강력한 성능을 가졌고 쉽게 사용할 수 있는 크로스플랫폼 3D 오디오 엔진도 몇 가지 있다. 다음은 그중 잘 알려진 몇 가지를 간추린 것이다.

- OpenAL은 크로스플랫폼 3D 오디오 렌더링 API로, OpenGL 그래픽스 라이브러리의 디자인을 의도적으로 모방했다. 이 라이브러리의 초기 버전은 오픈소스였지만 지금은 라이선스를 가진 소프트웨어다. 몇몇 회사에서 OpenAL 스펙에 대한 구현을 제공하는데, OpenAL Soft(https://openal-soft.org/), AeonWave-OpenAL (http://www.adalin. com) 등이 있다.

- AeonWave 4D는 가격이 저렴한 윈도우 및 리눅스 용 오디오 라이브러리다. 제작사는 Adalin B.V.

- FMOD Studio는 오디오 제작 도구로 '프로 오디오'적인 외형과 느낌을 제공한다(http:// www.fmod.org). 완전한 기능을 갖춘 런타임 3D 오디오 API를 지원해 FMOD Studio로 제작한 결과물을 윈도우, Mac, iOS, 안드로이드 등에서 실시간으로 재생할 수 있다.

- Miles Sound System은 래드 게임 툴스Rad Game Tools(http://www.radgametools.com/ miles.htm)의 인기 있는 오디오 미들웨어 프로그램이다. 주요 기능은 강력한 오디오 처리 그래프이며 현존하는 거의 모든 게임 플랫폼에서 쓸 수 있다.

- Wwise는 오디오키네틱Audiokinetic(https://www.audiokinetic.com)의 3D 오디오 렌더링 엔진이다. 두드러진 특징은 멀티채널 믹싱 콘솔의 개념과 기능에 기반을 두지 않았다는 점이며, 게임 객체와 이벤트에 기반을 둔 고유한 인터페이스를 사운드 디자이너와 프로그래머에게 제공한다.

- 언리얼 엔진Unreal Engine도 당연히 자신만의 3D 오디오 엔진과 강력한 통합 툴 체인 (http://www.unrealengine.com)을 제공한다. 언리얼 엔진의 오디오에 대한 기능과 도구들에 대한 자세한 정보는 [45]를 참조하기 바란다.

14.6 게임을 위한 오디오 기능

3D 오디오 렌더링 파이프라인 위에 게임들은 온갖 게임 전용 기능과 시스템을 얹는다. 다음은 그 예다.

- **분할 화면 지원** 분할 화면 플레이를 지원하는 게임이라면 여러 명의 청자가 3D 게임 월드에 존재하고 한 세트의 스피커를 공유할 수 있는 모종의 방식을 제공해야 한다.
- **물리 주도 오디오** 동적이고 물리적인 시뮬레이션 객체들, 예를 들면 건물 잔해, 파괴 가능 물체, 랙 돌 등을 지원하는 게임이라면 충격, 미끄러짐, 구름, 부러짐 등에 대한 적절한 오디오 반응을 재생할 수 있어야 한다.
- **동적인 음악 시스템** 스토리 기반 게임은 게임 내 사건의 분위기나 긴장감에 맞게 실시간으로 음악을 바꿀 수 있는 시스템을 갖춰야 한다.
- **등장 인물 대화 시스템** AI가 조종하는 캐릭터가 자기들끼리 이야기를 주고받거나 플레이어 캐릭터에게 말을 할 수 있다면 훨씬 사실적으로 보일 것이다.
- **사운드 합성** 어떤 엔진은 여러 파동(사인파, 방형파, 톱니파 등)을 다양한 볼륨과 진동수에서 합성할 수 있는 기능을 제공한다. 고급 합성 기법의 실시간 활용이 현실화되는 추세이다. 예를 들면, 다음과 같다.
  - 악기 합성기는 미리 녹음한 오디오 없이도 아날로그 악기의 자연스런 소리를 재생할 수 있다.
  - 물리 기반 사운드 합성은 물체가 가상 환경에서 물리적으로 작용할 때 낼 법한 것 같은 소리를 정확하게 재현하는 여러 기법을 일컫는다. 이 시스템은 접촉, 운동량, 힘, 토크, 변형 등 현대 물리 시뮬레이션 엔진의 정보를 활용하며, 물체를 구성하는 재질의 특성, 기하적 특징 등을 더해 충격, 미끄러짐, 구름, 구부러짐 등을 위한 적절한 소리를 합성한다. 이 흥미로운 주제를 다루는 몇 군데의 웹사이트는 다음과 같다.

    http://gamma.cs.unc.edu/research/sound

    http://gamma.cs.unc.edu/AUDIO_MATERIAL

    http://www.cs.cornell.edu/projects/sound

    https://ccrma.stanford.edu/bilbao/booktop/node14.html

- 차량 엔진 합성기는 가속, RPM, 적재량, 차량의 기계적인 움직임 등의 정보를 통해 차량이 낼 수 있는 소리를 재현하는 것이다. (너티 독의 언차티드 시리즈들은 모두 다양한 형태의 동적 엔진 모델링을 사용했지만, 엄밀히 말해 합성기는 아니었다. 왜냐하면 미리 녹음된 소리를 크로스 페이드로 통해 사용했기 때문이다.)
- 조음 음성 합성기^{articulatory speech synthesizer}는 사람의 성도에 대한 3D 모델링을 통해 음성을 '근본적으로' 생성하는 기술이다. VocalTractLab(http://www.vocaltractlab.de)은 무료로 쓸 수 있는 도구로서 학생들이 음성 합성을 자유롭게 배우고 실험할 수 있다.

- **군중 모델링** 군중(청중이나 도시 주민 등)이 등장하는 게임에서는 군중이 내는 소리를 렌더링할 방법이 있어야 한다. 이것은 사람 목소리를 무작정 많이 튼다고 해결되는 일은 아니다. 여러 계층의 사운드로 청중을 표현할 방법이 필요하며, 여기에는 배경 환경음과 개별 음성에 대한 처리가 포함된다.

이 내용들을 14장에서 모두 다룰 수는 없는 노릇이다. 그러나 가장 널리 쓰이는 게임용 기능들에 대해 몇 쪽만 더 할애하기로 하자.

14.6.1 분할 화면 지원

멀티플레이 분할 화면은 좀 까다로운데, 왜냐하면 게임 월드의 청자는 여러 명인데 모두 같은 스피커를 공유하며 써야 하기 때문이다. 각 플레이어마다 패닝을 여러 번 하고 결과를 스피커에 똑같이 믹스한다면 그리 만족스럽지 않을 가능성이 크다. 완벽한 해법은 없다. 예를 들어 플레이어 A는 폭발 지점에서 바로 옆에 있었고 플레이어 B는 멀리 있는 경우, 플레이어 B를 컨트롤하는 사람은 폭발 소리를 아주 크고 분명하게 들을 것이다. 게임은 여러 방식을 혼용할 수밖에 없는데, 일부 사운드는 '물리적으로 정확하게' 재현하면서 일부는 '조작하고' 처리해 플레이어가 합리적으로 느낄 수 있게 해야 한다.

14.6.2 캐릭터 대사

캐릭터를 영화처럼 사실적으로 만들고 실재와 구분되지 않을 정도로 정교하게 움직여도 말하는 것이 자연스럽지 않다면 허사다. 대사는 게임플레이의 결정적인 정보를 제공한다. 또한 핵심적인 스토리텔링 도구이기도 하다. 그리고 사람 플레이어와 게임 캐릭터 간의 감정적인 유대를 형성하는 역할을 한다. 대사는 플레이어가 AI 캐릭터들이 얼마나 지능적인지를 인지하는 결정적 요인이 되기도 한다.

게임 개발자 컨퍼런스^{GDC, Game Developer's Conference} 2002에서 Bunge 사의 크리스 부처^{Chris Butcher}와 제이미 그리스머^{Jaime Griesemer}는 '지능의 환상: Halo에서의 AI와 레벨 디자인의 조화^{The Illusion of Intelligence:The Integration of AI and Level Design in Halo}'(http://bit.ly/1g7FbhD)라는 강연을 했다. 이 강연에서 AI가 조종하는 캐릭터의 동기를 플레이어에게 전달하는데 대사가 얼마나 중요한 지를 보여 주는 일화를 공유했다. Halo에서 Covenant의 엘리트 리더가 죽으면, 일반 병사들은 두려움에 떨면서 도망간다. 플레이 테스트를 여러 번 반복했지만 엘리트를 죽이는 행위가 병사들을 도망치게 한다는 것을 아무도 알아채지 못했다. 결국은 병사들에게 "리더가 죽었다. 도망쳐야 한다!"는 식의 대사를 줬다. 그제야 플레이 테스터들은 사건의 전말을 직관적으로 알아채게 됐다.

14.6.2절에서는 캐릭터 기반 게임이라면 거의 예외 없이 등장하는 캐릭터 대화 시스템을 이루는 기본 하부 시스템들에 대해 살펴볼 것이다. 또한 너티 독이 라스트 오브 어스의 풍부하고 사실적인 대화를 구현하는 데 썼던 구체적 기법과 기술들에 대해서도 몇 가지 알아볼 것이다. 너티 독의 캐릭터 대화 시스템이 실제로 동작하는 모습을 보고싶은 독자는 글쓴이가 GDC 2014에서 발표했던 '라스트 오브 어스의 문맥 인지형 캐릭터 대화^{Context-Aware Character Dialog in The Last of Us}'를 보면 좋을 것이다. 이 강연은 PDF와 QuickTime 형식으로 다음 사이트(http://www.gameenginebook.com)에서 찾을 수 있다.

14.6.2.1 캐릭터에 음성 부여하기

게임 캐릭터에 목소리를 주기란 참 쉽다. 미리 녹음된 사운드를 캐릭터가 말해야 할 때마다 틀어 주기만 하면 된다. 하지만 실제로 그렇게 단순하지만은 않다. 게임 엔진에서 대화 시스템은 다루기 힘들고 복잡한 것이 보통이다. 다음은 그 이유 중 일부다.

- 모든 캐릭터가 말할 수 있는 대사들을 전부 목록화하고 각 대사 라인에 대해 고유한 id를 부여해 필요할 때 게임에서 호출할 수 있게 해야 한다.
- 게임에서 고유하게 식별 가능한 캐릭터들이 각각 구분되고 일관된 음성을 갖도록 보장해야 한다. 예를 들어 라스트 오브 어스에서 피츠버그^{Pittsburgh} 파트에서 등장한 모든 헌

터들은 여덟 가지 고유한 음성 중 하나를 배정받았으며, 따라서 전투 시 음성이 겹치는 헌터들이 없었다.

- 때로는 어떤 캐릭터가 특정 라인을 말하게 될지 미리 알 수 없는 경우가 있으며, 그렇기 때문에 필요한 경우 적합한 음성이 사용될 수 있게 같은 라인을 각기 다른 성우가 여러 번 녹음해야 할 필요가 있다.
- 말하는 데 있어 다양성을 추구하는 것이 일반적이다. 따라서 대부분의 대화 시스템은 여러 가능성 중에 특정한 라인을 임의로 선택할 수 있는 방법을 지원하는 것이 보통이다.
- 대사 오디오 자원들은 길이가 긴 경우가 많고 따라서 메모리를 많이 차지한다. 대사 중 상당수는 시네마틱 시퀀스에서 사용되고 따라서 게임 전체를 통틀어 딱 한 번만 쓰인다. 그렇기 때문에 대사 자원들을 메모리에 저장하는 것은 낭비다. 대신 대사 오디오 자원들은 필요에 따라 스트리밍하는 것이 보통이다(14.5.7.4절 참조).

다른 음성 사운드들, 예를 들면 무거운 것을 들거나, 물체를 점프해 뛰어넘거나, 복부에 펀치를 맞았을 때 내는 '신체적' 소리들은 대사를 처리하는 시스템에서 같이 다루는 것이 보통이다. 주요한 이유는 캐릭터의 '신체적' 소리가 캐릭터의 음성과 일치해야 하기 때문이다. 따라서 대사 시스템을 활용해 신체 소리를 처리해도 상관없다.

14.6.2.2 대사의 라인 정의

대부분의 대화 시스템에서는 말하려는 시도(요청)와 실제로 플레이할 특정 오디오 클립의 선택 간에 모종의 간접 연관성을 제공한다. 게임 프로그래머 또는 디자이너는 대화의 논리적 라인을 요청하는데, 각 논리적 라인은 고유한 식별자로 표현한다. 이 식별자는 문자열일 수도 있고 아니면 좀 더 발전된 형태인 해시 문자열 id(6.4.3.1절 참조)일 수도 있다. 그러면 사운드 디자이너가 각 논리적 라인을 하나 이상의 오디오 클립으로 '채워' 넣어 음성 품질과 들리는 대사의 다양성을 제공한다.

예를 들어 캐릭터가 '총알이 바닥났다'는 의미를 전달하기 위한 논리적 라인을 말하는 상황을 보자. 이 논리적 라인에는 고유 식별자 'line-out-of-ammo를 부여하는데, 앞에 오는 작은 따옴표는 해시 문자열 id임을 나타낸다. 이제 이 라인을 말할 수 있는 캐릭터가 10명이라고 하자. 플레이어 캐릭터('드레이크'라고 하자), 플레이어의 조력자('엘레나라고 하자), 그리고 8명의 적들('해적-a'

부터 '해적-h'라고 하자). 이 하나의 논리적 라인을 구성할 실제 오디오 자원을 정의할 수 있는 자료 구조가 필요하다.

너티 독에서는 사운드 디자이너가 논리적 대사 라인을 정의할 때 프로그래밍 언어인 Scheme의 커스텀 문법을 활용했다. 지금 우리는 이와 비슷한 문법을 사용하기로 한다. 문법이 어떻게 되는지 세세한 것은 중요하지 않다. 자료의 실제 구조만 이해하면 된다.

```
(define-dialog-line 'line-out-of-ammo
  (character 'drake
    (lines
      drk-out-of-ammo-01 ;; "젠장 총알이 없네!"
      drk-out-of-ammo-02 ;; "이런, 총알이 더 필요해."
      drk-out-of-ammo-03 ;; "우와, 진짜 미치겠네."
      )
    )
  (character 'elena
    (lines
      eln-out-of-ammo-01 ;; "도와줘, 총알이 없어!"
      eln-out-of-ammo-02 ;; "총알 남았어?"
      )
    )
  (character 'pirate-a
    (lines
      pira-out-of-ammo-01 ;; "탄약이 다 떨어졌어!"
      pira-out-of-ammo-02 ;; "총알 더 필요해!"
      ;; ...
      )
    )
  ;; ...
  (character 'pirate-h
    (lines
      pirh-out-of-ammo-01 ;; "탄약이 다 떨어졌어!"
      pirh-out-of-ammo-02 ;; "총알 더 필요해!"
      ;; ...
      )
    )
  )
```

보통은 대사 라인을 위와 같이 한 곳에 몰아넣기보다 보통을 캐릭터마다 별도의 파일로 나누는 것이 낫다. 예를 들면 드레이크의 모든 대사를 한 파일에 넣고, 엘레나의 대사를 다른 파일에, 모든 해적들의 대사를 세 번째 파일에 넣는다. 이렇게 하면 사운드 디자이너들끼리 작업할 때 서로 방해되지 않는다. 또한 메모리를 더 효율적으로 쓸 수 있는 이점도 있다. 예를 들어 해적이 등장하지 않는 게임 구간에서는 해적의 대사 라인을 메모리에 갖고 있을 필요가 없다. 또한 마찬가지 이유로 대사 데이터를 레벨별로 나누는 것도 좋은 생각이다.

14.6.2.3 대사 라인 재생

이 데이터가 있으면 대사 시스템은 'line-out-of-ammo라는 논리적 라인을 구체적인 오디오 클립으로 간단히 변환할 수 있다. 대사 id를 테이블에서 찾고, 후보 라인 중에 아무거나 골라서 재생하면 된다.

보통 특정 한 라인이 너무 자주 반복되지 않게 하는 것이 좋다. 여러 라인에 대한 번호를 배열에 저장하고 이 배열의 내용을 임의로 섞는 것이 한 방법으로, 라인을 선택할 때 배열을 순서대로 순환하면 된다. 모든 라인을 소진하고 난 다음에 배열을 다시 섞는데, 최근에 재생했던 라인이 제일 앞에만 오지 않게 신경쓴다. 이렇게 하면 반복되는 것을 막을 수 있으면서 임의의 소리가 재생되는 효과를 얻는다.

대사 라인에 대한 요청은 게임플레이 코드, 예를 들면 C++, 자바[Java], C# 등 게임 코드를 작성한 프로그래밍 언어에서 발생하는 것이 보통이다. 때로는 게임 디자이너가 스크립트(Lua, Python 등)를 통해 대사를 요청할 수도 있다. 대사 시스템의 API는 사용이 간단하도록 설계된다. AI 프로그래머나 게임 디자이너가 대사 한 라인을 얻어 오는 데 여러 난관을 거쳐야 한다면, 어느 순간 게임 캐릭터가 이상할 정도로 과묵해질 수 있다. 간단하면서 일단 요청만 해 놓으면 알아서 되는 인터페이스가 최선이다. 어려운 일은 대사 시스템을 만드는 프로그래머가 처리하도록 해야 한다.

언차티트 3의 예를 들어 보면 C++ 코드는 Npc 클래스의 멤버인 PlayDialog( )를 호출하는 것으로 대사 라인을 요청한다. 이 호출은 AI 의사결정 코드의 중간중간에 들어가 게임의 적당한 순간에 적절한 라인이 재생될 수 있도록 한다. 다음은 코드 예다.

```
void Skill::OnEvent(const Event& evt)
{
  Npc* pNpc = GetSelf(); // NPC 포인터를 얻어 온다.

  switch (evt.GetMessage())
  {
  case SID("player-seen"):
    // 대사 라인 재생...
    pNpc->PlayDialog(SID("line-player-seen"));
    // ... 가장 가까운 엄폐 위치로 이동
    pNpc->MoveTo(GetClosestCover());
    break;
  // ...
  }

  // ...
}
```

14.6.2.4 우선순위와 대사 끊기

캐릭터가 이미 대사를 말하고 있는데 다시 말하는 요청을 받으면 어떻게 해야 할까? 같은 프레임에서 말하는 명령을 2개 이상 받으면? 두 경우 모두 우선순위 시스템을 통해 확실한 결정을 할 수 있다.

이런 시스템을 구현하려면 간단히 각 대사 라인마다 우선순위 레벨을 부여하면 된다. 대사 라인 요청이 들어오면 시스템은 현재 재생 중인 라인이 있는 경우 이 라인의 우선순위를 보고, 또 현재 프레임에서 요청된 라인들에 대한 우선순위를 살핀다. 이것들 중 가장 우선순위가 높은 라인을 찾는다. 현재 재생 중인 라인이 우선 순위가 높으면 그냥 계속 재생하고 새로 들어온 요청은 기각된다. 요청된 라인 중 하나가 현재 라인보다 우선순위가 높다면 새 라인은 현재 라인을 끊고 재생한다. 캐릭터가 현재 대사를 말하고 있지 않다면 새 라인을 그냥 재생한다.

그런데 대사를 중간에 끊는 것은 간단하지 않다. 크로스 페이드(현재 재생 중인 사운드 볼륨을 줄이고 새 사운드 볼륨을 키우는 것)를 할 수 없는데, 왜냐하면 한 캐릭터의 대사에 적용시키면 전혀 자연스럽게 들리지 않기 때문이다. 새 라인을 시작하기 직전에 적어도 성문 파열음glottal stop 정도를 재생해 주는 것이 나을 것이다. 더 나은 방법은 캐릭터가 이런 식의 중단에 놀랐거나 짜증났다는 느낌을 주는 짧은 문장을 들려주고 새 라인을 재생하는 것이다. 라스트 오브 어스의 대사 시스템은 이 같은 재미있는 방식들을 하나도 사용하지 않았다. 그냥 현재 라인을 중단하고 즉시 새 라인을 재생했다. 이렇게 해도 대부분의 경우에는 꽤 괜찮게 들린다. 당연한 말이지만 게임마다 대사를 처리해야 하는 방식이 존재하며 어떤 게임에 잘 쓰인 방식이 다른 게임에는 적합하지 않을 수도 있다. 어쨌거나 각자 처한 상황이 다 다를 테니 말이다.

14.6.2.5 대화

라스트 오브 어스에서 너티 독은 적 NPC들이 진짜로 대화를 주고받는 것처럼 보이고 싶어했다. 이것은 둘 이상의 캐릭터들이 서로 주거니 받거니 길고 연속된 라인들을 말할 수 있어야 한다는 뜻이다. 마찬가지로 '언차티드 4'와 '언차티드: 잃어버린 유산'에서 캐릭터들이 마다가스카르와 인도를 지프를 몰고 돌아다니면서 대화를 주고받는 것을 원했다. 이 대화는 중단될 수도 있고(예를 들면 플레이어가 차를 내려 주변을 돌아볼 수도 있을 것이다), 그 후 다시 탑승했을 때 지난번 끊긴 대화를 다시 이어갈 수도 있다.

라스트 오브 어스, 언차티드 4, 잃어버린 유산의 대화는 논리적인 조각*segment*들로부터 구성된다. 각 조각은 한 대화 참여자가 말하는 1개의 논리적 라인에 해당한다. 각 조각은 고유한 id를 부여받으며, 이 id를 통해 조각들을 연결해 대화를 이룬다. 예를 들면 다음과 같은 대화를 어떻게 정의하는지 살펴보자.

> A: "이봐, 뭐라도 찾았어?"
>
> B: "아니, 한 시간이나 찾는 중인데 하나도 없네."
>
> A: "야, 그럼 닥치고 계속 찾기나 해!"

이 대화를 너티 독의 대화 시스템을 통해 표현하면 다음과 같다.

```
(define-conversation-segment 'conv-searching-for-stuff-01
  :rule []
  :line 'line-did-you-find-anything
    ;; "이봐, 뭐라도 찾았어?"
  :next-seg 'conv-searching-for-stuff-02
  )
(define-conversation-segment 'conv-searching-for-stuff-02
  :rule []
```

```
  :line 'line-nope-not-yet
    ;; "아니, 한 시간이나 찾는 중인데..."
  :next-seg 'conv-searching-for-stuff-03
)
(define-conversation-segment 'conv-searching-for-stuff-03
  :rule []
  :line 'line-shut-up-keep-looking
    ;; "야, 그럼 닥치고 계속 찾기나 해!"
)
```

언뜻 보기에 문법이 지나치게 거추장스러워 보인다. 그렇지만 14.6.2.8절에서 볼 수 있듯이 대화를 이렇게 분해하면 매우 유연하게 처리할 수 있다. 예를 들면 대화의 분기를 자연스럽고 비교적 단순하게 정의할 수 있다.

14.6.2.6 대화 끊기

14.6.2.4절에서 봤듯이 간단한 우선순위 시스템만 있으면 대사 끊기와 여러 논리적 라인에 대한 요청으로 발생하는 경쟁 상태를 처리할 수 있다.

대화를 재생할 때도 우선순위 시스템을 마찬가지로 사용할 수 있다. 그렇지만 이 경우 구현이 더 까다롭다. 캐릭터 A와 캐릭터 B가 대화하는 장면을 생각해 보자. A가 대사를 말하고 B가 대사를 하는 동안 A는 순서를 기다린다. B가 말하고 있는 도중, A가 완전히 다른 라인의 대화를 시작하도록 요청이 들어왔다. A는 말하고 있지는 않으므로 대사 우선순위 규칙을 개별 캐릭터마다 적용한다면 새로운 라인은 별 문제없이 재생될 수 있을 것이다. 그런데 이렇게 하면 말하는 문맥에 따라 굉장히 어색할 수 있다.

> A: "이봐, 뭐라도 찾았어?"
>
> B: "아니, 한 시간이나 찾는 중인데…"
>
> A: "여기 봐, 반짝이는 물건이 있어!"
>   (전혀 다른 대사에 의해 대화가 끊김)
>
> B: "…하나도 없네."

라스트 오브 어스에서는 이 문제를 해결하기 위해 대화를 '일급 객체first-class entity' 개념으로 처리하는 방식을 도입했다. 대화가 시작하면 시스템이 해당 대화에 참여한 캐릭터들을 '인지'하는데, 그 시점에 말하고 있지 않아도 인지한다. 각 대화가 우선순위를 가지며, 우선순위 규칙은 캐릭터마다 개별 라인이 아니라 대화 전체에 적용된다. 예를 들어 캐릭터 A가 "여기 봐, 반짝이는 물건이 있어!"라고 말해야 하는 시점에 시스템은 이 캐릭터가 "이봐, 뭐라도 찾았어?" 대화에 참여 중인 것을 알고 있다. "여기 봐, 반짝이는 물건이 있어!" 라인이 현재 대화와 같거나 더 낮은 우선순위라면 대화는 끊기지 않을 것이다.

그런데 새로운 라인이 우선순위가 높은 라인이라면, 예를 들어 "이런 젠장, 저놈이 우리한테 총을 쏘려 하고 있어!", 이 라인은 현재 대화를 끊을 수 있다. 이 경우 대화에 참여 중인 모든 캐릭터의 대화가 중단된다. 이렇게 구현하면 자연스러운 면서 똑똑해 보이게 대화를 끊을 수 있다.

> A: "이봐, 뭐라도 찾았어?"
>
> B: "아니, 한 시간이나 찾는 중인데…"
>
> A: "이런 젠장, 저놈이 우리한테 총을 쏘려 하고 있어!"
>
> (높은 우선순위에 의해 대화가 끊김)
>
> B: "처치해!"
>
> (원래의 대화는 새로운 대화에 의해 끊기고 A와 B는 전투 상태로 진입한다.)

14.6.2.7 배타성

라스트 오브 어스에서는 배타성exclusivity 개념을 도입했다. 대사의 라인이나 대화는 비배타적non-exclusive, 파벌 배타적faction-exclusive 또는 전체 배타적globally exclusive으로 표기할 수 있다. 이것은 해당 라인이나 대화의 끊김을 처리하는 방법을 지시한다.

- 비배타적 라인이나 대화는 서로 다른 것들과 중첩해서 재생 가능하다. 예를 들어 플레이어를 수색하는 동안 한 헌터가 "여기 아무것도 없네"라고 하는 동안 다른 헌터가 "이 짓도 지겨워 못 해먹겠네"라고 말해도 아무 상관이 없다. 헌터들끼리 이야기하고 있지 않기 때문에 겹쳐도 자연스럽다.
- 파벌 배타적 라인이나 대화는 해당 캐릭터의 파벌 내의 모든 라인이나 대화를 끊는다. 예를 들어 플레이어(조엘)를 헌터가 발견한 경우 이 헌터는 "여기 그놈이 있다!"라고 말할 것이다. 다른 헌터들은 즉시 말하기를 멈춰야 하는데, 헌터들이 서로 들을 수 있다고 믿게 만들어야 하며 이들의 목표가 바뀌었음을 플레이어에게 인지시켜야 하기 때문이다.

그렇지만 조엘의 동료인 엘리가 그 시점에 조엘에게 경고하는 말을 속삭이고 있었다면 엘리의 말을 중단할 필요가 없다. 그녀는 헌터 파벌이 아니고 엘리가 조엘에게 하는 말은 헌터가 조엘을 발견했는지 여부와 전혀 상관이 없기 때문이다.

- 전체 배타적 라인이나 대화는 파벌의 경계를 넘어 모든 다른 라인을 중단시킨다. 이것은 들을 수 있는 범위 내의 모든 캐릭터가 해당 라인에 반응해야 할 때 유용하다.

14.6.2.8 선택과 대화의 분기

플레이어의 행동이나 AI 캐릭터의 선택, 게임 월드의 특정 상황 등에 따라 대화가 다르게 전개돼야 할 때가 있다. 대화를 만들 때 작가와 사운드 디자이너는 구체적 라인에 대한 제어뿐 아니라 논리적 조건을 제어해 특정 게임플레이 시점에 대화가 어떻게 분기해 나갈지 결정할 수 있기를 원할 것이다. 이렇게 하면 진짜 필요한 위치에 있는 사람이 프로그래머를 통하지 않고도 창의력을 발휘할 수 있게 된다.

너티 독은 라스트 오브 어스에서 이런 시스템을 만들었다. 밸브[Valve] 사가 이전에 만들었던 시스템과 엘란 러스킨[Elan Ruskin]이 GDC 2012에서 발표 했던 강연 'Rule Databased for Contextual Dialog and Game Logic'에서 일부 영감을 받아 이 시스템을 만들었다. 이 강연은 다음 사이트(http://www.gdcvault.com/play/1015317/AI-driven-Dynamic-Dialog-through)에서 볼 수 있다. 너티 독과 밸브의 시스템은 몇몇 중요한 면에서 다르지만 핵심 아이디어는 비슷하다. 여기서는 너티 독의 시스템을 갖고 이야기할 텐데, 글쓴이가 가장 잘 알고 있는 시스템이기 때문이다.

너티 독의 대화 시스템에서 각 대화 조각은 하나 이상의 후보 대화 라인들로 이뤄진다. 조각의 후보들은 저마다 선택 규칙[selection rule]을 갖는다. 규칙이 참이 되면 후보가 선택되고, 거짓으로 판단되면 후보는 무시된다.

규칙은 하나 이상의 조건으로 이뤄진다. 각 조건은 불리언[Boolean] 결과로 연산할 수 있는 간단한 논리식이다. ('health > 5)나 ('player-death-count == 1) 같은 것들이 조건식이 될 수 있다. 규칙에 2개 이상의 조건이 들어가면 불리언 AND 연산으로 결합된다. 모든 조건이 참이어야 규칙이 참이 된다.

다음은 대화의 한 조각을 예로 든 것인데, 3개의 후보는 말하는 캐릭터의 체력 수치에 영향을 받는다.

```
(define-conversation-segment 'conv-player-hit-by-bullet
  (
    :rule [ ('health < 25) ]
    :line 'line-i-need-a-doctor
      ;; "출혈이 심해... 의사가 필요해!"
  )
  (
    :rule [ ('health < 75) ]
    :line 'line-im-in-trouble
      ;; "진짜 큰일났네."
  )
  (
    :rule [ ] ;; 조건이 없으면 "else" 구문 역할을 한다
    :line 'line-that-was-close
      ;; "우와 큰일날 뻔 했네!"
  )
)
```

대화 분기

각기 여러 개의 후보 라인을 갖는 조각으로 대화를 분해함으로써 대화의 분기를 제작할 준비가 됐다. 예를 들어 조엘(플레이어 캐릭터)이 총격을 받는 상황에서 엘리(라스트 오브 어스에 나오는 조력자)가 괜찮은지 물어보는 경우를 보자.

엘리: "괜찮은 거예요?"

조엘: "그래 괜찮은 거 같아."

엘리: "맙소사, 자세를 낮춰요!"

조엘이 총에 맞았다면 대화는 다르게 흘러간다.

엘리: "괜찮은 거예요?"

조엘: "(숨을 헐떡이며) 별로 안 좋아."

엘리: "피 흘리고 있어요!"

이 대화를 위에 설명한 대화 문법으로 다음과 같이 만들 수 있다.

```
(define-conversation-segment 'conv-shot-at--start
  (
    :rule [ ]
    :line 'line-are-you-ok ;; "괜찮은 거예요?"
    :next-seg 'conv-shot-at--health-check
    :next-speaker 'listener ;; *** 이후 설명
  )
)

(define-conversation-segment 'conv-shot-at--health-check
  (
    :rule [ (('speaker 'shot-recently) == false) ]
    :line 'line-yeah-im-fine ;; "그래 괜찮은 거 같아."
    :next-seg 'conv-shot-at--not-hit
    :next-speaker 'listener ;; *** 이후 설명
  )
  (
    :rule [ (('speaker 'shot-recently) == true) ]
    :line 'line-not-exactly ;; "(숨을 헐떡이며) 별로 안 좋아."
    :next-seg 'conv-shot-at--hit
    :next-speaker 'listener ;; *** 이후 설명
  )
)

(define-conversation-segment 'conv-shot-at--not-hit
  (
    :rule [ ]
    :line 'line-keep-head-down ;; "맙소사, 자세를 낮춰요!"
  )
)

(define-conversation-segment 'conv-shot-at--hit
  (
    :rule [ ]
    :line 'line-youre-bleeding ;; "피 흘리고 있어요!"
  )
)
```

화자와 청자

위에 나오는 대화 분기에는 미묘한 부분이 있다. 두 사람이 대화할 때 한 사람은 화자이고 다른 사람은 청자다. 대화가 진행되면서 화자와 청자는 서로 번갈아가며 바뀐다. 대화의 첫 번째 조각인 'conv-shot-at--start에서 엘리는 화자이고 조엘이 청자다. 다음 조각 'conv-shot-at--health-check으로 연결되면서 :next-speaker 필드의 값에 'listener를 지정한다. 이렇게 하면 현재 청자(조엘)를 다음 조각의 화자로 지정해 역할을 바꾸는 일을 한다. 이 조각의 조건에서는 화자가 최근에 총에 맞았는지를 검사한다(('speaker 'shot-recently) == false)와 (('speaker 'shot-recently) == true).

주요 등장 인물인 조엘과 엘리의 대화에서 추상적 개념인 화자/청자를 사용하는 것은 별로 유용해 보이지 않을 수도 있다. 그러나 대화의 정의를 추상화함으로써 상당한 유연성을 얻을 수 있다. 한 가지 예로, 똑같은 대화 정의로 조엘이 엘리에게 괜찮은지 물어보는 대화를 만들 수 있다. 이것이 가능한 이유는 실제 라인을 말하는 캐릭터에 종속되지 않은 방식으로 대화를 정의했기 때문이다. 더군다나 적 캐릭터인 경우 대화를 추상적으로 정의하는 것은 필수인데, 왜냐하면 실제로 어떤 캐릭터가 말을 하게 될지 미리 알 수 없기 때문이다. 적들끼리 전투 시 주고받는 말의 경우 임의로 2명을 골라서 대화를 진행시키는 것이 보통이다. 어떤 2명을 고르더라도 시스템은 동작한다.

화자/청자 시스템을 확장해 3명의 대화에도 사용할 수 있다. 너티 독의 대화 시스템은 최대 3명의 청자를 지원하긴 하는데 대부분의 경우 2명이었다.

사실 사전

규칙의 조건은 'health나 'player-death-count 등의 상징적 값을 참조한다. 이 상징적 값들은 사전^{dictionary} 데이터 구조—기본적으로 키와 값의 짝으로 이뤄진 테이블—의 엔트리로 구현된다. 우리는 이것을 사실 사전^{fact dictionary}이라고 부르기로 하자. 표 14.1에 사실 사전의 예가 나와 있다.

표 14.1의 각 값은 연관된 데이터 타입을 갖는 것을 볼 수 있다. 즉 사전의 값은 가변값^{variant}이다. 가변 타입의 데이터 객체는 여러 타입의 값을 담을 수 있는데 C/C++의 union과 유사하다. 그러나 union과는 달리 가변 타입은 현재 담고 있는 데이터의 타입에 대한 정보도 저장한다. 따라서 사용 전에 타입을 검증할 수 있다. 또한 타입 간에 변환할 수도 있다. 예를 들어

현재 정수 값 42를 갖고 있는 가변 타입에 부동소수인 **42.0f**를 리턴할 것을 요청할 수 있다.

라스트 오브 어스에서는 각 캐릭터마다 사실 사전을 가지며 여기에 체력, 무기 종류, 인지 레벨 등의 정보가 들어간다. 캐릭터들의 '파벌'도 저마다 사실 사전을 갖는다. 이것을 통해 전체 파벌의 정보를 표현할 수 있는데, 예를 들어 그룹 내에 아직 살아 있는 인원이 얼마나 되는지 같은 것들이다. 전역 사실 사전도 있어서 전체 플레이 시간, 현재 레벨의 이름, 플레이어가 특정 임무를 시도한 횟수 등이 들어간다.

표 14.1 사실 사전의 예

키	값	데이터 타입
'name	'ellie	StringId
'faction	'buddy	StringId
'health	82	int
'is-joels-friend	true	bool
...	...	...

조건에 대한 문법

조건 작성을 작성할 때 이름을 통해 어느 사전에서 정보를 가져올지 지정할 수 있다. 예를 들면 (('self 'health) > 5)를 통해 현재 캐릭터의 사실 사전을 가져와 'health 항목의 값이 5보다 큰지 검사한다. 마찬가지로 (('global 'seconds-playing) <= 23.5)는 전역 사실 사전에서 'seconds-playing 항목을 보고 이것이 23.5초보다 같거나 작은지 검사한다.

만약 사전을 명시적으로 지정하지 않으면, 예를 들어 ('health > 5), 정해진 순서에 따라 해당 이름을 찾는다. 우선은 해당 캐릭터의 사실 사전을 찾는다. 없으면 캐릭터가 속한 파벌의 사실 사전을 찾는다. 모두 실패하면 마지막으로 전역 사실 사전을 찾는다. 이런 '검색 규칙' 덕분에 사운드 디자이너가 조건을 짤 때 가능한 한 간결하게 짤 수 있다(다만 규칙의 구체성과 명료성은 다소 희생하는 면이 있다).

14.6.2.9 문맥 의존 대화

라스트 오브 어스에서는 적들이 플레이어의 위치를 진짜 사람처럼 알아채고 외치기를 바랐다. 플레이어가 가게 안에 숨어 있으면 적들은 "놈이 가게에 있다!"라고 외쳐야 한다. 플레이어가

차 뒤에 엄폐해 있다면 "놈이 차 뒤에 있어!"라고 외쳐야 한다. 이렇게 하면 적들이 매우 똑똑한 것처럼 보이지만, 사실 구현하는 것은 그렇게 어렵지 않다.

이것을 구현하려면 사운드 디자이너는 게임 월드를 구역으로 마킹한다. 각 구역마다 2개의 위치 태그 중 하나가 들어간다. 구체적^{specific} 태그는 '카운터 뒤' 또는 '계산대 옆'과 같이 매우 구체적인 장소를 지정한다. 일반^{general} 태그는 지역을 '가게 안', '거리'와 같이 더 일반적인 장소로 마킹한다.

어느 라인을 재생할지 결정하려면 플레이어가 위치한 구역과 적 NPC가 있는 구역을 알아낸다. 만약 둘이 같은 일반^{general} 구역에 있는 경우, 플레이어의 구체적^{specific} 태그를 갖고 대화 라인을 선택한다. 반면 NPC와 플레이어의 일반 구역이 다른 경우 플레이어의 일반 구역 태그를 통해 라인을 선택한다. 적과 플레이어가 둘 다 가게 안에 있다면 '녀석이 창문 옆에 있다' 같은 라인을 선택하게 될 것이다. 그런데 NPC는 가게에 있고 플레이어는 거리에 있다면 '녀석이 길에 있다! 잡아!' 같은 라인을 NPC가 말하게 될 것이다. 그림 14.42에 이 시스템이 동작하는 예가 나와 있다.

이 단순한 시스템은 매우 성공적이었다. 조합 가능한 라인 수와 녹음하고 설정해야 할 양은 엄청났지만 실제 게임에서의 결과물은 충분히 가치가 있었다.

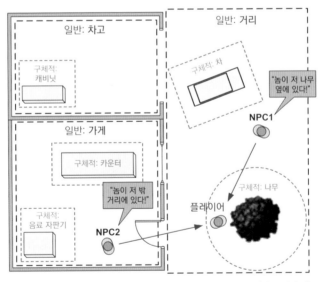

그림 14.42 문맥 의존 대화 라인 선택을 위한 일반 구역과 구체적 구역의 예

14.6.2.10 대화와 몸짓

말만 있고 몸짓(바디 랭귀지)이 없다면 어딘가 이상하고 자연스럽지 않다. 일부 대화 라인은 전신 애니메이션의 일부로 전달된다(인게임 시네마틱이 그 예다). 반면 캐릭터가 걷거나 뛰거나 또는 총을 쏘느라 바쁜 와중에 전달해야 할 대사들도 있다. 이런 라인들에 생명을 불어넣기 위해서 모종의 몸짓(제스처)을 더해야 한다.

라스트 오브 어스에서는 더하기 애니메이션 기법(12.6.5절)을 사용해 제스처 시스템을 구현했다. 제스처를 호출하는 것은 C++ 코드나 스크립트를 통해 가능하다. 이에 더해 각 대화 라인은 연관된 스크립트를 가질 수 있었고, 이것은 오디오의 타임라인과 맞춰져 있었다. 이렇게 함으로써 대화 라인의 정확한 순간에 제스처를 시작할 수 있다.

14.6.3 음악

훌륭한 게임이라면 그에 상응하는 음악을 갖는다. 음악은 분위기를 정하고 플레이어의 긴장감을 조절하며 격한 감정을 고조하거나 파괴할 수도 있다. 게임 엔진의 음악 시스템은 다음과 같은 역할을 해야 한다.

- 음악 트랙을 스트리밍 오디오 클립으로 재생할 수 있는 기능(음악 클립은 보통 메모리에 다 올리기에는 너무 크기 때문이다)
- 음악적 다양성을 지원할 수 있는 기능
- 게임 이벤트와 음악을 매칭시킬 수 있는 기능
- 음악 간 끊김 없이 부드럽게 전환하는 기능
- 오디오와 다른 게임 사운드들을 적절하고 듣기 좋게 믹스하는 기능
- 순간적으로 음악 볼륨을 낮춰 게임의 특정 사운드나 대화에 집중할 수 있게 하는 기능
- 스팅어stringer라 불리는 짧은 음악 또는 효과음이 현재 재생 중인 음악을 순간적으로 끊을 수 있는 기능
- 음악을 정지하고 재시작할 수 있는 기능(게임 내내 웅장하고 멋진 오케스트라 음악을 들을 필요는 없지 않을까?)

게임에서 일어나고 있는 사건의 긴장도나 감정선에 맞춰 음악이 변화하길 원할 것이다. 이렇게 하는 한 방법은 긴장도나 감정선에 맞게 쓸 수 있는 플레이리스트^{playlist}를 여러 개 만드는 것이다. 각 플레이리스트에는 임의로, 또는 순서대로 재생할 수 있는 음악이 들어간다. 게임의 긴장감이나 분위기가 변하면(전투가 시작 또는 종료된다거나 감동적인 컷신이 재생된다거나 등) 음악 시스템은 이것을 감지하고 적당한 플레이리스트를 재생한다. 어떤 게임은 긴장도 레벨에 따라 음악을 선택할 수 있는 시스템을 구현하기도 한다. 적이 주변에 없을 때는 조용한 음악을 재생하고, 플레이어가 아무것도 모르는 적들에게 접근할 때는 긴장되는 음악을, 교전이 시작되면 분위기가 확 바뀌어 깜짝 놀랄 만한 음악을, 그리고 전투 중에는 템포가 빠른 음악을 재생하는 것이다.

스팅어는 게임 내의 이벤트에 음악을 일치시키는 또 다른 방법이다. 스팅어란 짧은 음악 클립 또는 사운드 효과로 당장 재생 중인 음악을 끊고 재생되거나 현재 음악의 볼륨을 낮추고 그 위에 더해져 재생된다. 예를 들어 플레이어 시야에 처음 적이 들어온 경우 '두둥' 하는 위협적인 소리를 내서 플레이어에게 위험이 가까이 왔음을 알리고 싶을 수 있다. 아니면 플레이어가 죽었을 때 빠르게 '죽을 때 나오는 음악'으로 교체하고 싶을 수도 있다. 두 경우 모두 스팅어를 사용할 수 있는 상황이다.

다른 음악 스트림 사이를 부드럽게 전환하기란 꽤 어렵다. 완전히 다른 음악을 단순히 크로스 페이드해서는 좋게 들리기 힘들다. 음악들의 템포가 다를 수도 있고, 앞선 음악의 '비트'가 다음 음악과 일치하지 않을 수도 있다. 핵심은 전환하는 타이밍을 잘 맞추는 것이다. 템포가 맞지 않는 경우에는 빠른 크로스 페이드가 유용할 수도 있다. 느린 크로스 페이드는 음악들의 템포가 거의 같으면 쓸 수도 있다. 제대로 하려면 여러 번의 시행착오를 거쳐야 한다. 한 가지 음악을 반복 재생하는 일도 사운드 엔지니어가 일일이 손봐야 하는 번거로운 일이다.

게임 음악에 관한 주제는 그 범위가 매우 넓기 때문에 여기서 충분히 다루기는 힘들다. 관심 있는 독자는 [45]를 읽어 보면 훌륭한 시작점이 될 것이다.

15장 게임플레이 시스템 기초

이 책에서 지금까지 이야기했던 것들은 모두 기술적인 내용이었다. 게임 엔진은 복잡하면서 여러 계층으로 이뤄진 소프트웨어이며, 시스템의 하드웨어와 드라이버, 운영체제를 기반으로 만들어진다는 것을 배웠다. 또한 어떻게 로우레벨 엔진 시스템이 엔진의 다른 부분에 필요한 서비스를 제공하는지, 조이패드나 키보드, 마우스 등의 휴먼 인터페이스 장치들이 사람의 입력을 어떻게 엔진에 전달하는지, 렌더링 엔진이 어떻게 3D 이미지를 화면에 그리는지, 애니메이션 시스템이 어떻게 캐릭터와 물체를 자연스럽게 움직이는지, 충돌 시스템이 어떻게 물체 간의 교차를 검출하고 해결하는지, 물리 엔진이 어떻게 물체를 물리적으로 그럴듯하게 움직이는지, 3D 오디오 엔진이 어떻게 그럴듯하고 몰입 가능한 사운드스케이프를 게임 월드에 제공하는지를 알아봤다. 하지만 이런 구성 요소들이 제공하는 다양하고 강력한 기능들을 한데 모아 놔도 그것만으로 게임이 되는 것은 아니다.

게임이란 사용된 기술이 아니라 게임플레이에 의해 그 정체성이 결정된다. 게임플레이란 어떤 게임을 플레이하면서 체험하는 전체적인 경험이라 할 수 있다. 게임 메카닉^{mechanics}이란 용어가 이 개념을 좀 더 구체적으로 설명하는데, 이 단어는 게임 내에 있는 여러 단위 간의 상호 작용을 규정하는 규칙들을 가리키는 말이다. 또한 플레이어의 목표뿐 아니라 성공과 실패를 가르는 기준, 플레이어 캐릭터의 능력, 가상 월드에 존재하는 NPC 개체들의 수와 종류, 전체적인 게임을 통해 겪는 체험의 흐름 등을 뜻하기도 한다. 이런 요소들은 대개 설득력 있는 이야기와 생동감 있는 캐릭터들과 매우 밀접하게 섞인다. 그렇지만 모든 비디오 게임에서 이야기와 캐릭터가 필수적인 것은 절대 아니라고 할 수 있는데, 엄청나게 성공을 거뒀던 퍼즐 게임 테트리스 같은 경우를 예로 들 수 있다. '게임의 이식성에 대한 조사[A Survey of 'Game' Portability]'(https://www.academia.edu/8653412/A_Survey_of_Game_Portability)라는 제목의 논문을 발표한 셰필드 대학[University of Sheffield]의 아흐메드 비수바이[Ahmed BinSubaih], 스티브 매덕[Steve Maddock], 다니엘라 로마노[Daniela Romano] 등은 게임플레이를 구현하는 데 사용된 소프트웨어 시스템들을 게임의 지 팩터[G-factor]라고 불렀다. 15~17장에서는 게임 메카닉(또는 게임플레이, 지 팩터)을 정의하고 관리하는 필수적 도구들과 엔진 시스템을 살펴본다.

15.1 게임 월드의 구성

게임플레이 디자인은 게임의 장르뿐 아니라 게임마다 큰 차이가 있다. 이 점을 감안하더라도 대부분의 3D 게임이나 상당수의 2D 게임은 대체로 몇 가지 기본적인 구조 패턴을 따른다. 앞으로 몇 개의 절에 걸쳐 이런 패턴들을 살펴본다. 하지만 모든 게임을 이런 식으로 설명할 수 있는 것은 아니라서 꼭 들어맞지 않는 경우도 있을 수밖에 없다는 점을 명심했으면 한다.

15.1.1 월드 구성 요소

게임이란 대개 2차원이나 3차원의 가상 게임 월드를 배경으로 한다. 이 게임 월드는 분명히 구분되는 수많은 요소로 이뤄진다. 일반적으로 이것들을 두 가지 범주, 즉 정적 구성 요소와 동적 구성 요소로 나눌 수 있다. 정적 구성 요소는 지형, 빌딩, 길, 다리 등 움직이지 않거나 또는 게임플레이에 적극적으로 관여하지 않는 대부분의 요소라고 할 수 있다. 동적 구성 요소에는 캐릭터, 탈것, 무기류, 집을 수 있는 아이템, 수집할 수 있는 물건들, 파티클 이미터[emitter], 동적 광원[dynamic light] 등이 있다. 또한 중요한 게임 이벤트를 검출하는 데 쓰이지만 눈에 보이지는 않는 영역[region]과 물체의 경로를 정의하는 스플라인 등도 포함된다. 그림 15.1에는 이런 식으로 게임 월드를 구분해 본 예가 나와 있다.

Dynamic Foreground

Static Background

Final Scene

그림 15.1 언차티드: 잃어버린 유산(© 2017/™ SIE. 너티 독 개발. 플레이스테이션 4)의 게임 월드에서 정적인 요소와 동적인 요소

게임플레이는 게임의 동적 구성 요소들만 다루는 것이 보통이다. 물론 정적인 배경 배치가 게임을 플레이 방식에 중요한 역할을 한다는 점은 부인할 수 없다. 예를 들어 엄폐를 지원하는 슈터 게임을 넓고 텅 빈 방에서 플레이한다면 별로 재미없을 것이다. 하지만 게임플레이를 구현하는 소프트웨어 시스템은 동적 구성 요소들의 위치, 방향, 내부 상태 등을 업데이트하는 일을 주로 처리하는데, 이것들은 시간에 따라 상태가 변하기 때문이다. 게임 상태^{game state}라는 용어는 게임 월드의 동적 구성 요소들 전체의 상태를 포괄적으로 가리키는 말이다.

동적 구성 요소와 정적 구성 요소가 어떤 비율로 섞여 있는지는 게임마다 다르다. 대부분의 3D 게임에서는 대체로 적은 수의 동적 구성 요소들이 넓은 정적인 배경 공간에서 움직인다. 반면 고전 아케이드 게임인 아스트로이드^{Asteroids}나 엑스박스 360용 지오메트리 워즈^{Geometry Wars} 같은 게임들은 아예 정적 구성 요소라고 할 만한 것이 없다(단지 검은 배경 화면만 있을 뿐이다). 게임에서 동적 구성 요소는 정적 구성 요소보다 CPU 자원 측면에서 대체로 비싸기 때문에 대부분의 3D 게임들은 그 수를 제약할 수밖에 없다. 그렇지만 정적 구성 요소에 비해 동적 구성 요소의 비중이 커질수록 플레이어는 게임 월드가 '활기차' 보인다고 느낀다. 따라서 하드웨어가 발전할수록 게임들은 좀 더 많은 동적 구성 요소를 사용하는 추세다.

하지만 동적 구성 요소와 정적 구성 요소 간의 구별은 그렇게 명확하지 않을 수 있다는 점을 알아야 한다. 아케이드 게임 하이드로 선더Hydro Thunder에 나오는 폭포를 예로 들어 보면 이것은 텍스처가 애니메이션되고 물이 떨어지는 부분에 역동적인 안개 효과도 있는 데다 지형이나 물 표면에 관계없이 어디에든 마음대로 위치시킬 수 있다는 점에서 동적이라고 할 수 있다. 하지만 이 폭포는 레이스를 벌이는 보트들과 서로 아무런 영향을 끼치지 않기 때문에(단지 플레이어로부터 아이템이나 숨겨진 통로를 감추는 역할만 한다) 기술적인 관점에서는 정적 구성 요소로 취급된다. 동적 구성 요소와 정적 구성 요소를 구별하는 기준은 게임 엔진마다 다르며, 아예 둘을 구분하지 않는 게임 엔진도 있다(즉 모든 구성 요소가 잠재적으로 동적일 수 있다).

정적 구성 요소와 동적 구성 요소의 구별이 의미를 지니는 것은 주로 최적화 수단으로 쓰일 때다. 어떤 물체의 상태가 앞으로 변하지 않을 것을 미리 안다면 여러 가지 일을 줄일 수 있다.

예를 들어 어떤 메시가 정적이라서 절대 움직이지 않는다면 조명을 미리 계산할 수 있는데, 정적 정점 조명static vertex lighting, 조명 맵light map, 그림자 맵shadow map, 정적 환경 차폐 정보static ambient occlusion information, PRTPrecomputed Radiance Transfer, 구면 조화 함수 계수spherical harmonics coefficient 등의 방식을 쓸 수 있다. 동적 구성 요소에서 런타임에 수행해야 할 거의 대부분의 계산을 정적 구성 요소에서는 미리 계산해 놓거나 아예 생략할 수 있다.

정적/동적 구성 요소 간의 경계가 모호해지는 예로 파괴 가능한 배경을 사용하는 경우를 들 수 있다. 정적 구성 요소를 세 가지 다른 버전(멀쩡한 버전, 손상 입은 버전, 완전히 파괴된 버전)으로 구성한다고 하자. 이런 배경 요소들은 대부분의 시간 동안은 정적 구성 요소로 취급되지만, 폭발이 발생하는 동안 즉석에서 교체해 점차 손상을 입는 것 같은 효과를 낸다. 따지고 보면 정적 구성 요소와 동적 구성 요소는 최적화 관점에서 본 양극단일 뿐이다. 이 두 극 사이에서 어디에 금을 긋느냐 하는 것은(애초에 구분을 한다면) 게임 디자인이 요구하는 최적화 방법이 변해가면서 달라진다.

15.1.1.1 정적인 기하 형상

정적 구성 요소의 기하 형상static geometry은 주로 마야 등의 도구를 사용해 만든다. 엄청나게 큰 삼각형 메시 하나로 만들 수도 있고, 아니면 따로 떨어진 여러 부분으로 나눠 만들 수도 있다. 화면에 보이는 정적인 부분들은 때로 기하 형상을 인스턴싱instancing해서 만들기도 한다. 인스턴싱이란 메모리 저장 공간을 아끼는 기법으로, 상대적으로 적은 수의 고유한 삼각형 메시를 게임 월드에 여러 번 그리는 방식인데, 가 인스턴스의 위치와 방향을 다르게 줘서 다양한 물체들이 있는 것 같은 느낌을 준다. 예를 들면 서로 다른 담장 조각을 5개를 만든 후 이것들을 임의로 이리저리 끼워 맞추면 엄청나게 길지만 단조로워 보이지 않는 벽을 만들 수 있다.

정적인 시각 요소와 충돌 데이터는 브러시^{brush geometry}를 통해서도 만들 수 있다. 이것은 퀘이크 계열의 엔진에서 유래한 기하 형상이다. 브러시란 평면들로 둘러싸인 볼록한 입체들이 모여서 이뤄진 형상을 뜻한다. 브러시 기하 형상은 빠르고 만들기 쉬울 뿐 아니라 BSP 트리 구조로 된 렌더링 엔진과 잘 어울린다. 브러시가 진가를 발휘할 때는 게임 월드의 일부분에 대해 윤곽을 잡을 때다. 이 경우 테스트가 가장 용이한 개발 초기에 게임플레이 테스트를 할 수 있다. 만든 부분이 성공적이라고 판단한 경우 아트 팀에서 브러시에 텍스처 맵을 붙이고 다듬거나 아니면 더 정밀한 메시로 교체하면 된다. 반대로 다시 디자인해야 하는 경우 아트 팀의 손을 크게 빌리지 않고서도 쉽게 브러시를 손볼 수 있다.

15.1.2 월드 덩어리

게임이 매우 넓은 가상 월드를 배경으로 하는 경우 이 월드를 따로 플레이 가능한 여러 개의 지역으로 쪼개는 것이 일반적이다. 이런 지역 하나를 월드 덩어리^{chunk}라고 부르기로 한다. 덩어리는 다른 말로 레벨, 맵, 스테이지, 에어리어^{area}라고 불리기도 한다. 플레이어는 게임 중에 한 번에 몇 개 안 되는 덩어리만 볼 수 있는 경우가 대부분이고, 게임이 진행되면서 덩어리 사이를 이동해 간다.

원래 '레벨'이라는 개념은 초창기 게임기들의 한정된 메모리 제약 조건 내에서 다양한 게임플레이를 제공하려는 목적으로 만들어진 것이다. 메모리에는 한 번에 하나의 레벨만 올라갈 수 있지만, 여러 레벨을 거쳐 가는 동안 플레이어는 훨씬 다채로운 경험을 하게 된다. 그 뒤로 게임 디자인은 여러 방향으로 발전해 왔는데, 요즘에는 단조로운 선형 진행 레벨 방식을 쓰는 게임은 별로 많지 않다. 아직도 본질적으로 선형 진행 레벨 방식인 게임이 있기는 하지만, 예전에 비해 월드 덩어리가 바뀌는 것을 플레이어가 체감하기는 어려워졌다. 어떤 게임에서는 별형 구조^{star topology}를 쓰기도 하는데, 플레이어가 시작하는 허브 지역을 중앙에 두고 이 허브에서 다른 지역들에 마음대로 접근할 수 있는 형태다(물론 그 전에 해당 지역에 대한 접근 권리를 얻기 위한 단계를 밟아야 한다). 어떤 게임들은 그래프형 구조를 사용하는데, 각 지역은 일정하지 않은 방식으로 서로 연결돼 있다. 그 외에 넓고 광활한 열린 세계를 지향하는 게임도 있으며, 이들은 레벨 오브 디테일LOD, Level Of Detail 기법을 통해 메모리 부하를 경감하고 성능을 향상시킨다.

오늘날에는 정말 다양한 게임 디자인 방식이 존재하지만, 극소수의 경우를 제외하고 게임 월드는 어떤 형태든 덩어리로 나뉜다. 이렇게 하는 데는 여러 이유가 있다. 무엇보다도 제한된 메모리는 여전히 중요한 제약 조건이다(무한한 메모리를 가진 게임기가 나오지 않는 한 앞으로도 상황은 마찬가지일 것이다). 월드 덩어리는 게임의 전체적인 흐름을 조정하는 편리한 방식이기도 하다. 또한 월드 덩어리는 분업에도 유용하다. 소수의 디자이너와 아티스트가 각각 덩어리를 하나씩 맡아서 작업할 수 있다. 그림 15.2에 월드 덩어리의 예가 나와 있다.

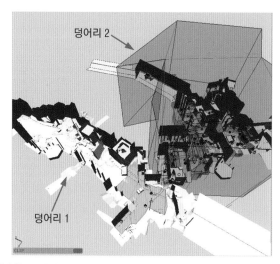

그림 15.2 여러 이유로 게임 월드를 덩어리로 나누는 경우가 많다. 그 이유에는 메모리 제약, 게임 월드를 진행해 가는 흐름 조정, 개발 단계의 분업 방식 등이 있다.

15.1.3 고차원 게임 진행

게임에서 고차원 진행high-level flow이란 플레이어의 목표를 연속적인 배열이나 트리, 그래프 등의 형태로 정의하는 것이다. 목표는 다른 말로 임무, 스테이지, 레벨(월드 덩어리를 나타내는 데도 쓸 수 있는 말이다), 또는 웨이브(게임의 주목적이 떼거지로 공격해 오는 적들을 물리치는 것일 경우)라고 불리기도 한다. 고차원 진행에는 각 목표(예, 모든 적을 처치하고 키를 획득하라)의 성공 조건과 실패하는 경우의 벌칙(예, 현재 지역의 시작 위치로 가기. 그 과정에서 생명력을 하나 잃을 수도 있다)을 지정한다. 스토리가 중심이 되는 게임인 경우 게임 진행에 다양한 인게임 동영상을 포함할 수도 있는데, 이런 동영상들은 이야기가 전개되면서 플레이어가 스토리를 더 잘 이해할 수 있게 도움을 준다. 이런 영상들은 컷 신이나, 인게임 시네마틱IGC, In-Game Cinematic, 비상호적 영상NIS, NonInteractive Sequence이라고 불리기도 한다. 오프라인에서 미리 렌더링한 다음 전체 화면 영상으로 재생되는 경우 풀 모션 비디오FMV, FullMotion Video라고 불린다.

초기의 게임들은 플레이어의 목표를 각 월드 덩어리마다 하나씩만 지정했다(따라서 '레벨'이라는 용어가 두 가지 뜻을 모두 갖게 됐다). 예를 들면 동키 콩에서는 새로운 레벨이 시작되면 새 목표 하나가 마리오에게 주어진다(즉 맨 꼭대기까지 올라간 후 다음 레벨로 넘어가기). 하지만 이렇게 레벨 하나에 목표 하나가 주어지는 방식은 오늘날의 게임에서는 별로 많이 쓰이지 않는다. 각목표는 하나 또는 여러 개의 월드 덩어리와 연관되지만 그 연관성은 의도적으로 낮게 만들어진다. 이 방식의 디자인은 게임 목표를 조정하는 작업과 하부 월드를 수정하는 작업을 독립적으로 할 수 있게 유연성을 제공하는데, 논리적으로나 실용적으로 게임을 개발하는 데 큰 도움이 된다. 목표들을 더 큰 단위의 게임플레이 단위로 묶어 장(챕터)이나 막(액트)이라고 부르는 게임들도 많이 있다. 그림 15.3에 흔히 쓰이는 게임플레이 구조의 예가 나와 있다.

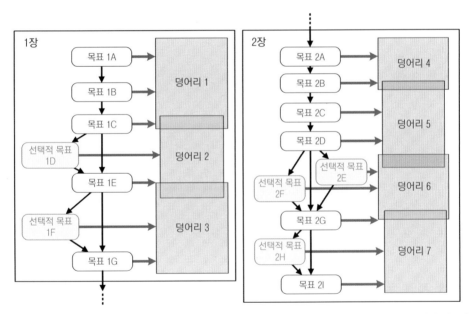

그림 15.3 게임플레이 목표는 연속적 배열이나 트리 형태, 그래프 형태로 배열하는 경우가 많으며, 각 목표는 하나 또는 여러 개의 게임 월드 덩어리에 연관된다.

15.2 동적 구성 요소 구현: 게임 객체

게임의 동적 구성 요소는 일반적으로 객체지향 방식으로 디자인된다. 이 방식은 직관적이고 자연스러우면서도 게임 디자이너가 게임 월드의 구성을 인지하는 개념과도 잘 들어맞는다. 디자이너는 캐릭터, 탈것, 떠 있는 아이템, 폭발하는 연료 통 등 여러 동적 물체가 게임 안에서 돌아다닌다고 생각할 수 있다. 그렇기 때문에 당연히 게임 월드 에디터에서도 이런 것들을 만들고 손볼 수 있기를 기대한다. 마찬가지로 프로그래머의 입장에서도 동적 구성 요소는 런타임에 독립적인 에이전트로 구현하는 것이 자연스러운 경우가 많다. 이 책에서는 게임 객체^{GO,} $^{Game\ Object}$라는 용어를 이용해 게임 월드의 거의 모든 동적 구성 요소를 지칭하기로 한다. 하지만 이 용어가 업계에서 표준적으로 사용되고 있지는 않다. 게임 객체는 개체^{entity}, 액터, 에이전트 등 여러 이름으로 불린다.

객체지향 디자인에서 흔히 볼 수 있듯 게임 객체도 본질은 속성^{attribute}(객체의 현재 상태)과 행동(시간에 따라, 또는 이벤트에 반응해서 상태가 변하는 방식)의 모음이다. 게임 객체는 타입에 의해 구분된다. 타입이 다른 객체들은 다른 속성 스키마와 다른 행동을 갖는다. 한 타입의 모든 인스턴스는 속성 스키마와 행동들은 같지만 속성들의 값은 각기 다르다(게임 객체의 행동이 데이터 주도적인 경우, 즉 스크립트 코드를 통해서 행동이 정해지거나 데이터에 따라 이벤트에 대한 객체의 반응이 달라지는 경우, 행동도 인스턴스마다 다를 수 있다).

타입과 그 타입의 인스턴스를 구분하는 것은 굉장히 중요하다. 예를 들어 고전 게임 팩맨에는 네 가지 객체 타입이 있다. 유령, 알약, 파워 쿠키, 팩맨이 있다. 단, 어느 한 순간에는 '유령' 타입의 인스턴스가 최대 4개, '알약' 타입의 인스턴스는 50~100개, '파워 쿠키' 타입의 인스턴스 4개, 1개의 '팩맨' 타입 인스턴스만 존재할 수 있다.

대부분의 객체지향 시스템에서는 속성이나 행동, 또는 둘 다를 상속할 수 있게 지원한다. 상속은 코드와 디자인을 재활용하는 데 좋은 방법이다. 상속의 구체적 동작은 엔진마다 크게 다르지만 어떤 형태가 됐든 상속을 지원하는 것이 보통이다.

15.2.1 게임 객체 모델

컴퓨터 공학에서 객체 모델이라는 용어는 두 가지 의미가 있는데, 서로 연관이 있지만 많은 차이가 있다. 우선 특정 프로그래밍 언어나 형식적 디자인 언어에서 지원하는 기능들을 가리키는 데 객체 모델이라는 말을 쓸 수 있다. 예를 들면 C++ 객체 모델이나 OMT 객체 모델 등이다. 그리고 또 다른 경우에는 특정 객체지향 프로그래밍 인터페이스를 나타내는 데 쓰이기도 한다(예를 들면 특정 문제를 해결하기 위해 디자인된 클래스와 메서드, 상호 관계의 집합). 여기에는 마이크로소프트 엑셀 객체 모델을 들 수 있는데, 이 객체 모델은 외부 프로그램이 엑셀을 다양한 방법으로 컨트롤할 수 있는 방법을 제공한다. 객체 모델에 대해 더 알고 싶으면 다음 사이트(http://en.wikipedia.org/wiki/Object_model)를 따라가 보자.

이 책에서는 가상의 월드에 존재하는 동적인 존재들을 모델링하고 시뮬레이션할 수 있게 게임 엔진이 지원하는 기능들을 가리키는 데 게임 객체 모델이라는 용어를 사용하기로 한다. 이 정의에서는 앞서 이야기한 게임 객체 모델에 대한 정의 두 가지 모두를 포괄한다.

- 게임 객체 모델은 어떤 게임을 구성하는 구체적인 존재들을 시뮬레이션할 때 발생하는 문제들을 해결하는 데 쓰이는 특정한 객체지향 프로그래밍 인터페이스다.
- 또한 게임 객체 모델은 게임 엔진을 만든 프로그래밍 언어를 확장하는 경우가 많다. C 등 객체지향 언어가 아닌 언어로 게임을 구현할 경우 프로그래머가 직접 객체지향 기능들을 추가할 수 있다. C++같이 객체지향 프로그래밍 언어로 게임을 만든 경우라도 리플렉션reflection, 영속성persistence, 네트워크 복제network replication 등의 고급 기능들을 추가하는 경우도 많다. 게임 객체 모델이 여러 언어의 기능들을 한데 통합하는 역할을 하기도 한다. 예를 들면 게임 엔진에서 C나 C++ 등의 컴파일 언어와 파이썬, 루아Lua, 폰Pawn 등의 스크립트 언어를 통합해 양쪽 언어 모두에서 쓸 수 있는 단일 객체 모델을 제공할 수도 있다.

15.2.2 툴 측면 디자인과 런타임 디자인

디자이너가 월드 에디터(15.4절에서 다룬다)를 통해 보는 객체 모델과 런타임에 게임을 구현하는 데 쓰인 객체 모델이 반드시 같을 필요는 없다.

- 툴 측면 게임 객체 모델을 게임에서 구현할 때 객체지향 기능이 없는 언어(C 등)를 사용할 수도 있다.
- 툴 측면 게임 객체 하나는 게임에서 여러 클래스의 모음으로 구현될 수도 있다(굳이 일대일로 대응될 필요는 없다).

- 툴 측면 게임 객체들은 게임에서 고유 id 하나에 지나지 않는 경우도 있는데, 이때 객체들의 상태 데이터는 테이블에 저장되거나 느슨하게 연관된 객체들의 집합으로 저장된다.

따라서 게임에는 분명히 구분되지만 서로 밀접한 관계가 있는 두 가지 객체 모델이 있다고 하겠다.

- 툴 측면 객체 모델은 디자이너가 월드 에디터에서 보는 게임 객체 타입들의 집합이다.
- 런타임 객체 모델은 프로그래머가 툴 측면 객체 모델을 런타임에 구현하는 데 사용한 프로그래밍 언어의 기능과 소프트웨어 시스템으로 정의된다. 툴 측면 모델과 같거나 직접적인 관계가 있는 경우도 있고, 아니면 내부적인 구현이 완전히 다른 경우도 있다.

어떤 게임 엔진의 경우 툴 측면과 런타임 디자인의 구분이 모호하거나 아예 없다. 반대로 매우 명확하게 구분되는 엔진도 있다. 때로는 툴과 런타임에 같은 구현을 공유하는 경우도 있다. 또는 런타임 구현과 툴 측면의 내용이 아예 달라 보이기도 한다. 어찌됐든 런타임 구현은 반드시 툴 측면 디자인에 영향을 끼치며, 게임 디자이너는 게임 월드를 만들거나 게임플레이 규칙 및 물체의 행동을 디자인할 때 성능과 메모리 효율에 어떤 영향이 있는지를 반드시 알고 있어야 한다. 결론을 짓자면 거의 모든 게임 엔진에는 툴 측면 객체 모델과 그에 대응하는 런타임 구현이 있다.

15.3 데이터 주도 게임 엔진

초창기의 게임 개발에서는 대부분 프로그래머가 하드 코딩을 했다. 툴은 없는 경우도 많았고, 있었어도 원시적인 수준이었다. 대부분의 경우 게임 콘텐츠 양이 많지 않았을 뿐만 아니라 초기 게임 하드웨어의 원시적인 그래픽과 사운드 덕에 제작 기준도 그다지 높지 않았기에 가능했던 일이었다.

이에 비해 요즘 게임들은 비할 수 없이 복잡할 뿐만 아니라 품질 척도도 무척 높아서 게임 콘텐츠는 할리우드 블록버스터 영화의 컴퓨터 그래픽에 비견될 정도이다. 게임 팀의 크기도 많이 커졌지만 게임 콘텐츠의 양은 게임 팀에서 소화할 수 있는 것보다 훨씬 빠르게 증가하는 추세다. 엑스박스 원이나 플레이스테이션 4 등으로 대표되는 8세대의 게임을 만드는 팀의 크기는 이전 세대보다 다소 커진 데 비해 만들어야 하는 콘텐츠의 양은 10배 가량 늘었다는 이야기가 자주 나온다. 이런 경향은 게임 팀이 매우 많은 콘텐츠를 극도로 효율적인 방식으로 제작해야 한다는 말이 된다.

엔지니어들의 역량이 제작의 병목이 되는 경우가 자주 있는데, 이것은 높은 수준의 엔지니어는 한정적이고 비싸기 때문이며, 아티스트나 디자이너에 비해 엔지니어가 콘텐츠를 만들어 내는 속도가 느린 경향이 있기 때문이다(컴퓨터 프로그래밍의 본질적인 복잡도 때문에 이런 일이 발생한다). 이제 대부분의 팀은 콘텐츠를 제작하는 책임이 있는 사람들(즉 디자이너와 아티스트)이 콘텐츠를 직접 생성할 수 있는 능력을 일부라도 갖는 편이 낫다고 생각한다. 게임의 행동이 프로그래머가 제작한 소프트웨어에 독점적으로 조정되는 것이 아니라 전부 또는 일부가 아티스트와 디자이너가 제공하는 데이터에 의해 조정될 수 있을 때 게임 엔진이 데이터 주도적^{data-driven}이라고 말한다.

데이터 주도 아키텍처는 모든 팀원의 역량을 최대한 끌어낼 뿐 아니라 엔지니어들의 부담을 어느 정도 덜어 주기 때문에 팀의 효율성을 향상시킨다. 또 반복 생산 시간을 단축시키기도 한다. 게임의 콘텐츠를 살짝 바꾸려 하거나 한 레벨을 통째로 고치고 싶을 때 데이터 주도 디자인에서는 바꾼 내용이 어떤 효과를 내는지 금방 확인할 수 있고, 제대로 구현돼 있는 경우라면 엔지니어의 도움을 거의 받지 않고도 가능하다. 이런 점은 귀중한 시간을 절약할 수 있으며, 게임을 매우 높은 수준으로 가다듬을 수 있는 기회를 준다.

이런 장점이 있지만 데이터 주도 기능들은 결코 쉽게 얻을 수 있는 것이 아니다. 게임 디자이너와 아티스트가 게임 콘텐츠를 데이터 주도적으로 만들 수 있는 툴이 있어야 하고, 들어올 수 있는 다양한 범위의 입력들을 안정적으로 처리할 수 있게 런타임 코드를 변경해야 한다. 아티스트와 디자이너가 게임 안에서 자신들의 작업을 미리 볼 수 있고 문제점을 알 수 있게 지원하는 툴도 있어야 한다. 이 모든 소프트웨어들을 만들고, 테스트하며 유지하는 데는 상당한 시간이 든다.

안타깝게도 많은 게임 팀이 자신들의 시도가 게임 디자인에 어떤 영향을 끼칠지와 팀 멤버들의 요구 사항에 대해 깊이 연구해 보지도 않은 채 서둘러 데이터 주도 아키텍처를 도입하는 데 혈안이 돼 있다. 이렇게 서두르는 와중에 목표를 과하게 잡는 일이 흔하며, 그 결과 쓸데없이 복잡한 툴과 엔진 시스템을 만들게 되는데, 이것들은 쓰기 어렵고 버그투성이인 데다 변화하는 프로젝트 요구 사항에 맞게 변경하기 거의 불가능한 경우가 흔하다. 역설적이게도 데이터 주도 디자인의 게인을 구현하려는 노력의 결과, 어떤 팀들은 구식의 하드 코딩 방식보다 훨씬 떨어지는 생산성을 보이는 경우도 있다.

게임 엔진은 데이터 주도적인 요소를 어느 정도는 가져야 하지만 엔진의 어떤 측면을 데이터 주도적으로 할지에 대해서는 매우 신중하게 정해야 한다. 데이터 주도적, 또는 빠른 반복 생산 기능들을 만드는 데 소요되는 비용과 이 기능들이 전체 프로젝트에 걸쳐 팀의 작업 시간을 얼마나 단축시켜 줄지를 반드시 비교해야 한다. 그리고 KISS 법칙^{Keep It Simple, Stupid1}을 염두에 두고 데이터 주도적 툴과 엔진 시스템을 설계하고 구현하는 것도 큰 도움이 된다. 아인슈타인의 말을 빌리자면 게임 엔진의 모든 요소를 가능한 한 단순하게 만들어야 하지만, 지나치게 단순하게 만들어서도 안 된다.

15.4 게임 월드 에디터

마야, 포토샵, 하복 콘텐츠 툴 등 데이터 주도 방식으로 자원을 제작하는 툴들에 대해 이미 살펴봤다. 이런 툴들은 각각 렌더링 엔진, 애니메이션 시스템, 오디오 시스템, 물리 시스템 등에서 소모되는 개별 자원들을 만든다. 게임플레이 관점에서 이런 툴에 해당하는 것이 게임 월드 에디터다. 이 도구(또는 도구들의 모음)는 게임 월드 덩어리를 정의하고, 그 안에 정적, 동적 구성 요소들을 채워 넣는 일을 한다.

상용 게임 엔진이라면 형태는 달라도 예외 없이 월드 에디터 툴을 제공한다.

- 널리 알려진 레이디언트^{Radiant}는 퀘이크와 둠 계열 엔진에 쓰이는 맵 제작 도구다. 그림 15.4에 레이디언트가 나와 있다.
- 하프 라이프 2^{Half-Life 2}, 오렌지 박스^{The Orange Box}, 팀 포트리스 2^{Team Fortress 2}, 포털^{Portal} 시리즈, 레프트4데드^{Left 4 Dead} 시리즈와 타이탄폴^{Titanfall}을 만든 밸브^{Valve}의 소스 엔진^{Source Engine}에는 해머^{Hammer}(이전에는 월드크래프트^{Worldcraft}와 포지^{The Forge}라는 이름으로 배포됐었다)라는 월드 에디터가 있다. 그림 15.5는 해머의 스크린 샷이다.

---

1   KISS는 디자인을 최대한 단순하게 하는 것이 복잡한 것보다 낫다는 뜻이다. - 옮긴이

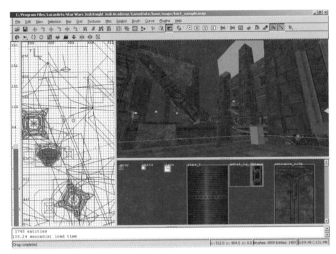

그림 15.4 퀘이크와 둠 계열 엔진에서 쓰이는 레디언트 월드 에디터

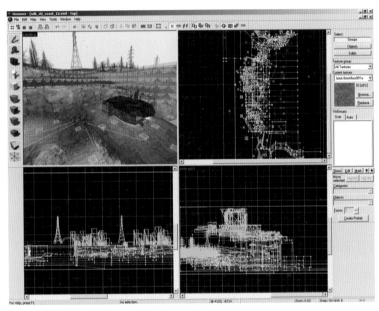

그림 15.5 밸브의 소스 엔진에 쓰이는 해머 에디터

- 크라이텍^{Crytek}의 크라이엔진^{CRYENGINE}은 고성능 월드 제작 및 편집 도구들을 제공한다. 이 도구들은 동시에 여러 플랫폼용 게임의 편집 기능을 지원하며, 2D와 진짜 스테레오 스코픽^{stereoscopic} 3D 모두 해당한다. 크라이텍의 샌드박스^{Sandbox} 에디터는 그림 15.6에 나와 있다.

그림 15.6 크라이엔진의 샌드박스 에디터

일반적으로 게임 월드 에디터에서는 게임 객체들의 초기 상태(예를 들면 속성들의 값)를 지정할 수 있다. 대부분의 게임 월드 에디터는 게임 월드의 동적 구성 요소의 행동을 조정할 수 있는 기능도 함께 제공한다. 이런 식으로 조정할 때는 데이터 주도적 설정 파라미터를 이용하거나 (예를 들면 객체 A는 투명한 상태로 시작하고, 객체 B는 생성되자마자 플레이어를 공격하며, 객체 C는 불 붙을 수 있는 특성이 있다) 아니면 스크립트 언어를 사용하기도 하는데, 이 경우 게임 디자이너의 업무에 프로그래밍이 더해진다. 어떤 월드 에디터는 프로그래머의 별다른 도움 없이도 완전히 새로운 타입의 게임 객체를 정의할 수 있는 기능을 지원하기도 한다.

15.4.1 게임 월드 에디터의 일반적인 기능

게임 월드 에디터의 디자인과 구조는 에디터마다 많이 다르지만, 대부분의 에디터는 대체로 정해진 기능들을 제공한다. 여기에는 다음과 같은 것들이 있는데, 물론 이것들이 전부는 아니다.

15.4.1.1 월드 덩어리 생성과 관리

월드를 제작하는 단위는 보통 월드 덩어리(레벨이나 맵이라고도 불린다. 15.1.2절 참조)다. 게임 월드 에디터에서 새로운 덩어리를 만들기도 하고, 이미 있는 덩어리의 이름을 바꾸거나 잘게 쪼개고 합치고 파괴하는 등의 작업도 할 수 있다. 각 덩어리는 하나 이상의 스태틱 메시$^{static\ mesh}$나 여러 정적 데이터 구성 요소들과 연결될 수 있는데, AI 내비게이션 지도$^{navigation\ map}$, 플레이어가 짚을 수 있는 손잡이들에 대한 정보, 엄폐 지점 정의 등이 여기에 해동한다. 어떤 엔진에서는 덩어리 하나가 배경 메시 하나로 정의되고 배경 메시 없이는 만들 수 없는 경우도 있다. 이와 달리 메시 없이도 덩어리를 만들 수 있는 엔진도 있는데, 이 경우 경계 볼륨(예, AABB, OBB, 또는 임의의 다각형 영역) 등으로 덩어리를 정의하며, 여러 개의 메시와 브러시(1.7.2.1절 참조)가 그 안에 들어갈 수 있다.

어떤 에디터는 지형, 물 등의 특수한 정적 구성 요소를 제작하는 전문 툴을 제공하는 경우도 있다. 그렇지 않은 엔진에서는 이런 것들을 제작할 때 널리 쓰이는 표준 DCC 프로그램을 이용하고, 자원 다듬기 파이프라인$^{ACP,\ Asset\ Conditioning\ Pipeline}$이나 런타임 엔진에서 구분할 수 있게 그냥 표시만 해둔다(언차티드와 라스트 오브 어스 시리즈에서 이 방식을 사용했다. 물은 삼각형 메시로 만든 후 특수한 머티리얼을 연결해 물로 취급하게 했다). 때로는 각 월드 구성 요소들을 독립된 다른 툴로 만들고 고치는 경우도 있다. 예를 들어 '메달 오브 아너: 퍼시픽 어설트'의 높이 필드 방식의 지형을 제작하는 데는 일렉트로닉 아츠의 다른 팀에서 얻어온 툴을 고쳐서 사용했는데, 이렇게 한 이유는 당시 프로젝트에 사용하던 레이디언트 에디터에 지형 에디터를 통합하는 것보다는 그 편이 더 수월했기 때문이다.

15.4.1.2 게임 월드 시각화

게임 월드 에디터를 사용하는 사람이 게임 월드 콘텐츠를 눈으로 볼 수 있어야 하는 것은 당연하다. 그렇기 때문에 게임 월드 에디터에 3차원 원근 투영이나 2차원 직교 투영으로 게임 월드를 볼 수 있는 기능을 지원하는 경우가 대부분이다. 에디터의 창을 네 부분으로 나눠서 3개에는 윗면, 옆면, 앞면의 직교 투영 측면도를 보여 주고, 나머지 하나는 3D 원근 투영 화면을 보여 주는 경우가 일반적이다.

이렇게 월드를 그릴 때 에디터에 직접 통합된 전문 렌더링 엔진을 사용하는 경우도 있고, 아니면 마야나 3DS 맥스 등의 3D 에디터에 통합돼 단순하게 이런 툴들의 뷰포트를 이용하는 경우도 있다. 그 외에 실제 게임 엔진과 통신하면서 게임 엔진을 이용해 3D 직교 투영 화면을 렌더링하는 에디터도 있다. 그리고 어떤 에디터는 아예 엔진에 통합돼 버린 경우도 있다.

15.4.1.3 탐색하기

당연한 말이지만, 사용하는 사람이 게임 월드 안을 자유롭게 돌아다니지 못한다면 월드 에디터는 별 쓸모가 없다. 직교 투영 화면에서 스크롤하고 줌인/아웃하는 기능은 필수적이다. 3D 화면에서는 다양한 카메라 조작 방식이 이용된다. 임의의 객체 하나를 중심으로 주위를 회전하게 조작할 수도 있다. 또한 '플라이 스루fly through' 모드로 전환할 수도 있는데, 이 상태에서는 초점을 중심으로 카메라를 회전하거나 앞, 뒤, 위, 아래, 또는 좌우로 수평 이동할 수 있다.

탐색을 위해 다양한 편의 기능을 지원하는 에디터도 있다. 객체를 선택하고 키 하나로 거기에 초점을 맞추거나 여러 카메라 위치를 저장하고 그 사이를 자유롭게 옮겨 다니기, 대강 탐색하거나 세밀한 카메라 조정을 위해 카메라 이동 속도를 다양하게 변경하기, 웹 브라우저처럼 탐색 기록을 통해 게임 월드를 이리저리 돌아다니기 등을 예로 들 수 있다.

15.4.1.4 선택하기

게임 월드 에디터를 사용하는 주목적은 게임 월드 안에 다양한 정적, 동적 구성 요소들을 채워 넣는 것이다. 그렇기 때문에 각 구성 요소를 선택해서 편집할 수 있는 기능이 매우 중요하다. 한 번에 오직 하나의 객체만 선택할 수 있는 엔진도 있지만 비교적 발전된 에디터에서는 여러 객체들을 한꺼번에 선택할 수 있다. 직교 투영 화면에서는 커서를 긁어 선택하고, 3D 화면에선 레이 캐스트로 객체를 선택하는 방법도 있다. 스크롤 리스트나 트리를 통해 모든 월드 구성 요소를 보여 주고 이름으로 찾거나 선택할 수 있는 에디터도 많다. 한발 더 나가 선택한 그룹에 이름을 짓고 이것을 저장하고 불러올 수 있는 에디터도 있다.

게임 월드는 객체들이 조밀하게 위치하는 경우가 많다. 따라서 어떤 물체를 선택하려고 할 때 다른 물체들이 방해가 돼서 곤란한 경우가 있다. 이 문제는 여러 가지 방법으로 해결할 수 있다. 레이 캐스트를 사용해 3D에서 물체를 선택하는 경우 에디터는 제일 처음 물체만 보여 주는 대신, 선분이 통과하고 있는 모든 물체를 순환할 수 있게 하면 된다. 현재 선택된 물체들을 숨길 수 있는 에디터도 많다. 이 점을 이용하면 처음에 원하는 물체를 선택하지 못하더라도 현재 선택된 물체를 숨기고 다시 시도할 수 있다. 다음 단락에서 살펴볼 내용인데, 계층을 이용하면 어수선함을 줄이면서 사용자가 원하는 물체를 제대로 선택하는 데 큰 도움이 된다.

15.4.1.5 계층

미리 정의돼 있거나 사용자가 정의할 수 있는 계층으로 물체들을 묶을 수 있는 에디터도 있다. 이 기능은 게임 월드의 콘텐츠를 합리적으로 정돈할 수 있다는 점에서 엄청나게 유용하다. 계층 단위로 전부 화면에서 감추거나 보일 수 있어서 화면을 덜 어수선하게 보이도록 하는 데 쓰이기도 한다. 각 계층의 색깔을 달리해 쉽게 구분하게 만든 경우도 있다. 뿐만 아니라 계층을 이용하면 분업에도 효율적일 수도 있다. 예를 들면 조명을 담당하는 팀이 월드 덩어리에 작업을 할 때는 조명과 관계없는 구성 요소들은 전부 보이지 않게 하면 된다.

뿐만 아니라 계층별로 따로 불러오고 저장하는 기능이 있다면 여러 사람이 같은 월드 덩어리를 동시에 고쳐도 충돌을 피할 수 있다. 예를 들어 조명은 전부 한 계층에 저장하고 배경 기하 형상들은 다른 계층에, 그리고 모든 AI 캐릭터는 또 다른 계층에 저장한다고 하자. 각 계층들은 완전히 독립적이기 때문에 조명 팀, 배경 팀, NPC 팀이 동시에 한 월드 덩어리에서 작업할 수 있다.

15.4.1.6 속성 그리드

게임 월드 덩어리에 들어가는 정적, 동적 구성 요소에는 일반적으로 사용자가 값을 고칠 수 있는 여러 가지 속성(property나 attribute라고 한다)이 있다. 속성을 간단한 키−값의 쌍으로 하고 한정된 데이터 타입, 즉 불리언 값, 정수, 부동소수, 문자열 등만 쓸 수 있게 하기도 한다. 일부 에디터에서는 데이터 배열이나 복합적 자료 구조가 중첩된 복잡한 속성을 지원하기도 한다. 좀 더 복잡한 데이터 타입들, 예를 들면 벡터, RGB 컬러, 외부 자원(오디오 파일, 메시, 애니메이션 등)에 대한 참조 같은 것들을 지원하는 경우도 있다.

현재 선택된 물체(또는 물체들)의 속성들을 보여 줄 때는 보통 스크롤되는 속성 그리드property grid를 이용하는 경우가 많다. 그림 15.7에 속성 그리드가 나와 있다. 이 그리드를 통해 사용자는 각 속성의 현재 값을 볼 수 있는데, 값을 바꿀 때는 직접 타이핑해도 되고 체크 박스나 드롭다운 콤보 박스를 이용하거나 스피너 컨트롤을 위아래로 드래그하기도 한다.

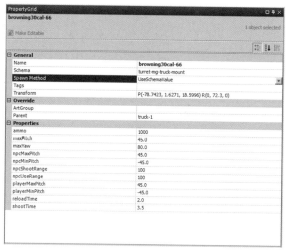

그림 15.7 흔히 볼 수 있는 속성 그리드

여러 물체를 선택해 값 바꾸기

여러 물체를 선택할 수 있는 에디터라면 속성 그리드에서 여러 물체의 속성을 편집할 수도 있을 것이다. 이것은 발전된 기능으로, 선택된 모든 물체들의 속성들을 한데 모아 보여 준다. 선택된 물체들의 속성 값 중 모두 같은 것이 있다면 그 값을 그대로 보여 주고, 편집할 경우 선택된 모든 물체들의 속성 값이 바뀐다. 선택된 물체들의 속성이 모두 같지 않다면 속성 그리드는 보통 아무 값도 보여 주지 않는다. 이 경우 새 값을 속성 그리드의 항목에 넣으면 선택된 모든 물체의 해당 속성 값이 덮어써지면서 모두 같은 값이 된다. 선택된 물체들이 다양한 물체를 포함한 경우(즉 물체들의 타입이 같지 않은 경우)에는 약간 문제가 될 수 있다. 각 물체 타입은 다른 속성들을 가질 수 있기 때문에 속성 그리드에서는 선택된 물체들이 모두 공통적으로 갖는 속성만 표시해야 한다. 하지만 이점이 될 수 있는데, 게임 객체 타입들은 공통된 부모 타입에서 상속하는 경우가 많기 때문이다. 예를 들어 모든 물체(객체)는 위치와 방향을 갖는다. 타입이 다른 물체들을 선택한 경우 여러 세부적인 속성들은 잠시 화면에 보이지 않게 되지만 사용자는 여전히 공통된 속성 값을 편집할 수 있다.

자유 형식 속성

일반적으로 객체가 갖는 속성들과 그 속성들의 데이터 타입은 객체 타입에 따라 정해진다. 예를 들면 렌더링할 수 있는 물체들은 위치, 방향, 스케일, 메시 등을 갖고, 조명은 위치, 방향,

색깔, 강도, 조명 타입을 갖는다. 일부 에디터는 이에 더해 '자유 형식$^{\text{free-form}}$' 속성을 사용자가 정의할 수 있게 지원하는데, 이 속성은 인스턴스마다 지정된다. 이런 속성은 대개 단순한 키/값의 쌍으로 된 데이터의 리스트로 구현한다. 사용자는 각 자유 형식 속성에서 이름(키)을 비롯해 데이터 타입과 값을 자유롭게 지정할 수 있다. 이 속성은 새 게임플레이 기능에 대한 프로토타입을 만들거나, 한 번 쓰고 버리는 것들을 구현할 때 특히 유용하다.

15.4.1.7 물체 위치시키기와 정렬 도우미

물체의 일부 속성들은 월드 에디터에서 특별하게 취급된다. 대개 물체의 위치, 방향, 스케일은 직교 투영 화면이나 원근 투영 화면에서 특별한 방식으로 조정하는데, 마야나 맥스의 경우를 떠올리면 된다. 뿐만 아니라 자원 연결$^{\text{asset linkage}}$도 특수하게 처리해야 한다. 예를 들면 어떤 물체에 연결된 메시를 변경한 경우 직교 투영 화면이나 3D 원근 투영 화면에서 바뀐 메시를 제대로 보여 줘야 한다. 따라서 게임 월드 에디터는 이런 속성들의 특수한 성질을 알고 있어야 하며, 여타 다른 속성들처럼 평범하게 취급해서는 안 된다.

평행 이동, 회전 이동, 스케일을 처리하는 기본적인 기능 외에도 물체를 위치시키고 정렬하는 데 도움을 주는 기능을 지원하는 에디터들도 많다. 이런 기능들 중 상당수는 상용 그래픽 도구나 3D 모델링 도구인 포토샵, 마야, 비지오 등의 기능에서 따온 것이다. 그 예로 스냅 투 그리드$^{\text{snap to grid}}$, 스냅 투 터레인$^{\text{snap to terrain}}$, 물체 기준 정렬^{align} 등을 들 수 있고 그 외에도 더 많은 예를 쉽게 찾을 수 있다.[2]

15.4.1.8 특수 객체 타입

월드 에디터가 객체의 속성 중 일부를 특별하게 다뤄야 하듯 특정 타입의 객체 또한 특별하게 다뤄야 한다. 그 예를 들어보면 다음과 같다.

- **조명^{light}** 월드 에디터는 조명을 표현하는 데 특수한 아이콘을 사용하는데, 조명에는 메시가 없기 때문이다. 조명이 장면의 기하 형상들에 어떤 효과를 내는지 대략적으로 보여 주는 에디터도 있는데, 이렇게 하면 디자이너가 실시간으로 조명을 이리저리 옮겨 가며 최종적으로 장면이 어떻게 보일지 감을 잡을 수 있다.

---

2   스냅 투 그리드, 스냅 투 터레인은 물건이나 창을 경계에 어느 정도 가까이 드래그하면 알아서 표면에 달라붙는 기능이다. – 옮긴이

- **파티클 이미터**^{particle emitter} 별도의 렌더링 엔진을 기반으로 만든 에디터라면 파티클 효과를 보여 주기 어려울 수 있다. 이 경우 아이콘만 보여 주거나, 에디터에서 파티클 효과를 어느 정도 흉내내게 할 수 있다. 물론 에디터가 게임에 완전히 통합됐거나 실제로 게임과 통신을 하면서 편집할 수 있는 경우는 별 문제가 안 된다.

- **음원**^{sound source} 14장에서 살펴봤듯이 3D 렌더링 엔진에서 음원은 3D 위치나 볼륨으로 구현한다. 월드 에디터에서 이것들을 편집할 수 있는 특수한 편집 도구를 지원하면 편리할 것이다. 예를 들어 사운드 디자이너가 전방향 사운드 이미터^{emitter}의 범위나 방향성 이미터의 방향 벡터와 원뿔 범위를 눈으로 확인할 수 있으면 좋다.

- **영역**^{region} 영역이란 게임에서 객체가 어떤 공간 안에 들어가거나 빠져나가는지 등의 특정한 이벤트를 감지하거나 다양한 목적으로 공간을 구분하는 데 쓰는 입체 공간이다. 영역을 정의할 때 구나 유향 박스^{oriented box}만 사용하게 제한하는 경우도 있고, 위에서 본 모양이 임의의 볼록 다각형이고 측면들은 완벽히 수직인 형상을 지원하는 경우도 있다. 그 외에 k-DOP(13.3.4.5절 참조) 등의 더 복잡한 기하 형상으로 영역을 만들 수 있는 엔진도 있다. 영역이 구로만 정의되는 경우 속성 그리드에서 '반경' 속성만 있어도 충분하겠지만, 임의의 형상을 한 영역에서 범위를 지정하고 편집하려면 특수한 편집 툴이 반드시 필요하다.

- **스플라인**^{spline} 스플라인이란 컨트롤 지점들과 부가적인 접선 벡터(탄젠트 벡터)에 의해 정의되는 3차원 곡선이며, 접선 벡터의 유무는 어떤 종류의 수학적 곡선이 이용됐느냐에 달렸다. 많이 쓰이는 스플라인에는 캣멀-롬^{Catmull-Rom}이 있는데, 컨트롤 지점만으로 정의할 수 있는 데다(접선 벡터 없이) 곡선이 항상 모든 컨트롤 지점을 지나가는 특성이 있기 때문이다. 어떤 종류의 스플라인이 쓰이든 월드 에디터는 스플라인 곡선을 화면에 그려 주고 사용자가 각 컨트롤 지점을 선택해 편집할 수 있게 해야 한다. 일부 에디터는 실제로 두 가지 선택 모드를 지원하기도 한다. '큰 덩어리^{coarse}' 모드는 장면의 물체들을 선택하는 데 쓰이고, '세밀^{fine}' 모드는 선택된 물체 안의 개별 구성 요소(예를 들면 스플라인의 컨트롤 지점이나 영역의 정점들)를 선택하는 데 쓰인다.

- **AI용 내비 메시**^{nav mesh} 다수의 게임에서 NPC가 이동할 때는 게임 월드의 이동 가능한 구역 내에서 경로 검색 알고리듬을 통해 길을 찾는다. 이 같은 이동 가능한 구역을 정의할 방법이 있어야 하는데, 통상적으로 월드 에디터를 통해 AI 디자이너가 이런 구역을

만들고, 시각화하고 편집한다.

- **기타 특수 데이터** 당연히 게임마다 사용하는 데이터가 다르다. 이런 데이터를 시각화하고 편집하는 기능을 제공하는 데 월드 에디터를 활용하는 수도 있다. 예를 들면 게임플레이 공간 내에서 AI 시스템이 활용할 수 있는 정보(창문, 출입구, 공격 및 방어 지점)나 엄폐 지점 또는 플레이어나 NPC가 잡고 오를 수 있는 난간 등의 지형 정보 같은 것이 있다.

15.4.1.9 월드 덩어리 저장하기와 불러오기

당연한 말이지만 월드 덩어리를 불러오고 저장하는 기능 없는 월드 에디터는 제구실을 한다고 할 수 없다. 월드 덩어리를 어떤 단위로 불러오고 저장할지는 게임 엔진마다 크게 다르다. 각 월드 덩어리를 파일 하나로 저장하는 엔진이 있는 반면, 각 계층을 따로 불러오고 저장할 수 있는 엔진도 있다. 사용되는 데이터 형식도 엔진마다 다르다. 어떤 엔진은 고유한 바이너리 형식을 사용하는 반면, 어떤 엔진은 XML이나 JSON 등의 텍스트 형식을 사용한다. 각 방식은 제각기 장단점이 있지만, 모든 에디터가 월드 덩어리를 저장하고 불러올 수 있다는 점은 같다. 그리고 모든 엔진은 월드 덩어리를 불러와 런타임에 플레이할 수 있다.

15.4.1.10 빠른 반복 개발

좋은 게임 월드 에디터라면 빠른 반복 개발^{rapid iteration}을 위해서 다양한 노력을 들인다. 에디터가 게임 안에서 돌아가서 작업한 내용을 즉시 확인할 수 있는 경우도 있다. 실행 중인 게임과 에디터가 직접 통신하기도 한다. 그렇지만 완전히 오프라인으로 동작하는 에디터도 있는데, 이 경우 독립된 툴로서 돌거나 아니면 라이트웨이브^{Lightwave}나 마야 같은 DCC 프로그램의 플러그인 형태로 동작한다. 때로는 이런 툴들이 수정된 데이터를 실행 중인 게임에 동적으로 다시 불러올 수 있는 기능을 지원하기도 한다. 구체적으로 어떻게 동작하는지는 중요하지 않다. 핵심은 사용자에게 용인할 만한 수준의 짧은 전체 반복 시간(즉 게임 월드에 뭔가를 변경하고 그 효과를 게임 안에서 확인하는 시간)을 제공하는 것이다. 여기서 중요한 것은 반복 시간이 순간적일 필요는 없다는 점이다. 반복 시간은 변경 작업의 범위와 빈도에 따라 달라지면 된다. 예를 들어 캐릭터의 최대 체력을 조정하는 일이 굉장히 빨리 반영돼야 한다면 전체 게임 월드 덩어리의 조명 환경을 변경하는 작업을 할 때는 반복 시간이 훨씬 길어도 괜찮다.

15.4.2 통합된 자원 관리 툴

어떤 엔진은 게임 월드 에디터에 여러 게임 자원 데이터베이스 관리 기능들을 통합하기도 하는데, 메시와 머티리얼 속성 정의, 애니메이션 정의, 블렌딩 트리, 애니메이션 상태 기계, 객체의 충돌 및 물리 속성 설정, 텍스처 자원 관리 등을 예로 들 수 있다(게임 자원 데이터베이스에 관해서는 7.2.1.2절을 참조하면 된다).

이런 식의 에디터 중에 가장 널리 알려진 것은 언리얼 엔진을 기반으로 만드는 게임에서 콘텐츠를 제작하는 데 사용되는 UnrealEd(이하 언리얼 에디터)다. 언리얼 에디터는 게임 엔진과 직접 통합돼 있기 때문에 에디터에서 변경한 내용은 실행 중인 게임의 동적 구성 요소에 직접 적용된다. 그렇기 때문에 빠른 반복 생산을 하기가 무척 수월하다. 하지만 언리얼 에디터는 단순한 게임 월드 에디터 이상이며, 완전한 콘텐츠 제작 패키지라 할 수 있다. 애니메이션을 비롯해 오디오 클립, 삼각형 메시, 텍스처, 머티리얼, 셰이더 등 모든 게임 자원 데이터베이스를 관리한다. 언리얼 엔진은 전체 자원 데이터베이스에 대해 일관되면서 실시간 WYSIWYG 보기를 지원하는데, 따라서 빠르고 효율적인 게임 개발이 가능하다. 언리얼 에디터는 그림 15.8과 그림 15.9에서 볼 수 있다.

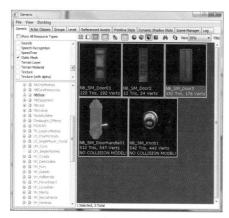

그림 15.8 언리얼 엔진의 Generic Browser를 사용하면 모든 게임 자원 데이터베이스를 다룰 수 있다.

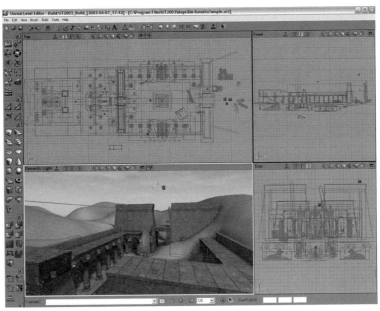

그림 15.9 언리얼 에디터는 월드 에디터이기도 하다.

15.4.2.1 데이터 처리 비용

7.2.1절에서는 자원 다듬기 파이프라인^{ACP}을 통해 여러 원본 형식의 게임 자원을 게임 엔진에서 쓸 수 있게 변경한다고 살펴봤다. 이것은 대개 두 단계를 거쳐 실행된다. 먼저 DCC 프로그램에서 게임에 쓰일 데이터만 추출해 플랫폼 중립적인 형식으로 저장한다. 그다음 이 자원을 특정 플랫폼에 최적화된 형식으로 가공한다. 여러 플랫폼을 위해 개발하는 프로젝트의 경우 플랫폼 중립적인 자원 하나가 두 번째 단계에서 여러 개의 플랫폼 최적화된 자원으로 가공된다.

툴 파이프라인 간에 큰 차이를 보이는 곳 중 하나가 바로 두 번째 플랫폼 최적화 단계가 진행되는 시점이다. 언리얼 에디터는 이 단계를 처음에 자원을 에디터로 가져오기^{import}할 때 처리한다. 이 방식은 레벨을 디자인할 때 빠른 반복 생산을 할 수 있다는 장점이 있다. 하지만 메시나 애니메이션, 오디오 자원 등의 원본 자원을 수정하기가 더 힘들어질 수도 있다. 소스 엔진이나 퀘이크 엔진 등의 다른 엔진들에서는 게임이 실행되기 전 레벨을 구울^{bake} 때 자원 최적화를 진행한다. 헤일로^{Halo}는 언제 원본 자원을 바꿀 것인지 사용자가 선택할 수 있다. 원본들은 엔진에 처음 불러올 때 최적화된 형태로 바뀌고, 그 결과를 캐시에 저장해서 게임이 실행될 때마다 최적화 단계를 수행할 필요가 없게 한다.

런타임 게임플레이 기반 시스템 16장

16.1 게임플레이 기반 시스템의 컴포넌트

대부분의 게임 엔진은 게임의 고유한 규칙과 목표, 그리고 동적 월드 구성 요소들을 만드는 기반으로 쓰이는 여러 런타임 소프트웨어 컴포넌트를 제공한다. 게임 업계에 이런 컴포넌트를 지칭하는 표준적인 이름이 있는 것은 아니지만, 통틀어 게임 엔진의 게임플레이 기반 시스템 gameplay foundation system이라고 부르기로 하자. 만일 게임 엔진과 게임을 나누는 선을 긋는다면 게임플레이 기반 시스템은 이 선 바로 아래에 위치한다. 이론적으로는 모든 게임에 두루 쓰일 수 있는 게임플레이 기반 시스템을 만드는 것도 가능하다. 하지만 실제로 이런 시스템들은 장르나 게임에 따라 특화된다. 사실 엔진과 게임을 구분하는 선은 경계가 불명확하고 폭이 넓은 띠라고 보면 더 정확하다. 이 띠는 엔진과 게임을 이어 주는 컴포넌트를 모두 아우른다. 어떤 엔진의 경우에는 전체 게임플레이 기반 시스템이 이 경계 위에 오는 경우도 간혹 있다. 게임플레이 컴포넌트를 디자인하고 구현하는 데서 게임 엔진들의 차이가 가장 극명하게 드러난다고 하겠다. 그럼에도 여러 게임 엔진 간에 놀랄 만큼 공통적인 패턴들이 드러나는데, 바로 이것이 16장의 주제다.

게임 엔진마다 게임플레이 소프트웨어 디자인에 대한 접근이 조금씩 다르다. 하지만 대부분의 엔진은 형태는 달라도 다음과 같은 주요 하위 시스템을 제공한다.

- **런타임 게임 객체 모델**   게임 디자이너가 월드 에디터를 통해 인지하는 가상의 게임 객체 모델을 실제로 구현하는 부분이다.

- **레벨 관리 및 스트리밍**   게임플레이가 벌어지는 가상 월드의 콘텐츠를 불러오고 내리는 시스템이다. 많은 게임 엔진에서 레벨 데이터를 메모리에 스트리밍하는 데 이렇게 함으로써 사용자가 광활하고 연속된 월드(심리스 월드^{seamless world})에 있는 것처럼 인지하게 만든다(실제로는 여러 넝어리로 나뉘어 있다).

- **실시간 객체 모델 업데이트**   게임 객체들이 스스로 동작하게 하려면 모든 객체들을 주기적으로 업데이트해 줘야 한다. 바로 이 부분에서 게임 엔진의 온갖 다양한 시스템들이 비로소 합쳐져 유기적인 전체 시스템을 이룬다.

- **메시지와 이벤트 처리**   대부분의 게임 객체들은 서로 통신해야 한다. 이런 통신은 대개 추상적 메시지 시스템을 통해 이뤄진다. 객체 간 메시지는 종종 게임 월드의 상태 변화, 즉 이벤트가 발생했음을 의미한다. 메시지 시스템을 이벤트 시스템이라고 부르는 경우도 많다.

- **스크립트**   하이레벨 게임 로직을 C나 C++ 등의 프로그래밍 언어로 짜는 것은 부담스러운 일이다. 생산성을 향상시키면서 빠른 반복 생산을 가능하게 하고, 프로그래머가 아닌 팀원들이 더 많은 역할을 맡을 수 있게 게임 엔진에 스크립트 언어를 통합하는 경우가 많다. 이런 언어는 파이썬^{Python}이나 루아^{Lua}같이 텍스트 기반인 언어인 경우도 있고, 아니면 언리얼 엔진의 블루프린트^{Blueprint}처럼 그래픽 언어인 경우도 있다.

- **목적 및 게임 흐름 관리**   플레이어의 목적과 전체적인 게임의 흐름을 관리하는 하위 시스템이다. 대개 플레이어의 목적을 순차적인 배열이나 트리 또는 그래프 형태로 표현한다. 목적들을 여럿이 한데 묶어 장^{chapter}으로 구성하는 경우가 많은데, 특히 요즘에 유행하는 스토리 중심의 게임들에서 더욱 그렇다. 게임 흐름 관리 시스템은 전반적인 게임의 흐름을 관리하고 플레이어의 목표 성취를 기록하며, 목표가 성취됨에 따라 플레이어를 한 지역에서 다음 지역으로 이동시켜 주는 역할을 한다. 게임 디자이너 중에는 이것을 게임의 '중추'라고 말하는 사람도 있다.

이런 주요 시스템 중 런타임 객체 모델이 가장 복잡하다고 할 수 있다. 다음과 같은 기능들을 대부분(전부는 아니더라도) 지원하는 경우가 일반적이다.

- **동적으로 게임 객체를 생성하고 파괴하기** 게임 월드의 동적인 구성 요소들을 게임플레이 도중에 만들었다가 없애야 하는 경우가 자주 있다. 체력 아이템은 플레이어가 집은 후에는 사라져야 하고, 폭발은 발생 후 점차 흩어져야 하며, 레벨을 클리어했다고 안심하는 순간 모퉁이에서 새로운 적들이 나타나 깜짝 놀라게 하기도 한다. 여러 게임 엔진에서 이와 같이 동적으로 생성되는 게임 객체들에 연관된 메모리와 기타 자원들을 관리하는 시스템을 제공한다. 이와 달리 게임 객체를 동적으로 생성하고 파괴하는 일을 아예 허용하지 않는 엔진도 있다.

- **로우레벨 엔진 시스템과의 연동** 모든 게임 객체는 적어도 한두 가지 이상의 하위 엔진 시스템과 연관이 있다. 대부분의 게임 객체는 렌더링할 수 있는 삼각형 메시에 의해 시각적으로 표현된다. 어떤 것은 파티클 효과를 갖는다. 사운드를 내는 것도 여럿 있다. 어떤 객체는 애니메이션한다. 충돌 기능이 있는 것도 많고, 물리 엔진에 의해 동적으로 시뮬레이션되는 것도 있다. 모든 게임 객체가 필요한 하위 엔진 시스템에 접근할 수 있게 해주는 것이 게임플레이 기반 시스템의 주요한 역할 중 하나다.

- **객체 행동 실시간 시뮬레이션** 게임 엔진의 핵심은 에이전트 기반 모델의 실시간 동적 컴퓨터 시뮬레이션이다. 이것은 게임 엔진이 모든 게임 객체의 상태를 시간이 지남에 따라 동적으로 업데이트해야 한다는 말을 비비 꼬아 표현한 것뿐이다. 객체들은 꼭 정해진 순서에 따라 업데이트해야 하는 경우가 있는데, 객체 간 의존성이나 객체들의 여러 엔진 하위 시스템에 대한 의존성, 그리고 엔진 하위 시스템 간 상호 의존성에 영향을 받는다.

- **새로운 게임 객체 타입을 정의할 수 있는 기능** 게임 개발이 진행되면서 게임의 요구 조건은 변하고 진화해 간다. 따라서 새로운 객체 타입을 쉽게 추가하고 이것을 월드 에디터에서 사용할 수 있게 유연한 게임 객체 모델을 갖는 것이 중요하다. 아주 이상적인 상황이라면 데이터 주도 방식만으로 새로운 객체 타입을 정의할 수도 있을 것이다. 하지만 대부분의 엔진에서는 새 게임 객체 타입을 추가하려면 프로그래머의 손을 거쳐야 한다.

- **고유 객체 식별자(id)** 게임 월드 안에는 다양한 종류의 게임 객체가 수백 또는 수천 개 존재하는 경우가 흔하다. 따라서 런타임에 각 객체를 구분하고 찾을 수 있는 기능이 중요하다. 이 말은 모든 객체가 고유한 식별자를 필요로 한다는 뜻이다. 식별자로는 사람이 읽을 수 있는 이름이 가장 편하기는 하지만 런타임에 문자열을 사용할 때 생기는 성능 저하를 반드시 염두에 둬야 한다. 정수 식별자가 가장 효율적이지만 사람이 알아보기는

매우 어렵다. 다른 주장이 있기는 하지만 해시 문자열 식별자(6.4.3.1절 참조)를 객체 식별자로 사용하는 것이 가장 나은데, 이 방식은 정수 식별자만큼 효율적이면서도 읽기 쉬운 문자열 형식으로 변환할 수 있다는 장점이 있다.

- **게임 객체 질의**^{query} 게임플레이 기반 시스템에는 게임 월드 내의 객체들을 찾을 수 있는 방법이 반드시 있어야 한다. 고유한 식별자로 특정한 객체를 찾는 경우일 수도 있고, 어떤 타입의 객체들을 전부 찾거나 특정 조건을 만족하는 객체들을 찾는 고급 질의일 수도 있다(예를 들면 플레이어 캐릭터 주위 20미터 안에 있는 모든 적을 찾는 것).

- **객체에 대한 참조**^{reference} 일단 객체를 찾았으면 함수가 실행되는 잠시 동안이든 아니면 훨씬 긴 시간 동안 이 객체를 참조하는 값을 담을 수 있어야 한다. 객체에 대한 참조는 C++ 클래스 인스턴스에 대한 포인터와 같이 단순한 경우도 있고, 아니면 더 복잡한 핸들이나 레퍼런스 카운팅되는 스마트 포인터일 수도 있다.

- **유한 상태 기계에 대한 지원** 게임 객체 타입 중 유한 상태 기계^{FSM, Finite State Machine}로 모델링하면 가장 잘 들어맞는 것들이 종종 있다. 각각 속성들과 행동 방식이 다른 여러 상태 중 게임 객체가 한 번에 한 가지 상태를 가질 수 있게 지원하는 엔진도 있다.

- **네트워크 레플리케이션(복제)** 네트워크 멀티플레이어 게임인 경우 여러 대의 게임기들이 LAN이나 인터넷으로 연결된다. 이 경우 기계 한 대만 게임 객체를 소유하고 관리하는 것이 보통이다. 하지만 객체의 상태는 멀티플레이에 관련된 다른 모든 기계에 복제(통신)돼서 모든 플레이어들이 그 객체를 일관된 모습으로 볼 수 있어야 한다.

- **저장하고 불러오기/객체의 영속성**^{persistence} 게임 엔진이 월드 내의 게임 객체들의 현재 상태를 디스크에 저장하고 나중에 불러올 수 있게 지원하는 경우가 흔하다. 이런 기능이 있는 이유는 '자유 저장^{save anywhere}'을 지원하거나 네트워크 레플리케이션을 구현하는 방법의 일환일 수도 있고, 아니면 단순히 월드 에디터에서 만든 월드 덩어리를 불러오는 주된 수단일 수도 있다. 객체의 영속성을 구현하는 데는 프로그래밍 언어의 기능들이 필요한 경우가 일반적이며, 런타임 타입 식별^{RTTI, RunTime Type Identification}, 리플렉션^{reflection}, 추상 생성^{abstract construction} 같은 것들이 주로 쓰인다. RTTI와 리플렉션은 어떤 객체의 타입뿐 아니라 그 객체의 클래스가 어떤 속성과 메서드를 지원하는지를 런타임에 동적으로 알 수 있는 방법이다. 추상 생성을 통해서는 클래스 이름을 하드 코딩하지 않고도 그 클래스의 인스턴스를 생성할 수 있다(이것은 디스크에서 객체의 인스턴스를 직렬화^{serialize}할 경

우 굉장히 유용하다). RTTI, 리플렉션, 추상 생성을 지원하지 않는 언어를 사용한다면 직접 이 기능들을 구현할 수도 있다.

16장의 나머지 부분들에서 위와 같은 하위 시스템들을 자세히 살펴보자.

16.2 런타임 객체 모델 구조

월드 에디터에서 작업할 때 게임 디자이너들은 추상적 게임 객체 모델을 통해 게임에 존재하는 동적 요소들의 다양한 타입과 이들이 어떻게 행동하는지, 어떤 속성들을 갖는지를 인지한다. 런타임에서 게임플레이 기반 시스템은 바로 이 객체 모델을 구체적으로 구현해야 한다. 이 부분이 게임플레이 기반 시스템에서 가장 큰 컴포넌트라 할 수 있다.

런타임 객체 모델의 구현은 툴 측면의 추상적 객체 모델과 비슷할 수도 있고, 아니면 완전히 다를 수도 있다. 예를 들어 객체지향적 프로그래밍 언어를 아예 사용하지 않고 구현하거나, 추상적 게임 객체 1개를 나타내는 데 여러 개의 연관된 클래스 인스턴스를 묶어 구현할 수도 있다. 어떤 디자인 방식을 사용하든 런타임 객체 모델은 반드시 월드 에디터에서 보이는 객체 타입과 속성, 행동을 충실하게 재현해야 한다.

월드 에디터에서 디자이너들에게 제공되는 툴 측면 추상적 객체 모델을 게임에서 구현한 것을 런타임 객체 모델이라 할 수 있다. 다양한 디자인 방식이 쓰이기는 하지만 대부분의 게임 엔진들은 다음의 두 가지 기본적인 구조 중 한 가지를 따른다.

- **객체 중심적**object-centric 툴 측면의 게임 객체 하나는 런타임에서 클래스 인스턴스 1개로 표현되거나, 아니면 서로 연관 있는 적은 숫자의 인스턴스 집합으로 표현된다. 각 객체는 나름의 속성attributes과 행동behavior을 가지며, 이것들은 객체의 클래스(또는 클래스들) 내에 캡슐화encapsulation돼 있다. 게임 월드는 다양한 게임 객체들의 집합일 뿐이다.
- **속성 중심적**property-centric 툴 측면의 게임 객체들은 각각 고유 id(정수 형태나, 해시 문자열 id, 문자열 등으로 구현)로만 표현된다. 각 게임 객체의 속성들은 속성 타입별로 데이터 테이블에 나뉘어 담겨 있으며, 접근할 때는 객체 id를 이용한다(클래스 인스턴스 1개 또는 연관된 인스턴스들 집합 안에 모여 있지 않다). 속성들은 보통 하드 코딩된 클래스의 인스턴스

들로 구현한다. 게임 객체의 행동은 그 객체를 이루는 속성들의 집합에 의해 간접적으로 정의된다. 즉 객체가 'Health' 속성을 갖는 경우 그 객체는 손상을 입거나 체력을 잃을 수 있으며, 결국은 죽을 수 있다. 어떤 객체에 'MeshInstance' 속성이 있는 경우 이 객체는 삼각형 메시로 3D 렌더링할 수 있는 객체다.

이 두 가지 구조에는 각기 장단점이 있다. 각 구조를 차례로 상세히 살펴보되 한쪽이 다른 쪽에 비해 두드러진 이점이 있는 경우에는 그때마다 언급하겠다.

16.2.1 객체 중심 구조

객체 중심 게임 구조에서는 논리적 게임 객체 하나를 클래스 인스턴스 하나나 연관 있는 클래스 인스턴스들의 집합으로 구현한다. 상당히 광범위한 정의이기 때문에 다양한 방식으로 디자인할 수 있다. 다음은 가장 널리 쓰이는 디자인을 몇 가지 들어 본 것이다.

16.2.1.1 C로 구현한 단순한 객체 기반 모델: 하이드로 선더

게임 객체 모델을 구현하는 데 반드시 C++ 같은 객체지향 언어를 써야 하는 것은 아니다. 샌디에이고에 있는 미드웨이 홈 엔터테인먼트^{Midway Home Entertainment}의 히트 아케이드 게임인 하이드로 선더^{Hydro Thunder}는 C로만 구현됐다. 몇 안 되는 타입들로 이뤄진 단순한 게임 객체 모델을 사용했다.

- 보트(플레이어나 AI가 컨트롤한다)
- 떠 있는 푸른/붉은 가속 아이콘
- 애니메이션하는 배경 객체들(트랙 주변의 동물들 등)
- 물 표면
- 램프^{ramp}
- 폭포
- 파티클 효과
- 레이스 트랙 섹터들(보트들이 경주할 수 있는 배경이 되는 서로 연결된 2차원 다각형 영역들)
- 정적인 기하 형상(지형, 식생, 트랙 주변의 빌딩 등)
- 2차원 헤드업 디스플레이^{HUD} 요소

하이드로 선더의 화면들이 그림 16.1에 나와 있다. 양쪽 화면에 모두에 나오는 떠 있는 가속 아이콘과 왼쪽 화면에 보이는 상어는 애니메이션하는 배경 객체들이다.

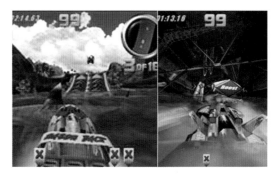

그림 16.1 아케이드 게임 하이드로 선더(Hydro Thunder)의 화면. 미드웨이 홈 엔터테인먼트

하이드로 선더에는 C 구조체인 World_t가 게임 월드 1개(예. 레이스 트랙 하나)의 콘텐츠를 저장하고 관리한다. 이 게임 월드는 다양한 게임 객체를 담고 있는 배열들에 대한 포인터를 여러 개 갖는다. 정적 기하 형상은 메시 인스턴스 1개로 이뤄진다. 물 표면, 폭포, 파티클 효과는 각각 용도에 맞게 정의된 자료 구조로 표현된다. 보트, 가속 아이콘 등의 게임 내 동적 객체들은 범용적인 구조체 WorldOb_t(즉 world object)의 인스턴스로 나타낸다. 하이드로 선더에서 앞서 정의한 게임 객체 역할을 하는 것이 바로 WorldOb_t다.

WorldOb_t가 멤버로 포함하는 것들은 객체의 위치와 방향, 그릴 때 쓰는 3D 메시, 충돌 구체collision sphere 들, 간단한 애니메이션 상태에 대한 정보(이 게임은 강체 계층 구조 애니메이션만 지원한다), 속도나 질량, 부력 등의 물리 속성들 그리고 게임의 모든 동적 객체에 공통으로 쓰이는 데이터 등이 있다. 이외에 각 WorldOb_t는 다음과 같은 포인터 3개를 포함한다. void* 'user data' 포인터, 사용자 정의 'update' 함수에 대한 포인터, 사용자 정의 'draw' 함수에 대한 포인터가 그것이다. 하이드로 선더는 엄밀히 말해 객체지향적으로 만들어진 게임은 아니지만, 게임 엔진은 객체지향 언어가 아닌 언어(C 언어)를 확장해 OOP의 두 가지 중요한 기능인 상속inheritance과 다형성polymorphism을 지원하게 했다. 각 게임 객체는 모든 객체에 공통인 기능들을 상속하면서도 user data 포인터를 통해 그 타입에 맞는 고유한 상태 정보를 관리할 수 있다. 예를 들면 Banshee 보트와 Rad Hazard 보트는 서로 가속 메커니즘이 다르기 때문에 배치하거나 견인하는 데 필요한 상태 정보도 각기 달라야 한다. 함수 포인터 2개는 가상 함수와 비슷한 역할을 해서 다형적인 행동('update' 함수)과 다형적인 외형('draw' 함수)을 객체에 부여한다.

```
struct WorldOb_s
{
  Orient_t m_transform;    /* 위치/회전 */
  Mesh3d*  m_pMesh;        /* 3D 메시 */
  /* ... */
  void*    m_pUserData;    /* 고유한 상태 징보 */

  void     (*m_pUpdate)(); /* 다형적 업데이트 */
  void     (*m_pDraw)();   /* 다형적 렌더링 */
};
typedef struct WorldOb_s WorldOb_t;
```

16.2.1.2 거대 단일 클래스 계층

게임 객체 타입을 분류하는 데 생물 분류학과 비슷한 분류법을 사용하려는 것은 자연스러운 시도라고 할 수 있다. 이 경우 프로그래머는 자연스레 상속을 지원하는 객체지향적 언어를 선택하게 되는 경우가 많다. 클래스 계층은 서로 연관 있는 다양한 게임 객체 타입들을 표현하는 데 가장 직관적이고 쉬운 방식이다. 따라서 상용 게임 엔진 대다수가 클래스 계층을 바탕으로 하고 있다는 점은 어떻게 보면 당연하다.

그림 16.2에는 팩맨 게임을 구현하는 데 쓰일 만한 단순한 클래스 계층이 나와 있다. 이 계층의 루트에는 (다른 많은 게임에서도 흔히 그렇듯) GameObject라는 공통 클래스가 있으며, 이 클래스는 RTTI나 직렬화^{serialize} 등 모든 객체 타입에서 쓰이는 기능들을 제공한다. MovableObject 클래스는 위치와 방향이 있는 모든 객체를 나타낸다. RenderableObject는 객체가 렌더링되는 기능을 제공한다(옛날 팩맨은 스프라이트 방식을 썼고 요즘의 3D 팩맨은 삼각형 메시를 사용한다). RenderableObject를 상속받아 유령, 팩맨, 펠렛, 알약 등 게임을 구성하는 클래스들이 만들어진다. 이것은 어디까지나 가상의 예지만, 대부분의 게임 객체 클래스 계층을 관통하는 기본적인 개념을 잘 보여 준다. 즉 공통적이고 일반적인 기능은 계층에서 루트에 위치하는 경향이 있고, 계층의 하위로 갈수록 점점 상세한 기능들을 더해 간다.

게임 객체 클래스 계층은 대개 처음에는 작고 단순한 형태로 시작되는데, 이런 상태에서는 게임 객체 타입들을 표현하는 강력하면서도 직관적인 수단이 된다. 하지만 클래스 계층이 커지면서 구조는 점점 깊어지는 동시에 넓어지는 경향이 있으며, 결국에는 거대 단일^{monolithic} 클래스 계층이라고 부르는 구조가 된다. 하나의 공통 베이스 클래스를 거의 모든 게임 객체들이 상속하는 경우 이런 계층이 된다. 언리얼 엔진의 게임 객체 모델이 대표적인 예이며, 그림 16.3에 나와 있다.

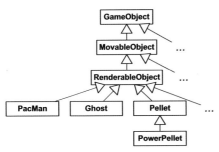

그림 16.2 게임 팩맨을 가상적으로 나타낸 클래스 계층

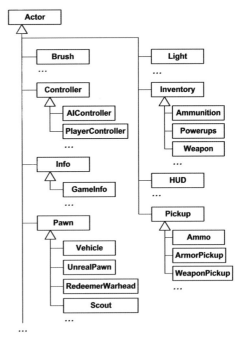

그림 16.3 언리얼 엔진의 게임 객체 클래스 계층의 일부

16.2.1.3 깊고 넓은 계층 구조의 문제점

거대 단일 클래스 계층은 여러 가지 이유로 게임 개발 과정에서 문제가 발생하는 경우가 많다. 이 문제들은 클래스 계층이 깊어지고 넓어질수록 심각해진다. 16.2.1.3절에서는 깊고 넓은 클래스 계층으로 인해 가장 흔히 발생할 수 있는 문제점 몇 가지를 살펴보자.

클래스들을 이해하기 힘들고 유지 및 수정이 어려움

클래스가 클래스 계층에서 깊숙이 자리할수록 그 클래스를 이해하고 유지하며 수정하기 힘들어진다. 어떤 클래스를 이해하려면 그 부모 클래스들도 모두 이해해야 하기 때문이다. 예를 들어 자식 클래스의 단순한 가상 함수 하나를 고친 경우 그 위의 수많은 부모 클래스가 가정했던 규칙을 어길 수 있는데, 이 경우 발생하는 버그는 눈에 크게 드러나지 않기 때문에 찾기 힘들다.

여러 계열의 분류 구조를 구현할 수 없는 문제

계층 구조는 그 특성상 객체들을 특정한 기준에 의한 분류법(또는 분류학)에 따라 분류한다. 예를 들어 생물학적 분류학(흔히 알파 분류학이라 불린다)은 모든 생물체를 유전적인 유사성에 따라 분류하는데, 역, 계, 문, 강, 목, 과, 속, 종의 여덟 가지 단계를 가진 트리를 이용한다. 이 트리의 각 단계마다 다른 기준에 따라 지구에 존재하는 수많은 생명체를 더욱더 세분화된 그룹으로 구분한다.

모든 계층 구조의 가장 중요한 문제점 중 하나는 객체들을 나눌 때 트리의 한 레벨에서는 오직 한 '축' 방향으로만(즉 한 종류의 기준들에 의해서만) 분류할 수 있다는 점이다. 어떤 계층 구조에서 한 번 기준을 정한 후에는 전혀 다른 '축'들에 의해 분류하기란 매우 어렵거나 불가능하다. 예를 들면 생물학적 분류학에서는 유전적인 형질을 기준으로 분류하는데, 이 기준에서는 생물체의 색깔에 대해서는 아무런 언급이 없다. 생물체를 색깔에 따라 분류하고 싶은 경우 완전히 다른 트리 구조가 필요하다.

객체지향 프로그래밍에서 계층에 의한 분류법이 갖는 한계는 넓고 깊으면서 혼란스러운 클래스 구조 형태로 드러난다. 실제 게임의 클래스 계층을 분석해 보면 여러 가지 상이한 분류 기준을 클래스 트리 하나에 합쳐 놓으려는 시도를 자주 목격한다. 또한 처음 클래스 계층을 디자인할 때 예측하지 못했던 성질을 띤 새로운 타입의 객체를 구겨 넣으려고 클래스 계층을 어쩔 수 없이 수정하는 경우도 종종 있다. 그림 16.4에 나와 있는 겉보기에 아주 논리정연한 탈것들의 클래스 계층을 예로 살펴보자.

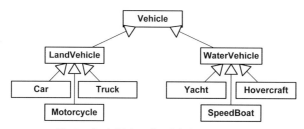

그림 16.4 논리정연해 보이는 여러 탈것의 클래스 계층

이제 게임 디자이너가 수륙양용 탈것이 필요하다고 프로그래머에게 말한다면 어떻게 될까? 기존의 분류학적인 기준에 의하면 들어갈 자리가 없다. 어쩔 줄 몰라 하는 프로그래머도 있겠지만, 대개는 조잡하고 실수하기 쉬운 방식으로 클래스 계층을 '칼질'하려 들 것이다.

다중 상속: 죽음의 다이아몬드

수륙양용 탈것 문제를 해결하는 한 가지 방법은 그림 16.5와 같이 C++의 다중 상속[MI, Multiple Inheritance]을 활용하는 것이다. 얼핏 보면 훌륭한 해법을 찾은 것 같다. 하지만 C++의 다중 상속은 여러 가지 구체적인 문제를 일으킬 수 있다. 한 예로 다중 상속한 클래스는 한 객체가 부모 클래스의 멤버를 여러 벌 갖게 되는 문제가 발생할 수 있다. 이 문제는 '죽음의 다이아몬드[deadly diamond, diamond of death]'라고 불린다(3.1.1.3절 참조).

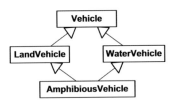

그림 16.5 수륙양용 탈것을 구현한 다이아몬드 형상 클래스 계층

잘 동작하면서 이해하기 쉽고 유지 가능한 다중 상속 클래스 계층을 만들어 내기란 그 효용에 비해 너무 많은 노력이 든다. 그렇기 때문에 대부분의 게임 스튜디오는 클래스 계층에 다중 상속을 금지하거나 아니면 극히 제한적인 용도로만 쓰게 한다.

믹스인 클래스

제한된 형태의 다중 상속을 허용하는 팀도 있는데, 이 경우 한 클래스는 여러 개의 부모 클래스를 가질 수 있지만 오직 1개의 조부모 클래스만 가질 수 있다. 달리 말하면 중심 상속 계층에서는 오직 하나의 클래스를 상속할 수 있지만, 믹스인[mix-in] 클래스(베이스 클래스가 없는 독립된 클래스)는 여러 개 상속할 수 있다는 뜻이다. 이렇게 하면 흔히 이용되는 기능들을 믹스인 클래스에 모은 후 언제든지 필요하면 중심 상속 계층에 더할 수 있다. 그림 16.6에 이 개념이 설명돼 있다. 이제 곧 살펴보겠지만 이런 클래스는 상속보다는 합성[compose]하거나 조합[aggregate]하는 편이 보통 더 낫다.

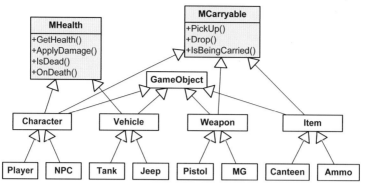

그림 16.6 믹스인 클래스를 사용한 클래스 계층. 믹스인 클래스 MHealth를 상속한 클래스는 체력 개념과 함께 유한한 생명을 갖게 된다. 믹스인 클래스 MCarryable을 상속하면 캐릭터가 갖고 다닐 수 있는 클래스가 된다.

버블업 효과

거대 단일 클래스를 처음 디자인할 때 루트 클래스(들)는 보통 단순하면서 꼭 필요한 기능만 외부에 노출한다. 하지만 게임에 기능이 하나둘 더해짐에 따라 서로 연관이 없는 클래스들 사이에 코드를 공유하고 싶은 마음이 생기고, 따라서 기능들이 계층 구조에서 '버블업^bubble-up(거품처럼 위로 떠오르는)'하는 현상이 생긴다.

예를 들어 원래의 디자인에서는 나무 상자만 물에 뜰 수 있다고 하자. 하지만 게임 디자이너가 물 위에 근사하게 떠다니는 상자들을 보고 나서 다른 것들, 즉 캐릭터나 종이 조각, 탈것 등도 물에 뜰 수 있게 요구하기 시작한다. '물에 뜰 수 있는 것과 그렇지 않은 것'은 원래 계층 구조를 나누는 기준이 아니었기 때문에 프로그래머는 곧 계층 구조에서 전혀 연관이 없는 클래스들에 물에 뜨는 기능을 추가해야 한다는 것을 발견한다. 모두가 싫어하는 다중 상속은 피해야 하니까 물에 뜨는 코드를 계층에서 위로 올리기로 하는데, 물에 떠야 하는 객체들이 모두 공통으로 상속받는 베이스 클래스까지 올리기로 한다. 공통 베이스를 상속하는 클래스 중에 물에 뜰 수 없는 것들도 존재한다는 사실은 같은 코드를 여러 클래스에 중복해서 넣어야 하는 문제에 비하면 별 일 아닌 것 같아 보인다(m_bCanFloat 같은 이름이 붙은 불리언 멤버를 추가해 구분을 더 명확히 할 수도 있겠다). 결국 물에 뜨는 기능은 클래스 계층의 최상위 루트 객체의 기능이 되고 만다(게임의 거의 대부분의 기능들이 비슷한 과정을 거친다).

언리얼 엔진의 Actor 클래스는 '버블업 효과'의 대표적 예다. 렌더링, 물리, 월드와의 상호 작용, 오디오 효과, 멀티플레이어용 네트워크 레플리케이션, 객체 생성 및 파괴, 액터 반복(예, 모든 액터를 뒤져 어떤 조건을 만족하는 것들에 특정한 연산을 하는 것), 메시지 브로드캐스팅 등을 위한 데이터 멤버와 코드가 모두 이 클래스에 들어 있다. 거대 단일 클래스 계층에서 최상위 루트 클래스에 여러 기능이 '버블업'하게 내버려두면 여러 엔진 하위 시스템의 역할을 캡슐화하기 어려워진다.

16.2.1.4 합성을 통해 계층 구조를 단순하게 유지

거대 단일 클래스 계층이 되는 가장 주요한 이유는 객체지향 디자인에서 'is-a' 관계를 남용하기 때문이라 하겠다. 예를 들어 게임 GUI를 만들 때 프로그래머는 Window 클래스를 Rectangle 클래스에서 상속받게 결정하는데, 이것은 GUI의 윈도우들이 항상 사각형이라는 논리에서 나온 것이다. 하지만 윈도우는 사각형이 아니라^{window is not a Rectangle}, 그 둘레를 나타내는 사각형 속성을 갖는 것^{window has a rectangle}뿐이다. 따라서 이 문제에서는 Rectangle 클래스의 인스턴스를 Window 클래스 안에 넣거나 아니면 Window 클래스가 Rectangle에 대한 포인터나 참조를 갖는 것이 좀 더 제대로 된 방법이다.

객체지향 디자인에서 'has-a' 관계를 합성^{composition}이라고 부른다. 합성 관계에서는 클래스 A가 클래스 B의 인스턴스를 직접 포함하거나 아니면 B의 인스턴스에 대한 포인터나 참조를 포함한다. 엄격한 의미에서 '합성'이라는 용어를 쓰려면 클래스 A가 클래스 B를 소유해야 한다. 이 말은 클래스 A의 인스턴스가 생성될 때 클래스 B의 인스턴스도 자동으로 생성돼야 한다는 뜻이다. 마찬가지로 A의 인스턴스가 파괴될 때 B의 인스턴스도 파괴돼야 한다. 클래스 사이에 포인터나 참조를 사용해 한 클래스가 다른 클래스의 생성과 파괴를 직접 관리하지 않게 만들 수도 있다. 이 경우는 '조합^{aggregation}'이라고 부른다.

is-a 관계를 has-a 관계로 바꾸기

게임 클래스 계층의 깊이와 너비를 줄이고 복잡도를 감소시키는 데 'is-a' 관계를 'has-a' 관계로 변환하는 방법이 유용하게 쓰인다. 구체적으로 그림 16.7에 나와 있는 가상의 거대 단일 계층을 예로 살펴보자. 루트에 있는 GameObject 클래스는 모든 게임 객체에 사용되는 기본 기능들을 제공한다(예, RTTI, 리플렉션^{reflection}, 직렬화^{persistence via serialization}, 네트워크 레플리케이션 등). MovableObject 클래스는 변환(예, 위치, 방향, 스케일)을 가진 게임 객체를 나타낸다. RenderableObject는 화면에 그릴 수 있는 기능을 구현한다(모든 게임 객체를 그릴 필요는 없다. 예를 들어 눈에 보이지 않는 TriggerRegion 클래스는 MovableObject에서 바로 상속받으면 된다). AnimatingObject 클래스는 뼈대 애니메이션 기능을 부여한다. 마지막으로 PhysicalObject는 물리 시뮬레이션할 수 있는 기능을 부여한다(예, 자유 낙하하고 게임 월드를 이리저리 이동하는 강체).

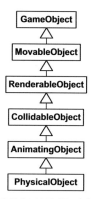

그림 16.7 오직 상속만 이용해 클래스의 관계를 정의하는 가상의 게임 클래스 계층

이 클래스 계층의 가장 큰 문제는 새로운 게임 객체 타입을 만들려고 할 때 디자인적인 선택에 제약을 받는다는 점이다. 물리 시뮬레이션하는 객체 타입을 정의하려 할 경우 뼈대 애니메이션을 사용할 필요가 없더라도 어쩔 수 없이 PhysicalObject를 상속받아야 한다. 또한 충돌 가능한 게임 객체 클래스가 필요한 경우 화면에 보이지 않아서 RenderableObject의 기능이 전혀 필요하지 않더라도 Collidable을 상속하는 수밖에 없다.

그림 16.7에 나와 있는 계층 구조의 두 번째 문제점은 이미 있는 클래스들의 기능을 확장하기 어렵다는 것이다. 예를 들어 모프 타깃^{morph target} 애니메이션을 지원하고자 AnimatingObject를 상속받는 새로운 클래스를 2개 만들어 SkeletalObject와 MorphTargetObject라고 이름 붙였다고 하자. 새로운 두 클래스 모두 물리 시뮬레이션을 원한다면 어쩔 수 없이 PhysicalObject를 고쳐서 1개는 SkeletalObject를 상속받고, 나머지 하나는 MorphTargetObject를 상속받아서 거의 똑같은 클래스 2개를 만들거나, 아니면 다중 상속을 쓰는 수밖에 없다.

이런 문제들을 해결하는 방법 중 하나는 GameObject의 여러 기능을 독립된 클래스로 분리하는 것인데, 각 클래스가 한 가지 잘 정의된 서비스만 지원하게 만든다.

이런 클래스들은 컴포넌트 아니면 서비스 객체라고 부르는 경우도 있다. 컴포넌트 디자인을 이용하면 만들고자 하는 타입의 게임 객체가 꼭 필요로 하는 기능들만 넣게 선택할 수 있다. 뿐만 아니라 기능끼리 서로 영향을 끼치지 않으면서 유지되고 확장되며 리팩토링할 수 있다. 또한 서로 분리돼 있기 때문에 개별 컴포넌트들을 이해하고 테스트하기도 더 쉽다. 컴포넌트 클래스 중 렌더링, 애니메이션, 충돌, 물리, 오디오 등 하나의 엔진 하위 시스템과 직접 통신하는 것도 있다. 이 점은 한 게임 객체에서 여러 하위 시스템을 같이 사용할 때도 하위 시스템들이 명확히 구분되고 캡슐화가 잘되게 보장한다.

그림 16.8은 컴포넌트를 사용하게 클래스 계층 구조를 리팩토링하면 어떤 모습일지 보여 준다. 새로 고친 디자인에서 GameObject 클래스는 우리가 정의한 여러 선택 가능한 컴포넌트들에 대한 포인터를 모아 놓은 허브 같은 역할을 한다. MeshInstance 컴포넌트는 RenderableObject 클래스를 대체한다(삼각형 메시 인스턴스를 나타내는 동시에 이것을 렌더링하는데 필요한 정보를 캡슐화한다). 마찬가지로 AnimationController 컴포넌트는 AnimatingObject를 대체하며 GameObject가 뼈대 애니메이션을 이용할 수 있게 한다. Transform 클래스는 MovableObject를 대체하는데, 객체의 위치, 방향, 스케일을 관리한다. RigidBody 클래스는 게임 객체의 충돌 기하 형상^{collision geometry}을 나타내며, GameObject에 로우레벨 충돌 및 물리 시스템에 대한 인터페이스를 제공하고, CollidableObject와 PhysicsObject를 대체한다.

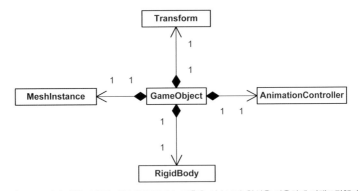

그림 16.8 먼저 나온 가상의 게임 객체 클래스 계층을 상속보다 합성을 사용하게 리팩토링했다.

컴포넌트 생성과 소유권

이와 같은 디자인 방식에서는 '허브' 클래스가 컴포넌트들을 소유하는 것이 보통인데, 다시 말해 허브 클래스가 컴포넌트들의 수명을 관리한다는 뜻이다. 그렇다면 어떤 컴포넌트들을 생성해야 하는지를 GameObject는 어떻게 '알 수' 있을까? 이에 대한 해법은 많지만, 제일 간단한 것은 루트의 GameObject 클래스가 가능한 모든 컴포넌트의 포인터를 갖는 것이다. 여러 고유한 게임 객체는 GameObject를 상속받아 정의한다. GameObject의 생성자에서는 모든 컴포넌트에 대한 포인터를 NULL로 초기화한다. 상속받은 클래스의 생성자^{constructor}는 각자 필요에 따라 컴포넌트들을 생성하면 된다. GameObject의 디폴트 파괴자에서 자동으로 모든 포인터를 지운다면 편리하다. 이 디자인에서는 GameObject를 시작으로 하는 클래스 계층을 통해 주로 게임 객체들을 분류하고, 컴포넌트 클래스들은 선택적으로 사용하는 애드온 기능 역할을 한다.

이런 계층 구조에 쓰일 만한 컴포넌트 생성 및 파괴에 관한 코드 구현이 밑에 나와 있다. 이 코드는 단지 예에 불과할 뿐이라는 점을 유념하자. 구현 세부 사항은 엔진마다 다르며, 거의 같은 클래스 계층 디자인 방식을 쓰는 엔진일지라도 서로 다를 수 있다.

```
class GameObject
{
protected:
  // 이 객체의 변환(위치, 회전, 스케일)
  Transform  m_transform;

  // 표준적인 컴포넌트들:
  MeshInstance*        m_pMeshInst;
  AnimationController* m_pAnimController;
  RigidBody*           m_pRigidBody;

public:
  GameObject()
  {
    // 기본 상태에서는 컴포넌트가 하나도 없다.
    // 상속받는 클래스들이 오버라이딩해야 한다.
    m_pMeshInst = nullptr;
    m_pAnimController = nullptr;
    m_pRigidBody = nullptr;
  }

  ~GameObject()
  {
    // 자식 클래스에서 생성한 컴포넌트들을 자동으로
    // 모두 지운다. (널 포인터는 그냥 삭제해도 문제 없다.)
    delete m_pMeshInst;
    delete m_pAnimController;
    delete m_pRigidBody;
  }
```

```
    // ...
};

class Vehicle : public GameObject
{
protected:
    // 이 클래스에 필요한 컴포넌트를 추가한다.
    Chassis* m_pChassis;
    Engine*  m_pEngine;
    // ...

public:
    Vehicle()
    {
        // 표준 GameObject 컴포넌트를 생성한다.
        m_pMeshInst = new MeshInstance;
        m_pRigidBody = new RigidBody;

        // NOTE: 애니메이션 컨트롤러에 반드시
        // 메시 인스턴스에 대한 레퍼런스를 알려 줘야 한다고 가정하는데,
        // 그래야만 행렬 팔레트를 메시 인스턴스에 알려줄 수
        // 있기 때문이다.
        m_pAnimController
        new AnimationController(*m_pMeshInst);

        // 이 클래스에 추가된 컴포넌트들을 생성한다.
        m_pChassis = new Chassis(*this,
                                *m_pAnimController);

        m_pEngine = new Engine(*this);
    }

    ~Vehicle()
    {
        // 이 클래스에서 추가한 컴포넌트만 지우면 된다.
        // 표준적인 컴포넌트들은 GameObject에서
        // 지워 준다.
        delete m_pChassis;
```

```
        delete m_pEngine;
    }
};
```

16.2.1.5 제네릭 컴포넌트

이보다 더 유연한(하지만 구현하기는 더 까다로운) 방법으로는 루트 클래스에 제네릭^{generic} 연결 리스트^{linked list}를 둬 컴포넌트들을 관리하는 방식이 있다. 이 디자인에서 컴포넌트들은 보통 공통된 베이스 클래스를 상속받는데, 이렇게 함으로써 연결 리스트를 순회하며 각 컴포넌트에 대해 타입을 질의한다거나 차례로 이벤트를 넘겨 처리할 기회를 주는 등 다형적인 연산을 할수 있다. 이 방식에서 루트 게임 객체 클래스는 게임에 어떤 타입의 컴포넌트들이 있는지 크게 신경 쓰지 않아도 되며, 따라서 새 타입의 컴포넌트를 만들 때 게임 객체 클래스를 수정하지 않고 가능한 경우도 많다. 또한 하나의 게임 객체에서 가질 수 있는 컴포넌트 수에 제한이 없다는 장점도 있다(하드 코딩을 사용한 디자인에서는 게임 객체 클래스가 포함하는 컴포넌트에 대한 포인터 수만큼만 가질 수 있다).

그림 16.9에 이 디자인이 그림으로 나와 있다. 구현하기는 하드 코딩을 이용한 컴포넌트 모델보다 더 까다로운데, 게임 객체 코드를 완전히 제네릭한 형태로 짜야 하기 때문이다. 컴포넌트 클래스도 게임 객체가 어떤 컴포넌트를 갖고 있는지에 대해 아무런 가정도 해서는 안 된다. 컴포넌트에 대한 포인터를 하드 코딩하는 방식을 쓸지, 제네릭 컴포넌트 연결 리스트를 사용할지를 정하기는 쉽지 않다. 어떤 한 디자인이 명확하게 우월한 것은 아니라 각각 장단점이 있고, 상황에 맞게 각자 선택한 방식을 사용해 야 한다.

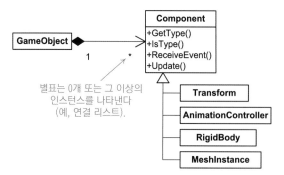

그림 16.9 컴포넌트를 연결 리스트로 갖고 있으면 허브 게임 객체가 컴포넌트들에 대한 세부 사항을 몰라도 되기 때문에 더 유연하다.

1112

16.2.1.6 순수 컴포넌트 모델

컴포넌트화 개념을 끝까지 밀어붙이면 어떻게 될까? 루트의 GameObject 클래스에서 말 그대로 모든 기능을 덜어내 여러 컴포넌트 클래스에 옮긴다고 하자. 이렇게 되면 게임 객체 클래스는 행동이 없는 컨테이너에 다름없는데, 고유 id 하나와 컴포넌트에 대한 포인터 몇 개를 가졌지만 그 자체의 논리적인 행동은 없다. 그렇다면 이 클래스를 아예 없애 버리면 어떨까? 한 방법은 각 컴포넌트마다 해당 게임 객체의 고유 id를 복사해 넣는 것이다. 컴포넌트들은 id가 중심이 돼 논리적인 그룹으로 묶인다. id로 컴포넌트를 빠르게 검색할 수 있는 방법만 마련한다면 더 이상 GameObject '허브' 클래스를 둘 필요가 없다. 이 방법을 순수 컴포넌트 모델이라고 부르기로 하겠다. 그림 16.10에 개념이 설명돼 있다.

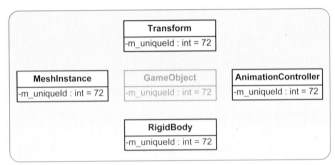

그림 16.10 순수 컴포넌트 모델에서 논리 게임 객체는 여러 컴포넌트로 이뤄지지만, 각 컴포넌트는 고유 id 1개를 공유함으로써 간접적으로만 연결된다.

순수 컴포넌트 모델은 얼핏 생각하기에 단순해 보이지만, 그렇게 단순하지 않을 뿐만 아니라 문제점도 몇 가지 있다. 무엇보다도 순수 컴포넌트 모델에서도 여전히 다양한 게임 객체들의 콘크리트 타입을 정의할 방법이 있어야 하고, 그 후에는 타입의 인스턴스를 생성할 때 올바른 컴포넌트 클래스의 인스턴스들이 생성되게 할 방법을 마련해야 한다. 앞서 살펴본 GameObject 기반 계층에서는 컴포넌트 생성에 대해 별로 신경 쓸 일이 없었다. 순수 컴포넌트 모델에서는 팩토리factory 패턴을 사용하면 되는데, 가상 함수가 있는 팩토리 클래스를 게임 객체 타입마다 1개씩 만들고, 가상 함수를 오버라이드override해 객체마다 원하는 컴포넌트를 생성하게 한다. 아니면 데이터 주도 모델을 사용할 수도 있는데, 게임 객체 타입들을 텍스트 파일에 정의하고 이것을 엔진에서 읽어 들인 후 타입의 인스턴스를 생성할 때마다 참조하게 하는 방법이다.

순수 컴포넌트 디자인의 또 다른 고민거리는 컴포넌트 간 통신이다. GameObject 클래스는 '허브'로서 여러 컴포넌트 간의 통신을 중계하는 역할을 했다. 순수 컴포넌트 구조에서는 컴포넌트들이 서로 통신하려면 같은 게임 객체에 속하는 다른 컴포넌트들을 빨리 찾아낼 방법이 있어야 한다. 이것은 각 컴포넌트가 게임 객체의 고유 id를 갖고 다른 컴포넌트를 검색하는 식으로 만들 수도 있다. 하지만 대개는 이보다 더 효율적인 방법이 필요하다. 예를 들면 컴포넌트들을 미리 순환 연결 리스트로 이어 놓는 수도 있다.

마찬가지 이유로 어떤 게임 객체에서 다른 게임 객체로 메시지를 보내는 일도 순수 컴포넌트 모델에서는 까다로운 일이다. GameObject 인스턴스에 통신할 수 없기 때문에 어떤 컴포넌트에 통신해야 하는지를 미리 알고 있어야 하거나, 아니면 게임 객체를 구성하는 모든 컴포넌트와 모두 통신해야 한다. 어느 방법이나 마땅치 않다.

순수 컴포넌트 모델들은 실제 게임에 충분히 사용할 만한 방식이며, 잘 사용된 예도 있다. 장점과 단점이 있지만 다른 디자인들에 비해 뚜렷하게 우월한 것은 아니다. 연구 그 자체를 위한 개발이 아닌 이상 가장 쓰기 편하고 잘 알고 있으면서 당장 만들고 있는 게임의 요구를 잘 충족하는 구조를 선택하면 된다.

16.2.2 속성 중심적 구조

프로그래머가 객체지향 프로그래밍 언어를 자주 접하다 보면 자연스레 속성(데이터 멤버) 과 행동(메서드, 멤버 함수)을 가진 객체를 중심으로 생각을 진행하게 된다. 이것이 객체 중심 관점 object-centric view이다.

- Object1
  - Position = (0, 3, 15)
  - Orientation = (0, 43, 0)
- Object2
  - Position = (−12, 0, 8)
  - Health = 15
- Object3
  - Orientation = (0, −87, 10)

그렇지만 객체보다는 속성들을 중심으로 생각할 수도 있다. 먼저 게임 객체가 가질 수 있는 모든 속성의 집합을 정의한다. 그런 후 각 속성마다 테이블을 하나씩 만드는데, 이 테이블에는 해당 속성을 가진 게임 객체들의 속성 값이 들어간다. 속성 값들은 객체의 고유 id로 찾을 수 있다. 이것을 속성 중심 관점property-centric view이라고 부르기로 한다.

- Position
  - Object1 = (0, 3, 15)
  - Object2 = (−12, 0, 8)
- Orientation
  - Object1 = (0, 43, 0)
  - Object3 = (0, −87, 10)
- Health
  - Object2 = 15

속성 중심 객체 모델은 여러 상용 게임에서 성공적으로 사용됐는데, 데이어스 엑스 2Deus Ex 2, 시프Thief 시리즈 등이 그 예다. 이런 프로젝트들이 정확히 어떻게 객체 시스템을 디자인했는지 알고 싶으면 16.2.2.5절을 참조하면 된다.

속성 중심 디자인은 객체 모델이라기보다는 관계형 데이터베이스에 더 가깝다. 각 속성은 관계형 데이터베이스의 테이블과 유사하며, 게임 객체의 고유 id가 프라이머리 키 역할을 한다. 당연한 말이지만 객체지향 디자인에서 객체는 속성에 의해서만 정의되는 것이 아니라 행동에 의해서도 정의된다. 가진 것이 속성들의 테이블뿐이라면 어떻게 행동을 구현할 수 있을까? 엔진마다 다르기는 하지만 대개는 다음 두 방법 중 하나를 이용해 행동을 구현하거나 아니면 둘 다 이용하기도 한다.

- 속성들 그 자체 안에서 구현
- 스크립트 코드를 통해서 구현

이 두 가지 방법을 각각 더 자세히 알아보자.

16.2.2.1 속성 클래스를 통해 행동 구현

각 속성 타입은 속성 클래스로 구현할 수 있다. 속성은 불리언이나 부동소수 값 하나처럼 단순한 것부터 렌더링용 삼각형 메시나 AI '두뇌'같이 복잡한 것까지 다양하다. 각 속성 클래스는 하드 코딩된 메서드(멤버 함수)를 통해 행동을 제공한다. 어떤 게임 객체의 전체적인 행동은 그 객체의 모든 속성들의 행동이 합쳐져 결정된다.

예를 들어 게임 객체에 Health 속성의 인스턴스가 있을 경우 그 객체는 상처를 입힐 수 있고 결국에는 파괴되거나 죽을 수 있다. 게임 객체에 공격이 가해지면 Health 객체는 게임 객체의 체력을 적당히 깎는 식으로 반응한다. 속성 클래스는 같은 게임 객체에 속한 다른 속성 객체들과 통신해서 포괄적인 행동을 보이게 하기도 한다. 예를 들어 Health 속성이 공격을 감지하고 그에 대응할 때 AnimatedSkeleton 속성에 메시지를 보내 게임 객체가 피격당하는 애니메이션을 재생하게 만들 수도 있다. 마찬가지로 Health 속성에서 게임 객체가 죽거나 파괴될 것을 감지한 경우 RigidBodyDynamics 속성에 통신해 물리 주도^{physics-driven} 폭발을 일으키게 하거나 '랙 돌'을 사용해 시체를 시뮬레이션하게 만들 수 있다.

16.2.2.2 스크립트를 통해 행동 구현

다른 방법으로는 속성 값들은 그냥 그대로 데이터베이스형 테이블에 담아 두고 게임 객체의 행동을 스크립트 코드를 이용해 구현하는 수가 있다. 게임 객체는 ScriptId와 같은 특수한 속성을 가질 수 있고, 이 속성이 있을 경우 이것은 해당 객체의 행동을 처리할 스크립트 코드 블록(스크립트 함수, 또는 객체지향 스크립트 언어인 경우 스크립트 객체)을 나타낸다. 게임 월드의 이벤트에 게임 객체가 반응하게 만들 때도 스크립트 코드를 사용한다. 16.8절에서 이벤트 시스템에 대해 자세히 다루며, 16.9절에서는 게임 스크립트 언어에 대해 다룬다.

속성 중심^{property-centric} 엔진 중에는 핵심적인 속성을 엔지니어가 하드 코딩해 만들더라도 스크립트만으로 완전히 새로운 속성 타입을 정의할 수 있는 것도 있다. 이 방식이 성공적으로 쓰인 예가 던전 시즈^{Dungeon Siege}다.

16.2.2.3 속성과 컴포넌트

여기서 짚고 넘어가야 할 점은 16.2.2.5절에 나올 여러 저자가 사용한 '컴포넌트'라는 용어가 지금 '속성 객체'라고 부르는 것을 가리킨다는 점이다. 16.2.1.4절에서 '컴포넌트'라는 용어를 객체 중심 디자인에서 하위 객체를 일컫는 데 쓰긴 했지만, 이것은 속성 객체와는 거리가 멀다.

하지만 여러 면에서 속성 객체는 컴포넌트와 매우 밀접한 관계가 있다. 양쪽 디자인에서 모두 논리적 게임 객체 하나를 이루는 데 여러 개의 하위 객체가 사용된다. 두 디자인의 주요 차이점은 이 하위 객체들의 역할이다. 속성 중심 디자인에서 각 하위 객체가 게임 객체의 특정한 속성을 정의한다면(예, 체력, 시각적인 표현, 소지품, 특수 마법 능력 등), 컴포넌트 기반(객체 중심) 디자인에서 하위 객체들은 특정한 낮은 레벨 엔진의 하위 시스템(렌더러, 애니메이션, 충돌, 역학 등)과의 연결을 나타내는 경우가 많다. 하지만 이런 구분은 굉장히 미묘해서 대부분의 경우 별로 중요하지 않다. 여러분이 만든 디자인을 순수 컴포넌트 모델(16.2.1.6절)이라 부르건 속성 중심 디자인이라고 부르건 어쨌거나 결국은 똑같은 말이다. 여러 하위 객체에 의해 논리적 게임 객체가 구성되고 이것들에 의해 그 행동이 정해지는 디자인 말이다.

16.2.2.4 속성 중심 디자인의 장단점

속성 중심 모델에는 겉으로 드러나지 않는 여러 가지 게인이 있다. 이 모델은 정말 사용되고 있는 속성 데이터만 저장하면 되기 때문에 메모리를 적게 쓰는 경향이 있다(즉 사용하지 않은 데이터 멤버를 가진 게임 객체는 존재하지 않는다). 또 데이터 주도 방식으로 구현하기가 더 쉽기도 하다. 디자이너는 게임 코드를 컴파일할 필요 없이 새 속성을 쉽게 정의할 수 있는데, 이것은 변경해야 할 게임 객체 클래스 정의가 처음부터 없기 때문이다. 완전히 새로운 타입의 속성을 추가해야 할 때만 프로그래머가 나서면 된다(스크립트로 새 속성을 추가할 수 없는 경우).

여기에 더해 속성 중심 디자인은 객체 중심 모델보다 캐시 효율이 더 좋은 경우가 있는데, 같은 타입의 데이터가 메모리에 연속적으로 저장되기 때문에 생기는 게인이다. 이것은 메모리에 접근하는 비용이 명령어를 실행하거나 계산을 수행하는 것보다 훨씬 큰 오늘날의 게임 하드웨어에서 흔히 사용하는 최적화 기법이다(예를 들어 플레이스테이션 3에서는 캐시 미스 한 번이 말 그대로 CPU 명령어 수천 개를 실행하는 것보다 더 오래 걸린다).

RAM에 연속되게 데이터를 저장하면 캐시 미스를 줄이거나 아예 없앨 수 있는데, 데이터 배열의 한 요소에 접근할 때 그 주위의 여러 요소들이 동시에 같은 캐시 라인에 올라오기 때문이다. 이와 같은 데이터 디자인을 배열의 구조체struct of array 방식이라고 부르기도 하는데, 이것은 좀 더 흔히 쓰이는 구조체의 배열array of struct 방식과는 상반된 개념이다. 이 두 방식의 차이를 보기 위한 예제 코드가 아래에 나와 있다(실제로 게임 객체 모델을 이런 식으로 구현한다는 것은 아니다. 이 코드는 속성 중심 디자인에서 복잡한 객체들이 배열 하나로 모이기보다는 비슷한 타입의 데이터 배열이 여러 개 만들어지는 것을 보이기 위한 예일 뿐이다).

```
static const U32 MAX_GAME_OBJECTS = 1024;

// 흔히 쓰이는 구조체의 배열(array-of-structs) 방식

struct GameObject
{
    U32        m_uniqueId;
    Vector     m_pos;
    Quaternion m_rot;
    float      m_health;

    // ...
};

GameObject g_aAllGameObjects[MAX_GAME_OBJECTS];

// 캐시 효율이 더 좋은 배열의 구조체(struct-of-arrays) 방식

struct AllGameObjects
{
    U32        m_aUniqueId[MAX_GAME_OBJECTS];
    Vector     m_aPos[MAX_GAME_OBJECTS];
    Quaternion m_aRot[MAX_GAME_OBJECTS];
    float      m_aHealth[MAX_GAME_OBJECTS];

    // ...
};

AllGameObjects g_allGameObjects;
```

하지만 속성 중심 모델도 문제가 없는 것은 아니다. 예를 들어 게임 객체가 단지 속성들을 모아 놓은 덩어리에 불과하다면 속성들 간에 어떤 관계를 강제하기가 더 어려워진다. 속성 객체들을 갖고 자잘하게 표현한 행동들을 이리저리 맞춘다고 해서 거시적 행동을 원하는 대로 구

현하기는 힘들다. 뿐만 아니라 이런 시스템은 디버깅하기도 힘든데, 게임 객체를 디버거의 조사식[watch] 창에 끌어다 놔도 해당 객체의 속성들을 한눈에 볼 수 없기 때문이다.

16.2.2.5 더 읽을거리

이미 많은 저명한 게임 개발 엔지니어가 속성 중심 구조에 대해 다양한 게임 개발 콘퍼런스에서 발표했기 때문에 재미있는 파워포인트 자료가 많다.

- Rob Fermier, "Creating a Data Driven Engine," Game Developer's Conference, 2002.
- Scott Bilas, "A Data-Driven Game Object System," Game Developer's Conference, 2002.
- Alex Duran, "Building Object Systems: Features, Tradeoffs, and Pitfalls," Game Developer's Conference, 2003.
- Jeremy Chatelaine, "Enabling Data Driven Tuning via Existing Tools," Game Developer's Conference, 2003.
- Doug Church, "Object Systems," presented at a game development conference in Seoul, Korea, 2003; conference organized by Chris Hecker, Casey Muratori, Jon Blow, and Doug Church. http://chrishecker.com/images/6/6f/ObjSys.ppt.

16.3 월드 덩어리 데이터 형식

앞서 살펴봤듯이 월드 덩어리에는 정적 월드 요소와 동적 월드 요소가 같이 들어가는 것이 일반적이다. 정적인 기하 형상은 거대한 삼각형 메시 하나일 수도 있고, 아니면 작은 메시 여러 개가 모여 이뤄질 수도 있다. 각 메시는 인스턴싱을 이용해 동시에 여러 곳에 존재할 수도 있다(예를 들어 문을 나타내는 메시 1개를 월드 덩어리 내의 모든 문에 쓸 수도 있다). 정적인 데이터는 대개 충돌 정보를 같이 저장하는데, 충돌 정보는 삼각형 수프[triangle soup]일 수도 있고, 볼록 형상의 모음이거나 아니면 더 단순한 다른 기하 형태(예를 들어 면, 박스, 캡슐, 구 등)일 수도 있다. 정적인 요소에 포함되는 것은 게임 월드 내의 지역을 구분하거나 그 안의 이벤트를 감지하는 데 쓰이는 영역[region], AI 탐색 메시[navigation mesh], 플레이어 캐릭터가 잡을 수 있는 위치를 배경

기하 형상에 표시해 주는 선분들 등이 있다. 이미 앞에서 대부분 다뤘기 때문에 여기서 이런 데이터 형식에 대해 더 자세히 다루지는 않겠다.

월드 덩어리의 동적인 부분은 해당 덩어리 안에 존재하는 게임 객체들을 나타내는 정보가 담겨 있다. 게임 객체는 속성과 행동으로 정의되는데, 객체의 행동은 그 타입에 의해 직간접적으로 정해진다. 객체 중심 디자인에서는 객체를 런타임에 사용하기 위해 어떤 클래스의 인스턴스를 만들어야 할지가 객체의 타입에 의해 바로 결정된다. 속성 중심 디자인에서 게임 객체의 행동은 속성들의 행동이 모여서 정해지지만, 객체가 어떤 속성을 가져야 할지는 타입에 의해 정해진다(객체의 속성들에 의해 타입이 정해진다고 말하기도 한다). 따라서 월드 덩어리 데이터 파일에는 게임 객체마다 다음과 같은 것들이 저장된다.

- **객체 속성들의 초기 값**   월드 덩어리는 모든 게임 객체가 처음 게임 월드에 생성될 때의 상태를 정의한다. 객체의 상태 데이터는 여러 형식으로 저장할 수 있다. 많이 쓰이는 형식 몇 가지를 잠시 후 알아보자.
- **객체 타입에 대한 지정 객체**   중심 엔진에서는 문자열, 해시 문자열 id, 또는 기타 고유한 타입 id 등을 이용한다. 속성 중심 디자인에서는 타입을 그대로 저장하기도 하고, 아니면 객체를 이루는 속성들에 따라 암묵적으로 정의될 수도 있다.

16.3.1 바이너리 객체 이미지

게임 객체들을 디스크 파일로 저장하는 방법 중에는 런타임에 메모리에 존재하는 모든 객체의 바이너리 이미지를 파일로 저장하는 방식이 있다. 이렇게 하면 게임 객체를 생성하는 일이 더할 나위 없이 쉽다. 게임 월드 덩어리를 메모리에 불러오기만 하면 모든 게임 객체 이미지를 바로 사용할 수 있기 때문이다.

하지만 사실은 그렇지 않다. '실제' C++ 클래스 인스턴스를 바이너리 이미지로 저장하는 것은 여러 문제가 있는데, 포인터와 가상 테이블virtual table을 예외적으로 처리해야 하는 문제와 클래스 인스턴스 내 데이터의 엔디언endian을 처리해야 하는 문제 등이 있다(이 방법은 7.2.2.9절에서 자세히 다룬다). 뿐만 아니라 바이너리 객체 이미지는 변경하기 힘들고 변경했을 때 문제가 발생할 가능성이 크다. 게임플레이는 모든 게임 프로젝트에서 가장 역동적이고 자주 변하는 부분이기 때문에 데이터 형식은 빠른 개발 과정에 적합하고 잦은 변경에도 신뢰할 수 있는 것을 골라야 한다. 이런 이유로 바이너리 객체 이미지를 저장하는 형식은 게임 객체 데이터를 저장하는 데 그다지 좋은 선택이 아니다(하지만 이보다 변경이 드문 자료 구조인 메시 데이터나 충돌 기하 형상을 저장하는 데는 좋을 수 있다).

16.3.2 게임 객체 정보의 직렬화

게임 객체의 내부 상태 정보를 디스크의 파일로 저장하는 방법 중에 직렬화^{serialization}라는 것이 있다. 이 방식은 바이너리 객체 이미지를 저장하는 것보다 여러 플랫폼에 옮기기 쉽고 구현하기도 간편하다. 어떤 객체를 디스크에 직렬화할 때 데이터 스트림을 만들도록 해당 객체에 요청하는데, 이 데이터 스트림은 나중에 원래 객체를 다시 만들 수 있을 정도의 세부적인 정보를 담고 있어야 한다. 디스크에서 메모리로 다시 객체를 직렬화하는 과정에서 해당 클래스의 인스턴스가 하나 만들어지고, 속성 데이터의 스트림을 읽어들여 새 객체의 내부 상태를 초기화한다. 저장할 때 직렬화했던 데이터 스트림이 정상적으로 만들어졌다면 새로 만든 객체는 주요한 면에서 원래 객체와 완전히 똑같다.

직렬화를 원래부터 지원하는 프로그래밍 언어도 있다. C#이나 자바는 모두 객체 인스턴스를 XML 텍스트 형식으로 직렬화하는 표준 방식을 지원한다. 하지만 아쉽게도 C++는 표준화된 직렬화 기능을 지원하지는 않는다. 그렇지만 게임 업계 안팎에서 C++로 직렬화 시스템을 성공적으로 구현한 경우가 여럿 있다. C++ 객체 직렬화 시스템을 구현하는 방법에 대해 여기서 자세히 살펴보지는 않겠지만, C++에서 직렬화가 제대로 동작하려면 어떤 데이터 포맷을 사용해야 할지와 어떤 주요 시스템을 구현해야 할지에 대해서만 간단히 살펴보자.

직렬화 데이터는 객체의 바이너리 이미지가 아니다. 대개는 더 사용하기 편하고 여러 플랫폼에 옮기기 쉬운 형태로 저장된다. 객체 직렬화에는 XML 형식을 사용하는 경우가 많은데, XML은 여러 시스템에서 지원하고 표준화돼 있을 뿐 아니라 어느 정도 사람이 읽을 수 있는 형식이고, 계층 구조로 된 자료 구조를 처리하기에 적합하다(서로 연관된 게임 객체들을 직렬화하다 보면 흔히 계층 구조가 된다). 하지만 XML은 파싱하기 무척 느린 단점이 있는데, 따라서 월드 덩어리를 읽어 들이는 시간이 늘어나게 된다. 그래서 더 빠르게 파싱할 수 있고, 크기도 더 작은 자체 구현 바이너리 형식을 사용하는 게임 엔진도 있다.

다수의 게임 엔진(그리고 게임외 객체 직렬화 시스템)이 XML에 대한 대안으로 JSON 데이터 형식

(http://www.json.org)을 채용했다. 또한 JSON은 월드와이드웹의 데이터 통신에 폭넓게 쓰이고 있다. 실제로 페이스북^{Facebook} API는 JSON으로만 통신한다.

객체를 디스크에 저장하고 불러오는 직렬화 기법을 구현하는 데는 다음과 같은 기본적인 두 가지 방식 중에 하나가 쓰인다.

- 베이스 클래스에 SerializeOut( )과 SerializeIn( ) 등의 이름이 붙은 가상 함수 2개를 넣고 상속받는 클래스는 이 함수들을 구현해 자신들의 속성을 직렬화하게 한다.
- C++ 클래스에 리플렉션 시스템을 구현한다. 그런 후 리플렉션 정보가 있는 모든 C++ 객체를 자동으로 직렬화하는 제네릭 시스템을 만든다.

리플렉션은 C#을 비롯한 프로그래밍 언어에서 사용하는 용어다. 간단히 말해 리플렉션 데이터란 클래스의 런타임 정보에 대한 설명을 뜻한다. 여기에는 클래스의 이름이 무엇인지, 어떤 데이터 멤버들을 포함하는지, 데이터 멤버의 타입은 무엇인지, 객체의 메모리 이미지에서 각 멤버의 오프셋은 어떻게 되는지, 클래스의 멤버 함수는 어떤 것이 있는지 등이 저장된다. 리플렉션 정보만 있으면 어떤 C++ 클래스라도 간단하게 범용 객체 직렬화 시스템을 만들 수 있다.

C++ 리플렉션 데이터를 생성할 때 신경써야 할 점은 관계 있는 모든 클래스의 리플렉션 데이터를 생성해야 한다는 점이다. 클래스의 데이터 멤버를 정의할 때 #define 매크로를 이용해 리플렉션 정보를 뽑아내는 가상 함수를 생성하고, 이 가상 함수들을 오버라이딩해서 상속받은 클래스가 올바른 리플렉션 데이터를 리턴하게 만드는 방법이 있고, 클래스마다 리플렉션 데이터 구조를 손으로 짜는 방법도 있으며, 아니면 좀 더 참신한 방법을 쓰기도 한다.

속성 정보에 더해 직렬화 데이터 스트림은 반드시 객체의 클래스나 타입을 나타내는 이름이나 고유 id를 포함한다. 이런 클래스 id는 디스크에서 메모리로 객체를 직렬화할 때 올바른 클래스 객체를 생성하는 데 쓰인다. 문자열로 저장하는 경우도 있고, 아니면 해시 문자열 id나 다른 형태의 고유 id로 저장된다.

아쉽지만 C++에서는 이름을 나타내는 문자열이나 id만 갖고 클래스 인스턴스를 생성할 수 없다. 클래스 이름은 반드시 컴파일할 때 알고 있어야 하기 때문에 프로그래머가 하드 코딩해야 한다(예, new ConcreteClass). 언어에서 오는 제약을 우회하고자 모든 C++ 객체 직렬화 시스템은 클래스 팩토리를 사용한다. 팩토리를 구현하는 방법은 여러 가지가 있지만, 가장 단순한 방식은 데이터 테이블을 만들어 클래스 이름/id를 갖고 그 클래스 인스턴스를 생성하는 하드 코딩된 함수나 펑터[functor1]로 연결해 주는 것이다. 클래스 이름이나 id가 주어지면 그에 해당하는 함수나 펑터를 테이블에서 찾아 이것들을 호출해 클래스 인스턴스를 생성한다.

16.3.3 스포너와 타입 스키마

바이너리 객체 이미지와 직렬화는 둘 다 결정적인 단점이 있다. 두 방식 모두 게임 객체 타입의 런타임 구현에 따라 좌우되기 때문에 월드 에디터가 반드시 게임 엔진의 런타임 구현에 대해 상세히 알고 있어야 한다는 것이다. 예를 들어 월드 에디터가 여러 타입의 게임 객체를 바이너리 이미지로 저장하고자 할 때 런타임 게임 엔진 코드에 직접 접근하거나 아니면 런타임에 게임 객체의 데이터 배열을 정확히 재현하도록 힘들게 손으로 코드를 짜야 한다. 직렬화 데이터는 이보다는 덜 밀접하게 게임 객체 구현과 연관돼 있지만, 여전히 월드 에디터가 런타임 게임 객체 코드를 접근해서 클래스의 SerializeIn( ) 함수와 SerializeOut( ) 함수를 얻어 오거나 아니면 어떤 식으로든 클래스의 리플렉션 정보를 가져와야 한다.

게임 월드 에디터와 런타임 엔진 코드 간의 결합을 끊으려면 게임 객체에 대한 정보를 구현 중립적인 방식으로 추상화하면 된다. 월드 덩어리 데이터 파일에 있는 모든 게임 객체마다 작은 데이터 블록을 저장하는데, 이것을 보통 스포너[spawner]라고 부른다. 스포너는 가볍고 데이터만 있는 게임 객체 표현으로, 런타임에 해당 게임 객체의 인스턴스를 생성하고 초기화하는 데 사용된다. 스포너에는 툴에서 쓰이는 게임 객체 타입에 대한 id가 들어 있다. 또 게임 객체 속성들의 초기 값을 저장한 간단한 키-값 쌍으로 이뤄진 테이블도 들어 있다. 속성들에는 모델-월드 변환이 포함되는 경우가 많은데, 이는 대부분의 게임 객체가 월드 공간 안에서 고유한 위치, 방향, 스케일을 갖기 때문이다. 게임 객체를 생성(스폰[spawn])할 때 스포너의 타입을 보고 올바른 클래스 인스턴스가 생성된다. 그런 후 키-값 쌍으로 된 사전을 찾아서 그 객체의 데이터 멤버들을 초기화한다.

스포너는 로딩되자마자 해당하는 게임 객체를 생성하게 설정할 수도 있고, 아니면 게임 실행 중에 생성 요청이 올 때까지 그냥 가만히 있게 할 수도 있다. 스포너를 퍼스트 클래스 객체로 구현할 수도 있는데, 이 경우 편리한 함수 인터페이스를 갖거나 객체 속성 외에 유용한 메타

---

1   function object - 옮긴이

데이터를 저장할 수도 있다. 게임 객체를 생성하는 용도 외에 다른 용도로 스포너를 사용하기도 한다. 너티 독 엔진에서는 디자이너가 스포너를 게임 월드 내의 중요 지점이나 좌표축을 정의하는 데 사용했다. 이것을 위치 스포너 또는 로케이터 스포너라고 불렀다. 로케이터 스포너는 다음과 같은 여러 쓰임새가 있다.

- AI 캐릭터를 위한 관심 지점을 정의
- 여러 애니메이션이 완벽한 동기화를 이뤄 재생하는 기준이 될 좌표축을 정의
- 파티클 효과나 오디오 효과의 기준점이 될 위치 정의
- 경주 트랙에서 웨이포인트^{waypoint} 정의

그 외 여러 용도가 있다.

16.3.3.1 객체 타입 스키마

게임 객체의 속성들과 행동은 그 타입에 의해 결정된다. 스포너 방식의 디자인을 채용한 게임 월드 에디터에서는 게임 객체 타입을 나타낼 때 데이터 기반 방식의 스키마를 사용할 수 있는데, 스키마는 어떤 타입의 객체를 만들고 편집할 때 알아야 할 속성들을 정의한 것이다. 런타임에는 올바른 게임 객체를 생성하고자 툴의 객체 타입을 통해 적절한 클래스, 또는 클래스들을 찾아낸다(하드 코딩을 이용하거나 데이터 주도 방식을 이용해 찾는다).

타입 스키마를 일반 텍스트 파일로 저장하면 월드 에디터에서 사용할 수 있을 뿐 아니라 직접 보고 고칠 수도 있다. 다음은 스키마 파일의 예다.

```
enum LightType
{
    Ambient, Directional, Point, Spot
}

type Light
{
    String     UniqueId;
    LightType  Type;
    Vector     Pos;
    Quaternio  Rot;
    Float      Intensity : min(0.0), max(1.0);
```

```
  ColorARGB  DiffuseColor;
  ColorARGB  SpecularColor;
  // ...
}

type Vehicle
{
  String        UniqueId;
  Vector        Pos;
  Quaternion    Rot;
  MeshReference Mesh;
  Int           NumWheels : min(2), max(4);
  Float         TurnRadius;
  Float         TopSpeed : min(0.0);
  // ...
}

// ...
```

위의 코드에는 몇 가지 중요한 세부 사항이 있다. 속성의 이름 옆에 데이터 타입도 함께 명시돼 있음을 알 수 있다. 데이터 타입은 문자열이나 정수, 부동소수일 수도 있고 벡터나 사원수, ARGB 컬러 등 특수한 타입, 또는 메시, 충돌 데이터 등의 특수 자원을 가리키는 참조일 수도 있다. 위의 코드에는 LightType 같은 열거형enumeration 타입을 정의할 방법도 마련돼 있는 것을 볼 수 있다. 자세히 보면 객체 타입 스키마가 월드 에디터에 부가적인 정보(속성을 편집할 때 어떤 GUI를 사용할지 등)도 함께 제공하는 것을 알 수 있다. 속성의 GUI는 따로 지정하지 않아도 타입에 의해 알아서 정해지는 경우도 있다. 문자열은 텍스트 필드, 불리언은 체크 박스, 벡터는 x-, y-, z-를 각각 나타내는 텍스트 필드 3개로 나타내거나 3D로 벡터를 조정할 수 있는 특화된 GUI를 사용하기도 한다. 뿐만 아니라 GUI에서 쓰이는 메타 데이터도 스키마에 지정할 수 있는데, 속성이 정수나 부동소수인 경우 최대/최소 값이라든지 드롭다운 콤보 박스에서 선택할 수 있는 선택 사항들의 리스트 등이 그 예다.

객체 타입 스키마를 클래스처럼 상속받는 형태로 지원하는 엔진도 있다. 객체 타입을 비롯해 런타임에 다른 게임 객체와 구분할 수 있는 고유 id는 모든 게임 객체에 있어야 하는데, 이것들은 톱 레벨의 스키마에 정의해서 다른 스키마들이 상속받을 수 있게 한다.

16.3.3.2 디폴트 속성 값

게임 객체 스키마에 굉장히 많은 속성이 들어가는 경우를 쉽게 볼 수 있다. 이 말은 게임 디자이너가 어떤 게임 객체 타입의 인스턴스를 게임 월드에 집어넣고자 할 때 수많은 속성의 값을 정해 줘야 한다는 말이 된다. 따라서 스키마의 속성들 중에 디폴트 값을 정의할 수 있는 것들이 많다면 큰 도움이 된다. 그러면 게임 디자이너는 '가공 안 한' 게임 객체 인스턴스를 손쉽게 배치할 수 있고, 필요하면 특성 인스턴스의 속성 값을 세세하게 조정할 수도 있다.

디폴트 값을 사용할 때 발생하는 고질적인 문제는 속성의 디폴트 값이 변하는 경우다. 예를 들어 애초에 게임 디자이너가 오크^{Orc}의 디폴트 체력을 20으로 정했다고 하자. 몇 달 동안 개발하고 보니 오크의 체력을 좀 더 강화시켜 디폴트로 체력 30을 줘야 한다고 바꾸기로 했다. 이제부터 게임 월드에 새로 들어가는 오크는 달리 수정을 하지 않으면 체력 30을 갖는다. 그렇다면 변경하기 전에 게임 월드 덩어리에 넣었던 오크들은 어떻게 해야 할까? 이전에 만들었던 오크들을 일일이 찾아가며 손수 체력을 30으로 바꿔 줘야 할까?

최선의 디자인은 이미 만들었던 인스턴스들 중에 명시적으로 디폴트 값을 덮어 쓰지 않은 것들은 디폴트 값이 변경되면 자동으로 변경된 값이 반영되는 스포너 시스템을 만드는 것이다. 단순하게 이 기능을 구현하자면 디폴트 값을 갖는 속성은 키-값 쌍을 그냥 생략하면 된다. 스포너에서 해당 속성을 찾을 수 없으면 적절한 디폴트 값이 쓰인다(이것은 곧 게임 엔진이 객체 타입 스키마 파일을 읽을 수 있어서 속성들의 디폴트 값을 알 수 있음을 전제로 한다. 아니면 제작 도구에서 이것이 가능해야 한다. 이 경우 변경이 적용되는 모든 월드 덩어리를 다시 빌드하기만 하면 새 디폴트 값이 전파된다). 앞선 예에서는 이미 존재하는 오크의 스포너들에는 `HitPoint`를 나타내는 키-값 쌍이 아예 없을 것이다(물론 직접 체력 값을 변경한 경우에는 쌍이 있다). 따라서 디폴트 값이 20에서 30으로 변경되면 오크들은 자동으로 새 값을 사용하게 된다. 어떤 엔진의 경우 상속받은 객체 타입이 디폴트 값을 오버라이드할 수도 있다. 예를 들어 `Vehicle` 타입의 스키마에는 `TopSpeed` 속성의 디폴트 값이 80이라고 하자. 이것을 상속한 `Motorcycle` 타입 스키마는 `TopSpeed`를 오버라이딩해 100이 되게 할 수 있다.

16.3.3.3 스포너와 타입 스키마의 몇 가지 이점

스포너를 게임 객체 구현 부분과 분리해서 얻는 가장 중요한 이점은 단순성, 유연성, 안정성이다. 데이터 관리 관점에서 보면 키-값 쌍의 테이블을 처리하는 것이 포인터를 고쳐 줘야 하는 바이너리 객체 이미지나 객체의 커스텀 직렬화 형식보다 훨씬 단순하다. 또한 키-값 쌍을 이용하는 방식은 데이터 형식이 굉장히 유연하면서 변화에 안정적이다. 게임 객체가 예상치 못한 키-값 쌍을 만날 경우 그냥 무시하고 넘어가면 된다. 마찬가지로 찾고자 하는 키-값 쌍을 찾을 수 없는 경우 디폴트 값을 사용할 수도 있다. 이런 점 때문에 키-값 쌍을 이용한 데이터 형식은 디자이너와 프로그래머가 만드는 변경 사항에 무척 안정적이다.

스포너를 사용하면 게임 월드 에디터를 디자인하고 구현하는 과정도 단순화할 수 있는데, 에디터는 키-값 쌍의 리스트와 객체 타입 스키마를 처리하는 방법만 알고 있으면 되기 때문이다. 런타임 게임 엔진과 전혀 코드를 공유할 필요도 없고 게임 엔진의 구현 세부 사항과 결합도도 낮아진다.

스포너와 아키타입^{archetype}을 사용하면 게임 디자이너와 프로그래머는 유연성과 재량을 함께 누릴 수 있다. 디자이너는 프로그래머의 도움을 (거의) 받지 않고도 새 게임 객체 타입 스키마를 월드 에디터에서 직접 정의할 수 있다. 프로그래머는 이렇게 추가된 새 객체 타입에 대한 런타임 구현을 시간이 날 때 나중에 구현해도 된다. 게임을 돌아가게 만들고자 새 객체 타입이 추가되는 즉시 코드를 짜려고 애쓸 필요가 없다. 런타임 구현이 있건 없건 새 객체 데이터는 월드 덩어리 파일에 그대로 있을 수 있고, 런타임 구현도 상응하는 데이터가 월드 덩어리 파일에 있든 없든 상관없다.

16.4 게임 월드의 로딩과 스트리밍

오프라인 월드 에디터와 런타임 게임 객체 모델을 연결시키려면 월드 덩어리를 메모리에 불러오고, 필요 없어지면 다시 내릴 방법이 있어야 한다. 게임 월드 로딩 시스템은 두 가지 중요한 역할을 맡는다. 게임 월드 덩어리와 기타 필요한 자원을 디스크에서 메모리로 불러오는 파일 I/O 관리 역할과 이 자원들에 필요한 메모리를 할당하고 해제하는 것을 관리하는 역할이다. 엔진은 게임이 진행되면서 게임 객체를 생성하고 파괴하는 일도 관리해야 하는데, 이 과정에서 객체들이 사용하는 메모리를 할당하고 해제하며 게임 객체의 올바른 클래스 인스턴스가 만들어지게 보장한다. 16.4절에서는 게임 월드를 어떻게 로딩하는지 살펴보고, 흔히 쓰이는 객체 생성 시스템이 동작하는 방식에 대해서도 알아보자.

16.4.1 단순한 레벨 로딩

가장 직관적인 게임 로딩 방식이자 모든 초창기 게임이 선택했던 방식은 한 번에 오직 하나의 게임 월드 덩어리(달리 말하면 레벨)만 로딩하게 하는 것이다. 게임이 시작할 때나 레벨을 넘어갈 때 플레이어는 레벨을 불러오는 동안 정지된, 또는 단순한 애니메이션이 보이는 2차원 로딩 스크린을 보고 있어야 한다.

이 디자인에서 메모리 관리는 무척 단순하다. 7.2.2.7절에서 이미 살펴봤듯 한 번에 레벨 하나 방식의 월드 로딩 디자인에는 스택 기반 할당자^{allocator}가 무척 잘 어울린다. 게임이 맨 처음 시작할 때 게임의 모든 레벨에 걸쳐 공통적으로 사용되는 자원들이 스택의 맨 아래에 불러온다. 이것을 로드 후 상주^{LSR, Load-and-Stay-Rresident} 자원이라고 부르기로 하자. LSR 자원이 완전히 올라오면 스택 포인터의 위치를 기록한다. 게임 월드 덩어리와 그에 부속된 메시, 텍스처, 오디오, 애니메이션 등의 자원들은 스택에서 LSR 자원 위에 불러온다. 플레이어가 레벨을 완전히 통과한 경우 메모리를 해제하려면 스택 포인터를 LSR 자원 블록 위에 오게 다시 설정하기만 하면 된다. 이제 이 지점에 새 레벨을 불러올 수 있다. 이 과정이 그림 16.11에 나와 있다.

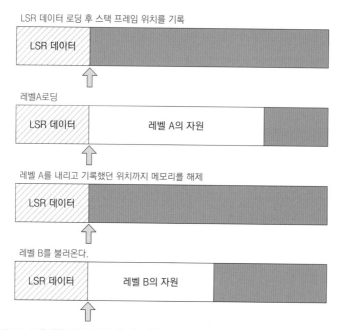

그림 16.11 스택 기반 메모리 할당자는 한 번에 레벨 하나인 월드 로딩 시스템에 매우 잘 들어맞는다.

이 디자인은 단순한 장점은 있지만 몇 가지 단점도 있다. 먼저 플레이어는 월드 덩어리 1개만 큼만 게임 월드를 볼 수 있다. 이런 식으로는 광활하고 연속된 심리스^{seamless} 월드를 구현할 수 없다. 또한 레벨의 자원을 불러오는 동안은 메모리에 어떠한 게임 월드도 없다. 그렇기 때문에 플레이어는 어쩔 수 없이 2차원 로딩 스크린만 바라보고 있어야 한다.

16.4.2 심리스 로딩에 다가가기: 에어 락

따분한 레벨 로딩 스크린을 보여 주지 않으려면 다음 월드 덩어리와 그에 딸린 자원들을 불러오는 동안 플레이어가 계속 게임을 즐길 수 있게 하는 방법이 최선이다. 단순하게는 게임 월드 자원을 위해 마련해 놓은 메모리를 똑같은 2개의 블록으로 나누면 된다. 한쪽 블록에 레벨 A를 불러온 후 플레이어가 레벨 A에서 게임을 시작하게 하고, 그 후 스트리밍 파일 I/O 라이브러리(로딩 코드는 별도의 스레드에서 돈다)를 사용해 다른 블록에 레벨 B를 불러오면 된다. 이 방식의 가장 큰 문제점은 한 레벨의 크기가 '한 번에 하나의 레벨' 방식에서 가능했던 레벨 크기의 절반밖에 안 된다는 점이다.

비슷하게 게임 월드 메모리를 2개의 크기가 다른 블록으로 나누는 방법이 있다. 큰 블록에는 '온전한' 게임 월드 덩어리가 들어가고, 작은 블록은 아주 작은 월드 덩어리가 겨우 들어갈 만큼만 크다. 작은 덩어리를 '에어 락$^{air\ lock}$'이라고 부르기도 한다.

게임이 시작되면 '온전한' 덩어리와 '에어 락' 덩어리가 로딩된다. 플레이어는 온전한 덩어리를 진행해 가면서 결국 에어 락에 들어가게 되는데, 이때는 문이나 다른 장애물 때문에 플레이어는 이전의 온전한 월드 지역을 보거나 다시 돌아가지 못한다. 이제 온전한 덩어리는 메모리에서 내려오고, 새로운 온전한 크기의 월드 덩어리를 로딩한다. 로딩하는 동안에 에어 락 안에서는 뭔가 할 것을 주어 플레이어를 분주하게 만든다. 복도를 가로지르는 것 같이 아주 단순한 일일 수도 있고, 아니면 퍼즐 풀이나 전투 등 좀 더 재미있는 일을 주기도 한다.

플레이어가 에어 락 지역에서 게임을 하는 동안 온전한 월드 덩어리를 로딩할 수 있는 것은 비동기적 파일 I/O를 이용한 것이다. 자세한 내용은 7.1.3절을 참조하자. 여기서 중요한 내용은 에어 락 시스템을 사용하더라도 처음 게임을 시작할 때 로딩 스크린을 보여야 한다는 점인데, 이것은 처음에는 레벨이 메모리에 아예 없기 때문에 플레이어가 할 수 있는 것이 아무것도 없기 때문이다. 하지만 일단 플레이어가 게임 월드에 들어오고 나면 에어 락 시스템과 비동기적 데이터 로딩 덕에 다시는 로딩 스크린을 보지 않아도 된다.

엑스박스의 헤일로^{Halo}가 이와 비슷한 기법을 사용했다. 넓은 월드 지역들은 반드시 작고 좁은 지역들로 연결된다. 헤일로를 플레이하면서 좁고 뒤로 돌아갈 수 없는 지역을 유심히 보기 바란다(아마 대략 5~10분 정도 하다 보면 하나씩 보일 것이다). 플레이스테이션 2의 잭^{Jak} 2도 마찬가지로 에어 락 기법을 사용했다. 게임 월드는 중간에 허브 역할을 하는 지역(메인 시티)과 여러 지역으로 구성되는데, 각 지역은 작고 좁은 에어 락 지역들을 통해 허브에 연결된다.

16.4.3 게임 월드 스트리밍

어떤 게임 디자인은 플레이어가 광활하고 이어져 있는 심리스 월드에서 플레이하고 있다는 느낌을 줘야 한다. 목표는 플레이어가 좁은 에어 락 지역에 반복적으로 들어갈 필요가 없게 만드는 것이다. 그냥 게임 월드가 자연스럽고 그럴 듯하게 플레이어 앞에 펼쳐지는 것이 가장 좋다.

최신의 게임 엔진들은 이와 같은 심리스 월드를 구현하는 데 스트리밍이라는 기법을 사용한다. 월드 스트리밍을 구현하는 방법은 여러 가지가 있다. 하지만 주목적은 항상 다음과 같다. (a) 플레이어가 정상적인 게임플레이를 하는 동안 데이터를 로딩하고, (b) 메모리 단편화^{fragmentation}를 최소화하도록 메모리를 관리하지만 동시에 플레이어의 진행에 따라 필요한 데이터를 로딩하고 해제할 수 있어야 한다.

최신 콘솔과 PC는 이전에 비해 훨씬 큰 메모리를 보유하고 있기 때문에 여러 개의 월드 덩어리를 동시에 메모리에 올려놓을 수 있다. 메모리 공간을 일단 크기가 똑같은 3개의 버퍼로 나눈다고 생각하자. 맨 처음 월드 덩어리 A, B, C를 이 버퍼들에 로딩한 후 플레이어가 덩어리 A를 진행하게 한다. 플레이어가 덩어리 B에 진입하고 덩어리 A에서는 충분히 멀리 떨어져 더 이상 볼 수 없는 상황이 되면 덩어리 A를 내리고 새로운 덩어리 D를 첫 번째 버퍼에 로딩할 수 있다. 이런 식으로 버퍼를 돌려 사용하는 방식은 플레이어가 연속된 게임 월드의 끝에 다다를 때까지 계속된다.

위와 같은 큰 단위의 월드 스트리밍은 각 월드 덩어리의 크기에 심한 제약을 가한다는 문제가 있다. 게임의 모든 덩어리의 크기가 대략 비슷해야 하며, 세 메모리 버퍼를 꽉 채울 정도로 커야 하지만 절대 넘어서는 안 된다.

이런 문제를 해결하는 방법으로는 메모리를 나눌 때 더 잘게 쪼개는 방법이 있다. 크기가 큰 월드 덩어리를 스트리밍하는 대신 게임 월드 덩어리를 비롯해 전경foreground 메시, 텍스처, 애니메이션 등 모든 게임 자원을 같은 크기의 블록이 되게 쪼갠다. 그런 후 7.2.2.7절에 나오는 덩어리가 큰 풀 기반pool-based 메모리 할당 시스템을 사용하면 메모리 단편화 걱정 없이 필요할 때 자원 데이터를 로딩하고 내릴 수 있다. 너티 독의 엔진도 기본적으로 이 방식을 통해 구현했다(다만 너티 독은 완전히 차 있지 않은 덩어리의 끝부분을 활용하는 복잡한 기법을 추가했다).

16.4.3.1 불러올 자원 결정

잘게 쪼개서 월드 스트리밍을 구현할 때 생각해 봐야 할 문제는 게임플레이 도중 어떤 자원을 로딩해야 할지 엔진에서 어떻게 결정할 것인가 하는 것이다. 너티 독 엔진은 비교적 단순한 레벨 로드 지역level load region 시스템을 사용해 자원들을 불러오고 내리는 과정을 조정했다.

'언차티드'와 '라스트 오브 어스' 시리즈는 전부 수가 많고 지형적으로 구분되며 연속적인 게임 월드를 바탕으로 한다. 예를 들면 '언차티드: 엘도라도의 보물'은 정글과 섬에서 사건이 일어난다. 각 월드는 하나의 일관된 월드 공간에 위치하지만, 지형적으로 인접한 수많은 덩어리로 나뉜다. 지역region이라 불리는 단순 볼록 볼륨이 각 덩어리를 감싼다. 그리고 지역은 서로 약간씩 겹친다. 각 지역은 플레이어가 해당 지역에 있을 때 메모리에 있어야 할 월드 덩어리들의 리스트를 담고 있다.

어느 한 순간에 플레이어는 이 중 하나 또는 여러 지역에 위치한다. 메모리에 어떤 월드 덩어리들이 올라와야 하는지를 판단하려면 주인공이 서 있는 지역들에 있는 덩어리 리스트의 합을 구하면 된다. 레벨 로딩 시스템은 주기적으로 이 마스터 덩어리 리스트를 체크해서 현재 메모리에 있는 월드 덩어리들과 비교한다. 어떤 덩어리가 마스터 리스트에서 사라지면 메모리에서도 내려오게 되면서 차지하고 있던 모든 할당 블록을 해제한다. 리스트에 새 덩어리가 보이면 사용 가능한 블록 중 아무 곳에나 로딩한다. 레벨 로드 지역과 월드 덩어리들을 설계할 때 어떤 덩어리가 메모리에서 내려가는 순간 플레이어가 이것을 절대 볼 수 없게 해야 하고, 또한 덩어리를 불러오기 시작하는 시점에서 플레이어가 처음 그 지역을 보게 되는 순간까지는 충분한 시간을 두어 덩어리가 완전히 메모리에 올라올 수 있게 해야 한다. 이 기법은 그림 16.12에서 볼 수 있다.

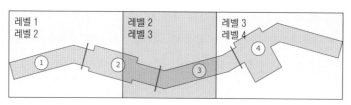

그림 16.12 게임 월드는 여러 개의 덩어리로 나뉜다. 레벨 로드 지역(각각 필요한 덩어리 리스트)은 플레이어가 절대 덩어리가 갑자기 나타나거나 없어지는 것을 볼 수 없게 디자인해야 한다.

16.4.3.2 플레이스테이션 4의 플레이고

플레이스테이션 4에서는 새로운 기능인 플레이고^{PlayGo}를 통해 기존보다 훨씬 덜 귀찮게 게임을 다운로드할 수 있다(블루레이 디스크를 구매하는 대신). 플레이고는 게임의 첫 부분을 진행하기 위한 최소한의 데이터만 다운로드해서 동작한다. PS4는 플레이어가 게임을 진행하는 동안 게임의 나머지 콘텐츠를 백그라운드에서 표시 나지 않게 다운로드한다. 이것을 지원하려면 당연히 위에서 말한 것과 같이 끊기지 않는^{seamless} 레벨 스트리밍을 게임이 지원해야 한다.

16.4.4 객체 생성을 위한 메모리 관리

일단 게임 월드가 메모리에 올라가면 월드 안의 동적인 게임 객체들을 생성하는 과정을 처리해야 한다. 거의 대부분의 게임 엔진에는 게임 객체들을 이루는 클래스들을 인스턴싱하고 필요 없어지면 파괴하는 일을 담당하는 게임 객체 생성(스포닝) 시스템이 있다. 객체 생성 시스템의 가장 중요한 역할 중 하나는 게임 객체를 새로 만들 때 메모리를 동적 할당^{dynamic allocation}하는 일이다. 동적 할당은 느린 과정이라서 최대한 효율적이게 만들어야 한다. 또 다양한 크기의 게임 객체들을 동적 할당하는 과정에서 메모리가 단편화^{fragmentation}될 수 있어 때 이른 메모리 부족^{out-of-memory} 사태를 야기할 수도 있다. 게임 객체 메모리를 관리하는 방법은 여러 가지가 있다. 널리 쓰이는 몇 가지 방법을 살펴보자.

16.4.4.1 객체 생성을 위한 오프라인 메모리 할당 사용

일부 게임 엔진들은 메모리 할당 속도 문제와 단편화 문제를 해결하는 데 굉장히 과격한 방법을 사용하기도 하는데, 바로 게임플레이 도중에 아예 동적인 메모리 할당을 금지하는 것이다. 이런 엔진에서는 게임 월드 덩어리들을 동적으로 불렀다가 내릴 수는 있지만, 모든 동적 게임 객체는 덩어리를 로드한 직후에만 생성한다. 따라서 이후에는 게임 객체를 만들거나 파괴할 수 없다. 이것을 '게임 객체의 보존 법칙'이라고 생각하면 된다. 월드 덩어리가 로딩되고 나면 게임 객체는 더해지지도 않고 없어지지도 않는다.

이 방식은 메모리 단편화를 방지할 수 있는데, 한 월드 덩어리 안의 모든 게임 객체가 사용하는 메모리 양이 (a) 미리 계산될 수 있고, (b) 일정하기 때문이다. 이 말은 곧 게임 객체들이 사용할 메모리를 월드 에디터가 오프라인에 할당할 수 있고, 이것을 월드 덩어리 데이터 안에 포함시킬 수 있다는 뜻이다. 모든 게임 객체는 게임 월드와 그 자원들을 로딩할 때 사용했던 메모리를 사용하게 되고, 다른 로딩된 자원 데이터들과 마찬가지로 메모리 단편화를 일으키지 않는다. 이 기법을 사용하면 게임의 메모리 사용 패턴을 쉽게 예측할 수 있다는 장점도 있다. 게임 월드에 많은 수의 게임 객체가 예상치 못하게 생성될 일이 없기 때문에 메모리가 부족해질 일이 없다.

단점으로는 게임 디자이너의 재량에 상당한 지장을 준다는 점이다. 동적 객체 생성을 흉내낼 수 있는 방법이 있기는 한데, 일단 게임 월드 에디터에서 게임 객체를 할당한 후 처음 로딩했을 때는 보이지 않는 상태로 잠자게 만든다. 이 객체는 나중에 잠에서 깨워 보이게 만들면 '생성(스폰)'되는 것처럼 보인다. 하지만 이렇게 하려면 게임 디자이너는 월드 에디터로 게임 월드를 처음 만들 때 각 게임 객체가 얼마나 많이 사용될지를 미리 예측해야 한다. 플레이어에게 체력 아이템, 무기, 적 등의 게임 객체를 무한히 공급하려면 게임 객체를 재활용할 방법을 찾거나 포기해야 한다.

16.4.4.2 객체 생성을 위한 동적인 메모리 관리

게임 디자이너라면 당연히 진짜 동적 객체 생성 시스템을 지원하는 게임 엔진을 사용하고 싶을 것이다. 정적 게임 객체 생성 방식보다는 구현하기가 훨씬 어렵지만 구현하는 방법은 여러 가지가 있다.

여기서도 마찬가지로 주된 문제는 메모리 단편화다. 타입이 다른 게임 객체들은(심지어 같은 타입의 객체 인스턴스라도 때로는) 차지하는 메모리 크기가 다르기 때문에 흔히 많이 쓰이는 단편화 없는 풀 할당자$^{pool\ allocator}$를 사용할 수 없게 된다. 게다가 게임 객체들은 생성된 순서와 상관없이 파괴되는 경우가 대부분이라 스택 할당자$^{stack-based\ allocator}$도 사용할 수 없다. 남은 선택은 단편화에 취약한 힙 할당자$^{heap\ allocator}$뿐이다. 다행스러운 점은 단편화에 대응할 수 있는 방법이 여러 가지 있다는 점이다. 이후의 절에서는 이 중 널리 사용되는 몇 가지를 살펴보자.

객체 타입마다 하나의 메모리 풀 사용

각 게임 객체 타입의 인스턴스들이 모두 같은 크기의 메모리를 차지한다는 점만 보장되면 객체 타입마다 별도의 메모리 풀을 사용하는 방법을 고려해 볼 수 있다. 실은 고유한 객체 크기마다 풀을 하나씩 할당하면 되기 때문에 크기가 같으면 객체 타입이 달라도 같은 풀을 공유할 수 있다.

이 방식을 사용하면 메모리 단편화를 완벽하게 피할 수 있지만, 단점은 여러 풀을 관리해야 한다는 것이다. 또한 각 객체 타입별로 얼마나 많은 수를 사용할지 경험적으로 유추해야 한다. 한 풀에 너무 적은 수의 객체만 들어가 있다면 메모리를 낭비하게 된다. 반대로 너무 많다면 런타임에 생성 요청을 모두 완료할 수 없기 때문에 결국 게임 객체를 생성할 수 없게 된다. 이런 문제점이 있긴 하지만 이 방식을 성공적으로 사용한 상용 게임 엔진들은 여럿 있다.

작은 메모리 할당자

게임 객체 타입당 풀 하나라는 아이디어를 조금 발전시키면 게임 객체의 크기보다 큰 할당 단위의 메모리 풀에서 메모리를 할당받아 게임 객체를 생성하는 좀 더 편한 방식을 생각해 볼 수 있다. 이 방식을 사용하면 풀마다 잠재적으로 낭비하는 메모리가 있다는 단점이 있지만, 고유한 메모리 풀의 수를 상당히 줄일 수 있다는 장점이 있다.

예를 들어 순서대로 할당 단위 크기가 2배로 늘어나는 메모리 풀들을 만들 수 있다. 예를 들면 8, 16, 32, 64, 128, 256, 512바이트다. 이외에도 더 적합한 할당 단위 패턴을 사용해도 되고, 아니면 게임을 실행해 보고 얻은 할당 통계에 따라 할당 단위를 정해도 된다.

게임 객체를 위해 메모리를 할당할 때면 할당 단위가 객체의 크기와 같거나 이보다 큰 풀들 중에서 가장 작은 것을 찾는다. 어떤 객체의 경우 낭비되는 메모리가 있을 수 있다는 점은 감수해야 한다. 대신 모든 메모리 단편화 문제는 해결되니까 비용을 감안하더라도 꽤 괜찮은 방법이다. 가장 큰 풀보다 더 큰 메모리 할당 요청이 들어온다면 범용 힙 할당자를 사용하면 되는데, 큰 메모리 블록 때문에 생기는 단편화는 작은 블록들에 비해 별로 심각하지 않기 때문이다. 이런 할당자를 작은 메모리 할당자라고 부르기도 한다. 이 할당자는 단편화 문제가 없다 (풀 안에 들어갈 수 있는 할당에 대해서는). 또한 작은 크기의 데이터에 쓰이는 메모리 할당에는 그 속도가 굉장히 빠른데, 풀 내의 할당에는 포인터 연산 2개를 통해 빈 메모리를 가져오기만 하면 되기 때문에 범용 힙 할당자보다 비할 수 없이 빠르다.

메모리 재배치

단편화를 처리하는 다른 방법으로 문제의 핵심을 직접 공략하는 해법이 있다. 메모리 재배치라고 불리는 이 방식은 할당된 메모리 블록을 옆의 빈 공간으로 옮겨 단편화를 없앤다. 메모리를 옮기는 것 자체는 쉽지만 이미 할당돼 사용 중인 객체를 옮기는 것이기 때문에 메모리 포인터도 새로 옮긴 위치를 가리키게 세심한 주의를 기울여야 한다. 더 자세한 내용은 6.2.2.2절을보자.

16.4.5 게임 저장

대부분의 게임은 게임 도중 저장하고 게임을 그만 둔 다음 나중에 정확히 저장한 상태 그대로 게임을 할 수 있는 기능을 지원한다. 디스크 파일이나 메모리 카드에서 게임 월드의 상태를 불러올 수 있다는 점에서 게임 저장 시스템은 월드 덩어리 로딩 시스템과 비슷하다고 할 수 있다. 하지만 저장 시스템과 월드 로딩 시스템은 요구 조건이 서로 다르기 때문에 따로 구현되는 경우가 대부분이다(일부분만 겹치는 경우도 있다). 두 시스템의 요구 조건이 어떻게 다른지 알아보고자 월드 덩어리와 게임 저장 파일의 차이에 대해 간단히 살펴보자. 월드 덩어리는 월드 안에 있는 모든 동적 객체의 초기 상태를 담고 있지만, 이에 더해 모든 정적 월드 요소에 대한 완전한 정보를 담고 있기도 하다. 배경 메시와 충돌 데이터 등의 정적 정보는 디스크 공간을 많이 차지하는 경우가 보통이다. 그렇기 때문에 월드 덩어리는 여러 파일로 구성되는 경우도 있고 연관된 데이터의 크기도 대개 크다.

월드에 있는 게임 객체들의 현재 상태를 저장해야 하는 점은 게임 저장 파일도 마찬가지다. 하지만 여기에는 월드 덩어리 데이터를 읽어서 알 수 있는 정보들을 중복 저장할 필요가 없다. 예를 들면 저장 파일에 정적 기하 형상을 담을 필요가 전혀 없다. 뿐만 아니라 저장 파일에 모든 객체들의 전 정보를 담을 필요도 없다. 게임플레이에 전혀 영향이 없는 객체는 완전히 생략해도 상관없다. 그렇지 않은 게임 객체의 경우 부분 정보만 저장하면 된다. 게임 저장 시스템은 플레이어가 저장하고 다시 불러온 후 게임 월드 상태를 구분할 수 없으면(아니면 그 차이가 플레이어에게 영향이 없으면) 제 기능을 한 것이다. 이런 이유로 게임 저장 파일은 월드 덩어리 파일보다는 훨씬 작으며, 데이터 압축과 생략에 더 중점을 둘 수 있다. 예전의 콘솔 게임기에서 쓰였던 메모리 카드 같은 경우 여러 게임 파일이 들어가야 했기 때문에 파일 크기를 작게 만드는 일이 매우 중요했다. 오늘날의 콘솔 게임기들은 훨씬 큰 하드 드라이브를 장착하고 클라우드 저장 시스템에 연결돼 있긴 하지만 저장 파일 크기를 가능한 한 줄이는 일은 여전히 의미 있다.

16.4.5.1 체크 포인트

게임을 저장하는 방법 중 하나로 게임 중 체크 포인트라고 부르는 특정한 지점에서만 저장할 수 있게 하는 방식이 있다. 이 방식의 장점은 게임의 상태 대부분이 각 체크 포인트 주변의 월드 덩어리(들)에 저장된다는 점이다. 어느 누가 게임을 플레이하든 데이터가 거의 항상 정확히 똑같기 때문에 저장 파일에 담을 필요가 없다. 따라서 체크 포인트를 사용한 게임 저장 파일은 굉장히 작다. 가장 마지막에 도달한 체크 포인트의 이름과 함께 플레이어 캐릭터의 현재 정보, 즉 플레이어의 체력, 남은 생명의 개수, 인벤토리의 아이템, 소지한 무기(들), 각 무기의 탄약 수 등과 같은 정보를 함께 저장한다. 하지만 체크 포인트 외에 별도의 정보를 전혀 저장하지 않는 게임도 있다. 이런 게임들은 각 체크 포인트에서 미리 정해진 상태로 플레이어를 배치한다. 물론 체크 포인트 시스템은 플레이어를 짜증나게 만들 수 있다는 단점이 있는데, 특히 체크 포인트 수가 적고 멀리 떨어진 경우에 더욱 그렇다.

16.4.5.2 자유 저장

어디서든 자유롭게 저장^{save anywhere}할 수 있는 기능을 지원하는 게임도 있다. 말 그대로 게임 플레이 도중에 언제든 게임 상태를 저장할 수 있는 기능이다. 이 기능을 사용하는 경우 게임 저장 파일의 크기가 상당히 커진다. 게임플레이에 영향이 있는 모든 게임 객체의 현재 위치와 내부 상태를 저장해야 하고 나중에 게임을 다시 시작하는 경우 원래대로 복원돼야 한다.

자유 저장 방식의 게임 세이브 파일에 들어가는 데이터는 근본적으로 월드 덩어리의 정보와 비슷한데, 단지 월드의 정적인 구성 요소들만 빠질 뿐이다. 따라서 두 시스템에서 공통된 데이터 형식을 사용하는 것도 가능하지만 몇 가지 제약 사항 때문에 그렇게 하지 못하는 경우도 있다. 예를 들면 월드 덩어리의 데이터 형식은 유연성을 우선적으로 고려해야 하지만 저장 데이터 형식은 크기를 줄일 압축 기법을 우선할 수 있다.

앞서 이야기했지만 저장 파일의 용량을 줄이려면 필요 없는 게임 객체를 완전히 생략하고 저장하는 객체에서도 별로 중요하지 않은 세부 정보를 생략하는 방법을 쓴다. 예를 들면 당장 재생 중인 애니메이션의 정확한 시간 정보나 물리 시뮬레이션되는 강체들의 정확한 운동량과 속도 같은 것들은 굳이 꼭 맞게 기록할 필요는 없다. 사람의 기억은 불완전하기 때문에 대강의 근사 값만 저장해도 상관없다.

16.5 객체 참조와 월드 질의

모든 게임 객체는 어떤 형태가 됐든 고유 id가 있어야 하는데, id는 게임 내 객체들을 구분하거나 런타임 검색, 객체 간 통신에서 수신자 명시 등에 쓰인다. 툴에서도 객체의 고유 id가 유용하게 쓰이는데, 월드 에디터에서 객체들을 구분하고 검색하는 데 흔히 쓰인다.

런타임에는 게임 객체들을 검색할 수 있는 기능이 반드시 있어야 한다. 고유 id로 객체를 찾는 경우도 있고, 객체 타입이나 아니면 다른 조건으로 검색하는 경우도 있다. 거리에 따른 질의를 사용하는 경우도 흔한데, 플레이어 캐릭터의 주변 10미터 안에 있는 모든 적들을 찾는 경우 등을 생각하면 된다.

일단 질의를 통해 게임 객체를 찾았으면 이것을 참조할 수단이 있어야 한다. C나 C++에서는 포인터를 이용해 참조를 구현할 수도 있고, 아니면 핸들이나 스마트 포인터 등 약간 더 정교한 방식을 쓸 수도 있다. 객체 참조의 수명은 함수 호출 범위처럼 짧을 수도 있고 몇 분에 걸칠 정도로 긴 경우도 있다.

먼저 객체 참조를 구현하는 방법에 대해 살펴보자. 그 후 게임플레이 구현에 필요한 질의의 종류와 이것들을 어떻게 구현하는지를 알아보자.

16.5.1 포인터

C와 C++에서 객체 참조를 구현하는 제일 쉬운 방법은 포인터다(또는 C++의 레퍼런스). 포인터는 강력하면서도 더할 나위 없이 단순하고 직관적이다. 하지만 몇 가지 문제도 있다.

- **버려진 객체**orphaned object 정상적인 상황이라면 모든 포인터는 소유주(포인터의 수명(생성과 파괴)을 관리하는 다른 객체)가 있어야 한다. 하지만 프로그래머가 이런 규칙에 의거해 프로그래밍을 하게 강제하는 데 포인터는 전혀 도움이 되지 않는다. 까닥 잘못하면 버려진 객체, 즉 여전히 메모리에 있지만 다른 객체나 시스템에서 전혀 쓰이지 않는 객체가 생긴다.

- **낡은stale 포인터**　정상적인 상황이면 객체를 지울 때 그 객체를 가리키던 포인터들을 모두 초기화null해야 한다. 하지만 이것을 잊어버릴 경우 낡은 포인터(원래는 정상적인 객체를 가리키던 포인터이지만 할당 해제된 메모리를 가리키고 있는 포인터)가 생긴다. 낡은 포인터로 읽거나 데이터를 쓰려고 하면 비정상 종료를 일으키거나 오동작할 수 있다. 객체가 지워지더라도 포인터가 얼마간은 별 문제를 일으키지 않는 경우도 있기 때문에 낡은 포인터를 찾아내기는 쉽지 않다. 훨씬 시간이 지나서 포인터기 기리기던 메모리 블록에 새 객체가 할당되고 나서야 데이터가 바뀌고 비정상 종료가 발생한다.

- **잘못된 포인터**　프로그래머는 포인터에 어떤 주소 값이라도 마음대로 저장할 수 있는데, 완전히 잘못된 주소라도 저장할 수 있다. 가장 흔히 발생하는 문제는 널 포인터를 역참조dereferencing하는 것이다. 이 문제는 참조하기 전에 assert 매크로를 써서 널 포인터를 미리 걸러내면 해결 가능하다. 더 심각한 문제는 어떤 데이터를 포인터로 잘못 사용하는 경우인데, 이렇게 되면 완전히 임의의 메모리 주소를 읽거나 쓰게 된다. 이 경우 대개 비정상 종료되거나 아니면 디버깅하기 굉장히 힘든 심각한 문제가 발생한다.

많은 게임 엔진에서 포인터를 즐겨 사용하는데, 포인터가 객체 참조를 구현하는 데 가장 빠르고 효율적이고 다루기도 제일 쉽기 때문이다. 그렇지만 경험 있는 프로그래머들은 포인터를 다룰 때 언제나 주의를 기울이는데, 이보다 한발 더 나가 더 정교한 객체 참조 방식을 도입하는 경우도 있다(이것은 더 안전한 프로그래밍 기법을 사용하려는 목적도 있고 필요에 의한 경우도 있다). 예를 들어 런타임에 메모리 단편화(6.2.2.2절 참조)를 해결하고자 할당된 데이터 블록을 재할당relocate하는 엔진이라면 그냥 포인터를 써서는 안 된다. 메모리 재할당을 안정적으로 처리할 수 있는 객체 참조 방식을 도입하거나 아니면 메모리를 옮길 때 그 위치를 가리키는 모든 포인터를 찾아서 일일이 고쳐 줘야 한다.

16.5.2 스마트 포인터

평상시에는 여느 포인터처럼 동작하지만 C/C++ 네이티브 포인터의 문제들은 해결한 작은 객체를 스마트 포인터라고 부른다. 가장 단순한 형태로는 네이티브 포인터를 데이터 멤버로 가지면서 대부분의 일반 포인터 연산을 오버로딩해 제공하는 형태가 있다. 당연히 포인터 역참조dereference 기능을 지원하도록 ＊ 연산자와 -> 연산자를 오버로딩하며, 각각 참조 객체에 대한 레퍼런스와 포인터를 리턴한다. 포인터 수리 연산은 +, -, ++, -- 연산자를 오버로딩해 지원한다.

스마트 포인터는 객체이기도 하기 때문에 메타 데이터를 추가로 포함하거나 일반 포인터로는할 수 없는 일을 하기도 한다. 예를 들어 자신이 가리키고 있는 객체가 지워진 것을 알 수 있는정보를 갖고 있다가 지워진 경우 NULL을 리턴하게 만들 수도 있다.

객체 수명을 관리하는 데도 스마트 포인터가 이용되는데, 가리키고 있는 객체가 몇 번 참조reference되는지를 스마트 포인터끼리 협력해 기록한다. 이것을 레퍼런스 카운팅reference counting이라고 한다. 어떤 객체를 참조하는 스마트 포인터의 수가 0이 되면 더 이상 그 객체를 쓸 일이 없다는 말이기 때문에 그냥 지울 수 있다. 이 방식을 이용하면 객체의 소유권 문제나 버려진 객체 문제로 골치를 썩지 않아도 된다. 레퍼런스 카운팅은 자바나 파이썬 등의 근대적 프로그래밍 언어에서 흔히 볼 수 있는 '가비지 컬렉션garbage collection' 시스템을 구현하는 데 필요한핵심 개념이다.

스마트 포인터라고 문제가 없는 것은 아니다. 무엇보다 스마트 포인터를 구현하기는 쉬워도제대로 만들기란 어렵다. 처리해야 할 경우의 수가 굉장히 많은데, 단적으로 표준 C++ 라이브러리에서 최초로 제공했던 `std::auto_ptr`조차 쓰기 곤란한 경우가 허다하다고 알려졌다.다행히 C++11에서 세 가지(`std::shared_ptr`, `std::weak_ptr`, `std::unique_ptr`) 스마트 포인터클래스를 도입해 대부분의 문제가 해결됐다.

C++11의 스마트 포인터 클래스들은 Boost C++ 템플릿 라이브러리가 제공하는 풍부한 스마트 포인터 기능들을 본받아 만들어졌다. Boost는 다음과 같은 여섯 가지 다른 타입의 스마트포인터를 제공한다.

- `boost::scoped_ptr` 소유주가 하나인 객체 1개를 가리키는 포인터다.
- `boost::scoped_array` 소유주가 하나인 객체들의 배열을 가리키는 포인터다.
- `boost::shared_ptr` 여러 소유주에서 수명을 공유하는 객체 하나를 가리키는 포인터다.
- `boost::shared_array` 여러 소유주에서 수명을 공유하는 배열을 가리키는 포인터다.
- `boost::weak_ptr` 자신이 가리키고 있는 포인터를 소유하지도 않고 참조하는 객체를 자동으로 파괴하지도 않는 포인터다(수명은 shared_ptr에 의해 관리된다고 가정한다).

- boost::intrusive_ptr 가리키고 있는 객체가 레퍼런스 카운트를 직접 갖고 있다고 가정해 레퍼런스 카운팅을 구현한 포인터다. Intrusive pointer는 C++ 포인터와 크기가 같고(레퍼런스 카운팅에 관련된 구현이 필요 없기 때문이다), 내장 포인터를 이용해 바로 구현할 수 있기 때문에 유용하다.

스마트 포인터 클래스를 제대로 구현하기란 굉장히 어려운 일이다. Boost 스마트 포인터의 문서를 한 번 보면 무슨 뜻인지 금방 이해할 수 있다(http://www.boost.org/doc/libs/1_36_0/libs/smart_ptr/smart_ptr.htm). 온갖 문제거리를 처리해야 하는데, 그중 일부를 들어 보면 다음과 같다.

- 스마트 포인터의 타입 안전성type safety
- 스마트 포인터에 불완전한 타입incomplete type[2]을 사용할 수 있을지 여부
- 예외exception가 발생했을 경우 스마트 포인터가 올바르게 동작할지 여부
- 런타임 성능으로, 경우에 따라서는 매우 느릴 수 있다.

내가 일했던 프로젝트 중에 직접 스마트 포인터를 구현했던 적이 있는데, 프로젝트가 끝나는 순간까지 온갖 종류의 스마트 포인터 버그를 고치고 있었다. 개인적인 생각으로는 될 수 있으면 스마트 포인터를 사용하지 말고, 정 써야 한다면 직접 구현하기보다는 C++11 표준 라이브러리나 Boost 같은 검증된 라이브러리를 쓰는 편이 낫다.

16.5.3 핸들

핸들은 여러 면에서 스마트 포인터와 비슷하지만 구현하기도 쉽고 문제를 일으킬 확률도 적다. 핸들이란 기본적으로 글로벌 핸들 테이블에 대한 정수 인덱스다. 핸들 테이블에는 핸들이 나타내는 실제 객체에 대한 포인터들이 담겨 있다. 핸들을 만들려면 일단 주어진 객체의 주소를 핸들 테이블에서 찾은 후 그 인덱스를 핸들에 저장하면 된다. 핸들을 역참조하려면 핸들로 핸들 테이블을 찾은 후 거기에 있는 포인터를 역참조하면 된다. 그림 16.13에 이 과정이 나와 있다.

---

2   크기가 분명히 정해지지 않은 타입 – 옮긴이

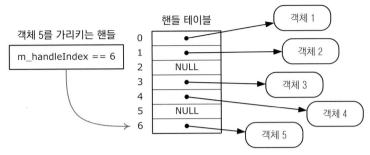

그림 16.13 핸들 테이블에는 객체에 대한 포인터가 담겨 있다. 핸들은 이 테이블에 대한 인덱스일 뿐이다.

핸들 테이블을 이용하면 간접 지정 수준^{level of indirection}이 매우 단순하기 때문에 포인터를 그냥 사용할 때보다 훨씬 안전하고 유연하다. 어떤 객체가 지워지면 핸들 테이블의 항목을 null로 바꾸기만 하면 된다. 이렇게 되면 그 객체를 가리키고 있던 모든 핸들은 즉시, 그리고 자동으로 null 참조로 바뀐다. 핸들을 사용하면 메모리 재배치^{relocation}도 가능하다. 어떤 객체의 메모리 위치를 이동한 경우 핸들 테이블에서 원래 주소로 검색한 후 새 위치를 업데이트하면 된다. 앞서와 마찬가지로 그 객체를 가리키던 핸들들도 자동으로 업데이트된다.

핸들을 구현할 때 단순한 정수로 구현해도 된다. 하지만 보통은 핸들 테이블 인덱스를 작은 클래스로 감싸서 핸들을 생성하거나 역참조하기 편리한 인터페이스를 제공한다.

핸들의 문제점은 낡은 객체^{stale object}를 참조할 가능성이 있다는 점이다. 예를 들어 객체 A에 대한 핸들을 만들었는데 핸들 테이블의 17번 슬롯을 차지한다고 하자. 나중에 객체 A를 지우면 17번 슬롯은 null로 채워진다. 이보다 더 나중에 객체 B를 만들었는데 이것이 우연히 핸들 테이블의 17번 슬롯에 자리하게 됐다. 객체 A를 가리키던 핸들이 어딘가에 남아 있어서 객체 B가 생성될 때까지 존재한다면 이것들은 갑자기 객체 B를 가리키는 상황이 될 수 있다(null 대신). 누구도 원치 않던 결과다.

낡은 핸들 문제를 쉽게 해결하려면 모든 핸들에 객체의 고유 id를 포함하게 만들면 된다. 이제 객체 A의 핸들이 생성되면 슬롯 인덱스 17번뿐 아니라 객체 id 'A'도 포함하게 된다. 핸들 테이블에서 객체 B가 객체 A의 자리를 차지하면 여전히 남아 있던 객체 A의 핸들은 핸들 인덱스는 맞지만 객체 id가 달라진다. 이제 낡은 객체 A의 핸들은 역참조할 때 객체 B의 포인터를 리턴해 잘못 동작하는 대신 null을 리턴하게 된다.

다음의 코드 조각은 단순한 핸들 클래스를 구현한 예다. 여기서 GameObject에도 핸들 인덱스가 들어 있는 것을 알 수 있다. 이렇게 하면 새 핸들을 만들 때 핸들 테이블에서 주소로 검색할 필요가 없기 때문에 빠르다.

```
// GameObject 클래스 안에 고유 id뿐 아니라
// 객체의 핸들 인덱스를 저장하는데,
// 이렇게 하면 새 핸들을 만들 때 빠르다.

class GameObject
{
private:
  // ...

  GameObjectId  m_uniqueId;      // 객체의 고유 id
  U32           m_handleIndex;   // 핸들 생성을 빠르게 하기 위해

  friend class GameObjectHandle; // id와 index에 접근할 수 있게

  // ...

public:  // 생성자
  GameObject()
  {
    // 고유 id는 월드 에디터에서 올 수도 있고,
    // 아니면 런타임에 동적으로 할당할 수도 있다.
    m_uniqueId = AssignUniqueObjectId();

    // 핸들 테이블에서 비어 있는 첫 번째 슬롯을 찾아
    // 핸들 인덱스를 얻어 온다.
    m_handleIndex = FindFreeSlotInHandleTable();

    // ...

  }
  // ...

};
```

```
// 핸들 테이블의 크기를 정하는 상수이며,
// 한 번에 존재할 수 있는 게임 객체들의 최대 수이기도 하다.
static const U32 MAX_GAME_OBJECTS = 2048;

// 글로벌 핸들 테이블
// GameObject 포인터의 단순한 배열이다.
static GameObject* g_apGameObject[MAX_GAME_OBJECTS];

// 간단한 게임 객체 핸들 클래스
class GameObjectHandle
{
private:
  U32          m_handleIndex;  // 핸들 테이블의 인덱스
  GameObjectId m_uniqueId;     // 낡은 핸들을 방지하기 위한
                               // 고유 id

public:
  explicit GameObjectHandle(GameObject& object) :
    m_handleIndex(object.m_handleIndex),
    m_uniqueId(object.m_uniqueId)
  {
  }

  // 핸들을 역참조하는 함수
  GameObject* ToObject() const
  {
    GameObject* pObject
    g_apGameObject[m_handleIndex];

    if (pObject != nullptr
    && pObject->m_uniqueId == m_uniqueId)
    {
      return pObject;
    }
    return nullptr;
  }
};
```

이 코드는 동작하기는 하지만 완벽하지는 않다. 복사 관련 코드를 추가하거나 다양한 생성자를 추가하는 등 여러 가지를 더할 수 있다. 글로벌 핸들 테이블에는 게임 객체를 가리키는 단순한 포인터뿐 아니라 추가적인 정보를 담을 수도 있다. 당연한 말이지만 이와 같은 고정 크기 핸들 테이블을 쓰지 않을 수도 있다. 엔진에 따라 핸들 시스템은 다소 차이가 있다.

글로벌 핸들 테이블이 있으면 전체 시스템에 있는 모든 게임 객체의 리스트를 공짜로 얻을 수 있다는 부수적인 이점도 있다. 예를 들면 월드의 모든 게임 객체를 빠르고 효율적으로 검색하는 데 글로벌 핸들 테이블을 사용할 수 있다. 뿐만 아니라 때로는 다른 질의를 구현할 때 도움을 주기도 한다.

16.5.4 게임 객체 질의

게임 엔진이라면 예외 없이 런타임에 게임 객체를 찾을 수 있는 방법을 지원한다. 이와 같은 검색을 게임 객체 질의^{game object query}라고 부르기로 하자. 가장 단순한 형태의 질의는 고유 id를 갖고 특정한 게임 객체를 찾는 것이다. 하지만 실제 게임 엔진에서는 이보다 훨씬 다양한 게임 객체 질의를 제공한다. 게임 개발자가 필요로 할 만한 게임 객체 질의에 어떤 것들이 있는지를 몇 가지 들어 보면 다음과 같다.

- 플레이어의 시야에 있는 모든 적 캐릭터를 찾기
- 특정 타입의 게임 객체 모두를 순회하기
- 파괴 가능 게임 객체 중에 체력이 80% 이상 남은 것들 찾기
- 폭발이 발생한 지점으로부터 범위 안에 있는 모든 게임 객체에 피해를 전달하기
- 가장 가까이서부터 먼 순서대로 총알이나 다른 발사체의 경로에 있는 모든 게임 객체들을 순회하기

이와 같은 목록은 몇 페이지에 걸쳐 써도 부족한데, 어떤 게임을 개발하느냐에 따라 내용이 많이 달라진다.

게임 질의를 수행하는 데 최대한 유연성을 발휘하게 범용 게임 객체 데이터베이스를 상상해 보자. 이 데이터베이스는 어떤 조건이 주어져도 그에 맞는 질의를 생성해 처리할 수 있다. 완벽히 이상적인 상황에서 이 게임 객체 데이터베이스는 모든 질의를 지극히 효율적이고 빠르게 처리하며, 사용 가능한 모든 하드웨어와 소프트웨어 자원을 최대한 활용한다.

하지만 실제로 이런 유연성과 번개 같은 속도를 동시에 얻기란 불가능에 가깝다. 대신 게임 개발 중에 어떤 타입의 질의가 가장 많이 필요할지를 미리 결정한 다음 그 질의를 수행하는 데 가장 효율적인 자료 구조를 구현한다. 새로운 질의가 필요한 상황이 오면 프로그래머는 기존 자료 구조를 활용해 질의를 구현하거나, 충분한 속도를 얻을 수 없는 경우 새 자료 구조를 만든다. 다음은 특정한 타입의 게임 객체 질의를 빠르게 수행하는 데 도움이 되는 특화된 자료 구조 몇 가지다.

- **고유 id로 게임 객체 찾기** 게임 객체를 가리키는 포인터나 핸들을 해시 테이블에 넣거나 이진 검색 트리에 넣고 고유 id로 찾는다.
- **특정 조건을 충족하는 모든 게임 객체를 순회하기** 게임 객체들을 여러 조건에 맞춰 정렬한 후 연결 리스트^{linked list}에 미리 저장해 둔다(조건은 미리 알 수 있다고 가정하자). 예를 들면 특정 타입의 모든 게임 객체를 리스트로 만들거나 플레이어로부터 특정 범위 안에 있는 모든 객체를 리스트로 만들 수 있다.
- **발사체의 이동 경로에 있거나 어떤 목표 지점까지의 직선 위에 있는 모든 객체를 찾기** 이런 질의를 구현하는 데는 보통 충돌 시스템을 활용한다. 충돌 시스템은 보통 빠른 레이 캐스트를 지원하고, 이외에도 구나 임의의 볼록 입체를 캐스트해서 충돌하는 물체들을 찾아낼 수 있다(13.3.7절 참조).
- **어떤 영역이나 특정 범위 안의 모든 객체를 찾기** 게임 객체들을 공간 해시 자료 구조^{spatial hash data structure}에 저장하는 것을 고려할 수 있다. 전 게임 월드에 수평 그리드를 배치하는 식으로 간단하게 구현할 수도 있고, 아니면 좀 더 정교한 쿼드트리^{quadtree}, 옥트리^{octree}, kd 트리 등 공간 개념을 나타내는 자료 구조를 이용할 수도 있다.

16.6 실시간 게임 객체 업데이트

그 구조가 어떻든 게임 엔진은 시간에 따라 모든 게임 객체의 내부 상태를 업데이트할 수단이 있어야 한다. 여기서 게임 객체의 상태란 그 객체의 모든 속성의 값이라고 정의할 수 있다(attribute나 property라고 불리기도 하며 C++에서는 데이터 멤버라고 부른다). 예를 들면 퐁^{Pong}에 나오는 공의 상태는 (x, y) 스크린 위치와 공의 속도(속력과 이동 방향)다. 게임은 본질적으로 동적이며, 시간 기반 시뮬레이션이기 때문에 게임 객체의 상태는 특정한 시각에서 그 객체의 모습을 의미한다. 다시 말해 게임 객체가 인지하는 시간이란 연속된 개념이 아닌 이산적discrete이다 (그렇지만 객체의 상태가 실제로는 시간에 연속적인데, 단지 엔진에서 끊어서 샘플링하는 것뿐이라고 생각하는 편이 흔한 실수를 방지하는 데 도움이 된다).

앞으로 시각 t에서 객체 i의 상태를 기호 $S_i(t)$로 표현하기로 한다. 벡터 형식을 사용한 것은 수학적으로 적합하지는 않지만, 다양한 데이터 타입을 담고 있는 정보로서 게임 객체의 상태와 이질적인 원소로 구성된 n차원 벡터가 비슷하다는 점을 상기시켜 준다. 여기서 짚고 넘어갈 점은 '상태'라는 용어는 유한 상태 기계finite state machine에서의 상태와 같은 뜻이 아니라는 점이다. 게임 객체를 구현하는 데 하나 이상의 유한 상태 기계를 이용할 수도 있기는 하지만, 그렇더라도 각 FSM의 현재 상태는 게임 객체의 전체 상태인 S(t)의 일부분에 불과할 뿐이다.

대부분의 로우레벨 엔진 하부 시스템(렌더링, 애니메이션, 충돌, 물리, 오디오 등)은 주기적으로 업데이트해야 하는데, 게임 객체 시스템도 마찬가지다. 8장에서 살펴봤듯이 이 과정은 게임 루프라 부르는 1개의 마스터 루프에서 담당하는 경우가 보통이다(여러 스레드에서 나눠서 게임 루프를 도는 경우도 있다). 모든 게임 엔진은 메인 게임 루프의 일부분에서 게임 객체 상태를 업데이트한다고 말할 수 있다. 즉 게임 객체 모델은 주기적인 처리가 필요한 여느 엔진 하부 시스템과 똑같이 취급된다.

그러므로 게임 객체를 업데이트하는 과정은 이전 시각의 객체 상태 $S_i(t - \Delta t)$가 주어지면 현재 시각의 상태 $S_i(t)$를 구하는 과정이라고 볼 수 있다. 모든 객체의 상태가 업데이트되고 나면 현재의 시각 t가 이제는 이전의 시각 $t - \Delta t$가 되며 게임이 실행되는 동안 계속 이 과정을 반복한다. 보통 엔진에서는 하나 이상의 클럭을 두는 경우가 많다. 실제 시간을 정확하게 기록하는 역할을 하는 클럭 하나와 실제 시간과 연관이 없을 수도 있는 나머지 클럭들이다. 이 클럭을 이용해 엔진은 절대 시각 t와 게임 루프 순회 사이의 시간차 Δt를 얻는다. 게임 객체의 상태를 업데이트하는 데 쓰이는 클럭은 실시간과 달라도 상관없다. 이렇게 하면 게임 객체가 정지하거나, 느려지거나 빨라지는 것 외에도 거꾸로 가는 것도 구현할 수 있다(이외에도 게임 디자인에서 필요한 다양한 것들을 구현할 수 있다). 이런 것들은 디버깅할 때나 게임을 개발할 때 없어서는 안 되는 기능들이기도 하다.

1장에서 배워 알고 있듯이 게임 객체 업데이트 시스템은 컴퓨터 공학에서도 동적 실시간 행위자 기반 컴퓨터 시뮬레이션^{dynamic, real-time, agent-based computer simulation}의 한 예다. 그리고 게임 객체 업데이트 시스템에는 이산 이벤트 시뮬레이션^{discrete event simulation}의 몇 가지 특성이 보이기도 한다(자세한 내용은 16.8절의 이벤트에 대한 내용을 참조하자). 이것들은 컴퓨터 공학에서 이미 자세히 연구가 진행된 분야들이며, 게임 이외에도 다양한 곳에서 활용된다. 또한 게임은 다소 복잡한 종류의 행위자 기반^{agent-based} 시뮬레이션의 일종이다. 앞으로 살펴볼 내용이지만, 동적이고 상호적인 가상 환경에서 시간에 따라 게임 객체의 상태를 올바르게 업데이트하기란 상상 이상으로 어려운 일이다. 더 넓은 분야의 행위자 기반, 이산 이벤트 시뮬레이션을 공부하면 게임 객체 업데이트를 더 깊이 이해하는 바탕이 된다. 반대로 게임 디자인을 공부함으로써 다른 분야를 연구하는 사람들도 아마 몇 가지는 더 배울 수 있을 것이다.

다른 모든 하이레벨 게임 엔진 시스템과 마찬가지로 엔진마다 접근 방식은 조금씩 다르다(때로는 근본적으로 다를 수도 있다). 그렇지만 이전에도 그랬듯 대부분의 게임 팀이 겪는 문제들은 비슷하며, 거의 모든 엔진에서 비슷한 디자인 패턴들이 반복적으로 나타나는 경향이 있다. 다음에는 이런 공통적인 문제점들과 그것들을 해결하는 데 공통적으로 쓰이는 해법들을 알아보자. 그렇지만 같은 문제라도 전혀 다른 해결 방식을 선택한 게임 엔진도 있을 수 있으며, 또한 여기서 언급하기조차 불가능한 독특한 문제를 해결해야 하는 게임 디자인도 있다는 것을 명심해야 한다.

16.6.1 단순한 접근 방식(하지만 동작하지는 않는 방식)

게임 객체들 전체의 상태를 업데이트하는 가장 단순한 방법은 순회하면서 가상 함수, 즉 Update() 같은 함수를 모든 객체마다 차례로 호출하는 것이다. 대개는 메인 게임 루프마다 한 번씩 수행하는 경우가 많다(즉 프레임당 한 번). 게임 객체 클래스는 Update() 함수를 오버라이딩해서 객체의 상태를 다음 시간 단계로 업데이트하는 데 필요한 일을 한다. 이전 프레임과의 시간차를 업데이트 함수에 전달하면 객체들이 시간의 흐름을 올바르게 반영하게 할 수 있다. Update() 함수를 가장 단순하게 나타내 보면 다음과 같은 모양일 것이다.

```
virtual void Update(float dt);
```

설명을 쉽게 하고자 이제부터 게임 엔진이 거대 단일 객체 계층을 사용한다고 가정하는데, 이 말은 각 게임 객체는 특정 클래스의 인스턴스 하나로만 표현된다는 뜻이다. 그렇지만 앞으로 설명할 개념은 거의 모든 객체 중심 디자인에도 쉽게 적용할 수 있다. 예를 들면 구성 요소 기반 객체 모델인 경우 게임 객체를 이루는 모든 구성 요소에 Update( ) 함수를 모두 호출하게 할 수도 있고, 아니면 '허브' 객체에만 Update( )를 호출하게 해서 여기에서 연관된 구성 요소들을 적절히 업데이트하게 구현할 수도 있다. 속성 중심 디자인에도 마찬가지로 응용할 수 있는데, 프레임마다 모든 속성 인스턴스에 Update( ) 역할을 하는 함수를 호출하면 된다.

흔히 진정한 어려움은 디테일에 숨어 있다고 했는데, 여기서 두 가지 디테일을 짚고 넘어갈 필요가 있다. 첫째는 모든 게임 객체를 아우르는 집합을 어떻게 관리할지에 관한 문제다. 둘째는 Update( ) 함수가 맡아서 해야 할 일에는 어떤 것들이 있는가를 정하는 일이다.

16.6.1.1 활성 게임 객체의 집합 관리

활성^{active} 게임 객체들을 관리하는 데는 주로 싱글턴 매니저 클래스를 쓰는 경우가 많으며, 대개 GameWorld나 GameObjectManager 등의 이름을 갖는다. 게임 객체들은 게임이 진행되면서 생성되고 파괴되기 때문에 게임 객체의 집합은 보통 동적인 경우가 대부분이다. 따라서 게임 객체를 나타내는 포인터, 스마트 포인터, 핸들 등을 연결 리스트$^{linked\ list}$로 관리하는 것이 단순하면서도 효율적인 방식이다(동적으로 게임 객체를 생성하고 파괴하는 것을 지원하지 않는 엔진도 있는데, 이 경우에는 연결 리스트보다 고정 크기 배열을 쓰기도 한다).

곧 살펴보겠지만 대부분의 엔진에서는 게임 객체를 관리하는 데 단순한 연결 리스트보다는 좀더 복잡한 자료 구조를 사용하고 있다. 하지만 지금 설명을 단순하게 하기 위해서는 그냥 연결 리스트라고 상상해도 상관없다.

16.6.1.2 Update() 함수의 역할

게임 객체의 Update( ) 함수의 주된 역할은 시간 단계가 이산적이라고 가정할 때 이전 단계의 상태 $S_i(t - \Delta t)$가 주어지면 현재의 상태 $S_i(t)$를 결정하는 일이다. 객체에 강체 역학 시뮬레이션을 적용하거나 애니메이션을 샘플링하기, 현재 시간 단계에서 발생한 이벤트에 대응하기 등이 이 과정에 들어간다.

대부분의 게임 객체는 하나 이상의 엔진 하부 시스템과 상호 작용을 한다. 객체는 애니메이션을 하거나, 렌더링되거나, 파티클 효과를 일으키거나, 오디오를 재생하거나, 다른 객체 및 정적 기하 형상과 충돌하는 등의 행동을 한다. 이와 같은 시스템들 역시 모두 시간이 지남에 따라(대개 프레임당 한 번, 또는 수차례) 내부 상태를 업데이트해야 한다. 얼핏 생각하면 게임 객체의 Update( ) 함수 안에서 모든 하부 시스템을 직접 업데이트하면 합리적이면서 직관적일 것 같다. 즉 다음에 나오는 가상 Tank 객체의 업데이트 함수를 살펴보자.

```
virtual void Tank::Update(float dt)
{
    // 탱크의 상태를 업데이트한다.
    MoveTank(dt);
    DeflectTurret(dt);
    FireIfNecessary();

    // 이제 탱크에서 로우레벨 엔진 하부 시스템들을
    // 업데이트한다(좋은 생각이 아니다. 자세한 내용은 아래에).
    m_pAnimationComponent->Update(dt);
    m_pCollisionComponent->Update(dt);
    m_pPhysicsComponent->Update(dt);
    m_pAudioComponent->Update(dt);
    m_pRenderingComponent->draw();
}
```

이와 같은 Update( ) 함수 구조라면 게임 루프는 다음과 같이 단순히 게임 객체들을 업데이트하는 것으로 끝이 난다.

```
while (true)
{
    PollJoypad();

    float dt = g_gameClock.CalculateDeltaTime();

    for (each gameObject)
    {
        // 여기 가상의 Update( ) 함수는
        // 모든 엔진 하부 시스템을 업데이트한다!
        gameObject.Update(dt);
    }

    g_renderingEngine.SwapBuffers();
}
```

얼핏 보면 위의 단순한 객체 업데이트 방식은 무척 괜찮아 보이지만 상용 게임 엔진에서 쓰기는 적절치 않다. 16.6.2절에서는 위와 같은 단순한 접근 방식이 어떤 문제가 있는지 몇 가지 살펴보고, 그 문제들을 해결하는 데 많이 쓰는 해법들을 알아보자.

16.6.2 성능 조건과 일괄 업데이트

대부분의 로우레벨 엔진 시스템들은 성능에 관한 한 기준이 굉장히 엄격하다. 엄청나게 큰 데이터를 처리하고 매 프레임에서 가능한 한 빨리 많은 계산을 수행해야 한다. 따라서 거의 모든 엔진 시스템은 일괄 업데이트$^{batched\ updating}$를 하면 게인이다. 예를 들면 객체마다 다른 연관 없는 작업들(충돌 검출, 물리 시뮬레이션, 렌더링 등) 틈바구니에서 애니메이션을 개별적으로 업데이트하는 것보다는 많은 수의 애니메이션을 한 번에 업데이트하는 편이 훨씬 효율적이다.

대부분의 상용 게임 엔진들은 게임 루프에서 각 엔진 하부 시스템을 직접 또는 간접적으로 업데이트하며, 게임 객체의 Update( ) 함수 안에서 하지는 않는다. 게임 객체가 어떤 엔진 하부 시스템을 이용할 일이 있으면 직접 하부 시스템에 요청해 자신을 위한 상태 정보를 할당하게 만들 수 있다. 예를 들어 삼각형 메시를 이용해 렌더링해야 하는 게임 객체는 렌더링 하부 시스템에 자신을 위한 메시 인스턴스를 할당하게 요청할 수 있다(11.1.1.5절에 나와 있듯이 메시 인스턴스 하나는 삼각형 메시의 인스턴스 1개를 나타낸다. 객체가 보이든 보이지 않든 월드 공간에서의 인스턴스의 위치, 방향, 스케일을 저장하고, 인스턴스의 머티리얼 데이터 및 기타 인스턴스 관련된 정보를 담는다). 렌더링 엔진에서는 메시 인스턴스들을 내부적으로 유지한다. 메시 인스턴스들은 런타임 성능을 최대로 끌어내기 위해 최선의 방식으로 관리된다. 게임 객체는 메시 인스턴스 객체의 속성을 손봐서 자신이 어떻게 렌더링될지를 결정할 뿐 메시 인스턴스의 렌더링을 직접적으로 조정하지는 않는다. 대신 렌더링 엔진은 모든 게임 객체에 자신을 업데이트할 기회를 준 후 화면에 보이는 모든 메시 인스턴스를 한 번에 효율적으로 그린다.

이와 같은 일괄 업데이트를 반영하면 위에서 살펴봤던 가상 탱크 객체의 Update( ) 함수는 다음과 같은 모습이 된다.

```
virtual void Tank::Update(float dt)
{
    // 탱크의 상태를 업데이트
    MoveTank(dt);
    DeflectTurret(dt);
```

```
    FireIfNecessary();

    // 여러 엔진 하부 시스템들의 속성을 설정하지만
    // 이곳에서 직접 업데이트하지는 않는다.

    if (justExploded)
    {
      m_pAnimationComponent->PlayAnimation("explode");
    }

    if (isVisible)
    {
      m_pCollisionComponent->Activate();
      m_pRenderingComponent->Show();
    }
    else
    {
      m_pCollisionComponent->Deactivate();
      m_pRenderingComponent->Hide();
    }

    // 기타 등등
  }
```

이제 게임 루프는 다음과 같이 보일 것이다.

```
  while (true)
  {
    PollJoypad();

    float dt = g_gameClock.CalculateDeltaTime();

    for (each gameObject)
    {
      gameObject.Update(dt);
    }

    g_animationEngine.Update(dt);
    g_physicsEngine.Simulate(dt);
    g_collisionEngine.DetectAndResolveCollisions(dt);
```

```
        g_audioEngine.Update(dt);
        g_renderingEngine.RenderFrameAndSwapBuffers();
    }
```

일괄 업데이트가 가져올 수 있는 다양한 성능 게인 중 몇 가지를 살펴보자.

- **최대의 캐시 일관성** 일괄 업데이트를 이용하면 객체들의 데이터가 내부적으로 유지되며, 이것을 연속된 RAM 공간에 모을 수 있어 엔진 하부 시스템이 최대의 캐시 일관성을 달성할 수 있다.
- **계산 중복 최소화** 공통적인 연산은 한 번만 하고 매 객체는 다시 이것을 다시 계산하기보다는 계산된 것을 가져와 활용하면 된다.
- **자원 재할당 감소** 엔진 하부 시스템들은 업데이트하는 동안 메모리를 비롯한 다른 자원들을 할당하고 관리하는 일을 하는 경우가 많다. 하부 시스템의 업데이트 과정이 다른 엔진 하부 시스템과 뒤섞여 있으면 게임 객체를 처리하면서 이런 자원을 계속 해제하고 재할당하는 작업을 해야 한다. 하지만 일괄 업데이트를 사용하면 프레임에서 한 번만 자원을 할당한 후 모든 객체에서 돌아가며 재활용할 수 있다.
- **효율적인 파이프라인화** 다수의 엔진 하부 시스템은 게임 월드에 있는 모든 객체마다 근본적으로 동일한 연산을 수행한다. 일괄 업데이트를 할 수 있다면 분산/수집scatter/gather을 통해 여러 CPU 코어에 작업을 분배할 수 있다. 각 객체를 따로 처리하는 경우 이런 병렬화를 구현할 수 없다.

일괄 업데이트를 선호하는 이유가 성능 향상 때문만은 아니다. 엔진 하부 시스템 중에는 객체 단위로 처리하면 전혀 동작할 수 없는 것들이 있다. 예를 들어 여러 동적 강체가 존재하는 시스템에서 충돌을 해결할 때 각 객체들을 분리해서 처리하면 도저히 만족할 만한 결과를 얻을 수 없다. 객체 간의 교차를 해결하려면 객체들을 그룹으로 처리해야 하며, 상호적 방식이나 선형 시스템 방식으로 처리할 수 있다.

16.6.3 객체와 하부 시스템 간 상호 의존

성능을 전혀 고려하지 않더라도 단순한 객체별 업데이트 방식은 객체 간 의존 관계가 있을 경우 결국은 깨지게 돼 있다. 예를 들어 사람 캐릭터가 고양이를 팔에 안고 있다고 생각해 보자.

고양이 뼈대의 월드 공간 포즈를 계산하려면 먼저 사람의 월드 공간 포즈가 있어야 한다. 이 말은 곧 게임이 제대로 돌아가려면 객체가 업데이트되는 순서가 중요하다는 뜻이다.

다른 문제는 엔진 하부 시스템끼리 의존 관계가 있을 때 발생한다. 예를 들어 랙 돌 물리 시뮬레이션은 애니메이션 엔진과 보조를 맞춰 업데이트해야 한다. 대개 애니메이션 시스템이 먼저 중간 단계의 로컬 공간 뼈대 포즈를 만들어 낸다. 이와 같은 관절 변환은 월드 공간으로 다시 계산된 후 물리 시스템 내의 연결된 강체들에 적용해 뼈대 위치를 근사한다. 이제 물리 엔진에서 강체들을 시간이 진행되게 시뮬레이션한 후 관절들의 최종 위치가 다시 뼈대의 관절들에 적용된다. 마지막으로 애니메이션 시스템은 최종 월드 공간 포즈를 계산하고 스키닝 행렬 팔레트를 생성한다. 이번에도 마찬가지로 결과가 제대로 나오려면 애니메이션 시스템과 물리 시스템이 정해진 순서 대로 업데이트돼야 한다. 이와 같은 하부 시스템 간의 상호 의존은 여느 게임 엔진 디자인에서든 흔히 볼 수 있다.

16.6.3.1 단계적 업데이트

하부 시스템 간 의존성을 제대로 처리하려면 메인 게임 루프 안에서 엔진 하부 시스템들이 올바른 순서대로 업데이트하게 명확하게 코드를 짜면 된다. 예를 들어 애니메이션과 랙 돌 물리 시스템이 상호 작용하는 과정을 올바로 처리하려면 다음과 같이 코드를 짤 수 있다.

```
while (true) // main game loop
{
  // ...

  g_animationEngine.CalculateIntermediatePoses(dt);
  g_ragdollSystem.ApplySkeletonsToRagDolls();
  g_physicsEngine.Simulate(dt); // runs ragdolls too
  g_collisionEngine.DetectAndResolveCollisions(dt);
  g_ragdollSystem.ApplyRagDollsToSkeletons();
  g_animationEngine.FinalizePoseAndMatrixPalette();

  // ...
}
```

게임 객체들의 상태를 업데이트할 때 게임 루프의 어느 시점에서 해야 올바른지 깊이 고민해야 한다. 단순히 프레임마다 한 번씩 게임 객체의 Update() 함수를 부르는 걸로 끝나지 않는다. 게임 객체들이 다양한 엔진 하부 시스템의 중간 결과에 의존할 수도 있다. 예를 들어 애니메이션 시스템이 업데이트를 하기 전에 게임 객체가 어떤 애니메이션을 재생하라고 요청한다고 하자. 하지만 이 객체는 애니메이션 시스템에서 중간 포즈를 만들어 낸 후 이것이 랙돌 물리 시스템이나 최종 포즈 및 행렬 팔레트 생성하는 데 쓰이기 전에 절차적으로 수정을 가하려 할 수도 있다. 곧 이 객체는 두 번 업데이트해야 한다는 말인데, 애니메이션 시스템이 중간 포즈를 계산하기 전에 하고, 그 후에 또 한 번 해야 한다.

한 프레임에서 게임 객체가 여러 번 업데이트하게 지원하는 엔진도 많이 있다. 너티 독의 엔진(언차티드와 라스트 오브 어스 시리즈를 만든)을 예로 들면, 게임 객체를 애니메이션 블렌딩 전에 한 번, 애니메이션 블렌딩 후와 최종 포즈 생성 사이에 한 번, 최종 포즈 생성 후 한 번, 총 세 번 업데이트한다. 이것을 구현하려면 게임 객체 클래스에 가상 함수 3개를 더해서 이것들이 '훅(걸쇠)[3]' 역할을 하게 하면 된다. 이런 시스템을 채용한 경우 게임 루프는 다음과 같은 모양을 하게 된다.

```
while (true)  // 메인 게임 루프
{
  // ...

  for (each gameObject)
  {
    gameObject.PreAnimUpdate(dt);
  }

  g_animationEngine.CalculateIntermediatePoses(dt);

  for (each gameObject)
  {
    gameObject.PostAnimUpdate(dt);
  }

  g_ragdollSystem.ApplySkeletonsToRagDolls();
  g_physicsEngine.Simulate(dt); // 랙 돌 역시 실행
  g_collisionEngine.DetectAndResolveCollisions(dt);
  g_ragdollSystem.ApplyRagDollsToSkeletons();
  g_animationEngine.FinalizePoseAndMatrixPalette();
```

---

3   프로그래밍에서 이벤트 발생 시, 혹은 특정 상황에 개입해 처리할 수 있게 하는 함수를 훅이라고 한다. – 옮긴이

```
    for (each gameObject)
    {
      gameObject.FinalUpdate(dt);
    }

    // ...
  }
```

사실 게임 객체에 얼마든지 원하는 수만큼 업데이트 단계를 집어넣을 수도 있다. 하지만 모든 게임 객체를 순회하면서 매번 가상 함수를 호출하는 것은 시간이 걸리는 일이라는 점을 감안해야 한다. 또한 전 게임 객체가 모든 업데이트 단계를 필요로 하지는 않는다. 어떤 단계를 수행할 필요가 없는 객체를 순회하는 것은 CPU 낭비일 뿐이다.

사실 위의 예는 완전히 현실적이지는 않다. 모든 게임 객체를 돌면서 각각 PreAnimUpdate( ), PostAnimUpdate( ), FinalUpdate( )를 호출하는 것은 매우 비효율적인데, 왜냐하면 그중에 적은 수의 객체만이 이런 함수에서 해야 할 일을 갖고 있기 때문이다. 또한 게임 객체만 지원하기 때문에 경직된 구조이기도 하다. 만약 애니메이션 업데이트 다음에 파티클 시스템을 업데이트하고 싶은 경우 방법이 없다. 마지막으로 이런 디자인은 로우레벨 엔진 시스템과 게임 객체 시스템 간에 불필요한 커플링(연관 관계)coupling을 유발한다.

일반적인 콜백callback 기법이 디자인 측면에서 훨씬 나은 선택이다. 이런 디자인에서 애니메이션 시스템은 각 세 애니메이션 단계마다(애니메이션 전, 애니메이션 후, 최종 단계) 임의의 클라이언트 코드(게임 객체 또는 기타 엔진 시스템)가 콜백 함수를 등록할 수 있게 지원할 것이다. 애니메이션 시스템은 게임 객체에 대한 어떠한 정보도 알 필요 없이 등록된 모든 콜백을 순회하며 호출한다. 이 디자인은 성능 측면에서도 유리한데, 실제로 업데이트가 필요한 게임 객체만 콜백을 등록하고 실행하기 때문이다. 게임 객체뿐 아니라 임의의 클라이언트 코드에서 콜백을 등록할 수 있기 때문에 게임 객체 시스템과 다른 엔진 시스템 간에 불필요한 커플링을 발생시키지 않는다는 면에서 극도로 유연한 시스템이기도 하다.

16.6.3.2 버킷 업데이트

객체 간 의존성이 존재하는 경우에는 방금 설명한 단계적 업데이트를 조금 수정할 필요가 있다. 객체 간 의존성이 있으면 업데이트 순서 규칙이 충돌하는 경우가 있기 때문이다. 예를 들어 객체 B가 객체 A의 손에 들려 있다고 하자. 또한 A가 완전히 업데이트된 후, 즉 최종 월드 공간 포즈와 행렬 팔레트까지 계산이 끝난 후에야 B를 업데이트할 수 있다고 가정하자. 이 상황은 애니메이션 시스템이 최대 성능을 내고자 모든 애니메이션 업데이트를 일괄해야 하는 상황과 상충된다.

객체 간 의존은 의존성 트리의 숲으로 그려볼 수 있다. 게임 객체 중에 부모가 없는 (다른 객체에 전혀 의존하지 않는) 것들이 숲의 루트에 온다. 루트에 직접적으로 의존하는 것들이 숲 안의 트리에서 첫 번째 단계에 위치한다. 첫 번째 단계에 의존하는 것들은 두 번째 단계가 되고 이 과정이 반복된다. 그림 16.14를 보자.

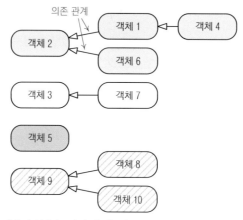

그림 16.14 객체 간 업데이트 순서 의존은 의존성 트리가 숲을 이룬 것으로 그릴 수 있다.

업데이트 순서 조건이 충돌하는 문제를 해결하는 방법 중 하나는 객체들을 독립된 그룹들로 모으는 것인데, 더 적합한 이름이 없으므로 이 그룹을 버킷(통)[4]이라고 부르기로 하자. 첫 번째 버킷에는 숲의 모든 루트 객체가 들어간다. 두 번째 버킷에는 첫 번째 단계 객체들이 모두 들어간다. 세 번째 버킷은 두 번째 단계 객체들이 모두 들어가는 식으로 과정을 반복한다. 각 버킷마다 전 업데이트 단계를 포함한 완전한 게임 객체 업데이트 및 엔진 시스템 업데이트를 수행한다. 이와 같은 과정을 더 이상 버킷이 남지 않을 때까지 반복한다.

의존성 트리의 숲에서 숲의 깊이는 원칙적으로는 무한대다. 하지만 실제로는 그다지 깊지

---

4   버킷은 양동이. 통이라는 원래 뜻이 있지만 아마 컨베이어 벨트 위의 일감을 담는 통에서 현재 용법이 나온 것 같다. 한국의 개발자들은 대부분 그냥 버킷이라고 부르기 때문에 이상한 점을 눈치채지 못하는 것 같지만 버킷이라는 단어 자체는 컴퓨터 과학에서 흔히 쓰인다. – 옮긴이

않다. 예를 들어 손에 무기를 든 캐릭터가 있고, 캐릭터는 탈것에 오르거나 내릴 수 있는 경우가 있다고 하자. 이 상황을 구현하려면 의존성 숲에서 3개의 층만 있으면 되는데, 즉 버킷 3개면 된다. 하나는 받침/탈것용, 하나는 캐릭터용, 하나는 캐릭터 손에 들린 무기용이다. 의존성 숲에서 명시적으로 깊이를 제한하는 게임이 많은데, 이것은 고정된 수의 버킷을 쓰기 위해서다(물론 버킷 방식을 쓰고 있는 경우에 해당하는 말이다. 이외에도 게임 루프를 구성하는 방법은 여러 가지가 있다).

다음은 버킷 방식으로 단계적 일괄 업데이트를 하는 게임 루프가 대략 어떤 모습을 하고 있을지 예를 들어 본 것이다.

```cpp
enum Bucket
{
  kBucketVehiclesPlatforms,
  kBucketCharacters,
  kBucketAttachedObjects,
  kBucketCount
};

void UpdateBucket(Bucket bucket)
{
  // ...

  for (each gameObject in bucket)
  {
    gameObject.PreAnimUpdate(dt);
  }

  g_animationEngine.CalculateIntermediatePoses
    (bucket, dt);

  for (each gameObject in bucket)
  {
    gameObject.PostAnimUpdate(dt);
  }

  g_ragdollSystem.ApplySkeletonsToRagDolls(bucket);
  g_physicsEngine.Simulate(bucket, dt); // 랙 돌 등
  g_collisionEngine.DetectAndResolveCollisions
    (bucket, dt);
```

```
  g_ragdollSystem.ApplyRagDollsToSkeletons(bucket);
  g_animationEngine.FinalizePoseAndMatrixPalette
    (bucket);

  for (each gameObject in bucket)
  {
    gameObject.FinalUpdate(dt);
  }
  // ...
}

void RunGameLoop()
{
  while (true)
  {
    // ...

    UpdateBucket(kBucketVehiclesAndPlatforms);
    UpdateBucket(kBucketCharacters);
    UpdateBucket(kBucketAttachedObjects);

    // ...

    g_renderingEngine.RenderSceneAndSwapBuffers();
  }
}
```

물론 실제로는 이보다 더 복잡할 수 있다. 예를 들어 물리 엔진 같은 하부 시스템은 버킷이라
는 개념을 지원하지 않는 경우도 있는데, 서드파티 SDK이거나 아니면 버킷 방식으로는 도저
히 업데이트할 수 없는 구조인 경우일 수도 있다. 그렇지만 이와 같은 버킷 방식 업데이트는
실제로 너티 독이 전체 '언차티드' 시리즈와 '라스트 오브 어스'에서 구현했던 것과 본질적으로
비슷하다. 그렇기 때문에 실제로 사용 가능하며 충분히 효율적이라는 점이 이미 검증됐다고
하겠다.

16.6.3.3 불완전한 객체 상태와 한 프레임 뒤처짐

이제 객체 업데이트 과정을 다시 살펴보는데, 이번에는 각 객체의 로컬 시간 개념을 중점으
로 살펴보자. 16.6절에서 게임 객체 i의 시각 t에서의 상태를 상태 벡터 $S_i(t)$로 표기한다고 말

했다. 게임 객체를 업데이트하는 것은 이전 상태 벡터 $S_i(t_1)$을 새로운 상태 벡터 $S_i(t_2)(t_2 = t_1 + \Delta t$일 때)로 변경하는 것이다.

이론적인 상황이라면 그림 16.15처럼 모든 게임 객체의 상태는 시각 t_1에서 시각 t_2로 즉시, 그리고 동시에 업데이트된다. 그러나 게임 업데이트 루프가 단일 스레드에서 구동된다고 할 때, 실제로는 한 번에 하나의 객체만 업데이트할 수 있다. 게임 객체들을 모두 순회하면서 차례로 한 번에 하나씩 업데이트 함수를 불러야 한다. 루프 중간에 프로그램을 잠시 멈추면 객체들의 절반은 $S_i(t_2)$로 업데이트된 상태지만 나머지 반은 여전히 이전의 상태 $Si(t_1)$에 남아 있다. 즉 업데이트 루프 안에서 객체 2개에 지금 시각을 물었을 때 두 객체가 다른 대답을 할 수도 있다는 뜻이다. 뿐만 아니라 루프 어느 지점이냐에 따라 객체들이 모두 일부만 업데이트된 상태일 수도 있다. 예를 들어 애니메이션 포즈 블렌딩은 이미 수행했지만, 물리와 충돌 과정은 아직 계산되지 않았을 수도 있다. 이런 점들을 고려하면 다음과 같은 규칙에 도달한다.

> 게임 객체들의 상태는 업데이트 루프의 전과 후에는 일관되지만 루프 도중에는 일관되지 않을 수도 있다.

그림 16.16에 이 개념이 설명돼 있다.

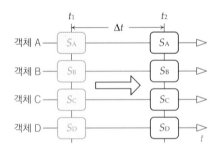 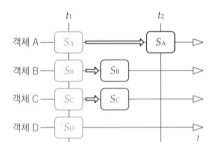

그림 16.15 이론적으로 게임 루프 안에서 모든 게임 객체들의 상태는 즉각적이고 동시에 업데이트된다.

그림 16.16 실제로는 게임 객체들의 상태는 하나씩 차례로 업데이트된다. 이 말은 곧 업데이트 루프의 어떤 지점에서 현재 시각이 t_2라고 알고 있는 객체와 여전히 t_1이라고 알고 있는 객체들이 섞여 있을 수 있다는 뜻이다. 일부 객체는 부분적으로만 업데이트돼서 상태가 일관되지 않을 수도 있다. 즉 이런 객체는 t_1과 t_2의 중간 상태다.

업데이트 루프 중간에 게임 객체들의 상태가 일관되지 않은 점은 큰 혼란을 일으킬 수 있고 주요한 버그의 원인이 되기도 하는데, 게임 개발에 잔뼈가 굵은 전문가라 하더라도 피하기 힘들다. 문제가 주로 일어나는 때는 업데이트 루프 안에서 게임 객체들이 서로의 상태 정보를 질의할 때다(이 말은 객체들 사이의 의존성을 의미한다). 예를 들어 객체 B가 시각 t에서 자신의 속도를 결정하려고 객체 A의 속도를 알고자 하는 경우, 이때 프로그래머는 객체 A의 이전 상태 $S_A(t_1)$을 원하는지 아니면 새로운 상태 $S_A(t_2)$를 원하는지 분명히 해야 한다. 새로운 상태를 필요로 하지만 아직 객체 A가 업데이트되지 않았다면 업데이트 순서에 문제가 있는 것으로 한 프레임 뒤처짐lag이라 불리는 전형적인 버그를 일으킬 수 있다. 이 버그는 어떤 객체의 상태가 다른 객체보다 한 프레임 뒤처지게 되는데, 화면에는 게임 객체들이 동기화가 잘 안 된 것처럼 보인다.

16.6.3.4 객체 상태 캐싱

이미 앞에서 말했지만 이 문제를 해결하려면 게임 객체들을 버킷으로 그룹 짓는 방법이 있다. 단순한 버킷 업데이트 방식의 문제 중 하나는 게임 객체가 다른 객체의 상태 정보를 질의하는 데 상당한 제한을 가한다는 점이다. 게임 객체 A가 다른 객체 B의 업데이트된 상태 벡터 $S_B(t_2)$를 원할 경우 객체 B는 반드시 A보다 이전에 업데이트되는 버킷에 들어 있어야 한다. 마찬가지로 객체 A가 객체 B의 이전 상태 벡터 $S_B(t_1)$을 원하는 경우라면 객체 B는 A보다 나중에 업데이트되는 버킷에 들어 있어야 한다. 또한 객체 A는 자신이 속한 버킷에 있는 객체들의 상태 벡터는 절대 요청하면 안 되는데, 앞서 이야기한 규칙에 의하면 이 상태 벡터들은 부분적으로 업데이트된 것들일 수 있기 때문이다. 별다른 문제가 없는 경우일지라도 다른 객체의 상태가 t_1의 것인지 t_2의 것인지 명확하지 않을 것이다.

객체 상태의 일관성 문제를 완화하려면 게임 객체들을 업데이트할 때 새로운 상태 벡터 $S_i(t_2)$를 계산하기 전에 이전 상태 벡터 $S_i(t_1)$를 복사(캐싱)해 놓게 만드는 방법이 있다. 이것은 두 가지 분명한 게인이 있다. 첫째는 업데이트 순서에 상관없이 객체들이 다른 객체의 이전 상태 벡터를 질의할 수 있다는 점이다. 둘째는 완벽히 일관된 상태 벡터 $S_i(t_1)$를 언제나 사용할 수 있다는 점으로, 새로운 상태 벡터로 업데이트하는 도중에도 마찬가지다. 이런 방식을 따로 부르는 용어가 없는 것으로 알고 있기 때문에 상태 캐싱이라고 부르기로 한다.

상태 캐싱이 주는 또 다른 게인에는 이전 시각과 현재 시각 사이의 아무 때라도 두 상태를 선형 보간해서 얻을 수 있다는 점이다. 바로 이런 기능을 구현하고자 하복 물리 엔진은 모든 강체의 이전 상태와 현재 상태를 모두 유지한다.

단점으로는 상태를 엎어 쓰는 방식에 비해 메모리를 2배 더 차지한다는 점이 있다. 그리고 이전 시각 t_1의 상태는 완벽히 일관되지만 시각 t_2의 상태는 여전히 일관성 문제가 발생할 수 있어 문제를 절반만 해결한다고 하겠다. 그럼에도 잘만 사용하면 굉장히 유용하게 쓸 수 있다.

이 기법은 순수한 함수형 프로그래밍$^{functional\ programming}$(16.9.2절 참조) 디자인 원칙에 강한 영향을 받았다. 순수한 함수형 프로그래밍 언어에서는 모든 동작이 명확한 입력과 출력이 있는 함수에 의해 수행되며 부수 효과$^{side\ effect}$는 없다. 모든 데이터는 상수이며 변경할 수 없다. 입력 데이터를 변경하는 대신 항상 새로운 데이터를 내놓는다.

16.6.3.5 타임 스탬핑

게임 객체 상태의 일관성을 쉽고 빠르게 향상하는 또 다른 방법으로는 상태에 시간 정보를 스탬핑^{stamping}(도장 찍기)하는 것이 있다. 이렇게 되면 어떤 객체의 상태 벡터가 이전 시각의 것인지, 현재 시각의 것인지를 알아내기란 식은 죽 먹기다. 업데이트 루프 중간에 다른 객체의 상태를 질의하는 코드가 있다면 얻어 온 상태의 타임 스탬프$^{Time\ Stamp}$를 체크하면 원하는 상태 정보인지를 확인할 수 있다.

하지만 타임 스탬핑 방식도 어떤 버킷의 업데이트 도중에 그 안에서 생기는 일관성 문제를 해결해 주지는 않는다. 이 문제를 해결하려면 현재 어느 버킷이 업데이트 중인지를 기록하는 전역 변수나 정적 변수를 사용해야 한다. 모든 게임 객체가 자신이 어느 버킷에 속하는지를 '안다고' 하자. 이제 질의 대상이 되는 객체의 버킷을 현재 업데이트하고 있는 버킷과 비교해 서로 같지 않게 한다면 상태 질의의 일관성 문제를 피할 수 있다.

16.7 병행성을 활용한 게임 객체 업데이트

4장에서 하드웨어 병렬성에 대해 알아봤고 요즘 게임 하드웨어에서 흔히 보이는 명시적 병렬 연산 하드웨어들의 잇점을 활용할 수 있는 방법을 배웠다. 이는 병행 프로그래밍 기법을 통해 가능하다. 8.6절에서는 게임 엔진이 병렬 처리 환경을 활용하기 위한 여러 가지 접근 방식에 대해 소개했다. 이번에는 게임 객체 업데이트 문제에 병행성 및 병렬성을 적용해 볼 만한 방법을 알아볼 것이다.

16.7.1 병행 엔진 하부 시스템

당연히 엔진에서 가장 성능에 민감한 부분들, 예를 들면 렌더링, 애니메이션, 오디오, 물리 등이 병렬 처리로 가장 큰 게인을 얻는다. 따라서 게임 객체 모델 업데이트가 단일 스레드 기반이건 다중 코어 기반이건 간에 멀티스레드로 돌아가는 엔진 하부 시스템들과 소통(인터페이스)할 수 있어야 한다.

엔진이 범용목적 잡 시스템^{job system}(8.6.4절 참조)을 지원한다면 잡 시스템을 통해 엔진 하부 시스템을 병렬로 돌릴 수 있다. 이 상황에서 각 하부 시스템의 업데이트를 매 프레임 1개의 잡으로 업데이트할 수도 있다. 그러나 프레임마다 각 하부 시스템이 스스로 여러 개의 잡을 실행해 일을 처리하게 하는 것이 더 나을 것이다. 예를 들어 애니메이션 시스템은 애니메이션 블렌딩이 필요한 게임 월드 객체 1개당 잡 하나를 실행할 수 있다. 프레임의 후반부에 애니메이션 시스템이 월드 행렬 및 스키닝 행렬 연산을 수행할 때가 되면 분산/수집 방식을 활용해 여러 코어에 작업을 분산시킬 수도 있을 것이다.

엔진 하부 시스템의 업데이트를 병행적으로 처리할 때 주의해야 할 점은 이것들의 인터페이스가 스레드 안전성^{thread-safety}을 갖춰야 한다는 것이다. 외부 코드가 다른 외부 코드 또는 하부 시스템 자체와의 다툼으로 인해 데이터 경쟁 상황^{data race condition}에 빠지지 않을 것을 보장해야 한다. 이것은 보통 하부 시스템에 대한 모든 외부 호출에 락^{lock}을 사용하는 것으로 구현한다.

잡 시스템이 사용자 레벨 스레드(코루틴 또는 파이버)로 구현됐다면 스핀 락을 통해 하부 시스템의 스레드 안전성을 보장한다. 그러나 하부 시스템 업데이트가 OS 스레드로 이뤄진다면 뮤텍스도 이런 목적으로 쓸 수 있다.

만약 특정 엔진 하부 시스템이 게임 루프의 어떤 특정한 단계에서만 업데이트된다면 락 대신 락-필요없음 어서션^{lock-not-needed assertion}을 사용할 수도 있다. 이에 대해서는 4.9.7.5절에 더 나와 있다.

당연한 말이지만 엔진 하부 시스템의 중요한(공유) 데이터 구현하는데 락-프리^{lock-free} 자료 구조를 고려해 볼 수도 있을 것이다. 락-프리 자료 구조는 구현하기 까다롭고 자료 구조에 따라 알려진 락-프리 구현이 없을 수도 있다. 따라서 락-프리 방식을 사용하기로 한다면 가장 성능이 중요한 엔진 하부 시스템에만 적용하는 것이 현명한 선택이다.

16.7.2 비동기 프로그램 디자인

병행 엔진 하부 시스템과의 인터페이스가 필요할 경우(예를 들면 게임 객체 업데이트 과정에서) 비동기적으로 사고할 줄 알아야 한다. 따라서 시간이 걸리는 동작을 해야 하는 경우 블로킹 함수(호출 스레드의 문맥에서 작업을 직접 수행하며 그 결과 작업이 끝날 때까지 해당 스레드 또는 잡의 실행을 블로킹한다)는 피해야 한다. 대신 덩치가 크고 오래 걸리는 작업은 논블로킹 함수(다른 스레드, 코어 또는 프로세서가 작업을 처리할 수 있게 요청하며, 제어권을 즉시 호출 함수에 돌려 준다)를 통해 처리해야 한다. 호출 스레드 또는 잡은 결과를 기다리는 동안 다른 일들, 예를 들면 다른 게임 객체 업데이트를 처리할 수 있다. 프레임의 후반부 또는 다음 프레임에서 요청 결과를 가져와 사용한다.

플레이어가 조준선 아래에 적 캐릭터를 조준하고 있는지를 알고자 레이 캐스트를 하는 경우를 예로 들 수 있다. 동기적인 디자인에서는 요청에 대한 응답으로 즉시 레이 캐스트를 수행하며, 레이 캐스트 함수가 리턴하면 그 결과를 사용할 수 있다. 즉 다음에 나와 있는 방식이다.

```
SomeGameObject::Update( )
{
  // ...

  // 레이 캐스트를 통해 플레이어가 적을 조준하고 있는지
  // 알아낸다.
  RayCastResult r = castRay(playerPos, enemyPos);

  // 이제 결과를 처리한다...
  if (r.hitSomething() && isEnemy(r.getHitObject()))
  {
    // 플레이어가 적을 볼 수 있다.
    // ...
  }

  // ...
}
```

비동기적 디자인에서는 레이 캐스트 요청 함수는 레이 캐스트 잡을 만들고 큐에 넣은 다음 즉시 리턴한다. 호출 스레드 또는 잡은 다른 작업을 처리하면서 다른 CPU나 코어가 요청을 처리

하기를 기다린다. 이후에 레이 캐스트 잡이 완료되면 호출 스레드 또는 잡은 레이 캐스트 결과를 가져와 처리한다.

```
SomeGameObject::Update()
{
  // ...

    // 레이 캐스트를 통해 플레이어가 적을 조준하고 있는지
    // 알아낸다.
    RayCastResult r;
    requestRayCast(playerPos, enemyPos, &r);

    // 다른 CPU가 우리를 위해 레이 캐스트를 수행하는 동안
    // 다른 일을 처리한다.

    // ...

    // 이제 더 할 일이 없다. 레이 캐스트 잡 요청의 결과를 기다린다.
    // 잡이 완료됐다면 이 함수는 즉시 리턴한다.
    // 그렇지 않으면 결과를 가져올 수 있을 때까지 메인 스레드가
    // 대기한다...
    waitForRayCastResults(&r);

    // 결과를 처리한다...
    if (r.hitSomething() && isEnemy(r.getHitObject()))
    {
      // 플레이어가 적을 볼 수 있다.
      // ...
    }

  // ...
}
```

대부분의 경우 비동기 코드는 요청을 보내고 다음 프레임에 결과를 가져올 수도 있다. 이 경우 코드는 다음과 같을 것이다.

```
RayCastResult r;
bool rayJobPending = false;
```

```
SomeGameObject::Update()
{
  // ...

  // 이전 프레임에서 보냈던 레이 캐스트 결과를 기다린다.
  if (rayJobPending)
  {
    waitForRayCastResults(&r);

    // 결과를 처리한다...
    if (r.hitSomething() && isEnemy(r.getHitObject()))
    {
      // 플레이어가 적을 볼 수 있다.
      // ...
    }
  }

  // 다음 프레임에 사용할 새로운 레이 캐스트 요청을 보낸다.
  rayJobPending = true;
  requestRayCast(playerPos, enemyPos, &r);

  // 다른 일들...
  // ...
}
```

16.7.2.1 비동기 요청을 보내는 시점

동기적이고 일괄 배치^{batch} 처리가 안 된 코드를 비동기적이고 일괄 처리 가능하도록 변경할 때 한 가지 까다로운 문제가 있는데, 바로 게임 루프 도중 (a) 언제 요청을 시작하고 (b) 언제까지 그 결과를 기다린 후 처리하는지다. 다음 질문에 대한 대답을 생각해 보면 이 문제를 해결하는 데에 도움이 될 것이다.

- **요청을 얼마나 일찍 보낼 수 있는가?** 요청을 일찍 보낼수록 결과가 필요할 때 완료돼 있을 가능성이 커진다. 또한 메인 스레드가 요청을 기다리며 대기할 필요가 없기 때문에 CPU를 최대한 활용할 수 있다. 따라서 요청을 보낼 수 있을 만큼의 정보가 갖춰지는 가장 이른 시점을 알아내고 거기서 요청을 보내야 한다.

- 이 요청에 대한 결과를 언제까지 기다릴 수 있는가? 경우에 따라 업데이트 루프의 나중까지 기다렸다가 나머지 동작을 수행할 수도 있다. 아니면 한 프레임 지연을 용인하고 이전 프레임의 요청 결과로 객체의 상태를 업데이트할 수도 있다(AI 등의 일부 시스템은 몇 초에 한 번만 업데이트하기 때문에 더 긴 지연도 용인할 수 있다). 약간의 고려와 코드 리팩토링 그리고 중간 데이터 캐싱 등을 사용하면 요청 결과를 사용하는 코드를 프레임의 후반부로 미룰 수 있는 경우가 많다.

16.7.3 잡 의존성 및 병렬 처리 수준

병렬 컴퓨터 하드웨어를 최대한 활용하려면 모든 코어가 항상 바빠야 한다. 엔진을 병렬화해 잡 시스템을 사용한다면 게임 루프는 수백 또는 수천 개의 잡이 병행적으로 수행되는 모습일 것이다. 그러나 잡 간에는 의존성이 있기 때문에 이론적인 최대치만큼 코어를 활용할 수 없을 수 있다. 잡 B가 A의 데이터를 입력으로 사용한다면 잡 A가 끝날 때까지 B를 시작할 수 없다. 이 상황은 잡 B와 A 간에 의존성을 만든다.

시스템의 병렬 처리 수준DOP, Degree Of Parallelism은 병행성 수준DOC, Degree Of Concurrency으로도 알려져 있는데, 특정 시각에 병렬로 수행할 수 있는 잡의 이론적인 최대치를 측정한다. 어떤 잡 그룹의 병렬 처리 수준을 판단하려면 의존성 그래프를 그려야 한다. 이 그래프에서 각 잡들은 트리의 노드가 되고 부모 자식 관계로 의존성을 나타낸다. 리프 노드의 수가 이 잡들의 병렬 처리 수준이다. 그림 16.17에 잡 의존성 트리의 몇 가지 예와 상응하는 병렬 처리 수준이 나와 있다.

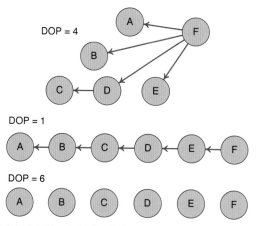

그림 16.17 3개의 의존성 그래프. 트리의 노드는 잡이고 화살표는 그 사이의 의존성을 나타낸다. 트리의 리프 수가 시스템의 병렬 처리 수준(DOP)이다.

병렬 컴퓨터의 CPU를 최대한 활용하려면 시스템의 DOP가 코어 수 이상이어야 한다. 소프트웨어의 DOP가 코어 수와 정확히 같다면 최대 처리량을 달성한다. DOP가 코어 수보다 높다면 일부 작업을 직렬로 처리해야 하므로 처리량은 감소하지만 노는 코어는 없다. 그러나 시스템의 DOP가 코어 수보다 적은 경우 일부 코어는 일이 없을 것이다.

잡이 의존성 있는 다른 잡들의 결과를 기다려야 하는 경우 동기화 지점synchronization point(줄여서 싱크 포인트라고 한다)이 시스템에 생긴다. 각 동기화 지점은 귀중한 CPU 자원이 낭비될 수 있는 가능성을 나타낸다. 그림 16.18에 이 개념이 나와 있다.

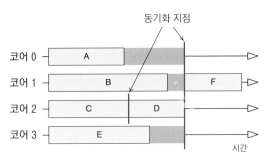

그림 16.18 동기화 지점은 어떤 잡이 하나 이상의 다른 잡에 의존적일 때 발생한다. 여기서 잡 D는 C에 의존하며, F는 A, B, D, E에 의존한다.

하드웨어 활용성을 최대로 하려면 잡 간의 의존성을 줄여 시스템의 DOP를 높여야 한다. 이에 더해 대기하는 동안 처리할 다른 작업을 찾는 것도 방법이다. 동기화 지점의 부작용을 줄이거나 없애기 위해 동기화 지점을 지연시키는 방법도 고려해 볼 수 있다. 예를 들어, 잡 D는 A, B, C가 모두 끝날 때까지 시작할 수 없다고 하자. A, B, C가 끝나지 않았는데 D를 스케줄 링한다면 당연히 기다리는 시간이 있을 수밖에 없다. 그런데 D의 시작을 A, B, C가 충분히 끝난 다음으로 미룰 수 있다면 D가 기다리는 상황은 생기지 않으리라 확신할 수 있다. 이 개념이 그림 16.19에 나와 있다. 마이크 액턴Mike Acton의 글 'Diving Down the Concurrency Rabbit Hole'(http://cellperformance.beyond3d.com/articles/public/concurrency_rabit_hole.pdf)에서는 다음과 같이 말하고 있다. '병행 디자인을 최적화하는 비법은 지연delay이다.' 핵심은 병행 시스템에서 대기 시간을 감소시키거나 또는 제거하는 수단으로서 동기화 지점을 지연시키는 것이다.

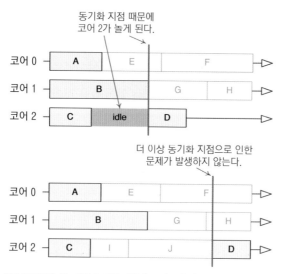

그림 16.19 잡 D는 A, B, C에 의존한다. 위: D를 C 바로 다음에 코어 2에 배치한다면 B가 끝날 때까지 대기해야 한다. 아래: 잡 D의 시작을 A, B, C가 모두 끝날 때까지 기다린다면 코어 2를 다른 작업에 배당할 수 있어서 동기화 지점으로 인한 대기 시간을 없앨 수 있다.

16.7.4 게임 객체 모델을 병렬화하기

게임 객체 모델을 병렬화하기 어려운 데는 몇 가지 이유가 있다. 게임 객체들은 서로 의존성이 매우 강하고 수많은 엔진 하부 시스템에도 의존한다. 객체 간의 의존성은 업데이트 도중 게임 객체들끼리 상시적으로 통신하고 서로의 상태를 알아야 하기 때문에 발생한다. 이 같은 상호 작용은 흔히 업데이트 루프를 실행하는 동안 여러 번 발생하며 그 패턴이 불규칙하기 쉽고 사람의 입력 또는 게임 월드에서 발생하는 이벤트에도 민감하다. 이런 이유 때문에 게임 객체 업데이트를 병행적으로(여러 스레드 또는 CPU 코어를 사용해) 처리하기 어려워진다.

그렇긴 해도 게임 객체 모델을 병행적으로 업데이트하는 것이 불가능하지는 않다. 예를 들어 너티 독에서는 '라스트 오브 어스: 리마스터'를 PS3에서 PS4로 이식할 때 병행 게임 객체 모델을 구현했었다. 16.7.4절에서는 너티 독이 직면했던 문제들을 몇 가지 살펴보고 사용했던 해법들에 대해서 알아볼 것이다. 당연한 말이지만 이것은 한 가지 접근 방식일 뿐이며 게임 엔진마다 다른 방법을 택할 수 있다. 이 글을 읽는 독자가 직접 병행 게임 객체 모델이라는 난제를 혁신적으로 해결할지 누가 알겠는가?

16.7.4.1 잡을 통한 게임 객체 업데이트

게임 엔진에 잡 시스템이 있다면 다양한 로우레벨 하부 시스템들, 예를 들면 애니메이션, 오디오, 충돌/물리, 렌더링, 파일 I/O 등의 병렬화에 쓰이고 있을 것이다. 그렇다면 게임 객체 업데이트도 잡으로 만들어서 병렬화하면 되지 않을까? 너티 독은 바로 이 방식을 사용했다. 그러나 이것을 올바르게 동작하면서 효율적으로 만드는 것은 그리 쉬운 일이 아니다.

16.6.3.2절에서 봤듯이 게임 객체들 간의 의존성 때문에 이것들의 업데이트 순서를 조정해야 한다. 이것을 구현하는 방법 중 하나는 게임 객체들을 N개의 버킷(통)^{bucket}으로 나누고 B 버킷에 있는 객체는 0에서 $B-1$ 버킷 사이에 있는 객체만 참조할 수 있게 하는 것이다. 이 방식에서는 같은 버킷 안의 게임 객체들에 대한 업데이트를 한꺼번에 전부 잡들로 요청하고 잡 시스템이 알아서 적당한 코어에 분배하도록 하면 된다(그 외 동시에 연관 없는 다른 잡들과도 같이 처리될 수 있다). 너티 독 엔진은 대략 이 방식으로 구현됐다.

```
void UpdateBucket(int iBucket)
{
  job::Declaration aDecl[kMaxObjectsPerBucket];
  const int count = GetNumObjectsInBucket(iBucket);
  for (int jObject = 0; jObject < count; ++jObject)
  {
    job::Declaration& decl = aDecl[jObject];
    decl.m_pEntryPoint = UpdateGameObjectJob;
    decl.m_param = reinterpret_cast<uintptr_t>(
      GetGameObjectInBucket(iBucket, jObject));
  }
  job::KickJobsAndWait(aDecl, count);
}
```

객체간 의존성을 처리하는 또 다른 방법은 의존성을 명백하게 밝히는 것이다. 예를 들면 이 방식을 쓰는 경우 객체 A가 B, C, D에 의존하고 있다는 것을 선언할 방법이 있어야 할 것이다. 이런 의존성은 단순한 방향성 그래프$^{directed\ graph}$를 형성한다. 게임 객체를 업데이트할 때 다른 객체에 의존성이 없는 객체(즉 방향성 그래프에서 나가는 선이 없는 노드)부터 먼저 업데이트한다. 잡이 완료되면 의존성이 있는 게임 객체을 차례로 업데이트해 나가고 최종적으로 모든 의존적 객체의 업데이트가 끝날 때까지 기다린다. 이 과정을 모든 게임 객체 그래프가 업데이트될 때까지 반복한다.

게임 객체의 의존성 그래프를 처리할 때 그래프에 순환^{cycle}이 있으면 곤란하다. 2개 이상의 게임 객체가 순환 의존성을 가지면 이것들을 의존성 순서대로 업데이트할 수 없다는 말이 된다. 순환을 처리하려면 객체들이 상호 작용하는 방식을 변경함으로써 순환을 없애거나(가진 그래프를 방향성 비순환 그래프^{DAG, Directed Acyclic Graph}로 변경한다) 아니면 순환 의존하는 게임 객체들을 분리한 후 단일 코어에서 순서대로 업데이트해야 한다.

16.7.4.2 비동기 게임 객체 업데이트

16.7.1절에서 봤듯이 게임 객체 업데이트는 보통 비동기적으로 처리된다. 예를 들어 레이 캐스트를 위해 블로킹 함수를 호출하지 않고 비동기 요청을 보내면 충돌 하부 시스템이 프레임의 어느 순간에 이 요청을 처리한다. 프레임의 후반부 또는 다음 프레임에 레이 캐스트 결과를 가져와 처리하게 된다.

이 방식은 게임 객체들의 업데이트가 병행적으로(여러 코어에 걸쳐) 처리된다 하더라도 문제없이 동작한다. 다만 잡 시스템이 사용자 레벨 스레드(코루틴 또는 파이버) 기반이라면 블로킹 호출 또한 써볼 수 있다. 이렇게 할 수 있는 이유는 코루틴이 다른 코루틴에 양보하는 기능과 나중에 다시 양보한 곳에서 이어 실행하는(다른 코루틴이 양보한 시점에) 독특한 특성이 있기 때문이다. 파이버 기반 잡 시스템(예를 들면 너티 독 엔진처럼)에서는 잡 자체가 코루틴은 아니지만 똑같은 특성을 지닌다. 파이버 기반 잡은 실행 중에 '수면 상태'로 진입할 수 있으며 나중에 '깨워져' 그곳에서부터 이어서 실행할 수 있다.

다음은 코루틴 또는 파이버 기반 잡 시스템에서 블로킹 호출을 통해 레이 캐스트를 구현한 것이다.

```
SomeGameObject::Update()
{
  // ...

  // 레이 캐스트를 통해 플레이어의 시야에 적이 있는지
  // 알아낸다.
  RayCastResult r = castRayAndWait(playerPos, enemyPos);

  // zzz...
```

```
// 레이 캐스트 결과가 준비되면 깨어난다!

// 결과를 처리한다...
if (r.hitSomething() && isEnemy(r.getHitObject()))
{
    // 플레이어가 적을 볼 수 있다.
    // ...
}

// ...
}
```

보면 알겠지만 이 코드는 16.7.2절에서 하면 안 된다고 했던 예와 거의 똑같다. 사용자 레벨 스레드 덕분에 잡 시스템이 블로킹 함수 호출을 사용할 수 있게 된 것이다. 그림 16.20에 실제 어떤 일이 일어나는지가 나와 있다. 잡 하나가 사실상 블로킹 레이 캐스트 호출 전과 그 이후의 두 부분으로 나뉜다.

이 방식 덕분에 WaitForCounter(), KickJobsAndWait() 같은 잡 시스템 함수를 구현할 수 있게 된다. 이 함수들은 해당 잡을 블로킹해 수면 상태에 들어가게 하며, 요청한 카운터가 0이 될 때까지 다른 잡들을 실행할 수 있게 해 준다.

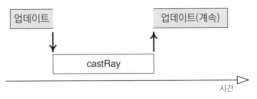

그림 16.20 잡 시스템이 사용자 레벨 스레드 기반인 경우 하나의 잡은 비동기 동작에 의해 중단될 수 있으며, 해당 동작이 완료되면 다시 진행된다.

16.7.4.3 게임 객체 업데이트 도중 락 걸기

버킷 방식 업데이트는 객체 간 의존성 때문에 생기는 문제를 해결하는 데도 큰 도움이 된다. 이 방식은 게임 객체들이 전체적인 올바른 순서대로 업데이트되도록 보장한다(예를 들면 기차를 업데이트하고 난 후에 기차 위에 있는 것들을 업데이트한다). 또한 객체 간 상태 질의 시에도 도움이 된다. B 버킷에 있는 객체는 $B - \Delta$ 버킷과 $B + \Delta$에 있는 객체의 상태를 안전하게 질의할 수 있는데($\Delta > 0$), 두 경우 모두 B 버킷의 객체와는 동시에 병행적으로 업데이트되지 않는다는 것을 확신할 수 있기 때문이다. 그러나 여전히 한 프레임 어긋나는 문제는 존재한다. 프레임 N에서 B 버킷의 객체가 $B - \Delta$ 버킷에 있는 객체의 상태를 질의하는 경우 N프레임의 상태를 보게 된다. 그러나 $B + \Delta$ 버킷에 있는 객체의 상태를 질의한다면 아직 업데이트가 안 된 이전 프레임($N - 1$)에서의 객체 상태를 보게 될 것이다.

그러므로 버킷 방식의 업데이트 시스템에서는 락^{lock}이 없이도 다른 버킷의 객체들을 안전하게 접근할 수 있다. 그렇다면 같은 버킷에 있는 객체들끼리 상호 작용하거나 상태를 알아야 한다면 어떻게 해야 할까? 이 경우는 병행적 경쟁 상태가 생길 수 있기 때문에 그냥 아무것도 하지 않을 수는 없다.

쉽게 생각하면 하나의 글로벌 락(뮤텍스 또는 스핀락)을 게임 객체 시스템에 적용하는 것을 고려할 수 있다. 특정 버킷의 모든 게임 객체들은 이 락을 획득하고, 업데이트를 수행한 후(이 과정에서 다른 객체와 상호 작용을 할 수도 있다) 마지막에 락을 해제한다. 이렇게 하면 데이터 경쟁 없이 객체 간 통신이 일어나는 것을 보장할 수는 있다. 그러나 버킷 안에서의 게임 객체 업데이트가 직렬화^{serialize}되는 매우 좋지 않은 결과를 낳고, 따라서 '병렬' 게임 객체 업데이트가 사실상 단일 스레드 업데이트가 되고 만다. 왜냐하면 게임 객체들이 상호 작용을 하는지에 상관없이 이 락 때문에 두 객체가 병행적으로 업데이트할 수 없게 되기 때문이다.

이 문제를 해결하는 방법은 여러 가지가 있다. 너티 독에서 일찍이 시도했던 방법 중 하나는 글로벌 락 시스템이긴 한데 게임 객체 업데이트 함수 안에서 객체 핸들을 역참조^{dereference}할 경우에만 락을 획득하는 방식이었다. 너티 독 엔진에서 게임 객체를 참조할 때는 메모리 단편화를 방지하기 위해 포인터 대신에 핸들을 통해야 한다. 따라서 게임 객체에 대한 포인터를 가져오려면 이 객체의 핸들을 먼저 역참조해야 한다. 바로 이때가 어떤 객체가 다른 게임 객체와 상호 작용을 하려는 시도를 감지할 수 있는 완벽한 기회다. 상호 작용이 발생할 가능성이 높을 때만 락을 획득함으로써 병행성을 일부 확보할 수 있었다. 그러나 이 시스템은 복잡하고 쓰기도 힘든 데다 여전히 비효율적으로 코어를 사용한다.

16.7.4.4 객체 스냅샷

실제 게임 엔진에서 게임 객체 간 상호 의존성을 분석한 결과 한 가지를 관측할 수 있었다. 게임 객체 업데이트 도중 발생하는 객체 간 상호 작용의 상당 부분은 상태 질의라는 것이다. 즉 게임 객체 A가 다른 게임 객체 B, C 등의 객체에 접근해 현재 상태를 질의하는 것이다. 객체 A가 이렇게 할 때 다른 게임 객체들의 상태에 대한 읽기 전용 복사본만 있으면 된다. 다른 객체와 직접 상호 작용할 필요는 없는 것이다(다른 객체들은 이 상호 작용 동안 병행적으로 업데이트할 수도 있다).

이같은 상황이면 각 게임 객체들이 자신의 상태 정보에 대한 스냅샷(읽기 전용 복사본이며 다른 게임 객체들이 락 없이도 데이터 경쟁을 두려워하지 않고 접근할 수 있다)을 제공하도록 하는 것이 타당해 보인다. 스냅샷은 사실 16.6.3.4절에서 살펴봤던 상태 캐싱^{state caching}의 한 예에 불과하다. 너티 독은 이 방식을 '라스트 오브 어스: 리마스터', '언차티드4', '언차티드: 잃어버린 유산'에서 사용했다.

다음은 너티 독 엔진에서 스냅샷이 동작하는 방식이다. 각 버킷 업데이트의 시작에서 모든 게임 객체가 자신의 스냅샷을 업데이트하도록 한다. 이 업데이트 도중에는 다른 게임 객체의 상태를 질의하지 않기 때문에 락 없이도 병행적으로 실행할 수 있다. 모든 업데이트가 끝나면 병행적으로 실행되는 잡들을 통해 게임 객체들의 내부 상태를 업데이트한다. 이것도 병행적으로 실행된다. B 버킷에 있는 게임 객체가 다른 객체의 상태를 질의하고자 할 때는 다음과 같은 세 가지 선택이 가능하다.

1. $B - \Delta$ 버킷의 객체에 대한 질의는 객체를 직접 접근하거나 객체의 스냅샷을 접근한다.
2. 버킷 B의 객체에 대한 질의는 스냅샷을 접근한다.
3. $B + \Delta$ 버킷의 객체에 대한 질의는 마찬가지로 객체를 직접 접근하거나 객체의 스냅샷을 접근한다.

16.7.4.5 객체 간 상태 수정 처리

스냅샷이 있으면 게임 객체가 다른 게임 상태를 읽을 때 락이 필요 없다. 그러나 게임 객체가 같은 버킷에 있는 다른 객체의 상태를 고치려 할 경우 발생하는 데이터 경쟁을 방지하는 데는 아무 도움이 안 된다. 이 상황을 대처하기 위해서 너티 독은 다음과 같은 경험에 의한 규칙과 기술을 사용했다.

- 객체 간의 상태 수정은 가능한 한 최소화한다.
- 다른 버킷 내의 객체 간 상태 수정은 안전하다.

- 그러나 같은 버킷 내의 객체 간 상태 수정은 다음과 같은 방식으로 신중히 처리한다.
  - 락을 사용한다.
  - 또는 직접 변경을 가하는 대신 요청 큐^{queue}에 변경 요청을 넣는다. 이 요청 큐 자체는 락에 의해 보호되며, 큐의 요청 사항은 버킷 업데이트가 끝난 후까지 미뤘다 처리한다.

단일 버킷 내의 객체간 상태 수정을 처리하는 다른 방법은 다음 버킷에서 처리할 잡을 생성해 이것에 의해 수정 사항을 동기화하는 것이다. 동작을 다음 버킷으로 미룸으로써 대상 객체가 이미 업데이트를 완료했으며 수정 동작과 동시에 업데이트하지 않을 것임을 보장할 수 있다. 너티 독은 실제로 이 방식을 통해 플레이어와 NPC가 몸싸움을 벌이는 것을 동기화했다.

16.7.4.6 개선할 거리

당연한 말이지만 16.7.4절에서 다뤘던 버킷 방식 업데이트는 절대 완벽하지 않다. 버킷 업데이트는 버킷 간에 전환할 때 게임 루프에 동기화 지점을 유발하므로 효율성 면에서 손해 보는 부분이 있다. 이 동기화 지점에서 버킷의 객체 업데이트를 기다리느라 일부 CPU 코어는 대기해야 할 수도 있다.

버킷 내 객체의 의존성 문제에서 스냅샷 방식은 읽기 전용 질의만 처리할 수 있다는 점에서 불완전한 해법이다. 객체 간 상태 수정을 위해서는 여전히 락이 필요하다. 스냅샷을 업데이트하는 것도 비싼 작업일 수 있다(필요에 의해서만 스냅샷을 생성하도록 하는 간단한 최적화를 생각해 볼 수도 있다).

이런 문제들을 해결하는 데는 다양한 방법이 있다. 병렬 게임 객체 업데이트에 대한 최적의 방식을 찾으려면 직접 해보는 것이 최선이다. 이 책에서 여러분의 실험에 도움이 될 만한 아이디어를 얻었으면 좋겠다.

16.8 이벤트와 메시지 전달

게임은 본질적으로 이벤트 주도^{event-driven} 방식으로 돌아간다. 이벤트란 게임플레이 중에 생기는 모든 특이 사항이라고 할 수 있다. 폭발이 시작되는 일, 플레이어가 적에게 발견되는 일, 체력 아이템을 집어 드는 일 등 모든 것이 이벤트다. 게임에는 대개 이벤트가 발생했을 때 연관 있는 게임 객체들에 알려 주고, (b) 그 객체들이 이벤트에 반응할 수 있게 도와줄 방법이 필요하다(이것을 이벤트 핸들링이라고 부른다). 같은 이벤트라도 게임 객체의 타입이 다르면 다른 식으로 반응한다. 이벤트의 반응은 객체의 행동을 정의하는 핵심적인 요소이며, 외부 입력이 없을 때 시간에 따른 객체의 상태 변화 못지않게 중요하다. 예를 들면 퐁Pong에서 공의 행동은 그 속도에도 영향을 받고 벽이나 패들에 부딪히거나 튕겨 나오는 이벤트에 어떻게 반응하는지에도 영향을 받으며, 플레이가 공을 놓쳤을 때 무슨 일이 일어나는지에도 영향을 받는다.

16.8.1 정적 타입 함수 바인딩을 고려할 때 문제점

게임 객체에 어떤 이벤트가 발생했다는 사실을 알리는 간단한 방법은 그 객체의 메서드(멤버 함수)를 호출하는 것이다. 예를 들어 폭발이 일어난 경우 게임 월드 안에서 폭발 범위 안에 있는 모든 객체를 질의해서 찾은 후 각 객체에 OnExplosion( ) 같은 가상 함수를 호출하면 된다. 다음 의사코드에 이 과정을 예로 들어 봤다.

```
void Explosion::Update( )
{

  // ...

  if (ExplosionJustWentOff( ))  // 폭발 발생
  {
    GameObjectCollection damagedObjects;

    g_world.QueryObjectsInSphere(GetDamageSphere( ), damagedObjects);

    for (each object in damagedObjects)
    {
      object.OnExplosion(*this);
    }
  }

  // ...
}
```

OnExplosion( )을 호출하는 것은 정적 타입 지연 함수 바인딩^{statically typed late function binding}의 예라고 하겠다. 함수 바인딩이란 호출 위치에서 어떤 함수 구현을 부를지 결정하는 과정이다. 즉 구현이 호출 위치에 묶이는^{bind} 것이다. 앞에 나온 이벤트 핸들러 OnExplosion( ) 같은 가상 함수들은 지연 바인딩^{late-binding}을 사용한다. 이 말은 컴파일할 당시에는 여러 함수 구현 중 어느 것을 호출해야 할지 컴파일러가 알지 못한다는 뜻이다. 런타임에 이르러 목적 객체의 타입을 알게 돼서야 적합한 구현을 호출할 수 있다. 또한 가상 함수는 징직 타입^{statically typed}이라고 말할 수 있는데, 이것은 객체 타입을 알고 있으면 어떤 구현을 호출할지 컴파일러가 알 수 있다는 말이다. 예를 들면 목표 객체의 타입이 Tank라면 Tank::OnExplosion( )을 호출해야 하고, 객체 타입이 Crate인 경우에는 Crate::OnExplosion( )을 호출해야 한다는 것을 컴파일러가 알고 있다는 뜻이다.

정적 타입 함수 바인딩의 문제는 코드를 구현하는 데 일정 부분 제약을 준다는 점이다. 우선 OnExplosion( ) 같은 가상 함수를 이용하려면 모든 게임 객체가 공통 베이스 클래스 하나를 상속해야 한다. 뿐만 아니라 모든 게임 객체가 폭발에 반응을 하지 않더라도 공통 베이스 클래스에서는 가상 함수 OnExplosion( )을 선언해야 한다. 결론을 말하자면 정적 타입 가상 함수를 이벤트 핸들러로 사용하려면 베이스 클래스 GameObject에는 게임에서 발생 가능한 모든 이벤트 핸들러를 가상 함수로 선언해야 한다. 이렇게 되면 시스템에 이벤트를 추가하기가 어려워진다. 데이터 주도 방식(예를 들면 월드 에디터에서)으로 이벤트를 생성하기란 아예 불가능하다. 게다가 이벤트에 관심이 있는 일부 객체 타입이나 일부 인스턴스들만 그 이벤트를 받게 하고 싶어도 딱히 방법이 없다. 즉 게임의 모든 객체가 모든 이벤트에 대해 '알고' 있으며, 이벤트에 아무 반응도 하지 않는 경우(예, 이벤트 핸들러 함수가 텅 비어 있는 경우)라도 예외는 아니다.

우리가 진짜 원하는 이벤트 핸들러는 동적 타입 지연 함수 바인딩이다. 이 기능을 기본적으로 지원하는 프로그래밍 언어도 있다(예, C#의 delegate). 그렇지 않은 언어를 사용하는 경우에는 직접 코드를 짜야 한다. 구현하는 법은 여러 가지가 있지만 대부분의 데이터 주도형 접근 방식으로 귀결된다. 즉 함수 호출 개념을 객체로 캡슐화한 후 이것을 런타임에 전달하는 방식으로 동적 타입 지연 바인딩 함수 호출을 구현한다.

16.8.2 이벤트를 객체에 캡슐화

이벤트는 결국 두 가지 구성 요소로 이뤄진다. 하나는 타입^{type}(폭발, 아군의 부상, 플레이어의 발각, 체력 아이템을 집어 들기 등)이고, 다른 하나는 전달 인자^{argument}다. 전달 인자는 이벤트에 구체적인 정보를 제공하는 역할을 한다(폭발이 얼마만큼의 피해를 입히는가? 부상을 입은 아군은 누구인가? 플레이가 발각된 지점은 어디인가? 체력 아이템이 회복하는 체력은 얼마인가?). 이와 같은 두 구성 요소를 객체 하나에 캡슐화할 수 있는데, 다음은 이것을 굉장히 축약해 표현한 코드다.

```
struct Event
{
    const  U32 MAX_ARGS = 8;

    EventType  m_type;
    U32        m_numArgs;
    EventArg   m_aArgs[MAX_ARGS];
};
```

이벤트 대신 메시지^{message}나 커맨드^{command}라고 부르는 엔진도 있다. 이것은 어떤 객체에 이벤트를 알려 주는 행위가 그 객체에 메시지를 보내거나 명령^{command}을 내리는 것과 같다는 점을 의미한다.

솔직히 말해 이벤트 객체가 위와 같이 단순한 경우는 별로 없다. 공통된 루트 이벤트 클래스에서 여러 다른 타입의 이벤트를 상속받는 경우도 있다. 전달 인자를 연결 리스트로 구현하거나 동적 할당 배열로 만들어 원하는 수대로 넣을 수도 있고, 타입이 다른 인자들을 갖게 할 수도 있다.

이벤트(또는 메시지)를 객체로 캡슐화하면 여러 게인이 있다.

- **단일 이벤트 처리 함수** 이벤트 자체에 타입을 담고 있기 때문에 다양한 이벤트 타입들을 한 클래스(또는 상속 구조의 루트 클래스)의 인스턴스로 나타낼 수 있다. 즉 모든 타입의 이벤트를 처리할 가상 함수 1개만 있으면 된다는 뜻이다(예, `virtual void OnEvent(Event& event);`).
- **영속성** 함수 호출에서는 함수가 리턴하고 나면 인자들을 사용할 수 없는 반면, 이벤트 객체는 타입과 전달 인자를 데이터로 저장한다. 따라서 이벤트 객체는 영속성이 있다.

나중에 처리하게 큐에 저장하거나 복사해서 여러 수신자에 동시에 보내는 등 여러 가지에 응용할 수 있다.

- **이벤트 전달**forwarding**의 임의성** 객체는 자신이 받은 이벤트에 대해 전혀 알지 못해도 그 이벤트를 다른 객체에 전달할 수 있다. 예를 들어 탈것이 '내리기'라는 이벤트를 받은 경우 타고 있는 모든 승객에 이벤트를 전달해서 탈것에서 내리게 할 수 있는데, 이 경우 탈것 자체는 내린다는 개념을 전혀 몰라도 상관없다.

이와 같이 이벤트/메시지/커맨드를 객체로 캡슐화한다는 개념은 컴퓨터 공학의 여러 분야에서 널리 쓰이고 있다. 게임 엔진뿐 아니라 그래픽 유저 인터페이스나 분산 통신 시스템 등 여러 부분에서도 흔히 볼 수 있다. 널리 알려진 '갱 오브 포Gang of Four'의 디자인 패턴[19]에서는 이 것을 커맨드 패턴이라고 부른다.

16.8.3 이벤트 타입

이벤트의 타입을 구분하는 방법은 여러 가지가 있다. C나 C++에서 쓸 수 있는 간단한 방법으로는 전역 열거형enum 타입으로 정의해서 각 이벤트에 고유한 정수 값을 지정하는 방식이 있다.

```
enum EventType
{
  EVENT_TYPE_LEVEL_STARTED,
  EVENT_TYPE_PLAYER_SPAWNED,
  EVENT_TYPE_ENEMY_SPOTTED,
  EVENT_TYPE_EXPLOSION,
  EVENT_TYPE_BULLET_HIT,
  // ...
}
```

이 방법은 단순하면서 빠르다는 장점이 있다(정수는 보통 엄청나게 빨리 읽고 쓰고 비교할 수 있다). 하지만 몇 가지 문제점도 있다. 첫째, 게임 전체에 쓰이는 모든 이벤트 타입에 대한 정보가 한 곳에 집중돼 있는데, 캡슐화를 잘못한 것으로 볼 수도 있다(이것이 더 좋은 일인지 아닌지는 의견이 분분하다). 둘째, 이벤트 타입이 하드 코딩돼 있기 때문에 데이터 주도 방식으로 쉽게 추가할 수 없다. 셋째, 열거형enum 값은 단순한 인덱스에 불과해서 순서에 영향을 받는다. 실수로 리스트의 중간에 새 이벤트 타입을 넣어 버리면 뒤에 있는 모든 이벤트 id의 인덱스가 바뀌게 되는

데, 이벤트 id가 데이터 파일에 저장돼 있는 경우 문제가 발생할 수 있다. 그렇기 때문에 열거형으로 이벤트 타입을 구현하는 것은 작은 데모나 프로토타입을 만드는 데는 적합할지 몰라도 실제 게임에서 쓰기는 무리가 있다.

또 다른 방법은 이벤트 타입을 문자열로 인코딩하는 것이다. 이 방식은 완전히 자유 형식일 뿐 아니라 새 이벤트 타입을 시스템에 추가하려면 그냥 새 이름을 만들기만 하면 된다. 하지만 이 것도 여러 문제점이 있는데, 이벤트 이름이 충돌할 가능성 외에도 사소한 타이핑 실수로 이벤트가 동작하지 않을 가능성, 문자열로 인한 메모리 사용량 증가, 정수 비교에 비해 상대적으로 느린 비교 연산 등이 있다. 일반 문자열 대신 해시 문자열 id를 사용하면 성능 문제나 메모리 사용량 등은 해결 가능하지만, 이벤트 이름 충돌이나 타이핑 실수에 대해서는 별 도움이 되지 않는다. 이런 점을 감안하더라도 유연성 극대화와 데이터 주도적인 이점 때문에 너티 독을 포함한 다수의 게임 팀에서 문자열 또는 문자열 id 기반 이벤트 시스템을 선택한다.

이벤트를 문자열로 구분할 때 생기는 위험은 툴을 구현해 어느 정도 줄일 수 있다. 예를 들면 모든 이벤트 타입을 관리하는 중심 데이터베이스를 만드는 방법이 있다. 이 데이터베이스에 새 이벤트 타입을 더할 수 있는 사용자 인터페이스를 제공하는 것도 고려해 볼 수 있다. 새 이벤트를 추가하려 할 때 이름 충돌을 자동으로 감지하면 이벤트 타입이 중복될 염려가 없다. 이미 있는 이벤트를 사용할 때 일일이 이름을 쳐 넣는 대신 이벤트들이 정렬된 드롭다운 콤보 박스에서 골라 사용하는 기능을 넣을 수도 있다. 이벤트 데이터베이스에는 이벤트의 용도와 사용법, 그리고 전달 인자의 수와 타입 같은 메타데이터도 함께 저장할 수 있다. 이런 것들은 잘 쓰면 굉장히 유용하지만 제대로 된 시스템을 구현하고 유지하기는 쉽지 않다는 점은 반드시 염두에 둬야 한다.

16.8.4 이벤트 전달 인자

이벤트의 전달 인자event argument는 여러 면에서 함수의 전달 인자 리스트와 흡사하며, 이벤트를 받는 쪽에서 알아야 할 이벤트에 대한 정보를 제공하는 역할을 한다. 이벤트 전달 인자를 구현하는 방법은 무수히 많다.

각 이벤트 타입마다 새 이벤트 클래스를 상속하는 식으로 구현할 수도 있다. 그런 후 전달 인자는 이 클래스의 데이터 멤버로 하드 코딩한다. 예를 들면 다음과 같다.

```
class ExplosionEvent : public Event
{
  Point  m_center;
  float  m_damage;
  float  m_radius;
};
```

이와 달리 이벤트의 전달 인자를 배리언트^{variant}의 집합으로 저장하는 방법도 있다. 배리언트 란 동시에 여러 개의 데이터 타입을 저장할 수 있는 데이터 객체다. 보통 데이터와 함께 그 데 이터의 타입에 대한 정보도 함께 저장한다. 이벤트 시스템에서 전달 인자는 정수일 수도 있고, 부동소수, 불리언, 해시 문자열 id 등 다양한 형태를 띨 수 있다. 따라서 C/C++의 배리언트 클래스는 다음과 같은 형태로 정의된다.

```
struct Variant
{
  enum Type
  {
    TYPE_INTEGER,
    TYPE_FLOAT,
    TYPE_BOOL,
    TYPE_STRING_ID,
    TYPE_COUNT  // 유일한 타입의 개수
  };

  Type     m_type;

  union
  {
    I32   m_asInteger;
    F32   m_asFloat;
    bool  m_asBool;
    U32   m_asStringId;
  };
};
```

1180

Event 내의 배리언트의 집합을 고정 크기의 작은 배열(즉 원소 개수가 4, 8, 또는 16개)을 사용해 구현하는 경우도 있다. 이렇게 하면 이벤트와 함께 전달되는 인자의 수가 제약되지만 동시에 모든 이벤트의 전달 인자마다 동적으로 메모리 할당을 해야 하는 문제를 피할 수 있는 큰 장점이 있는데, 메모리 제약이 심한 콘솔 게임에서 특히 중요한 점이다.

동적 크기의 자료 구조, 예를 들어 동적 크기 배열(예, std::vector)이나 연결 리스트(예, std::list)를 이용해 배리언트의 집합을 구현할 수도 있다. 고정 크기를 사용하는 구현에 비해 유연성이 크게 증가하는 장점이 있지만 동적으로 메모리 할당하는 부담이 있다. 이 문제는 풀 할당자^{pool} allocator를 이용하면 상당 부분 해결할 수 있는데, 여기에는 배리언트들이 크기가 모두 같아야 한다는 전제가 필요하다.

16.8.4.1 키-값 쌍을 이벤트 전달 인자로 사용

이벤트 전달 인자들을 인덱스로 접근하는 방식의 제일 큰 문제는 순서에 영향을 받는다는 점이다. 이벤트를 보내는 쪽이나 받는 쪽이나 모두 전달 인자가 어떤 순서인지 정확히 '알고' 있어야 한다. 잘못하면 혼란을 초래하거나 버그를 만들 수 있다. 예를 들어 어떤 전달 인자를 실수로 빼먹거나 아니면 모르는 사이에 추가로 더해지는 경우 문제가 된다.

이 문제는 이벤트 전달 인자를 키-값 쌍으로 구현하면 해결할 수 있다. 모든 전달 인자는 고유한 키로 구분되기 때문에 순서에 전혀 상관없고, 꼭 필요하지 않은 것들은 아예 넣지 않아도 된다. 구현은 해시 테이블^{closed or open hash table}을 이용해도 되고, 배열, 연결 리스트, 이진 검색 트리를 써도 된다. 기본적인 아이디어는 표 16.1에 나와 있다. 구현 방법은 수도 없이 많고 게임의 요구 사항만 충족한다면 구체적으로 어떻게 구현됐는지는 그리 중요하지 않다.

표 16.1 이벤트 객체의 전달 인자는 키-값 쌍의 집합으로 구현할 수 있다. 키를 사용하면 전달 인자들이 키에 의해 고유하게 식별되므로 순서 때문에 생기는 문제를 피할 수 있다.

키	값	
	타입	
"event"	stringid	"explosion"
"radius"	float	10.3
"damage"	int	25
"grenade"	bool	true

16.8.5 이벤트 핸들러

일단 게임 객체가 이벤트, 또는 메시지, 커맨드를 받으면 어떤 식으로든 그 이벤트에 반응해야 한다. 이 과정을 이벤트를 핸들링한다고 하고, 보통 이벤트 핸들러^{event handler}라고 부르는 함수나 스크립트 코드에서 처리한다(게임 스크립트에 대해서는 나중에 자세히 다룬다).

이벤트 핸들러는 대부분 모든 타입의 이벤트를 처리할 수 있는 네이티브 가상 함수나 스크립트 함수로 구현하는 경우가 많다(예, `virtual void OnEvent(Event& event)`). 이 경우 함수에는 일종의 `switch` 구문이나 중첩된 `if/else-if`절을 이용해 전달되는 다양한 이벤트 타입을 처리한다. 이벤트 핸들러 함수는 흔히 다음과 같은 모양을 하고 있다.

```
virtual void SomeObject::OnEvent(Event& event)
{
  switch (event.GetType())
  {
  case SID("EVENT_ATTACK"):
    RespondToAttack(event.GetAttackInfo());
    break;

  case SID("EVENT_HEALTH_PACK"):
    AddHealth(event.GetHealthPack().GetHealth());
    break;

  // ...

  default:
    // 처리 불가능한 이벤트.
    break;
  }
}
```

위와 같은 방법 대신 이벤트 타입 하나에 이벤트 핸들러 함수 하나씩 구현하는 방법도 있다(예, OnThis(), OnThat(), ……). 하지만 앞서 이야기했듯이 이벤트 핸들러 함수가 많아지면 문제가 발생한다.

윈도우 GUI 툴킷인 MFC^{Microsoft Foundation Classes}는 메시지 맵으로 유명하다. 메시지 맵은 런타

임에 윈도우 메시지를 임의의 함수(굳이 가상 함수가 아니더라도)에 연결할 수 있는 시스템이다. 공통 루트 클래스 하나에 가능한 모든 윈도우 메시지 핸들러를 선언할 필요도 없고, 동시에 다른 Windows 메시지 핸들링 함수에서 자주 보이는 엄청나게 큰 switch 구문도 필요 없다. 하지만 이 정도의 시스템이 필요하지 않은 경우도 많다(switch 구문도 훌륭히 동작하고, 단순하면서 명료하기까지 하다).

16.8.6 이벤트 전달 인자를 풀기

앞서 설명한 예들은 한 가지 중요한 점을 제대로 설명하지 않고 있다. 즉 이벤트 전달 인자 리스트에서 어떻게 타입 안전성을 보장하며 데이터를 뽑아낼 것인가 하는 점이다. 예를 들면 event.GetHealthPack( )은 HealthPack 객체를 리턴하게 돼 있고, HealthPack은 멤버 함수 GetHealth( )를 갖는다고 하자. 이 말은 곧 루트의 Event 클래스가 체력 아이템에 대해서 '인지하고' 있어야 한다는 것을 의미한다(조금 확장해 생각하면 게임에 존재하는 모든 이벤트 전달 인자도 알고 있어야 한다). 사실상 이렇게 구현하기란 비현실적이라고 할 수 있다. 실제 게임 엔진에는 Event 클래스를 상속하는 클래스가 편리한 데이터 접근 API(예를 들면 GetHealthPack( ))를 제공하는 경우도 있다. 아니면 이벤트 핸들러에서 일일이 데이터를 뽑아내 적당한 타입으로 캐스트^cast^하는 방법을 쓰기도 한다. 후자의 방식은 타입 안전성 문제를 일으킬 가능성이 있기는 하지만 전달 인자를 처리할 때는 항상 이벤트의 타입을 이미 알고 있기 때문에 실제로는 별 문제가 안 된다.

16.8.7 책임 연쇄 패턴

게임 객체들끼리는 거의 항상 의존성이 있다. 예를 들어 게임 객체들은 대부분 변환^transform^ 계층 속에 위치하며, 이 때문에 다른 객체 위에 놓이거나 캐릭터의 손에 들릴 수 있다. 또한 여러 개의 상호 작용하는 구성 요소들이 모여 게임 객체를 이룰 수도 있는데, 이 경우 별형 위상 ^star\ topology^이나 느슨하게 연결된 '구름' 형태를 형성하기도 한다. 스포츠 게임 같은 경우 각 팀의 모든 선수를 리스트로 관리하는 경우도 있다. 일반적으로 게임 객체들 간의 상호 연관성은 하나 이상의 관계 그래프(리스트와 트리는 그래프의 일종이다)로 생각할 수 있다. 그림 16.21에 몇 가지 관계 그래프의 예가 나와 있다.

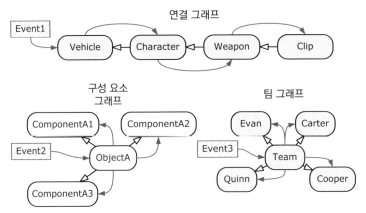

그림 16.21 게임 객체들 간에는 다양한 관계가 있고, 이 관계를 그래프로 나타낼 수 있다. 이벤트 전달 경로를 나타내는 데 이런 그래프가 활용된다.

이와 같은 관계 그래프에서 연결된 객체들 간에 당연히 이벤트를 전달할 수 있어야 한다. 예를 들어 탈것에 이벤트가 전달되면 탈것은 그 위에 타고 있는 승객들에게 이벤트를 전달하고, 승객들은 차례대로 자신의 인벤토리에 들어 있는 물체들에 이벤트를 전달할 수 있다. 여러 개의 구성 요소로 이뤄진 게임 객체가 이벤트를 받으면 구성 요소 모두에 이벤트를 전달해 처리할 기회를 줘야 하는 경우도 있다. 아니면 스포츠 게임에서 어떤 캐릭터가 이벤트를 받으면 모든 팀 동료들에게 그 이벤트를 전달하는 경우도 생각해 볼 수 있다.

객체들로 이뤄진 그래프 내에서 이벤트를 전달하는 기법은 객체지향적이며 이벤트 기반 프로그래밍에서 흔히 쓰이는 디자인 패턴인데, 책임 연쇄 패턴^{chain of responsibility}이라고 불리기도 한다[19]. 이벤트가 전달되는 순서는 보통 엔지니어가 미리 정한다. 이벤트를 체인의 첫 번째 객체에 전달하면 그 객체의 이벤트 핸들러는 불리언, 또는 열거형 값을 통해 해당 이벤트를 인식해 처리했는지 리턴한다. 이벤트를 처리한 경우 이벤트 전달은 더 진행되지 않는다. 그렇지 않은 경우 이벤트는 체인의 다음 객체에 전달된다. 책임 연쇄 패턴 방식의 이벤트 전달을 지원하는 이벤트 핸들러는 다음과 같은 모양을 한다.

```
virtual bool SomeObject::OnEvent(Event& event)
{
  // 부모 클래스의 핸들러를 먼저 호출한다.
  if (BaseClass::OnEvent(event))
  {
    return true;
```

```
        }

        // 직접 이벤트를 처리한다.
        switch (event.GetType())
        {
        case SID("EVENT_ATTACK"):
            RespondToAttack(event.GetAttackInfo());
            return false; // 이 이벤트는 다른 객체에 전달해도 된다.

        case SID("EVENT_HEALTH_PACK"):
            AddHealth(event.GetHealthPack().GetHealth());
            return true; // 이 이벤트를 처리했으므로 전달할 필요 없다.

        // ...

        default:
            return false; // 알 수 없는 이벤트다.
        }
    }
```

상속받는 클래스가 부모 클래스를 대체하는 것이 아니라 기능을 보강하는 형태인 경우 이벤트 핸들러를 오버라이딩했을 때 부모 클래스의 이벤트 핸들러도 호출하는 것이 바람직하다. 반대로 상속받는 클래스가 부모 클래스의 역할을 완전히 대신하는 경우라면 부모 클래스의 핸들러를 호출해서는 안 된다. 이와 같은 동작은 책임 연쇄의 다른 형태다.

위에서 말한 경우 외에도 다양하게 이벤트 전달을 응용할 수 있다. 예를 들어 특정 범위 안에 있는 모든 객체에 이벤트를 뿌리길 원할 수도 있다(예를 들면 폭발). 이것을 구현하려면 먼저 게임 월드의 객체 질의 메커니즘을 이용해 해당 범위의 객체들을 검색한 후 리턴된 모든 객체에 이벤트를 전달하면 된다.

16.8.8 관심 이벤트 등록

게임의 객체들이 존재하는 모든 이벤트에 반응하는 것은 아니다. 대부분의 게임 객체는 몇 가지 이벤트에만 '관심' 있다. 이 경우 이벤트를 브로드캐스트할 때 자칫하면 굉장히 비효율적인 상황이 될 수 있는데, 그 이벤트에 관심이 있건 없건 모든 객체를 돌면서 이벤트 핸들러를 호출해야 하기 때문이다.

이 문제를 해결하려면 게임 객체들이 특정 이벤트에 관심 등록을 할 수 있게 하면 된다. 이벤트 타입마다 그 이벤트에 관심 등록한 게임 객체를 연결 리스트로 두거나 아니면 게임 객체에 이벤트를 나타내는 비트 배열bit array을 두고 관심 있는 것만 비트를 켜는 식으로 구현할 수 있다. 이런 식으로 하면 이벤트에 관심이 없는 객체들의 이벤트 핸들러를 호출하지 않아도 된다.

앞서 게임 객체 질의를 예로 들었는데, 이 경우 브로드캐스트할 이벤트에 관심이 있는 객체들만 포함하게 만들면 더욱 좋다. 예를 들어 폭발로 인해 충돌 시스템에 질의할 때 범위 안에 있는 모든 객체 중 폭발 이벤트에 반응할 수 있는 것들만 얻어 오게 할 수 있다. 이렇게 하면 브로드캐스트하려는 이벤트에 관심이 없는 객체들을 아예 제외할 수 있기 때문에 시간을 절약할 수 있다. 이와 같은 방식은 질의 메커니즘이 어떻게 구현됐는지, 그리고 질의 중간에 객체들을 걸러내는 경우와 브로드캐스트할 때 걸러내는 경우의 어느 것이 빠른지에 따라 효율이 결정된다.

16.8.9 이벤트 큐 사용 여부

대부분의 게임은 이벤트가 보내진 즉시 그 이벤트를 처리한다. 여기에 더해 나중에 이벤트를 처리할 수 있게 이벤트를 큐에 저장하는 기능을 지원하는 엔진도 있다. 이벤트 큐 방식은 분명한 이점이 있기는 하지만 이벤트 시스템을 상당히 복잡하게 할 뿐 아니라 나름의 문제점도 몇 가지 있다. 이제 이벤트 큐의 장단점을 살펴보고 동시에 어떻게 구현하는지도 알아보자.

16.8.9.1 이벤트 큐 방식의 몇 가지 장점

다음 단락들은 이벤트 큐 방식의 이점을 몇 가지 나열한 것이다.

이벤트 처리 시점 제어

시스템이 올바르게 동작하면서 런타임 성능을 최대한 끌어내려면 엔진 하부 시스템과 게임 객체들을 업데이트할 때 순서에 주의를 기울여야 한다는 점을 앞서 살펴봤다. 마찬가지로 일부 이벤트들은 게임 루프 안에서 어느 시점에 처리되는지에 굉장히 민감한 영향을 받는 경우가 있다. 모든 이벤트가 보내는 즉시 처리된다면 게임 루프 도중에 이벤트 핸들러 함수들이 불리는 순서는 예측이 불가능하고 제어가 어렵다. 이벤트 큐를 사용하면 안전하고 적당한 시점에 이벤트가 처리되게 할 수 있다.

미래에 이벤트를 보내기

이벤트를 보낼 때 전달 시각을 지정할 수 있다. 예를 들면 해당 이벤트를 같은 프레임의 후반부에 처리하게 할 수도 있고, 아니면 다음 프레임이나 보낸 후 수 초가 지난 후에 처리하게 할 수도 있다. 이 말은 곧 미래에 이벤트를 보낼 수 있다는 말이고, 여러 가지 재미있는 응용이 가능하다. 단순한 알람시계를 구현하려면 미래에 이벤트를 보내기만 하면 된다. 전구가 깜빡이는 것과 같이 주기적인 행동을 구현하려면 미래에 이벤트를 보내고 그 핸들러는 필요한 행동을 한 후 같은 타입의 이벤트를 다시 미래에 보내면 된다.

미래에 이벤트를 보내는 기능을 구현하려면 큐에 넣기 전에 원하는 전달 시각을 이벤트에 기록한다. 그리고 현재의 게임 클럭이 이벤트의 전달 시각과 같거나 이미 지났을 경우만 이벤트를 처리하게 한다. 큐의 이벤트들을 전달 시각이 이른 순으로 정렬해 놓으면 이런 식으로 동작하도록 구현하기 수월하다. 매 프레임에서 큐의 첫 번째 이벤트를 보고 전달 시각을 검사한다. 아직 전달 시각에 이르지 않은 경우 다음에 있는 모든 이벤트는 미래에 처리해야 할 것들이기 때문에 더 보지 않아도 된다. 하지만 전달 시각이 현재이거나 과거라면 그 이벤트를 큐에서 뽑아 처리한다. 전달 시각이 미래인 이벤트에 도달할 때까지 이 과정을 반복한다. 다음 의사코드에 이 과정이 나와 있다.

```cpp
// 이 함수는 프레임마다 적어도 한 번은 호출된다.
// 함수의 역할은 전달 시각이 현재이거나 과거인 모든
// 이벤트들을 처리하는 것이다.

void EventQueue::DispatchEvents(F32 currentTime)
{
    // 큐의 이벤트를 살펴본다. 단, 큐에서 제거하지는 않는다.
    Event* pEvent = PeekNextEvent();

    while (pEvent && pEvent->GetDeliveryTime() <=
        currentTime)
    {
        // 이제는 이벤트를 큐에서 꺼낸다.
        RemoveNextEvent();

        // 이벤트를 처리할 수 있게 보낸다.
        pEvent->Dispatch();
```

```
        // 큐의 다음 이벤트를 살펴본다( 마찬가지로
        // 제거되지는 않는다).
        pEvent = PeekNextEvent( );
    }
}
```

이벤트 우선순위

큐에 들어 있는 이벤트들을 전달 시각으로 정렬해 놓더라도 여러 이벤트가 같은 전달 시각을 갖고 있으면 어떤 순서로 전달해야 할지 애매하다. 이런 경우는 생각보다 많이 일어날 수 있는데, 이벤트 전달 시각을 정수 프레임 번호로 지정하는 경우가 흔하기 때문이다. 예를 들어 두 곳에서 이벤트를 보내면서 전달 시각을 '현재 프레임', '다음 프레임', '지금부터 7프레임 후'와 같이 지정하면 전달 시각이 같은 이벤트들이 생긴다.

이와 같이 애매한 상황은 이벤트에 우선순위를 부여해 해결하면 된다. 전달 시각이 같은 이벤트가 2개 있을 때 우선순위가 높은 것이 항상 먼저 처리된다. 이벤트 큐를 전달 시각에 따라 정렬한 후 전달 시각이 같은 이벤트 그룹을 우선순위에 따라 한 번 더 정렬하면 쉽게 구현할 수 있다.

이벤트의 우선순위를 매기는 데 부호 없는^{unsigned} 32비트 정수를 사용해 40억 가지 우선순위 레벨을 줄 수도 있겠지만, 2~3개 정도의 미리 정의된 우선순위 레벨(예. 낮음, 중간, 높음)만 쓰게 제한할 수도 있다. 게임 엔진마다 애매한 상황을 해결하는 데 필요한 최소한의 우선순위 개수가 있다. 대개는 이와 같은 최소 우선순위 개수에 될 수 있는 한 근접하게 우선순위 레벨을 두는 편이 가장 좋다. 우선순위 레벨이 너무 많으면 상황에 따라 어떤 것을 우선적으로 처리해야 할지 알아내기 힘든 경우가 생긴다. 물론 게임의 이벤트 시스템마다 요구 조건이 다르기 때문에 구현 방법은 각기 차이가 있다.

16.8.9.2 이벤트 큐 방식의 문제점

이벤트 시스템의 복잡도 증가

이벤트 큐 시스템을 구현하려면 즉각적인 이벤트 처리 시스템보다 코드도 더 많이 필요하고 별도의 자료 구조와 함께 더 복잡한 알고리듬도 필요해진다. 복잡도가 증가한다는 말은 더 긴 게임 개발 기간과 그 기간 중 시스템을 유지하고 발전시키는 데 더 큰 비용이 든다는 뜻이다.

이벤트와 전달 인자를 깊은 복사해야 하는 문제

이벤트를 즉각 처리하는 방식에서 이벤트의 전달 인자는 이벤트 핸들링 함수의 실행 시간 동안(그리고 그 안에서 불리는 함수들의 시간)만 존재하면 된다. 즉, 이벤트와 전달 인자는 콜 스택을 포함한 메모리에서 어느 곳에나 자리할 수 있다. 예를 들면 다음과 같은 형태로 함수를 짤 수도 있다.

```
void SendExplosionEventToObject(GameObject& receiver)
{
  // 이벤트 전달 인자를 콜 스택에 만든다.
  Point centerPoint(-2.0f, 31.5f, 10.0f);
  F32 damage = 5.0f;
  F32 radius = 2.0f;

  // 이벤트를 콜 스택에 만든다.
  Event event("Explosion");
  event.SetArgFloat("Damage", damage);
  event.SetArgPoint("Center", &centerPoint);
  event.SetArgFloat("Radius", radius);

  // 이벤트를 보낸다. 보내는 동시에 이벤트 핸들러가
  // 즉시 호출된다.
  event.Send(receiver);
  //{
  // receiver.OnEvent(event);
  //}
}
```

이벤트를 큐에 저장하는 경우 전달 인자는 이벤트를 보내는 함수의 범위를 벗어나서도 존재해야 한다. 즉 큐에 저장하기 전에 이벤트 객체 전체를 복사해야 한다는 말이다. 그러기 위해서는 깊은 복사^{deep-copy}를 해야 하는데, 이벤트 객체뿐 아니라 전달 인자 및 전달 인자에서 가리키고 있는 데이터까지 모두 포함한 전부를 복사해야 한다는 뜻이다. 이벤트를 깊은 복사하면 보내는 함수 범위에서만 존재하는 데이터를 잘못 참조하지 않게 보장하면서 이벤트를 무한정 저장할 수 있는 효과가 있다. 이벤트 큐 시스템에서도 앞서 나온 이벤트 전송 함수는 크게 바뀌지는 않지만 다음 코드에서 이탤릭체로 표기한 코드를 보면 알 수 있이 Event::Queue( ) 함수는 먼젓번의 Send( ) 함수보다는 조금 구현하기 복잡하다.

```
void SendExplosionEventToObject(GameObject& receiver)
{
    // 여기서도 이벤트 전달 인자를 콜 스택에
    // 할당해도 괜찮다.
    Point centerPoint(-2.0f, 31.5f, 10.0f);
    F32 damage = 5.0f;
    F32 radius = 2.0f;

    // 이벤트를 콜 스택에 할당해도 상관없다.
    Event event("Explosion
    event.SetArgFloat("Damage", damage);
    event.SetArgPoint("Center", &centerPoint);
    event.SetArgFloat("Radius", radius);

    // 다음 코드는 이벤트를 수신자의 큐에 넣어
    // 나중에 처리할 수 있게 한다. 여기서 이벤트를
    // 큐에 넣기 전에 깊은 복사해야 해야 하는데,
    // 원래의 이벤트는 콜 스택에 있어서
    // 이 함수가 리턴하면 범위를 벗어나 없어지기 때문이다.
    event.Queue(receiver);
    //{
    // Event* pEventCopy = DeepCopy(event);
    // receiver.EnqueueEvent(pEventCopy);
    //}
}
```

큐에 들어가는 이벤트에 동적 메모리 할당이 쓰이는 문제

이벤트 객체를 깊은 복사해야 한다는 말은 곧 동적 메모리 할당을 해야 할 수도 있다는 뜻인데, 앞서 누차 이야기했듯이 동적 메모리 할당은 잠재적인 속도 저하와 메모리 단편화 문제 때문에 사용할 때 주의를 기울여야 한다. 그럼에도 이벤트 큐를 사용하려면 동적 메모리 할당을 쓰는 수밖에 없다.

최선은 엔진의 다른 곳에서 쓰이는 동적 할당과 마찬가지로 빠르면서 단편화 문제가 없는 할당자를 쓰는 것이다. 풀 할당자^{pool allocator}를 쓸 수도 있지만, 이 경우 이벤트 객체들의 크기가 모두 같고 전달 인자들도 모두 크기가 모두 같은 것들로 이뤄져 있어야 한다. 전달 인자가 앞서 설명한 Variant 타입인 경우가 이에 해당한다. 이벤트 객체들과 전달 인자들이 크기가 다

양한 경우라면 작은 메모리 할당자^{small memory allocator}를 쓸 수도 있다(작은 메모리 할당자는 미리
정한 작은 할당 크기마다 풀을 하나씩 관리한다).

이벤트 큐 시스템을 구현할 때는 언제나 동적 메모리 할당을 염두에 둬야 한다. 이와 다른 디
자인도 물론 사용할 수 있다. 너티 독에서는 큐에 들어가는 이벤트를 재배치 가능^{relocatable} 메
모리 블록에 할당했다. 6.2.2.2절을 보면 재배치 가능 메모리에 대해 더 알 수 있다.

디버깅이 어려움

이벤트 큐 시스템에서는 이벤트를 보내는 곳에서 바로 이벤트 핸들러를 호출하지 않는다. 따
라서 이벤트를 즉시 처리하는 시스템과 달리 현재의 콜 스택을 보고 이벤트가 어디에서 왔는
지를 알 수는 없다. 디버거로 콜 스택을 거슬러 올라가서 보낸 곳의 상태를 보거나 이벤트가
보내진 상황을 알아낼 수 없다는 말이다. 그렇기 때문에 디버깅이 어려워지는데, 객체들 사이
에 이벤트를 전달하는 경우는 더욱 그렇다.

어떤 엔진들은 이벤트가 이동하는 경로를 추적할 수 있는 디버깅 정보를 저장하기도 하지만,
어떻게 해도 큐가 없을 때보다 이벤트를 디버깅하기가 어려워진다.

이벤트 큐 방식의 또 다른 문제는 특이하지만 추적하기 어려운 경쟁 상태^{race condition} 버그를 유
발할 수 있다는 점이다. 한 프레임 지연^{lag}을 유발하는 일 없이 이벤트가 제때 전달되면서 동
시에 게임 객체들이 올바른 순서로 업데이트되게 하려면 이벤트를 보내는 곳이 게임 루프 곳
곳에 흩뿌려져 있어야 하는 경우가 있다. 예를 들어 애니메이션 업데이트 도중에 어떤 애니메
이션이 끝까지 재생 완료된 것을 알았다고 하자. 이 경우 이벤트가 발생하면 이것을 받는 쪽에
서는 새 애니메이션을 재생하려 할 수 있다. 이때 첫 번째 애니메이션이 끝나고 두 번째 애니
메이션이 시작될 때까지 한 프레임 지연이 있으면 곤란하다. 이것을 제대로 구현하려면 먼저
애니메이션 클럭을 업데이트해야 하고(애니메이션이 끝나는 것을 감지해서 이벤트를 보낼 기회를 얻
는다), 이벤트를 보낸 후(이벤트 핸들러가 새 애니메이션을 요청할 기회를 준다) 마지막으로 애니메이
션 블렌딩을 시작한다(새 애니메이션의 첫 프레임을 진행하고 그린다). 다음 코드에 이 과정이 나와
있다.

```
while (true) // 메인 게임 루프
{
    // ...
```

```
// 애니메이션 클럭 업데이트. 애니메이션 클립이 끝난 것을
// 감지하게 되면 EndOfAnimation 이벤트를
// 보내야 한다.
g_animationEngine.UpdateLocalClocks(dt);

// 이제 이벤트를 보낸다.
// EndOfAnimation 이벤트 핸들러는 원하는 경우
// 이 프레임에서 새 애니메이션을 시작힐 기회를 깆는다.
g_eventSystem.DispatchEvents();

// 마지막으로 현재 재생 중인 모든 애니메이션들을 블렌딩한다.
// (이 프레임의 앞부분에서 새로 시작된 클립들도 포함)
g_animationEngine.StartAnimationBlending();

// ...
}
```

16.8.10 이벤트를 즉시 보낼 때의 문제점

이벤트 큐를 사용하지 않는 경우에도 몇 가지 문제가 있다. 예를 들면 즉시 이벤트를 보내는 경우 엄청나게 깊은 콜 스택을 유발할 수 있다. 객체 A가 객체 B에 이벤트를 보낸 경우 B의 이벤트 핸들러는 또 다른 이벤트를 보내고 그 이벤트를 처리하면서 또 이벤트를 보내게 되며, 이 과정이 계속 이어질 수 있다. 즉시 이벤트를 보내는 방식을 지원하는 엔진의 경우 다음과 같은 콜 스택을 보는 경우가 흔하다.

```
...
ShoulderAngel::OnEvent()
Event::Send()
Characer::OnEvent()
Event::Send()
Car::OnEvent()
Event::Send()
HandleSoundEffect()
AnimationEngine::PlayAnimation()
Event::Send()
Character::OnEvent()
Event::Send()
```

```
Character::OnEvent( )
Event::Send( )
Character::OnEvent( )
Event::Send( )
Car::OnEvent( )
Event::Send( )
Car::OnEvent( )
Event::Send( )
Car::Update( )
GameWorld::UpdateObjectsInBucket( )
Engine::GameLoop( )
main( )
```

이런 깊은 콜 스택은 극단적인 경우 사용 가능한 스택 공간을 소진시킬 수도 있다(특히 무한 루프를 돌면서 이벤트를 보내는 경우). 하지만 문제의 핵심은 모든 이벤트 핸들러 함수를 완전히 재진입re-entrant 가능하게 짜야 한다는 점이다. 이 말은 이벤트 핸들러를 재귀적으로 호출해도 아무 문제가 없어야 한다는 뜻이다. 좀 억지스럽긴 하지만 전역 변수의 값을 증가시키는 함수를 예로 들어 보자. 이 전역 변수가 프레임에서 한 번만 업데이트돼야 한다고 가정하면 이 함수는 재진입 가능하지 않은데, 재귀적인 호출을 하는 경우 변수 값을 여러 번 증가시키기 때문이다.

16.8.11 데이터 주도 이벤트/메시지 전달 시스템

이벤트 시스템을 이용하면 게임 프로그래머는 C나 C++ 등의 프로그래밍 언어가 지원하는 정적 타입 함수 호출 방식을 뛰어넘는 유연성을 얻는다. 하지만 이것이 전부가 아니다. 지금껏 이야기한 이벤트를 보내고 받는 과정은 모두 하드 코딩돼 있고, 따라서 엔지니어의 책임하에 놓여 있다. 이벤트 시스템을 데이터 주도 방식으로 구현하면 이 같은 권한을 게임 디자이너에게 줄 수 있다.

이벤트 시스템을 데이터 주도 방식으로 만드는 데는 다양한 방법이 있다. 먼저 완전히 하드 코딩된(따라서 데이터 주도 방식이 아닌) 이벤트 시스템에 데이터 주도 방식으로 단순한 설정을 할 수 있게 만들 수 있다. 예를 들어 디자이너는 각 객체, 또는 객체 클래스가 특정 이벤트에 어떻게 반응할지 설정할 수 있다. 월드 에디터에서 객체를 선택하면 그 객체가 받을 수 있는 모든 이벤트를 스크롤 리스트로 보여 주는 식으로 말이다. 디자이너는 드롭다운 콤보 박스와 체크 박스를 사용해 객체가 어떻게 반응할지를 미리 지정된 선택지에서 고른다. 예를 들어 'PlayerSpotted'^{플레이어 적발} 이벤트에 대해 AI 캐릭터는 도망가기, 공격하기, 이벤트를 아예 무시하기 중 하나를 하게 선택하면 된다. 몇몇 상용 게임 엔진에서 이와 유사한 방식의 이벤트 시스템을 구현한다.

이와는 완전히 상반된 접근 방식으로는 엔진에서 게임 디자이너가 쓸 수 있게 간단한 스크립트 언어를 지원하는 형태가 있다(스크립트 언어는 16.9절에서 자세히 다룬다). 이 경우 디자이너는 말 그대로 특정 타입의 게임 객체가 특정 타입의 이벤트에 어떻게 반응할지를 코드로 짤 수 있다. 이와 같은 스크립트 방식 모델에서는 디자이너가 프로그래머이기 때문에 어떤 것이든 할 수 있다(엔지니어가 쓰는 것보다 기능은 떨어지지만 사용하기 쉽고 덜 복잡한 프로그래밍 언어를 사용할 뿐이다). 디자이너가 새 이벤트 타입을 정의할 수도 있고, 이벤트를 보내거나 받을 수 있을 뿐 아니라 어떤 식으로 처리할지도 정한다. 너티 독이 이런 방식으로 작업했다.

단순한 설정을 지원하는 이벤트 시스템의 문제는 프로그래머의 도움 없이는 디자이너가 할 수 있는 일이 극히 제한적이라는 점이다. 반대로 완전히 스크립트를 지원하는 방식도 문제가 없지는 않다. 게임 디자이너는 전문 소프트웨어 엔지니어 훈련을 받지 않기 때문에 스크립트 언어를 배우고 사용하는 데 어려움을 겪을 수 있다. 또한 디자이너가 상당 기간 스크립트 언어를 사용해 본 경험이 있는 것이 아니라면 엔지니어보다 버그를 만들어 낼 확률이 높다. 이 때문에 알파 테스트를 할 때 예상치 못한 사고가 터질 수 있다.

그렇기 때문에 양 극단 사이에서 균형을 잡으려는 게임 엔진도 있다. 이런 엔진들은 정교한 그래픽 유저 인터페이스를 지원해 상당한 유연성을 확보하지만, 완전히 자유로운 형태의 스크립트 언어를 지원하지는 않는다. 흐름도^{flow-chart} 형태의 그래픽 프로그래밍 언어를 지원하는 것이 한 가지 형태다. 기본적인 아이디어는 사용자에게 제한적이고 한정된 핵심^{atomic} 작업을 선택할 수 있게 하고, 이런 작업들 사이를 마음대로 연결할 수 있게 하는 것이다. 예를 들어 디자이너는 'PlayerSpotted' 이벤트에 대한 반응으로 캐릭터를 가장 가까운 엄폐 지점으로 후퇴하게 하면서 애니메이션을 재생하고, 5초 기다린 후 공격하게 흐름도를 연결하면 된다. GUI를 사용할 때 에러 체크와 검증 절차를 제공해 부주의하게 버그를 만들지 않게 도움을 주기도 한다. 언리얼 엔진의 블루프린트^{Blueprint}가 이런 시스템의 예다. 이후의 절에서 좀 더 자세히 나온다.

16.8.11.1 데이터 통로 통신 시스템

함수 형태의 이벤트 시스템을 데이터 주도 시스템으로 바꿀 때 생기는 문제 중 하나는 서로 다른 이벤트끼리 호환되지 않는 경우가 있다는 점이다. 예를 들어 게임의 무기 중에 전자기 펄스EMP 총이 있다고 가정해 보자. 이 총은 전등이나 전기 장치를 꺼지게 만들고 작은 동물들을 겁먹게 해 쫓아내기도 하며, 충격파를 발생해 주변의 식물들을 휘청거리게 한다. 이런 행동들은 이미 게임 객체들에 구현돼 있을 수도 있다. 작은 동물들은 'Scare' 이벤트에 반응해 도망간다. 전기 장치들은 'TurnOff' 이벤트에 반응해 꺼진다. 식물들을 휘청거리게 만드는 'Wind' 이벤트 핸들러를 갖고 있을지도 모른다. 문제는 EMP 총이 이런 이벤트 핸들러들과 호환되지 않는다는 점이다. 따라서 결국에는 새 이벤트 타입(예를 들면 'EMP')을 만들고 모든 게임 객체에 이것에 반응하는 이벤트 핸들러를 짜야 하는 상황이 된다.

이 문제는 이벤트 타입이란 것을 아예 생각하지 말고 게임 객체에서 다른 객체로 데이터 스트림을 보내는 개념으로 접근하면 해결할 수 있다. 이 시스템에서는 모든 게임 객체가 데이터 스트림을 연결할 수 있는 입력 포트를 하나 이상 갖고, 다른 객체들에 데이터를 보낼 출력 포트를 하나 이상 갖는다. 포트끼리 선으로 연결시켜 주는 그래픽 유저 인터페이스만 있다면 어떤 복잡한 행동이라도 구현 가능하다. 앞에 나온 예를 이용해 계속 설명해 보면 EMP 총은 출력에 'Fire'와 같은 이름이 붙은 포트가 있어 불리언 신호를 보낼 것이다. 대부분의 시간 동안 이 포트는 0(false) 값을 보내고 있겠지만, 총이 발사되면 아주 짧은 기간(한 프레임) 동안 값이 1(true)로 바뀐다. 다른 게임 객체들은 다양한 반응을 촉발하는 이진 입력 포트를 갖고 있다. 동물들은 'Scare' 입력, 전기 장비들은 'TurnOn' 입력, 식물들은 'Sway' 입력을 갖는다. EMP 총의 'Fire' 출력 포트를 게임 객체들의 입력 포트에 연결하기만 하면 총이 발사될 때 원하는 반응이 일어나게 할 수 있다(여기서 총의 'Fire' 출력을 전기 장비의 'TurnOn' 입력에 연결하기 전에 입력 값을 뒤집는 노드를 통과하게 해야 한다는 것을 유념해야 한다. 그 이유는 총이 발사됐을 때 장비들을 꺼야 하기 때문이다). 지금까지 설명한 내용이 그림 16.22에 나와 있다.

프로그래머는 각 타입의 게임 객체들이 어떤 포트를 가질지 결정한다. 그러면 디자이너가 원하는 행동을 구현하고자 GUI를 이용해 이 포트들을 이리저리 연결한다. 이외에 프로그래머는 그래프에서 사용할 여러 종류의 노드를 만들어야 하는데, 입력을 뒤집는 노트, 사인파sine wave를 출력하는 노드, 현재 게임 시각을 초로 출력하는 노드 등이 그 예다.

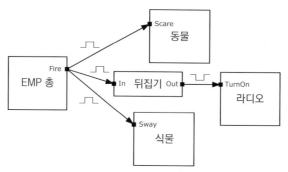

그림 16.22 EMP 총은 발사되면 'Fire' 출력을 1로 만든다. 이것을 불리언 값을 입력으로 받는 다양한 입력 포트에 연결하면 그에 해당하는 행동들을 촉발할 수 있다.

데이터 통로^{data pathway}를 통해 다양한 데이터 타입을 보낼 수 있다. 불리언 데이터를 보내거나 받는 포트도 있고 단위 부동소수 데이터를 보내거나 받는 포트도 있을 수 있다. 그 외에 3D 벡터나 컬러, 정수 등을 보내게 만들 수도 있다. 이런 시스템에서 서로 호환되는 데이터 타입의 포트끼리만 연결되게 하는 것이 중요한데, 그렇지 않으면 연관 없는 포트끼리 연결됐을 때 자동으로 데이터 타입을 변경해 주는 기능을 구현해야 한다. 예를 들면 단위 부동소수 출력을 불리언 입력에 연결한 경우 0.5보다 작은 값은 false로 바꾸고, 0.5 이상인 값은 true로 바꾸는 식이다. 언리얼 엔진4의 블루프린트 같은 GUI 기반 이벤트 시스템은 근본적으로 이와 같은 원리로 동작한다. 그림 16.23은 블루프린트의 스크린 샷이다.

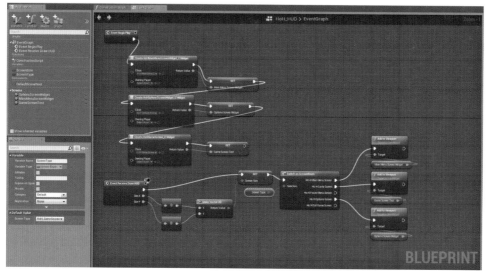

그림 16.23 언리얼 엔진 4의 블루프린트

16.8.11.2 GUI 기반 프로그래밍의 장단점

직관적이고 텍스트 파일을 기반으로 하는 스크립트 언어와 비교했을 때 그래픽 유저 인터페이스가 갖는 장점은 명백하다. 사용하기 쉽고 배우기 쉬우며(툴 안의 도움말이나 툴 팁을 이용하면 더 쉬워진다), 다양한 에러 체크를 할 수 있다. 반면 흐름도 스타일 GUI의 단점은 개발이나 디버깅 및 유지 보수에 많은 비용이 들고 복잡도 증가를 유발해 스케줄에 큰 지장을 줄 수 있는 버그를 만들 가능성이 있다는 것인데, 때로는 툴에 의해 디자이너의 역량에 제약이 가해질 수도 있다. 텍스트 파일 기반 프로그래밍 언어도 GUI 기반 프로그래밍 시스템에 비해 몇 가지 분명한 장점이 있는데, 비교적 단순하다는 점(즉 버그를 만들 확률이 적어진다는 점), 소스코드에서 찾고 바꾸기 쉽다는 점, 사용자가 가장 익숙한 텍스트 에디터를 사용할 수 있다는 점 등이 있다.

16.9 스크립트

스크립트 언어를 정의하자면 소프트웨어 애플리케이션의 행동을 제어하거나 커스터마이즈하는 것이 주된 목적인 프로그래밍 언어라고 하겠다. 예를 들어 비주얼 베이식으로 마이크로소프트 엑셀Microsoft Excel의 기능을 커스터마이즈할 수 있다. 마야Maya의 기능을 커스터마이즈하는 데 MEL이나 파이썬을 사용할 수 있다. 게임 엔진의 관점에서 볼 때 스크립트 언어는 하이 레벨이며, 상대적으로 쓰기 쉽고 엔진에서 가장 흔히 쓰이는 기능들에 간편한 접근 방법을 마련해 주는 프로그래밍 언어다. 따라서 프로그래머나 프로그래머가 아닌 사람 모두 스크립트 언어를 이용해 새 게임을 개발하거나 기존의 게임을 커스터마이즈할 수 있다(즉 'mod'를 만들 수 있다).

16.9.1 런타임 언어와 데이터 정의 언어

여기서 미묘하지만 중요한 구분을 짓고 넘어갈 필요가 있다. 일반적으로, 게임 스크립트 언어는 본질적으로 두 가지 용도로 사용된다.

- **데이터 정의 언어** 사용자가 나중에 엔진에서 사용될 새 자료 구조를 만들고 채워 넣는 것을 도와주는 것이 주된 목적이다. 선언적declarative인 경우가 많고(다음에 설명), 오프라

인에서 실행되거나 파싱해 저장되는 경우도 있고, 데이터가 메모리에 올라올 때 실행되는 경우도 있다.

- **런타임 스크립트 언어** 런타임에 엔진 안에서 실행되는 스크립트 언어로, 대개 하드 코딩된 엔진의 게임 객체 모델이나 다른 엔진 시스템을 확장하고 커스터마이즈하는 데 쓰인다.

16.9절에서는 런타임 스크립트 언어를 이용해 게임 객체 모델을 확장하고 커스터마이즈해서 게임플레이 기능을 구현하는 데 중점을 두고 살펴본다.

16.9.2 프로그래밍 언어의 특성

스크립트 언어를 이야기하기 전에 먼저 프로그래밍 언어에 쓰이는 용어들을 알고 있으면 도움이 된다. 프로그래밍 언어는 수없이 많지만 몇 가지 기준에 의해 대략적으로 분류할 수 있다. 어떤 기준으로 나누는지 간단히 알아보자.

- **인터프리트**interpret**형 언어와 컴파일**compile**형 언어** 컴파일형 언어의 소스코드는 컴파일러라는 프로그램에 의해 기계어로 변환되고, 이것이 CPU에서 직접 실행된다. 반대로 인터프리트형 언어에서는 런타임에 직접 파싱하거나 아니면 미리 컴파일해서 소스코드를 플랫폼 독립적인 바이트 코드로 바꾼다. 이렇게 만들어진 바이트 코드는 런타임에 가상머신VM, Virtual Machine에 의해 실행된다. 가상머신은 가상의 CPU를 흉내내고, 바이트 코드는 이 CPU에서 실행되는 기계어 명령어로 동작한다. 가상머신의 장점은 어떤 하드웨어 플랫폼이든 이식하기 쉽다는 점과 게임 엔진 등의 애플리케이션에 쉽게 심을 수 있다는 점이다. 하지만 이런 유연성은 실행 속도를 희생해 얻는 결과다(CPU가 직접 기계어 명령을 실행하는 것에 비해 가상머신이 바이트 코드를 실행하는 속도는 훨씬 느리다).
- **명령형**imperative **언어** 프로그램이 명령어의 순서적 나열로 이뤄지고, 각 명령어는 특정 동작을 수행하면서 메모리에 있는 데이터의 상태를 변경한다. C와 C++가 명령형 언어다.
- **선언형**declarative **언어** 선언형 언어는 목적을 기술하지만 그 목적을 어떻게 달성할지에 대해서는 지정하지 않는다. 이 결정은 언어를 구현하는 사람에게 달려 있다. 프롤로그prolog가 대표적인 선언형 언어다. HTML이나 TeX 등의 마크업 언어도 선언형 언어라고 할 수 있다.

- **함수형**functional **언어**　따지자면 선언형 언어의 부분 집합이라고 할 수 있는 함수형 언어는 상태란 개념을 아예 쓰지 않을 목적으로 만들어졌다. 프로그램은 함수들의 집합으로 이뤄진다. 각 함수는 어떠한 부수 효과side-effect도 없이 일을 수행한다(즉 결과 데이터를 내는 일 외에는 시스템에 눈에 띄는 변화를 초래하지 않는다). 프로그램은 얻고자 하는 결과에 도달할 때까지 입력 데이터를 여러 함수에 단계적으로 전달하는 방식으로 구성된다. 이런 언어들은 데이터 처리 파이프라인을 구현하는 데 매우 적합하다. 또한 멀티스레드 프로그램 구현에 두드러진 장점을 보이는데, 변경할 수 있는 상태가 없으므로 뮤텍스 락이 필요 없기 때문이다. OCaml, Haskell, F# 등이 함수형 언어다.

- **절차형**procedural **언어와 객체지향**object-oriented **언어**　절차형 언어에서 프로그램을 구성하는 주된 단위는 프로시저procedure(함수라고 불리기도 한다)다. 프로시저와 함수는 작업을 수행하고, 결과를 계산하며, 메모리에 있는 다양한 자료 구조의 상태를 변경한다. 이와 대조적으로 객체지향 언어에서 프로그램은 주로 클래스로 이뤄지는데, 클래스는 자신의 데이터와 그 데이터를 어떤 식으로 다루는지를 담당하는 프로시저/함수들이 밀접히 연결된 자료 구조다.

- **리플렉션**reflective **언어**　리플렉션 언어에서는 데이터 타입의 종류, 데이터 멤버들의 배열 구조, 함수들, 시스템의 계층적 클래스 관계 등에 관한 정보를 런타임에 알 수 있다. 리플렉션 언어가 아닌 언어에서는 이와 같은 메타 정보 중에 상당수는 컴파일할 때만 알 수 있고, 극히 제한된 정보만 런타임에 허용된다. 리플렉션 언어로는 C#을 들 수 있는데, C/C++는 리플렉션 언어가 아니다.

16.9.2.1 게임 스크립트 언어의 일반적 특성

엔진을 만드는 데 쓰이는 네이티브 프로그래밍 언어와 비교할 때 게임 스크립트 언어의 차이점은 다음과 같다.

- **인터프리트 방식**　대부분의 게임 스크립트 언어는 컴파일 방식이 아니라 인터프리트 방식이다. 이것은 유연성, 이식성, 빠른 반복 생산(아래 참조)을 위한 선택이다. 코드가 플랫폼 독립적인 바이트 코드 형태로 돼 있으면 엔진에서 데이터 취급하듯 쉽게 다룰 수 있다. 다른 자원들과 마찬가지로 마음대로 메모리에 올릴 수 있으며, 이때 운영체제의 도움을 빌리지 않아도 된다(PC의 DLL이나 플레이스테이션 3의 PRX의 경우는 그렇지 않다). 코

드가 직접 CPU에서 실행되는 것이 아니라 가상머신에서 실행되기 때문에 스크립트 코드를 실행하는 방법과 시점을 엔진에서 능동적으로 조정할 수 있다.

- **가벼움** 거의 모든 스크립트 언어는 임베디드 시스템에서 사용되게 만들어졌다. 따라서 가상머신은 단순하면서 메모리를 적게 먹는 경향이 있다.

- **빠른 반복 생산 지원** 엔진의 코드가 수정되면 프로그램을 다시 컴파일해 사이트한 후 게임을 다시 실행해야 그 결과를 볼 수 있다(개발 환경에서 모종의 편집하며 계속하기edit-and-continue 기능을 지원하지 않는다면). 반면 스크립트 언어를 고친 경우 그 결과를 빨리 확인할 수 있다. 게임을 종료하지 않고도 스크립트 코드를 다시 불러올 수 있는 엔진도 있다. 그렇지 않은 경우 게임을 종료하고 다시 실행해야 한다. 하지만 어느 경우라도 스크립트 코드를 고쳐 그 결과를 게임에서 확인하는 것이 엔진의 코드를 고치고 확인하는 것보다는 훨씬 빠르다.

- **편리성과 사용 편의성** 스크립트 언어는 대개 특정 게임의 요구 사항에 맞게 커스터마이즈해 사용한다. 자주 하는 작업을 단순하고 창의적으로 수행하고 실수하지 않게 도와주는 기능들이 제공된다. 예를 들어 게임 스크립트 언어는 함수나 특수 문법을 통해 이름으로 게임 객체 검색하기, 이벤트 보내기/받기, 시간 정지 혹은 시간 속도 변경하기, 정해진 시간 동안 대기하기, 유한 상태 기계를 구현, 게임 디자이너를 위한 월드 에디터 매개 변수 노출하기, 멀티플레이어용 네트워크 레플리케이션 처리 등을 제공할 수 있다.

16.9.3 널리 쓰이는 게임 스크립트 언어

런타임 게임 스크립트 시스템을 구현하려면 근본적인 선택을 해야 한다. 상용 또는 오픈소스 언어를 고쳐 쓸 것인가 아니면 처음부터 새로 만들 것인가?

스크립트 언어를 처음부터 만드는 일은 프로젝트 내내 감수해야 할 번거로움과 유지 비용을 생각하면 일반적으로 그리 권장할 일은 아니다. 게다가 새로 만든 언어를 능숙하게 쓸 만한 게임 디자이너나 프로그래머를 찾기가 굉장히 어렵기 때문에 훈련 비용도 감안해야 한다. 하지만 가장 유연하면서 구미에 맞는 언어를 가질 수 있는 장점도 있기 때문에 시도할 만한 가치는 충분하다.

대부분의 경우 어느 정도 잘 알려지고 안정된 스크립트 언어를 골라 필요한 기능들을 추가해 가는 편이 더 편리하다. 선택할 수 있는 서드파티 스크립트 언어는 굉장히 많고, 수많은 게임 프로젝트 및 기타 분야의 프로젝트에 사용될 정도로 기술적으로 안정된 언어들도 많다.

커스텀 게임 스크립트 언어들 외에도 원래는 게임과 상관없지만 여러 게임 엔진에서 고쳐서 사용하는 언어들도 알아보자.

16.9.3.1 QuakeC

QuakeC^{QC}는 이드 소프트웨어^{Id Software}의 존 카맥^{John Carmack}이 퀘이크 엔진을 위해 만든 커스텀 스크립트 언어다. 본질적으로 C 언어를 단순화한 언어이며, 퀘이크 엔진에 직접 연결된다. 포인터를 지원하지 않고 임의의 구조체를 정의하는 기능은 없지만 entity(Quake 엔진의 게임 객체)를 편리하게 처리할 수 있을 뿐만 아니라 게임 이벤트를 보내고 받는(핸들링) 데도 쓰일 수 있다. QuakeC는 인터프리트형, 명령형, 절차형 프로그래밍 언어다.

게이머들이 QuakeC를 통해 갖게 된 힘은 모드^{mod} 커뮤니티가 탄생하는 데 기여했다. 스크립트 언어를 비롯한 데이터 주도형 커스터마이제이션을 이용해 게이머들은 수많은 상용 게임을 갖가지 형태의 새로운 게임으로 개조할 능력을 갖게 된다(원래 게임을 살짝 바꾸는 정도에서부터 완전히 새로운 게임을 만들기도 한다).

16.9.3.2 언리얼스크립트

언리얼 엔진의 언리얼스크립트^{UnrealScript}는 가장 유명한 커스텀 스크립트 언어라 할 수 있다. C++와 문법 구조가 유사하고 클래스, 지역 변수, 루프, 배열, 구조체, 문자열, 해시 문자열 id(FName), 객체 참조(단, 포인터는 지원하지 않음) 등 C와 C++ 프로그래머가 익숙한 대부분의 개념을 지원한다. 언리얼스크립트는 인터프리트형, 명령형, 객체지향 언어다. 에픽은 언리얼스크립트 지원을 중단했다. 대신 게임 개발자들은 블루프린트 그래픽 '스크립트' 시스템이나 C++ 코드를 통해 게임을 프로그래밍한다.

16.9.3.3 루아

루아^{Lua}는 유명하고 인기 있는 스크립트 언어로, 게임 엔진 등의 애플리케이션에 통합하기 쉬운 특징이 있다. 루아 웹사이트(http://www.lua.org/about.html)에는 루아를 '제일 가는 게임 스크립트 언어'라고 홍보하고 있다.

웹사이트에 따르면 루아의 주된 장점은 다음과 같다.

- **견고하고 안정적**   수많은 상용 제품에 사용됐다. 어도비^{Adobe}의 포토샵 라이트룸^{Photoshop} ^{Lightroom} 외에도 월드 오브 워크래프트^{World of Warcraft} 등 여러 게임이 루아를 사용했다.

- **훌륭한 문서**   루아에 관한 완전한 내용을 담고 있고 이해하기 쉬운 루아의 레퍼런스 매뉴얼[25]을 온라인이나 책으로 접할 수 있다. 루아에 관한 책은 이미 많이 출판됐고 대표적으로 [26], [50]이 있다.

- **뛰어난 런타임 성능**   루아기 바이트 코드를 실행하는 속도와 효율은 다른 대부분의 스크립트 언어들에 비해 빠르다.

- **이식성^{portable}**   기본적으로 루아는 윈도우, 유닉스, 모바일 장치, 임베디드 마이크로프로세서에서 돌아간다. 이식성을 고려해 만들어졌기 때문에 새 하드웨어 플랫폼에 적용하기 쉽다.

- **임베디드 시스템을 위한 디자인**   루아는 메모리를 매우 적게 사용한다(인터프리터와 모든 라이브러리를 합쳐도 대략 350KiB 정도밖에 안 된다).

- **단순함, 강력함, 확장 가능성**   루아의 핵심적인 언어 기능은 매우 작고 단순하지만 핵심 기능을 제한 없이 확장할 수 있는 메타 메커니즘을 지원하게 설계됐다. 예를 들면 루아는 객체지향 언어가 아니지만 메타 메커니즘을 통해 OOP 기능을 지원할 수 있으며, 이미 지원한다.

- **무료**   오픈소스이며 굉장히 자유로운 MIT 라이선스에 따라 배포된다.

루아는 동적 타입 언어인데, 즉 변수에 타입이 없다는 뜻으로 값들만 타입을 갖는다(모든 값은 타입 정보를 포함한다). 루아의 주된 자료 구조는 테이블^{table}이며, 연관 배열^{associative array}이라고 부르기도 한다. 테이블은 키-값 쌍을 나열한 배열에 키를 이용해 배열에 빠르게 접근할 수 있는 기능이 더해진 자료 구조다.

루아는 C 언어와 쉽게 연계할 수 있는 기능을 제공한다. 루아 가상머신은 C로 작성한 함수를 루아로 작성한 함수만큼 쉽게 호출하고 처리할 수 있다.

루아는 덩어리^{chunk}라 불리는 코드 블록을 퍼스트 클래스 객체로 취급해 루아 프로그램에서 직접 처리할 수 있다. 소스코드 형태, 또는 미리 컴파일된 바이트 코드 형식 모두 실행할 수 있다. 이 말은 루아 코드가 담긴 문자열을 컴파일된 코드와 똑같이 가상머신이 실행할 수 있다는 뜻이다. 뿐만 아니라 루아는 코루틴^{coroutine}을 비롯한 일부 강력한 프로그래밍 개념을 지원한다. 코루틴은 협력형 멀티태스킹의 단순한 형태이며, 각 스레드가 반드시 다른 스레드에 명시적으로 CPU를 넘겨야 한다(선점형 멀티스레딩 시스템이 시간을 쪼개어 할당하는 것과 대비된다).

루아라고 단점이 없는 것은 아니다. 예를 들면 유연한 함수 바인딩 메커니즘 때문에 sin( ) 등의 중요한 전역 함수를 완전히 다른 행동을 하는 것으로 (쉽게) 변경할 수 있다(대부분의 경우 별로 바람직한 일은 아니다). 하지만 결론적으로 말하자면 루아는 게임 스크립트 언어로서 훌륭하게 쓰일 수 있음을 이미 증명했다.

16.9.3.4 파이썬

파이썬Python은 절차형, 객체지향, 동적 타입 스크립트 언어이고, 사용의 용이성과 다른 프로그래밍 언어와 통합 가능성, 유연성을 염두에 두고 설계됐다. 루아와 마찬가지로 파이썬도 게임 스크립트 언어로 널리 쓰인다. 공식 파이썬 웹사이트(http://www.python.org)에 따르면 파이썬의 대표적인 기능은 다음과 같다.

- **명확하고 읽기 쉬운 문법** 파이썬 코드는 읽기 쉬운데, 문법적으로 정해진 들여쓰기를 강제하는 점도 그 이유 중 하나다(실제로 빈칸을 읽어 들여 라인의 범위scope를 결정한다).
- **리플렉션 언어reflective language** 파이썬에는 강력한 런타임 타입 정보 기능이 있다. 타입으로서의 클래스가 퍼스트 클래스 객체이므로 다른 객체들과 똑같이 취급되고 정보를 알아낼 수도 있다.
- **객체지향적** 파이썬이 루아에 비해 우월한 점은 OOP가 핵심 언어 기능에 포함된다는 것이다. 그렇기 때문에 게임의 객체 모델에 통합하기가 다소 쉬워진다.
- **모듈화modular** 파이썬은 계층 구조 패키지를 지원하기 때문에 깔끔한 시스템 디자인 설계와 캡슐화를 도와준다.
- **예외exception 기반 에러 처리** 파이썬의 에러 처리 코드는 예외를 사용함으로써 그렇지 않은 코드에 비해 더 단순하고, 깔끔하며, 국지적이다.
- **다양한 표준 라이브러리와 서드파티 모듈** 상상할 수 있는 모든 작업을 처리할 파이썬 라이브러리가 존재한다.
- **임베딩 지원** 파이썬은 게임 엔진 등 애플리케이션에 쉽게 삽입할 수 있다.
- **방대한 문서** 파이썬에 관한 다양한 문서와 튜토리얼이 존재하며, 온라인이나 책으로 접할 수 있다. 처음 시작하기 좋은 곳은 파이썬 웹사이트(http://www.python.org)다.

파이썬의 문법은 여러 면에서 C와 비슷하다(예를 들면 할당 연산자는 =, 동일성 비교 연산자는 ==이다). 하지만 파이썬에서는 코드 들여쓰기로만 범위scope를 지정한다(C에서 중괄호{}를 사용하는 것과는 대비된다). 파이썬의 핵심 자료 구조는 리스트(원자 값atomic value과 중첩 리스트들이 선형 인덱스된 배열)와 사전dictionary(키-값 쌍의 테이블)이다. 리스트는 사전을, 사전은 리스트를 담을 수 있어서 복잡한 자료 구조라도 쉽게 구성할 수 있다. 이외에도 클래스(데이터와 함수의 집합)가 기본 지원된다.

파이썬은 덕 타이핑duck typing을 지원하는데, 동적 타입의 일종으로 객체의 함수 인터페이스가 객체의 타입을 결정하는 방식이다(정적 상속 구조에 의해 결정되는 것이 아님). 이는 즉 같은 인터페이스(예를 들면 특정한 서명signature을 가진 함수의 집합)를 지원하는 클래스들끼리 바꿔 사용할 수 있는 기능이다. 이것은 굉장히 강력한 패러다임이다. 상속 없이도 파이썬은 다형성polymorphism을 지원하는 셈이다. 덕 타이핑은 어떤 면에서 C++ 템플릿 메타프로그래밍과 유사하지만 호출하는 곳과 호출되는 함수 사이의 바인딩이 런타임에 동적으로 결정된다는 점에서 더 유연한 방식이라고 볼 수 있다. 덕 타이핑이란 이름은 제임스 위트컴 라일리James Whitcomb Riley의 유명한 말, '오리처럼 걷고 오리처럼 꽥꽥거리는 것은 오리라고 부를 수 있다'에서 유래했다. 더 자세한 정보는 다음 사이트(http://en.wikipedia.org/wiki/Duck_typing)를 참조하자.

요약하면 파이썬은 사용하거나 배우기 쉽고 게임 엔진에 넣기도 수월하며, 게임의 객체 모델에 통합하는 데도 어려움이 없고 게임 스크립트 언어로 사용하기에도 좋으면서 강력한 성능을 자랑한다.

16.9.3.5 폰/스몰/스몰-C

폰Pawn은 마크 피터Marc Peter가 만든 가벼운 동적 타입 스크립트 언어인데, C와 유사하다. 원래는 스몰Small이라고 불렸는데, 스몰은 로브 케인Rob Cain과 제임스 헨드릭스James Hendrix가 만든 더 오래된 C 하부 언어 스몰-CSmall-C에서 진화했다. 이는 소스코드를 컴파일해 바이트 코드(P코드라고도 불린다)로 변경한 후 가상머신에서 런타임에 실행하는 인터프리트 언어다.

폰의 디자인 목적은 적은 메모리를 사용하고 바이트 코드를 빠르게 실행하는 것이다. C와는 달리 폰의 변수들은 동적 타입이다. 폰은 유한 상태 기계를 지원하는데, 상태-로컬state-local 변수도 지원한다. 이런 고유한 특징 때문에게 다양한 게임 애플리케이션에 사용하기 적합하다.

온라인 문서((http://www.compuphase.com/pawn/pawn.htm)도 잘돼 있다. 오픈소스이며 Zlib/libpng 라이선스에 따라 자유롭게 사용할 수 있다(http://www.opensource.org/licenses/zlib-license.php).

문법이 C와 비슷하기 때문에 C/C++ 프로그래머가 배우기 쉬운 장점이 있고 C로 짠 게임 엔진에 통합하기도 쉽다. 유한 상태 기계를 지원하는 점은 게임 프로그래밍에 굉장히 유용하게 쓰일 수 있다. 많은 성공한 게임에 쓰였는데 미드웨이 사의 프리키 플라이어즈$^{Freaky\ Flyers}$가 그 예다. 따라서 게임 스크립트 언어로 부족함이 없다는 점이 증명됐다고 하겠다.

16.9.4 스크립트의 구조

게임 엔진에서 스크립트 코드로 할 수 있는 일은 매우 다양하다. 객체 하나나 엔진 시스템을 대신해서 단순한 일을 하는 조그만 코드 조각부터 게임 전체의 동작을 관리하는 하이레벨 스크립트까지 실로 다양한 구조가 존재한다. 다음에 몇 가지 구조를 살펴보자.

- **스크립트 콜백**   엔진의 기능은 대부분 네이티브 프로그래밍 언어로 하드 코딩돼 있지만, 몇 가지 중요한 기능은 커스터마이즈할 수 있다. 이것을 구현하는 데는 대개 훅 함수나 콜백(커스터마이즈를 위해 사용자가 구현하고 엔진에서 호출하는 함수)을 이용한다. 당연히 훅 함수를 네이티브 언어로 짤 수도 있지만, 스크립트 언어로 짤 수도 있다. 사용 예를 살펴보면 게임 루프에서 객체를 업데이트할 때 스크립트로 작성된 콜백 함수를 엔진에서 추가로 호출할 수도 있다. 이렇게 하면 게임 객체가 시간에 따라 어떻게 업데이트되는지를 사용자가 커스터마이즈할 기회를 가질 수 있다.
- **스크립트로 짠 이벤트 핸들러**   이벤트 핸들러는 훅 함수의 일종이라고 볼 수 있는데, 게임 월드에서 일어나는 사건(예, 폭발)이나 엔진 내의 동작(예, 메모리 부족 상태)에 게임 객체가 반응할 기회를 주는 것이 목적이다. 여러 엔진이 이벤트 핸들러 훅 함수를 네이티브 언어뿐 아니라 스크립트로 짤 수 있게 지원한다.
- **스크립트로 게임 객체 타입을 확장하거나 새 타입을 정의하기**   네이티브 언어로 구현된 게임 객체 타입을 스크립트로 확장할 수 있는 스크립트 시스템도 있다. 따지고 보면 콜백이나 이벤트 핸들러도 미약하게나마 같은 경우라 할 수 있지만, 더 확장하면 완전히 새로운 게임 객체를 스크립트로 정의하게 하는 것도 가능하다. 이것을 구현하는 데는 상속을 사

용하거나(예, 네이티브 언어로 짠 클래스를 상속받는 클래스를 스크립트로 짜기), 아니면 합성을 이용해도 된다(예, 스크립트 클래스의 인스턴스를 네이티브 게임 객체에 붙이기).

- **스크립트로 구성 요소 및 속성 정의하기**   구성 요소 기반 또는 속성 기반 게임 객체 모델에서 새 구성 요소나 속성 객체를 정의할 때 최소한 일부를 스크립트로 짤 수 있어야 말이 된다. 개스 파워드 게임즈Gas Powered Games에서 던전 시즈Dungeon Siege를 만들 때 바로 이런 방식을 사용했다. 게임의 객체 모델은 속성 기반 빙식이고, C++나 개스 파워드 게임즈의 커스텀 스크립트 언어 Skrit(http://ds.heavengames.com/library/dstk/skrit/skrit)를 사용해 속성을 구현할 수 있다. 프로젝트가 끝날 때 스크립트로 작성된 속성은 대략 148개였고, 네이티브 C++로 작성된 속성은 21개뿐이었다.

- **스크립트 주도 엔진**   전체 엔진을 구동하는 데 스크립트를 쓸 수도 있다. 게임 객체 모델 전부를 스크립트로 짜고, 네이티브 엔진 코드는 로우레벨 엔진 구성 요소를 사용해야 할 때만 호출하는 방식으로 구현한다.

- **스크립트 주도 게임**   네이티브 언어와 스크립트 언어 사이의 일반적인 관계를 반대로 뒤집는 게임 엔진도 있다. 이런 엔진들은 스크립트 코드가 모든 것을 주도하고 네이티브 엔진 코드는 특정한 고성능 엔진 기능이 필요할 때 라이브러리처럼 호출하는 기능만 한다. Panda3D(http://www.panda3d.org)가 대표적으로 이런 구조를 사용한 엔진이다. Panda3D로 게임을 만들 때는 전체를 파이썬으로 작성하고 네이티브 엔진(C++로 구현)은 스크립트에서 호출하는 라이브러리 역할만 한다(Panda3D 게임은 전부 C++로 짜는 것도 가능하다).

16.9.5 런타임 게임 스크립트 언어의 기능

대다수 게임에서 스크립트 언어를 사용하는 주된 이유는 게임플레이 기능들을 구현하는 것이고, 이것은 게임의 객체 모델을 보강하거나 커스터마이즈하는 형태로 이뤄지는 경우가 일반적이다. 16.9.5절에서는 이와 같은 스크립트 시스템이 갖춰야 할 요구 조건과 기능들에 대해 알아본다.

16.9.5.1 네이티브 프로그래밍 언어와의 인터페이스

스크립트 언어 혼자 동떨어져서는 제대로 일할 수 없다. 반드시 게임 엔진이 스크립트 코드를 실행할 수 있어야 하고, 마찬가지로 스크립트 코드가 엔진에서의 작업을 시작하게 할 수 있어야 한다.

보통 런타임 스크립트 언어의 가상머신은 게임 엔진 안에 들어간다. 엔진이 가상머신을 초기화하고 필요한 때에 스크립트 코드를 실행하며, 스크립트가 실행되는 과정을 관리한다. 실행 단위는 스크립트 언어 및 게임 구현에 따라 달라진다.

- 함수형 스크립트 언어의 주요 실행 단위는 함수다. 엔진에서 스크립트 함수를 호출하려면 함수 이름이 위치한 바이트 코드를 찾은 후 가상머신을 생성해 코드를 실행한다(또는 이미 생성된 가상머신에 코드를 실행하게 한다).
- 객체지향 스크립트 언어에서는 클래스가 주요 실행 단위다. 이런 시스템에서는 객체를 생성하거나 파괴하는 것이 가능하고, 각 클래스 인스턴스의 메서드(멤버 함수)를 호출할 수 있다.

스크립트와 네이티브 코드 간에 양방향 통신이 가능하면 유용한 경우가 많다. 따라서 대부분의 스크립트 언어들은 스크립트 코드에서 네이티브 코드를 호출할 수 있게 지원한다. 구체적인 방법은 언어나 구현 세부 사항에 따라 다르지만, 기본적인 방식은 특정한 스크립트 함수의 구현을 스크립트 언어가 아닌 네이티브 언어로 구현하게 하는 것이다. 엔진 함수를 호출할 때는 여느 스크립트 함수와 똑같이 호출하면 된다. 가상머신은 해당 함수가 네이티브 구현이 존재한다는 사실을 알아내고 네이티브 함수의 주소를 검색한 후(이름이나 다른 형태의 고유 함수 식별자를 사용) 찾아낸 함수를 호출한다. 예를 들면 파이썬 클래스 또는 모듈의 멤버 함수 전부, 아니면 일부를 C 함수로 구현할 수 있다. 파이썬은 메서드 테이블$^{method\ table}$이라 불리는 자료 구조를 관리하는데, 여기 서는 각 파이썬 함수(문자열로 나타냄)를 C 함수의 주소로 이어 준다.

케이스 스터디: 너티 독의 DC 언어

구체적인 예로 너티 독의 런타임 스크립트 언어 DC를 어떻게 엔진에 통합했는지를 간단하게 살펴보자.

DC는 스킴^{Scheme} 언어에서 파생됐다(스킴은 리스프^{Lisp}의 변종이다). DC는 실행 코드 덩어리를 스크립트 람다$^{script\ lambda}$라고 부르는데, 이것은 리스프 계열 언어들의 함수나 코드 블록과 유사한 개념이다. DC 프로그래머는 스크립트 람다를 작성한 후 여기에 고유한 이름을 붙인다.

DC 컴파일러에 의해 스크립트 람다가 바이트 코드로 바뀌고, 이것은 게임이 시작되면 메모리에 로딩되는데, 간단한 C++ 함수 인터페이스를 이용해 이름으로 함수를 찾을 수 있다.

엔진에서 스크립트 람다의 바이트 코드 덩어리에 대한 포인터를 찾은 다음에는 '가상머신 실행' 함수를 호출해 바이트 코드 포인터를 인자로 넘겨 코드를 실행한다. 이 함수 자체는 무척 단순하다. 루프를 돌면서 하나씩 바이트 코드 명령어를 읽어 들여 차례로 실행하게 돼 있다. 모든 명령어를 실행하고 나면 함수는 리턴한다.

가상머신은 레지스터들의 저장소를 갖는데, 스크립트가 처리할 모든 타입의 데이터를 담을 수 있다. 레지스터는 배리언트variant 데이터 타입(모든 데이터 타입의 union. 16.8.4절 참조)을 이용해 구현했다. 데이터를 레지스터에 로딩하는 명령어가 있고, 레지스터에 담긴 데이터를 참조하거나 사용하는 명령어도 있다. 언어에서 지원하는 모든 수리 연산에 해당하는 명령어 및 조건 검사를 수행하는 명령어(DC의 (if ...), (when ...), (cond ...)를 구현) 등 다양한 명령어가 있다.

가상머신은 함수 콜 스택function call stack도 지원한다. DC의 스크립트 람다는 다른 스크립트 람다(예. 함수들)를 호출할 수도 있는데, 호출되는 함수는 DC의 (defun ...) 문법으로 정의해야 한다. 여느 절차형 프로그래밍 언어와 마찬가지로 함수가 다른 함수를 호출할 때 레지스터의 상태와 리턴 주소를 저장하려면 스택이 필요하다.

DC의 가상머신에서 콜 스택은 그냥 레지스터 저장소의 쌓아 놓는 것에 지나지 않는다(새로 호출되는 함수는 전용 레지스터 저장소를 할당받는다). 이렇게 하면 레지스터 상태를 다른 곳에 저장한 후 함수를 호출하고, 함수가 리턴하면 레지스터를 원상 복귀시키는 번거로운 일을 하지 않아도 된다. 가상머신이 다른 스크립트 람다를 호출하는 명령어를 만나면 일단 이름으로 해당 스크립트 람다를 검색한 후 새 스택 프레임을 할당push하고, 스크립트 람다의 첫 번째 명령어를 실행한다. 가상머신이 리턴 명령어를 만나면 스택 프레임과 함께 리턴 '주소'를 스택에서 제거pop한다(리턴 주소는 함수 바로 다음에 실행할 명령어를 가리키는 인덱스다).

다음 의사코드를 보면 DC의 가상머신에서 핵심 명령어 실행 루프가 어떻게 돌아가는지 대강 감을 잡을 수 있을 것이다.

```
void DcExecuteScript(DCByteCode* pCode)
{
    DCStackFrame* pCurStackFrame
```

```
      = DcPushStackFrame(pCode);

// 스택 프레임이 모두 없어질 때까지 돈다.
// (예, 톱 레벨 스크립트 람다 "함수"가 리턴할 때)
while (pCurStackFrame != nullptr)
{
    // 다음 명령어를 가져온다. 리턴 명령어가 항상
    // 마지막이고, 리턴이 실행되면 아래의 현재 스택 프레임을
    // 제거할 것이기 때문에 명령어를 전부 소진할
    // 일은 절대 없다.
    DCInstruction& instr
       pCurStackFrame->GetNextInstruction();

    // 명령어의 동작을 수행
    switch (instr.GetOperation())
    {
    case DC_LOAD_REGISTER_IMMEDIATE:
      {
         // 명령어에서 로드할 immediate 값을
         // 가져온다.5
         Variant& data = instr.GetImmediateValue();

         // 어느 레지스터에 넣을지를
         // 결정한다.
         U32 iReg = instr.GetDestRegisterIndex();

         // 스택 프레임에서 레지스터를 가져온다.
         Variant& reg
         = pCurStackFrame->GetRegister(iReg);

         // immediate 데이터를 레지스터에
         // 저장한다.
         reg = data;
      }
      break;

    // 기타 로드/스토어 레지스터 명령어들...
```

---

5   immediate 값이란 레지스터에 저장된 값이 아닌 명령어에 상수처럼 포함된 값을 뜻한다. 예, load 0x1234에서 0x1234가
    immediate 값이다. – 옮긴이

```
case DC_ADD_REGISTERS:
  {
      // 더할 레지스터 2개를 정한다. 계산 결과는
      // 레지스터 A에 저장된다.
      U32 iRegA = instr.GetDestRegisterIndex();
      U32 iRegB = instr.GetSrcRegisterIndex();

      // 스택에서 레지스터를 나타내는 배리언트 값 2개를 가져온다.
      Variant& dataA
        = pCurStackFrame->GetRegister(iRegA);

      Variant& dataB
        = pCurStackFrame->GetRegister(iRegB);

      // 두 레지스터를 더한 후 결과를
      // 레지스터 A에 저장한다.
      dataA = dataA + dataB;
  }
  break;

// 기타 수리 연산자들...

case DC_CALL_SCRIPT_LAMBDA:
  {
      // 호출할 스크립트 람다의 이름이
      // 어느 레지스터에 있는지 알아낸다.
      // (이전의 로드 명령어가 이미 이름을
      // 로드했다고 가정한다.)
      U32 iReg = instr.GetSrcRegisterIndex();

      // 호출할 스크립트 람다의 이름을 담고 있는
      // 레지스터를 가져온다.
      Variant& lambda
        = pCurStackFrame->GetRegister(iReg);

      // 이름으로 바이트 코드에서 스크립트 람다의
      // 위치를 찾는다.
      DCByteCode* pCalledCode
        = DcLookUpByteCode(lambda.AsStringId());
```

```
        // 새 스택 프레임을 푸시함으로써 스크립트 람다를
        // "호출"한다.
        if (pCalledCode)
        {
          pCurStackFrame
             = DcPushStackFrame(pCalledCode);
        }
      }
      break;

   case DC_RETURN:
      {
        // 스택 프레임을 팝한다. 스택의 제일
        // 위에 있는 스크립트 람다인 경우,
        // 이 함수는 nullptr을 리턴하고
        // 이 루프는 끝난다.
        pCurStackFrame = DcPopStackFrame();
      }
      break;

   // 다른 명령어들...

   // ...

   } // switch 구문 끝 }
  // while 구문 끝
}
```

예제 코드에선 전역 함수 DcPushStackFrame( )과 DcPopStackFrame( )이 적당히 레지스터 저장소의 스택을 처리해 준다고 가정했고, 마찬가지로 전역 함수 DcLookUpByteCode( )가 이름으로 스크립트 람다를 찾는 기능을 구현했다고 가정했다. 여기서는 진짜 동작하는 구현을 보여 주는 것보다는 스크립트 가상머신의 내부의 루프가 어떤 식으로 동작하는지를 보여 주는 것이 목적이기 때문에 이 함수들의 세부적인 구현에 대해서는 더 깊이 다루지 않겠다.

DC 스크립트 람다는 네이티브 함수도 호출할 수 있다. 엔진에 접근할 수 있는 단초가 되는 C++ 함수가 이런 예다. 가상머신이 네이티브 함수를 호출하는 명령어를 만나게 되면 엔진 프로그래머가 미리 하드 코딩한 글로벌 테이블에서 C++ 함수의 이름을 찾는다. 올바른 이름을 찾았다면 함수의 인자를 현재 스택 프레임의 레지스터에서 가져와 해당 함수를 호출한다. 이 말은 곧 C++ 함수의 인자는 항상 Variant 타입이라는 점을 시사한다. C++ 함수가 값을 리턴하는 경우에도 타입은 항상 Variant 타입이어야 하고, 그 값은 현재 스택 프레임의 레지스터에 저장돼 다음에 오는 명령어가 사용할 수 있게 한다.

전역 함수 테이블은 다음과 같은 형태가 될 것이다.

```
typedef Variant DcNativeFunction(U32 argCount,
                                 Variant* aArgs);

struct DcNativeFunctionEntry
{
  StringId          m_name;
  DcNativeFunction* m_pFunc;
};

DcNativeFunctionEntry g_aNativeFunctionLookupTable[] =
{
  { SID("get-object-pos"), DcGetObjectPos },
  { SID("animate-object"), DcAnimateObject },
  // 등등 // ...
};
```

네이티브 DC 함수 구현은 다음과 같은 형태가 된다. 인자로는 Variant 배열이 넘어가는 점을 유의해 보자. 전달되는 인자 개수가 원하는 인자 개수와 같은지는 함수 안에서 검사해야 한다. 이외에 인자의 타입이 맞는지도 검사해야 하고 DC 스크립트 프로그래머가 함수를 호출할 때 실수한 점은 없는지도 처리할 수 있어야 한다. 너티 독에서는 인자에 대한 순회자[iterator]를 만들어 쉽게 인자를 하나씩 꺼내고 검증할 수 있게 했다.

```
Variant DcGetObjectPos(U32 argCount, Variant* aArgs)
{
  // 인자 순회자는 최대 2개의 인자를 받으리라 기대한다.
  DcArgIterator args(argCount, aArgs, 2);

  // 기본 리턴 값을 설정한다.
  Variant result;
```

```
result.SetAsVector(Vector(0.0f, 0.0f, 0.0f));

// 순회자를 통해 인자를 꺼낸다. 자동으로 빠지거나 잘못된
// 인자를 찾아 표시한다.
StringId objectName = args.NextStringId();
Point* pDefaultPos = args.NextPoint(kDcOptional);

GameObject* pObject
  = GameObject::LookUpByName(objectName);
if (pObject)
{
  result.SetAsVector(pObject->GetPosition());
}
else
{
  if (pDefaultPos)
  {
    result.SetAsVector(*pDefaultPos);
  }
  else
  {
    DcErrorMessage("get-object-pos: "
                   "Object '%s' not found.\n",
                   objectName.ToDebugString());
  }
}

return result;
}
```

여기서 StringId::ToDebugString()이 거꾸로 문자열 id를 원본 문자열로 찾는 것을 볼 수 있다. 이것을 위해서는 엔진이 모종의 데이터베이스를 통해 문자열 id를 원래 문자열로 변환할 수 있어야 한다. 개발 과정에서는 이 점이 굉장한 편의 사항이 되지만 메모리를 많이 차지하기 때문에 출시 빌드에서는 이 데이터베이스를 제거해야 한다. (함수 이름이 ToDebugString()인 점도 문자열 id를 원본 문자열로 변환하는 것이 디버깅 용도로만 쓸 수 있다는 점을 강조한다. 실제 게임 코드는 절대 이 기능에 의존해서는 안 된다.)

16.9.5.2 게임 객체 참조

스크립트 함수가 게임 객체를 다뤄야 하는 때도 있는데, 이 경우 게임 객체는 부분 또는 전체가 네이티브 언어로 구현될 수도 있다. 네이티브 언어에서 객체를 참조하는 방식(예, C++의 포인터나 레퍼런스)을 스크립트 언어에서 그대로 쓸 필요는 없다(예를 들면 스크립트에서는 포인터 개념 자체가 없을 수도 있다). 그렇기 때문에 스크립트 코드에서 게임 객체를 참조할 새로운 방법을 생각해 내야 한다.

구현 방법은 여러 가지가 있다. 한 가지 방법은 임의의 숫자로 이뤄진 핸들^{handle}을 사용하는 것이다. 스크립트 코드가 객체 핸들을 가져오는 방법은 다양하다. 엔진에서 핸들을 전달받을 수도 있고, 질의 같은 것을 던져 플레이어와 일정 범위 안에 있는 모든 객체의 핸들을 가져올 수도 있으며, 아니면 객체 이름을 갖고 검색할 수도 있다. 스크립트는 네이티브 함수에 객체의 핸들을 인자로 전달하는 식으로 게임 객체에 대한 행동을 요청한다. 네이티브 함수 안에서 핸들은 다시 객체를 가리키는 포인터로 변환되고, 이제 포인터를 통해 객체를 원하는 대로 처리할 수 있다.

숫자로 된 핸들은 단순하면서 정수 데이터를 지원하는 스크립트 언어라면 쉽게 사용할 수 있는 장점이 있다. 하지만 직관적이지 않고 다루기 어렵다는 단점도 있다. 대안으로는 문자열로 된 객체의 이름을 핸들로 사용하는 방법이 있다. 이 방법은 숫자로 된 핸들에 비해 눈에 띄는 몇 가지 장점이 있다. 무엇보다 문자열은 사람이 읽을 수 있는 데다 직관적이다. 게임의 월드 에디터에 있는 객체들의 이름을 그대로 사용할 수도 있다. 뿐만 아니라 객체 이름을 따로 할당해 이것들에 '특별한' 의미를 부여할 수도 있다. 예를 들면 너티 독의 스크립트 언어에서 'self' 란 이름은 언제나 현재 실행 중인 스크립트가 연결된 객체를 가리키게 정해져 있었다. 따라서 게임 디자이너가 스크립트가 연결된 객체의 애니메이션을 재생하고 싶다면 그냥 스크립트 코드를 (animate "self" 애니메이션 이름)와 같이 짜면 된다.

문자열을 객체 핸들로 사용하는 방식도 문제가 없는 것은 아니다. 문자열은 대개 정수보다 메모리를 많이 차지한다. 게다가 문자열은 길이가 정해져 있지 않기 때문에 문자열을 복사할 때는 동적 메모리 할당을 해야 한다. 문자열 비교도 느리다. 스크립트 프로그래머가 게임 객체의 이름을 잘못 적어 버그를 만드는 경우도 많다. 게다가 월드 에디터에서만 게임 객체의 이름을 바꾸고 스크립트 코드에 있는 이름을 제대로 업데이트하지 않은 경우 코드가 동작하지 않게 된다.

해시 문자열 id는 모든 문자열(길이에 관계없이)을 정수로 변환한다는 점에서 언급한 거의 대부분의 문제를 해결할 수 있는 방법이다. 이론적으로는 해시 문자열 id는 두 방식의 장점만 갖는다(보통 문자열과 똑같이 읽을 수도 있고 정수와 마찬가지로 런타임 성능도 뛰어나다). 하지만 제대로 동작하려면 스크립트 언어에서 해시 문자열 id를 어떤 식으로든 지원해야 한다. 스크립트 컴파일러가 알아서 코드의 문자열을 해시 id로 변경해 주는 것이 가장 이상적이다. 이 방식대로라면 런타임 코드는 문자열은 전혀 취급할 필요도 없이 해시 id만 다루면 된다(디버깅은 예외일 수 있다. 디버거에서 해시 id에 해당하는 문자열을 볼 수 있으면 편리하다). 하지만 이런 식으로 동작할 수 없는 스크립트 언어도 있다. 또 다른 접근법은, 스크립트 코드에서 문자열을 그대로 쓰게 하고 런타임에 네이티브 함수가 호출될 때에 해시 id로 변경하는 방식도 있다.

너티 독의 DC 스크립트 언어는 스킴 언어의 본래 기능인 '심볼symbol' 개념을 활용해 문자열 id를 인코딩했다. DC/Scheme 언어에서 'foo- 또는 좀 더 장황하게 (quote foo)라고 적으면 이것은 C++에서의 SID("foo")와 같은 동작을 한다.

16.9.5.3 스크립트에서 이벤트 받기와 처리

대부분의 게임 엔진에서 이벤트를 이용해 통신을 한다. 이벤트 핸들러 함수를 스크립트로 짤 수 있으면 하드 코딩된 게임의 행동을 커스터마이즈할 강력한 수단을 갖게 된다.

이벤트는 보통 개별 객체에 전달되고 그 객체 내에서 처리된다. 그렇기 때문에 스크립트로 짠 이벤트 핸들러를 어떤 식으로든 객체와 연관 지을 방법이 있어야 한다. 이를 위해 게임 객체 타입 시스템을 활용하는 엔진도 있는데, 스크립트로 짠 이벤트 핸들러를 객체 타입별로 등록하는 식으로 구현한다. 이렇게 하면 같은 이벤트라도 타입에 따라 다르게 동작할 수 있는 동시에 각 타입의 인스턴스 객체들이 모두 일관되고 통일되게 행동하게 된다. 이벤트 핸들러 함수는 그냥 단순한 스크립트 함수일 수도 있고, 스크립트 언어가 객체지향 언어인 경우 클래스의 멤버 함수일 수도 있다. 두 경우 모두 이벤트 핸들러에는 이벤트의 목표가 되는 특정 객체에 대한 핸들이 전달된다. C++ 멤버 함수에 this 포인터가 전달되는 것과 비슷하다.

이와 달리 스크립트 이벤트 핸들러가 객체 타입이 아니라 개별 객체 인스턴스에 연결되는 엔진도 있다. 이 경우 같은 타입의 인스턴스라도 똑같은 이벤트에 다르게 반응할 수도 있다.

이외에도 가능한 방법은 무궁무진하다. 예를 들면 너티 독의 언차티드 엔진의 경우 스크립트가 그 자체로 객체다. 스크립트 객체는 개별 게임 객체에 연결되기도 하고, 영역region(게임 이벤트를 촉발하는 데 쓰이는 볼록한 입체)에 연결되기도 하며, 게임 월드에 독자적으로 위치하는 경우도 있다. 각 스크립트는 여러 개의 상태를 가질 수 있다(이 말은 스크립트가 유한 상태 기계라는 뜻이다). 또한 각 상태마다 여러 개의 이벤트 핸들러 코드를 가질 수 있다. 이벤트를 받으면 게임 객체는 그 이벤트를 네이티브 C++ 코드에서 처리할 기회를 얻는다. 또한 연결된 스크립트 객체가 있는지를 찾아봐서 연결된 스트립트의 현재 상태에 이벤트를 전달한다. 현재 상태에 이벤트를 위한 핸들러가 있다면 호출한다. 그렇지 않은 경우 스크립드는 그냥 이벤드를 무시한다.

16.9.5.4 이벤트 보내기

엔진에서 발생한 게임 이벤트를 스크립트에서 처리할 수 있는 기능은 매우 강력하다. 또한 스크립트 코드가 이벤트를 생성해 엔진이나 다른 스크립트에 보낼 수 있다면 더 강력해진다.

스크립트에서 미리 정의된 이벤트 타입을 보내는 기능 외에도 완전히 새로운 타입의 이벤트를 정의할 수 있다면 가장 이상적이다. 이벤트 타입이 문자열이거나 문자열 id라면 구현하기 매우 쉽다. 새 이벤트 타입을 정의하고 싶으면 그냥 새 이벤트 이름을 만들어 내고 코드에 적으면 된다. 이 방식은 스크립트끼리 통신할 때 굉장히 유연한 방법이다. 스크립트 A가 새 이벤트 타입을 정의하고 이것을 스크립트 B에 보낸다. 스크립트 B에 이 이벤트 타입을 처리할 이벤트 핸들러가 정의돼 있으면 사실상 스크립트 A가 스크립트 B에 '통신'할 방법이 생긴 것이다. 어떤 게임 엔진에서는 이벤트, 또는 메시지 전달이 스크립트에서 객체 간 통신을 하는 유일한 방법인 경우도 있다. 잘만 하면 깔끔하면서 강력하고 유연하게 쓰일 수도 있다.

16.9.5.5 객체지향 스크립트 언어

일부 스크립트 언어는 태생이 객체지향이다. 어떤 것들은 직접 객체 개념을 지원하지는 않아도 클래스와 객체를 구현하는 데 도움이 될 만한 방식을 지원하기도 한다. 게임플레이를 구현하는 데 객체지향형 게임 객체 모델을 사용하는 엔진이 많다. 따라서 스크립트에도 어느 정도의 객체지향 프로그래밍을 할 수 있게 해야 이치에 맞는다.

스크립트에서 클래스 정의

클래스란 데이터와 그 데이터에 연관된 함수들을 모아 놓은 것에 불과하다. 따라서 새 자료 구조를 정의할 수 있으며, 동시에 함수를 저장하고 처리할 수 있는 기능을 지원하는 스크립트 언어라면 클래스를 구현할 수 있다. 예를 들어 루아에서는 데이터 멤버와 멤버 함수를 담는 테이블을 갖고 클래스를 구현한다.

스크립트에서의 상속

객체지향 언어라고 해서 모두 상속을 지원하는 것은 아니다. 하지만 상속을 사용할 수만 있다면 굉장히 유용한데, C++ 같은 네이티브 언어에서 상속이 쓰이는 경우를 떠올리면 된다.

스크립트 언어의 관점에서는 두 가지 다른 상속이 존재한다. 스크립트 클래스에서 스크립트 클래스를 상속하는 것과 네이티브 클래스에서 스크립트 클래스를 상속하는 것이다. 스크립트 언어가 객체지향 언어라면 전자는 그냥 되는 경우가 많다. 하지만 그런 경우라도 후자를 구현하기란 굉장히 어렵다. 문제는 두 언어의 차이와 두 로우레벨 객체 모델 간의 차이에서 기인한다. 어떤 언어들을 사용하는지에 따라 구현이 상이하기 때문에 여기서 더 이상 자세히 구현 방법에 대해 다루지는 않겠다. 내가 지금껏 본 것들 중엔 언리얼 스크립트만이 네이티브 클래스에서 스크립트 클래스를 상속하는 것을 제대로 구현했다.

스크립트에서의 합성/조합

클래스의 계층 구조를 확장하는 데 상속만 쓸 수 있는 것은 아니다. 합성^{composition}이나 조합^{aggregation}을 통해서도 비슷한 일을 할 수 있다. 그렇다면 스크립트에서 새로 클래스를 정의하고 그 인스턴스들을 네이티브 프로그래밍 언어에서 미리 정의된 객체들과 연결할 방법만 있으면 된다. 예를 들면 완전히 스크립트로 작성한 컴포넌트를 가리키는 포인터나 참조를 게임 객체가 선택적으로 갖게 만드는 수가 있다. 스크립트 컴포넌트에는 일부 핵심 기능들을 대신 처리하게 맡길 수 있다. 스크립트 컴포넌트에 Update( ) 함수 같은 것을 구현해 게임 객체를 업데이트할 때마다 부르게 만들 수도 있고, 스크립트 컴포넌트가 자신의 멤버 함수/메서드를 이벤트 핸들러로 등록하는 권한을 줄 수도 있다. 게임 객체에 이벤트가 전달되면 객체는 스크립트 컴포넌트에 있는 적합한 이벤트 핸들러를 호출하게 하는데, 이렇게 해서 네이티브 코드로 구현된 게임 객체의 행동을 스크립트 프로그래머가 수정하거나 확장할 기회를 갖는다.

16.9.5.6 스크립트로 짠 유한 상태 기계

게임 프로그램이 당면한 여러 문제 중에 유한 상태 기계^{FSM}를 이용하면 쉽게 풀리는 것들이 여럿 있다. 이런 이유로 유한 상태 기계 개념을 아예 핵심적인 게임 객체 모델에 구현한 엔진들도 있다. 이런 엔진에서는 모든 게임 객체가 하나 이상의 상태를 갖고, 게임 객체가 아니라 상태에 업데이트 함수와 이벤트 핸들러 함수 등이 위치한다. 단순한 게임 객체는 하나의 상태만 갖지만 복잡한 게임 객체는 여러 상태를 가질 수 있고, 각 상태마다 서로 다른 업데이트와 이벤트 처리 구현을 할 수 있다.

엔진에서 상태 주도 게임 객체 모델을 사용하는 경우 스크립트 언어도 유한 상태 기계를 지원하는 것이 자연스럽다. 물론 핵심 게임 객체 모델이 유한 상태 기계를 지원하지 않는다 하더라도 스크립트에 유한 상태 기계를 적용해서 상태 주도적 행동을 구현할 수 있다. 상태를 나타내는 데 클래스 인스턴스를 사용한다면 어느 프로그래밍 언어를 써도 FSM을 구현할 수 있지만, 이런 목적을 위해 특별한 기능을 지원하는 스크립트 언어도 있다. 어떤 객체지향 스크립트 언어는 특별한 문법을 통해 클래스 하나가 여러 상태를 포함하게 지원하기도 하고, 아니면 여러 상태 객체를 하나의 중심 허브 객체에 쉽게 조합할 수 있게 해주고 직관적인 방법으로 허브 객체에 업데이트 및 이벤트 처리 기능들을 맡게 도와주기도 한다. 사용 중인 스크립트 언어에서 이런 것들을 지원하지 않는다고 해도 FSM을 구현하는 방법은 많기 때문에 그중 하나를 골라 스크립트를 그에 맞게 짜면 된다.

16.9.5.7 스크립트 멀티스레드

여러 스크립트를 병렬적으로 실행하면 유용하다. 오늘날의 고성능 멀티프로세서 하드웨어 구조에서는 더욱 그렇다. 여러 스크립트를 동시에 실행한다는 것은 곧 대부분의 멀티태스킹 운영체제에서 지원하는 스레드와 비슷한 병렬 실행 스레드^{parallel thread of execution}를 스크립트 코드에 제공한다는 뜻이다. 물론 실제로 스크립트들이 병렬로 실행되지 않을 수도 있다. 싱글 코어 CPU에서는 스크립트를 차례로 실행하는 수밖에 없다. 하지만 스크립트 프로그래머의 입장에서는 병렬 프로그램으로 인식된다.

병렬 처리를 지원하는 스크립트 시스템 대다수는 협력형 멀티태스킹^{cooperative multitasking} 방식을 채용한다. 이 말은 한 스크립트가 명시적으로 다른 스크립트에 차례를 넘길 때까지 계속 실행된다는 뜻이다. 이 개념은 스크립트를 실행하는 도중 아무 때나 중지시키고 다른 스크립트를 실행할 수 있는 선점형 멀티태스킹^{preemptive multitasking}과는 대비된다.

스크립트에서 협력형 멀티태스킹을 쉽게 구현하는 방법 중 하나는 스크립트를 특정한 일이 발생할 때까지 잠재우게 하는 것이다. 즉 스크립트를 정해진 시간이 흐르거나 어떤 이벤트를 받을 때까지 기다리게 한다. 또는 다른 실행 스레드^{thread of execution}가 정해진 동기화 지점에 이를 때까지 기다릴 수도 있다. 어찌됐건 스크립트가 잠들게 되면 잠든 스크립트 스레드들이 보관된 리스트에 들어가고, 가상머신에는 다른 적합한 스레드를 실행하게 신호를 보낸다. 시스템은 잠들어 있는 스크립트를 깨울 수 있는 조건들을 계속 주시하다가 어떤 조건이 참이 되는 순간 해당 조건을 기다리고 있던 스크립트(들)를 깨워 계속 실행되게 한다.

실제로 이런 일들이 어떻게 처리되는지 알아보고자 멀티스레드 스크립트의 예를 살펴보자. 어떤 스크립트가 두 캐릭터와 문 하나의 애니메이션을 관리하고 있다. 먼저 두 캐릭터를 문을 향해 걸어가게 지시한다. 문에 도달하기까지 어떤 캐릭터가 얼마의 시간이 걸릴지는 예측할 수 없다. 그런 후 캐릭터들이 문에 도달하기를 기다리며 스크립트의 스레드를 잠재운다. 둘 다 문에 도달하게 되면 둘 중 하나가 'open door' 애니메이션을 재생해 문을 열게 된다. 여기서 이 애니메이션의 재생 시간을 스크립트에 하드 코딩해서는 안 된다. 그렇지 않으면 애니메이션이 바뀔 때마다 스크립트를 고쳐야 한다. 이제 애니메이션이 끝날 때까지 다시 스레드를 잠재운다. 이런 일을 하는 스크립트가 어떤 모습을 하고 있을지 C 형태의 의사코드를 이용해 살펴보자.

```
procedure DoorCinematic( )
{
  thread Guy1( )
  {
    // 첫 번째 캐릭터(guy1)에게 문으로 걸어가라고 지시한다.
    CharacterWalkToPoint(guy1, doorPosition);

    // 문에 도달할 때까지 수면 상태로 기다린다.
    WaitUntil(CHARACTER_ARRIVAL);

    // OK, 이제 도착했으니 다른 스레드에
    // 신호를 보내 알린다.
    RaiseSignal("Guy1Arrived");

    // 다른 캐릭터(guy2)가 도착할 때까지 기다린다.
    WaitUntil(SIGNAL, "Guy2Arrived");

    // guy1에게 "open door" 애니메이션을
    // 플레이하라고 지시한다.
```

```
        CharacterAnimate(guy1, "OpenDoor");
        WaitUntil(ANIMATION_DONE);

        // OK, 문이 열렸고 다른  스레드에 알린다.
        RaiseSignal("DoorOpen");

        // 문을 통과한다.
        CharacterWalkToPoint(guy1, beyondDoorPosition);
    }

    thread Guy2()
    {
        // 두 번째 캐릭터(guy2)에게 문으로 걸어가라고 지시한다.
        CharacterWalkToPoint(guy2, doorPosition);

        // 문에 도달할 때까지 수면 상태로 기다린다.
        WaitUntil(CHARACTER_ARRIVAL);

        // OK, 도착했으니 다른 스레드에
        // 신호를 보내 알린다.
        RaiseSignal("Guy2Arrived");

        // 다른 캐릭터가 도달할 때까지 기다린다.
        WaitUntil(SIGNAL, "Guy1Arrived");

        // guy1이 문을 열어 줄 때까지 기다린다.
        WaitUntil(SIGNAL, "DoorOpen");

        // OK, 이제 문이 열렸다. 문을 통과한다.
        CharacterWalkToPoint(guy2, beyondDoorPosition);
    }
}
```

위의 예에서 사용한 스크립트 언어는 함수 하나로 실행 스레드를 정의하는 문법을 지원한다고
가정했다. 두 캐릭터(Guy1, Guy2)를 위해 2개의 스레드를 사용했다.

첫 번째 캐릭터의 스레드는 캐릭터를 문으로 걸어가게 만들고 도착할 때까지 잠자며 기다
린다. 여기서 두리뭉실하게 넘어가고 있지만 일단 스크립트 언어에서 스레드를 잠재우고 캐릭

터가 지정된 위치에 도달할 때까지 기다리게 알아서 구현해 준다고 가정하자. 실제로 이것을 구현하자면 캐릭터가 스크립트에 이벤트를 보내면 이벤트를 받은 스레드가 깨어나는 식으로 구현할 수 있다.

첫 번째 캐릭터가 문에 도달하면 이 캐릭터의 스레드는 중요한 두 가지 일을 한다. 첫째, 'Guy1Arrived'라는 시그널^{signal}을 보낸다. 둘째, 'Guy2Arrived'라는 시그널이 오기를 기다리며 잠든다. 두 번째 캐릭터의 스레드를 살펴보면 시그널 이름만 서로 바뀌었을 뿐 비슷한 일을 하는 것을 알 수 있다. 스스로 시그널을 보내고 다른 시그널을 기다리는 것은 두 스레드를 동기화하기 위한 것이다.

위의 가상 스크립트 언어에서 시그널은 단지 이름이 붙은 불리언 플래그^{flag}일 뿐이다. 플래그는 처음 만들어질 때는 거짓이지만 스레드가 RaiseSignal(name)을 호출하면 이 이름을 가진 플래그의 값은 참이 된다. 다른 스레드들은 특정한 이름을 지닌 시그널이 참이 될 때까지 잠자며 기다릴 수 있다. 이 플래그가 참이 되는 순간 잠자던 스레드(들)는 깨어나서 실행을 계속한다. 위의 예에서 두 스레드는 'Guy1Arrived'와 'Guy2Arrived' 시그널을 사용해 동기화한다. 각 스레드는 자신의 시그널을 참으로 만들고 다른 스레드의 시그널을 기다린다. 어느 시그널이 먼저 참이 되는지는 별로 중요하지 않다. 두 시그널이 모두 참이 될 때만 두 스레드가 깨어난다. 이렇게 깨어나면 두 스레드는 완벽히 동기화된 상태다. 그림 16.24에 두 가지 가능한 시나리오가 나와 있는데, 첫 번째 캐릭터가 먼저 도착하는 경우와 두 번째 캐릭터가 먼저 도착하는 경우다. 그림에서도 볼 수 있듯이 어느 시그널이 먼저 참이 되는지는 중요하지 않으며 두 시그널이 모두 참이 되면 스레드들은 동기화된 상태다.

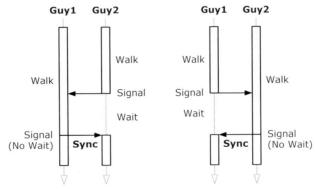

그림 16.24 시그널 하나를 참으로 만들고 다른 시그널을 기다리는 단순한 패턴으로 두 스크립트 스레드를 동기화하는 두 가지 예

16.10 하이레벨 게임 흐름

게임 객체 모델을 바탕으로 다양하고 흥미로운 게임 객체 타입을 구현할 수 있는데, 이것들이 게임 월드를 풍요롭게 만드는 원동력이다. 그렇지만 게임 객체 모델 그 자체로는 게임 월드에 들어갈 객체의 종류를 정의하고 각각 어떻게 행동할 것인지를 결정하는 수단밖에 안 된다. 플레이어의 목적이나 이것을 달성했을 때 어떤 일이 일어나는지, 또는 목적 달성에 실패했을 때 어떻게 해야 하는지에 대해서는 아무것도 말해 주지 않는다.

이런 것들을 하려면 하이레벨 게임 흐름을 조정하는 시스템이 필요하다. 이것은 유한 상태 기계를 사용해 구현하는 경우가 많다. 각 상태는 플레이어 목적이나 도전 과제 하나를 나타내는 것이 보통이고, 특정한 게임 월드 내의 위치에 연결된다. 플레이어가 목적을 달성하면 유한 상태 기계는 다음 상태로 넘어가고 플레이어는 새로운 목표를 부여받는다. 또한 유한 상태 기계에는 플레이어가 목적을 달성하지 못했을 때 어떻게 되는지도 정의한다. 대개는 실패했을 때 현재 상태의 시작 지점으로 보내서 다시 도전할 수 있게 한다. 어떤 경우는 실패를 반복하면 플레이어는 '생명'이 바닥나게 되고, 메인 메뉴로 보내서 새 게임을 시작하게 만들기도 한다. 메뉴에서부터 첫 번째 '레벨'을 지나 게임이 끝날 때까지 게임 전체의 흐름을 이와 같은 하이레벨 상태 기계로 제어할 수 있다.

너티 독의 잭 앤드 덱스터$^{Jak\ and\ Daxter}$와 '언차티드' 시리즈, '라스트 오브 어스' 시리즈가 사용한 과업 시스템이 바로 이런 상태 기계 기반 시스템을 활용한 예다. 이 시스템에서는 선형적으로 배열된 상태(너티 독에서는 과업^{task}이라 부른다)를 사용한다. 병렬 과업$^{parallel\ task}$도 지원하는데, 한 과업이 2개 이상의 병렬 과업으로 분화하고 나중에는 다시 메인 과업의 배열로 합쳐지는 형태다. 보통의 상태 기계가 한 번에 하나의 상태만 가질 수 있다는 점을 생각하면 병렬 과업 기능은 너티 독의 과업 그래프가 일반적인 상태 기계와 차별화되는 점이라고 하겠다.

결론

추가 사항 17장

게임 엔진 아키텍처라는 험난한 고지를 무사히 완주한 여러분의 노고를 치하한다(도중에 너무 힘들지 않았기를 바랄 뿐이다). 차근차근 따라왔으면 게임 엔진을 이루는 주요 구성 요소들에 대해 많은 것을 배웠으리라 생각한다. 하지만 여행의 끝은 또 다른 여행의 시작이라는 말이 있다. 이 책에서 다뤘던 여러 주제마다 아직 다루지 못한 측면들이 수없이 많다. 기술이 점점 발전하고 하드웨어 성능도 향상됨에 따라 게임에서 시도할 수 있는 것들도 점점 많아지고 있다. 그리고 이런 새로운 요소들을 지원할 새로운 엔진 시스템도 차차 개발될 것이다. 게다가 이 책에서 다뤘던 내용은 게임 엔진 자체에 대한 내용뿐이었다. 또 다른 심대한 주제인 게임플레이 프로그래밍에 대해서는 아직 시작도 못한 데다, 이 주제는 책 여러 권에 걸쳐 이야기해도 모자랄 정도로 방대하다.

이제 이 책에서 겉핥기로 스쳐갈 수밖에 없었던 엔진 및 게임플레이 시스템 중 몇 가지를 간략하게 짚고 갈 텐데, 더 공부하고 싶은 독자들이 따로 찾아볼 만한 곳도 함께 이야기하겠다.

17.1 다루지 않았던 엔진 시스템

17.1.1 무비 플레이어

거의 모든 게임 엔진에는 무비 플레이어가 있어서 미리 렌더링된 무비 비디오(풀 모션 비디오 FMV, Full-Motion Video라고도 한다)를 재생한다. 무비 플레이어는 스트리밍 파일 I/O 시스템에 대한 인터페이스(7.1.3절 참조)와 압축 비디오 스트림을 디코딩할 코덱, 사운드 드랙에 쓰이는 오디오 재생 동기화 형식 등의 기본 구성 요소로 이뤄진다.

여러 가지 비디오 인코딩 표준과 그에 상응하는 코덱들을 사용할 수 있는데, 각 코덱은 저마다 다른 애플리케이션에 맞게 만들어졌다. 예를 들면 비디오 CD^{VCD}와 DVD는 각각 MPEG-1, MPEG-2(H.262) 코덱을 쓴다. H.261과 H.263 표준은 온라인 비디오 콘퍼런스 애플리케이션 용으로 설계된 것이다. 게임들이 주로 사용하는 표준에는 MPEG-4 part 2(예, DivX), MPEG-4 Part 10/H.264, Windows Media Video^{WMV}, Bink Video(Rad Game Too, Inc.에서 게임용으로 제작한 형식) 등이 있다. 다음 사이트(http://en.wikipedia.org/wiki/Video_codec)(http://www.radgametools.com/bnkmain.htm)를 방문하면 더 많은 정보를 얻을 수 있다.

17.1.2 멀티플레이어 네트워킹

4장에서 다뤘던 병행 프로그래밍 개념이 멀티플레이어 게임 구조와 분산 네트워크 프로그래 밍 등과 연관 있기는 하지만 이 책이 그런 주제를 직접 다루지는 않는다. 멀티플레이어 네트워 킹에 대한 자세한 내용은 [4]를 참조하기 바란다.

17.2 게임플레이 시스템

당연히 엔진만 갖고는 게임을 만들 수 없다. 게임플레이 기반 계층(16장에서 다뤘다) 위에는 다양한 장르 및 게임 특화된 게임플레이 시스템이 존재한다. 이 책에서 지금껏 다룬 여러 게임 엔진 기술들을 합쳐 하나의 유기적 단위로 만드는 것이 이 시스템의 역할이며, 이것은 게임에 생명을 불어넣는 중요한 일이다.

17.2.1 플레이어 메카닉

두말할 것도 없이 플레이어 메카닉은 가장 중요한 게임플레이 시스템이다. 플레이어 메카닉과 게임플레이 스타일에 따라 장르가 구분되고 같은 장르의 게임이라도 당연히 각자 고유한 디자인을 구현한다. 따라서 플레이어 메카닉은 굉장히 방대한 주제다. 휴먼 인터페이스 장치 시스템, 모션 시뮬레이션, 충돌 감지, 애니메이션, 오디오 시스템 등 여러 시스템 간의 통합뿐 아니라, 게임 카메라, 무기, 엄폐, 특수 이동 메카닉(사다리, 줄타기 등), 탈것 시스템, 퍼즐 메카닉 등 다른 게임플레이 시스템과도 통합도 연관 있다.

플레이어 메카닉은 게임 수만큼 다양하기 때문에 한꺼번에 전부 다 배울 방법은 없다. 최선은 한 번에 한 장르씩 공부해 가는 것이다. 게임을 플레이하면서 그 게임의 플레이어 메카닉을 역엔지니어링reverse engineering해 살펴보자. 그런 다음 이것을 직접 구현해 보자. 다소 미흡하긴 하지만 시작 삼아 [9]의 4.11절을 읽어 보면 마리오 스타일의 플랫포머platformer 게임의 플레이어 메카닉에 대해 이해할 수 있다.

17.2.2 카메라

게임의 카메라는 플레이어 메카닉만큼이나 중요한 시스템이다. 사실 카메라를 어떻게 구현하느냐에 따라 게임플레이를 완성할 수도, 망칠 수도 있다. 각 장르마다 특색 있는 카메라 컨트롤 스타일을 보이는 경향이 있지만 같은 장르라 하더라도 게임마다 약간씩 모양이 다르다(완전히 다른 게임도 물론 있다). [8]의 4.3절을 보면 카메라 컨트롤 기법의 기초에 대해 배울 수 있다. 다음은 오늘날 3D 게임에서 가장 자주 쓰이는 카메라 시스템을 몇 가지 들어 본 것인데, 이보다 훨씬 다양한 카메라 시스템이 있다는 점을 새삼 강조할 필요는 없을 것이다.

- **바라보는 카메라**look-at camera 지정된 지점을 중심으로 회전하는 카메라로 이 지점에 상대적으로 가까이 또는 더 멀리 움직인다.
- **따라가는 카메라**follow camera 플랫포머, 3인칭 슈터, 탈것을 이용하는 게임에서 주로 쓰이는 카메라다. 바라보는 카메라에서 초점을 플레이어 캐릭터/아바타/탈것에 맞춘 형태와 비슷하지만, 보통 플레이어가 먼저 움직이면 서서히 따라가는 형태다. 따라가기 카메라에는 고급 충돌 감지와 회피 로직이 포함되며, 플레이어 캐릭터 주위에서 제한적으로나마 어느 정도 카메라를 움직일 수 있다.

- **1인칭 카메라**　플레이어 캐릭터가 게임 월드를 돌아다니는 동안 1인칭 카메라는 캐릭터의 가상 눈 역할을 한다. 보통 플레이어가 마우스나 조이패드를 통해 카메라의 방향을 전적으로 제어할 수 있다. 또한 바라보는 방향을 따라 플레이어의 무기를 조준하는 방향도 같이 움직이는데, 보통 화면 아래에 팔과 함께 무기를 그려 주고 화면 중앙의 조준선을 통해 표현한다.
- **RTS 카메라**　실시간 전략real-time strategy 게임과 갓 게임god game들은 보통 지형 위를 띠다니며 아래쪽을 바라보는 카메라를 사용한다. 카메라는 지형 위를 날아다닐 수 있지만, 카메라의 피치pitch와 요yaw는 플레이어가 직접 조정할 수 없는 경우가 많다.
- **영화적 카메라**cinematic camera　대부분의 3차원 게임에는 영화적 장면이 적어도 몇 가지는 등장하는데, 여기서는 카메라가 게임 내 물체에 구애받기보다는 영화처럼 장면 안을 움직인다. 이런 카메라는 보통 애니메이터가 관리한다.

17.2.3 인공지능

캐릭터가 주가 되는 게임에서 인공지능AI, artificial intelligence 또한 주요한 구성 요소다. AI 시스템의 가장 로우레벨은 기본적인 길 찾기(잘 알려진 A* 알고리듬을 응용하는 것이 보통이다) 및 인식perception 시스템(시선, 시야 원뿔꼴cone, 주변 환경에 대한 지식 등), 그리고 모종의 기억이나 지식 등의 기술을 바탕으로 구현된다.

이런 기반 위에 캐릭터 컨트롤 로직을 구현한다. 캐릭터 컨트롤 시스템은 캐릭터가 특정한 행동을 하게 조정하는 역할을 하고 이동하기, 통상적이지 않은 지형을 탐험하기, 무기 사용, 탈것 운전, 엄폐하기 등이 포함된다. 보통 엔진의 충돌 시스템, 물리 시스템, 애니메이션 시스템과 연관된 복잡한 인터페이스를 가진다. 캐릭터 컨트롤에 대해서는 12.10절에서 자세히 다뤘다.

캐릭터 컨트롤 계층 위에 있는 AI 시스템에는 통상적으로 목표 설정 및 의사결정 로직이 있고 경우에 따라 감정 상태, 그룹 행동(협업, 우회, 군집 행동 등) 등을 더하기도 하고, 여기에 좀 더 발전해서 경험을 통한 학습, 주변 환경 변화에 대응하기 등이 더해지는 경우도 있다.

두말할 나위 없이 '인공지능'이라는 것은 게임 업계에서 제일 어폐가 심한 용어 중 하나다. 게임 AI는 진짜 사람의 지능을 흉내내려는 시도가 아니라 눈속임에 불과하기 때문이다. AI 캐릭터 안에 온갖 내면의 감정 상태와 세심하게 다듬어진 인식 시스템을 구현할 수도 있을 것이다. 그렇지만 플레이어가 이 캐릭터들의 의도를 알아채지 못한다면 아무 소용이 없다.

AI 프로그래밍은 굉장히 이야깃거리가 많은 분야이며, 이 책에서 이야기한 정도로는 턱없이 부족하다. 더 많은 정보는 [18], [8, 3절], [9, 3절], [47, 3절] 등을 참조하기 바란다. 또 다른 참고 자료로 GDC2002 강연 자료 'The Illusion of Intelligence: The Integration of AI and Level Design in Halo',(Chris Butcher and Jaime Griesemer of Bungie(http://bit.ly/1g7FbhD))가 있다. 인터넷에 'game AI programming'을 검색하는 것도 한 방법이다. 아마 온갖 이야깃거리와 논문, 책 등이 게임 AI를 다루고 있을 것이다.

17.2.4 기타 게임플레이 시스템

당연한 말이지만 게임에는 플레이어 메카닉이나 카메라, AI 외에도 여러 요소가 있다. 탈것을 조종하는 게임도 있고, 특이한 무기류를 구현하는 게임, 동적 물리 시뮬레이션을 응용한 지형 지물 파괴를 구현하는 게임, 플레이어가 자신의 캐릭터를 직접 만들 수 있는 게임, 자신만의 레벨을 만들 수 있는 게임, 플레이어에게 퍼즐을 풀게 하는 게임 등등이 있다. 또한 빼놓을 수 없는 장르 특화 기능들, 게임 특화 기능들 그리고 이런 기능들을 구현하는 데 쓰이는 특수 소프트웨어 시스템 등 너무나 많은 요소가 있다. 세상에 있는 게임 수만큼 게임플레이 시스템은 다양하고 다채롭다. 아마도 여러분이 게임 프로그래머로서 시작해야 할 다음 여정은 이런 방향이 아닐까 한다.

| 참고 문헌 |

[1] Michael Abrash. *Michael Abrash's Graphics Programming Black Book (Special Edition)*. Scottsdale, AZ: Coriolis Group Books, 1997. (Available online at http://www.jagregory.com/abrash-black-book.)

[2] Tomas Akenine-Moller, Eric Haines and Naty Hoffman. *Real-Time Rendering, Third Edition*. Wellesley, MA: A K Peters, 2008.

[3] Andrei Alexandrescu. *Modern C++ Design: Generic Programming and Design Patterns Applied*. Reading, MA: Addison-Wesley, 2001.

[4] Grenville Armitage, Mark Claypool and Philip Branch. *Networking and Online Games: Understanding and Engineering Multiplayer Internet Games*. New York, NY: John Wiley and Sons, 2006.

[5] James Arvo (editor). *Graphics Gems II*. San Diego, CA: Academic Press, 1991.

[6] David A. Bies and Colin H. Hansen. *Engineering Noise Control*, Fourth Edition. New York, NY: CRC Press, 2014.

[7] 『UML을 활용한 객체지향 분석 설계』(그래디 부치, 로버트 막심처크, 마이클 잉글, 바비 영, 짐 코널런 지음, 박현철, 임춘봉, 박경민 옮김, 에이콘출판, 2013)

[8] Mark DeLoura (editor). *Game Programming Gems*. Hingham, MA: Charles River Media, 2000.

[9] Mark DeLoura (editor). *Game Programming Gems 2*. Hingham, MA: Charles River Media, 2001.

[10] Philip Dutré, Kavita Bala and Philippe Bekaert. *Advanced Global Illumination*, Second Edition. Wellesley, MA: A K Peters, 2006.

[11] David H. Eberly. *3D Game Engine Design: A Practical Approach to Real-Time Computer Graphics*. San Francisco, CA: Morgan Kaufmann, 2001.

[12] David H. Eberly. *3D Game Engine Architecture: Engineering Real-Time Applications with Wild Magic*. San Francisco, CA: Morgan Kaufmann, 2005.

[13] 『Game Physics 게임 물리』(데이빗 H. 에벌리 지음, ㈜밥게이트 옮김, 와우북스, 2014)

[14] Christer Ericson. *Real-Time Collision Detection*. San Francisco, CA: Morgan Kaufmann, 2005.

[15] Randima Fernando (editor). *GPU Gems: Programming Techniques, Tips and Tricks for Real-Time Graphics*. Reading, MA: Addison–Wesley, 2004.

[16] James D. Foley, Andries van Dam, Steven K. Feiner and John F. Hughes. *Computer Graphics: Principles and Practice in C*, Second Edition. Reading, MA: Addison–Wesley, 1995.

[17] Grant R. Fowles and George L. Cassiday. *Analytical Mechanics*, Seventh Edition. Pacific Grove, CA: Brooks Cole, 2005.

[18] John David Funge. *AI for Games and Animation: A Cognitive Modeling Approach*. Wellesley, MA: A K Peters, 1999.

[19] Erich Gamma, Richard Helm, Ralph Johnson and John M. Vlissiddes. *Design Patterns: Elements of Reusable Object-Oriented Software*. Reading, MA: Addison–Wesley, 1994.

[20] Andrew S. Glassner (editor). *Graphics Gems I*. San Francisco, CA: Morgan Kaufmann, 1990.

[21] Ananth Grama, Anshul Gupta, George Karypis, Vipin Kumar. *Introduction to Parallel Computing*, Second Edition. Reading, MA: Addison Wesley, 2003. (Available online at http://srmcse.weebly.com/uploads/8/9/0/9/8909020/introduction_to_parallel_computing_second_edition–ananth_grama..pdf [sic].)

[22] Paul S. Heckbert (editor). *Graphics Gems IV*. San Diego, CA: Academic Press, 1994.

[23] John L. Hennessey and David A. Patterson. *Computer Architecture: A Quantitative Approach*. San Francisco, CA: Morgan Kaufmann, 2011.

[24] Maurice Herlihy and Nir Shavit. *The Art of Multiprocessor Programming*. San Francisco, CA: Morgan Kaufmann, 2008.

[25] Roberto Ierusalimschy, Luiz Henrique de Figueiredo and Waldemar Celes. *Lua 5.1 Reference Manual*. Lua.org, 2006.

[26] 『프로그래밍 루아(Programming in Lua)』(호베르토 이에루자림스키 지음, 김성안, 장한일 옮김, 인사이트, 2014)

[27] Isaac Victor Kerlow. *The Art of 3-D Computer Animation and Imaging (Second Edition)*. New York, NY: John Wiley and Sons, 2000.

[28] David Kirk (editor). *Graphics Gems III*. San Francisco, CA: Morgan Kaufmann, 1994.

[29] Danny Kodicek. *Mathematics and Physics for Game Programmers*. Hingham, MA: Charles River Media, 2005.

[30] 『라프 코스터의 재미이론』(라프 코스터 지음, 유창석, 전유택 옮김, 길벗, 2017)

[31] John Lakos. *Large-Scale C++ Software Design*. Reading, MA: Addison–Wesley, 1995.

[32] Eric Lengyel. *Mathematics for 3D Game Programming and Computer Graphics*, Second Edition. Hingham, MA: Charles River Media, 2003.

[33] Gary B. Little. *Inside the Apple //e*. Bowie, MD: Brady Communications Company, Inc., 1985. (Available online at http://www.apple2scans.net/files/InsidetheIIe.pdf.)

[34] Tuoc V. Luong, James S. H. Lok, David J. Taylor and Kevin Driscoll. *Internationalization: Developing Software for Global Markets*. New York, NY: John Wiley & Sons, 1995.

[35] Steve Maguire. *Writing Solid Code: Microsoft's Techniques for Developing Bug-Free C Programs*. Bellevue, WA: Microsoft Press, 1993.

[36] Scott Meyers. *Effective C++: 55 Specific Ways to Improve Your Programs and Designs*, Third Edition. Reading, MA: Addison–Wesley, 2005.

[37] Scott Meyers. *More Effective C++: 35 New Ways to Improve Your Programs and Designs*. Reading, MA: Addison–Wesley, 1996.

[38] Scott Meyers. *Effective STL: 50 Specific Ways to Improve Your Use of the Standard Template Library*. Reading, MA: Addison—Wesley, 2001.

[39] Ian Millington. *Game Physics Engine Development*. San Francisco, CA: Morgan Kaufmann, 2007.

[40] 『GPU Gems 3』(Hubert Nguyen 지음, 주혁환 옮김, 성안당, 2010)

[41] Alan V. Oppenheim and Alan S. Willsky. *Signals and Systems*. Englewood Cliffs, NJ: Prentice—Hall, 1983.

[42] Alan W. Paeth (editor). *Graphics Gems V*. San Francisco, CA: Morgan Kaufmann, 1995.

[43] C. Michael Pilato, Ben Collins—Sussman and Brian W. Fitzpatrick. *Version Control with Subversion*, Second Edition. Sebastopol, CA: O'Reilly Media, 2008. (Commonly known as "The Subversion Book." Available online at http://svnbook.red-bean.com.)

[44] Matt Pharr (editor). *GPU Gems 2: Programming Techniques for High-Performance Graphics and General-Purpose Computation*. Reading, MA: Addison—Wesley, 2005.

[45] Richard Stevens and Dave Raybould. *The Game Audio Tutorial: A Practical Guide to Sound and Music for Interactive Games*. Burlington, MA: Focal Press, 2011.

[46] 『The C++ Programming Language』(비야네 스트롭스트룹 지음, 박지유 옮김, 에이콘출판, 2016)

[47] 『Game Programming Gems 3』(단테 트레글리아 지음, 류광 옮김, 정보문화사, 2003)

[48] Gino van den Bergen. *Collision Detection in Interactive 3D Environments*. San Francisco, CA: Morgan Kaufmann, 2003.

[49] Alan Watt. *3D Computer Graphics*, Third Edition. Reading, MA: Addison Wesley, 1999.

[50] James Whitehead II, Bryan McLemore and Matthew Orlando. World of Warcraft Programming: *A Guide and Reference for Creating WoW Addons*. New York, NY: John Wiley & Sons, 2008.

[51] 『애니메이터 서바이벌 키트』(리처드 윌리엄스 지음, 한창완, 이승진, 이영일 옮김, 웅진북센, 2020)

| 찾아보기 |

게임 엔진 아키텍처 3/e

발 행 | 2023년 5월 31일

옮긴이 | 박 상 희
지은이 | 제이슨 그레고리

펴낸이 | 권 성 준
편집장 | 황 영 주
편 집 | 김 진 아
        임 지 원
디자인 | 윤 서 빈

에이콘출판주식회사
서울특별시 양천구 국회대로 287 (목동)
전화 02-2653-7600, 팩스 02-2653-0433
www.acornpub.co.kr / editor@acornpub.co.kr